美国的 108

曹德谦 著

序　言

对不起，请先读一下在美国供职七年的英国 BBC 北美编辑加斯丁·韦伯先生 2009 年 8 月 10 日在离别美国时所写的一篇文章：

代表全人类

美国大地上尽管存在各种丑恶现象，其中包括那些让人感到麻木迟钝的华而不实的风气，许多政界领导人显得腐败无能。尽管美国存在种种卑鄙、浅薄和古怪的行为，但是在我看来，有一点是毫无疑问的，那就是能有机会在美国生活实在是我一生中的最大荣幸。

在美国广阔无垠的大地上，人们对生活的追求所表现出来的热情有的时候使我想起了印度。很久以前，我曾经在印度工作过。美国和印度一样，揭示出整个人类的生存状况。

世界上很少有哪个国家可以真正做到这一点。意大利可以显示意大利人的特点；阿富汗可以显示阿富汗人的文化；在斐济可以观察到斐济人的风俗习惯。但是美国所代表的是全人类，因为全世界各民族在这里都有代表；我们的希望和倾向在这里都有代表。

人们常常可以看到，显露出来的东西是让人感到不愉快的；而那些真实的东西常常是不诱人的、不健康的或者是没有希望的。

我们在华盛顿西北区的家里度过了我们最后一天，在我们那条街的另外一头有一个汉堡快餐店，里面的客人正在举行吃汉堡包比赛。场面让人感到很恶心。一群脸上长着粉刺的青年人，其中有一些人已经很肥胖，他们使劲把汉堡包往嘴里塞。

美国本身就可以看作是在进行一场狂吃比赛，以巨大的、俗不可耐的疯狂方式将脂肪和油腻的垃圾食品使劲地塞进已经饱得发胀的肚子里去。

你可以认为，引发全世界经济衰退的次级房贷危机，主要是因为人们的贪婪造成的。由于缺乏适度的控制，由于对事物自然发展规律缺乏应有的尊重，导致金融公司把房屋贷款硬塞进借贷者的嘴里，对这些借贷者的信贷评级总是会最终引发疯狂的呕吐。

科学与迷信

此外，美国还存在一种丑恶现象。最近在威斯康星州有一个小女孩，本来可以活下来，但是却不幸死去。这个事件充分说明了黑暗的存在。11岁的卡拉·纽曼患有I型糖尿病，小女孩的家人出于宗教原因，决定不把孩子送进医院治疗。他们只是在孩子的床边进行祈祷，结果眼睁睁看着孩子死去。

小女孩的死亡是完全可以避免的。说句实话，这次死亡是石器时代的迷信造成的。这种迷信正在这个地球上最富有、技术最发达的国家蔓延。

我对这种迷信和狂吃比赛以及美国的低级乏味现象感到很遗憾。但是在我生活了七年多之后，我越来越相信，这些成分并不是美国伟大的阴暗面，而是其伟大的一部分。

美国人做事情有些无拘无束，为其伟大之处留下了很大的空间。

心想事成

走上通往南卡罗来纳州的17号公路，你可以走得很顺利，也可以走得很不顺利。你也许会出车祸被烧伤，你也可以给汽车灌满廉价汽油，一直开到太阳落山。如果你不喜欢南卡罗来纳，你可以租一辆自驾卡车，一直开到西雅图。

你如果对自己的生活感到厌倦，但是如果你有志向和运气，你就可以改变你的人生，因为作为美国人，你总是相信你可以改变你的人生。坐在纽约一个昏暗的公寓里，看着法庭电视连续剧《佩里·梅森》，你可以决定是否将来在法律界成名成家。当年8岁的索尼亚·索托马约尔就是这样做的。

今年夏天，50出头的索托马约尔成为最高法院的女法官。这个美国的最新故事让那些追求美国梦的人感到欢欣鼓舞。

如果索托马约尔能够获得成功，必须有一个能产生这种追求的环境，而这种环境的一部分就是深知不奋斗就会导致贫困，体验美国普通老百姓的生活疾苦，以及美国人所享受的可以努力追求幸福的自由。

正是在这种氛围内，才能培养出诺贝尔奖得主。这个国家终将有一天能大规模生产治疗I型糖尿病的特效药，但是它却不能，也不愿意挽救卡拉·纽曼这个小女孩，未能使她摆脱虔诚的父母的迟钝反应和极端的愚蠢表现。

美国人口已经超过3亿，他们从世界各地移民到这里定居。他们来自胡志明市、来自通布图、来自维尔纽斯、来自德黑兰、来自地球上那些最偏远地方。这些移民在美国定居下来，他们仍然源源不断地到来。

我就要返回旧世界了，心中感到有些疯狂。我的5岁女儿克拉拉也有同感。不过她已经拿到美国护照，感到很骄傲。她说，她打算在12岁的时候离开家，返回她的出生地。对于这种想法，我完全理解。

如果你想出去冒险，如果你能自食其力，如果你想过你梦想的生活，美国仍然是个好去处。

该说的话都说了，我打算结账了，但我还是有些恋恋不舍。

中国的刘亚洲将军也说：

大学毕业后，正逢改革开放，我又有了一个观点：美国是由千千万万个不爱自己祖国的人组成的国家，但他们都爱美国。那时（中国）很多领导人，一边骂美国，一边把子女往美国送。

美国有三个可怕。

第一，美国的精英体制不可小觑。它的干部制度，它的竞选机制，能够确保决策者是一批精英。我们中国的悲剧，大到国家，小到单位，很多情况是，有思想的人不决策，决策的人没有思想。有脑子就没有位子，有位子就没有脑子。美国正好相反，它的宝塔尖体制，正好把一批精英弄上去了。因此，第一，它不犯错误，第二，它少犯错误，第三，犯了错误能很快改正错误。我们是犯错误，这是第一；第二，常犯错误；第三，犯了错误很难改正错误。

第二，美国的大气与宽容。美国人可以在大街上焚烧自己的国旗。戴旭（《空军军事学术》编辑）说：如果一个国家连自己的国旗都可以自由烧的话，你还有什么理由去焚烧它呢？

第三，精神和道德的伟大力量。这是最可怕的。"9·11"是一场灾难。当灾难袭来时，最先倒下的是躯体，但站立的是灵魂。有的民族逢灾难，躯体未倒，灵魂已缴械。"9·11"事件中发生了三件事，都可以让我们从中看到美国人的力量。第一件，世贸大楼顶部被飞机撞击之后，烈焰奔腾，形势千钧一发。楼上的人们通过EXIT向下逃生的时候，并不特别慌乱。人往下走，消防队员往上冲。互相让道，并不冲突。有妇女、小孩、盲人时，人们都自动地让出一条道来，让他们先走。一个民族的精神不强悍到一定程度，断然做不出这种举动。面对死亡，冷静如此，恐怕不是圣人也接近圣人了吧。第二件是，"9·11"的第二天，世界就知道这是阿拉伯恐怖分子所为。很多阿拉伯商店、餐馆被愤怒的美国人砸了。一些阿拉伯人也受到袭击。这个时刻，有相当一批美国人自发地组织起来，到阿拉伯人的商店、饭店为他们站岗，到阿拉伯人居住区巡逻，阻止悲剧的进一步发生。这是一种什么精神啊！第三件是，在美国宾夕法尼亚坠毁的那架767客机，本来是要撞向白宫的，后来机上乘客与恐怖分子搏斗，才使飞机坠毁。因为他们当时已知道世贸大楼被撞的消息，他们决定，不能无所作为，必须与恐怖分子作殊死斗争。即使在这种情况下，他们还做了一件事：决定投票通过是否要和恐怖分子作斗争。在这么一个生死攸关的时刻，我都不愿意把我的意志强加于别人。后来全体同意，才去与劫机者搏斗。什么叫民主？这就是民主。民主的理念已经深入到他们的生命中、血液中和骨髓中。这样的民族，他不兴盛谁兴盛？这样的民族，他不主导世界，谁能主导世界？

1994年，当天笔者从上海出发前往美国，我叫了一辆出租车往机场，司机在途中得知我去美国，感慨地对我说："你老先生好有福气。如果有可能去美国，即使让我爬，我也愿意爬着去美国。"

人无完人。国家是由人组成的，当然也不可能有十全十美之国。任何国家都会有好人和坏人。我经常去美国，看到美国社会的丑恶多多，简直可以说不胜枚举。但仔细想来，又不得不承认它还是一个最有资格当领袖的国家。为什么呢？因为它是一个自由最多的国家，而同时又是一个建立在"防恶"制度上的国家，是一个真正法治的国家。它的宪法，用一句话来说，就是目的在"防恶"。所以，"恶"不可能占优势。只要好人占优势（prevail），不管丑恶的人有多少，它仍然是一个好国家。而美国正是这样一个国家。

为了了解美国，我们必须首先了解美国人。我最近在美国旧书摊上买到一本非常浅显的中学生读物《美国的人民：来自世界各地》（*People of America：They Came from Many Lands*），正好说明了刘亚洲将军所说的美国"是由千千万万不爱自己祖国的人组成的国家"。

那么，他们为什么又偏偏爱美国呢？道理很简单，因为美国人很"美国"。"美国"已成了一个形容词。英国人称富兰克林为"最美国的美国人"。

本书的目的就是要介绍108位典型的美国人，使大家知道美国之所以能成为美国。

目　录

序　言 ·· 1

三十六天罡星
（从本杰明·富兰克林到贝拉克·奥巴马）

1　本杰明·富兰克林 ··· 3
2　乔治·华盛顿 ·· 12
3　托马斯·杰斐逊 ·· 29
4　安德鲁·杰克逊 ·· 42
5　亚伯拉罕·林肯 ·· 55
6　西奥多·罗斯福 ·· 66
7　伍德鲁·威尔逊 ·· 80
8　富兰克林·德拉诺·罗斯福 ··· 92
9　埃莉诺·罗斯福 ·· 106
10　哈里·杜鲁门 ·· 116
11　约翰·肯尼迪 ·· 127
12　吉米·卡特 ·· 139
13　杰斐逊·戴维斯 ·· 148
14　乔治·马歇尔 ·· 156
15　乔治·巴顿 ·· 162
16　安德鲁·卡耐基 ·· 171
17　约翰·洛克菲勒 ·· 177
18　亨利·福特 ·· 186
19　比尔·盖茨 ·· 191

20　托马斯·爱迪生 …… 200
21　阿尔伯特·爱因斯坦 …… 206
22　萨默尔·龚泼斯 …… 216
23　马克·吐温 …… 221
24　约瑟夫·普利策 …… 228
25　沃尔特·迪斯尼 …… 234
26　布克·华盛顿 …… 240
27　马丁·路德·金 …… 245
28　杨伯翰 …… 261
29　葛培理 …… 265
30　司徒雷登 …… 271
31　阿尔·卡蓬 …… 280
32　维多利亚·伍德赫尔 …… 284
33　玛丽莲·梦露 …… 292
34　迈克尔·乔丹 …… 298
35　科林·鲍威尔 …… 303
36　贝拉克·奥巴马 …… 313

七十二地煞星

（从亚当斯父子总统到布什父子总统）

1　约翰·亚当斯 …… 327
2　约翰·昆西·亚当斯 …… 340
3　艾比盖尔·亚当斯 …… 347
4　詹姆斯·麦迪逊 …… 355
5　尤利西斯·格兰特 …… 366
6　赫尔伯特·胡佛 …… 372
7　德怀特·艾森豪威尔 …… 378
8　理查德·尼克松 …… 382
9　罗纳德·里根 …… 393
10　亚历山大·汉密尔顿 …… 399
11　本尼迪克特·阿诺德 …… 407
12　山姆·休斯顿 …… 414

13	马克·汉纳	423
14	亨利·华莱士	432
15	哈里·霍布金斯	437
16	埃德迦·胡佛	442
17	约瑟夫·麦卡锡	447
18	亨利·基辛格	452
19	康多莉扎·赖斯	457
20	骆家辉	463
21	约翰·马歇尔	470
22	索妮亚·索托马约尔	478
23	罗伯特·李	484
24	道格拉斯·麦克阿瑟	490
25	约瑟夫·史迪威	496
26	哈里埃特·杜布曼	501
27	约翰·布朗	507
28	弗雷德里克·道格拉斯	517
29	威廉·杜波伊斯	526
30	马尔康·艾克斯	530
31	苏珊·安东尼	536
32	琴·亚当斯	540
33	克拉拉·巴顿	544
34	沃尔特·惠特曼	549
35	欧内斯特·海明威	552
36	秀兰·邓波儿	560
37	J.P. 摩根	563
38	赛拉斯·麦考密克	567
39	山姆·沃尔顿	571
40	赖伊·克罗克	574
41	尤金·德布斯	578
42	约翰·路易斯	583
43	威廉·福斯特	588
44	沃尔特·鲁瑟	593
45	厄尔·白劳德	597

46 林肯·斯蒂芬 ……………………………………………………… 602
47 沃尔特·李普曼 …………………………………………………… 610
48 约翰·里德 ………………………………………………………… 616
49 亨利·卢斯 ………………………………………………………… 621
50 亨利·大卫·梭罗 ………………………………………………… 627
51 约翰·杜威 ………………………………………………………… 631
52 查尔斯·埃利奥特 ………………………………………………… 638
53 安·克拉克·马丁德尔 …………………………………………… 644
54 查尔斯·林白 ……………………………………………………… 649
55 罗伯特·奥本海默 ………………………………………………… 655
56 韦纳·冯·布劳恩 ………………………………………………… 659
57 路易斯、克拉克和萨卡佳微 ……………………………………… 665
58 杨振宁、李政道和吴健雄 ………………………………………… 671
59 沙可和樊赞地 ……………………………………………………… 686
60 吉姆·琼斯和戴维·柯里什 ……………………………………… 691
61 陈纳德夫妇 ………………………………………………………… 697
62 克林顿总统夫妇 …………………………………………………… 714
63 布什父子总统 ……………………………………………………… 726

三十六天罡星

(从本杰明·富兰克林到贝拉克·奥巴马)

1 本杰明·富兰克林

美国是一个幸运的国家。首先是它在地理上占尽了便宜，不过，最重要的还是人的因素：无论是土生土长的美国人，如富兰克林、华盛顿和爱迪生；还是后来的移民，如爱因斯坦、普利策和基辛格。读美国杰出人物的传记似乎像读《水浒》一样饶有兴趣，而且大有裨益。

因此，我们要在这里推出一套美国人物"绣像集"，第一位就是本杰明·富兰克林。

自强不息

之所以要把富兰克林放在第一，是因为他是典型的土生土长的美国人。英国著名教授拉斯基称富兰克林是最美国的美国人。1706年1月，富兰克林生于波士顿的一个制烛商之家。他10岁就辍学，在家中帮父亲做小工。他对此毫无兴趣，于是父亲就送他到大儿子所办的印刷所去当学徒。美国人是讲"法"的，所以富兰克林得与他亲哥哥签一个学徒合同，学徒期为8年，当时，他12岁，就是说要到21岁才能出师独立，这对本杰明来说是很难熬的。幸亏老天爷赐以良机，使他得以早日摆脱困境。他哥哥因在他所办的报上刊载了"不法"的文章而吃了官司，就把报纸发行人的名字改为本杰明，但学徒是没有资格当发行人的，所以干脆烧掉了合同。富兰克林在印刷所不但学会了排字，而且读了一切可读的东西，终于也学会了写文章，并在自己的报上发表。17岁时，他离家远走费城。

到费城时，富兰克林身上只有几个买面包的钱了。他找了一家印刷所，老板当场要他排版，见他十分在行，就录用了他。没有多久，富兰克林就在费城以工作老练和为人诚实而出了名。最后，宾夕法尼亚州总督凯兹亲自来找富兰克林，要他在费城办一个印刷所，并说定要写几封介绍信给英国的朋友，另给一封空白支汇信，好让富兰克林亲自去英国采购机器、铅字等所需物资。但当富兰克林上了远洋航船之后，这位总督还没有把介绍信送到。富兰克林受了骗，成了英伦的一名孤儿。他凭"薄技在

本杰明·富兰克林，1967 年

身"，在一家印刷所内找了一个工作。他又一次在所内出了名。

在当初来英国的船上，富兰克林结识了一位商人旦南。一天，旦南来邀他共同回美国做生意。两人又一同回到费城，而且生意很顺利。不料天有不测风云，两人忽然都得了重病，旦南一病不起，富兰克林幸免一死，但又失业，陷入窘境。最后有个朋友梅雷迪斯，一贯敬佩富兰克林的手艺和人品，建议由他父亲出资，由富兰克林出力，合办一个印刷所，由于富兰克林的才能和声望，业务十分兴旺。不久，梅雷迪斯欲离开费城，把印刷所盘给了富兰克林。从此，富兰克林就成了独立的业主，可以完全按自己的主意行事了。他虽然当了老板，但勤劳如故，更获得了全城人民的尊敬。

他最得意的事是出版了《穷理查德的历书》，每年一册，书中附有名言和警句，既有各国的传统箴言，也有他自己的创作。他最得意的杰作是这样一句话："空空的布袋是立不起来的。"历书不但在费城成为每户必备，而且销至其他各州，这使他不但成了名人，同时也成了富翁。

回馈社会

富兰克林不只是靠自强不息发家，而且满怀一颗为社会服务之心。他为公益做的事不胜枚举，现略述一二。当时还是煤油灯时代，费城的街上装的是球形的玻璃灯，富兰克林认为它有两大缺点：第一，煤烟不易外流，每天得派人擦灯罩；第二，若不小心打碎玻璃，就得换上整个新罩。因此，他建议改成用4块玻璃组成的方形灯罩。这样，第一，可以在顶口开一孔出气，用不着每天擦灯罩；第二，若不小心打坏玻璃，只要换一块就行。这一简单措施就为政府节省了不少开支。还有，他看到费城人所用的煤炉子太不科学，就设计了一种新型的炉子，为人们节约了不少燃料，这种炉子被称为富兰克林炉子。

更脍炙人口的是关于避雷针的故事。他在阅读科学书籍中了解到电这个东西，于是做了一个实验。在一个雷雨天，他把一个自制的风筝送入天空，并把绳线的一端接在一个电瓶之上，结果真的发现电瓶中有闪电的反应，从而发明了避雷针。

富兰克林的这一系列活动大大震惊了欧洲。英国学校赠给了他一个名誉博士头衔，他因此成了美国"苦儿成名录"中的第一号先驱。

妙语连珠

由于他的名望，他很快就被选进了费城参议院，从此弃商从政，走上了政坛。在美国独立革命前夕，他被任命为驻伦敦的代表。他本来是一名亲英派，并以身为英国臣民而自傲，但他能适应时代，投身独立运动，忠于革命。相反的，他的儿子威廉却成了一名反革命的亲英分子。富兰克林无可奈何地写过这样一首诗：

> 我的儿子，
> 是我的儿子，
> 直到他娶媳妇为止。
> 我的女儿，
> 是我的女儿，
> 一直到我呼吸停止。

对英作战胜利后，1887年在费城召开了制宪大会。富兰克林当时已81岁，是会上最年老的元老，他没有气力发言，所以作了一次书面发言。他提出了一个惊人的建议：

只是在行政首长的薪俸问题上,我冒昧地有一些不同看法……我认为,给长官支薪会有弊端,不给支薪倒不会有弊端,相反的,会有很大好处。世间有两种强烈的爱好对人间事发生着强有力的影响,这就是野心和贪心,也就是爱权和爱财。如果把它们拆开,那么,这两爱中之任何一爱就可以成为推动人们发挥干劲的一种强大力量。但如果把两者联成一体,那它们就会对许多人产生极强烈的作用。对这些人而言,如果他们看到某一位置既能带来荣誉,又会带来利润,那么,他们就会什么事都干得出来以便谋取这样一个位置。这些人将设法挤进你们的政府,成为你们的统治者。

大会虽然没有对此建议作出决议,但美国实际上已接受了高官不高薪的做法。

革命战争结束后,人民松了一口气,开始讲求提高生活水平。有些老前辈大为担心,他们说:"人们所关心的东西唯有钱,它是能赢得人们尊敬的唯一的猎物。品德和才能已不起什么作用。"他们请富兰克林出来"匡正"。

富兰克林说:"我不相信在偌大一个国家内人们能对奢华加以匡正。奢华的坏处并不见得有外表看来那样大。让我们来做一个假设,把奢华定义为一切不必要的花钱,然后让我们来设想,防止此类花费的法律是否能在偌大一个国家内有效执行。如果能执行,我国人民是否会变得较愉快些。"他认为追求金钱可以刺激人们的"干劲和勤奋"。

富兰克林处理问题的妙语真是处处皆在,俯拾即是。1998年12月11日,克林顿总统在白宫玫瑰园演说中还引用了富兰克林的一句话:"谁批评我们,谁就是我们的朋友,因为他们指出了我们的缺点。"

全面评价

《美国名人传记全书》给富兰克林作了全面评述:

富兰克林年轻时接纳的是传统的贵格派思想,但随着年龄的增长,他在政治上愈来愈趋激进。在他身上总是有某种冒天下之大不韪的东西。一部分是由于他把一些最终价值看作是一种不断变化着的假设;一部分是由于他要从问题的所有方面考虑问题;一部分是由于他充分认识到生活的讽刺角度;一部分是由于他洞悉人的最后弱点。

作为一个精明的商人,他却容许成百的人欠他小债,成打的人欠他的大债,我们也从来不知道他曾逼过任何人还债。虽然官方要给他发明的炉子以专利,但他却加以拒绝,他也不想给他的避雷针申请专利。马克斯·韦伯说:富兰克林的著作中体现了最典型和纯粹的资本主义精神,但他个人又毫不计较个人财富。他甚至不同意个人大量积储财富，认为把大量资本集中到一人之手是有损于社会全体的。他看不起贪婪，他尊重普通人，他喜爱自然哲学，敬重那些为人做好事的人。

在1776年《独立宣言》上签字的人中，富兰克林年龄最大，他那时是70岁，华盛顿44岁，亚当斯40岁，杰斐逊33岁。

在《穷理查德的历书》中富兰克林写了首诗：If you would not be forgotten/As soon as you are dead and rotten/Either write things worth reading/Or do things worth the writing. 译成中文是：当你走入阴间，不想被人间遗忘，那你得写些值得一读的东西，或做些令人值得一写的东西。

富兰克林在这两方面都做到了。在他成为世界知名的科学家、作家、发明家和政治家后，他重新回到早年所盼的为人类做好事的人生目的上去了，很多同代人都认为他真的做到了。英国的威廉·布克把他称为"人类的朋友"。富兰克林的最初40年是商人，他的第二个42年是自然哲学家、公务员、外交家和政治家。在那些决心要把自己献身于有利于人类事业的幻想家中，他是最务实的一个，或许也是最明智的一个。他在临死前曾说："愿上帝赐福，不仅能使对自由的爱心，而且也使对人权的共识，渗透到地球上的所有国家，以便任何一位哲学家踏上地球之时能说：这就是我的家。"

2003年7月，《时代》周刊发行了一期《富兰克林特刊》。它认为富兰克林有七大美德，值得21世纪的美国人好好学习。

一、对专制的势不两立。他的反专制表现在各个方面。从反对他哥哥对他的专制起，一直到反对英王对殖民地的专制。"在他一生中，在许许多多事情上，他都愿意妥协和调和，但只有在反专制问题上，他是不肯让步的。"

二、主张出版自由。他早期就在他的《宾夕法尼亚记事报》写了一篇社论，主张出版自由。"它至今仍然是保卫出版自由的最佳作品之一。"他说，人的思想几乎与人的面孔一样，是各有不同的。出版商的责任就是让人们各自发表自己的意见。如果出版商只出版不冒犯任何人的文章，那就没有什么东西可写了。公众应当听到正反两方面的意见，真理和错误应当有同样的机会，在这种情况下，前者总是会战胜后者的。

三、幽默处世。他不因遇挫折而气馁，保持笑口常开。

四、永葆谦逊。他不因成功而摆架子。即使他已发财和成名，他仍然自己动手，在大街上自己推小车运送纸张。他能做到有难独当，有福共享。

五、办好外交。富兰克林在巴黎当大使期间，证明了他的确是一位实行现实主义原则的外交大师。他手段高明地在法国、西班牙、荷兰以及后来的英国之间玩保持平衡的游戏。他对法国外长维尔计尼说：如果法国和它的同盟西班牙帮助美国，英国将丧失它的殖民地以及"使它得以繁荣的商务"，美国将保证其盟友可取得英国在加勒比海的岛屿。如果法国不干，美国就可能"不得不向英国委曲求和"。但他知道光依靠上层权力是不够的,还必须唤醒群众,认识美国。

于是,他利用他自己家内的印刷机,印发了《独立宣言》和他自己所起草的《宾夕法尼亚州宪法》,大量散发,从而引起了法国人民的广泛同情。他向大陆会议报告说:"在国外的所有国家中,都盛行专制,对喜爱自由的人而言,美国成了可离开专制的避难所,我们的事业受到了全人类的敬爱。"

他大力宣传:"我们是为人类的尊严和幸福而战。"他更进一步使人相信,美国所做的就是卢梭所提倡的边疆自由,也就是伏尔泰所主张的启蒙。

他终于使法国同意结盟,并获得了路易十六的接见。

当代历史学家伯乃德·贝林说:"美国最伟大的历史时刻就是当它懂得如何把现实主义与理想主义完美结合的时刻,在这一点上,没有人比富兰克林做得更好了。"

六、妥协政策。富兰克林在他整个一生中都在实行他的座右铭:"双方都必须对自己的要求作出让步。"但应用得最妙的是在制宪会议之上。当时在代表人数问题上,大州与小州相持不下,眼看就要闹翻。富兰克林作为一名长者,心平气和地说:"意见的分歧集中在两点。如果采用比例代表制,小州会感到它们的自由受到威胁。如果采用绝对平均制,大州会说,它们的钱袋受到了威胁。"因此,他综合了一个妥协办法。众议院的代表采用比例代表制,参议院的代表采用绝对平均制。当宪法最后获得通过后,他又说:"我并不是对每一条条文都感到满意,但我知道我们不能作出比这更好的条文。"

对富兰克林本人而言,他是赞成比例代表制的。其所以妥协,不但是出于实用,而且也是出于道义。妥协家算不上是伟大的英雄,但他们是伟大的民主主义者。

七、主张宽容。20世纪的伟大斗争是反法西斯主义的斗争。很明显,从2001年9月11日起,21世纪的伟大斗争将是极端原教旨主义势力与宗教宽容主义者之间的斗争。必须注意,美国并不是生来就有宗教宽容的,它是发展而来的。事实上,清教徒是很不宽容的。富兰克林就是从波士顿的不宽容气氛中逃出来的。他到了费城,那是一个有宗教自由的地方。富兰克林在那里也努力培养宗教宽容。他帮助建立了一座自由教堂。任何教派都可以在那里宣教。他曾骄傲地说:"即便是康斯坦丁堡的教皇要派人来向我们宣扬穆罕默德主义,他也可以自由宣讲。"他的父母为此写信批评他,他回信说:若有人坚持只有他的信仰是真的,其他的都是错的,那是无理的。《圣经》使我相信,上帝最后审判时将根据人的行为而不是思想。

不管那时也好,现在也好,很不幸,人们仍然在为强加信仰而流血。富兰克林想帮助建立的是一个多教派的和谐社会,是宽容的社会。而宽容的基础在于:反对专制,提倡表达自由,崇尚妥协,个人互相尊重,还要带一点幽默和谦逊。这一切正是这个新世纪所需要的。

《时代》还特别强调富兰克林在外交上的成就。它使用了一个大标题:"他使法国成了我们的朋友,如果没有这位超级外交家让整个巴黎倾倒,美国也许不会赢得独立战争。"

因此,富兰克林不但是年龄最高的国父,也可能是功劳最大的国父。

最后,请读一读富兰克林的语录:

1. 20 岁时起支配作用的是意志,30 岁时是机智,40 岁时是判断。
2. 我未曾见过一个早起、勤奋、谨慎、诚实的人抱怨命运不好;良好的品格,优良的习惯,坚强的意志,是不会被所谓的命运击败的。
3. 站着的农夫比跪着的绅士高贵。
4. 诚实是最好的政策。
5. 读书是易事,思索是难事,但两者缺一,便全无用处。
6. 绝望毁掉了一些人,而傲慢则毁掉了许多人。
7. 有毅力、勤奋、忘我投身于工作的人,诚实和勤勉,应该成为你永久的伴侣。
8. 推动你的事业,不要让你的事业来推动你。
9. 把钱用在对自己对别人都有益的事情上,不要错花一分钱。
10. 兄弟不一定是朋友,但朋友往往是兄弟。
11. "思考"应当走到众人前面去,"愿望"不妨留在后面。
12. 青年人的教育是国家的基石。
13. 良好的态度对于事业与社会的关系,正如机油对于机器一样重要。
14. 人生应为生存而食,不应为食而生存。
15. 尽力做好一件事,实乃人生之首务。
16. 需要注意小额费用。一艘大船的沉没,有时是微小的裂口所致。
17. 失足,你可能马上恢复站立;失信,你也许永难挽回。
18. 凡事勤则易,凡事惰则难。
19. 择友勿急躁,弃友更须三思。
20. 虚荣是骄傲的食物,轻蔑是它的饮料。
21. 懒惰,像生锈一样,比操劳还能消耗身体;经常用的钥匙总是亮闪闪的。
22. 诚实和勤奋,应当成为你永久的伴侣。
23. 浪费时间是所有支出中最奢侈、最昂贵的。
24. 闲暇就是为了做一些有益事情的时间。
25. 不惜牺牲自由以图苟安的人,既不配享受自由,也不配获得安全。
26. 想要有空余时间,就不要浪费时间。

27. 你热爱生命吗？那就别浪费时间，因为时间是组成生命的原料。

28. 恶习知道自己委实很丑陋，所以往往戴了假面具。

29. 平庸的人最大的缺点是常常觉得自己比别人高明。

30. 如果你懂得量入为出，那你就可以致富了。

31. 保持健康，这是对自己的义务，甚至也是对社会的义务。

32. 信奉真理的人，必受天佑。

33. 如果有什么需要明天做的事，最好现在就开始。

34. 帮助朋友，以保持友谊；宽恕敌人，为争取感化。

35. 能忍耐的人才能达到他所希望达到的目的。

36. 懒惰行动得如此缓慢，贫穷很快就能超过它。

37. 失足可以很快弥补，失言却可能永远无法补救。

38. 真话说一半常是弥天大谎。

39. 正像新生的婴儿一样，科学的真理必将在斗争中不断发展，广泛传播，无往而不胜。

40. 我从不到酒馆、赌场或任何其他娱乐场所去消磨时光。

41. 在读书上，数量并不列于首要，重要的是书的品质与所引起的思索的程度。

42. 坏的习惯必须打破，好的习惯必须加以培养，然后我们才能希望我们的举止能够坚定不移、始终如一地正确。

43. 傻瓜的心在嘴里，聪明人的嘴在心里。

44. 对所有的人以诚相待，同多数人和睦相处，和少数人常来常往，只跟一个人亲密无间。

45. 不劳则无获。

46. 骄傲导致丰盈，然后导致贫困，最后导致声誉扫地。

47. 早熟的人凋枯得也早。

48. 骄傲者憎恨他人骄傲。

49. 美的欣赏是可以意会而不可以言传的；这随各人的心境志趣嗜好而不同。

50. 青年时鲁莽，老年时悔恨。

51. 挥霍无度的人，等于将自己的前途抵押了出去。

52. 忠诚老实，不要说有害于人的谎话，要表里一致。

53. 聚敛财富也即自寻烦恼。

54. 勤奋是好运之母。

55. 命运的变化犹如月之圆缺，对智者无妨害。

56. 劳动是幸福之父。

57. 如果一个人倾其所有金钱以求学问，那么他脑子里所藏的东西，是没有人可以拿走的。

58. 懒鬼起来吧！别再浪费生命，将来的坟墓内有足够的时间让你睡的。

59. 没有任何动物比蚂蚁更勤奋，然而它却最沉默寡言。

60. 有耐心的人，能得到他所期望的。

61. 懿行美德远胜于貌美。

62. 最难抑制的情感是骄傲，尽管你设法掩饰，竭力与之斗争，它仍然存在。即使我敢相信已将它完全克服，我很可能又因自己的谦逊而感到骄傲。

63. 钱财并不属于拥有它的人，而只属于享用它的人。

64. 把别人对你的诋毁放在尘土中；把别人对你的恩惠刻在大理石上。

65. 争吵是一种人玩的游戏。然而它是一种奇怪的游戏，没有任何一方曾经赢过。

66. 探索别人身上的美德，寻找自己身上的恶习。

2 乔治·华盛顿

凡到过美国首都的人，都会注意到那座巍巍的华盛顿纪念碑；同时也会注意到，华盛顿市区跟其他大城市不一样，竟找不到什么摩天大楼。原来那里有一条规定，市内的任何建筑物的高度都不准超过华盛顿纪念碑。

华盛顿真的不能被超过吗？答案恐怕是："也许。"

乔治·华盛顿

美国革命元老之一本杰明·富兰克林在 1787 年的制宪会议上曾发表书面演说说道："世间有两种强烈爱好对人间事发生着强有力的影响。这就是雄心和贪心，也就是爱权和爱财。如果把它们拆开，那么，这两爱中之任何一爱都可以成为推动人们发挥干劲的一种强大力量。但如果把两者作为推动力而联结在一起，那么，它们就会对许许多多人产生最猛烈的效果。对这些人而言，如果他们看到某一位置既能带来荣誉，又会带来钱财，他们就会冒天下之大不韪去谋取这样一个位置。"

华盛顿恰巧是跳出了富兰克林所划的这两个圈子的人。

在近代世界中，还没有找到任何掌有实权的国家领导人能像华盛顿那样完完全全出于自愿和出于主动地急着要求退隐。

英国前首相格拉德斯通曾说："如果在历史献给最高贵、最纯洁的政治家的纪念碑中，有一座其高非别的所能伦比的，而且有人问我，谁最配得上这一无上的荣誉，那么，在过去45年中的任何时间，我都会毫不犹豫地选择一个人——华盛顿。"

热衷功名无遑他顾

在美国与在世界各地一样也有吹捧家。第一个为华盛顿作传记的人是一位牧师，名叫威姆斯。他的书再版了好几十次，这书最初的时候是一本薄书，最后却成了一本厚书，因为每再版一次，威姆斯就加上一点新"材料"。他所制造的一个最有名的故事就是华盛顿在幼年时诚实无比，向父亲自报砍断了一株樱桃树。笔者在小学时代就从商务印书馆的《儿童世界》上读到过这个故事。但现代历史学家已证明威姆斯的好些故事都是编造的，根本不是事实。

1732年2月22日乔治·华盛顿生于弗吉尼亚的波普斯溪，他是他父亲的续弦夫人的第一个儿子，他有两位同父异母的哥哥。他父亲是一名庄园主，拥有约一万英亩土地。华盛顿11岁时，他父亲就去世了，由其兄劳伦斯当家。劳伦斯比乔治大14岁，很有当父辈的资格。更幸运的是，他们两人间的关系竟非常融洽，这给乔治以后的发展带来了决定性的影响。

乔治的两个哥哥都被送往英国留学。但乔治却没有获得这样的机会，他甚至连本州的威廉和玛丽学院都没有上，据说是他母亲不愿让乔治离开自己身边。因此，他的文化程度，用中国标准来说，仅仅是初中水平。17岁那年，乔治开始进入社会，充任了一名小小的土地测量员。但劳伦斯给他带来了机会。劳伦斯留学回国后在英国海军上将弗农的西印度海军中任上尉。由于崇拜弗农，劳伦斯就把自己的山庄取名为弗农山庄，又译为芒特弗农。

但劳伦斯不幸早逝，他留下遗嘱，规定把财产留给一名小孤儿，万一孤儿有不幸，则转给乔治。结果，劳伦斯死后不久，那婴孩也死了，乔治便获得了一大笔财产。

弗农山庄本来归嫂子所有，但嫂子再嫁，乔治乘机租用，后来又取得了全部主权，成为真正的弗农山庄主人。

不但如此，乔治还上书总督，要求继任劳伦斯的军衔，结果于1752年11月被任命为弗吉尼亚民军少校，从此他立志以军功来争取自己的前程。

18世纪50年代，法国在美洲还有相当的势力，法军派兵进占俄亥俄河流域，设立堡垒。弗吉尼亚副总督丁惠迪写了一封抗议信，华盛顿自告奋勇，愿只身前往送信。他带了一名向导，一名法语译员。这是非常艰苦的行程，天气又非常之坏。他经历了许多危难，终于把信交给了法国公牛堡垒的守军司令，并带了回信，返归威廉斯堡，又应丁惠迪之命，写了一个报告。丁惠迪将报告印行，在伦敦两个刊物上转载。于是，华盛顿第一次为自己树立了声名。

1754年，丁惠迪下令组织一支人马赴俄亥俄地区防守边疆，他任命华盛顿为副司令，华盛顿带了约150人，从亚历山大出发，沿波托马克河而上，最后进入蒙诺加希拉荒凉地区。行程非常困难，但他仍然前进，经大草原，到桂冠山脉，这时，探子来报，附近有法军。第二天，华盛顿不经宣战，向法军偷袭，杀死敌军10人，俘20人。适逢司令病逝，华盛顿立即晋升为上校。不久法军已准备好报仇，华盛顿把部队退至大草原，赶筑命运堡垒。法军大批涌至，把华盛顿团团包围。华盛顿只好挂白旗投降，且在投降书上签了名。

这里发生了一起翻译误会。投降书上的法文原文指责对方谋杀了几名法国人，但华盛顿的译员是荷兰人，只有洋泾浜法语水平，所以把谋杀译为杀死。华盛顿当然没有发现问题。事后，法国人把法文投降书公之于众，伦敦人士看到华盛顿竟承认谋杀，不胜气愤。但丁惠迪完全原谅了华盛顿，他知道这事只能怪翻译，不能怪华盛顿。

1755年，英国派布雷多克将军率正规军征讨法军及其印第安同盟。正规军不承认华盛顿的上校军衔，所以他只以志愿军身份参加了布雷多克的参谋班子。布雷多克采用英军的正规进军方式，机械地行军。华盛顿提醒布雷多克应提防印第安人的偷袭，但布雷多克十分骄傲，认为印第安人只能吓唬民军，他的正规军是不怕的。结果，果真中了埋伏，被打了个措手不及，英军大败，布雷多克重伤殒命，华盛顿落得个死里逃生。

他在给家人的信中写道："靠了全能的上帝的旨意，我可以平安归来，的确是超乎人力之所能，出乎人们意料，因为我的外衣就被4发子弹穿透，我的坐骑有两匹被打死，在我周围的战友纷纷倒下的时候，我却安然无恙，说来真是太丢脸了，我们被一小批微不足道的敌人打败了。"

这次失败，华盛顿当然毫无责任，相反，他还获得了英勇作战的美名。他回家后就被任命为弗吉尼亚民军总司令，时年23岁。

从信函中可以看出，青年华盛顿的生活重心就是想依靠军功，获得升迁。

1757年，他上书丁惠迪说："我不否认我有缺点，也许有很多的缺点。如果我不自量力地自认十全十美，那不但世人，就是我自己，也会觉得我是虚浮浅薄的。不过有一点我知道，而且也最引以为慰的是，没有一个从事公职的人，能像我那般诚实地、热心地为国家利益执行所托付给他的任务。"

同年，他还对代替布雷多克的英军司令劳顿将军说："我虽然尚未受知于勋爵阁下，但早已久仰勋爵大名，并深深钦佩阁下为英皇陛下在世界各处所立下的功勋。勋爵大人幸勿误会我在奉承。尽管我极敬仰阁下的人格和地位，我却毫无谄谀之意。卑职的性格一向是诚实朴素的。"

"至于卑职本人，倘若布雷多克将军今仍在世，则卑职当早已升迁。布雷多克将军曾亲口允承此事，以他的诚恳和度量，当不至徒作空言。"

但华盛顿并没有采用任何不正当的手段来谋求发迹，他的唯一手段就是努力苦干。这一点对他后来出任革命军总司令后的治军心态很有影响，因为他自己是过来人，所以他严格执行了以功论赏的办法。华盛顿作为司令和总统，从来没有干过走后门和拉关系这样的不正派事情，举例说，华盛顿的弟弟们从来没有因他的关系获得一官半职。

1758年，他在本县获选议员，而且又订了婚，所以准备辞军职以成家。但手下的军官们联名上书，竭力挽留。信中这样写道：

我们失去那么能干的司令、诚恳的友人和亲切的同伴，其失望之情，是不难理解的。当我们想到我们不幸的国家所将受到的同样尤可补偿的损失时，我们心中的悲哀更无可掩饰了。我们国家哪里去找更有军事经验、更富于爱国心和勇气、更有操守德行的人呢？阁下一天在职，就能激励我们每一个人心中的决心与热忱，不顾一切危难艰辛，在我们所敬爱者的领导下，完成我们的任务。

这封信证明华盛顿对部下的确拥有真实的威信。如果一定要抓辫子，倒也有一个。那就是他痛恨无纪律的士兵，特别是开小差的人。他曾绞死了两名逃犯，并对另一些开小差者施以鞭打。但即使在他任革命军总司令期间，也始终没有能很好地解决开小差问题。

家业兴旺得思兼善

中国的农民革命似乎有一条规律。农民总是被剥削得没吃没穿，活不下去了，官逼民反，才不得不反。美国的革命却是另外一种情景，领导革命的人几乎都是丰衣足食的知识分子和其他士绅。

著名的革命家帕特里克·亨利有一句名言："不自由，毋宁死。"原来美国革命的目的，或至少主要的目的，是反对奴役，而不是反对剥削。而奴役的定义是：强迫我做我没有同意的事。

华盛顿于1758年年底辞军职,1759年1月与富孀玛莎·寇蒂斯结婚。华盛顿本来已是一名富翁,他的妻子现在又带来了17438英亩土地与4.5万英镑现款(其中一部分属玛莎与前夫所生的子女)。华盛顿一生都没有生育,他把玛莎的儿女视如己出,但玛莎的女儿10多岁就死了,儿子也只活到30多岁。就这一点而言,他的家庭是不幸的。但有个别历史学家却说,因为上帝要让华盛顿当全国人民的父亲,所以没有赐他以儿女。

既然如此富有,华盛顿的生活当然是相当富裕的,不但是黑奴满堂,而且骏马满厩,宾客满门。

不过,华盛顿绝不是财迷心窍。应当说他是一位乐善好施者。这里有一封他1769年1月29日写给一位穷朋友的信,很有意思:

亲爱的先生:最近一再听到你称赞泽西学院,好像你有意将你的儿子威廉(听说他年轻好学,愿意终身从事学术工作,这一志向不仅可促进他本人的幸福,而且还可为别人造福)送往该院学习。如果你不反对,我将乐于负担他的教育费用。假如你能尽快在你认为方便的时刻送他上学,我可每年资助25镑现行货币,直到他完成学业。如果我能活着看到他学业的完成,规定的数目将按年付给。如果我在此期间去世,此信将使我的继承人或遗嘱执行人承担义务,按照本信的意旨行事。此项资助不指望也不愿意得到偿还,唯一的希望是接受者和资助者一样,都是出自好意,无拘无束。你也不要从施恩的观点来看待或提及此事。请你相信,我是绝对不会张扬的。

更重要的是,华盛顿不是一个守成的人,他还要去西部开拓,他要到宣告线以西去搞土地"投机",投机这个词在中文一般是贬义,但在那时的美国,Speculation还带有冒险精神的含义,包括富兰克林,也是搞土地投机的。

宣告线是1763年英王宣布的,它不许殖民地人民超过宣告线圈土地。但华盛顿在1767年9月给了他朋友克劳福德一封信,请他在线外搞土地,信中说:"我建议和你共同去取得某些最有价值的土地。……我要说句私房话,我认为那条线只不过是暂时性的。"1754年时,丁惠迪曾答应给边防军20万英亩作奖励,华盛顿在1769年终于想法圈到了这20万英亩,他本人以上校资格分到1.5万英亩,并且又从别人手中购进5600英亩。

这样一位大地主为什么要革命?有些评论家认为华盛顿的财富来自农产品,对英国而言,他要吃剪刀差之亏,所以他要革命。

不错,华盛顿是在农产品上吃了亏的,但这种亏他吃之甚久,他在这方面的抱怨虽然不能成书，但大概可成小册子。不过他从来没有想到革命，甚至1773年波士顿毁茶派倾倒茶叶时，他还表示不支持毁茶活动。

华盛顿的革命思想是从参加政治活动中发展起来的。他的世交费尔法克斯家族是保皇派，他不可能从他们那里获得革命思想，但他政治上的朋友和乔治·梅森等却是"左派"，他经常与他们接触，同时还经常获得来自北方的信息。于是，争取自由的思想逐渐进入了他的脑袋。

有一些信件可以证明华盛顿之反英主要是出于反对奴役而不是反对获取利润。

1769年4月5日，华盛顿在给梅森的信中说：

当不可一世的大不列颠老爷们必欲将我们的自由剥夺殆尽而后快的时候，采取某些措施以防毒手，而保卫我们得自祖先的自由，似属势在必行。但以何种方式行事始能有效，尚有争议。

为了保卫与我们生命的一切息息相关的无限宝贵的天赋自由，我们每一个人都应义无反顾地拿起武器……这就是我直截了当的意见。但我想补充一点，武器……应该是最后手段，就是最后一件法宝。向国王请愿，向议会陈诉，据说都已无济于事。抵制他们的商品，断绝他们的贸易，能在何种程度上使他们回心转意、重视我们的权利，尚待一试。

1774年7月20日，华盛顿在给他的保皇派朋友费尔法克斯信中说：

亲爱的先生：关于以何种方式击败（废除）这一遭到激烈抨击而且应该遭到抨击的法案，你我的意见有很大分歧，这一点我将毫不犹豫地承认。

……先生，我们所反对的究竟是什么呢？难道是因为课税过重而反对缴纳每磅3便士的茶税吗？不，不是这样，我们所一直反对的并不是别的，而是英国对我们的课税权。为达到此目的，我们曾以一般臣民所能做到的卑顺恭敬的方式向英皇陛下请愿。不仅如此，我们还曾按两院不同的法律职能向上、下议院申诉，说明作为英国人，我们宪法权利的最根本及最宝贵的部分不应被剥夺。既然我们现在所反对的就是这种课税权，事实上也确是如此。那么，他们为什么设想，现在行使这种权力不会像以前那样令人憎恨呢？

如果我对大不列颠国会是否有权不经我们同意就向我们课税一事还有所怀疑不敢肯定的话，我将欣然同意你的意见，即请愿，而且只有请愿，才是唯一可行的获得救助的道路。因为，这样一来，我们只是乞求恩惠，而不是要求权利。这种权利，按我的看法，是自然法和宪法赋予我们的不容置疑的权利。照你的想法，我还会把超过请愿的任何步骤看作犯罪；但你这种想法，我一点也没有。我认为，不经我同意，大不列颠议会就没有权力把手伸进我的衣袋里随便掏钱，正如不经你同意，我没有权力把手伸进你的衣袋里去随便掏钱一样。殖民地各州已经用一种坚定而庄重的方式向他们阐述过这个道理，我们还有什么理由对他们的"正义"有所期待呢？

1771年1月1日，华盛顿在给罗伯特·莫里斯等人的信中说得更清楚了："我将时刻记住，是为了保卫自由我们才拿起武器；一旦获得自由，首先要弃置不用的也应该是武器。"

临危受命鞠躬尽瘁

第一次大陆会议是1774年9月召开的，那时战争尚未开始，大会只是向英王提交了请愿书。第二次大陆会议于1775年召开，大会正在开会之际，快骑传来了列克星敦爆发武装冲突的消息，战争已经开始了。这样，殖民地军队就需要一名总司令了。

当时具有重大影响力的马萨诸塞州萨缪尔·亚当斯和约翰·亚当斯堂兄弟认为，司令应当由弗吉尼亚人担任。这一方面是出于南北团结的考虑，另一个因素是因为弗吉尼亚是当初最大的一个殖民地，人口和面积都占第一。

华盛顿是大陆会议的弗吉尼亚代表之一。亚当斯兄弟议定华盛顿是最佳人选。据亚当斯在日记中叙述，督促代表们作出决定的功劳在于他。他从座位上站起来，简要而诚恳地说明了情况的危急性，接着动议应由大会接管坎布里奇的军队，并任命一位将军。他说："在我心目中，只有一位先生适合于担任这个重要指挥职务，他是一位来自弗吉尼亚的先生，他现在就在大家当中，而且是我们大家都十分熟悉的。就他作为一名军官的才干和经验而论，就他的独立家财、巨大才能和整个卓越的品格而论，他能赢得全美洲的赞同，并且能把所有的殖民地团结起来，共同奋斗，胜过全邦联中的任何一个人。"就这样，华盛顿于1775年6月15日被大会推选为陆军将军兼总司令。

6月16日，华盛顿在会上作了发言。他说："议长先生：虽然我深知此项任命所给予我的崇高荣誉，但我仍感到很不安，因为我的能力和我的军事经验恐怕难以胜任这一要职。鉴于议会的要求，我将承担这一重任，并愿竭尽所能为这一神圣的事业效力。对于他们批准任命时杰出的证词，谨表示最诚挚的谢意。为了避免误解，损及我的名誉，我请求在座的诸位先生记住，今天我在此诚心诚意地表明我认为自己不配享有给予我的荣誉，至于待遇，先生，请允许我向议会表明，对金钱的考虑是不能促使我牺牲家庭的舒适与幸福来接受这一艰巨的任务的，我也不想从中牟利，我将把一切开支如数入账。我相信他们会给予报销，这就是我的希望。"

从这里明显地看出，华盛顿事先根本不知道他会当司令；他在接受此职位时坚决不接受"支薪",也就是说,他是纯粹地为国家服务。

6月18日,他写信给妻子说:

> 我最亲爱的:此际我正写信给你,要谈的事使我满怀难以言喻的忧虑。当我想到你将为此感到不安时,愈感忧心如焚。大陆会议已决定,为保卫美利坚事业所征集的全部军队,将由我指挥,而且我必须立即前往波士顿接受这一使命。
>
> 亲爱的帕齐,请你相信,这一职位并不是我自己去谋求的。我曾竭尽全力摆脱,不仅是由于我不愿离开你和我们全家,而且由于我也自知,就我的能力而言,的确难以胜任。我在家中同你在一起度过的岁月,那种真正的幸福要远远胜过我在异地他乡若干年后始能盼到的遥远的希望。但从事军役似已为命中注定,我希望,承担这一任务是天意要我达到某种良好的目的。从我的信中你想必已经看出我所担心的是无法摆脱这一职务,故未率然通知何日归来。原因即在于此。不接受这一任命,又要我的人格不受非议,那是绝对办不到的;拒绝就会使我蒙受羞辱,给我的朋友带来痛苦,我相信这不可能,也不应该合乎你的意愿,而且必然会大大降低我对自己的评价。因此,我只有寄望于天命。我一直得到上天的慷慨仁慈的保佑,毫无疑问,我会在秋天平安地回到你的身边。战争的辛劳或危险不会给我带来痛苦,但一想到你一个人留在家中忧虑不安,我就感到难过。请求你务必要拿出你的全部毅力,尽可能过得愉快些。再没有什么比得知这一切,而且从你的亲笔信中得知这一切,能更使我感到欣慰了。我最真挚而热切的愿望就是你能妥善地安排生活,使自己心平气和,尽可能保持宁静,要是我得知你对我确实无法推卸的一切感到不满或有所抱怨,那只能使我更加不安。
>
> 生命总是无常的。趁着头脑清醒、心情平静,在力所能及时料理一下眼前的事务,每个谨慎的人都会认为是有必要的。我一到这里(因我离家前没有时间)就请彭德尔顿上校按我的口授为我起草了一份遗嘱,我现随信寄去。我如战死沙场,我希望我为你做的一切准备将使你感到满意。
>
> 就此搁笔,我还有几封信要写,盼代我向你的朋友们问好,并请你放心,亲爱的帕齐,最真诚的问候。

华盛顿没有上战场,就已经先立下了遗嘱,仅此一端,可见他的牺牲决心了。

6月19日,他又给朋友巴西特上校写了一封信:

> 亲爱的先生:我正航行在波涛汹涌的大海上,从此以后一路上可能再找不到友善的港湾。殖民地的同胞们一致要求我担任大陆军的指挥。接受这种荣誉并非我所向往,摆脱这种荣誉才是我的心愿。这固然因为我不愿离开我那平静的家庭之乐,也由于我

深知自己既无能力又无经验，很难担当如此重大的职责。但是议会的偏爱，加上某些政治动机使我毫无选择的余地。愿上帝保佑，我接受这一职责会有利于我们的共同事业，不会由于我的无知而有损于我的名誉。我可以对以下三点作出保证：坚信我们的事业是正义的；忠于职守；廉洁奉公。如果这些都不能弥补能力和经验的不足，我们的事业就会有失败之虞，我个人的名誉也会扫地以尽，因为荣誉孕育于胜利之中。但我希望人们不要忘记，我现在的地位绝不是出于我个人的愿望和手腕。因此，倘若根据我的判断，我已竭尽所能，即使是在最恶劣的情况下，我也会泰然自若，心安理得。

据另外有一个故事说，华盛顿在被提名为司令后，马上哭丧着脸对同僚帕特里克·亨利说："我知道，从这一天起，便是我一生名誉降低和毁灭的开始。"

华盛顿的确有自知之明。他不是孙武子，不是拿破仑，更不是毛泽东。他算不上是一名杰出的军事战略家。今天美国盛行"教育总统"、"人权总统"一类名称，因此，华盛顿倒可以当之无愧地被称为"品德总司令"。华盛顿依靠他的高尚品德，带动了乌合之众的美国军队，终于打败了正经八百的英国正规军。

华盛顿总司令上任不久，就发现了两个问题，一是在上层中间的人事纠葛，另一是在下层间的无纪律、无政府主义。

譬如，有一位约翰·托马斯将军，闹军阶问题，而有辞职之意，华盛顿便于1775年7月23日给了他这样一封信：

先生：在这样千钧一发之际，一位深受国家、军队信任的将领提出辞职，在我看来，无论对国家的事业还是对自己的名誉都会产生严重的后果。在这还未成为事实之前，我认为我有责任尽我最后的努力加以阻止。您的德性和您的理智则必须作出决定。……但是，在我们这个事业中，我们为之奋斗的目标，既非耀武扬威，亦非开疆拓土，而是为了保卫个人与国家利益中最高尚、珍贵的一切。毫无疑问，每一个岗位——每一个人可以为国效忠的岗位，都应被看作是无上的光荣。如果不出一个月，我们军队最高将领之间就龃龉不和，而为了解决不和必须全体离职，这对我们的敌人又将意味着什么样的胜利呢？如果在这样的时刻，面对这样的事业，那些微不足道的争论，不能服从整体的大利益，那我们还有什么理由夸耀美国人的团结精神和爱国主义？这些话在你身上所产生的影响不仅是因为你是一个伟大美国的公民，而且你还是马萨诸塞海湾的一个居民。你本人的出生地和其他地区的美国人民，对于你的留任有一种特殊的、坚定的希望。依我看来，你如果不在某种程度上放弃你至今为止仍然尊奉的公德和荣誉的原则，那你是不能拒绝这个要求的。如果我们的事业是正义的，那它就应该得到支持。假如我们那些德高望重、经历非凡的先生们都不能克服竞争中的偏见，在危急关头贸然引退，那我们的事业怎么能得到支持呢？先生，我承认，你的正当要求和所作的贡献没有得到应有的尊重——这绝不是绝无仅有的事——在任何民族、任何国家里，高尚的人都有理由作出同样的抱怨，但他们并没有为此而放弃公众的事业。他们以宽宏大量的精神压制心头的怒火，使得他们的敌人为自己的不公正的行为而感到羞愧。难道美国举不出这样宽宏大量的例子吗？为了你那正在流血的国家——你为之献身的土地——你们要求的宪章权力——想想那些已经为国捐躯的勇士们，我恳求你从头脑中忘掉那些可导致怨恨和失望的情绪。你的祖国会对你的功绩作出公正的裁决的。……这个地区的士兵特别信任你，爱戴你——他们中间许多人不能理解你这一行动出于什么动机。如果他们认为他们自己也有权仿效你而弃甲归田，后果将会是不堪设想的，而且是无可弥补的。根据军官、士兵间的个人关系，以及随着这种关系所产生的义务，我们有理由为此担心。

……对于您这样一个宽宏大量、谨慎周到的人来讲，这些考虑当然会有一定分量的。如果您的这一行动导致部队的分裂，如果美利坚的失败、毁灭归咎于您的明智和行为本可以阻止的那些措施，那您将怎样向您的国家和您自己的良心解释呢？

笔者认为，美国历史学家大大忽略了这封信，信虽然是给托马斯的，但它所提出的要求却正是华盛顿本人作为军人所身体力行的道德准则。

直接与华盛顿闹意见的则是副司令查尔斯·李将军。华盛顿于1776年冬，在纽约打了一个大败仗，人员损失约1/2，军需供应几乎全部丧失。幸亏英军统帅战略失误，没有紧追紧打，华盛顿得以率败军渡过特拉华河逃逸。为此，李十分瞧不起华盛顿，自以为他要比华盛顿高明。

不久，华盛顿多次令李率军南下助战，而李却置之不理，独自行动，结果竟在一次巡视中被英军活捉。英军乃得以从容地占领了美方首都费城。华盛顿也只好率残部扎营于离费城20多英里的福奇谷。

最后，通过交换战俘办法，李将军被交换了回来。华盛顿毫不责备，仍任他为副司令。1778年，费城占领军出于战略考虑，自动撤回纽约。华盛顿令李率5000人乘机追击。6月下旬的一天，华盛顿认为李已经开始攻击，他骑马往前线去视察，却碰到一些正在撤退的士兵，询问之下，获悉李已下令后撤，华盛顿不能控制自己，突然暴怒，他找到李，令他回去，华盛顿自己召集队伍，进行追击。但英国已快速撤退，只被消灭了一些士兵。华盛顿原定的阻击计划宣告失败。

事后，李不但不承认错误，还自诩保全了美军实力。他说他若作战，美军势将被击溃。军事法庭判定李犯了不服从命令之罪。但李继续发表文章，抨击华盛顿。

1779年7月29日，因李的事华盛顿写信给约瑟夫·李德说："如果我曾以军事天才或经验丰富的军官自命，如果我曾经打出这样的招牌以取得我所荣获的司令职务，如果我就任以后专横独断，自以为是，如果我们遇到的挫折是由于我的固执与失误，我不仅理所当然地应该接受他的鞭笞或其他作者的谴责，也应遭到世人的唾弃。但众所周知，司令职务是以某种方式强加于我的。我接受任命，纯属勉强。因我深知由于种种原因，面临的局势错综复杂，进退维谷，以我的才能与经验指挥如此庞大的军事机器，实感力所不胜。我并未作过多的承诺，而我所作的承诺都已一一履行。这位先生如果嫉妒我的位置，认为我是他高升的障碍，我可郑重相告，我衷心向往的首先是解甲归田，重享家庭的闲逸与幸福。我一切努力均为达到这一目的。而且，为此目的役力劳心，已四年有余。唯既已从事军役，但求有利于国家。虽历经颠沛，往往非常人所能忍受，因此无日不以此自勉。"

1777年10月，美军在萨拉托加大败英军，迫英军全部投降。富兰克林一直在巴黎要求法王路易签订法美同盟条约，路易一直迟疑不决。但在萨拉托加消息传至巴黎后，路易乃下了决心，签订了同盟条约，而这一条约成了奠定美军胜利的不可少的基础。

不幸的是，萨拉托加的胜利却给华盛顿带来了节外生枝。以约翰·康韦少将为首的一小撮人，见到霍勒斯·盖茨将军取得萨拉托加胜利后，阴谋拥立盖茨来替代打败仗的华盛顿。有人将这一阴谋告知了华盛顿，盖茨十分恐慌，写信给华盛顿进行解释，并连续写了几次。

1778年2月14日，华盛顿在福奇谷给了盖茨这样一封回信："先生，本月惠书昨日收到。我对争论的厌恶不亚于任何人。要不是我被迫参与这场争论的话，你是永远不会有机会指责我有丝毫爱争论的倾向的。既然你一再郑重声明你在我们来往信件所讨论的问题上没有任何令人不快的见解，我也愿意结束这一争论。我也像你一样希望从此以后再也不提这些事情，并且只要今后情况允许，就永远予以忘却。我的脾气是要同所有的人和好、和谐相处，我特别希望避免与那些同我一样为崇高的国家利益奋斗的人发生任何个人不和或分歧，因为一切这样的分歧，其后果必定是十分有害的。"

盖茨在萨拉托加之功，有一部分是他的，但在更大程度上是偷他人之功为己功。华盛顿心胸宽阔，在争论后仍信任盖茨，但后来盖茨在卡姆登一役中，竟不战而逃，把全军置于不顾，为美国军人留下了可耻的一页。

当然，华盛顿的更多精力花在整顿军队纪律之上，他认为美方必须建立一支正规军才能战胜英军。他一直为此而奋斗。他在福奇谷接待了一位来自普鲁士的军人斯托本男爵，是斯托本把华盛顿的散漫士兵训练成了一支具有正规军纪律的可用的军队。

简单地说，福奇谷的训练和美法军事联盟的成立是整个战争的转折点。而后者更为重要，因为若没有法国海军制伏英国海军，英国的军队就难被打败。

1780年，双方的战斗进入了戏剧化阶段。在美国南部战场上演出的这战争戏剧最后一幕的主角有 5 人，即英军统帅康沃利斯、美军统帅华盛顿，而其余 3 人都是法国人：拉斐特侯爵、罗香波伯爵和德葛拉斯海军上将。

康沃利斯在 1780—1781 年的冬季攻势给这一幕戏剧带来了结局。奇怪的是，在他说来这倒是极出色的攻势。他行动迅速，机智多谋。他和他的助手骑兵司令塔尔顿在坎姆登击败了盖茨，并予格林将军以重创。但他忽南忽北，始终没法消灭美军的抵抗。5 月，他的部队进入弗吉尼亚，塔尔顿几乎活捉了州长托马斯·杰斐逊和州议会议员们。康沃利斯虽然灵活，但却无法解决由拉斐特和斯托本所率领的更为灵活的美军。最后他奔往弗吉尼亚的约克敦，企图与纽约的英军司令克林顿取得海上联系。他万万没有想到法国海军会切断这种联系。

华盛顿最初忍受了 3 年精神上的折磨，后来又忍受了 3 年物质上的艰辛。现在机会到来了。这机会是罗香波和德葛拉斯带来的。前者是一位和善的有才能的军人，率了 5000 名法军驻于新港；后者率领法国西印度群岛舰队，他宣布他的舰队和 3000 名陆军可立即供美方调遣。

华盛顿一方面制造假象，佯攻纽约，以防止克林顿驰援康沃利斯；一方面却调兵遣将急赴弗吉尼亚与法军配合。德葛拉斯抢先一步，封住了切萨皮克湾的口子，挡住了纽约的英国援军，这样华盛顿就得以关门打狗。1.7 万名美法联军包围了约克敦，康沃利斯企图渡河逃至对岸，又天公不作美，狂风暴雨突然飞至。大势已去，康沃利斯不得不于 1781 年 10 月 17 日向华盛顿呈上了投降书。

英军的投降仪式有一种幽默风格，军乐队奏起了乐曲《世界翻了个个儿》，大队人马在乐曲中列队走步；按次放下了武器。这个乐曲的歌词酷似中国抗日战争时期的大后方学生爱唱的《古怪歌》，其中无非是说"公鸡下了蛋，狗儿抓老鼠"之类荒诞之事。

战争结束了，但真正的和平要到 1783 年 9 月大陆会议批准和约才算。

华盛顿开始了第二次的退隐生活。他的精神集中在 3 件他所喜爱的事上：第一件最使他引以为傲的是他的芒特弗农，即弗农山庄；第二件是农场业务；第三件是西部地区的开发。这 3 件事形成了同心圆的活动，使他毫无闲暇。

有权不恋世界第一

1787 年，13 个州的代表在费城召开制宪大会，华盛顿是弗吉尼亚代表之一，并被选为大会主席。宪法被各州批准后，华盛顿又在选举人团中以全体一致的票数当选为美利坚合众国的第一任总统。

华盛顿是人类历史上第一位共和国总统。总统该怎样当？在历史上没有先例。如果我们拿当时打着革命旗号的拿破仑来比，就可知道华盛顿对人类的贡献了。号称革命的拿破仑不但做了皇帝，而且仍实行世袭，产生了所谓的拿破仑三世。

另有一件小事也值得一提，总统该怎样称呼呢？当时也曾争吵不休，但华盛顿决定接受最简单的称呼：总统先生。

1789年4月30日，华盛顿在纽约就职，并发表了如下的就职演说：

参、众两院的诸君们：

在人生的变迁际遇中，没有任何事比本月14日当天接受你们的传令，更令我焦虑不安。一方面，国家召唤着我，她的声音使我无法不从我的退隐处以尊敬和爱趋前去聆听；这是我以最挚爱的心情和坚决的意志，满怀希望所选择的退避所，为供晚年之用。由于爱好、习惯不断增加，健康随着岁月逐渐消损，寻觅一隐退处作为我晚年的庇护所，已是刻不容缓之事。另一方面，总统的职务是如此地强人所难，即便是对国内最明智、最富经验的贤明之士来说，也势必对这般的重任诚惶诚恐，时时考量自己是否合乎资格担此重任；更何况是我资质这般低劣的人，一旦担此重任，不得不特别小心自己的缺失，以免有辱重托。在这种矛盾的心情下，我所能做的保证，便是尽量正确地评估每一种可能影响我职责的情况，来达成我应尽的职务。同时，如果在执行职务的过程中，我过于沉溺往事、守旧消极，或者过于热衷这项人民所赋予我的职务，因而漠视了自己在面对这项重责大任时的无能与消极，则我希望我所犯的错误会因动机纯正而稍减，并且对这错误所造成的结果，国人能以同样的宽容来加以评断。

根据行政部门所据以成立的宪法条款，总统之职责是："将其认为必要而且适宜之措施，推荐给诸位作为参考。"在这个你我相聚的隆重仪式中，我有机会引用你们赖以集会、施政、授权的宪法条文，来开始有关这主题的讨论。我建议若是能免去一些仪式上的繁文缛节及华丽而空虚的辞藻，代之以具体可行的建议措施，将更能配合这盛典的真正意义，也更能反映我此刻内心的激情。而那些赞扬与颂辞应该保留给所有拥有才华、正直及爱国心的人。也唯有从这些高贵的情操中，我见到了最确切的保证：第一，将不再有地域的偏见、歧见或党派倾轧，误导我们看护这个由各不同地区、不同利益所形成的伟大组合所应该具有的广阔又均等的眼光；第二，国策将奠基于个人道德纯净不变的原则之上，而且，自由政府将因其能够赢得民心、取得全球尊敬而显现出它的卓越性。我以种种满意的心情——热切爱国的情感所激发出的心情——仔细思量这幅远景，因为最完整的真理告诉我们：天责与自然过程中存在着不朽的结合——美德与幸福不可分，责任与利益不可分，诚实高洁政策的真正准则与民众繁荣幸福的实质回报不可分。我们应该相信：一个国家若漠视神所确立的秩序和公理的不朽法则，那么神的慈祥笑容不会眷顾那个国家；同时大家也认为：维护自由的圣火与维护共和政府的命运这两件事，全系于美国人的尝试能否成功而定。

华盛顿最后还提出了如下的要求：

在我第一次奉召为国效力之时，也正是国家为争取自由奋斗之时，我因职责所需而立意放弃金钱补偿。自从下此决心后，从未违背过，当时让我下此决心的意念现在仍敦促着我。因此，我必须恳求在我执政期间，预估执行我的职务所需的花费，应该就公益所需加以限制，以符合确实需要的开支。

华盛顿当了8年总司令，未为自己赚进过一分钱，现在他又要依样画葫芦。但众议院并未接受他的请求，议决给他年薪2.5万美元。不过，这是大包干，而当时尚无白宫，总统得自租公馆，自行开销一切，所以2.5万美元也只能勉强应付，并不宽裕。

部长的年金只有3000—3500美元，若本人没有家产，则只能过勒紧裤带的生活。所以，华盛顿政府也是一个廉政的典范。这与中国历史截然不同，因此不可能产生李自成、洪秀全的入城腐化问题。原因是革命者本身有钱，对他们来讲，做官是赔本的生意。举例说，嗜财如命的帕特里克·亨利就拒绝过华盛顿的邀请，不愿意到首都去做国务卿。

华盛顿的第一个内阁，是众所承认的最优秀的人才组成的内阁，特别是财政部长亚历山大·汉密尔顿和国务卿托马斯·杰斐逊。在政治哲学方面，汉、杰两人恰巧是针锋相对的敌手，前者主张高度的中央集权，后者主张充分的个人自由。两人之间的争吵从未停止过。不但如此，在外交上两人又是分道扬镳，前者主张亲英，后者主张亲法。因此，两人的争辩有时竟到了水火不相容的地步。华盛顿一直起着平衡的作用，他之所以坚持请这两位截然不同的人物入阁，正说明他目光远大，照顾全局，决不以他个人爱好为准，而唯以国家利益为重。

在第一届总统快任满时，华盛顿请詹姆斯·麦迪逊起草了一份"告别辞"，打算退休。但汉密尔顿和杰斐逊坚请华盛顿留任，他们都以责任为重来游说华盛顿。只有别具匠心的麦迪逊独出心裁，他向华盛顿下了如此这般的说辞：我向您老人家保证，万一在第二任任上你有所不测，我们将向全国人民作证，你的连任绝不是出于你的野心，而是我们劝说你连任的。

这样，华盛顿又勉为其难，当了第二届总统。1793年3月4日，他在费城发表了连任就职演说，这是美国历史上最简短的一次就职演说，全文如下：

同胞们：

我再度蒙受国人之召执行总统的职务，只要适当时机一到，我将会致力表现出我心中对这份殊荣及美国人民加诸我的信心所怀抱的深刻感受。

宪法规定在执行任何公务之前，须先行职前宣誓。而现在我在你们的面前宣誓：

在我执政期间，若企图或故意触犯指令，除蒙受宪法惩罚外，将接受在场所有见证人的严厉谴责。

1796年9月17日，华盛顿终于发表了举世闻名的"告别演说"，他说：

各位朋友和同胞：

我们重新选举一位公民来主持美国政府的行政工作，已为期不远。此时此刻，大家必须运用思想来考虑把这一重任付托给谁。因此，我觉得我现在应向大家声明，尤其因为这样做有助于使公众意见获得更为明确的表达，那就是我已下定决心，谢绝将我列为候选人……

关于我最初负起这个艰巨职责时的感想，我已经在适当的场合说过了。现在辞掉这一职责时，我要说的仅仅是，我已经诚心诚意地为这个政府的组织和行政，贡献了我这个判断力不足的人的最大力量。就任之初，我并非不知我的能力薄弱，而且我自己的经历更使我缺乏自信。这在别人看来，恐怕更是如此。年事日增，使我越来越认为，退休是必要的，而且是会受欢迎的。我确信，如果有任何情况促使我的服务具有特别价值，那种情况也只是暂时的；所以我相信，按照我的选择并经慎重考虑，我应当退出政坛，而且，爱国心也容许我这样做，这是我引以为慰的……

讲到这里，我似乎应当结束讲话。但我对你们幸福的关切，虽于九泉之下也难以割舍。由于关切，自然对威胁你们幸福的危险忧心忡忡。这种心情，促使我在今天这样的场合，提出一些看法供你们严肃思考，并建议你们经常重温。这是我深思熟虑和仔细观察的结论，而且在我看来，对整个民族的永久幸福有着十分重要的意义……

你们的心弦与自由丝丝相扣，因此用不着我来增强或坚定你们对自由的热爱。

有一种意见，认为自由国家中的政党，是对政府施政的有效牵制，有助于发扬自由精神。在某种限度内，这大概是对的。在君主制的政府下，人民基于爱国心，对于政党精神即使不加袒护，亦会颇为宽容。但在民主性质的纯属选任的政府下，这种精神是不应予以鼓励的。从其自然趋势看来，可以肯定，在每一种有益的目标上，总是不乏这种精神的。但这种精神常有趋于过度的危险，因此应当用舆论的力量使之减轻及缓和。它是一团火，我们不要熄灭它，但要一致警惕，以防它火焰过大，变成了不是供人取暖，而是贻害于人。

还有一项同样重要的事，就是一个自由国家的思想习惯，应当做到使那些负责行政的人保持警惕，把各自的权力局限于宪法规定的范围内，在行使一个部门的权力时，应避免侵犯另一个部门的权限。这种越权精神倾向于把所有各部门的权力集中于某一部门，因而造成一种真正的专制主义，姑不论其政府的形式如何……如果民意认为，宪法上的权限之分配或修改，在某方面是不对的，我们应当照宪法所规定的办法予以修改。但我们不可用篡权的方式予以更改；因为这种方法，可能在某一件事上是有效的手段，但自由政府也常会被这种手段毁灭。所以使用这种方法，有时虽然可以得到局部的或一时的好处，但此例一开，一定抵不过它所引起的永久性危害的。

在导致昌明政治的各种精神意识和风俗习惯中，宗教和道德是不可缺少的支柱。一个竭力破坏人类幸福的伟大支柱——人类与公民职责的最坚强支柱——的人，却妄想别人赞他爱国，必然是白费心机的。政治家应当同虔诚的人一样，尊敬和爱护宗教与道德。宗教与道德同个人福利以及公共福利的关系，即使写一本书也说不完。我们只要简单地问，如果宗教责任感不存在于法院赖以调查事件的宣誓中，那么，哪能谈得上财产、名誉和生命的安全呢？而且我们也不可耽于幻想，以为道德可不靠宗教而维持下去。高尚的教育，对于特殊构造的心灵，尽管可能有所影响，但根据理智和经验，不容许我们期望，在排除宗教原则的情况下，道德观念仍能普遍存在。

有一句话大体上是不错的，那就是：道德是民意所归的政府所必需的原动力。这条准则可或多或少地适用于每一种类型的自由政府。凡是自由政府的忠实朋友，对于足以动摇它组织基础的企图，谁能熟视无睹呢？因此，请大家把普遍传播知识的机构当作最重要的目标来加以充实提高。政府组织给舆论以力量，舆论也应相应地表现得更有见地，这是很重要的。

我们要对所有国家遵守信约和正义，同所有国家促进和平与和睦。宗教和道德要求我们这样做。难道明智的政策不是一样要求这样做吗？如果我们能够成为一个总是尊奉崇高的正义和仁爱精神的民族，为人类树立高尚而崭新的典范，那我们便不愧为一个自由的、开明的、而且会在不久的将来变得伟大的国家。如果我们始终如一地坚持这种方针，可能会损失一些暂时的利益，但是谁会怀疑，随着时间的推移和事物的变迁，收获将远远超过损失呢？难道苍天没有将一个民族的永久幸福和它的品德联系在一起吗？至少，每一种使人性变得崇高的情操都甘愿接受这种考验。万一考验失败，这是否是由人的恶行造成的呢？

在实行这种方针时，最要紧的，乃是不要对某些国家抱着永久而固执的厌恶心理，而对另一些国家则热爱不已；应当对所有国家都培养公正而友善的感情。一个国家，如果习于对其他国家恶此喜彼，这个国家便会在某种程度上沦为奴隶；或为敌意的奴隶，或为友情的奴隶，随便哪一种都足以将它引离自己的责任和自己的利益。一国对于另一国心存厌恶，两国便更易于彼此侮辱和互相伤害，更易于因小故而记恨，并且在发生偶然或细琐的争执时，也易于变得骄狂不羁和难以理喻。

……须时时谨记，一国向他国索求无私的恩惠是愚蠢的；要记住，为了得到这种性质的恩惠，它必须付出它的一部分独立为代价；要记住，接受此类恩惠，会使本身处于这样的境地：自己已为那微小的恩惠付出同等的代价，但仍被谴责为忘恩负义，认为付得不够。期待或指望国与国之间有真正的恩惠，实乃最严重的错误。这是一种幻想，而经验必可将其治愈，正直的自尊心必然会将其摈弃……

虽然在检讨本人任期内的施政时，我未发觉有故意的错误，但是我很明白我的缺点，并不以为我没有犯过很多错误。不管这些错误是什么，我恳切地祈求上帝免除或减轻这些错误所可能产生的恶果。而且我也将怀着一种希望，愿我的国家永远宽恕这些错误；我秉持正直的热忱，献身为国家服务，已经45年，希望我因为能力薄弱而犯的过失，会随着我不久以后长眠地下而湮没无闻。

我在这方面和其他方面一样，均须仰赖祖国的仁慈，我爱祖国，并受到爱国之情的激励，这种感情，对于一个视祖国为自己及历代祖先的故土的人来说，是很自然的，因此，我以欢欣的期待心情，指望在我切盼实现的退休之后，我将与我的同胞们愉快地分享自由政府下完善的法律的温暖——这是我一直衷心向往的目标，并且我相信，这也是我们相互关怀、共同努力和赴汤蹈火的优厚酬报。

1797年3月，华盛顿回到了他心爱的芒特弗农。但他的退休生活只过了3年。有一天，他骑马巡视他的农场，得了重感冒，也有说是急性喉炎，于1799年12月14日不治身死，享年67岁。

他就葬在芒特弗农的后院，今天的旅游者仍然可以在那里看到他那座简单朴素的坟墓。

历史学家索尔·帕多弗在《华盛顿传》中对华盛顿有如下评价：

"英国对人类世界的最大贡献是莎士比亚的诗文；

"美国对人类世界的最大贡献是华盛顿的品德。"

3　托马斯·杰斐逊

托马斯·杰斐逊是世所公认的人权大师。他在晚年时预先写好了自己的墓碑，碑文为：

> 埋在这儿的是，
> 美国独立宣言和弗吉尼亚宗教自由法令的起草人，
> 弗吉尼亚大学之父，
> 托马斯·杰斐逊。

杰斐逊出任过州长、公使、国务卿、副总统和总统，但他却希望后世忘却这一切，他只要求人们记住他是《宣言》和《法令》的起草人及弗吉尼亚大学之父。这碑文简单而明确地表达了他的内心。

1743年4月13日，杰斐逊出生于弗吉尼亚的阿尔贝马县。他父亲彼得，是来自威尔斯的一名拓荒者。托马斯出生时，彼得已是当地数一数二的富绅了，拥有1000多英亩的土地和上百名的黑奴。

托马斯14岁那一年，彼得就去世了。他希望儿子能成一个有学问的人。儿子没有辜负父亲的愿望。1760年3月25日，杰斐逊被注册为位于威廉斯堡的威廉和玛丽学院学生。正是他的大学生活，使杰斐逊成了杰斐逊。

他碰到了一个与他有缘分的老师，这就是数学教员斯莫尔。据杰斐逊在《自传》中说："那时，苏格兰人威廉·斯莫尔博士担任了数学教授，我很幸运，这也许决定了我一生的命运。他是一位在大多数很有用的科学分支方面都有很深造诣的人，乐于与人交流思想，举止高雅得体，心胸宽广，思想开明。对我来说最幸运不过的是他很快就喜欢上了我。每当他在学校无课时，把我当作朝夕相处的伙伴。从他的谈话中，我第一次了解到科学领域的浩瀚，以及我们置身于其中的事物的体系。"

人生中往往有偶然，而偶然竟能决定一生。试想，渔夫彼得若没有遇见耶稣，他必然永远是渔夫,但耶稣在一秒钟之内,使他从此变成了使徒彼得。

通过斯莫尔,杰斐逊又结识了著名律师乔治·威思和总督福基尔。从年龄上讲,这三个人几乎都可以作杰斐逊的父亲,但他们三人竟与杰斐逊结成了"四人帮"(Quartet)。这名词不是笔者捏造的,而是杰斐逊自己承认的称呼。

中国的一位著名文人曾写过一篇小文,题为"陋室铭",现在杰斐逊所访之地不是陋室而是官邸,与"谈笑有鸿儒,往来无白丁"却有异曲同工之妙。举凡知识分子思想之发展的推动力往往有二,一曰书本,一曰议论。杰斐逊在大学中是一个有名的勤读者,杰斐逊传记作者索尔·帕多弗写道:"他精力过人,一天足可攻读15小时。他往往黎明即起,埋头于书本中,手不释卷,直至深夜两点。"

托马斯·杰斐逊

但更能促进他思考问题的仍推"四人帮"的高谈阔论。杰斐逊自己写道:在那里"我曾听到的有益的见识,纯理的及哲学的议论,比我一生中在别处听到的都多。这真是古雅典式的社会"。

总督大人当然不会传授杰斐逊革命思想,但议论本身就是一场口头上的战斗,它大大地推动杰斐逊活跃自己的思想。

1767年,杰斐逊24岁,就开始从事律师业务。1767年他经办高等法院的案件68

宗；1771年，他接了430宗案件，可见其业务相当兴隆。这儿我们要顺便提一下，我们中国人一般一辈子都不会与法院打交道，但在美国，丧猫失狗的小事都要进法院处理，所以杰斐逊一年才可有430宗案件。据杰斐逊后来写给朋友的信中说，他的律师生涯使他"看到人生的黑暗面，于是我又读诗歌予以中和而注视人生的光明面"。

1769年，杰斐逊当选为弗吉尼亚的州参议员，从此踏上了政治舞台，1774年波士顿茶案发生后，弗吉尼亚的参议院因支持波士顿，被新任总督邓摩尔下令解散。议员们决定8月1日在威廉斯堡召开一次代表大会，推选出席大陆会议人选。杰斐逊特地写了一份材料，题为"英属美洲的权利概述"，其中说道：国王"该看得到，强权并不能产生公理……"

这些乃是我们的不平之鸣，我们就如此这般向英王陛下提出，措辞平直，感情激动，无非是自由人民在要求他们权利时应有的态度；他们的权利乃是根据宇宙定律而来，却非他们主上的恩赐。让那些畏怯的人来奉承吧，美洲人可不会这套花样。他们明白，国王是人民的仆人，而非人民的主子。

与英国分离既不合我们愿望，也不是我们利益所在。在我们这一方面，我们愿意牺牲一切，只要是合理的，以求恢复安宁。在他们那一方面，他们应以宽大的计划来建立联盟。但是他们可不要打主意排斥我们于其他市场，更不能打算在我们领土内，对我们财产课税或统治，除了我们自己，谁也没有这种权利。

赋予我们生命的上帝，同时赋予了我们自由；暴力可能破坏但却不能拆散它们。陛下，这就是我们最后的、我们不移的决心。

这本小册子流传到英国，英国国会就把杰斐逊的名字列入叛逆名单，视为公敌。

1775年，杰斐逊被选为出席大陆会议的代表，1776年又再次获选代表。就在这次会议上，杰斐逊被授权草拟一份《独立宣言》。从6月11日至6月28日，他花了17天工夫，终于草就了宣言，并在其中为世人留下了不朽的名言：

我们认为下面这些真理是不言而喻的：人人生而平等，造物者赋予他们若干不可剥夺的权利，其中包括生命权、自由权和追求幸福的权利。为了保障这些权利，人类才在他们之间建立政府，而政府之正当权力，是经被治理者的同意而产生的。当任何形式的政府对这些目标具有破坏作用时，人民便有权利改变或废除它，以建立一个新的政府：其奠基原则，其组织权力的方式，务使人民认为唯有这样才最有可能获得他们的安全和幸福。

但就在同年 6 月 12 日，弗吉尼亚州议会通过了乔治·梅逊所草拟的权利法案，其中写道：

一、所有人都是生来同样自由与独立的，并享有某些天赋权利，当他们组成一个社会时，他们不能凭任何契约剥夺其后裔的这些权利。也就是说，享受生活与自由的权利，包括获取与拥有财产、追求和享有幸福与安全的手段。

二、所有的权力都属于人民，因而也来自人民；长官是他们的受托人与仆人，无论何时都应服从他们。

三、政府是为了或者应当是为了人民、国家或社会的共同利益、保障和安全而设立的；在所有各种形式的政府中，最好的政府是能够提供最大幸福和安全的政府，是能够最有效地防止弊政危险的政府；当发现任何政府不适合或违反这些宗旨时，社会的大多数人享有不容置疑、不可剥夺和不能取消的权利，得以用公认为最有助于大众利益的方式，来改革、变换或废黜政府。

比这更早，在 1774 年，宾夕法尼亚州的代表詹姆斯·威尔逊曾写过一本小册子，《论英国社会立法权力的性质和范围》，其中有一段话：

人人生而平等自由；任何人都无权在未获得他人同意的情况下向他人行使权威；一切合法政府均应建立在其属下对其表示赞同的基础上；这种赞同是为了保证并促进被统治者的幸福，而且使他们比在独立而无联系的原始状态下享受更多的幸福。因此，社会的幸福乃是每个政府的第一法则。

因此，有人指责《宣言》有抄袭之嫌，但杰斐逊在给朋友的信中很明确地说，他"原无意于在原则上或意见上标新立异，更不曾抄袭某一种前人表述，这篇宣言的用意乃是为的表达美洲的人心"。

假如说，《宣言》并非杰斐逊的独创的话，那么，《法令》倒可以算是他的首创。杰斐逊花了许多心血草拟了《宗教自由法令》，这个法令直至 1786 年才获得弗吉尼亚议会的通过。

《法令》明确地规定了政教必须分离，它说："如若我们允许政府官吏把他们的权力伸张到信仰的领域里面，容他们假定某些宗教的真义有坏倾向，因而限制人们皈依或传布它，那将是一个非常危险的错误做法，它会马上断送全部宗教自由……一个政府要实现它的合理意旨，总有充分时间的，当理论转化为公然行动，妨害和平及正常秩序时，官员们总是来得及干涉的；最后，真理是伟大的，只要听其自行发展，它自然会得到胜利,真理是谬误的适当而有力的对手,在它们的斗争中,真理是无所畏惧的,它只怕人类加以干扰,解除它天赋的武器,取消自由的引证和自由的辩论;一切谬误,只要到了大家可以自由反驳的时候,就不危险了。"

杰斐逊还在《弗吉尼亚札记》中申述他的信仰自由观点说:

信仰的权利,我们绝未屈服,而且不可以屈服。

如果说思想应受管制,那么,让何人来担任裁判呢?是易于犯错误的凡人?人是受意气支配的,为私的打算不下于为公的打算。再说,为什么思想要受管制?为了产生统一。然而,思想的统一是否值得向往?没有人向往面貌和身材的统一;这还不是一样吗?那么,是否要采用普洛克罗的床呢?因为长人有打矮子的危险,就把长人截短,矮子扯长,以便他们成为一个尺码?

统治的效果历来如何呢?把世人的一半造成为傻瓜,还有一半造成为伪君子。

要指出的是,《法令》通过之时杰斐逊本人已不在美国,而在巴黎当公使,所以《法令》之得以通过完全要归功于他的朋友詹姆斯·麦迪逊的努力。

杰斐逊于1784年8月抵法国。他一直在那里待到了1789年11月才回到美国。所以他是亲身目睹法国大革命的一名美国高级官员。

更有甚者,当时拉斐特侯爵是法国大革命中的一名重要人物,而拉斐特乃是当年的美国独立战争中的志愿兵,是杰斐逊的老相识。拉斐特一贯敬重杰斐逊,他不仅把杰斐逊引见于法国宫廷,又反过来经常就法国前途问题请教于杰斐逊。

这里我们要不厌其烦地引用诺布尔·坎宁安《追求理性:托马斯·杰斐逊的一生》中的一整段话:

实际上,杰斐逊在法国不仅仅是一名旁观者。作为拉斐特的参谋,他超出了一般对外交使节所许可的限度而成了事件的参与者。当然,那是一个不平常的时代,以全球眼光看待人权问题的杰斐逊认为,如果他能对一个外国的人权问题作出贡献是大可心安理得的,特别是对一个曾为美国革命的胜利起过重要作用的国家。拉斐特在草拟提交给法国国民议会的人权宣言时曾多次咨询于杰斐逊。拉斐特曾特别要求杰斐逊"把人权法案加上你的评语送给我看一下",杰斐逊完全遵命而行。在正式向大会提交其草案的前夕,拉斐特要求杰斐逊作再一次的考虑并提出意见。要说出在拉斐特7月11日向国民议会提出的《人权宣言》中有多少杰斐逊的影响,那是不容易的。1789年8月26日的《人权宣言》的最后定本中只有若干部分类似拉斐特的草稿,但美国《独立宣言》对法国《人权宣言》的影响是明显可见的。

无可置疑，杰斐逊向法国推销了人权。

1789年年底，杰斐逊回到了美国，并接受华盛顿的邀请，出任国务卿。但不久，他就与财政部长汉密尔顿发生了矛盾。他们之间的分歧是多方面的，但汉密尔顿指责杰斐逊是一个不相信美国宪法、敌视美国宪法的人，这特别使他感到愤怒。他不得不给华盛顿写了一封信，说明自己的立场。他写道：

这项指责简直是胡说。我可以说，在美国没有一个人赞成宪法上的每一条条款。但我相信没有一个人赞成的比我更多，至于非难我的那个人，他所不赞成的却多过我，而且都是宪法上最富于共和精神的一些部分。对于此事，我所写的有关宪法的三四封信（我相信不到半打）可以为证。为了辩明我自己，恢复我自己的名誉，当我回到存放那些信札的所在，一定要麻烦你过目一下。你可以从那些信札中看出，我反对宪法是因为它缺乏人权条例，不足以保障宗教自由、出版自由、不受常备军胁迫的自由，缺乏陪审制以及经常有效的人身保护法。汉密尔顿上校所反对的是，宪法上欠缺一位国王和贵族院。美国的民意业已采纳我的反对意见而增订了人权条例，却没有增设国王和贵族。

上文所说的"三四封信"，主要是指给詹姆斯·麦迪逊的信。1787年时，杰斐逊在巴黎，他并不知道费城的会议厅内进行着什么讨论，他只是在事后才获得宪法的文本。同年12月20日，杰斐逊在给麦迪逊的信中就说了上文所说的"因为它缺乏人权条例……"一段话。他还说："让我再加上一句话，人民应得到一份人权法案来应付地球上的任何一个政府，不论它是一般的政府或是什么特定的政府，而且任何一个公义的政府都不应该拒绝人权法案或把它束之高阁。"

这儿，杰斐逊透露了他的政府哲学，他认为任何政府都是人民的对立面，也就是所谓权力对自由之平衡。人们往往把"最好的政府是管得最少的政府"这句话的发明权归于杰斐逊。

麦迪逊在制宪会议上没有提出人权问题，但自从接到杰斐逊的信以后，他就向他的选民们许诺他将极力在宪法上加上一个人权法案，而且他真的认真做了。美国宪法终于在第一届国会开会后不久，就被"修正"，添上了现在的前10条修正案，也就是普遍所称的"人权法案"，又称"权利法案"。全文如下：

第一条修正案：国会不得制定有关下列事项的法律：确立一种宗教或禁止信教自由；剥夺言论自由或出版自由；或剥夺人民和平集会及向政府要求申冤的权利。

第二条修正案：纪律良好的民兵队伍，对于一个自由国家的安全实属必要；故人民持有和携带武器的权利,不得予以侵犯。

第三条修正案:任何兵士,在和平时期,未得屋主的许可,不得居住民房;在战争时期,除非照法律规定行事,亦一概不得自行占住。

第四条修正案:人人具有保障人身、住所、文件及财物的安全,不受无理之搜索和拘捕的权利;此项权利,不得侵犯;除非有可成立的理由,加上宣誓或誓愿保证,并具体指明必须搜索的地点,必须拘捕的人,或必须扣押的物品,否则一概不得颁发搜捕状。

第五条修正案:非经大陪审团提起公诉,人民不应受判处死罪或会因重罪而被剥夺部分公私之审判;唯于战争或社会动乱时期中,正在服役的陆海军或民兵中发生的案件,不在此案;人民不得为同一罪行而两次被置于危及生命或肢体之处境;不得被强迫在任何刑事案件中自证其罪,不得不经过适当法律程序被剥夺生命、自由或财产,人民私有产业,如无合理赔偿,不得被征为公用。

第六条修正案:在所有刑事案中,被告人应有权提出下列要求:要求由罪案发生地之州及区的公正的陪审团予以迅速及公开之审判,并由法律确定其应属何区;要求获悉被控的罪名和理由;要求与原告的证人对质,要求以强制手段促使对被告有利的证人出庭作证,并要求由律师协助辩护。

第七条修正案:在引用习惯法的诉讼中,其争执所涉及者价值超过二十元,则当事人有权要求陪审团审判;任何业经陪审团审判之事实,除依照习惯法之规定外,不得在合众国任何法院中重审。

第八条修正案:不得要求过重的保释金,不得课以过高的罚款,不得施予残酷的、逾常的刑罚。

第九条修正案:宪法中列举的某些权利,不得被解释为否认或轻视人民所拥有的其他权利。

第十条修正案:举凡宪法未授予合众国政府行使,而又不禁止各州行使的各种权力,均保留给各州政府或人民行使之。

在杰斐逊看来,最基本的是第一条。这儿要附带说明一下,英语中的 freedom of press 一词既可译为出版自由,也可译为新闻自由。在杰斐逊思想中,所谓出版自由主要是指新闻自由。

杰斐逊有一句名言:"如果必须从以下两者中作出选择:有政府而没有报纸,或有报纸而没有政府,我宁可选择后者。"

帕多弗在《托马斯·杰斐逊论民主》一书中说:

杰斐逊主张不受限制的新闻自由。如果一个民主国家需要能读能看的公民，那么，必然的结论是：公民们必须有阅读的自由。任何种类的书报审查都是有违民主的基本精神的，因为这无非是用对心灵的专制来替代对肉体的专制。此外，由于民主的要素是保证少数人有权利发表意见，而审查制度将等于向多数人提供了一件专制的武器。杰斐逊说，"我们的自由有赖于新闻自由，若限制新闻自由，必然导致丧失新闻自由"。尽管杰斐逊本人饱受来自报纸的无限制的漫骂（其中大部分出自被收买的文人之笔），他仍认为，必须不惜付出一切代价保住新闻自由。在他第一任总统任内他曾针对那些垃圾报纸说，"我将保卫它们的造谣和诽谤的权利"。

众所周知，一个在野党或在野者夸夸其谈地宣扬新闻自由或言论自由，是司空见惯的事。问题的关键是，一旦当权，他将怎样？因此，我们必须审查当总统后的杰斐逊。

杰斐逊在1801年第一个就职演讲中说："我们都是共和派，我们都是联邦派。如果我们当中有人想解散这一联邦，或者想改变它的共和体制，我们也不会干扰他们，这样做就为安全树立了标志，表明在理智能够自由地与错误进行对抗的国家，即使错误亦是可以容许存在的。"

1805年，杰斐逊在第二个就职演说中更突出地提到了新闻自由。他说：

在这一届的任期中，新闻界的炮口对准我们，他们以所能设想出来的或敢于妄为的一切手段来困扰政府。新闻对自由和知识都极为重要，却遭受这般滥用，实属非常遗憾，因为这会减低新闻的效益并削弱其安全。新闻界的放肆原本可以由各州通过它们所订的有关惩罚不实与诽谤之法律加以制裁，但政府官员有着比这更紧要的责任在身。因此，触犯者已交给公众的舆论来加以制裁。

我们无意说，各州有关惩罚不实和诽谤的法律不该付诸实施。但经验证明，既然真理与理智保有了一席之地以对抗错误的意见和歪曲的事实，受制于真理的新闻也就不需要其他的限制。在充分听取所有各方的意见后，公众的判断会修正错误的推论和意见。在无法估价的新闻自由与罔顾道德的放肆乱说之间，本没有其他的明确分界线。若这条规则仍不能约束不当行为，公众必能通过舆论想出其补救之道。

杰斐逊研究专家梅里尔·彼得逊称赞杰斐逊义无反顾地执行新闻自由政府。他写道：

这项实验竟是在这样一个人的督促之下执行的，他本人就是铺天盖地的恶毒攻击之对象，这是一个多高尚的实验啊！他说，"我将保护他们说谎和诽谤的权利，并将继续做下去，我将坚定不移地追随我的目标，这目标就是要证明：在我们这样一个建立在理智基础上而不是建立在恐惧和愚昧基础上的政府统治之下，人民是能够规范自己的行为的。这是我现在心中最关心的目标"。两年后，即1804年，他仍然这样想。那年，德国科学家亚历山大·冯亨包尔特到白宫来访。他在总统办公室内看到一份报纸，充满了谩骂。这位男爵问道："为什么允许这类诽谤呢？"总统回答说："男爵先生，请你把这份报纸装入你的口袋，万一有人怀疑我们是否真有新闻自由，就请拿出这报纸给他瞧，并说明你是从哪里得到这份报纸的。"

1826年6月24日，即逝世前一周，杰斐逊写了他一生中最后的一封信，信中谈的仍是人权。

他写道："希望这是对全世界的一个信号，它将唤醒那些由于愚昧和迷信而将自己捆绑起来的人们粉碎他们身上的锁链而享受自治的幸福和安全。我们所建立的格式将恢复人们可以不受约束地按理智办事的自由权利以及发表意见的自由。所有的人的眼睛都已打开了，或正在打开，所注视的就是人权。"

历史学家文森特·希恩写道：

美国人受赐于杰斐逊的实在太多了。他不只给了美国人《独立宣言》和《人权法案》，美国历史中民主的形成，在平等中拟定自由的原则，美国的货币制度，宗教自由的观念和奴隶应该获得自由的伟大思想；他还致力于最为实际的事业，扩展了美国的领土，发展了西部。任何一个美国人，即使是林肯，对于美国和美国人民的贡献都不能和他的贡献相提并论。

不过，杰斐逊也体味到"切实可行的东西往往支配着纯理论的东西"，作为总统，有时不得不扮演矛盾的角色，因此，在1809年3月2日，即退隐前几天，他愉快地写信给朋友说：

日内我就要回到我的家庭、我的书本、我的田园那里去了。我自己既已获得避风避雨之所，对于尚在与暴风雨搏斗的朋友，我将以关切之情看着他们而毫无羡慕之意。从没有哪个卸下枷锁的囚徒，其心情会赶得上我摆脱权力的桎梏时那样轻松愉快。

正因如此，他在去世前夕为自己写下墓碑，只准使用"起草人"和"校长"。不准提什么副总统或总统这一堆"功名"（merits）。

总之，问题不在于杰斐逊实施了多少人权，问题在于人权对美国和世界起了多大的影响。

譬如说，杜鲁门就在《回忆录》中说："在美国，人人都得到人权法案的保障而不受迫害。人的心智一定要有研究的自由才能得到进步，否则教育制度就没有用了。如果人人都千篇一律，学的也完全是一成不变的老一套，结果我们就会变成一个庸庸碌碌的民族。具有见地的人只能在教育自由的天地中表达那些见地。"

卡特总统更公然自诩要做"人权总统"。

即使是共和党的福特总统，也不得不在1976年7月4日亲自前往杰斐逊的故居蒙蒂赛洛朝圣并发表演说道："我看到这个国家有一种日益增长着的危险，即在思想、爱好和举止方面强求一致。我们需要对人的个性有更多的鼓励和保护。"

"除非美国人在进入第三个一百年时能抵制强求一致的做法，否则他们就可能有朝一日沦为一个极权主义的社会。"

再说，联合国也早于20世纪40年代末期通过了著名的《世界人权宣言》，这个宣言绝不是某一阶级的宣言而是全人类的宣言。正如同今天的安理会678号决议一样，它不是一种阶级决议，而是人类决议。

尽管杰斐逊自己不愿意谈他的官宦生涯，但作为写书者，我们不能不交代一下他在总统任上到底做了些什么。

他是第一个在波托马克河畔建立的新首都宣誓就职的总统。华盛顿的就职礼是在纽约举行的，亚当斯的就职礼是在费城进行的。杰斐逊的风格与前两任总统形成了鲜明的对比。华盛顿和亚当斯当年都是坐着高头骏马拉的华丽马车前往参加就职仪式的，而且都着盛装，佩着长剑，贵族气派十足。而杰斐逊却摆脱一切，从寓所步行而往，既未盛装，也未打扮。有记者写道："他的服装同平常一样，一身普通老百姓的衣服。并没有什么明显的职位标记。"杰斐逊这样并不是故意卖弄玄虚，而是因为他一贯讨厌繁文缛节，崇尚平民化。

后来又有一个破天荒的例子。总统的宴会一向使用的是长桌子，而且安排有序。他却使用了圆桌子，并主张随机入座。英国公使夫人一贯获得最佳座位。但杰斐逊应用随机条款，请离他身旁最近的西班牙公使夫人坐在他身旁。这大大刺伤了英国公使夫人，她回家向丈夫哭鼻子，说一定要予以报复。

他不顾王家礼节，比如说，他可以穿着便鞋接见外宾，等等。

他在任内的一项最大杰作就是收购路易斯安那的土地。自1763年以来，飘扬在这片广大土地上空的是衰落式微的西班牙国国旗。请注意，路易斯安那不是后来的路易斯安那州，它是后来的阿肯色、科罗拉多、南北达科他、艾奥瓦、堪萨斯、路易斯安那、明尼苏达、密苏里、蒙太拿、内布拉斯加、俄克拉荷马和怀俄明各州的总和。面积几达一百万平方英里,大得足以把整个西欧,连斯堪的那维亚在内,都塞进去。

当时对美国最关键的是位于密西西比河口的新奥尔良,因为密西西比河是美国西部商业的生命线。若此港在西班牙手中,美国还不在乎,因为西班牙是一弱国,不能不听命于美国。但拿破仑通过一项密约,从西班牙取得了路易斯安那,杰斐逊明白,法国占领了新奥尔良,美国就无法避免对拿破仑作战。他曾无可奈何地说:"如果拿破仑的军队踏上新奥尔良,我们将不得不和英国的舰队结盟来对付了。"

但历史往往有偶然。拿破仑在欧洲被英国所制,杰斐逊乃派门罗前往法国与驻法公使利文斯顿向拿破仑建议,以 5000 万法郎收购新奥尔良一带。他还指示,万一法国拒绝,就与英国秘密接洽联盟。不料拿破仑看到不能制胜英国,自知无法占领新奥尔良,与其有利于英国不如有利于美国。

于是发生了如下富有戏剧性的一幕。

拿破仑的外长塔列朗竟对利文斯顿说:"你们有钱没有?"

利讷讷地说:"我不明白。"

塔说:"在这个国家,没有钱事情就难办了。只要有钱,借着大量金钱的帮助,一切困难都可以克服。请你好好想一想吧。"

过几天,塔又对利说:"你们愿不愿意买整个路易斯安那?"

利答:"不,我们想要的只是新奥尔良和西佛罗里达。"

塔要利开一个价。利不敢做主。他要等门罗来后才作决定。

最后,门罗和利文斯顿以 6000 万法郎约 1500 万美元购进了整个路易斯安那。

1803 年圣诞前夕,即 12 月 20 日,法国把路易斯安那正式移交给了美国。杰斐逊不费一兵一卒,把美国的领土扩张了一倍。这真是世界历史上的一大奇迹。

杰斐逊的任期于 1808 年届满,他说:"人民的纵容和依恋之情,会使一个人在他年老之后仍旧在位,终生一再当选将成为惯例,结果便形成终身制。华盛顿将军在位八年后树立了一个自愿引退的榜样。我将追随他。而且有了更多的先例,就会形成一个惯例,这就使得那些妄想延长任期的人无计可施了。大概这也许会引发出一种用宪法修正案来把其制度化的意念。"

杰斐逊的这番话真的成了"推背图"。他退休后活到了 1826 年,所以我们还得谈一谈他在这 18 年中做了些什么。简单地说,他做了四件事:读书,写信,管理庄园和筹办弗吉尼亚大学。

他退休后一直住在蒙蒂赛洛,从经济角度看,杰斐逊当总统是做了一笔赔本生意。他生性豪爽,不恋钱财。就任总统的第一年,就用掉了 32634 美元,而其薪金只有 25000 美元,那一年其农庄的烟叶收入只有 3000 元,以致不得不借 4000 元来填补亏空。当八年后任满走出白宫时他已负债累累。在他 80 岁生日前数日,他为全家公开了一个账目表。它表明：1823年他的欠债高达40262美元，仅利息就达2121美元。

为了还债，他不得不卖掉一部分奴隶。但即使这样，仍然是杯水车薪；接着把普拉森林卖掉，还是还不清。最后只得考虑把蒙蒂赛洛卖掉。1826年，债权人逼债，杰斐逊面临扫地出门的危险。他决定把蒙蒂赛洛用彩票方式出售。媒体把这一消息公之于众，全国人民大吃一惊。纽约人首先发动募捐，接着全国响应，终于得一笔巨款，代他偿还了债务。

他曾经谢绝政府的赠与，但这次不同，是老百姓的自愿，是"纯洁而自愿的爱的赠与"。他感慨地说："我曾为我同胞花过三倍多的钱，且以我的整个生命作贡献，如今他们见义勇为，就他们力所能及地报答我，拯救了一个老公仆，使他不致成为丧家之犬。"

杰斐逊在晚年研究出了一套国民教育计划，其一生中的最后岁月就用于求得此计划的实现。他在74岁时写信给朋友乔治·狄克诺说："现在我一心一意要尽我力之所及，在本州确立国民教育制度。"他费了数年功夫，饱读其他各国关于教育方案的书籍，并向一些国内外专家请教。到1817年，他拟就了他的全部教育计划。他的教育制度分三部分——小学、中学及大学。小学授以读写算及地理。中学教的是科学及语言，这类中学普设州内各地，所有居民在骑马一天的路程内都有中学可进。大学是最高学府，计划中的大学包括许多专科，教授各种实用的科学。一般人认为杰斐逊的计划属于空想，州议会没有通过。杰斐逊大为不满，他说：人们见识多有不足，认识不到一项重大的真理：知识就是权力，知识就是安全，知识就是幸福。

他锲而不舍，不因遭遇挫折便告灰心。他想尽办法向议员们推销他的计划。1818年年初，州议会终于拨了45000美元，供贫民初等教育之用，并拨了被认为不少的15000美元作为大学的资助费。从此打开了一条缝，而杰斐逊就乘此一步一步地扩张这条细缝。

议会规定选派一个24名委员的小组，从事大学的筹划，其中包括卸任总统杰斐逊和麦迪逊以及现任总统门罗。他们三人在蒙蒂赛洛商量好要把大学设在夏洛茨维尔。

其后六年，杰斐逊就只为了弗吉尼亚大学而活着。他认为这个学校就是他的生命，所以不惜倾注其所有精力、所有才智、所有希望在它上面。他成了一名独脚营造商、独脚建筑打样师、独脚设计师。人们每天早上看到这位白发苍苍的老翁，骑着一匹瘦马，从蒙蒂赛洛前往夏洛茨维尔工地。

为建立大学，他所遭到的最大困难是经济上的。他的计划宏大，使有些议员为之瞠目结舌。杰斐逊知道他们不会一次出大钱，所以他采用得寸进尺策略，也就是挤牙膏办法，一次又一次地挤。他的战略就是"你们不拨钱，将前功尽弃"。最后经几年努力，花了30万美元。在那时，这是一笔惊人的数目。

弗吉尼亚大学终于在 1825 年开学了。杰斐逊算是完成了夙愿，他于翌年即告病逝。他是第一任校长，第二任校长就是麦迪逊。

最后要谈一下作为基督徒的杰斐逊。他的政敌曾大做文章，责他为无神论者。不错，杰斐逊没有参加任何教派，也没有上教堂做礼拜。

杰斐逊严正地声明，他是一名"真正的基督徒"。

他写道："如果我们观察一下世界的各个部分、整体或某一部分，作为人，就不可能不在思想上发觉并感到，在组成它的每一个原子中都有着神秘的谋算、老练的手腕和无限的权力。一个智慧而强大的力量，所表现出来的这些迹象，是如此之不可抗拒，因此，人们以至少一百万比一的比例相信有一个创世主永远先于世界而存在的假说，而不相信世界是自身的存在的假说。"

杰斐逊认为："真正的宗教就是道德。如果人类固有的构成其组成部分的道德戒律对于一个社会的人来说成为必要的；如果拿撒勒的耶稣教导我们的那些崇高理论构成真正的宗教，那么，没有宗教，这个世界就将成为实际上连地狱都不如的东西。"

他说："谈书、思考和时间使我确信，社会的利益要求人们遵守所有宗教一致同意的那些道德戒律。同时，我们不应去干涉各个宗教之间不相同而与道德完全无关的某些教务。在所有宗教中都有好人，而且一样地多。人类思想的活动结构千差万别，犹如人的体貌各不相同，这是我们造物主所造成的。要想树立一个统一的标准不可能是宗教的责任。"

他最后说："谁也无法说人类进步会有止境。野蛮状态已由于坚定的改革而骤然减少，而且我相信，总有一天要在地球上消失。"

4 安德鲁·杰克逊

在美国总统中有三位性格特别与众不同的总统。他们有显著的政绩,但也留下很多话柄,成为后世人议论不完的话题。如果用中国北方街头语言来形容的话,这三位真可算得上是总统中的"活宝"。他们是总统安德鲁·杰克逊、西奥多·罗斯福及哈里·杜鲁门。

这里要介绍的是安德鲁·杰克逊。

1767年3月15日,杰克逊生于南卡罗来纳州的渥克赫。他祖上为爱尔兰移民,他是遗腹子,他妈妈需要养活一堆孩子,生活相当艰苦。杰克逊13岁时就不得不和他的哥哥罗伯特参加了独立战争中的大陆部队,在威廉·戴维斯上校麾下当一名骑马传令兵或通信员,参加了1780年8月的悬岩之战。第二年4月,杰克逊兄弟在他们的表兄托马斯·克劳福德家里遭到一支英国部队的突袭,被俘。值班的英国军官命令他俩帮他洗靴子,遭到拒绝,这个军官就用剑刺他们。剑刺入了安德鲁左手的骨头里,他的头上也遭到了刀划,留下了一条白色的刀疤。这刀疤永远激起他对英国侵略者的憎恨。英国红骑兵没有给他们包扎伤口,就带着孩子们没吃没喝进行40英里的急行军,押到南卡罗来纳州的坎登战俘营。在战俘营里,他们靠定量的不新鲜面包活命,直到1781年4月底才通过部分战俘交换得以释放。到那时他们已被监禁了两个星期左右。杰克逊是总统中最后一个参加过独立战争的老兵,也是唯一当过战俘的总统。

当时在刚开发地区非常需要律师,杰克逊决定以律师为业,他请求北卡罗来纳的有名律帅韦特斯梯尔·艾维里收他为学徒,为艾维里所拒,不得已,到萨利斯布里投奔一名小律师斯普罗斯·麦凯。麦凯的所谓律师事务所实在是一个很可怜的小房间,宽15英尺长16英尺见方,而且麦凯一共收了3名学徒。

杰克逊行为独立,不受拘束,人们对他的评论是:"他绝不是一名具基督教品德的人。"有一次,在圣诞节舞会上他邀请了几名妓女参加,引起大哗。

麦凯对杰克逊的表现很失望,两人终于不欢而散,杰克逊乃转入另外一位律师约翰·斯托克处。斯托克爱喝酒,这一对师徒成了酒肉朋友。

杰克逊在麦凯底下学了将近两年，在斯托克那里学了半年，1787年9月20日，在斯托克帮助下，杰克逊取得了律师资格。

安德鲁·杰克逊

有律师资格并不意味即可开业。不论在家乡渥克赫还是在萨利斯布里，杰克逊的名声都不佳，没有他立足之地。最后，他不得不往北卡罗来纳的马丁斯维尔去暂充店员，维持生计。这里，他获得了命运之神的眷顾。他碰到一位同学约翰·麦乃里，麦乃里家在北卡罗来纳有一定的政治势力，北卡州的议会决定在该州西部山区设一个法庭，由年轻的麦乃里任法官，于是麦乃里又请杰克逊任检察官，杰克逊暂时算有了固定的职业，时为1788年。

杰克逊所处的那个小城名琼斯布罗。杰克逊是单身汉，根本用不着黑奴服侍。但在奴隶州内，是不是拥有奴隶标志着社会地位的高低，所以杰克逊不惜花300美元买了一名女奴，使自己升为奴隶主。

杰克逊虽然花了两年半时间学法律，但他的学习生活基本上是在吊儿郎当中度过的，实际上并没有多少法律理论和知识。因此，在法庭上，他屡次输给韦特斯梯尔·艾维里，即以前拒绝收他为徒的那位律师。

最后，有一次他被艾维里驳得体无完肤。忍无可忍，乃从他的法律书上撕下一页，写了一份挑战书给艾维里,内称:"你在法庭大庭广众面前侮辱了我,我要求用决斗解决问题。"

艾维里多方解释,力求和解,但杰克逊坚持己见,非干不可。对任何一位南方绅士而言,逃避决斗意味着名誉扫地,所以,艾维里不得不勉强接受了这场飞来的决斗。

在决斗中,双方都向天开枪,没有伤亡,但这场决斗使杰克逊在当地出了名,而这正是杰克逊原来的意图。这是杰克逊的第一次决斗,以后他一生中还不断地决斗,这使他成为美国总统中独一无二的决斗大王。

1789年,杰克逊决定离开琼斯布罗前往田纳西的纳希维尔。当时田纳西尚未建州,但却是土地投机鼎盛的时期,对他而言也就有了发财的良机。

不到一年,杰克逊被任为纳希维尔的检察官,他的政治和经济地位初步获得稳定。当时田纳西有几家豪门,其中之一叫道乃尔逊。1785年,家族主人约翰·道乃尔逊在与印第安人冲突中丧生,他的遗孀在纳希维尔开设了一家客寓,杰克逊就寄居于此,并引出了一段没完没了的纠纷。

道乃尔逊夫人有一女儿,名赖契尔,17岁时嫁给了路易斯·罗巴德先生,罗巴德并不很信任赖契尔,当他发现赖契尔与佩顿·肖特有交往时,就怀疑她有不端之行,并把她赶出家门。夫人派杰克逊去把赖契尔接回老家。

当时,杰克逊以侠客身份出现,因此他还劝罗巴德收回成命,重新接纳赖契尔,罗巴德的确在有一个时期重新与赖契尔重归于好。可是不久,罗又怀疑赖契尔与杰克逊有暧昧关系,再次赶走赖契尔。

从此,杰克逊很同情赖契尔,并对她产生了爱情。1791年,杰克逊从报上看到消息说罗巴德已从弗吉尼亚议会取得离婚许可。他相信了这个消息,并带赖契尔到纳契兹举行婚礼,时为1791年8月。

谁知那条消息实际并不可靠。罗巴德在1793年12月才正式申请离婚并获准。这就使杰克逊的1791年结婚成为非法。他的朋友规劝杰克逊重新补一次婚礼。于是1794年1月17日他又与赖契尔补了一次婚礼。

这样,杰克逊的政敌或私敌就攻击杰克逊品德恶劣,拐诱有夫之妇,同时又攻击赖契尔水性杨花。关于第一点,杰克逊倒不大在乎,但关于第二点,他是不能忍受的。在他思想中,他必须保护赖契尔的名誉,否则他就算不上是一名男子汉。这样,就发生了一连串的决斗事件。

保卫女人的名誉成了杰克逊生活中的一个重要事项,在赖契尔在世之日,他几乎每天都要为这件事操心。赖契尔是在杰克逊被选为总统不多天后逝世的。然而杰克逊就任总统后的一件大事就是为他的陆军部长的妻子打抱不平,这在后面还要表述。总之,在这件事上,杰克逊充分表现了他的西部牛仔性格,可谓至死不改。

当时在田纳西当律师虽然可以立业，但还不足以发财，发财要靠土地投机，所以杰克逊也投入了土地投机活动，并发了相当的财。

1796年6月4日，田纳西正式立为州，杰克逊获选为众议员，参议员为威廉·布伦特。布伦特是田纳西的地头蛇，杰克逊就是拜在他门下而得势的。1797年，参议院开除了布伦特，罪名是他阴谋组织远征军入侵佛罗里达。田纳西人大怒，为了报复，他们推杰克逊继布伦特为参议员。不过他的参议员没有做长，因为他未能连选连任。

1804年，他往费城做土地生意，途经华盛顿，他请求杰斐逊总统任他为路易斯安那总督，杰斐逊未准，因为在杰斐逊眼中，杰克逊是一名不受约束的大老粗。

杰克逊的买卖并不很顺利，但他开辟了一行新业，使他大发其财，这个行业就是养马，但养马同时又给他带来了一场决斗。

第一年，他买进了一匹马，起名为特罗克顿。在比赛中赢了1500元。第二年特罗克顿赢了欧文先生的格兰亨，获5000元。第三年，特罗克顿议定与欧文的女婿查尔斯·狄克逊的马相赛，赌价是2000元。

在比赛前夕，狄克逊的马受伤，取消了赛事，被判罚800元。狄克逊不服，写信骂杰克逊，并要求决斗。杰克逊接受了挑战，但因狄克逊赴外地办事，所以决斗一时没有实现。

1805年5月，狄克逊回纳希维尔，他在报上发表文章骂杰克逊："我要宣布他是不值一文的浑蛋、一个懒汉、一个懦夫。他用各种无聊的遁词，不敢接受一名受他伤害的人的决斗要求。"

杰克逊无可奈何，决定赴肯塔基境内决斗，因为田纳西州法律认为决斗是非法的，双方各带证人走了一天一夜，第二天早上抵达目的地。双方距离24英尺，狄克逊先发枪，击中杰克逊胸部心脏以下一英寸半的地方，杰克逊忍痛站住，反击一枪，击中对方要害，狄克逊于次日丧命。

田州州长约翰·薛维尔对此很不满意。有一次，杰克逊在谈话中说："我完成了一些公务，我认为人们对此是满意的。"薛维尔说，"什么公务！我不知道你对国家做过什么了不起的服务，除了你曾带别人的妻子去纳契兹旅行。"杰克逊二话不说，马上给了薛维尔一枪，并当场提出决斗要求。几天后，双方带公证人到了决斗场，在双方公证人极力劝说之下，总算在最后一分钟实行了和解，没有动刀枪。

杰克逊除了攻打印第安人外，没有其他军事经验。当1812年战争爆发后，杰克逊有意组织一支民军，正在这时，有一位密苏里的青年叫托马斯·班顿的来见他，要他出头组织一支军队。这正中杰克逊下怀，一支田纳西民团乃告成立，由杰克逊任少将司令，由班顿任上校副司令。

杰克逊对美军在加拿大边境不发一枪即向英军投降一事十分不满，所以他要求率兵往加拿大作战。陆军部不批准。最后他被派往南方，驻路易斯安那州。可惜连这一好景也不长，1813年2月中旬，新任陆军部长下令把物资和军队交给威金逊少将。杰克逊交还了一切政府物资，但没有在那里解散他的部队，而是和志愿军一起在十分艰难的条件下长途跋涉回到田纳西。正是在这次长途跋涉中，他的部下因他的坚忍、顽强而给他取了个绰号叫"希科里"（意为"山核桃"），以后又改为"老希科里"。

在回家途中，又发生了一起决斗事件。

杰克逊手下有一名小军官威廉·卡洛尔要与另外一名小军官杰西·班顿决斗。他请杰克逊做副手，即公证人，杰克逊起先拒绝，但在双方坚决恳求下，终于勉强答应了。

杰西的一枪没有击中，但卡洛尔却打中了杰西，使杰西受了伤。杰西的哥哥就是托马斯·班顿。他从华盛顿回来获知决斗事件后立即批评杰克逊，双方争吵了一场。次日，双方在旅店中相遇，在争吵中杰西竟拔出手枪向杰克逊开了一枪，杰克逊手下的人马上出枪反击，一时秩序大乱，子弹横飞，如美国西部电影所表演的一样。事后，班顿兄弟恐怕报复，溜出军队，一去不返（后来托马斯·班顿任参议员，又成了杰克逊总统的支持者）。

1814年12月，杰克逊重新回到了新奥尔良。这时，人们传说，英军将派一万至二万人登陆新奥尔良，因为英国刚巧在欧州大陆击败拿破仑，将由威灵顿将军的姻兄爱德华·帕肯汉带领有作战经验的军队来美，不论从兵力、质量还是装备说，英军都占绝对优势。因此，《纽约晚邮报》的一名记者竟造了一个谣言说，英国已攻占奥尔良，美当局为了安定民心，故意未作报道云云。

杰克逊只有兵力5000，他还等着援兵前来。但当英军第一批登陆后他就发动了一次进攻，当然英军很快就挡住了这次进攻，但它使英军参谋部产生了错觉。他们认为，美军竟然发动进攻，显然背后有强大的兵力，所以英军不宜单刀直入，必须等后续部队到后再进攻。这就使进攻日期延迟了约10天。

这是决定性的10天，杰克逊本来还未完成防御工程，他在10天内加紧完成了工事，并等到了一批田纳西援军。

当1815年1月8日英军8000人正式进攻时，美军已真正做好准备，杰克逊下令必须等敌人逼近射程才开始还击。英军以欧洲的作战方式分批跃进，他们进入了泥地，美军大炮齐鸣，来复枪齐射，爱德华·帕肯汉也中弹丧命。全军顿告混乱，美军的射击竟如同打鸭子，几乎百发百中。作战结果，英方死300人，包括3名将军、8名上校，另受伤者1300人，而美方却只死6人，伤7人，伤亡率是100∶1，创造了历史记录。

这一仗，使杰克逊威名大震，为他以后当选总统奠定了基础。

1816年时，曾有人议论是否可推杰克逊做总统候选人，当时杰克逊的回答是斩钉截铁的。他说："难道你们以为我是一个大笨蛋吗！不，我知道我是个什么人。我可以用强硬手段统率一群人，但我不是做总统的材料。"他还认为"军官不应插足到政治讨论中去"。他讨厌政党，认为政党只干肮脏事。

但随着时间之推移和事态之进展，他不久改变了想法。首先，他的经济地位不断改善。他在纳希维尔的庄园逐步发展成一个可观的庄园，他把这个庄园起名为"隐士之居"。那时，他当然不再只拥有一名奴隶，而是许多奴隶了。

另外，他曾率领军队进入西班牙所管的佛罗里达征讨印第安人，从而引起了华盛顿政府及国会的批评。他对华盛顿的老爷们深感不满，多少产生了想改造"腐败"政府的念头。

更重要的是，有一批政客蓄意推他出来，在这种形势下，杰克逊也就身不由己了。

1824年，门罗总统任期告满，当时主要的3名候选人是国务卿约翰·昆西·亚当斯、财政部长威廉·克劳福和众议院议长亨利·克莱。

杰克逊当时为参议员，他本人虽然并不十分热衷竞选，但他那集团非要推选他不可，因此勉为其难，出山角逐。

选举结果如下：

选民票：杰克逊152901，亚当斯114023，克莱47217，克劳福46979。

选举人票：杰克逊99，亚当斯84，克莱37，克劳福41。

杰克逊虽位居第一，但谁也没有获得过半数，因此必须由众议院投票在得票最多的3人中挑选一人，也就是在杰克逊、亚当斯和克劳福3人中挑一人。

这是一个进行政治交易的好机会。亚当斯本来瞧不起克莱，斥他"不论在私人生活中和公共生活中，都是一名赌徒"。现在他们两人却进行了密谈。杰克逊派便攻击克莱出卖自己，以求博得国务卿之职。

由于克莱倒向亚当斯，众议院的投票结果如下：

亚当斯17，杰克逊7，克劳福4。（以州为单位投票）

亚当斯上任总统后，立即任命克莱为国务卿。这在杰克逊派看来，正好证实了他们的预言。

但亚当斯和克莱一直否认有政治交易，亚当斯事后还公开在新泽西州发表演说，驳斥这一"最卑鄙无耻"的诽谤。他说："亲爱的同胞们，在你们面前，在上帝面前，我要庄重宣布，这一指责完全是没有根据的，关于我要让克莱先生掌管国务院的动机，我请对此事有怀疑的人到我面前来。请问他能不能挑出一个人或提名一个在内政和外交的经验方面胜过亨利·克莱的人作为国务卿，我只能考虑国家的光荣和福利，我不能不挑亨利·克莱。"

杰克逊认为，亚当斯和克莱的辩解都是恶人的谎言，他只觉得自己被克莱出卖了。他辞掉了参议员，一心一意争夺下届总统职位，以报此一箭之仇。

在1828年选举中，杰克逊起用了纽约州的"小魔术家"马丁·范·布伦为竞选事务主持人。范·布伦本人拥有东部的支持，他又出谋划策去拉拢南部利益的代表人物卡尔洪，从而组成了一条西部、东部、南部的联合阵线。据历史学家们说，范·布伦此举打破了美国的传统党派观念。传统的党派总是以意识形态划界的，至少是以政策划界的。而范·布伦所做的却是以竞选为界，不问意识形态，此为现代选举手法的先河。

在这次投票中，杰克逊很轻易地压倒了在任总统亚当斯，成了美国历史上第七位总统。

当杰克逊被选为总统的消息传到他出生地的老家时，当地居民还不敢相信。他们说，如果杰克逊可当总统，那么，阿猫阿狗都可当总统了。

杰克逊当总统后使人吃惊的第一件事就是大换班。人们通常把杰克逊称为"分肥制"的创始人。当初共和党人托马斯·杰斐逊接替联邦党人约翰·亚当斯任总统，在他的8年任期内，一共只撤换了39名官员。再远一点看，从华盛顿一直到约翰·昆西·亚当斯的40年内，由总统撤换的官员一共只有74名。

但杰克逊上任后一年之内，共撤换了730名官员。

杰克逊创立了这样一种理论：酬答你的朋友，惩罚你的敌人。

克莱对此公开指责说："一种全面贪婪的制度替代了一种负责的制度。"他认为这种分肥制必然会败坏整个政治制度。但杰克逊却心安理得。他自认为替天行道，自认他所撤掉的无非是坏蛋而已，以好人代坏人是上帝的律法，没有什么可指责的。

但杰克逊与副总统卡尔洪的政治立场根本不同。他们两人的结合本来只是一种夺权的手段。英文中有一句成语：政治可使两个陌生人睡于一床。

这种结合毕竟是不牢靠的，一有风吹草动，马上分裂。

卡尔洪是一个州权主义者。他认为，如果州议会认为中央法律有损于州利益的话，可以不执行中央的法律。他还认为，他这样做完全是继承托马斯·杰斐逊的老传统。

杰克逊也自称是托马斯·杰斐逊的传人，但他却说："杰斐逊是在理论方面的最优秀的共和主义者，但也是我所见到过的在实践方面最劣等的共和主义者。"

1830年4月13日，是杰斐逊诞辰纪念日。卡尔洪想借此机会，宣扬他的分离合法学说，他本来认为杰克逊是西部代表，必然会同他采取相同立场。但当客人到齐以后，杰克逊突然拿起酒杯向全体到会人员祝酒说："我们的联邦必须保持。"人们注意到，卡尔洪在听到这祝辞时，双手发抖，酒杯中的酒也泼了出来。

其实，从政府成立起，杰与卡之间就已存在矛盾。如果说那些矛盾是小矛盾的话，那么，是分离还是联邦，则是一个大问题。杰克逊在这个问题上是毫不含糊的。卡尔洪自讨没趣，不久，又因别的问题，他不得不提出辞呈。

为了强调联邦主义立场，杰克逊在1833年3月4日第二次就职演说中大谈特谈了必须永久维持联邦的重要性。他说：

"若当初没有联邦，我们的独立和自由就绝不会成功，也不可能维持。一旦我们被划分为24区，或是较少的区数时，我们可以预见，我们内部贸易便会担负无数的限制及苛捐杂税；在不同的地点和地域上，彼此间的沟通将不是被阻碍就是被取消。一旦如此，我们的子孙将会再次从军战死于今日和平耕作的土地之上。由于征收维持陆、海军的税款，将使得大多数的人民既贫且穷，而那些仗恃着拥有军队的军事领袖，却成为我们的法律制定者和法官。自由、良好的政府、和平繁荣及幸福等，必会随着联邦的瓦解而丧失。因此，我们支持州的联盟，我们便是在支持那对自由人民而言相当珍贵的全部东西。"

其实，杰克逊与副总统卡尔洪的龃龉从政府组成之日就开始了。起因不是别人，而是一位部长夫人，也就是前面已提到过的，杰克逊要坚决保卫陆军部长夫人的声誉，一如保卫他自己夫人的名誉一样。

杰克逊任命他的老朋友约翰·伊登为陆军部长。但约翰的新婚夫人佩琪却成了杰克逊内阁中的一个不安定因素。

1823年杰克逊任参议员时，经伊登介绍，住在华盛顿的一家名叫富兰克林公寓的旅店内。店主威廉·奥尼尔有一女，貌美，嫁与约翰·廷伯莱克。不久，奥尼尔因经营不善，陷于破产。伊登出资收购了旅店，并仍委任奥尼尔为经理。

一天，佩琪向杰克逊告状，说有一位理查德·考尔调戏了她。杰克逊乃召考尔，询问是否属实，考尔承认确有其事，并申述理由：他听别人说，佩琪是水性杨花，谁都可亲近。杰克逊当场申斥了考尔，并对佩琪深表同情。

后来，佩琪的丈夫客死外地，伊登甚喜欢佩琪，但又不敢贸然迎娶，他请教于杰克逊，杰克逊极力鼓励伊登娶佩琪。所以，在一定意义上说，伊登的婚姻是杰克逊促成的。这起婚姻是在竞选前夕完成的，当时反对派就嘲笑说，杰克逊夫人赖契尔和伊登夫人佩琪是"物以类聚"。

伊登入阁以后，以南卡州庄园主贵族身份自居的卡尔洪夫人就带头抵制伊登夫人，她煽动其他内阁官员的夫人，不参加有佩琪出席的任何宴会。这件事大大刺伤了以保卫女性名誉为己任的杰克逊。

卡尔洪本人也曾劝告杰克逊勿起用伊登为陆军部长。杰克逊回答说："你是不是认为人民派我到这儿来是要我在组阁人选问题上去咨询华盛顿的一批仕女？"他又说："我生来就是对付暴风雨的，我不习惯于平平静静的日子。"

杰克逊曾作多次努力，在白宫设宴会，希望大家都参加。但卡尔洪夫人一帮子非常顽固，她们就因佩琪在场而拒不赴宴，这大大触怒了总统。

伊登本人当然也感到受侮辱，他向亲卡尔洪的海军部长、财政部长和检察长提出了决斗要求，三人分别托辞拒绝。杰克逊闻讯后骂曰："多没有出息！他们不敢接受挑战。这证明我的信条正确无误——一个卑鄙的人绝不可能成为一个勇敢的人。"

更惊人的是，杰克逊竟为佩琪之事召开了一次内阁会议。他在会上说："我并不认为我有权干涉我的阁员的个人交际关系。但我已获得充分印象认为你们一些家庭已采取措施诱使其他人共同躲避伊登夫人，从而把她排除在社交场合之外，使她蒙受委屈。我与伊登少校是忘年交，我不会辞掉他，所以凡不愿与他共事的阁员最好自动辞职，因为我必须维持内阁之和谐。"

从江湖标准来看，杰克逊真说得上是够朋友的了。

这件事的最后解决还是靠足智多谋的国务卿范·布伦。范·布伦首先提出辞职，这迫使其他部长不得不相继辞职，实现了内阁全部换班子。这样，伊登就光荣下台，而那几位卡尔洪的部长却只好随大流而倒了。

杰克逊为了安慰伊登夫人，返回老家田纳西，在"隐士之居"举办宴会，田州名士淑女齐来参加，伊登夫人在会上出了风头。但宴会散后，人们忽然发现杰克逊不知去向。

正当人们惊慌之际，佩琪却灵机一动，马上奔向赖契尔墓。果然，她发现杰克逊在墓前大哭。他看到佩琪前来，就对她说："赖契尔生前为我流了许许多多泪，今天我要用泪来偿还她。"自赖契尔死后，杰克逊至死没有再娶。他是继托马斯·杰斐逊后的第二位鳏夫总统。

从杰克逊1829年任总统至内战前一段时间为止，人们通常称之为杰克逊时代。在这期间，南北保持了统一局面，这在很大程度上要归功于杰克逊，他身为南方庄园主，却力主联邦第一。

在这方面，他曾多次驳斥分离论。他说："关于一个州可以有权力废止某一联邦法律的说法是与联邦的存在不相容的，这是明显违反宪法的文字的，是宪法的精神所不许可的，是不符合宪法所引为根据的第一种原则的，是破坏制定宪法的伟大目的的。"

"说任何州可以任意脱离联邦就等于说合众国不是一个国家。"

"我的最高责任所赋予我的指示要求我庄严地宣布，你们不能分离。合众国的法律必须执行。在这个问题上我没有什么可选择的，我的责任在宪法上已着重地写明白。如果有人告诉你们说，你们可以和平地阻止其执行，那他们是在骗你们。他们自己心中却不是这样想的，他们知道得很清楚，只有用武力反对才能阻止法律的执行，他们也知道武力反对必然会引起反击，他们的目的是分离，但使用武力分离就是叛乱，你们真的愿意犯这种罪吗？"

由于杰克逊斩钉截铁地采取了坚持联邦的立场，分离派的嚣张气势不得不有所收敛。这是杰克逊的一个很大功劳。

美国历史学家往往把杰克逊封为美国平民民主的创始人，这也有一定的道理。

一、在杰克逊之前，美国所有的总统不是来自弗吉尼亚就是来自马萨诸塞州。前者是大庄园主代表，后者是东部上层阶级代表。杰克逊出身贫苦，他虽然诞生于南方，但是在边疆田纳西成家立业的，所以他是第一位跳出弗吉尼亚和马萨诸塞而从西部兴起的总统。

二、以前的总统（华盛顿除外）都是知识分子，甚至是高级知识分子。杰克逊当总统后，哈佛大学曾赠他以名誉法学博士头衔。前总统约翰·昆西·亚当斯是哈佛校友，所以哈佛请他参加授学位的典礼。哪知亚当斯不但拒绝参加，而且公然指责"以光荣的哈佛学位授给一个野蛮人，是哈佛的耻辱"，亚当斯还曾讥笑杰克逊"没有写过一句语法正确的句子"。杰克逊开了大老粗当总统之风，在其后的半个世纪内，军人当总统者竟连连不断，如威廉·哈里逊、萨克利·泰勒、尤利西斯·格兰特等。

三、杰克逊的总统就职典礼也开了一个新风。1829年3月4日，来自西部及南部各州的、穿着沾满尘土的皮靴的老百姓，涌进白宫，这与往日的名士淑女远不相同。他们不讲礼仪，踩坏了沙发，挤破了窗玻璃，把白宫室内挤得水泄不通，幸亏主持会场的人出了妙计，大呼"凉酒设在草坪上"，人群才退出白宫，涌向草坪。最后，杰克逊从白宫后门溜走，才避开了群众。这从侧面说明，在平民心中，他确是他们的代表。

四、杰克逊的政治哲学中有某种朴素的阶级观点，他认为社会中存在一种斗争，即生产者阶级与非生产者阶级的斗争。他的主要谋士阿莫斯·肯达尔更进一步说："生产财富的人倒成了穷人，他们看到他们四周兴建皇宫富殿，却没有注意到这整个开支是从他们身上抽税支付的。"在1832年的竞选中，杰克逊竭力反对延长国家银行的寿命，并使用否决权否决了议会通过的法案。他之所以反对国家银行，是因为他认为该银行为东部的有钱人服务而损害老百姓的利益，他以压倒优势击败了支持国家银行的亨利·克莱。

五、杰克逊本人极富平民作风。密苏里州的班顿兄弟曾同杰克逊真刀真枪地作射击战，并打伤了杰克逊，差一点送了他的命。但杰克逊认为这是牛仔之间的争吵，不能记仇。后来，托马斯·班顿当上参议员后，就成了杰克逊在参议院中的主要支持者。他说："在所有愿请我去发表意见的总统中，杰克逊是最使我敢于放胆直言的人。"杰克逊的司法部长（即后来的最高法院首席法官）罗吉斯·塔尼也说："他喜欢别人对他直言不讳，他认为，下属若对他当面提反对意见乃是忠贞的最佳证明。"

杰克逊也敢于直截了当地驳回他不同意的意见。以下就是一则佳话：

杰克逊要把田纳西州的印第安人逐至阿肯色，有一个教友会代表团前来晋见，要求总统取消这个主意。

"请问，费城不是你们教友会祖先们的居住地和狩猎区吗？"总统问。

答："这是另外一种情况。"

问："你们不是诞生在费城的吗？"

答："是的。"

问："那就是说，那里的印第安人被迫离开了他们祖先的家宅和狩猎区而迁往西部去建立新的家宅。"

答："但这是一个……"

问："你们的高祖们不是看到费城地区住有印第安人吗？"

答："是的，但是……"

问："这些印第安人后来怎么样了呢？"

答："他们搬迁了。"

问："他们为什么要搬走呢？"

答："因为我们的祖先们收购了他们的土地。"

问："你们的祖先们为这些土地付了什么价钱呢？"

答："嗯，嗯……"

于是，杰克逊说："我认为诸公已占了我相当长的时间，我认为每一个人都有宪法赋予的权利可以做一名伪君子，多大的虚伪都行；但我又认为，我有权利宣布你们没有权利继续占用我的时间。"

代表团成员只好一个个垂头丧气地退出了白宫。

六、牛仔一般都疾恶如仇。曾一度任副总统的约翰·卡尔洪后来成了主张分离的旗手，也成了杰克逊的凶恶政敌。杰克逊退休后在谈到卡尔洪时曾说："如果我死后有论及我的错误的话，我的最大的错误就是当初没有以叛国罪把卡尔洪绞死。"其爱国之情，溢于言表。

1962年历史学家投票排列的名列，杰克逊在31个总统中排行第六，是6个"接近伟大"总统中最好的，他排于西奥多·罗斯福之上，杰斐逊之下。

杰克逊出席了由他精心挑选的继任者马丁·范·布伦的就职典礼后，退隐到他田纳西州纳什维尔附近的1200英亩种植园去。在1837年金融大恐慌带来的经济萧条时期，杰克逊没有找到棉花的市场，被迫向朋友借钱来偿付开支。偿还他养子小安德鲁·杰克逊的债务，这又进一步减少了他的资金。退职以后，他对政治仍然保持着浓厚的兴趣。范·布伦总统在1840年的竞选连任中出师不利，为了助他一臂之力，杰克逊在田纳西州积极参加范·布伦的竞选活动，他还支持兼并德克萨斯州的领土。

1845年6月8日，大约下午6点，杰克逊病逝于纳什维尔附近的住所。杰克逊的最后几年过得极不舒服。靠麻醉剂来略微减轻痛苦。慢性肺结核使他只有一个虽能活动但功能已日趋减弱的肺。他的右眼由于白内障失明。水肿病使他面貌浮肿，腹泻使他衰弱不堪。临近死亡时，他已不再能够平躺，只能靠在床上。1845年6月2日，纳什维尔的埃斯勒蒙医生为他开了刀，排出腹水。6月8日早晨醒来后不久杰克逊就不省人事了。仆人大声叫道："哦，上帝！老主人死了！"虽然喝点白兰地酒使他苏醒，但是他和他周围的人都意识到他很快就要离开人世了。他的临终心愿是有一天能在另一世界再看到他所有的朋友——"无论是白种人，还是黑种人。"听到门外传来的恸哭声，杰克逊说："哦，不要哭，做好孩子，我们所有人将在天堂会面。"那天傍晚，当他拿起他的儿媳萨拉·约克·杰克逊夫人的手时，他颤抖了，张着嘴，死了，终年78岁。不久，萨姆·休斯顿赶到，可惜来得太迟，未能和老朋友见最后一面。这高大的德克萨斯州人跪倒在地，伏在他的遗体上放声痛哭。根据杰克逊的生前意愿，人们采用简单的仪式把他葬在花园里的赖契尔墓旁。1843年6月执行他的遗嘱和遗言。他的第一条遗嘱是用他的房地产、个人财产偿付总计16000美元的债务加上利息。第二条是把三支宝剑分别分给他的侄子安德鲁·杰克逊·唐奈尔森、他的侄孙安德鲁·杰克逊·科菲和他的孙子安德鲁·杰克逊。第三，他还附加一条告诫，即如果需要，可应用它来保卫联邦，保护宪法。他把大部分剩余财产包括居住地的房子、房间里的东西留给了他的养子小安德鲁·杰克逊。

杰克逊是一个众说纷纭、褒贬不一的人，此处辑录一些对他的肯定和否定之词，足见他身上存在的争议。

对杰克逊的赞扬之词：

"一个我乐于遇到的聪明、敏捷、直率、热情洋溢的人。"——艾伦·伯尔，1805年。

"毫无疑问，他有缺点；而这些缺点常是一个热情、慷慨、真诚的人的天性——就像肥沃的土壤上长出的杂草。尽管这样，他仍恰恰是那个时代所要求的人物：他出色、完美地履行了他对时代应尽的义务。如果说他卷入和商人阶层的矛盾，主要是商人阶层的错误而不是杰克逊的错误。"——《纽约时报》编辑威廉·卡伦·布赖恩特，1836年。

"他处事果断，如果他从云端坠落到燃烧着的城市，那么不出一小时他将带头成为灭火的英雄，他将毫不犹豫地用毁灭一座宫殿来阻止大火蔓延，而另一个人，则仅想到拆除一间小木屋去灭火。"——最高法院法官约翰·卡顿，1845年。

"我从没有听说过比他更毫不做作的人。他是一个把耐心倾听别人话语当作自己应尽职责,或在很大程度上,把它作为一件愉快的事的人。"——马丁·范·布伦。

对杰克逊的批评:

"他的感情是可怕的。当年我当参议院议长时,他是参议员,他常因感情不能抑制而说不出话来。我看到他一再企图发言,而常常强自遏止。无疑,他现在的情绪好多了;自从我知道他以来,他已尽了很大的努力,但他确实是个危险的人。"——托马斯·杰斐逊。

"他把一生的大部分时间都花在赌博、斗鸡、赛马上……而最突出的是将一个有夫之妇拉到自己怀里。"——田纳西州国会议员候选人托马斯·D.阿诺德,1828年。

"无知、冲动、虚伪、腐败,易受周围小人的左右。"——参议员亨利·克莱。

"(杰克逊的否决银行延续议案)是想引起穷人对富人的对立。杰克逊的目的是为了改变富人对其他阶层人的偏见和怨恨,但却不自觉地侵袭到所有的阶层。"——参议员丹尼尔·韦伯斯特,1832年。

"连一句话也写不通,甚至不会拼写自己名字的野蛮人。"——约翰·昆西·亚当斯,1833年。

杰克逊语录

"我知道我适合做什么。我能马马虎虎地指挥一群人,但我不适宜当总统。"——1821年

"我……相信……公正的法律对富人与穷人一视同仁,当身份高贵的人企图践踏弱者的权利的时候,他们也就成了最适宜惩罚的对象。一般来说,上层人物能保护他们自己,而穷人、地位卑微的人,只能寻求法律的武器和庇护。"——1821年

"社会的差别在任何一个公正的政府下都难以消除。人类制度不能造成人的才能、教育或财富的平等。每个人在充分享受上帝的赐物和高超的工业、经济及品德的果实时,都均等地受到法律的保护。但如果法律用来对人类天生的美德施加进人为因素时——就使富者更富,有势力者更加有权,社会上地位卑贱者——农夫、技工等劳动者——既没有时间又没有手段赢得他们喜欢的恩惠,有权抱怨他们的政府不公正。"——1832年

不过,由于杰克逊文化程度低,终于落下了一个笑话,也可能是人们有意编造的一个故事,那就是关于OK的来源,人们说,杰克逊不会拼写 all correct,把它写成了 OrlKorect,缩写为 OK,并从此成了约定俗成。

5　亚伯拉罕·林肯

马克思曾经说过:"在美国历史和人类历史上,林肯必将与华盛顿齐名。"其实,这两位美国伟人有着非常不同的性格。如果说华盛顿的标记是他的高尚品德的话,那么,林肯的标记就是他那无与伦比的人道主义精神。

林肯的祖先是第一批到新英格兰的移民,林肯本人生于 1809 年 2 月 12 日。他父亲是肯塔基哈丁县的一位普通农民,家境十分贫寒。亚伯拉罕从小就学会做日常零活,如送信传话、提水、搬运、劈柴、清扫炉灰。他还得在种着成行豆子、洋葱、玉米和土豆的地里锄草,尝到手上磨出水泡的滋味。

当他不需要干活时,每天步行 4 英里到学校上学,其实那根本算不上是学校,它仅仅是一个简单的圆木小屋。林肯的第一位老师是位天主教徒,第二位老师曾当过小酒店的老板。他在那里学会了 26 个英文字母和 10 个阿拉伯字码。在冬天,小林肯在上学时带一个烤热的白薯,在路上当作手炉护手,到学校后又当作午餐。由于没有笔和纸,他常常在家中用木炭在木板上练习写字,或用木棍在沙地和雪地上写字,倒也写得津津有味。

1816 年,林肯全家迁往印第安纳州开荒。1818 年,他妈妈病逝。同年 12 月,他爸爸娶了一位继室。继母还带来了 3 个孩子,他们姓约翰斯顿。

亚伯拉罕·林肯

11 岁时,小林肯又有机会上学了,他回忆说:"那里也有所谓学校,但对教师从来不提什么条件,只要会读、会写、会算就行了。"他后来还说,他"全部上学的时间加在一起还不到一年"。

林肯立刻成了一位书迷。他的表弟汉克斯说，"阿贝12岁以后，我从未见到他不随身携带书本。他把书塞在衬衫里，把玉米饼装满裤袋，就耕地去了。晌午时他坐在树荫底下边读边吃。晚上回家，他把椅子往烟囱边一放，背靠着墙就读起书来。"

18岁时，林肯已学会造船。有一位农场主金特里先生，要林肯造一条木船，然后叫自己的儿子和林肯用木船把农产品运往新奥尔良。这是林肯第一次外出闯世界。到新奥尔良后，他们将货物和平底船卖掉，闲逛了几天，大开了眼界。回家后，林肯就在金特里的店内帮工。

1830年，家中又发生了一起大事，他父亲决定再次搬家，这次的目的地是伊利诺伊州，而林肯也从此成了伊利诺伊州人。

由于林肯已经成年，他决心独立生活，所以独自到纽萨勒姆谋生，在那里当了店员。

1832年4月，政府在纽萨勒姆招募志愿兵，对付印第安人的所谓侵入。林肯报了名，当了连长，一共打了80天的仗，活捉了对方的首领"黑鹰"。林肯在这次战争中得到了95元薪饷。

战后，林肯仍充任店员、邮务员、测量员，并做零活，包括劈栅栏木条。

1834年8月，林肯参加了散加芒县的议员选举，得票数占第二位。这样，25岁的林肯就初步走进了政治舞台。他住在"黑鹰战争"中的上级军官斯图尔特家中，在后者影响下，林肯加深了对法律的兴趣，阅读了大量的法律书籍。

斯图尔特的家成了辉格党的会晤中心，林肯当然也成了辉格党人。1836年6月，林肯再次竞选，成为散加芒县得票最多的人。同年9月，他参加了律师考试，获得了执行律师事务的许可证，从而走上了律师的道路。

林肯决定到斯普林菲尔德开业。但他在那里并无亲友，到达之日，十分狼狈。他在齐舒亚·斯皮德的百货店前勒住马，询问单人用的被褥多少钱一套，斯皮德要价17美元。林肯说，"价钱倒挺便宜，可我没有现钱。如果你肯让我赊账到圣诞节，我又能在这里顺利开业当律师的话，到时我一定如数偿还。万一我倒运，那就只好一辈子欠你的账了。"斯皮德后来说："他那忧伤凄怆的语调不禁使我对他产生了深切的同情。我从来也没有见过这样忧郁的面容。"斯皮德慷慨地叫林肯和他合睡商店楼上的一张大双人床。他们之间从此结下了终生不渝的友谊。

不管在失意时也好，在得意时也好，林肯在对待人的态度上，始终是忠厚诚实的，很难在当时的美国社会中找到像他这样的君子。

从小处说，他与他的继母就相处得很好，他常常认为他的成就有一部分是受了他继母的身教。

当林肯得意后，有一次，他的异父异母弟兄约翰斯顿向他借钱，林肯回了这样一封信：

"你要我借给你80美元，我认为现在最好还是不借给你。过去我屡次给你微小的帮助的时候，你总是对我说，现在我们可以很好地生活下去了。可是过不了多久，你就又陷入了同样的困境。这只因为你有缺点。自从我认识你以来，我不相信你有哪一天曾经好好干过一整天活。

"你现在需要钱，我建议你全力以赴为一个愿意出钱雇你干活的人去干活。为了使你的劳动获得相当好的报酬。我答应你，从现在起，你劳动每得一元，我就另外再给你一元。这样，如果你每月做工挣10美元，从我这儿你就可以再得到10美元。

"你说我如果肯借钱给你，你愿意把你的土地转让给我，如果还不了我的钱，就放弃土地所有权。胡说！如果你目前有了土地还不能以此为生，没有土地又如何能生活下去？你一向待我很好，我也不愿亏待你。你只要听从我的劝告。就会发现它对你的价值比80美元的80倍还要高。"

这封信充分体现了林肯对待命运的精神：自助然后天助。当然，林肯对社会也是同样抱有宏观的仁慈。他写道：

社会平等将战胜社会不平等，无论是英国贵族式的不平等，还是国内奴隶式的不平等。南部人扬言他们的奴隶的日子过得比我们这里的雇工好。他们说这话是多么无知啊。我们没有永久的雇工阶级。25年前我自己也是一个雇工。昨天的雇工今天在为自己的利益工作，明天还会雇用别人为他工作。进步，即改善条件，是平等社会的规律。劳动是人类的共同负担，有些人想把他们的一份负担转嫁到别人肩上，这就成了人类沉重而持久的该诅咒的事。

自由劳动有鼓舞人心的希望，十足的奴隶制没有希望。一个奴隶，你不能用鞭子强迫他一天割75磅麻，但是，如果派他割100磅，并答应超额部分完全给他，他就会割150磅。你用希望代替了棍棒。然而，在这种情况下，你可能没有意识到，你已经部分放弃了奴隶制度而采取自由劳动制度了。

1846年，林肯作为辉格党的候选人参加了联邦众议员的竞选，他的对手为民主党的卡特赖，是一名牧师，他攻击林肯不承认耶稣是神，想以此破坏林肯的声誉。

有一次，卡特赖主持了一个宗教集会，林肯也参加了。卡特赖在宣道的中间突然说："一切愿意把心献给上帝和想进天堂的人，请站起来。"许多人站了起来。稍隔几分钟，卡特赖又说："一切不愿下地狱的人请站起来。"这一次，全体男女都站了起来，只有林肯坐在那里不动。卡特赖自以为得意，马上说："我看到除一个人以外，你们所有的人都表示不愿意下地狱。唯一的例外是林肯先生。林肯先生，我可以问问你吗？

你想到哪里去呢?"林肯慢慢地站了起来说:"我是以一个恭顺听众的身份来这儿的,没料到卡特赖先生竟单独点了我的名。我并不感到我必须像其他人一样来回答问题。既然卡特赖先生直截了当地要问我想到哪里去,我愿用同样坦率的话回答,我要到国会去。"

投票结果,林肯以 6340 票对 4829 票获胜。当然,辉格党曾为林肯筹 200 美元供竞选之用。林肯最后退回了 199.25 美元。原来林肯在乡间竞选时必下地帮老乡耕作或劈柴,以换取派饭。有一天下雨,他未出工,花了 0.75 美元买饭吃了。

他在众议员生涯中(他只当了一届)最突出的一件事就是反对美墨战争。他说:"总统发动对墨西哥的战争是没有必要和违反宪法的。"他抨击当时的总统波尔克:"他发动了战争,不断向前扫荡,原来估计不费吹灰之力就可以使墨西哥屈服,但现在算盘落空,惶惶然不知所以。他最近的咨文中关于战争的整个部分,多么像发烧病人的梦中呓语!"

正因为林肯是如此咒骂总统的,所以日后当他自己当上总统后,也能非常宽宏大量地忍受别人对他的咒骂。这大概是美国民主中的一个很大的特点。

林肯的反战言论引起了好些人的不满,所以他未能连选连任。他届满后又重回斯普林菲尔德当律师。林肯最感兴趣的是律师业务。他在当总统后曾对妻子说,他一旦卸任,还要回斯普林菲尔德当律师。

律师当然要讲法。林肯政治学的中心思想就是法治,他有如下一段十分明确的论断:

让每一个美国人,每一个热爱自由的人,每一个希望子孙后代平安顺遂的人以独立战争的鲜血起誓,绝不丝毫违犯国家的法律,也绝不容许别人违犯法律。就像 1776 年的爱国者用实际行动支持《独立宣言》一样,每一个美国人也都要以他的生命、财产和名誉保证支持宪法和法律——每一个人都要记住,违犯法律就是践踏他的前辈的鲜血,就是撕碎他自己和他子女的自由宪章。让每一个美国母亲对在她膝上牙牙学语的婴儿灌输对法律的尊重;让法律在小学、中学和大学讲授;让它写进识字课本、缀字课本和历史;让它在布道坛布讲,在立法机关宣布,在法院执行。总之,让它成为国家的政治信仰,让男女老少,富人穷人,各种语言、肤色和条件的人不断地在法律的祭坛上献身。

一旦这种心理状态普及全国,或者哪怕只要非常广泛地在国内流行,一切暗中破坏国民自由的举动就会失败,一切企图就会枉费心机。

没有一种冤案是适宜于用私刑来纠正的。任何一件可能发生的事,例如宣传废奴主义,都必然符合两种情形中的一种——那就是,要么事情本身是对的,应该由全部法律和全体好公民来保护,要么事情本身是错的,因而必须由法令来禁止;而无论在哪一种情形下，由私刑来插手都是不必要的、不正当的和不可原谅的。

林肯作为律师，以诚实为本，拒绝为缺德的事件辩护。他曾给一位想当律师的朋友写过这样一封信：

有一种含糊的流行看法，好像律师必定是不老实的。我说含糊，是因为当我们考虑人们在多大程度上对律师给予信任和荣誉时，他们对不老实的印象未必会非常鲜明深刻。然而这种印象却是常有的，几乎普遍存在。选择法律作职业的年轻人绝不可屈服于这种流行的看法，无论如何要决心做诚实的人；如果你自己觉得不能成为一个诚实的律师，那不作律师也一定要做个诚实的人。如果你在选择这个职业的时候，预先就同意做一个恶棍，那你还是宁可另外选择一个职业为好。

19世纪50年代初，辉格党逐渐近乎名存实亡。有两个新兴的党起来替代，一是共和党，另一个是无所知党。后者实际上是一个盎格鲁撒克逊的排外主义党。当人们问其党员的主张时，答案往往是"我不知道"。因此，人们把它叫作无所知党。林肯是一名纯盎格鲁种，该党有人想拉林肯入党，林肯作了如下的声明："我不是一个无所知党人，这是肯定无疑的。我怎能是呢？一个憎恶压迫黑人的人，怎么能去赞同白人中那些人的意见呢？在我看来，我们退化的速度是相当快的。作为一个国家，我们是从宣布'一切人生来平等'开始建国的。我们现在实际上把它读成'一切人生来平等，但黑人除外'。若无所知党掌权，它就会变成'一切人生来平等，但黑人以及外国出生者和天主教徒除外'。如果真的到了这种地步，我宁可移居到某个并不自诩为热爱自由的国家去——比如，到俄国去，在那里专制政权可以赤裸裸地横行肆虐，而无须掺杂卑劣的伪善成分。"

林肯终于选择了共和党。今天的共和党把林肯尊为创始人，多少有点勉强，因为实际的创始者是纽约州的一些人。

1860年，共和党决定要推一位具有号召力的候选人，而林肯乃得以中选。

当时，全国最突出的问题是黑奴问题。林肯在奴隶制问题上的声明获得了广大民众的支持。他的立场主要包括以下三点：1. 他一贯认为奴隶制是错误的，不道德的；2. 他主张人人生而平等，但并不主张黑人与白人在一切领域内的平等；3. 他并不要求在蓄奴州解放黑奴，他只要求不能让奴隶制扩展到未来的新州中去。

1858年，伊利诺伊州的共和党人推选林肯为参议员候选人，以对抗在职而届满的民主党候选人斯蒂芬·道格拉斯。就当时的声望而讲，道格拉斯要大大地压倒林肯。但林肯毫无所惧，他与道格拉斯展开了一系列的辩论。

他说:"我们认为奴隶制是道德上一个极大的错误,尽管这并不意味着有权在它存在的地方触动它,但希望在我们的选票所能及的各州把它当作一个错误对待。我们认为,由于对我们自己尊重,对后代和创造我们的上帝负责,需要我们在我们的选票所能及的地方纠正这个错误。我们认为那种性质的劳动会损害自由白人——总之,我们认为奴隶制是道德上、社会上和政治上的一个祸害,之所以还要忍耐,仅仅是因为它的实际存在使得我们必须对它忍耐,越出这个范围就必须把它当作错误对待。"

在1858年竞选中,林肯虽然败于道格拉斯,但他的名声由此大震。在1860年总统选举中,一方面由于林肯本人的威望,一方面由于民主党内部的分裂,林肯终于当选了总统。选举的结果如下:

共和党的林肯:1866452票;

北方民主党的道格拉斯:1376957票;

南方民主党的布雷金里季:849781票。

林肯当选的消息传出后,南方的6个州于1861年2月4日在亚拉巴马州的蒙哥马利宣布成立美利坚邦联政府,选密西西比州的杰斐逊·戴维斯为总统,佐治亚州的亚历山大·斯蒂文斯为副总统。不久,6个州又扩展到11个州,并迁都于弗吉尼亚州的里士满。

3月4日,林肯在华盛顿发表了他的就职演说,对南北和解作了最后一次呼吁。他说:

从宪法和法律上看来,联邦是不容分裂的;按照宪法本身明确赋予我的职责,我将竭尽全力确保联邦法律在各州都得以忠实执行。……我深信这将不会被视为一种恐吓,而只会被看成是要实现联邦的公开宣布的目标:联邦将依据宪法捍卫和维护它自己。实现这个目标无须流血或使用暴力;除非有人把它强加于联邦政权,否则绝不会发生流血或暴力行为。

南方政府没有理睬林肯的呼吁,4月12日,南方军队向萨姆特堡垒发动了炮轰,于是,一场长达4年多的血战就此开始了。

林肯的应战,在当初讲,其动机绝不是要解放黑奴,而仅仅是要保卫联邦。他在1862年致《纽约论坛报》主笔格里莱的信中十分明确地阐明了他自己的立场。他说:"我要拯救联邦。我要在宪法指引下通过最简捷的途径去拯救联邦。政府的权力恢复得越快,联邦就越接近于'原来那个联邦'。如果有人认为除非能同时拯救奴隶制否则他们就不愿去拯救联邦,对这种人我是不赞成的。如果有些人认为除非能同时摧毁奴隶制否则他们就不愿去拯救联邦,这种人我也是不赞成的。我在这场斗争中的最高目标是拯救联邦，而既不是保全奴隶制，也不是摧毁奴隶制。如果我能拯救联邦而不解放任何一个奴隶，我愿意这样做；如果为了拯救联邦需要解放所有的奴隶，我愿意这样做；如果为了拯救联邦需要解放一部分奴隶而保留另一部分，我也愿意这样做。我在奴隶制和黑人问题上做了些事情是因为我相信那将有助于拯救联邦；有些事我所以克制不做，是因为我认为那将无助于拯救联邦。如果我认为我做的事情对联邦的事业不利，我就尽量少做，如果我认为我做的事情对联邦的事业有利，我就尽量多做。我一旦发现错误，就努力克服，一旦发现某些新的观点是正确的，就立即采纳。"

直到1863年1月1日，出于军事的需要，林肯终于颁发了举世闻名的解放宣言，宣布叛乱州内的一切黑人都成为自由人。

在战争的最初两年多内，北方处于非常被动的地位，其主要的原因是北方将领的才能和指挥比不上南方的将领。按照宪法，林肯是全军的总司令，但在实际战场上则另有陆军司令和海军司令。林肯所依靠的第一位陆军司令是麦克莱伦将军，他稍有才能，但怯于拼刺刀。当时健在的马克思曾讽刺麦克莱伦将军有两大害怕，第一是怕打大败仗，第二是怕打大胜仗。他曾在攻近南方首都里士满时，突然胆怯止步，给敌人以喘息之机，发动突然袭击，大败北军。

但更可恶的是，此人骄傲自满，把林肯看作乡下佬，根本不听林肯指挥。

1861年11月的一个夜晚，林肯、国务卿西华德和林肯的年轻秘书约翰·海来到麦克莱伦寓所。仆人说，将军参加一个婚礼去了，很快就会回来。海在日记中写道："我们进屋等了约一个小时，麦克莱伦回来了。门房告诉他总统在客厅等他，但他走过总统和国务卿待的那个房间门口径直上楼去了。他们又等了约半个小时，再次派仆人去告诉将军，他们仍等着，但得到的却是冷冰冰的回话，说将军已上床睡觉了。"

海写道："回家后，我对总统谈到这件事，但他似乎并不在意。他说，特别是在这时候最好不要去计较繁文缛节和个人尊严。"在另一天，总统又说："只要麦克莱伦能为我们赢得胜利，我情愿为他牵马。"

但麦克莱伦并未给林肯带来胜仗，林肯忍无可忍，乃于1862年11月5日发表了撤职令："兹命令解除麦克莱伦少将波托马克军团司令的职务，由伯恩赛德少将接任该军团司令。"

不久，伯恩赛德证明也不能胜任，于是又换上胡克少将，结果仍然不行，又换上米德少将，这已是1863年。是年7月，南方统帅罗伯特·李将军进军宾夕法尼亚，米德在葛底斯堡抵住南军，打了一场大仗，双方死伤惨重，李不得不宣布撤退。林肯令米德追击，但米德胆怯，不敢尾追，李乃得保存实力而退。

次日，林肯儿子罗伯特看到父亲伏在办公桌上暗泣。他问道："爸爸，发生了什么事？"林肯说："米德将军放走了李将军，我们将为此多死10万人。"

最后，林肯才找到了一位他真正需要的将军，那就是在西部取得维克斯堡大胜仗的格兰特少将。林肯把他召到华盛顿，并加封他为中将。

但有人控告格兰特有酗酒毛病。一个由纽约教会人士组成的代表团晋京谒见林肯，他们向林肯申诉述格兰特是酒鬼，不应委以重任。林肯耐心地听完了他们的话，然后问道："请问你们知道不知道格兰特将军喝的酒是什么牌子？"他们说："不知道。"林肯说："很遗憾，如果你们能告诉我是什么牌子，我将购置这种酒，分发给各战场司令，以便让他们喝了可以打胜仗。"其幽默如此。

林肯的幽默往往充满人性。人们曾把他称为"赦免人的人"。因为军队中开小差的人很多，当地司令往往判以死刑，而罪人家属就去向林肯求情，并十之八九获得林肯的赦免。手下将军们对此很不满，林肯回答说："如果我错误地赦免一个人，这诚然是不好的，但我毕竟可以重新把这个人召来，补上一枪。相反的，如果我错误地枪毙一个人，我就没有办法补救。"

林肯为了接近群众，一般每周有一个下午专门接见群众。有一次，来了一个年轻的姑娘，她要求林肯签一张通行证让她去南方探亲。林肯说："好，你回去劝劝你的家人和朋友，叫他们尽快放下武器。"然而那位姑娘却说："我回去的目的是要鼓励他们英勇作战，绝不可气馁。"林肯大为不悦，姑娘接着说："学校的老师教导我们要学诚实的林肯，任何时候都不要说谎，所以我不说假话。"林肯转怒为喜，立刻签发了一张通行证，并写上："请予放行，因为她是一位诚实的姑娘。"

自从格兰特担任司令后，北方军事大有起色，可以说胜利在望。1864年11月，林肯获得连选连任。1865年3月4日，他在华盛顿发表了第二个就职演说：

4年前我就任总统时，人人忧心忡忡，全部思想都集中在一场迫在眉睫的内战上。人人都害怕这场内战，人人都设法避免这场内战。当时我在这里作就职演说时，竭力想不经过战争来拯救联邦，叛乱分子却在城里力图不经过战争来毁灭联邦——力图通过谈判使联邦解体，人心涣散。双方都想避免战争。但其中的一方宁愿开战也不愿让国家生存下去，而另一方则宁愿应战也不愿让国家灭亡。于是战争就爆发了。

双方都没有预料到战争竟会达到目前这样大的规模，持续这么长的时间。双方也都没有期望冲突的根源会随着冲突的停止而消除，或甚至在冲突本身停止之前就会消除。双方都寻求比较容易的胜利，胜利的效果不那么重要和惊人。双方都念同一本《圣经》，向同一个上帝祈祷，每一方都祈求上帝帮助自己反对另一方。双方的祈祷不可能都得到满足，任何一方的祈祷都没有充分满足。

我们应对任何人都不怀恶意，对一切人抱宽容态度；应坚持正义。因为上帝使我们懂得正义。让我们继续努力完成我们目前正在进行的事业，把国家的创伤包扎起来，关怀那些担负起战争重担的人，关怀他们的孤儿寡妇——凡是可以在我们中间、在同所有国家的关系方面带来和保持公正持久的和平的一切事情，我们都要去做。

在格兰特的大包围战略下，南军司令李将军不得不于1865年4月9日挂出了白旗，历时4年多的血战乃告结束。在战争中共死了约60万人，南北约各占一半。

正在这全国欢庆的日子里，林肯于4月14日在福特戏院看戏时被人暗杀。林肯心中的善后和重建计划乃成泡影，为历史留下了一段遗憾。

林肯思想的根源是什么呢？很简单，是基督之爱。这种爱是与阶级无关的。有人说，自从阶级社会出现以来就没有了人类的爱，只有阶级的爱。但历史已经显示，这种说法根本经不起时间和实践的考验。

林肯实践的就是全民的爱。这是不争的事实。林肯极力反对任何报复。反对以恨对恨。

他在1865年第二次就职演说中说："对任何人都不怀恶意，对一切人抱宽容态度。"请注意，这儿说的是任何人和一切人，这儿的"人"是不分敌我的，更不分什么阶级。当林肯被问到将如何处置杰弗逊·戴维斯（南方邦联的总统）时，他讲了如下的故事（讲故事是林肯的拿手好戏）："当我在印第安纳还是个小孩的时候，看到一个男孩用绳子牵着一头浣熊。我问他在干什么，他说：'爸爸昨晚捉到六头熊。除了这个可怜的小家伙之外，都被他杀了，爸爸叫我把这头小熊看守住，我真怕爸爸回来时会把它也杀了。'我说：'那你为什么不把它放走？'他说：'要是我放走，爸爸会把我揍死的。但如果它自己跑掉，那就没有事了'。"林肯接着说："如果戴维斯自己跑掉，那就什么事也没有。但是如果我们逮住了他，而我又把他放走，那么，'爸爸会把我揍死的'。"

1865年4月14日，林肯被刺身亡。这时戴维斯正因战败而在逃亡途中，他听到林肯死亡的消息后，不但没有高兴，反而叹息道："我们在敌人的宫廷中少了一位朋友。"林肯的死敌的这一句话，是对林肯的人道主义的最好评价。

黑人领袖弗里德里克·道格拉斯写道："我永远不会忘记他慈祥的脸容、含着泪水的眼睛，还有他反对采取报复性措施时的颤抖的声音。他说：'这种措施一开始实行，我就不知道如何收场。'"

林肯夫人曾说："他从未参加过任何教派，但我仍然相信他天生是个笃信宗教的人。"朋友威廉·赫恩登写道："没有一个人信仰天主——上帝——比林肯先生更强烈或更坚决。"

林肯曾说："除了家庭的关系以外，人类之间的同情心这条最坚强的纽带应该把一切民族、一切语言和一切血统的全体劳动人民联合起来。当然这不应当导致对财产的宣战。财产是劳动的果实，是世界上一种具有积极意义的美好东西。"

林肯研究专家桑德堡评论林肯的现实功绩说：

数以千计的评论一致公认，林肯本身体现了两种成果——解放和联邦，林肯所领导的这两个事业使这场战争赢得了胜利。黑人被当作财产的时代一去不复返了，鼓吹脱离联邦的州权论被扫进了垃圾堆，现在黑人可以从一个他们过着悲惨生活的地方迁移到另一个他们也同样要过悲惨生活的地方去——法律已允许他们迁移了。现在黑人读书已不再算是一种罪行，同样，教黑人读书也不再受到法律的制裁了。

现在，正如林肯曾保证过的那样，限制向西部移居的一整套桎梏和枷锁也都被粉碎了。许多自耕农由于政治上的争吵曾经受阻，现在可以前往了。联合太平洋铁路可以开始铺轨了，企图扼杀它的种种互相倾轧的现象已烟消云散。北部的工业、金融和运输业几乎能以一种爆炸性的力量，不受约束地突飞猛进了。这一切都应归功于这场战争。现在，这场战争还结出了一个丰硕的成果，合众国将屹立于世界强国之列。

在战争的浓烟和恶臭中，在战争的乐曲和美好的憧憬中，林肯也许比许多伟大英雄人物中的任何其他人都站得更高。这是许多人心里的想法。然而在林肯看来，伟大的英雄是人民。即使他千百遍地说他仅仅是人民的工具，那也不嫌多。

还有一件事人们可能没有给以充分的估价：林肯是一名没有上完小学的自学者，但他的文采却得到了全世界人士的赞誉。桑德堡说：林肯以英语的力量和纯朴无华作为英语大师的地位是无可置疑的。法国研究院、爱默生、洛厄尔、英格索以及许多英美评论家都同意这点。在他那个世纪里，没有一个人阐述一个命题能比他更精确简洁。他那生动的表达方式、恰到好处的精彩比喻、给人启迪的诙谐隽语、对敌人不合逻辑的无情揭露，所有这些即使对一个学问高深的人来说也是值得注意的，而对于这位没有受过教育的荒野的儿子来说就更加了不起。

不用说，最脍炙人口而令全世界学龄儿童背诵不已的是他的《葛蒂斯堡演说》：

87年以前，我们的先辈们在这个大陆上创立了一个新国家，它孕育于自由之中，奉行一切人生来平等的原则。

现在我们正从事一场伟大的内战，以考验这个国家，或者说以考验任何一个孕育于自由和奉行上述原则的国家是否能够长久存在下去。

全世界将很少注意到、也不会长期地记起我们今天在这里所说的话，但全世界永远不会忘记勇士们在这里所做过的事。

毋宁说，倒是我们这些还活着的人，应该在这里把自己奉献于勇士们已经如此崇高地向前推进但尚未完成的事业。倒是我们应该在这里把自己奉献于仍然留在我们面前的伟大任务，以便使我们从这些光荣的死者身上汲取更多的献身精神，来完成那种他们已经完全彻底为之献身的事业；以便使我们在这里下定最大的决心，不让这些死者白白牺牲；以便使国家在上帝福佑下得到自由的新生，并且使这个民有、民治、民享的政府永世长存。

林肯的自学中还有一段很有意思的故事，他在初任律师时口袋中总装着一本书，那就是欧几米德几何，他完全靠自学学通了平面几何，并在辩论中别开生面地运用平面几何推理议论生活小事一直到国家大事。

举例说：他的内心是反对奴隶制的，但个人的情感绝不能代替政策，他的政治主张是：保护联邦，不是要摧毁奴隶制度。他只想防止奴隶制向任何一个准州发展。于是他使用了如此的推论："若是我看见一条毒蛇伏在路旁，我就要拿起棍子把它打死。但若是我看见一条毒蛇伏在我孩子床上，那就是另外一个问题，我必须考虑我没有打死蛇反而伤了我孩子的可能性。若是我看见蛇在人家孩子的床上，问题更复杂了。但若有一张新床，有人在床上放一堆蛇，那我毫不迟疑，坚决要举起铁棍把它们消灭。"

此外，更有人认为林肯伟大之处在于他的人品，那就是超阶级的诚实。世界上似乎没有一个诚实的政治家，但无论如何，林肯是一个例外。他不但对自己人诚实，而且对敌人也诚实。林肯之所以为林肯者，即在此也。

黑人领袖道格拉斯说："我得出一个结论：尽管亚伯拉罕·林肯集伟大、明智和雄辩于一身，他还是不会以伟大的亚伯拉罕、明智的亚伯拉罕或雄辩的亚伯拉罕传于后世，他将以诚实的亚伯拉罕传于后世。他将与华盛顿的名字并列地写在我们这个广阔世界的每一个地方而不至于贬低后者。"

林肯还有一句名言：

你可以在全部时间内欺蒙住部分的人；你也可以在部分时间内欺蒙住全部的人；但你不可能在全部时间内欺蒙住全部的人。

6　西奥多·罗斯福

美国最受人尊敬的总统当然要推乔治·华盛顿和亚伯拉罕·林肯了，但尊敬与喜爱有别，尊敬较多地出于理智，而喜爱则较多地出于感情。因此，就喜爱而言，最受美国人喜爱的恐怕是西奥多·罗斯福。讨人喜爱需要魅力，在这一点上，能与西奥多相比的是约翰·肯尼迪，不幸的是，肯尼迪在任内被刺，没有能充分发挥其魅力。

1858年，西奥多·罗斯福出生于纽约的一个上层阶级家庭。从他的姓，就可以看出他的祖先是荷兰人，纽约最早是荷兰的殖民地，荷兰是一个著名的填海造地的民族，罗斯福家人也多少获得这种不怕艰苦、务求取胜的性格。

西奥多虽然出身豪富，但身体十分衰弱，因此，从小就开始了一场向老天爷夺取健康的斗争。在父亲指导下，西奥多从事了各种各样的体育活动，其中包括请日本老师教柔道（西奥多后来相当看得起日本人，可能与此事有一点关系）。因此，当他1876年入哈佛大学时，已成了一名身体结实的运动健将。罗斯福并没有进过什么正规的中小学，他的初级教育是由家庭教师教育完成的，这也可从侧面推断其家庭之富裕程度。

1880年6月30日，罗斯福从哈佛大学毕业，获学士学位，在同班177人中名列第21。1881年10月，借助他家族的威名以及靠他本人的活动，

西奥多·罗斯福，1903年

23岁的小青年，获选为纽约州第二十一选区的共和党州议员候选人。他的口号是廉洁政府（pure government），并接着以3490对1989票击败了民主党候选人。他共连选连任3次，也在这一时期，他出版了他的第一本著作《1812年的海军战役》。1886年，海军部曾下令每一艘美国军舰上必须置备该书。

罗斯福为什么要提廉洁政府？原来自内战结束以后的格兰特将军政府起，美国出现了两个极端，一方面是资本主义生产的空前大发展，另一方面则是政治和社会道德的空前腐败，这就是马克·吐温所诅咒的"镀金时代"。物极必反，针对这种情形，兴起了改革的要求，于是，由新闻记者带头，掀起了一个到处揭盖子的所谓"扒粪运动"。年轻、血气方刚的罗斯福自然不能不"揭竿而起"，要出来反一反臭名昭著的党老板制度。

罗斯福是靠共和党进议会的，而且他本人也一直宣称他是一名坚定的共和党人，但他又同时说他的政治主张是独立的，不受党派影响。这就使他陷入了一个政治上的"四不像"地位。

罗斯福任第三届州议员时，心血来潮，想竞选州议长。他多方活动，认为已有一定的把握，但投票结果，却与他的估计大相径庭，他这才初步体会了党机器的威力。而正在这时，他的第一位妻子忽得病亡故，伤心之余，他在三届任满后离开了纽约，到达科他（那时尚未建州）去经营了一个大牧场，真正地做上了一名牛仔，为期3年，即1884至1886年。当然，罗斯福绝不是一般的牛仔，他也是一名秀才，他一直在不断地写书，一有机会就写，在这一段时间内，他继续写他的那本多卷集《西部的胜利》，并完成了他的《托马斯·本顿传》。

1886年7月4日，罗斯福参加了达科他迪金森镇的美国独立110周年纪念大会，并发表了演说。他说："像许多美国人一样，我喜欢大：大草原、大森林、大山、大麦田、大铁路、大牧场、大工厂、大汽船等等。但我们必须时时刻刻记住，如果我们听任财富腐蚀我们的品德，那么，财富就不可能造福给人民。如果我们想证明我们这个国家将无愧于它所拥有的财富，那么，每一位公民必须作出他的努力，也就是人人有责。因为我们不是受制于任何其他人的，我们不是欧洲人，我们美国人是自己管理自己的人，由于我们是自己管理自己的，所以我们要尽主权者的责任而不是臣属者的责任。我们绝不能心术不正地或不用脑筋地使用我们的权利，我们若要继续保住我们的权利，那我们只有一个办法——适当地运用我们的权利。我是东部人，也是西部人，我成为你们中间的一员，对此，我感到骄傲。"

1886年，改良主义大师、单一税的创始人亨利·乔治要在纽约市竞选市长。共和党内有一部分人认为只有西奥多·罗斯福可与他一搏，这样，西奥多就当上了纽约市共和党的候选人。民主党则推出了党内的一名左派人士叫赫维特。

乔治的党叫劳工党，当时劳工党的报纸就攻击罗斯福是大地主和大资本家。西奥多乃发表信件加以驳斥道："除了我居住之地外，我没有什么土地。你们说我主张提高房租、降低工资云云，全属无稽之谈，我一贯用我的双手和头脑来工作，其勤奋程度谅不会稍逊于你们工会中任何会员。我使用雇员唯一地点是我西部的一个牧场，但那里的牧场工人都公正地分享着牧场的利润。"

共和党的报纸则鼓吹罗斯福"年轻，充满活力，他是一名天生的改革派，他充分体现的倒不是法，而是法的精神"。西奥多自己也大吹"采取剧烈改革的时候已经到了，如果我当选，你们就会得到改革"。"如果我发现哪一位官员有腐败行为，我一定会砍掉他的脑袋，即使他是共和党的最大党魁。""有人反对我的唯一理由是因为我尚是一名孩子，关于这一点，我只能老老实实告诉你们，岁月本身会改变这一事实。"

如众周知，当时纽约市的民主党机器坦姆尼是首屈一指的，选举的结果是：赫维特，90552；乔治，68110；罗斯福，60435。

这一次，罗斯福是败于民主党党机器之手。

罗斯福竞选失败后就要赋闲了，他的老朋友卡勃特·洛奇在华盛顿为他谋得一职。当时的共和党总统哈里逊乃任命罗斯福为文官委员会专员。那时，罗斯福已续了弦，全家迁居华盛顿，并在华盛顿居住了6年，他为文官制度的改革花了不少力。但这一工作毕竟比较清闲，所以仍有机会写作。同时，在华盛顿做官还有一个好处，可以乘机结识一批全国性的大人物。罗斯福竟在这一岗位上停留了这么多年，实在是一大奇迹。他一直待至1895年才提出辞呈，那时的总统已换上了民主党人克利夫兰。他的辞呈说："我居此职几近6个整年，其中有两年多是在您的统率之下，我现在怀着不舍之情要向您告辞。"

现在他已年过三十，人们不能再继续称他为孩子了，他要独立地干一场了。

这一次，他挑选的职位是富有刺激性的纽约市警察局局长。在特殊情形下，警察局往往有双重性，它既是追查罪犯保卫社会秩序的机构，又是行贿受贿给犯罪打掩护的机构。

罗斯福决心要整顿警风。他时常于深夜微服出巡，到大街小巷出其不意地抓失职或有不端行为的警官和警察。这一举止引起了纽约市民的极大赞赏。但在警察局高层内部，罗斯福的这种做法却并不受到欢迎。罗斯福很聪明，他选了纽约市的记者作为他的主要依靠力量，他特别选中了当时蜚声新闻界的两名"特级"记者，即纽约《太阳报》的雅各·赖伊斯和《纽约邮报》的林肯·斯蒂芬。众所周知，赖伊斯是畅销书《其他一半人如何生活》的作者，而斯蒂芬则是鼎鼎大名的"扒粪"明星。

埃德蒙·摩里斯的《西奥多·罗斯福传》中曾有一段很有趣的描写："'现在我们该怎么办？'罗斯福这个突如其来的问题在这两位记者听来真似乎受宠若惊。林肯·斯蒂芬写道：'真好像我们三个人——罗斯福、赖伊斯和我——就是警察局的决策人了。'尽管他们两人很想建议下一步该怎样做或该打击谁，但他们还是劝告他首先得'一步一步慢慢来'，该先和同僚商议一番。但罗斯福知道若按部就班行动就鲜能有大作为，他必须行使他利用报界的天才。直觉告诉他，这两位文章妙手要比警察局决策团的其他3名同僚更能给他帮助。"

罗斯福的泼辣作风加上赖伊斯和斯蒂芬的鼓而吹之，很快，罗斯福就成了纽约市的头号"英雄"。

1896年是总统选举年，这一年的选举与以前不同，因为民主党推出了威廉·布赖恩作候选人，此人哗众取宠、口若悬河，提出了迎合"平民"的口号，并自称是一位"平民"。共和党倾全力，并使用了各种收买手段，才勉强取得了胜利。新的共和党总统叫麦金莱，在洛奇的疏通下，麦金莱终于任命罗斯福为海军部次长。于是罗斯福全家再度迁居华盛顿。

当时有一名叫马汉的海军上校写了一本书《海军在历史上的作用》，该书的中心思想是说，荷兰、葡萄牙、西班牙各国曾称霸一时，所依靠的就是海军，后来英国起而代之，所依靠的也就是海军，所以，美国若要做强国，首先得发展海军。这完全符合罗斯福的想法，他现在身为海军部次长，当然要不遗余力来推动美国的海军建设，不过次长并没有多少实权，他只能是向部长朗格多多进言而已，而朗格是一位慢条斯理的人，当然不合罗斯福的心意。

有故事说，一天，罗斯福读到一封公函，内称远东舰队司令出缺，他立即感到这是机会，故意把信压起来暂不上交朗格，他登上马车到他的朋友乔治·杜威海军将军家中，把他拉上马车，在车上罗斯福问他："你在参议院中有朋友吗？""有一位。""你立即去找他，请他提名你为远东舰队司令。"说着，就把他推下车子，叫他马上雇出租马车去找他朋友。

过几天，罗斯福才把信交给朗格，朗格不慌不忙，等了一些天才物色人才去向参议院活动，但参议院已通过了对杜威的任命。

罗斯福不但主张扩建海军，而且还极力鼓吹战争是美事，如果把他的好战言论编成语录，大概也可以成为一本"小红书"。

他说："准备战争就是最可靠的和平保证，一个真正伟大的民族宁可忍受各种各样的战争灾害而不愿以国家的荣誉为代价来交换可耻的繁荣。""懦怯，不论对一个民族讲或者对一个人讲，都是不可宽恕的罪恶。有意地不作战争准备，从其效果来说，与懦怯一样可耻。没有胆量去进行战争的胆小鬼、同那些不愿采取任何足以引起战争的步骤的短视先生们，是一丘之貉。"他还说："在一切战争中，最正义的战争就是对野蛮人的战争，尽管这种战争很可能是最恐怖和最不人道的战争。正是那些把野蛮人逐出其居住地的粗鲁勇悍的定居者使文明人不得不对他们感恩万载。美国人与印第安人；波尔人与苏鲁人；哥萨克人与鞑靼人；新西兰人与毛利人；上述各对人中的胜利者（尽管其胜利是很恐怖的）为随之而来的一个伟大民族的伟大发展奠定了深厚的基础。美洲、澳大利亚、西伯利亚是如此这般而终究得以摆脱原来的红人、黑人、黄人土地占有者而成为傲视世界的种族，其重要意义是无法估量的。"

1897年6月，罗斯福在纽波特海军学院作了一次短短的演说，据统计，他在演说中使用了"战争"这个字眼共62次。他说："任何和平胜利都比不上最高级的战争胜利，可能在很遥远很遥远的将来战争竞赛会宣告结束，但那将是几百年以后的事。至于现在，如果一个国家没有武力来保卫自己的权利，它在世界上就没有地位，也不可能有所作为。"他还鼓吹："外交官是军人的仆人，而不是军人的主人。"

不久，战争的机会来临了，那就是围绕古巴问题的美西之战。

那时，民主党的《纽约人报》和《纽约世界报》是鼓噪对西作战的最厉害的报纸。罗斯福顾不得党派界线，也成了一名狂热的主战派。

麦金莱总统曾一度在对西作战上下不了决心，罗斯福就说他，"麦金莱的脊梁骨是巧克力做的"。当时，参议员汉纳是共和党的党务最高头头，罗斯福往见汉纳请战。他说："我希望我在60岁以前能看到从北美大陆上拔去西班牙国旗和英国国旗。"

汉纳回答说："你疯了吗？我们跟加拿大有什么过不去？"

罗斯福在给他妹夫柯尔海军少校的信中还说："我已经在总统面前，当着阁员之面，也当着参议员汉纳之面，以我所能用的最强烈的口吻，要求马上用武装干涉来解决古巴问题。"

美西战争看来要打起来了，但罗斯福却采取了一个戏剧式行动，他宣布辞去海军部次长之职，要去德克萨斯招募一支民兵直接参战。这就是历史上所称的罗斯福"剽骑队"。他说："不管政府宣战也好，不宣战也好，反正我的剽骑队将远征古巴。"

仗终于打响了，他写信给远征队司令伍德上校要求马上赴古巴。他说："有训练也好，没有训练也好，我们要争取马上去古巴，我们不能等待战争结束而后动身。"

1898年6月，剽骑队到达佛罗里达，渡海到了古巴，这一乌合之众实际上不会打仗。7月3日，罗斯福给洛奇的信中诉苦说："我们快临近一次军事的灾难了，我们必须获得增援，包括兵士、军火和食品，我们损失了1/4，我不知道我怎么还活着。"

但由于美国正规军在圣地亚哥港登陆，配合当地古巴人军队，大败西班牙军队，剽骑队也算是顺势取得了胜利。8月15日，罗斯福就凯歌回国了。

洛奇组织了上万人在纽约欢迎这一支狼狈不堪的剽骑队，而罗斯福也真正地成了一名爱国英雄。

罗斯福非常懂得趁热打铁，他抓住这个机会要竞选州长。洛奇对他说："纽约州是普拉特的势力，我无能为力，你得去找普拉特。"罗斯福一向标榜他是反对普拉特老板制度的，但现在为了过州长之瘾，也不得不前去就教了。他取得了普拉特的谅解并真的当上了州长。不少进步朋友曾为此大骂罗斯福。罗斯福在晚年所写的自传中曾特辟一章，专门谈他与普拉特的关系："我的愿望是取得成效而不只是为了显示美意和善行。我的责任是要把理想主义与实效相结合。我的目的是坚决避免让人认为我仅仅在针对普拉特作派系斗争。""在每一个问题上，我总是尽最大努力劝说普拉特先生不要反对我，我极力向他保证我无意从他手中夺取党组织的控制权，我总是向他详细解释为什么要如此这般做的理由。只有在我费尽心机劝说无效而他仍坚持己意之时，我才正告他，不管他反对不反对，我将战斗到底。"

　　罗斯福表示，在绝大多数问题上双方都得以相让而获得解决。接着他谈了一个冲突的例子，这是关于任命一位保险事务总监的事。罗斯福发现原任总监本人有利益关系，不宜再连任，必须换新人，而普拉特则要求保持原任。文章写道：

　　普拉特先生给了我一个最后通牒，要我必须保持那位原任，否则他将与我战斗。如果他要战斗，那人必将连任，因为我没有能力把他撵走，因为纽约州宪法规定，必须获得参议员同意才能撤换该职位的人选。与往常一样，我绝不同普拉特先生发脾气（他又老又弱），我坚持平心静气向他解释，我已下定决心必须撤换该人。

　　纽约各家公司也纷纷通过决议，要求我保留该人，不过那些签了名的人中有人私下对我说他们是不得已而签上名的。

　　普拉特更寸步不让，我就挑了一位普拉特的朋友作接替人，此人作风正派，适于该职，我谅普拉特不敢出来反对。但直到最后表决前一天，他还不让步。那天下午我找了他，想说服他，但他不答应；并说，如果我坚持，这将是一场生死大战，它将摧毁我自己。我也说，非常抱歉，我不能让步，如果真要战争，那就让它来吧，反正我明天将提出新人去表决，我们就这样分手了。但不久，普拉特手下的一名亲信要求见我，我们约定晚上在联盟俱乐部见面，客人说的仍是老一套，他解释说，普拉特决不会让步，如果发生战斗，他肯定将获全胜，我的名声将会扫地，他希望挽救我，免得我毁于一旦。我也只能重申我说过的话，我们无效的谈话进行了近半个小时，然后我站了起来说，再谈也没有什么用处了，我想走了，客人再次说，这是最后一次机会了，如果我放弃这个机会，我的前途肯定是完蛋了。如果我能接受这个机会，那一切事情都就好说了。我摇摇头说："不，我再也没有可说的了。"他说："你已下定决心？"我说："是的。"他又说："你知道这将意味着你的垮台？"我说："那好，我们走着瞧吧。"我就向大门走去。他说："你知道战斗就在明天开始，后果将不堪设想。"我说："知道。"我在走到大门时向他打了个招呼："再见。"然后，我推开大门，正想迈步出去，客人忽然把我叫住。他面色难看，一如死灰，张口说："别急，我们认了，你可以提某某，参议员先生为此很为难过，但他将不再反对。"

罗斯福在最后写道："我一生中从来没有见到过这种死拉不放直到最后一秒钟的恐吓手段。"

罗斯福州长毕竟使普拉特不太痛快，后者乃乘 1900 年大选之机，向共和党全国老板汉纳建议，推罗斯福为麦金莱总统之副手，即任麦之副总统候选人。汉纳一贯认为罗斯福是一头闯进瓷器店的公牛，对罗怀有戒心，他反问普拉特道："你可知道，总统与副总统之间距离仅仅是一次心跳？"但由于普拉特帮的坚持，汉纳也只好答应下来，这样，罗就成了副总统候选人。

罗斯福起先不愿扮这个角色，他写信给洛奇说："若被选上副总统，我将无事可做。我还是一个年轻人，我正需要工作。我不喜欢当象征性的领袖。在参议院当议长对我讲是太无聊了，亲爱的老家伙，我要坦白和坚决地向你表示，我要继续当州长。"但较量的结果，罗斯福失败了，他终于被推上了候选人位置并接着出任了副总统。可是，塞翁失马，安知非福。1901 年 9 月，麦金莱被刺身亡，罗乃一跃而为总统。

罗斯福作为总统的得意杰作就是巴拿马共和国。

巴拿马原来是哥伦比亚的一个省。19 世纪末，有一家法国公司与哥伦比亚签订合同，打算在巴拿马境内开一条连接大西洋和太平洋的运河。公司的总工程师就是当初开凿苏伊士运河的法国人雷赛布。但苏伊士是沙地，而巴拿马是山地，雷赛布的老一套在巴拿马行不通，困难一个接一个，再加上人为的舞弊，公司陷入困境。公司代理人瓦里略乃访问美国，向美国兜售运河，索价 1 亿美元。

美国本来就有在中美洲开两洋运河之议，但运河开在尼加拉瓜还是开在巴拿马则一直决定不下来。

美国国会见瓦里略推销运河，故意大叫大嚷要在尼加拉瓜开运河，瓦里略见势不妙，立即杀价，把 1 亿美元降至 4000 万美元。哥伦比亚驻华盛顿大使艾兰马上同国务卿约翰·海签了一个草约，同意以 1000 万美元的代价长期租给美国一条两岸各宽 3 英里的运河区，美国另外每年付年金 10 万美元。

这个草约在哥伦比亚传开后立即遭到全国人民反对，群众包围哥国会，哥国会不得不否决了这个草约。

那时，罗斯福已当上总统。他看到哥伦比亚居然否决草约，勃然大怒。他写信给他的朋友、《评论的评论》总编辑艾尔伯特·肖说："我在你面前大胆地说，如果巴拿马是一个独立国家，或者就在今天变为一个独立国家，我就痛快了。但由我出来说这样一句话是不行的，人们会说我煽动叛乱，所以我不能说。"肖博士当然心领神会，他马上在他的刊物上发表了一篇文章：《如果巴拿马要独立，怎么办？》。文章赤裸裸地鼓吹巴拿马人"造反"。文章说："巴拿马人在波哥大政府统治下已有几代了，波哥大给他们带来了什么？无非是贫穷和灾难。事实也不能不这样，因为波哥大本身所有的也只是贫穷和灾难。"

瓦里略嗅到这是美国的信号，他便在公司内物色了一名叫马努埃尔·阿马多的巴拿马人，请他出来充任"巴拿马的华盛顿"。瓦里略还在纽约华道夫·阿斯托旅馆1162房间辟了一个办事处，人们把这个办事处称为"巴拿马共和国设计室"。

阿马多也亲往美国进行活动，他同美国商妥后回到巴拿马邀请哥伦比亚驻巴拿马司令伍埃尔塔将军任未来的巴拿马共和国军队总司令，并第一次就送了他8万美元。

哥伦比亚政府早有所闻，乃拟派军舰前往巴拿马进行整治。罗斯福为了防止哥伦比亚军队，乃于1903年11月2日下令派美舰3艘驶抵巴拿马地区，并命令"不许任何军队在离巴拿马50英里内登陆，不管它是什么军队。据说波哥大政府军已在前往巴拿马途中，必须阻止他们登陆"。

"起义"原定11月3日上午实行，所以国务院在11月3日下午3点40分就发电报给美国驻巴拿马领事艾尔曼道："听说巴拿马已发生起义，请立即向国务院作报告。"艾尔曼回电说："起义尚未发生，听说将在今夜发生。""起义"所以推迟，是因为"起义者"有临阵胆怯的心态。但国务院的电报成了美国预谋"起义"的铁证。

11月6日，国务院发表声明，正式承认了巴拿马共和国政府。新的政府当然乖乖地把巴拿马运河区割让给美国。

每谈到巴拿马运河，罗斯福总不免要洋洋得意地说："如果我按照一般的程序行事，就要写一个不少于二百页的咨文提交国会讨论，很可能这个讨论到今天还没有结束，但我决心先把运河拿到手，然后让国会去进行讨论。这样，国会一面在讨论，运河就一面在前进了。"

在国内政策方面，罗斯福创立了好几个第一，他邀请黑人领袖布克·华盛顿到白宫赴宴，即使林肯也不敢这样做。所以罗斯福是美国历史上第一位请黑人到白宫赴宴的总统。这个消息当时曾震动全国。

1902年，煤矿工人罢工，铁路公司经理不愿同矿工联合会工人进行谈判。劳工的行为有秩序有纪律，并愿把争端交付仲裁。罗斯福同情工人，对于国内缺煤感到焦虑，只因为他的顾问们认为他在法律上无权干涉，故对于是否介入争端犹豫不决。10月初，罗召集矿主和工会领导人米切尔到白宫进行磋商。米切尔再次提出交付仲裁，但矿主们依然执拗不从。不但如此，他们还要求总统颁布禁令，并于必要时动用军队迫使工人停止罢工，罗斯福大为反感。他向矿主们暗示，他将动用军队剥夺矿主的所有权，由军队来生产煤。矿主们大恐，最后由摩根从中调解，双方达成妥协：矿工复工，由总统任命一个委员会对有争议的问题进行仲裁。所以，罗斯福是美国历史上头一位召集劳资双方到白宫解决争端的总统，是头一位使双方都接受由总统任命的委员会裁决的总统，也是以接管煤矿相威胁而迫使资本家就范的第一位总统。这一切，与以前普尔门大罢工时政府的做法形成了一个鲜明对比。

罗斯福也是第一个用谢尔曼法真正控告托拉斯的总统。1902年，他命令司法部长诺克斯控告北方证券公司。联邦政府的控告一经宣布，华尔街为之愕然。摩根妄自尊大，俨然以独立自主的首脑自居，派他的律师与司法部长商谈解决办法，但未获成功。他的失败象征着权力从纽约市南部转移到了华盛顿。1903年，联邦法院下令解散北方证券公司。翌年，最高法院维持原判。罗斯福写道："此案意义之重大是无法估量的。"当然，罗斯福并不想破坏一切托拉斯，他认为有两种托拉斯，一种是良性的托拉斯，它可以促进生产大发展。另一种是恶性托拉斯，它危害人民，他所要反对的仅仅是恶性的托拉斯。

不过，罗斯福最大的第一应当推他的保护资源政策。他大概是全世界首先提出保护资源的国家领导人。1907年12月，他向国会特别提了一个咨文，内称"保护及适当利用我们的自然资源是一个根本问题，我们的国民生活中，几乎其他每一个问题都以它为基础。作为一个国家，我们不但享受着目前的高度繁荣，而且如果能正确对待这一繁荣的话，它足以保证未来的成功，没有任何国家能与之相比。对这个国家抱远见会得到丰厚的报偿，这是显而易见的。我们必须未雨绸缪，必须了解一个事实：浪费与破坏我们的资源，损耗与榨尽地力而不善加利用以增其效益，其结果将损害我们子孙应享的繁荣，而这种繁荣是我们原应扩大与发展以留传给他们的"。

由于罗斯福的这一政策，美国就成了保护资源做得最好的国家，至少是最好国家之一。在当时，人们还不十分理解这一问题的重要性，但随着时间的推移，人们愈来愈感到了罗斯福的高瞻远瞩。

还有一个第一也不妨顺便提一下。由于他调停日俄战争，罗斯福是获得诺贝尔和平奖金的第一位美国总统。

罗斯福自夸他的政府是"公平施政"。他说他的"天然盟友是农民、小商人和高级技工"，就是那些"德智体三方面都根本健全的""中产阶级美国人"。这些人和他一样厌恶走极端，和他一样以道德准则判断是非曲直。

罗斯福要求让联邦政府管理股票市场、限制反对劳工的禁令、对劳工争端进行强制性的调查、把8小时工作日扩大到联邦政府雇员、征收个人所得税和遗产税。然后他又对法院宣称《工人赔偿法》违宪而予以严厉批评，并对"来自掠夺的财富"加以谴责，因为有钱的人干了不少蠢事，肆无忌惮地反对"工商业中每一项为了诚实而采取的措施"。他还私下警告说，如果富人和不明是非的法官迫使工人的命运变得不堪忍受，那么，势必爆发革命。若不改革，资本主义就无法继续存在下去。

1909年，罗斯福两任期满。接任的是原陆军部长威廉·塔夫脱。塔夫脱上任总统后采取保守路线，放弃或推翻了罗斯福的进步方针，因此，在1912年大选中，共和党内部就发生了塔夫脱派与罗斯福派的大争吵，并最后导致分裂，迫使罗斯福成立了一个新党，即进步党。这样，罗斯福又创了一个第一，他是美国历史上第一位进步党总统候选人（1948年亨利·华莱士又创进步党，并担任总统候选人）。

1910年8月31日，西奥多在堪萨斯发表一通演说，宣扬他的"新国家主义"。他说："我坚持公平施政，当我说我主张公平施政时，我不是仅仅主张在现行的游戏规则下实行费厄泼赖（fair-play），而是还主张改革现行的规则，以便争取有一个更大深度的机会平等。""这意味着，我们的政府，不管是中央政府还是州政府，必须摆脱各种特殊利益的影响或控制。在内战以前，棉花利益和奴隶制利益曾威胁到我们的政治廉明。当今，则有大企业为了自己的私利时常控制和腐蚀我们政府中的人以及政府的管理方法。我们必须把这些特殊利益赶出政治领域之外。"

在1912年竞选中，罗斯福又碰到了一起惊人事件。在一次竞选演说中，有暴徒向他开了一枪，打中胸口。这一弹本来可以致命，但上帝保佑，子弹正打中他的上衣口袋，这口袋内刚巧装着一个铁皮的眼镜匣子，在匣子后又装着一厚叠的讲演稿子（他没有照稿子念，所以并未从口袋中取出稿子）。这样，子弹威力大减，只伤及他的皮肉，使他流了一些血。

人们见罗斯福中弹，马上要把他送医院，但罗斯福坚持要把话讲完，就继续在台上讲了几分钟，然后再进医院。这样，他又上了报纸上的通栏大标题，成了一名受伤不下火线的大英雄。

投票的结果是：威尔逊，6286124；罗斯福，4126020；塔夫脱，3483922。

罗斯福虽然没有当选，但进步党的纲领却永远留下了令人难忘的记忆。他写道："政治党派的生存在于实现责任政府和执行人民的意愿。两个旧政党都已背离了这些伟大的任务，它们不是促进普遍福利的工具，而已成为腐朽的利益集团的工具，这些集团不加区别地运用它们为其自私的目的服务。在公开的政府背后，存在一个看不见的政府，这后一个政府既不忠于人民，也不对人民负责。摧毁这个看不见的政府，结束腐朽的企业与腐朽的政治之间罪恶的勾结是现今政治家的首要任务。共和党蓄意地背叛了人民对它的信任，民主党在处理新时代的新问题上致命地无能，这迫使人民锻造出一个新的政治工具，通过它人民可以在法律和制度上贯彻他们的意志。"

1914年欧战爆发，威尔逊总统标榜中立，迟迟不参战，并在1916年选举中以"和平"为竞选口号，这大大触怒了好战的罗斯福，他讥讽威尔逊为胆小鬼。

后来美国终于参战，罗斯福立即向政府请缨，但威尔逊硬是不让罗斯福重上战场。

罗斯福曾向陆军部长贝克抗议道："阁下以缺乏军事训练及经验为由而拒绝我的申请，但你却征召了并正在征召一些其训练和经验不及我十分之一的民军教官出任野战军师长或团长。亲爱的先生，你大概忘记了，在过去半个世纪中，我曾率领军队参加美国对外战争中最重要的战役。"

据有的历史学家指出，威尔逊所以拒绝让罗斯福往欧洲作战，是因为他知道，如果这样，老罗一定会在1920年选举中重新当选总统。

1919年1月6日，罗斯福终于不能圆他的战死疆场的梦而只能死于病榻。

但他的4位公子都上了战场，小儿子昆定还牺牲于战场。罗斯福在儿子葬礼上发表了演说："只有不怕死亡的人才适于生存，也只有懂得生命乐趣和生命责任的人才敢于赴死。生命和死亡是同一伟大事业的两个组成面。凡把个人安全放在第一位的人永远不能身体力行地完成真正有价值的事业。如果一个国家，其儿女们不敢在国家要求他们赴死的时候去赴死，那就不是一个值得生存的国家。同时，如果一个国家的儿女们认为生命也只仅仅是个人的自私自利生存过程，而不把它看成是伟大创造系列中的一个小小的连环，即每个个人仅仅是整体中的一个重要部分，而个人的生命目的必须服务于更大一级的整体生命之延续，那么，这样一个国家就不值得人民去爱。"

其实，人们敬重罗斯福绝不是因为他好战，而是因为他奋发有为。他在芝加哥的一篇演说，充分阐明了他的人胜观：

你们生活在西方世界最伟大的城市，在你们这里，产生了像林肯和格兰特这样伟大的人物。你们将最具美国特色的一面展现得淋漓尽致。在同你们这样杰出的人谈话时，我想谈的不是如何苟且偷生，而是怎么样才能坚持过勤奋的生活——过艰苦奋斗的生活，过劳动竞争的生活；我想谈谈那种最崇高的成就，这种成就与贪图安逸享乐的人绝缘，只有那些不畏艰险，吃苦耐劳并获得辉煌成就的人才能取得。

一生苟且怕事的人我们不佩服。我们佩服的是经过奋斗而成功的人：从来不会对不起邻人、能及时向朋友伸援手的人，尤其佩服有阳刚之气、经得起实际生活锻炼的人。失败的滋味固然不好受；从来不愿做成功的尝试却更糟糕。生活中不努力就不会有成就。现在无须努力只表示过去已经累积了努力成果。人只有在自己或祖辈努力有成就的情况下才有不工作的自由。如果这样得来的自由运用得当而他还在做事，只是做不同的事，当作家或是将军，从政或寻幽探险，那就说明他对得起命运对他的厚爱。但如果他以为这段无须工作的时期正好可以借此偷闲享乐，那他无非是这世上的寄生虫，有朝一日不得不自食其力时肯定比不上别人。安安逸逸的一生说到底算不上充实，对很想在世上有一番真正作为的人来说，尤其不合适。

懦弱的人、懒惰的人、对祖国没有信心的人、那些丧失坚强斗志和英雄气概而

"过于文明"的人、愚昧无知的人、对那些能让"铮铮铁汉"都为之动容的巨大鼓舞力量无动于衷的麻木不仁的人——总之，所有这些人都闭眼不见国家正在承担新的责任，闭眼不见我们正在建设能满足我们国家需要的海军和陆军；闭眼不看我们正在世界事务中尽我们的一份力量。就是这些人，他们害怕过勤奋的生活，害怕过唯一的真正有意义的生活，而宁愿过那种不问不闻的日子，让吃苦耐劳的传统美德同整个民族的传统美德一起消失。或者，他们干脆沉迷于唯利是图、贪得无厌的泥潭中不能自拔，自以为经商致富是国民生活的根本。殊不知，发展经济固然重要，但究其量也只是造就伟大国家中的一个环节而已。

不错，无论哪个国家，没有雄厚的物质基础想长久地生存下去都是不可能的；但单纯的物质繁荣不能成就一个伟大的国家。当然，那些创造了物质繁荣的设计师，那些创办了工厂和铁路的商业巨头，以及那些为了国家富裕而殚精竭虑不辞辛劳的强者，的确应该得到所有的荣誉和国家的奖励。但是，我们更感谢那些以林肯和格兰特为典范的人。他们用自己的所作所为表明，他们深谙工作的法则和斗争的法则；他们不只含苦茹辛地让自己的家人过上了富足的生活，更加懂得还有更崇高的责任——对国家、对民族的责任。

因此，我亲爱的同胞们，祖国要求我们不要太过贪图安逸的生活，我们应该在艰苦奋斗的生活中去实现我们的价值。20世纪已经向我们走来，它将改变许多国家的命运。假如我们在你死我活的斗争中只知游手好闲，虚度光阴，一味骄奢淫逸，苟且偷生；假如我们在你死我活的激烈斗争中畏首畏尾，止步不前，那么，我们被更勇敢、更坚强的民族所超过只是时间的问题。他们将最终获得统治世界的权利。因此，让我们昂首阔步面对充满斗争的生活，下定决心出色而坚决地履行我们的职责；下定决心用实际行动去捍卫正义；下定决心做一个诚实而勇敢的人，脚踏实地地为崇高的理想而奋斗。最重要的是，只要我们的斗争正当而正义，我们就不应该逃避，无论它是精神的还是物质的，是国内的还是国外的；我们要坚信，只有通过不避艰险的斗争和努力，我们才能最终建成一个伟大的国家。

西奥多去世后，美国国内就这位总统一生中最辉煌的成就展开了讨论。有的人认为，他最大的成绩就是在美西战争中取得胜利，因此才会被称为"圣胡安山英雄"；有的人认为，他最大的成就就是倡导保护自然资源运动，使得美国能够在良好的环境中长远地发展下去；有的人认为，他最大的成就是夺取巴拿马、促成运河开凿工程顺利启动和完工，所以称他为"巴拿马之父"；有的人认为，他最大的成就是调停日俄战争，获得诺贝尔奖，因此又称他为"和平使者"。不可否认的是，在当时的美国人心中，西奥多是继华盛顿和林肯后成绩最显著的总统。

在美国史上，1901年到1912年这段时期被称为"西奥多时代"。西奥多推动了以行政权力为核心的现代联邦政府权力结构的形成，成为继林肯以后第一位强势总统。他是一位极具个人魅力的总统，他本人的人生经历就是一部传奇。他认为政府的主体是行政管理，而不是立法。他扩大了行政权力的运动范围，扭转了南北战争后出现的国会领导联邦政府的政治局面。他提出了共同发展的口号，缓和了贫富分化引起的各种社会矛盾。

西奥多改变了美国传统的孤立主义外交政策，增强了美国在国际事务中的政治影响力。他对美国外交战略的最大贡献，就是树立了美国的大国地位，使得美国走上全面扩张的道路。西奥多在外交政策上，遵守的原则不是平等公正的原则，而是一切行动都以维护美国利益为出发点。他实行"大棒政策"，不顾弱小国家权益，逐渐扩大美国的政治影响力。

"西奥多时代"是个承先启后、继往开来的时代，美国顺利实现了从传统社会向现代社会的转变，社会结构调整引起的震荡逐渐平息。

1927年，在卡尔文·柯立芝总统的主持下，在南达科他州的国立拉什莫尔山纪念地工程正式破土动工。该工程的最初构想源于一位名叫罗伯特的学者，他在1920年前后萌发出一个想法，那就是在南达科他州黑山区坚硬的花岗岩山峰顶上雕凿一座能够象征美国的摩崖石刻人物雕像。他的这一大胆的构想，得到当时著名的雕塑家鲍格姆的全力支持。经过几年的精心策划，国会通过了在南达科他州修建国立拉什莫尔山纪念地的提案。工程开始后，参加这项恢弘工程的全美雕塑家多达360多人。他们风餐露宿，忘我拼搏，历经14年终于完成了拉什莫尔山雕刻工程。

1941年，国立拉什莫尔山纪念地以崭新的面目，逐渐呈现在人们眼前。在4座总统石刻头像的山脚簇拥着苍松翠柏，下面是宽宽的大道。大道两侧竖立着十几根方柱，美国50个州的州旗分别以四面一组的形势装饰在大理石饰面的方柱上，象征着美利坚合众国的联邦国体。

这4座总统石刻头像位于拉什莫尔山山顶，高达60英尺，雕刻的分别是美国首任总统华盛顿、美国第3任总统托马斯·杰斐逊、美国第16任总统亚伯拉罕·林肯，还有一个就是美国第26任总统西奥多·罗斯福。

最后，请读一读李大钊先生对罗斯福的一则评价，其题为"北美之风云儿"：

北美合众国前总统罗斯福君，世界之风云儿也。其与当代唯一之怪杰维廉二世相见时，辄相视而笑，大有"天下英雄，唯使君与操"之概。

美西之役，罗氏尝充义勇军，纵其健儿之身手，以驱于龙骧虎斗之战场，而无所于怯；欧战之顷，亦尝挺身于演坛之上，虽遭刺客之狙击，血溅十步之外，尤必终其说而后已；迨夫解政之后，猎于非洲之深山中，与猛兽相搏而卒能擒之，此其所谓拔山盖世之雄矣。

今也，美德绝交，战衅之开方在旦夕，罗氏果奋其雄飞迈进之素志，霹雳一声，为愿率其四子从军之请，全美之人闻之，其感愤兴起为何如者！

大地之上，铁血横飞，敬欲图存，宁容鼾睡？嗟我邦人，闻罗之风者，可以兴矣。

7 伍德鲁·威尔逊

伍德鲁·威尔逊是第一位具有真正博士头衔（Earned doctorate，有别于名誉博士）的美国总统。

1856年12月28日，他出生于弗吉尼亚的斯托登，他的父亲是一位牧师和神学教授，威尔逊的幼年教育就是在家中完成的，所以他从小就是一名基督徒。1873年，他进了北卡罗来纳查洛特的达卫逊学院。他没有毕业就回家了，在家中由父亲教了一年多，于1875年进了新泽西学院，即后来的普林斯顿大学，他在那里读的是历史和政治。毕业后他又进弗吉尼亚大学学法律，1882年通过律师考试，取得律师资格。1883年，他又进约翰·霍布金斯大学学宪法和政治史，1886年取得博士。在此之前，他在1885年与艾伦·爱克森小姐结了婚。

伍德鲁·威尔逊

他的博士论文《国会政府》获得导师好评，并出版成书。1889年，他出版第二本书《论国家》，他在书中宣扬了社会达尔文主义。他认为："较强和较高尚的种族促成了文明最大的进步。"他认为这两个种族就是亚利安族和闪族。他具有南方的传统观点，认为黑人是较低等的种族。

在普林斯顿毕业后，他在费城郊区的一家女子学院教书，1888年又转到康涅狄克的书斯利恩大学。1890年，他获得机会回普林斯顿大学任政治学教授。这是他创作最丰盛的时期。他出了五卷本的《美国人民史》。1902年,普林斯顿大学董事会选他为校长。

威尔逊当校长后决心进行改革。当时还没有小汽车,富家子弟带有马和马童。又有马又有马童,怎么安排?他们就组织了俱乐部,所谓俱乐部实际是一个个的膳宿集团。因此在学校中就形成两个阶层,一个是住得好、吃得好、有马骑的富学生,一个是一般的学生。威尔逊看不惯这种现象,他建议学校设立学生宿舍和学生食堂。他指出,如果在学校中就把学生分成两个不同社会,那就意味着美国整个教育制度的失败。

威尔逊的倡议立即引起了有钱的家长们的反对,他们说:"我们花钱上学校并不是为了让我们的孩子跟穷小子坐到一条板凳上去吃饭的。"更有人直截了当地威胁说:"如果你们要搞这一套,我们将停止捐款。"威尔逊也反击说:"只要我是校长,我就要行使校长的权力,我的权力不是来自金钱,而是来自校董会的委任。"可是校董会的董事长、前民主党总统克利夫兰不支持威尔逊,校董会否决了威尔逊的倡议。但威尔逊的这一举动早已轰动全国,人们把他称之为"勇敢的挑战者"、"大无畏的改革家"、"自由派的明星"。

不久,威尔逊又抓到另外一个问题,闹了起来。校董会本来早已决定,要在普林斯顿大学本部建立一座研究生校舍,其地址就在校园之内物色。有一位捐款人屈莱契先生,表示愿意捐助50万美元建筑校舍,不过附带了一个条件:钱的使用必须由研究生部主任韦斯特先生做主,由他来决定校舍盖于何处。而韦斯特先生久已不满于威尔逊,他要求把研究生校舍建于大学本部之外,以便他自己可以独当一面,摆脱威尔逊之约束。

这样,威尔逊与韦斯特就成了死对头。威尔逊认为,校舍建筑在哪儿是一个政策问题,应该由校长来决定,而不能让校外的一个捐款人来决定。这是一个原则问题,不是他同韦斯特之间的个人恩怨问题。他甚至说:"大学不是由金钱组成的,大学不是由校舍组成的,大学也不是由仪器设备组成的。大学是由学生和教员组成的,在我看来,与其拥有富丽的校舍和设备而把人的因素置于次位,那还不如拥有一批有思想有情操的人而在露天上课。"

但如果按照威尔逊的意见办,那位捐款人将取消这笔50万美元的捐款,校董会内意见分歧,一时作不出决定。威尔逊乘机提出威胁,扬言要辞职,这又急坏了校董会。他们议论道:"威尔逊校长的价值为100万美元。高于50万美元。所以不能让威尔逊辞职。"

看来,威尔逊是取得胜利了,但天有不测风云,没有几天,又有一位富豪立下了遗嘱,答应捐赠150万美元,其条件也是此款必须完全由韦斯特先生支配。当威尔逊读到这个遗嘱时,他就对妻子说:"完了,我的战斗注定要失败了。"果真,校董会又重新进行了研究，得出结论说："威尔逊校长只值100万美元，现在外面的捐款有200万美元，已大大超过威尔逊校长的价值，所以必须以200万美元为第一考虑。"

威尔逊的两次争吵虽然都以失败告终，但校内的失败却带来了社会上的成功。他的执拗引起了人们极大的注意，特别是引起了一位"总统制造人"的兴趣，此人名叫乔治·哈威，人们通常把他称作哈威上校，是《哈泼斯杂志》的主编。他嗅到威尔逊身上有总统气味，所以决心要把他推到总统宝座上去。普林斯顿大学在新泽西州，所以他准备第一步先把威尔逊送上新泽西州州长之位。

新泽西州是传统共和党的势力范围，多年来没有民主党州长，该州民主党党机器老板詹姆斯·史密斯久想物色一位能击败共和党州长的候选人。哈威上校抓住这个机会，乃极力推荐威尔逊于史密斯，并逐条分析，论证威尔逊必能击败共和党。史密斯心有所动。他回去就把手下的一批策士招来，说他打算拉威尔逊校长出来当候选人。哪知不提犹好，一提就不得了。他手下的人没有一个不拍案而起，怒曰：老板，我们不是发精神病吗？威尔逊此人一贯宣扬反对老板制度，他一旦掌权，势必要把我们踩在脚下，那时，叫苦也已来不及了。

史密斯说："那么，你们说吧，谁可以击败共和党呢？"他手下的人立即像斗输了的蟋蟀，谁也不敢做声了。于是，史密斯说："既然你们提不出任何人，我们总得试一试，我们可以事先与威尔逊达成默契。"

于是史密斯就请威尔逊的一名学生约翰·哈伦写信给威尔逊曰："史密斯先生打算请你出来任民主党州长候选人，史密斯先生绝没有任何企图要你在政策、措施或人事方面承担任何义务。他只有这样一个希望：如果你当选州长，你不会反对和打破目前的民主党机器而代之以你自己的民主党机器。"威尔逊马上回答曰："敬爱的哈伦先生，我以极大的兴趣读了你的信。我完全愿意向史密斯先生保证，如果我当选州长，我绝不会反对和打破目前的民主党机器而代之以我自己的机器。我根本不想建立我自己的什么党机器。只要目前的民主党机构在改革方面给以充分的合作，我是绝不会反对目前的民主党机器的。"

史密斯得了这个保证，乃下定决心。1910年7月，新泽西州民主党代表大会开幕，尽管代表们仍对威尔逊不放心，但史密斯采用高压政策，获得了提名的微弱多数。在投票之前，哈威又派人把威尔逊接来，秘密地把他藏在女厕所内，以便万一提名失败，可以偷偷送回普林斯顿，而无损于这位校长的面子。当提名胜利的消息传来后，威尔逊才破厕所之门而出，走上讲台，发表了提名演说。他说："我将一身轻快，不受任何承诺地去进行竞选，如果我能被选为州长，那就该由人民来选上我，而不是由老板们来选上我。人民，只有人民，才是我所要代表的。我们将开始一场战斗，这场战斗是一场长期的战斗，这将是一场反击一切特权阶层的战斗。如果当选州长，我将尽一切力量，为我州人民服务，我不会作为一个党派的头头来为我州服务，我将以作为我州所有人民的仆人的资格来为我州服务，要卫护一切阶级的利益，要促进全体人民的福利。"

威尔逊的演说博得了全场欢呼。当时有一位名叫特默迪的青年民主党人，是反威尔逊的健将，因为他认为威尔逊既然是老板推荐的，理所当然是老板的人。但威尔逊当众宣布他绝不会为老板服务，特默迪高兴地说："他讲的正是我要讲的！"从此，特默迪就成了坚决拥护威尔逊的人，并永久地成了威尔逊的私人秘书，既是州长秘书，又是后来的总统秘书。

与威尔逊竞选的共和党州长候选人为了利用民主党的内部矛盾，向威尔逊提出了一个挑战性的问题：你是否承认在民主党内存在老板制度？如果是这样，你打算怎样清除它？

威尔逊将计就计，做了如下回答："当然，我承认有老板制度。多年来我就在观察和力求了解这个制度，当我了解之后我就更厌恶这种制度了。这种制度两党都有，它是我州和我国的政治生活中最危险的东西，它破坏了代议制度政府而代之以代表特权的政府。我将挑选不受老板制度控制的好人参加政府，和他们共同努力摧毁这种制度，并且还要大张旗鼓地揭露这种制度。""你想知道，一旦当选州长，我跟你所指责的那些民主党人之间的关系如何，特别是在任命问题和立法问题上。我乐于告诉你我的答案。一旦我当选州长，不论在任命问题上也好，在立法问题上也好，在制定州政府的政策上也好，我绝不会受任何个人或任何特殊利益集团之指使。我将欢迎来自任何一个公民的批评和建议，不管这个个人是老板、民主党人、共和党人或无党派的平民。我将经常倾听不怀私利的名人达士的意见，各种类型的代表人士的意见，而不问其属于哪个党派。一切意见都将从意见本身之是非曲直加以考虑而予取舍，绝不会把提意见的人的政治背景掺杂到考虑中去。如果我竟然同你所指责的那种制度沾上边，即使沾上一点边，那我将认为我自己是一个可耻的人物。"

威尔逊的声明大振人心，不但赢得了广大民主党选民的夸奖，也夺走了一大批共和党选民的欢呼，结果威尔逊以压倒优势获选为州长。

威尔逊的个人优势顺便带来了一个民主党占多数的州议会，这是老板史密斯没有估计到的。他当初曾答应威尔逊他个人将不竞选参议员，当时新泽西州的参议员还不是直接民选的，而是由州议会选的。既然民主党在议会中不占优势，所以当初史密斯就答应他将不参加竞选参议员。现在形势一变，民主党肯定能选上参议员，因此史密斯不顾前约，忽然宣布说他要竞选参议员。此外，当初由于史密斯声明他不参加竞选，所以民主党已初选一个名叫马丁的先生来竞选参议员。史密斯本人若欲竞选，势必要先赶走马丁。

威尔逊获悉史密斯改变原意，十分气愤。他要求史密斯撤销竞选，以免食言。当史密斯没有理睬时，他就发了如下一份最后通牒给史密斯："若在星期四晚上最后那一班邮递时我还收不到你的复信，我将在星期五早上公开宣布反对你竞选参议员，并同你斗争到底。"

史密斯一伙接到这个通牒后不禁大笑曰："这真是一个不知天高地厚的家伙，让他碰个头破血流吧！"但事实证明，碰个头破血流的不是威尔逊，恰巧是史密斯自己。一个发怒了的书呆子是可畏的，他会拼命到底，来卫护他心目中的原则，即使在客观上这可能并非是原则问题。

战端既开，威尔逊就大力启用民主党内的少壮派，特默迪果然没有辜负威尔逊的信任，他把民主党的大部分州议员拉了过来，结果在表决时以47票对3票击败了史密斯。这个票数对史密斯来讲是一种惨败。

任何流氓头子都是不能失去对手下的控制的，因为一次失去就意味着永远失去。史密斯的情况就是如此。在这一夜之前，他还神气十足，但就在这一夜，他就成了一个泄了气的皮球，成了一名苍老不堪、举动无力的可怜虫。他不久就郁郁而死了。他在临死前说："我是自作自受，提拔了一个忘恩负义之徒。但我也不得不承认，此人敢作敢为，可以夺得下届的总统职位。"

至此，威尔逊在全国的地位已确立。报纸一致认为他是美国当代第一号唐·吉诃德。哈威上校看到时机已到，乃利用《哈泼斯杂志》向美国人民推销威尔逊，《哈泼斯杂志》每一期的封面上都印了一句话：大家来选威尔逊！

按理《哈泼斯杂志》乃是摩根财团喉舌，而威尔逊之竞选是打着反华尔街的旗帜的，这岂不成了矛盾？民主党的扛旗人布赖恩乃使人带口信给威尔逊说，他若要得到党的支持，必须表明他同摩根财团没有丝毫利益关系。这口信又被传到了哈威上校之耳。哈威就登门拜访威尔逊，询曰："《哈泼斯杂志》对你的支持是否影响了你的当选机会？"威尔逊干脆地回答说："我认为是如此。"于是，《哈泼斯杂志》上的那条口号不见了。哈威也不再见威尔逊了。不但如此，两人竟从此成了冤家。哈威每提起此事就破口大骂："威尔逊是个忘恩负义之徒！"

1912年，民主党大会在巴尔的摩开会。竞选的主要有二人，一是民主党众议院议长克拉克，一是威尔逊。第一次唱名，克拉克以556票对350票占优势。556票已过半数，但在那时，民主党采用的是2/3多数制，克拉克凑不足2/3，投票一直持续了5天，仍无结果。在第六天，布赖恩宣布支持威尔逊，于是形势急转直下，在第36次投票时，威尔逊以460对455占先。在第46次投票时，威尔逊终于以990票当选。

1912年的大选是美国历史上最热闹的选举之一。参加竞选的有共和党的塔夫特、民主党的威尔逊、进步党的罗斯福、社会党的德布斯。主要的对手是威尔逊和罗斯福。

罗斯福在密尔基演说时突然遭到暗杀，被一枪打中胸部。但事有凑巧，子弹正好穿过他上衣口袋内的眼镜匣子和匣子后面的一厚叠演说稿，所以当子弹进入胸内时已无多大威力。当时人们要马上把罗斯福送医院，罗抓住机会，大充英雄，拒绝上医院，于是他又继续讲了八九分钟。听众场面之热烈，打破了历史纪录，罗斯福真的成了人们心中的不怕死的好汉。

威尔逊获悉罗斯福被刺消息后，马上发表声明说："在罗斯福医疗期间，我保证不进行任何竞选活动，不发表任何竞选演说，我们美国人是最讲费厄泼赖的，我们必须以身作则做到费厄泼赖。"威尔逊的声明比罗斯福的表演更打动人心。

投票结果，威尔逊以6286124票击败了罗斯福的4126000票，当选为美国第28任总统。

《美国名人传记全书》介绍威尔逊的内政成就时说：

> 威尔逊想用直接与人民联系的办法来增强总统这个职位的效率。他认为，总统作为人民的代言人，应当成为民主国家的超群领袖。他使用了前所未有的方法来施展他个人对立法机构的影响。他抛弃了三权分立的传统共和原则，而想建立行政当局对国内外事务的控制。他在国会山上设立了一个与议员们沟通的办事处。他是第一位举行定期记者招待会的总统。他想通过白宫发布新闻的办法来影响舆论。他还直接到国会去发表演说，华盛顿和亚当斯曾偶尔这样做过，但自从杰斐逊总统以来已没有人这样做了，他们只是通过书面向国会致咨文。威尔逊想凭他的雄辩才能来制造舆论并因而导致参众两院照他的意向投票。

威尔逊使用这些办法成功地使国会采纳了他的"新自由"纲领。他督催了三项重大的改革。

第一是降低进口关税。有鉴于美国现在已成为世界的主要工业国家，他认为已没有必要保护美国制造业以便与国际竞争。他认为降低关税会鼓励美国工厂的更大效率，同时也可克制垄断性的托拉斯。至于减税所带来的国库亏损则由所得税填补之。1913年4月8日，他亲往国会申述他的理由，并终于在10月3日签署了《恩德伍德关税法》。

第二是关于银行和货币的改革。共和党人一般主张由私人控制中央银行。国务卿布赖恩和一些进步人士则主张建立地区性的银行系统，由政府控制国家的货币。他们提出了一种新的联邦储备制度。1913年12月23日，威尔逊签署了联邦储备法。

第三是反托拉斯法的改革。1914年1月20日，他向国会发表演说，要求进一步制裁垄断事业。劳联主席龚泼斯请求不要把有组织工会列为垄断禁令的对象。1914年10

月15日，他签署了《克莱登反托拉斯法》，它进一步具体地规定什么是不能认可的举措，并规定了惩处的办法。它还部分地承认工会组织不在禁令之列。

另外有一件事值得一提。威尔逊于1916年提名路易斯·布兰代斯为最高法院法官（1916—1939）。这曾引起了一场争论，因为布兰代斯是犹太人。在此之前从未有犹太人任最高法院法官的。而且他又享有"人民的辩护律师"的名声，被认为是具有激进思想的人。事实上，他后来的确成了罗斯福新政的支持者。爱因斯坦曾给了他极高的评价。他认为布兰代斯给社会的贡献要高于科学家的贡献，因为科学家只能促进人们的物质生活，而布兰代斯却促进了人们的良知。

1914年8月第一次世界大战爆发时，威尔逊总统要求美国人民严守中立。然而，由于德国的潜艇战略以及美国同英国的天然密切关系，最后刺激美国参加到协约国一边。1915年5月，德国潜水艇在爱尔兰沿岸用鱼雷击沉英国班轮"露西塔尼亚号"，使1200人丧生，其中包括120多名美国乘客，这一事件激起美国参战的喧嚷，但威尔逊总统仍不赞成参战。沉船几天后，在一群新加入美国国籍的群众前讲话时，威尔逊总统说："有这样的一件事，一个人将非常自豪地为之而投入战斗；有这样一件事，一个国家是那样正确，以致不需要动用武力说服别国便能使其相信这样是正确的。"这一段时间，美国的抗议使德国暂时停止无限制潜艇战，但是击沉船只的事仍在发生。1917年2月，德国官方公然恢复了无限制潜艇战略。威尔逊在力图以谈判解决问题的同时，将美国的防务立足于参战的基础上。1917年1月在参议院的一次讲话中，他建议各交战国接受"没有胜利的和平"。

他说："首先，这个和平必须是没有胜利的和平。这听起来有点不太入耳，让我来向你们进行一番解释。如果有胜利，那就意味着把和平强加于失败者之身，即胜利者强迫失败者接受其条件。这是一种带耻辱的和平，是威逼下的和平，是以一方的牺牲为代价的和平，它只能留下疙瘩、留下怨恨、留下痛苦的记忆。在这样的基础之上是建立不起永久和平的，它只能是流沙式的和平，只有平等和彼此互利的和平才是和平。"

这些努力不可避免地归于失败。随着德国的无限制的潜艇战略恢复和齐默尔曼电报的公开，威尔逊在1917年4月2日出席国会两院联席会议时，要求对德宣战。他说："现在德国针对通商贸易执行的潜艇战略，是一场与人类为敌的战争，是一场与所有国家为敌的战争……我们接受这一含有敌意的挑战，因为我们知道，在这样一个遵循着这样办法的政府里，我们永远不会有一个朋友；而且，面对着它有组织的力量，我们若总是等待着接受我们并不知道目的是什么的事情，世界民主国家政府的安全就不可能确保……因此，我们乐意……为世界的最终和平、为包括德国人民在内的世界人民的自由而战斗……这个世界必须成为对民主安全的世界，世界和平必须建立在能经受考验的政治自由的基础之上。我们这样做，没有自私的目的。我们不想征服、不想统治。我们不吝作出牺牲，但我们不想要赔偿，不要物质上的补偿。我们只是为人类权利而战斗。"4月4日参议院投票，以82对6票同意宣战，众议院于4月6日投票，以373对50票同意。

美国参战后，威尔逊对反战分子采取了严厉的制裁手段。最著名的例子就是工会领袖尤金·德布斯。1918年6月16日，德布斯发表了反战演说。他说："在过去40年中，在国际资本主义制度之下，在剥削制度之下，欧洲的那些国家就一直在准备这场必然要发生的事件。战争总是为了征服，为了掠夺。统治阶级在战争中只有得没有失；被统治阶级则只有失没有得。牺牲的是劳动阶级，流血的是劳动阶级，但是这一阶级在决定是否宣战问题上从来没有发言权。决定和战之权一直在统治阶级之手。我宁可以叛国罪被枪毙，也不愿参加这种战争。"

结果，德布斯被判了10年徒刑。

美国前后共派遣了远征军约一百万人，帮助英法打赢了这场战争。早在1918年1月8日，威尔逊就提出了14点和平条件：

一、公开的和平条约，以公开的方式缔结，嗣后国际间不得有任何类型的秘密默契，外交必须始终在众目睽睽之下坦诚进行。

二、各国领海以外的海洋上应有绝对的航行自由，在和平时期及战时均然，只有为执行国际公约而采取国际行动时才可以封闭海洋的一部分或全部。

三、应尽最大可能，消除所有同意接受和平及协同维持和平的国家之间的经济障碍并建立平等的贸易条件。

四、应采取充分保证措施，使各国军备减至符合国内保安所需的最低限度。

五、关于各国对殖民地的权益的要求，应进行自由、开明和绝对公正的协调，并基于对下述原则的严格遵守：在决定关于主权的一切问题时，当地居民的利益应与管治权待定的政府的正当要求，获得同等的重视。

六、撤退在俄国领土内的所有军队，解决所有关于俄国的问题，该解决方案应取得世界其他国家最良好和最自由的合作，俾使俄国获得不受牵制和干扰的机会，独立地决定她本身的政治发展和国策。

七、全世界应同意，在比利时的占领军必须撤退，其领土必须恢复。

八、法国全部领土应获自由，同时，1817年普鲁士在阿尔萨斯-洛林问题上对法国的错误行为自应予以纠正，俾能为了全体利益而再度确保和平。

九、意大利的疆界，必须依照明晰可辨的民族界线予以重新调整。

十、对于奥匈帝国统治下各民族，我们愿见他们的国际地位获得保证和确定，并对其发展自治给予最大程度的自由机会。

十一、罗马尼亚、塞尔维亚以及门的内哥罗的占领军应撤退；被占领的土地应归还；巴尔干若干国家的相互关系应按照历史上已经确立了的有关政治归属和民族界限的原则，通过友好协商加以决定。

十二、对于当前奥斯曼帝国的土耳其本土，应保证其有稳固的主权，但对现在土耳其统治下的其他民族，则应保证他们有绝对不受干扰的发展自治的机会；同时，达达尼尔海峡应在国际保证之下永远开放，成为世界列国船只和商务的自由通路。

十三、应建立一个独立的波兰国。

十四、必须根据专门公约成立一个普遍性的国际联合组织，目的在于使大小各国同样获得政治独立和领土完整的相互保证。

11月11日，正式宣布停战。接着是在巴黎召开和平会议。威尔逊不顾国内的反对，亲自前往参加旷日弥久的会议。最后签订了《凡尔赛和约》，规定要成立国际联盟。据威尔逊的续弦夫人艾迪丝说："国际联盟是威尔逊总统的胎儿，怀胎10月，终于呱呱落地了，这是总统的辛苦所取得的可喜代价，也是使总统感到唯一安慰的东西。"

谁也没有料到，这个国际联盟也送了威尔逊的性命。

1919年7月10日，他在参议院中说：新的和平条约所产生的国际联盟不仅仅是一个"调整和补救错误的工具"，而且也是"人类的唯一希望"。"自由国家的联合力量必须一劳永逸地制止侵略，必须保证世界的和平。局面已经安排好了，命运已经注定了，这不是由我们人为地制造出来的，这是上帝引导我们走上此路的。"

但以洛奇为首的共和党多数不愿接受国际联盟。于是威尔逊决定诉诸人民，他要到全国作演讲，那正是三伏天。威尔逊在巴黎时就发过较轻的心脏病，妻子和医生都苦苦要求他放弃此行。威尔逊回答说："你们说的全是事实，但我认为我有责任这样做。当问题涉及世界和平时，我个人的安危是不足挂齿的。如果参议院不批准条约，那这一场战争就白打了，世界将陷于混乱。当初我要求我国青年参战时，曾向他们许下诺言，这将是一场结束所有战争的战争，如果我不把老命豁出去赢得这个条约，那我就成了一名骗子，将没有面目正视我们的士兵。所以我必须作此旅行。"他还对秘书特默迪说："我知道我这次旅行很可能意味着死亡，但我仍然乐意为了争取草约通过而牺牲自己的生命，愿意在这个草约通过后去见上帝。"

果如所料，他在旅行中发病，急送回宫，但接着又在白宫发病，终成瘫痪，而他的草约也没能获得通过。

威尔逊的身体情况虽在1920年春夏两季有了一些改善，可是，像他这样的身体不能在当年总统竞选运动中充当一个活跃的角色。他的希望是，选举将作为一种公民投票来解决他自己和参议员洛奇之间存在的问题，可是这种希望并未实现。真的，许多对国联热心和有影响的拥护者都支持了共和党候选人沃伦·C. 哈定，选举结果使威尔逊大失所望。1920 年 12 月他荣获 1919 年诺贝尔和平奖后，他失望的痛苦在某种程度上有所减轻。当他在年度的国会咨文中提出了有关国民义务的问题时，并没有提到他最关心的一个问题——国联。直到 1921 年 3 月 4 日他的任期届满时为止，他对世界事务一直保持这样的沉默。

1921 年 3 月 4 日—1924 年 2 月 3 日。威尔逊和他的继任者沃伦·哈定一起前往国会山，但没有等到新总统就职仪式举行就离开了。威尔逊与家人退居华盛顿 S 街新近购置的红色砖房的家中，在那里度过他的风烛残年。他想同他以前的国务卿班布里奇·科尔比合伙开办律师事务所，但他除了能坐在家里讨论法律事件外，不能干别的事。他只能借助放大镜读书，最后实际上已双目失明。1923 年 8 月，他参加哈定总统葬礼。1923 年 11 月 10 日，他发表唯一的一次无线电讲话。第二天他对聚集在他住房外的群众作最后一次公开讲话："我不是对我所拥护的原则稍有担心的人。我曾看到蠢人在对抗人意，而且已看到他们的毁灭，将来还会毁灭，彻底的毁灭和屈辱。正像上帝主宰一样我们定将胜利。"

1924 年 2 月 3 日上午 11 点 15 分，威尔逊在华盛顿特区自己家中去世。1918 年的传染病流行期间，威尔逊总统患了流行性感冒，以后又患急性气喘病，使他失眠，体力衰弱。1919 年 10 月 2 日经受一次中风，身体左半侧瘫痪，说话含糊不清。恢复后只能拄手杖蹒跚而行。1924 年 1 月 31 日忽患急性消化不良，日趋虚弱。卡里·格莱森医生从度假中被请来，他发现前总统已濒于死亡。2 月 1 日威尔逊断断续续讲出"我现在是一架破机器，当机器破了的时候……"稍停，然后又说："我准备好了。"除了第二天对他夫人哭过一次外，这是他的最后一句话。他已失去知觉，但在临死前，睁开眼睛约 10 分钟。夫人握着他右手，女儿玛格丽特握着左手。没有举行国葬。中央长老会的詹姆斯·泰勒牧师、普林斯顿大学的西尔弗斯特·比奇牧师和华盛顿大教堂的传教士詹姆斯·弗里曼在家中为他举行了简单仪式，然后在华盛顿大教堂贝萨莱姆小教堂举行葬礼后埋葬。他是唯一葬在华盛顿的总统。他在遗嘱中，将遗产留给妻子，另外给他女儿玛格丽特 2500 美元年金，直到她结婚时为止。

对威尔逊的赞扬

"威尔逊是一个纯洁的、有学问的、有声望的爱国者。"——沃伦·C. 哈定，1912 年

"威尔逊先生是优秀的、幽默的、有教养的美国绅士……我们终于有了这样一位总

统，他把生活中的真正兴趣，集中在普通人身上。在他身上，我们可以指望他竭尽所能为人服务。"——记者和作家伊达·塔贝尔，1916 年

"威尔逊先生思想丰富，修养深沉，几乎达到了完美的程度……他专心致志，深思熟虑，所想的只是政府该怎样更好地治理，怎样促进群众福利。"——威尔逊的海军部长约瑟夫·丹尼尔，1924 年

"威尔逊有三种突出的伟大品质：他有坚定的道德观念。他不仅是一个理想主义者，还是美国人民传统的理想主义的体现。他给和平会议带来精神概念。他是天生的十字军。"——赫伯特·胡佛，1956 年

对威尔逊的批评

"我认为他是一个无情的伪君子，是一个机会主义者……他可以毫不犹豫地将以前所表达过的信仰抛弃不顾，甚至绝不向公众解释他为什么改变主意。"——威廉·霍华德·塔夫脱，1916 年

"为了上帝的缘故，绝不要暗指威尔逊是理想主义者、军事家或利他主义者。他是一个空谈理论的人，如果为了他个人野心而这样做很合适的话……他和理想主义毫不沾边。他提倡的国际联盟，与其说是代表他的理想主义，不如说代表他所提倡的所有胜利者的和平。他有时是一个蹩脚的空谈主义者，而且常常是一个极端自私的、冷血的政治家。"——西奥多·罗斯福，1919 年

"总统是我所见过的偏见最深的人，很少人蒙他青睐。"——总统顾问豪斯上校，1919 年

"他以为自己是降临大地普度众生的另一个耶稣基督。"——法国总理克里孟梭，1919 年

威尔逊语录

首先使我感兴趣或困扰我的不是人，而是理想。人会死的，理想则长存。

如果你老是想再次当选，那就完全不值得再当选。

总统是一个高等奴隶，必须反省；仁爱才是高等的。

到欧洲去捐躯的美国人是不平凡的种子。在这以前，从来没有人为了人道和人类的事业而漂洋过海到外国土地上去战斗。这些美国人奉献最珍贵的礼物——生命的礼物，精神的礼物。

威尔逊生前曾把左派记者林肯·斯蒂芬视为朋友，并对他说："行政长官是一个需要行动的人。知识分子，你我这样的知识分子，则是一个不需要采取行动的人，一旦

我们当行政长官，那就会处于很危险的地位，除非我们能意识到我们自己的弱点并设法中止我们那种思考没个完、研究没个完、等待没个完的脾气。我很久以前就下决心，只要我出任行政首长，我在一段时期内将听取来自各方的任何人的意见和信息，然后，有一天，我觉得我需要作出决定，就停止听取意见而采取行动。我的决定可能正确，也可能不正确，但不管怎样说，我要冒这个险，要起而行。"

斯蒂芬则说："如果有哪一位总统能够顶得住外界对总统所施加的压力的话，那就是威尔逊，他是一名真正的自由主义分子，是一名老式的自由主义分子。"

1962年历史学家投票排列的名次，威尔逊在31个总统中名列第四，在五个"伟大总统"中名列第四，排在杰斐逊之前、富兰克林·罗斯福之后。

8 富兰克林·德拉诺·罗斯福

1882年1月30日，罗斯福出生于纽约州的海德公园，是詹姆斯和萨拉·德拉诺·罗斯福夫妇的独生子。他的父亲在几家铁路公司、煤矿公司及另外一些投机性的企业中拥有股份，曾任特拉华和哈得逊铁路公司的副总经理多年，但他最为关心的还是他乡下的产业。他的母亲很富有，在纽约和新英格兰一带经营商船运输业和煤矿开发事业。罗斯福家族的总财产同当时的一些豪门比起来还算是小的，但已属于百万富翁之列。

富兰克林·德拉诺·罗斯福

罗斯福在14岁时，还是一个相当怕羞的青年，进了格罗顿学校念书。那是一所以英国的著名公立学校为样板而建立的学校，在那里，恩迪科特·皮博迪校长教导那些年轻公子哥儿们怎样在公共事务中用基督教的精神来进行治理工作。他没有在学校里结识许多朋友，但他却留意记取了皮博迪的教导，他的富有魅力的远房叔父西奥多·罗斯福又进一步强化了他在这方面所受的教导。

1900年，他进哈佛大学后，在结交朋友和博取同班同学尊敬方面，都获得了较大的成功。他致力于课外活动，四年级时成为该校学报《哈佛紫红色报》的主编（即社长）。那时，在一些经济学课程中，经典的放任主义学说已为新的、相信政府管制的进步思想所冲淡。他在这方面受到了一些影响，但没有像从强有力的、进步的西奥多·罗斯福总统那里受到的直接影响来得大。在哈佛读书的最后一年，他同西奥多·罗斯福的侄女安娜·埃莉诺·罗斯福订了婚，她那时正在纽约市忙于城市救济工作。她帮助罗斯福打开了眼界，使他看到了城市贫民窟中那些毫无权利的人们的悲惨生活情况。

在哥伦比亚大学法学院念书时，罗斯福对纽约的社会生活比对功课更感兴趣。在参加纽约律师考试及格以后，他就停止学业，不再为取得法学学士学位而多费心了。

1905年，他23岁，与21岁的安娜·埃莉诺·罗斯福结婚，新娘的主婚人就是她的亲叔父西奥多·罗斯福。据埃莉诺在《回忆录》中说，那天参加婚礼的人可算人山人海，但他们不是来看结婚的，而是来看总统的。

在美国，罗斯福被人们普遍地叫作F.D.R，他的从政开始于1910年，在纽约州赢得了州参议员的席位。他是所属选区内50年来第一次当选的民主党人。他上任后就与民主党的坦慕尼厅党老板作对，从而人们都把他看成是一位民主党的改革派。

1912年，罗斯福在大选中积极支持威尔逊，威尔逊为了报答他，任他为海军助理部长。不过，照海军部长丹尼尔斯的说法，是他选中了罗斯福的。他说，他对年轻的罗斯福是一见钟情。

罗斯福在海军部职位上表现出色，他此后一生中，一直自诩为海军爱好者。在第一次世界大战期间，他曾不知疲倦地为反潜水艇计划作出了努力，并获得了说到做到的美名。

他曾跟随威尔逊在巴黎和会上待过一些日子，并发生了一起小小的插曲。他向法国记者们吹嘘美国总统如何民主地接见记者，发表谈话。于是，法国记者就去找总理克里孟梭，要求他举行记者招待会。克里孟梭获知这个主意来自罗斯福，乃召罗斯福责曰："年轻人，你是不是要来颠覆法国政府？"

1920年，罗斯福被提名为民主党总统候选人考克斯的竞选伙伴，但获胜者是共和党的哈定。这就使罗斯福暂时退出了政界，出任了马里兰忠诚储蓄公司主管纽约分公司的副总裁。翌年，即1921年8月，他到加拿大坎波贝洛岛度假，不幸失足跌进冰水。尽管很快被拉了上来，但他一直没有忘记这个可怕场面。他回忆说："我从来没有经受过比这水更冷的东西了。我没有沉下去，连头发都没有湿，因为我还抓着船舷。可是水太凉了，凉得使人发麻。在8月骄阳和船的发动机热浪的反射下，这水真凉得可怕。"

不到三天，罗斯福就得了小儿麻痹症。他的双腿失去功能，胳膊和手也部分瘫痪，他以惊人的毅力与病痛作斗争，终于恢复了手臂的功能，并学会了使用腿架子走路。据罗斯福夫人说，他还在大厅内与幼儿比赛爬楼梯。夫人在一旁观看，为之泪下。

许多朋友都判定他的政治生涯已完蛋。他妈妈撒拉也规劝儿子退出政坛，在海德公园做寓公。但罗斯福雄心不死，决定要卷土重来。他得到了他的密友路易斯·豪的支持，也得到了埃莉诺的鼓励。

这里要顺便提一下，不管从短期还是从长期看，没有豪和埃莉诺，罗斯福是成不了罗斯福总统的。

为了寻求康复，罗斯福在佐治亚州的松山温泉休养了很长时期。1926年，他干脆买下了温泉及其周围的一大块土地，随后又设立了佐治亚温泉基金会，以帮助治疗小儿麻痹症病人。他还在那儿盖了一个小白宫。1945年，他就死在这个小白宫内。

1928年，民主党召罗斯福重返政坛。当时医生曾规劝，只要再悉心治疗两年，双腿大有恢复功能之希望。但罗斯福已不能等待，他已下决心要抓住机遇，因为机遇会稍纵即逝。

他在1928年民主党代表大会上发表演说，介绍纽约州长史密斯出任民主党总统候选人。他把史密斯称为"快乐的勇士"。他的演说获得了全场的热烈鼓掌。

但史密斯败于共和党候选人胡佛之手。史密斯因竞选总统而不再竞选州长，让罗斯福上阵。当时史密斯手下有一名亲信反对罗斯福，他说："我们不能让瘸子做州长。"史密斯当场驳斥曰："做纽约州长需要的是脑袋而不是双腿。"

这样，罗斯福就当上了纽约州州长。这又是西奥多当年所走过的老路。现在，他的密友豪要攻克最后一关，也是最棘手的一关了。这就是要使罗斯福压倒史密斯。史密斯当时是民主党内的西楚霸王，声名赫赫，不可一世。他过高地估计自己的力量，认为他对罗斯福可以招之即来，挥之即去。豪正利用史密斯的目中无人，暗暗地在民主党内建立了一条反史密斯阵线。在1932年的民主党代表大会上，史密斯自以为可以在第一轮唱名中取得胜利，没有想到唱名的结果是，他只得了1/3的票。这时，他才开始着急，想开动党机器来镇压，但为时已晚。由于罗斯福在纽约州的优异政绩，由于豪的出谋划策，再由于大财主伯纳德·巴鲁赫的慷慨解囊，罗斯福在大会上与史密斯进行了一次鏖战，并最后取得了胜利。接着，在11月份的大选中，他又以压倒的优势，挫败了共和党候选人胡佛。

早在1932年7月2日，罗斯福在其著名演说中就曾宣称："我要求你们和我自己宣誓效忠于一个为美国人民而实施的新政。请不要单单帮助我获得选票，并且还要帮助我在这个运动中把美国归还给人民。"

1933年3月4日，他在就职演说中更进一步说："我们的国家将像过去一样，能顶得住苦难而新生并繁荣起来。这里，首先让我申述我的坚定信念：我们唯一的恐惧就是恐惧本身——莫名其妙的、不假思索的、毫无根据的恐怖，它使退却转为前进所需的推动力瘫痪。我们绝不怀疑基本民主的前途。美国人民并未失败，他们决定要直接而有力量地行动，他们要求有领导的纪律和指导，他们业已决定以我作为达到他们愿望的工具。"3月6日，他行使总统权力，召开国会紧急会议，如大雨倾盆似的提出了一大堆法案，并立即获得通过。这些法案就是名噪一时的《紧急银行法》、《紧急救济法》、《国家工业复兴法》、《经济法》、《农业调剂法》、《平民购屋贷款法》、《铁路联运法》、《田纳西水利工程法》等等。

罗斯福对其新政采取了雷厉风行的办法，首先在激动民心这一点上就起了极大的效果，人民开始摆脱了胡佛套在人民脖子上的悲观绳索。

罗斯福正得意之际，却传来了一个不幸的消息：路易斯·豪快病死了。总统首先派埃莉诺前往探望。豪对总统夫人说："我马上就要死了。但请你不要以为我是由于机体衰亡而死的。从机体的角度看，我在10年以前就要死了。过去10年我之所以还能活着，是因为一心想完成我的生命目标，我不甘心在目标未达成以前死亡，是我的意志把我挽留在人间。现在我的奋斗目标达到了，我突然间失去了生存的目标，我不知道我今后的生命还有什么乐趣，或者说还有什么刺激，这就是我死亡的真正原因。"

过两天，罗斯福也亲往探望。豪说："你记得当年豪伍斯上校在巴黎与威尔逊总统分别的时候，也就是他们间最后一次交谈的时候所说的话吧！豪伍斯含着眼泪说：'总统先生，我只想再说一句话：在安格鲁－撒克逊的词汇中，政治就是妥协。'我没有别的话，我只想把豪伍斯上校的话转赠给你，总统阁下。"

威尔逊总统当初没有听信豪伍斯的话，结果弄得前功尽弃，郁郁而殁。罗斯福要比威尔逊聪明得多，他把豪伍斯上校和豪先生的话运用到了登峰造极的地步。不说别的，就说新政这个字眼吧，就是一种典型的折中哲学，"新"这个字取自威尔逊总统的"新自由政策"，"政"这个字取自西奥多·罗斯福总统的"公正施政"政策。

新政的内容呢？也是折中。评论家沃尔特·李普门这样写道："罗斯福的政治列车好似朝着两个相反方向进行着。两肩同时挑水的艺术在美国政治中是高度地发展了，罗斯福先生学得很好。他的文告可使一个进步派人士看下去，并且找到他自己想说的话，因而可以使他满意地认为罗斯福的心是在正确的地方。另一方面，也对保守派做了一切必要的保证，'我们无论如何不应设法破坏或拆台'，'我们的制度是可以永存的'。"

罗斯福的哲学是针对胡佛的"个人奋斗"而发的，罗斯福攻击胡佛"当失业人口已超过1200万时，白宫仍然无动于衷，无所作为"。罗斯福一反胡佛的政府"不能插手政策"，而提出了国家干预的政策。他说："什么是国家？这是人类有组织社会的合法代表所组成的机构，其所以要成立这个机构是为了保障各成员之安全。国家或政府不过是一个工具，其作用是实施上述保障。我们的政府不是人民的主子，而是人民所创造的东西。国家与其公民的关系就是仆人与主人的关系。人民创造了国家，只有在人民允许下，国家才可继续生存。国家的责任之一就是照顾那些受困难环境所迫而不能自求温饱的公民。任何一个文明国家都必须承认国家有这样一项任务。国家在给这些人帮助时，不是在搞施舍，而是在尽国家的责任。"

罗斯福新政的主要措施如下：1. 社会福利和救济制度；2. 以工代赈；3. 赤字财政

和通货膨胀；4. 政府主办工程。

美国的右派和美国共产党异口同声，把罗斯福的这一新政斥之为法西斯主义。

新政的效果到底如何，这里只举两个例子：

第一，田纳西河谷工程。田纳西河流域包括总面积4万平方英里的一大片地区。田纳西河流域管理署在10年内就达到了地区性综合治理的目的；它先后建造了25座水坝，架设了5000英里传输线，大大地减低了用户电费。1932年，地区内仅有2%的家庭用电，1937年上升到14%，1960年则达到了全部电气化。该流域的人民生活水平得到了很大的提高。

第二，工程振兴署。署长为有名的救济大王哈里·霍布金斯。该署到1941年共花掉了113亿美元。在救济高潮的1938年，它为350万人提供了就业机会，占全国失业人数的1/3，它主办了25万个工程项目，包括建造了12.2万幢公共建筑、66.4万英里新道路、7.7万座桥梁、850个机场、数以千计的医院和校舍以及无数的公园和运动场。今天美国四通八达的公路网就是在那时打下基础的。其实，这就是一种"资本主义"的计划经济。

新政使美国人民逐步从失望中苏醒了过来，人们开始慢慢地有工可做，罗斯福成了自林肯总统以来最得美国人心的总统。一位长期采访白宫消息的记者这样描写道："常常在午夜，当火车迅速横越农业区或者沙漠的时候，总统专车上某些睡得迟的记者们会向窗外探望：在那漫长的旅途上，几乎永远是时时刻刻都聚集着安静的人群，有农民、矿工、小店主、渔夫、工厂工人；他们乘坐着破旧的汽车、骑着马或徒步赶来，深夜站在路轨两侧，不知要等候多久，才可以看到总统专车驶过。似乎这样就使他们满足，他们就站在那里，对着车厢，摇摇手绢或帽子。一次，总统专车进入山间，在一个山坡上有一木屋，木屋旁有一个临时搭起来的小站台，台上插着一面美国国旗，还有一个精制的美国国徽。台上站着一个人，当总统专车经过时，此人毕恭毕敬地站正，举手向车厢致敬。他做这些布置至少要花一天工夫，其目的只是为了在几秒钟内向专车表示一下敬意而已。"

罗斯福的外交成就似乎更大于他的内政成就。

早在1939年9月，当丘吉尔出任张伯伦内阁海军大臣时，美国总统罗斯福就打破惯例，以总统之尊给了丘吉尔一封私人信件，内称：

亲爱的丘吉尔：鉴于你我在第一次世界大战中都服务于海军部，因此，我获悉你重返海军部，实不胜雀跃。我认识到你所面临的问题由于新的因素的出现，势必比以前更为复杂了。但其实质是没有很大区别的。我希望告诉你以及你的首相，如果你们愿意把你们想使我知道的东西亲自告诉我，我将随时表示欢迎。

丘吉尔在替代张伯伦出任首相后，就利用这种通信关系，建立英美友谊，他们之间的信件来往竟达上百个来回，这也是国际关系史上的一个独创。

1940年6月15日，当法国覆亡在即之际，丘吉尔给了罗斯福一封实际上是要求美国参战的信，内称：

我了解你要考虑美国舆论和国会中的困难，但事态发展之快，将远远超过美国舆论步伐的发展。我个人深信，美国到头来总会有一天全部介入进来。但现在法国已到了生死关头，只有美国宣布将在必要时进入战争，才能挽救法国之覆亡。如果美国不这样做，法国的抵抗将马上崩溃。我们英国将不得不单独作战。

如果事态恶化而我被迫下台，则英国可能成立一个亲德投降政府。届时，英国舰队之命运将决定性地影响美国之前途矣。如果德国控制英、日、法、意四国舰队，再加上德国本身之工业潜力，则希特勒势将在海上称霸。我们无法知道他将如何使用这支舰队，但无疑海上力量之对比将发生一大逆转。这种形势谅将迅速发生，而且肯定会在美国来得及准备对付之前就发生。一旦我们英国完蛋，你们就将面临一个纳粹控制的欧洲合众国，其人口、实力、武力都将大大超过美国矣。

总统先生，我深知阁下高瞻远瞩，必早已察及此矣。然我认为我私下还有权利用文字记下我这一方面的观点：这一场英国和法国的战役也是涉及美国生死利益的战役。我们要求在这一场生死之战中，立即获得你们的一些驱逐舰。当然，不管怎样，我们将战斗到底。但除非我们获得支援，特别是驱逐舰，否则，我们就很可能会感到捉襟见肘，日子不好过矣。

把一大批军舰送人，这在美国历史上是不曾有过的事。为了争取舆论支持，罗斯福让海军部放出空气说，这批驱逐舰已经过时了，需要予以处理，以便代之以更新式的驱逐舰。一方面，他又给丘吉尔回了这样一封信：

我相信，我们可以立即向英国政府提供至少50艘驱逐舰。但正如你了解的，这项支援必须获得美国舆论和国会的支持，才能实行。这就必须使他们认识到交出这些舰只不会损害而会加强美国之国防及安全。为此，就要求英国政府能采取以下两个步骤：

1. 由英国首相作出担保，万一英国海面防守不住，英国舰队将不交给德国，也不会凿沉，而将驶往欧洲以外之英联邦。

2. 英国政府必须同意：当非美洲国家入侵美洲圈内时，英国将把纽芬兰、百慕大、巴哈马、牙买加、特里尼达、圭亚那交美国使用；为此，美国现在就有权在各该处建立基地以备训练。至于获致基地之法律手续，可以用出钱买的办法，或订立以99年为期之租借协定。

　　以上两点，只要原则同意就行，至于细节，不妨以后从长计议。

　　丘吉尔读了此信，明知罗斯福是乘机捞油水，但为了体现大英帝国的气魄，他干脆装出一副比美国阔气得多的口吻写道：

　　我们已经决定，不管你们给不给我们驱逐舰或其他援助，我们愿意主动向你们提供你们所需之大西洋沿岸的海空军基地。我们认为，你我是朋友，理应相互帮助，是不需要条件的，所以我们愿意提供方便而不索取任何代价。即使你们因某种困难而不能向我们提供驱逐舰，我们也将单方面地这样做。

　　于是，英国就以大西洋中的一个小岛百慕大换得了美国50艘驱逐舰。国务卿赫尔回忆说："美国则给了英国一个军火清单，其中包括50万支0.3英寸口径的步枪，每支枪附子弹250发；900门75毫米野战炮，附炮弹100万发；8万挺机关枪，还有其他各种军火。由于采取了这些非常措施，当时美国余存的军械只敷装备180万人之用，这是美国陆军动员计划规定的最低限度数字。这件事在现在看当然算不了什么，但是在当时是一个了不起的行为，表明了美国的信义和领袖气概，从它自己的有限军火中拿出那么多的武器来帮助一个在许多人看来很可能被打败的国家。"
　　但美国人的一般政治哲学是不干涉主义，也就是不愿意为欧洲的事情而去打仗。1940年是美国大选之年，罗斯福更需要考虑选票问题，他接受他的智囊团的劝告，在竞选演说中强调："我要向美国的父母亲们和妻子们说，而且要一而再、再而三地说，只要我在白宫，我不会让你们的儿子或丈夫到战场上去。"
　　罗斯福是第三次连续竞选总统，这在美国历史上是不曾有过的。美国的宪法虽然没有规定总统可以连任多少次（第二次世界大战以后美国才修改宪法，规定总统最多只能连任一次），但自开国总统华盛顿以来，任何总统都没有三任的，罗斯福的三次竞选完全打破了先例，并受到了民主党内保守派的坚决反对，更不用说共和党了。
　　当年的共和党候选人名叫威尔基。按照惯例，罗斯福有责任向共和党候选人介绍国家的情况。有一天，罗斯福约威尔基来白宫会晤。当传达室通报威尔基已到时，罗斯福马上坐上手推车（不要忘记罗斯福是残疾的，是靠手推车走动的），进入办公室，并命令秘书拿几份报纸来。秘书问道："你要看什么报？"罗斯福答曰："管他什么报，我只是希望我桌上放些书报。好让威尔基知道我是一个多么忙的总统。"
　　威尔基同罗斯福聊了两个小时，颇为投机。在临走时，威尔基提了一个意见说："我们对你把霍布金放在你身边很为不满。"罗斯福回答说："我能了解你何以怀疑我竟需要这个只能称为半个人的人在我左右。但是，有一天你若当了美国总统，像我似的坐在这里。彼时，你就会注意到，那边有一个门，每一个从那门进来的人都将对你有所求。你就会晓得，你所占据的这个职位是个何等孤寂的职位。你就会发现你也需要一个像霍布金那样的人。他从来不向你有所求，他只是等候着去完成你要他完成的任务，而且他将无私地全力去出色完成。"

竞选的结果，罗斯福以压倒的优势第三次获选为美国总统。现在，罗斯福可以较放手地干了。他决心要解决一个难题，即如何更有效地给英国以支援。

罗斯福首先打了一个电报给丘说，他将派霍布金前往英国直接了解英国的需要。丘吉尔获电后马上叫英国驻美大使馆呈报关于霍布金的个人材料。丘吉尔的命令还没有抵达大使馆，大使馆的情报人员已把有关霍布金的情报送到了唐宁街10号。材料共有5万多字，附有一个摘要约500字，这个摘要说："霍布金是一个出身贫苦的人。他大学毕业后就做救济工作。他厌恶社会不平等，对穷人有很大的同情。他重视调查研究，重视第一手材料。他不讲空谈，是一个说了就做的人。他身体衰弱，但又是不要命地忘我工作的人。他热爱英美的民主制度，极端憎恨极权制度。他不讲究官僚手续，反对繁文缛节，只要求高度的效率。他享有总统的极大信任，是总统的第一号解决困难的能手。"

丘吉尔看了这份情报后，马上命令外交部把德机轰炸后所剩下的红地毯全部拿出来欢迎霍布金。然后，他又故意在霍布金到达英国前夕，利用一个偶然的场合发表了一篇演说，他在演说中有意地说："我认为我们最幸运的一件事，就是正当世界濒于风雨飘摇之际，美利坚合众国恰巧有一位英明的政治家掌舵，他对政府工作有精明和成熟的经验，而其内心又燃有抵制侵略和压迫的感情。他的禀性和天资又使其自然而然地成为世界任何地方遭受苦难的人们的卫护人和主持正义和自由的旗手。"

霍布金到英国的第一天就读了丘吉尔的这篇演说，他心中说："看来，丘吉尔和我有了共同的语言基础。"原来，英国情报人员向丘吉尔说，美国有谣言传英首相瞧不起美总统。所以丘吉尔有意向霍布金表白自己对美总统之敬仰，而丘吉尔的这一番表白又正巧打消了霍布金的疑虑。

在第一次设招待霍布金的宴席上，丘吉尔为了迎合霍布金的福利国家思想，就大谈英国准备在战争结束以后搞这样或那样的社会福利计划，来解决社会由于贫富悬殊所造成的不公正现象。首相还没有说完他的话，霍布金就打断说："首相先生，总统没有派我来听这些话。总统想了解你们打算怎样打败在柏林的那个王八蛋。"丘吉尔面有惭色，但心中却不禁大喜。席后，他马上命令各政府机关及各军种司令，凡霍布金要看的一切东西和要查阅的一切材料，都必须无保留地提供给霍布金，不准有任何保密。

霍布金之访英日程原定两周，但由于霍布金要弄清每一细节，竟延长了4周，共达6周。从军事到生产，霍布金都作了现场调查，他最后开列的援助清单满足了丘吉尔的全部要求。丘吉尔感谢地说："其他美国人来英国，是调查英国是否真正需要它所需要的那么多东西，哈里来英国是要弄明白英国是否要够了所需要的东西。"

起初，美国援助英国采用了《现款自运条例》，按照这个条例，美国仍然保持着一副中立面孔。因为美国人既可以把武器自由地卖给英国，也可以自由地卖给德国。然而，事实上，英国的海军力量根本不允许德国船只驶往美国，所以交易的对象只能是英国及盟国。可是英国的现金有限，而军火的需要无限，没有多久，英国也就陷入危机了。1940年12月8日，丘吉尔不得不向罗斯福恳求道：

最后，我要谈一谈财政的问题。你们能够支援我们的军火和船只越迅速、越丰富地源源而来，我们的美元就消耗得越快。我们不能再以现金支付船舶和供应品的时候即将到来。我相信你会同意这样的看法，即如果大不列颠在这场斗争的高潮中被夺去它全部可以销售的资财，以致在我们用我们的鲜血赢得了胜利，拯救了文明，替美国争取了充分武装以防不测的时间之后，却一贫如洗，那在原则上是错误的，其结果对双方都是不利的。

再者，我不相信美国政府和美国人民会认为把他们慷慨答应给予我们的援助限于要立即付款才能供应是符合于指导他们行动的原则的。请你相信，为了正义事业，我们是决心要忍受一切痛苦，作出最大牺牲的，而且我们也将因为我们是维护这一事业的斗士而感到光荣。我们满信心地把其他的事情留给你和你的人民去考虑，我们深信，你们是一定能够找到将来为大西洋两岸的子孙后代赞扬的途径和方法的。

总统先生，我深信，如果你认为摧毁纳粹和法西斯暴政对美国人民和西半球是一件大事，那么，你就不会把这封信看成是乞求援助的信，而将把它看作是一份陈情表，其中说明了达到我们的共同目的应当采取的最低限度的必要行动。

罗斯福收到这封信时，正同霍布金在加勒比海上作休假，他在船上思考了两天两夜。回到华盛顿后，就立即向记者发表谈话说："如果我的邻居的房子着了火，而我在离他四五百英尺的地方有一条浇水用的水龙带，如果他能拿我的水龙带去接在他的水龙头上，那么我就可以帮助他把火扑灭。现在我怎么办呢？在救火以前，我不会对他说：'邻居先生，我这条浇水用的水龙带值15美元，你得给我15美元才能用。'不能这样做！那怎么办呢？我不要这15美元——在把火扑灭之后，我把水龙带拿回来就是了。我打算消除美元的符号。"

过几天，罗斯福又发表"炉边谈话"说："如果大不列颠崩溃，我们整个美洲的人将生活在枪口之下。我们必须竭尽全力就我们所能支配的人力和物力，生产武器和舰只。我们必须成为民主国家的兵工厂。"

这样,罗斯福就提出了举世闻名的《租借法》,丘吉尔把它称之为"永垂不朽的租借法"。根据这个法案,英国或其他与纳粹作战的国家,可以向美国租借军火和物资,不用付钱,只需挂个账,待打败德国以后再慢慢谈钱的问题。

1941年1月6日罗斯福在致国会的咨文中,要求国会根据租借法案,把必要的武器装备提供给那些总统认为其防御对美国利益至关重要的国家。由于战争逼近,他宣布了四项"人类的基本自由"。这项宣布,被认为是关于美国人民准备为之奋斗的原则的最简要声明。咨文说:

新情况不断为我们的安全带来新的要求。我将要求国会大量增加新的拨款并授权继续进行我们已开始的工作。

我也要求本届国会授予足够的权力与经费,以便制造多种多样的额外军需品与战争装备,供给那些现已与侵略国实际作战的国家。

我们最有效和最直接的任务,是充当我们和我们自己的兵工厂。他们不需人力,他们需要的是价值以10亿美元计的防卫武器。

让我们对民主国家申明:"我们美国人极为关怀你们保卫自由的战争。我们正使用我们的实力、我们的资源和我们的组织力量,使你们有能力恢复和维系一个自由的世界。我们会给你们送来数量日增的舰艇、飞机、坦克和大炮。这是我们的目标,也是我们的誓言。"为了实现这个目标,我们不会因独裁者的威胁而退缩不前,这些人认为我们对那些胆敢抵抗他们侵略的民主国家进行支援,是违犯国际公法,是战争行为……

未来几代美国人的幸福,可能要看我们如何有效而迅速地使我们的支援产生影响而定。没有人知道,我们要面对的紧急处境是属于怎样的一种性质。在国家命脉临危的时候,国家的双手绝对不能受缚。我们全体都必须准备为那种和战争本身一样严重的非常时期的要求,作出牺牲。任何阻碍迅速而有效地进行防卫准备的事,都必须为国家的需要让路……

如同人们并非单靠面包生活一样,他们也并非单靠武器来作战。那些坚守我们防御工事的人以及在他们后面建立防御工事的人必须具有耐力和勇气,而所有这些均来自他们正在保卫的生活方式所抱的不可动摇的信念。我们所号召的伟大行动,是不可能以忽视所有值得奋斗的东西为基础的。

在我们力求安定的未来的岁月里,我们期待一个建立在四项人类基本自由之上的世界。

一是在全世界任何地方发表言论和表达意见的自由。

二是在全世界任何地方，人人有以自己的方式来崇拜上帝的自由。

三是不虞匮乏的自由——这种自由，就世界范围来讲，就是一种经济上的融洽关系，它将保证全世界每一个国家的居民都过健全的、和平时期的生活。

四是免除恐惧的自由——这种自由，就世界范围来讲，就是世界性的裁减军备，要以一种彻底的方法把它裁减到这样的程度：务使世界上没有一个国家有能力向全世界任何地区的任何邻国进行武力侵略。

这并不是对一个渺茫的黄金时代的憧憬，而是我们这个时代和我们这一代人可以实现的一种世界的坚实基础，这种世界，和独裁者想用炸弹爆炸来制造的所谓"新秩序"的暴政，是截然相反的。

对于他们那个新秩序，我们是以一种伟大的观念——道德秩序来与之相对抗的。一个优越的社会，是可以同样毫无畏惧地面对各种征服世界和在国外制造革命的阴谋的。

自美国有史以来，我们一直在从事改革——一种永久性的和平革命——一种连续不断而静悄悄地适应环境变化的革命——并不需要任何集中营或万人冢。我们所追求的世界秩序，是自由国家间的合作，以及在友好、文明的社会里共同努力。

这个国家，已把它的命运交到它千百万自由男女的手里、脑里和心里；把它对于自由的信仰交由上帝指引。自由意味着在任何地方人权都是至高无上的。凡是为了取得或保持这种权利而斗争的人，我们都予以支持。我们的力量来自我们的目标一致。

为了实现这一崇高的观念，我们是不获全胜绝不休止的。

罗斯福委任霍布金主持《租借法》之实施。于是，这一位曾经在新政初期花了联邦政府60亿美元的救济大王，现在更进一步把他的救济天才发挥到国际领域里来了。在他主持《租借法》期内，他一共为联邦政府花了10个60亿美元，成了"超级花钱先生"。

美国时间1941年12月7日，日本对珍珠港进行了偷袭。12月8日，罗斯福往国会发表了对日宣战演说：

昨日，1941年12月7日——将作为一个罪恶的日子留于历史上——美利坚合众同遭到了日本帝国的海、空军的突然和蓄意的进攻。

当时，美国和那个国家处在和平状态。而且，应日本要求，我们正在同日本政府和其天皇进行谈判以求确保太平洋之和平。更有甚者，当日本轰炸机队开始对珍珠港投弹之后一个小时，日本驻美大使和其同僚还在向美国国务卿递交有关美国最新建议之正式复文。那个复文中虽然提到继续外交谈判似已没有必要云云，但也没有威胁要使用武力或暗示战争。

由于夏威夷和日本距离遥远，历史必将证明，此次进攻一定是很多天以前，甚至是几个星期以前就准备就绪了。而当它发动之际，日本政府又故意发表希望保持和平之虚伪声明和作出同样之虚伪姿态以欺骗美国。

昨日对夏威夷之进攻，给美国海陆军造成了严重损失，许多美国人丧失了生命。

昨日，日本政府还进攻了马来亚。

昨晚，日本军队进攻了香港。

昨晚，日本军队进攻了关岛。

昨晚，日本军队进攻了菲律宾。

昨晚，日本军队进攻了威克岛。

今晨，日本人进攻了中途岛。

所以，日本已在整个太平洋发动了突然袭击。昨日的事情已不言自明。美国人民已拿定主意，他们充分了解保卫国家生命和安全的职责。

作为陆海军总司令，我已下令采取一切必要的防御措施。

我们将永远不忘这次偷袭的性质。

不管战胜这场预谋的侵略要花多少时间，美国人民以其理直气壮之威力，必将取得绝对的胜利。

罗斯福的宣战对象仅仅是日本，并不包括德国。但希特勒为了满足他的威望欲，于是年12月1日抢先对美宣战。他的别出心裁的宣战宣言说：

多年以来，德国和意大利虽然受到罗斯福总统的令人无法忍受的挑衅，却仍一直进行真诚的努力，以防止战争的扩大并保持与美国的关系，这种努力现在已归于失败了。

我深深了解，罗斯福的思想与我的思想有着天渊之别。罗斯福出身富家，他所属的那个阶级在美国有一帆风顺的坦途。我只是一个穷人家的孩子，得靠勤勉劳动才能打开一条出路。第一次世界大战爆发时，罗斯福的地位使他只知道战争的好处，因为那些在别人流血时大做生意的人都享受到了这种好处。而我在第一次大战中只是一个执行命令的普通士兵，战后复员归来，自然仍和1914年秋天一样穷困潦倒。我和千百万贫苦老百姓共命运，而富兰克林·罗斯福和所谓的上层一万家共命运。战后，罗斯福做金融投机，从别人的不幸中汲取钱财，而我却双目失明，躺在医院之中。不难看出，罗斯福是为哪一个阶级服务的，我是为哪一个阶级服务的。我现在感到高兴，我想大家也一定会感到高兴，因为终于有一个国家——日本，为了真理和正义，已经首先用武器对美国进行批判。德国政府也决定立即与美国断绝一切外交关系，并宣布：即日起已与美国处于战争状态。

美国的参战大大地改变了欧洲战场的局面。苏军士气大振，1943年1月，红军在斯大林格勒打了一个大胜仗，歼灭了德军的主力。翌年6月6日，美英联军在法国诺曼底登陆。接着就是朱可夫攻进柏林，希特勒自杀。

再说那1944年，又是美国的一个选举年。罗斯福连任三任总统，本来已打破了历史纪录，而现在又需要面临四任的问题了。罗斯福自己感到身体急趋衰弱，他夫人也认为他该休息休息了。但民主党的党老板们都希望罗斯福再次竞选，因为他们实在推不出足以替代罗斯福的人物。为此，罗斯福乃给民主党全国委员会主席汉尼根复信曰：

如果代表大会提名我做候选人，我将表示接受。如果人民再次选我，我将继续供职。每一个在这次战争中服役的士兵都有他必须服从的上级军官。每一名军官又有他必须服从的更高一级的上级军官。总统是全军的总司令，但他反过来，也有他的上级，他的上级就是合众国的全体人民。如果人民命令我继续留在我现在的岗位上，我就没有权利后撤，正如同一名站岗的哨兵不能后撤一样。

当然，从我纯个人的立场来说，我是不想竞选的。到明年年初，我将担任美国总统和全军总司令，满12个年头了。这已经是一个可观的数字了。

或许不用对你说，我想的只是替美国人民谋一点福利。你知道，我的主要目标就是保卫我们通常所说的一般美国公民的权利和利益。在从政这么多年以后，我个人的想法就是想恢复老百姓的身份，回家过宁静的生活，也许从此隐迹山林，不问世事。

这本来会是我的选择。但我们现在却生活在国家遭遇攻击的时代，我们的民主政体遭遇危险的时代，全心全意地、尽快地去打赢这一场战争是我们的第一任务。我们的第二目标就是要使打赢这场战争后，在一个相当长的时期内不再发生今天这样的战争。还有一个目标，就是要使我们未来的复员军人以及全体美国人民，都能获得职业并享受一种体面的生活水平。

因此，尽管并非由衷，我仍将像一名恪尽职守的士兵一样，只要总司令——美利坚合众国的全体人民——命令我继续供职，我就将继续供职。

这样，罗斯福便成了史无前例的四次连任的美国总统。但疾病不饶人，他终于在1945年4月12日，在佐治亚温泉的小白宫突然"驾崩"。

丘吉尔获悉这个消息后大哭一场，他立即到议会发表了一篇有名的悼词：

我钦佩他是一个政治家、实干家和军事领导人。我极其信赖他的正直、感人的品格和见识,我对他还有一种今天无法用语言表达的个人的尊重。他爱他的祖国,尊重它的宪法,这些始终是有目共睹的。但是此外还得加上他那颗跳动不已的宽宏大量的心,这颗心经常因见到强国对弱国的侵略和压迫而激起愤怒,并采取行动。如今这颗心永远停止跳动了。这的确是一个损失,人类一个痛苦的损失。

罗斯福总统的病痛常年沉重地压在他身上。他在这许多年的动乱和风暴之中,竟能克服肉体上的病痛,这真是一个奇迹。像他那样深受病魔折磨而残废的人,千万人中找不到一个会试图投入一种体力和脑力都很紧张,以及艰苦而永无休止的政治斗争生活中去。千万人中没有一个敢于尝试,一代之中没有一个会得到成功。他不仅进入这个领域,不仅在里边积极活动,而且成为那个场面里不容置疑的主人翁。

在雅尔塔我注意到总统有病痛。但是任何事情也不能改变他那不屈不挠的责任感。直到临终,他面对他的无数任务毫不畏缩。当死亡突然降临到他身上的时候,他已经完成了他的使命。他已经做了他一生应做的那一份工作。就像有句谚语说的,"他以身殉职",而且我们可以更确切地说,就像那些跟我们的战士一起在世界各地并肩战斗、把任务执行到底的他的士兵、水手和航空人员献身战场一样,他的死是重于泰山的。

1962年美国历史学家投票排列的总统名次中,富兰克林·罗斯福被列为仅次于华盛顿和林肯的第三位最伟大的总统。

如果说,"四大自由"是罗斯福留给世人的精神遗产的话,那么,联合国就是他留给我们的实物遗产了。鉴于威尔逊总统在国联问题上的失败,罗斯福悟到了一点:此类国际组织必须在战争未结束以前达成协议。所以他在雅尔塔会议上的最大努力就是与斯大林达成联合国的组织协议。

今天,联合国已成了卫护世界和平的不可或缺的机构。我们饮水思源,怎么能不怀念这位伟大的掘井人呢!

9　埃莉诺·罗斯福

美国第32任总统富兰克林·德拉诺·罗斯福的妻子——安娜·埃莉诺·罗斯福是一位不同寻常的第一夫人，她不是以传统的白宫女主人的形象，而是作为杰出的社会活动家、政治家、外交家和作家被载入历史史册的。

1884年10月11日，埃莉诺生于纽约市的一个银行家家庭。她的妈妈是有名的美女，她嫌埃莉诺长得没有她自己好看，竟把她叫作"老奶奶"（granny），这大大地刺伤了小女孩的心，因此她从小就把父亲当作她的上帝。她在自传中说，她对父亲走路的声音特别敏感，甚至胜过小狗。当她一听到父亲回家的声音，她就不顾一切，从三层楼倒扑在楼梯的扶栏上一滑而下，直倾在父亲的怀抱中，这是她童年最感幸福的一刹那。

她8岁时母亲去世，10岁时，父亲也因酗酒过度而去世，只得由奶奶来抚养。她父亲是西奥多·罗斯福的亲兄弟，所以西奥多成了她的监护人。她可以说是富贵人家的一个可怜女儿。从那时起，她就有一种感觉，总想做一点好事，并从中取得快乐。这种心态竟支配了她后来的一生。15岁，她被送到英国伦敦艾伦伍德女子学校做寄读生，她在那里待了3年，于18岁回国。

她回国后就从事社会工作，参加了全国消费者同盟，并在曼哈顿贫民区给移民儿童教授柔软体操。这时她的远房兄长富兰克林·罗斯福向她百般讨好，他们终于在1905年举行了婚礼。西奥多·罗斯福总统是主婚人。

罗斯福的母亲名叫莎拉，也是一名美女，她是富孀，性格比较专断，家中一切都得由她做主。埃莉诺不懂得家务，所以在初期依靠她婆婆反以为乐，但当她生孩子以后，矛盾就发生了。婆婆要以溺爱方法教育孩子，而埃莉诺特别反对溺爱。为了礼貌她不能顶撞婆婆，所以心中不快。

1911年，罗斯福当选纽约州的州议员，埃莉诺乃得以与丈夫移居阿尔巴尼，真正地当上了主妇。两年后，罗斯福被海军部长丹尼尔任命为部长助理，埃莉诺又移居华盛顿。1917年美国参战，埃莉诺参加了海军的救护队，经常慰问伤兵，并协助创办红十字会餐厅，她感到了自己的作用。她说："我对我自己的办事能力有了一定信心，并感到帮助人的乐趣。"

1918年，她发现罗斯福与其女秘书梅尔赛有不正常关系，她很伤心，乃提出离婚建议，罗斯福不愿离婚，梅尔赛看到情况不妙，乃马上与一位年老的富翁结婚，了结了这段不愉快的插曲。

埃莉诺·罗斯福

虽然埃莉诺与富兰克林在性格上差别很大，但他们却是一对配合默契的政治伙伴。婚姻危机过后，他们依然在为政治事业奔波。1920年，埃莉诺参加了富兰克林竞选副总统的活动。在竞选中，她在许多问题上显示出了自己独特的敏锐性和缜密的分析能力，她在此期间表现出来的政治才干使舆论界和政界开始对她刮目相看。天有不测风云，富兰克林在1921年患上了脊髓炎，并一度陷入了绝望。对埃莉诺来说，这无疑也是一次严峻的考验。她知道，唯一能让丈夫振作起来的办法就是让他继续留在政坛，因为他是绝不会甘心在有生之年过默默无闻的生活的。而且她认为，政治需要的是一个人的头脑、智慧、口才、应变之术、治国之道，身体则在其次。由于丈夫的疾病，埃莉诺的生活发生了明显的变化，在某种程度上，她与他的关系更密切了，先是作为他的护理人，后来又作为他政治上的代言人，代替他到各地参加各种会议和活动。作为民主党的一员，埃莉诺参加了民主党州委员会妇女部的工作，于1922年春天发表了她的第一个政治性演讲。1924 年,埃莉诺作为民主党妇女部的负责人参加了艾尔弗雷德·史密斯竞选纽约州州长的活动。她在竞选中表现出来的组织和管理才能给职业政治家们留下了极为深刻的印象,以至于史密斯想借助她的力量为 1928 年总统竞选助选。这一系列活动的结果,使埃莉诺在丈夫接受民主党纽约州州长提名时,比她丈夫在民主党内更有影响力。对这一段经历,埃莉诺后来回忆说:"我丈夫的疾病迫使我最终要自力更生,这个病使我对于他的、我的和孩子们的生活态度发生了变化。"埃莉诺把 1921 年到 1922 年间的那个冬季描绘为对她生命的最严重的考验,她经受住了考验,并逐渐成为政坛上的一颗新星。1928 年,富兰克林在埃莉诺的帮助下当选为纽约州州长。从富兰克林瘫痪到当选为纽约州州长的 7 年里,埃莉诺的政治贡献和出色的组织才能使她成了纽约有重大影响力的政治家之一,她的务实精神在民主党内及妇女政治组织中引起了人们的注意。《纽约时报》对她的影响大肆宣扬,称她是"具有政治头脑和号召力的女人"。

作为州长夫人,一方面,埃莉诺拥有自己的事业;另一方面,她在政治上支持和帮助丈夫。在富兰克林任纽约州州长的四年中,埃莉诺和富兰克林学会了在政治上互相帮助,夫妻关系接近于一种两个政治家间的专业合作。1930 年,埃莉诺在记者面前公开评论了自己的婚姻,她认为一个妻子要起三种主要作用,即伴侣、母亲和管家人,其中第一种作用最为重要。她说:"今天,我们知道,一切都取决于妻子与丈夫之间的私人伴侣关系是否融洽。"她强调相互尊敬是一桩美满婚姻的基本要素,同时一个妇女应该发展她自己的兴趣爱好。

1932 年,罗斯福获选为第 32 任总统,埃莉诺就开始了她的第一夫人生涯。

埃莉诺进白宫的第一天就制造了新闻:她要上楼观察,但电梯工人不在场,她就自己开动电梯而上,把在场的原第一夫人——胡佛夫人吓得目瞪口呆。有一天,她发现她办公室的管子坏了,打电话通知修理工,但后者久久没有来。她忍不住把他叫了来询问,后者说,他早就来过,因为白宫有规定,当夫人在室内时,任何人不得入内。埃莉诺说,从现在起取消这个不合理的规定,你任何时候都可入内进行修理。

富兰克林上任伊始就宣布实行"新政"。埃莉诺也在寻找自己的工作方式和目标,希望作为第一夫人为美国人民战胜危机贡献力量。从州长官邸搬进白宫,埃莉诺逐渐表现出更多的独立性。她说:"在结婚初期,我的生活模式大部分是我婆婆的模式。后来是由孩子们和富兰克林制成的模式。当最后一个孩子进入寄宿学校以后,我开始想做一些我想做的事,用我自己的思想和能力去实现我的目标。"她的目标是什么?首要的目标当然是支持丈夫当好总统。此外,她也有个人的侧重面,即妇女平等权利、黑人民权、青年问题,在这些方面她走在丈夫的前面,也走在全国的前面。埃莉诺是她那个时代美国妇女的象征。作为第一夫人,她一直在为美国妇女获得平等的权利而奋斗。在成为第一夫人的第二天，她就先于丈夫召开了自己的记者招待会，而且只允许女记者参加。由此，她也成了第一个利用媒体的总统夫人。埃莉诺要通过这种方式向她那个时代的美国证明，妇女不仅仅只关心家庭问题，她们对一切问题都有自己的观点。在"新政"期间，对于许多社会问题的解决，如解决青年人失业问题、帮助千百万贫困家庭、缓和种族矛盾等，她的意见和提供的信息都起了重大的作用。

在这期间，埃莉诺和富兰克林的政治伙伴关系不断加强，他们讨论共同关心的政治问题，探讨国家局势，交换对于立法和行政问题的意见，谈论政治和道德价值等，这既是他们共同的事业，同时也成了他们夫妻恩爱的源泉。由于埃莉诺出外旅行比丈夫方便，因此她经常代替他出行，向他提供有关世界各地情况的私人报告。埃莉诺仅在1933年就外出旅行4万英里，第二年是6.8万公里，人们称她是"飞行的第一夫人"。埃莉诺为30年代的"新政"作出了重要贡献，如果说富兰克林是"新政"的"头脑"的话，那么埃莉诺则是"新政"的"心脏"，他们相互补充、相辅相成。对此，迈拉·G. 古廷写道："埃莉诺·罗斯福对总统决策的影响比她前面的任何一位第一夫人都要大。她属于她丈夫的政府，并经常作为他的良心在发挥作用，特别是涉及'新政'的时候。"到1940年时，埃莉诺已当了八年的第一夫人。在这八年中，她每天早上从6点钟起床一直工作到深夜，为社会事业尽职尽责地操劳，成为丈夫最重要的助手和合作伙伴。她知道她的工作受到了成千上万人的尊重，而最关键的是受到了富兰克林的尊重。

在1940年的总统竞选中，埃莉诺比以往任何时候都更深地卷入政治中。由于国际局势的影响，富兰克林史无前例地参加了第三届总统竞选。迫于当时的国际形势，富兰克林很容易获得了提名，但是许多代表反对他挑选的竞选伙伴亨利·华莱士。由于种种原因，富兰克林未能亲自去会场向代表们做说服工作，埃莉诺就被请去代表他讲话，总统候选人的妻子在全国代表大会上发表讲话这在历史上还是第一次。埃莉诺督促代表们将所有的个人利益融化于国家利益之中，她在会上说："你们不能把这次提名看作平常时期的平常提名。今天，美国人民必须意识到我们正在面临着一个极其严峻的局势。""未来的四年对总统来说将是困难的，因此他需要一个他所信赖的，能协助他工作的人。这个人就是华莱士。"她的讲话扭转了大会的局势，最后华莱士获得了提名。埃莉诺在富兰克林的第三次竞选中发挥了关键性的作用，甚至有人认为，如果没有埃莉诺的帮助，富兰克林能否打破美国175年的历史传统还得另当别论。

作为一个母亲和第一夫人，埃莉诺一方面把四个儿子全部送到海外作战，另一方面鼎力协助总统，带领全国各阶层人民投入反法西斯战争。在战争期间，埃莉诺继续坚持"新政"，认为美国不能因为战争而放弃"新政"，因为"新政"也是一场战争，一场针对经济萧条的战争。她依旧在为妇女的利益四处奔波，提倡妇女走出家门，走进工厂，支援战争，号召妇女参政，提高妇女的社会地位。为此，埃莉诺督促建立特别的社会服务机构，来减轻在职母亲们的负担，同时，要求公司坚决执行战争劳工委员会及"同工同酬"的新政策。

在捍卫并支持妇女进入工厂劳动的运动中，埃莉诺远远地走在时代的前面。在战争期间，埃莉诺担任了公民权益保护办公室副主任这一官方职务，这是有史以来美国第一夫人第一次担任官方职务。埃莉诺认为公民权益保护不仅意味着要管理防护掩体和医院，还要照料私人房屋、幼儿园和休假设施以及强化社会道德。但她的这种观点遭到保守人士的批评，迫于各方的压力她提出了辞职。对此，她说："我认识到，像我这样的人在政府中工作是很不明智的。"在这之后，埃莉诺参加了推动美国向欧洲难民儿童开放门户的运动，同时又致力于接收逃往美国的难民，尤其是犹太难民。1941年，由于日本偷袭珍珠港，美国的西海岸掀起了反美籍日侨的浪潮。为了遏制这种浪潮，埃莉诺劝告人们不要对无辜的市民进行无端的怀疑，而应该保护公民自由。埃莉诺还一直致力于消除军队中的种族歧视。

在战争期间，为民主与和平而战的美国黑人士兵，在军队中却因为种族原因受到不公正的待遇。埃莉诺认为民权尤其是美国黑人的权力是美国民主的试金石，如果没有美国黑人的民主，那美国就不存在真正的民主，所以她不断地对美国陆海军的官员们施加压力，促使在军队中废除种族歧视。在战争期间，陆海军的种族政策发生了很大的变化，战争结束时，只需迈出重要的一步，就可以确保黑人士兵的真正平等。这重要的一步终于在1948年实现了，杜鲁门总统颁布了9981号行政命令，结束了军队中的种族隔离。对此，埃莉诺的功绩是不可磨灭的。战争期间，埃莉诺在外交领域也发挥了重要作用。富兰克林虽然身为三军统帅，但由于身体的残疾，不能经常外出，所以，埃莉诺常常代替他行使这一职能，曾多次出访。例如，1942年，她访问了英国，看望在那里作战的美国盟军。这次访问非常成功，记者查莫斯·罗伯兹撰文说："与其他曾经访问英国的美国人相比，罗斯福夫人给英国人民带来了更多真正的理解精神。"1943年，埃莉诺看望了在南太平洋作战的美国士兵，并且访问了美国的盟国澳大利亚和新西兰。她的个性在这次旅行中得到了最为感人的反映。作为一位老练的政治家，她的魅力征服了记者、士兵、议员、主妇、农民和工厂的工人们，她对美好世界的描绘唤起了人们的憧憬。1944年，她又视察了位于加勒比海和中美洲的美国基地。埃莉诺的出访极大地提高了军队的士气，她也赢得了官兵们的尊重和爱戴。《阿克兰明星报》称她是："为美国人民和世界人民过上更好的生活而献身。全世界没有比她更知名的女性，包括所有的最富魅力的电影女明星。"这是埃莉诺政治生涯的巅峰期。总统夫人这一职位为她提供了广阔的活动空间，她也充分行使了这一职能，取得了前所未有的政治成就。埃莉诺是一个敢于标新立异的人，在所有的第一夫人中，她是第一个定期举行记者招待会、每日为报刊专栏写文章、出版了数部专著、在全国进行巡回演讲、主持在白宫召开的全国性会议、向各社会改革组织全国大会演讲、在民主党的总统会议上作中心发言、在国外代表她的国家穿越战场的第一夫人。总之，这一时期由于国内外的因素，埃莉诺深深地卷入政治和社会活动中，再加上自身的政治才能，她的政治生涯达到了巅峰期。

1945—1962年：再创辉煌时期。

1945年4月12日，富兰克林去世了，埃莉诺结束了第一夫人的生涯。失去丈夫的埃莉诺感到孤独无助，尽管他们表面上不像其他夫妻那样恩爱，但丈夫是她在过去40年中的主要力量源泉，是她精神上的支柱。他们组成了奇特的一对，她是鼓动家，他是政治家，他们被不可分割的纽带联系在一起，而且互相汲取力量。他们的儿子吉米·罗斯福对此评价道："真实的情况是他们之间存在着深沉而又不可动摇的感情和柔情蜜意。"埃莉诺经受住了失去丈夫的打击，此时她已原谅了他，她说："所有的人都有缺点，所有的人都有需要、爱好和难处。多年来生活在一起的男女们开始了解到对方的缺点，但是他们也开始知道和他们一起生活的人身上和他们自己身上哪些是值得尊敬和敬佩的。"

离开白宫并不意味着政治活动的结束，埃莉诺要继续为富兰克林和自己的共同理想而奋斗。她说："人类灵魂的搏击极富意义，其目的是在精神上达到尽善尽美的境地，并为了个人的利益和所有世界上那些共同苦干的人们的利益奉献无私的爱。"1945年的春天对埃莉诺来说是一个新的起点，她开始更加广泛地参加各种政治活动，并重新开始她的工作——写每日专栏、旅行以及回复她丈夫去世后各地寄来的信件。在以后将近20年的时间里，她依然是美国公众生活中的一个重要人物。埃莉诺比丈夫多活了17年，在这期间，她的政治活动非常频繁，取得了巨大的成就，再创政治辉煌。她发表了许多文章，关注年轻人和亟待解决的少数民族问题。1945年12月，杜鲁门总统任命她担任美国驻联合国代表团团长和联合国人权委员会主席。此外，她还进行了大量的旅行，去印度、日本、摩洛哥等许多国家进行友好访问。她是有色人种国际联盟组织的成员，这个组织反对歧视黑人，支持有色人种。她还帮助成立了有自由民主人士参加的"美国民主行动"组织。1952年和1956年，她积极支持民主党总统候选人阿德莱·史蒂文森竞选。1957年，她去苏联与赫鲁晓夫会谈，在雅尔塔赫鲁晓夫的别墅里，他们探讨了资本主义和社会主义的价值观。1960年9月，她去华沙参加了在那里举行的第15届联合国下属机构世界大会。在大会期间，她访问了克拉科夫，在赛伊姆举行了记者招待会，在波兰国际事务大学参加了讨论，并会见了波兰外交部长亚当·拉帕奇。1961年肯尼迪总统又任命她担任美国驻联合国代表团团长，她还被任命为和平团体的负责人和妇女权利委员会主席。

这是埃莉诺在政治上再创辉煌的时期。她已经不是美国第一夫人了，而是一个独立的政治活动家，这使她白宫后的生涯产生了无与伦比的影响。她在任第一夫人时的重要贡献使很多的政界人士都想借助她的政治力量进行政治活动，肯尼迪就曾借助埃莉诺在美国政界的影响力进行总统竞选，并在他当选后任命她担任政府官员。埃莉诺作为美国驻联合国使团的成员，主持起草了《世界人权宣言》，这个历史文件获得了全世界人民的好评。在埃莉诺生命的最后两年里，她的身体饱受痛苦的折磨，但她的工作热情几乎没有消减，她一面与白血病作斗争，一面为种族平等、世界和平与妇女权益大声疾呼。

埃莉诺一直为民众工作到生命的最后一刻，她于1962年11月7日因白血病逝世，时年78岁。对埃莉诺逝世的消息，《纽约时报》加了这样一个标题："她是世界妇女新角色的象征"，作家阿德莱·史蒂文森写道："她面对黑暗总是点起明灯，而不是加以诅咒，她的热情温暖了全世界。"埃莉诺虽然逝世了，但她作为20世纪全美甚至全世界著名的女政治家之一，作为《世界人权宣言》的起草者，将永远被世人所敬仰和怀念。埃莉诺·罗斯福的一生是不平凡的一生，她一生都在追求独立和美好的理想，与政治结下了不解之缘，成为20世纪全美乃至全世界最杰出的女性之一。

夫人的鲜明性格表现在许许多多的轶事中，今略举其一二：

有一次，有一位美国的流浪汉因家中妻小嗷嗷待哺而不得不去食品店偷窃食物，结果被抓，锒铛入狱，他在狱中行为良好，获得提前释放。但在释放时这位"冉阿让"说："如果我家中没得吃的，我仍将设法进行偷窃。"埃莉诺就这事公开评论道："我不会责备他。如果你家中子女没得吃的，而你却不去想点办法，包括偷窃，来弄点儿吃的，那你就算不上是一个男子汉。"这番话引起了轩然大波，抗议信不断飞向白宫。报纸社论也抨击埃莉诺竟在鼓动造反，颠覆美国政府。埃莉诺回答道："我讲这些话当然不是要鼓励违法和造反。有许多人从来没有挨过饿受过苦，我的这一番话是对这些人讲的。我要使他们知道，人们被逼入困境，他们就会不择手段。对失业者给以职业，他就会成为一个守法和老实的公民。"

夫人还因过多地想打抱不平而受到罗斯福总统的婉转的申责。霍布金在1942年7月1日的日记中记录了这样一段插曲：

罗斯福夫人今天为沃勒尔的事给我打了四五次电话。沃勒尔是一名黑人佃农，他谋害了他的地主，被判死刑。他将于明天上午处决。有许多人向夫人施加压力，要她在州长那里说情。她前几天写信给州长，总统也曾写了信给州长，请他把枪毙改为无期徒刑。

州长在回信中列出了6条理由，因此总统认为他不能再干预。他认为州长在执行其宪法权利。此外，他认为没有理由认为此案之是非曲直值得州长作另外的决定。但夫人不愿接受这个"否"字，而总统最后不得不亲自打电话对夫人说，他不准备再干预，并严肃地命令她不要再在这个问题上发言。

这件事是在1932年以来总统与夫人之间经常发生的现象之一。她总想替弱者或不幸的人打抱不平。我认为，她尽管每每不对，但其同情弱者之心令人感动。

夫人认为我在这一具体案子中没有在总统面前尽力说情，因为在当天傍晚总统没有时间接电话，只能由我传话。其实，我认为她是不到黄河心不死的，我向她说"否"是没有用的。只有总统本人出面告诉她，她才甘心。总统最后不得不这样做了。

罗斯福夫人的"费厄泼赖"更突出地表现在黑人问题上。战时，美国黑人女歌唱家玛丽埃娜·安德逊准备租用"美国革命女儿"组织的大礼堂举办歌唱演出以慰劳士兵，但该组织头头竟公然扬言，礼堂不租给黑人使用。罗斯福夫人也是"美国革命女儿"的会员，她闻讯后立即宣布退出"美国革命女儿"，并由她出面，租得林肯纪念堂，在纪念堂前的大草坪上举行了一次由安德逊女士演唱的万人音乐会。美国报纸评论说，罗斯福夫人是林肯以来最受美国黑人推崇的美国白人。

她的自由主义还发展到如此程度：在1940的选举中，埃莉诺的一位老朋友对她说：

我要告诉你一个秘密。
什么秘密？
我这次没有投罗斯福的票，投了诺尔门·托马斯的票。
我也要告诉你一个秘密，夫人答道。
什么秘密？
如果我不是罗斯福夫人，我也将投托马斯的票。

因此，罗斯福之死却给夫人带来了解放。她在自传中这样写道：

自富兰克林担任公职以来，我认为我所过的生活中都没有真正的自我。我所树的形象不是我自己而是夫人。我本身内部也几乎失去了自我。在离开白宫以前我总是有上述想法。现在这一切都成过去。我感到我是我了。

杜鲁门总统上任后，他不顾各方反对，指派埃莉诺·罗斯福为美国驻联合国代表团之一，她被选为联合国人权委员会主席。当时共和党外交问题专家范登堡也是代表团成员，他是反对任命埃莉诺的，因为他认为她是一名不受约束的自由主义分子，成事不足，败事有余。但正是由于夫人的威望以及她的辛勤工作和坦率精神，大大地影响了各国代表，大家终于同意了主要由她起草的《世界人权宣言》。后来，范登堡曾向夫人认错说："我当初反对你，是我错了。"

《世界人权宣言》实际上是全球化的一个重要基础。人们普遍认为，如果没有夫人的威望，没有夫人的高瞻远瞩，没有夫人的耐心和细致的工作，《世界人权宣言》是不可能达成的。所以宣言实际上是罗斯福夫人的杰作。当时该宣言是联合国以无反对票通过的，但苏联代表团投的是弃权票，它们不敢公然反对，只好以闭嘴了事。

夫人的自由主义还表现在反对麦卡锡主义上。在麦卡锡主义横行的日子里，除了美国共产党外，夫人是态度最鲜明的一位。她坚决表示反对麦卡锡主义。当时的民主党总统候选人肯尼迪是天主教徒，麦卡锡也是天主教徒，因此肯尼迪对麦卡锡采取了回避的态度，夫人表示，在肯尼迪未明确表态反对麦卡锡以前，她不能支持肯尼迪。肯尼迪终于就范，夫人才出来公开支持肯尼迪，并使他险胜尼克松。如果没有夫人的支持，肯尼迪是胜不了尼克松的。

夫人在 1962 去世前夕，在病床上完成了她最后一部著作，名为《明日就从此刻始》。这本书与她的另一本书《自传》不同。后者是叙事体，而前者则是理论性的。

在罗斯福夫人看来，美国是一个白手起家的国家。它的开国精神的要旨就是必须根据客观条件进行变革。世界上曾存在过几个伟大的文明，但它们相继死亡。其原因就是因为它们凝固了，不能使自己适应新的条件，采纳新的观点，使用新的办法。美国可千万不能走这条路。她看到不少人仍坚持要用老眼光老办法来处理新问题新形势，这真使她感到美国精神之丧失。美国精神就是要变、能变并且一定能变好。

罗斯福夫人认为世界已进入第二次工业革命，即科技革命，这场革命必然影响到经济、社会等其他领域。她认为对付这种新形势不能依靠古老的"坚强的个人主义"，但同时又必须保持美国的基本生活方式要素。这要素就是"相信每个个人有权利取得较好的生活和较好的工作条件，以便他作为一个人，能发挥其最大之潜力"。"国家仅仅是人民的公仆。在苏联，恰巧相反，个人是国家的仆人，只能在有利于国家的前提下个人才能取得好处。"

夫人在书中说：一个民主国家是由无穷个个人组成的。但每一个个人都必须对自己的言行负责。所以政府就是人民。民主体制是否能成功赖个人如何行使民主的原则。我们不是无声无息的群氓。我们可以在各自的层次上影响政府。但我们必须对此负责。我们必须明确自己的思想并表达出来，而且要不怕受累。归根到底，一个民主政府代表的是所有的个人品格和勇气的总和。

据《美国名人百科全书》记载，从 1933 年到 1945 年，埃莉诺共发表了 2500 篇报纸专栏文章。199 篇杂志文章，出版了 6 本书，每年平均发表演讲 70 多次。她的稿费收入很高。她有一次写信给朋友说，她感到很自傲，因为她的收入已经超过了她的老公，当时总统的年金只有75000元。但埃莉诺把她的收入用于慈善和公益事业，因此，当她1945年离开白宫时曾说："我在离开白宫的时候比我进白宫的时候穷多了。"

她还为人们留下了很多名言。如："良心是一个多么令人困扰的东西啊，但如果没有良心，我们的生命实在不值一活。""不要消极等待，而应勇往直前，不要相信别人告诉你的，而应直接接触生活获得真知，这样你就会对社会和世界具有伟大的价值。""如果有人第一次把你出卖了，那不是你的过失；如果第二次把你出卖，那就是你自己的过失了。""公正不是单方面的事，必须顾及双方。""必须从他人的错误中吸取教训，因为你不能只从自己的短短一生中吸取有限的教训。""女人好像是一袋茶叶，她到底有多少浓度，只有泡在开水内的时候才能见分晓。""美丽的青年是老天爷的杰作，但美丽的晚年却是人工的杰作。""只要问心无愧，你就去做。反正总有人会说三道四。你做了，有人会骂你，你不做也有人会骂你。""高尚的人谈论的是思想；普通的人谈论的是事务；小人只谈论张三长李四短。"

什么叫自由主义？劝读者不必去查牛津大字典，只要看看罗斯福夫人就行了。因为她就是一部自由主义的活字典（Walking Encycleopeadia）。

10 哈里·杜鲁门

杜鲁门是继美国林肯总统之后的另一名庄稼汉总统。1884年，杜鲁门生于密苏里州独立城的一个小农家中，他的父亲一共拥有600英里的土地。杜鲁门中学毕业的时候，曾经打算进堪萨斯城的音乐学院学习钢琴，不幸他父亲的事业经营失败，没有钱供养他上大学，他在高中毕业之后只好到堪萨斯城的一家银行去当一名小职员，月薪是35美元。他在那里也没有待很久，就被他的父亲召回去，在自家的农田上做工。杜鲁门在那里一待就是10年。那时他的邻居已经开始使用农业机械耕作，而杜鲁门还在用他那比较原始的四驾马拉犁耕地。他常常悠然自得地驾着他那四驾马犁在田地里慢慢地耕作，并自夸地说：他耕地比邻居们更为精细。

这儿要讲一个小插曲。在波茨坦会议上，杜鲁门曾经当着斯大林的面弹奏一阙肖邦的曲子，使斯大林大感意外。为什么呢？斯大林瞧不起庄稼汉。庄稼汉居然能弹奏肖邦，这不能不使斯大林感到意外。

杜鲁门从小就跟华莱斯小姐也就是他后来的夫人认识，因为他非常爱华莱斯小姐，所以他心底里下了这样一个狠心：绝不愿意让华莱斯小姐当一名农夫的妻子。他们的女儿玛格丽特后来在写他爸爸的传记时这样说，如果没有第一次世界大战的话，她真不知道她爸爸和她妈妈要到什么时候才会结婚，也不知道她自己会在什么时候降生到这个世界上。杜鲁门本来在他的家乡参加了民兵，当时民兵的头头是大家推选的，所以他被任命为中尉。后来第一次世界大战中美国宣布参战以后，杜鲁门就跑去要求参加正规军，他在国内先训练了两三个月，又被派遣到欧洲的远征军中训练了两三个月，上级就派他任远征军第四炮兵连的连长。

第四炮兵连是有名的纪律不好的连队，很多人都不大愿意到那个连去当连长。杜鲁门还是比较老实的，上级叫他去那儿，他就去那儿。可是他也知道这个连不好办。不过他有一套办法，在他第一次和连队全体人员见面的时候，他就说："我到这儿来不是来听你们的，我到这儿来是要你们听我的。谁要不听我，我就当场打破他的鼻子，你们有谁敢试试吗？"于是人们被他说的这个话给唬住了。当然杜鲁门能够治住这个连

哈里·杜鲁门

队不光是靠吓唬,他还有一套恩威并施的办法。杜鲁门在对待人与人的关系上是很有一套的。所以他能够把一个纪律不好的连队变成一个比较优秀的连。当时美国在欧洲的仗没有几个月就打完了,他也很快就回家了。他回家以后就以军人的资格跟华莱斯小姐结了婚。

杜鲁门在一帮兵哥们儿的帮助下,在堪萨斯城开了一家出售男人衬衫的服装店。在最初两年中这家服装店生意还好,不久,美国经济不景气,而这家小店也就只好随着这场不景气关门了。这时他的那些兵哥们儿又来帮他出主意,叫他出来竞选当地的地方法官,而且答应要帮助他竞选。帮助的人中有一位是彭德尔加斯特的侄子,彭德尔加斯特是当时密苏里州民主党的一个党魁,是一个地头蛇。在这一帮人的帮助之下,杜鲁门居然成功地当选了,成了当地的一名地方小法官。不过,当时的地方法官不仅仅是在法院里判案,还带有很浓重的政务官员的色彩,也承揽造公路之类的地方工程上的事情。杜鲁门本来没上过大学,但是他在堪萨斯城的这几年中坚持读高校的法律课程，所以他也够法官的资格。杜鲁门在法官的任内做了一些好事，所以当地人还比较欣赏他。由于他自己的政绩，加上彭德尔加斯特的赞助，杜鲁门从此走上了从政的道路，而且在从政道路上一步步循序上升。到1934年的时候，杜鲁门参加了参议员的选举。当时他是以民主党人的资格参加的，他打的旗帜是坚决拥护罗斯福总统的"新政"，并在此旗帜之下当选为参议员。

在杜鲁门的选举生涯中有一件非常突出的事情，就是连续三次闯过选举难关，居然在大风大浪的颠簸中连续赢得胜利，这的确是带有戏剧性的。第一次是1940年，他的参议员任期到期，当时第二次世界大战已经打起来了，而美国还没有宣布参战。罗斯福总统的任期也是在1940年期满，因为战争的关系，罗斯福就打破了美国历史上的先例，参加了第三次的竞选。杜鲁门这次出来当了一次傻瓜，他说他不是反对罗斯福，只是反对三任。因为历史上没有人任三任的。可是有人就把这句话捅给了罗斯福，结果在这次竞选中罗斯福并不积极支持杜鲁门，所以这次竞选形势对杜鲁门来说十分艰难，当然这困难是指民主党内提名而言。当时的密苏里州州长民主党的斯塔克出来和他竞选参议员。密苏里州的大多数报纸预言杜鲁门将失败，但杜鲁门毫不丧气，走遍全州各地，到处去跟人谈话，最后他以8000票之差胜了斯塔克，取得民主党提名，这是他第一次在多数人认为一定会失败的情况下获得胜利。

第二次的选举风波是在1944年，这是一个很有趣味的故事。在1940年的总统选举中罗斯福挑选了亨利·华莱士担任副总统。一般地讲，假如副总统没有犯什么特别的重大错误，下一届仍然还会选他担任副总统。罗斯福1944年时不想再继续请华莱士做副总统了。罗斯福是老滑头，他不明说，只是不吭气，在副总统人选上迟迟不表态，这就造成了人家的误解。华莱士以为罗斯福不表态当然是暗示仍然让他当副总统。但是当时的南卡罗来纳州州长名叫詹姆斯·伯恩斯的自认为很有资格当罗斯福的副总统，他就跑去对当时的参议员杜鲁门讲，请杜鲁门在民主党的提名大会上出头提伯恩斯的名。杜鲁门的确无政治野心，很高兴地答应了伯恩斯的要求。可是没过几天，当时的民主党全国委员会主席汉尼根（同为密苏里人）等人在暗中策划，作出决定要推杜鲁门出任副总统候选人，而且想办法获得了罗斯福的同意。然后汉尼根又告诉了杜鲁门，杜鲁门感到非常为难，因为他刚刚答应了詹姆斯·伯恩斯在大会上提他的名，而现在别人又来提自己的名，这该怎么办呢？杜鲁门虽然心中十分不愿意，但是迫于各方面的压力不得不表示同意担任副总统候选人，并且只好去找詹姆斯·伯恩斯登门道歉。当然伯恩斯也没有办法，只好宣布退出竞选。结果在竞选大会上，杜鲁门在"密苏里帮"的帮助下击败了华莱士，当选了罗斯福的副总统候选人。这时候的副总统和平常的副总统大不相同，因为当时已经可以看出罗斯福总统的身体不行了，他肯定当不了4年总统。果然，罗斯福在第四任上只干了几个月就逝世了，于是杜鲁门顺理成章地继任为总统。操纵这次选举的汉尼根对这次选举很为满意，认为这是他平生的一次大杰作，因此他在临死以前还写了一个遗嘱说，在他的墓碑上要写这样一句话：他阻止了亨利·华莱士当美国总统。

第三次就是著名的1948年选举。前副总统华莱士为了反对杜鲁门对苏强硬政策，宣布退出民主党，另组进步党。还有南卡罗来纳州参议员瑟蒙德，反对杜鲁门扩大黑人人权的政策，也退出了民主党，另组州权党。他拉走了南部的几个州。这样，民主党就分裂为三。根据历史经验，一个分裂了的党是要失败的。1860年，民主党分裂为南部民主党与北部民主党，结果共和党的林肯占了便宜，获选总统。1912年，共和党分裂为塔夫脱派与罗斯福派，结果民主党的威尔逊占了便宜，当选为总统。1948年的共和党总统候选人为托马斯·杜威。他是纽约州州长。他本来就瞧不起杜鲁门，现在看到民主党一分为三，就更喜在心头，表现得非常笃定，认为他这一次的总统宝座已经坐定了（他在1944年选举中曾被罗斯福击败）。

当时的美国报纸有95%以上都预言杜鲁门必败。其中最突出的是《芝加哥论坛报》，该报在选举结果尚未全部揭晓之际，即抢先出版上午版，使用了这样的一个通栏大标题："杜威击败了杜鲁门"。另外有一家出版美国名人录的公司，它在提前出版的《1949年名人录》中竟把托马斯·杜威的住址写为：华盛顿宾夕法尼亚大道白宫。

当时美国的电视尚未普及，信息主要靠广播。当一州一州的计票结果逐步通过广播不断传出时，杜威的确略占优势，但至关重要的加利福尼亚州尚有待揭晓，杜威的支持者们竟迫不及待地在组织庆祝了。当加州的结果一出，杜威的梦立即成了肥皂泡，乡下佬杜鲁门在"败局已定"的局势中取得了胜利。

这实在是美国历史上最神奇的一次选举。选举揭晓以后，《华盛顿邮报》就在报馆大楼上挂出了一幅大标语。标语说："总统先生，你什么时候把乌鸦这道菜端出来，我们什么时候便准备吃它。"这是什么意思呢？美国有一种习惯的说法：若是要把你的话收回去，就说是把乌鸦吞下去。

杜鲁门的胜利不是偶然，首先要归功于他的苦干精神。杜鲁门跟罗斯福的性格不同，他是一位苦干的总统。他喜欢阅读放到他桌子上来的每一份材料，这就使他在办公的时候来不及阅读所有的文件。所以不得不把那些文件带到家里去看。有人就讽刺说，杜鲁门总统每天都要做家庭作业。拿这次选举来说，他也是苦干到底。因为按照美国的传统做法，在职的总统真正竞选活动要等到美国的劳动节以后开始。美国的劳动节不是5月1日，而是9月的第一个星期一。所以他在短短的不到两个月的时间内，乘专车在全国发表竞选演说，行程超过31700英里，发表了356次演讲，平均每天有10次演讲，直接来听他演讲的估计有1200万到1500万人之多。相反的，那位杜威先生自以为胜利在握，所以没有尽最大的力量去进行竞选。

其次要归功于杜鲁门老实的精神,也就是他的认真的态度。不妨讲一个小故事:据说有人曾问州权派的头头瑟蒙德,"你为了杜鲁门在竞选政纲中说要给黑人以民主权利就退出了民主党。当时罗斯福也在竞选政纲中说要给黑人平等权利,你为什么不反对罗斯福呢?"瑟蒙德回答说:"罗斯福是说说而已,他不会认真去执行的,而杜鲁门这家伙不一样,他是要认真去做的。"杜鲁门上台以后的确做了不少的实事,如取消军队中的种族歧视。这一点选民们在心里是很清楚的。

杜鲁门还有一个特点就是善于和人们打成一片,这和他的庄稼汉出身颇有关系。当然,每一届总统候选人都会下去和选民握手啊,讲话啊。可是,选民的反应是不一样的。比如说,杜威下去和人们握手讲话,人们也会高兴,甚至也会投他的票。可是总会觉得他们与杜威之间是有一层隔膜。杜鲁门则不一样,他下去和选民握手讲话的时候,他们就会觉得杜鲁门就是他们自己的人。而杜鲁门在讲话时所使用的语言也是特别的,他对农民讲话的时候,就讲民主党政府在过去的几年为农民做了什么什么事。当他对工人讲话的时候,说民主党在过去几年为工人做了什么什么事。然后他又不客气地说,如果你们不投民主党的票,那么你们就是自作自受。这些挨骂的听众不但不感觉到冒犯,反而感觉很舒服,这就是杜鲁门的本领。

最后,但并非不重要的是,杜鲁门是一个很有见识的人。斯大林、赫鲁晓夫和其他一些国家的领导人曾经认为,杜鲁门是一个没有学问的人。不错,杜鲁门没有什么学位。可是这绝不等于没有学问。杜鲁门在幼年就戴上了眼镜。由于他家里并不富裕,他非常害怕把眼镜打破,所以从小就不敢参加任何剧烈的体育活动,因此,从小时候起,他主要或者说是唯一的消遣就是看书。他读书的习惯从小一直保持到他最后老死。据他自己说,他年轻的时候曾经把密苏里独立城的市图书馆内的 3000 册书都看过,他主要读的是历史书,所以在历史书籍方面我们可以肯定地说,杜鲁门所念的书,绝不会少于在哈佛大学毕业的罗斯福。而且,杜鲁门还有一个特点,就是他在念书时也是采取非常认真的态度。很多历史学家都这样评论杜鲁门,说他很大的特点是懂得并善于学习,用美国话来讲就是 to learn,他一辈子都懂得 to learn。

杜鲁门在坐上总统宝座的时候,就在自己的办公桌上放了一条菱形的木条,写上了他作为总统的座右铭:"决定必须在这儿作出",或译"责无旁贷"(The buck stops here)。这句话说明了做总统的要害所在。在中国,人们常常说这样的一句话:领导的任务就是两件事,一是决定政策,二是选拔干部。对杜鲁门来说,他在这两个方面可以说做得十分巧妙高明。譬如说,他选择马歇尔做国务卿,后来又选他做国防部长,识人用人,堪称得体。

从另一方面讲,杜鲁门又能撤换他认为不合适的人选。譬如说,他就毫不客气地撤了罗斯福内阁的财政部长摩根索和内政部长伊克斯。摩根索曾主张对德国进行报复,要摧毁德国的工业，使德国永远成为一个农业国。伊克斯则公然不把杜鲁门放在眼中，想以"内行"自居来指挥总统。杜鲁门对所选的人，不但信任有加，而且还十分体贴，使被用者大有"知遇之恩"的感激。我们且举一个例子，他上任总统后就把一位中学同学查利·罗斯找来做总统新闻秘书，罗斯在圣路易一家报馆工作，年薪有3万美元，而新闻秘书的年薪却只有1万多，但罗斯却干得非常起劲，并最后因心脏病突发而死在办公桌上。是什么力量使罗斯如此卖力呢？我们可以读一读罗斯生前给杜鲁门的一封信："亲爱的总统先生，我想在人生中再没有什么比友谊更令人信赖的了，而获得你的友谊更是莫大的欣慰。两年半以前，你说你推我下油锅。现在我很高兴你这样做。这两年半是我有生以来最有收获的岁月。你对我的信任、你的友谊的不吝表露，与你周围一些优秀人物——你的好班子的共事，所有这一切都是鼓舞人心的。但是，总统先生，最大的鼓励是你的品格——作为总统的品格，作为人的品格。我告诉你，从我被你信任的那一天起，我对你的敬佩，我对你那深挚友爱的心情是有增无已的，这样说也许足能表达我的心里话。"

现在我们来看看杜鲁门的决断。我们可以有把握地说，在国际事务决策方面，美国历史上任何总统都没有像杜鲁门总统那样在外交上作过这样多的决策。诸如：一、对日本使用原子弹，强迫日本接受无条件投降。二、按期在旧金山召开联合国的成立大会。三、挑起英国在希腊撂下的担子，帮助希腊政府稳定国内的局面。四、实行欧洲复兴计划，也就是所谓的"马歇尔计划"。五、支持成立以色列犹太国。六、美国从中国内地撤走，不再继续支持蒋介石政府。七、派兵出击朝鲜。

我们姑且不来讨论这些决定的是非问题，但试问一下自己，如果杜鲁门在以上诸多问题中的任一问题上作出了相反的决定，那么会在这个世界的局面上产生什么样的不同结果？

1949年中华人民共和国成立的时候，杜鲁门是美国的总统。在朝鲜战争爆发的时候，美国的总统也是杜鲁门，因此在20世纪40年代的末期到50年代的初期，中国的报刊上都把杜鲁门称作帝国主义的头头及反共的元凶。

不错，杜鲁门曾经说过这样的话："俄国的寡头独裁与历代沙皇、路易十四、拿破仑、查理一世和克伦威尔，并没有什么两样，这是一种作茧自毙的独裁，比包括希特勒在内的其他形式的独裁还要坏。"可见杜鲁门的反共是昭然若揭的。

现在要谈一下杜鲁门跟中国的直接关系。杜鲁门全盘地接受了罗斯福的对华政策，他极力希望帮助蒋介石，保住蒋介石的政权。但是当他发现蒋介石是扶不起来的阿斗的时候，就毅然决然地下令撤出中国。关于这一段历史，杜鲁门的女儿玛格丽特曾经有一段简明扼要的描写。现在我们就把玛格丽特的几段话抄录如下：

爸爸写给阿瑟·范登堡一封信,此信表明他对中国问题的考虑是明显地扎根于对国民党政府不再抱有幻想这一点之上的:

"远东的局势一向古里古怪,它老像一场赛马中的情景——我们挑了一匹劣马。那就是中国局势的发展情况。事情已经弄清楚,国民党中国政府是试图治理一个国家的、迄今最腐败无能的政府之一。当我察觉到这一点,我们就不再把武器供应他们了。共产党人的大部分武器正是中国的国民党政府为贪图报酬而缴出的那些武器。如果蒋介石一向乐意听取马歇尔将军、魏德迈将军和迪安将军的意见,那他就绝不会有今天这样的下场。在北平投降后,那里我们所供应的弹药、车辆和大炮全都落入共产党人手里,我中止对中国政府供应任何东西。可是这一点必须逐步逐步地做,因为国民党人还控制着长江一线,我不想在这个时候就拆蒋介石的台。"

在此信的下一段,父亲又作了一个目光敏锐的预言,这个预言早已部分地成为事实,也许还要完全成为事实:"我以为你将会看到……俄国人终将成为中国的'洋鬼子',而那种局势就会有助于建立一个我们能够加以承认和支持的中国政府。"

玛格丽特写这些话的时候,中美之间还远没有建交,过了几年中美就正式建交了。杜鲁门的预言也百分之百地兑现了。

关于杜鲁门与蒋介石的关系,我们还有一个材料要补充。杜鲁门在晚年对著名记者密勒说过以下的话:"对蒋介石及其一帮子人我是不会改变看法的,应当把他们全部送进监狱,我希望我能活着看到这一天。他们每一个人都是窃贼,包括蒋介石及其夫人。我们送了他们共350亿美元,他们从中偷走了7.5亿美元,他们偷了这么多钱,在巴西圣保罗投资于房地产,也有在纽约投资房地产的,他们也把钱用于所谓的中国帮,我不喜欢这帮子人,我不愿意和他们打交道,我没有见过蒋介石,但是见过蒋夫人。1948年我当总统的时候她来华盛顿要求援助。以前罗斯福总统曾经在白宫招待蒋夫人。但我故意不让她住进白宫。她很不高兴,我可不管她是高兴还是不高兴。"杜鲁门的这些愤恨之词绝不能单纯从政治的角度来解释,而必须从道德的角度来解释。

顺便谈一谈朝鲜战争。关于朝鲜战争问题,我们不得不感谢赫鲁晓夫。因为赫鲁晓夫在他的回忆录中把朝鲜战争的起源说得一清二楚,谁也不可能怀疑。美国出兵干涉朝鲜的问题,我们在这里也要说清楚。责任并不在麦克阿瑟,而是完完全全在于杜鲁门。因为按照美国宪法,将军是没有资格在政策上作决定的。出兵还是不出兵的决定完全是由杜鲁门作出的。麦克阿瑟的问题是在仁川登陆成功之后,趾高气扬不可一世,而在遭到中国志愿军的反击之后又一反常态,恼羞成怒,扬言要炸平鸭绿江彼岸的基地。杜鲁门曾经亲自到威克岛跟麦克阿瑟谈话,要求他遵守华盛顿的政策,后来还派特使哈里曼到东京去找麦克阿瑟谈话,要他遵守华盛顿的政策。麦克阿瑟当时在口头上答应得很好，但是没有过多久他就通过他在众议院的朋友马丁发表了一封信，在这封信里麦克阿瑟又一次说："很奇怪有些人认识不到共产党阴谋分子已选定亚洲来进行征服全球的试验，认识不到外交家们在用口头作战之际，我们这里是在用武器作战，为自由而战，为欧洲而战。如果我们在亚洲把这场战争输给共产主义，欧洲的陷落将成为不可避免，如果我们能够赢得这场战争，欧洲则十分可能避免战争而保持自由。正如您指出的：我们必须取胜，胜利是不容许有替代品的。"

麦克阿瑟的意思很明显，也就是说必须把朝鲜战争打到底而且美国必须打赢，否则决不罢休。杜鲁门在连续几次劝告之后，看到麦克阿瑟不愿意接受他的指挥，所以他忍无可忍就下了一道罢免麦克阿瑟的命令。他的命令是这样说的："我深感遗憾地得出结论，陆军五星上将道格拉斯·麦克阿瑟在其正式职守的问题上不能够全心全意地支持美国政府的政策和联合国的政策。鉴于美国宪法赋予我的特殊责任，以及联合国委托我的责任，我已决定更换远东的统帅。因此我免去麦克阿瑟的各项指挥权，并已任命李奇微中将接替他的职务。"

麦克阿瑟在美国享有很高的威望，所以要解除麦克阿瑟的职务是需要很大魄力的。等到麦克阿瑟被解除职务回到美国纽约的时候，纽约的美国居民倾巷而出向麦克阿瑟欢呼，欢迎麦克阿瑟，甚至还有人喊打倒杜鲁门的。在华盛顿以及美国各地都组织了反对杜鲁门、支持麦克阿瑟的活动。可是杜鲁门非常镇定，他早就预料到这一点，还对他手下的人说：这种喧哗持续不了两个月的。果然不出所料，两个月以后这场所谓的麦克阿瑟事件就自动地平息下去了。这一点又一次说明，杜鲁门的预见性是很高的。

杜鲁门本人虽然品质诚实，但他作为美国总统，又不得不体现美国的国家意志，因此言行举止不能不体现出矛盾性，但杜鲁门此人的个人品格是无可指摘的。

中国的传统道德讲"修身、齐家、治国、平天下"。这也就是小节与大节的统一论。杜鲁门可说是执行大小节统一论的典范。

杜鲁门在总统任期内，经常给他的老妈妈和妹妹（她俩住一起）写信，更不用说通电话了。他的信没有总统的架子，倒有孩童的稚气，带有中国古典"斑衣嬉亲"的味道，在美国的个人主义本位社会中，能有杜鲁门这样的孝子，实在难得。杜鲁门的孝出于诚心，他认为他的个人品德是从父母那里学来的。

杜鲁门的爱情生活也是一个特殊。从少年时代爱上华莱斯小姐开始，他从来没有在第二个女人身上动过念头。如众周知，杜鲁门在公共场合往往出口粗鲁，甚至几近肮脏。但据女儿玛格丽特说，她从来没有看见或听见过她爸爸对妈妈说过一句粗鲁的话或耍过任何态度。若从恋爱算起，他俩有近70年的"梁鸿孟光相爱史"，这在高离婚率的美国社会中也是一段极难得的佳话。杜鲁门在晚年对记者密勒发表了他的爱情哲学："如果一个人不忠于他的家庭、他的妻子、他的母亲和姐妹，一旦在这方面有诱惑，就会身败名裂。如果他有一位可靠的妻子，他就会万事妥当。如果他弄上一名坏女人，那就会鸡犬不宁。"他还说，有三种东西，即"权力、金钱、女人最容易引人走上毁灭之路。你可以读一读历史，你就会懂得我的话"。

在朋友关系上，杜鲁门执行了"人不负我，我决不负人"的政策。1945年1月，杜鲁门刚上任副总统没几天。彭德尔加斯特病逝。那时，彭已成为一个臭名昭著的党棍，杜鲁门的朋友都劝杜鲁门不要参加彭的葬礼，但杜鲁门力排众议，如期奔回密苏里，恭恭敬敬地为他的前老板送殡。他说："彭德尔加斯特从来没有做过任何对不起我的事，我也不会做任何对不起他的事。"

杜鲁门的另一特点就是平民化。他出身于平民，不摆总统架子，总统卸任后也不摆前总统的架子，也不想从中获得"合法的"利益。

以下是记者密勒与老年杜鲁门的一段对话：

问：我从《公民先生》中获悉你卸任后曾有许多人用高薪聘你，你都拒绝了，是吗？

答：是的，我本来早可以成百万富翁了，但他们有兴趣的不是雇佣我，而是雇佣一名前总统。他们愿意出大价，他们愿给6位数字的年薪，不用我做任何事情，只要让他们利用一位前总统的名就行。我不会让他们得逞，我宁可在孤老院饿死，也不会去做这种事。

问：（你在参院任杜鲁门委员会主席时），你曾有机会到国外溜一圈，但你没有去。你能说说为什么吗？

答：不错。我是有机会去的。但委员会中的两名委员，他们的儿子在国外服役，他们想乘机去探望一下，我认为他们应当获得这个机会，所以就让他们去了。

问：你不是很想去吗？

答：是的。但我记得我曾对你说过，一个人不能老盘算自己想要做什么。你愈早懂得这一点就愈好。

问：你曾说过，大法官霍尔姆斯一生的成功在于他很早就认识到自己不是上帝。请问，你自己一生的成功应归功于什么呢？

答：噢，我从来不认为我自己是上帝。我一直希望做爸爸妈妈要求我做的那样一名好人。我一点也不觉得我自己比别人有什么特殊。即使我在总统座位上，我也仍然这样认为。我一直认为，如果有别人来做我的工作，一定会有许多人比我做得更好。

杜鲁门还向密勒说，他生平最不能忍受两个人，其中之一就是理查德·尼克松。杜鲁门曾说，"一位说假话的官员要比一名被收买的共产党分子还坏。"杜鲁门是

1972年去世的，如果他活着看到水门事件，他一定会说："尼克松这小子毕竟没有真正改好。"

也许有人会怀疑杜鲁门对尼克松有党派偏见。因此我们需要引用另外一个人的看法，此人是死保尼克松总统的参议院共和党领袖戈德华特。戈德华特曾于1964年任共和党总统候选人，是有名的共和党保守派。他于1986年在电视上向观众说："尼克松是美国总统中最不诚实的一位，杜鲁门是最诚实的一位。"

现在再回过头来说赫鲁晓夫所谓的打耳光事件。杜鲁门的确曾写信给那位记者，扬言要给他耳光，甚至有比这更恶心的话。如果赫鲁晓夫或其他国家领导人因此而认为杜鲁门粗鲁不堪，那是有理由的。但美国老百姓却有自己的看法。他们认为，杜鲁门总统不因为自己是总统而装出道貌岸然的样子，仍然想什么说什么，这正说明他是一名心直口快的密苏里人。

更有甚者，杜鲁门的粗话是在光天化日之下讲的。据许多人指出，杜鲁门在私下与人谈话时总是彬彬有礼，虚怀若谷，跟他讲话的人一点也不会感到拘束。这恰巧与尼克松形成了对比。后者在录音带（注：指尼克松因接受水门事件调查而交出的谈话录音）中满嘴丑话和下流话，但在公开场合下说的却尽是"洒上巴黎高级香水"的漂亮话。

乔治·马歇尔评论道："杜鲁门的过人才干，自有历史作出公论。但我要说的是他主持制定的任何影响遍及海外的决策无一不是为了国家的最高利益。永垂青史的不是这些决策所体现的勇气，而是此人刚毅正直的气度。"

迪安·艾奇逊则说："杜鲁门好比是地窖中的一瓶陈酒，年代过得愈久，将愈显其醇香。"

艾奇逊的话一点也没有错。20个世纪末期，美国媒体进行了一次民意测量，对43位总统进行排比，结果，哈里·杜鲁门名列第七，在他前面的是：华盛顿、杰斐逊、林肯、威尔逊、西奥多·罗斯福和富兰克林·罗斯福。

更值得注意的是：2006年12月11日，前联合国秘书长加纳人科菲·安南特意选定在独立城的杜鲁门图书馆发表他的卸任演说以表示对杜鲁门的尊敬。他说：

我觉得在这样一个纪念哈里·杜鲁门遗产的地方谈论这个话题特别合适。如果说罗斯福是联合国的设计师，那么杜鲁门总统就是联合国的总建筑师，是联合国诞生初年的忠实倡导者。当时联合国面临的问题与罗斯福所预期的问题大不相同。杜鲁门的名字将永远因伟大的全球事业中最具远见卓识的美国领导人的才干而载入史册。各位会发现根据我的这五条经验教训最终都会得出一个结论，那就是我们今天对于这种领导才干的渴求比起60年前来丝毫没有减弱。

杜鲁门总统曾经说过:"伟大国家的责任是为世界各国人民服务,不是统治他们。"他显示了当美国担起这个责任时所能取得的成就。时至今日,如果美国置身事外,没有一个全球性机构能够取得多大的成就。但如果美国充分参与,那么,一切都是可能的。

11 约翰·肯尼迪

中国的媒体往往把约翰·肯尼迪说成是美国最年轻的总统，这是错误的。美国最年轻的总统是西奥多·罗斯福，不是肯尼迪。造成错误的原因是翻译的疏忽。美国人在提到肯尼迪时总说他是 the youngest president ever elected，正确的译文应当是"最年轻的由大选产生的总统"，或"最年轻的当选总统"。罗斯福任总统时比肯尼迪任总统还年轻几个月，但他是在麦金莱总统被刺身亡后由副总统升为总统的，并不是当选的总统，他在 1904 年才成为当选总统。

不错，肯尼迪有好几个第一。他是美国历史上第一个出生于 20 世纪的总统；是美国历史上第一个天主教总统；又是迄今为止去世时最年轻的总统。

肯尼迪的曾祖父是一名爱尔兰天主教徒移民，他刚到美国时一贫如洗，凭出卖体力聊以生存。但到肯尼迪父亲约瑟夫一代，肯尼迪家庭已成为波士顿的有名望的家族。他在 1932 年大选中出资帮罗斯福竞选，罗斯福上台后，约瑟夫被任命为证券委员会主席，1937 年又被任命为驻英大使。作为爱尔兰人，约瑟夫有传统的反英情绪，因此他在英德开战以后仍主张美国必须保持中立，这同罗斯福的外交政策有矛盾，因而被召回国。

约瑟夫一气之下，决心要培养自己的儿子当总统。他说："我们肯尼迪家绝不能屈居人下。"他的培养对象就是大儿子约瑟夫二世，但最后当上总统的却不是大少爷，而是二少爷约翰·肯尼迪，其中的曲折且听慢慢道来。

约瑟夫共生了 9 个孩子。大儿子生于 1915 年，二儿子约翰生于 1917 年。为了从小培养斗争精神，大儿子和二儿子经常在客厅的地毯上进行摔跤比赛。其余的 7 个弟妹则依次排列在客厅楼梯的扶手上观看比赛。约翰当然打不过兄长，但他屡败屡战，博得了勇敢之名。

哥哥和弟弟都是哈佛大学毕业的。珍珠港事件后，两人都报名从军，大儿子投奔空军，被分配在欧洲战场，约翰投奔海军，被分配在太平洋战场。

1943 年 3 月，约翰·肯尼迪被任命为 PT 鱼雷艇艇长，驻扎在南太平洋的苏罗门群岛中的列多巴岛，PT艇的主要任务就是在晚间潜伏在布拉吉海峡，伺机袭击敌人运输船及护航的驱逐舰。肯尼迪的PT艇编号为109。

约翰·肯尼迪

1943年8月1日，日本海军派出4艘驱逐舰——"天雾"、"荻风"、"岚"、"时雨"，经由布恩比岛向克伦巴卡岛前进，他们预定在半夜时分将900名军人及物资运抵比拉基地。这时，美方的15艘PT鱼雷艇也正好开往各自的指定区域进行巡逻。双方发生了遭遇战，美方发射了30枚鱼雷，但没有一枚击中。相反，日方进行了猛烈的还击，各鱼雷艇纷纷落荒而逃，敌人的4艘船只都太太平平地抵达了目的地。

但肯尼迪的PT—109因出发较晚，没有碰上这一交锋，也不知道双方发生了战斗，所以它仍在海面进行孤独的巡逻。这时，"天雾号"已完成任务按原航线返航。站在甲板上的花见舰长突然接到观察哨报告说："前方出现船只。"

在黑暗中，花见模模糊糊地看到前方所出现的好像是美国的PT鱼雷艇。花见原准备下令发射炮弹，但马上发现距离太近，炮手们根本没有时间来瞄准。于是他随机应变，下令开足马力，全速前进。他准备用相撞的办法，撞毁这艘小小的鱼雷艇。

这艘鱼雷艇就是肯尼迪的PT—109。这时站在炮台上的马涅突然狂叫："啊，不好，右边有船。"肯尼迪立即转头向右望去，只见黑暗中一艘船影直逼眼前，愈来愈大。原先他还以为是同伴们的PT，但立即就发现不对，那是一艘日本的驱逐舰。他想下令发射鱼雷，但距离这么近，已来不及了。他正在想到底该怎么办，只听得"嘭"一声，"天雾号"的船头已经切入PT—109右舷。肯尼迪手中握的方向盘被撞得四分五裂，他本人也被撞倒在地。眼望着敌人的驱逐舰把109撞成两半，然后悠然穿过往前驶去。惊恐之余，肯尼迪爬了起来，发现自己所躺卧的109的前半身还没有下沉，但四周有不少汽油，正在燃烧。只有"天雾号"前进的那一方还没有汽油。

肯尼迪大声呼叫，寻找他的手下。经过几个小时，共找到了11人，包括受伤较严重的马克曼。大家集合在尚未下沉的鱼雷艇残骸旁商量对策。当时，离他们最近的小岛约有5公里。如果在平时，游5公里不算太困难，但目前体力已消耗殆尽，而且还有伤员，该怎么办呢？肯尼迪左思右想，最后下了一道命令："好吧，我们就这样进行吧，马克曼由我负责带过去。在37厘米炮下面有一块厚木板，可以利用，你们9个人就紧抓那块木板游过去。当然，我也知道在海上抓着木板游泳速度一定很慢。但此刻最重要的不是速度，而是大家不要分散。如何安排，我托汤姆少尉负责。"

9人出发后，肯尼迪才让受伤的马克曼平躺在海面上，然后将马克曼的救生袋的一端绳子咬在自己嘴里，整个人则钻在马克曼的下方，开始游泳，时间是下午1点。天色已黑时，肯尼迪终于把马克曼拖上了小岛，他们趴在海滩上不能动弹，因为实在太疲劳了，尤其是肯尼迪，他因口中咬着绳子而喝进了一些海水，使他呕吐不停。但他们还是比其他9人早到，当其他9人到达时，看到肯尼迪已在招手欢迎。劫后余生，大家都有说不出的高兴。

第二步是怎样与总部取得联系。肯尼迪思索之后说："我想到花卡森海峡一带去看看，因为那地方每天晚上都有PT去巡逻。我们不是带了一盏油灯吗？正好利用它来打信号。"

大家认为这样做太冒险，但肯尼迪认为，这个险是非冒不可，而且非由他本人去冒不可。众人没法阻拦，肯尼迪就出发游过一个个珊瑚礁，到达了花卡森海峡。他在那儿等候了几个小时，什么也没有看到，只好败兴而返。但由于潮流的关系，他没有能找到原地，只好游往附近的一个小岛，倒在沙滩上睡着了。

留在普兰布丁岛上的同伴们到8月3日早上还不见肯尼迪回来，大家心中感到凶多吉少。幸好在中午的时候，大家发现一个人影从海面游来，肯尼迪终于回到了家，他还没有来得及讲话，就倒头睡着了。8月5日，大家决定转移到欧拉撒纳岛，因为岛上有不少水果及椰子，可以充饥。众人在该岛又过了一夜，已是8月6日，大家感到没有希望，精神沮丧。肯尼迪又出一计说："花卡森海峡与欧拉撒纳岛之间有一座小岛，叫作峨岛，不妨去那儿看看，总比在这儿等死强。"

肯尼迪就带了罗斯出发，其余9人留在岛上，他们等了几个小时，忽然发现有两名土人坐独木舟而来。他们招呼土人上岸,但由于语言不通,一时无法打听消息。他们只好留住土人等肯尼迪回来。不多久,大家看到肯尼迪也坐一条独木舟回来了。原来肯尼迪在峨岛找到了一条被日本人抛弃的独木舟,舟上还存有糖果、罐头和饮用水。

现在需要解决双方语言不通问题。肯尼迪决定把土人带到峨岛,因为从峨岛可以望见列多巴岛的山顶。他在峨岛上指着山顶向土人说:"那是列多巴、列多巴。"

然后,他从地上捡起一颗椰子,用小刀在椰子上刻了三句话:"有11人生存,土人知道在何处,请派船搭救。肯尼迪。"于是,两位土人就担负起搭救11位美国海军的任务。他们负责把信息传到部队。

8月8日,星期天早上,这11位生还者,终于在遭难一星期之后,安全地回到了列多巴的PT艇基地。基地上的战友们,都高兴地拥上来,祝贺他们死里逃生。看着这11位满面胡须、衣服破烂的战友,他们忍不住开玩笑说:"我们以为你们都死了,所以早为你们举行过追悼仪式,没想到你们又复活了。"

当然,最开心的莫过于肯尼迪一家。他们早在8月2日就接到了肯尼迪失踪的消息,一连几天没有下落,阴云密布了肯家大院,但在8月7日晚,肯家的电话响了,拿起话筒的是肯尼迪的妈妈罗丝,她听到了一个最渴望听到的消息:"夫人,令郎杰克没有死,他还活着,也没有受伤。"

PT—109人员的获救,是美国第二次世界大战中的一个小小奇迹。除了归功于受难人员本身的耐心和团结外,更要归功于肯尼迪艇长的领导有方。

至于肯尼迪本人,由于这次了不起的功劳,荣获了荣誉战功勋章和海军勋章。这次考验对肯尼迪此后的人生旅程起了很大的作用,假如没有这场考验,大概后来的肯尼迪总统也就不会诞生了。

PT—109已经不存在了,军方领导鉴于肯尼迪的背部旧伤复发,要他回国休养,但肯尼迪拒绝了上级的好意,他要求当另外一艘PT艇的艇长,于是他又成了PT—59的艇长。

PT—59又一次立了功。这一次,为了搭救被日军包围的美国部队,PT—59在肯尼迪指挥下竟搭救了50多位海军人员。

但肯尼迪在担任新艇长3个月后,背部伤势恶化,而且又染上了疟疾,医生命令他必须回国疗养,他才离开了列多巴基地。

肯尼迪的背部伤势是在大学时造成的。他是竞争激烈的美国足球(橄榄球)爱好者,在一次比赛中,他折断了脊骨,种下了病根。为了再次治疗这个老毛病,他在医院滞留了好几个月。

1944年8月12日,肯尼迪病愈出院,为了表示庆祝,他家举办了一次出院庆祝舞会,对这一位年轻、漂亮、勇敢而又有钱的肯尼迪中尉,姑娘们早已崇拜得五体投地,个个恨不得能有机会亲近他。所以，舞会上美女如云，是不必再说的了。正当舞会尽兴之际，只见肯尼迪爸爸脸色惨白地走了进来，向肯尼迪讲了几句话。肯尼迪马上宣布："我们接到了关于我哥哥约瑟夫的不幸消息，舞会至此结束。"众人只好扫兴而退。

原来约瑟夫二世在一次执行轰炸任务的途中，因飞机在大西洋上空爆炸而身亡。

肯尼迪本来是想做记者或大学教授的，但由于大哥之死，他不得不接大哥之棒，冲向政界，以实现爸爸的夙愿。在整个家族的支持下，他进入了众议院，然后到参议院。1960年，终于被推选为民主党总统候选人。他的共和党对手就是尼克松，这是一场激烈的鏖战。传记作家乔伊斯·密尔斯这样写道：

1960年的选举在很多方面酷似2000年的选举。其中一方的候选人是在一位很得民心的总统手下供职了8年的副总统，但他的个人气质并不吸引人，而且谈吐又不怎么的，使人容易想到木偶戏中的人物。而其对手则是一位大名鼎鼎的人物的儿子。除了个性不同外，他还获得他家族的有效的竞选支持。更巧的是，在其党内，有不少人认为他还太嫩，不适合当总统，并认为他的一路发展与其说是出于他本人的才能，倒不如说是出于他家族大力的后援。选举的结果，群众票几乎是平分秋色，那位公子仅在选举人团中多得了几票。人们纷纷指责选举中有作弊行为。

不过，不同的是戈尔提出了重新计票的要求，而尼克松则没有做声。有人曾问尼克松他为什么不做声，他回答说，他担心如果这样做，历史可能把他说成是一个哭鼻子的输家。

50年代后期是马丁·路德·金牧师领导的黑人运动蓬勃发展的时期。所以肯尼迪总统要处理的重大内政问题就是黑人人权问题。

西奥多·索雷森评曰："肯尼迪开始认识到关于争取所有种族的权利和机会平等的这场斗争是当前时代的一个重大的道义议题。他义无反顾地以美国总统的身份站在了这场战斗的最前线，这是20世纪的任何总统都比不上的。他为全国各地的人权运动人士所遭到的残暴对待感到愤慨，决心强制执行司法程序，令各个州立的高等院校开放给黑人学生，于是，在1963年中发动了空前的和全面的立法和司法活动，从根本上改变了美国的黑白种族关系。"

最突出的例子是密西西比大学校园事件。该校已录取了一名黑人学生詹姆斯·梅雷迪斯，但当地保守派在州长纵容之下阻挠梅雷迪斯进入校园注册。肯尼迪亲自几次打电话给州长要他制止阻挠行为，但州长含糊其辞拒作承诺。最后，肯尼迪下令出动国民警卫队护送梅雷迪斯入校注册，并每天保护他安全上学。这一事件当时曾震动全国。

接着，他又向国会提出了 1963 年人权法，该法后来在约翰逊总统任期内获得通过。金牧师也始终认为肯尼迪是美国黑人的朋友。传记作家威廉·孟彻斯特这样写道："金牧师在林肯纪念堂向几十万听众说：'我有一个梦，有一天，佐治亚州山区的前奴隶的儿子们将与前奴隶主的儿子们亲密地坐在一个桌子上'。金牧师讲完后肯尼迪邀请他到白宫做客，并对他说：'我也有一个梦，与你同样的梦。'"

不过，肯尼迪更重要的表现是在对外关系方面。

卡斯特罗在古巴建立革命政权后，就有一大批反革命分子逃往美国。中央情报局头子艾伦·杜勒斯把他们收留起来并加以组织，成立了所谓的古巴旅，准备随时伺机返回古巴搞反革命复辟。他们还特地在危地马拉设置了一个训练基地。

肯尼迪就职还不到一个星期，中央情报局就来找他，要他立即派古巴旅发动进攻。肯尼迪刚上任，还没有弄清楚事情的底细，他要求给予充分的时间进行考虑，但艾伦·杜勒斯欺负肯尼迪没有经验，竟大摆老资格，向他进行了一次出奇的"推销"。

杜勒斯说，现在是古巴旅取胜的唯一机会，错过这个机会以后就难办了，因为卡斯特罗很快就会从俄国人那儿得到一大批米格式飞机，估计在 6 月 1 日以前，卡斯特罗就能装备起足够数目的飞机编入现役，由正在捷克斯洛伐克受训的古巴飞行员驾驶。那时古巴旅就没有可能在海滩登陆建立滩头阵地了。杜勒斯还说，危地马拉总统伊迪哥拉斯已通知，在马德雷山区受训的古巴人到 4 月以后就不能再在那儿待下去了，因为雨季一来，那儿将成一片大沼泽，不可能进行训练。现在箭在弦上，势在必发，我们准备充分，势在必胜，古巴的解放可以说万事俱备，只欠东风，那东风就是总统的点头。

肯尼迪仍半信半疑，拿不定主意。于是杜勒斯二次进言曰："如果总统不批准这个计划，就等于不容许那些爱好自由的流亡者从共产党独裁政权下解放自己的祖国，等于鼓励古巴去颠覆拉丁美洲各国的民主政府，并且为 1964 年的总统选举制造一个难题，因为感到幻灭的古巴旅必然会在共和党资助之下，指责总统背弃他们，姑息卡斯特罗。"

肯尼迪问道："那么，你看有成功的把握吗？"

这个问题正中杜勒斯下怀，他立即口沫四溅，大吹起来："胜利是没有问题的，我们已在 1954 年的危地马拉事件中获得丰富的经验。我可以坦白地说，与危地马拉事件相比，我们现在的力量要比那时至少大一倍有余，准备的时间也至少充裕一倍有余。我告诉你，当时我就站在这儿，站在艾森豪威尔总统的办公桌旁边，我拍着胸脯向艾克担保我们的危地马拉行动计划一定会成功。艾克完全相信我的话，我们的计划一丝不差地取得圆满成功。总统先生，我可以说，现在我们古巴旅的计划的前景要比那时更好得多。"

肯尼迪又向参谋长联席会议征询意见，参谋长联席会议主席兰尼兹将军回答说，他已看了这个计划，他认为成功是不成问题的。

肯尼迪最后派了一名代表，到危地马拉训练基地去做一次实地考察。这位代表报告说："我的观察增强了我的信心，使我认为这支部队不仅能够完成初期的作战任务，而且有能力实现推翻卡斯特罗这一最终目的。他们说，他们深知其本国人民，认为只要给对方的军队一次沉重的打击，那些军队就会土崩瓦解，立即抛弃他们本来无意支持的卡斯特罗。不管卡斯特罗能使出多大力量，他们对胜利是有绝对把握的。"

肯尼迪终于让步，批准了行动计划。

结果证明，那个古巴旅完全是乌合之众，根本不堪一击，入侵成了国际上的一大笑柄。

入侵古巴的失败使刚上任的肯尼迪大丢其脸。他后悔地说："我当时怎么会这样轻率呢？我一生从来不迷信专家。我怎么会这样愚蠢，竟让他们放手去干呢！"肯尼迪对这次失败耿耿于怀，随时想寻找机会，拉平比分，而赫鲁晓夫果真不久就赐他一个良机。

1962年秋，赫鲁晓夫以帮助古巴为名，要在古巴设置地对地导弹。卡斯特罗虽然在开头表示反对，但经不住赫鲁晓夫的劝说和利诱，到底还是点了头。于是苏联导弹就陆续地、秘密地由苏联运至古巴。中央情报局也探听到了一些似可信似不可信的风声。

9月初，肯尼迪的弟弟、司法部长罗伯特·肯尼迪召苏联驻美大使多勃雷宁至司法部谈话。多勃雷宁对罗伯特说，赫鲁晓夫已指示他要肯尼迪总统放心，苏联绝不会在古巴设置地对地导弹或其他进攻性武器。他还说，赫鲁晓夫喜欢肯尼迪总统，他不想使总统为难。

多勃雷宁的话一点没有解除肯尼迪的疑虑。总统在他弟弟的建议下，于9月4日发表声明，表示美国绝不容忍把进攻性的地对地导弹或任何其他进攻性武器引进古巴。9月11日，苏联大使馆人员交给罗伯特·肯尼迪一封信，托他转交给总统。这是赫鲁晓夫的亲笔信。赫鲁晓夫在信中明确地说，他希望总统放心，苏联绝不会把地对地导弹运往古巴。

1962年10月16日，中央情报局对间谍飞机U—2在古巴上空所摄的照片进行了仔细的分析，发现在古巴的圣克里斯托瓦正在建筑导弹发射场。肯尼迪接到情报局报告后立即召开内阁会议，商议对策。总统决定进一步进行侦察。10月17日，情报局提供新的照片，表明圣克里斯托瓦除有中程导弹发射场外，还发现在圣克里斯托瓦和哈瓦那之间的瓜纳哈伊地区以及古巴东部的雷梅迪奥斯，设有远中程导弹发射场。苏联用这些设备可以向美国本土的目标一次集中发射40枚核弹头。

总统安全顾问邦迪和各位参谋长主张采取"外科手术",也就是对基地实行突然的空袭。国防部长麦克纳马拉表示反对,他主张采取封锁或曰隔离的办法,逼苏联撤回导弹。但他又说,他已在准备飞机、人员和炸弹以供轰炸之用,如果最后作出的决定是轰炸的话。

10月22日,肯尼迪在下午7时发表电视演说,他说,在过去的一周里,已有确凿的证据表明在古巴正在修建一系列进攻性的导弹发射场。修建这些基地的目的只可能是为了提供向西半球进攻的核打击能力。他说,为此,美国将对古巴实行封锁,直至导弹撤走。他还说,封锁是初步措施,他已命令五角大楼为进一步的军事行动做好一切必要的准备。

麦克纳马拉已做好计划,列出战备需要:25万兵员,对古巴各种目标进行2000架次出击,9万名海军陆战队和空降部队的入侵力量。部队正迅速开往美国东南部,他们都已装备齐全,并做好了准备。已开始把100多艘军舰集中起来,供入侵之用。

10月23日,罗伯特·肯尼迪往苏联大使馆会晤多勃雷宁,后者竟再一次一口咬定说,在古巴没有导弹。

10月24日,封锁早已开始了,但在上午10时,麦克纳马拉报告,有两艘俄国船——"加加林号"和"科米莱斯号",已经距离封锁线只有几海里了。可能在华盛顿时间正午以前需要对其进行拦截。同时,海军方面又报告说,有一艘俄国潜水艇穿插于两艘俄国船之间。海军决定派"埃塞克斯号"航空母舰前往阻拦,它将用声纳信号通知该潜艇浮出水面以证明身份。如果对方拒绝这样做,将使用小型的深水炸弹使之浮出水面。

这时,肯尼迪陷入了最紧张的状态,他弟弟这样描写哥哥:

我认为这几分钟是总统最为严重关注的时刻。世界已处于大规模毁灭的边缘了吗?这是我们的过错吗?还有什么该做的事或者说不应该做的事吗?他把一只手伸到脸上,蒙住了嘴。他把拳头放开了又捏拢。他的脸好像拉长了。他的眼睛有痛苦的神情,简直变成灰色。

我模模糊糊地想到他过去生病,病得快要死的情况;想到他失去孩子的情况;想到我们获悉大哥死亡时的情况。我仿佛不知道自己的存在。然后,我听到总统说:"有没有办法可以使我们不首先同一艘俄国潜艇交火呢?除此之外,就没有别的办法了吗?"麦克纳马拉回答说:"别无其他办法。已经指示司令官要尽可能避免发生战争。但是,我们也必须预料到会发生战争。"

我们已处于进退不得的悬崖的边缘。决定就在此时此刻。不是明天,那样的话我们或许还可开个会商量商量;也不是8小时之内,那样的话,我们还可以给赫鲁晓夫拍个电报。总统已把这事态开了个头,但他已无法控制事态的发展。现在只有听天由命了,时间的分分秒秒,都显得太慢了。

然后,信童突然送来了一个信息:俄国的舰只已停止了前进。

危机暂时缓和了,但远未结束。10月25日,赫鲁晓夫终于送来了一封和解的信,信中说:

如果战争果真爆发了,那么,这场战争将不是我们的力量所能制止的,战争的逻辑就是这样。我参加过两次大战,知道战争要到它碾过了许多城市和乡村,到处播下了死亡和破坏的种子之后才会结束。

如果美国总统作出保证说,他绝不参与进攻古巴并解除封锁的话,那么撤除和销毁古巴导弹基地的问题就是一个完全不同的问题了。

这就是我的建议:绝不再向古巴运送武器,已经在古巴的那些武器,则加以撤除,你们则以解除封锁和答应不入侵古巴作为交换。

赫鲁晓夫在信中已承认苏联在古巴设置了导弹,这是他自己打自己的耳光,但毕竟是一大进步。

可第二天,苏联外交部又给了美国一封信,内称:"我们将从古巴撤走我们的导弹,而你们应从土耳其撤走你们的导弹。苏联将保证不入侵或干涉土耳其的内政;美国也应该对古巴作出同样的保证。"

这是与赫鲁晓夫的亲笔信相矛盾的,总统的谋士们作出决定:美国将接受赫鲁晓夫的信的建议,并据此作答,同时假装不知道有第二封信。

赫鲁晓夫无可奈何,只好答应在适当监督和核查之下,撤走导弹。当撤走导弹的俄国船只驶进大洋时,美国飞机在上空飞翔,要求打开货舱察看所载导弹。苏联舰长也只好乖乖地打开货舱,任美国人员在空中察看。

赫鲁晓夫在比赛"两人相对看谁先眨眼"中显然打了一个败仗,但他在自传中不但不以为耻,反以为荣。他写道:"我们赢得了美国不入侵古巴的保证,这是一个伟大的胜利。"

赫鲁晓夫作出撤走导弹的决定前没有同卡斯特罗商议,这引起了古巴人的极大反感,古苏关系一度出现阴云。赫鲁晓夫急派米高扬前往古巴进行安抚,并答应增加经济援助。一场小风波才算平息。

10年以后,卡斯特罗自我检讨说:"事实证明,赫鲁晓夫的决定是正确的,我当时反对撤除导弹是错误的。"

不过，肯尼迪从一开始就讲明，他的目的是寻求和平而不是对抗。他说，他寻求的"不是依靠美国的武器威力而强加给世界的所谓美国和平，也不是只给美国人的一种和平，而是给全人类的和平，不是只求我们这一代的和平，而是世世代代的和平。有人说，除非俄国人改变他们的政策，这种努力是白费的。我希望他们能改变。我相信我们能帮他改变。但我也相信我们必须重新研究我们自己的态度。美国人必须用这样一种角度来办事：使共产党觉得达成一种真正的和平对他们是有利的。如果我们一时还不能消除分歧，至少应做到具有分歧的世界安全。因为说到底，我们有一个共同因素：我们生活在同一地球上。我们呼吸的是同一的空气。而且我们都是寿命有限的人。美国不要战争，我们并不期望战争。我们将力求阻止战争。我们也要力求建立一个这样的和平世界：弱者能享受安全，强者能施行正义。我们应向和平战略前进而不是向灭绝战略前进"。

不幸的是，1963年11月22日，他在德克萨斯达拉斯出巡时被暗杀身亡。

历史没有假设，但请宽容一次，听一下索雷森的假设。他写道："如果没有1963年11月22日约翰·肯尼迪被残杀事件，我们的世界将不是今天的世界。"

至少，不会有华盛顿郊外的那垛越南墙。

笔者读到过这样一个故事：在朝鲜战场上吃过亏的麦克阿瑟将军曾晋见肯尼迪并进言道："美国不能派兵到亚洲去打仗，亚洲人不怕死人，我们拼不起。"肯尼迪说，他在连选连任后将冒天下之大不韪结束越南战争。但继任的约翰逊总统却听信二流将军们的"必胜"保证，增兵又增兵，到了30万，结果死伤累累，不可收拾。约翰逊只好宣布他不再竞选总统，从而把结束越战的大功送给了共和党的尼克松。

人算不如天算。诸葛亮的五丈原本命灯被魏延无意中扑灭。孔明只能弃剑而叹曰：生死有命，一心难与命争衡。历史悲剧不能断也。

肯尼迪为人们留下了一句最激动人心的话：

"同胞们，不要问你们的国家能为你做些什么，而要问你们能为国家做些什么。全世界的公民们，不要问美国愿为你们做些什么，而应问我们在一起能为人类的自由做些什么。"

《时代》周刊从2002年起，每年独立纪念日那周选登一位它认为对美国产生重大影响的人。当年的人选是探险家路易斯和克拉克，2003年是富兰克林，2004年是杰斐逊，2005年是林肯，2006年是西奥多·罗斯福，2007年是肯尼迪。为什么肯尼迪获得如此高的荣誉呢？因为2005年解密了一批材料，证明他曾在任内与好战分子进行了艰苦的斗争。《时代》文章的标题是《和平的战士》，其主旨如下：

年轻时的肯尼迪就有一种深深的厌恶战争的心理，因为他的亲哥哥死于第二次世界大战，他的一位妹夫也死于第二次世界大战。他在太平洋作战时曾写信给家人说：

"所有战争都是愚蠢的。"他承认在与尼克松竞选时说过过头的话,因为尼克松是以反共闻名的,他不能在他面前示弱。

在艾森豪威尔政府的最后一年,军方与中情局早已策划雇佣军入侵古巴的计划。中情局人员利用肯尼迪刚刚上任,不明真相,向他进言说:入侵古巴已准备就绪,万无一失,如"双手扣篮"(slam dunk)。肯尼迪明知并不可靠,但又无力反驳,结果造成了"猪湾丑闻"。

解密材料证明,当时中情局内部并没有必胜信心,而是认为:只要发动入侵,肯尼迪为了保全美国面子,必然会支持到底。当雇佣军遇到灾难时,中情局头头艾伦·杜勒斯要求肯尼迪用空军和陆战队增援,军方头头也持同样立场,但肯尼迪坚决拒绝。他不愿意让美国兵送死。而且,如果这样做,拉丁美洲国家将把美国视为"杨基王八蛋"。苏联也可能在西柏林搞名堂。

肯尼迪在公开场合宣布,他完全对"猪湾事件"负责。但从那个时候起,他就和好战派势不两立。

当时的参谋长联席会议主席雷尼茨曾说,"突然停止帮助入侵军是绝对错误的,几乎是一种犯罪行为。"海军参谋长伯克说:"肯尼迪先生不是一位好总统,他把国家弄糟了。"

肯尼迪对中情局很恼火,他终于把杜勒斯给开除了。

从"猪湾事件"起,肯尼迪就再也不相信将军们和谍报头头们了。

据历史学家施莱辛格说:"1961年有一天,他到肯尼迪办公室时,总统拿起一沓来自雷尼茨将军(他在老挝视察)的电报说,'如果没有猪湾事件,我或许会相信这些。'他认为雷尼茨这些人是一些老糊涂。我认为他是第二次世界大战英雄,所以敢藐视这些参谋长。"

肯尼迪对中情局更无好感。他的弟弟罗伯特·肯尼迪(司法部长)认为,中情局不仅不办好事,而且是一个无赖组织。特别在古巴导弹危机后,肯氏兄弟似乎更关心的是如何使古巴问题不要成为国内争辩的问题,而不是如何推翻卡斯特罗的问题。

关于暗杀卡斯特罗一事,完全是中情局背着肯尼迪兄弟干的。罗伯特的遗孀在20世纪80年代访问古巴时对卡斯特罗讲:杰克和鲍比绝对没有参与此事。卡斯特罗回答说,我已知道了。

施莱辛格说:白宫没有能控制几位参谋长。因此,肯尼迪更担心的倒不是赫鲁晓夫对美国进行突然袭击,而是担心某些心态不正常的将军轻举妄动引发第三次世界大战。

他特别担心的是那位动辄开枪的空军司令雷麦,此人认为,美国必须在军备占优势之际对苏联发动先发制人之战。在古巴导弹危机的13天中,雷麦一伙曾不断施加压力，要肯尼迪"油炸"（fry）古巴。

当时在白宫高级会议上支持总统的只有两个人，一是罗伯特·肯尼迪，一是国防部长麦克纳马拉。总统终于耐心地通过各种渠道与赫鲁晓夫达成协议，"从而度过了人类历史上最危险的时刻"。

为什么这样说呢？原来参谋长们曾一致地向肯尼迪保证，古巴的导弹没有配以核弹头。但在40年后，麦克纳马拉、施莱辛格和索伦森在哈瓦那的一次会议上得知，当时的苏联驻古巴司令员已获命令：如果美国袭击古巴，可以使用核反击。

再说越南问题。鹰派人士一再要求白宫增加援越兵力，肯尼迪坚持以16000人为限。他还对麦克纳马拉讲，他在连选连任后将从越南撤走全部美军。所以第一步是要做到连选。

不错，肯尼迪曾说过这样的豪言壮语："火炬已传给新一代的美国人，他们为我国悠久的历史传统感到自豪，他们不愿目睹或听任我国一贯坚持的而今天仍在向全世界保证的人权有所消亡。我们应让每个国家都知道，我们将不惜任何代价，承受任何负担，应付任何艰难，支持任何朋友，反抗任何敌人。"但他的偏重仍然是用意识形态手段和经济建设手段与共产主义竞争，而不是用武力较量。他绝对相信，只要没有核战争，资本主义一定会压倒共产主义。

他在私下主张承认古巴，据朋友蜜尔特·爱尔秉说："他告诉我，如果我们承认古巴，古巴人就会买我们的电冰箱，买我们的电气用具，他们会慢慢地摈弃卡斯特罗。"

肯尼迪还时常说，他希望在他的墓志铭上有这样一句话："他保住了和平。"

1963年，赫鲁晓夫在克里姆林宫听到肯尼迪被刺消息时，竟潸然泪下，悲痛不已，一连数日，不能视事。赫氏认为，他们两人可以合作使世界保持和平。

索伦森认为，肯尼迪在西雅图华盛顿大学的那次演讲是典型的"和平演说"。总统在演说中直说："我们必须直面这样一个事实：美国既不是万能的，也不是全知的。我们只占世界人口的6%，我们做不到把我们的意志强加在其他94%的人身上。我们没有力量去纠正每一起错误，也没有力量去挽救每一起灾祸。因此，我们不可能对每一个世界问题作出美国方式的解决。"

在那次演讲中，肯尼迪表示想做冷战时期任何总统不敢做的事，也是今天的任何总统不敢做的事，那就是全球人道主义化，包括敌人在内。他说，"我们住在同一个小小地球上。我们同样珍视我们孩子们的前途。我们都会死亡。"因此，我们要对一切人施行人道主义。

他了解我们的力量来自我们的民主信仰而不是我们的炫耀武力。

总而言之，统而言之，他是一位超前的总统。

12　吉米·卡特

1924年10月1日，吉米·卡特生于佐治亚州西南部的普莱因斯。他父亲是一名花生农。吉米在回忆录中说："幼年时我家很穷，黑人和白人形成了一种令人吃惊的亲密关系。我们没有任何白人邻居，只有黑人邻居。我的伙伴是黑人孩子。我和他们一起玩，一块打架，一块摔跤，和他们一起在地里干活，一起去钓鱼。"但当吉米进入中学后，这种关系忽然发生了变化。他的幼年朋友不再叫他"吉米"，而是称他为"先生"。他感到非常不自然。这是他第一次体味到种族歧视。

吉米16岁从普莱因斯中学毕业后，到附近阿梅里克斯的佐治亚西南大学读了一年书，然后作为海军预备军官训练团的学生进了佐治亚理工学院。1943年，由该院到安纳波利斯进入海军学院。

1946年，吉米以优良成绩从安纳波利斯毕业。这对于一个来自佐治亚偏僻农村的孩子来说，是一个不小的成就。吉米在总结海军学院三年的学习时写道："我欣赏那里的全部生活，甚至那些不太愉快的部分。那些年月是挑战性的，使人兴奋的，是上进的年月。"吉米经常用"挑战"两字来形容他的军事生涯，很明显，正是这个方面对他最有吸引力。

毕业后，吉米短期回到普莱因斯

吉米·卡特

与罗莎琳结婚。吉米带着他的新婚妻子回到海军。他申请到潜水艇上工作。从1948到1953年离开海军为止，他一直在潜水艇上服务。

吉米开头服役的一批潜艇是用蒸汽来发动的。它需要定期浮上水面来追加燃料。但当时海军正在发展第一批核动力潜艇。对这一革命性的原子能发展负主要责任的人是海军中将海曼·里科弗。他是新成立的核潜艇方案署的署长。吉米马上递了一个求职申请。里科弗与他的这次接见是吉米最津津乐道的故事：

那是我第一次会见里科弗将军，我们单独坐在一间宽敞的屋子里有两个多小时，他让我挑选任何我所希望讨论的问题。我非常谨慎地挑选了我当时知道得最多的那些问题——时事、航海技术、音乐、文学、海军战术、电子学、射击学，接着他问了我一连串愈来愈难的问题，每一次他都很快地证明，我对我所挑选的问题相对地说是知道得很少的。

他老是直接地注视着我的眼睛，始终没露笑容。我浸透着冷汗。

最后，他问了我一个问题，我以为我可以得到拯救了。他说，"在海军学院，你在班上的成绩怎么样？"由于到安纳波利斯当一年级学生以前，我已读完了佐治亚理工学院的二年级，所以成绩的确很好，因此我就骄傲地挺起了胸脯回答说："先生，在810人的一个班中，我名列第59。"说完后我就舒坦地往后一靠，等待着祝贺——但祝贺并没有到来，到来的是一个问题："你竭尽全力了吗？"我张口想说"是的，先生"，但是我记起了他是谁，我回想起在海军学院曾有许多次我本来应该更多地钻研一些关于我们盟国的情况、我们的敌人、武器、战略等等。我只是常人而已。最后我吞了一口气说："没有，先生，我并不总是竭尽全力的。"

他注视着我很长时间，然后转过他的椅子，结束了这次会见。他问了最后一个问题，这个问题我一直不能忘怀——或者说一直未能作出答案。他说："为什么不竭尽全力呢？"我坐在那里待了一会儿，惘然若失，然后慢慢地离开了房间。

里科弗有一次曾经这样总结过他的哲学："你在和平时流汗越多，你在战争中就流血越少。"他具有一种几乎是超人的精力，无情地鞭策着他自己和他的部下。关于他，吉米写道：

他有一种令人难以置信的勤奋精神和工作能力，他要求他的部下全部献身于工作。我们惧怕他，尊敬他，并且尽力做到使他满意。我想不起那一时期他曾经说过什么赞扬我的话。不批评就是他的赞扬；如果一件事情没有做到他认为能够做到的程度，他就会毫不迟疑地进行严厉批评。他对我们的期望是极大的，但是他总是作出了更大的贡献。

我记得有一次，在一天的辛勤工作结束之后，随他一起飞往西雅图。这是一次在商业喷气飞机上的长途飞行。飞机起飞后他就开始工作，我们也决定进行工作。几小时后，我们其余的人都丢下工作睡着了。当我们醒来时，里科弗却还在工作。

那些在吉米当州长时和后来在1976年总统竞选中同他一起工作过的人，都证实吉米是以里科弗的为人为榜样的。

卡特作为总统，只获得一任。任内主要做了两件好事。第一是促成了以色列和埃及的和平谈判。第二是正式承认了中华人民共和国，并邀请邓小平正式访美。

卡特的最大败笔是伊朗问题。

1978年，他受伊朗国王巴拉维的邀请，前往德黑兰进行访问。他在广播中盛赞巴拉维是"一名极明智的领袖，是中东稳定的支柱"。原来这位国王是开明人士，认为伊朗应当西化，引起了伊斯兰极端分子的不满，他们发动政变，取得政权，并请避难在巴黎的宗教领袖霍梅尼回国主政。

巴拉维要求到美国避难，卡特起先加以拒绝，但后来又允许他来美治病。政变分子大怒，占领了美国大使馆，扣留了52名美国人质，并提出下列要求：

1. 把国王送回伊朗。
2. 把国王财产交还伊朗人民。
3. 美国对过去的作为进行道歉。
4. 承诺以后不干预伊朗内政。

虽然国王最后去了埃及，但人质问题没有能解决。于是卡特决定采取军事行动。他组织了几架飞机，实行抢救。但有一架飞机在沙漠地区出了毛病，全体人马只好无功而回。这酿成了一次国际大笑柄，也导致卡特在连选中的失败。

1981年1月14日，卡特在白宫发表告别演说。他主要谈的是外交问题。他说：

请给我几分钟，暂时抛开我的总统地位，作为一名世界公民就我们所面临的三大难题讲几句话。三大难题是：核危险问题，管理地球资源问题，维护人类的人权问题。

自从广岛投下第一颗原子弹以来已有35年了，然而，核危险的可能已愈来愈大。如果美国软弱（不管真的软弱还是使人觉得软弱），都可能引诱人们发动侵略而酿成战争。我们必须保持强大，而且一定要保持强大。但是，美国和所有国家必须以同样的决心想方设法控制和压制由于世界核贮备的增加而带来的可怕危险。

第二个严厉的挑战是要保护我们所生存的这个世界的质量。笼罩在我们未来的阴影不仅仅是武器的发展，而且还有未来世界之是否宜居。

我们最珍贵的自然财富正面临真正的和愈来愈大的危险：我们所呼吸的空气；我

们所食用的饮水；我们所依靠的大地。如果我们不采取行动，到2000年时，世界会变得不如今日。

不过，我们不用悲观。如果我们有勇气和远见来处理这些问题，我们是可以解决这些问题的：饮水，粮食，矿藏，土地，森林，人口过剩，污染等。

我刚才讲的是人类可能发展的破坏力量，我们也有可控制它们的办法。其中主要的力量就是加强民主来提高个人自由的作用。争取人权是超越肤色、民族、语言和国界的。

我全心全意地相信，美国必须永远在国内和国外维护基本人权。这是我们的历史，也是我们的命运。

卡特的这番话，实际上为美国的外交政策定下了框框。

卡特之所以有名，倒不在于他是总统，而在于他是一名伟大的"总统后"。美国历史上没有一位"总统后"能像卡特那样关心人权，并为之四处奔走呼号。

美国《交流》季刊曾发表《永不停息的卡特》一文，介绍下台后的卡特：

1981年，吉米·卡特竞选连任失利，回到老家佐治亚州的普莱恩斯，几乎处于崩溃的境地。他受到的责难不一而足，说他是美国种种弊端的制造者，美国经济停滞不前的罪魁祸首；尤其叫他倍感羞辱的是，他为营救52名美国人质而采取的行动在伊朗一片人迹罕至的沙漠里一败涂地，而伊朗却在罗纳德·里根宣誓就职的当天宣布释放这些人质。卡特个人的经济状况一塌糊涂：当他去白宫走马上任时他的花生贸易货栈本来是生意兴隆的，由于全盘交托别人，如今却拉下了一百万美元的亏空；他眼看就要把农场赔进去，说不定连自家的住宅也保不住了。吉米·卡特不得不承认，当了一任总统之后，他面对着的生活"一片空虚，了无指望"。

可是一天深夜，他忽然笔直地坐在床上说了一句："解决冲突。"他对夫人罗莎琳说："我现在知道卡特中心（Carter Center）应该干些什么了。咱们可以把它办成一个调解冲突的地方。"

罗莎琳·卡特至今回忆起来还觉得有点好笑，她说："一开始我还以为他得了什么病。我从来没有见过他半夜爬起来，连在白宫的时候也没见过。"

卡特自己是这样说的：

当我1980年从白宫退休时，罗莎琳和我面临着如何度过余生的问题。我们正值壮年，都是五十多岁，但都没有工作。我们直接从白宫回到我们在佐治亚州普莱恩斯的家。

我不想再次竞选公职,因此我们开始考虑如何利用多年来获得的某些技巧和经验,解决对我们来说是很重要的问题。

头一年我们一直在苦思冥想,在这一过程中就产生了成立卡特中心的念头。我们设想这是一个非营利中心,不属于任何政府,也不属于任何政党。在这里,我们可以集中财力、物力和人力,促进世界各国的和平和改善世界各国人民的健康状况。1983年,我们在埃默里大学校园里创办了卡特中心,并已于1986年搬到永久性总部,与新近落成的吉米·卡特图书馆与博物馆相邻。

多年来,罗莎琳和我退而不休,在卡特中心开始另一项事业。在不当总统的这些年里,我们的生活比我担任公职的那些年更充实。我们代表卡特中心去了115个国家。在朝鲜、海地、尼加拉瓜、利比里亚、苏丹以及其他国家,我们帮助解决冲突,化解潜在的爆炸性危机。我们在非洲偏僻的村庄一待就是几个星期,教当地居民如何消灭麦地那龙线虫害,分发免费药品以控制盘尾丝虫病。在非洲,我们帮助农民利用简单的、花钱不多的农业耕作法,把谷物和玉米的产量提高400%。我们促进人权,帮助第三世界国家制定发展的总体规划。

在美国的家中,罗莎琳继续为精神病患者的利益而努力,这项工作在她当佐治亚州第一夫人和美国第一夫人时就已经开始了。我们帮助亚特兰大市中心的居民制定改善他们生活的办法,向100多个其他城市介绍我们的经验。当我们不再为卡特中心工作时,我们每年花一个星期时间与美国以及其他国家的安居工程志愿者一起盖房建屋。

所有这些项目在许多方面丰富了我的生活。我了解了我在当州参议员或者州长甚至当总统时从未了解的东西。在我们与其他人接触时,罗莎琳和我也满足了自己的需要,那就是迎接挑战,充当全球社会中有所贡献的成员。

我们还发现其他人也付出了时间、经验以及财力、物力和人力,以缓解人们的痛苦,改善生活。我们生活在充满机遇的国家里。退出政坛给我们打开了一个充满激动和挑战的全新世界。我们还能够有更多的时间与家人在一起,与儿女和孙儿女在一起,享受天伦之乐,并从新的爱好和新的兴趣中得到乐趣。我在62岁时学会了滑雪。我还开始观察研究野鸟的生活习性。我花大量的时间待在车库的木工房里,为家人和朋友做家具。罗莎琳和我还曾攀登过喜马拉雅山,并登上过富士山之巅。我们在许多地方垂钓,到我们在佐治亚州山的小木屋里消遣。

对我们来说,退休不是生活的结束,而是生活的新的开始。我们希望在今后的许许多多年里发光发热,积极地充分利用我们的余生。

2001年《交流》秋季刊再次发表了以"吉米·卡特:白发国务活动家和木匠"为题的文章:

前美国总统吉米·卡特离开白宫时，被认为是政绩最差的美国总统之一。但是自那以后，卡特频繁出访世界各地，到处倡导民主和人权事业，证实自己是最受尊敬的卸任总统。但是，他个人影响最大的地方还是他的祖国。在这里，他拿起自己的锤子，帮助穷人建造经济适用住房。卡特卸任后的生活表明，使人伟大的不是权力，利用权力和影响所做的事才是伟大的真正标志。

去年秋天，卡特中心宣布首次在国内执行一项大规模计划——亚特兰大计划，并称其为"解决城市地区贫困现象引起社会问题而实行的一项全社会的空前壮举"。鉴于当时举国上下突然再度认识到城市危机问题，在人们心目中，这项创举是颇有先见之明的。他承认"计划有可能失败，但是如果根本不推行这项计划，那肯定只能坐待失败的来临。"

人们不禁要赠给吉米·卡特一个称号："志愿人员的最高表率"。他走遍世界调解争端，指导卡特中心初具规模的业务，到邻近的埃默里大学授课演说，募集基金，还作为"仁爱居所"计划（Habitat for Humanity）的一员亲自动手做粗木工。这许许多多的工作没有一件是领取薪金的。

吉米·卡特至少在一点上遥遥领先于历届卸任总统。他总是不知疲倦地亲自动手。用哈佛大学历史学家弗兰克·弗里德尔的话来说："卡特表现了历届卸任总统都没有的一种特殊品格——随时随地卷起袖子直接与老百姓打成一片。"

说卡特随时随地卷起袖子亲自动手做事，最动人的例子莫过于每年一次为"仁爱居所"计划尽义务了。卡特夫妇说，为了"仁爱居所"工作的经历不但给他们提供了发挥基督徒助人为乐精神的机会，还能跟普通老百姓打成一片，向他们学习。他们的话是无可置疑的。吉米·卡特最近接受采访时沉思了一阵，然后说，打成一片未必能轻易做到："你怎么才能了解谁是真正的穷人呢？这是一条很少人能够逾越的鸿沟，你往往有可能被拒于千里之外。'仁爱居所'计划教会了我怎样去做工作。"

卡特虽然在世俗生活中多有建树，但他从来不曾为此而动摇了出于宗教信仰而献身志愿服务的决心。这一点并不奇怪。他在佐治亚普兰斯镇老家的浸礼会家庭教堂主持主日学已经快四十年了。只要他和罗莎琳在普兰斯，他仍旧坚持去主讲，如今由于亚特兰大计划日趋繁重，每个月通常只能去一两次了。

除了有从事志愿服务和助人为乐的真诚愿望之外，卡特夫妇还坚信，早年的失意不应该妨碍晚年的成功。在他们合写的《大有可为：如何使晚年生活更充实》（*Everything of Gain: Making the Most of the Rest of Your Life*）一书里，罗瑟琳说道："如果我们早年的抱负没有得到实现的话，那就应该树立新的抱负，或者设法从早年的抱负中看一看还有没有什么可以补救的东西。无论我们打算做什么，最好坚持到底。"

从以上这段话来看，任何人都不会怀疑吉米·卡特的为人是言行一致，心口如一的。

2002年，卡特荣获诺贝尔和平奖："为了他几十年来努力于为国际争端寻求和平解决之道，为了他努力促进民主和人权以及推进人类之经济和社会发展。"

他在80岁生日的庆祝会上说：我很幸运地在56岁时离开了白宫，因此有时间来从事其他各种活动。

2002年，卡特访问了卡斯特罗，并获得允许在古巴电台上发表友好演说。这是1959年古巴革命以来美国前总统第一次在古巴访问。

2004年8月15日，委内瑞拉举行了一次要求罢免总统的复决选举。卡特特地前往观察。结果在任总统查韦斯仍然获胜。卡特和美洲国家组织秘书长加维利亚共同声明，选举基本正常，没有舞弊。

2006年，卡特访问尼泊尔，为尼泊尔共产党说好话。

2007年，卡特不断抨击小布什错误地发动对伊战争。

凡此种种，引起了国内一部分人的不满。一位名叫司提芬·海沃德的，特别写了一本书：《吉米·卡特真面貌》，"揭露"我们这位最次的总统如何破坏美国的外交政策；如何姑息一些独裁者；如何培植了克林顿和寇里这类货色。

卡特曾在马萨诸塞州布兰代斯大学讲话中说："人们称我为反犹分子，称我为偏执盲从者。我还被说成是年老糊涂，被说成是乱说一气。也有人说我是文抄公。诸如此类，不一而足。"

尼克松总统的国务卿基辛格则说："他和我在地缘政治方面的观点有时并不一样，但很难找到像他那样对事业如此无私如此投入的人。"

卡特曾多次来华，2007年12月6日他在中国政法大学作了一次演讲，其中说道：

你们的国家取得了巨大的成就，它正在成为世界的经济与政治大国。中国的未来充满机遇与责任。全球变暖将是中国面临的一个严峻挑战。中国高速的工业增长使中国成为二氧化碳和其他污染物的最大排放国之一。中国必须同国际社会共同找到解决方案。中国在非洲日益增长的影响力以及对能源的需求，使得中国可以在诸如苏丹和达尔富尔问题上发挥重大作用。中国与缅甸关系独特，国际社会认为这将有助于解决缅甸的纷争及侵犯人权事件。

我知道即使是向别国施加有益的影响也有悖于中国长期以来奉行的不干涉他国内政的原则。

从微观层面而言，卡特中心也面临同样的挑战。不同的是，卡特中心没有任何权力与权威。尽管如此，我们仍然应邀协助主权国家在推动和平、自由、民主、改善环境质量、减轻人类苦难方面提供服务。我们做过的工作包括协助磋商和平协定、减少侵犯人权行为、69次观摩国家一级的选举、协助800万个非洲家庭提高粮食产量并保护耕地质量、帮助数百万赤贫人口减少或免于可预防疾病的困扰。

巨大的影响可以通过和平的途径产生，这些和平途径与国际准则以及贵国古老的价值传统一脉相承。

在21世纪之初，我应邀在挪威的奥斯陆发表了一个演讲，题目是"世界在新千禧年面临的最大挑战"。我的回答是："日益增长的贫富差距"，不只是国与国之间的差距，也包括一国内部的差距。

中国非凡的经济增长取得巨大成功，但财富的积累也造成了严重的贫富差距。不只中国，美国也同样深受贫富差距过大之苦。胡锦涛主席已经把贫富差距看作中国未来的重大挑战之一。

各国领导人应该共同应对挑战，在今后的岁月里面对挑战需要智慧与坚忍。

和你们一样，我年轻的时候受过良好教育，和你们不同的是，我后来成了一名工程师，参与开发舰船核动力的工作。在选择这项工作时，一位令人生畏的海军指挥官、也是和平使用核能之父的海军上将海曼·里科弗对我进行了面试。在交叉询问阶段，他问到我的毕业成绩。当时我自豪地对里科弗说，在820名毕业生中，我排名第59名。他没有对我的成绩表示欣赏，而是厉声问道，"你每次都竭尽全力了吗？"我犹豫了一下，终于承认说："并没有每次都竭尽全力。"他问我为什么没有竭尽全力，然后移动椅子背对着我，结束了面试。我得到了那份工作，但里科弗将军的问题我一直没有忘记。

像贵国曾经涌现出的杰出先辈们一样，我希望你们将来能成为富有勇气和远见的领导者，为此你们必须从现在开始努力。祝你们学业有成，事业顺利！我希望你们也总问问自己，"为什么不竭尽全力？"

2009年11月19日，法新社报道了卡特在中国的一项活动如下：

美国前总统吉米·卡特今天前往中国西南部启动一项活动，旨在为一万个贫困家庭提供负担得起的住房。

总部设在美国的人类家园国际组织说，现年85岁的卡特与妻子罗莎琳一同在四川省邛崃市启动的这项工程为期5年，是一项包括5个国家的活动的一部分。

卡特计划用6天时间同来自世界各地的近3000名志愿者一道在泰国、越南、中国、柬埔寨和老挝建造和维修166座房屋。目前卡特正在中国访问。

卡特在发给本社的一份电子邮件声明中说，"今天，我和妻子非常高兴地和志愿者一道参加一年一度的建房活动","我们特别宣布今天启动一项为期5年的活动,将给中国的10000个家庭以及5个国家的总共50000个家庭提供负担得起的住房"。

2010年8月25日,卡特以个人身份,为释放被扣的美国公民艾贾龙·戈梅斯到朝鲜进行斡旋,终于让朝鲜当局释放了戈梅斯。

2010年9月8日,卡特一行到上海参观世博会,首先来到了中国馆,观看了贵宾厅的一些精美展品,随后乘电梯抵达第一展区观看了多媒体电影《和谐中国》。在"国之瑰宝"展区参观了"一号铜马车",对中国古代人民的勤劳和智慧表示了极大的赞许。参观结束后,卡特和夫人写下了热情洋溢的赠言,表达了对中国人民的良好祝愿。

卡特保持着健康,我们相信他还会不断地有所作为。

看来,卡特真的做到了"生命不息,服务不止"了。我们不能不对卡特这样的人表示崇高的敬意。

13　杰斐逊·戴维斯

人人都知道，美国南北战争时期美国政府的总统是亚伯拉罕·林肯，但较少人知道南方政府的总统是谁。

这里就要介绍美利坚邦联（南方）的总统杰斐逊·戴维斯。从名字看来，就可测知他是托马斯·杰斐逊的崇拜者。杰斐逊曾在18世纪90年代末期草拟"肯塔基决议"和"弗吉尼亚决议"，利用州权以对抗亚当斯政府的《叛乱法》。因此，几乎所有的分离主义者都把杰斐逊封为分离主义理论的祖师爷，尽管杰斐逊的本意决非如此。

杰斐逊·戴维斯

戴维斯于1808年6月3日生于肯塔基州的克里斯琴，后来全家迁居密西西比州。1821年，他又回肯塔基入特伦西尔凡尼亚大学，毕业后入西点军校，1828年毕业，领少尉衔。他被派驻伊利诺斯州的克劳福德堡，在那里结识了扎卡里·泰勒上校（即后来的总统）的未成年女儿，两人闹恋爱。泰勒很不高兴，就把戴维斯调走了。但两人情丝未断，1835年，戴维斯竟辞去军职，带了恋人私奔回密西西比老家，可惜天公不作美，同年他妻子得病不起，他也就留在本乡当棉花种植园主，并获选为州议员。

美墨战争中，他组织了一支所谓密西西比长枪队，自任团长，投奔岳父泰勒将军，在他麾下服务。戴维斯十分悍勇，在蒙特里和布艾纳比斯塔两战役中都身先士卒，建立了奇功。泰勒在呈递给军部的报告中说："密西西比长枪队在戴维斯上校率领下骁勇过人，在整个战争中享有老兵之威名。他们受命抵抗一支人数远占优势的敌军，虽久无援军，且伤亡重大，但终能坚持一个极长的时期，直至援军开到，从而起了极重要的作用。"

"戴维斯上校本人受重伤，但不下火线，一直坚持到最后。他的出众的冷静和骁勇，他的部队的重大牺牲，理应受到政府的特别嘉奖。"

美墨战争使戴维斯出了风头，回家后就被选为参议员，1848年3月，他在参院中大放厥词："在与墨西哥打交道中，我们失之过宽。我认为，我们是在一次正义的战争中征服了一大块墨西哥土地。自从人类承认征服可名正言顺地取得土地以来，我们完全有权取得征服之土地。在我看来，今天的问题是，占有多少，放弃多少，由我们定，而墨方就没有什么让予不让予的问题。"

1852年，他帮皮尔斯竞选总统，并被皮尔斯总统任命为陆军部长。

关于奴隶制，戴维斯说：如果奴隶制是罪，这也不是你们的罪。其渊源不在于你们的行动，其存在也不在于你们的认可，这是普通法中的财产权利问题，其起源是上帝的法令——是对诺亚不肖子孙的诅咒。印第安人的子孙命中没有注定要做奴隶，他们不想做奴隶，而且无法从他们身上获利。因此就有大西洋对岸移来的黑人子孙，他们是命中注定的，而且对奴隶的地位感到满足并能生利。现在在这个大陆上，印第安人的帐篷内已由白人代替，而黑人就是他们的奴隶。请问：黑人的幸福生活和有利作用，不正是证明今天的情况完全符合上帝的明智法令吗？

1860年林肯在选举中获胜的消息传出后，南部的5个州就在亚拉巴马州的蒙哥马利市集会，另组成美利坚邦联，选戴维斯为总统，不久，共有11个南部州参加了邦联，并决定建都于弗吉尼亚的里士满。

戴维斯具有当时社会所最珍视的不少个人品德，但邦联并未充分获益于他那丰富的军事经验。南部曾有一种错误的估计，认为，只要他们能有力地击败北方的进攻，北方自然会感到征服南部是没有成功希望的而自动睁一眼闭一眼地让南部各州分离出联邦。

在这一押宝之下，戴维斯确定邦联应采取防御战的方针。在战争开始后的最初两年，一直坚持这方针，而且防御战确也打得相当成功。这一方针有不少优点：打防御战消耗的人力和财力较少，而且对于南部邦联来说，防御战的优点是可以在政治上最充分地利用许多北部人对南部只要求其不受干涉这一愿望的心理。但林肯却是一位比戴维斯更高明的人，他决心要恢复联邦，寸步不让。到戴维斯看透北方的坚持态度而改变防御战略时，为期已太晚，因为北方的兵力不是愈来愈小，而是愈来愈大，相反的，南方的兵力倒是愈来愈紧张，几乎不可收拾。

戴维斯的另一弱点是，他远没有林肯心胸广阔，因此只能算一名杰出的军事家，却够不上一名杰出的政治家。他的内阁既平庸而又缺乏团结，4年之内，有6个职位更换了14人，总统和国会又不能十分协调，双方互为掣肘，事情进行得很不顺利。

因此，有个别的美国历史学家曾说，假如林肯任南部总统而戴维斯任北部总统，南北战争的最后结果将翻个个儿。

曾充任教授的伍德鲁·威尔逊总统这样评价戴维斯："他具有领袖人才所必需的自豪感、首创精神和实事实办的才能，他也不缺乏有效的领导所必需的百折不挠的意志和决不动摇的决心。他朝着目标勇往直前，不为危难所吓倒；他能激励整个人民坚持到底。"

在葛底斯堡战役后，双方损失惨重，尤其是南方无法补充新兵员，悲观气氛大为升涨。戴维斯获悉北卡罗来纳州长万斯有求和之意，特地写了一封信给他说，南方政府曾一再向北方政府表示愿意谈判结束战争，但"无一例外地失败了"。

"如果我们再派员前去求和将无异自取其辱，而决不会受对方尊重。任何一位真正的公民，任何一位以我方事业为重的人，决不会如此。如果有人这样做，一切曾捐献鲜血和财产以保卫自由的真正爱国者必将痛斥之。

"我已注意到联邦众议院的每一个举措都表示敌人的目标是拒绝南方的一切条件，除非我们作出绝对的、无条件的屈服。

"我们能与之对话的只有林肯，但他的党徒们已斩钉截铁地表示他们已拒绝了我们可以在某些条件上与他谈判的一切希望。他说如果我们解散我们的政府、解散我们的邦联、解散我们的军队、解放我们的奴隶、宣誓效忠于他的政府、抛弃我们自己的州的话，他可以宽赦我们。

"想在任何其他条件下缔和是不可能的。为了取得你我所能接受的条件，仗必须继续打下去，直至肃清敌人脑袋中想要我们屈服的非分之想。

"你必须远小人，近君子，把你州中一切最高尚的人集合在你周围，这样，你不需动用一兵一卒，即可取得胜利。"

有些州逮捕了一些"危险分子"，但往往由于"法律根据不足"而释放。戴维斯问道："难道我们正为之争取的独立，我们战士们的家庭的安全，竟可以为了一丝不苟地尊重法律细节而任其沦于危险的境地？"

"必须采取补救办法，我认为其办法就是暂时停止执行人身保护状。"

1864年2月11日，他正式向邦联国会提出："在战争期间宽容不忠诚活动只能意味着促进卖国活动。因此我建议暂时停止执行人身保护状。"

但北方仍有和平解决之心。当然，政府难以出面，乃由两名民间人士潜往里士满，以亲友之谊，求见于戴维斯，以下就是他们之间的谈话记录：

戴维斯:"要和平是非常简单的。把你们的军队从我们领土上撤走,和平就自动到来。我们从没有要你们臣服,我们打的不是进攻战。"

客人:"但只要你们斥拒联邦,我们就不能听之任之。这是北方人民决不能让步的。"

"我知道,你们自己有自治权,可是不会让我们有。"

"不,我们不会剥夺你们的任何天赋权利。但我们认为保持联邦是基本条件。戴维斯先生,你难道可以设想说同一语言的两部分人民由一条空想的界线划开能不争吵吗?他们必将争吵不休。"

"不错,在这一代是不可避免的。这是因为你们已在南方种下了苦难,在两者之间制造了流血。对剥夺我们权利的人,怎能不恨呢?如果你入侵我家把我逐出门外,我能不把你当作敌人吗?"

"先生言重了。作为基督教徒,你能放弃探索每一种和平的可能吗?"

"当然不,我跟你一样热爱和平,跟你一样不爱流血,但我敢说,所流的血中没有一滴是由我方造成的,我敢在上帝面前这样说。12年来,我昼夜奋斗,以求避免战争,但我没有能避免。现在我们将作战到底,除非你们承认我们的自治权利,我们是为独立而战,不是独立就是被消灭。"

"我们不想消灭你们,北方爱南方。它欢迎你们回归并将忘记一切血债。但我们必须摧毁你们的军队和政府。现在不是快要实现了吗?"

"退一步说,即使我们没有钱、没有吃的、没有武器,即使我们整个国家被踩躏,我们的军队被摧毁,难道我们就该放弃我们的自治权利,放弃我们之所以为人的原则吗?难道你不认为我们宁可死而做人,而不愿意活而做奴吗?"

"从你的立场言,你可以这样说,但我们总希望双方能找到光荣的和平。"

"我了解你们的动机,如果我能够使两国之间达成和平和友爱,我愿粉身碎骨,在所不辞。但事实上办不到。因为正是你们,破坏了我们的家园和田地,劫走了我们的妇女和儿童,断绝了我们伤病员的粮食。总之,一切的苦难和罪恶都要归咎于你们。"

"并非如此,双方都有责任,奉上帝之名,让我们停止这一切。你们450万人不可能无止境地抵抗2000万人。"

"就算你说得对,我仍然看不出对我们的立场有什么影响。世界上有比吊死和消灭更糟糕的事,那就是放弃我们的自治权利。"

"你的所谓自治就是分离,就是南方独立?"

"是的。"

"先生,那么,我们之间的分歧已归结到一点,即联邦或者分离。"

"是的,用另一种说法就是:独立或者屈服。"

"那是不是可以交给人民,由人民来决定呢?"

"你的意思是说由多数作决定。但我们之所以分离就是为的不接受少数服从多数这一原则。我们尊重保护少数的原则,这是杰斐逊的原则。"

但双方的谈话是以 gentlemen 方式进行的,毫无私人恩怨。双方在争论中尽管面红耳赤,但最后还是彬彬有礼地握手告辞,这大概又是"费厄泼赖"的表现。

1864 年 9 月 1 日,谢尔曼将军的部队攻入了佐治亚州首府亚特兰大。对林肯而言,这是一个再好不过的消息,它对林肯的再次当选起了很大的作用。但对戴维斯而言,这是一个再坏不过的消息,他看到事态的严重,觉得非亲赴前线打气不可。

当时由于军事失利,求和之风已在南部各州传播。戴维斯认为这是一个致命伤,所以他在佐治亚的演说主题就是针对厌战思想的。

他说,当前最重要的就是人心的团结,"内部的不团结所造成的创伤要比敌人的刀剑所造成的创伤更为深痛"。

"有人提出了谈判计划,是什么条件呢?如果你承认犯了罪,放下武器、解放奴隶、交出你们的领袖以供审判,那么,你就可以同你们的尼格鲁(黑人)一起享受投票权,而林肯先生也就会宽宏地允许你们作为他所统治的国家的一个部分。

"如果在场诸位中有任何人愿考虑这样的建议,我从心底为他感到悲哀,他一定没有那种在 1776 年鼓舞我们的国父们起而奋斗的精神,他也没有资格生存在这个拿生命来保卫的、我们大家所从事的事业的人群之中。

"现在是否到了这样的时刻?即:我们要问一问,法律规定我们负有什么义务?或者已是这样一个时候,即:每一位可拿起武器作战的人挺身而出地说:只要国家需要我服务,我马上就去。"

戴维斯的打气演说起了一定作用,南部 6 州(弗吉尼亚、南北卡罗来纳、佐治亚、亚拉巴马和密西西比)州长在奥古斯塔开了一个会,通过决议,支持里士满政府。

1865 年 1 月,在多方劝说之下,戴维斯接见了北方的非正式代表,也是他家的世交弗朗西斯·布莱尔先生。布莱尔来到里士满共两次,在第二次,他从口袋中抽出了林肯的一封信:"本月 12 日你给我看了戴维斯先生给你的信,你可以对他这样说,我态度不变,现在是,而且今后也是随时准备接待他或他政府中任何有影响的人非正式派出的代言人,以求谋取我们这共同国家人民间之和平。"

那时邦联副总统史蒂芬斯与戴维斯有分歧,前者偏于试探和谈,戴维斯便乘此机会,指派史蒂芬斯等 3 人为代表。他在 1 月 25 日致函史蒂芬斯:"为了符合林肯先生的信(其副本附上),请你前往华盛顿城作一次非正式会谈,与他讨论有关战争的一些问题,以期觅取两国间之和平。"

实际上，3人没有能进华盛顿，而是去了汉普敦罗德港，在一条汽轮上会见了林肯总统和国务卿西沃德。北方仍提出两个基本条件：联邦必须保持；南方军队必须解散。其他一切都可商量。会谈进行了3个小时，没有结果而散。

史蒂芬斯等3人回里士满向戴维斯作了口头报告，戴维斯要他们写一书面报告，史蒂芬斯故意写了一个简单且措辞含糊的报告。戴维斯没有办法，只好由他自己在报告上再添上几笔。他说："敌人除了要我们无条件屈从外拒绝提供任何其他条件。"他把报告交给了邦联议会，也就是使议会断了和谈的念头。他还在议会发表了长达1小时的演说，表明南方决不作"耻辱的投降"。事后，戴维斯问史蒂芬斯打算下一步如何办，后者说"回家待着"。果真，史蒂芬斯从此再也不问政治。

但不利的消息接踵而来，1865年4月2日星期日，戴维斯在教堂做礼拜的时候，一名士兵骑快马来到教堂要见戴维斯，他递交了来自李将军的一封急信。李说他马上将被迫撤出彼得斯堡，他要求政府立即撤出里士满。

戴维斯马上找来了铁路总管哈维，叫他准备车辆，然后召开内阁紧急会议，布置大搬家，并当夜就开始行动。从此人们就戏称里士满政府为"车轮上的政府"，因为从此这个政府就一直在逃亡中活命，直至完全垮台。

政府的逃亡第一站是邓维尔，戴维斯急欲知道李将军下落，他派约翰·怀斯中尉快骑打听，4天后怀斯回来了。他报告说，他见到了李将军，李将军马上就要投降，他叫怀斯作口头报告，因为任何书面报告都有被敌人截获的可能。

戴维斯问道："你看李将军有没有可能把军队撤到安全地带？"怀斯说："很遗憾，我看没有可能。以我所见所闻，李将军的投降已成定局，也许他此刻已经投降了。"

戴维斯迷信罗伯特·李，他认为李一定可以逃到安全地区，所以他在4月8日还在对人说，李将军曾对他说过，"只要把我的军队保留在弗吉尼亚山区中，我还可以同他们打上20年"。

但在4月10日，飞骑来报，李将军已在阿波麦托克斯法院投降。戴维斯及其政府立即又上火车南逃格里斯波罗。

抵达格里斯波罗后的第一件事当然是召开内阁会议。有3名将军列席，即布金里奇、波雷格德和约翰斯敦。

戴维斯承认李将军投降的严重性，但他并不认为因此而败局已定。只要南方还保存军队，总可以觅取合理的和平。只要坚持下去，北方有可能厌战而愿意经过谈判达成和平。他相信，如果南方人都能相信事业是正义的，就可以把仗打到底。

他对约翰斯敦说："我们很想听听你的见解。"

约翰斯敦直言不讳地说："先生，我认为我们的人民已厌倦战争，不愿打下去。我手下的人每天都有大批人开小差。自从李将军投降以来，大家认为战争已结束，我的军队正像太阳底下的雪球，我没有办法补充兵员。"

戴维斯再问波雷格德，波回答说："我的看法同约翰斯敦将军完全一样。"

戴维斯至此已无话可说。他希望约翰斯敦在后撤时把军队移至查洛特外围，以德克萨斯作最后据点。

接着，政府再次上火车，迁往查洛特，4月16日抵达查洛特。19日他接到了布金里奇打来的一个电报："本月11日夜，林肯总统在华盛顿一家戏院中被暗杀。同夜，西沃德在家中被刺，受重伤。"

戴维斯并不认为这是好消息，他把电报交给坐在他身旁的一名商界客人看，并说，"这是一条不幸的消息"。

戴维斯之所以说不幸，并不是出于人道主义，而是因为他明确知道，林肯主张宽待南方，他个人亦同林肯有友谊；相反的，副总统安德鲁·约翰逊必将对南方采取严厉的政策，而且他个人同约翰逊曾有私仇。后来，他又对伯顿·哈里逊说，"我非常难过，我们在敌人宫廷中失去了一位我们最好的朋友"。

政府在查洛特停留几天后又奔向南卡罗来纳。但在4月26日他们还没有走出北卡罗来纳之时，约翰斯敦就自作主张向薛尔曼将军投降了。内阁再开会，决定撤向德克萨斯。

那时，戴维斯的妻子已逃至佐治亚州的华盛顿城。戴维斯召开内阁和军事领袖会议，决定解散政府及军队，分发遣散费，并希望将来在德克萨斯会齐。

戴维斯本人则带勇士数名，前往华盛顿城找妻子，他果真找到了妻子，但他不知道此时联邦军管人员已在佐治亚州及其他邻近各州发出通缉令。佐治亚州的一条悬赏令就是这么写的：

"凡任何人抓住杰斐逊·戴维斯将其交付合众国军事当局者，可获奖金硬币10万美元。"

"据传该犯身携巨款数百万美元硬币，凡捉住该犯者可共享该财产。"

重赏之下，必有勇夫。5月8日，有人告密说，他看到戴维斯一行经过佐治亚的艾贝维尔。于是，第四密歇根骑兵团的普里查中校就率领人马前往欧文斯维尔搜捕。

黑人马车夫琼斯首先发现情况，他立即上报，戴维斯在夫人敦促下，穿上他妻子的外套，裹上头巾，急忙奔逃。但天网恢恢，不到一个小时，所有人马全部落网。

戴维斯是头号战犯，被押到弗吉尼亚的门罗堡垒关押。他妻子和孩子则在被关押一段时期后释放。约翰逊总统起先想以"暗杀林肯总统的后台"之罪起诉，但很快就感到此项罪名实在难以成立。他改而想以"叛乱罪"起诉，但这正是戴维斯所希望的，他早就想在法庭上为自己争辩，所以"叛乱罪"也不妥。这样，就造成关押而不审判的局面，戴维斯在狱中就这样过了一年多。

最后由《纽约论坛报》主笔格里来、废奴主义富翁史密斯和美国第一大商人范德比为戴维斯出资 2.5 万美元交保假释。戴维斯得以与家人团聚，随后几年就流落于加拿大和欧洲各国。

所有南方的战犯，在 1870 年都获得大赦，其唯一条件是要宣誓效忠联邦政府。唯一一名例外就是戴维斯，他是一个真正的花岗岩脑袋，死不承认错误。因此，在法律上他至死没有恢复公民籍，当然没有公民权利。

戴的密西西比老乡很想选他当参议员，让他重返华盛顿。但由于他没有选举权和被选举权，所以不能充当任何公职。

1876 年他从欧洲回国，德克萨斯农业及机械学院请他当院长，他也颇有意接受。同时英国方面也给他提供了一个位置，相比之下，他还是接受了后者。这个机构是沟通英美商务的，其名为"密西西比河域会社"。会社分英美两方，英方办公处设于伦敦，其主任为约翰·克劳斯莱；美方办公处设于新奥尔良，其主任为戴维斯。

戴维斯一家从此也移居新奥尔良附近的一个小村名曰鲍伐尔，这是一个法文名称，其意为"美景"，他的工作十分清闲，因此他得以完成了两本书，其中之一是回忆录，书名是《美利坚邦联兴衰史》，另一本叫《罗伯特·李》。他也应杂志的邀请发表文章，也多次出外作演说。不论文章或讲话，它的主题就是邦联没有错，他本人也没有错。

譬如说，他在 1882 年新奥尔良的一次演讲中就提到邦联军队是从无到有，一个夜晚就起来了："当国家发出第一个号召时，人民就像野火一样迅速地集合在国旗之下来保卫他们的祖先所传给他们的遗产。"

"难道还有什么事业比这更神圣的吗？如果人类战争中有正义战争的话，那就是保卫国家、保卫家庭、保卫宪法之战。"

1883 年 3 月，新奥尔良竖立了一尊艾尔伯特·雪乃·约翰斯敦将军纪念像。戴维斯为塑像揭幕发表了演说。他说，"约翰斯敦在希洛战场上正在取得胜利的时刻不幸中弹身亡，假如当初他多活半个小时，格兰特就将被活捉。当初他从加利福尼亚来投奔我军之时，我立刻意识到我军得了一根擎天柱；当他在希洛战场牺牲时，我也意识到我们将面临灾难。"

"历史上很少有将才辈出的时期，一代人中也很难找到一位。但邦联却在短短几年内出了 3 位稀世将才，堪与古今美外的一切将才相比而无逊色。他们是罗伯特·李、史东沃尔·杰克逊和艾尔伯特·雪乃·约翰斯敦。"

1884 年 3 月，密西西比州议会特邀戴维斯前往讲话，他说："人们常希望我向合众国申请宽赦。但宽赦之前提必须有悔意，而我根本一无悔意。请记住，尽管我受尽苦难、受尽损失、受尽失望、受尽灾难，但我在这儿还要声明，如果我有机会从头做起，我将完全如 1861 年那样做。"

戴维斯于 1889 年 12 月病逝，是一名至死不悔的分离分子。

14　乔治·马歇尔

如果说中国历史上有刘备对诸葛亮的无间依赖关系的话，美国则有杜鲁门对马歇尔的无间依赖关系。更奇怪的是：刘备曾有三请诸葛亮之美谈，而杜鲁门更有三次请马歇尔出马之举。第一次请他出任赴华特使，第二次请他出任国务卿，第三次请他出任国防部长。

障碍重重

1880年12月31日，乔治·马歇尔出生于宾夕法尼亚州的尤宁敦，他父亲是一家煤炭公司的老板，共有三个儿女，乔治是最小的儿子。他幼时学习成绩较差，因此常受到姐姐和哥哥的白眼，使他产生了一定的自卑感。老马歇尔曾在内战中充任军官，希望儿子进军校，大儿子斯图尔特就进了弗吉尼亚军事学院，但后来因为想当工程师，又退出了军校。于是，父亲决定把小儿子送进军事学院。对此，斯图尔特大声反对说，不能把这浑小子送到他的母校去。乔治无意中听到了他哥哥的嘲笑，便决定非去军校不可，并决心要作出成绩，来证明自己并非次等品。这一冲动竟成了他一生的关键因素。

1897年，马歇尔入弗吉尼亚军校，1902年毕业，领少尉衔，并被派往菲律宾任美国驻军第一骑兵团的排长。1906年他入堪萨斯利文沃斯堡步骑兵学校学习，毕业后以全班第一名的优异成绩被送入陆军参谋学院深造。1909年升为中尉。1917年，他赴法国参加第一次世界大战，得潘兴将军赏识，最后得领临时上校衔。原来美国有两种授衔办法，第一种是正常的晋级，第二种是战时的临时跃升。战争结束后他又降为少校。从此，他就陷入了晋级的悲剧。1924年，他赴中国天津任美国驻军第15步兵团副团长和代理团长，领上校衔。后来回国后任教官，也没有获提升。由于前妻逝世，1930年他与孀妇凯瑟琳·布朗结婚，担任男傧相的就是潘兴老将军。马歇尔本人从来没有生育，凯瑟琳为他带来了两子与一女。

相反，与马歇尔同期从西点军校毕业的道格拉斯·麦克阿瑟却官运亨通。由于他爸爸阿瑟·麦克阿瑟将军和交际花母亲的关系，竟连续高升，在胡佛总统手下任陆军参谋长之职。他与潘兴将军有隙，故意为难被潘兴赏识之马歇尔，在多次该升级之时不给马歇尔以升级之机。有一个时期，马歇尔认为自己此生大概将以上校退休。

罗斯福总统之上台，以及第二次世界大战之爆发终于给马歇尔带来了出头之日。

胜利的组织者

1939年8月，当时的参谋长克雷将军届满，由谁来继任呢？以资历而论，排在马歇尔前面的有21名少将和11名准将，马歇尔难有希望。但有一天，罗斯福召马歇尔进白宫，对他说："我想任你为下一届陆军参谋长，你有什么意见？"马歇尔回答道："有一点我想预先说明，我这个人心里怎么想就怎么说。这往往令人非常不愉快，这行吗？"罗斯福答道："行。"9月1日，马歇尔宣誓受领临时四星上将军衔并就任美国陆军参谋长。他宣誓"拥护和保卫美国宪法，使之免受国内外一切敌人的损害"。附带说一下，当时美国尚未成立空军部，空军主要由陆军支配。

欧战一开始，马歇尔就非常有远见地觉察到美国必须为战争作好准备。当时的美国是孤立主义占优

乔治·马歇尔

势的形势，马歇尔必须顶风而上。他费尽心思力求使总统、国会和公众了解这样一个事实：美国在经济上是世界上最强大的国家，但它的军事力量却排在包括葡萄牙在内的16个国家之后。美国必须采取紧急措施，扩展国防力量，此项计划需要6.75亿美元，建立一支28万人的陆军和装备25万人的国民警卫队。罗斯福本人是一名反纳粹分子，但是即使是他也不敢公开赞同，因为这是总统选举之年，他必须举起"站在战争之外"的口号。

只有在选举结束以后，罗斯福才提出了美国充当"民主的兵工厂"的任务，并独具匠心地创造了"租借法案"。接着是日本偷袭珍珠港，逼迫美国参战。于是，马歇尔大显身手的时机到了。

珍珠港的惨剧几乎使美国的军事准备陷入了一片混乱，千头万绪，主要的重担就

压在马歇尔肩上。他必须充分发挥他的军事和政治才能。他与罗斯福的"陈布雷"霍布金斯建立了良好的关系，与陆军部长史汀生打成一片，又与财政部长摩尔根取得谅解。他还须协调陆海空三军的关系，其中最头痛的是麦克阿瑟，因为麦本来是马的上司，一贯飞扬跋扈，而现在的地位倒了过来，马处处以大局为重，以忍让为主，终于避免了个人冲突。在对盟军的关系上，他又需要应付三位大人物，他们是苏联的斯大林、英国的丘吉尔和法国的戴高乐。他终于获得了斯大林和丘吉尔的很大信任。他抵住了丘吉尔的阻挠，实现了在诺曼底的盟军登陆，导致了欧战的最后胜利，使丘吉尔不得不称他为"胜利的组织者"。

当然，在整个战争中罗斯福是无可争辩的决策者，但真正殚精竭虑、运筹帷幄、折冲樽俎的却是马歇尔。下面举一个小小的例子：

纳粹投降后，戴高乐竟擅自进军占据斯图加特，而这是预定的美军基地。艾森豪威尔立即上报马歇尔，马立即晋见杜鲁门总统，说明必须向戴高乐提抗议。杜鲁门说："你代我写吧，口气要有多强硬全由你决定。我签名。"马歇尔就拟了一个坚定而又有分寸的警告信给戴高乐，迫使戴不得不撤出斯图加特。这说明马歇尔这位军人不但要作军事工作，而且还要完成文书任务。

超一流的人品

当苏军迫近柏林之际，丘吉尔诡计多端，决定加快进兵莱茵河抢先进入柏林。艾森豪威尔上报马歇尔，马歇尔又决定坚决遵守原先协定，制止英军逼近莱茵，从而保持了美苏的良好关系。1946年当马歇尔被选为调停中国国共争端的特使，斯大林曾大赞美国挑选了最佳的人选。

马歇尔的大公无私，更为人乐道。他的小儿子艾伦以装甲兵少尉衔在北非服役，马歇尔特地给当地长官打招呼，不要因为他的关系而给艾伦以任何照顾。妻子凯瑟琳抱怨说，这对儿子不公平。马歇尔说，这没有办法，他不能让人们怀疑参谋长为自己儿子谋取好处。1944年5月29日，艾伦不幸在一个名叫韦莱特里的小村被一名德国狙击兵击中。在儿子的追思会上，马歇尔只能握着儿媳妇的手老泪横流。长子克里夫顿也在北非服役，他原有脚病，因此想请假回国治病，并乘此调至意大利。马歇尔得讯后大怒，立即给驻阿尔及利亚的斯特耶将军去信说："他在那里还不到一年。我不给张三李四办的事，也绝不给他办。成千上万的军官已在海外服役两年以上，其中有些人多次患病，要求回国，给国家造成很大压力，我决不能为我自己的亲人开后门。"克里夫顿的事就被卡住了。

还有一件关于他本人的事。许多人都认为马歇尔应出任欧洲盟军总司令。他自己内心也未尝不想。罗斯福总统派霍布金斯征求他意见，只要他点头，就可成事。但马歇尔竟说，军人不应该为自己提要求，一切应由总司令作决定。他自己决无要求。但各军种将领认为马歇尔不能离开华盛顿，因为只有他能协调海陆空三军的争吵。于是，罗斯福只好把马歇尔留在华盛顿。这样的舍已精神实属罕见。

马歇尔不仅自己总是直言，而且也要求部下这样做。在麦卡锡主义横行时代，曾在驻重庆大使馆当秘书的戴维斯和谢伟思被指责为亲共分子，当时任国务卿的马歇尔在国会作证，坚决认为外交人员提自己的意见是应尽的义务和责任，不管其意见是对是错都与忠诚问题无关。

夫人凯瑟琳曾写了一本回忆录，她诉说了当马歇尔妻子的苦衷，她连一个普通人妻子的家庭幸福都不能享受，她只能感到精神上的光荣、圣洁和快慰。当然还包括马歇尔对爱情的绝对忠诚。

马歇尔退休后，出版商曾出巨资约他写回忆录，被他坚决拒绝。因为他必须直言直说，这会伤害其他一些人的声誉。1959年10月，马歇尔病逝于华盛顿。他是那时美国仅有的三位陆军五星上将之一。他们是麦克阿瑟、马歇尔和艾森豪威尔。

马歇尔计划

使马歇尔名垂万世的就是鼎鼎大名的马歇尔计划，也就是欧洲复兴计划。

在欧战刚结束后，西欧各国满目疮痍，民生凋敝。杜鲁门派前总统胡佛去作调查，他回国报告说，美国若不给援助，共产党将席卷西欧。

1947年2月22日，当时任国务卿的马歇尔乘普林斯顿大学华盛顿诞辰纪念会之机，向该校学生发表演讲说：

我们结束了战争，但我们没有得到真正的和平。在我们国家，正处于从战争经济过渡到和平经济的状态。在欧洲和亚洲，人民大众恐惧和饥饿，政治局面动荡不定，社会秩序混乱而未能恢复，和平也有待建立。如何才能建立和平和秩序，这在很大程度上取决于美国人民。

世界上大多数国家在经济上、财政上和物质上都已感到枯竭。若要使世界重新站起来，世界上的生产设施重新开动，许多国家的民主程序重新运转，那就需要美国给予强力的领导和一定数量的援助。

我们准备怎么办？这是一个紧迫的问题，对此我负有重大责任。

怎样确保我们今后的安全，我们并不缺少这方面的知识，历史的教训给我们指明了方向。但是，我们能不能摆脱当前的切身问题和本地问题而放眼世界，了解世界和我们的关系？我们现在应该从长远的观点去考虑问题，而不是从几个月从当前的几件政治争端去考虑。

25年前，我国人民以及世界人民有机会在一件事情上就未来的命运作出重大决定。我想我们一定可以同意，美国在第一次世界大战后所执行的消极方针，并没有获得秩序和安全，并且对最近的这场战争及其无穷尽的悲剧有直接影响。

当时有些人懂得历史教训，他们知道得很清楚，为了消除另一场世界性灾难的危险，应该做些什么；但他们势单力薄，他们的建议被忽视了。现在，照我看来，你们又面临这种局面了。

为了全面参与生活，我认为你们应该重温历史。这样，你们回头再看现实，就能深刻认识我们是怎样一个国家，这个好多世代以来人们曾为之捐躯的国家。所以，必须熟悉历史，不仅仅是那些描写名人和重大事件的琐碎的近代史，而且要了解人类历史发展的主流，从而懂得什么行动创造了伟大的文明，什么破坏了文明。你们应该懂得什么样的行动会创造权力和安全，什么样的错误会破坏许多国家的权力和安全；尤其要明确地了解什么样的制度能使人类得到解放，个人得到自由，什么样的斗争能赢得并维护这种制度。

人们通常是从对历史的了解中汲取教训和智慧、形成炽热的信念的。我非常怀疑，一个人不回顾一下伯罗奔尼撒战争和雅典陷落的那段历史，就能够以充分的智慧和坚定的信念来考虑当前某些基本的国际争端。

6月5日，他在哈佛大学接受名誉学位时又发表演说："事情的真相是：欧洲今后三四年内所需要的外国食物和其他必需品——主要来自美国——其数量之大，远远超过它现有的支付能力，所以必须有大量的额外援助，否则就要面临非常严重的经济以及社会和政治的恶化。"

看来诊治的办法是，打破恶性循环，恢复欧洲人民对本国以及整个欧洲的经济前途的信心。广大地区的制造商和农场主必须能够并且愿意交换各自的产品，同时对所得到的货币价值不发生疑问。

"上述恶化情况，除使整个世界感到沮丧以及有关各国人民由于绝望而可能产生骚乱之外，其对美国经济的影响也是显而易见的。美国理所当然地应该尽力给予援助，谋求恢复世界的正常经济秩序，否则就没有政治安定，也没有稳定的和平。我们的政策并非旨在反对哪个国家或哪种主义，而是为了反对饥饿、贫困、绝望和混乱。其目的是恢复世界经济的运转，从而产生使自由体制得以生存的政治和社会环境。我相信，这种援助不应该随着危机的发展而零敲碎打地进行。我国政府将来可能给予的任何援助，应该是治本的，而不是治标的。我敢肯定，凡愿为复兴的任务出力的国家，都将会得到美国政府的充分合作。"

他强调："这一计划应是欧洲国家一致同意的计划。美国的任务则是包括提供友好援助、制订援欧计划并在力所能及的范围内支持此项计划。"

当时欧洲有 22 个国家的外长参加了讨论，其中也包括莫洛托夫。最初莫洛托夫态度比较温和，但他忽然接到斯大林的来电，于是形势突变，苏联退出此计划，东欧国家跟随其后。只有捷克斯洛伐克外长坚持不变。捷克斯洛伐克当时是联合政府，外长是非党人士。斯大林立即在捷克斯洛伐克发动政变，推翻了联合政府，建立了一党独裁。从此，"铁幕"变成了事实。在随后一段时期内，西欧获得了经济大发展，人民得以较愉快地生活在民主气氛中，马歇尔成了"大救星"。哈佛大学校长科南评价马歇尔为"自由应当永远向他表示感谢的一位美国人，作为一名军人兼政治家，其才能和品德在美国历史上唯有一人（指华盛顿）堪与比拟"。

目空一切的丘吉尔也不得不说："马歇尔计划是人类历史上最光辉的创举。"

公认的杰出历史学家汤因比则写道："不是原子能的发现，而是体现在马歇尔计划中的那个世界上最富有的国家对较困难的国家的援助精神，将载入历史，成为我们时代中的最巨大成就。"

杜鲁门总统更为朴素地说："他是我们这一时代伟人中之伟人。我衷心地希望，当我跨进另外一个世界时，马歇尔能收留我为他的部下，从而使我得以努力报答他为我们所做的一切。"

15　乔治·巴顿

在整个第二次世界大战期间，美国共涌现了三名博得人们称道的战将，他们就是道格拉斯·麦克阿瑟、约瑟夫·史迪威和乔治·巴顿，而其中尤以巴顿最富传奇色彩。

1885年11月11日，巴顿生于加利福尼亚州的一个富有家庭。中学毕业后，巴顿决定去当兵，这完全违反他父母的愿望。因为按照当时的社会风气，富家子弟都是送往哈佛、普林斯顿等名牌大学念书的。当兵得进军事院校，军事院校是免费的，所以通常被认为是贫穷学生的学校。但巴顿本人非常坚决，他父母也没有办法，只好把他送进了西点军校。由于他有钱，所以成了一名很特殊的学生。他在学校附近租了一所很漂亮的别墅，每逢假日就在别墅内开派对，所以人缘很好。有人批评他，他根本不在乎，并说："钱就是要花的，你不花它，它就失去存在的意义。"

乔治·巴顿

巴顿有少爷的一面，但也有非少爷的一面。他非常注意体育活动，并刻苦锻炼，因此成了1912年在瑞典首都斯德哥尔摩举行的奥林匹克世运会的选手。美国的奥林匹克代表团不是由国家组织的，政府不给钱。因此他们很穷，住不起旅馆，于是就住在一条船上。但巴顿又搞特殊，他带了他的妻子住在最漂亮的格兰德大旅馆。他参加了男子强人五项运动赛，并取得了第五名。五项比赛中有一个项目是300米游泳，巴顿在游至终点以后，筋疲力尽，实在游不动了，只见他直沉河底，工作人员马上派艇将他捞了起来。另一项目是越野长跑，他在跑到终点以后就躺下了，失去了知觉，工作人员加以急救，才活了过来。这充分证明了他的"拼死"哲学。

原来他早已在其日记中记录了自己的雄心。他相信他命中注定要做伟大人物，所以他拼命学习和工作以求达到目的。他在给他父母的信中宣布："只要今天我能伟大，则明天受苦而死我也甘心。"这种思想支配他拼命地去干每一件他计划要去干的事。

从西点军校毕业后，巴顿以少尉军衔被录用。他在驻地盖了一所漂亮的别墅。不但如此，而且还买了一架私人飞机，自行驾驶。当时飞机刚刚问世，美国根本未建立空军。

巴顿时运好转则在墨西哥战争。1916年，潘兴将军奉威尔逊总统之命，率领大军进入墨西哥国境，要捉拿"土匪"比利亚。巴顿随军前往，终于脱颖而出，威震全军。有一次，巴顿追踪比利亚的保镖胡利奥·卡尔德纳斯。他不顾劝告，单骑紧追，深入山地五英里，表演了美国西部片中的牛仔决战镜头，以头脑的机智和枪法的准确击毙了卡尔德纳斯。凯旋之后，潘兴大喜，在军中宣布道："好啊，我们队伍中也有一名土匪。他才是真正的战士。"此后的22个月中，巴顿从少尉升至中尉，由中尉升至上尉，从上尉升至少校，由少校升至中校。1918年10月1日他刚满33岁，潘兴将军就在这一天把他升为上校。那时，他已在欧洲作战。

巴顿所以能快速升任上校之职，是由于他又干了一起不怕死的惊人之举。他到欧洲后，潘兴将军对他说："你或者率领一营骑兵，或者率领一队坦克兵。"巴顿一向是善用骑兵的，他一贯率领的也是骑兵。坦克在那时还是一个新名词，巴顿并不明了它到底是一种什么武器。他对潘兴将军交给他的选择无从抉择。于是，就发了一个电报给他的学识渊博的岳父，征求意见。他岳父回电说："战争就是消灭敌人，哪种部队可以多消灭敌人就挑哪一种。"于是巴顿选择了坦克兵。

奇怪的是，巴顿初任坦克兵队长之时，他手上连一辆坦克也没有。当时美国本国还没有生产坦克，因此，他必须等待英国送来坦克。等了一个月，英国才送来了174辆坦克。那是非常原始的坦克，在第一次进军中，就有104辆因陷入泥沟或操作失灵而报废。巴顿只得率领剩下的70辆前进。他是一个主张快速行军的人，但那些坦克的速度竟如此之慢，远不比人的步行，所以巴顿就走在坦克的前面，大声叫嚷，为坦克指引道路。结果，在敌方扫射之下，巴顿受伤，被送进后方医院。这是1918年9月16日。巴顿在医院住了一个多月，他自己认为已经痊愈，但医生说不行。于是，巴顿对护士说外出散步，一去不回，偷偷溜回前线。但当他刚跑回前线的第三天，德国就宣布停战了。

战后，巴顿被调往夏威夷，在德鲁姆将军麾下供职，领中校衔。因第一次世界大战后，美国军部认为在战争中军官升级太快，所以普遍降级或停升。

巴顿在夏威夷买了一艘私人游艇，生活过得优哉游哉。但他生来是一个要生事的人，所以事情终于又发生了。

夏威夷美国驻军每年一度要与当地的居民举行一场马球比赛，这是一年中最盛大的节日，名门仕女都是要来观看的。巴顿是军队中的马球选手，而且是队长。这场比赛的对手是当地贵族子弟组成的名队。巴顿是个急性子，他在比赛中对他的同队队员华尔特·迪林翰大声叫嚷："龟儿子，快，否则我要操你妈！"德鲁姆将军坐在观礼席上，旁边有许多名门淑女。他听见巴顿的吆喝后马上叫暂停，把巴顿叫到座前，斥曰："巴顿中校，我现在解除你队长之职，你不能在仕女面前说这些肮脏的话，你给我马上下场。"巴顿立正答曰："是，将军。"巴顿的朋友都是江湖朋友，他们是讲义气的。华尔特看到巴顿下场，马上下马抛掉球棍，也走出赛场。盛大的节日眼看就要告吹，这位骄傲的德鲁姆将军在权衡利弊之下，不得不收回成命，重新叫巴顿出场。但德鲁姆是一个心胸狭窄的人，他从此记仇，给巴顿穿小鞋，使巴顿永无升级之日。

但命运往往会和人开玩笑。

陆军中的最高职位是参谋长。当时的参谋长是克兰格将军，他已决定在1938年退休，副参谋长是艾姆比克将军，他宣布他也要退休。德鲁姆认为他资格老，下一届的参谋长非他莫属。但陆军部长伍德林和罗斯福总统都认为应起用较年轻的新人。因此，当人选发表时，中选者是一名军阶不高的准将——乔治·马歇尔。

马歇尔是巴顿的伯乐。在巴顿死后，人们发表了巴顿的日记。他在日记中几乎骂了每一位将军，包括麦克阿瑟、艾森豪威尔、布雷德莱，等等，唯独找不到骂马歇尔的，可见巴顿对马歇尔感恩之深。

马歇尔一到华盛顿上任，就对管人事的格鲁中校说："迄今为止，巴顿是我国最优秀的坦克将领。我在第一次世界大战中就知道他了。我亲眼看到他率领我国的第一支坦克部队。我知道他这人非常难对付，但我知道我应如何对待他，把他调到华盛顿附近地区来，以便我随时可以调用他。"

评论家法拉戈说："马歇尔坚决相信，若要对快速行动的德国部队取得战场上的决定性胜利，巴顿是我国最大的人才资产。他认为在第二次世界大战中巴顿是使美国取胜的不可或缺的人物。马歇尔在对巴顿做评估时是考虑得十分周全的，因为他也完全看到巴顿的缺点。他知道应该把巴顿放在什么位置上，他完全知道应该给巴顿多少分量的权威和多少分量的责任。"

巴顿被调到了福特迈耶，训练骑兵，因为当时美国还没有决定是否建立坦克部队。1939年7月10日，军部决定要建立两个装甲师，于是巴顿被任命为第二装甲师师长，基地设于福特本宁。巴顿本人被提升为准将。

尽管当时希特勒的坦克威力已大显神通，但美军内部仍在进行一场争论：应优先发展反坦克炮还是优先发展坦克？巴顿知道，口头的争论是不会产生决定性效果的，只有实际行动才能说服对方。他决定要在即将到来的大演习中证明坦克的威力。

巴顿平时在训练中以实战为前提，对部下要求极严，士兵都认为是苦事，但巴顿绝不让步。他说："一品脱的美国汗水可以使美国人少流一加仑的血。"凑巧的是，在这次演习中，巴顿的敌手恰巧是他的前上司德鲁姆将军。巴顿使用了快速战术，一下就攻破了德鲁姆自夸的反坦克部署，并"俘虏"了德鲁姆。马歇尔认为，这次演习证明的倒不在于坦克的威力，而是证明了这样一点：在战争中需要的是勇气，守方之所以失败不在于武器，而在于缺乏勇气。

第二次世界大战美国参战后，巴顿的第一次任务就是在北非的摩洛哥登陆。当时摩洛哥受法国贝当政府控制，美国在摩洛哥进行策反活动，巴顿很容易地在一部分维希军队默认之下登上了大陆。他在摩洛哥首府卡萨布兰卡重用了一些维希人员，受到了戴高乐派的极大指责。好莱坞著名女明星英格兰·褒曼主演的名片《卡萨布兰卡》讲的就是那时的错综复杂局面。

接着，他被派往突尼斯一带作配角，协助英国的蒙哥马利对抗纳粹将军隆美尔。隆美尔是当时世界上最有名的坦克战专家。巴顿的一个夙愿就是想亲自击败隆美尔，显一显美国坦克兵的威风，更显一显他本人的威风。但当他还未与隆美尔的军队进行接触时，又接到了另一个调令，叫他回国训练部队以便在意大利的西西里登陆。

西西里战役主攻军队的统帅仍然是蒙哥马利，巴顿起牵制作用，但他们的地位是平等的。蒙哥马利代表了英国的老奸巨猾，他一开始就想独占成果。他向他的英国上级亚历山大将军提出希望，要求准许他同时指挥巴顿的军队。亚历山大乃请示盟军最高统帅艾森豪威尔，艾回答说："在西西里有两支军队，一支美军，一支英军，这两支军队都受您，亚历山大的指挥，而不是受蒙哥马利的指挥。"蒙哥马利的阴谋乃告破产。巴顿是深知蒙哥马利的险恶用心的。他说："蒙哥马利想把赫斯基（西西里战役的代号）包揽起来使自己成为唯一的主宰。他一贯想把他自己的个人野心与军事胜利结合成一体，并创造理论，想使人同意：凡对蒙哥马利有利者必将有利于整个盟军的事业。"

1943年7月，蒙哥马利在西西里岛东南部登陆，巴顿则在西南部登陆。蒙的目标是攻取首府帕莱菲和要冲麦西纳。巴顿只是在西部助攻。巴顿的攻势很顺利，但蒙的攻势却受到了阻止，于是他要求巴顿把117号公路让出来运输英军。巴顿的部队有一部分已经上了117号公路，在通常情况下，巴顿是不会同意的，但这次他却马上同意，并把已经出发的部队召回原地。因为他估计蒙哥马利顾虑重重，不会迅速猛攻，而他却可以乘机用邓艾偷渡阴平之计直取帕莱菲。果然，意大利守军没有想到巴顿的军队会从小道而来，所以巴顿比蒙哥马利先48小时进入了帕莱菲。这个消息使蒙哥马利大丢脸面。他决定要取下麦西纳，以挽回面子。但这时希特勒已派援军增援，蒙哥马利仍未得手，而巴顿则再出奇兵，抢先4个小时进入了麦西纳，丢脸的蒙哥马利大骂巴顿是个狗娘养的。

美国军部立即把巴顿晋升为少将。但正当巴顿在庆功之际，传来了一个坏消息，即轰动舆论界的所谓巴顿打人事件。巴顿第一次打人是他自己上报的，口授记录员罗赛维契上士曾记录如下：

我到后撤医院去探望，同350位伤兵谈了话。大家情绪甚高。有一位上士已第二次受伤，他笑着对我说，只要再中一次彩，他就可回家了。因为我曾经答应，连续三次受伤的人可以回家。

但我又发现一个人，装出受伤之相，我问他有什么伤，他说他受不了战争，我用手套给了他一个耳光，把他撵出屋子。医院不应收受这种人，应对其进行军法处理并予枪毙。我明天就要发这样一个命令。

第二天，巴顿真的发了一道命令："我已注意到有一小撮人以神经不正常而不能作战为借口躲入医院。这类人是懦夫，对不起其领导和同伴，他们在那儿浴血抗战，有人却叛弃他们躲进医院，必须采取措施，防止此类人进入医院，这种人应在连队处理。凡不愿作战的人都应以懦怯罪加以军法处理。"

这一起打人事件当然没有引起别人的注意。接着在1943年8月10日又发生了第二起打人事件。这一次不是巴顿自报的，而是被人检举的，证人叙述说：

当巴顿走到另一病号前，他问道："你有什么病？"病号开始抽泣："我的神经不好。"巴顿又问："你说什么？"答曰："我的神经不好，我听不得炮声"。

将军大吼："去你的神经，你是个胆小鬼，你是狗娘养的。"然后给了他一个耳光，并说："不许这龟儿子哭泣，我不允许一个王八蛋在我们这些勇敢战士面前抽泣。"他又一次揍了那病号，把病号的军帽丢至门外。同时又大声对医务人员说，"你们以后不能接受这些龟儿子，他们一点事也没有，我不允许这种没有半点汉子气的王八蛋在医院内占位置。"

他再次回头对病号吼道，"你必须到前线去，你可能被打死，但你必须上前线。如果你不去，我就命令行刑队把你毙了。说实在的，我本该现在就亲手把你毙了。"

军中的消息是要检查的。有四名记者探听到了这条新闻。于是艾森豪威尔把他们召了去，向他们做思想工作，请他们不要发表这条消息，四名记者以国家利益为重，同意不发消息。但这个消息不知怎么的被德鲁·皮尔逊获悉，皮尔逊是一个臭名昭著的揭发隐私者，他立即在哥伦比亚广播公司广播了这条消息。于是引起了美国国内的极大反应。好些母亲要求撤巴顿的职，有一个人权团体还要求对巴顿进行军法审判。艾森豪威尔也没有办法处理这件事，只好把它上交给马歇尔。马歇尔从大局出发，决定化大事为小事，化小事为无事。他命令巴顿在军中做一次公开检讨。然后又把他调回国内避风，等待重新分配。

在进攻欧洲大陆时，马歇尔任命巴顿为第三军军长，归布雷德莱领导。在西西里时，巴顿是布雷德莱的领导，现在倒了个个儿，许多人都担心巴顿会不服，有害于作战。马歇尔说："我了解巴顿，不会出事。"巴顿获任命后知道布雷德莱会有顾虑，所以主动上门对布雷德莱说："奥马，我只要有仗打就行，我不会介意地位高下，我愿意战死疆场。"马歇尔还下了一道命令，关于巴顿任第三军军长必须保密，并要制造假相，使敌人认为巴顿仍在意大利。只在第三军在法国连挫德军之后，德国人才知道自己是被巴顿打败的。

不幸的是，巴顿又碰到了他的对头蒙哥马利。蒙行动缓慢，总要多增军备和汽油，才肯前进。他还大言不惭地说："美国人不会打仗，它那儿的汽油应当送我们这儿来。"

巴顿听了大为生气，但当时没有发作。直到美军抢在英军之前在莱茵河对岸登陆之后，巴顿才报复。他专门派了一名信使，送了半加仑汽油给蒙哥马利，内附一个条子："希望这半加仑汽油能够你用！"

巴顿还这样说："哪一天蒙哥马利不再指挥美国军队了，那我们就算谢天谢地了。"

本来，蒙哥马利自信一定会在1945年3月24日抢在巴顿之前渡过莱茵河，所以丘吉尔已预制了一张录音片，宣布英国首先渡过莱茵河。这唱片放在B.B.C广播台，播音员不了解真相，于3月24日播放了，但巴顿已在3月22日渡过了莱茵河。这个广播对英国讲是一则笑话，对巴顿讲却是一则佳话。

巴顿总结了自己的战略如下：我们的火力，削弱了敌人的火力；我们的迅速攻击，缩短了暴露的时间。我们的迫击炮和野战炮，射击时是最优良的武器，而不射击时则变成了废物。不论多么疲劳与饥饿，当敌人比你更疲劳和饥饿的时候，就要一直打下去，不要停留。在战争中，只要你能大胆地进攻，没有什么事情是不可能发生的。浪费弹药总比浪费生命好得多。至少要18年才能产生一个士兵，而几个星期就可生产弹药。军官必须在进入掩体时走在最后，在前进时走在最先。

德国投降后，巴顿被任命为驻德国的美占领区司令。他在德国不认真执行华盛顿政府所规定的"非纳粹化"计划，并公开扬言："我认为我们该加强德国的力量，因为在五年后我们势将同俄国人作战。"有人把这些话和巴顿的行为上告艾森豪威尔，艾乃派麦克纳奈前往调查。巴顿对他说："我们迟早要同俄国人干一仗，最迟在下一次。那么，为什么现在不动手呢？现在我们的军队还保持完整，三个月内就可以把俄国人打个落花流水。我们还可以充分利用德国人，他们恨俄国人恨得要死。"麦克纳奈说："乔奇，别乱弹琴，你会惹起一场美苏战争。"巴顿不服，驳曰："我不是乱说。这是我们最好的方针。你怕丢乌纱帽，就别管，一切由我负责。我可以在10天之内制造足够多的事件使我们有充足理由可以向这些王八蛋开战，而且可使人们觉得挑衅者是俄国佬。"巴顿的话使麦克纳奈大为吃惊，立即如实上报了艾森豪威尔。艾就有解除巴顿职务之意，他说："在同乔奇打了这么多的交道以后，在我这个可怜的光头上只能剩下几根不多的白发了。希望他不要再为他自己制造头条新闻。"

艾森豪威尔的话音未落，报上又出现了巴顿的头条新闻："巴顿说，德国的纳粹党是同美国的民主党和共和党一样的。"原来，在一次记者招待会上，有一名记者问巴顿，他是否认为纳粹党同民主党和共和党是一个性质的，巴顿答曰："是的。"艾森豪威尔又派史密斯将军去见巴顿。巴顿仍表示他不愿把"非纳粹化"扩大，并为一般的纳粹进行辩护，给他们打抱不平。1945年9月28日，艾森豪威尔终于忍无可忍，下令解除巴顿的职务。

三个月后，这位未死于疆场的猛将却死于车祸。他在临死以前说："人活着不应当以年龄计，应当以事业计。"又说："我从从军的第一天起就希望自己死在战场上，最大的遗憾就是没有能死在战场上。"

巴顿的以下演说，被列为世界上最伟大的演说之一而留传万世：

弟兄们，总有一些人在那里嘀嘀咕咕说，我们美国人对这场战争缺乏斗志，想置身事外。那都是一些混账话。美国人天生爱打仗，真正的美国人喜欢的是战场上的刀光剑影。你们今天来此有三个原因：一，为了保卫家乡和亲人的安全；二，为了荣誉，因为此时你不想去任何地方；三，因为你们是真正的男子汉，而真正的男子汉都喜欢打仗。

当你们各位是孩子的时候，你们都崇拜棒球冠军、短跑健将、拳击高手和全美橄榄球明星。美国人只热爱胜利者，对失败者决不宽容。美国人瞧不起懦弱的胆小鬼。美国人参赛只有一个目标，那就是夺取胜利。那那些失败了还笑得出来的人，我向来都嗤之以鼻。这就是美国人能一直取胜并将永远取胜的原因。对一个真正的美国人来说，动一下失败的念头都令人恨之入骨。

你们不会全部牺牲。每次大战下来，你们当中只有百分之二可能会牺牲。死并不可怕，而且，谁都难免一死。不错，每个人在第一次上战场时，都难免会胆怯。如果有人说他不害怕，那他是骗子。有的人虽然胆小，但他们能像勇士一样战斗，因为如果他们看到其他同样对战争感到恐惧的战友奋勇作战而他们却袖手旁观的话，他们就会感到羞愧。真正的英雄是那些即使害怕也能照样勇敢作战的男子汉。有的战士在火线上不到一分钟便能克服恐惧，而有的则需要一小时，还有的大概要好几天才能适应。但是，真正的男子汉是不会让死亡的恐惧战胜荣誉感、责任感和一个男人应有的雄风的。战斗是想出人头地的男子汉表现自己胆量的最好的竞争方式。战斗能逼出伟大，剔除渺小。美国人以鹤立鸡群而自豪，而他们正是雄中之雄。大家记住：敌人和你们一样害怕，很可能更害怕。他们并非刀枪不入。

在你们的军旅生涯中，你们往往忽视演习，把它称之为"鸡屎演习"。经常怨声载道。这些训练演习，像军中其他条条框框一样，自有它们的目的。训练学习的目的就是培养大家的警惕性。警惕性必须渗透到每个士兵的血液中去。对放松警惕的人，我决不手软。谁要想活着回来，就必须时刻保持警惕。哪怕你有一点点的疏忽，就会有个混账的德国鬼子悄悄地溜到你的背后，用一坨屎置你于死地。

在西西里的某个地方有一块墓碑码得整整齐齐的墓地，里面埋了400具尸体。那400人丧生只因为一名哨兵打了个盹。令人欣慰的是，他们都是德国人。我们先于那些混蛋发现了他们的哨兵打盹。一个战队是个集体。大家在那集体里一起吃饭，一起睡觉，一起战斗。所谓个人英雄主义是一堆马粪。

我们有世界上最好的给养，最好的武器装备，最旺盛的斗志和最棒的战士。说实在的，我真可怜那些将和我们作战的狗杂种们。真的，我麾下的将士从不投降。我不想听到我手下任何战士被俘的消息，除非他们受了伤。即使受了伤，你同样可以还击。

军中的每个战士都扮演着一个重要角色。千万不要吊儿郎当，以为自己的任务无关紧要。每个人都有自己的任务，而且必须做好。每个人都是一条长链上的必不可少的环节。大家可以设想一下，如果每个卡车司机都突然决定，不愿再忍受头顶呼啸的炮弹威胁，懦怯起来，跳下车去，一头栽到路旁的水沟中躲藏起来，那会产生什么样的后果。这个懦弱的混蛋可能给自己找借口："管他娘的，没有我地球照样转，我不过是千万分之一。"假如每个人都这样想呢？到那时，我们怎么办？我们的国家、亲人甚至世界会是一个什么样子？不，美国人不那样想。他们每个人都能完成他的任务。每个人都应对集体负责。每个部门，每个战队，对整个战争的宏伟篇章都是重要的。

每个战士不能只顾自己，还要想着身边一起出生入死的战友。我们军队容不下胆小鬼。所有懦夫都应像耗子一样加以斩尽杀绝。否则，战后他们就会回家生出更多的懦夫来。干掉所有该死的胆小鬼。我们的国家是勇士的天下。

我所见过的最勇敢的好汉是在突尼斯一次激烈的战斗中爬到电线杆上的一个通信兵。当时我正好路过。便停下来问他，在这么危险的时候爬到这么高的地方瞎折腾什么?他回答道:"在修理电线,将军。"我问:"现在修不是太危险了吗?"他答道:"是危险,将军,但线路不修不行啊。"我问:"敌机低空扫射,不影响你吗?"他答:"敌机不怎么影响,将军,你倒是大大地影响了。"弟兄们,那才是真正的男子汉,真正的战士。他全心全意地履行自己的职责,不管那职责当时看起来多么不起眼,不管情况有多么危险。

有时免不了会听到有人抱怨,说我们对战士要求太严,太不近情理。让那些抱怨见鬼去吧。我坚信一条金玉良言,那就是:"一杯汗水,换来一桶鲜血。"我们的进攻越坚决,消灭的德国鬼子就越多。我们自己人死的就会越少。进攻意味着更少的伤亡。我希望大家牢牢记住这一点。

16　安德鲁·卡耐基

如果我们要为美国的苦儿成名录排位的话,第一把交椅当然要推本杰明·富兰克林。第二位则不能不推安德鲁·卡耐基。卡耐基甚至为苦儿成名写下了檄文,其题为:"贫苦之好处",文曰:

由于父母贫穷而生下来就处于贫苦之境的孩子比生于富裕之家的孩子(他们雇有专人照看和教学,习惯于养尊处优)具有一定的优越性。因此,无怪他们会在人类活动的各种领域内成为出人头地的领袖。这些孩子一直在向前奔,而且将永远会向前奔,奔向奋斗的前线并领导世界;他们是时代的开创者。让我们在人类取得胜利的每一领域内作出最伟大贡献的人物中挑其三四人看一看,就可知道,那些出身于富家的子弟在这些为人类作出不朽事业的珍稀名单中所占的份额是多么少。我认为,拥有上述那些优点对产生伟大、产生优良是几乎起着决定作用的,人类最伟大和最优秀的人物必须在令人奋发图强的贫困这所学校中培育出来。这是产生最最伟大人物和天才的唯一学校。

节节高升

1835年11月25日,卡耐基生于苏格兰邓费姆林的一个穷苦工人家庭。1848年,全家移民到匹兹堡。父亲在一家纺织厂当工人。卡耐基也进一家小工厂当小工。他自己写道:"工资为每周两元。我之职务为掌管一小蒸汽引擎之发动,并在楼下一小室中为锅炉生火。工作殊重。我鼓起勇气,忍受困苦,盖我希望甚高,日冀相当改变之发生,改变将若何,我不知之,然确信苟坚持向前,必有出头之日。"

1850年,他偶然中得到一个机会,进了奥雷利电报局当上了电报差童,他得意非凡,在自传中写道:"得以到电报局工作,对我讲,是多么大的一种改变啊。命运之神从地下室锅炉房中把我拉出来,引进了光线充足的办公室,那里到处堆放着报纸、铅笔、钢笔和纸张,哒、哒、嘀、嘀的奇妙之声不绝于耳,我得以做成人之工作矣。我成了从黑暗走进光明之孩子。我自信我已踏上第一阶梯,不可不努力攀缘前进也。"

卡耐基工作卖力,头脑聪明,品行端正,立即取得了顶头上司格拉斯先生的赏识。自传写道:"余之差童生活,忽然发生一事,立将余升至七重天上。一星期六之夕,格拉斯先生发给差童该月之工资。余辈立于银柜之前,格先生次第授予。余素列班首,既见格先生推出11.25美元,遂伸手去取,乃格先生竟越过余手而授予第二人。余大为惊异,且彼顺次而下,置余于不顾。余心中渐觉沉重,以为耻辱即至矣。思之不寒

安德鲁·卡耐基,1913年

而栗。工资发毕,格先生令余人内告余,谓彼以为余之价值过于其他差童,故已决定每月给余13.5美元。余闻斯言,脑际震撼莫名,自疑或有误听。格先生数出工资,余不知曾否称谢,殊不信余曾谢之。余伸手接得,一跃出门,疾走返家。余以11.25美元交吾母,而不提其余之2.25美元。此数当时对余之宝贵,胜于日后余所有之数千百万也。余弟汤姆,时年9龄,与余同栖阁楼房中,余将秘密告之。吾侪并议论将来之事。此为余第一次与吾弟商讨将如何经营商业,建立一卡耐基公司,亟期生意兴隆,财源四至,而有出人头地之日也。"

没有多久,卡耐基又跃升为报务员,工资为25美元,他的工作效率惊人,因此还有余力为一家新闻通讯社发稿,每天可得1美元,这样,他的月收入就有55美元。有

一次，他代表格拉斯出差，坐轮船前往明尼苏达，不料在船上碰到他父亲外出贩布。他睡的是舒适的官舱，但父亲却在这大冬天睡露天的统舱。两人相遇，父亲既为儿子骄傲，又自惭形秽，不胜唏嘘而泪下，卡耐基安慰说："爸爸，我一定会有一天带你和妈妈荣归邓费姆林。"时年16岁。

1853年，宾夕法尼亚铁路匹兹堡经理斯各脱欲觅一电报员，奥雷利电报局乃将卡耐基介绍给他。从此，卡耐基得到斯各脱的赏识和提拔，并随着斯各脱的上升而上升。

1855年，他父亲病逝，母亲悲痛不已，并说早知如此，不该离苏格兰来美。卡耐基安慰母亲说，他保证总有一天将带她乘马车荣归故里，并说他将不会结婚而要专心照顾妈妈。这里我们要提一笔，卡耐基真的这样做了，他一直到她妈妈死后才结婚，那时他已52岁，新娘路易丝，28岁。卡耐基结婚时是童男，这也要说清楚。仅此一端，可见此人的确有极坚强的意志。

1856年，有一佩特里克夫人拥有亚当斯快运公司优惠股票（blue chip stock）10股，价600美元，夫人因有急用，托斯各脱先生找人售予，作价500美元。卡耐基写道："幸福之神忽来叩门。斯各脱先生询余有500美元否，若有，彼愿为余作一投资。噫，若为50美分者，或较近于余之所有，余且未有50美元可供投资之用。然此为余与伟人发生财务关系之良机，决不可失之交臂。于是答曰，容设法筹之。余母思虑再三，得一良策。盖吾家买屋之款已付满500美元，吾母即意欲以此作抵，筹借所需之款。翌晨，吾母赴东利物浦，由舅舅介绍借得500美元。此为余一生中第一次之投资。某日，余案上置有一白色信封，封面大书安德鲁·卡耐基先生。余拆视之，内有10美元支票一纸。此乃余得自资本之第一次收入，余未曾以血汗换取者也。见此，余窃喜曰：得之矣，此处为产金之天鹅也。"时年21岁。

1859年，斯各脱升任宾夕法尼亚铁路副总裁，他把匹兹堡经理这位置赐给了卡耐基，年薪1500美元。时年24岁。这儿要补充说一下，在这许多年内，卡耐基一直在抽空读书。首先是利用安德生上校的家庭图书馆，后来又利用斯托克上校的家庭图书馆，在后者墙壁上贴着一张条幅，写着："不能讲理者是傻瓜，不愿讲理者是顽固，不敢讲理者是奴才。"他把它抄录下来，作了自己的座右铭。

1861年，内战爆发，斯各脱被任为陆军部长助理，他又把卡耐基带至华盛顿做他的秘书。卡在那里掌管军事电报之收发，成了全国第一个消息灵通的人，林肯也经常站在他办公桌旁阅读电报，并说了许多警世之语，但卡耐基说，遗憾的是，那时他竟没有把这些话记下来。

登上钢王宝座

卡耐基在华盛顿的四年使他对美国的全国情况了如指掌。内战结束后，他自觉已羽毛丰满，乃辞宾夕法尼亚公司之职，自立门户。他已在好多领域内进行投资，如：铁路卧车公司、西联电报公司、宾夕法尼亚石油公司、哥伦比亚石油公司、匹兹堡第三银行，等等，现在他看中了皮伯尔和希夫勒造桥公司。因为他知道，在发展横贯铁路的同时，铁路桥梁将成热门。造桥要铁，所以他又集资成立了联邦制铁公司。他的战略是：只控制股份，做老板而不做经理。他自夸说，从那时起，他再也没有领过工资，也就是说，他完全靠股息生活。

有一次，卡耐基到欧洲旅行，在德国亲眼看到了贝色麦炼钢法，他立即意识到，铁的时代已告结束，钢王已开始登基。他回国后立刻着手办钢厂。在此以前，他的政策是：把鸡蛋放在不同的篮子内，而办钢厂需要巨额资金，他不得不下狠心，决定把所有鸡蛋放在一个篮子内。他弟弟加以规劝，也没有生效。于是兄弟两人就进行了一场空前的投资赌博。他在匹兹堡附近的布雷德道克古战场找到厂址，1872年11月5日，公司宣布成立，它共集资70万美元，卡耐基占25万美元。他还拉宾夕法尼亚铁路总裁汤姆生入股，虽然后者只认购了很少股份，但卡耐基仍把公司命名为汤姆生钢铁公司。他聘贝色麦专家霍莱为总工程师，霍又带来了炼钢能手琼斯。琼斯曾在内战中任上尉，所以人们都叫他上尉琼斯。至此，万事俱备，只欠东风。

1874年，建厂工程完毕，开始生产。卡耐基又请威廉·希恩任经理，他不是工程专家而是经营专家。这几位要员组成了钢厂的"人才内阁"，使钢厂从一开始就生机勃勃，生意兴隆。卡耐基也读过马克思的《资本论》，他了解到产生价值的主要因素是劳动力，他从反面意义利用它。他写了一条座右铭要部下放在每人办公桌上：只要抓好成本，利润自会滚滚而来。成本中唯一的活因素是劳动力，降低成本就是降低工资支出。这决不意味降低每个个别工人的工资，而是指工资总值。就个别工人的工资而言，他的工人工资没有低，而是略高于其他的厂。他的办法是提高劳动强度来达到减低工资开支。传记作家约瑟夫·沃尔写道：工厂实行12小时倒班制，即使在酷热的暑天，厂内温度达华氏100度，也照干不误。每周工作七天，全年只有一天假日，那就是7月4日。

有一次，慈善家萨加夫人来工厂参观，她回去后对朋友们说："可怕啊，真可怕。这简直是一个屠宰场，工人像苍蝇一样死亡。"

过了几年，卡耐基与希恩发生分歧，后者退出了公司，卡耐基怕希恩带走琼斯，乃召琼斯，表示愿以公司股票百分之七让予，他以为琼斯必将感激流涕，不料后者竟说他不要股票，只要合乎他身份的高工资。于是卡耐基下令，琼斯的年薪将等于美国总统的年薪，并且还要比总统高1美元。当时总统年薪为2.5万美元。

由于业务发达，公司进行改组，1892年7月1日，卡耐基钢铁公司成立，由煤焦业大王弗立克任董事长，并在荷姆斯忒德建立新厂。有名的荷姆斯忒德惨案就发生在那里。卡耐基时在国外,所以他把惨案责任推给了弗立克。

1898年,卡耐基公司的年利润达到了1000万美元。不久,弗立克与卡耐基发生了分歧。这时,金融业大王摩根有意成立一个钢铁托拉斯。1901年,卡耐基就决定把卡耐基公司全部盘给他,作价4.8亿美元。1901年3月2日,美国钢铁公司宣布成立,资本为11亿美元,这是世界上第一个资金超过10亿美元的公司。卡耐基拥有其中的股票3亿美元。但他已完全退出商界,不再过问业务。

在技术革新方面,卡耐基是功不可灭的。举一个例子说:有一次,公司新建了几个新炉子,耗资100万美元。建成之日,卡前往视察,当时的总管为许华伯。巡视完毕后在室内用咖啡,卡耐基说:"往日你领我看新炉,总是高高兴兴的,为何今天你不太高兴?"许答曰:"老板有所不知,工程师最近又向我提出一个建议,如果按照新设计,每吨钢的成本还可以减低五毛。"卡说:"很好,我们改装一下。"许说:"我已考虑了好几个夜晚,证明改装是不可能的。必须拆光重建。"卡耐基不假思索,立即说:"好,明天上工时,工人的任务就是拆新炉子。"很少资本家能有这种决断。

慈善事业大王

卡耐基退休后,组成一个卡耐基托事部,专办慈善事业。其中占首位的有三项:一、资助兴建大学;二、资助建立图书馆;三、资助建立医院。他一共建立了近3000个图书馆,其中一部分在国外。他还为世界各地的教堂赠送了一万台唱诗用的风琴。他为有组织的慈善事业开了一个头,后来跟上的有洛克菲勒基金和福特基金。

为此,他还写了一本小册子,名为《财富的福音》,宣传为富之道。当时美国国务卿路特也为卡耐基吹捧说:"卡耐基为缔造现代美国作出了极大贡献。他是我所熟悉之人中最和善的一位,他并不因为多财而将心肠变硬,也不因位高而放弃他青春的幻梦,他乐善好施,具有无限的恻隐之心,性格高尚,胸怀坦白,诚当代之伟人也。"

对于卡耐基之仁慈需要作一注解,而且可由他自己作,他在自传中写道:"雇主恩待雇工有如故友,其情感上效果究属如何,姑置勿论,但就经济结局言之,则余确信,以高薪授予忠于雇主之工人,则此高薪实为极佳之投资,必将产生不可估计之赢利。"

第一次世界大战前夕,卡耐基以私人身份与德国国王商讨和平大计,并达成草案,提交参议院。但正在此时,发生了德国潜艇击沉美国船只事件,宣战已成必然。美国参战后,卡耐基极力支持威尔逊总统的十四点和平计划,更欣赏威尔逊的"没有胜利者的和平"这个口号。大战结束后,卡耐基又出巨资成立"卡耐基国际和平基金",为国际和平而努力,这个机构至今仍存在。

1919年8月11日,卡耐基病逝,葬于纽约州北塔里镇的睡乡墓地,五年以后,另一位英国移民、劳联主席龚泼斯也葬在这一墓地。

《美国文明散论》作者钱满素博士评曰：

美国早期的慈善事业主要是由教会和私人来完成的19世纪实现工业化之后，美国的财富剧增，随之而来的是触目惊心的贫富差距，进步和贫困的问题困扰着整个社会，"社会公开"的现代理念也逐渐酝酿产生。这时的美国人看到了财阀巨头控制国家经济命脉的危险，大部分人也不再接受尊卑贵贱乃上帝安排，大声疾呼经济民主。虽然大多数美国人并不接受剥削理论，但他们认为个别人富可敌国是不公正的，财富由整个社会共创，理应由社会共享。

在这种外在压力和内在良心的共同作用下，以卡耐基为代表的一些美国首富表现出积极的姿态。卡耐基批评将财富作为遗产传给家人，或死后才留给社会的做法，主张拿出与获得财富同样的智慧，将它在生前就合理地回归社会。他写道：

"富人的责任就是：首先，应该树立一个朴实、谦逊的生活榜样，避免炫耀或奢侈，有节制地向那些依靠他生活者提供一些正当的必需品。除此之外，他应该认为，其余的所有剩余财富都归他的信托基金，他只是一个管理者而已。而且他受到自身责任的严格约束，一定要运用自己的智慧和判断来管理这笔财富，以使其产生对于社会最有利的结果。他的卓越智慧和经验，他的管理才干都是为了穷人服务的，他来管理这笔财富要比穷人自己管理更为妥善。"

卡耐基身体力行，拒绝在巨富中耻辱地死去。他生前几乎将财产捐献一空，出资建造了无数个图书馆、美术馆、音乐厅等公共设施。洛克菲勒更是直截了当地使用温斯罗普式的语言声称："我受上帝的信托管理他人财物。"

17 约翰·洛克菲勒

1839年7月8日,约翰·洛克菲勒诞生于纽约州里契福德的一家小农户家庭,他父亲是一名小农兼江湖郎中。约翰幼时曾在农场干活,他回忆说:"记得我幼时,对我最有教育意义的一件事就是有一次我帮助邻居挖土豆。那位邻居是一个勤劳农民,他每天能挖很多土豆。我那时只有13岁,从早到晚挖10个小时,工作非常吃力,所获报酬极微。我把这微少的钱积了起来。但就在这时,我从报上懂得了另外一种攒钱的办法。如果我能有50元,而能以七厘的利息放出去,那么一年的利息钱就等于我辛苦挖土豆100天的工钱。当我了解到这一点后,就决定要使金钱做我的奴隶,而不是我做金钱的奴隶。"

1853年,约翰全家搬到了俄亥俄州的克利夫兰。由于父亲经常在外地行医,家中一切都靠非常能干的妈妈主持。因此约翰从母亲身上学到了节俭的美德。他在回忆中说:"我年轻时牢记着母亲的训示,现在也还是一样。她说,任意浪费会带来永不满足的悲惨生活。"把上面两个回忆结合起来,就成了一句发家的名言:开源节流。

由于家境拮据,洛克菲勒在念完中学后不能上大学,只在一家商校学了几个月的簿记,就开始进入一家干货店做簿记记账员。他在账簿上逐条记载营业项目时,很快就探悉了企业内部的奥秘。

约翰·洛克菲勒

经过3年缩衣节食,他终于凑到1800美元,与一位名叫克拉克的伙伴开了一家干货店,关于这一段有一个故事流传:

有一次,他往外地出差。搭上一条装有200桶煤油的轮船。但船在中途爆炸,200桶煤油报了销。他打听到煤油是运往艾克斯城的,于是马上租了一匹快马,直奔艾克斯城。到达目的地时,天色已晚,他不吃不喝赶紧探明本城的煤油零售商,然后一家一家地登门造访，说明来意，愿以当天价格全部收买店内所存煤油。店家当然乐意。这时，他才吃三明治，回旅馆休息。第二天，轮船失事消息传来，油价暴涨，洛克菲勒把油价提高一倍，退给了原店主，他一个晚上就赚了1000多美元。

这时克利夫兰从事石油业而发财的人不少，洛克菲勒和克拉克决定也投身一试，成立了一家小炼油厂。洛克菲勒知道他无法控制原油价格，只能设法控制成本。装油的桶每只要2.5美元，是公司的主要支出之一，于是他在工厂内增设制桶设备，把桶的成本降为0.96美元。他还认为增加利润的另一办法是增加产量，所以要扩大工厂，但合伙人不愿再举债扩厂，洛克菲勒就以7.25万美元买下所有合伙人的股权。他回忆说："我回想起1865年买下合伙人所有权那天，似乎是我生命中最重要的一天，也是我事业的转折点。"

他的下一步就是想收购克利夫兰所有的石油厂。他用威胁和利诱的办法纠集多家油商成立了"南方兴业公司"。然后不惜一切手段兼并所有其他公司。当时的女记者塔贝尔在《美孚石油公司的历史》一书中曾揭露了一位被洛克菲勒逼得走投无路的寡妇业主的故事。这位寡妇申诉说：

我的先夫在逝世之前欠下了一笔债务，这是他一生中第一次欠债。考虑到遗孤和我自己的利益，我认为有责任继续维持我们的企业，因此我就在全部资本的10万元中抽出9.2万元作继续营业之用。过去几年中，我的企业遭受了创业以来最困难的时期，但我总算能渡过难关而且也获赢利。

1872年11月，南方兴业公司派了一个名叫勤宁斯的来找我谈话。这位勤宁斯先生本人曾开设油厂，后来把厂盘给了南方兴业公司。我对他说，我不想同他这个人进行谈判。如果南方兴业公司想收买我的油厂，我必须同公司的主要负责人洛克菲勒先生亲自接洽。勤宁斯先生当时回答我说，南方兴业公司的老板洛克菲勒先生已经决定要控制俄亥俄州的全部炼油厂，他希望在一年或两年以内完成这个控制，如果一两年不成，就五六年。总之一句话，必须取得控制。

大约两三天后，洛克菲勒先生就亲临我宅，与我进行商谈，研究如何收买我厂。我对洛克菲勒先生讲，我充分认识到我的厂完全在南方兴业公司巨掌控制之下，我所能做的唯一的事情就是请他拿出作为一个绅士的良心来，请他用同情心来处理我。我求他可怜我的处境，我是一个寡妇，家中有一群孤儿，还有我先夫遗下的一笔债务。我对他说，如果我没有目前油厂的固定收入，就不能维持生活。我对他说，我遇到了我丈夫创业以来最艰苦的时期，但我竭尽全力，总算渡过了难关，而且有所盈余。

他说，他了解我做得很不错，他说他自己的妻子就不可能像我这样有能耐。我提醒他说，先夫曾经同洛克菲勒先生本人达成君子协定，后者同意不干涉我先夫所从事的滑润油生意。我又说，我们这方面一向忠实执行这个协议，除了滑润油外不生产其他油，尽管这给我们带来了很大不利，但我们始终信守协定，从来没有越出这个协定。我们认为这是一个有没有信义的问题。我又说，当我看到南方兴业公司吞并其他炼油厂时，心中很不安，担心南方兴业公司也将接管滑润油业。我又提醒他说，他本人曾许下诺言不来干涉滑润油业。于是洛克菲勒先生眼泪夺眶而出，赌咒说，他无意干涉我的企业，并一定要信守君子协定，他保证不会使我遭受委屈。

他说，他不知道巴科斯公司的股票是否已经出售。如果已出售，我可以保留我愿意保留的份额。如果尚未出售，那么，在谈判过程中他一定要来与我亲自商量。我看他这副正经相，就深信不疑，对他表示信任，认为他一定能遵守信义。

后来形势的发展使我不能不出售了，于是我希望南方兴业公司提出一种方案，并且力促他们提出一种方案。但他们没有答应我的请求。于是我主动提出，巴科斯公司的全部股票和红利共作价20万元。这个价格实际上低于当时市场上的价格，但他们不接受这个价格。他们只愿出价7.9万元，而且还有一个附带条件，即巴科斯公司原股东必须保证今后不再在俄亥俄州或其他任何地区从事石油提炼业或石油副产品业。

我了解到我的公司完蛋是定了的，因此我退一步说，根据洛克菲勒先生当面与我达成的谅解，我可以保留我愿意保留的股票，现在我打算保留5万元股票。但他们回信说："非本公司局内人不得在本公司持有股票，我们不会在这一点上让步。你要么按照我们的条件签字，要么就请滚蛋。"

我是一个弱女子，没有什么力量与他们抗争，只好在他们规定的条件上签了字。

塔贝尔的文章出来后，引起了美国社会的强烈反响，洛克菲勒的竞争者们抓住小辫子群起而攻之。于是洛克菲勒决定关闭南方兴业公司，换汤不换药地另组美孚石油公司。它使用了各种合法的和不合法的手段，击败了大大小小的竞争者，成了真正的石油大王。接着洛克菲勒宣布美孚石油总公司由克利夫兰搬到纽约，设于纽约珍珠街140号，不久又由珍珠街迁至百老汇大道26号。

洛克菲勒定了一个规矩，每天中午美孚石油公司决策人物必须在总部用餐，一边吃饭，一边商讨政策及解决问题。

餐室内设置16把椅子，并固定座位如下：

普腊特

洛求斯、弗拉格斯

威廉·洛克菲勒、约翰·洛克菲勒

汤姆·布许奈尔、阿契鲍尔德

布兰斯脱、波斯威克

巴顿、彭区

克隆威尔、约翰·布许奈尔

亚力克山大、布考克

麦克奇

不要小看这个小小的座位表，它也是洛克菲勒的一个代表作。洛克菲勒的座右铭是："闭起嘴巴，盖住利润。"他不愿意在席上居首位，而故意让次要人物出头露面。

座位上的威廉·洛克菲勒是他的弟弟，正如卡耐基的弟弟汤姆·卡耐基一样，仅是一名次要的人物。

洛克菲勒认为他建立石油帝国是一件旷世伟业，他希望他的石油帝国能够一代二代传至万万代。因此，自称为洛克菲勒一世，他只有一个儿子，就把他命名为洛克菲勒二世。

但二世却生了一个女儿和五个男孩，即约翰、纳尔逊、劳伦斯、温斯洛普和戴维五兄弟。为了防止出败家子，父亲立下家规，从小训练孩子们必须节约和勤奋。

每星期六早餐之后，六个孩子一个一个排队走进父亲的办公室，从童年时代起到离家上大学，每人用这种方式取得一周的零花钱。开始每周仅三角，15岁时不过2元上下。大学时期每年1500元，与一个普通学生差不多。这份津贴绝不是"松紧带"，多用一分钱都要提出申请与详细解释。你要买一样比一周津贴还多的东西，则必须节约到有足够的钱去买它。相反，提前花完津贴，必须囊空如洗地等到下一次。每个孩子在领到津贴时还得到一个小账本，用来记载怎样处理钱，他们的父亲说：这是一个人能知道怎样用掉钱和计划怎样用钱的唯一方式，力求节约，不能浪费。

津贴的数目总比需要的少，而且无法索求，于是未来的富豪们干起了这样的事：做家务事挣钱。消灭走廊上的苍蝇每100只一角钱，捉住阁楼上的耗子每只五分，背柴火、砍柴火和拔草每小时若干，等等。纳尔逊和劳伦斯，两个孩子当一个9岁、一个7岁的时候就取得了擦全家皮鞋的特许权，皮鞋每双五分，长筒靴每双三角。戴维在上大学时这样写道："从我们最初的岁月起父母就教我们不要把食物剩在盘子里，不用的时候不要让电灯还亮着，不要缺少考虑地乱花钱，因为这些事情都是浪费。……可是在一切形式的浪费之中，最令人憎恶的浪费是懒惰。"

稍后，爷爷又选了一个吉日，把儿子和孙子一齐叫来，正式公布了长孙约翰·洛克菲勒三世的称号，并做了一次家庭训话。他说：

美国企业这一枝美丽的玫瑰花，只有牺牲生长在它周围的早期蓓蕾才能求其灿烂芬芳。

我们投身企业不是为锻炼身体增进健康，而是为了挣美元。

我们帝国规模庞大，非同小可，一分之利，一厘之息，都可以汇成江河。1872年时，我们油桶的成本为 2.35 元，1888 年，降至 1.25 元，每年就因此而多赚了 400 万元。1874 年时，我们油箱的成本为 0.30 元，1888 年降至 0.15 元，每年就多赚了 540 万元。

银钱之事必须亲自检查，随时检查。1889 年 7 月，有一代理商报告说他手上有油 11012 箱，我查了明细账，发现 5 月份他报告存 1119 箱。6 月份我们送去 10000 箱，他售出 9527 箱，7 月份又送去 10000 箱，他手上应有 11592 箱，差 580 箱。

接着，爷爷又宣布家规八条曰：

1. 紧闭嘴巴，因为沉默就是黄金，而黄金正是我们的生存目的。
2. 放的债要今天收，欠的债等明天付。今天是实在的，明天可能不存在。
3. 善于做生意，使卖者和买者都到我们这儿来。让卖者多等一会儿，因为他越等得久，他索价就越低；决不要丧失买者一分钟，因为他的钱就是我们的利润。
4. 一切赚钱的买卖都用美孚石油名义去做，把不一定赚钱的生意用假名去做。要使美孚石油成为百战百胜的名牌。
5. 美孚石油的交易不要用具文形式。让我们公司这个法人来帮助你的记忆，也帮助对方的遗忘。不要忘记，我们的法律顾问是每年向我们拿钱的。也不要忘记，我们全国各地都有法庭和法官。
6. 竞争是经济的生命，这指的是我们的经济；垄断是经济的死亡，这指的是对手的经济。因此，必须善于使用两手。
7. 不要去与我们的政府争吵。我们的政府是由人民统治，为人民统治的政府，而我们就是人民。那些不属我们的人民，可以把他们雇为我们的人民。
8. 永远做正确的事。正确促进权力，权力促进金元，金元促进正确，而我们手上有的是金元。

当然，洛克菲勒也有高尚的一面。《世界传记全书》这样写道：

他的慈善事业随着他财富的增长而愈办愈大。最初，他请浸礼会为慈善事业顾问，后者主张办一所大学。于是，洛克菲勒就成了芝加哥大学之父。在他有生之年，他一共向芝大捐助了 8000 万美元。他还保证，他决不干预芝大内政，芝大将是一个完全独立的大学。

他还在纽约市设立了一个洛克菲勒医学研究所。该研究所曾在治疗黄热病、感冒、小儿麻痹症和外科手术等方面作出了成绩。

洛克菲勒一生用于慈善事业的钱总计约有 5.5 亿美元。最后，因用于慈善事业的款额太大，不得不成立了一个专家小组来帮助他，那是1913年，他的个人财产已达9亿美元。这个小组就成了"洛克菲勒基金会"。基金会的目的是"促进全世界人类的福利"。

洛克菲勒的个人生活非常朴素和节俭。他专心事业，很少冲动。他的才能是富有组织天才。他能一心一意为事业而努力。他的生命就是赚钱和施舍。在这两个方面，他都做得非常成功。

1937年5月23日，洛克菲勒病逝于佛罗里达州。享年93岁。

老洛克本来规定他家不能写自传和传记之类，但他的孙子劳伦斯却违规写了一部传记，发表了老洛克给儿子的一批信件。今摘录两篇转载如下：

第一篇　就要做第一：1931年3月15日（节选）

亲爱的约翰：

"没有野心的人不会成就大事。"这是我那位汽车大王朋友亨利·福特先生，昨天来看我时向我吐露的成功秘密。

我非常敬佩这个来自密西根的富豪，他是一个执著而又坚毅的家伙。他几乎与我有着同样的经历，做过农活，当过学徒，与人合伙开办过工厂，通过奋斗最终成为了这个时代全美最富有的人之一。

人被创造出来是有目的的，一个人不是在计划成功，就是在计划失败。这是我一生的心得。

我似乎从不缺少野心，从我很小的时候开始，要成为最富有的人，就一直是我冲动着的抱负与梦想。这对一个穷小子来说，好像有些过大。但我认为目标必须伟大才行，因为想要有成就，必须有刺激，伟大的目标能使你发挥全部的力量，也才会有刺激。失去刺激，也就等于没有了一股强大的力量推动你向前。不要做小计划，因为它不能激励心灵，我经常这样提醒自己。

当然，成为伟大的机会并不像湍急的尼加拉瓜大瀑布那样倾泻而下，而是慢慢地一次一滴。伟大与接近伟大之间的差异就是领悟到，如果你期望伟大，你必须每天朝着目标努力。

但对于一个穷小子而言，如何才能将这个伟大的梦想变成可触摸的现实呢？难道去靠努力为别人工作来实现它吗？这是个愚蠢的主意。

我相信为自己勤奋会致富，但不相信努力为别人工作就一定成功。在我住进百万富翁大街前，我就发现，在我身边，很多穷人都是工作最努力的人。现实就是如此残酷，不管雇员努力与否，替老板工作而变得富有的人少之又少。替老板工作所得的薪金，只能在合理预期的情况下让雇员活下去，尽管雇员可能会赚到不少钱，但变得富有却很难。

我一直视"努力工作定会致富"为谎言，从不把为别人工作当作积累可观财富的上策，相反，我非常笃信为自己工作才能富有。我采取的一切行动都忠于我的伟大梦想和为实现这一梦想而不断达成的各个目标。

在我离开学校、寻找工作的时候，我就为自己设定了一个目标：要到一流的公司去，要成为一流的职员。因为一流的公司会给我一流的历练，塑造我一流的能力，让我长一流的见识，还会让我赚到一笔丰厚的薪金——那是开创我未来事业的资本，而这一切无疑是我通往成功之路的最坚实的基石。

愚蠢地努力工作很可能在百般辛苦之后仍一无所获，但是，如果将替老板努力工作视为铸就有朝一日为自己效劳的阶梯，那无疑就是创造财富的开始。给自己当老板的感觉真是棒极了，简直无以言表。当然，我不能总沉浸在年方18岁就跻身贸易代理商行列的得意之中，我告诫自己："你的前程就系于一天天过去的日子，你的人生终点是全美首富，你距离那里还很远很远，你要继续为自己努力。"

做最富有的人，是我努力的依据和鞭策自己的力量。在过去的几十年中，我一直是追求卓越的信徒，我最激励自己的一句话就是：对我来说，第二名跟最后一名没有什么两样。如果你理解了它，你就会认为，我以无可争辩的王者身份统治了石油工业不足为奇。

我们每一个人都生活在希望之中，但我更多的是生活在目标的达成之中。我的人生目标就是要成为第一，这也是我设法定出并努力遵守的人生规划，我所付出的所有努力和行动，都忠于我的人生目标、人生规则。

上帝赋予我们聪明的头脑和坚强的肌肉，不是让我们成为失败者，而是让我们成为伟大的赢家的。二十年后的今天，联邦法院解散了我们那个欢乐的大家庭，但每当想起我创造的成就，我就兴奋不已。

伟大的人生就是征服卓越的过程，我们必须向这个目标前进，不怕痛苦，态度坚决，准备在漫长的道路上跌跌。

爱你的父亲

第二篇　充实你的良心　1914年10月1日

亲爱的约翰：

就像我们身体有食欲一样，我们也有精神上的食欲。但许多人却常以没有时间为借口，总在使他们的心灵忍饥挨饿，也只在意外或偶然的情况下才充实它一下，却总忘不了满足他们脖颈以下的消费。

也许我的看法有些悲观，我们正处于无限制满足脖颈以下却在忽视脖颈以上需求的时代。事实上，你经常听到有人说：漏吃一顿午餐是件大事，却听不到你最后一次满足心灵饥渴是在什么时候的声音，难道我们每个人都是精神富足者吗？显然不是。

在我们这个世界上，精神饥渴的人随处可见，那些生活在沮丧、消极、失败、忧郁中的人，他们都迫切需要精神的滋养和灵感的召唤，但他们几乎全都排斥再充实他们的心灵，任由心灵黯淡无光。

如果空虚的头脑能像空虚的肚子一样，要填满一些东西就能让主人满足的话，那该有多好。可惜，没有这么便宜的事情，反要接受心灵空虚的惩罚。

心灵是我们每个人真正的家园，我们是好是坏都取决于她的抚育。因为进入这个家园的每一件东西都有一种效用，都会有所创造，为你的未来做准备，或者会有所毁灭，降低你未来可能的生命成就。例如积极。

每一个达到高峰或快达到高峰的一流人物都是积极的，他们所以积极，是因为他们定期地以良好、清洁、有力、积极的精神思想充实心灵。就像食物成为身体的营养一般，他们不忘每天的精神食粮。他们知道如果能充实颈部以上的部分，就永远不愁填饱颈部以下的部分，甚至不必忧愁老年的财务问题。

一个人必须找到自己的家，才不至于去流浪或沦为乞丐。首要的，即使你要出卖心灵，也要卖给自己。我们要接纳自己。我们必须清楚，人是以上帝自己的心意创造的，其地位仅次于天使。上帝不会设下有关年龄、教育、性别、胖瘦、肤色、高矮或其他任何表面上的限制，上帝也没有时间创造没用的人，更不会忽略每个人。其次我们要有积极的态度。

两年前，卡尔·荣格先生与我不期而遇时，这位心理学家给我讲过一个故事：

有一个人被洪水困住了，他只得爬到屋顶上避难。邻居中有人漂浮过来说道："约翰，这次大水真是可怕，难道不是吗？"

约翰回答道："不，它并不怎么坏。"

邻居有点吃惊，就反驳说："你怎么说不怎么坏？你的鸡舍已经被冲走了。"

约翰说："是的，我知道，但是六个月以前我已经开始养鸭了，现在它们都在附近游泳。每一件事情都还好。"

"但是，约翰，这次水毁了你的庄稼"，邻居坚持说。

约翰回答说："不，并不。我种的庄稼因为缺水而受损，就在上周，还有人告诉我，我的土地需要更多的水，所以这下就解决了。"

那位悲观的邻居再次对满脸微笑的约翰说："但是你看，约翰，大水还在上涨。就要涨到你的窗户上了。"

乐观的约翰笑得更开心了,说道:"我希望如此,这些窗户实在太脏,需要清洗一下。"

这听起来像个玩笑。但显然这是一种境界——决定以积极的态度来应对这个纷繁芜杂、顺逆起伏的世界。一旦达成这种境界,即使遇到消极的情况,我们也能使心灵自动地作出积极的反应。为达到这种境界,我们只有充实、洁净我们的心灵。

约翰,没有谁可以阻挡我们回家的路,除非我们不想回来。让心灵之光照耀我们前进的路。

爱你的父亲

18　亨利·福特

亨利·福特也许是全世界最知名的人士，人们可能不知道乔治·华盛顿，但不会不知道福特，原因有二，一是福特汽车本身之实用，一是福特广告之满布全球，而华盛顿却没有广告。

曾与福特合写过一本《福特传》的一位作家评论道："亨利·福特无疑是我们的第一号公民。自开天辟地以来，任何一个人都没有像他这样直接创造过如此多的财富和分配过如此多的财富。至于他间接促成的财富和间接促成的就业机会那就无法计算了。福特先生是美国制度之产物，实际上，他本人就代表美国制度。我们美国人往往不觉察此点，但生活在其他国家中的人却对此特别敏感。英明的列宁曾经说：只要亨利·福特活在美国，共产主义就无法在美国国土上生根结果。他劝告他的同志们要研究福特的方法。苏维埃政府不经我本人的同意，就出版了我和福特先生合著的一本福特的传记。当然，他们在出版时删去了一些他们认为不适合他们的段落。他们在拟订第一个五年计划时还参考了这本书。这本书在苏联的发行量竟超过了美国。反过来，福特先生也为苏联的五年计划按成本价格提供了汽车、拖拉机、工厂及母机图样。他还为俄国人训练了技术人员，有的是派美国人到俄国去培训的，有的是请俄国

亨利·福特，1919 年

人来底特律进行培训的。福特先生所以这样做，并不是因为他认为共产主义是正义的事业，也不是出于人道主义精神，而是出于对技术的迷信。他相信，生产的发展会带来思想的发展，什么主义都不过是一种对事物的解释方法，国家毕竟是国家，任何一个国家的执政者所关心的最后一件事就是发展生产，俄国人也不可能例外。"

1863年7月30日，福特生于密歇根州迪尔本的一个农家，他只有七年小学学历。他父亲一心想要他继承父业，但福特爱好机械，凡父亲为他买来的玩具他都要拆散重装，以此为乐。他特别爱拆各种各样的钟表。他在底特律看到自行车，就想制造一种不用人力的自行车。在17岁时，他终于离家出走到底特律谋生，他在一家小机械厂求得一职，每周工资只有2.5美元，而房租和饭费就要3.5美元，所以他还要为人修理钟表，以补开支，每天需要工作到深夜。两年后，父亲又把他拉回农场，福特虽然回家，但他挤出部分时间任西屋引擎公司的蒸汽技师，并在底特律商业学院上夜校，每周去两次，学习打字和簿记。

1888年4月11日，他在农场与克拉拉·布赖恩结婚，他妻子支持他制造汽车的幻想，同年9月他俩就到底特律定居，福特在爱迪生照明公司任职，由于他工作成绩杰出，他的工资增到了每月140美元。福特在自己家中每天研究试制汽车，人们笑他为疯子。

1896年，他制成了一辆用汽油发动的车子。同年8月，老板带他到纽约参加爱迪生公司的会议，在一次宴会上，老板把他介绍给了爱迪生，爱迪生请他坐到身边，福特就在菜单上画了图样，向爱迪生说明他的汽车，爱迪生拍着他肩膀说："年轻人，你的想法对头。"从此，福特就成了爱迪生的朋友，后者也帮他出了一些主意，但记者们问爱迪生时，爱一口咬定，汽车的发明完全是福特一个人的创造，他并没有出力。福特视爱迪生为恩师，爱迪生死后，他亲自为他写了一本传记，题名为"我所知道的爱迪生"。

1903年，在商人亚历山大·马尔柯生帮助筹资下，福特汽车公司终于成立，当时的工人只有10人。最先的车型叫模特A，它很快就得到市场，紧接着又改出模特B和C，生意兴隆，发展是不成问题了，但这时福特与马尔柯生发生了分歧。马主张向高级车发展，他的推销对象是上层人士，而福特主张向低价车发展，以求普及。这正是福特的远见之处。两人每每在董事会上吵得不可开交，最后在1906年，马尔柯生退出公司，把他的股票盘给了福特，共255股，作价175000美元。福特成了无可争辩的老板。福特向全体人员说："这是一个大好日子。我们的公司将大跃进，我的想法就是要使大家买得起汽车。"他还说："发展汽车之道就在于把所有车子造成一个样，正如同大头针工厂生产的大头针一样，这与那之间没有区别。"

1907年，董事会决定把福特的年薪升为32000美元。福特宣布，他将制造"供大众用的汽车"。"它将大得足以载全家的人，又小得可以供一个人代步之用。它将由最优秀的人员设计，由最佳的材料制作。但它的价格将低得足以使任何有一定工资的人都买得起。"这就是模特T。

1908年，模特T问世，一下就叫响了。在这期间还发生了专利权问题。有乔治·赛尔登者，办有专利证，但他自己并不生产汽车而只是吃专利。他要求福特停止生产，福特没有理会。双方展开了宣传战和法庭战。福特公司向各地代销商和用户发出了传单，内称："我们是汽油汽车的先驱，我们的福特先生是底特律制造汽油汽车的第一家，在全美国是第三家。你们不用怕有人诬告侵犯专利，我们将给以保护。"

1909年5月28日，纽约法庭终于公开审理此案。赛尔登的律师指责福特无视专利从而制造"社会问题"，福特答曰："先生，你错了，我一点也没有制造社会问题，我只是要使汽车民主化。只要我的计划成功，每一个美国人都将买得起汽车，每家每户都将拥有一辆汽车。"他还说："我没有发明什么东西，我只是把数百年来人们的成就集中在汽车之上，如此而已。若把数百年人们的成就说成是某一个人的专利，未免失之荒唐。"

福特的律师更风趣地说，他从来没有见到过一辆赛尔登汽车，他见到的只是福特汽车。法庭最后判定赛尔登败诉。

赛尔登阴影消失后，模特T立即如潮水一样涌向市场。这种大量生产之所以可能还要归功于采用了传送带作业。福特是在屠宰厂内受到启发的。他把那里的流水作业法引进了汽车工厂，工作效率猛增，当然劳动强度也随着猛增。今把福特公司的销售量列表如下：

福特汽车（不包括拖拉机）的历年销售量

1903—1904	1700辆
1904—1905	1745辆
1905—1906	1599辆
1906—1907	8423辆
1907—1908	6398辆
1908—1909	10607辆
1909—1910	18664辆
1910—1911	34528辆
1911—1912	78440辆
1912—1913	168304辆
1913—1914	248307辆
1914—1915	221805辆（共10个月）

1915—1916	472350 辆
1916—1917	730041 辆
1917—1918	656165 辆
1918—1919	487802 辆
1919—1920	635226 辆（共 8 个月）
1919—1920	690755 辆（共 8 个月）
1920—1921	933720 辆

同时，车价也不断下降。1904 年，模特 T 小汽车的售价是 850 美元，到 1916 年时已降到 345 美元。福特的"薄利多销"政策取得了完全的胜利。在这一段时期内，美国的低价车生产几乎全由福特包办了。福特是真正的汽车大王。

但使福特名震全球的还不是汽车的生产，而是他的"5 美元工资"政策。1914 年 1 月 5 日，福特代表董事会向报界宣布：公司将"开创世界工业史上从来没有听到过的在工人报酬方面的最伟大的革命"。公司从本年度起将把每天两班制改为三班制，每天的最低工资将为五美元。凡年满 22 岁的工人都将享受到"公司利润中的这一份"，公司的 9/10 的工人都将符合条件。至于 22 岁以下的工人而有眷属需要抚养者也可同样享受。5 美元工资比原来的工资大体上增加了一倍，而且这是公司自己主动提出的，这就是福特与众不同之处。

著名历史学家艾伦·倪文斯写道："福特公司在 1911 年时还没有什么劳工政策，但在三年以后忽提出了全世界最先进的劳工政策，全世界的工人，从悉尼到曼谷，从纽约到哥本哈根，都把这一点当作他们的盼望和寄托。在这一方面的声誉也带来了其他方面的成功。全世界的消费者都竞相购买模特 T；全世界的工厂都想学福特的大规模生产技术；全世界的经济学家和社会学家都对大众高工资政策深表兴趣。福特汽车公司不仅仅是一家成功的制造商，而且几乎也成了迅速发展方面的一个奇迹，成了改变世界的力量中的一个最佳榜样。"

倪文斯还说："福特汽车公司写下了现代工业史上最光辉的一页。就这么几个人，从几块钱开始，在 12 年内，缔造了一个工业王国。在使汽车民主拥有这一点上，他们所出的力要胜过其他制造商加起来的总和。他们是大规模生产的创始人，而大规模生产又是现代生活的改造者。他们在善待半技工和非技工方面作出了榜样。这一切都是务实的、有新意的、民主的而且还经常带有理想主义色彩。它所体现的精神正是美国精神。"

福特公司的垄断地位直到第一次世界大战后才被打破，压倒它的是通用汽车公司。通用汽车公司是几家公司合并而成的。其胜利是由于财力雄厚，而且出了新招，主要是为汽车提供了各种色彩，而福特在一个时期坚持他的纯黑色，造成了失误。

直到今天，美国汽车生产的第一把交椅仍然推通用，福特保持了第二。

福特的家族统治也随着时代的进化而进化。1913年，美国实行了累进所得税，到1932年时，年收入超过1000万美元之数需纳税45%，1935年又实行了遗产税法，超过400万美元之数，纳税50%，超过5000万美元之数纳税75%。福特采取了如下的对策：他把原有的172645股扩为3452500股。其中又分成两种不同性质之股，A股和B股。95%为没有投票权的普通股，即A股；5%为拥有投票权的B股。然后，他又在1936年1月15日立下遗嘱，规定成立一个福特基金，规定专门"处理资助科学、文教和慈善事业的资金，一切用于公共福利事业而不能用于其他"。因为根据美国法律，慈善职业是不抽税的。同年2月3日，他又立了一个遗嘱，规定：他所有的A股全部给福特基金，他的B股平均分配给他的一个儿子和他的四个孙子。儿子艾赛尔后来也立下遗嘱规定把他的A股给福特基金，B股给他的妻子和儿子。表面上看，基金得了大头，但福特公司的控制权仍牢牢掌握在福特家族手中。

这样，福特基金就成了那时美国同时也是世界上最富有的慈善基金，它规定了如下的一个服务方向：一、资助和平事业；二、加强民主；三、加强经济；四、资助民主社会的教育事业；五、改进人际关系和资助个人。（据最新消息，比尔·盖茨的慈善基金已超过了福特基金。）

福特于1947年4月7日病逝。他一生最大的遗憾是他的宝贝儿子艾赛尔于1943年5月26日，因肠癌先他而死。因此，他的继承人是孙子亨利·福特二世。

19　比尔·盖茨

我在《美国的108》的第一版中曾编了盖茨的材料,但在读了百度的材料后,觉得我以前的材料已经远远落后,所以全部抛弃,使用百度的材料重新编过。

如今,如果你的办公桌上有一台个人电脑,那么里面几乎都装有微软的操作系统。比尔·盖茨使个人计算机成了日常生活用品,并因而改变了每一个现代人的工作、生活乃至交往的方式。因此有人说,比尔·盖茨对软件的贡献,就像爱迪生之于灯泡。

比尔·盖茨的童年是在美国华盛顿州的西雅图度过的,西雅图是美国波音公司的基地,全市职工近半数在这家公司工作,所以人们也把西雅图称为波音城。它和旧金山、洛杉矶并列为美国西海岸的三大门户之一。

长着一头沙色头发的7岁男孩盖茨最喜欢反复看个没完的是那套《世界图书百科全书》。他经常几个小时地连续阅读这本几乎有他体重1/3的大书,一字一句地从头到尾看。他常常陷入沉思,冥冥之中似乎强烈地感觉到,小小的文字和巨大的书本,里面蕴藏着多么神奇和魔幻般的一个世界啊!文字和符号

比尔·盖茨

竟能把前人和世界各地人们的无数有趣的事情,记录下来,又传播出去。他又想,人类历史将越来越长,那么以后的百科全书不是越来越大而更重了吗!能有什么好办法造出一个魔盒那么大就能包罗万象地把一大本百科全书都收进去的"书",该有多方

便。这个奇妙的思想火花，后来竟给他实现了，而且比香烟盒还要小，只要一块小小的芯片就行了。

　　盖茨看的书越来越多，想的问题也越来越多。一次他忽然对他四年级的同学卡尔·爱德蒙德说：与其做一棵草坪里的小草，还不如成为一株耸立于秃丘上的橡树。因为小草千篇一律，毫无个性，而橡树则高大挺拔，昂首苍穹。他坚持写日记，随时记下自己的想法，小小的年纪常常如大人般的深思熟虑。他很早就感悟到人的生命来之不易，要十分珍惜这来到人世的宝贵机会。他在日记里这样写道：人生是一次盛大的赴约，对于一个人来说，一生中最重要的事情莫过于信守由人类积累起来的智慧所提出的至高无上的诺言……那么诺言是什么呢？就是要干一番惊天动地的大事。他在另一篇日记里又写道：也许，人的生命是一场正在焚烧的火灾，一个人所能去做的，就是竭尽全力要从这场火灾中去抢救点什么东西出来。这追赶生命的意识，在同龄的孩子中是极为少有的。

　　盖茨所想的诺言也好，追赶生命中要抢救的东西也好，表现在盖茨的日常行动中，就是学校的任何功课和老师布置的作业，无论是演奏乐器，还是写作文，或者体育竞赛，他都会倾其全力，花上所有的时间最出色地去完成。

　　老师给他所在的四年级学生布置了一篇有关人体特殊作用的作文，要求四五页的篇幅。结果盖茨利用他爸爸书房里的百科全书和其他医学、生理、心理方面的书籍，洋洋洒洒地一口气写了30多页。又有一次老师布置同学写篇不超过20页的故事，盖茨浮想联翩，竟写出长达100页的神奇而又曲折无比的故事，使老师和同学都十分惊讶！大家说他：不管盖茨做什么事，他总喜欢来个登峰造极，不鸣则已，一鸣惊人，不然他是不会甘心的。

　　盖茨在体育和社会活动方面也表现出这种不落人后的精神。有一次暑假童子军进行80公里徒步行军，时间是一个星期，他穿了一双崭新的高筒靴，显然新鞋不大合脚，每天13公里的徒步行军，又是爬山，又是穿越森林，使他吃尽苦头，第一天晚上，他的脚后跟磨破了皮，脚趾上起了许多水泡。他咬紧牙关，坚持走下去。第二天晚上，他的脚红肿得非常厉害，开裂的皮肤还流了血。同伴们都劝他停止前进，他却摇摇头，只是向随队医生要点药棉和纱布包扎一下，又要了些止痛片服用，继续上路了。就这样他一直坚持到一个途中检查站，当领队发现他的脚发炎严重，下令医治，才中止了这次行军。盖茨的母亲从西雅图赶来，看到他双脚溃烂的样子时，难过地哭了，直埋怨儿子为什么不早点停止行军。盖茨却淡淡地说："可惜我这次没有到达目的地。"

　　1969年，盖茨所在的西雅图湖滨中学是美国最早开设电脑课程的学校。当时还没有PC机，学校只搞到一台终端机，还是从社会和家长那里集了大批资金才买来的。这台终端机连接其他单位所拥有的小型电子计算机 PDP-10，每天只能使用很短时间，每小时的费用也很高。盖茨像发现了新大陆一样，只要一有时间，便钻进计算机房去操作那台终端机，几乎到了废寝忘食的地步。13 岁时，他便独立编出了第一个电脑程序，可以在电脑屏幕上玩月球软着陆的游戏。这一年的 7 月 20 日正好是美国宇航员阿姆斯特朗和奥尔德林乘登月舱，代表人类第一次踏上了月球表面的日子。盖茨心里想，我不能坐宇宙飞船去月球，那么让我用电脑来实现我的登月梦吧！

可是好景不长，只过了半年，湖滨中学就再也没有钱支付昂贵的 PDP-10 小型计算机的使用租金了。这件事使盖茨像失去了上学机会那么痛苦，因为这时候他对电脑已经入迷到神魂颠倒的地步。于是他和同学四处奔走，终于找到一个机会，就是帮助一家名为 CCC 的电脑公司"抓臭虫"，用除虫的报酬来支付他们操作电脑的费用。"臭虫"是电脑行业里人们称呼软件中的错误的代名词，即讨厌的臭虫（Bug）。因为一旦有了这种臭虫，就会使电脑程序发生错误结果或死机，美国发往金星的水手号火箭和法国的阿利亚娜火箭，就曾因为电脑软件的故障（臭虫）而使发射失败，损失几亿美元。盖茨兴冲冲地约了同学中的几个电脑爱好者，每天晚上 6 点左右，CCC 公司员工下班之后，他们便骑自行车来到那里上班了。那里有许多台电传打字终端机可用，有各种电脑软件可尽情研究，真是如鱼得水。盖茨对电脑软件太着迷了，几乎整晚都待在那里，就像他在小学时就立志要搞出新名堂一样地执著，每个晚上，他都要在 CCC 公司的记录本上写满了他和伙伴们发现的电脑臭虫。通过这一段时间的抓臭虫，盖茨在电脑硬件和软件方面学到了许多书本上和学校里学不到的知识和技能，为日后的研究开发，打下了精深的功底。

1970 年，盖茨 15 岁时，他的电脑才能已远近闻名了。一家名叫信息科学的公司找到盖茨，希望用提供使用 PDP-10 电脑的机会来交换盖茨和他的同学保罗的软件技术。因为按美国法律规定，不能给未成年人支付工资，所以该公司决定，以价值一万美元的电脑时间作为酬劳，要求他们为公司设计工资管理软件。这样就使他俩获得了足够使用一学年的电脑时间，他们不禁高兴万分。1971 年，湖滨中学又让盖茨帮学校设计一套排课用的电脑软件。当时的排课表全靠人工，由于学生人数多，课程又复杂多样，人工排课常常分配不均，造成某些课程学生过度拥挤的现象。盖茨圆满地完成了这个艰巨的任务，又使他延长了使用电脑的宝贵时间。

1973 年，美国国防项目承包商 TRW 公司要开发一套用于管理水库的电脑监督控制系统，可是老是消灭不了各种电脑臭虫，进度缓慢，眼看要遭到违约处罚了。在这紧急关头，TRW 公司得知盖茨和保罗·艾伦两个小电脑天才的事情后，便向他俩求援，两个男孩高兴地答应了。这是一件很专业化又很艰难的工作，而且按规定，中学生只能拿工读生的低工资。但是盖茨并不计较，他主要目的是通过这种工作来提高和锻炼自己的软件设计能力。湖滨中学也很开明，允许高年级学生在完成规定课程后去企业实习和工作。由于盖茨和保罗的加入，终于使 TRW 公司按时完成了项目，免受巨额罚款。而盖茨和保罗则得到了该公司一位电脑专家的具体指导，使两人的软件技巧得到了提高。

青年盖茨在 20 世纪 70 年代早期，写了一封著名的《致爱好者的公开信》，震惊了计算机界。盖茨宣称计算机软件将会是一个巨大的商业市场，计算机爱好者们不应该在未获得原作者同意的情况下随意复制电脑程序。当时的计算机界受到黑客文化影响，认为创意与知识应该被共享。盖茨随后离开校园，一手创办了世界上最成功的企业之一——微软公司，并逐渐将软件产业化。

1975 年，年仅 19 岁的盖茨预言："我们意识到软件时代到来了，并且对于芯片的长期潜能我们有足够的洞察力，这意味着什么？我现在不去抓住机会反而去完成我的哈佛学业，软件工业绝对不会原地踏步等着我。"

但是盖茨的商业手法往往招致非议，其中之一就是 MS-DOS 的来源。在 20 世纪 70 年代末，IBM 正在计划进入个人电脑市场，并在 1981 年正式推出了 IBM 个人电脑（PC）。IBM 需要为自己的产品寻找合适的、基于英特尔 x86 系列处理器的操作系统，在与另一家公司简短谈判后找到了微软。而微软则又在未告知自己正在与 IBM 谈判的情况下找到了西雅图电脑公司，以据说是 5 万美元的价格向该公司购买他们所开发的操作系统（微软的支持者称，当时微软与 IBM 有协议，规定微软不得向外界透露谈判事宜）。微软之后再授权 IBM 使用该操作系统（已经更名为 PC-DOS）。微软还与其他电脑生产商谈判，将经过更改后的 MS-DOS 系统安装到每一台新电脑上。事后西雅图电脑公司控告微软在未告知事实的情况下以极低的价格购买该公司的产品，但是双方最终达成庭外和解。90 年代末盖茨的声誉又因美国政府一系列控告微软垄断的案件而再度受损。

1980 年代中期盖茨对光盘作为数据储存媒介的前景感到乐观，因此积极推广 CD-ROM。但就在去年，他宣布 DVD 将被淘汰。

1983 年，苹果在其新产品 Lisa 中将鼠标应用到用户界面上，这是个人计算机业的一场革命。盖茨立即意识到友好的图形界面的重要性。

1990 年，微软推出 WINDOWS 3.0。

1995 年，微软推出了 Windows 95 操作系统，这是一款真正意义上的划时代软件。让用户摆脱了烦琐枯燥的 DOS 命令，从而使个人计算机变得极其简单易用。

1995 年出版的《未来之路》，曾经连续七周名列《纽约时报》畅销书排行榜的榜首。书中的一些预言已经成为现实。

盖茨也被指控商业行为不检点。盖茨多次被控告在他的领导下，微软公司的很多商业行为违反了美国的法律（反垄断法）。并受到诸多诉讼，面临着被拆分的危险。颇为有趣的是，在20世纪末，两个比尔（比尔·克林顿和比尔·盖茨）几乎同时遇到了官司与麻烦。

1998年，微软推出了Windows 98，受到广泛的欢迎，微软巩固了计算机软件业的霸主地位。

1999年，盖茨撰写了《未来时速》一书，向人们展示了计算机技术是如何以崭新的方式来解决商业问题的。这本书在超过60个国家以25种语言出版。《未来时速》赢得了广泛的赞誉，并被《纽约时报》、《今日美国》、《华尔街日报》和亚马逊网站列为畅销书。

2000年，盖茨任命他长期的好友史蒂夫·鲍尔默为微软首席执行官，而自己则为"首席软件设计师"（Chief Software Architect）。

2001年年底，微软推出了Windows XP，并亲自来到时代广场推销Win XP。

2006年4月18日，中国国家主席胡锦涛访问了微软的总部——西雅图附近的雷德蒙德市。盖茨和史蒂夫·鲍尔默会见了胡锦涛，并带领胡锦涛主席参观了微软的"未来之家"。下午18点30分左右，胡锦涛出席了盖茨在家中设的晚宴。

2006年6月15日，盖茨宣布2008年7月将隐退，届时将辞去首席软件设计师一职，并不再参与微软的管理事务。在宣布这一消息的时候，盖茨显得相对镇定，但是却掩盖不了某些哀伤的气氛，一些员工甚至热泪盈眶。隐退后的盖茨将专心于比尔与梅琳达·盖茨基金会，盖茨将几百亿的家财捐献给这个慈善基金会，并表示将只留几百万美元给他的三个孩子。微软的一名员工说："毫无疑问，他的慷慨使得数十万人重获生命。"随后不久，股神巴菲特宣布，将捐款31.7亿美元给盖茨基金会，前提是盖茨夫妇还活着！

2007年1月30日，Windows Vista已如约而至。

截至2008年6月盖茨正式退休，盖茨的财产为580亿美元。他的遗嘱中宣布拿出98%创办以他和妻子的名字命名的"比尔和梅琳达基金会"，这笔钱用于研究艾滋病和疟疾的疫苗，并为世界贫穷国家提供援助。《福布斯》杂志2009年3月12日公布全球富豪排名，比尔·盖茨以400亿美元资产重登榜首。从近年来的重大慈善活动来看，比尔和梅琳达盖茨基金会出手大方，例如曾向纽约捐款5120万美元，用以建立67所面向少数族裔和低收入阶层子弟的中学；捐资1.68亿美元，帮助非洲国家防治疟疾；向博茨瓦纳捐资5000万美元，帮助那里防治艾滋病……在过去几年里，盖茨把他的大量个人财富捐献给了慈善事业。据统计，盖茨至今已为世界各地的慈善事业捐出近290亿美元的财富，成为世界上最慷慨的富人。目前，以盖茨夫妇两人名字命名的比尔和梅琳达·盖茨基金会是全球规模最大的私人慈善组织，其基金规模是老牌的福特基金会的3倍、洛克菲勒基金会的10倍。去年11月，他在伦敦庆祝自己50岁生日的时候，对在场的记者表示，名下的巨额财富对他个人而言，不仅是巨大的权利，也是巨大的义务，他准备把这些财富全部捐献给社会，而不会作为遗产留给自己的儿女。

世人对盖茨的评价褒贬不一。有人说他是成功的企业家，有人说他垄断行业、欺凌弱小；有人说他是"最慷慨的慈善家"，有人说他是一个虚伪的人——他的慈善之举只是有史以来最昂贵的公关活动；有人说他是当之无愧的全球首富，有人说他只会贪婪地在股市中套现，从微软用户的身上榨钱……但是就像美国人说的那样："不管你是爱他，还是恨他，你都无法漠视他——这就是比尔·盖茨的魅力。"

2008年，比尔在8月11日的《时代》发表《如何校正资本主义》一文，呼吁建造有创建性的资本主义。文章如下：

资本主义已经改善了好几亿人民的生活——在今天经济很不稳定的时代，人们很容易忘记这一点。但是，的确也有好几亿的人民没有被照顾到。他们迫切需要帮助，但没有能从市场的角度来表达他们的需要。因此，他们仍生存在贫困之中，没有能摆脱明明是可以预防的疾病，也没有机会来发挥改善生活的潜力。所以，各国政府和各种非营利组织就有不可推卸的责任来帮助他们。不过，如果它们只是个别地采取行动，那就会费时费力而事倍功半。这件事主要应由大公司出来担当。因为它们拥有财资可以为穷人作出科技方面的革新。为了使这类资财发挥最大的作用，我们就需要一种更富创建性的资本主义：那就是力求把市场作用发挥到最大限度，从而使更多更多的公司能既赚钱又做了好事。我们需要一些新的方式和方法让更多更多的人民投身于这种已经为人类创造如此多幸福的这个制度，那就是资本主义。

仍然有大量的工作有待我们去做，但今天的福音是：创建性的资本主义已经诞生。有几家大公司已经投身于各种崭新的为贫民开辟改善生活的科技市场的行动，手机就是一个例子。其他一些公司（有时是在某些积极分子的推动下）已经体会到它们只要想方设法就可以做到既得熊掌又得鱼，也就是既赚了钱又做了好事。我现在要讲一个实实在在的例子。几年以前，我在一个酒吧内与鲍诺相遇。说实在的，我当时认为他有点儿疯疯癫癫。那时天色已晚，我们都喝了一点酒，鲍诺来了劲儿，大谈他的一个计划，他要劝说大公司出力帮助解决全球的贫困和疾病问题。他不断通过私人电话和公司老板通话，并硬把手机放近我的耳朵，让我听对方的回话。我听到了睡梦初醒的声音，但却是表示赞成的声音。那天晚上真好像是异想天开的一个晚上，但正由于鲍诺的坚持不懈，不久就产生了人们称之为"RED产品"的运动。今天，Gap, Hallmark, Dell三家公司都在销售RED型产品，并捐赠其利润的一部分作防止艾滋病之用（微软最近也参加了进去）。这是一起了不起的大事：公司一方除了保持其底线以外有面貌一新之概，而消费一方也表示出支持这一福音事业，最重要的是许多生命得到了拯救。在过去一年半中，RED产品已筹集了十亿美元，用之于全球抗拒艾滋病、结核病和疟疾运动，并帮助贫穷国家的近八万人获得救命的药品，同时也帮助一百六十多万人作了艾滋病的健康检查。这就是创建性的资本主义在行动。

创建性资本主义说不上是什么伟大的新经济理论。它也不是对资本主义本身的一种打击。它仅仅是为了处理好一个至关重要的问题：我们怎样才能最有效地发挥资本主义的优越性，并怎样才能使迄今为止没有受惠的人民大大地提高他们的生活质量？

世界正在变得愈来愈好

今天，我们正在支付每加仑4美元以上的高价汽油，也正在为支付房贷抵押而陷入困境，在这样的背景下大谈创建性资本主义似乎有些不合时宜。不错，今天的经济情况的确不妙；人们深深地感受到了这种压力，这应当紧迫地引起注意。创建性的资本主义恐怕不能解决相对来讲是属于经济循环中的短期性的起落问题。它只能解决较长期性的问题，也就是一个世纪以来人们在提高生活质量方面所忽视的一件事。在过去一百年中，许多国家人民的预期寿命率已大大地提高，与以前相比，已有更多更多的人民可以投票选举，可以自由表达意见，可以享受经济自由。不管我们今天面临着多少的难题，我们毕竟处于人类幸福的一个高点之上。世界正在变得愈来愈好，而且是好得多多。

问题是好得还不够快，好得还没有普及到人人。还有十亿人还生活在每天不到一美元的生活水平之上。他们营养不足，喝不到清洁的水，没有电力可用。对他们而言，那种使千千万万人得以大大改进生活的各种迷人的新发明创造大多与他们无缘，譬如说，打预防针啊，利用电脑啊。

这就是政府和非营利组织应当出手的领域。在我看来，人性中存在着两种巨大的力量：一是顾全自己的利益，一是照顾别人的利益。资本主义所走的道路是在照顾别人的可持续条件下谋取自己的利益。但它所照顾的仅仅是付得起钱的人。政府和慈善事业就是要把这种照顾使用到付不起钱的人的身上去。在某些巨大差别之下（如艾滋病问题，条件差距问题，教育问题），只有当政府和非营利组织担任起它们的责任作出更多的援助和更有效的援助，这个世界才能有永恒不息的进步。如果我们能够导引各种市场力量，包括针对穷苦人民需要的各种发明创造，来作为政府和非营利组织的辅助力量，那么，我们就可以加速这方面的成就，并使其具有长盛不衰的可能。我们需要想出一种制度，使创新家和企业家作出比今天更好得多多的贡献。

不用说，若要使公司更多地投入，就要使它们得到一定的回报。这正是创建性资本主义的核心问题。它不是仅仅指公司需要做更多的慈善事业，或要求公司发挥更多的为善之心。它还需要有某种实实在在的刺激力，导致公司采用一些新的方式，以便在他们为化外之民服务之际同时能够获得利润。有两种途径可以达到此目的：一是公司凭自己的力量觅取此种机会，一是由政府和非营利组织帮助它们创造眼前还不存在的机会。

迄今被疏忽的一面

C. K. PRAHALAD 在其《蕴藏于金字塔底层的宝藏》一书中说，在全球各地有好些市场被企业界忽视了。有一项研究报告说，占全球人口四分之三的最贫穷人民间蕴藏着约有 5 万亿美元的购买力。市场力量之所以迟迟未能在发展中国家发挥作用，其主要原因之一就是我们没有进行足够的研究来阐明这些市场所需要的是什么。我本人是应当了解的，因为我在微软发展过程中看到了这点。多年来微软通过公司的慈善事业把科技带给了那些本来没有办法得到此类科技的地方，它捐赠了三十多亿美元的现款和软件来弥补其差距。但我们的专业只是提供解决一般问题的软件，最近我们发现我们没有能充分提供适合于解决发展中国家所存在的问题的软件。因此，我们现在正在这样做：不仅是通过慈善事业解决问题，而且也要把不同情况不同解决作为一项企业目标。譬如说，我们正在研究一种视觉图标，它可以帮助文盲或半文盲更容易地迅速使用个人电脑而只需进行最简单的训练。另外一项设计是：使整个课堂内的所有学生使用一台电脑；我们已经研制出一种软件，它可以使每一位学生利用他自己的鼠标来控制一个具有特定颜色的光标，以便使全班多至五十位同学都能在同一时间使用同一个电脑。这个发明对那些没有足够的电脑可以供学生使用的学校而言，是一项非常大的进步。这就是我们以前没有研究过的一个市场。

另外一个例子是手机。现在，手机在发展中国家已成一项欣欣向荣的市场。但从历史上讲，公司曾大大低估手机的潜力。2000 年，VODAFONE 公司在一家肯尼亚手机公司中买进了大股，当时它估计肯尼亚的最大销量为四十万户，但今天该公司的用户已超过一千万。它之所以成功是因为它找到了创建性的办法，为低收入的肯尼亚人提供服务。举例说，它收费是按照秒计算而不是按照分计算。这就使成本大为降低。该公司现在不断赢利，它正在大有作为。农民们现在可以利用他们的手机在附近的市场寻找最好的价格。正在出现更多的手机用途。许多肯尼亚人已经在利用手机来存储现款（利用某种电子货币）和转汇款项。如果你想汇款到远地（譬如说，在外地把钱汇回家）这一个新办法就是帮了大忙。如果你身上没有带现款，你就不必害怕抢劫了。

以上种种可以说明，当企业发现了他们迄今所忽略的机会时，人民就会多多受益。……

下一步怎么做

今年六月,我退出了微软的日常工作,而用更多的时间关注比尔和梅琳达·盖茨基金会的工作。我将与政界要员商讨他们的政府应如何增加对贫穷人民的帮助,以及如何通过创建性资本主义使这类帮助进行得更为有效,并引来更多的参加者。

我也将同公司的首席执行官们商讨他们的公司能做些什么。其中有一个想法是这样的:他们的主要创新专业人员应当把他们的一部分时间用来研究如何促进迄今所忽视的那部分人利益的问题。这样做时,既会使一心想改善富人生活的专家们发挥其智能作用,而且也会使他们把一部分智力用来改进其他每一个人的生活。某些医药公司,如MERCK,GLAXOSMITHKLINE等,已在这样做了。日本的一家化学公司(SUMITOMO)与坦桑尼亚的一家纺织公司分享了它的技术,帮助它生产了数百万件蚊帐,而蚊帐在抗疟疾运动中是一件很有用的工具。其他一些公司则在手机业、食品业、银行业方面作出了同样的成绩。

换句话说,创建性资本主义已经在开步走了。但我们可以使它走得更好。政府可以作出更多的推动,如美国食品和药品管理局所采用的代金票奖励制。我们也可以把某些医药公司所采用的奖励制扩展到其他行业中去,以便保证凡做得好的公司可以得到声名。消费它的群众可以作出回报,那就是多买它们的产品。公司的雇员们也可以查问他们的雇主是如何作出贡献的。假如有更多的公司跟进其同业在创建工作中做得最好的榜样,那么,它们就会对如何解决我们所遇到的某些最大难题作出很大的贡献。

三十多年前,保罗和我开创微软时就想着要投身于这样一个运动:使家家户户的桌子上有一台计算机。十年前,梅琳达和我开始创办我们的基金会,因为我们想投身于一项崭新的运动,这一个运动就是想帮助建立这样一个世界,在这个世界上将没有人会过一天只有一美元消费的日子,也没有人会死于已经有办法可以治好的疾病。创建性资本主义能够帮助我们做到这点。我希望更多的人将前来参加这项事业。

20　托马斯·爱迪生

《时代》在1999年最后一期中评选出对1000年影响最大的人物，他们是：
11世纪——征服者威廉一世
12世纪——埃及和叙利亚苏丹萨拉丁
13世纪——成吉思汗
14世纪——意大利建筑师和画家乔托
15世纪——德国活字印刷术发明家谷登堡
16世纪——英国女王伊丽莎白一世
17世纪——英国物理学家牛顿
18世纪——美国《独立宣言》主要起草人杰斐逊
19世纪——美国发明家爱迪生
20世纪——物理学泰斗爱因斯坦

人人都知道托马斯·爱迪生是美国最伟大的发明家，他一生共获得了1000多个专利。但很少人注意到爱迪生也是一名杰出的企业家，他是第一个创办商用实验室的人，他的那么多专利中有很大一部分是他的实验室的成果而不是他一个人脑袋的产品。他有句名言："没有一种实验是没有用的。"这意思是说，即使是失败了的实验也可以起反面教员的作用。

爱迪生在1847年2月11日一个风雪中的凌晨三点钟诞生了，爸爸还把他带到街上去向别人夸耀，大家都叫他阿尔。小时候的爱迪生很爱发问，常常问一些奇怪的问题让人觉得很烦，家人也好，路上的行人也好，都是他发问的对象，如果他对于大人的答复感到不满时就会亲自去实验，例如有一次阿尔看到了鹅舍里的母鹅在孵蛋，他就问妈妈为什么母鹅总是成天坐在那里呢？妈妈就告诉他母鹅在孵蛋，阿尔便想如果母鹅可以那我也一定可以，过了几天爸爸妈妈发现阿尔一直蹲在木料房里，不知道在做什么，当家人发现阿尔在孵蛋的时候每个人都捧腹大笑了起来。

8岁的时候阿尔去上小学了，可是他只上了三个月的课就退学了，阿尔在上课的时候,妈妈常被叫到学校去跟老师说话,这是因为阿尔常常提出一些老师认为很奇怪的问题,老师认为他是一个低能儿童,于是妈妈就决定自己来教导阿尔,并决心把阿尔教成一位伟大的天才,就这样阿尔便开始了他的自学课程,阿尔被妈妈教得很好,后来阿尔也得到了允许,可以在地下室里设置一个实验室,为了不让别人乱动他的实验品阿尔还想出妙计,就是在每一个实验品的瓶子上贴上毒药标签。

托马斯·爱迪生

12岁的一个早晨,阿尔突然对妈妈说想去卖报纸。妈妈听了之后吓一大跳,爸爸听了也很生气,可是经过了阿尔再三的请求他的父母终于同意了,他高兴地跑到铁路公司,也获得了在火车上卖报的允许,从休轮港到底特律有100公里的路程,阿尔在车上当了几个月的报童后,他在底特律开了两家店,其中一家卖杂志,另一家卖蔬菜、水果、奶油等,他也雇用了两个少年帮忙看店,并约定和他们分享红利,不久铁路又增加了一班车,阿尔便派一位报童随车贩卖,就这样一个12岁的报童已经不知不觉地成为了一个少年资本家。

爱迪生曾经救过马温·克莱蒙站站长的小孩,站长为了报答爱迪生便教爱迪生电报技术让他成为电报技术员,不久之后爱迪生去电报局当报务员,因为他是在夜里上班,所以他就能利用白天的时间来做实验,而电报局规定每个小时要向对岸发报一次信,为了能睡觉他发明了一种会自动发报的机器来帮他发信,但最后被发现了并且被革职,就这样爱迪生常因故失去工作而成为一个流浪的电信技工,所以他的生活很不稳定,有一天他听到了一个好消息,这消息就是南美洲在招募电信技工,可是当他要去南美洲的时候,有一位老伯伯告诉他那里并不好,所以去南美洲的念头就消失了,于是他又回到故乡休轮港,在流浪的这段时间爱迪生也是一直努力读书、做实验、研究和工作,为他以后的发明奠定了一个良好的基础。

爱迪生在回家的那段期间,好朋友亚当斯在波士顿帮他找到了一份电信技工的工作,在那里爱迪生发明了自动表决机,是爱迪生第一个获得专利权的发明,自动表决机是一个有绿色和红色按钮的机器,只要按一下绿色的按钮就表示"对",红色的按钮就表示"不对",机器完成之后他便跑到华盛顿去实验这部机器,到了华盛顿以后实验的成果是很好,但是委员们还是告诉爱迪生这部机器不怎么实用,坐在归途的火车上,他思想着"发明家脑子里想出来的发明多半是不实用的,只有从社会需要自然产生出来的发明才有意义。"爱迪生的第一个发明,虽然就这样失败了,却给了爱迪生一个宝贵的教训,以后他之所以能成为一个成功发明家,都得力于此时所建立的方针。

生活趣事

1869年6月初,他来到纽约寻找工作。当他在一家经纪人办公室等候召见时,一台电报机坏了。爱迪生是那里唯一的一个能修好电报机的人,于是他谋得了一个比他预期的更好的工作。10月他与波普一起成立一个"波普—爱迪生公司",专门经营电气工程的科学仪器。在这里,他发明了"爱迪生普用"。他把这台印刷机献给华尔街一家大公司的经理,本想索价5000美元,但又缺乏勇气说出口。于是他让经理给个价钱,而经理给了4万美元。

爱迪生用这笔钱在新泽西纽瓦克市的沃德街建了一座工厂,专门制造各种电气机械。他通宵达旦地工作。他培养出许多能干的助手,同时,也巧遇了勤快的玛丽,他未来的第一个新娘。在纽瓦克,从1872年至1875年,爱迪生先后发明了二重、四重电报机,还协助别人搞成了世界上第一架英文打字机。

1876年春天,爱迪生又一次迁居,这次他迁到了新泽西州的"门罗公园"。他在这里建造了第一所"发明工厂",它"标志着集体研究的开端"。1877年,爱迪生改进了早期由贝尔发明的电话,并使之投入了实际使用。他还发明了他心爱的一个项目——留声机。电话和电报"是扩展人类感官功能的一次革命";留声机是改变人们生活的三大发明之一,"从发明的想象力来看,这是他极为重大的发明成就"。到这个时候,人们都称他为"门罗公园的魔术师"。

爱迪生在发明留声机的同时，经历无数次失败后终于对电灯的研究取得了突破，1879年10月22日，爱迪生点燃了第一盏真正有广泛实用价值的电灯。为了延长灯丝的寿命，他又重新试验，试用了6000多种纤维材料，才找到了新的发光体——日本竹丝，可持续1000多小时，达到了耐用的目的。从某一方面来说，这一发明是爱迪生一生中达到的登峰造极的成就。接着，他又创造一种供电系统，使远处的灯具能从中心发电站配电，这是一项重大的工艺成就。

他在纯科学上的第一个发现出现于1883年。试验电灯时，他观察到他称之为爱迪生效应的现象：在点亮的灯泡内有电荷从热灯丝经过空间到达冷板。爱迪生在1884年申请了这项发现的专利，但并未进一步研究。而别的科学家利用爱迪生效应发展了电子工业，尤其是无线电和电视。

爱迪生又企图为眼睛作出留声机为耳朵作出的事，电影摄影机即产生于此。使用一条乔治伊斯曼新发明的赛璐珞胶片，他拍下一系列照片，将它们迅速地、连续地放映到幕布上，产生出运动的幻觉。他第一次在实验室里试验电影是在1889年，1891年申请了专利。1903年，他的公司摄制了第一部故事片《列车抢劫》。爱迪生为电影业的组建和标准化做了大量工作。

1887年爱迪生把他的实验室迁往西奥伦治以后，为了他的多种发明制成产品和推销，他创办了许多商业性公司；这些公司后来合并为爱迪生通用电气公司，后又称为通用电气公司。此后，他的兴趣又转到荧光学、矿石捣碎机、铁的磁离法、蓄电池和铁路信号装置上。

第一次世界大战期间。他研制出鱼雷机械装置、喷火器和水底潜望镜。

1929年10月21日，在电灯发明50周年的时候，人们为爱迪生举行了盛大的庆祝会，德国（德意志联邦共和国）的阿尔伯特·爱因斯坦和法国的居里夫人（出生于波兰）等著名科学家纷纷向他表示祝贺。不幸的是，就在这次庆祝大会上，当爱迪生致答辞的时候，由于过分激动，他突然昏厥过去。从此，他的身体每况愈下。1931年10月18日，这位为人类作过伟大贡献的科学家因病逝世，终年84岁。

爱迪生的文化程度极低，对人类的贡献却这么巨大，这里的"秘诀"是什么呢？除了有一颗好奇的心，一种亲自试验的本能，他还具有超乎常人的艰苦工作的无穷精力和果敢精神。当有人称爱迪生是个"天才"时，他却解释说："天才就是百分之一的灵感加上百分之九十九的汗水。"他在"发明工厂"，把许多不同专业的人组织起来，里面有科学家、工程师、技术人员、工人共100多人，爱迪生的许多重大发明就是靠这个集体的力量才获得成功的。他的成就主要归功于他的勤奋和创造性才能以及集体的力量，此外，他的妻子也曾起了相当重要的作用。

爱迪生一生只上过三个月的小学，他的学问是靠母亲的教导和自修得来的。他的成功，还应该归功于母亲自小对他的谅解与耐心的教导，才使原来被人认为是低能儿的爱迪生，长大后成为举世闻名的"发明大王"。

有人做过统计：爱迪生一生中的发明，在专利局正式登记的有1300种左右。1881年是他发明的最高纪录年。这一年，他申请立案的发明就有141种，平均每三天就有一种新发明。

伟大发明家爱迪生的一生告诉我们：巨大的成就，出于艰巨的劳动。

1931年10月18日，爱迪生在西奥伦治逝世，终年84岁，1931年10月21日，全美国熄灯以示哀悼。

爱迪生语录

● 天才就是百分之九十九的汗水加百分之一的灵感，但那百分之一的灵感是最重要的，甚至比那百分之九十九的汗水还重要。

● 惊奇（好奇心）就是科学的种子。

● 如果你希望成功，当以恒心为良友，以经验为参谋，以谨慎为兄弟，以希望为哨兵。

● 读书之于精神，恰如运动之于身体。

● 爱情不会因为理智而变得淡漠，也不会因为雄心壮志而丧失殆尽。它是第二生命；它渗入灵魂，温暖着每一条血管，跳动在每一次脉搏之中。

● 友谊能增进快乐，减轻痛苦，因为它能倍增我们的喜悦，分担我们的烦恼。

● 我始终不愿抛弃我的奋斗生活，我极端重视奋斗得来的经验，尤其是战胜困难后所得到的愉快，一个人要先经过困难，然后踏进顺境，才觉得受用、舒适。

● 人生太短，要干的事太多，我要争分夺秒。

● 人生在世是短暂的，对这短暂的人生，我们最好的报答就是工作。

● 荣誉感是一种优良的品质，因而只有那些禀性高尚积极向上或受过良好教育的人才具备。

● 教育之于心灵，犹雕刻之于大理石。

● 世间没有一种具有真正价值的东西，可以不经过艰苦辛勤的劳动而能够得到的。

● 失败也是我所需要的，它和成功对我一样有价值。只有在我知道一切做不好的方法以后，我才知道做好一件工作的方法是什么。

● 登高必自卑，自视太高不能达到成功，因而成功者必须培养泰然心态，凡事专注，这才是成功的要点。

● 如果我曾经或多或少地激励了一些人的努力，我们的工作，曾经或多或少地扩展了人类的理解范围，因而给这个世界增添了一分欢乐，那我也就感到满足了。

- 不下决心培养思考的人，便失去了生活中的最大乐趣。
- 没有任何权宜之计可以让人逃避真正的劳动——思考。
- 我的人生哲学是工作，我要揭示大自然的奥秘，并以此为人类造福。我们在世的短暂的一生中，我不知道还有什么比这种服务更好的了。
- 许多人错失机会，是因为机会伪装了起来。扮成了"辛苦的工作"。
- 大多数人失去工作，是因为这些工作披着"辛勤"的外衣。
- 一个人年轻的时候，不会思索，他将一事无成。
- 好动与不满足是进步的第一必需品。
- 任何问题都有解决的办法，无法可想的事是没有的。要是你果真弄到了无法可想的地步，那也只能怨自己是笨蛋，是懒汉。

21　阿尔伯特·爱因斯坦

美国《时代》杂志在 1999 年 12 月的最后一期中宣布，爱因斯坦当选为 20 世纪最伟大的人物，并把他称为"世纪人物"。理论物理学家斯蒂芬·霍金解释爱因斯坦的重要地位说："过去 100 年里，全世界发生的变化比历史上任何一个世纪都多得多。其原因不是政治或经济上的，而是技术上的——技术直接来自基础科学的进展。任何科学家显然都不能像爱因斯坦那样代表这些进展。"他的主要贡献是提出了相对论，为后来的科学突破打下了基础，包括对宇宙的研究和原子弹的研制。他是因他的光电效应理论而获 1922 年的诺贝尔物理奖的。不过，"更重要的是，基础科学的突破带动了整个技术世界的前进"。

哥伦比亚大学物理学教授格林说："爱因斯坦的狭义、广义相对论，提出了时空流动可变的新架构，完全推翻了前人有关宇宙和时空不变的定律。尽管他的相对论不是一般人所能了解，但作为思想家，他在道德人格上给人类的贡献比我们想象的要大得多。"

因此，我们在这儿所要介绍的，不是作为科学家的爱因斯坦，而是作为公民的爱因斯坦。

首先，让我们读一读 2007 年 5 月 20 日《纽约时报》沃尔特·艾萨克森的一篇评论：

回顾因打破传统束缚而存留史册的过去这个世纪，展望培养创造力以实现

阿尔伯特·爱因斯坦

科技革新的未来岁月，有一个人占据突出位置，是我们这个时代至高无上的偶像。这位暴政的逃亡者性情仁慈，桀骜不驯的乱发、闪闪发光的眼睛、极具魅力的性格和卓尔不群的才华使他的面孔成为一个符号，他的名字等同于"天才"。阿尔贝特·爱因斯坦是个有天赋想象力、坚信自然神工的和谐完美并受这种信念指引的修锁匠。他精彩的人生故事证实了创新和自由的关联，映射着现代社会的胜利和骚动。

创新的时代

既然爱因斯坦的档案已经全部公开，探索他不为人知的一面就成为可能：他不合传统的个性，他叛逆的本能，他的好奇心，他的热望和超然——这些方面与正直、科学交织融合。了解爱因斯坦其人有助于我们理解他科学灵感的源泉，反之亦然。性格、想象力和天赋彼此相关，和谐统一。

爱因斯坦有沉默超然的名声，但他其实在个人生活和科学追求上都充满激情。他读大学的时候疯狂爱上物理班唯一的女生米列娃·马里奇，一位热情的塞尔维亚姑娘。他们有个私生女，结婚后又生了两个儿子。她宣传他的科学理念，帮助他核对论文里的计算。但是，双方关系终于破裂。爱因斯坦提出和她做一笔交易。他说，他有朝一日会得诺贝尔奖；如果她同意离婚，他就把奖金给她。她想了一个星期，同意了。由于爱因斯坦的理论过于超前，他在瑞士专利局工作期间发表的5篇具有划时代意义的论文后过了17年才获得诺贝尔奖，她也终于拿到奖金。

爱因斯坦的人生和事业反映了20世纪初现代主义氛围下社会定式和绝对道德标准的瓦解。人们都在思考如何创造性地打破陈规。毕加索、乔伊斯、弗洛伊德、斯特拉文斯基和勋伯格等人纷纷突破传统束缚。当时对宇宙的认识中，空间、时间和粒子的特性似乎都基于随心所欲的评论。

爱因斯坦却不是真正的相对主义者，尽管许多人都这样认为。在他全部理论——包括相对论——的下面埋藏着对不变量、确定性和绝对事物的探寻。爱因斯坦觉得，在宇宙诸法之下存在一个和谐的现实，科学的目标就是发现这个现实。

思想的实验

他的探索始于1895年：16岁的他想象和光束一道旅行是什么样子。10年后是他的奇迹之年：他写出5篇论文，为20世纪物理学的两大成就——相对论和量子论打下铺垫。

再过10年，也就是1915年，爱因斯坦对自然的探索终于取得最辉煌的成就。他创造了科学史上最完美的理论之一：广义相对论。如同狭义相对论，这套理论也是通过思想实验发展而来的。在一次实验中，他想象坐在封闭的电梯里向上加速穿越空间，感受到的结果将和对重力的体验没有区别。

于是,他猜测,重力是对时空的扭曲。他想出一些方程式,描述这种弯曲的动态怎样来自物质、运动和能量的相互作用。这可以用另一项思想实验描述。想象在一个二维蹦床平面上滚动一只保龄球,然后再滚动几颗台球。台球滚向保龄球,不是因为后者有什么神秘的吸引力,而是因为它使蹦床的纤维弯曲了。现在想象这发生在四维时空会怎样。不错,这有点困难。所以我们不是爱因斯坦。

10年后是爱因斯坦事业的中点,也是转折点。他帮助发起的量子革命逐渐变成一种新的基于不确定和可能性的力学。那一年,他作出对量子力学的最后贡献,但与此同时也开始抵制它。此后的30年,他一直顽固批评他所认为的量子力学的不完整性,同时努力把它纳入一个统一场论,1955年临终之前还写下一些潦草的等式。

在作为革命者的30年和抵抗者的30年,爱因斯坦一直甘愿过宁静快乐的孤独日子,不因袭盲从而安然自在。他习惯独立思考,突破传统观束缚的想象力推动他不断向前。他属于那个古怪的类型:受人尊敬的叛逆者。他受信仰指引,但态度轻松,有点调皮;他信仰的上帝不会像掷骰子似的让事物随意发生。

爱因斯坦不因袭盲从的特点体现在他的性格上,也体现在他的政治态度上。他赞同社会主义理想,但因为太强调个性而无法适应过度的国家控制或中央集权。天生的放肆使他反感民族主义、军国主义和其他任何从众意味的东西。

意义和价值

他的故事包容了现代科学的大片领域,从无限小到无穷大,从光子释放到宇宙扩张。在爱因斯坦取得辉煌成就一个世纪后,我们仍然生活在他的世界,宏观上由他的相对论定义,微观上由事实证明"经久耐用"尽管让人有些焦虑的量子力学定义。

爱因斯坦的成就带有鲜明的个人印记,就像毕加索的画。他通过思想实验而不是对实验数据的系统归纳取得想象的飞跃,洞悉伟大的定律,最后创造的理论令人震惊,不可思议,违反直觉,但却包含吸引大众想象的概念:时空的相对性,$E = mc2$,光线的弯曲,空间的扭曲。

爱因斯坦有一种淳朴的善良,这使他的气质更为迷人。内在的自信与敬畏自然而产生的谦恭彼此调和。他可能与身边亲近的人保持距离,但对于普遍意义上的人类却怀有真正的慈悲和同情。

尽管受到大众欢迎,表面看来也容易接近,爱因斯坦却代表一种观念:现代物理学是一般外行难以理解的东西。以前的情况并不是这样。伽利略和牛顿都是伟大的天才,但他们对世界的力学因果解释多数有思想的人都能理解。在本杰明·富兰克林的18世纪和托马斯·爱迪生的19世纪,受过教育的人都可能对科学产生某种亲近甚至当作业余爱好来研究。

正因为如此，研究爱因斯坦是有价值的。科学可以激励人，是崇高的，对科学的探索是一种令人陶醉的天职，科学伟人的传奇故事就给我们这样的启迪。

在这样一个重新强调科学和数学教育的时代，我们应当注意爱因斯坦说过的话："素材的积累不应当压抑学生的独立性。"一个社会的竞争优势不是看学校把乘法表和元素周期表教得多好，而要看他们能否激励想象力和创造力。

我想，这就是爱因斯坦成功的关键，也是他的人生给我们的启示。爱因斯坦小时候不善于死记硬背。他日后的成功也不是来自大脑处理信息的蛮力，而是来自想象和创造。他能作出复杂的方程，但更重要的是，他懂得数学是大自然的语言，用来向我们描述她创造的种种奇迹。因此，他能想象方程式在现实生活中是什么样子，比如詹姆斯·克拉克·马克斯韦尔发现的电磁场方程式怎样展示给一个与光线同行的男孩。正如他曾经说的："想象力比知识更重要。"

爱因斯坦曾写《我的信仰》，阐明他的人生观。

对于人生，爱因斯坦说：

要追究一个人自己或一切生物生存的意义或目的，从客观的观点看来，我总觉得是愚蠢可笑的。可是每个人都有一定的理想，这种理想决定着他的努力和判断的方向。就在这个意义上，我从来不把安逸和享乐看作是生活目的本身——这种伦理基础，我叫它猪栏的理想。照亮我的道路，并且不断地给我新的勇气去愉快地正视生活的理想，是善、美和真。要是没有志同道合者之间的亲切感情，要不是全神贯注于客观世界——那个在艺术和科学工作领域里永远达不到的对象，那么在我看来，生活就会是空虚的。人们所努力追求的庸俗的目标——财产、虚荣、奢侈的生活——我总觉得都是可鄙的。

对于政治，爱因斯坦说：

我的政治理想是民主主义。让每一个人都作为个人而受到尊重，而不让任何人成为崇拜的偶像。我自己受到了人们过分的赞扬和尊敬，这不是由于我自己的过错，也不是由于我自己的功劳，而实在是一种命运的嘲弄。其原因大概在于人们有一种愿望，想理解我以自己的微薄绵力通过不断的斗争所获得的少数几个观念，而这种愿望有很多人却未能实现。我完全明白，一个组织要实现它的目的，就必须有一个人去思考，去指挥，并且全面担负起责任来。但是被领导的人不应当受到强迫，他们必须有可能来选择自己的领袖。在我看来，强迫的专制制度很快就会腐化堕落。

因为暴力所招引来的总是一些品德低劣的人，而且我相信，天才的暴君总是由无赖来继承，这是一条千古不易的规律。……在人生的丰富多彩的表演中，我觉得真正可贵的，不是政治上的国家，而是有创造性的，有感情的个人，是人格；只有个人才能创造出高尚的和卓越的东西，而群众本身在思想上总是迟钝的，在感觉上也总是迟钝的。

对于战争，爱因斯坦说：

我想起了群众生活中最坏的一种表现，那就是使我厌恶的军事制度。一个人能够扬扬得意地随着军乐队在四列纵队里行进，单凭这一点就足以使我对他轻视。他所以长了一个大脑，只是出于误会；单单一根脊髓就可满足他的全部需要了。文明国家的这种罪恶的渊薮，应当尽快加以消灭。由命令而产生的勇敢行为，毫无意义的暴行，以及在爱国主义名义下一切可恶的胡闹，所有这些都使我深恶痛绝，在我看来，战争是多么卑鄙、下流！我宁愿被千刀万剐，也不愿参与这种可憎的勾当。尽管如此，我对人类的评价还是十分高的，我相信，要是人民的健康感情没有被那些通过学校和报纸而起作用的商业利益和政治利益蓄意进行败坏，那么战争这个妖魔早就该绝迹了。

对于宗教，爱因斯坦说：

我们所能有的最美好的经验是奥秘的经验。它是坚守在真正艺术和真正科学发源地上的基本感情。谁要是体验不到它，谁要是不再有好奇心也不再有惊讶的感觉，他就无异于行尸走肉，他的眼睛是迷糊不清的。就是这样奥秘的经验——虽然掺杂着恐怖——产生了宗教。我们认识到有某种为我们所不能洞察的东西存在，感觉到那种只能以其最原始的形式为我们感受到的最深奥的理性和最灿烂的美——正是这种认识和这种情感构成了真正的宗教感情；在这个意义上，而且也只是在这个意义上，我才是一个具有深挚的宗教感情的人。我无法想象一个会对自己的创造物加以赏罚的上帝，也无法想象它会有像在我们自己身上所体验到的那样一种意志。我不能也不愿去想象一个人在肉体死亡以后还会继续活着；让那些脆弱的灵魂，由于恐惧或者由于可笑的唯我论，去拿这种思想当宝贝吧！我自己只求满足于生命永恒的奥秘，满足于觉察现存世界的神奇的结构，窥见它的一鳞半爪，并且以诚挚的努力去领悟在自然界中显示出来的那个理性的一部分，即使只是其极小的一部分，我也就心满意足了。

入籍美国

阿尔伯特·爱因斯坦1879年生于德国伍腾堡的乌尔姆镇，下一年他全家迁往慕尼黑。他父亲是一名犹太小商人。爱因斯坦在瑞士读了中学和大学,并在瑞士获得诺贝尔奖,瑞士一直说他是瑞士公民,他回德国时曾支持兴登堡的魏玛共和国,自从希特勒上台后,他非常不满希特勒的法西斯政策,尤其是反犹主义,他决定改变国籍。

他在1933年9月19日的《纽约世界电讯报》上发表谈话说:

我确信,在我看来,纳粹专政政权必然会不可避免地全面垮台。我的根据倒不是因为反纳粹者的力量强大和道德高尚,而是纳粹分子们自己的愚蠢。即使一名独裁者有千万刺刀为之卫护,如果他没有智慧,终究不能长久维持其统治。在现代条件下搞独裁需要智慧,而希特勒及其党徒们连一丁点儿智慧也没有。

我是一个坚定的民主主义者,正是为了这个原因,我没有去俄罗斯,虽然我接到了他们非常热忱的邀请。假如我去莫斯科,苏维埃的统治者一定会利用这件事为他们的政治目的服务。我不但是法西斯之死敌,也同样是布尔什维主义的死敌。我痛恨一切形式的专政政权。

爱因斯坦是1933年10月到达美国的,他定居于普林斯顿大学。1940年6月22日,他正式宣誓为美国公民,并发表了谈话,题为"我是一个美国人"。他说:"我感到,在美国人们可以有机会获得个人及其创造力的发展,这对我而言是生命中最有价值的资产。在某些国家,人们既没有政治权利,又没有自由发展其智力的机会,美国人是绝对不会容忍这种情况的。自从到美国以来,我看到不论从脾气来说,从传统来说,美国人都不适合在极权主义的制度下生活。我相信,绝大多数美国人都认为在极权主义下实在不值得一活。因此,他们认为最重要的是保住自由权利。我相信,美国将证明,民主不仅仅是指根据一部好宪法所建立的政府,而更是指遵守具有道义力量的伟大传统的一种生活方式。今天,比以往任何时候更甚,人类的命运决定于人类的道义力量。"

促成美国研制原子弹

20世纪30年代中期,德国已经开始研究原子的裂变问题了。爱因斯坦起初没有重视这个问题。1939年3月,他与物理学家斯齐拉和韦格谈到了裂变的连锁反应时才感到这一问题的严重性,因为它所释放的能量将未可限量。于是他立即写了一封信给罗斯福总统。他说:"在过去四个月内,发现了一种新的认识。有可能使大块的铀产生核连锁反应,在这种反应中,可能发放出巨量的能和无数的放射物质。看来,几乎可以肯定,在不远的将来,这就可成为事实。这就会有可能制造出新型的炸弹。鉴于此,请考虑政府是否应与研究连锁反应的物理学家们建立某种永久性的联系。据我所知,德国已经停止出售它在捷克斯洛伐克所取得的铀了。"

罗斯福写了回信，对此表示感谢，但并未采取大力行动，他只为此在一年内拨款6万美元。爱因斯坦看到问题的严重性，1940年3月7日，再次写信给罗斯福说："去年，由于我认识到对铀的研究可能会产生影响国家的重大结果，我曾认为有责任向政府提请注意这方面的可能性。自从战争爆发以来，德国已大大加强了对铀的兴趣。我现在已获悉，德国正在极秘密的情况下从事这项研究。"

在爱因斯坦的再次敦促下，罗斯福才决定全面展开对原子弹的研究，并取得了成功。假如德国抢先造出原子弹，这个世界可能已变成灰烬了。命也乎，命也乎！

但爱因斯坦本人非常谦虚，他在1945年11月的《大西洋月刊》上宣布："我并不认为我自己是原子能量释放之父。我在这件事中的作用是非常间接的。事实上我并没有预见到在我有生之年会实现此事，我只不过是相信这在理论上是可能的。"

他希望将来能有一个超国家政府来管理原子能。

宗教情怀

爱因斯坦的宗教信仰历程几乎与林语堂先生一样。他们都因家庭传统而在幼年就成了宗教信徒。然而皆因接触科学而反叛宗教，到晚年又重新皈依宗教。1936年，有一名小女孩写信给爱因斯坦问他是否做祷告。他回答说："科学家很难相信可以凭祷告而影响事情的发展。但另一方面，凡认真从事科学工作的人都会相信自然法则中体现着一种精神，它大大地超过人。因此，我们作为只有微弱力量的人，必须谦卑向它臣服。因此，专心科学就会产生一种宗教情绪，这是一种特殊的宗教，它与较无知的人的宗教是两码事。"

他给他的宗教起了一个新名词，叫作"宇宙宗教"（cosmic religion）。

1939年5月，爱因斯坦在普林斯顿大学神学院发表谈话说："在过去150年来，人们广泛地认为，知识与信仰间存在不可调和的矛盾。高层知识界人士认为用知识替代信仰的时代早已到来了。他们认为没有知识根据的信仰就是迷信，因此必须加以反对。然而，此论有一个大漏洞。因为引导我们行动和判断的那些信念是不能完全从硬邦邦的科学方法中取得的。科学只能教导我们事物是如何联系和互为影响的。你们当然不会怀疑我轻视科学工作者的成就和他们在领域内所作出的英雄功绩。但同样清楚的是：关于'是什么'的知识并不能直接打开'应当是什么'的大门。你可以掌握关于'是什么'的最充分的知识，但仍不能从这里演绎出我们人类生存的目标应当是什么。"

"客观的知识的确可以为我们提供有力的工具去完成某些目的，但那个最后目标和达到这一目标的渴望必须来自另一来源。这里我们就碰上了纯理性的局限。"

他在他岳母的葬礼上说过："上帝的创造，也由上帝收回，感谢上帝吾主。"

更重要的是他还为我们留下一句名言:"科学没有宗教是跛子,宗教没有科学是瞎子。"

人权斗士

50年代是麦卡锡主义在美国横行的日子,爱因斯坦作为人权斗士一直在为人权而呼吁。其中最有名的案件是弗劳恩拉斯事件。弗是纽约布鲁克林詹姆斯·麦迪逊中学的英语教员,参议院国内安全委员会认为他是"不安全分子",要他到委员会去作证。弗根据宪法的人权条例第五条,拒绝前往作证。结果被开除教员籍。他向爱因斯坦诉说了案情,后者回了他一封信,其中说:"我国知识分子今天所面临的现状非常严重。反动的政治人物们利用外来危险为借口,已经向公众灌输了对知识探索的怀疑。在初步成功的基础上,他们现在又着手要镇压教学的自由,并要剥夺那些不愿俯首帖耳的人的工作职位。对这种丑恶行径,知识分子的少数派应如何对付呢?我认为只能采取甘地式的不合作主义革命行动。凡被召至国会委员会作证的人应当拒绝作证,他应当做好坐牢和经济破产的准备,也就是为了我国的文化福利而牺牲自己的个人福利。"

爱因斯坦的这封信引起了轩然大波。《华盛顿邮报》责问道:"有些国会委员会的调查做得太极端了,爱因斯坦博士对此表示强烈不满,美国人民与他是有同感的。但是,我们认为这位大物理学家号召被国会传召的'知识分子'拒绝到国会作证是歪道歪理。为什么'知识分子'可以享受别的公民所并不享受的特殊豁免呢?如果人们都听从爱因斯坦博士的劝告,宁可坐牢而不愿作证,我们的代议制政体岂不要瘫痪吗!"

爱因斯坦在1954年3月14日《纽约时报》上作答曰:"在原则上讲,保卫宪法权利是人人一样的。但知识分子的地位有点特殊,因为由于他们所受的特殊训练,他们对公众舆论的形成产生特殊强烈的影响。这也就是为什么那些想误导我们接受威权政府的人特别注意知识分子并要胁迫他们。在这种情况下,知识分子就特别要尽他们的重要责任。对任何违犯个人宪法权利的图谋,我认为,拒绝合作就是我们的责任。"

崇尚甘地的非暴力主义

爱因斯坦是甘地非暴力主义的热烈拥护者。早在1931年,他就写信给甘地说:"你所做的一切显示我们可以不诉诸暴力来完成我们的理想。我们能够用非暴力的方法征服那些主张使用暴力的人,你的榜样将启发人类通过国际帮助和合作以保证世界和平的方法来终止暴力冲突。"

1939年,爱因斯坦为甘地70寿辰写了一篇短文,内称:"甘地的一生在人类政治史上是很独特的。他发展了一种全新的人道的方法来引导他的人民从事解放斗争,他已经全心全意地实施了这一办法。它对整个文明世界中能自觉地思考问题的人所产生的道义影响可能要比我们这个过分强调武力方法的时代中所使用的方法更深远得多。"

1952年，他又说："甘地是我们时代最伟大的政治天才，他指出了我们该走的道路。他证明，人只要发现正确的道路，他就可以作出多大的牺牲。他为印度解放事业所做的工作是活生生的见证，证明建立在不可动摇的信念之上的人的意志要比表面看来不可一世的物质力量更为有力量。"

爱因斯坦认为："在我们这个道德败坏的时代中，甘地是代表人类关系中的高尚概念的唯一政治家。"

1955年，爱因斯坦因心脏病逝世。

中国的周培源博士在纪念爱因斯坦的一次会上说："我们纪念他，就是要学习他崇尚理性，关心人，尊重人，反对偶像崇拜，反对专断的民主精神；学习他言行一致，表里一致的坦白胸怀；学习他为追求真理和为人类谋福利的目标始终如一的人生态度。"

爱因斯坦还为我们留下了这样一段话："我们这个时代的最大特征是科学研究硕果累累，科研成果在技术应用中也取得了巨大成功。大家都为此感到欢欣鼓舞。但我们切莫忘记，仅凭知识技巧并不能给人类的生活带来幸福和尊严。人类完全有理由把高尚的道德标准和价值观的宣道士置于客观真理的发现者之上。在我看来，释迦牟尼、摩西和耶稣对人类所作的贡献远远超过那些聪明才智之士所取得的一切成就。如果人类要保持自己的尊严，要维护生存的安全以及生活的乐趣，那就该全力保卫这些圣人所给予我们的一切，并使之发扬光大。"

传记作家沃尔特·伊萨克森则对爱因斯坦作了如下的总结。他写道：

爱因斯坦像是一名园丁为花圃除草去芜。物理学家斯莫林评论道："我相信让爱因斯坦成就非凡的主要原因是一种道德特质。他就是比大部分同行更关心物理法则在解释自然万物时必须融合一贯。"

爱因斯坦对于统一的本能，也烙印在个性中与反映在政治观上。如同他追寻科学上支配宇宙的统一理论，在政治上也追求可以统管地球的统一理论，期盼透过全世界共通的原则实践世界联邦主义，克服民族主义脱缰失序所造成的混乱状态。

也许他个性中最重要的一面是他乐意成为一个非遵循旧规的角色。当他在接近生命尽头为新版伽利略传作序时，他歌颂了这样一种态度："我认为伽利略的研究中有一个重点，便是热情挑战各种权威教条。"

爱因斯坦在1905年作出的突破，其实普朗克、庞加莱和洛伦兹全都只差临门一脚了，可惜他们被权威教条限制住了。唯有爱因斯坦叛逆成性，能够将数百年来定义科学的传统思考抛弃丢掉。

不因循旧规的快乐，让他看到普鲁士军人踢正步便倒退三步。这种个人观点也演变成政治观点。他挺身而出抗议压抑心智自由的专制政权，包括纳粹主义、斯大林主义到麦卡锡主义皆然。

爱因斯坦的基本信条是认为自由为创造力之命脉。他表示，"科学发展和精密创造皆需要独立思考的自由，意即不受独裁和社会偏见所限制。他觉得，培育这种精密应该是政府的基本角色与教育任务。"

有一套简单的公式可定义爱因斯坦的观点。创造力需要乐于不因循盲从，需要培育自由心智和与自由精神，更需要培养"包容的精密"。包容之基石在于谦逊。他相信没人有权利将想法和信仰强加于他人身上。

世上已见过许多莽撞的天才。爱因斯坦之所以特别，在于其聪明才智受谦逊陶冶。在人生孤独的旅程中怡然自得，对于自然造化之美永远保持谦逊敬畏之心。他写道："宇宙法则中彰显出一种超越人类的精神灵魂，力量平庸的我们必须谦卑以对。在此方式下，追求科学有一种特别的宗教感觉。""万物和谐共存彰显上帝存在"才是正道。

爱因斯坦认为，这份崇敬的感觉、宇宙性的宗教正是所有艺术和科学的泉源，并且一路指引他。他表示："当我判断一个理论时，我会问自己，如果是上帝，会不会这样安排世界？"

他优雅地融合了自信和敬畏之情，使他在人世间发光发亮。

22　萨默尔·龚泼斯

19世纪中期，有两名英国孩子先后移民来到美国，并成了推动美国社会发展的重要人物。他们是钢铁大王卡耐基和劳工皇帝龚泼斯。

1850年，萨默尔·龚泼斯生于伦敦的一个犹太人家庭。他父亲是制造雪茄烟的工人，是从荷兰移居伦敦的。他们住的是贫民区，当时他家有六七口人，只住一间大房间，龚泼斯只正式上了四年学，就在家中学制烟，幸亏他有一个祖父教他学习文化，从而他从小就阅读了不少文学名著，成了一帮穷孩子中的佼佼者。

萨默尔·龚泼斯

1863年，龚泼斯全家移居到纽约，当然也是住的贫民区，但已有四间住房，总面积比原来的大一倍，他们的邻居都是新来美国的移民，龚泼斯仍以制烟为业。由于他业务很好，人又聪明，14岁就被吸收进制烟工人工会。16岁他就离家在一家工厂上班，17岁结婚，18岁与妻子自立门户，并生下第一个孩子。

年轻的龚泼斯踌躇满志，精力充沛，总觉得有使不完的劲儿，所以他全力投入了工会工作，当时这完全是义务的，他还没完没了地阅读哲学性书籍，当然少不了马克思的著作和其他一切社会主义的著作。他很有条件可以去做生意发财或上大学当知识分子，但他却下定决心要为劳工服务。这是他的可赞品格之一，不管他到底是否做好了这种服务。

19世纪下半叶，马克思的第一国际在欧洲遭到巴枯宁无政府主义的冲击，弄得遍体鳞伤，不得不把总部迁到了纽约。因此，纽约就有一批第一国际人员，龚泼斯就结识了其中的一些人，他在《劳工生活七十年》中写道："他们的思想闪烁着光辉，为纽约劳工世界的暗淡天空带来了令人产生希望的光芒。我深为他们的谈论所感动，并开始参加他们的集会。""在我年轻时候的这些日子里，我充满了热情和梦想，我感情洋溢，不能自已。我本来会投身到任何一种看来有助于争取工人解放的运动中去，只因为我想起劳雷尔的教训：ّ不要让感情操纵你，要让理智管理你。ّ我才没有这样做。"

劳雷尔是第一国际的老成员。他帮助龚泼斯，使他成为雪茄工会的副主席。他还劝他不要加入政党，因为他自己已在"国际"运动的体验中吃到了苦果。

必须承认，龚泼斯在这一时期的确与工人同甘共苦，他所领导的斗争和罢工有成功的，也有失败的。有一次，罢工遭到大失败，全家失业，没有饭吃，又是劳雷尔出来为他弄了一个临时工作以便吃饭。龚泼斯共生了12个孩子，但活下来的只有4个，也可见其处境之艰苦。正因如此，他在工人中的威信愈来愈高。

在龚泼斯来美国以前，美国早有工会了，但那些只能称为原始性的工会，是龚泼斯第一个把工会"现代化"，第一个为工会创立了"工会哲学"。

经过近十年的摸爬滚打，他发现工会若要进行有效的斗争。必须使工会具有全国性质，工会应当有专职人员，而且应当有资金，以便在罢工期内养活罢工工人。

1881年，龚泼斯出任了"有组织行业工会联合会"的副主席，这是他走上全国知名位置的第一步。接着在1886年成立了美国劳工联合会（简称劳联），他被当选为主席，并每年连选连任（只有一次例外），一直到死。这就使他成了真正的劳工皇帝。

他当上劳联主席后的第一起最大贡献就是拼命扩大组织。初创的劳联是很简陋的，它只有小小一个办公室，除桌子外连座椅都没有，只用木箱子充当了座椅。全职工作的人员有两人，就是他和他的儿子。他的规定年薪是1000美元，他儿子作为跑腿，每周工资为3美元。他不辞辛苦亲自到全国各地奔走。1888年他向劳联理事会报告说，在一年之内，他去了波士顿、辛辛纳提、圣路易斯、堪萨斯、奥马哈、芝加哥等33个大城市进行了组织工作。那时候组织工会是很危险的，时常有挨揍和被暗害的可能。

龚泼斯反对在工会中搞党派活动，特别是社会党（共产党的前身），但他又知道社会党的人最能吃苦办实事，所以他又让他们去各地进行组织活动，他把他们所组织的工会吸收入联合会，但就是不让他们出任领导岗位。他在这一点上做得非常成功。

1897年联合会人数达26.4万人，1900年达54.8万人，1904年达170万人。1924

年他去世时已超过200万人。但联合会有一个致命缺点。它是行业工会，那就是说，它的组织原则是以行业为基础的。比如说，在铁道业中，就分成好多工会，有司机工会，售票员工会，扳道员工会，餐车工人工会，等等，在罢工时，很可能是这个工会罢工而其他工会却照常工作。这就大大减弱了威力，同时也减弱了工人的兴趣。

龚泼斯的整个工会哲学被人们称之为"龚泼斯主义"，其主要内容如下：

1. 务实主义（pragmatism）。他说："我们必须从历史中吸取教训，来了解工人所面临的问题，这才能走最小阻力路线（line of least resistance），而收最大实利的效果，以便使劳动男女的生活条件日趋改进，一日胜过一日，今天胜过昨天，明天胜过今天，大后天胜过明天，以致无穷。这就是劳工运动的哲学，也就是劳工运动的目的，如果这可以叫目的的话。"

"在改进生活条件的过程中，有组织的劳工对人类的进步并无固定的纲领。如果你有什么纲领，那一切都得按照纲领来办。对理论家而言，如果事实不符合他们的理论，就要事实去见鬼。因此，我们不制定什么特殊的准则，但总是力争眼前可能办得到的最好的生活条件。"

"不需要什么高深的社会哲学，也不需要什么学院论文，人人都会懂得三块钱一天的工资、8小时的工作制和卫生的厂房要胜过两块钱一天的工资、12小时的工作制和不安全的厂房。工人不会因在某一要求上得到满足而就停顿下来。不，他们在改善生活问题上是永无止境的，他们的努力也是永远不会终止的。"

2. 折中主义（eclecticism）。龚泼斯承认社会存在着阶级和阶级斗争，但他反对搞阶级对抗而主张阶级调和。他说："资本家应不应享受利润是一个不能一概而论的问题，这要取决于他是一个什么样的资本家。"他把资本家的投资分为两种类型，一曰不诚实的投资，一曰诚实的投资。他认为卡耐基和洛克菲勒之流的投资是诚实的投资，只有像古尔德和哈里曼之流的投资才是不诚实的投资。他进一步推论，工人阶级应反对不诚实的投资所产生的利润，而不应当反对诚实的投资所产生的利润。他肯定诚实的投资是良性的投资，它会给工人以就业机会。他认为，"工人组织愈是强大，他们愈有可能争取到资本家的让步。但不能说资本家的让步都是由于工人显示力量的结果。其中一个因素是资本家态度的好转。那些死抱住顽固态度不考虑劳工利益的资本家的人数现在是愈来愈少了。由于资本家对事物的看法有了改变，他对工人的态度也有了改变。因此，资本家的思想感情就常常能同有组织劳工的思想感情相吻合"。

他公然说："我们不仅主张希望，而且实际上也做到使罢工次数下降，特别是在组织得好的工会中。从历史来观察，组织工作愈弱，罢工次数愈多；工会愈发展，罢工次数愈少。"资方看到这种理论，非常高兴，他们特别组织了一个"全国公民联合会"，并请龚泼斯任副主席之一。这是调和阶级矛盾的一个劳资合作机构。第一任主席是汉纳，第二任主席就是卡耐基。龚泼斯寿命很长，他既做了汉纳的副主席，又做了卡耐基的副主席。他逢人便说："与卡耐基坐在一起，感到很光荣。"他还说："要凭动机去判断一个人是很玄的，我只能用行动效果来判断一个人。从行动来看，我可以说，公民联合会的人从来没有敌视过劳动人民的利益。我可以去向魔鬼以及魔鬼的丈母娘乞求，只要这样做能使劳工得到好处。"

3. 美国主义（Americanism）。龚泼斯说："美利坚这个词不仅仅指一块土地，不仅仅指一个国家，也不仅仅指一种情感。美利坚是一种象征，是一种理想。全世界人类的希望都表述在美利坚这个词的理想之中。"他说，光有工会会员证还不足以说明你是一位好公民，必须同时支持美国制度，才是好公民。他说："我们工会工作者希望用真正的美国主义解决我们的问题。美国主义代表一种精神，它体现着我们最广和最高的各种理想。美国劳工联合会的方针是完全符合美利坚的创始意图和宗旨的。"

龚泼斯也忠于美国的两党制。为此，他发明了"奖赏你的朋友，惩罚你的敌人"的工会政策，那就是说，在选举时，你应投票支持主张劳工立法的候选人，反对不主张劳工立法的候选人，而不必问他是共和党还是民主党。他坚决反对投第三党的票，他说，第三党是不能成气候的，投第三党的票是一种浪费。

前面提到，龚泼斯在早年读过不少马克思的书，因此他至死都认为他自己是进步派。他曾多次对劳联内的社会党人讲："社会党人们，我早就研究了你们的哲学，读了你们关于经济学的著作，研究了你们的经典著作，不管是英文的还是德文的。我不仅仅是阅读而且是研究。我听了你们在世界各地的演说，观察了你们在世界各地的活动。三十年来我一直注视着你们的主张，还与你们运动中的一些人保持着联系，我知道你们想的是什么，你们的宗旨是什么。我也知道你们暗中想干的是什么。我不得不说，我完全不能同意你们的哲学。在经济学上说，你们是不对的；在社会学上说，你们是错误的；在工业上说，你们是行不通的。"

他还说："我要说，凡说我是反社分子（anti-Socialist）的人是对我无所知，他完全不知道山姆·龚泼斯。我愿意在这儿公开地宣布，凡任何一名真诚的社会主义者所有的高尚希望，在我脑中都有。他们为之奋斗的感人的和崇高宗旨，没有不在我心中时刻跳动着的。然而，我们在方法上完全是不同的。"

龚泼斯的方法就是有名的"纯粹和简单的工会"。他认为工会是工会，政党是政党，两者河水不犯井水，"纯粹和简单的工会是工人争取实际利益和促成最后解放的天然组织"。

传记作家列夫赛写道："龚泼斯自称他一辈子都是工人，这是不合事实的。他早已不是工厂工人，他是中产阶级的官僚。"

作为中国人，我们更不能忘记龚泼斯是19世纪末美国排华运动的急先锋。他说："中国工人是不罢工的。我不知道那些想阻止罢工的人是否想把美国的水平降低到中国的水平。如果没有罢工就代表文明，那中国岂不成了世界上最文明的国家？可惜事实不是这样，罢工只会发生在最文明的国家。"

他还无可奈何地说："对于限制移民问题，我是怀着矛盾重重的心情来处理的。因为我本人也曾是移民。我作为移民，很感谢美国没有对移民设置障碍。我一直深深地感到，若反过来对别国的移民加以限制，这将是一件多么痛苦的事。但由于中国移民人数迅速增加而同化很慢，我不得不认为必须采取措施来保护美国。"

美国广大工人竟也追随龚泼斯，因为他们怕中国移民会影响他们的工资水平。这是工人阶级自私心理的表现。"无产阶级联合起来"的口号在这里是根本行不通的。

今天，劳联仍然存在，而且已与产联合并，成为劳联－产联（AFL-C1O），它所推行的基本上仍然是龚泼斯主义。

23　马克·吐温

马克·吐温是笔名，他的原名叫萨默尔·克莱门。美国人称他为"美国文学界中的林肯"，因为他的经历像林肯一样坎坷，他的成就像林肯一样辉煌。

1835年11月30日，马克·吐温生于密苏里州的小镇弗洛里达。他父亲本来是弗吉尼亚的一个小康商人，因生意失败，不断西迁。1839年，全家又从弗洛里达迁到汉尼堡。这是一个靠密西西比河的城市。1847年，他父亲去世，家境更为困难。1848年，吐温就到当地一家印刷厂当学徒，他的工作是排字。但这也给了他一个机会，使他能多认识字，多接触文化。这对他后来的创作生涯很有帮助。

他有一个哥哥，比他大10岁，在当地办了一家报纸，名曰"西部联邦报"。吐温于1851年转入他哥哥的报纸工作，在那里他开始写一些报道和短文。由于他自信已经可以独立谋生，从1853年起他就离乡远走，到圣路易、辛辛纳提、费城和纽约等地做排字工作或编辑。

1857年，他回到老家，异想天开，准备去巴西冒险。当他登上一条南下的航船"保罗·琼斯号"后，又改变了主意。因为他在船上遇到导航员比克斯皮，两人相谈甚洽，吐温决定向他学航

马克·吐温

行，但对方要收学费，吐温就向他姐夫借了150美元交学费，并很快领到了驾驶证书。因此，到1861年止，他是密西西比河上的一名领航员。这又为他后来写文章提供了许

多写作素材。

　　1861年，内战爆发，他参加了南军，被围困。他逃出后与哥哥一同前往内华达，当时内华达尚未建州，他哥哥曾在1860年选举中极力为林肯竞选，所以被任命为内华达的检察长的秘书。当时有不少人在内华达找银矿发了财，吐温也想发财，作了尝试，但以失败告终。于是又重新投身报界。1863年2月3日，他在内华达的弗吉尼亚城《领地企业报》上首次采用了"马克·吐温"这个笔名。不久，因一篇文章引起了纠纷，并发展到要进行决斗，他不得已，离开内华达到旧金山。

　　他在《旧金山晨钟报》当记者，1866年，他受《萨克拉门托联邦报》之约，去夏威夷采访当地土人情况，回来后除了写报道外，又到处演说，他的演说非常风趣和幽默，从而获得幽默家的称号。

　　1867年，他以《加利福尼亚州日报》通讯员身份去纽约，这一次他是从水路去的，先从旧金山到尼加拉瓜的太平洋沿岸，然后横贯尼加拉瓜的大西洋沿岸，再上船抵达纽约。这次旅行非常艰苦，又给他带来了不少写作题材。

　　同年，韦伯出版社出版了他的第一篇小说《卡拉维腊郡的著名跳娃》，使他在全国文坛建立了声誉。他在纽约结识了《汤姆叔叔的小木屋》的作者斯托夫人，并经过她结识了她的哥哥、当时很有名的牧师比契。经比契的活动，他得以参加了一个赴欧观察团，在航船上他和一位姓蓝登的青年成了朋友，蓝登拿出妹妹的一张相片，吐温一见就入了迷。从这一刻起，他就开始对蓝登的妹妹念念不忘起来。

　　从欧洲回来后，他就到蓝登家做客。蓝登的父亲是一位富翁，经常招待客人。但吐温是蓄意找他女儿来的，他女儿名叫奥丽维亚。她爸爸万万没有想到女儿会看上这位莫名其妙的西部牛仔。由于女儿的执著，爸爸只好答应了这门亲事。他俩在1870年2月2日结婚。做岳父的替女婿买下了《布法罗快报》的三分之一股票，并送了他在布法罗的一幢住房。

　　结婚后不久，他岳父就得癌症病死了。女儿也因过度悲伤而得了精神分裂症。吐温觉得此地不祥，便决定迁往康涅狄克的哈特福德。起先，他在斯托夫人的妹妹家租了一幢房，但同时他自己买地盖屋，1874年他迁进了自己的新屋，这是一座相当豪华的楼房，共有18间房间。他在这事上花了10万美元，并在那里写了好几本书。这正是他一生中经济最宽裕的时期，谁也没有想到"破产"正在向他招手。

　　原来，吐温也有发财梦。为了方便出版自己的书，他自己成立了一个出版公司。他请他的内侄韦伯斯特当经理，公司就叫韦伯斯特公司。公司曾出了一本畅销书，即退休总统格兰特的自传。但吐温到底不是商务人才，他不善经营，最终大亏，以倒闭了事。吐温和他妻子各赔了6万美元，还欠下了9.5万美元的债务。其实，这不过是小灾难，不巧的是，他同时在另一笔投资上摔了个大跟斗。十多年来，吐温一直在一位佩奇先生身上投资。佩奇设计了一架印刷机，比市面上的先进得多。吐温认为这可以带来100万美元以上的利润，所以最后竟反客为主，买下了全部股票，佩奇倒成了雇员。佩奇的机子的确很好，但它的结构太复杂了，动不动就失灵，难以修复。因此只能作为实验室展览品，根本不能成为商品，吐温的巨额投资也从此泡了汤。这使他成了一个真正的穷光蛋，这也是又一出"林语堂中文打字机的悲剧"。

但吐温夫妇不失为英雄，他们公开宣布，不论怎样，他们将在短期内全部偿还债务。二人花了几年的时间进行艰苦劳作，其中一项是吐温到国外进行演讲。他们终于在1894年还清了所有债务。当时的舆论界都认为吐温了不起，这是债务史上的一大奇迹。而吐温又一次享誉全国。

吐温是一位多产作家，他的著作是真正的"等身"。1901年，他获耶鲁大学名誉博士学位，1902年，获密苏里大学名誉博士学位，1907年获英国牛津大学名誉博士学位。

吐温自己觉得最遗憾的是：他的爱妻和三个孩子都在他之前去世。特别是他唯一的儿子，是他的大意而造成其死亡的。那是个严冬，儿子只有一岁多。夫人有事外出，叫吐温照看儿子。吐温把儿童车推到走廊晒太阳，他自己则坐在晃椅上看书，忘其所以。当时室外温度为零下17度。那婴儿把小被踢开，等到吐温发现不对，他早已全身冻紫。由此得病而死。

1910年4月21日，吐温病死于纽约的艾尔密腊。

美国的19世纪后期被称为"镀金时代"，这个名词就是从吐温的小说《镀金时代》而来的。它描写了当时的华盛顿：

华盛顿这个地方对我们任何人都是个有趣的城市。你刚由车站出来，走上人行道的时候，就有一长排出租马车的车夫举起鞭子在你面前挥动，向你进攻。于是你就踏进首都的马车。你随即到了旅馆。

你当然愿意游览这个城市。首先，你瞥见一长排高耸在一个矮树林之上的雪白的宫殿顶上的装饰建筑。还看到一个高高的、优美的白圆屋顶。这个建筑就是国会大厦。国会大厦在一片高地的边缘，地势很好，可以看得很远，可是你却看不见什么城市。因为在国会大厦附近决定扩建市区的时候，附近的地产主人马上就把地皮的价格涨到不近人情的地步，以致大家都到下面去，在自由神殿后面的泥泞低湿地带盖起这座城市来了。

如果你再多到各处去访问一下，就会发现华盛顿每一平方英里的土地上，公寓的数目要多过全国其他任何城市。如果你到一个公寓里去要求寄宿，女主人就会用严厉的眼光打量你，并问你是不是国会议员。你也许为了开玩笑，故意说"是的"。那么她会对你说，她那儿已经客满了。如果你老老实实地当一个老百姓，她会让你住进去，因为你的行李可以作担保。因为国会议员的人身和财物是不许扣留的，她曾几次眼睁睁地含着眼泪看着几位议员老爷赖了账，各自跑回他们的老家，还把她那些没有填号收据的房租和伙食账单装进口袋里去作纪念品。

最使你吃惊的事情之一，就是你在华盛顿这个城市里所碰到的人差不多个个都有几分来头。上自最高级的局长，下至给各部的大厅擦地板的女仆，没有一个不是靠政界人物的人情找到差事的。除非你能使一位参议员或众议员或某部的长官倾听你的请求，替你说情，否则你就休想在华盛顿获得一个即使是最卑微的职务。你要是没有人情，光有品德和才能，那对你徒然是一种包袱，一点用处也没有。

19世纪的最后一年，美国参加八国联军，从天津打进北京城，沿途烧杀劫掠，无所不为。当时美国驻北京外交官洛克希尔写道："文明的西方军队所到之处，其所产生的结果不堪描绘。想来13世纪蒙古人所作所为也不过如此吧。我无脸待在中国了。这一次次征讨一定会作为本世纪最可耻的征讨而列入史册。"

吐温更用讽刺之笔，写下了一篇"杂文"，登在圣诞前夕的《纽约太阳报》上。

美国对外传教协会理事会阿门特牧师是最近从中国旅行回来的。他这次旅行的目的是征收中国义和团对教会所造成的各种破坏的赔偿费。他不论到什么地方，就强令中国人付赔偿费。他说，所有他治下的基督徒现在都已获得照顾。他手下的教徒有700人，其中有300人被杀。他对每一个被杀的人相应地要索300两白银。他还令中国人全部赔偿教会的一切财产损失。不仅如此，他还征收了罚款，罚款为损失的财产价的13倍。阿门特先生说，他所收的赔偿费若与天主教所收的相比，那还是客气的，因为天主教除了收钱以外，还要求一命抵一命。天主教对杀死一名教徒要收赔偿费500两白银。

阿门特先生还说："不错，我对我的美国同胞有意见，美国人的手太软了，没有像俄国人那样厉害。"我们幸运之至，在圣诞前夕读到这样的绝妙新闻，这有助于我们更兴高采烈地来庆祝我们愉快的节日。我们非常兴奋，我们的确可以开这样一个玩笑说："我赢得白银，你输了脑袋。"

我们的阿门特牧师对其同伴天主教人表示妒忌，因为他们不仅得到较多赔款，而且还"一命抵一命"。牧师的妒忌是合情合理的。但他若能稍加思考，似大有可以自慰之处。因为天主教人的全部勒索都归入他们的私囊，而我们的这位牧师并不那样自私。他只以每人300两作如上之用，而其他赔偿则用之于传布福音。他这种海量已经赢得了全国的夸奖，国人应准备为他立一纪念碑。

我们有着一个输送文明的托拉斯。他向野蛮人的输出品清单上列有下列物品：博爱、公正、和善、基督精神、法律与秩序、自由、平等、教育，等等。不好吗？好，好得很。像苹果排一样好。但只是输出品的商标，是贴在货箱外面的。内部呢？不是这么一回事。面上光滑漂亮，而袋内所装实物恰巧是换取野蛮人的血汗、眼泪、领土、主权和自由的东西。而这个实物才是我们的真正的文明。

从这一篇文章看来，马克·吐温不仅是"美国文学界的林肯"，似乎也是"美国文学界的鲁迅"。

作为幽默大师，他为我们留下了很幽默的名言：

快乐不是一件自我存在的东西，它仅仅是与其他不快乐事情的一个相对比照，这就是快乐的整个情况。

缺乏钱财是所有罪恶的根源。

真正的大不敬是不尊重别人的神。

人类是唯一如此的动物：他爱护他的邻居就如同爱护他自己一样，但是如果对方的宗教神学有问题，他会割断对方的喉咙。

每一个人生下来都有一项资产，它比其他所有的资产价值都高，那就是他最后的一口气。

良好的教养在于隐藏我们对自己较佳的评价，以及隐藏我们对他人较差的评价。

"名声"如同蒸气，"声望"如同意外，在地球上唯一可以确定的事情是被遗忘掉。

"原则"是"偏见"的另一个名称。

被大胆说出的预言不会被迷信的人认为是愚笨无趣的。

"需要"不认识任何"法律"。

当你为爱情而钓鱼时，要用你的心当作饵，而不是用你的脑筋。

首先去取得你的事实，然后你才能够随心所欲地扭曲它。

一个人最危险的敌人是他自己的口舌。

预言是唯一的一项人类技术，它是无法由练习而改善的。

当一个人阅读《圣经》时，他对上帝所知程度的惊讶是低于他对上帝所不知程度的惊讶的。

最后有一项惊人的消息：将有一部新的马克·吐温自传问世。原来马克·吐温在1906年时口授了一部自传，由打字员记录完成。因为他当时明确表示这部自传必须在他死后一百年才能出版，造成了一代文豪在去世后一百年还有"新作"问世的独特现象。

为什么要等一百年后才出版？因为这里面涉及很多对当时美国政界名人的评论，对美国政治主张的讽刺，也有对自己私人生活的披露。这些内容如果在当时披露出来的话，肯定会引起轩然大波。

他在71岁时才写这部自传，正因为他说定一百年后才能出版，所以他可以畅所欲言，不受任何约束。他在书中对一切人都直言不讳，毫不客气。而且往往非常刻薄。如果此人在世的话，肯定会气得半死。

举一个个别例子来讲：他把针对莱昂女士的抨击首次公之于众。他毫无保留地展现对莱昂以及她丈夫拉尔夫·阿什克罗夫特的憎恨。他本来十分信任这个女人，并于1907年将代理权交给了她，后者在两年后将自己置于催眠状态之下。他揭露年龄比他小将近30岁的莱昂试图勾引他。他申斥她"是撒谎者、造假者、贼、伪君子、酒鬼、告密者、骗子、背信弃义者、阴谋家、思想肮脏、一心想勾引男人的荡妇。"

翻译家黄福海对有待出版（中文版）的这部自传作了如下的介绍：

一个伟大的作家，艺术与思想方面往往都同样成熟。马克·吐温就是这样一位作家。他对当时的中国和其他落后国家怀有深切的同情。他在担任记者期间，曾经撰文揭露旧金山一群孩子欺侮一个华人的事实，表现了强烈的正义感和一个作家的良心。马克·吐温在一个集会上曾听到有人说"我们是盎格鲁－撒克逊人种，我们要什么东西时，只需要伸手拿就是了。"《自传》针对这句话评曰：这句话换一种说法就是"英国人、美国人是小偷、是拦路行劫的强盗、是海盗，并且我们以此三位一体为光荣。我们从专制的欧洲输进了我们的帝国主义，还输进了我们的别开生面的爱国主义观众。"

马克·吐温写道："在这本自传里，我是从坟墓中向世人说话，这本书出版时我已死了。一本在作者活着时给人看的书，总是不敢真正直言不讳说话的。我将写得真诚、自由，不受拘束，因为我深知，在我死去从而无知无觉不闻不问之前，我所写的东西不会给任何人看到。我希望这部自传能成为将来所有传记的典范。"他还说："我这部自传并非专从我一生中挑出一些足资夸耀的插曲来写，而只是写了一些普普通通的经历，正是这些经历组成了一般人的生活内容。"

这部自传全面地展现了作者对政治、性、宗教以及美国政府的一些激烈评论，比如说，反对美国军事干涉古巴和菲律宾。他说："世界上幽默的事情有许许多多，其中之一就是：白人认为他们比其他野蛮人少一些野蛮。"以及"人类是唯一以杀人取乐的动物"等。这些言论在当时都是有所实指的，也是一针见血的。

在文学方面，马克·吐温认为美国西部文学的代表作家布勒特·哈代从来不是一个优秀作家，说《汤姆叔叔的小屋》作者斯托夫人"脑子已经退化，是个可悲的人物"。另外对亨利·詹姆斯和乔治·艾略特等也直接表示了厌恶。但他跟海伦·凯勒关系很好。自传中附有这位克服种困难终于获得成功的盲聋女作家写给马克·吐温的信。

马克·吐温最赞赏的美国人是他的老朋友兼评论家威廉·迪安·豪威尔斯。

马克·吐温关心普通民众，描写普通民众，同情弱势群体，而且不畏强权。他对基督教国家视为神圣不可侵犯的上帝也常常会幽上一默。

马克·吐温是一个具有强烈的平民化和民主化倾向的文学家，他喜欢冒险，主张乐观，鼓励探索，追求正义，体现了真正的美国精神。虽然他晚年有些悲观主义的倾向，但总体仍属乐观。他说，英国小说长于讽刺，法国小说长于机智，而美国小说则长于幽默。

马克·吐温的自传将使人们联想到世界文学史上的知名自传，如奥古斯多的《忏悔录》，富兰克林的《自传》和赫尔岑的《往事与随想》。总之，马克·吐温的小说艺术和思想哲学值得人们重新研究和发掘。

24　约瑟夫·普利策

众所周知，美国宪法的修正案第一条明文规定美国公民享有言论自由的权利。但法典上写着的东西并不等于实际生活中所享有的东西。美国言论自由之实践，不仅仅要归功于宪法的"权利法案"，在更大程度上要归功于一大批继续不断为保卫言论自由而奔走呼号的战士。约瑟夫·普利策就是这大批战士中的一员猛将。

约瑟夫·普利策，1918 年

我们绝不是说普利策是一位"好人"，不，普利策可能是一名大混蛋，但这一点并不妨碍他是一名言论自由的杰出战士。

约瑟夫·普利策生于 1847 年 4 月，是匈牙利的犹太人。他的父亲是一名富商，不幸早逝，他母亲改嫁了另外一名富商。他在 17 岁前往美国冒险，以前曾在欧洲四次投军遭到拒绝。第一次申请参加奥地利陆军，第二次前往巴黎申请参加法国赴墨西哥兵团，第三次到伦敦申请参加英国的驻印军，第四次在汉堡申请入德国海军。但每次都因年龄太小和视力太差未被录用。

这时，美国有人在汉堡招兵。他乃得录用，乘航船于 1864 年秋抵波士顿港。普利策为了避免招兵者的剥削，乃跳入大海，游泳抵波士顿上岸，转往纽约，于 9 月 30 日加入了林肯骑兵团，亲自领到投军奖金。

那时离战争结束已不远，普利策实际并未真正作战过，他却参加了首都华盛顿的胜利大游行。1865年7月7日，骑兵团被解散。

当时，普利策的英语水平较低，在纽约难以活动，于是前往德语民族较集中的圣路易。他投靠了共和党中最有名的德裔政治家卡尔·舒尔茨。舒尔茨已三十八九岁，而普利策才二十出头。舒尔茨让普利策担任了当地"德国人协会"的秘书，后来又聘他为德文《西方邮报》的记者。这样，普利策就登上了发迹的第一个台阶。

命运之神不断光顾。1869年12月14日，由于偶然机会，他在圣路易第十街的共和党大会上被选为该党的州议会候选人，并在12月21日的投票中击败了民主党对手。按照选举章程，满25岁才有资格当议员，而普利策只有22岁，幸运的是，谁也没有去查考普利策的年龄。

作为记者，普利策在《西方邮报》上抨击了一名议会游说客奥古斯丁上尉，上尉大兴问罪之师。两人终于在一家旅馆见面，上尉上前要揍普利策，普利策马上拔出手枪，连开两枪，一枪打中对方膝盖，另一枪打穿了地板。

法庭最后判普利策一笔小小的罚款了事。他觉得议会没意思，便于3月24日退出议会，专心办好《西方邮报》。

奥古斯丁不肯罢休，再诉以"谋杀未遂"。1871年8月20日，法院判普利策罚款100美元，并负责全部诉讼费，总共合计400美元，这使他又一次陷入经济困境。

但机会仍不断涌来。1873年，精明的普利策看到濒临破产的《密苏里德文时报》有拍卖的可能，而该报拥有西部联合通讯社的版权。1874年1月6日，普利策以不到1万美元的价格买进了该报，然后马上转手以4万美元之价出让了西部联合通讯社的版权（先收2.7万美元）。另外，他又把该报社机器卖出，也获得了一笔可观的收入。普利策在一个晚上变成了小富翁。

1878年年底，他又一次抓住了一个机会。他以2500美元的低价，买进了破产的《圣路易快报》。这是一家破烂不堪的报馆，但它拥有西部联合通讯社的版权。他利用这个版权与另一家摇摇欲坠的《圣路易邮报》合并，成立了新的《圣路易邮快报》，并不久单独控制了该报。

普利策本来是共和党人，但由于见到格兰特政府之腐败，他又弃绝共和党成了民主党人。他在《邮快报》上公开宣布，该报不是为党而是为人民服务，要反对所有的欺诈和作伪，不管它们是什么人干的，也不管它们发生在何时何地。它要拥护的是原则和理想，而不是成见和党派。

他说："什么是我们政治生活的最大败坏者？自然是腐化堕落。是什么造成了腐化堕落？自然是贪钱贪财。谁又是最大的贪财诱惑者？自然是大公司。"

"钱是今天的最大力量，人们为了它出卖灵魂。妇女为了它出卖自己的肉体。人人跪倒在它的脚下。它给我们的自由制度蒙上了黑云。"

《邮快报》向一切看不惯的事情开火。

普利策自己宣布:"我们的报纸的确不拘一格。但在今天的世界里,它是道德上最鲜明的法官。许许多多的罪恶、卑鄙和腐败,最害怕的不是法律、伦理和所颁布的规章和法令,而是害怕在报纸上被揭露出来公之于众。"

我们不清楚普利策是否读过杰斐逊的著作,至少,他在新闻自由这点上与杰斐逊不谋而合。杰斐逊早在一百年前说过类似的话:新闻自由"是人民自由的唯一保证","如果政府问心无愧,它就不必害怕在报纸上进行公正的辩论。除了新闻自由外,上帝没有赐给人类以筛选真理的妙方,宗教、法律和政治更不用说了。"

在普利策经营下,《圣路易邮快报》成了美国中部最有名的报纸,普利策也靠它发了大财。于是他决心回纽约闯天下。

纽约有一家摇摇欲坠的报纸——《世界报》。这家报纸的老板是臭名昭著的大资本家古尔德。普利策一贯在报上攻击古尔德,但现在他想买进《世界报》,不得不前往谈判。为了钱,这两个对头竟坐下来作了友好的谈判。古尔德索价 50 万美元,最后以 34.6 万美元成交。

这里要附带说一下,美国的报纸有四分之三是共和党的,即老板为共和党人。普利策决心要把《世界报》办成民主党的报纸。他作了调查研究,了解到纽约的报纸读者基本上是上层或中层人士,也就是说,报纸还没有打入下层人民。所以他决心要把《世界报》办成一张吸引市民或小市民的报纸。在普利策看来,民主党是代表中下层人民的。1883 年 5 月 11 日他在新的《世界报》上发表了宣言:

《世界报》的全部财产已由本宣言的签署人购买了。从今日起,它已置于不同以前的管理人员之下,措施和方法不同了,目的、政策和原则不同了,目标和兴趣不同了,同情和信念不同了,思考和心灵不同了。

在这个日益繁荣的大城市里应该有一家不但价廉而且杰出;不但杰出而且版面众多;不但版面众多而且真正民主的报纸。它要为人民的大义献力而不是为权势。它要揭发所有的奸诈欺骗、打击所有的公害和弊端。它要以最热烈的诚挚为人民服务,为人民战斗。

《世界报》将从此支持这个大义,并且为了这个目的,愿接受深明大义的大众的指导。

普利策领导《世界报》靠的就是两条:第一条是制定政策,第二条是选好干部。其政策就是争取市民读者,其手段就是刊登迎合市民心理的新闻,包括无情揭露政治、经济、社会丑闻。选干部的手段就是重金聘用人才,挖走其他报纸的骨干。

普利策购进《世界报》时，该报销路只有 1.5 万份。1896 年最盛时期，它的早报销路平均为 31.2 万份，晚报为 36 万份，星期日版为 56.2 万份。普利策本人也成了他曾一贯攻击的"财阀"。他购置游艇一艘，游弋海上，生活奢华，早已没有平民气息。

不过，《世界报》的确办了几起了不起的事。

第一，它帮助民主党夺回白宫主权。自林肯以来，共和党一直占据白宫。在 1884 年的选举中，《世界报》为民主党首次夺得了白宫。民主党候选人克利夫兰仅以微弱多数战胜了共和党的布莱因，原因就是克利夫兰仅仅以数千票之差赢得了纽约州。民主党之所以取得这一差额应归功于《世界报》。它竭尽全力在报上揭露布莱因的丑闻，影响了投票。

第二，它帮助建成了耸立于纽约港口的自由神像。自由神像本来是由法国人民在法国铸成的。工程师为奥格斯特·巴索地。他制成许多张的铜版，构成 152 米高的巨人，并送交了美国驻法使馆。安装在什么地方呢？有一个委员会选定了贝德洛岛，并筹集到了 15 万美元捐款。但这笔钱远远不够。工作就要停顿下来。《世界报》便出头发起一个宣传运动。普利策在社论中发出号召说：

法国送了我们这么美丽的礼物，我们连让它登岸的地方都没有替它预备好，这对于纽约和美国国家简直是一种极大的耻辱。现在我们只有一件事可做，我们一定要筹款。

《世界报》是人民的报纸，它现在向人民呼吁，大家共同来筹款。女神像所花的 25 万美元是由法国人民大众共同负担的。我们大家应当有同样的表示，不要等待百万富翁来出这笔钱。这不是法国百万富翁送给美国百万富翁的礼物，而是法国全体人民送给美国全体人民的礼物。

请你们响应这个呼吁，无论多少捐献一些，我们等待着大众的响应。

就这样。主要通过五分（nickel）和一毛（dime）的捐献，《世界报》筹足了近 10 万美元，自由女神终于在纽约港口竖立起来了。

第三，普利策捐建了哥伦比亚大学新闻学院。他表示愿向哥大捐赠 200 万美元创办新闻学院。在最初，哥大竟拒绝接受，因为校董中有人认为普利策的钱不干净。普利策不死心，又一而再地找上门来，最后他保证不会因捐款而干涉校务，这笔钱才被收受。今天，哥大新闻学院校门口还刻着杰斐逊的一句名言："如果我不得不在有政府而没有报纸与有报纸而没有政府两者之间作出选择，我将毫不犹豫地选择后者。"当然，杰斐逊在这儿所说的报纸是指自由发行的报纸。

第四，普利策在遗言中留下了 25 万美元，作为普利策奖金，每年颁发一次。奖给在新闻、历史、音乐、戏剧各方面有卓越成就的人。由于近年来货币贬值，奖金数额似乎不多，但它仍然给得主带来极大的荣誉。

但普利策最可贵之举是舍命为言论自由而进行一场决战。当年美国兴建巴拿马运河时，国会曾拨款4000万美元给运河公司。普利策认为该款之去处不明，很可疑。他还点名说，西奥多·罗斯福总统的内弟和塔夫脱总统的弟弟在这件事中大为可疑。罗斯福很是恼火。他送了一个咨文给国会说："这一部分是对个人的诽谤——如对塔夫脱先生和鲁宾逊先生，但实际上是完全对美国政府的诽谤。真正的罪犯是《世界报》的编辑和报纸主人约瑟夫·普利策。普利策先生所犯的刑事罪，形式上虽然是对个人的诽谤，但其中伤的是在美国全体人民。现在不应当由哪位公民去控告普利策先生的诽谤罪，而应当由政府当局予以检举。这是国家的崇高责任，将诽谤美国人民者，绳之以法。"

普利策没有被吓倒，他在《世界报》发表社论，题为"世界报是压不倒的"。文曰："罗斯福先生打错了算盘。《世界报》是压不倒的。他一大堆卑鄙的话并不能改变我们以合理公平的态度对待他。我们重申我们已经说过的——美国国会应当对整个巴拿马交易进行一次彻底的调查，使美国人民了解其真相。"

"就《世界报》而言，它的拥有人可以到监狱去。但即使他入了狱，《世界报》也不会停止作为自由人民的一名无谓保护者和维护自由言论的一张自由报纸，因为它是吓不倒的。"

普利策完全了解罗斯福是一位说了就做的人，所以他特地派人去监狱察看，并预先安排他万一入狱以后的狱中生活。

为了查明4000万美元用处的档案，普利策自己出资派人往巴黎调查，但档案已封藏。根据法国法律，已停业的公司档案要封存20年后焚毁，所以调查毫无结果。

诉讼进行得很慢，直到1910年（已由塔夫脱接替罗斯福任总统）1月，纽约法院的法官才宣判政府的起诉无效，因为诉讼的理由不符合美国的法律精神。

普利策还不满意，他向美国联邦最高法院上诉。为什么胜诉的一方要求上诉呢？因为地方法院的判决效力限于地方，而普利策希望该判决具有全国性效力。1911年1月，最高法院作了裁决，宣布《世界报》胜诉。

不管普利策是一名多大的浑蛋，由于他英勇地与政府进行了一场新闻自由的决战，从而使他在新闻史上成了一名不朽的英雄。

2005年10月，美国专栏作家杰克·夏福对《世界报》作了如下的回顾：

1883年，在圣路易斯成就霸业之后，少壮派出版巨头约瑟夫·普利策从金融家杰伊·古尔德手中收购了拥有1.5万销量、正亏本经营的《世界报》。普利策将揭露政治丑闻和制造轰动效应结合起来，获得了巨大成功，使报纸成为纽约民主党阵营劳工阶层的喉舌。到1898年，日销量已攀升到150万份。

普利策彻底改写了纽约新闻界的行业规则。他会刊登廉租房生活的曝光报道，同样也会以"法国科学家和探险者发现长有尾巴的原始人"为标题，刊登附有插图的离奇故事。传记作家丹尼斯·布赖恩在《普利策的一生》一书中这样写道：《世界报》在纽约诸多日报中率先开辟了独立的体育专栏，并勇敢开创雇用女记者的先河。其中最有名的当数调查记者内利·布莱，她曾假冒病人入住一家精神病院，以揭露那里可怕的生活条件。

但是真正让报纸鲜活起来的还是所配的插图和版面设计。普利策的员工彻底摒弃了以往版式的灰暗和沉闷。其他报纸上标题仅占一栏，而《世界报》的常常跨多栏。有时为了刺激读者的视觉，甚至横跨整个版面。

众多的网板照片、戏剧化或是连环漫画的插图、插画、手写体的标题，以及大量地使用彩色等等，让《世界报》精美的版面变得生机盎然。如，1907年1月20日星期日《世界》杂志向读者介绍纽约摩天大楼内部情况的封面新闻所做的处理，就十分引人入胜。今天，报纸版面的设计都力求使读者能一目了然。而《世界报》的版面设计者则吸引读者去探寻，了解详情，去体会其中的微妙，使人们在脑海里形成一个持久的形象。有关摩天大楼的版面，设计得就像一本降临节日历，无处不在说"打开我"。

过分依赖插图让《世界报》看起来有些落伍，但如果你理解当时的传统，那么这些画面的三维质量其实可以与今天最精致的照片及复制品相媲美。1911年8月13日《世界》杂志人兽遭遇的封面图片"潜水艇遭遇鲸鱼"，在我看来就栩栩如生。

放在今天，版面设计人员在组织这类海洋报道的时候，会在几个版面上分散布置收集来的许多照片——鲸鱼、潜艇、水面船只、海豚、船只残骸、鲨鱼、涌浪、海草，还有追逐艇。然而，像贝克和布伦塔诺拯救下来的《世界报》的其他许多版面一样，潜艇和鲸的"双人芭蕾"的插图故事仅用了一个版面就讲了一个完整绘画故事，这就激起了读者阅读其文字部分的兴趣。

类似《世界报》那样厚厚的周日大报，是收音机出现之前人们家庭娱乐的中心。一家人可以从众多的版面中各取所需：妈妈看女性版，哥哥看体育版，爸爸读头版，姐姐读时尚版，小孩们则可以看连环漫画。

25　沃尔特·迪斯尼

沃尔特·迪斯尼是给美国儿童最大欢乐的人。其实，岂止孩子，对成年人可能也如此。1901年12月5日，他生于芝加哥的一个爱尔兰移民家庭。1905年全家迁往密苏里州的马赛林务农，他们有一块占地48英亩的农场。迪斯尼的童年就是在马赛林度过的。他在那里从四岁住到八岁，时常与动物接触，这为他日后制作动物卡通打下了基础。他在晚年时说："我在儿童时生活在一个农场上，我们有各种各样的动物。我真想再过一次。"

八岁时，全家又迁往堪萨斯城，他就在那里上学。当时他已经显露了他的艺术天才。他的一位同学佩菲尔回忆说："一天，沃尔特上学时打扮得像林肯一样。校长看到他时说：'你穿着得很像林肯，这是为什么？'他说：'今天是林肯生日，我要发表葛底斯堡演说。'当场他就把葛底斯堡演说滚瓜烂熟地背了一遍。校长让他先在本班实验，大家非常满意。于是，校长又让他到各班去表演了一番。"

1917年，美国参战，迪斯尼虚报自己是17岁，得以参加了红十字救护队，结果被派往法国任司机。他因为是司机而有机会游历了法国各地。但他从小是位漫画家，在学校时为校刊画画儿，在红十字会又为车队画画儿。1919年迪斯尼回国，在堪萨斯的一家摄影厂工作，并交了一位朋友伊维克，后来他们两人成了合作伙伴。据伊维克讲，迪斯尼还为理发店画画儿，以换取免费理

沃尔特·迪斯尼

发。不久，迪斯尼看到一家堪萨斯影片广告公司的征人广告，他就应征到了那里，后来伊维克也转到了那里，这就开始了他们两人的制作影片生涯。他们由制作广告而发展到制作卡通（动画片），由为他人作嫁衣到自起炉灶。

当时，美国青年人的最高目标就是取得成功。今天的美国孩子们也有一句相应的话："to make a difference."迪斯尼的过人之处就是看出可以在动画片上闯出新路子，并坚持干下去，以求必胜。他坚决反对任何人对他的片子加任何政治色彩，他说他的作品的作用只是娱乐（entertainment）。

米老鼠横空出世

迪斯尼起用了一批20岁刚出头的青年（主要是画家）组成了迪斯尼影片制作室。第一炮打响的就是"米老鼠"。米老鼠是动画短片系列。它大多是在正片之前作为加片上映，主要功能是逗乐。它特别赢得孩子们的喜欢，当米老鼠在银幕上出现时，全场的孩子就会大叫大嚷，欢呼雀跃。工作室在稍有成绩后就搬到了好莱坞。但伊维克却被人以重金挖走了。

作家克利斯朵夫·芬琪对米老鼠作了如下的评述："米奇（即米老鼠）和米妮（米老鼠的女朋友）对待其他动物的态度表明，他们不是一般的动物。他们穿着衣服，扮演着男人和女人的角色。在这一点上，他们体现了艾索和阿里斯托芬的传统。观众们乐见这两位大作家的传统得以在银幕上活生生地表现出来。"

评论家弗雷德·莫尔则写道："米老鼠似乎是没有固定年纪的一位青年。他住在小镇上，不做坏事，喜欢逗乐，在女孩子面前很怕羞。在某一片中，他可能是弗雷德·阿斯泰，在另一片子中他可能是查理·卓别林，而在另一片子中他可能是道格拉斯·费朋克。"

后来的迪斯尼公司外销部主任杰克·寇丁回忆说："1929年，我只有21岁，我没有预约就去毛遂自荐。当时在那里工作的共有19人，除了迪斯尼的哥哥劳伊外，都是二十多岁的人。我不久就发现在那里工作十分激动人心。沃尔特时常要我们相信，他对未来的理想和梦想一定会实现。在米老鼠的最初日子里，沃尔特的每周工资是50美元，劳伊是35美元，其他像我这样刚从艺校毕业的人，每周是18美元。我们每周工作6天，每天工作8小时，我们还常常在晚上加班，加班并没有加班费。但我们醉心卡通事业，不在乎有没有加班费。"

迪斯尼不但有艺术天赋，而且也有企业家的头脑。

他懂得，企业要靠决断，即独裁，也就是"我一人说了算"。他的公司本来叫迪斯尼兄弟工作室，有一天，他突然对哥哥劳伊说："明天起公司改名为沃尔特·迪斯尼公司（Walter Disney Productions）。"劳伊无可奈何，只得吃下这苦丸。

但在工作上，沃尔特能集思广益。比如说，他采纳了一种先进的工作方法，即先把卡通的初稿钉贴在一个大布告牌上，它有好几十页。每人都得仔细观察，如认为可有改进的，就可以把自己的替代作品钉贴上去，务求做到完善为止。

动物毕竟不是人，它们没有语言。因此，他又采用使用音乐来作为传情达意的语言的做法。这就要求动作和音乐的绝对配合完善。作曲家杰龙·克恩评论道："卡通专家沃尔特·迪斯尼作出了20世纪对音乐的最大贡献。迪斯尼把音乐当作了语言。"在这方面的典型作品是1932年推出的《树哥和花妹》。它把树和花拟人化。全剧采用了著名作曲家孟德逊和舒伯特的交响曲来表达感情，听之令人心醉。

白雪公主誉满全球

20年代，洛杉矶的好莱坞逐渐地发展成名闻世界的电影城。当时有八家电影公司称霸好莱坞，它们是：派拉蒙、20世纪福克斯、米高梅、环球、华纳兄弟、哥伦比亚、联艺和雷电华。它们的老板大部分是犹太人（这可能是造成迪斯尼的反犹主义的外因之一）。迪斯尼的小公司在那里显得相形见绌。但他并没有气馁。

在米老鼠之后，迪斯尼又不断推出许多新作，其中有"唐老鸭"和"三只小猪"等等。不过他仍觉得卡通片不能赚大钱，必须制作故事片（features）。他花了几年时间，终于在1938年推出了《白雪公主和七个矮子》，它立刻像炸弹一样震动了全球的电影界。在发行后的最初三个月内，它就得到了15000份上映合同。它在世界各地的电影院内都取得了有史以来最高的上座率。英文中有一个词组 running packed house，它就是报道《白雪公主》时的常用语，译成中文是：连续满座。

举例说，芝加哥皇宫戏院连续上映六周，观众超过352000人，1938年的夏天，美国家家户户没有不在谈白雪公主的。

其实，该片精彩之处似乎不在于白雪公主，倒在于那七个矮子。许多评论家都说，那七个矮子 steal the show，也就是喧宾夺主之意。如果说白雪公主是幻想中的人的话，七个矮子却是现实中的人，他们是：瞌睡、喷嚏、愚笨、快乐、顽固、博士和怕羞。

迪斯尼当然要抓住推销"迪斯尼商品"的良机。他的推销主任凯·卡门与商家订了70多个合同，允许他们生产白雪公主和七个矮子牌的商品，包括服装、食品、玩具、书籍、唱片、化妆品、卫生用品等行业。全美各地的大商店的橱窗内都摆满了白雪公主产品。有一家肥皂厂的广告说，白雪公主用的香皂就是他家产的香皂。

当然，迪斯尼商品不是从白雪公主始，它是从米老鼠开始的，传记作家斯蒂芬·沃兹写道："30年代中期，米老鼠和迪斯尼作品中其他人物的商品冲天地发展，获其专利的有美国商家 75 个，英国商家 45 个，加拿大商家 20 个，法国商家 6 个，西班牙、葡萄牙商家 6 个。"据《买与卖》杂志报道，从 1933 年年中到 1934 年年中，迪斯尼商品共销 2000 万美元，迪斯尼的抽成为百分之三到百分之十。其客户中包括大商家如 RCA 公司和通用食品公司。到 40 年代中期，迪斯尼商品每年可销 1 亿美元，而其制片利润每年为 50 万至 80 万美元。

不过，据迪斯尼自己讲，他赚钱的目的不是钱本身，而是为了办更大的事业和取得更大的胜利。

迪斯尼游乐园

不错，在他最后的十年多内，他又推出了一项新的创举，那就是迪斯尼游乐园。迪斯尼游乐园的英文名称叫 Disneyland。

据传记作家们说，关于游乐园的思想他早在第二次世界大战时就萌生了，这是他的一个梦，只等待时机予以实施。50 年代他终于要"出手"了。他的妻子丽莲和哥哥劳伊都表示不赞成，因为它耗资巨大，要吃不了兜着走。但迪斯尼非常坚决，非办不可。为了集资，他印发了宣传小册子，内称："迪斯尼游乐园的想法非常简单。它将是一个供人们觅取欢乐和知识的场所；它将是父母们带着孩子们共享欢乐时光的地点；是老师们和学生们探索更广阔的天地来学习的地点。在这里老一代的人将回忆起往日的时光，新的一代将迎接未来的挑战。在这里，每一个人都将看到和理解到大自然的奇景和人类的奇才。"

"迪斯尼游乐园的基础将建立在造成美国之所以为美国的那些理想、梦想和冷酷现实之上，而且它也就是奉献给这些理想、梦想和冷酷现实的。它将非常独特地装备起来，把这些梦想和现实加以戏剧化，以便使它成为启发全人类的勇气和灵感的泉源。

"迪斯尼游乐园将是庙会、展览会、游乐场、现实生活博物馆以及美与魔力的展现厅等的综合组织。

"它将体现我们所生活在其中的这个世界的一切成就、欢乐和希望。它将提醒我们如何能把这些美好的东西变成我们自己的生活的一个部分。"

经过艰苦的集资和精心的设计，第一个迪斯尼游乐园终于在 1955 年 7 月 13 日开张了，这一天正是迪斯尼夫妇的结婚 30 周年纪念日。这是最好的礼物。

第一个迪斯尼游乐园建在加利福尼亚的艾纳汉，在洛杉矶附近。按照原来的估计，开业那天会有 15000 人光顾。为吊起观众的胃口，电视片《迪斯尼》已在美国广播公司电视台（现已归迪斯尼公司旗下）播放了近一年时间。

这一举措取得了非常不错的效果。那天到场的约有 28000 人。有人伪造了门票，有人翻墙而入。在华氏100度的高温下，有人的高跟鞋被粘在新铺的沥青路面上。为应付电视直播的不可预测性，三位主持人——罗纳德·里根、鲍勃·卡明和阿特·林克莱特——在预计数量为9000万的电视观众面前使尽了浑身解数。

迪斯尼乐园的老员工至今仍把那一天称为"黑色星期天"。

迪斯尼乐园立即引起了全世界人士的注意。每年游客超过百万。有一次，印尼总统苏加诺来参观，迪斯尼陪他登上了马克·吐温轮船，苏加诺突然说："你一定成了大富翁了。"迪斯尼回答说："不错，我的人告诉我说，我现在的债务是1000万美元。"

2005年7月17日是迪斯尼乐园诞生50周年，在50年时间里，已有超过5亿的"客人"进入过他的大门，心甘情愿地臣服于他充满幻想的理念："到了这里，你就会把今天抛在脑后，进入昨天、明天和幻想的世界。"

迪斯尼的远见卓识不仅改变了艾纳汉，而且改变了美国人的意识。他所编织的故事本来是向美国人讲述有关他们自己以及"善与真的本质"，然而，其故事情节却吸引了世界各地的人们。

世界三大洲的迪斯尼主题公园总数已有5个，而且个个都是令人心驰神往的地方。

今天，我们当然要补充一句话：第6个迪斯尼乐园即将出现在上海浦东。前面的5个有2个在美国（洛杉矶和奥兰多），另外是在巴黎、日本和香港。

2011年4月8日，美联社作了如下报道：

经历了漫长的等待后，华特迪士尼公司及其上海合作伙伴开发的主题乐园终于破土动工。迪士尼希望这座乐园能吸引大批新近富起来的中国民众，并成为该公司品牌在这个全球人口最多的国家发展的基石。

经过对建设方案十年左右的推敲，迪士尼公司首席执行官罗伯特·艾格与上海政要出席了于上海市东南面举行的开工仪式。该工程预计将在五年内全部完工。

迪斯尼的创作理论

1966年12月15日，沃尔特·迪斯尼病逝。评论家一致认为，在为人们提供欢乐和开心这件事上，没有谁比迪斯尼做得更多的了。

迪斯尼有他独特的创作理论，他写道："我们的事业是一件非常大众性的事业（down-to earth business）。我们不钻象牙塔。完成这行事业的不是靠机械。即使没有我们今天的设备，我们仍然可以用铅笔勾出我们的思想。一支铅笔就可以给你一个故事，机械是第二位的。我们的产品与其他人的产品有什么不同呢？我们并没有做特别的事。

不同的是在于我们的思路，我们的判断，我们的多年经验。我们要给作品以'心'。其他人不懂得大众。我们在做每一件事时都摸透了大众的心理。其他人爱诉诸理性，我们则诉诸情感。其他人是在拍电影（photographing），我们则是画电影（drawing）。拍的只是貌，画的才是心。世界上一切经典作品总是抓住大众的心的。"

26　布克·华盛顿

布克·华盛顿是美国著名的黑人领袖,也是一位著名的黑人教育家。

1856年4月左右,布克生于弗吉尼亚富兰克林县的一个庄园中,他的母亲是一位纯非洲人,他父亲是谁不太清楚,但由于布克肤色较浅,所以他认为他的父亲就是他的主人。他母亲带着他转嫁给一位黑人奴隶华盛顿,布克就姓了他的姓。1865年,黑奴已获解放,布克全家迁往了西弗吉尼亚的马尔登。据布克在自传中写道:

我有一个哥哥、一个妹妹,全家四口人住一间茅屋。这屋不仅是我们睡宿处,而且还充当了整个农场的黑人厨房。我母亲是给黑人奴隶做饭的,屋内开了一个小孔放进光线,当然谈不上安装玻璃。地板就是泥地,夜间我们就睡在泥地上,只是在地上铺了一层又脏又黑的破毡子,如果可以把破烂儿叫作毡子的话。

屋内老堆着土豆或白菜等等。虽然我母亲是厨子,但我们从来没有吃过好吃的饭菜。就我记忆所及,记得只有一次我吃到了鸡。那是一个夜晚,我们都已入睡,母亲把我们从睡梦中叫醒,让我们吃了一只炖好了的鸡。据推测,这只鸡是从邻居农场里抓来的。人们可能要把这叫作"偷窃",但我那时一点也不觉得这是偷窃。

从我有记忆算起,我记得我的生活的唯一内容就是劳动。由于年纪太小,我干不了重活,主要的工作就是每天早上把麦子或玉米运到3英里外的磨厂磨粉,然后又运回来。每次运两袋,放在马鞍上,我的任务是牵马。马要经过一个小山坡,有好几次,马受了惊,把袋子摔了下来。袋子太重,我一个人搬不上去,只好牵着马在路旁哭泣,一直等到有人路过,才能乞求路人帮我把袋子重新装在马鞍上。有一次从磨厂回家,马发了脾气,把袋子摔下,我等了四五个小时,才有路人走过,因此,到家时已经到了深夜。

照理,布克该对主人有刻骨仇恨了吧,其实不然,布克认为他的主人是一个好主人,他的三个少爷是好少爷。

布克·华盛顿

大少爷毕列在战场上被打死了，尸首运回了家乡。他写道："我记得，当奴隶们听到毕列阵亡的消息时，大家都为悲哀所笼罩。这不是两面派的悲哀，而是真正的悲哀。"

二少爷和三少爷受了重伤，回家休养。布克描述道："我们奴隶们看到少爷受了伤，都争抢着要求为重伤的少爷守夜，谁得到这种权利时，谁就欣喜若狂，如获天赐，尽管头一天的守夜并不意味着减少第二天白天的劳动时间。奴隶们对主人的感情就是这样的真诚，绝不是用任何物质所可以说明的。"他继续写道："内战时，老主人已亡故，三位少爷俱出征，家中只留下女主人与小姐。奴隶们自动商议，夜间轮班守屋，以防止坏人侵犯太太和小姐。我亲耳听见一位黑奴说：'如果有坏人想摸到小姐的身子，他先得跨过我的尸体。'"

布克不仅为他本人的主子叫好，还替一般的奴隶主叫好。他写道："我知道有不少例子，在黑奴解放以后，前主人无法谋生，生活濒临绝境，其前奴隶感于主人之旧谊，乃自动集合出资供养前主人，并保证其生活必须优于黑人。我还知道几段十分动人的故事。有些前奴隶主由于家道败亡，小主人无钱上学，而前奴隶们竟集资供养小主人上学，直至大学毕业。"布克还更进一步为整个美国黑奴制度辩护道："不论在物质方面，还是智力方面、精神状态方面，美国的黑人要比地球上任何部分的同样数量的黑人幸运些，他们具有较为有希望的前途。"他说："好些慈善家呼吁黑人回到非洲去建立黑人国家利比里亚，但响应的黑人很少，为什么呢？因为他们非常明白，他们在美国的处境肯定要优于在非洲的处境。"布克还说："当黑奴解放令宣布的时候，主人们和奴隶们都到广场上去听了。我记得很清楚，主人们都很伤心，他们之所以伤心并不是由于丧失了他们的财产，而是因为他们舍不得离开多年生活在一起、对他们如此亲热的人。"

黑奴解放后，布克就到西弗吉尼亚去当盐厂工人，那里有人开办了半工半读学校，布克就进了这样的学校。为了安排上学时间，他每天从早上5点工作到9点，然后上学，午饭后再回厂工作，直到晚上8点。

尽管如此，其中仍然有一种时间的重叠，也就是说，他9点钟收工后赶往学校，要差半个小时的课。为了弥补这半个小时，布克每天清晨把钟拨快了半小时，下午拨回半小时。这样干了很长时期，厂主一直没有发觉。布克当初这样做，觉得事出无奈，没有什么道德问题存在。但后来他却表示忏悔了，认为这也是一种不道德的行为。

1872年，他决心去弗吉尼亚进汉泼登黑人学院。走到半路，已身无分文，便在码头上当搬运工人，积攒了几块钱，然后继续上路。到学校后，他第一天就主动擦地板，获得校长欣赏，从此就在学校内当清洁工人，实行半工半读。布克说，他在学校里第一次看见了洗澡盆，而且第一次了解人间有洗澡这回事。他在学校待了三年，树立了资本主义的个人奋斗理论：黑人问题之解决在于黑人受教育，从而可以获得较好的经济地位，若干年以后，这种经济上的解放就可以自然导致政治上的解放。

布克毕业后，就到亚拉巴马州，白手起家，建立了塔斯克基黑人学院。在这一段时期内，他的确苦心孤诣，废寝忘食。学院所收的学生也的确是受苦受难的黑人子弟。正因为如此，布克·华盛顿就成了全国黑人中的知名人物，成了黑人年轻的领袖。

为了扩展学校，布克到处募捐。他的本领比中国的武训高明得多，他善于找第一流的富豪，譬如说，铁路大王亨廷顿就捐助他50万美元。布克在自传中讲述了他与钢铁大王卡耐基的友谊。当他第一次向卡耐基要钱时，卡耐基要他写一个书面说明，于是布克就回校写了如下一封信："遵照前几天你在尊府接见我时的嘱咐，我现在向你提供关于建造我校图书馆的背景资料。我们有1000名学生，86名教职员工，再加上他们的家眷，这些人都需要有一个图书馆。估计建造图书馆需要2万美元。所需的劳力则全部由学生提供。如果你捐助2万美元，那你不仅给了我们一座建筑，而且也提供了学习建筑工作的一个机会，而且又使学生获得工作的机会来交纳所需的学费。"卡耐基接信后马上就汇来了2万美元，两年后又捐了60万美元。

布克在自传中再三辩解说："我从来没有向任何人行乞，我只是向有钱人说明情况，让他们了解到这是一个为众生服务的好机会，而捐款乃是特权而不是负担。"继后他又替资本家辩解说："我在取得捐款时所获得的经验，使我讨厌那些老在那里痛骂为富必不仁的人。首先，做这样无知的批评的人根本就没有了解，如果富豪们把他们的钱财花在无谓的消费上去，那就会有多少人没有工作和没有饭吃。其次很少人知道，富豪们每天要接到好多求助的呼吁，而其中大多得到了满足。"

布克赞扬资本家，资本家也投桃报李。卡耐基在自传中如此歌颂布克：

汉波顿及塔斯克基学院专为提高有色人种地位而设，余与此两院发生关系甚为庆幸，而以得交布克·华盛顿为最稀有之荣誉。吾侪对此伟人，皆宜脱帽致敬。渠不第自拔于奴籍之中，且引领同种数百万人以升入文明之域。华盛顿对余言曰："君曾提出专款，供愚夫妇此生生活所需，愚夫妇极感盛德。唯是此款数目，远逾实际所需，受之有愧；而后世之人，将不再以愚为穷窭之子，其所作为乃存心谋财矣。未悉可否删去数目，而代之以适当之赡养字眼，以与事实相符？"

借此可见此一黑人领袖之人格。此君以一人兼备一切德性，诚地上之神迹。苟有人发问，孰为今世或历世之伟人，从最低阶层升至最高阶层者？其答语必为：布克·华盛顿。彼盖自奴籍渐升而为民族领袖，为一现代之摩西与耶稣之合体也。

布克·华盛顿的自传长达三百多页，其中有一个核心的理念，黑人的解放不靠政治运动，不要夺权。他说："我认为黑人的责任就是不要急急忙忙地提政治的要求，应当先慢慢地获取财产，获取智慧，获取高尚品德，从而慢慢地施展影响，引导人们充分地承认我们的政治权利。我坚信政治权利的充分获取是一道缓进的水到渠成的过程，而不是一个夜晚翻天覆地的事情。"他对黑人在内战中已经争取到的选举权也提出了异议。他说："南方黑人面临一个特殊的局面，因此我认为，至少在一个时期内，对选举权加以限制是适宜的，譬如说，对选民加以文化测验，或规定财产标准，或二者兼施。"

在克利夫兰总统任内，佐治亚州展览会上的一次政治演说中，他对黑人说："我们最大的危险就是：由于我们是突然从奴隶跨进自由的，因此我们黑人大众往往忘记了我们将靠双手生产来维持生活，我们往往未能洞察，我们是否能繁荣将决定于我们是否懂得尊重普通的劳动，并以智力和技巧施用于普通劳动之中。一个种族如能够繁荣，它非懂得种田和写诗是同样值得珍贵的事。我们应当从生活的底层开始而不是从上层开始。我们不应当允许不满的情绪去压倒摆在我们面前而需要你去争取的机会。"他对白人说："你们应当尊重黑人，只要这样做，你们的家庭将处在世界上最有耐心、最忠诚、最守法、最不记仇的人群之中。过去，已经证明了我们对你们的效忠，我们奶大你们的婴孩、看护你们生了病的父母，并带着眼泪送你们的祖先入土。在将来，仍将用我们驯顺之道，以任何外人所不能及的忠心，支持你们，在必要时贡献我们的生命来保卫你们的生命。在一切属于纯社交问题上，我们将与你们分得一清二楚，犹如五个指头分得清清楚楚一样，但在互利的问题上，让我们团结得像一个拳头。"

他的这篇演说发表后，进步势力纷纷予以抨击，布克拒不作答。他说："如果我辛辛苦苦二十多年的服务还不能为我申辩，那么，我的口头申辩又有什么用呢！"他认为左派黑人不是真正为黑人利益服务，相反的，有一名内战时的南军军官柯里却是为黑人服务的。他说："我相信，在美国，没有一个人比柯里博士更关心黑人的最高福利，没有一个人比柯里博士更不怀种族偏见。"

1970年前后，美国历史学家们发掘了一批新的材料来说明华盛顿的苦衷，其中最吸引人的是关于黑人哈利斯的故事。哈利斯受白人追逼，想逃至塔斯克基学院或华盛顿家中避难，当场被华盛顿拒绝，华盛顿为此事受尽人们的讥讽和斥骂，但人们终于在档案中发现了哈利斯写给华盛顿的感谢信。

原来华盛顿在逐走哈利斯后就派了一名亲信秘密会见哈利斯，向后者解释道：华盛顿先生极为同情你的遭遇，但如果他收留了你，将对塔斯克基学院之前途带来很大的灾难，所以不得不将你逐走，今天他特叫我来向你道歉，同时又要求你在有生之年永远保持秘密，他个人为了保住塔斯克基学院，愿意承担一辈子的恶名。华盛顿还送了哈利斯一笔钱，并代他找了一个待遇不坏的职业，因此，哈利斯对华盛顿感激涕零，并遵守诺言，从来没有向人泄露过秘密。

27　马丁·路德·金

2006年10月，美国国会通过决议，将在首都华盛顿兴建马丁·路德·金纪念堂。

大家知道，目前华盛顿共有三座历史名人纪念建筑物，那就是：华盛顿纪念塔、林肯纪念堂和杰斐逊纪念堂。未来的金氏纪念堂将名列第四。但有一点不同：前三者都是美国总统，是政治上的大人物，而金牧师只是一介平民，而且还是一名黑人。他能够享此殊荣，说明了美国这个国家真的能"与时俱进"。

1929年1月15日，金出生于佐治亚州亚特兰大的一个黑人牧师家庭，1933年开始在当地一家黑人学校上小学。在此之前，从3岁到6岁，他曾与一家白人杂货店老板的儿子结为好朋友。但当他们上学时，一个进了白人学校，一个进了黑人学校，就不再往来了。而且他的白人小朋友还对他说，爸爸不让自己与他交朋友了。

这是金第一次受到种族歧视的打击。他回家告诉了母亲，母亲对他讲了南北战争的故事，并说这是一种不合理的制度造成的，不是天

马丁·路德·金

意。据金自己说，打从那时起，他就对白人有戒备之心，直到最后投身工作与白人共同合作时，才消除了这种戒备心理。

1942年，金进了布克·华盛顿黑人高中，插班入八年级。由于他父亲是牧师，母亲参加了唱诗班，所以金从小就受宗教影响。母亲发现他音色很好，就教他唱男高音。

他在家中常常唱圣诗，他最喜爱的一首是《我要愈来愈喜欢耶稣》。

1944年，他进了莫尔豪伍斯学院，1948年获该校社会学学士学位；同时又获准入宾夕法尼亚州的克劳兹神学院，1951年获该校的路易斯·克劳兹奖学金；后来进了波士顿大学，念哲学博士学位，1955年得到了学位。

早在1953年，他就出任了亚拉巴马州蒙哥马利的牧师了，并与柯雷塔·斯各特成婚。

马丁·路德·金在神学院四年级时读到圣雄甘地的教导后"深受感动"，他觉得甘地的一心投入精神"非常非常突出"。他回忆说："当我一步步深入甘地哲学的时候，我逐渐认识到，基督所教导的爱，通过甘地所倡导的非暴力主义，是被压迫人民争取自由的斗争中所可采用的最为有力的武器之一。"金决意在牧师职务上恪尽厥职，使美国黑人解脱种族歧视之毒害，用非暴力主义改造美联社民权运动方式。

金没有与甘地见过面，但他对甘地的生平和业绩推崇备至，所以在1959年赴印度拜访甘地的信徒时对印度朋友们说："我到别的国家的时候，是作为一名旅游者去的，但到印度，我是作为朝圣者去的。因为在我看来，印度就意味着圣雄甘地，他是本世纪的一位真正的伟人。"

金在1964年接受诺贝尔和平奖时曾提到，而且在许多次演说中也提到甘地和骚罗的非暴力革命学说。他说："我们不愿遵守不公平的法律，也不会向不公正的惯例屈服。我们在这样做时只采用和平的方法，公开地、心情舒畅地做。因为我们的目的是说服。我们采用非暴力方法是因为我们的目的是寻求一个和平的群体。若有需要，我们准备受苦难，甚至不惜牺牲生命，从而为真理作见证。甘地就是使用这样一种反对种族不平等的斗争方法来反对不可一世的英帝国主义，并引领印度人民从几个世纪的政治和经济剥削下解放出来的。他把这种办法发挥得淋漓尽致，蔚为壮观。"

1954年，金在亚拉巴马州蒙哥马利的德克斯特大道浸礼会教堂任牧师。他任职才满一年，蒙哥马利就发生了一起使金得以闻名的种族纠纷。

1955年12月1日，星期四，蒙哥马利一名黑人妇女罗莎·帕克斯登上公共汽车，坐在车的前排座位上，司机叫她坐到后排座位上去。帕克斯夫人拒绝移动，司机就停下车，叫来了警察，警察把帕克斯夫人带进了警察局。

蒙哥马利是一个有名的种族歧视特别严重的南方城市，该市有5万黑人和7万白人。1950年，白人的平均收入为1730美元，黑人则为970美元；94%的白人家庭都有宅内抽水马桶设备，而黑人家庭只有31%的有宅内抽水马桶设备。居民的社会生活更是黑白界线分明。不用说，学校是采取种族隔离制的。尽管美国最高法院在1954年已裁决学校种族隔离为非法，但蒙哥马利当局不予理睬，依然我行我素。在交通方面，假如一位黑人和一位白人是朋友，他们也不能坐同一辆出租汽车，因为蒙哥马利的法律规定，白人司机只接白人旅客，黑人司机只接黑人旅客。如果是公共汽车，白人坐在前排，黑人只能坐在后排。

亚拉巴马州当局一贯千方百计阻止黑人投票。1940年以前，全州的黑人选民没有超过2000人。1955年，此数已增至5万人，但也仅占全州成年黑人的10%。就蒙哥马利说，成年的黑人有3万人，但登记的选民只有2000人。登记人数所以如此之少是由于当局设置的各种刁难所造成的。譬如说，登记处设有白人登记桌和黑人登记桌，管黑人登记的办事员故意使用"慢镜头"动作。假如有50个黑人站队登记，一整天只能登记上15人。登记者必须填一长串的问题单，有时这问题单还需分次填写，要跑几次才能完成。

最先获悉帕克斯夫人被捕消息的是蒙哥马利有色人种协进会主席尼克逊。他把帕克斯夫人从警察局保释了出来。尼克逊对她说："我们想就这个问题进行一场真正的斗争。但这样做对你的个人前途有损害。"原来帕克斯夫人在蒙哥马利最大的一家百货公司任营业员，待遇不错。若事情闹大，公司必然会把她开除。但她说："为了共同利益，我愿意作出牺牲，你们不必考虑我的前途问题。"

尼克逊思考一夜，决定要对公共汽车公司实施抵制行动，以示抗议。星期五一早，他就打电话同当地几位黑人领袖进行联系。妇女政治理事会主席罗宾逊夫人、牧师拉尔夫·阿巴纳西和牧师马丁·路德·金都表示坚决支持。大家决定在当晚举行一次黑人各界领袖会议，其中包括所有的黑人牧师。在美国社会中，牧师是和群众最有联系的人。金牧师自告奋勇，愿提供他的教堂作为集会地点。

金牧师在《回忆录》中说：

当开会时间快到时，我走向教堂，心中还是放心不下，因为猜不出到底会有多少人能响应我们的号召。喜出望外的是，几乎我们所叫的人全都来了。共有四十多人，代表了黑人社会的每一个部门，挤满了教堂的会议室。有医生、教员、律师、商人、工会领袖和教士。

其中最多的是基督教牧师。过去我参加一些民权活动会议时总看到牧师是很少出席的，现在看到有这么多牧师参加会议，真令人高兴不已。我意识到，将会发生一些不寻常的事情。

本来，人们无疑会推选尼克逊任主席，但他预先有约必须前往外地，不能出席，所以大家推选了各教派牧师联合会主席班乃特为主席。

大会一致同意于12月5日星期一实行对公共汽车的联合抵制，并且当日晚上举行一次群众大会以便商议抵制将进行到何日为止。霍尔特街浸礼会教堂牧师威尔逊自愿提供其教堂作为群众大会会场，因为他的教堂比较宽敞，而且地据中心。

会后马上用油印机印发了大批传单：

1月5日星期一这一天，不管是上班、上学或采购，都不要坐公共汽车；
当局又一次把一名黑人妇女送进了监狱，因为她拒绝让出其座位；
如果你要上班或干其他事，可坐计程车、搭朋友的车，或者步行；
星期一下午7点，请到霍尔特街浸礼会教堂聚会共商大事。

另一个需要解决的问题是，用什么东西来代替公共汽车。大家商定，拟请蒙哥马利的各家黑人计程汽车公司承担义务，由它们接送，只收等于公共汽车的票价。该市共有18家黑人计程汽车公司，共拥有汽车210辆。

金在《回忆录》中说：

这一天我的心情十分激动，以致没有睡好。第二天一清早我就上教堂处理传单的事。9点，教堂秘书已印完传单7000份。11点，一大批青年男女抱走了所有传单往四处散发。

委员会的人在午后立即往各家黑人计程汽车公司进行游说。傍晚，他们纷纷来电话说，各公司都已同意，载客每人每次只收费一毛。

星期一是考验金的第一天，金做了如下的描述：

星期一早上我和我妻子醒得特别早。5点半时我们都已穿着完毕。抗议的日子已到，我们决心要看这一有待展开的大演出的第一幕。我还对妻子说，只要有60%的人合作，我们就算获得成功。

很巧，我家大门前五英尺就有一个公共汽车站。这意味着我们可从窗口望见公共汽车的情况。每日第一班车是6点。我们决心要等着瞧。当我正在厨房喝咖啡的时候，我妻子忽然大叫："马丁，快来啊！"我放下咖啡杯奔向起居室。妻从窗口指着一辆缓慢行进的公共汽车说："亲爱的，汽车是空的！"我几乎不相信我自己所目睹的事。经过我们家的这条线路叫南杰克逊线，它通常所载的黑人客人是各线中最多的。第一班车总是载满上班的家庭佣人。第二班车的情况怎样呢？我们又迫切地等第二班车。嘿，15分钟后第二班车来了，它也是空的。第三班车来了，车内只有两名白人乘客。

我开了我自己的小汽车到街上去巡游了约一个小时。这是乘客高潮期，在我见到的所有公共汽车内，一共只看到八名黑人乘客。我欣喜莫名。我原本希望的60%的合作估计太低了，我们已达到了几乎是100%的合作。蒙哥马利的黑人久有安分守己的"盛名"，现在他们动起来了。

9点半，我上警察局去看帕克斯夫人案的处理，法官宣判她有罪，处罚金10美元。帕克斯夫人声明她将上诉。在过去，这类事情往往不予审理，或者以扰乱公共秩序罪名起诉。现在帕克斯夫人以不服从种族隔离法而被起诉，这是历史上空前的。这意味着，如果上诉胜利，将等于对种族隔离法宣判死刑。

帕克斯夫人案完毕后，尼克逊等与我又商议起晚上的大会事宜。大家认为该组织一个临时委员会，定名为蒙哥马利促进协会，并推选我任主席。

关于晚上的会，有人建议应把一些领袖人物保密起来，这时，尼克逊勇敢地站出来说："这太孩子气了。我们的名字反正是会被人家知道的，如果我们怕别人知道，那还不如现在就罢手。我们应当做真正的男子汉，我们应公开提出我们的建议，偷偷摸摸发传单不是长久之计。我们应公开。反正白人会知道我们的。我们应当现在就下决心，我们到底愿做大无畏的男人还是做怕事的孩子。"

经尼克逊提醒，大家同意明着干，并决定抵制将继续下去，直至满足某些条件为止。由阿巴纳西牧师组织一个委员会去拟定应满足的要求。该要求将提交晚上大会表决。

这时有人建议："我们今天取得了伟大的胜利，不如现在就宣布结束，这不失为一次胜利。我们已向白人证明了我们的团结力量。如果我们现在结束，我们可以向公共汽车公司提出要求并得到满足，因为公司已看出我们能说到做到。如果我们继续下去，如果明天后天或大后天黑人逐渐回去乘公共汽车，白人就会嘲笑我们，我们也就没有力量向公司提出要求。"这个建议有一定的说服力，我们曾动摇了一阵子。但最后终于这样决定：先看看晚上大会情况再说。情况好，我们就继续干下去，情况差，就适可而止。这时，离大会开会只有一个小时了。

我早上7点离开家就没有回去过。我回家时知道我妻子整天在忙着接电话。我对她讲了所发生的一切，并告诉她我将在大会上发言。她安静地说："风里雨里，我永远会支持你。"

得到妻子的鼓励，我更安心了。我径往书房走去，关起门来写演说稿。一看表，已是6点30分，我至迟得6点50分动身去大会，这意味着只有15分钟的准备时间。平常我每次上教堂做布道演说时，总要准备至少15个小时，现在我要做生平最重要的一次演说，但却只有15分钟的准备，想到这里，我不禁害怕起来。我知道，报纸记者和电视记者将握着笔或镜头来对付我，全国人民都将望着我。

我知道自己很欠缺，很不够。我只有祷告上帝，求主赐给我力量。我终于获得了心情的平静。

在不到15分钟的时间内,我决定我应当做这样一次演说,它必须使听众的精神保持饱满,但同时又必须有分寸,把他们的热情规范在基督精神之内。我知道黑人受苦已久,他们是非常容易激动而感情用事的。我既要求他们拿出勇气来,又要求他们不要怀有仇恨和报复心理。

我决定我应解决这个难题,力求把两种似乎不可调和的东西兼顾起来。我准备一方面唤醒他们起来行动,因为他们的自尊受到考验,如果他们不敢起来对非正义进行抗争,那就等于自甘丢弃尊严。但我又要规劝他们本着耶稣的爱人原则,要爱一切人,包括你的敌人。至此,时间已到,我顾不上吃晚饭,就驱车前往会场。

在离教堂5个街口远的地方,我就注意到交通阻塞,人头攒动。我不得不把我的汽车停在四个街口远的地方。我注意到有三四千人因教堂已人满而不得不站在教堂四周,他们愿站在露天通过广播器听取大会实况。

大会的第一个节目是唱一首圣歌,就是那首《基督的战士们向前进》,歌声雄壮,震动整个天空。接着是做祷告。再接着就是由我演说。

我没有念稿子,我只是把帕克斯夫人案件的经过做了介绍。然后我说:"我们今晚在这里要对那些长期虐待我们的人说,我们已受够了。对于被隔离,我们已受够了。对于被侮辱,我们已受够了。对于被东揍西踢,我们已受够了。除了表示抗议,我们已别无出路。许多年来,我们一直表示忍耐。有时我们甚至给我们的白人兄弟们一种错觉,认为我们乐意接受我们的处境。但我们今晚要从这种忍耐中跳出来,我们要抗议。"

然后我讲另外一面。我要求大家千万不要强迫任何人不去乘公共汽车。"我们的手段是规劝而不是胁迫。我们的行动必须遵循基督的原则。我们的准则是爱人。不能忘记耶稣的教导:'爱你的敌人,为骂你的人祝福,为踩你的人祷告。'尽管我们是被虐待者,我们也不能心怀怨恨而去仇恨我们的白人兄弟。"

我最后说:"如果你们勇敢地进行抗议,但又怀着耶稣的爱人之心。那么,未来的历史学家在写历史时将这样地写:'曾有一个伟大的民族,他们为文明血管输进了新的血液。'这就是我们面临的责任和挑战。"

接着由阿巴纳西宣读拟定的对公共汽车公司方面的三项要求:必须保证司机有礼貌地对待黑人;采取先来先坐原则,黑人从最后一排坐起,白人由最前一排坐起;在黑人乘客占优势的路线上雇用黑人司机。大会同意,在以上三项要求未获满足以前,抵制将继续进行。

为了破坏抵制,蒙哥马利市议院通过了一条法律,不准任何计程汽车公司以低于一般的票价售票。这就是说,各家黑人计程汽车公司必须立即停止支援活动。

金牧师又召开大会，号召凡有私人汽车的黑人拿出汽车来搞大联合，并由有空闲的人自动在某段时间内任义务司机。这样，抵制就得以长期地继续下去，黑人的士气一直很高，许多黑人都以步行为荣，他们说："我们不是为自己走路，我们是在为下一代走路。"

市政当局看到黑人无屈服之意，乃公开扬言要采取"强硬的政策"。金牧师天天接到恐吓电话和恐吓信。他担心自己将有不测，所以在一次大会上他向听众宣布："如果有一天你们发现我被打死，我希望你们千万不要用暴力来进行报复，我恳求你们一定要永远保持纪律，像你们迄今所表现的那样。"会后，阿巴纳西牧师对金说，他看出金的心情不安。金只得承认，他受到威胁太大，心中有些害怕。每天早上他醒来看到妻子和孩子的时候，心中禁不住浮起一种想法："他们可能在任何时候把她们从我身边夺走；也可能在任何时候把我从她们身边夺走。"

金在《回忆录》中写道：

一月下旬的一个晚上我上床睡觉。妻子已经睡着。电话铃响，我拿起话筒，对方说："黑鬼，你听着，我们已决定要干掉你，你将后悔你到蒙哥马利来工作。"

我放下听筒，不能入睡。我干脆起来，不睡了。最后我到厨房热一杯咖啡。我几乎想半途而废。我想我该用什么方式退出，才不至于被人们讥笑为胆小鬼。在这苦恼和丧失勇气之际，我决定祈求上帝。我跪下来大声向上帝祷告，我永远不会忘记我那天半夜所作的祷告词："我采取了我认为是正确的立场，但是我害怕了。人民指望我来领导他们。如果我本人没有力量和勇气，他们也会垮下来的。我已到山穷水尽，我的力量已用完了。"

就在这时，我突然感到上帝的来临，我从来不曾有过这样的感觉。我似乎从内心听到了主的声音："要坚持正义，要坚持真理，主永远会站在你一边。"

一下，我的恐惧顿时消失，我的彷徨顿时消失，我决心去面临一切可能性。

1月30日，当金牧师正在教堂进行晚祷的时候，突然来了一个消息："你的家被炸了。"

由于前几天夜晚的经历，金牧师在听到这个消息后并不震惊。他向听众说明原因，他必须回家探看。他劝听众做完祷告后各自安静回家，千万要坚持不使用暴力的原则。金马上驱车回家。家门口已聚集好几百人。当他走向自己的住宅时，他注意到不少黑人身上都带有武器。他意识到非暴力抵制将有演变成大打出手的可能。金急奔入内，发现他妻子柯兰塔和孩子安然无恙。

这时，周围的黑人愈聚愈多，群情激愤，在场的市长和警察们都已吓得面无人色。

金乃走往前廊告诉大家他的妻子和孩子平安无事,他劝大家安静,不要意气用事。

大家立即安静了下来,金说道:"如果你们带着武器,请把武器带回家。如果你们没有武器,千万别去找什么武器。对这类问题我们不能搞以牙还牙,不能用暴力报复暴力。我们必须用非暴力来对付暴力。要永远记着耶稣的教导:玩剑者死于剑下。我们必须爱我们的白人兄弟,我们必须使他们了解我们的爱心。耶稣说,爱你的敌人;为骂你的人祝福;为踩你的人祷告。这就是我们必须遵守的原则。我们要永远记住。对恨,我们要报之以爱。希望大家怀着这样的信心回家。"

群众高声响应:"阿门,愿上帝保佑你。"在金的规劝下,群众安静地四散回家。

蒙哥马利的长期抵制行动不仅获得美国国内人民的同情,同时也博得了国际社会的同情。国内和国际捐款源源而来。于是市政当局又制造了一宗金牧师贪污案,但事实胜于谎言,尽管陪审团全是白人,他们也终于宣布金牧师"无罪"。

蒙哥马利促进协会在遭受几次进攻后决定采取攻势,他们向美国联邦地方法院提出控诉,要求终止公共汽车的种族隔离制度,理由是该制度违反了宪法第14条修正案。

1956年6月4日,联邦法院以二对一票裁决亚拉巴马州的公共汽车种族隔离制度不合宪法。

这次是白人方面提出上诉了,11月13日,美国最高法院宣布维持联邦地方法院的判决。至此,抵制行动宣告胜利结束。

蒙哥马利抵制行动的胜利使金牧师对他的"非暴力抵制"策略更具有信心了,并得以借此机会大规模地宣扬这种策略。

金写道:

广播学中有一条原理说,最成功的演出就是使听众一块参加进来的演出,只有使人感到他自己也出了一点力,才能使他感到他也是整个人群中的一分子。在非暴力大军中,大门对每一个愿进出的人都是敞开的。没有人来甄别你的肤色,没有人要求你回答试卷,没有人强求你做什么宣誓,它只期望你——正如同在暴力大军中期望你擦亮你的卡宾枪一样——擦亮你的最伟大的武器,那就是你的红心、你的良知、你的勇气和你的正义感。

非暴力抵制可使对黑人行使强暴的权力机构陷于难以施展的地位。如果暴力必须在众目睽睽之下进行,行使暴力者就会缩手缩脚难以下手,正好像被千盏照明灯照着那样。全世界都会看清他做了些什么事。当然,有时也仍然会有暴力,游行者会被毒打,甚至会被枪杀,但烈士的血不会白流。

非暴力可对黑人的心理产生巨大的作用。为了赢得人们尊重,他必须表现出尊严和稳重。他可以用行动证明对方的攻击——说黑人是一群不负责任、充满自卑感的人——不过是谎言。广大黑人群众愿意接受这种战略，因为它体现了斗争中的尊严、道义上的信念以及伟大的自我牺牲精神。

1963年是林肯总统签署《解放宣言》的100周年纪念年，金牧师决定要再一次发挥非暴力的威力。这一次选定的目标是亚拉巴马州的伯明翰。

伯明翰人口有35万，是南方最大的一个工业城市，也是以种族歧视著称的一个城市。1963年时，该市有选民8万人，其中只有1万是黑人，但黑人人口却占该市人口的3/5。

一位记者这样写道：

如果你住在伯明翰，你就是住在这样一个城市，在那里，对黑人行使残暴是家常便饭。警察局局长尤金·康乃尔自夸说，他懂得如何使黑人安分守己。

你可在伯明翰处处看到暴力和残暴的气氛。当地种族主义者威胁甚至杀害黑人而不会受到惩罚。最近的一个例子是有一名黑人男子被肢解，丢在一条偏僻的路上。黑人的住宅时常被丢炸弹而不能获得保护。从1957年至1963年，有17家黑人教堂和民权领袖的家宅挨了炸弹，并未找出肇事者。

在康乃尔治下，受害者不仅只是黑人。他在1961年还逮捕了一名公共汽车站经理，因为该经理遵照联邦法律，为黑人提供了服务。

在伯明翰，存在浓重的恐惧感。不仅被压迫的黑人有恐惧感，处于压迫地位的白人心中也有恐惧感。他们怕被控犯罪。白人中有不少私下看不惯对黑人的虐待，但他们在公开场合下绝不讲话。这种沉默是由于恐惧，害怕在社会上、政治上和经济上遭到报复。伯明翰的真正悲剧倒不在于坏蛋的残暴，而在于好人不敢讲话。

你等于生活在一个警察国家中，其州长名叫乔治·华兼斯。他的就职演说就保证做到"现在种族隔离、明天种族隔离、世世代代种族隔离"。

在伯明翰的黑人，几乎全都希望他最好不要住在伯明翰。

自从金牧师所领导的蒙哥马利行动取得胜利后，伯明翰的黑人也成立了一个民权组织，名为亚拉巴马基督教人权运动，主席为许特尔浮斯。

1962年，伯明翰的一些黑人大学生组织了一次行动，不到闹市区实行种族隔离的午餐店用餐。由于黑人人口占优势，那些商店的营业大受影响。许特尔浮斯奋力支持了学生的运动，并几次被捕，其住宅也挨了炸弹。

当时，金牧师已迁往佐治亚州亚特兰大，任南部基督教领导人协会主席。他宣布该协会在1962年往伯明翰开年会。商店老板们看到势头不妙，乃故作姿态，表示愿意取消午餐店的种族隔离。

但在该会议开过以后，老板们又恢复原状，再次实行种族隔离。南部基督教领导人会议乃决定驰赴伯明翰支援，并拟订了一个行动计划，命名为"支援伯明翰对抗计划"，简称"计划C"。当时是1963年3月。

正式行动开始于1963年4月3日。会议决定尽量集中打击有限目标，也就是闹市区的午餐店。美国的许多大百货公司或超级市场中都设有午餐店。会议决定采取"静坐"，也就是黑人故意坐到"不该坐"的座位上去。这样就导致"违法"的黑人被抓去坐牢。

在最初3天内，被抓的有35人。4月6日，黑人们组织了游行，被抓了42人。被抓的人毫不反抗，完全服从被抓。因为参加运动的人都已事先作出了宣誓：

"天天默念耶稣基督的教导；永远牢记伯明翰的这次非暴力运动的目标是追求正义和调和，而并非追求胜利；游行也好，谈吐也好，要出之以爱心；为了求全体人的自由，要作出自我牺牲；不管对朋友或敌人，都要保持礼貌；不论在拳头、舌头、心头方面，都一律避免使用粗暴方式；一切行动听指挥。"

但市政当局设法使法院发了禁令，不准游行。在美国，法院的禁令是很有分量的，违反禁令可能招致严重的惩罚，包括坐牢和巨额罚款。运动的领导集团在经过热烈讨论后决定破天荒地故意不遵守禁令。

金牧师是主张不遵守禁令的主要领导人，他自述说：

我有意第一个出来搞非暴力的违抗。我们继续游行。10天内，被捕的有400人至500人。约有200人获保释，留在牢内者约有300人。

4月11日白天，我和阿伯纳西宣布我们将于次日参加游行。夜里，突然接到消息说，市当局已通知保释金提供人，其保释储备已不足，不能再继续作保释。这给我们带来了很大的震动。

我们25个领导人开会讨论，大家主张我不要游行，以便留在外地可以主持捐款活动。我要求到另外一室仔细考虑一番。我想到已被关进去的人，我想到已站在伯明翰街道上的人，他们正等着看我如何执行我自己热切地教导别人去做的行动，万一我躲过被捕，我怎么能向群众交代？一个人一直在鼓励成千上万的人去作出牺牲而自己却知难而退，全国人民将如何估计这样一个人？

我又从另一方面想：如果我进监牢，其他300人怎么办？哪儿去弄钱来保释他们呢？运动的前途将会怎样？谁愿意跟我们去坐牢，如果一旦进去他就无法保证是否有可能出来重见天日？

我来回踱步,我想到隔壁的24个人,想到牢内的300个人,想到伯明翰的全体黑人,他们都正等着看我的进步,我也想到2000万美国黑人,他们正梦想有朝一日会通过《圣经》中所讲的没有正义的红海而进入自由独立的乐土。

于是我不再考虑钱的问题,我决定自己成为群众的一员。

不出所料,金也被投入了监狱。不少白人教会牧师责备金的行动"一意孤行","不及时,不明智"。金乃于4月16日在狱中发表了《致朋友们书》:

你们要问:"为什么要采取直接行动?为什么要搞'静坐'和游行?谈判不是更好吗?"你们要求我们搞谈判,这没有错。这正是直接行动的目的。非暴力直接行动寻求制造一种紧张局势,迫使一贯拒绝谈判的当局不得不正视问题。我把制造紧张局势一事说成是非暴力运动的一个组成部分,这乍听起来会令人吃惊。但我愿说,我不怕使用"紧张"这个字眼,我一贯坚决反对暴力型的紧张局势,但也存在一种具有建设性的非暴力紧张局势。我们需要靠这样一种紧张局势来帮助人们从偏见和种族主义的深渊中惊醒过来而走上谅解和建立兄弟友谊之情。

……

你们责备我们操之过急。但我们已从痛苦的经验中获得教训,压迫者绝不会自愿地给人以自由。必须由被压迫者起来要求自由。多年来,我常听人说"应等待"。但这种"等待"几乎就等于"永不"。

……

你们对我们有意抗拒法律表示担心。这种担心是有点道理的。我们的确一直在要求人们服从1954年最高法院的宣布学校种族隔离为非法的法律。而现在我却有意不服从禁令。有人要问:"你们不是自相矛盾吗?"我们回答说,法律有两种,一种是正义的法律,一种是非正义的法律。我将第一个站出来主张服从正义的法律。我们不但在法律上有责任,而且也在道义上有责任服从正义的法律。但我同意圣奥古斯丁所说的一句话:"非正义的法律根本不是法律。"

……

我曾接到德克萨斯州一位白人兄弟来信说:"所有基督教徒都明白黑人最后会取得平等权利,你可能是偏激一些。基督教本身经历2000年才取得了今天的地位,基督的教导传给人是要花时间的。"

这种说法是对时间的曲解。时间是中立的,它可以用于建设,也可以用于破坏。我愈来愈感到,心怀恶意的人比心怀善意的人更会有效地利用时间。人类的进步绝不是随时间的车轮自动前进的,进步要通过信仰上帝的人作不知疲倦的努力。如果没有这种艰苦的努力，时间本身不能推动历史前进而要成为社会停滞的盟友。我们必须有所创造地利用时间，应相信，对维护正义而言，任何时间都是成熟了的时间。兑现民主诺言的时间现在早已到了。把我们的国家政策建立在人类尊严的磐石之上而不要再建立在种族歧视的流沙之上的时间早已到了。

金牧师把这一份万言书印成小册子，题名为"为什么我们不能等待"。

在联邦政府干预之下，伯明翰的非暴力运动终于取得了一定的胜利。1963年5月10日，双方签订了如下的协定：

在签约后90天内分阶段地取消在午餐店、厕所、饮料店所实施的种族隔离制度。

在伯明翰工业中对黑人之升迁和雇用不再以歧视为基础。在签约后60天内开始雇用黑人为店员和推销员，并成立一个由商界、工业界和自由职业人士组成的委员会来制订一项计划，在黑人以前不能进入的职业领域内开始雇用黑人。

官方和代表运动的法律代表合作研究如何释放所有被捕人员。

通过老年公民委员会或商会，在签约后两周内在黑人和白人间建立对话关系，以防止再发生游行和示威事件。

伯明翰的胜利更把金的威名推向了高潮，1963年8月28日，美国黑人在华盛顿林肯纪念堂广场举行了一次数十万人的大会，金牧师在会上发表了《我有一个梦想》的著名演说：

……
朋友们，今天我对你们说，在此时此刻，我们虽然遭受种种困难和挫折，我仍然有一个梦想。这个梦想是深深扎根于美国的梦想中的。

我梦想有一天，这个国家会站立起来，真正实现其信条的真谛："我们认为这些真理是不言而喻的：人人生而平等。"

我梦想有一天，在佐治亚的红山上，昔日奴隶的儿子将能够和昔日奴隶主的儿子坐在一起，共叙兄弟情谊。

我梦想有一天，甚至连密西西比州这个正义匿迹，压迫成风，如同沙漠般的地方，也将变成自由和正义的绿洲。

我梦想有一天，我的四个孩子将在一个不是以他们的肤色，而是以他们的品格优劣来评价他们的国度里生活。

我今天有一个梦想。

我梦想有一天，亚拉巴马州能够有所转变，尽管该州州长现在仍然满口异议，反对联邦法令，但有朝一日，那里的黑人男孩和女孩将能与白人男孩和女孩情同骨肉，携手并进。

我今天有一个梦想。

我梦想有一天，幽谷上升，高山下降，坎坷曲折之路成坦途，圣光披露，满照人间。

这就是我们的希望。我怀着这种信念回到南方。有了这个信念，我们将能从绝望之岭劈出一块希望之石。有了这个信念，我们将能把这个国家刺耳的争吵声，改变成为一支洋溢手足之情的优美交响曲。

有了这个信念，我们将能一起工作，一起祈祷，一起斗争，一起坐牢，一起维护自由；因为我们知道，终有一天，我们是会自由的。

在自由到来的那一天，上帝的所有儿女们将以新的含义高唱这支歌："我的祖国，美丽的自由之乡，我为您歌唱。您是父辈逝去的地方，您是最初移民的骄傲，让自由之声响彻每个山冈。"

如果美国要成为一个伟大的国家，这个梦想必须实现。让自由之声从新罕布什尔州的巍峨峰巅响起来！让自由之声从纽约州的崇山峻岭响起来！让自由之声从宾夕法尼亚州阿勒格尼山的顶峰响起来！

让自由之声从科罗拉多州冰雪覆盖的落基山响起来！让自由之声从加利福尼亚州蜿蜒的群峰响起来！不仅如此，还要让自由之声从佐治亚州的石岭响起来！让自由之声从田纳西州的眺望山响起来！

让自由之声从密西西比的每一座丘陵响起来！让自由之声从每一片山城响起来。

当我们让自由之声响起来，让自由之声从每一个大小村庄、每一个州和每一个城市响起来时，我们将能够加速这一天的到来，那时，上帝的所有儿女，黑人和白人，犹太教徒和非犹太教徒，耶稣教徒和天主教徒，都将手携手，合唱一首古老的黑人灵歌："终于自由啦！感谢全能的上帝，我们终于自由啦！"

早在 1965 年，金曾经发表谈话反对侵越战争。他说："我不能坐视战争升级而不发一言。越南战争必须停止。"他的谈话引起了黑人领导阶层的反对，为了保持黑人间的团结，当时金就"收敛"了。

但金的夫人是一位积极的和平运动分子，在她鼓动之下，金终于在 1967 年下决心全力投入反战运动。1967 年 4 月 4 日，他在纽约河边教堂发表了名噪一时的反战演说：

我今晚到这神圣的会场来讲话完全是良心驱使我来的，我不能有另外的选择。大会执行委员会的一些声明完全代表了我的感情，我完全支持大会声明中的一句开场白："现在已到了沉默即意味叛变"的时候了。

这句话是真理，但这句话要求我们做的事却是一件天大的难事。要一个人出来表示反对政府的政策，特别是在战争期间，这实在是一件为难之事，尽管他内心有这种强烈的要求。但我们总得开步走。

过去两年中，当我想打破沉默而说心里话的时候，许多人表示怀疑我这样做是否明智。他们说，金博士，你为什么要谈战争？为什么要去参加反政府行列？和平问题与人权问题是河水和井水，为什么要把它们混起来？提这些问题的人显然没有了解我，没有了解我的义务，没有了解我的职责。

几年以前人们通过"消除贫穷计划"似乎看到有希望为穷人——黑人和白人——争到光明的前途。事实上也确有各种实验和新的开端。然后忽然来了越南战事升级，我看到原来的那个计划成了泡影。只要越南战争继续下去，继续无底地消耗我们的人力和财力，美国就不可能为改善穷人的状况投入必要的资金和人力。因此，我愈来愈认为战争是穷人的敌人，并予以反对。

更有甚者，战争不仅使穷人的各种希望付诸流水，而且迫使穷人比其他人提供多得多的儿子、兄弟和丈夫去充当炮灰。我们征集在国内遭受歧视的黑人青年，把他们派遣至8000英里以外，去保证东南亚获得自由，而他们自己在佐治亚州或东哈兰姆却享受不到那些自由。因此，我们就碰到了一起极富讽刺意味的事情：一方面我们在电视上看到黑人和白人士兵在那儿共同为祖国杀敌和牺牲，但这祖国却不允许黑人和白人在一块儿上课。我们看到黑人和白人同心合力在越南焚烧农舍，但我们又知道黑人和白人不准居住在底特律的同一住宅区。面对这种对穷人的嘲弄，我不能保持沉默。

我的觉醒的第三个理由是我过去3年来在北方贫民区中的经历。当我跟那些被排挤、走投无路的义愤填膺的青年人在一起时，我总劝他们不要动武，炸弹解决不了问题，我们应采用非暴力手段。但他们反问我怎么解释越南战争，我们的国家不正在使用暴力解决问题吗？这问题问得我哑口无言。因此，我必须首先谴责今天世界上最大的暴力鼓吹者，然后有资格规劝贫民区的青年不使用暴力。而那鼓吹暴力者正是我自己的政府。为了这些孩子、为了这个政府，也为了成千上万的暴力受害者，我不能保持沉默。

……

金牧师的反战演说给他带来了困难，他这样写道：

当我采取反对越南战争的立场后，国内的几乎所有报纸都批判我，这是我生命中的一段低潮，我几乎不敢打开任何一家报纸。不管是白人报纸也好，黑人报纸也好。我记得有一家报纸的记者对我讲："金博士，许许多多人都在批判你，你是不是想改变你的立场呢？本来对你很尊敬的人也开始不喜欢你了。而且还影响到南方基督教负责人会议的财政预算问题。人民也不再支持你了。你是不是应当转向靠近政府的政策呢？"这的确是一个大问题。因为他问的是这样一个问题：在现在的局面下，我应当考虑我个人的前途呢，还是考虑真理和正义的前景？

在某些情况下，怯懦心会提出"这样做平安吗"的问题。投机心会提出"这样做会合乎政治吗"的问题。虚荣心会提出"这样做会得人心吗"的问题。但良心却要提出另一个问题："这样做对吗？"人们时常会在某一情况下必须采取一种立场，它既不平安，又不政治，也不得人心。他之所以要这样做，只是因为良心告诉他这样做是对的。

1968年4月4日，金牧师在田纳西州孟菲斯被刺而死。他到孟菲斯去是为了支持当地清洁工人的罢工活动的。他在那里留下了他最后一篇演说：

我认为，我们生命中令人苦恼的一件事就是我们经常想完成不可能一劳永逸就能完成的事。我们良心上总是想那样做。因此，我们就会和大卫一样，老陷进这样的局面：面临我们的梦想无法完成。

今天早上我（我们有六个人）走上飞机时，就听到广播器说——"对不起，我们要耽误一些时间，因为马丁·路德·金博士在机上，我们要检查所有的提包，为了保证安全。"

当我到达孟菲斯后，有人就说有威胁，我们的白人兄弟中有些歹徒将可能肇事生非。我现在不知道会发生什么事，我们可能会碰到麻烦。但对我而言，我根本不在乎，因为我已经到达山顶。像其他人一样，我也乐于长寿，长寿总是好事。但我现在不考虑这个问题。我要做上帝要我做的事情。上帝让我攀上山顶，我俯视四方，看到了上帝许诺之地。我可能不能与你们一起进入该地了。但我今晚要你们知道，我们作为一个民族，我们一定能进入这许诺之地。我今夜很高兴，我一无所惧。我什么人都不怕。我看到的是主的光荣。

我们总会时不时地想到我们生命中逃不过的那一关，那就是人不免要死。人人会想到这件事。我有时想到，我就想到我自己的葬礼。我不是说物的方面，我是说我应留些什么话。现在我就要留这样的话。

如果这天到来，我希望有人会说，马丁·路德·金力求一生为人们服务。

如果这天到来，我希望有人会说，马丁·路德·金力求对人有爱心。

如果这一天到来，我希望你们能说，我力求在战争问题上站对立场。

如果这一天到来，我希望你们能说，我力求使挨饿的人吃饱。

如果这一天到来，我希望你们能说，我力求使裸体的人有衣穿。

如果这一天到来，我希望你们能说，我一直在想到监狱里去拜访犯人。

我希望你们能说，我是一个力求爱人类，力求为人类服务的人。

如果你们想说我是一名鼓吹手，那么，应说我是一名为正义的鼓吹手，为和平的鼓吹手，为真理的鼓吹手。我不想留金钱给后人，我不想留财富给后人。我只想留下一颗耿耿的忠心。这就是我所要说的。

如果我做了基督徒应做的事，如果我对这个一度失落的世界有所挽救，如果我能使主的教导得以传播，那么，我这一生就算没有白活了。

由此，人们可以看到，金牧师早就看出他的生命有危险，但他义无反顾，准备舍生取义。这样的人，不是圣人，还有谁可称圣人呢？

28　杨伯翰

杨伯翰是英文 Brigham Young 的官方译名。他是摩门教的传人,也是摩门教在犹他地区的开拓者,所以杨伯翰和摩门教已成了两个不可分的名词。

摩门经的由来

世界历史中有三个教派信奉的是同一真神,它们是犹太教、基督教和摩门教。它们信的是自有自在的永生神,而且这永生神又能赐人以永生。

犹太教信的是《旧约》,基督教信的是《旧约》和《新约》,摩门教信的则是《摩门经》。据摩门教创始人约瑟夫·史密斯说:1823年9月21日晚,他得到上天启示。"他呼唤我的名字,告诉我他是从神面前派到我这里来的使者,他名叫摩罗乃,他告诉我神有一件事要我去做,而且我的名字将在各国各族各邦中被称颂和诽谤。他说有一部被储藏起来的写在金页片上的书,他又说有两颗在银框中的宝石,是为了翻译的目的而准备的"。

杨伯翰

史密斯又说:"纽约州安大略曼彻斯特的附近,耸立着一座相当大的山头,离山顶不远,在一块相当大的石头下面就放着储藏在石箱中的页片。我除去泥土后,在那里果然看到像使者所陈述的页片、乌陵和土明以及胸牌。我正想把这些物件取出来,但是被使者所禁止。他告诉我取出这些物件的时刻还没有到。"

"最后,获得页片、乌陵和土明以及胸牌的时刻终于来到。公元1827年9月22日,我照常到那个地方，同一位天使把这些物件交给了我。"

据史密斯说，他就凭宝石把天书翻译了出来。这就是《摩门经》。摩门是李海的后裔，李海是公元前约600年从以色列来到美洲的始祖。《摩门经》系摩门根据尼腓片亲手镌于金属片上之纪事。史密斯根据《摩门经》创立了摩门教派，其正式名称为"耶稣基督末世圣徒教会"。《摩门经》又被称为"耶稣基督之另一部经书"。

综观《摩门经》全书，与《新约》并没有什么大不了的矛盾。两派的分歧似乎不在于教义，而在于生活方式。因为摩门教竟容忍甚至鼓励一夫多妻，这大大地激起了其他基督徒的愤恨，他们群起而攻之，甚至不惜采用暴力。

从文明观点来看，多妻制当然是一种反动的生活方式。但当时的实际情况是：摩门教徒大多是一批具有开拓性的社会下层的青年，他们要想开创天下，这就需要人力，也就是劳动力。普通招引劳动力的诱饵是金钱和土地，他们既无金钱又无土地，因此唯一的办法就是自己生产劳动力，那就是多生子女，而多生子女的办法就是多娶妻子。这种独特的生活方式又迫使他们建立某种具有排外性的社团，更增加了与外界的对立性。

史密斯的最初发祥地是纽约州，随着西迁的浪潮，他逐步向西移动，经俄亥俄的克特兰，最后在密苏里州的远西镇建立了一个较大的据点。它的发展引起了其他居民的恐惧。1838年10月27日，密苏里州长向民兵司令发了一道"消灭令"，内称："为了公众福利，必须把摩门教徒视为敌人，在必要时必须加以消灭或予以驱逐。如果你需要增加兵力，你完全有权那样做。"

史密斯决定与当局谈判，但当局却不守信用把他扣了起来，关进了监狱。摩门教徒们不得不退出密苏里，迁往伊利诺伊的诺沃。1844年3月26日，史密斯在诺沃召开他的十二人委员会会议，他在会上说他预感可能将被杀害，"我深信我的工作已经完成，我可以满意地离开人间，因为地基已经打好，可以在其上建立天国"。"因为我已经从我肩上卸下重任，我感到像软木一样轻松。感谢主给我的解脱。你们要像男子汉一样担起重任"。

不久，伊利诺伊州长福特以"制造骚动"罪名将史密斯逮捕，关在卡泰基监狱中。尽管州长曾公开说他将保证史密斯的安全，但6月27日夜晚，仍有一帮暴民冲往监狱用私刑把史密斯处死。

杨伯翰接替史密斯

1801年6月1日，杨伯翰生于维尔蒙州的惠丁汉，但1804年全家就迁往纽约州，他父亲是小农。杨伯翰16岁时他父亲就要他自己谋生。他当了木匠、油漆匠，最后又学会了盖房子。他原先入美以美会。1830年他读到了《摩门经》，第二年他就改信了摩门教。由于他信仰坚定，传教努力，终于被史密斯看中，任他为十二人委员会成员之一。

史密斯死后，教徒们一时觉得成了"没有牧者的羊群"，当时杨伯翰因出差不在当地。他闻噩耗后即回诺沃，并被推选为接班人。这绝对不是一个享福的领导位置，而是一个十分艰苦和担极大风险的位置。1845年4月8日，州长福特致信与他说："你们的宗教是一种全新的宗教，人们不能摆脱由于这种新奇事所引起的偏见。如果你们自己远走高飞，你们可以享受和平，否则，在这样的邻居的包围之下，我实在看不出你们有可能享受和平。作为朋友，我建议你们不妨迁到加利福尼亚去，那里有很好的发展余地。"

10月1日，双方达成三点协议：一、教徒将停止今冬冬播，以示迁移决心；二、当明春解冻草丛生长之后开始迁移，以便牲畜沿途可取食；三、部分教徒将留在诺沃处理财产等善后问题。

实际上，不待草长，他们在1846年2月15日就开始转移了。目的地不是加利福尼亚，而是盐湖大盆地，当时它属于墨西哥而不是美国，而且当时还没有"犹他"这个称呼。犹他是以后才起的名字。

杨伯翰和十二人委员会决定迁移将采取军事组织形式。基本单位为家庭，50个家庭成为一连，一连分成十排，每排设排长一人，总管一切。先遣部队由148人组成，配备船一艘，大篷车和大车70辆，马93匹，驴52头，公牛66头，母牛19头，狗17条，还有一批鸡。当然还有大量粮食种子。

1847年7月24日，部队才进入了盐湖地区。1852年年底，转移工程完成，伊利诺伊的教徒基本上全部来到了盐河，约有1.6万人。这是摩西率领以色列人从埃及逃往加沙以来所罕见的又一次宗教大迁移，所以杨伯翰又被称为美洲的摩西。

杨伯翰决定在这荒无人烟的旷野上建立一个盐湖城，并作出了规划。这是一次真正的白手起家。他们规定在那里建177个街区，每区有10英亩，这177个街区分属19个教区，每区由一名主教管理。在这一切定当以后，他们又决定向周边扩展领域，并从美国各教区出一名主教管理。在这一切定当以后，他们又决定继续向周边扩展领域，并从美国各地，甚至从海外（主要是英国及斯堪的纳维亚国家）招收信徒。1857年有信徒3.5万人，1869年增至7.5万人，1877年杨伯翰逝世时则已有12.5万人。

杨伯翰把他的国家命名为"蜂蜜之国"（State of Deseret）。他手下的人推选他为国家主席，这一来，就正式表示这是一个政教合一国家了。1846—1848年发生了美墨战争，墨西哥被彻底战败，它把所谓俄勒冈地区（包括盐湖区）全部割让给了美国。杨伯翰就主动表示愿把他的国家作为联邦的一个州。当时的总统费尔莫对他比较温和，委任他为当地的总督，双方矛盾并未发展到紧张状态。但华盛顿政府认为deseret这个字眼不好，太近乎desert（沙漠），因此把它改名为犹他领地，领地是未建州前之称呼，其首长不能译为州长，只能叫总督。

布查南接任总统后，双方关系开始紧张起来。布查南不愿继续任杨伯翰为总督。他派了一名新的总督。1857年6月29日，总统下令给堪萨斯军区的哈奈将军说："犹他地区的部分居民和当地政府处于违抗合众国法律和权威的反叛状态。作为总统，我有必要恢复宪法的至高无上尊严。我将派一名新的总督去维持法律和秩序。我需要你有力的帮助以保证完成其使命。"后来，实际执行这一任务的是约翰斯东上校，也就是后来内战中南方的一名著名战将。

政府共派了5000名军政人员前往征讨。杨伯翰首先表示："我在执行官职时遵守的是教士的原则。教士原则使我懂得我的政府该怎样做，并使我做得比无此原则下所做的好上千百倍和有效千百倍。如果有人能拿出材料证明有任何一位总督比我做得更好，我请他拿出来给我看看。"

他下令他的子民，全家迁居山区，以避军队的袭击，同时也表明他们决不与来者合作。不过，最后还是通过谈判，达成协议。新总督肯宁得以安全上任。

内战开始后，杨伯翰表示中立。肯宁也没有与他为难，相反的，他打招呼说：我不想来干涉你，正如你也不要来干涉我一样。内战结束后，有一个时期杨伯翰甚为恐惧，因为他认为华盛顿政府要解决两大问题，一是黑奴问题，一是摩门教徒多妻问题。黑奴问题解决后，就要轮到多妻问题了。但事实证明他是多虑。

杨柏翰的多妻是很有名的，他共有妻子16位（也有人说30位），子女57名。人们始终不能明白的是：为什么有女人竟愿意嫁给已有多名妻子的男人。他的妻子并不享有特权，也要同平常人一样参加劳动。

杨伯翰的后期除了致力发展教会外，还注重发展犹他地区的建设，特别是全国性的电报建设和横贯铁路的建设，他出任了多家公司的负责人。

最后两年，他还创办了杨伯翰大学。

1877年8月29日，杨伯翰病逝于盐湖城。

第二次世界大战以来，摩门教是发展得最快的一个基督教派，它已进入了世界各国，包括中国（台湾地区和香港地区）在内。杨伯翰大学也已与内地的大学结为姐妹学校。

29　葛培理

美国《时代》杂志 1999 年 6 月的一期把葛培理（Billy Graham）列为全世界 20 世纪 100 位名人之一。他被认为是 20 世纪最有成效的福音布道家。所谓福音就是指《圣经》。但从狭义来说，福音就是指新约全书中的四部福音书：《马太福音》、《马可福音》、《路加福音》和《约翰福音》。从中文的意译来说，福音者，好消息也。是什么好消息呢？那就是人可以听耶稣的话，实现重生，从而获得永生。

福音布道家所传的主要就是关于重生和永生的好消息。葛培理专门为这两个主题写了两本书，一曰《如何重生》，一曰《如何看死亡及其后之生命》。

《时代》写道：在葛培理身上没有丑闻的阴影，没有财务不清的阴影，也没有性问题的阴影。没有人能否定他的真诚、透明和忠心耿耿。在美国，二百多年来宗教一向被人民认为是诗情而不是鸦片，葛培理是这样一个国家中的不可或缺的巨星。据盖洛普民意调查显示，96% 的美国人相信神，90% 的人在做祷告，90% 的人相信神爱世人。葛培理完全是美国宗教普遍性的一种代表。葛培理是一名地道的重生派，但他摆脱了教条，摆脱了教派。他

葛培理

讲起道来一点也不像基要派，但他讲的却完全肯定了基要派教义：肯定耶稣为处女所生，肯定耶稣的神迹，肯定耶稣的复活，肯定耶稣的第二次再来，相信得救靠信而不是靠事工。葛培理是美国福音派的公认的领袖。

1918年11月7日，葛培理生于北卡罗来纳州查洛特郊外的一个牧场。他的祖父参加了内战中的南方军队，腿部中了一枪，子弹始终未取出。他死时，为葛培理的父亲和叔父留下了一个300英亩的牧场。葛培理的童年就是在牧场上度过的。所以他在晚年时说："我常常说，将来我到天堂后要问的第一句话就是：'主啊，你为什么挑选一个北卡罗来纳的农村孩子来向如此之多的众生宣扬圣道，使他得以参加你在20世纪下半叶所要完成的事业。'我一直在思索这个问题，但我也知道，只有上帝能给以答案。"

葛培理的父母都是虔诚的基督徒。葛在当地的夏隆中学毕业后就遵父母之意到克利夫兰人鲍勃·琼斯办的学院学习，这是一个宗教学堂。他觉得那儿实行的是教条主义的教育，非常不满，所以第二年就改入佛罗里达州的坦泊城的佛罗里达圣经学院。1939年他被按立为牧师，同年毕业，这时他已开始正式布道。但他自己感到不足，所以1941年又入芝加哥的惠顿学院进修，这年12月7日日本偷袭珍珠港，据葛自己讲，他那时根本不知道珍珠港在哪儿，因为他从来没有听说过这个名字。战争爆发后，他报名要参加从军牧师团，但上级没有批准，因为他必须毕业后才有资格参加。

1943年8月13日，在毕业前夕，他与同校的罗丝·贝尔小姐结了婚。罗丝出生于中国的苏北，因为她的父亲是驻中国的传教士和医生。她在苏北长大，然后回美国上学。这是葛培理与中国拉关系的最佳借口。

当时，美国成立了一个青年基督团（Youth for Christ）。葛毕业后就在该团工作，其周薪为75美元。工作地点在芝加哥。由于他的布道深得人心，他的声誉开始鹊起。1947年的一天，明尼阿波利斯的西北学院院长雷利博士请他去交谈，葛培理写道："当我接到雷利博士要见我的口信时，是一个下雨的下午。我立即驱车前往他在郊区黄金谷的私宅。他的太太玛丽领我到他榻前，这位86高龄的老翁从枕头上抬起头来，双目注视着我宣布说，我应当接他的衣钵，正如艾利沙接旧约先知艾利哈的衣钵一样。我回答说：'雷利博士，我不能够接受这个责任，因为上帝还没有给我启示，但如果你感到安心，我可以在临时的基础上接受此职，直到董事会选出永久性校长为止。'他看来对此满意，他放心了，但我离开他时，我的心却不安了，我走进雨中沉思。"

这样，葛培理就当了四年的西北学院校长。1952年2月，他终于辞去了校长之职。其实在其校长任内，他主要是掌握政策，实际上他经常不在校，由副校长办事。早在1950年，他就成立了"葛培理福音布道协会"，并亲自在美国各地宣道。他是第一个知道利用电台和电视台布道的人，所以他的听众以亿计，他成了最有影响的布道家。他到过全球的五大洲，也到过所有的"铁幕"国家。

他到中国来过两次，一次是在1988年，一次在1994年。他还陪他的妻子到苏北她幼年埋葬宠物小狗的墓地凭吊。他也在中国社会科学院作过讲话。

这里，我们还需提一下，葛培理之作为和平使者有一段曲折。在早年时代，他曾经是位臭名昭著的反共专家。他在 50 年代极力支持反共狂人乔·麦卡锡。1953 年，他在一次广播中说："由于人们总是不喜欢受监视，所以任何调查机构总是不受欢迎的。我要感谢上帝，因为庆幸的是：在这种情况下，有人不怕公众之反对和讥讽，出来揭露粉红色分子和赤色分子，这帮人利用美国雄鹰羽翼的庇护，暗中偷偷地给我们的最大敌人——共产主义——以支持和帮助。"随着年岁之增长，他逐步觉悟，主张世界和平，反而被右派视为亲共产党分子。

所以，这又是一个"人的思想是可以改变的"例子。

重生和永生

一般中国读者对重生和永生不太理解，多数人甚至把它当作迷信。因此有必要对这一个重大的问题作一番扼要的解释。

人怎么能重生呢？关于这一问题，《约翰福音》第三章清楚地说："有一个法利赛人，名叫尼哥底姆，是犹太人的官。这人夜里来见耶稣说，拉比，我们知道你是由上帝那里来做师傅的，因为你所行的神迹，若没有上帝同在，无人能行。耶稣回答说，我实实在在地告诉你，人若不重生，就不能见上帝的国。尼哥底姆说，人已经老了，如何能重生呢？岂能再进母腹生出来么？耶稣说，我实实在在地告诉你，人若不是从水和圣灵生的，就不能进上帝的国。我说，你们必须重生，你不要以为稀奇。"

葛培理的《自传》在最后结束语中对这一切作了阐述：

自从 60 年前我第一次把我的生命托付给耶稣基督以来，我碰到过具有各种各样宗教思想和哲学思想的人，我对他们的真理探索精神深为感动。但同时，随着年岁的增长，我愈来愈深信只有基督的福音是独一无二的真理。

这是不是我个人的顽固呢？是不是我个人的自欺欺人呢？不是的。这信念来自愈来愈深地了解到耶稣基督到底是谁。《圣经》说得很清楚，耶稣基督是上帝的肉身，两千年前，是上帝有意识地使自己借耶稣基督的形体降到人间。耶稣不是又一位伟大的宗教领袖，也不是又一位真理探索者。相反的，他是真理本身。只有他才能说："我就是道路、真理、生命。"(《约翰福音》第 14 章第 6 节)

这句话之所以正确，其证明就在于基督的复活。他从死亡中复活从而打破了死亡的束缚，而他的复活是有成百的人目睹的。

新约中最紧扣人心的话语之一就是"重生"这个字眼。耶稣在会见尼哥底姆时使用了这个字眼。他说："我实实在在地告诉你，人若不重生，就不能见神的国。"(《约翰福音》第 3 章第 3 节)

1996 年 5 月 2 日，美国国会赐我们夫妇两人以国会金牌奖章。那天我谈了即将来临的第三个千年。没有人能知道未来，只有上帝能知道，因为这掌握在他手中。世界是在变的，传福音的方法也在变。但所传的信息是不会变的，因为它是没有时间限制的。这个信息是什么呢？这信息说，上帝爱世人，他将宽恕我们，使我们重新与他和好。然后他将使我们同他永聚天堂。在那里不再有痛苦、悲伤和死亡。

上帝还做了一切使我们与他和好。他的做法非人所能想象。按照上帝的计划，耶稣基督死在十字架上，为我们赎罪。他又从死中复活，打破了死亡的束缚，为我们敞开了永生之路。

复活一事一劳永逸地证明了耶稣的确是如《圣经》所说，是上帝之子，是上帝派到人间来为我们赎罪的。上帝不要求我们支付代价，白白地赐我们以永生这个礼物。正如其他任何礼物一样，这个名为永生的礼物并不归我们所有，除非我们愿意接受这个礼物并把它保存好。要接受这个礼物，我们就要有信。怎样做到这一点呢？

第一，我们要向上帝承认自己是罪人，表示愿意悔改。第二，把我们的生命交托给耶稣基督，让他做我们的救主。新约中有一段话把福音表达得很清楚："神爱世人，甚至将他的独生子赐给他们，叫一切信他的，不至灭亡，反得永生。因为神差他的儿子降世，不是要定世人的罪，乃是要叫世人因他得救。"（《约翰福音》第3章第16节和第17节）

在《如何看死亡和其后之生命》中，葛培理更详细地讨论了死亡问题。他认为人是由肉体和灵组成的。死亡指的是肉体的死亡。死亡之日，灵就脱离了肉体。所谓永生是指灵的永生。并不是所有的灵都会永生。耶稣会再来，再来之时即实现大审判之日，入天堂者得永生，入地狱者则受苦。

他要求大家信主，以求得救。但他指出，信必须是真诚的。至于你的信是否真诚，上帝是非常清楚的，谁也瞒不过他。只要真正地信，你必得救，这是上帝许诺的，而上帝是绝对不会说谎的。他在书的最后一段中说："上帝不会说谎。'神赐给我们永生，这永生也是在他儿子里面。人有了神的儿子就有生命；没有神的儿子就没有生命。我将这些话写给你们信奉神的儿子之名的人，要叫你们知道自己有永生。'"（《约翰福音》第5章第11节至第13节）

说到这里，仍然存在一个特大的问题。如果宇宙间没有神，这一切岂不是都成了莫名其妙的废话！关于这点，最好引用圣经研究专家许牧世教授的一段话：

"上帝一再提醒世人：你的智力有限，唯有借着信，你才能找到神。这是神为人定下的接近他的方法。可惜人往往想用自己的方法去寻找神，甚至去研究神像。像研究其他学问一样，要对神的存在加以观察，加以分析。好些知识分子以为必须用科学方法考验神，殊不知所谓科学方法乃是用来认识神所造自然界事物的方法，而不是用来认识造物之主的方法。"

2007年5月31日，三位前总统，老布什、卡特和克林顿到北卡罗来纳主持葛培理图书馆揭幕典礼。老布什作主旨发言。他称赞葛培理在美国点燃了道义的觉醒，后期又在共产党国家唤醒了道义。葛培理与教皇约翰保罗一道"出力使人类历史倾向了自由一方"。他还感谢葛培理在精神上帮助了他家的四代人，包括他母亲、他自己、小布什以及孙儿一代。他继续说，葛培理实际上"对我们所有的人奉献了一份精神礼物"。老布什说到这里时竟感情冲动，为之哽噎。

他指出，许多第一家庭的人员多年来都把他看成是白宫的非正式家庭牧师。

接着是克林顿讲话。他说："我今天所以来此，不仅为了一个公众的葛培理，也是为了一个私交的葛培理。当他在椭圆形办公室内或白宫内与你做祷告的时候，你会感觉到，他是在为你这个人而祷告，而不是为总统而祷告。"他说："葛培理是1983年才认识我的，而我却认识他已有五十年了。"

最后是卡特发言。他称赞葛培理是一位不分国界的布道者。卡特说，他对我的精神生命有更大的影响。他是"第一位深入铁幕后的有声望的布道员。他在1977年开始进匈牙利布道，随后四度进入苏联布道"。"我不过是千千万万在精神方面受到葛培理布道影响的人之一而已"。

葛培理在答谢时要求人们为所有的总统们祷告，不要问他们的信仰是什么。他说，所有的总统都需要智慧。他说，他一视同仁地爱克林顿和卡特，"我爱他们所有的人，不管他们是什么党派，也不管他们的政策是什么"。

他说，过去有一个时期他曾对当时的有争议的问题，对外交、对经济等政策发表看法，最后他觉悟到他不应该对这些事发表议论。他在法尔维尔事件后看到了布道员采取政治立场将会带来什么样的结果。所以他早已决定不那样做了。

当他的老朋友里根总统宣誓就职之前10天，他就说，"布道员不应当与任何党派或个人结为同盟，我们应采取中立态度。不管是左是右，我们只向人民布道。过去我在这方面没有做好，今后我会做好"。

与此同时，希拉里·克林顿也对葛培理大加赞扬。在"克林顿与莫尼卡·莱温斯基性丑闻"期间，希拉里曾对克林顿表示原谅，引来了人们很大的不满，她感到极其为难。葛培理前往安抚，使她感到有所依靠。因此，她说葛培理在那段时间内"'给了我个人最高度的支持'。他坚定地说，'我明白你为什么这样做，我支持你'。他对我真正地关心备至。""全世界人士都在对我的决定和行动作出判断，老实说，真正了解我的人并不多，而他是其中之一。他说，'你要知道，宽恕是我们应做的事中最难做到的事。在我们的生命中都会碰到这样的时刻。你能做到，我真为你感到骄傲'"。

至于小布什就更进一步了。他认为葛培理在肯内本克泊的一次谈话改变了他的一生。是葛培理为他心中播下了一粒芥菜种子，使他得以改恶从善，茁壮成长，并使他成了一名虔诚的基督徒。

2007年8月20日，《时代》发表了有关葛培理的封面文章：《葛培理的政治坦白供状》。

这是《时代》两名记者断断续续花了一年时间写成的一本尚待出版的书的摘要。它讲的是葛培理与11位总统的关系。文章说：

当各位总统和葛培理在一起时，他们觉得很放松，不需要戒备。他们心中明白，此人不是来游说的，也不是来顶撞的，而是来倾听和安抚的。因为他使人觉得尽可以在他面前提出最简单的有关精神领域内的问题。

葛培理本人也在与总统们的交道中取得了教训："我时时觉察到了某种危险，那就是政治危机。政治总是使我难堪，而我又把它作为一种生活现实加以接受。我力求给他们的是爱心。不是我的爱心，而是他们必须对他们的反对者有爱心。"

葛培理自己供认在政治上因幼稚而犯错误。比如说，1972年2月尼克松总统在谈话中说，犹太人控制了美国的媒体从而对国家造成了损害。而他就随声附和。他说，在35年之后，他仍然对此事感到内疚。他说，"其实我根本不了解。我也没有这种思想，我只是想表示同意他的所说和所做而已"。

葛培理身上放射出一位总统在其办公室内难以遇到的那些个品德：纯洁，厚道，彻头彻尾的真诚。

葛培理说："我所知道的每一位总统，除杜鲁门外，都认为他们没有能完全做到他们想做的。因此在其任期的末年都有些失落之感，而觉得当时采取另外的做法就好了。"他说："当我回顾之际，我更觉得我实在没有资格和那些美利坚合众国总统坐在一起谈论什么问题。我只能认为这是主在冥冥之中安排的，我自己是没法理解的。"他现在仍然每天为坐在椭圆形办公室内的人做祷告，不管他是谁。

2007年6月14日，与他结缡后厮守64年的老伴鲁丝去世，他说："多年来，我看到朋友们在丧偶后灰心丧气，失去生活意志，我想我们不应当这样。"他认为鲁丝已在天堂。"不久我将前去会合。我希望我们将在天堂得到永生。因为基督的死亡和复活为此作了保证。我一生所布的福音就是如此。今天，这一福音对我而言，比往常更显得无比重要了"。

人们认为，这是基要派基督徒的解释，因此葛培理应视为基要派。人们还认为，由于他身体力行，葛培理无愧为"20世纪布道之王"。

30　司徒雷登

如果说真有一位美国人，他既爱美国又爱中国的话，那么，就不能不推前燕京大学校长司徒雷登。也许有些人不会相信这一点。因此，我们在这里要引用燕大校友张绍强的一段话来作为本文的开场白：

1934年北平学生反对蒋介石对日本军国主义不抵抗政策，纷纷南下请愿示威。燕大学生爱国向不后人，立即宣布罢课，南下请愿。因而引起校内外国教授们的激烈反对。中国教授初持中立态度，继也有人出头站在学生一边。校内闹得不可开交，南下请愿团照旧南下，留在校内的学生也仍坚持和那些外国教授对立，不准任何人开课。

出现这些情况，学校当局连电在美国募捐的司徒校务长，促他早日返华解决学潮。司徒返校之日，也是南下请愿团北上返校之时。当司徒到校之后，立即召开大会，全校学生和中外教授，齐集本校大礼堂，听司徒讲话。外国教授总以为司徒必然站在他们一边；学生也以为司徒毕竟是一位外国人，不会赞成罢课的。可是大出一般人意料之外，司徒此时站在讲台上，默不作声约二三分钟之久，才开口讲话。他说道："我在上海下船，一登岸首先问来接我的人：燕京的学生可来南京请愿了么？他们回答我说，燕京学生大部分都来了！我听了之后才放下心！如果燕京学生没有来请愿，那说明我办教育几十年完全失败

司徒雷登

了。"说这话时，他脚尖一再踮起，态度真诚，声调恳切，眼中潮润着，泪水似乎就要掉下来。大家听后，无论中外教授和学生，无不为之动容。于是，满天乌云一风而散，次日学生照常上课，学生与教授之间，平静无事，一场风波就此平息。

司徒雷登，1876年生于中国的杭州，他父亲是常驻杭州的传教士。11岁那年，司徒被送回美国，寄养于姨妈家中，并在美国念书，直至大学毕业。

司徒念了好几个大学，最后在神学院获得博士学位。学校要他作出对未来事业的决定，他那时并不喜欢中国，他曾自白说："那一晚，我躺在床上彻夜难眠，听到钟楼上一次又一次地响起钟声，直至翌日清晨5点才慢慢入睡，简直无法形容我多么厌恶到中国去当传教士的心情。在我心目中，那里并非是我所想象的能正常生活和工作的国家：在街角的小教堂里和庙会上给那些懒散、好奇的人群大声布道，几乎白送一样地向人推销宗教小册子，被老百姓当猴戏一样地对待，忍受人生的种种烦恼和困苦，没有机会从事学术研究，过一种遁世隐居者的生活。我童年时代就看到爸爸所过的这种与世隔绝的生活，因此更使我体会到这种生活之枯燥无味。相反的，我若留在弗吉尼亚，有朋友，有欢乐，真是天上与地下之比。"他进一步说："我天生就不喜欢传教士，然而人们在当时都普遍认为，一个人如想真正成为名副其实的耶稣信徒，他就应到国外去做一个传教士。或者，他至少得做到欣然应召。我肯定做不到这一点。"但作为一个忠诚的基督徒，他觉得个人的一切应当听从上帝的安排，因此终于愉快地走了传教士的道路，而且正是到他所本来不喜欢的落后的中国去。

他在神学院时有一个要好的同学，名叫莫菲特，他们两人都同时被指定去中国。他们决定在出发以前成亲，以便双双对对地去中国，但当时他们连女朋友也没有，怎么能结婚呢？青年人有一股傻劲，他们俩发誓，既然已情如手足，那么，他们也应当去与一对姐妹结婚。司徒雷登说："我在新奥尔良有一家远房亲戚，他家有4个女儿，我们去那儿每人挑一个。"莫菲特大喜，欣然同意。1904年11月，他俩到了新奥尔良，那四姐妹果真如《傲慢与偏见》中的女儿一样，对他们欢迎备至。但谁挑谁呢？司徒雷登心中暗选了两位，他想："我一定要让莫菲特先挑，因为我绝不能挑走莫菲特所属意的姑娘。万一莫菲特挑走了我属意的姑娘，我还可有一后备的。"但莫菲特也是一名君子，他一定要司徒雷登先挑，两人争执不下，只好由上帝决定，以硬币一枚来决定先后。结果，莫菲特先挑，他挑上了二妹凯特。正好，司徒属意的是大姐艾琳，没有冲突，而是各得其所。

11月17日，两对小夫妻就在新奥尔良举行了婚礼，双双启程赴中国。司徒雷登被留在杭州传教，莫菲特则被派往苏州。"上有天堂，下有苏杭"，他们两人又是各得其所。

司徒雷登与艾琳谈恋爱的日子虽然很短，甚至可以说简直没有谈恋爱的阶段，但婚后的生活却十分美满。据司徒雷登说，他的结婚有点像中国式的结婚，是命中注定的。不同的是，在中国是由父母之命决定，而他的婚姻是由上帝决定的。

1907年，司徒雷登帮助长老会在杭州兴办了"育英学院"。该校成为"之江大学"的前身。翌年，他受聘执教于南京金陵神学院。他怀着强烈的兴趣，钻研宗教经文、历史和哲学，并且出版了《新约希腊语初级读本》和《希—英—汉字典》。

其时，北京的汇文大学和华北协和大学有意联袂，且已在城东南的一处逼仄之地凑成临时校舍，挂出一块"北京大学"的牌子。据当时的教工回忆，学校经费拮据，人员短缺，"教职员连打字姑娘都算在内，只有二十三人"，学生不足一百人，图书仅数万册，"图书馆则斗室二间，实验室则一楼一底二间，生理化均在其中了"。由于人事、机构名称争执不下，该校校务陷入僵局。1918年12月，"北京大学"董事会决定聘请司徒雷登为该校校长。

"我接受的是一所分文不名，而且似乎是没有人关心的学校。"司徒雷登事后回忆说。

司徒雷登广征时贤之见。因国立北京大学这时已负盛名，这所教会学校已不宜再用"北京大学"为校名。最后，它采用了"燕京大学"的校名。这是1919年。这意味着燕京大学的正式诞生。接着，他又说服华北协和女子大学并入燕大，设立女部。燕大因此成为中国最早实行男女合校授课的大学之一。

1922年至1936年，司徒雷登连续10次赴美募捐，给燕大开辟了广阔的财源。

1921年，司徒雷登靠步行、骑毛驴、骑自行车，转遍了北京的四郊，勘察新校址。他从陕西督军陈树藩手中，买下了北京西郊海淀的一块地皮。

他在自传中说：

在试图创办我梦寐以求的大学时，我的任务似乎包括四个方面：传播基督教；提高科学水平，开设专业课程；增进同中国的关系，增进各国之间的了解；开辟经费来源和筹办物资设备。

燕大是整个传教事业的一个组成部分，它的兴办是为了给教会人员的子女提供教育的机会，更主要的，是为了给教会培养工作人员。这正是燕大能在中国土地上得以创办的唯一理由，也是它获得经费支持的唯一希望所在。我所要求的是使燕大继续保持浓厚的基督教气氛，而同时又使它不致成为宣传运动的一部分。不应在学业上优待那些立誓信教的学生，也不要给那些拒绝信教的人制造障碍。它必须是一所真正经得起考验的大学，允许自由地讲授任何真理，至于信仰或表达信仰的方式则纯属个人之事，学校决不干预。

不幸，正当燕大位居海淀的校舍落成之际，司徒雷登的妻子艾琳病逝了。他在自传中记道："她生孩子时身体受了损害，一直未康复，是个半残废。她最关心的是不要让她那虚弱多病的身体影响我的工作，她与我的母亲和睦相处，互为补充，相依为命，生活得犹如一个人一样。6月6日，正当燕大搬入新校舍之际，她去世了。灵柩下葬在新校园附近的新燕大公墓里，她的坟墓是公墓中的第一座。"

司徒雷登再也没有续弦。他说，他与艾琳恩爱弥笃，如胶似漆。他绝对不能再同另外一个女子生活在一起，想到与艾琳的亲密无间的情谊而再去想与另外的女人发生感情，那是不可思议的，这将是对他的灵魂的一种侮辱。从此，司徒雷登一直过独身生活，直至去世。他说："燕大成了我的大家庭，学生们说他们就是我的孩子，而我也确实对他们有父辈之情。"

史静寰博士谈司徒雷登时说："燕大在30年代的学生运动中能发挥重要作用具有多方面的原因。首先，燕大与其他大学相比，有着比较宽松的内部环境和活跃的政治气氛。燕大的图书馆内藏有不少的马列主义经典著作，不但公开向学生出借，有些还被指定为教学参考书。这种学习为今后的革命生涯打下了基础。黄华、杨刚、龚普生等都曾谈到这一点。学生在校内刊物上发表攻击国民党、宣传共产党苏区情况的文章并不犯忌。甚至学生可以公开批评美国的侵略政策。1935年年底为司徒祝寿时，学生们说：'司徒先生虽然不是一个中国人，可是他对中国的厚爱并不亚于我们。他所企慕的是全人类的博爱和和平，要使司徒先生能得更大的快乐，我们只有拼着牺牲我们的头颅与热血去为祖国奋斗。'"

司徒雷登北上就任燕大校长之时，中国正处在新文化运动的高潮时期。这一运动所介绍的新思想和采取的新文体（白话文）使中国文字宣传工作发生重大改变。这一运动所引起的全民族特别是知识界对宣传媒介的重视，更使报纸杂志的出版出现前所未有的高潮。司徒雷登从这种形势中看到了中国对新闻、出版等有关专业人才的需求，以及燕大作为教会学校所可能进行的工作。他上任后不久即向托事部建议，组建燕大新闻系，但这一建议遭到许多人的反对。最后托事部虽然授权司徒雷登在燕大增设新闻系，但明确告诉他，托事部没有为新闻系提供经费的义务。这种"无米之炊"的局面并未使司徒雷登放弃自己的主张。1924年，燕大正式开始创办新闻专业的尝试。生于中国的传教士后代白瑞华（R. S. Britton）和另一美国人聂士芬（Vernon Nash）合作进行这一工作。他们在燕大开设了最早的新闻学课。这时美国第一所新闻学院也不过刚刚存在15年。但是不久，白瑞华因身体原因回国治病。1927年，聂士芬也回美国深造，并为新闻系的正式建立进行筹款工作。1927—1929年，尚未成型的新闻系被迫中止其工作。聂士芬在美国的筹款工作进行得相当活跃。美国著名新闻记者兼教育家、密苏里大学新闻学院创办人和院长惠廉士（W. Williams）曾于20年代初来中国访问，对在中国建立新闻教育基地的主张最为赞同。他亲自出任为燕大新闻系筹款的委员会主席。在他的影响下密苏里大学新闻界人士踊跃捐款，很快就筹到6.5万美元。除此之外，他还促成密苏里大学新闻学院与燕大新闻系结成姐妹学校。由密苏里大学帮助燕大新闻系创建工作。两校订立交换教授与学生的协议。1929年，聂士芬回到燕大，燕大新闻系的各项工作得以恢复。由于经费及师资有限，新闻系不以培养非常专业化的新闻工作人员为目标，而是偏重于使学生接受广泛的知识和有关报业的基本原理及技术训练。因此，新闻系学生一般都从其他系选修3/4的课程，只有1/4的新闻专业课。新闻系的教学很注意实践。30年代，新闻系学生曾出版了自己的实习报纸：《燕京新闻》。日军占领北平时，很多杂志报纸被迫停刊。燕大利用自己的美国国旗得以继续维持。燕大新闻系出版的《平西报》曾在一个时期内是北平唯一的一张西文报纸。

新闻系开办以后成为燕大最受欢迎的专业之一。根据1932—1933年度的调查，新建的新闻系已有学生52名，超过政治学系（51名）。在全校各专业学生人数上名列第四。到30年代末，新闻系已成为全校学生最多的大系。1930年，新闻系只有一名毕业生，1935年的毕业生数是15名。到40年代，全国各大报几乎都有燕大的毕业生。由于较高的英文水平，燕大毕业生在国际新闻工作中占有绝对优势。第二次世界大战期间，中国新闻社派往世界各大国首都的代表几乎全是燕大新闻系的毕业生。

燕大很快成了一所有名望的教会大学，其学术上的成就得到社会承认。早在20年代末，美国加州大学在以毕业生升入美国院校的成绩为标准所进行的远东各大学质量调查中就将燕大列为甲级。以后燕大也一直是中国规模最大、水平最高、最具影响的教会学校之一。燕大在其存在的三十多年中，培养六七千名学生，其中绝大多数成为国家的有用之才，特别是在教育、新闻、外交、政治等领域，燕大学生更占有特殊地位。

1937年7月"卢沟桥事变"爆发，中国的全面抗战正式开始。地处北平的国立大学相继迁往大后方。鉴于当时美国是中立国，日军不会轻易地干预美国的教会学校，司徒雷登决定留在原地办学，为日占区的青年提供求学机会。在这期间，司徒雷登千方百计保护从事抗日活动的学生。他多次借口美国人开办的学校享有治外法权，拒绝日军及新民会进入校园内搜捕抗日分子和共产党人。1939年元旦，燕大学生试图刺杀汉奸周作人，可是行动失败。司徒雷登不久就发现了参与刺杀行动的学生，在他的保护下，日伪当局始终未能抓捕到他们。

燕大有些进步学生和教师想离开学校投身抗日斗争，司徒雷登总是力所能及地提供各种帮助。司徒雷登曾明确指示学生生活辅导委员会，如果有学生要求学校帮助其离开沦陷区，不是为了转学，而是为了参加与抗日有关的工作，要给予支持。无论是去国统区，还是去解放区，都要给予帮助。凡是要走的学生，临行前，司徒雷登都要在临湖轩设宴送行。在一次欢送会上，他说他希望燕大学生，不论到大后方，还是到解放区，都要在国民党和共产党之间起桥梁作用，以加强合作，共同抗日。在这几年时间里，不少学生就是在司徒雷登的协助下，去了重庆、昆明，或是翻越西山，到了解放区。

在燕大数学系任教的英籍教师赖朴吾（E. Ralph Lapwood）得到司徒雷登的支持，于1939年夏离开燕大，与路易·艾黎一起经过解放区到达四川，从事以发展生产、支援抗战前线为目的的"工业合作协会"工作。这件事在燕大影响很大，有些学生就想到那里工作。于是，学生生活辅导委员会副主席侯仁之去见司徒雷登，请他想想办法。司徒雷登主动提出应该资助学生南下，并且建议学生先去上海，然后由在上海男女青年会工作的燕大校友帮助他们转往内地。有十多个男女同学就是通过这种途径走的。

对于教职员工的反日行动或想去抗日根据地访问，司徒雷登也给予帮助。英籍教授林迈可（Michael Lindsay）先生秘密地为华北共产党游击队提供通信器材和医疗设备，为了躲避日军的检查，司徒雷登曾多次把自己享有外交豁免权的小汽车借给他使用。1941年12月太平洋战争爆发后，林迈可夫妇也是乘坐司徒雷登的小汽车，取道西山前往解放区的。作为无线电专家，林迈可在晋察冀边区和延安工作了八九年，与抗日军民同甘共苦，直到抗战胜利后才回到英国。

1936年6月，在燕大新闻系任教的美国著名记者埃德加·斯诺（Edgar Snow）在只身独闯陕北抗日根据地采访之前，曾与司徒雷登有过一次秘密长谈。虽说没有人知道他们谈话的具体内容，但是有一点是毋庸置疑的，即他们的谈话与斯诺的陕北之行有关，而且斯诺此行是得到司徒雷登校长支持的。斯诺从陕北回来后，为了让更多的人了解抗日根据地的情况，在司徒雷登的住宅临湖轩多次为燕大和清华的教师及学生代表放映他摄制的反映苏区情况的影片和幻灯片。燕京大学的校刊《燕京周刊》首先连续发表了斯诺的《毛泽东访问记》等文章。这些文章后来汇编成《红星照耀中国》（即中译本《西行漫记》）一书，于1937年10月在美国出版。该书第一次客观、公正地向全世界介绍了中国共产党领导下的红军二万五千里长征的壮举。在斯诺陕北之行的影响下，许多进步教师和学生萌发了到抗日根据地参加革命的想法，并于1937年两次组织考察团，沿斯诺走过的道路访问延安。

1941年12月8日珍珠港事件后，日寇封闭了燕京大学，并囚禁了司徒。一直到日本投降，司徒才获得自由，并立即进行燕京复校工作。但1946年7月4日，马歇尔将军请司徒前往南京美国驻华使馆出席美国独立纪念活动，并当面请其出任驻华大使。于是，他身不由己地成了一名政治明星。

司徒雷登曾多次见过蒋介石，他们是"主内朋友"，很谈得拢。司徒在1946年也在重庆见过毛泽东，当时他曾夸耀他有不少学生在延安为共产党效劳。但司徒与蒋、毛的个人友谊并不能帮助国共谈判。国共谈判是注定要失败的，谁也没有能力回天。所以，像马歇尔一样，司徒最后也尝到了失败的苦果。

其时有一个细节。当1949年年初共产党胜利已成定局之时，在国民党要求下，各国驻华使馆纷纷迁往广州，只有美国使馆没有搬走。傅泾波曾劝司徒以个人名义去北京与共产党摸底，看看是否还有迂回余地。司徒虽有此心，但他囿于外交纪律，终于不敢采取行动。

同年8月，司徒奉国务院召回之令，从南京回美。回美后的情况怎么样呢？

2007年7月，《环球时报》记者王君如访问了傅泾波的女儿傅海澜，并作了以下报道：

司徒雷登1949年年末，应美国国务院所召，返回美国。随行的还有他的私人秘书傅泾波一家。司徒雷登当时已是73岁的老人了，知道自己离不开傅泾波。傅泾波来华盛顿得到了马歇尔将军的特批。

当年正值新中国成立之时，美国对华关系十分微妙。司徒雷登在中国时就曾有过与中共方面接触的想法，结果未能如愿。司徒雷登一回到华盛顿，美国国务院立即向他下令三个不许：不许演讲，不许谈美中关系，不许接受记者采访。

司徒雷登及傅泾波一家先是租公寓住，1953年，傅泾波在亲朋好友的资助下凑了三万美元，买下了现在这所房子，一家老小搬了进去，司徒雷登当然也就成了傅家的成员之一。

由于国务院有令，司徒雷登的社交十分有限，大多是参加一些与宗教有关的活动。有一次，司徒雷登前往纽约参加一个基督教团体的聚会，返回华盛顿的途中在火车上不幸中风，摔倒在厕所里。这一摔就摔成了半身不遂。傅海澜两眼含泪说："他为什么得病，是因为心情不好嘛。他有一肚子的话想说，但（美国政府）不让他说，能不憋出病来吗？"

麦卡锡分子盯上了他，20世纪50年代初，"麦卡锡主义"在美国大行其道，凡是与苏联、中国等共产党国家有过关系的人都受到监控和盘查，像有名的"中国通"费正清都受到围攻。司徒雷登是从中国回去的大使。当然也不能例外。国务院中国处的人专门向司徒雷登传口风：不要乱说话。

傅海澜说："麦卡锡的一个部下罗伊·科恩来到我们家，那人长得挺帅，但说起话来凶巴巴的。"科恩和傅泾波见了面，说了他来的两个目的，一是传司徒雷登"过审"，接受官方的当面质询，诸如出席听证会什么的；二是他们收到情报说，司徒雷登一直有记日记的习惯，要求他交出在中国期间的日记。傅泾波以礼相待，但客气中给他一个软钉子。傅泾波说，司徒雷登由于得了半身不遂，已不怎么能说话。再者，由于行动不便，司徒雷登一般待在二楼，很少下楼。他出去接受当面质询可以，但先得签一个书面协议：如果司徒雷登因出席听证会或其他质询时，病情出现异常或其他不可知的后果，美国政府必须承担一切责任。听到这个要求，科恩与他的同行者商量后表示，"过审"可以免了。接着又提到了日记，傅泾波说："是吗，我怎么不晓得，那得问司徒雷登本人。"科恩只好悻悻地离开了。

傅海澜回忆到，由于傅泾波上过燕京大学和北京大学，结交过国民党和共产党方面的不少知名人士，消息比较灵通。像宋子文、陈立夫等人就是傅泾波的好朋友。宋子文曾从纽约坐火车到华盛顿，专门看望傅泾波，并讲了一个很重要的消息：台湾方面向美国政府和国会游说，指控傅泾波是中国共产党方面的间谍，要求驱逐傅泾波一家。这也是冲着司徒雷登使出的狠招，好在没有成功，不然司徒雷登只能去老人院了。

司徒雷登一家与傅泾波一家是患难之交。司徒雷登父亲在中国传教时，傅泾波家里出现变故，父亲离家出走，母亲带着儿子傅泾波，还有亲戚家的两个孤儿，生活很艰难，傅的母亲几近发疯。住在当地的司徒雷登的母亲对傅母很关心，经常拉着她的手进行安慰，给了她很大的勇气。后来，傅母神经恢复正常，与司徒雷登一家的关系自然非同寻常。

傅泾波是满族人，祖籍中国甘肃，属正红旗。傅泾波与司徒雷登的交往缘于傅的父亲。傅泾波的父亲在一些社会活动中认识了司徒雷登，和他谈起想送儿子上大学。司徒雷登说："好呀，我们正办燕京大学，把他送到那里好了。"于是傅泾波就进了燕京大学。曾有一段时间，傅泾波交不起学费，司徒雷登替他交了学费。司徒雷登对傅泾波很欣赏，两人建立了十分密切的师生关系。毕业后，傅泾波曾到国民党政府的行政院谋过差事，但觉得国民党太腐败，同时也觉得自己不是做官的料，干了半年多就辞职了。随后，傅泾波当起了司徒雷登的私人秘书。美国任命司徒雷登担任驻中国大使时，司徒雷登提出一个条件：要傅泾波继续担任他的秘书。可见傅对司徒雷登的重要性。

傅泾波夫妇膝下育有三女一子，孩子们对父母及司徒雷登都很孝顺。大女儿出钱给司徒雷登和傅泾波买了医疗保险，她自己则贷了20万美元，把父亲的房子买了下来。这样让老人们既有了保障，又有不依赖人的感觉。司徒雷登虽然经济拮据，但在傅泾波夫妇的悉心照料之下，晚年生活得还算幸福，直到1962年他不幸患病，在医院去世。傅泾波对司徒雷登得了半身不遂一直有点内疚，因为他当时正去艾奥瓦州看望三女儿傅海澜了。他认为，如果自己当时在司徒雷登身边，即使得了病，也能得到更及时、更好的治疗。傅泾波于1988年去世。

傅海澜告诉记者，司徒雷登很佩服孙中山，好像还认识孙中山。在他的最后13年，也一直关注中国的事情。他常常念叨一生中有两个遗憾：一是1949年夏天没有听傅泾波的话，来个"先斩后奏"，在向美国国务院请示之前，就从南京前往北京（当时称北平）与中共接触，造成既成事实。但司徒雷登骨子里还是个牧师，害怕说谎遭上帝惩罚。二是没有机会再回中国。他中风初期，积极参加康复锻炼，内心中潜在的一个意念是，恢复健康后再回中国去。他常说，他回到中国"可以更正一些事情"。

2008年11月17日，在习近平的协助下，傅泾波的儿子傅履仁将军，终于得以带着司徒雷登的骨灰把它埋葬在杭州的安贤园，实现了司徒归葬中国的宿梦。

萧淑熙叶道纯整理

2001年12月

31 阿尔·卡蓬

阿尔·卡蓬是美国历史上最臭名昭著的黑社会头目。关于卡蓬的电影片的道白中说:"自从卡蓬1921年到芝加哥以后,芝加哥不再是以前的芝加哥了。"卡蓬玷污了芝加哥。

卡蓬的父亲是意大利移民,他在纽约做理发师。1899年1月18日,卡蓬生于布鲁克林。因家境贫苦,卡蓬小时曾在布鲁克林摆过擦皮鞋的摊子。受到流氓的干扰,他把摊子转移到华尔街,但流氓追踪而至,把他揍了一顿,并折断了他做生意用的椅子的腿儿。他向警察求助,警察置之不理。这是卡蓬生命中重要的一刻,他从此看不起警察,并悟到人生在世只能依靠力量,没有是非可言。

他在小学六年级时,因成绩不好,受老师奚落,他不服气,拂袖退出教室,并满口脏话,老师打了他,他不甘示弱,予以还击。校长乃召他到办公室,也给了他一顿训。卡蓬回家后决定不再上学,他父母也没有不同意,只要他自力谋生。14岁的卡蓬就投靠在当时纽约著名的流氓头子约翰·托里奥门下。托里奥被美国人称为有组织流氓集团的创始人。托里奥为了试探卡蓬的品质,有一次故意在办公桌上堆了一大堆钞票,并故作点数,然后又对卡蓬说,他要出去一下,叫卡蓬在此等候。一小时后,他回来看到卡蓬真的仍坐在椅子上等候,钞票分文未动。从此,托里奥认为这孩子忠实可靠,决意加以培养。卡蓬也的确对托里奥忠诚之至,他们之间的师徒良好关系一直维持到死。

阿尔·卡蓬

1915年，托里奥把卡蓬介绍给他手下的弗兰基·雅尔，后者要他在哈佛旅馆内管理保龄球。有一天，雅尔要卡蓬去向一个名叫托尼·佩洛太的流氓索债。两人发生了争吵，卡蓬忍无可忍，乃拔出手枪，一枪击毙了佩洛太。托里奥马上叫他离开纽约，他就到巴尔的摩去避风头。托里奥还出钱活动，使警方无法找到敢出来作证的证人，于是，此案就不了了之。这是卡蓬第一次尝到杀人的甜头。

1918年，卡蓬与一名小家碧玉梅漪结婚，他们是先生孩子后结婚的。卡蓬之结婚主要是为了逃避兵役。但他们的婚姻倒也圆满，俩人一直很好，尽管卡蓬是个嫖妓者，这没有妨害两人间的感情。最后卡蓬入狱后，他太太没有变心，而且还精心照料了卡蓬最后七年的病人生活，而他的病是梅毒。这大概是所谓患难夫妻百年亲吧。

卡蓬在巴尔的摩的一家建筑公司工作，但收入甚微，不足以供养妻子与老家，他再次求助于托里奥，托就把他介绍到芝加哥，这时美国开始实行禁酒，正好给卡蓬一个参与私酒活动的大好机会。

1922年，托里奥亲自到芝加哥，在南沃白希街2222号设立了总部，从事控制"喝、嫖、赌"的"事业"。他请卡蓬当了他的贴身保镖。第二年，托里奥把总部移到芝加哥近郊的西塞罗，西塞罗后来就成了卡蓬的据点。他的社会活动的身份是商人，他的名片上印的是：二手家具店老板，南沃白希街2220号。

1925年1月，托里奥被刺，但未死，他从此就回纽约，把芝加哥的事全部交给了卡蓬。卡蓬是青出于蓝而胜于蓝，他比师父更大胆，更残暴。他决心大干一场。芝加哥的犯罪集团不止卡蓬一家，为了取得霸权，卡蓬就在芝加哥引发了一系列的匪帮枪斗。这种枪斗一是发生在匪帮之间，一是发生在匪帮与警察之间。卡蓬的兄弟弗兰克就是在枪斗中被警察击毙的。

据统计，卡蓬在当权期内共亲自或指使击毙了五十多人。

卡蓬发财后在迈阿密置了别墅。他利用他的别墅作"不在现场"（alibi）的借口。也就是说，杀人时他不在现场，从而无法把他起诉。其中最显明的一起杀人案就是谋杀他的老朋友法兰基·雅尔。警方查到枪杀雅尔所用的机枪正是卡蓬在德克萨斯买的。但仅此一证仍不足使他吃官司，因为作案时他的确在迈阿密。

卡蓬本人也曾受到过袭击。1926年9月20日，他在霍桑旅馆被暴徒枪击，但没有击中，这是他命大。

卡蓬自夸是罗宾汉和马克思的奇怪混合体。他公开地说："有权力的人是那些有钱的人，或决心弄钱的人。他们可以归结为两类人，老爷和歹徒。我是一名歹徒，但社会把我看作老爷。"

在经济上，卡蓬控制了芝加哥的大部分私酒业、娼妓业、舞女业和赌场。赌场不仅是指casino，也包括占地面积非常广阔的跑马场。1927年是卡蓬最兴旺的一年，那年他的匪帮收入超过了一亿美元。据一名匪帮内部人士讲："芝加哥每月的啤酒生意达三千万美元，其中每月一百万美元是孝敬给警察和官方人士的。任何一个有清醒头脑的人都不会放过每月一百万美元这个好机会的。"另有一位学者说："在禁酒年代中（dry age），芝加哥是最湿（wet）的城市。"

卡蓬深知经济需要政治的保护，他想方设法打入了芝加哥市政府。1927年，他控制了西塞罗和邻近的两个区的选票，把毕尔·汤普生重新选上了市长。原来汤普生曾做过市长，因政绩恶劣而被选下台。现在在卡蓬扶助之下又一次登了台。为了报答，他对卡蓬的所作所为更不加过问。卡蓬也得意非凡。他要求两个选区的区长辞职，这两人乖乖地听话，递上了辞职书，并还以保全性命而自乐。就这样，他控制了基层的选举。他还大方地花钱收买警官和法官。当时，曾发生了一起惊人的新闻。1929年的一天，意大利的墨索里尼派水上飞机飞行家弗郎西斯哥·德比内多访问美国，他把飞机停泊在密西根湖的湖面。市长汤普生派了一个官方代表团前往欢迎。而卡蓬竟是前排欢迎者之一。舆论大哗。警察局局长休斯解释道，这是因为卡蓬代表了芝加哥的意大利居民。万一发生什么反法西斯的游行示威活动，卡蓬可以加以制止。

那时，他在麦特洛波尔大旅馆包有50间房间，其规模之大，可与市政府媲美。不久以前，人们在卡蓬办公大楼的底下挖出一个地道，直通芝加哥火车站。地道中段还有一间很大的贮藏室。原来，当时走私货一到车站，就立即被转入地下，所以警察无从查获。

1929年年底，美国发生经济大萧条。汤普生的政府没有办法为雇员和警察发放工资，是卡蓬支付了约一千万美元。据卡蓬的顾问伍德福德在20世纪80年代答记者问时说，其中有四五十万美元落入了汤普生的私人腰包。芝加哥大学政治学教授查尔斯·梅里安当时就说："芝加哥是一个独特的城市。它是美国唯一完全腐化了的城市。"

汤普生是共和党人。在1930年的选举中，芝加哥的民主党上了台。他们的口号就是要反腐化。卡蓬当然是主要的清除对象。若在中国，卡蓬这样的人早可以枪毙一百次了。但美国是一个法治国家。它有一批专门为犯罪分子辩护的律师。比如说，美国就有一起黑人明星辛普生的杀妻案，任何有头脑的人都明白，辛普生是凶手。但律师却可以说黑为白，而法庭最后也不得不宣布其无罪。90年代尚且如此，更不用说30年代。由于没有办法把卡蓬治以杀人罪，法官不得不求其次而以经济罪治之。经济罪有账本为凭，有银行存款为凭，是逃不了的。（其实，大量的钱根本没有上账，只好不算。）结果，卡蓬被诉犯偷税罪二十多起。1931年10月24日，法庭判他11年徒刑。

卡蓬入狱后，墙倒众人推。他在狱中被同犯捅刀子，他毫无还手之力。从此一蹶不振，直至于死。他是在1939年11月出狱的，其后又在家中养病七年，1946年1月，以梅毒病死。

人们一致认为卡蓬是一个十分凶残的匪帮，但20世纪90年代有人去采访了当时卡蓬所雇佣的几个舞女（今天的老太婆）时，她们却说卡蓬是一个好人，给了她们好多关照。

还有一个故事需要一谈。卡蓬曾立下匪规：不准用绑架儿童的手段来勒索钱财。但有一名党羽违反了这条禁令。卡蓬把那人叫到办公室，令他站在门外，把他的一只胳膊贴在门框上，然后，他用尽气力，砰地把门甩过去，只听得惨叫一声，那人的胳膊已折成两段。

大凡要在匪帮中充任"英雄领袖"者，看来必须具备三个条件：一、对对手必须凶狠；二、对犯纪者必须严肃处理；三、对下属必须照顾备至。美国的卡蓬是如此，中国的戴笠也是如此。这大概是一条规律。

32 维多利亚·伍德赫尔

在美国历史上还没有哪一位女性能像维多利亚·伍德赫尔那样引起如此多的社会新闻和如此大的社会震荡的。

1870年2月5日，伍德赫尔－克拉夫林公司在布劳德路44号开业。这是美国历史上第一家女性任经纪人的华尔街股票公司，老板是31岁的维多利亚·伍德赫尔和她24岁的妹妹特乃西·克拉夫林。她们俩人不仅是女性经纪人，而且又是美女经纪人。开门那天，成百上千的男士拥向布劳德路44号，抢着要看两美女的风采。报纸报道说，"股票也随着上涨"。

传记作家玛丽·加布里尔说：随着华尔街的这个第一外，维多利亚又获得了好多个第一。她创办了第一家女性当家的刊物《伍德赫尔－克拉夫林周报》，这家周报是美国第一家刊登《共产党宣言》英文译文的报刊。1871年，她成为第一个在美国国会委员会发言的女性。她又是第一个出来竞选的女性总统候选人。她还是第一个公开主张"自由性爱"的女人。

有人热烈地赞扬她，有人死劲地污蔑她。前者把她称为"维多利亚女王"，后者把她叫作"撒旦夫人"。

维多利亚到底是什么人呢？

1838年9月23日，维多利亚生于俄亥俄州的荷枚镇。她在10个孩子中排行第七。她父亲布克·克拉夫林自称是律师，开设过一家客栈，做过马匹生意，最后开设了一家磨坊。但磨坊突然失火，女儿曾这样说："他突然损失了他的全部财

维多利亚·伍德赫尔

产,像一名乞丐似的瘫了下来。许多朋友认为他已成为一个废人。母亲就像母鸡一样卫护她的一群孩子。"

母亲安纳是一名很迷信的教徒,信神信鬼。她本人是家中的第七个孩子,而维多利亚也是第七个孩子,所以母亲特别喜欢她,认为她将来一定有出息。维多利亚从小听母亲讲神鬼故事,从而相信自己有通神本能。有一次傍晚,全家赴教堂做礼拜。没走多远,维多利亚突然对母亲说:我听到一个声音说,今夜有小偷光临我家,我回去看一下门窗。她回家把室内的蜡烛都点燃了。事后得知,当夜真有小偷想偷她家的马,因看到室内有光,未敢动手。这样,维多利亚就更确信自己有特异功能了。

她8岁上学,美丽活泼,天资聪明,成绩突出,深得老师喜欢。但她在11岁就辍学了,因为她大姐出嫁,要由她在家来看管小弟弟和妹妹。

14岁那年,她突然得了一场大病,似乎不治。但恰巧来了一个走方郎中,名叫坎宁·伍德赫尔。他伺候了她两个星期,居然治好了她的病。维多利亚一家当然对他心存感激。到独立纪念日那天,坎宁邀请维多利亚去野餐,她妈妈特地给她买了一双新鞋。在路上,坎宁自吹自己的父亲是法官,薄有财产。最后竟向她求婚。小姑娘毫无经验,不知如何是好,只能说这件事要由她父母做主。

接着,坎宁正式向她父母提了这一亲事。父母也相信了他的自我介绍,以为他是一个殷实人家。于是,这一位如花美女在14岁的时候就作了一名28岁的江湖骗子的妻子。

当坎宁把妻子带回老家蒙特季利后,她才发现他不过是一个破落户,而且是一位有名的酗酒者。但生米已煮成熟饭,无法挽回,只能听天由命了。她在自传中这样写道:"我本来认为结婚意味着走进天堂,那里只有甜蜜的幸福和纯净的爱。我信以为婚姻是人世间最大的乐事。做丈夫的一定是爱妻子的安琪儿。然而,天啊,我的信念全成了泡沫!残酷的现实很快粉碎了我的美梦。相反的,我看到我们社会的黑暗,贪婪,肮脏和虚伪。我到处闻到的是一阵阵腐朽的味道。面对现实情况,我感到震惊莫名,我问我男人,这到底是怎么一回事?我得到的回答是:'随着年龄的增长,你自然地会懂得,无须我教你。'"

维多利亚为坎宁生了两个孩子。第一个是男孩,外貌长得不错,但高度弱智,这更使她雪上加霜,倍增痛苦。幸而第二个女孩聪明伶俐,活像母亲,使她得到很大安慰。

由于在当地没有发展,1855年他们到旧金山去碰运气。坎宁仍然没有作为,只靠老婆在一个剧团中任演员维持生计。一天晚上,维多利亚梦见妹妹特乃西要她马上回家,她认为这是神的号召,第二天就出发,先乘轮船到纽约,然后直奔老家。

当时美国盛行通灵术,或曰招魂术。也就是中国的巫婆和神汉,他们都兼职治病。特乃西已被父母培养成一名通灵人。父亲在俄亥俄首府哥伦布报纸上登了如下的广告:

14岁神童女特乃西·克拉夫林小姐

自从13岁以来，这位小姑娘一直在周游各地，她有超自然天赋，即使对她有很大怀疑的人也不得不被说服而相信其确有特异功能。她的事务所设在哥仑布哈爱街的合众国旅社。业务时间上午8点到下午9点。咨询费一美元。

这个广告居然产生了很大效果。每天来算命的有几十人。据特乃西说："父亲由此每天可有50美元到100美元的收入。"

维多利亚也加入妹妹的行列，出任了通灵医师。她替人算命，给人医疗，还为银行侦察小偷。一年的收入几乎达到了10万美元。这与当时的环境有关。1861年到1865年是内战之年，几乎家家户户都有伤亡的儿子或丈夫。人们盼望能与亡儿或亡夫的阴灵通话，或者给在家养伤的夫儿治伤。维多利亚奔走于俄亥俄、明尼苏达、伊利诺伊和密苏里各地，到处都有她的客户。

在密苏里的圣路易，维多利亚碰到了一位内战时的军官詹姆斯·布洛德上校。他是圣路易的审计官，而且又是当地通灵会会长。他身上带有几处枪伤，听说维多利亚到来，就前往求医。结果一见面后，就相见恨晚。上校不断往访，两人情投意合，坠入爱河。于是各自与前夫和前妻离婚。1866年7月14日，两人在俄亥俄但敦市登记结婚，成了夫妻。不过，布洛德同意维多利亚不必改姓，仍可称为伍德赫尔夫人。

原来布洛德是一名十足的激进分子。他支持黑人解放运动，女权运动，工人运动，马克思主义运动，等等。他也会写文章，进行竞选演说。现在，他成了维多利亚的家庭老师。而她也的确是一位好学生。在上校教导下，她学问大进，终于成为一名真正的女权运动者。

1868年，夫妇俩到了匹兹堡。一天，维多利亚正坐在大理石桌子旁，又得到一次启示。她说：有声音叫她去纽约某街某号，接着在桌子上显示了一个发光的字：Demosthenes。这是古希腊的一位演说家。于是两人就去纽约，按图索骥，到了大炯斯街17号。这是一座大宅，有待出租。更巧的是：她在大厅的桌子上看到一本书，书名Demosthenes演讲集。她当然认为一切都是天意。这时她已成全家的大梁（bread winner），所以立刻把全家都招来纽约，包括父母姐妹，最重要的当然是妹妹特乃西。

下一步是要想办法弄更多的钱。

当时全美国最大的富豪是纽约的范德比海军上校。范德比是百分之百的商人，从来没有当过兵，"海军上校"不是军衔而只是一个社会称号，因为他是纽约的海上运输霸王，中央铁路公司老板和炒股大王。

父亲对两个女儿说:"你们要发财必须征服范德比海军上校。"

那时,范德比已有74岁。姐妹俩找到了范德比公馆。起先传达拒绝通报,但在两美女花言巧语之下终于开了绿灯。范德比老而好色,更迷信算命,所以一见之下,就谈得非常高兴。特别是特乃西善于全身按摩,把老头子骨头都摸酥了。从此,两姐妹就成了常客。

当时传媒盛传她们的绯闻。不过这只是推论而已。人们认为:范德比是天下第一号吝啬鬼,如果他没有从她们身上得到好处,是决不会慷慨解囊的。

维多利亚表示她们想闯进华尔街开业,范德比竟送了一张70万美元的支票。于是就出现本文第一段中所描写的情景。

依靠炒股,两姐妹果真发了财,成了百万富婆。为此,维多利亚特地给范德比写了一封感谢信:"海军上校先生,是你,第一个向我们这两个在这世界上艰难奋斗的女人伸出了援助之手;是你,叫我们去打破束缚着我们的舆论枷锁;是你,鼓励我们去争取凭我们的才能所应得的社会地位;是你,支持我们进入这个长期以来为男人所垄断的金融中心。"

但金钱并不是维多利亚的最后目标,她的最高目标是"女权"。她的女权中包含着三种权:财权,政权和性权。所以她的第二步是宣传。为此,她创办了《维多利亚-克拉夫林周报》,支持黑人运动,工人运动,妇女运动以及性爱自由。这份周报并不赚钱,主要是为了宣传。它的幕后大主笔是布洛德上校。

周刊的刊头上印有一句警言:"天天向上,天天向前"。1870年9月,她还亲自到华盛顿众议院司法小组委员会作证,要求作出宪法修正案,规定妇女有选举权。她说:"妇女占人口的一半,拥有国家财富的很大部分,在纳税中占很大比例。但她们却被排除在外,不能用投票来表达她们的意见。美国天天在向上发展,天天在向前发展,它不应当用狭窄的法律条文窒息二分之一公民的智力活动和政治活动。应当实施没有种族歧视,肤色歧视,职业歧视和性别歧视的投票权。"

尽管她对范德比本人表示感谢,但她对资本主义采取了批判态度。正是她的《周刊》,在美洲大陆上第一个介绍了马克思的《共产党宣言》。它还刊登了《即将到来的革命》一文。内称:"范德比先生可能坐在他的办公室内操纵股票,汲取红利。他可以几年之内从各个企业中取得五千万美元收益。但如果有一个饥肠辘辘的小女孩从他家厨房中拿走一个面包,她就可能被押进监狱。阿斯托先生可能坐在他非常豪华的公馆内眼看他的地产从一百万美元上涨到五千万美元,但如果他的一名房客因不投共和党的票并付不起本月房租,他就要被法院逐到大街上。"

"这样的社会状态称得上是公正吗?一方面是成千上万的人一生劳碌辛苦欲求温饱而不可得,另一方面却有极少数人可以随心所欲控制一切物质财富。有人可能硬说这是社会公正，甚至基督徒也会这样说。但耶稣本人绝不会把这叫作公正。耶稣给劳动的人（不管他劳动多少）吃饱，但对不劳动的人要夺走他的所有。允许存在如此不合理的财产分配的制度是基督教文明的耻辱。"

反对她的人说："你宣传马克思主义，但你自己又身为华尔街经纪人，这不是太矛盾了吗？"她回答说："我并不反对财富的积累，我反对的是少数人操纵财富，反对某一个阶级垄断财富，然后用财富的威力把劳工置于奴役地位。"

1870年4月2日，维多利亚在《纽约先驱报》上发表了一封公开信：

无巧不成书，我生逢其时，成了这个共和国的没有在政府中获得代表权那个阶级（妇女）的唯一知名代表，也许是最能体现平等原则的代表人，因此，我请求贵报，通过贵报来向读者发表我的见解。

当其他妇女代表投身于反对束缚妇女的条条框框的十字军长征之际，我宣布我是一名独立行动者；当其他妇女祷求上帝赐予好时光之际，我用行动来促成好时光；当其他妇女争论着男女是否能平等之际，我用企业成就来证明男女能够平等；当其他妇女力求证明没有理由为什么妇女在社会上政治上的地位要低于男人之际，我义无反顾地投身到政治和商业中，并行使我今天已获得的权利。因此，我可以无愧地宣布，我有权为我国没有获得选举权的女同胞讲话，并深信今天存在的对女同胞的偏见和歧视将终究会消失。我现在宣布，我要做一名总统候选人。

《先驱报》的这个消息引起了很大的震动。人们抢购当天的《先驱报》，最后竟卖到十美元一份。各州响应的人成立了一个新党，定名为平权党。1872年5月的一天，全国的668名代表在纽约麦迪逊广场的阿波罗大厅集会，推选一名总统候选人。代表们来自社会主义分子，农村改革分子，工会分子，女权主义分子以及性解放主义分子。

维多利亚在会上发言道："我们每到一处就看到专制主义，不公平和没有正义。我们必须争取正义，天塌下来也不怕。"

卡特法官最后说：发言到此为止，现在要采取行动。如果没有再发言，我提名维多利亚·伍德赫尔为我党总统候选人。

主持大会的雷马特说："赞成的说 Aye。"于是台下一片 Aye 声，伍德赫尔当选。大会同时又选举黑人领袖人物道格拉斯为副总统候选人。

《纽约时报》报道说："伍德赫尔夫人不愧有女性拿破仑的品格，她要向白宫冲击。"

但竞选中也有几个不利因素：第一，道格拉斯宣布他支持的是格兰德，不能接受平权党的提名；第二，第二国际美国总部宣布，以维多利亚为首的第十二支部不是真正的马克思主义者，决定开除出党；第三，共和党内部分裂，产生一个以《纽约论坛报》主笔为候选人的自由共和党，于是不少原来是平权党的人投奔了自由共和党。这样，平权党已不战而败。

维多利亚对此一点也不在乎，因为她早就知道，她的党只起教育作用，是绝对不能当选的。

但保守势力却借此对她发起了大攻击。骂她是女妖。有报道还说她家中养着两个丈夫。她不得不写信给《纽约时报》澄清真相。她说：我家中的确有两个丈夫，一个是前夫，一个是现在的丈夫。我的前夫是一个丧失谋生能力的人，出于人道主义，我征得丈夫同意，留在我家，兼职照看我的弱智儿子。我们光明磊落，没有不可告人之处。

但当时纽约有一位所谓"青年模范"比契牧师，他也出来不指名地骂维多利亚是下贱的女人。于是引爆了一起特大的社会新闻。也就是比契－铁尔登丑闻。

其实，他们两人本来是同道人，都是性开放者，现在这位道貌岸然的伪君子居然出来说三道四。对这种阴一套阳一套的两面派，她实在不能容忍，不得不起而反击。于是在《周报》上出现了一篇长文：《比契－铁尔登丑事》：

"我要对社会发起一场进攻性的道义战争。我要揭露一起在任何社会社团中所发生过的最惊人的丑事。我指的是亨利·比契牧师与西奥多·铁尔登家属的关系。"铁尔登是比契在教会中的同事，据铁尔登向她控诉："噢，这个王八蛋色狼竟玷污我的卧床十年之久，而他在我面前仍口口声声说我是他最好的朋友！如果他像男子汉那样向我表示忏悔，或许我可以原谅他，但他一直像毒蛇那样潜进我的房间，并留下他的毒汁，而我竟一无所知。啊，这实在太受不了了。"

伍德赫尔说：她要揭露的不是比契的性行为本身。因为在她与他私下谈话时，比契完全同意"我的做爱哲学"，不但在口头上，而且还在床上实施。所以他们两人抱有相同的性爱观点，这是不必指责的。她要揭露的是他的伪善和虚伪，他的阴一套和阳一套。他在私下是看到女人就爱而淫之，但在大庭广众面前却装出一副道学样子，要做"社会表率"。事实上他又真的成了"表率"，而伍德赫尔却成了被社会唾骂的女人。他们两人的性哲学和性行为完全相同，而结果却完全不同。这本身说明"我们这个社会在性行为上所存在的大大的不公平"。

伍德赫尔的"扒粪"（muckraking）震动整个社会，卫道的先生女士们纷纷出来攻击。他们要求比契诉以诽谤之罪，但比契不敢如此，因为他心中有鬼。但他又假装心胸宽大，扬言"我不与争论，对此采取童言无忌态度"。于是只好由一位基督教青年会道德委员会主席来起诉，说《周刊》使用了"淫秽"语言，法院以"出版和销售淫秽出版物"的罪名把两姐妹扣押审讯。关了两天，社会人士以一万八千美元保释出狱。

伍德赫尔不为屈服，决定破罐子破摔，索性发表了一篇更为猛烈的性解放宣言。她说："我对一生的行为没有什么可以感到羞耻的。我对满足我的肉欲和情欲也没有什么可以感到羞耻的。肉欲和情欲是我生命的一部分，感谢上帝，我没有在这个问题上向任何人负债。"

"我必须生活下去。因此，我到各地求帮助。我去求你们的银行家们，铁路老板们，赌场老板们，妓院老鸨们，我的目的是得到钱，以便出版你们在读的这份报纸。为了得到钱，我用了我所能有的一切影响。这是我个人的事，与你们毫无关系。如果我把我的身交给事业，把我的心交给上帝，这是我自己的事，与你们无关。我一心一意为我的事业而踏遍天下。"

她说："性交是合乎自然的，因而是正当行为。它建立在双方的相互爱欲上，其效果也以双方情满意足收场。首先是要有爱，然后是建立在爱上之欲，第三是以双方之乐收场。"

她指出："十个妻子中有九个，时常会在自己不想性交的时候接受性交，因为她们是基督徒，相信使徒保罗的教导。保罗要求妻子听命于丈夫，否则就进不了天堂。我说，去它的这种基督教教导。在性交中，同意权是首要的，美国妇女们，你们有勇气来建立新风吗？"

她认为性交是天赐之乐。在性交时，"心跳加快了，眼睛发出了光芒，相贴着的肉体的全身感到了无法形容的愉快刺激"。这种快乐是平等的。因此，妇女必须在性生活上取得平等地位。今天社会没有给妇女以平等，她们必须不怕羞地起来争取性平等。

这些言论无可避免地引起了更多人的指斥。她觉得这种气氛不利于女儿的成长，乃决定离开美国。她于1876年6月发行了最后一期《周报》，于9月18日与布洛德办了离婚手续。1877年8月，带着女儿和特乃西去了英国。

她在伦敦不时发表演说。一次，一位大银行家约翰·马丁去听了她的演说，很感兴趣。因为马丁于1873年丧妻，而他的妻子也是一名女权主义者。

他久未续娶，其实，他曾有一位女朋友。但这位朋友获知他有阳痿后就没有来往。维多利亚居然治好了他的病。这更推进了他们的友谊。1883年10月31日，两人终于举行了婚礼，成了夫妻。

在此之前，妹妹特乃西也与马丁的朋友弗朗西司·科克结婚。科克不但是富翁，而且又是一位贵族，所以特乃西也成了女爵特乃西。两姐妹的最后结局可以说是完美的。

但维多利亚是闲不了的人。她再次出版了一个刊物，名为《人道》，继续宣传她的女权主义。她自己任总编，女儿祖拉任副总编。

1892年维多利亚曾回国一次。9月22日，平权党在华盛顿维拉德旅馆召开会议，再次提名伍德赫尔为总统候选人。大会主持人林肯·奈艾德说："维多利亚·伍德赫尔·马丁是我们1892年竞选中的标兵，在妇女事业中她比任何一位女性都作出了更多的贡献。"当然，这只是一个小插曲。

1897年，马丁病逝，从此，她就和女儿做伴，住在伦敦远郊的一座乡村别墅内。1927年6月9日，她在睡梦中无疾而终。享年88岁。

她留下遗嘱要把骨灰撒在北大西洋，表示希望英美两国永远友好。

33 玛丽莲·梦露

有人说，真正的天才五百年才出一个。我们则要说，真正的尤物一千年才出一个。不是吗？两千年前有埃及艳后克莱奥帕特拉，一千年前有中国贵妃杨玉环，当代才有美国影星玛丽莲·梦露。欲摘取尤物这顶桂冠要符合三个条件：第一要貌美，第二要身段吸引人，第三要有特殊的风情。

美国有一帮专门研究梦露的人，我在电脑上查看到有关梦露的书有好几十种。我在美国所住的小城的图书馆的书架上找到的就有七种。其中有一本叫《玛丽莲·梦露的最后日子》，厚厚一大册，其实它根本不能叫书，应该叫豆腐账。另外几本大书也没有什么，多半是道听途说。但有一个年轻人詹姆斯·海斯比尔所写的一本书大大地吸引了我。这是一本一百页左右的图文并茂的书，它给了我一个启示：梦露是一件艺术品，她是蒙娜丽莎，或者是维纳斯。人们不需要读她，需要的是欣赏她。如果蒙娜丽莎提供的是微笑，维纳斯提供的是英姿，那么，梦露提供的则是性感。

玛丽莲·梦露是艺名，她的出生纸上写的是诺玛·琴恩·毛登生。她1926年6月13日生于洛杉矶的一家医院。母亲叫格拉提斯，毛登生是她的丈夫。她没有离婚，但早被遗弃，而她丈夫在1929年因车祸死亡。

梦露生下后，她母亲就把她交给邻居波伦德夫妇抚养。1934年，母亲格拉提斯因精神病入医院，她指定她的好友格雷斯为梦露的保护人。1935年梦露被送入好莱坞的一家孤儿院。后来，格雷斯又把她领出来送进爱默生初中念书，1941年初中毕业，进入范虞斯高级中学。在此期内，她寄宿于高达德家。

这时，梦露认识了杰姆·陶格蒂。他比梦露大五岁，是当地洛克希德飞机公司的一名雇员，他们时常来往。当梦露快进入16岁的时候，有一天，格雷斯突然对杰姆的母亲讲："高达德家要搬家，梦露将无处可住。你的儿子是否可以娶走梦露？否则，我将重新把她送回孤儿院。"这样，梦露就停止学习，于1942年6月19日没有高中毕业就嫁给了杰姆。

1944年，杰姆参军，去了太平洋战区。梦露住在婆婆家。她从小有明星梦，所以进了一位老小姐斯奈夫莉所办的"封面女郎和时装模特训练班"。当时,梦露的入学登记如下:身高 5.5 英尺;体重 118 磅;三围是 36—24—34。斯奈夫莉慧眼识人,她一看就认为梦露是天生丽质,必然成抢手货。有一次,她对梦露说:人家根本不注意你展示的是什么服装,也不注意你衣服的色调。他们注意的是你的身体本身(your body)。其实,梦露也早已体会到这点。在斯奈夫莉推荐下,梦露很快就成了各家杂志的封面女郎,她的经济也开始独立。

玛丽莲·梦露

1945 年,杰姆回家过圣诞,在家两周,他只有两个夜晚与梦露在一起,他很快意识到她已变了,心中已没有他了。战争结束后,杰姆第二次回家时,终于发现俩人已不可能生活在一起,于是就同意离婚。

梦露的第二任丈夫是一名网球明星,他们不到一年就离了婚;第三任丈夫是一名剧作家,名叫阿瑟·米勒。她的正式丈夫就是这三个人,但传言她有十多位床上朋友,不过这到底是传言,真相如何,只有上帝知道。

梦露稍有几个钱后，又拜来自俄国的娜塔莎为师，学习如何当演员。1947年，她终于圆了演员梦，进了20世纪福克斯公司。起初当然是充当跑龙套，她的出名应当从1953年算起。她在那年参加了彩色影片《尼亚加拉》的重要演出，从而使她入选为当年十大明星之一，其他有：加利·库伯，约翰·韦恩，平·克劳斯贝，詹姆斯·斯蒂沃，鲍勃·霍波，苏珊·海沃德等。从此，她就一路顺风，名声愈来愈响。

梦露的公认佳作有两部：一是与劳伦斯·奥立佛合演的《王子与歌女》，这使她获得了意大利的大卫第多纳太略奖（又被称为意大利的奥斯卡奖）；一是《假凤虚凰》，这使她获奥斯卡奖。

梦露得意的有两件事：1956年印度尼西亚总统苏加诺到洛杉矶访问时，曾点名要看看梦露，梦露与他见了面，据说还发生了风流案；1959年，苏联总理赫鲁晓夫访问洛杉矶时，梦露也与赫鲁晓夫见了面，据她说，赫鲁晓夫很喜欢她。

明星雪莉·温斯特曾和梦露同住一个公寓，据她说，她们俩时常大谈男人，正如同男人大谈女人一样。有一次，梦露说，为什么女人不可以像男人一样专心致志搞专业，并任意挑她所喜欢的男人睡觉，正如同男人挑女人一样。梦露还开了一张她所挑的男人的名单，包括：禅洛·莫斯特尔，查尔斯·鲍埃，约翰·休斯顿，欧奈斯特·海明威，阿尔伯特·爱因斯坦等17人。温斯特提醒说，爱因斯坦已是老头儿了，梦露说，没有关系，他身体很好。

这当然是一种乱侃，不能算数。我们没有必要写五百页的大书去搜寻与梦露睡过觉的男人的姓名。

1962年8月5日，梦露因服用过多的安眠药而死亡。这对她本人是一起悲剧，但对艺术而言，未尝不是一件好事。因为，这样一来，她留给人间的是一个永远青春的玛丽莲·梦露，不像秀兰·邓波儿有三个面孔：童星秀兰·邓波儿，大使秀兰·邓波儿和老奶奶秀兰·邓波儿。

梦露为我们留下的一句名言是：如果我不得不成为某种东西的象征的话，我倒宁愿它就是性而不是别的什么东西。

以下是梦露所演影片的年表：

《危险的年代》（1947年）

《夏日闪电》（1948年）

《歌舞团的女人们》（1949年）

《去托马霍克的票》（1950年）

《柏油丛林》（1950年）

《彗星美人》（1950年）

《干劲十足的人》(1950 年)

《正确的穿越》(1950 年)

《家乡的故事》(1951 年)

《青春常驻》(1951 年)

《爱巢》(1951 年)

《让我们使它合法化》(1951 年)

《夜阑人未静》(1952 年)

《我们没有结婚》(1952 年)

《无须敲门》(1952 年)

《恶作剧》(1952 年)

《欧·亨利的客满》(1952 年)

《尼亚加拉》(1953 年)

《绅士爱金发女郎》(1953 年)

《如何嫁给一个百万富翁》(1953 年)

《大江东去》(1954 年)

《没有像娱乐业那样的事业》(1954 年)

《七年之痒》(1955 年)

《公共汽车站》(1956 年)

《王子与舞女》(1957 年)

《热情似火》(1959 年)

《不合时宜的人》(1961 年)

《濒于崩溃》(1962 年)

在美国和西方世界，玛丽莲·梦露这个名字几乎是无人不晓的，即使在今天她仍然是大多数美国人心目中的"性感女神"。

时光荏苒，作为电影业的产物，好莱坞的神话，梦露并没有死，永远都是生气勃勃的，她完美的体型，自然弯曲的睫毛，洁白无瑕的牙齿和偶尔挑逗的动作，可谓是"回眸一笑百媚生"的形象仍印成千千万万份撒向人间。

2006 年 6 月 2 日，《南方日报》为纪念梦露 80 冥寿时说：

金发碧眼、性感嘴唇、娇美身材，20 世纪 50 年代和 60 年代初，这名从孤儿院出来的姑娘红透整个好莱坞，使多少爱慕虚荣的少女羡慕；而她在 36 岁的芳华之年突然自杀身亡，又使万千影迷困惑不解。

昨天是梦露的80岁诞辰，巧合的是，这一天是国际儿童节。她出生在儿童节，一如她的性感带着的天使般的童真。当人们再次提及梦露，她不仅仅是作为一个过世的影星而存在，她是这个世界永恒的性感符号。

评论家曾子航更为文赞曰：

好莱坞出产的美女灿若星河，影史上的艳星也多如牛毛，凭什么梦露能够独享"性感女神"的美誉？让一代又一代的影迷在万紫千红中始终只爱她这一朵呢？

最近在梦露八十寿辰之际，我翻阅了一些有关她的各种纪念语文章，蓦然回首间发现，在她华丽的声名背后掩藏着无数心酸的故事。性感妖娆的外表下更有一颗纯洁脆弱的心在流血。

虽说，自古侠女出风尘，但在"麻雀变凤凰"早已司空见惯的好莱坞，像梦露这样拥有私生女头衔还曾经有过因急需50美元而被迫去拍裸照经历的毕竟是凤毛麟角，尽管银幕上的梦露始终像熟透了的樱桃一样丰润轻灵，举手投足倾国倾城，让无数男人为之疯狂迷醉，银幕下，梦露却是一个彻彻底底的"失恋专家"和"感情的牺牲品"。她生平三次婚姻均以失败告终，包括与当时著名剧作家米勒之间"才子佳人"式的绝配，等待她的也是"以泪洗面"的悲剧收尾。至于她和美国总统肯尼迪兄弟的渤海湾浪漫情史更是一场"水中花，镜中月"。据有关传记披露，在梦露短暂的三十六岁生命中，至少小产4次，人流7次。玩弄占有她的男人很多，但真正爱她的很少，在这个性感明星的内心，一直渴望一段刻骨铭心的真诚之爱，可是失望总是伴随着希望。

然而，这个不幸的女人始终用微笑来面对这个对不起她的世界。在她几乎所有的玉照中，我们都可以看到被定格在一瞬间的梦露是如此的阳光明媚！脸上始终洋溢着那种稚气的梦想，嘴角总是绽放着少女般纯洁的微笑。有人说，梦露的悲剧就在于她永远是个幼稚无脑子的"芭比娃娃"。在物欲横流的男权社会，不懂得争取，不会把握机会，我倒觉得这是她弥足珍贵之处。否则，梦露就不会是至今令人怀念的梦露了。

她一如安徒生笔下那个卖火柴的小女孩。尽管外面的世界严寒彻骨，但她内心却始终残存着一份对美好未来无限憧憬的理想之光。

最后，请读一读2011年1月15日西班牙《世界报》的一篇报道：

纽约一家公司出价5000万美元购买梦露知识产权。

好莱坞明星梦露尽管去世50年,但至今依然身价不菲。纽约正宗品牌集团(ABG)14日宣布,将出价5000万美元购买这位加利福尼亚演员名字和肖像的使用权,以像过去一样打造梦露为代言人的服饰、家居用品,甚至电影等系列新产品。

34　迈克尔·乔丹

克林顿总统说:"继怀特兄弟之后,乔丹再次向我们证明了人类可以飞行。他不仅具有克服地球引力和在压力之下一球定音的非凡能力,而且向爱好体育的年轻一代树立了最好的榜样。"

刻苦锻炼

1963年2月17日,迈克尔·乔丹出生于纽约布鲁克林的一个小康黑人之家。不久,全家就迁往了北卡罗来纳州。乔丹在中学开始时,曾练美式足球,因足部受伤,乃改练篮球。为了培养儿子们,他父亲特地在后院装备了一个标准的篮球架,并亲自参加培训。据乔丹说,他的哥哥拉里的球比他打得好,只可惜身高不够,没有办法发展。他还说:"我家中的人没有一个高过6英尺的。而我却长到6英尺6。为什么我被选中长到6英尺6?在这个问题上,我认为我是被上帝选中的。"

不过,乔丹最尊敬的还是他的父母亲,他始终认为他的成就是父母给他的,特别是父亲,是父亲给了他严格的训练和中肯的鼓励,使他走上成功之路。他说:"我心目中的英雄一直是我的父母亲。除此之外,我从来没有崇拜过其他任何人。别人觉不觉得他们是英雄并不重要,重要的是他们在我心中的确是独

迈克尔·乔丹

一无二的英雄。我从父亲身上学到了'好要更好'和'一切要靠自己'的道理。我从母亲身上学到了要尊重工作,学会了一定要在工作上尽心尽力。所以我现在也在努力地做一个好丈夫,好爸爸,希望我的孩子将来也能说出和我今天同样的话来。"

乔丹在高中毕业时已成了篮球名将,并因此而进入北卡罗来纳大学。1984年,在洛杉矶奥运会上,乔丹率领美国国家队(当时职业球员不准参加奥运会)得到了冠军。次年,被选入芝加哥公牛队,这个从未得过NBA冠军的二流球队从此就翻了身。

独立的性格

乔丹写道:"篮球场永远是我的避难所。当我遇到疑难需要寻找答案时,我就去篮球场,当我只想使自己心里平静时,我也去篮球场。1984年当我第一次与芝加哥公牛队签订合同时,NBA的合同规格中包括一条规定:在非赛季期内,球员未得球队同意,不得参加任何比赛。否则,你若因打球而引起伤痛,球队可以取消合同。我决不能接受这种限制。我需要随时打球。这不仅是因为我永远需要在球场上生活,而且还需要在夏季练球。公牛队终于同意订了一条我称之为'因爱打球而打球'的特殊规定。我可以做我过去一直在做的事。我可以无顾虑地打球。"

在1985—1986年的赛季结束时,乔丹的左脚有一点儿微伤,公牛队经理克劳斯对乔丹说:"你是公牛队的财产,我们有权告诉你,你可以做什么和不可以做什么。"乔丹在自传中说:"他们说,如果我去参加任何比赛,他们将处罚我。我回答说:'你们不能控制我的时间,夏季是我的时间,每年8个月我为公牛效力,但我不是任何人的财产。'几周后。他们听说我要去拉斯维加斯参加一场球赛。不错,我不是一个听话的人,但我也不是乱来的人。我不想在我与资方的紧张关系上火上加油。所以我向他们打招呼表示我只是去为北卡罗来纳队加油,我自己不会出场打球。但当我到拉斯维加斯后,克劳斯送来了一个小条说:'我们知道你不会参赛,但如果你参赛,我们将处以最高的罚金。'我火了。我去场上一看,见到克劳斯一帮人正坐在前排座位上,他们是要监视我。这时,北卡罗来纳队正在更衣室更衣,我走进更衣室说道:'给我球衣。'我参加了比赛,他们真想罚我,但我有'为爱打球而打球'特殊规定的保护,他们未能得逞。克劳斯一帮人把每一个人都当作可吃的肉一样对待,他们也想这样对待我。"

乔丹继续写道:"我从来不是为金钱而打球的。但对某些人言,钱永远是一个问题(issue)。对杰里·雷因斯多夫(公牛队老板)言,钱永远是一个问题。"

"他不知道的是我的自尊心,他不能触犯的正是我的自尊心。我有我的自尊心,不管人们说什么或做什么,都不能改变我的自尊心。"

"1985—1986年赛季中杰里·克劳斯和杰里·雷因斯多夫与我之间所发生的事使我永生难忘。我回过头来看这一事件时,觉得这是一场考验,可能是我职业生涯中最大的一次考验。它也使我清楚地认识了克劳斯和雷因斯多夫。他们是生意人。他们不是运动员,他们不懂得真正赏识篮球,他们只是作出生意人的决定,而篮球也恰巧是一宗生意。"

勇夺冠军

不过,对NBA球员而言,最重要的是夺得冠军,夺得金戒指。这也是乔丹的愿望。终于在经过六年熬炼之后,在教练菲尔·杰克逊的部署下,乔丹率领公牛队第一次实现了冠军梦。这是1990—1991年赛季。进入总决赛的是西部的湖人队和东部的公牛队。记者鲍伯·格林对这次的总决赛作了如下的报道:

最后七场球将先在芝加哥主场与湖人队打两场,然后再移师到洛杉矶。在25年历史中,公牛队从来没有进入过总决赛。刹那间,芝加哥体育馆成了世界体坛的焦点,18676个座位也跟着身价暴涨,大有无价的味道。除了想看总决赛之外,能亲眼看到乔丹也是使门票更加珍贵的主要原因。

芝加哥的6月,体育馆外大约22.5度,室内温度自然还要高得多。湖人队和公牛队互相领先对方有22次之多,在最后4秒钟时,乔丹远射,如果这球投中,胜利者就是公牛队。但球在框上转了一圈,却还是滚了出来,于是湖人队赢了第一场。

第二场开始后,我看到乔丹不停地喂球给他的队友,他们若把球传给他,他一定马上再传出来,似乎要让湖人队明白争夺冠军绝对不只是他个人的责任。因为湖人队在第一场比赛中看到最后他的队友总把球传给他,要乔丹投篮。不能再让对方有这种错觉,所以他喂球给皮蓬、给卡耐特、给格兰特。在提振士气后,他开始投篮,出手18次,投进15次。他已下定决心,再也不允许自己于紧要关头失手。

让1.8万多名观众的心在刹那间凝固的那一个球发生在第四节。当时乔丹向篮筐猛冲,好像要狠狠地灌篮,球在他右手中,但就在他快接近篮筐的时候,湖人队的派金挡了上来,这时乔丹仍在空中,只见他犹豫了一秒钟,迅速将球转到左手——做这一连串动作时他一直还飘浮在空中,而且对手们都已靠近——然后在这千钧一发之际,伸展左手,勾射空心得分。

后来,这个镜头成为乔丹的经典之作,在电视上不断重播,不下千次。比赛在10点45分结束,公牛队以107对86取胜。

第三场在洛杉矶。在公牛队赴洛杉矶时,乔丹已经成为芝加哥的象征。这一场球仍然是我生平所见最精彩的球赛之一。在48分钟内,两组球员都将球技发挥到极限,每一位球员无不卖力冲刺,向世人展现他们的实力。两队时上时下,毫不相让。不到最后关头,谁也猜不到谁会赢。

比赛只剩下一分钟的时候，湖人队的德瓦克不但在被绊出场外前远射得分，而且还因造成对方犯规而加罚一分，湖人队以92比90领先。时间只剩10.9秒。湖人队已开始狂欢。乔丹此时得球，他冷静地带球奔过全场，斯科特前来阻挡，他知道没有时间和湖人队的防守员缠斗，只能力求挣脱斯科特，而他真的做到了，在只剩下3.4秒时出手，球狠狠地投进了篮筐。92比92。在加时赛中，公牛队以104对96取得了胜利，现在他们是两胜一负了。

第四场，乔丹独得28分，公牛队97分，湖人队82分，再赢一场就是冠军了。

总决赛是2-3-2制，所以第五场仍在洛杉矶。在比赛只剩下6分47秒时，湖人队以91比90领先。在这最后几分钟内，板凳队员帕克森成了英雄，乔丹和皮蓬出人意料地不断把球传给他，而他居然每投必中。当结束的哨声吹响时，公牛队以108对101获胜。

乔丹终于领导公牛队摘取了NBA冠军。他实现了多年的梦。

接着，在1991—1992，1992—1993，1995—1996，1996—1997，1997—1998年完成了两次三连冠。

之所以没有1994和1995两年，这是因为乔丹在这两年中暂时退役，去打棒球了。

在1997年和1998年中，公牛的决赛对手都是犹他爵士队。1997年决赛中最感动人的是第五场球。也就是乔丹带病取胜的一场球。杰克·克拉里的《乔丹》中这样地描写：

18个小时以来，他的胃一直不舒服，吃不下饭。身体虚弱，两腿发软。尽管如此，他还是精神抖擞地与爵士队拼搏，爵士的队员们事后说，他们根本看不出乔丹是带病打球。但他毕竟太虚弱，在第三节时他几乎晕了过去。最后比赛结束时，他还是不得不由皮蓬搀着走出球场。然而，他在这场球中得了38分，而其中的15分是在第四节中得的。其中3分又是一个在只剩下25秒时所进的三分球。公牛队老板杰里·雷因斯多夫对这位他为之支付三千万美元年金的球员佩服得五体投地。他说："这是我有生以来所见过的最勇猛的表现。他走路都有困难，呼吸也有困难，但他把自己升华到如此地步，他决不容忍他的球队输给别人。"

而最动人和惊人的一幕就是在乔丹生命中的最后一场球赛中出现的。那是1998年6月14日，地点在犹他州盐湖城三角体育馆。这是公牛队和爵士队的决战。在上一年中，爵士队败给了公牛队，这一次他们是决心要报仇的，所以打得特别凶狠。

占主场之利，在前三节中，都是爵士队领先。比分是66比61。公牛队必须在最后一节中搏斗。在最后只剩 51 秒时，爵士队仍然居先两分。这时，乔丹罚球，两罚两中，扳成 83 比 83。爵士队不甘示弱，斯托克顿忽然投中了一个三分球，爵士队似乎已胜利在握。

最后的 35 秒钟是飞人乔丹献给全世界观众的真正"前无古人后无来者"的收山之作。他得球后急速带球突破对方防守，单手扣球得分，把比分差距缩小到一分。爵士队在底线抛球，球在大将马龙手中，但乔丹突然闪出，从马龙手中打落了球，带球飞向前方，对方的拉塞尔前来阻截，乔丹霍地站住，拉塞尔吃不准乔丹前进道路，乱了脚步，竟摔倒在地，这时只有 5.1 秒了，乔丹就在拉塞尔跟前跃起投篮，球缓缓地在空中划了一道弧线，不偏不倚，"嚓"的一声，落入了白色的篮网。87 比 86。公牛队六冠。

1999 年 1 月 13 日，乔丹向报界宣布他正式退役。在新盖的芝加哥联合中心体育馆内，已留下了永不消逝的乔丹雕像，在座基上刻有一句名言："前无古人，后无来者。"(The best there ever was. The best there ever will be.)

乔丹现在出任了华盛顿奇才队的老板之一。不管他做得好或做得坏，对"乔丹"这两个字已没有什么影响，因为乔丹早已成了"穿球鞋的上帝"，而上帝是永远不灭的。

乔丹在告别会上说："我在此宣布自己退出篮球比赛。我想对两位先生——斯特恩先生和雷因斯多夫先生——说声谢谢你们，因为是你们给了我参加篮球比赛的机会。当然也给了我来到芝加哥，与我美丽的妻子相遇并在这里建立一个家庭的机会。我想对这两先生以及芝加哥的全体球迷表示谢意。感谢他们允许我到这里来，并且接受我成为他们中之一员。而作为回报，我一直努力留在篮球场，消除芝加哥闻名已久的暴力传统。我认为我和我的队友，以及整个 NBA，已经成功地改变了芝加哥的面貌。我们有希望以冠军之城闻名于世。我希望这会继续下去，即使迈克尔·乔丹不再穿着运动服，我将继续支持芝加哥公牛队。我认为，比赛本身远比迈克尔·乔丹重要得多。"

2009 年 7 月 15 日，《体育周报》报道说：

近日，美国权威篮球杂志 SLAM 评出了新版 50 大巨星，其中迈克尔·乔丹高居第一，现役球员中的科比·布莱恩特与勒布朗·詹姆斯分别位居第 11 位和第 42 位。

这份榜单的评定过程中，No.1 是争议最小的。SLAM 杂志主编本·奥斯本写道："我们并不是说乔丹永远不可超越，但到目前为止，从任何角度考虑，迈克尔都是我们要选的那个人。"

35　科林·鲍威尔

我读过不少美国人的传记。有三本传记特别吸引我。它们是：《本杰明·富兰克林自传》、《林肯·斯蒂芬自传》和《科林·鲍威尔自传》。这三个人的故事本身就丰富多彩，光芒四射。再加上文笔华美，各有独到之处。"美轮美奂"本来是形容建筑之辉煌的，三个人的生活无异于庙堂，所以也不妨以美轮美奂喻之。因此，介绍鲍威尔的最好方法是让他自己说话。

《科林·鲍威尔自传》的序言就先声夺人，铿锵有力，令人肃然起敬。他写道：

我的故事是一个黑人小男孩的故事。他出生于一个收入低微的移民家庭，是在纽约布朗克斯南区长大的，早年看不到会有什么出息，但天不知地不觉地后来竟成了美国总统的国家安全委员会顾问和联合参谋长会议主席。这是一个埋头苦干加上命运亨通的故事。他碰到过一些艰难困苦，但大部分却是一帆风顺。这是一个为国家服务，过当兵生涯的故事。这是一个关于帮助我成长、使我所以能成为今日之我的那些人们的故事。这个故事讲到那些先辈们，是他们的牺牲创造了让我受益的机会，继我而来的人或许也会从我的故事中有所获益。这是一个有没有信心的故事——对自己有信心，对美国有信心。总而言之，统而言之，这是一个关于爱心的故事：爱家庭，爱朋友，爱军

科林·鲍威尔，1989 年

队，爱国家。这是一个只可能发生在美国的故事。

他写道：

我生于1937年4月5日，当时我家住在纽约哈莱姆区的莫宁赛德大道。我父母的第一个孩子是我姐姐玛丽莲，她比我大五岁半。

卢瑟·鲍威尔20岁出头就从牙买加移民到美国。在我出世前17年，他离乡背井，移居美国。他来美国，跟他之前来美国的千百万人一样，无疑是为了寻求一条较好的生路，并为他的子孙后代觅取一个较好的前途。

爸爸先在康涅狄克州的一家种植园当工人，后来到纽约曼哈顿区当大楼管理员。他最后在曼哈顿金斯伯格服装厂谋到一份差事，终于保障了他安家立业，最后当上了货运部领班。

我母亲的牙买加娘家的社会地位比我父亲家要高一层，她高中毕业，比父亲强。如同牙买加常见的那样，我家祖先混杂着非洲人、英格兰人、苏格兰人和爱尔兰人血统，也许还有阿拉瓦克印第安人的血统。我父亲家甚至还跟鲁姆菲尔德一个犹太人家族有血缘关系。

1950年，我进了莫里斯中学。它是一所普通中学，来者不拒。这时，我依然是胸无大志，没有奋斗目标。我的爱好就是跟伙伴们遛马路，从凯利大街遛到163街，绕到南林荫大道，再到西切斯特路，然后回家。

1954年2月，在距我17岁生日还差两个月的时候，我从莫利斯中学毕业了，这不是因为我学业优异，而是学校缩短了学制。在姐姐上大学的榜样带动下，遵照妈妈和爸爸的愿望，我向纽约的两所大学递交了入学申请，一所是纽约市立学院，一所是纽约大学。两个大学都录取了我。选择哪一个是一道简单的算术题：纽约大学是私立的，一年收学费750美元，纽约市立学院是公立的，一年只收10美元。我当然选了后者。

刚上大学，我在周末和圣诞节期间还常去西克塞尔商店打工。第一学期结束后，我想在暑假期间找一个报酬高一点的工作，所以参加了国际搬运工人工会。我天天到搬运工人工会大厅排队等候，分配到的工作通常是给运送软饮料的卡车司机当助手。一天，工会代理人宣布，有一个比较固定的活儿，不必天天排队等候分配，是给长岛百事可乐装瓶厂当勤杂工，问谁愿意干？白人都不举手，我要了这份差事。到装瓶厂报到后，他们给了我一个拖把，这是世世代代黑人干的活儿。我看到，所有的勤杂工都是黑人，而在装瓶机上工作的都是白人。我拿起拖把，心想只要一星期能挣到65美元，我就认了。我认真地擦地板，把它擦得闪亮发光。这是一件苦活，每天总有几十次百事可乐瓶子从吊叉上掉下来粉碎，弄得满地板都是黏糊糊的苏打水。

暑期结束了，工头对我说："小伙子，你擦得非常好。"

"你们给了我许多学习机会"，我回答。

"明年再来"，他说，"我要给你一份工作"。可是拖地板的活我不想干了，我说想上装瓶机工作。第二年暑假，他真让我上了装瓶机。到暑期末，我当上了副领班。这段经历给我上了宝贵的一课：所有的工作都是光荣的，任何时候都要尽力而为。因为总有人在盯着你。

我在学院的第一个学期就注意到一件事：校园内有些青年穿军服。1954年我返校后打听到后备军官训练团的情况，不久便报名参加了后备军官训练团。为什么这样做，我自己也说不清楚。也许因为我在第二次世界大战期间度过了童年，又在成长时期看到了朝鲜战争，产生了爱国主义思想。当时，我看过《重返巴丹半岛》、《东京上空30秒》、《爪达卡纳尔岛日记》、《科林·凯利》、《托科里桥》等影片和小说，佩服科林·凯利和与美国"朱诺号"巡洋舰共存亡的沙利文五兄弟等英雄人物。

入伍那天，我站在教练场上的队列中，领取了草绿色军衣军裤。我一回家就穿戴整齐，对着镜子瞧，对自己这副军人姿态挺满意。我17岁，曾感到孤单，军装使我有了归属感，而且产生了我多年来未曾有过的豪情。

我的陆军生涯开始于1958年6月的一个早上。军营在佐治亚州的本宁堡。我在本宁堡受的教育是：美国兵必须懂得他们是为什么而作出牺牲。我们的兵不是雇佣兵，他们是祖国人民的儿女。我们只是为了有价值的目标而让他们去冒生命危险。如果说士兵的天职是不怕牺牲，那么领导人的责任就是不让他们白白牺牲。在越南战争之后的年代，当我升到负责的职位，需要我建议在何处让美国兵冒生命危险时，我从来没有忘记这一条。

鲍威尔在1962年直接参加了越南战争，由于他表现杰出，最后晋级为少校。他自己总结道：

我这次服役期于1969年结束，单从一个职业军人的角度来说，可以说是成功的。上级的鉴定对我评价很高，并授予我荣誉军团勋章。另外，格蒂斯将军为表扬我在直升机坠毁后营救过程中的表现还授予我军人奖章。但是，随着时间的推移和眼界的开阔，我大脑的另一部分比较深入地剖析在越南的经历。1962年我是踏着原则与信念的基石去的越南，后来却眼看着这块基石逐渐被含糊其辞、谎言和自欺欺人所侵蚀。

我们被派去执行一个已告破产的政策。我国政治领导人依据千篇一律的反共原理，将我们投入了一场战争，结果却发现这一原理在越南只是部分适用。在那里，战争有其自身的历史根源，除了东西方冲突外，还有民族主义、反殖民主义和内部斗争因素。

这场战争打得很糟糕，这一点我们的高级军官是清楚的。但他们屈从于某种压力，继续不断地弄虚作假，满足于"安全村"的幻想，在报告中夸大其词。军队的最高领导人从未到国防部长或总统那里去直陈："照这样打法，这场战争是赢不了的。"我们这些代表年轻一代的上尉、少校和中校们都发誓说，有朝一日我们当领导时，决不会一言不发地默许为了美国人民不理解或不支持的肤浅理由而去打一场半心半意的战争。

越南战争结束后，鲍威尔进了乔治·华盛顿大学，攻读工商管理学数据处理专业硕士学位。接着进了卡特总统政府，任白宫研究员。后来又进了国家军事学院深造。他说：

这段时间在国家军事学院学习，时机很好。有一位老师把我的眼界提高了好几个档次。还有那位博学的普鲁士人克劳塞维茨使我顿开茅塞。他的《战争论》像从久远的过去射来的一束曙光。他写道："任何人，或者说任何神智正常的人如果不知道用战争要达到什么目的并如何达到目的，那么就不能发动战争或不应该发动战争。"越南战争的第一大错误正在于此。接下来的便是克劳塞维茨的第二条原则：必须由政治领袖来确定战争的目标，由军队来完成这些目标。最后一条，战争必须得到人民的支持。

克劳塞维茨给予我们这个职业的最大启示是：一个军人，尽管高度爱国，勇敢，有才干，也仅仅是鼎立三足中的一足。没有三足——军队，政府和人民，鼎是立不起来的。

1987年，鲍威尔出任了里根总统的安全顾问。1988年他陪同国务卿舒尔茨到莫斯科和戈尔巴乔夫进行会谈。他写道："戈尔巴乔夫换了语气。他开始叙述他在改革和公开性方针下要达到的目的，他要改革这个像步履蹒跚的巨人似的国家，要使苏联提高效率，要使苏联适应市场经济，要改革苏联共产党，要用我们从未想象到的方式改革苏联。他说，总之他要结束冷战。他们和我们间的意识形态之战已经过去。他们败了。他知道我是军人，直看着我眨着一只眼说：'既然你们已经失去了头号敌人，以后作何打算？'"

"那天晚上，我回到饭店房间里，回顾这非同寻常的一天，有了一个深信不疑的想法。这个人说的话是当真的。我躺在床上，意识到我生活的一个阶段已经结束，另一个阶段即将开始。直到现在为止，我作为一个军人的使命一直是对抗、遏制以及在必要时与共产主义作战。现在我们必须想想一个没有冷战的世界。我们在生活中所信守的一套老原则现在如同过期的时刻表一样，只会起误导作用。"

"其他一些人也看到了正在发生的变化，但对大多数美国军事机构而言，情况好像是这样：我们的敌人来了个180度大转变，打道回府了，而我们却还准备与之进行一场迎面冲撞。我决定用陆军部队司令部的讲台来讲一番实话。"

1989年5月16日，鲍威尔终于公开发表了题为"未来世界决不像过去那样"的演说。"我指出，尽管在我们面前眼睁睁地发生了巨大变化，但还有那么一些人认为戈尔巴乔夫是马基雅维利式的阴谋家，他试图骗我们放弃戒备。不，不是这样，我说。真正的解释应当是'苏联内外交困，虚弱无力。苏维埃制度已经破产，戈尔巴乔夫就是破产财产的保护人'。我指出了戈尔巴乔夫政府在哪些领域内帮助促成了和平，并说'我们的北极熊现在已经温顺多了'。我有意要将这次演说当成唤醒人们的号召。"

继里根入主白宫的布什很赏识鲍威尔的见识，就请他出任了参谋长联席会议主席，这是美国历史上黑人担任的最高军人官职。他上任后没有几天，就碰到了捕捉巴拿马总统诺列加事件。据说，诺列加是"贩毒分子"，美国要捉他到美国受审。在鲍威尔策划下军事行动很快取得了胜利。他写道："1月初，我飞往巴拿马以便亲眼看看那里的情况。在同第82空降师官兵见面时，我喜不自禁，脱口而出：'他娘的，你们这帮家伙干得真漂亮！'全国广播公司的弗朗西斯抓拍了我狂笑的镜头，于是我成了晚间新闻人物。"

他说："自从美国人民对越战产生怀疑的20年来，我所支持的信念全部在这次巴拿马行动中得到验证：要有一个明确的政治目标并锲而不舍；使用一切必要的兵力，无须因投入兵力巨大而感到歉疚，如果这是达到目的的必要条件的话。以后我们不论面临什么样的威胁，我总要把这些守则作为我的军事主张的基本原则。"

1990年8月，伊拉克入侵科威特，导致了美国的"沙漠风暴"行动。这次行动的最大特点是获得联合国的支持。鲍威尔写道："11月29日，联合国投票表决是否批准使用军事力量把伊拉克军队赶出科威特。安理会678号决议规定'可以使用一切必要手段'。古巴和也门投反对票，中国弃权。这一天具有重大的历史意义。这是第二次世界大战结束以来苏美两国第一次在军事行动上取得一致。"

"1991年利雅得时间1月17日凌晨3点，我们发起进攻。"战争进行得非常顺利。联合国军队用大规模轰炸破坏了伊军的运输系统后，又出动地面部队消灭了伊拉克入侵军。"2月28日晚上9时，总统在椭圆形办公室向全国发表讲话：'科威特解放了。伊拉克军队被打败了。我们的军事目标已实现。我很高兴地宣布，东部标准时间今晚午夜，在地面军事行动开始以来整整100小时、'沙漠风暴'行动开始6周以来的这一时刻，全体美国部队和多国部队将停止进攻性战斗行动。'"

"我们在将萨达姆的部队逼得四处逃窜之时，为什么不向巴格达推进呢？或者换种方式说，我们为什么不搬动球门柱呢？人们往往会忘记的是，虽然美国走在头里，但我们率领的是一个国际联盟，执行的是联合国明确规定的任务。这一任务已完成了。

总统曾向人民保证,"沙漠风暴"行动不会成为波斯湾的越南战争,他实现了他的诺言。"

在1992年的总统大选中,克林顿的竞选班子的人找到鲍威尔,向他提出几个职位的任职邀请。克林顿州长一旦当选,鲍威尔愿意成为副总统、国务卿,还是国防部长?鲍威尔回答是"不"。他倍感荣幸,但却不愿接受政治上的任命。他想结束参谋长联席会议主席的任期,然后从部队退休。他觉得是该做些其他事情的时候了。

1993年9月30日,鲍威尔第二届参谋长会议主席的任期结束,他从部队退休。那时,克林顿已接替老布什出任总统。在充满深情的告别演说中,鲍威尔盛赞自己热爱的职业:"在过去35年中,我发现,其他任何工作,任何职业,任何生活,对我的吸引力都不如当一名士兵。今天,我成就的这一切,是因为部队爱护士兵。根据我的表现,我获得了提拔。这是职业军官所能得到的最佳荣耀。"

那一天,白宫人员和五角大楼要员齐集于梅耶斯堡垒,参加退役典礼的克林顿发表讲话,盛赞他"有这样一颗心,时刻感到自己有重大责任,要对人的生命负有责任,美国男女对作为武装人员的现在和前程负有责任"。克林顿还授鲍威尔以"自由勋章"。

鲍威尔热泪满眶地答谢说:"这么多年来军队是我的家,是我的生命,我的事业,我的爱好。我全心全意地热爱我的国家。这是一种无边的爱。我永远相信美国之美,相信美国人民之美。我以身为美国人而自傲。我更以美国军人而自傲。"

鲍威尔退休后开始写自传。1994年9月15日,正在家中的他忽然得到前总统卡特的一个电话,要他陪他一起去海地平息一起政变事件。

原来海地由选举产生了一位总统,名叫伯特兰·阿里斯蒂德。但过了三年,以赛德拉斯为首的政变集团把阿里斯蒂德赶下了台。卡特自告奋勇,要前去说服赛德拉斯。海地是一个黑人国家,所以卡特一定要借重鲍威尔的黑人身份,一同前去。

他们到了海地首都太子港与赛德拉斯进行了两次谈话,都不得要领。最后还是靠鲍威尔去会见了赛德拉斯的妻子(因为人们说赛很听妻子的话),原来赛夫人一向很敬佩鲍威尔。鲍威尔当然没有读过"触龙说赵太后"故事,但他使用的却就是"触龙"的办法。

他说,他与妻子相爱甚笃,双方都把对方的幸福放在第一位,我看你们夫妻也是这样。现在你夫君的最好前途是什么呢?我认为最好的办法就是听从美国的建议。因为美国的建议是最合情合理的。否则,将给你丈夫带来不利,你是一定不愿看到你夫君为难的。

赛夫人深为感动,暗示她将尽力而为。

然后,鲍威尔又直接对赛德拉斯说:"我像你一样是军人,作为军龄35年的军人,我完全可以了解你此时此刻想的是什么。你所面临的是一种历史性的决定。国际社会要求你退位,我也想说服你退位。因为现在已有一支强大的武力组织就绪,准备立即采取行动,其攻击力将不可估计。我实在不希望看到这支军队来与你的军队作战,这将是一场大灾难。"

"卡特总统所提出的办法是要求我们双方达成协议,达致和平解决。这是一种光荣的解决办法。作为军人,朋友和关心海地人民福祉的一个人,我提出的是我认为最好的忠言。"

赛德拉斯终于在原则上同意退位。问题得到了解决。

据鲍威尔说,他的思想就是不愿看到美国或地方死一个兵。

在此期间,民主党和共和党都想拉他出来任副总统候选人,他一一加以婉拒,因为他要专心写他的自传,而且他对副总统的位置根本就没有兴趣。

1995年9月中旬,兰登书店宣布9月16日将发行鲍威尔自传。结果,书店门前排成长龙。连续几个星期该书占《纽约时报》畅销书的榜首。最后销量超过一百万,鲍威尔也发了大财。

同年后期,鲍威尔决定登记为共和党人。在2000年共和党代表大会上,他出任了主旨发言人,获得了满场的欢呼。共和党得胜后,小布什和他进行了一次密谈。他了解了布什的"温情的保守主义"的实际内涵后,同意出任国务卿。

这是美国历史上第一个担任最高官职的黑人。

他仍怀有军人气度,多次声明"我是为总统服务的",绝对服从总统。

他上任之初,美国的外交重点还是对俄和对华。但2001年突然发生了9·11事件。按鲍威尔的说法:"从此一切都变了。"

是鲍威尔力主必须用武力消灭塔利班。他受命处理这个问题。

当时,巴基斯坦是唯一承认塔利班政权的国家。

鲍威尔认为现在事情紧急,没有时间与军人总统穆巴拉克进行谈判,他直截了当地拿起电话告诉他:巴基斯坦必须马上作出选择。它必须停止向"基地组织"供应一切物资;必须立即关闭与恐怖分子的边界;必须让美国飞机可以飞越巴基斯坦上空;双方必须共享有关恐怖组织的情报;必须公开谴责9·11恐怖活动;严禁巴国人进入阿富汗参加塔利班。

他做这件事完全是个人主动,事前没有告诉任何人,连小布什都没有告诉。"只是翌日上午,我才告诉总统我已这样做了。"

星期五,他要求穆巴拉克作出答复。他说:"作为一位将军与另一位将军谈话,我要说,我们需要你们与我们共同作战。如果巴基斯坦不与美国合作,美国人民将不能理解。"

这次通话后,鲍向小布什报告,穆已完全答应了美国的要求。

他还亲自到阿富汗的周边国家乌兹别克斯坦、吐库曼斯坦、塔吉克斯坦、吉尔吉斯斯坦进行游说，取得谅解和合作，在这样的外交安排下，美国（或者说是联合国）的军事行动很快取得了胜利。塔利班遭到致命的打击。阿富汗成立了以卡尔扎伊为首的民主政府。新政府的重要政策之一就是妇女解放。本来不能上学的女孩子都可以上学了，妇女也可以投票和出任公职了。小布什的民主输出论取得了初步胜利。但接下来就在伊拉克问题上出了纰漏。

鲍威尔受命去联合国作了一次简报，论证萨达姆的确在发展大规模杀伤性武器，从而在他职业生涯中留下了一个败笔。

鲍威尔只任了一届，小布什在连选连任后，他就主动提出了辞呈。有人说他与小布什不合，但鲍威尔特别在记者招待会上声明，他过了四个很愉快的年头，他的辞职是个人的决定，与政见不合无关。

关于鲍威尔，还需要特别一提的是：他有强烈的家庭观念。无论到哪里，他都强调家庭观念。强调家庭成员互相关爱是至为重要的。他还把美国视为一个大家庭，把部队视为一个大家庭。他说："我们都得记住，在我们美国这个大家庭中，如果有人在受苦，需要帮助，而我们又可以出力，那我们就不能袖手旁观，否则会心有不安。"

1995年，政界朋友们开始鼓励他参加总统选举。他们说，他就是当总统的材料。对于是否参选总统，鲍威尔进行了长期的深思熟虑。在与家人商量之后，他认为竞选总统对家人不利。他在记者招待会上说："我花了很长时间，与我生命中最重要的人——我的妻子商量，讨论从政对我们的影响。从政需要我们作出牺牲，要求我们改变生活，此刻我们很难办到。在我心里，家庭幸福高于一切。"

当被问到他觉得自己能否胜任总统时，鲍威尔斩钉截铁地答道："能，我想我有能力胜任总统。但我心中没有当总统的热情。当总统需要有某种召唤，可我至今没有听到。如果我假装听到这种召唤，这就是对自己不诚实，也是对美国人民不诚实。因此，我不会去追求。"

在这样的考虑之下，1997年，他出任了"美国希望"（America's Promise）组织的主席。作为主席，他与企业、教会、学校和各种机构进行合作，以求发展和加强年轻人的体魄、人格和能力。他到全国各地访问学校和社区中心，与孩子们交流。他传达给美国黑人孩子们的信息非常清晰："不要因为你们是黑人，是少数民族，就感到气馁。如果你们勤奋努力，尽力而为，抓住眼前的一切机会，你们就会获得成功。"

他担任了三年的"美国希望"主席，然后，接受了小布什的召唤。他与小布什在重视家庭价值上是完全一致的。相反的，他曾与克林顿在同性恋问题上发生了极大的分歧，克林顿支持同性恋，而鲍威尔是坚决反对同性恋的。

当国务卿鲍威尔第一天走进他的办公室的时候，他所做的第一件事是在墙壁上挂起两幅肖像。一是华盛顿总统的国务卿托马斯·杰斐逊；一是杜鲁门总统的国务卿乔治·马歇尔。他非常崇拜这两位先师。他说："杰斐逊曾经说，'每一个人都有为国家效劳的义务，这种义务与自然和命运给他的赠与成正比。'我受国家恩惠如此之多，深感义务之重，而且永远难以还清。作为幸运的美国人，我的责任，我们的责任是：在携手并肩继续我们的美国之旅程中，尽力报答国家的恩情。"

评论家们认为，鲍威尔所遵循的不是什么政治教条或党派立场，而是他自己所相信的座右铭：

1. 事情并不像你想的那么糟。到明天早晨情况就会好转。
2. 发一通火，过去就算了。
3. 不要把你的自我与你的观点混为一谈，以免你的观点一旦站不住脚时，你的自我也随之不复存在。
4. 有志者事竟成。
5. 作抉择时要慎重，你可能受到惩罚。
6. 不要让不利的因素妨碍你作出明智的决策。
7. 不要给别人拿主意，也不要让别人给你拿主意。
8. 永远不要忘记检查细节。
9. 荣誉要共享。
10. 高瞻远瞩，严格要求。
11. 头脑冷静，宽以待人。
12. 永远乐观会使力量倍增。
13. 如果你想在大事上得优，你必须有在小事上得优的习惯。
14. 梦想成真不是通过变戏法来完成的，它要通过流汗，通过决心，通过苦干。
15. 成功没有秘诀，它来自充分准备，刻苦工作和善于吸取教训。
16. 战争应当是没有办法的最后办法。
17. 美国从不吝啬，我们是对国际事务作出最大贡献的国家。
18. 要有向专家说不的勇气，即使是在他们的后院内。

有人问他，是不是要写自传的续编，他说，他生命的最精彩部分是前半生，后半生没有什么可写的。

环球网报道鲍威尔的退休生活说：美国前国务卿鲍威尔是深受美国人民爱戴的政治人物，每一次亮相都能吸引不少眼球。自从2005年年初退休以来在媒体前露面频率大大地减少了，其实他的退休生活相当忙碌：积极投身于公共演讲、慈善事业、商业投资及赛车等活动。从严肃的到轻松娱乐的不同领域同时进行，游刃有余。人们发现鲍威尔现在倒比在白宫的时候显得更有活力、更神清气爽了。

当媒体主持人问他"退休后是否有意继续从政时"，他果断地回答："不会。"

他表示希望以一种私人的方式继续为国家服务，"在这些年艰苦的岁月中，我一直强调对政治没有兴趣。"退休后鲍威尔成为一大堆基金会和组织的主席，比如马丁·路德·金纪念碑基金会名誉主席，负责募捐；艾森豪威尔研究计划主席，主要工作是邀请世界各地专家来美国从事学术研究。他还在多个基金会和大学董事会中担任了董事和顾问。他更是非营利组织"美国承诺"的主要倡导人。

他曾说："我们应该自己照镜子了。美国是地球上最富有的国家。我们拥有最多的人力、物力和金钱，可为什么我们还有年轻人需要救济？或因为没有基本条件不能获得成功？"他把他很大一部分精力用于拓展"美国承诺"的影响力。

鲍威尔喜欢读书，他也喜欢看棒球比赛。

虽然民主党和共和党都想拉他出来再从政，但他没有重返政坛的想法。他更乐于享受忙碌的退休生活。除了被美国退休者协会评为最令人尊敬的时代领袖而外，还被一家杂志评为最性感的祖父。

36　贝拉克·奥巴马

2008年震撼世界的一件大事就是贝拉克·奥巴马当选为美国总统。

1994年黑人纳尔逊·曼德拉获选为南非总统,是第一位黑人代白人当总统的世界新闻。但南非是一个小国,所以并没有起震撼的作用。只有在美国,黑人取代白人当总统才能成为逆转乾坤的特大新闻。

凡研究美国的人都会知道美国有一天会产生黑人总统,但这总是一起30年或50年后才能发生的事,谁也不会想到它竟在2008年就出现了。

世道变了,不错,世道是变了,但值得庆幸的是向好的方面变了。是人类的一大幸事。

不管奥巴马今后4年或8年将作出什么成绩,变的事实已经是历史,是不可挽回的了。

东方出版社出版了一本书,名为《改变美国的奥巴马》,这书名已肯定奥巴马已经改变了美国,不是吗?问题只是改变的程度和深度了。

我们将从奥巴马本身和美国社会本身来探讨这个问题或这一挑战。

美国前参谋长联席会议主席科林·鲍威尔曾说,他这位黑人苦儿之所以能成为一员将军,"这只有在美国才能发生"。前国务卿康多莉扎·赖斯也说,只要加倍努力,她就可以做得与白人一样好,甚至更好。这一切,在别的国家是不可能发生的。

贝拉克·奥巴马

奥巴马到底是何许人也？

1961年8月4日，这在夏威夷檀香山是一个阳光灿烂的日子，奥巴马就在这一天出生了。他被取名为Barack Hussein Obama Jr.，因为他的父亲是一位非洲黑人，而且是一位穆斯林。而小奥巴马是一位混血儿。他自己曾说："父亲的肤色沥青一样的黑，母亲的肤色牛奶一样的白。"

老奥巴马是肯尼亚的一位留美学生，他在夏威夷碰到了18岁的女学生雪莉·邓纳姆。两人发生了恋爱并结了婚。在那个时代，一位白人女性敢下嫁给一位黑人，是需要相当勇气的。因此，在奥巴马身上可能就潜伏有这种敢于与环境挑战的基因。

但老奥巴马不久得到了哈佛大学的奖学金，就离开檀香山而去东部，他那时经济困难，不能带妻子同行，这样，夫妻异地而居，终于酿成了离婚的悲剧。雪莉接着嫁给了一位印尼学生，并带着小奥巴马随夫君回印尼，因此，小奥巴马是在印尼上的小学。不久，雪莉再次离婚，回国上学，把奥巴马托给了自己的父母，所以奥巴马是在外祖父家度过其中学生生活的。

这种复杂的背景，给奥巴马带来了不小的心理压力。他自己曾说："我在十几岁的时候是个瘾君子。当时，我与任何一个绝望的黑人青年一样，不知道生命的意义何在。"1995年，奥巴马在自传《来自父亲的梦想》中这样写道。他说："烟酒、大麻……我希望这些东西能够驱散困扰我的那些问题，把那些过于锋利的记忆磨到模糊。我发现我了解两个世界，却不属于其中任何一个。"

10岁那年，奥巴马回到夏威夷火奴鲁鲁，由他的外祖父母抚养。由于他外祖父的帮助，他得以进了欧胡岛上的一家私立贵族学校——畔拿荷学校，一直读到1971年毕业。他初到时感到非常不协调。他这样写道："爷爷和我一起买的衣服一点都跟不上潮流；在雅加达我一直穿着的印尼凉鞋在这儿显得寒酸不堪。这里大多数同学在幼儿园时就互相认识。他们对打羽毛球或下棋不感兴趣，而我却对如何把橄榄球投出弧线或在滑板上保持平衡一窍不通。"

评论员劳伦斯·道恩斯写道："对于奥巴马而言，想融入畔拿荷贵族学校绝非易事。早在教会时代，建校之初，它就是以为少数特权阶级办学为宗旨的，而奥巴马当时是靠拿奖学金上学的穷学生，而且还不是白人，又身无分文，难度可想而知了。"

但奥巴马终于慢慢地适应了新的生活，其中的一个因素就是通过打篮球。他这样写道："在篮球场上，我找到了志同道合的朋友，也找到了自我。正是在赛场上，我和白人朋友打成一片，在这里黑色皮肤也不再代表着低人一等。"

在毕业前一年，他的校队赢得了州冠军的殊荣。因为奥巴马擅长远距离投球，还得了"巴利轰炸机"的雅号。后来在大学时期，他也没有间断过打篮球，每年圣诞节，他回夏威夷时，还和高中旧友相约球场一试身手。

1979年，奥巴马高中毕业。他母亲参加了他的毕业典礼，并鼓励他进大学进修。他最先进的是加州的西方学院。

1981年，他转入纽约哥伦比亚大学。

1982年，他父亲因车祸身亡。

1983年，他毕业于哥伦比亚大学。

1985年，奥巴马到芝加哥工作，开始干社区活动组织工作。

1988年，他回肯尼亚寻根，同年被哈佛大学法学院录取。

1990年，奥巴马成为《哈佛法律评论》创刊以来首位黑人主编。

1991年，奥巴马在哈佛大学获得法律学位，回到芝加哥，成为民权律师，同时在芝加哥大学教授宪法。

1992年，奥巴马从事组织新选民注册工作，同年与黑人同事米歇尔·罗宾斯结婚。

1995年，奥巴马自传《来自父亲的梦想》出版发行。

1996年，奥巴马被选入伊利诺伊州的州参议院，并连任至2004年。

在这里，我们要补充说明一点。当奥巴马在哥大毕业之时，他曾有机会找一个比较能赚钱的职位。但他在再三思考之下，"开始注意自己身外的世界"。他说：

我开始积极参与反对南非种族隔离制度的运动。我开始关注我们国家有关贫困和医疗保险问题的辩论。因此，我在大学毕业时满脑子只有一个狂热的理想——我要从基层做起，实现变革。

我写信给我所知道的全国各地的每一个组织。有一天，芝加哥南区的一个小型教会组织聘请我到当地因钢厂倒闭而陷于困境的街区当社区组织人。当时，我母亲和外祖父母都希望我到法学院深造。我的朋友们在向华尔街求职。而这个组织答应每年给我12000美元薪金，外加用来买一辆旧车的2000美元。

那时候，我在芝加哥举目无亲，也不清楚社区组织工作到底是怎么回事。我一直深受民权运动人士的事迹和肯尼迪总统发出的为国服务的呼吁的鼓舞，但当我来到南区时，那里没有游行，也没有激昂的演说，在空无一人的钢厂的阴影中，有着很多正在艰难挣扎的人。一开始，我们并没有取得多少进展。

我仍然记得我们最初组织的一次同社区领袖讨论团伙暴力问题的会议。当时，我们左等右等不见人来，最后，一群老人走进了大厅。他们坐下来后，一个小老太太举手问道："这儿是玩宾戈游戏的地方吗？"

尽管困难重重，但我们最终取得了进展。我们日复一日，从一个街区到另一个街区，把整个社区调动起来，进行了新选民登记，组织起课外活动，大力争取新的就业机会，帮助居民过上比较有尊严的生活。

而我也开始意识到，我不仅仅是在帮助别人。通过服务，我找到了一个热情接纳我的社区、有意义的公民行动以及我一直寻找的方向。通过服务，我看到了我特殊的个人经历如何融合在更广义的美国经历中。

奥巴马的真正发迹始于民主党2004年的全国代表大会，因为他被选中在大会上作"主旨演说"，这次演说使他一举成名，从此一帆风顺，步步上升。

他在演说中谈到自己的外祖父是第二次世界大战中的老兵，并且是罗斯福新政中的《退伍军人法》的受益人时强调说："不，人民并不指望政府解决他们所有的问题。但他们能感到，只要我们稍微改变一下政策优先权，美国每一个孩子就能有机会获得较好的生活，机会就能向每个人敞开。他们知道我们能做得更好，他们希望这样的选择。"

他为自己说："今天，我站在这里，对自己身上这种特殊的血统而心怀感激，而且我知道父母的梦想将在我的宝贝女儿身上继续延续；我站在这里，深知自己的经历只是千百万美国故事中的沧海一粟，更深知自己无法忘却那些更早踏上这片土地的先人，因为若不是在美国，我的故事无论如何都不可能发生。今夜，我们聚集一堂，再次证明这个国家的伟大之处，而这一切并不在于鳞次栉比的摩天大楼，也不在于傲视群雄的军备实力，更不在于稳健雄厚的经济实力。我们的自豪与荣耀来自一个非常简单的前提。两百年前，它在一个著名的宣言中得以高度的概括：'我们认为以下真理是不言而喻的：人人生来平等，造物主赐予他们以下不可剥夺的权利：生命、自由和对幸福的追求。'"

他说："入夜，当我们为孩子掖好小被的同时，相信他们不会为衣食所累，不会为安全担忧。我们可以畅所欲言，无须担心不速之客会不请自来。我们有灵感，有想法，可以去实现，去创业，无须行贿或雇用某些人物的子女作为筹码和条件。我们可以参政议政，不必担心打击报复。我们的选票至关重要，至少在多数情况下如此。"

他说："这里没有一个自由派的美国，也没有一个保守派的美国，这里只有一个美利坚合众国。这里没有一个黑色美国或一个白色美国、拉丁裔美国、亚裔美国，这里只有一个美利坚合众国。"这时全场欢声雷动，经久不息。

他在演说中已奠定了他后来的竞选基调。那就是要摒弃几十年来的所谓左右对抗。他把那些好斗的民主党人与共和党人定位为老一代；而暗示他自己是能够团结早已厌倦了政治斗争的人们的新一代。讲话的重点就是要吸引人们对奥巴马本人的认同，认同自己和他是同一种人，即新的美国人。

奥巴马还要让人们知道这种新美国人的根源其实就是最原始的美国梦，一种已经被主流政坛遗忘了的古老承诺。那就是自由女神像所表达的希望。"它是坐在柴火旁边唱着自由之歌的奴隶的希望，它是即将启程投奔遥远海岸的移民的希望，它是勇敢地巡逻湄公河三角地带的一个年轻海军中尉的希望，它是一个磨坊工人的不甘认命的儿子的希望,它是个有着奇怪姓名而又相信美国也会留给他一个位子的瘦小男孩的希望(这当然指他自己)"。

也就是说,凡认同这样希望的,就是认同他,而由于不可能会有人不认同这个"希望",所以事实上人人将会认同他。

在谈及小布什总统的伊拉克政策时,奥巴马举一位来自伊利诺伊州的海军应征者谢默斯·埃亨下士为例说:"当谢默斯为我们服务的时候,我们在为他服务吗?当我们去送我们的年轻人上战场的时候,我们有绝对的义务,不能捏造一些数字,不能掩盖他们去战场的原因。我们必须在他们离去时关怀他们的家庭,在他们归来时以他们为荣,并且永远不要在没有足够军队去取得胜利的时候就匆匆上路。"

他在全国团结问题上更别出心裁地说:"政治批评家们喜欢把我们的国家切割分开成'红色州和蓝色州',红色州代表共和党人,蓝色州代表民主党人。但我要带来一个新的信息:我们崇敬蓝色州里伟大的主;我们不喜欢红色州里的联邦探员在图书馆内闲逛。然而有爱国者反对伊拉克战争的,有爱国者支持伊拉克战争的,这里,我们是一体的,我们都宣誓效忠星条旗,我们都在保卫美利坚合众国。"

紧接着,他在11月中就当选为伊利诺伊州的联邦参议员。2008年2月,他在林肯总统的发迹地、伊利诺伊的斯普林菲尔德正式宣布成为美国总统候选人。

第一步,奥巴马靠了选民的支持,在民主党内部击败了呼声很高的竞争者希拉里·克林顿。接下来就与共和党总统候选人约翰·麦凯恩展开了一场决战,并最后以364票对162票战胜了敌手。

奥巴马在随后的芝加哥庆祝大会上这样说:"如果还有人对美国是否凡事都有可能存疑,还有人怀疑美国奠基者的梦想在我们所处的时代是否依然鲜活,还有人质疑我们的民主制度的力量,那么今晚,这些问题都有了答案。"

对奥巴马的梦想成真,辽宁社会科学院研究员陈东冬作了如下的评论:

"从以一个名不见经传的黑人参议员身份参选总统,到在全国刮起'奥巴马旋风',奥巴马政治上的成功表明:梦想可以超越种族和肤色。奥巴马的美国梦,是要构建一个超越民主、共和两党,包容保守和进步的新美国;奥巴马的美国梦,是要构建一个超越肤色、族群、宗教、语言、性别和年龄的新美国;奥巴马的美国梦,也是美国人等待了200多年的梦:所有的人生而平等的新美国。奥巴马以自身经历为其执著追求的'美国梦'做了最好注解,他对'希望'和'变化'的阐释激发了人们对新政治理念的渴求。这时,他实际上已成为一种载体,承载了美国民众对变化和希望的诉求,承载了美国民众对平等和自由的终极向往。"

2009年4月30日,《参考消息》刊载了一篇文章,题为"奥巴马是罗斯福第二吗?",文章曰:

在奥巴马执政100天之际,他的老前辈和心中偶像——罗斯福也成为美国当前的热门话题。著名的《时代》和《纽约客》杂志都在封面图片上给奥巴马"换上"了罗斯福的装扮和做派:抽着雪茄烟,戴着大礼帽,坐着敞篷车,一脸"除了恐惧本身之外别无所惧"的派头。

美国人作出这一类比是有原因的,一方面是因为,对新总统进行"百日评估"的惯例是从罗斯福1933年上台后开始的;但更重要的是,两人所面临的挑战、执政风格和政策内容都有不少相似之处,奥巴马的顾问班子也一直在从罗斯福不同凡响的"百日政绩"中寻找借鉴。

从各种迹象来看,奥巴马团队和美国民众似乎都愿意将两人相提并论。就奥巴马而言,他一心想效法罗斯福,成为一名"跨时代"总统;从民众心理而言,罗斯福是成功引导国家走出危机的伟大总统,如果奥巴马真的能像罗斯福一样成就一番丰功伟业,对美国人而言的确是一大幸事。

谈起两者的相似之处,马歇尔大学政治学教授、《罗斯福》一书作者让·爱德华·史密斯认为,奥巴马和罗斯福最大的共同点,其实在于他们都有志于改变国民心态和政策观念。

1933年罗斯福成为美国总统之前的半个世纪当中,美国的政治哲学一直是相信政府"少为"是最好的管理模式。罗斯福上台后,很快扭转了这种思维。

奥巴马则是民主党强调加大政府作用的新一代领袖,他的经济政策,明显是和里根等共和党人所推崇的"小政府"理念对着干。

在对外政策方面,罗斯福上任前,美国长期盛行仇外孤立主义。受其影响,美国在20世纪30年代初期无视德国和日本法西斯主义威胁,企图置身事外。罗斯福上台后改变了这种思维,积极参与反法西斯斗争。

而美国在布什时代曾奉行单边主义,无视国际规则,大搞先发制人。当前奥巴马在外交领域重点予以纠正的,正是美国孤立主义的"当代直系后裔"——单边主义。

为了改造国民心态,两人都积极利用媒体与民众沟通。罗斯福以"炉边谈话"的形式首创了总统每周例行的广播讲话。而奥巴马把每周讲话的媒介载体扩大到互联网。正如罗斯福得益于他的对手无法有效地利用无线电。奥巴马一直得益于共和党领导层技术观念陈旧。

英国国王乔治六世曾对罗斯福引导国民思维方面的能力佩服不已。他在1941年致函罗斯福说:"你引导公众意见的能力让我震惊。"在这个方面,奥巴马显然是在有意效法罗斯福。

说奥巴马像罗斯福,只是个粗线条的类比。仔细推敲起来,却是"既相像又不像"。

许多人在谈到奥巴马与罗斯福的相似之处时,都会提到他们所面临的巨大挑战。

两人在上任时都称得上是"临危受命"。罗斯福当选时，失业率达到24%，国民生产总值下降13.4%，全球资本主义体系岌岌可危。而奥巴马大选获胜后发表演讲时称，美国目前正面临"一场百年不遇的经济衰退、两场战争和一场全球环境危机"的考验。

然而，让·爱德华·史密斯却认为，罗斯福当年面临的险恶形势，后世无法比拟。

当时，四分之一的美国人失业，初级商品价格崩溃，工厂闲置，企业关闭，银行系统处于崩溃边缘。但更严重的是，当时的美国没有社会保障体系，没有银行存款保险制度，没有农产品价格支持制度，没有联邦失业补偿，没有养老保险制度，也没有联邦救济计划。劳工没有与资方集体谈判的权力，金融市场基本不受管制。全国一半的农场面临丧失赎回权，44%的房屋业主交不起按揭。

"这个国家要求采取行动。现在就采取行动！"罗斯福这一句斩钉截铁的话，使国会在他上任百日之内通过15项历史性立法，从而使美国走上复苏之路。

相比之下，奥巴马现在虽然也面临一系列严峻挑战：两场低烈度战争（阿富汗和伊拉克）、经济衰退、失业率持续上升、汽车业失败以及医疗保健、教育、能源和环境问题。但是，这些与罗斯福面临的挑战相比，还不在一个重量级上。由于罗斯福缔造的社会安全网，现在的奥巴马政府在解决经济社会问题时，回旋余地要大得多。奥巴马上任后百日之内也签署了不少法令，并力促国会通过了经济刺激方案等法案，但立法成就仍无法与罗斯福比肩。

在人事方面，两人也有共同之处：罗斯福在内阁中任用了亨利·史汀生和弗兰克·诺克斯这样的共和党人，奥巴马也对共和党人委以重任，比如国防部长罗伯特·盖茨。

然而，两人行事风格却大不相同。奥巴马喜欢团队作业，致力于争取共识，罗斯福却喜欢独行其是，说一不二。

奥巴马希望两党合作，最起码表面上要保持一团和气。但罗斯福却是一个喜欢与政治对手恶斗的人，而且似乎乐在其中。有人说，他曾"挑动无情的派别斗争和大肆污蔑对手"。他在1936年于纽约麦迪逊花园广场说过一句非常著名的话："他们在仇恨我这一点上是一致的。不过我欢迎他们的仇恨。"

目前美国人喜欢把奥巴马比作罗斯福和美国出现"罗斯福热"还有一个原因，那就是美国的政治气候在"向左转"。

目前民主党在政坛一党独大，共和党领导层不由感叹说，现在民主党与美国普通百姓"最贴心"。在这种政治氛围之下，民主党左翼希望以"罗斯福热"为契机，推行罗斯福"新政"式的全面社会改革计划。这部分人士认为，奥巴马政府的任务不只是恢复经济，而是"再造美国"，包括重新规范商业和金融，推行全面医疗改革，促进"绿色经济增长"。

里根在20世纪80年代提倡的自由放任式经济管理模式和"小政府、大社会"理念,影响了美国近30年。如今,一些民主党人也认为奥巴马有机会开创一个"民主党理念"的统治时代。

但一些评论人士指出,走这条路包含政治风险。由于给自己的政策赋予太多政党理念色彩,克林顿和布什在执政期间都曾付出过沉重代价。

在这一点上,奥巴马非常谨慎。他在去年大选获胜后接受采访时就曾说。希望外界不要把他和罗斯福"比得过了头",因为没有两个历史时期是完全一样的。"我很乐意吸取一切成功经验。无论它们来自罗斯福还是里根"。

2009年10月,挪威诺贝尔委员会因奥巴马"为加强国际外交和各族人民之间的合作所做的非同寻常的努力",以及"为没有核武器的世界所做的工作",选定他为今年的诺贝尔和平奖得主。这说明全世界人士对奥巴马寄予莫大的希望!

奥巴马自己则于12月10日作出了反应。他在受奖典礼上发表演讲道:

我们必须首先承认这个严峻的现实:在我们的有生之年,我们不会根除暴力冲突。会有一些时候,国家——不论是单独或共同行动——发现使用武力不仅必要,而且为道义所需。

我说这番话时并没有忘记马丁·路德·金(Martin Luther King Jr.)多年前在这同一仪式上说过的话:"暴力永远不会带来持久和平。它解决不了社会问题,只会制造新的、更复杂的问题"。我站在这里,作为金博士毕生奋斗的直接受益者,就是对非暴力的道义力量的活见证。我知道在甘地(Gandhi)和马丁·路德·金的信念与人生中,绝无软弱——绝无消极——绝无稚气。

但是,作为宣誓保卫自己国家的一国元首,我不能只以他们的榜样为指南。我面对的世界是现实的世界,我不能面对美国人民遭到的威胁无动于衷。因为,切莫误会:邪恶在世界上确实存在。一场非暴力运动不可能阻止希特勒的军队。谈判不能说服基地(al Qaeda)组织的头目放下武器。说武力有时是必要的并不是让大家变得愤世嫉俗——这是承认历史;是人类的不完美和情理的限度。

我说起这一点,我以这一点开头,因为今天在许多国家,对军事行动,不管出于什么理由,都存在一种深深的矛盾心理。有时候,这种矛盾又掺杂着对美国,这个世界上唯一的超级大国的一种反射性的不信任。

但世人必须记住,不简单地是因为国际体制——不只是条约和宣言——才给第二次世界大战后的世界带来稳定。不管我们犯了多少错误,一个明白的事实是:美利坚合众国在60多年里,以自己公民的鲜血和军力,帮助维护和保证了世界的安全。我们的男女军人的贡献与牺牲促进了从德国到韩国的和平与繁荣,使民主能在像巴尔干这样的地方扎根。我们承受这些重负并不是因为我们谋求强加我们的意志。我们这样做是出于开明的自身利益——因为我们为我们的子子孙孙追求更美好的未来。我们相信如果别人的子子孙孙能生活在自由和繁荣中，他们的生活会更好。

所以，是的，战争的手段确实在保卫和平中具有作用。但这个事实必须同另一个事实共存——不管理由多么正当，战争导致人间悲剧。军人的勇敢和牺牲无比光荣，表达了对国家、事业、战友的忠诚。但战争本身决不光荣，我们决不能如此宣扬。

因此，我们面对的挑战部分来自于调和这两个看似不可调和的事实——战争有时必要，战争在某种程度上是人类愚蠢的表现。具体说，我们必须把我们的努力放在肯尼迪总统（Kennedy）很久以前所指出的使命上。他说："让我们把注意力集中在更实际、更能取得的和平上，这种和平不是基于人类本性的突发革命，而是基于人类体制的逐渐演进。"

这种演进可能具有何种形式？哪些可能是切实可行的步骤？

首先，我认为所有国家，无论强弱，都必须遵循对使用武力的规范。与任何国家元首一样，我保留在必要时采取单边行动保卫自己国家的权利。然而，我确信遵循标准——国际标准——的国家更有力量，而那些不遵循标准的国家会陷于孤立，并且被削弱。

"9·11"之后，全世界团结一致，与美国站在一起，并在今天继续支持我们在阿富汗的努力，这是滥杀无辜的残忍与公认的自卫原则使然。同样，当萨达姆·侯赛因（Saddam Hussein）入侵科威特时，世界也认识到必须与其抗衡。这一共识发出的清晰信息是：侵略必须付出代价。

另外，美国——以及任何国家——都不能在自己拒绝遵守规则时要求别人遵守规则。如果我们不以身作则，我们的行动就会表现为专横武断，使未来进行干预的合理性受到影响，无论理由多么充足。

当军事行动的目的超越了自卫或帮助某一国抵抗侵略者的防卫行动时，这一点变得尤其重要。我们大家都越来越多地面对棘手的问题：如何防止一国政府屠杀本国的平民？如何制止一场其暴行和所导致的痛苦会殃及整个地区的内战？

我认为，基于人道理由的武力是正当的，例如在巴尔干地区或饱经战乱的其他地区。不采取行动不仅折磨我们的良心，还会导致未来以更高的代价进行干预。因此，所有负责任的国家都必须相信使命明确的军事行动所能够发挥的维护和平作用。

美国将矢志不渝地致力于确保全球安全。

然而，在这个威胁日益蔓延、使命日趋复杂的世界里，美国不能独自行动。美国独自行动不能带来和平。在阿富汗如此，在恐怖主义和海盗伴随饥荒肆虐、人民受苦受难的索马里等政府失控的国家也是如此。不幸的是，这种状况在今后岁月里会继续存在于动荡地区。

在阿富汗，北约国家以及其他友邦和盟国的领导人和军人以自身能力和勇气证实了上述论断。可是，在许多国家中，奉献者作出的努力与公众的矛盾心理之间存在脱节。我理解战争不受欢迎的原因，但我也知道：单凭向往和平的美好意愿很少能够带来和平。和平需要承担责任。和平需要作出牺牲。这是继续不能没有北约的原因。这是我们必须加强联合国及地区维和行动，不能将此重任推卸给少数几个国家的原因。因此，无论是在奥斯陆或罗马、渥太华或悉尼、达卡或基加利，我们都对那些完成维和行动与海外培训任务归来的军人给予极大的荣誉，因为他们不是战争制造者，而是和平缔造者。

请允许我对使用武力的问题最后再说明一点。即使我们对出兵参战一事作出了艰难的决定，我们还必须认真考虑我们如何参加作战。诺贝尔委员会在向亨利·杜南（Henry Dunant）颁发第一个和平奖时认识到这一点。亨利·杜南是红十字会（Red Cross）创始人、《日内瓦公约》（Geneva Conventions）的幕后推动力量。

凡有必要使用武力的地方，我们出于道义与战略上的考虑，需要受某些行为准则的制约。即使我们遇到不遵守任何规则的邪恶对手，我认为美利坚合众国也必须一如既往成为遵守战争规范的楷模。这就是我们区别于作战对手的地方。这就是我们力量的源泉。这就是我禁止酷刑的原因。这就是我下令关闭关塔那摩湾监狱的原因。这就是我重申美国坚决遵守《日内瓦公约》的原因。我们为保卫自己的理想而战，如果我们放弃这些理想，我们就会自取其咎。（掌声）我们维护——我们维护这些理想，不论如何顺利，也不论如何艰难，都对这些理想恪守不渝。

坚持爱的法则常常是人性挣扎的主要内容。人难免要犯错误，我们会做错事，我们会受自负、权力有时甚至邪念所诱。即使是我们中那些最怀善意的人们有时也未能改斜纠偏。

然而，即使我们知道人性不是完美的，我们仍然可以相信，人类的状态是可以改善的；即使我们生活其中的世界不是个理想世界，我们仍然能够追求让它变得更美好的理想。甘地与马丁·路德·金等人所实践的非暴力也许不是在所有情形下都切合实际或者可行，但他们所宣扬的爱——即他们对于人类进步的基本信念——必须永远是指引我们前行的北斗星。

他表示，他对中国人权的批评不会损害他的中美友好外交政策。2011年1月，美中在华盛顿发表了合作宣言。19日，他在华盛顿招待胡锦涛主席的记者招待会上说："积极、建设性、合作的美中关系对美国有利。……两国间的合作也对中国有利。……我们两国间的合作也对世界有利。展望未来，我认为我们需要的是一种合作精神，它也是友好的竞争。在我刚才提到的这些领域，我们将合作—建立伙伴关系并取得无论是我们哪个国家单独都无法实现的进步。在其他领域，我们将竞争——一种激励两国创新和更具有竞争力的健康竞争。这正是我所看到的美国和中国在21世纪的关系，这正是我们今天所推进的那种关系。"

胡锦涛也回应说："刚才我同奥巴马总统进行了会谈，在坦诚、务实、建设性的气氛中，就中美关系及共同关心的重大国际和地区问题深入交换意见，达成了重要的同识。中方对于奥巴马总统就职以来实行积极的建设性对话政策，致力于稳定和发展中美关系表示赞赏。我和奥巴马总统都认为，在人类进入21世纪第二个十年之际，国际形势继续发生深刻复杂的变化，全球性的挑战不断增多，中美两国拥有的共同利益在扩大，肩负的共同责任在增加。中美合作对两国和世界具有重要的意义。"

奥巴马最后说："我绝对相信，中国的和平崛起对世界是好事，对美国是好事。首先，从人道理由来说，这是好事。美国愿意看到亿万人民摆脱贫困。我们认为，正义的一部分含义和人权的一部分含义是，人民能够谋生，吃饱饭，有地方住，有电可用。中国的发展可以说比历史上任何时候都以更快的速度为更多的人带来了前所未有的经济增长。这对世界是一件有积极意义的好事。美国对此非常赞赏和尊重。"

"中国的崛起还意味着随着中国生活水平的提高，他们的购买力增强。我的意思是，我认为我们必须提醒自己这一情况：尽管美国只有中国人口的四分之一，但美国经济的规模依然大于中国三倍。因此，两国人均收入的差距依然很大。随着中国人均收入的增加，那就会提供机会增加贸易和商务关系，使两国都从中受益。"

"最后，中国的崛起对世界也是潜在的好事。在中国作为世界舞台上一个负责的行为者这一意义上，我们有一个伙伴共同确保大规模武器不落入恐怖主义分子和无赖国家手中这一意义上，在我们有一个伙伴共同处理地区热点问题这一意义上；在我们有一个伙伴共同应对气候变化和流行性疾病等问题这一意义上，在我们有一个伙伴能帮助亚洲或非洲更贫穷国家进一步发展以便它们也成为世界经济一部分这一意义上——所有这些方面都有助于世界范围内带来稳定、秩序和繁荣。这正是我们希望看到的那种伙伴关系。"

2010年12月27日，美联社发表了如下的消息：

据美国盖洛普民意调查，贝拉克·奥巴马总统连续第三年成为美国人心目中最受人钦佩的男性。奥巴马自2008年以来一直是盖洛普民意调查最受人钦佩的男性。选奥巴马的受访者占22%，多于其前任乔治·W.布什和比尔·克林顿，他们分别获得5%和4%的支持率。位列最受人钦佩男性榜前十名的其他人选包括：南非前总统纳尔逊·曼德拉、软件巨头比尔·盖茨、教皇本笃十六世、传教士葛培理和前美国总统吉米·卡特。

七十二地煞星

(从亚当斯父子总统到布什父子总统)

1　约翰·亚当斯

世界各国的民主革命通常都是由知识分子发动的，并由知识分子和武装起来的人民予以完成。美国独立革命基本上也是这个公式。但领导美国革命的知识分子有一个与众不同之处：其中有许多是律师。因此，革命从一开始就很注意这个"法"字。这种关于"法"的强烈意识既来自他们的母国——英国，也来自于他们的诞生地，来自那个时代。作为美国的第一个知识分子总统，法学家约翰·亚当斯在这一段历史上留下了他的足迹。

美国的两位著名历史学家康马杰和摩里斯曾这样写道："美国的独立革命与此后的大多数革命不同，它注意并强调法律性。居住在美洲殖民地的人是为作为英国人的权利而战斗的（他们认为英国宪法保证他们该拥有的权利），也是为作为人的权利而战斗的（他们认为自然和上帝保证他们该拥有的权利）。……当然，革命也有不光彩的一面，如（往人身上）涂柏油粘鸡毛、私刑、赖债、没收托利派的地产、对奉公守法的保皇派进行迫害，等等，但没有有计划的恐怖活动、没有热月统治、没有武力的炫耀。如果说独立革命在其受害人看来是胡作妄为和残

约翰·亚当斯

酷的话，那么，与以后的法国革命、俄国革命和西班牙革命相比，这一切都会是小巫见大巫。理由是不难找到的。革命自始至终是由一批杰出的人物领导的，这些人物不但心肠慈善和思想开明，而且生活优裕和倾向保守。举凡华盛顿、约翰·亚当斯、詹

姆斯·威尔逊、汉密尔顿、杰斐逊、富兰克林和劳伦斯等等，或许都是任何革命所没有见到过的最保守的、最令人尊敬的、最不寻求个人私利的革命活动家。这些领袖——绝大部分受过法学教育——坚持革命必须有条有理、合乎法律地进行，坚持战争必须在合乎文明国家的战争规则之下进行。他们同样厌恶想入非非和无法无天。"

这种崇法思想对此后一个世纪的美国发展起了一种预示的作用。

华盛顿是军人，不是知识分子，所以美国第一位知识分子总统是约翰·亚当斯。正巧是在这位亚当斯身上，典型地体现了美国人的法治思想。亚当斯既是革命家，又是法学家，他是如何在革命与法律之间取得平衡的呢？

在亚当斯看来，国家大体可分成两大类，一是专制国家，另一是立宪或共和国家。在专制国家中"国王就是法律"，而在立宪或共和国中，"法律就是国王"。

约翰·亚当斯是萨缪尔·亚当斯的远房兄弟。后者这一支久居波士顿，所以被称为城市亚当斯，前者这一支久居乡间，所以被称为乡间亚当斯。萨缪尔生于1722年，约翰生于1735年，所以萨缪尔不但在年龄上是老大哥，而且在革命道路上也是老大哥。（当时城里倾向革命）

约翰的父亲是一名小康农民，他送儿子进入哈佛学院，目的是培养他当教士。但约翰在毕业后无志于此，他去乡间当了小学教员，并跟从律师波特曼学习法律，学了两年后，居然在波士顿取得了律师资格，从而开始了律师生涯。

1765年2月，英国议会通过了印花税法，并拟于11月生效。在此以前，约翰只是把律师当作一种谋生手段，并没有打算投身政治。但当印花税法的消息于5月传至殖民地时，约翰心中浮起了一连串设想：殖民地人民肯定不愿支付印花税，到11月1日时将发生什么情景？生意都要关门，法院也要关门，律师将无事可做，他的生活前途将告吹！

这时，他在报上读到了弗吉尼亚议员帕特里克·亨利在殖民地议会中所提的一项决议草案：只有本议会享有专有的权利和权力可以向本地居民征税，任何想把上述权力委诸上述议会以外之任何人之企图，都明确地意味着旨在破坏不仅是美洲人同时也是英国人的自由。

约翰突然想到，他有一篇未发表的论文，现在正是发表的时机，于是，族兄萨缪尔的《波士顿纪事报》就连续发表了约翰的《关于教规和封建法》。内称："愚昧与缺乏考虑是造成人类毁灭的两大因素。由于知识是反抗专制的最佳武器，所以，欲取得权力平衡的第一步就是应当教育人民……我们一切苦痛的真正根源是我们的怯懦……我们应当敢读、敢想、敢讲、敢写……我们应当打开每一扇知识的窗口，让知识流进来吧！"这篇文章引起了人们的注意，同时也把约翰引进了政治，并成了革命派的一名要员。

1766年3月18日，英国国会撤销了印花税法，形势稍见缓和。代表英国利益的托利当局早已看出了约翰的作用，他们派了约翰的好友乔纳森·休厄尔做说客，往见约翰。休厄尔对约翰说："海军法院大律师一职有缺，总督愿把这一位置留给你。"

休厄尔还说："约翰，这一位置肯定会使你成为殖民地最能赚钱的律师，且不说其他各种好处。"但约翰在感谢休厄尔的好意后斩钉截铁地说："不，我不能接受，你知道我的朋友是谁，总督也知道我的朋友是谁。"

休厄尔又说："总督了解到这一点。他说，这位置不影响你的政治主张，他认为你是最合适的人，他不在乎你的政治立场。"

约翰心中很气愤，因为这已成为明目张胆的贿赂。但他仍忍住气说："很感谢总督的宽宏，但我已说我不会接受，难道还要我说，由于荣誉和良心我不能接受吗？"休厄尔没趣而退。

三个星期后，休厄尔又来找他，转达总督仍等着他回心转意，但约翰再次表示坚决拒绝，并要他转告总督，"乡村亚当斯已经搬家，成了闹市亚当斯。"

作为革命派的约翰如何实施他的法治理念？

1770年3月5日，波士顿发生了有名的"波士顿屠杀案"，在这一场冲突中，英国士兵开枪击毙了3名群众，另有2名重伤致死。事后，8名英军士兵（另有一名上尉）被控。

但被告英军竟请不到律师，因为律师害怕群众，不敢出头为被告辩护。最后被告去请一位年轻的律师约西亚·昆西，昆西提出先决条件说，只有亚当斯愿共同辩护，他才能受理此案。

被告乃托一名叫福雷斯特的人来求助于亚当斯。两人素不相识，福只是吐露了被告的困难，亚当斯听完后说："如果上尉认为我不出来帮忙，他就不能受到公正的审判，那么，我将接受此任。"

这样，约翰就充分体现了他心目中的法治理念。他认为法的原则是没有阶级性的：法律面前人人平等，每一个被告都必须得到公正之审判。在法官作出决定之前，任何被告都不能成为法律上的罪犯。

他知道，作为一个革命者，要为敌人作真心实意的辩护，一定会受到革命群众的痛斥，会使自己名誉扫地。但在思想斗争之下，他还是决定尽律师应尽的责任。

杀人已是事实，约翰当然承认这事实。但杀人不等于犯罪，他所要辩护的正是这一点。

首先，他反对立即就审，因为事情正在火头上，在这种情况下人们不能冷静考虑问题。他的这个要求获得准许，法院决定把审判推迟到9月份进行。

原告方面提出了96份证明文件，但亚当斯认为其中94份都不堪一驳。而被告方面却提出够分量的证据，其中最重要的是医生杰弗里的证词。他是医治受重伤的帕特里克·卡尔的。他说，卡尔在临死前一天向他说："不管开枪的是谁，我一律宽恕他，因为我知道，对方并不是出于恶意而只是为了防卫自己才开火的。"

上尉普雷斯顿身为指挥官首先受审。亚当斯使陪审团相信，士兵们是自己开枪，并不是根据普雷斯顿的命令。普雷斯顿被宣告无罪。然后亚当斯开始准备为其他8个人辩护，他们是作为一伙受审的。在选择陪审团时，亚当斯机智地反对由预定的来自波士顿的陪审员组成的陪审团，最后由农村居民组成陪审团，这就使审判很少有可能受到城里愤怒的反英情绪的影响。在高等法院四位法官面前，原告（罗伯特·特里特·佩因和塞缪尔·昆西）作证，说士兵们平白无故地向静静地集合在一起的平民开枪。亚当斯为了辩护，描绘了一幅与之极不相同的画面。

他说："被告是杀了人，但并不是所有的杀人事件都是犯罪。上帝使每一个人具有钟爱自己的本性，这是人本性中的第一条，也是最重要的原则。宗教要求我们爱自己一样地爱我们的街坊，但并没有要求爱别人胜过爱自己。在这个问题上，普通的道理在英国法律中起了作用。如果有两个人同时落入大海，而只有一块仅够一人使用的木板。那么，为了自救，其中任何一人都有权利从另一人手中抢走木板。我们惯于谈论保护自由和财产，但如果我们切除了自卫法，那我们也就是切除了自由和财产的基础。"

他面向陪审团说："诸位请设身处地想想岗哨基尔罗伊的处境，当时四处响彻钟声——而大家都知道并不是发生什么火警，人群的喊声、叫声、哨声四起。如果只有一个人在街上吹吹口哨，那当然没有什么。但一旦哨声四起，这就成一幅可怕的情景，其可怖性不亚于印第安人的叫喊。人群高呼'杀死他们！杀死他们！'而且还用雪球、冰块、贝壳、木棍、小石子投掷……如果你们处在这种情况下，难道你们不认为人们的确企图要杀死你吗？！

"如果有人遇到攻击，退守一隅，直至非杀死对方已毫无退让的境地，那么，法律将认为他这样做是出于无可奈何的必要……如果一名军人在执行职守时杀死一个对他进行侮辱的人，那是一种正当的行为。

"假定人群是想把哨兵赶出岗亭，假定他们还想把他涂上柏油、粘上鸡毛，那么，他自应有理自卫，这也就是卫护他本身的自由。如果他只有在冒自己生命之险之下才能卫护其自由，那么，他就有理由可以杀死那些企图杀死他的人。

"有人说，若无辜者流血，必须索还血债，这句话不一定正确。假定有父子两人去打猎，忽然草丛中有响声，父亲扣动扳机，射向草丛，却发现把儿子打死了，儿子是无辜地死了，父亲杀了人，但没有犯罪。被告是为了防卫自己而杀死了无辜的人，不论根据《圣经》或根据英国法律，都不要求以性命相抵。

"区别就在于是否受到攻击。法律决不要求人在受攻击情况下不准还手。每一块投向岗哨的雪球、冰块、贝壳和小石子，都是一种攻击，不管这种投射物是否击中目标。

"法律，在一方面，对被告的乞求和悲啼是无动于衷的，在另一方面，对公众的叫嚷高喊也是不理不睬的。法只是维护善、惩罚恶。它不是以人的贵贱或贫富为标准的，法不能受感情冲动之任何影响。它永远是一种理智。"

陪审团宣布6人（上尉已先期被宣判无罪）无罪，仅基尔罗伊和蒙哥马利两人有罪。不是谋杀罪而是杀人罪，法官当场判刑，两人当场受了刑罚——用烙铁烫了大拇指。

作为辩护律师，亚当斯取得了完全的胜利。但这引起了革命派对他的怀疑，不少人认为他已投向托利。有朋友问他，"你为什么要替谋杀犯开脱？"亚当斯说道："我们的法律首先假定每一个人都是无罪的人，在法庭没有作出判决之前，没有权利把任何人称作谋杀犯。"

还有人指责亚当斯在打官司中发了财。他很为之生气，并正式宣布，在整个审判过程中共收费用19几尼（一种金币），而他为这个案子花了几乎一年时间，并谢绝了其他聘请。

当然，亚当斯完全意识到人们对他的看法，并也早已有此预见。他决定退出政治。1770年11月25日，他在日记中写道："我已退出公务，现在我无所需要，只要照看我的律师事务所及孩子就够了。我首先必须摆脱政治、政治俱乐部、市镇会议、众议院等等。我每晚将消磨在办公室和家中，且尽量少和人往来。"他说："我一贯自己作出判断，从来不屈从国王、大臣和人民大众。今后也永远如此。"

但法与政治是分不开的，过不了多久，另一场法律争辩又重新把约翰·亚当斯拖进了政治斗争，并延长到他出任总统，一直到竞选连任失败为止。

新上台的英国首相诺思扬言，马萨诸塞的法官今后将由英国政府付给薪金。这一宣布使亚当斯拍案而起。他从1773年1月4日起，在《波士顿纪事报》上发表了一系列文章，驳斥诺思。

亚当斯指出，法官本来已由伦敦指派，殖民地议会可以钳制法官的唯一手段是由殖民地支付法官的薪金。若由伦敦支付法官薪金，则意味着殖民地的三权分立遭到破坏，殖民地人民的自由将遭侵害。他说："法官是人民的公仆，应由人民支付其薪金。"

马萨诸塞共有5名法官。其中4名鉴于舆论压力，宣布将不接受由英皇支薪。但大法官彼得·奥立佛竟宣称以接受英皇支薪为荣。

约翰·亚当斯出了一计。他主张由马萨诸塞众议院对奥立佛进行弹劾。1774年2月14日，众议院正式弹劾奥立佛"对马萨诸塞海湾地区人民犯下了严重罪行和行为不检点"。弹劾案上呈给州长哈金逊，哈金逊当然不予理睬。

但在紧接着的最高法院开庭时，奥立佛作为大法官，要求其他4名法官宣誓，4人拒绝在奥立佛主持下宣誓。这样，法庭当场宣告瘫痪。直到一年多以后，才由大陆会议另外组织马萨诸塞最高法院，那时，出任大法官的不是别人，正是约翰·亚当斯。

革命与守法通常是一对矛盾。那么，革命家约翰·亚当斯是如何在理论上解决这个矛盾的呢？他的办法是打出自然法或上帝之法这一张牌。

什么叫自然法？这是一个很玄的东西。《独立宣言》中宣称"我们认为这种真理是不言而喻的：一切人都是生而平等的，他们具有天赋的某种不可移让的权利，包括对生命、自由和幸福的追求，为要确保此种权利，立政府于人民之间，经受统治者之同意取得应有之权力；特此，无论何种政体于何时摧残此宗旨，则人民有权予以变更和废止，并建立新的政府，以此种原则为基础，以此种形式组织的政权，使其最适于获致安全和幸福"。

宣言执笔者杰斐逊在原稿上本来用的是"神圣不可侵犯的"，但老练的富兰克林把它改成了"不言而喻的"。这5个字正好为上帝之法下了一个定义。

《独立宣言》的执笔者是杰斐逊，但亚当斯也是五人起草委员之一。实际上，早在1774年10月，亚当斯就已在大陆会议上坚持必须执行自然法了。

他在《自传》中有这样一段叙述：

在经过几天的一般讨论后，大陆会议指派了两个委员会，各由12人组成，即每州1人。因为当时佐治亚还没有参加大会。第一委员会受命草拟一份权利法案，或叫殖民地权利宣言，大陆会议指派我为第一委员会成员，代表马萨诸塞州。

……当时有两个问题讨论得最多：

一、我们除了诉诸英国宪法和我们的美洲殖民地特许状和特准状以外，是否要诉诸自然法。盖洛韦先生和杜安先生主张不要自然法，我却一味主张保留自然法并坚持自然法，作为一旦受英国议会之迫而可能要求助于它的一种凭借，而这一日子之到来可能要比我们所设想的早得多。

二、另一个大问题是，我们该让给英国议会多大的权，我们是否应在一切情况下都否定英国议会的权力……在许多次没有结果的讨论后，委员会决定指派一个小组委员会来草拟一系列条文，写成文字，提交委员会，作为更正式讨论的基础和作出决定的基础。我被委派为小组委员会成员，小组委员会又把问题滤了一次，拟出了一系列条文，并一一加以讨论。经过几天的辩论，除了一条外，我们取得了一致意见。

最后，大陆会议于1774年10月14日在亚当斯等人所拟条文的基础上，作出了如下宣言：

北美英国殖民地的居民，根据不可或改的自然法、英国宪法的原则和一些特许状和契约，享有如下权利：

1. 他们有权享有生命、自由和财产，他们从没有向任何一个主权国让出过在没有获得他们的同意时处理上述三者之中的任何之一的权利。

2. 首先在殖民地上定居的我们的祖先，从他们自祖国移民至此的日子起，就有权享有在英国领域内的一切自由和本国出生的臣民所享有的一切权利、自由和豁免权。

3. 他们决不由于移民而置弃、放弃或丧失上述的任何权利，相反，他们当初，以及他们的后代现在，都有权行使和享有所有上述权利……

约翰·亚当斯就这样地用自然法证明了革命的合法性。

亚当斯的官宦生涯大体如下：

大陆会议代表 1774—1777年。1774年亚当斯当选为出席大陆会议的马萨诸塞州代表，他在会上力求扩大包括南部殖民地在内的初期造反基地。为了达到这个目的，他提名乔治·华盛顿任大陆军总司令。他参加秘密通讯联络委员会工作，设法获取外援，并参加《独立宣言》的起草。后一个任务交给了托马斯·杰斐逊。他还担任军事和装备部主席。除了杰斐逊之外，他是签署《独立宣言》的唯一总统。

驻外使节 1778—1788年。亚当斯1778年抵达巴黎接替赛拉斯·迪恩为驻法使团成员，成员中包括本杰明·富兰克林和阿瑟·李。他在法国没有多大成就，因为他直率的性情使法国人不舒服。加上他的清教徒似的拘谨，讨厌富兰克林的放荡生活，因而引起代表团内部的不和。1779年他回到美国，作为参加1779—1780年马萨诸塞州制宪会议的代表，起草了州宪法。1780年出任驻荷兰公使。在以后的两年中，他促使荷兰在外交上承认美国独立，并得到了第一笔巨额贷款。亚当斯使命的成功，对美国人是一个重大的精神上的鼓舞。

1782年10月，亚当斯以在海牙获得的外交成功，得意地返回巴黎，协助签订了一项同英国的和约。1785年，亚当斯被任命为第一任驻英公使。然而，由于创伤犹新，亚当斯在同先前的母国真正恢复友好关系上成效甚微，主动请求召回，1788年2月回国。

副总统 1789—1797年。"我的国家以其聪明睿智，给予我人类所能发明或想象的最不重要的职位。"亚当斯如此概述了他作为国家第一任副总统的职务。他的令人厌烦的任期，损害了亚当斯的声望，因为作为副总统，他却给人留下一个君主主义者的形象。在主持早期的议院时，他为繁文缛节所困扰。应当如何接待议院的来访者？参议员听取总统致词时，应当坐着还是站着？怎样称呼总统？亚当斯提议称殿下、合众国总统和自由的保护者。这个建议遭到了嘲弄。议员们还进一步指责他自我推荐要接任华盛顿。亚当斯否认有这种野心。他说："我没有恺撒的心胸"，"罗马的第二把交椅对我说来是够高的了"。

联邦党提名总统候选人 1796年。亚当斯和他的对手都不是正式提名的。他是副总统，退休总统华盛顿又大力支持，他成了联邦党的实际候选人。南卡罗来纳的托马斯·平克尼（1750—1828年）是联邦党的副总统候选人。

选举结果，亚当斯得71票，杰斐逊得68票。根据当时规则，亚当斯任美国第二任总统，杰斐逊为副总统。他只获一任，在连选时被杰斐逊击败。

1962年历史学家投票排列的名次里，亚当斯在31位总统中名列第10，在6位"接近伟大"总统中排列第5，在克利夫兰之上，杜鲁门之下。

退职 1801年3月4日—1826年7月4日。亚当斯在选举失败以后回到马萨诸塞的昆西（以前的布伦特里）家园，期望在去世之前过几年平静的退休生活。然而，他却从事脑力活动达25年以上。一直到最后时刻，他的思想还是那样敏锐。他的好奇心永难满足。他阅读新书，重温古典名著。当白内障使他的视力模糊时，他让孙子和亲属为他朗读。他同革命年代的老友频繁通信。1805年他与因反对联邦主义政治以致彼此关系紧张的本杰明·拉什重温旧好。经过拉什的调解，亚当斯与杰斐逊捐弃前嫌，恢复了他们在革命期间的热烈友情。1820年，亚当斯短暂地中断了他的退休生活，作为一个总统选举人，为支持门罗总统再度当选，投了马萨诸塞15个选举人中的一票。同年，他还作为代表参加了马萨诸塞制宪会议。最后，在89岁时，他享受了此前每个前任总统所未享有的愉快——亲眼看到他的儿子约翰·昆西·亚当斯当选为总统。

去世 1826年7月4日下午6时左右他在马萨诸塞的昆西去世。他活了90年零247天，是仅次于里根、胡佛和杜鲁门的享年最高的总统。杰斐逊同一天在亚当斯死前数小时去世，这是美国历史上最奇怪的巧合事件之一。两位曾任总统的《独立宣言》签名人在这个伟大文献通过50周年之际同时去世。

综观亚当斯一生，其重大功绩如下：

一、真正维护"法律面前人人平等"的原则。亚当斯不为名、不为利，担当了别人不敢担当的角色，证明了他的大公无私。

二、亚当斯是美国政治科学之父。在美国，第一个把政治作为一门科学来探讨的就是亚当斯。他在1776年就以通讯形式写了一篇文章《论政府》。文章说："我们在决定什么形式的政府是最好的政府之前，必须考虑政府的目的是什么。关于这个问题，所有的理论政治家都同意社会的幸福是政府的目的，正如同所有的神职人员及非神职哲学家都会同意个人的幸福是个人的目的一样。从这一条原则出发就可以得出以下的结论：凡能对社会的最大多数人员在最大程度上给予愉快、舒适和安全——即幸福——的政府就是最好的政府。"

所有探索真理的人，不论是古人还是今人，不论是基督徒还是异教徒，都曾宣称人的幸福以及人的尊严和端庄品德。孔夫子、索罗斯特、苏格拉底、麦荷梅特都同意这一点。

如果真的有这样一种政府，其原则和基础就是品德，那么，任何一个清醒的人都会承认它会比任何其他形式的政府更能促进一般人民的幸福。

绝大多数的政府的基础却是恐惧。但恐惧是如此下作和凶残的东西，美国人不可能赞同以恐惧为基础的任何政治体制。

荣誉的确是很神圣的东西，但在道义先烈中它就要居于品德之下。不错，前者只是后者的一个组成部分，因此它没有后者那样的同等力量足以支持能产生人类幸福的政府构架。

亚当斯接着提到了许多哲学大师的名字，并说，他们的学说"使每一个忠厚之士确信，除了共和政府以外就没有别的好政府。英国宪法唯一有价值的部分仅在于此；因为共和制的定义就是'是法治而不是人治'。既然共和制是最好的政府，因此，最能促成公正无私确切执行法治的政府就是最好的共和制"。

"既然好政府就是一个法治国家，那么，怎样产生法律呢？"

亚当斯驳斥了托马斯·潘恩的议会一院制主张，他认为一院制可能导致群氓统治，因此必须采用两院制，学英国的样，以便互相制约。

接着，亚当斯提出了政府的三权分立主张。到1786年时，他又特别写了三卷集《为合众国政府的诸宪法辩护》，进一步探讨了三权问题。他写道："人们将会相信，三权有一种天生的不可变的基础；不管在自然社会或人造社会中，它们必然都会存在；如果在任何政府宪法中不承认这三种权，则该宪法便不会完善、不会稳定，而且不久就会沦为奴役（人民）；立法当局和行政当局性质上是不同的；自由和法律完全有赖于政府机构中这两种权力的分立；立法权自然地而且必要地处于至高无上地位而居于行政权之上；因此，后者必须是前者的一个极重要的分支，甚至应有某种否决能力，否则，它就不能防卫自己且很快会被侵犯、中伤、攻击，或者在这种或那种方式下完全被前者所摧毁和消灭。"

他又说："如果在人类的历代历史中可以收集到什么真理的话，那就是：如果没有一个强有力的行政权力，也就是说，如果不把行政权从立法权中分立出来，就不可能保住人民的权力和自由以及宪法中的诸民主成分。如果行政权，或行政权之极大部分，落在贵族议会或民主议会手中，它必然会腐蚀整个立法权，正如同锈必然腐蚀铁一样，或砷必然毒死人一样；而一旦立法权腐败了，那就意味人民完蛋。"

杰斐逊在一封致友人书中曾描述亚当斯与汉密尔顿对英国制度所持的不同见解。他写道："亚当斯先生认为，如果英国宪法的某些缺点和弊端得以纠正，它就可以成为人类迄今所发明的最完善的政府宪法。相反的，汉密尔顿则认为，即使带着它现有的各种坏处，它仍然是人们所能建立的政府的最完善典范，若把它的坏处抹掉，它就会成为一种实际上会行不通的政府……亚当斯先生不但是一位诚实的人，而且也是一位诚实的政务家；汉密尔顿是一位诚实的人，但作为一名政务家，他却相信有必要使用武力或腐蚀手段来统治人。"

杰斐逊的一些党徒则进一步指责亚当斯为君主制的拥护者。亚当斯本人一直否认人们硬给扣上的这顶帽子。亚当斯的传记作者佩奇·史密斯说，亚当斯时常在不同背景下说一些前后矛盾的话。另一位研究亚当斯的学者梅里尔·彼得森也说，亚当斯的麻烦是自找的。

但亚当斯毕竟是一名地道的共和主义者，指责他为君主制拥护者的只是某些同代人，后代的历史学家们则没有否定亚当斯为共和主义者。其实，亚当斯一心拥护共和是非常突出的，有一个小例子就很有说明的意义。

在独立战争结束后，美国军官们成立了美国历史上第一个退伍军人组织，名为辛辛纳提社，主席是华盛顿，会章规定会员资格可以世袭。这大大触动了或触怒了亚当斯。当时亚当斯正在法国，而法国的国际主义战士拉斐特侯爵也参加了辛辛那提社。

当拉斐特的名字和威望被用来支持该社时，亚当斯毫不迟疑地批评拉斐特在其中所演的角色，并认为他的这个角色更符合法国的贵族和君主思想而不符合忠于共和制原则的美国思想。……有人把这些话传到了拉斐特耳中，侯爵显然很不高兴。他写了一个条子给亚当斯，询问传闻是否属实。亚当斯直截了当回答说他的确不赞同辛辛纳提社。他写道："这是违反我们的邦联的，也是违反我们一些州的州宪法的……这是违反我们各州政府的精神和我们的民族精神的。"

在这里，亚当斯不但顶撞了华盛顿和拉斐特，而且也顶撞了独立战争中的所有大小名将。这只能说明亚当斯有一颗赤子之心，因此根本不考虑这样做可能引起的个人麻烦。

三、亚当斯是大陆会议中最活跃的人物。从大陆会议成立起一直到亚当斯奉命出使欧洲止，亚当斯堪称是大陆会议的中心人物。他和他的堂兄萨缪尔·亚当斯是大陆会议的主要发起人。也是他们兄弟俩首先倡议由乔治·华盛顿出任革命军总司令。当时在会上发言推荐华盛顿的就是约翰·亚当斯。

还有一件事是关于独立宣言的。人人都知道《独立宣言》的拟稿人是杰斐逊，但很少人注意到促成《独立宣言》的主将是约翰·亚当斯。

1776年的第二次大陆会议上,亚当斯兄弟联合弗吉尼亚的理查德·亨利·李,决定向大会提出有关独立的议案。5月10日,先由李在会上提了一个初步决议案,内称:由于各殖民地已无有效政府,所以建议"各殖民地议会或代表大会设法建立按人民代表的意见认为最能导致各殖民地以及全亚美利加之幸福和安全之政府"。

5月15日,亚当斯又为上述决议添了一个序言,认为由于英王已把殖民地居民排除在其保护范围之外,因此"英王之任何种类之权力施行应宣告全部终结,政府的所有权力应置于各殖民地人民的权力之下"。

经过一番激烈辩论,上述决议案和序言都获得了通过。亚当斯认为这是"划时代的决定性事件"。

但这离独立还有距离,在独立问题上各方意见分歧很大。6月10日,会议决定到7月1日再讨论独立问题,但会议又决定:"为了避免丧失时间,可成立一个委员会提前准备好一份宣言,宣言应体现第一项决议案,也就是这样一句话:'诸联合殖民地有权,而且也应当成为自由和独立的国家'。"

为了草拟宣言,会议指定了一个5人委员会,其中包括亚当斯、富兰克林、杰斐逊、萨尔曼和利文斯通。大家推举杰斐逊执笔,因此杰斐逊就成了《独立宣言》的拟稿人。杰斐逊本人也一直在说,他除了拟稿以外,其他并没有做什么工作。

7月1日如期开始了辩论,首先发言反对独立的是宾州代表约翰·迪金森。他发表了长篇大论,论述独立之不妥。没有人起来驳他,这责任当然只有亚当斯来担当了。他侃侃而谈,既从法理和宪法等角度加以探讨,又诉诸大家的"朴素理解和普通常理"。他刚讲完,一位迟到的新泽西代表赶到会场,他受命投赞成票,但他坚持要听一下独立的理由。在大家要求之下,亚当斯不得不重新把刚说过的话又扼要地介绍一番。当日统计,只有9个州赞成独立,亚当斯并不满意,希望在第二天,即7月2日,再进一步辩论。

在7月2日会上,终于以12票对零票,一致通过了独立议案,只有纽约弃权。决议案的具体文字如下:"诸联合邦有权而且应当成为自由和独立的邦;它们解除与英王的所有的臣属义务,它们与大不列颠王国间之所有政治联系全部并应当全部废除。"在赞成独立议案的大前提下,大会再于4日通过《独立宣言》。因此,在亚当斯心目中,7月2日是独立纪念日而不是7月4日。

从《独立宣言》的提出和通过的全过程看来,应当说,头功该归亚当斯。

当时新泽西代表理查德·斯托克顿在给他儿子的信中说:"对这一伟大独立措施,我们最应该归功于他的那个人就是波士顿的约翰·亚当斯先生,我要把他称为美国独立之亚特拉斯。是他,承担了辩论的重任,他用有力的论证不仅证明了独立是公正的,而且说明了必须马上独立。"杰斐逊在1813年回忆时也指出亚当斯是促成决议通过的主要功臣。他写道:"他是在大陆会议上支持该决议案的支柱,是它的最能干的倡导者,是与它所遇到的各式各样攻击进行针锋相对的斗争的最能干的辩护人。"

传记作家隋肖左先生曾这样写道:

坦率地讲,使独立这一结果发生的不是别人,正是约翰·亚当斯。正是他在两次大陆会议上艰苦的斗争鼓舞了独立人士的信心,也正是他无畏的勇气和令人感到敬佩的智慧击退了亲英派一次次的打击。就像冥冥之中注定一样,亚当斯似乎比别人更了解当天的深远意义,在给阿比盖尔的一封两页长的信中,他肆无忌惮地倾诉自己的感情,今天读来仍令人动容:"1776年7月的第二天将成为美洲历史上最值得纪念的日子。我相信,后代们将把这一天当作伟大的纪念性节日来庆祝。应该通过奉献给全能上帝的庄严法令规定这天被作为解放日来纪念。应该举行盛大典礼和游行来纪念这一天,整个大陆从此以后永远都要用演出、游戏、竞赛、枪炮、钟声、篝火来纪念这一天。"

"几天后你会看到",他在给妻子的第二封信中写道,"会有一个'宣言'产生,这个宣言阐明这些目标以及以上帝和人类的观点看来可以为此辩护的理由,这些目标推动我们进行这场伟大的革命"。他毫不怀疑地相信上帝亲手干预了这个新国家的诞生,"这两个国家必须永远分离是上天的旨意"。

这个亚当斯提到的宣言正是日后影响美国历史的《独立宣言》。众所周知,是杰斐逊起草的宣言,但人们一直没有完全弄清楚这一决定是如何通过的。这件事情发生很久以后,杰斐逊和亚当斯对此做了不同的解释。

根据亚当斯的记录,杰斐逊建议由亚当斯来做这项工作,但亚当斯谢绝了,告诉杰斐逊这必须由他本人做。

四、亚当斯在总统任内所作的最大贡献就是维护了和平。亚当斯上任之时,正是美法关系日趋紧张之日。1797至1799年间,美法已处于准战争状态,英国当然唯恐美法不开战,美国国内的亲英派也莫不认为美法一战已成定局。亚当斯完全赞成加强战备,他特别卖力使美国加强海军建设,但他又认为,美国不能为英国火中取栗,美国的最大利益是不打仗。因此,他瞒着他自己的联邦党人,突然宣布派威廉·默里同法国进行谈判,法国的拿破仑也同意谈判,结果草订了《莫尔特芳坦条约》,在最后一分钟化干戈为玉帛。主战派的联邦党人大骂亚当斯为叛徒。

但亚当斯一直认为美法和平条约是他一生中最大的成就。他在晚年致友人詹姆斯·劳埃德的信中说:"只要我还能写,只要我还能握笔,我就要为派遣代表赴法一事辩护。这是我一生中最最大公无私和利国利民之举。我一想到此事就快慰不已,我深切希望我的墓碑上除了如下一句话以外什么也不必写：'约翰，亚当斯，他在1800年独自负责同法国缔结了和平'。"

亚当斯任内最受人指责的事是所谓"午夜的任命"。他在卸任的最后日子里，任命了一大批法官。但这与其说是发泄私愤，不如说是为联邦党保存一点实力。联邦党人曾经向他献策，要求他在卸任前夕指派他自己任最高法院首席法官，他拒绝了。相反的，他指派了年轻力壮的约翰·马歇尔为首席法官。此后的历史证明，马歇尔的确是美国历史上数一数二的大法官，这反过来又说明亚当斯不仅是为联邦党着想，同时也是为美国遴选了一名好法官。

长期以来，人们对亚当斯的评价不高。但在第二次世界大战以后，由于亚当斯的家庭档案开放，人们从大批信件中看到了亚当斯的内心世界，对亚当斯的评价大为改观。其实，我们早就看到亚当斯在世时毫无顾虑地抨击过富兰克林、华盛顿和杰斐逊。一个有自私之心的人是不敢如此的。亚当斯在致墨西·奥蒂斯·沃伦女士信中曾说："如果我曾经有过一刹那想利用人们所托给我的职权来为我私人、为我家庭或朋友服务，那我就有负于我公私生活的整个方针和我生命的所有准则。"亚当斯的一个时期内的政敌杰斐逊也始终认为，亚当斯是"当代最诚实和最无私的人物之一"。

最后，我们要讲一讲亚当斯与杰斐逊之间的"朋友—政敌—朋友"的传奇式故事。

在独立革命时期，亚当斯和杰斐逊在大陆会议上是极好的朋友和战友，但在1800年的大选中，亚当斯作为联邦党的总统候选人，杰斐逊作为共和党的总统候选人，两人成了政敌。结果，杰斐逊击败了亚当斯，使他成了美国历史上第一位只有一任的总统，这当然使亚当斯大大地丢了面子。从此，两人就成了冤家，再也没有来往了。

直到杰斐逊八年任期届满退居家乡之后，有友人拉什（既是亚当斯的好朋友，又是杰斐逊的好朋友）想尽办法，使两人重归于好。这样，亚、杰两人就恢复了通信关系。1812年1月1日，亚当斯主动发出了两人断交后的第一封信。从此，两人通信一直持续到1826年两人逝世之前夕，一共有14个年头，总共写了164封信。两人的通信也富有戏剧性，因为他们都恰巧在1862年7月4日美国独立50周年纪念日这一天同时离开尘世。中国的古典小说中常常出现这样一句话："不能同年同月同日生，但愿同年同月同日死"。亚、杰两位恰巧做到了这一点，更奇怪的是，他们的忌日又恰巧是独立50周年纪念日，这难道不是人类历史上的一大奇迹吗？

历史学家刘祚昌教授把他们的通信做了如下的介绍：

二人都是博览群书的饱学之士，都有丰富的革命经历和政治经验，而且都已进入思想臻妙成熟的老境，所以二人在通信中，古今美外，天上地下，无所不谈，无所不论，书信中充满了发人深省的警句和意味深长的隽语，读起来益人智慧，豁人心目。

2 约翰·昆西·亚当斯

1767年7月11日，约翰·昆西·亚当斯生于马萨诸塞州的布兰因特里。他是第二任总统约翰·亚当斯的长子。1779年他12岁时就跟爸爸到欧洲并在那里上学。14岁时又跟从当时的美国驻俄公使法朗西斯·达纳当法语翻译官。当美国和英国在巴黎谈判和平条约时，他充任了他父亲的秘书。1785年，他回国进哈佛大学时，已通希腊文、拉丁文、法文、荷兰文和德文五种外语。

从哈佛大学毕业后，他在波士顿做律师。但他对政治的兴趣大于法律。他发表了一系列政论，支持华盛顿的政策，特别是后者的联邦思想（即中央集权思想），深得华盛顿的赏识。1793年，华盛顿派他任驻荷兰公使，后来又随约翰·杰伊往伦敦谈判"杰伊条约"。1797年，他改任驻普鲁士公使。

1801年，他回国被选为马萨诸塞州的州参议员，接着又被选为联邦参议员。他名义上是联邦党成员，但他不听从联邦党的指挥，在整个新英格兰的参议员中，他是唯一投票赞成杰斐逊总统购买路易斯安纳的人，联邦党人把他责骂一番。

不久，他又做了一起得罪联邦党人的大事。当时总统杰斐逊主张对英禁运。即停止美国的产品出口到英国。他设立了一个起草委员会，亚当斯是成员之一，正是他帮助起草了这项禁运法案。他还在被正式呈给参议院时投了赞成票。此举令联邦党报纸大骂亚当斯为叛徒。作为回应，亚当斯向选民解释道：他的一切考虑都从国家利益出发，他说："私利决不能与公众利益对立。"因为禁运大大伤害了北方的对外出口，联邦党代表北方商人利益，反对最烈。

禁运实施后，人们对亚当斯的斥责更强烈了。这无疑摧毁了新英格兰的海运。但亚当斯忍受着无情的指责毫不动摇。

这时，亚当斯已遭到其本州人民的遗弃。他知道他不可能再当选，与其被革职，不如主动退职，乃于1808年6月8日提出辞职。他对选民们说："现在我将你们对我的信任完璧归赵。"

他与联邦党脱离关系后，接受共和党总统麦迪逊的指派，出任驻俄国公使。他在俄国取得了很大的成就。他说服沙皇亚历山大与美国建立友好关系。

在1812年英美和约谈判时，他是美国代表团成员之一。

1815年，他改任为驻英公使，对促进英美友好起了很大作用。

1817年，他50岁，被门罗总统任命为国务卿。

约翰·昆西·亚当斯，1858年

传记作者罗伯特·雷明尼写道："约翰·昆西·亚当斯确实是美国历史上最伟大的国务卿。美国得以成为洲际国家，以世界强国的身份立于世界民族之林，主要归功于亚当斯的谈判技巧和外交眼界。而且，他的政治才华促使美国外交政策中最基本的原则《门罗宣言》的最终形成。实际上，正如塞缪尔·弗莱格·贝米斯所言，是亚当斯制定了美国外交政策的基本规范。"

门罗总统两任满后，昆西·亚当斯出任了美国第六任总统。但关于他的当选引出了一段小故事。

当时联邦党已消失。参选总统的共有四人：号称辉格党的克莱、号称民主党的杰克逊和现任国务卿亚当斯，还有一个代表南方利益的克劳福。

投票结果，杰克逊得票最多，但谁也没有获得足够的票数。于是由众议院投票表决。克莱把他的票给了昆西，乃得当选。他是美国历史上第一位"少数总统"。

昆西上任后，立即任命克莱为国务卿，因而杰克逊派就攻击昆西搞"政治交易"，到底事实真相如何，一直是个历史之谜。

昆西跟他爸爸一样，只得到一任。1828年大选中，他败给了杰克逊。

昆西的特点是笃信基督教。他在总统任内的日记中写道："寄希望于上帝的善良，信赖他的仁慈，相信他会从黑暗中带来光明，从恶中带来善。我从崇拜中所希望得到的安慰和鼓励就是这些。它们帮助我在苦难中确立不倒。尽管暴风雨的怒涛一天比一天厉害，使我看不到一线光明，但只要我经常祷告信赖上帝，我就能取得力量，并无伤地坚信必能躲开等着把我烧烤的火炉或无伤地经受等着把我烧烤的火炉。"

在1843年老年时，他在日记中又写道："我自始至终真诚地相信宇宙间存在至高无上的创世主，相信我身内有一个不朽的灵魂，它为我的行动对上帝负责，相信钉在十字架上的救世主的神圣使命。他赐人以永生，宣扬人间的和平、人的良心、天生的平等和个人的律法，即：你要爱你的邻人像爱你自己一样。我经常感到我是上帝面前的一个罪人，我需要经常获得上帝的忠告，督促我走向高尚。"

昆西能上能下。他从总统位置上退下以后，出任了联邦众议员。

他这个议员当得很痛快。他说，在总统位置上的时候，他有好些话不能直说。而在议员位置上他完全可以直话直说。

如果说，亚当斯作为总统，没有什么伟大功绩的话，那么，作为一名议员却作出了三件了不起的事。第一是反对奴隶制，第二是维护言论自由，第三是提倡科学。

早在1819—1820年国会讨论密苏里妥协案时，他曾在日记中写道：奴隶制是北美联邦的一大污点。每一个有良知的人都必须考虑彻底取消奴隶制是否能实际行得通。如果实际可行，那就该采取什么有效办法。如果有什么可选择的办法，那就该考虑什么是支付最小痛苦代价的可行办法。

可能不得不至少暂时性地解散联邦，解散只能以奴隶制为原因，不能涉及其他。然后以解放黑奴为基础，重新组织联邦。这个目标太伟大了，要花一辈子时间才能办到。

在总统任内，亚当斯力求避免在奴隶制问题上表态，因为这个问题太敏感了。但他内心的反奴隶制思想却表现在1827年所写的一首纪念他父亲生日的诗中：

人人从中获得教益，
自由才是人们的目标。

人类仍然有待解放。
上帝要求奴隶起来，打碎压迫者所加的枷锁，
年复一年满怀希望的岁月会推进，
直至地球上一个奴隶也不存。

亚当斯当时是用速记手法写这首诗的，他同时写明：我记下此诗以供我个人之欣赏，或供其他愿花时间破译我速记的人阅之。1875年，其子查尔斯·法朗西斯将此诗公之于众。

1831年，法国旅行家托克维尔访问了亚当斯。

问：你是否认为奴隶制是美国的一大污点？

答：是的，这是没有问题的。几乎一切当今的困境和未来的忧虑都起因于奴隶制。

问：南部的人是否认识到这种情况？

答：在他们心底是认识到的，但他们又不愿意表露出来。奴隶制改变了南部的整个社会情况，但你千万要注意，南部的白人之间的平等却是美国第一。就以新英格兰来说吧，我们在法律面前有平等，但在生活方面根本就没有平等。我们有上层阶级和劳工阶级。但在南方，每一个白人是平等的，在权利上是平等的。他们的天职就是强迫黑人从事劳动而他们自己坐享其成。由于这种养尊处优，南方白人养成了一种与众不同的性格。他们有时间锻炼体格，打猎啊，骑马啊，因此体格非常强壮，个性勇敢，荣誉心特别强。特别是对个人荣誉最为敏感，因此决斗就成了家常便饭。

问：你是否认为南方若没有黑人就活不下去？

答：我相信恰巧相反，欧洲人可以在希腊和西西里劳动，为什么美国人就不能在弗吉尼亚和卡罗来纳劳动？后者的气温并不见得比前者高。

问：奴隶的人数是否在增加？

答：在特拉华河以东的各州，奴隶人数在减少，因为那里种的是小麦和烟草，使用黑人并不合算。他们正在把奴隶输出到种棉花和蔗糖的州去。至于西部各州引进奴隶者，人数也不多。

当亚当斯回华盛顿第一次就任众议员时，有关华盛顿特区的黑人问题正讨论得很热烈。国会对特区享有特权，因此这一问题不涉及州权问题。宾州的一批教友派要求在特区取消奴隶买卖和奴隶制，他们要求亚当斯代呈请愿书。亚当斯老老实实地照办。他在众院的第一次发言就是为教友会呈交15份请愿书。交请愿书是议员的责任，这与他本人的立场无关。但亚当斯暗示，他同意取消特区的奴隶买卖，但不能支持取消奴

隶制本身。教友会的摩西·布朗问他为何不能支持取消奴隶制，亚当斯做了三点回答：他是马萨诸塞州人，不能要求别的州或特区取消奴隶制，这个问题应由当地人自己提出；他不想促使南北矛盾激化；他相信他本区选民也持如此立场。但他又指出，在道义上他与摩西并无分歧，他说："从道义上讲，我同情世袭奴隶远远超过同情世袭奴隶主。我相信时代精神是趋向解放的，但我受合众国宪法约束，不能自由地去推动解放，这事必须由当地人去解决。"

即使如此，亚当斯还是接二连三地接到不少恐吓信，其中有一封来自弗吉尼亚的信说："由于你的废奴请愿书，国会不能进行正常业务。我州有人愿出重赏要约翰·昆西·亚当斯的脑袋。我劝阻了他们，希望你能作较好的判断。但你若不退缩，我将改变态度，不再劝阻他们的复仇之心，而要同他们共同合作。其后果将是，我们一度曾尊敬的这位前总统将从地球上被消灭。"

另有一封恐吓信说："你在本届国会的表现已引起了南部对你的愤怒，你每个星期没完没了地煽动废奴，这表示你是一个黑心人，表示你对那些曾帮你登上总统宝座并给你的政府以支持的人们如何忘恩负义。但，先生，请你相信，善有善报，恶有恶报，你对南方这阴谋终将使你得到惩罚。我写这封信是给你一个警告，我们将观察你的以后行动。如果你竟敢继续大搞废奴活动，我们将不客气地使用私刑，用武力把你从国会中揪出来。小心你这狗头，本写信人将同他的同伴前来华盛顿兑现本信中所作出的威胁。"

一封来自佐治亚的信说："如果你想把厚嘴唇、木头脑袋、沥青皮肤、咸鱼臭味的黑鬼送进国会大厦，并认为他有与白人同样的权利，我就要与你决斗。如果你不敢决斗，那就小心你这狗头，我将在大街上把你毙了。"

这些信并没有影响亚当斯的态度，他再次在日记中说，解放黑奴，"其目标是高尚的，动机是纯洁的，但要做这样具有巨大规模、巨大困难和巨大危险的事业，我一想起来就有退缩之感，更不用说要由我个人出头来做这样的事了。有时，我也许太小心谨慎了，以致不想去实施足以引起这场自由与奴役之生死之战的一切措施"。

1838年亚当斯连选连任，他仍然不断向国会代递请愿书。他认为请愿书问题不是一个废奴问题，而是一个言论自由问题，他必须誓死保卫这种权利。他向国会提出了四大自由：思考自由，新闻自由，公民言论自由，代表公民者的言论自由。他扬言他将为这四大自由奋斗到底。

南卡罗来纳州的议员平克奈针锋相对，提出了一个三点提案：国会没有宪法权力可以干预任何州内的奴隶制；国会不应以任何形式干预特区的奴隶制；凡涉及奴隶制或废奴问题的一切请愿书、备忘录、决议案、提案、报告等等，都不能付印，只能直接归档，而且以后也不准对其采取任何行动。

第一、第二条很顺利地获得通过，但亚当斯坚决反对第三条。他说："我认为这一条是直接违反美国宪法的，也违反本议院的议事规则，也违反选民的权利。"但众院还是以 117 票对 68 票通过了该法，这就是有名的《盖格法》，或译《钳制法》。在以后的几年中，反对《盖格法》就成了亚当斯的奋斗目标，他把这个问题看成言论自由问题，非坚持到底不可。

亚当斯的第一个做法就是继续代递请愿书，在 1838 年中，他和他的同伴们为美国反奴隶制协会代交了 130200 份要求取消首都奴隶制的请愿书、32000 份要求取消《盖格法》的请愿书、21200 份要求取消各领地的奴隶制的请愿书、22160 份要求取消新州的奴隶制的请愿书、23160 份要求取消州际奴隶贸易的请愿书。亚当斯在 25 届国会休会后说："立即废除奴隶制，即使只是废除首都的奴隶制，在道义上和实际上都是绝对做不到的。无意义的叫嚷只能加强奴隶主不惜以一切力量来进行抵抗的决心。废奴协会不是在加强而是在削弱最后的解放事业。"废奴协会主席葛里逊闻此言后说："如果在选举的时候你就像现在那样表明态度，大多数选民当初就不会投你的票了。"

但亚当斯还是不断地连选连任，直至生命之最后一分钟。他在每一届国会中都不遗余力地要求取消《钳制法》。为此，人们称他为言论自由的斗士。他的选民为了表彰他为言论自由而奋斗，特赠了他一柄象牙手杖，预先庆祝《钳制法》之取消。经过亚当斯的努力，众院终于在 1844 年 12 月 3 日以 105 票对 80 票通过决议，取消《钳制法》。原来那象牙手杖上留了一个空白，以便填写《钳制法》取消日期的。亚当斯这时才在手杖上补上了日期，并把手杖交公，归于政府。因为亚当斯曾宣布，他绝不接受任何人的馈赠。

在亚当斯看来，耶稣与科学是毫无矛盾的。耶稣管的是灵界的事，科学管的是世界的事。他在众议院中担任了科学小组官员。杰斐逊也是有志科学的人，但在他在任的十多年内，没有机会在科学方面作出有效的推动。

今天去美国首都华盛顿旅游的人都可以看到一座座鳞次栉比的展览馆，这些科学馆都出自一个主人，即史密森学会。而亚当斯就是史密森学会的创始人。

詹姆斯·史密森者，英国富豪诺森伯兰伯爵之私生子也。伯爵逝世时把遗产都交给了他，但由于法律规定，史密森不能袭取爵位，所以他心中一直是不愉快的。史密森在牛津大学毕业，念的是科学，生活过得很舒服，但在事业上没有特殊成就。他在晚年立了一个遗嘱，内中规定，由于他本人没有子女，死后的财产将归侄子亨利·亨格福。但有一个附带条件，即，亨利死后必须把全部财产给自己的子女，不管其是否私生子女，如果他也没有子女，那么，全部财产将赠送给美国，在华盛顿设立一个史密森学会，以传播知识为宗旨。人世间偏偏有凑巧的事，史密森在立下遗嘱后不久就病逝了。亨利接受了财产，但不到五年他也死了，而且没有子女，这样，美国就成了继承人。

杰克逊总统于1835年12月17日向国会提出,请国会处理这笔基金。两院各自成立了小组委员会,参院小组的主席是弗吉尼亚的班杰明·列伊,众院小组的主席就是亚当斯。亚当斯为此提出了一个报告:

在地球上的无数生物中,唯人类具有获取知识之崇高天赋。就因为有这一天赋,人类才发现他本身可作天与地两者间的连接环,可成为宇宙间不朽精神的参与者,可为更高更持久的崇高目标而努力。

提供手段来获取知识乃成为可赐予人类的最大福利,它可以延长生命本身,并可扩大其生存范围。地球之所以被赐给人类,就是要他来从事耕耘以改进其生存条件的。谁增加了知识,谁就增加了自己的用途来把上帝所赋的才能用之于自身的福祉,并在一定程度上分享了全能上帝所具有的最高才能。

试问除把赠款用于发展知识外还能有什么其他更高贵的用途呢?

亚当斯的报告印发了5000份,大受欢迎。但也有人反对。反对的理由是:国会权力太大,操纵了知识。卡尔洪还提了另外一条理由:从个人那里接受赠款有损美国的国格。但两院最后终于通过决议,决定接受这笔赠款,其用途为发展科学。当时有一些大学很想从这一基金中捞取份额。但亚当斯认为基金必须用于全国性的科学,拒绝把它发放给任何个别的学校。这笔基金的总数有10.5万英镑,全数保存在美国财政部。就是它,资助了华盛顿的一座座科学馆。今天,这笔基金仍然存在,其所以能保持完整,主要就是亚当斯之功。

1848年2月21日,亚当斯在众议院座位上站起来发言的时候,心脏病突发,倒在地上,隔两天逝世。

传记作家雷明尼说:"约翰·昆西·亚当斯是个狂热的殖民主义者和人权捍卫者,是美国第一个倡导国家全面发展的总统。正因为他的倡导,美国才得以最终成为世界强国,美国人民才得以安享荣华康乐。"

3 艾比盖尔·亚当斯

艾比盖尔·亚当斯有一位出色的丈夫,那就是第二任美国总统约翰·亚当斯,她还有一位出色的儿子,那就是第六任美国总统约翰·昆西·亚当斯。但艾比盖尔之所以有名,并不是由于她的丈夫,也不是由于她的儿子,而是由于她自己。

历史学家们认为,在她同时代的美国妇女中,没有一个能比得上她的。

1744年11月11日,艾比盖尔出生于波士顿,说得更精确一些是波士顿东南的小镇韦莫斯。他父亲是当地的一名牧师。她家算是波士顿地区的一个望族。

当时美国也是重男轻女。女子都是不上学的,其实也没有女子学校可上。艾比盖尔的3R教育(即读、写、算)是由她父母亲和祖父母完成的。不过毕竟是非正式的,她没有系统地学过语法,所以她在文章中常有不少的语法错误和拼写错误。据她自己说,她稍大后就靠查字典独自进行阅读,因为她爸爸有一个家庭图书馆。由于她的聪明敏慧和勤学不辍,后来终于成了一名"写信家"。

中国的鲁迅与许广平有脍炙人口的《两地书》。《两地书》的成因有二:一是夫妻两人常常因工作隔地而居;一是夫妻两人都是喜欢写信而且确是写信的能手。艾比盖尔和她的丈夫就是属于这一类型的。他们两人留下了上千封信,成了美国历史的珍品。从这些信中,人们窥见了真实可爱的亚当斯夫妻。

艾比盖尔·亚当斯

艾比盖尔做姑娘时喜欢读诗,她熟悉了这样一首小诗:

  上帝试用男人的骨头,
  造出一个美丽的温柔。
  他没有择取头颅骨头,
  怕她会骑上男人肩头。
  也没有使用脚上骨头,
  以免重担压坏了娇柔。
  他只挑心脏附近骨头,
  为的她永靠在他心头。

从这首诗中她体味到,女人的最大幸福就是嫁一位如意郎君,她决心要这样。

约翰·亚当斯是艾比盖尔姐夫的朋友。他到史密斯家做客,认识了艾比盖尔,并产生了爱情。当时史密斯家算是波士顿的望族,而亚当斯只是一位不起眼的穷律师,妈妈不愿意女儿嫁给这位穷律师。但爱情之火是扑不灭的,由于女儿的坚持,有情人终成眷属。他俩于1764年10月25日在韦莫斯举行了婚礼。

从这一对夫妻,产生了历史上有名的"亚当斯家族"。

当大陆会议讨论订新法典时,艾比盖尔写信给丈夫说,关于"未来的新法典,我认为你们有必要做我希望你们能做的事:不要忘记妇女们。你们应当比你们的祖先更宽大和更有气度地对待妇女,不要使丈夫握有如此无限的权力。要记住,任何人若有做专制者的可能,他就会成为专制者。如果男人不给妇女以特殊的考虑和照顾,我们将决心发动一场叛变,并将不受任何我们没有发言权或代表权的法律的约束。男人天生有专制的性质,这是不容置辩的事实,但像你这样愿意过幸福生活的人应当自愿地为了那较娇弱的一方而放弃那个粗鲁的家庭主子头衔。因此,对那些可以在不受惩罚条件下以残忍和轻蔑态度对待我们的坏蛋和无法无天的人,为什么不可以剥夺他们的权力呢。人类有史以来任何有头脑的人都厌恶把妇女作为仅仅是男性的奴隶的风俗习惯。请把我们看作上帝要求你们保护的人,并应当向上帝学习,把那项权力只用来保障我们的幸福"。

1776年5月7日,艾比盖尔在给亚当斯的回信中支持丈夫的爱国主义思想。她写道:

来信说,我们的国家是第二位上帝,是第一位和最伟大的父亲。它的地位除了上帝以外应居于父母、妻子、孩子、朋友及一切事物之上。因为如果我们的国家死了,那我们就不可能救活任何一个个人，正如同整个手臂断了，就不可能保住任何一个手指头一样！为此，我愿意压制我的一切愿望，忍下我的任何抱怨，甘心与我的心上人作痛苦的离别。

关于国家的格言是：权力和自由一如热和湿，如果两者混合得好，一切都会繁荣；如果不能配合，它们就会起破坏作用。本殖民地非常需要一个更为稳定的政府。人们现在就想从大陆会议得到这样的政府。我前面引用了一条格言，现在我愿再添上一条：如果人民把国王推倒了，人民还仍然是人民；但如果国王失去了人民，国王就再不能成国王了。这肯定就是我们今天的局面，那么，为什么你们不用决定性的语气向全世界宣布你们自己的重要地位呢？难道我们愿意让别的国家嘲笑我们长期举棋不定不敢说出这样一个字吗？

请注意，此信写于5月7日，离7月4日（独立日）还远，但艾比盖尔要求独立的心已表述得如此鲜明而中肯，岂非巾帼胜于须眉乎？

更可贵的是，艾比盖尔在同一信中向她亲爱的丈夫就夫权提出了义正词严的抗议：我认为你们对妇女的态度是不够宽大的，因为你们一方面宣称对人应和平和友好，要解放所有民族，同时你们又坚持要维持对妻子的绝对权力。但是你们必须看到，专断的权力是和其他坚硬物体差不多的，它们非常容易断裂。尽管你们有各种各样聪明的法律和格言，我们仍有力量做到解放自己并制服我们的主子，我们可以不用暴力把你们的天然权威和法律权威踩在我们的脚下。

1778年6月30日，艾比盖尔进一步提出妇女教育问题：

在我国，人人都可看出，妇女的教育是多么的受忽视。人们怎样地嘲笑妇女的学习活动。我算是幸运的，因为我的夫君是一位较具宽大胸怀和情操的人。

最近我读了一篇有关的文章，不能不多说几句，该文作者说，如果我们把妇女当作敌人，我们就应当让她们拥有我们自己所使用的武器。否则，这是男人的怯懦。如果我们把妇女当作朋友，那么，剥夺她们的受良好教育的权利就成了一种不人道的暴君行为了，而这种教育本可使她们成为我们更好的伴侣。

上帝并没有亏待妇女。她们的感官与我们一样敏锐，她们的理智与我们一样敏感，她们的判断与我们一样可靠。若在这些本性之外再能加上教育，她们将可成为多么恭让和可爱的人啊。我们用不着害怕由于我们让她们通过学习改进她们的天生才能就会使我们削弱对她们占优势的帝国。

艾比盖尔也是一名反对种族歧视的勇将。曾有这样一个故事：

她住进华盛顿白宫后，认识一个黑人小孩叫詹姆斯。艾比盖尔把他送到学校接受教育。不久，邻居凡克森先生来拜访艾比盖尔并说，如果詹姆斯继续留在学校，其他的孩子就要退学。

"凡克森先生，这个小孩做错了吗？"

"不，不是这个原因，只是……"

"哦，他们不反对和詹姆斯一起去教堂，为什么会反对他去学校？"

"不是我反对，是其他人。"

"其他人？如果是其他人，为什么他们不来？"

这个不知所措的凡克森不得不站在美国总统夫人面前听她发表关于美国精神的述说：

"这是在攻击每个人都应该被赋予的自由和平等的原则，一项平等的权利。作为一个自由人，詹姆斯拥有和其他人一样平等的权利，黑色皮肤并不能成为阻止他进入学校的理由。"

1780年1月19日，艾比盖尔给儿子写了这样一封信：

当今的时代是天才们所盼望的时代。风平浪静的生活，无忧无愁的安乐，是不能产生伟大人物的。如果西赛罗没有为卡蒂林·密洛和马克·安东尼的暴政所刺激，他就不可能成为如此光彩耀人的演说家。只有在与困难斗争之中才能养成坚强伟大的心。所有历史都会证明这一点。智慧和毅力总是经验的产物而不是安乐和消闲的产物。

伟大的需要会呼唤出伟大的人品。当思想的层次提高而外界环境又不断推动其思考，那么，本来会酣睡的那种品格就会警醒起来而发展成英雄，发展成伟大的政治家。

战争、暴政、劫难都是上帝的惩罚，这本来是坏事。但你今日能目睹你自己的国家遭受如此命运，这是你的幸运。更幸运的是你恰巧是为保卫自由而起来作光荣战斗的人民中之一员。这人民在盟国帮助之下，在上帝帮助之下，将把这种高尚的遗产传给万代万世。

更值得一提的是，艾比盖尔每每在关键时刻给她丈夫以政治支持。1776年7月14日，她写信给丈夫说：昨天收到你7月3日和4日的信，不管你的信谈什么题目，都是我所爱读的，但这两信中所表示的有关我们国家的未来幸福和光荣，更使我感到高兴不已。

想到我的一位亲人有幸投身于其中任一主要角色，为未来的国家伟大前程奠下基础，实不胜欣慰，谨希望我们的新宪法（指《邦联条款》）的基础能体现公平、正义和真理，愿它像智者盖屋一样，建立在岩石之上，风吹雨打都不会倾倒。

1778年5月18日，她在信中写道：尽管日子很困难，尽管这个战争很残酷，尽管我因此而与我生命中最亲爱的人别离，我也绝不愿意以我的国家去交换印度的所有财富，也绝不愿意使我这个普通美国人去变成任何别的国家的皇后或女王。我的灵魂深处不要求任何风头和权力，只要拥有我的亲爱的伴侣的最温柔的感情，我就感到我已享有人世间所能有的最大幸福了。

尽管我必须为国家作出牺牲，即离别之苦。我仍为这种牺牲而感到光荣，并为我是这样一个人的妻子而感到高兴——一个无愧于人们所信托予他的重要任务的可尊敬的人。

英国提出了它所谓的调停计划，但这只不过是增加了它对我们的侮辱而已。我从心灵深处鄙视它的卑鄙。英国早已丧失使它足称泱泱大国的品质。它正为它的罪行遭受人们的谴责。

亚当斯在求爱时期就十分倾倒艾比盖尔的才华，他有这样的一封信：

你一直柔和地温暖着我的心，你不仅将恢复我身体的健康和心灵的均衡，而且也将恢复我的与人为善之心。你将改善和提高我的生活志趣和生活方式，排除我天性中的一切不文明和不合天意的因素，并将帮助我养成这样一种好脾气，使我能够既保持百分之百的坦率而又能迅速辨明是非。

他们结婚不久，亚当斯就因参加革命，常常不在家而只能靠鱼雁传情。

1776年9月，艾比盖尔获悉丈夫将由费城去纽约同英方谈判，甚为担心，她写道：有人说通讯将被切断，还说你将回不来了。有些人是怀着恶意的，巴不得能幸灾乐祸，你知道，我是吓不倒的。我尽量不计较这类的胡话，尽管出现了这一切鬼话，我仍与以前一样睡得又香又甜。但这是真的：我在每夜闭上眼睛之前总要看一眼费城；在每天早上睁开眼睛时，第一眼看的也是费城。

但更富感情的是如下的信：

过去三天中我几乎完完全全和你在一起，由于天气恶劣，没有任何人来看我，我就关起门来读你的来信。

我把自己关在阁楼内读我不在身边的朋友（当时英国间谍经常在途中劫取或偷取信件，所以亚当斯夫妇在通讯中都用了假名，亚当斯称夫人为波蒂亚，夫人称亚当斯为朋友）的信并思念我的不在身边的朋友，我的感情很复杂，有时有痛苦，有时有高兴。但我的心脏始终随着一种愉快的念头而跳动，而且还随着我心底所蕴藏的对你的至纯之情而跳动，以至于我的整个心灵完全融化在甜蜜之中而使我的钢笔自然地脱手落地。

当想到我拥有一颗与我同样热烈温柔的心时，我感到多么愉快啊。

亚当斯给妻子的信也同样富有感情和风趣，1783年1月29日，他在信中说：如果我没有错判你的个性的话，你绝不是一个仅仅依靠欢乐和表面成就就可以使你感到幸福的人，能使你感到幸福的必须是一个能思想的人，一个能为别人幸福着想而且懂得别人感情的人。一个必须能骑快马奔驰500英里而且越过葛尔夫（海湾）暖流而心不跳脉不急的人。

我希望并祝愿能在一切事情上得到你的指导。我最后向你保证，当我签上"你的永远的"几个字的时候，我心中的感情是绝非笔墨所能形容的。

1783年8月14日亚当斯从巴黎发出的信中说：

我接到了5月7日和6月20日的信，已有很长时间没有接到你的信了，这两封信真的成了无价之宝，我往往从你的信中比从其他人的信中获得多得多的国内政治情况。

那时，亚当斯和李及富兰克林组成三人委员会，负责对英谈判，他写道：

我觉得我们这个委员会的工作若没有我在跑龙套的话，恐怕什么事也做不了。我的两位同仁在任何问题上都不能取得一致意见。富兰克林博士从早到晚过的是放荡的生活。我从来没有机会在早餐以前与他碰头，而这正是阅读信件、文件和讨论问题作出决定的最佳时间。他的早餐时间是很晚的。他一吃完早饭就有一大群客人云集而至，各色人等都有。有哲学家、研究员、经济学家以及一些文人骚客，后者是来翻译他的著作的，从《穷理查德的历书》到其他种种。但最多的却是妇女和小孩，他们是因崇敬而来拜会富兰克林的。这一切要拖到午餐换装为止。然后，他必须换衣服去外头下馆子，因为天天有人邀他下馆子，而他从来不拒绝，除非我们三人事先已有吃饭的约定。我也时常被邀请，我不得不有时以托辞对付之，如说，我需要学法文和需要看文件等等。

富兰克林先生衣袋中老有一个日记本，记上所有的吃饭约会。查尔斯·李对我说，富先生唯有在这件事上非常准时。法国人的习惯是1至2点用午餐。李每天到我公馆来商讨事务，但我们很少能找富来一同议事，日常由我拟稿，由李和我俩人先签字，然后我老要等上好几天，才能找到富签字。因为富吃完午餐后就去剧院，或去哲学家协会，但更多的是去回拜女士朋友，在用完午茶后，就有晚餐，那儿有说有笑有音乐有欢乐，大概要待到 10 点。他通常在 9 点到 12 点间回家。

可能这种生活有助于他的长寿康乐。他已是近 80 岁的人了，对他的高寿我自当尊重。如果我每天能跟他接近几分钟听听他对办事的意见，我是很愿意做抄抄写写的事务性工作或跑龙套的，但我竟很难获得这样的机会。我所能做的就是请他在已拟好的文件上签名。的确，他很少拒绝签名，不过，有好几次曾拖了一些时候。

1784 年 7 月 26 日，亚当斯从海牙发出的信说：你的 23 日来信使我成了地球上最快乐的人，今天我忽然觉得比昨天年轻了 20 岁。

许多历史学家都认为，没有艾比盖尔就不可能有约翰·亚当斯。亚当斯的事业是他们夫妻两人所共同创造的。艾比盖尔在晚年，也就是 1809 年，曾写信给她妹妹说："任何一个男人如果没有他妻子的协力合作，就不可能完成伟大事业。因此，我们必须让我们的女儿们和孙女儿们接受教育，使她们合格地担负起在家庭中应负的职责。我认为每一个美国妻子都应懂得如何管理家务，处理家政，教育子女。上帝就是为此而为男人创造女人的。如果为妻者不能做到这一点，就有违上帝造女人的宗旨。"

她还说："毫无疑问，一名受良好教育的女人，懂得自己本性和尊严的女性，更会做到尽其天职，并取得一位开明丈夫的终身不衰的爱抚，而一名未受教育的妇女就较难做到这点。"

在他们夫妻 50 周年金婚礼上，艾比盖尔说："在半个世纪之后，我可以说，如果我再度年轻，让我选择，我的选择将仍然不变。"她劝告她的孙女儿们和孙侄女儿们：选择必须谨慎，一旦掷下骰子，就不能后退，直到死亡。

艾比盖尔病逝于 1818 年 10 月 28 日，她看到了自己的儿子当上了国务卿，但没有能看到他当总统。昆西对自己的妈妈做了这样一句评语："她的榜样洗尽了历来人们所加在女性身上的一切不实的诽谤之词。"

他还说："我母亲……的行动表明，她是给全人类带来幸福的使者……她的心中只有善良和慈爱。她内心很坚强，但是她的脾气又很和善、很温柔。她……对我来说不仅仅是个母亲，而且是天上的一个精灵，守护着我，为我能过上舒适的生活而奉献了自己，而我仅仅是意识到了她的存在……我从来没见过还有谁能像她这样，一生永久的目标就是不断地做好事。"

波士顿的《哥伦比亚哨兵报》对艾比盖尔的逝世表示了哀悼，并强调说她在丈夫从政期间对他的事业起了很重要的作用，由此对国家也产生了重要的影响。报纸的讣告没有丝毫溢美之词，对她美德的评价也没有任何夸张之处：她生命中的每一刻都在享受着丈夫无限的信任和深情厚意，一直都能与丈夫交流大部分想法。从一方面来看，她是个贤妻良母，思维敏捷而又友善和蔼，她在处理各方面家庭事务过程中获得了一整套完整的经验，使她基本上能够把亚当斯完全从家庭琐事中解放出来，让他安心工作；从另一方面来看，她又是他的朋友，他很乐于与她商议公务中的每个疑难问题；她与他进行的讨论总会融入她性格中那种令人愉快的和谐因素，这种和谐是直觉判断带着绝对的谨慎，和解精神带着符合她身份和性别的精细优雅。无论生活中经历的是暴风雨还是平静的海面，他都一直信任和崇敬她的美德。

4　詹姆斯·麦迪逊

美国第四任总统詹姆斯·麦迪逊被称为美国宪法之父。他是弗吉尼亚人，生于 1751 年，比同州人乔治·华盛顿小 19 岁，比帕特里克·亨利小 15 岁，比托马斯·杰斐逊小 8 岁。他在学校中是一名爱国主义分子，接受了当时流行的革命思想。特别是他在 1776 年左右认识了杰斐逊，逐步建立了深厚的友谊，成了历史上罕见的一对政治合作者，达半个世纪之久。因此，麦迪逊的思想离不开当时的革命思想和杰斐逊的思想。他本人很难说有什么思想方面的建树，他的了不起在于他是一名伟大的务实主义者，他集各派美国思想，调和各种利益，对美国宪法的制订作出了杰出的贡献。

美国宪法是美国革命胜利的产物。革命靠的是人，所以要了解美国宪法首先要了解英国的美洲殖民地（为了方便，以下简称 13 州或美国）居民的素质，也就是觉悟程度。

现在我们引用一位 1759 年定居美国的法国绅士克里维可夫的话："欧洲人来后，开始有一种形同复活的感觉：以前好像并没有活过，过的是麻木无生气的日子；现在他感到自己是个人，因为大家把他当人；他本国的法律把他看成虫蚁；这儿的法律把他当作主人……他不由自主地心花怒放，意气高扬，从而孕育出美洲人才有的那些新思想。"也就是说，13 州的人本来已享有自由，因此，美国革命的口号是反对英国的奴役，保卫自由。革命是一场权力与自由（Power & Liberty）的斗争。革命的胜利当然摆脱了英国的权力，但在建立新国家时，人们发现权力与自由的矛盾仍未解决，因为政府本身就是权力，仍然存在着权力与自由的关系问题。建国也必须解决权力与自由的关系问题。

启蒙斗士托马斯·潘恩说："社会，不论是啥样的，都是一种善；但政府，即使是最好样的，也仅仅是一种必要的恶。"被称为"美国政治科学之父"的约翰·亚当斯则说："我们在决定什么形式的政府是最好的政府之前，必须先考虑政府的目的是什么。关于这一点，所有的理论政治家都会同意，政府的目的是社会的幸福，正如同所有的神学学者和伦理哲学家都会同意个人的目的就是个人的幸福。由这一原则可以得出以下推理：凡能给最大多数的人以最大程度的幸福的政府就是最好的政府。""除了共和就没有好的政府。英国宪法的唯一有价值部分就在于此，因为共和的定义就是'法治，不是人治'。由于共和是最好的政府，所以，若能对社会中的各种权力作出特定的安排，或换一句话来说，如果某种形式的政府能最好地保证公正和严格地执行法律，那它就是最好的共和国。"

詹姆斯·麦迪逊

上述理论就是麦迪逊所拟的宪法的基本精神。

杰斐逊没有参加制宪，他那时在法国，他的基本态度是支持宪法的，但也提出了两条意见：第一，必须有一个权利法案或人权法案；第二，总统不能连选连任。后来他自动放弃第二个要求，但对第一项要求他决不放松，特别是言论和新闻自由（即出版自由）。梅里尔·彼得森教授写道："杰斐逊本人心目中的原则很少具有绝对意义，但新闻自由是一个例外。"他当总统以后，仍然认为无论报纸如何滥用它们的自由，为保持民主政治，那项自由是不可以限制的。

在言论自由问题上，麦迪逊同杰斐逊观点完全一致。麦迪逊曾说："在美国被视为神圣的诸原则中、在被视为构成合众国人民的自由堡垒的诸神圣权利中，其重要性在人民心目中占压倒一切地位的，就是新闻自由。不错，这一自由时常过了头，它时常沦为放肆，这是令人遗憾的，但人类还未能找到什么补救办法。或许，这是一种附在善身上的无法拆开的恶。"他在致拉法叶特侯爵的信中还提到："没有什么人比杰斐逊先生更看重新闻自由了，他视之为自由政府必不可少的守卫。"

既然麦迪逊被誉为"宪法之父，"先让我们看一看他前前后后为宪法做了些什么工作。

一、革命战争结束后，华盛顿解甲归田，隐居于芒特弗农。由于战争的结束，州与州之间的矛盾开始走上舞台，而邦联条款根本无法解决此类矛盾。1785年3月，在华盛顿支持下，弗吉尼亚和马里兰各派代表在芒特弗农开会商讨两州间有关商务和航运纠纷问题。那时，麦迪逊是华盛顿的得力朋友。华盛顿本人考虑到自己的地位，故意不任代表，而由麦迪逊等人参加谈判。麦迪逊后来说，制宪会议的苗子"自然地产自芒特弗农会议"。

二、芒特弗农会议后，华盛顿等人觉得有必要开更大的会议以解决州与州间之矛盾。乃由麦迪逊出面，在弗吉尼亚州议会内活动，促使州议会通过一项决议，邀请各州派代表至安纳波利斯开会。虽然13个州中只有5个州派出了代表，会议实际上宣告流产。但当时与会者有弗吉尼亚的麦迪逊和埃德蒙·伦道夫以及纽约州的汉密尔顿等人，他们想了一个补救办法，决定由与会者向大陆会议提交一份建议书，并由汉密尔顿拟稿。伦道夫对所拟之稿表示不满，是麦迪逊向刚愎的汉密尔顿提出了劝告，"你最好向这位先生让步，否则弗吉尼亚将表反对"。这样，汉密尔顿才缓和了稿子的语气，建议各州派代表于1787年5月的第二个星期在费城开会，考虑合众国的情况，以便制定一些在他们看来"会使联邦政府的宪法能更进一步适应联邦的迫切要求的规章条例"。大陆会议接受了这个建议，但它规定会议的职权是对"邦联条款"作出修正。

三、在制宪会议前夕，华盛顿与麦迪逊曾互相通信，商定制宪的大政方针。华盛顿在1787年3月31日致麦迪逊信中说："凡是有判断能力的人，都不会否认对现行制度进行彻底变革是必需的。我迫切希望这一问题能在全体会议上加以讨论。""我承认，我现在对公众美德的看法有所改变。我怀疑是否有任何一种制度，不使用政权的强制力量就可以使中央政府的法令得到应有的贯彻。而做不到这一点，其他都无从说起。"

麦迪逊于4月16日复信说："敬悉3月31日华翰，不胜荣幸。阁下对大会所应追求之改革的见解等于批准了我心中的见解。……谨不揣冒昧，把在下心中设想的新制度的大纲提供给阁下过目。鉴于各州的个别独立地位是与它们的合众主权是极端不相容的，而若要把各州并合成一个单一的共和国则又操之过急且无法达到，所以我择取了某种中间的立场。"

从这一点来说，宪法似乎可以说是华盛顿和麦迪逊的密谋产物。

四、制宪会议的弗吉尼亚代表共有7人，华盛顿也是其中之一。但华盛顿出于某些顾虑，最初不打算亲自出席会议，是麦迪逊用三寸不烂之舌，晓以大义，终于使华盛顿改变了主意。华盛顿在会上被选为会议主席，他除了主持会议外，基本上一言不发，是麦迪逊在会上做了180多次的发言和插话。

五、按照大陆会议的开会通知，会议目的是修正"邦联条款"。但弗吉尼亚代表团在5月29日（会议正式议事是从5月25日开始的）突然提出了"弗吉尼亚方案"，一下就推翻了"修正邦联条款"之框框，反对派一直认为这是一次阴谋。在会上宣读方案的是埃德蒙·伦道夫，但方案的主要设计师却是麦迪逊。最后通过的宪法实际上是以弗吉尼亚方案为蓝本的。

麦迪逊曾托身在法国的杰斐逊购买宪法历史书籍，有些历史学家就认为麦迪逊的宪法观点是参考这些书籍而来的。这种说法是不妥的。麦迪逊对建国问题早有一套想法，他主要是想从本本中寻找根据来为已定之设计辩护，而并不是求教于本本。这样说的根据有二：第一，麦迪逊在《联邦党人文集》中大量引证本本为已通过之宪法辩护，但他在制宪会议的180多次发言中却没有，或至少很少引经据典；第二，他曾要求其同代人考虑宪法时不要"盲目崇古"，不要相信"习俗"，而应根据"自己的明智、自己的具体情况以及从自己经验中得来的教益"，因为自己的经验才是"智慧的最后绝佳检验"。

宪法中的主要原则在弗吉尼亚方案中都已具备，如中央与地方分权、政府内部之制衡、民选的代议制等等。当时的革命人士也大多早就具备这类思想，从被视为激进的潘恩到被视为保守的亚当斯都曾写文章论述，麦迪逊仅仅起了综合和集大成的作用。

表现在制宪会议上的，主要是权力分配的争执：即，中央对地方、大州对小州、北部对南部、沿海对内地，而麦迪逊就成了协调的大师。

六、麦迪逊在制宪会议最后阶段提出了一个很重要的建议：各州在批准宪法时不能由州议会讨论，而应由各州民选出代表组成一个专门的宪法会议来作出决定。这样宪法就与人民直接挂上了钩。在弗吉尼亚的批准会上，反对派领袖亨利一开始就痛斥宪法用"我们人民"四字来代替邦联条款的"我们各州"四字是篡权行为。麦迪逊的建议在法理上确立了宪法与人民的联系，也就是先期回答了亨利之指责。从整个历史而言，这也创立了宪法应交人民批准的先例。

七、当时的纽约州是反对宪法的堡垒。汉密尔顿为了击败他的对手们，联合麦迪逊和杰伊组成一个"三家村"，使用一个笔名，在纽约的报刊上发表了一系列文章，共85篇，其中麦迪逊有29篇（这是后人考证出来的数字，不一定完全可靠），也就是人们所称的《联邦党人文集》。纽约州几经波折，最后终于以30对27票的微弱多数批准了宪法。《联邦党人文集》当然也有一份功劳，更重要的是，这个文集后来成了美国宪法方面的经典著作。

八、在麦迪逊的本州弗吉尼亚，宪法也经历了一场艰苦的斗争。反对派头头亨利在弗吉尼亚有很大的威望，更兼他是一个卓越的演说家和煽动家，他曾扬言，"即使有十二个半州同意宪法，我以男子汉的决心，也将反对到底！"他还利用杰斐逊在私人通讯中说过的一句话，要求再召开一次制宪会议讨论各种修正案。这使作为杰斐逊密友的麦迪逊陷入了很尴尬的地步。只有凭他的冷静和毅力，以及华盛顿在会外施展他的个人影响，会议才同意先批准宪法，然后对已成的宪法进行修正。表决的结果是89对79票，也是一次险胜。

九、亨利既败于麦迪逊，怀恨不已，乃利用自己的势力，阻挠麦迪逊入选合众国第一届参议院。所以麦迪逊只能在他家乡以众议员身份选入国会。不过塞翁失马，安知非福，麦迪逊后来认为，他当众议员正是得其所哉。

麦迪逊在竞选众议员时就曾向选民许诺，他将力求在宪法内列入修正案。第一届国会于1791年3月开会，麦迪逊在一开始就要求众院讨论修正宪法问题，而当时人们认为：华盛顿政府开张伊始，千头万绪，不宜在宪法修正问题上兴风作浪。但麦迪逊顽强不屈，他在6月再次要求讨论修正案，他做了一次长篇发言，论述修正之必要并提出修正之具体建议。众院最后同意成立一个委员会讨论麦迪逊所提之建议。麦迪逊之建议主要是采纳了弗吉尼亚州宪法中的权利法案。众院初次通过之建议共有17条，这17条送交参院进行讨论，参院把它删减或合并，成为14条。然后两院派代表举行联席会议，14条减至12条。这12条还应送交各州批准，需3/4多数通过。结果，获批准者只有10条，这就是今天人们所称的"权利法案"或"人权法案"。其第一条，亦即首要的一条就是："国会不得制定关于下列事项的法律：册封某一宗教或禁止宗教自由；剥夺人民的言论或出版自由；剥夺人民和平集会及向政府请愿申冤之权利。"

十、麦迪逊之受人尊敬，同他的个人品德也不无关系。由于他埋头工作，外加机缘不巧，他到43岁才结婚。一名少爷公子能有此修养，在当时当地实属罕见。他在制宪会议长达三个多月的暑天里，每会必到，晚上又要整理笔记，用他自己在给朋友的信中所写的话说，他"几乎累死"。

但最可贵的是他那种不居功的风度。举一个例子，杰斐逊曾把弗吉尼亚宗教自由法案列为他自己平生三大功绩之一。当然，宗教法案的稿子是杰斐逊亲拟的，然而它之所以能成为正式的法案，却完全是麦迪逊之功。当时杰斐逊早已赴法，是麦迪逊在弗吉尼亚议会中单枪匹马进行奋战，才使杰斐逊的建议成为法案。但世人很少把该法案与麦迪逊联系起来，而麦迪逊本人也从来不介意。

一位当代美国历史学家评曰："作为一名公务员，他突出地无私，他的功绩是否博得了声誉，对他来说是无关紧要的。在他身上体现了各种不寻常的品德的综合——这些品德今天看来更显难能可贵，因为在今天的公务员身上已很少能见到这些品德。"

十一、还值得一提的是，麦迪逊对制宪会议的每一次讨论都做了详细的笔记，成了后世人研究美国制宪历史的宝贵资料，因为他的笔记不但详细，而且尊重客观事实。麦迪逊本人在1823年3月致友人书中曾有这样一段论述："最可靠的历史应是这样一种果实：由当时当地的主角和目击者为后人留下事实真相而后者将能毫无偏见地加以使用。如果公家保存的以及私人珍藏的资料既丰富而又正确，而这样的材料能留给以公正之心处理资料的人之手，那么，我们将能指望美国历史具有更多的真实，而其教益肯定不会逊于其他任何国家，也不会逊于历史上的任何时代。"

说到美国宪法的思想，则已充分体现在宪法条文中，简单地说，不外以下几种：1. 中央与地方分权；2. 政府内部的制衡；3. 民选的代议制；4. 个人权利，或曰人权；5. 宪法不是《圣经》，可以修正。

我们可以说，以上各点都是麦迪逊的思想，但同时也可以说，以上各点都不是麦迪逊的个人思想。他自己在给友人书中曾这样说，你给了我一种我不该享有的名誉，你把我叫作合众国宪法制订人。宪法不是像传说所说的智慧女神的单个头脑中的产物，而应视作许许多多头脑和许许多多双手的产物。

因此，我们要探讨的仅仅是麦迪逊在宪法方面所特别珍视的一些价值。

第一，统一（union）高于一切。华盛顿、麦迪逊等人之所以要用宪法来取代邦联条款的中心思想就是要用统一代替非统一。杰斐逊对邦联条款的态度就很暧昧，而麦迪逊和华盛顿都是坚定的国家统一主义者（nationalist）。

早在1783年10月8日，麦迪逊在一篇文章中写道："自由——您离开了东半球……在这西半球奠定了您的神圣帝国；……这儿的您的信徒们所组成的爱国者群，将把下列的神圣真理灌注他们的子孙的心灵，并将教导他们永矢勿违：美国的安全永远在于统一（union）。"他在1787年4月8日致伦道夫信中又说："全国政府应该对所有有涉需要统一措施的案件享有理所当然的充分权威，如贸易问题等等。""它应当在一切案件中对各州的法律享有否决权，正如同英国国王在此之前所做的那样。我认为这是十分基本的一点。这是剥夺州主权的最小可能要求。如果做不到这一点，一切在纸面上规定的权力都将无从成立。而且它还将产生各州的内部不稳定。"

麦迪逊在1834年曾留下了供死后发表的"告国人书"，其中的结尾是这样写的："在我内心深处最亲切的、在我信念中最深刻的一项忠告就是：各州的统一必须珍视，并永世维持下去。对统一的公开敌人，应当把他视作打开其魔匣的潘多拉；对统一的隐蔽敌人，应当把他视为偷偷潜入天堂的毒蛇。"

麦迪逊是"统一第一"，杰斐逊是"自由第一"，这种微妙的差异可以在反对"叛乱法"的斗争中窥见一二。

为了保卫言论自由，杰斐逊在 18 世纪 90 年代后期想通过州的发难，进行一场反"叛乱法"的斗争。他秘密地草拟了一个决议案，想通过密友，分别在肯塔基州和弗吉尼亚州提出。在弗吉尼亚的密友当然就是麦迪逊。

决议草案的原始草稿中大胆地断言，联邦政府自诞生之日起所走的整个道路是不合宪法的，因此是非法的。它要求各州指派代表进行商谈。它还公开建议任何一州对该州认为不合宪法的联邦法可以实施"废止"（nullification）。

麦迪逊显然不赞成州可以有权废止联邦的法律。他向杰斐逊反问："你是否彻底考虑过在有关联邦盟约问题上州的权力与立法机构权力之间的区别。可以立论说，前者很清楚地决定是否有违犯事件的最后法官，但并不能由此得出结论说，后者不是合法的机构，特别是产生盟约的机构是一个制宪代表大会。"

杰斐逊在过目麦迪逊的草稿时并不很高兴。他希望至少要加上这样一句话以加强实质："上述法律是无效的、可作废的以及没有力量的，或没有效用的"（null, void and of no force, or effect）。但麦迪逊坚决拒绝修改自己的原稿。

由于麦迪逊的坚持，所谓弗吉尼亚决议案就要比杰斐逊的原意冲淡得多。尽管如此，由于这个决议案，一场有关自由问题的危机却从此转变成了一场有关统一问题的危机。在 19 世纪 20 和 30 年代期间，麦迪逊多次为弗吉尼亚决议案辩护说，它没有否决联邦之意，但正如中国一句老话说，"黄泥巴落在裤裆里，不是屎也是屎"。南北战争时南方的脱离理论，在一定程度上就借助于弗吉尼亚决议案。

第二，保护少数及"分而治"。麦迪逊在杰斐逊的尊重多数理论上又加上了一笔，即：必须保护少数。这也可以说是麦迪逊思想的特点。他在《合众国政治制度的弊端》一文中说："所有的文明社会都分成不同的利益集团和派别"，"在共和政府中，是多数（不管它是如何组成的）制定法律。所以，当出于某种明显利害关系或某种共同的偏爱而促成某一多数时，用什么东西可以限制有失公允地侵犯少数的或个人的权利和利益呢？"他在致杰斐逊的一次信中说："凡政府中的实际权力所在之处，就存在压迫人的可能。就我们的政府而言，实际的权力在于社会中的多数，对私人权利之侵犯主要不来自有违选民意志的政府行动，而来自这样一些行动：在这些行动中，政府仅仅是选民的多数工具。这是一个很重要的真理，惜未为人们所足够注意。这一真理对我的思想所产生的印象很可能要比对你所产生者深得多。何处地方存在做坏事的利益和权力，一般就会作出坏事来，在这方面，一个强有力的利益集团决不会比一位强有力的自私君主心肠稍软些。"

麦迪逊在《联邦党人文集》中以及在制宪会议的发言中也重复提到了这个问题，并提出问号："各种利益相同者联合压迫少数的事，这种危险怎样防止呢？"

在解答这个问题时，麦迪逊竟起用了英国老牌帝国主义所一贯奉行的 Divide et impera 政策。不过，在翻译时，我们可以稍作区别。对英国，可译为"分而治之"，对美国可译为"分而治"。前者的治是及物动词，治殖民地是也；后者的治是不及物动词，是天下太平的意思。

早在为宗教自由辩论时，麦迪逊就认为，保证宗教自由的最佳途径是在美国发展尽可能多的教派，"因为只要有这样多种的教派，任何一派就不可能占多数来压迫和迫害其他教派"。他在制宪会议上说，"我们可从整个历史得出这样的教训：如果某一多数是由一种共同情绪联合起来的，并获有某种机会，那么，少数一方的权利就会失去安全。在一个共和国政府中，多数如果联合起来，它就一定会获得机会。唯一的补救办法是扩大范围，从而使社会分成许多利益集团的派系，这样，首先，多数就不可能在同时有与全体或少数的利益不同的共同利益。其次，万一他们有这种利益，也不易联合起来去追求这种利益。所以我们有责任去尝试这种补救办法，并依此观点去建立具有如此规模和如此形式的共和制度，使其能控制我们迄今所经历的一切弊病。"

他还写道："当社会分成更多的利益集团，更多的追求目标，更多的偏爱时，它们可相互抑制，而那些本来可以构成共同情绪的人就会较难有机会互通信息聚集成团。因此，可以得出这样的推理：刚巧与流行的理论相反，合众政府之弊病并不与领土广大成正比，倒是与领土狭窄成正比。"

因此，在麦迪逊看来，国家愈大，利益集团愈多，共和国成功的可能性就愈大。从当代的说法来说，他主张的是政治多元，他认为只有多元可导致天下太平。

第三，务实主义和妥协精神。美国务实主义（pragmatism）哲学大师威廉·詹姆斯曾在 1906 年说，务实主义不过是"对一种老的思想方法加上一个新名词而已"。如果按照这一说法，那么，麦迪逊早在二百年前就在实行美国的这一民族哲学了。

梅里尔·彼得森教授在比较杰麦两人时这样评论道："杰斐逊是较豪放的思想家，动辄陷入哲学性的诊断，较少注意'目前是'，较多注意'应当是'。麦迪逊是更扎实的思想家，更富深究精神，更锲而不舍并且更为精明。他帮助他的朋友使其能双脚着地。"

杰斐逊对人民或人性持有极大的信赖，而麦迪逊却有这样一段名言："野心必须用野心来对抗。人的利益必然是与当地的法定权利相联系。用这种方法来控制政府的弊病，可能是对人性的一种耻辱。但是政府本身若不是对人性的最大耻辱，又是什么呢？如果人都是天使，就不需要任何政府了。"他还说："应拳拳服膺诚实是最好的政策这一格言云云，从经验来看，不论个人和群体，都少有做到。""即使每一位雅典公民都是苏格拉底，每一次雅典人大会也仍然会是一堆群氓。"麦迪逊的这种观点无疑更接近汉密尔顿而不是杰斐逊。汉密尔顿曾说："为什么要成立政府？因为人的热衷于某种利益的感情在没有限制的情况下是不会听从理智和正义的指挥的。难道我们曾经看到过作为一群集体的人能比作为个人的人更富正直和较少自私吗？凡对人类的行动作过正确观察的所有观察家都曾作出相反的推断。"

元老富兰克林在制宪会议上还特别用书面发言指出："人有两种爱好对人间的事务产生很大影响。这就是野心和贪心，即爱权和爱钱。把两者拆开，对办事可以各自起很大的推动力；如果两者为同一目标而结合起来，就会在许多人心中产生强烈效果。如果既可做官，又可发财，那些人就会什么事都做得出来去追求这一目标。"

显然，麦迪逊、汉密尔顿和富兰克林对人性的观察要比杰斐逊务实得多。

另外在奴隶问题上，麦迪逊也表现了求实的妥协精神。他圆滑地使用"我们某一位南方同胞会说"的字眼来陈述自己的见解："我们必须承认这个事实：把奴隶仅仅看作财产，在任何情况下不把他们看作人。实际情况是，奴隶兼有这两种特质：我们的法律在某些方面把他们当作人，在其他方面又把他们当作财产。"麦迪逊又为自己的话加上评语曰："虽然这一理论在某些论点上有些牵强附会，然而整体来说，我必须承认，它使我完全满足于制宪会议所定的选举标准。"这里所谓标准，就是一名黑人只等于3/5白人。也许，这是1787年宪法中最富务实主义色彩的规定之一。

其实，务实主义在政治上的最大表现就是妥协，而麦迪逊不愧为妥协的大师。汉密尔顿和麦迪逊无疑是地道的国家统一主义者，但这个名词在当时是一个不大受欢迎的名词，因为人们提到它就会联想到英国或英王的统治。因此，汉密尔顿和麦迪逊都把自己说成是联邦主义者（federalist），而把反对者说成是反联邦党人，从而造成概念上的含混。实际上，反联邦党人可能是更大程度上的联邦主义者。

为了安抚反联邦党人，麦迪逊曾发表如下的调和论：宪法"严格说来既不是一部国家宪法，也不是一部联邦宪法，而是两者的结合。其基础是联邦性的不是国家性的；在政府一般权力的来源方面，它部分是联邦性的，部分是国家性的；在行使这些权力方面，它是国家性的，不是联邦性的；在权力范围方面，它又是联邦性的，不是国家性的。最后，在修改权的方式方面，它既不完全是联邦性的，也不完全是国家性的"。

华盛顿在致友人书中也说："即使对宪法表示最热烈拥护和支持的人们也并不认为它是完美无缺的。他们发现缺点是不可避免的，且在情理之内。假如这些缺点将产生恶果，也应在今后加以补救，因为在眼前并无补救之道，而且宪法已为补救敞开大门。我认为人民（应由他们来判断）才能有而且一定会有经验，正像我们一样，从而对需要的变更和修正作出最适当的决定。我觉得我们并不比我们的后辈有更多的灵感、智慧和美德。"

麦迪逊自己更明确地说："所有各方都会承认，我们的宪法并不是什么抽象理论的产物，而是'我们政治形势特点所不可或缺的互相尊重忍让、友好敦睦精神'的产物，既然如此，从理论上去考察这部宪法的任何部分，也就是多余无用的。一个具有足够权力以实现其目标的共同政权,这是美国舆论的要求,更是美国政治形势的需要。"这是十分重要的一段话。它明确地劝告那些想在美国宪法中找理论的人,不必多此一举。

综观美国这一段小小的宪法历史,我们可以说,务实主义大师麦迪逊为富有务实主义精神的美国人准备了一部务实主义的宪法。正因为这部宪法是务实的,或用当代语言来说,是表现了美国特色的,因此它对美国来讲是有很强的生命力的。

上面讲的是麦迪逊在当总统以前的表现。他还当了八年的总统,这也需要有一个交代。正好哈里·杜鲁门曾写过一篇长文,评论作为总统的麦迪逊,现摘译如下:

1751年3月16日,麦迪逊生于弗吉尼亚康崴港的一个种植园主家庭,他是杰斐逊的朋友,他之所以被选为总统,在很大程度上是由于杰斐逊明确表态他希望由麦迪逊来接替他。由于杰斐逊是一个极得民心的总统,许多人都希望他能再次连任,但他坚称,两届已经够他受的了,他还说,人们容易受诱惑想终身占这个位置,这样,我们就会见到一个王国而不再是民主国。他说他希望回弗吉尼亚老家而让麦迪逊来接替。因为在过去八年中,麦迪逊一直是他的国务卿,在购买路易斯安纳土地一事上,他俩配合得很好,在外交政策好些问题上,人们很难知道它到底出于杰斐逊的主意还是出于麦迪逊的主意。杰斐逊确信麦迪逊一定能继续他的各项政策。杰斐逊之敬重麦迪逊还因为后者是制宪的主力之一,宪法的大部分是由他起草的。宪法之得以通过,他出力最大。因此,人们把他称为美国宪法之父。

杰斐逊和麦迪逊都相信,需要有一个强有力的政府来治理国家,他俩都愈来愈与帕特里克·亨利分道扬镳,因为后者反对宪法,其理由是它限制了州权。亨利讨厌麦迪逊,成了麦迪逊的敌人。麦迪逊本想竞选参议员,但亨利利用他在州内的威望和势力,把他排挤掉了。于是,麦迪逊改而竞选众议员,亨利再次进行破坏,不过这次没有成功,但也很险,只差几票。

就形象而言,麦迪逊是不起眼的。他是所有总统中最矮小的一位。只有五英尺四英寸高。身体很瘦,要口袋中装一块石子才能称上一百磅。尽管他外貌不怎样,但他的脑子很行。他在新泽西学院,也就是后来的普林斯顿大学,受到十分杰出的教育。他跟杰斐逊一样,是一位非常正派的绅士,他们关注的是普通老百姓的幸福,而不是少数特权阶级人士的利益。

麦迪逊特别不幸的是他恰巧是1812年英美战争时的总统,而那正是美国历史上最糟糕时期之一。麦迪逊本人是一名和平主义者。但当时国会中有两位大名鼎鼎的人物,一个是来自肯塔基的众议院议长亨利·克莱,一个是来自南卡罗来纳的众议院外交委员会主席约翰·卡尔洪。他们是主战的"战争鹰派"。而且他们也愈来愈得到群众的支持。当时正值英国与法国交战之时,因此,英国阻挠美国商船驶往法国海岸,法国也阻挠美国商船驶往英国海岸。克莱等认为这是有损美国的海上运输自由,是不能容忍的。后来在美国抗议之下，法国稍有松动，英国比较强硬，所以有主战派主张对英国宣战。

在巨大压力之下，麦迪逊不得不让步。1812年6月1日，他向国会致辞，要求于6月18日向英国宣战。参议院以19票对13票通过，众议院以79票对49票通过。但美国本身根本没有对战争做好准备。所以战争一开始美国就大吃败仗。在南部，英国海军竟登陆偷袭华盛顿，火烧了总统府，幸亏麦迪逊不在府内，但其夫人多丽正在准备用晚餐，一听敌人将至，马上卸下宫内的华盛顿画像仓促出逃。当英军进入总统府时，还尝到了多丽所准备的尚有余温的晚餐。英军也不敢久留，所以在总统府放了一把火，又迅速返回军舰而去。好在老天爷发善心，下了一场大雨，火势没有扩大。后来总统府不得不重修，被全部刷成白色。从此，总统府就叫作了白宫。在北部，美国军队竟不战而自动屈膝，向加拿大的英军投降。真是丢尽了脸。

幸运的是，英国正在与法国作战，他们不可能分兵占领美国，英国人民更不想与美国为敌，那时的形势是英俄联合抗法，所以在沙皇亚历山大劝说之下，英国表示愿意停战，于是英美双方终于在1814年12月24日在比利时的庚特（Ghent）签订了和约。有意思的是，由于通讯不便，美国本土人士还不知和约已经达成，所以在1815年1月8日还发生了一场"新奥尔良之战"。在这场较量中，美国的杰克逊将军大歼英军，打了一个大胜仗。这场胜仗虽然对和约毫无影响，但却给美国争回了面子，并为杰克逊以后当选总统铺平了道路。

麦迪逊在这场战争中弄得疲惫不堪，因此，他在1817年把宝座传给门罗时，真的觉得"如释重负"。他退休后定居于老家蒙特比利，他的最后一项职务就是在杰斐逊死后接替他担任弗吉尼亚大学校长。他死于1836年，享年85年。

5　尤利西斯·格兰特

《世界传记全书》说,尤利西斯·格兰特是一位成功的将军,却是一位失败的总统。

1828年4月27日,格兰特生于俄亥俄州的快乐津,一年后又迁往同州的乔治敦。他父亲是小农场主和制革商。格兰特在当地念小学,并在父亲的农场里和作坊内参加劳动。他对学习没有多大兴趣,却喜欢骑马,这为日后的发展起了很大的作用。

由于刻苦能干,父亲杰西发了一点小财,并最后成了乔治敦的市长。杰西是一名辉格党员,他反对美国吞并德克萨斯,更反对奴隶制的扩张。格兰特也继承了他父亲的思想。

1839年,当地的一位众议员选拔格兰特进西点军校。他在军校学习了四年,1843年毕业,在全班39人中名列21。他被派往第4步兵队服役。该队驻扎在圣路易的杰斐逊军营。有一次,他往访同学弗雷德·邓特,邓特的父亲是种植园主,是蓄奴派,两人展开了不愉快的辩论。但邓特有一妹妹,喜欢骑马,与格兰特成了朋友,并产生了爱情。

尤利西斯·格兰特,1870—1880年

1844年5月,格兰特所属部队被派往查契里·戴勒将军手下服务。不久,美、墨开战。格兰特虽然同情墨西哥,但军人以服从为天职,他也随军进入墨西哥境内。他的长官知道格兰特善骑马,派他押运军需。在蒙特利尔战役中,他不甘留守后方,自动骑马出击,表现英勇,赢得了长官的赏识。

随后，他又跟斯考特将军攻打墨西哥城。在1847年9月的查吐特派克战役中，他又一次自动率志愿人员上战场作战，表现不凡，因此而升为中尉。

他与邓特小姐相别四年，但私情未断。他以战胜者的身份回到圣路易，他的未来岳父不能再反对，只好同意把女儿嫁给了他。他们于1848年8月22日结了婚。

1852年，他的军团移驻奥勒冈地区（当时尚未建州）的温哥华。他升为上尉，但收入很低，养活一家人口颇为拮据，他开始了酗酒。

1854年，他辞去军职（也有人说，他是因酗酒受斥而被迫辞职的），回圣路易老家（岳父送了他60英亩土地作为女儿的陪嫁礼）的农场。他的农场主要出产木材（作燃料用，那时没有电）。他雇了几名自由黑人，由于他开的工资较高，引起了邻居们的不满。虽然他经济困难，但在1859年却释放了一名邓特家送给他的黑奴。而如果卖掉他却可以大大贴补家用。

他感到农场收入不足以维持家庭，1860年又回到伊利诺伊老家，接办他父亲的制革厂。不久，战争开始。他意识到他非参军不可。1861年4月19日，他写信给同情南方的岳父说："一切党派之争已没有任何意义，所有爱国分子必须起来维护星条旗的光荣和美国宪法的完整。"同年7月，他出任了第21伊利诺伊志愿步兵团团长，领上校衔。

21团被派往密苏里讨伐南军游击队。格兰特在自传中写道："我虽然打过仗，但没有领过军队。我紧张得要命，我的心好像要跳出喉咙。但当我们抵达作战地区时，却发现敌人已于前日逃跑。于是我得到了一条教训：我们怕敌人，敌人也怕我们。"

同年8月，格兰特晋升为准将。

1862年年初，格兰特奉命由密苏里州向田纳西州进攻。在两州交界之处，有两条河流由北而南流入田纳西。一条叫田纳西河，一条叫坎伯兰河。这两条河的形势如一个细口的扁瓶子，起先并行数十里，然后突然东西分开，南军在瓶口的东西两边各设一个要塞，沿田纳西河的叫亨利堡，沿坎伯兰河的叫唐纳尔逊堡。格兰特一举拿下了亨利堡，他报告上级要求立即乘胜袭取唐纳尔逊堡，上级军官吃惯了败仗，不敢批准，但林肯毅然予以支持。于是，格兰特第一次使用了水陆包围的歼灭战战术。他用军舰封锁了唐纳尔逊堡的沿岸，然后在陆上用两倍于敌人之兵力进行三面包围，另外派一支军队准备增援。不到两个星期，唐纳尔逊堡就成为一个孤岛。

1862年2月16日，格兰特发出了南北开战以来北军的第一次大捷报，电文如下："我们已拿下唐纳尔逊堡，俘虏1.2万至1.5万人，包括布克纳将军在内。缴获步枪2万支，炮48门，重炮117门，马2000—4000匹，以及巨量弹药及供应品。"林肯大为高兴，立即提升格兰特为少将。当时的最高军阶就是少将，一般说某某将军，指的就是准将或少将。

在这次会战中,格兰特不仅自己露了头角,而且还发现了一名勇敢善战的将官,此人名叫威廉·谢尔曼,会战后被提升为准将。

格兰特接着率领大军沿田纳西河而下。南军西战场统帅、所谓名将阿尔伯特·约翰斯顿率领6万大军,决心要雪唐纳尔逊堡之耻。他利用熟悉地形的条件,在夏伊洛一地向格兰特进行了偷袭。敌军来势极猛,在第一天的战斗中,联军伤亡甚重,并被迫后退了几英里。格兰特亲自在各战壕来回为士兵们鼓气,并把正在溃退的士兵重新集结起来,开往需要增援的阵地。这一天,南军自以为必胜,南方的报纸都用通栏标题报道:"格兰特全军覆没。"但就在当天晚上,格兰特组织兵力,进行思想动员,说明敌我形势,证明必胜之道。第二天天一亮就发动全面反攻,终于击毙了敌人统帅约翰斯顿,敌军见势不妙,不得不转身而逃。在这次战役中,北军伤亡了1.3万人,南军伤亡了1.1万人。但在战略上讲,这是南军的一次大败仗,因为南军志在必得,而竟遭挫败,从而确定了西战场南军必败的局面。

格兰特虽然打了胜仗,但北方的"铜头蛇"们却说格兰特酗酒失去了警惕,从而造成了重大伤亡,要求林肯撤掉格兰特,纽约还派了一个牧师代表团到白宫访问林肯,要求撤换格兰特。林肯耐心地听他们讲,他们讲了一个小时。然后林肯说:"你们还有话要说吗?"代表们说:"没有了。"于是林肯问道:"诸位先生,你们讲得很好,我想请你们告诉我,格兰特将军喝的酒是什么牌子的。"大家回答说:"不知道。"林肯说:"这太令人遗憾了。如果你们能告诉我是什么牌子,我将派人购买该牌子的酒10吨,分赠给那些没有打过胜仗的将军们,好让他们也能像格兰特将军一样打几个胜仗。"那几位牧师本来气势汹汹,像鼓足了气的气球,至此一下泄个精光,落得有气无力地站了起来,用几乎听不见的声音,向总统告别,耷拉着脑袋,拖着千斤重的腿走出了白宫。

格兰特自己对夏伊洛战役做了回顾,他说:"有时,偶然的事件可以决定一个战役的胜负。谢尔曼在激战中挨了一颗子弹,所幸未中要害,得以坚持到底,从而击退了敌人。相反,敌军首领约翰斯顿也中了一弹,正中要害,当场毙命,给敌人的士气带来了致命的打击。假如这两颗子弹互相对调,那么,我们这个战役多半早已以失败告终了。当然,我不是一个机会主义论者。若在唐纳尔逊战役中,偶然事件就起不了作用,因为我们已从四面包围敌军,敌人的失败是必然的。但夏伊洛不同于唐纳尔逊,它是一场遭遇战,是偷袭与反偷袭之战,我们虽然打了胜仗,但毕竟带有很大的偶然性。有人就这次战役对我进行造谣诽谤,我认为这根本不值一驳。但我愿对怀有善意的朋友们说清楚,世界上根本没有百战百胜的将军,我当然不是百战百胜的。中国古代军书上就指出胜败乃兵家常事,要紧的是要打胜主要战役,更重要的是要打胜最后战役，而这一点我是有信心的，大家可以放心。"

格兰特的下一个目标是维克斯堡。维克斯堡在密西西比州，是紧靠密西西比河的一个要塞，也是南方所剩下的唯一的一个沿密西西比河的港口。只要拿下维克斯堡，北方的船只就可以沿密西西比河自北而南直达新奥尔良这个出海口。新奥尔良早在一年多前由北方的海军攻占了。如果南方失去维克斯堡，则邦联将被一分为二；密西西比以东与以西地区将不能来往，因而南方将失去一片极大的给养地带。林肯曾说："维克斯堡是南方的钥匙，我们只要拿下维克斯堡，整个国家就是我们的了。如果我们不把这把钥匙拿到手，战争就结束不了。"

从1862年秋至1863年夏，格兰特一直围绕维克斯堡进行部署。他的战术仍然是唐纳尔逊堡战术，用海军堵住维克斯堡的沿河峭壁，然后在陆上进行三面包围。另外又派了一支强大的军队作为随时增援之用。

格兰特的军队冒着南方的沼泽瘴气，披荆斩棘，挖沟开渠，砍木造桥，建筑工事，站在泥泞及膝的壕沟中警卫，躺在潮湿的地上睡觉，在下个不停的大雨中拉扯着前进，还要抵抗各种各样的热带传染病。南方的报纸又一次宣传"格兰特将全军覆没，因为热带的瘟疫将吞没整个军队"。格兰特完全看到这将是艰苦的一仗，他与士兵同甘共苦，有一名记者报道说："在整个行军中，他没有一个勤务兵，没有一条毯子，没有一件大衣，也没有一件干净的衬衣。他的整个行李就是一张地图和一把牙刷。"格兰特和全体官兵以不怕艰苦的精神，终于排除万难完成了对维克斯堡的绝对包围。守城的南军几次想突围，都被打了回去。不久，城堡中凡可以充饥的东西都吃光了，守将彭伯顿向里士满发了最后一个电报说："我们已吃完了最后一匹马，不能再坚持了。"1863年7月4日，彭伯顿扯起白旗，向格兰特投降。格兰特在受降完毕后，宣布全体投降官兵可以自由回家。有记者问道："为什么唐纳尔逊的降兵都当俘虏抓了起来，而这一次却不抓俘虏，允许他们回家？"格兰特回答道："去年，胜负形势未明，南军尚有自信，若放降兵，他必将再度当兵。现在胜负形势分明，南兵已无斗志，即使放他回家，他也不想再战了。其次，此次降军有4万人，若抓俘虏，既要消耗我们的人力，又要消耗我们的粮食，故不如释放为佳。"记者又问他为什么要死心眼儿地攻打维克斯堡，格兰特回答道："如果我们打不下维克斯堡，主和派将嘲笑总统，并以此为王牌在即将到来的选举中把总统赶下台；如果我们拿下维克斯堡，人心将大振，林肯总统一定会继续当选。我们支持林肯总统，所以我们一定要拿下维克斯堡。"

当维克斯堡的捷报送至林肯那里时，林肯正在与几位将军指着墙上的挂图讨论维克斯堡形势。他看完电报后马上宣布："我们再也没有必要讨论了，这个问题已经成为过去了。"他立即用电报把格兰特召至白宫，授他为中将，并提升他为全国陆军的总指挥。在授职礼上，林肯做了又一次的简短演说："格兰特将军，鉴于全国人民感谢你已作出的成就，也由于全国人民寄望于你在当前的伟大战斗中作出更大的成就，兹特任你为合众国陆军中将。整个国家都信赖你，上帝也将保佑你。当我代表全国人民向你致谢之际，不用说，我个人也是对你衷心感谢的。"

于是格兰特就把自己的总部移至东线。谢尔曼被提升为少将，接替格兰特任西线总指挥。格兰特像以前一样，打算用唐纳尔逊战术包围南军所谓名将罗伯特·李。不过这一次的包围，其规模要大得多：东边是靠大西洋的海军封锁，然后在陆地上进行南、北、西三面包抄。其中最惊险的是要深入南部进行南线包围，而这一艰巨的任务就不得不落在威廉·谢尔曼将军身上了。

谢尔曼率领10万大军，由查塔努加出发，横贯佐治亚州，直打到东海岸。他带了足够的军火，但却没有带什么粮食，因为他准备一边打，一边解放黑奴，一边没收庄园主的粮食作军粮。他不指望有任何接济，这是古典军法书上所忌讳的孤军深入。当时世界上的军事专家们都为谢尔曼的这个作战计划捏把冷汗。有一名德国专家在《柏林日报》上发表论文说："关于谢尔曼将军，现在只有两种前途，他或者将以世界军事史上最笨拙的战略家遗臭万年，或者将以世界军事史上最勇悍的闯将流芳百世。"

南军守将是西蒙·布克纳，是格兰特的西点同学，而且是朋友。他要求格兰特开出接受投降的条件。格兰特回答说："没有什么条件，只有无条件投降。"这是美国历史上第一次使用"无条件投降"这个字眼。80年后，罗斯福总统也使用了这几个字来回答了希特勒法西斯。

谢尔曼深入敌后，曾有两个星期与外界失去联系，于是美欧各国报上纷纷以通栏标题报道："一支10万人的军队失踪了！"林肯也担心得睡不好觉。格兰特安慰林肯，请他相信谢尔曼必胜无疑。果真，谢尔曼依靠士兵们的勇敢善战，依靠当地黑人的起义，终于攻下了佐治亚首府亚特兰大，并从亚特兰大打到海边，与格兰特从海上派来的人取得了联系。这时已是1864年的圣诞前夕，于是谢尔曼就把这个胜利的消息送给林肯作为圣诞的最好礼品。

格兰特既知谢尔曼已得手，乃出动全部大军由北向南压下去，谢尔曼则率10万大军由南向北推上来。另外又派青年悍将谢里登率领骑兵堵住西路。这样，罗伯特·李的军队就成了瓮中之鳖，有死无生。李乃急电邦联，伪总统戴维斯率领整个伪政府逃出里士满，格兰特不战而占领了里士满。李军逃了不到100英里，其探子就来报告说："前面森林中尽是谢里登的骑兵，已逃不出去了。"至此，顽固到底的罗伯特·李也只好顽而不固了。他率领全军于1865年4月9日在阿普曼德克斯举起白旗，向格兰特将军投降，历时四年之久的内战，至此宣告结束。

林肯被刺身亡后，格兰特就成了美国最有声望的人了。人们早就预料他将当总统。果真在1868年大选中他当上了第18任美国总统。他在任8年，却产生了美国历史上最腐败的政府之一。虽然他本人并没有什么贪污行为，但他起用了他在军队中的一些朋友和裙带关系中的一些亲友，而且又受了一些大商人的迷惑，结果政府丑闻迭起，贪污事件层出不穷。这说明，良将未必是良臣。

格兰特任满后，定居于纽约。他把他家的积蓄委托给一位所谓的朋友弗雷德里克·沃德管理。后者拿它去做股票生意，大吃倒账，欠下了 150000 美元的账。幸亏遇到了仗义的马克·吐温。他劝格兰特写回忆录，并由自己的出版社以特别优惠稿费予以出版。格兰特是咬紧牙关，在病榻上完成《回忆录》的，书刚写完没有几天，格兰特就去世了。这大概也是天意。《回忆录》一出版就大受欢迎。它为格兰特赢得了 450000 美元。马克·吐温在 1885 年以及爱德蒙·威尔逊在 1962 年异口同声评曰："此书是纪元前 51 年恺撒大帝的《述评》以来最佳的一本军事回忆录。"

《美国传记大全》评曰：格兰特在《回忆录》中描述了他所遇到的第一位司令长官泰勒将军的品格。在这样做的时候，他可能是下意识地描述了自己。他的描写实际上是对他自己作为一名将军的最好描写。"泰勒将军从来不军装笔挺地显示于人或进行训话。"格兰特也如此。"但他手下的兵士个个都知道他，并且尊敬他。"格兰特也如此。"泰勒不善于言词。"格兰特也如此。"但他能写得十分清楚，任何人都不会误解。"格兰特也如此。"泰勒将军不会提太多的要求来困扰上级，而能想一切办法利用他所已得到的东西。"格兰特也如此。"不论面对什么困难和什么责任，没有人能比泰勒更为从容不迫。这些品质要比天才更难找到。"格兰特也如此。

6 赫尔伯特·胡佛

美国第31任总统赫尔伯特·胡佛1874年8月10日生于艾奥瓦州的西布兰奇，父亲是一名铁匠，家境贫寒。父亲的祖先是瑞士人。父母都是公谊会（贵格会或教友会）教徒，他们一家都自称是"进步派"。但父亲在1880年逝世，而母亲也接着在1884年去世。作为孤儿的胡佛首先在当地伯父家过活，后来又到奥勒冈州投靠了他的舅系亲属。1891年他考入了斯坦福大学（第一次考试没有及格，经补考后才勉强被录取），以半工半读念到毕业。他主修地质学，但得的却是文学学士学位。

赫尔伯特·胡佛

当时有一股澳大利亚淘金热。他毕业后入总部设在伦敦的贝维克·莫林采矿公司，并被派往澳大利亚当采矿工程师。一年后，被公司派到中国工作。他决定结婚后再往中国。1899年2月10日，他在女朋友露·亨利（比胡佛低三班的斯坦福同学）的加州家中举行了婚礼，然后就匆匆启程赴华。

他在中国干了一起不光彩的事。他到中国后在开平煤矿总办张翼的德籍顾问德璀林的撮合下担任了张的技术顾问。那时发生了八国联军侵华事件，俄国人欲接管开平煤矿。胡佛出了一个主意，他对张翼讲，中国不妨把开平的主权在名义上让给莫林公司，这样俄国人就不可能接管开平。待事情过去后，协议就算作废。张翼为了保住矿产，真的委任德璀林为开平煤矿代理总办，德璀林乘张翼在上海避难之机，偷偷与作为莫林公司代理人的胡佛签订了合约，规定把开平的权益让给莫林公司,再由莫林移交给英商组成的一家公司。公司再将开平卖给英商组成的"东方辛迪加"投资公司。1900 年年底,莫林、东方辛迪加和比利时商人蔡斯成立"开平矿务有限公司",承揽了东方辛迪加刚刚得到的开平权益,并准备接管开平煤矿,由胡佛任公司总经理。

张翼被蒙在鼓里,等到发现不对,已为时过晚。最后不得不到伦敦告状,当时在伦敦成了一大新闻,人人挤往法院观看穿着清朝官服的中国官员。官司总算没有完全打输。

在这一丑剧中,最得益的就是胡佛,据说他从比利时得到了大笔犒赏。在 1928 年大选中,民主党曾攻击胡佛在中国"手脚不干净"。

胡佛还曾在天津大力助纣为虐为八国联军效劳。当义和团和联军作战时,他曾以工程师身份为联军建筑工事。他的老婆也带着手枪,协助医生救治伤员。

胡佛在中国待了两年,离中国后又为莫林服务到 1908 年,然后独立地在伦敦、纽约和旧金山开设自己的工程公司。据《财富》报道,他在 1914 年 40 岁时已成一名百万富翁。

他的工程公司曾贩卖中国劳工去南非和缅甸等地。张翼在伦敦法庭指责他如何欺骗和虐待中国劳工。胡佛不以为耻,反以为荣。他在法庭上说:我输出劳工是为中国人做好事,因为国外的工资要比中国国内工资高好多。有些中国劳工曾前来求我,要我接受他。

在第一次世界大战时,胡佛出任了美国派往比利时的救济"大王"。当时,匈牙利曾一时出现过苏维埃政权,胡佛就扬言:只有在匈牙利人民推翻苏维埃政权后,美国才给以粮食救济。这成了匈牙利苏维埃所以失败的原因之一。

1921 年哈定总统上台后,胡佛出任了商务部长,在柯立芝总统任内继续留任此职。1928 年他被推为共和党总统候选人,曾以压倒多数当选。但最后成了一名最不走运的总统。在他任内爆发了美国历史上最惨的经济大恐慌。

胡佛是于 1929 年 3 月 4 日宣誓就职的,他一上台就神气十足,到处宣扬说:"人类最古老的迫切愿望之一就是消灭贫穷。所谓贫穷,我指的是营养不足、挨冻受饿、害怕失业、没有受教育的机会等等。今天的美国比世界上任何一个国家都要接近于消灭贫穷。美国已经没有任何贫民救济所。我们虽然还不能说已经消灭贫穷,但只要上帝继续伸以援助之手,我们不久就可以达到这个崇高的目标。我们可以展望未来,每一个美国家庭的汽车库中都将有两辆福特汽车,每一个美国家庭的蒸锅中天天都将有一只肥鸡。"

胡佛吹嘘繁荣的言论大大刺激了人们去抢购代表着繁荣的股票。千百万的中产阶级及工农也关心起股票市场来了。几乎每一次买进都意味着利润,越来越多的人都跟随着大投资家和职业性的证券投机商进入了股票市场。虽然这些新的购买者有许多都把自己看成是投资者而不是赌博者，但这对于股票价格所发生的影响却是一样的。千百万个新买户的涌入证券市场增加了对股票的需求，提高了价格。按照传统现象，商业公司只有在需要额外资本时才发行股票。可是，在这个时期，新的证券好像肥皂泡那样地被制造出来，理由不外乎是：发行和出售它们都是有利可图的。

工业、公用事业、铁路和银行都赶忙印刷新的债券去适应难以满足的需要，或是把原先的股票加以分割，使它们更容易卖出。从1925年1月到1929年10月，在纽约证券交易所上市的股票，从4亿股增加到了10亿股。结果是投机之风增加到令人难以相信的程度，股票的卖价比账面价值高出3倍到20倍。成千上万的人们都对自己的正当业务失去了兴趣，为的是要集中精力去进行投机，股票交易顿时成了家家户户的主要话题。

终结可能只有一个，高峰在1929年10月29日来到了。这个星期二的上午10点钟，纽约证券交易所大厅里的大锣刚刚响过不久，剧烈的风波就突然发生了。大批的股票持有者涌到市场上来，不计价格地抛售。出售的不仅是无数小企业的股票，而且也有大企业的股票。交易所的情况十分混乱，开盘后半小时内，交易量就达300万股；12点钟时，超过了800万股；1点半钟时，超过了1200万股；当停止交易的大锣敲响时，这一天的疯狂交易以1640万股的历史最高纪录而收盘。50种主要股票的平均价格下跌了40档。

这种暴跌再也没有恢复过来，到胡佛下台时为止，30种主要工业股票价格从平均每股364元跌至62元。20种主要公用事业的股票从平均每股364元跌至62元。20种铁路股票从180元跌至28元。当股票市场跌至最低点时，消失的金额约有740亿元，也就是1929年9月时价值的5/6。同一时期，工商企业关门的有50%；就业人数下降了50%；工资总支出下降了60%。

美国城市中挤满了乞丐和面黄肌瘦的男女老少。他们在晚上就挤在门前、小胡同中或地窖中。他们在垃圾堆中搜寻残余的食物。各地都有长长的饥民队伍。无数工人自这家走到那家，自这店走到那店，狼狈地寻求工作。他们不论性质，不论工资，只求养活一家老少。有一位记者描写道："我看见有50来个大人和小孩，在为一桶垃圾而争吵，这是一个餐馆后门的一个垃圾桶。我们美国人已像饿狗似的为争食而打架了。"

在每一州的大城市中，到处可以看到龌龊的，用油纸、木箱板、洋铁皮搭成的小棚子。这种棚子里住着成千的、破产的、无家可归的美国家庭。在华盛顿，这种风景尤其突出，人们给它起了一个名字，叫作"胡佛村"，作为对胡佛总统的感谢。

在来势凶猛的经济危机面前，信奉放任主义哲学的胡佛迫于经济的严峻形势和来自公众的强烈呼声，不得不突破自由放任的一些金科玉律，采取一些临时措施来干预经济，应付危机。

为了对付日益严重的失业问题，胡佛于1930年10月建立起了联邦紧急就业委员会，1931年又以联邦失业救济局取而代之。但实际上，这些联邦救济机构有名无实，并未真正承担起救济任务。根据胡佛的意愿，它不过是帮助筹集资金的机构。实际的救济任务，依然由私人慈善机构和州、地方政府来承担，而这些机构的资金不足，许多地方政府的财政收入几近耗尽，根本无力承担任何救济任务。因此，尽管胡佛不断要求地方政府和私人机构担负起救济的责任，但在胡佛任内，联邦救济始终是一句冠冕堂皇的空话。

为了弥补私人投资的不足，胡佛于1930年12月提出了一项举办公共工程，"改善水路、港口、洪灾控制、公共建筑、公路和航运的最伟大的计划"，要求国会拨款1亿—1.5亿美元"在这种紧急时刻提供进一步的就业机会"。尽管国会立即对此作出响应，于12月20日授权总统将1.16亿美元用于对付失业问题，然而，面对当时的700万失业人口，这1.16亿美元不过是杯水车薪而已。

美国的农业在20世纪20年代初以来的经济繁荣中一直处在产品过剩、价格下跌的农业危机中，尽管联邦政府颁布了几个关税法来保护农产品不受进口农产品的竞争威胁，并颁布了一些法律来为农场主提供低息贷款，但对农业困境的改善没有起多大作用。胡佛对于农业问题的基本观念是："农业应该由它自己的成员来控制，由他们来组织进行它自己的经济斗争，并决定它自己的命运。""政府的机构不应从事农产品的购买、销售及固定价格的活动，因为这些行动只能导致官僚主义和控制。"在这种观念的指导下，他敦促国会于1929年6月通过了《农产品销售法》。这个胡佛式的法案规定建立联邦农业局，该局再利用5亿美元的借贷资金来帮助农场主建立全国范围的销售合作社和农产品价格稳定公司。农产品的具体销售活动和价格的维持则由这些农场主的自助机构去进行。农场主自助机构无权强制限制生产，只能通过自愿行动或说服来追求自己的目标。

在实践过程中，这些农民自助性质的合作机构成立之初，曾通过大规模的销售活动帮助贮存和处理了不少的剩余农产品，对农产品价格的暂时稳定起了很大的作用。然而，由于这些组织无权限制生产，而说服又不总是见效，因此，剩余农产品从1930年到1931年非但不见减少，反而越积越多，农产品价格也由此一跌再跌。小麦从1929年每蒲式耳平均1.04美元跌至1932年的0.3—0.39美元之间；棉花价格每磅从0.17美元跌到0.05美元，甚至低于生产成本。胡佛的农业反危机措施终于失败。

胡佛在干预经济上走得最远的一项措施也许应该算是在金融方面的，即1932年1月建立的复兴金融公司。这是按照第一次世界大战期间战时金融公司的模式建立起来的联邦政府的信贷公司,其主要目的是为了向濒临破产的银行、保险公司等金融机构和铁路(因为银行拥有大部分铁路债券)提供紧急贷款,以维持风雨飘摇的金融体系。该公司原始资本是财政部认捐的5亿美元,并且拥有另借15亿美元资本的法定权利。后来的几项法律(如1932年7月的《紧急救济和建筑法》、《联邦住宅贷款法》等)又多次扩大了它的资本授权额,到1932年7月,该公司的资本授权额已达38亿美元。到1932年年底,它实际贷款额为23亿美元,其中绝大部分提供给了银行,对延缓这些银行的倒闭和国家信贷机构的破产起到了一定的作用。

这个胡佛时期所建立的最重要的反危机机构本应发挥更大的作用,但从该公司的实际运作效果来看,却因为胡佛本人以及国会为它设置的种种限制而远没有达到重建和复兴经济的目的。例如,1932年7月,国会拨款3亿美元支持各州和地方政府的贫困救济计划。这笔拨款本来就太少,却又规定通过复兴金融公司以贷款方式发放。处于普遍的财政困境中的地方政府担心无力偿还而不愿接受,复兴金融公司也害怕贷款无法收回而处处谨慎小心,致使这3亿美元的紧急款项拨出后10周才用了0.35亿美元。而此时,公众的贫困状况正日益严重,迫切需要切实有效的联邦救济。此外,复兴金融公司向银行系统发放的20亿美元贷款也未能阻止国家信贷机构的破产。由于公众已对银行失去了信任,挤兑风潮吹遍全国。到1933年3月4日胡佛下台时,除哥伦比亚特区外,全国有23个州停止了银行的支付或仅允许银行在特殊的管理下进行"营业"。事实上,整个国家的金融信贷体系已陷于崩溃。

胡佛的反危机措施终以彻底失败而告终。

胡佛最不得人心的一件事就是镇压了退伍军人的请愿行动。在经济大萧条之下,成百上千的退伍军人前往华盛顿,在波多马克河畔安营扎寨,要求政府发放救济金。胡佛却下令当时的陆军参谋长麦克阿瑟带军队前往驱散请愿者,制造了一场丑剧。

理所当然地,在1932年的大选中,胡佛被民主党候选人罗斯福轻易地赶下了台。胡佛从此一直怀恨罗斯福,因为罗斯福在竞选中说他对经济大衰退毫无作为。因此,在罗斯福当政的12年内,胡佛一直坐了冷板凳。

杜鲁门上台后,他又被录用。杜鲁门派他到欧洲去调查战后情况,他为此写了一个报告,这个报告成了马歇尔计划的基础,他一直活到91岁,于1964年病逝。

他最有名的哲学就是"倔犟的个人主义"。他这样写道:

个人奋斗是三个世纪以来美国文化的基本动力。在这三个世纪中为美国的政治、经济、思想等各方面的制度提供动力的就是我们这种个人奋斗。它证明了它有能力在不同的情况下发展我们的各种制度。任何生产,不管是脑力的生产还是体力的生产,都出于个人的动力,所以个人才是全社会的基础。社会的进步也依赖个人。

美国的开国者就是我们个人奋斗的标准体现。我们的个人奋斗在很大程度上是在克服自然中成长的。但开拓的日子并未终结，因为除土地的大陆外，还有各种人类幸福的大陆有待开发。而在这些人类幸福大陆上，我们今日仅仅占领其一座桥头堡而已。要深入者尚何止千里万里。美国个人奋斗的公式就是机会均等和公平，这是美国取得成功之道。

破坏个人奋斗决不能使我们得救，我们今天需要的是稳步扩大和提高个人奋斗。足以破坏我们的倒不是我们自己的某些失败，而是某些社会不良势力。他们认为：一切改良和进步必须来自政府。他们不了解个人奋斗，也不了解美国。

我们经济生活、社会生活中的失败和问题是能够纠正过来的。人类到达最后美境的道路还很遥远、很遥远，但只要我们保持我们的个人奋斗，保持我国人民的首创精神，我们美国人肯定可以不断向前迈进。只要我们坚信个人的才智、品德、勇气和创造性，我们必能向前迈进。只要使每一个美国人都能保持美国所以立国的美国精神，我们就可以迈进。立足于此，我们这一代人就能建立一个无愧于我们自己的社会制度，一个使我们后代子孙引以为荣的社会制度。

7　德怀特·艾森豪威尔

艾森豪威尔之所以有名，倒不在于他是美国总统，而是因为他在第二次世界大战中曾任登陆欧洲剿灭希特勒的盟军总司令。

1890年10月14日，艾克出生于德克萨斯州的德尼逊。他出生不久全家就移居到堪萨斯州的阿比伦。他家境不宽裕，半工半读念完了中学。由于西点军校是不收学费的，所以他于1915年进了西点军校。他的脾气特别温和，与同学的关系处得非常好，也得到了老师的喜爱。

毕业后，他投靠在潘兴将军麾下，在第一次世界大战中成为一名低级军官。1924年，他进了陆军参谋学院，1926年在该校以第一名毕业。当麦克阿瑟当陆军参谋长时，他是麦的部下，领少校衔。1930年麦克阿瑟带领军队在华盛顿镇压退伍军人请愿团时，艾克也是随行者之一。

麦克阿瑟被派往菲律宾时，他又随同前往，并成了麦的得力助手。

1939年，他回到美国，任第三军参谋长，在1941年路易斯安纳的军事演习中表现不凡，引起了当时陆军参谋长马歇尔的注意。第二次世界大战开始后，马歇尔就召见他，任他为陆军参谋部作战计划组助理组长。

在初次同马歇尔面谈时，他只是一名上校。但他一贯擅长"公共关系"，他对马歇尔表示："我根本不在乎你是否提升我或扩大我的权力，我也不考虑我是否喜欢或不喜欢这项新的工作。作为一名军人，我唯一考虑的是要恪尽职守。"这一番话正击中了要害，大大地取得了马歇尔的欢心。

艾森豪威尔在回忆时就这样写道："自那天起，他就提升我，啊，不是从那天起，是在10天之内，他亲自写推荐书给参议院，要求升我为少将。我升少将后不久，他就决定派我到英国去。而当他正式派我去时，他又加给我一颗星，接着又加一颗星。"

1942年6月，艾森豪威尔到达伦敦出任欧洲战场最高司令。

《世界传记大全》对他做了如下的评价：

在随后的岁月中，证明艾森豪威尔的个人性格正好适合于这一项工作。他必须与一批英国将军打交道，而他们的作战经验都要远远超过他。他还须与首相丘吉尔打交道，而这是一位唯我独尊旁若无人的人。他既要与这些人相处得得体，又要不失作为盟军最高长官的地位。他做到了赢得人们的尊敬和爱戴，又做到了用人恰到好处。

1942 年，他为北非战役铺平了道路。1944 年，他压倒了英国将领们的嘀咕，决定在 6 月进入欧洲大陆。他选择了正确的时机和地点在诺曼底登陆。他一路横扫德军（只有一点小挫折），势不可挡。在苏军的强大配合下，欧洲战争乃告胜利结束。当柏林势在必陷之际，他拒绝丘吉尔的进攻柏林之议而遵守协议，止于易北河，让苏军首先进入柏林。

德怀特·艾森豪威尔

艾克立即成了全美国最知名的人士之一。

在最初，他没有政治野心。他拒绝从政，在 1948 年出任了哥伦比亚大学校长。接着，他受杜鲁门总统之请，于 1950 年出任了刚刚成立的北大西洋公约组织的第一任司令员。这里的人事关系比以前更复杂了，但他善于处理，充分显示了他的公关才能。

1952 年是大选之年。共和党从 1948 年的失败中吸取了教训。他们觉得一定要找一位能得人心的候选人，挑来挑去，觉得没有人能比得上艾克。其实，艾森豪威尔在历次选举中都没有投过票，他自己都不明白自己是共和党人还是民主党人。但共和党政客们设法论证他是共和党人，于是就被推为共和党总统候选人。

艾森豪威尔的外表特点是他的"微笑"。共和党就广为宣传他的笑是"特别的、孩子气的、热烈的、生动的、热情的、迷人的、跳跃的、可爱的、有感染力的、自然而不做作的、好似 100 瓦特的微笑"。

共和党还制作了一种圆形小徽章。上面画的是艾克的微笑头像，并标上了三个字：I like Ike。这三字中的 I 都发长音，因此念起来像一支小曲，其妙无穷。

艾克很容易地取得了胜利，进入了白宫，成为美国第 34 任总统。

他在位八年，笼统地说，做了三件好事。

第一是结束朝鲜战争，在板门店签了停战协定，肯定了这是一场不分输赢的战争，因为双方都没有得到便宜。南北依然以 38 度为界。

第二是始创了戴维营精神。他乘斯大林去世及赫鲁晓夫上台之机，谋求美苏谅解。他向美国人民讲："制造每一尊大炮、建造每一艘军舰、发射每一枚火箭，归根到底，都是一种盗窃行为，是向饥饿而没有饭吃的人进行盗窃，向寒冷而没有衣穿的人进行盗窃。

"建造一架现代重型轰炸机的费用就可以用来在 30 个城市内各建一座砖砌的新学校；一架战斗机的费用就可以买 50 万蒲式耳的小麦；一艘驱逐舰的费用可以为上万人提供新的住宅。

"在你头上轰鸣的喷气飞机，每架值 75 万美元。一个每年挣一万元的人，工作一辈子也挣不到那么多钱。我们这个世界怎么可以长期负担这样的东西呢？我们现在正在进行军备竞赛，这会把我们每个国家带到哪里去呢？搞得不好，就是原子战争。就算搞得好，也会把每个国家自己的劳动果实剥夺干净。

"对苏维埃政权老是这样简单地加以谴责，我已经太厌倦了。我想，大家也已厌倦了。我不准备谴责他们。我感兴趣的是未来。他们和我们政府都有新人上任，这完全是新的开始。现在让我们开始相互对话吧。"

于是，赫鲁晓夫被邀访问美国，在戴维营举行了会谈，这就是"戴维营精神"。赫鲁晓夫也在美国人民面前说："美国是一个美好的国家，它的人民是伟大的人民。美国是装配线生产之父。在十月革命后，我们就向美国学习。我们曾派人到美国接受训练，有的在大专院校学习，有的在福特汽车厂及其他工厂实习。我们现在有一位部长叫斯特罗金，他是最优秀的汽车工程师。他过去就是在福特汽车厂工作的。老福特先生假如今天还活着，他一定可以告诉你们，他为有这样一名徒弟而感到多么高兴。反过来，你们有一位工程师柯柏上校，曾在第聂伯水力电站当工程顾问，获苏联红旗劳动勋章。在第一个五年计划期间，到苏联工作的美国人有上千人，我们是非常感谢你们的，现在我谨向你们鞠躬致谢。你们应当为我们的成就感到骄傲，正如一名优秀老师看到他的优秀学生取得辉煌成绩而感到骄傲一样。我们是你们的学生，是无愧于老师的学生。现在我们要力求赶上你们和超过你们，作为老师的你们，应当为此感到骄傲。"

艾森豪威尔本来要回访苏联，但发生了所谓间谍飞机事件，结果不了了之。但有人认为赫鲁晓夫的"戴维营精神"是修正主义，至今成为悬案。

第三个功劳是任命厄尔·沃伦为美国最高法院院长，也就是首席大法官，来顶替去世的大法官文森。

1952年，许多向公立学校种族隔离制挑战的案子递到文森为首的最高法院。由于未能作出判决，法官们安排以后再讨论。沃伦上任后，重新辩论，并于1954年5月17日对有代表性的布朗诉托皮卡案作出裁决。法院一致认为：根据宪法第十四条修正案，公立学校的种族隔离制是违宪的。这就完全推翻了1896年普莱西控弗格森案的"隔离但平等"的原则。沃伦坚定地宣布："在公共教育领域，'隔离但平等'的原则是站不住脚的。隔离教育设施是天生不平等的。"

一年以后，法院拟定了执行程序。它训令联邦地区法院下令取消各自辖区内学校的种族隔离制，并要求地方当局须有诚意"迅速而合理地开始行动"。布朗案的裁决影响极大。它打破了南部21州和哥伦比亚特区的原有学校体制。它要改变占美国公立学校注册人数近百分之四十的八百多万白人儿童和二百五十多万黑人儿童的教育方式。沃伦法官的这一举措是林肯的解放黑奴令以来最伟大的有关黑人权利的立法。

"隔离但平等"的原则在其他领域内也跟着纷纷落马。在一系列其他判决中，法院又宣布公园、公共住宅、市立高尔夫球场、公共海滨和浴室，州内公共汽车、州际汽车站、火车和飞机等的种族隔离都为不合法。1955年，州际商业委员会下令铁路取消所有维持种族隔离的规定和惯例。

从此，美国黑人的人权运动就滚滚向前，不可阻挡。

但在中美关系问题上，艾森豪威尔期间没有丝毫改进，原因之一是当时的国务卿福斯特·杜勒斯是一名不可救药的反华分子。他至死抱住台湾的"中华民国"而不承认七八亿人口的中华人民共和国。他甚至说，承认不承认中华人民共和国是一个政治道德问题。

8　理查德·尼克松

1913年1月9日，理查德·尼克松生于加利福尼亚州洛杉矶30英里外的约巴林达镇。父亲是爱尔兰血统移民，当过菜农、电车司机，后来开小杂货店兼营汽车加油站。他深信《圣经》的教训："必须汗流满面，才能糊口"。这也影响了他的儿子尼克松。

尼克松的童年曾充满艰辛和磨难。他三岁时从马车上摔下来，车轮划破了头皮，在送往医院途中差点儿因流血过多而死亡。四岁时得了急性肺炎，又差一点儿送了命。大哥和弟弟先后因肺结核而死，给年轻的尼克松留下了不尽的悲伤。

理查德·尼克松

尼克松从小帮助父母做家务劳动，稍大一些时，每天早晨4点起床，从洛杉矶菜市场采购新鲜水果蔬菜，回来后再洗净、分级、送进店铺，然后去上学。假期中，他当过看门人，在鸡鸭铺里帮助拔毛，为流动剧团招揽观众。

在学生时代，尼克松是一个刻苦和认真的学生。在当地的富勒顿中学时，他曾在演说比赛中获胜，并代表西海岸参加全国学生演讲大赛。后来在惠蒂尔中学时又显示了他的演说才能。1930年，他以全班第一的成绩从惠蒂尔中学毕业。当时由于家境困难，他没有能上东部的名牌大学，只进了惠蒂尔学院主修历史学。1934年毕业时，在109名毕业生中名列第三。

随后，他获奖学金入杜克大学法学院，1938年毕业。在纽约多处谋职均遭失败，怀着失望心情回到老家惠蒂尔，开始了他的律师生涯。

1941年12月，因杜克大学一位教授的推荐，华盛顿物价管理局聘尼克松为定量协调组的助理律师。当时正值美国参战，于是他就报名参加海军，1942年8月，他被派到罗得岛匡塞特角海军基地受训。两个月后，他被派到南太平洋作战。在这期间，他因战功荣获两枚战斗勋章。最后由中尉升到少校。

1945年9月，尼克松收到了加利福尼亚美洲银行惠蒂尔分行经理赫尔曼·佩里来信，问他是否有兴趣参加共和党众议员的竞选。尼克松欣然同意。

他在共和党的"百人委员会"上发表演说，阐明他反对罗斯福"新政"的主张，受到了与会者的赞赏。接着，他就与在任的民主党候选人沃里斯展开了争斗。

尼克松很大程度上是一个投机者。他从一开始就决定打"反共牌"，因为他知道战后的主流将是反共。他指责沃里斯支持产业工人联合会的政治委员会，他认为该委员会实际上是共产党的同路人，因此沃里斯也就是共产党的同路人。这一着非常奏效，他在1946年11月击败了沃里斯，成了联邦众议员，时年33岁。

从此，尼克松就不断打"反共牌"，在政治舞台上青云直上。

他在众院参加了"非美活动调查委员会"，演出了一场"抓希斯"的大表演。故事发生在1948年。

"希斯案件"要从一个名叫惠特克·钱伯斯的人说起。钱伯斯出身于中产家庭，他在哥伦比亚大学念书的时候加入了美国共产党。后来任美共《工人日报》编辑。接着，据他自己说，被党派去做间谍工作，他就改姓换名接受了俄国特务的领导。他说，长期的间谍工作使他的良心发生了疑问，一个美国人去为俄国的利益服务，而美其名为共产主义服务，这是不可原谅的。所以他决定要摆脱美共，并采取了一个非常戏剧性的行动。他说，他的长期工作使他了解到，由于他的脱党，共产党一定会对他采取极端严厉的报复行动，所以他必须十分谨慎。他的第一步就是要寻找一个去处。想来想去，最后决定就在马里兰州的一个乡下买下了一个小农庄。他说，共产党一定以为他会远走高飞，他们不会估计我没有逃出华盛顿，所以故意挑选这么一个地点。于是，在一个夜晚，他忽然从共产党内消失了，谁也不知其去向。除了陪同他的妻子以外，他在农庄里颠倒了生活，即白天睡觉，夜晚工作，睡觉时，枕下总放着一支实弹手枪，以防万一。就这样过了一年，人们都以为他已经意外死亡或自杀了，谁也不知道他竟还活着。后来，经朋友介绍，他加入卢斯的《时代杂志》任编辑。据他自己说，他之脱党本来是出于良心的谴责，并没有故意与党过不去。所以脱党后也没有泄露过党的机密。1939年，斯大林同希特勒签订了互不侵犯条约，他的思想更进一步起了变化，认为共产主义和纳粹主义是一丘之貉，于是他开始向美国联邦调查局告密，提供了他所说的混入美国政府的美共特务名单。当时由于证据不足，联邦调查局没有采取任何行动，尽管钱伯斯曾再次上报，也没有收到任何效果。

从1939年等到1948年，他的机会终于来了。赐给机会的有两个人，一个是另一名美共叛徒伊丽莎白·本特莱,另一个就是美国众议院非常活动调查委员会委员、来自加利福尼亚州的众议员理查德·尼克松。

先来谈谈这个非美委员会。众所周知,在第一次世界大战结束以后,美国曾掀起一个反共高潮,在历史上被称为"赤色分子事件",也就是大捕所谓的赤色分子。而历史有时会重演,美国的反共风也是一种历史的重演,曰:大战之后,必有反共。20世纪20年代反共的导演人是威尔逊总统的司法部长帕尔默,40年代反共的导演人就是众议院的非美活动调查委员会。1947年,该委员会放出了一个耸人听闻的消息:共产党渗入了好莱坞。于是,它制造了轰动一时的"好莱坞十君子案"。有10名好莱坞的剧作家、导演和演员被说成是共产党混进好莱坞的颠覆分子。委员会举行了一系列的听证会,来搜集告密材料,以下就是一起所谓的"公证事件":

主席:"你怎么知道爱克斯先生是共产党员?"

证人:"我曾经在我家乡县城的一家报纸上读到一篇报道,说爱克斯先生是共产党分子。我是那家报纸的不间断的读者。但几年以来,我从来没有看到过爱克斯先生在那家报纸上提出任何抗议声明,可见爱克斯先生是共党分子无疑。"

这10名君子终于由于证据不足,没有被司法部起诉。但他们在好莱坞的饭碗已被打破了。这几位之所以没有被起诉,也与委员会主席托马斯的丑行有关。

正当托马斯耀武扬威对十君子进行迫害之际,有人对托马斯提出了控告,控告他是一名贪污分子。原来托马斯把自己妻子的名字列入了委员会的支薪名单,而他妻子根本就不是委员会的工作人员。在确凿的证据之下,托马斯承认有罪,要求宽恕,并辞去了委员会主席之职。这样,委员会就留出了一个空额。1948年,尼克松当选为众议员,就进委员会填补空额。

起初,女叛徒本特莱首先向委员会告密,提供一连串她认为是混入政府的共产党员和同路人的名单,其中许多是美国驻华使馆人员的名字。因为本特莱在中国活动时结识了史沫特莱女士,所以,凡在中国与史沫特莱女士接触过的美国官员和非官员,都被她说成是共党分子或同路人。委员会为了证实本特莱的指控,乃召钱伯斯去对证。钱伯斯喜出望外,向委员会做了如下声明:

我于1924年加入了共产党。没有任何人招募我,是我自己找上门的。因为我当时相信,我们所处的社会,即西方文明,已陷入危机,其军事方面的表现就是第一次世界大战。我相信西方文明命定要崩溃,或重返野蛮世界。我既不了解危机的原因,也不懂该如何应付。我只是觉得我作为一个有理智的人,应该有所作为。我在读马克思的著作中，发现了历史和经济的原因。我自认为我在列宁的著作中找到了对下一问题的答案：怎么办？

但在1937年我不再相信马克思的理论和列宁的策略了，因为经验和事实使我相信，共产主义是搞极权主义的。共产党的胜利将意味着该国人民将沦为奴隶，人的灵魂将蒙上黑影。我决心冒生命之险与共产党宣告决裂，也不顾会对家庭带来多大危险，但共产主义的影响对我是如此之深，我有时竟难免对自己说：我知道我是离开了将会取得胜利的一方而奔向失败的一方，但与其在极权的共产主义之下生活，还不如在失败的资本主义之下死亡。

有一整年，我过着隐居生活，我白天睡觉，夜晚带着手枪过日子。在1938年的和平的美国，我不得不这样地来防备地下共产党。我要防备共产党的暗杀，这不是自我恐吓，而是有道理的。我自己曾在首都华盛顿充任地下工作人员。就我所知，这个地下组织是由哈罗德·沃雷领导的。他是有名的别名叫作'布鲁尔妈妈'共产党女领袖的儿子。我的小组的领导人是纳桑·韦特，后来换成约翰·阿布特。组员有阿尔吉·希斯，他是国务院官员，曾参加顿巴登橡树会议，并参加雅尔塔会议，现任职务是卡耐基基金会主席。

当时，该小组的目的并不是做间谍工作，它的原先目的是要渗入美国政府。但它的最后目标当然是搞间谍。希望大家不必吓一跳，要知道，对每一个共产党员而言，他的一条基本原则就是绝不能忠于美国政府。共产党存在之目标就是要推翻美国政府。只要时机成熟，可不惜以任何手段推翻美国政府。每一个党员从入党之日起就专心致志以此为目标。

我脱离共产党已10年了。在此期间，我力求过勤劳的生活，衷心信仰上帝。与此同时，我也一直在以行动，以口诛笔伐，声讨共产极权主义。今天蒙召前来作证，实不胜荣幸之至。我本来想在我们的自由社会中作为一个不声不响的人安度一生，今天的作证势必将破坏我的安静生活。这是一种个人的牺牲，但如果我的作证能为美国人民敲警钟，使他们知道他们正面临着一个秘密的、阴险的有力集团，其唯一的目的是要把美国人民置于极权主义奴役之下，那么，我今天作出的牺牲将是很值得的。

记者们立即发布了钱伯斯指控希斯的新闻。希斯本人还不知道这个消息，但记者却已找上门来，要希斯就钱伯斯的指控发表评论。希斯拒绝接见记者，他马上打了一个电报给非美委员会，要求亲自到委员会澄清事实。1948年8月5日，希斯在非美委员会做了如下的声明：

我于1904年11月11日生于马里兰州巴尔的摩。我自愿到这儿来无条件地否认惠特克·钱伯斯前天在这儿所说的有关我的一些话。我不是,而且也从来不是共产党党员。我没有,而且也从来没有参加过任何共产党小组。我不是,而且也从来不是任何共产党外围组织的成员。我从来没有直接或间接地追随过共产党路线。就我所知,我的朋友中没有共产党人。

作为国务院的官员,我跟外国代表有接触,他们中有些人是众所周知的共产党人,如俄国政府的外交代表。因此,我与外国共产党人的接触纯属官事官办。

就我所知,我在1947年以前从来没有听说过惠特克·钱伯斯此人。1947年曾有两名联邦调查人员询问我是否认识钱伯斯。我说,我不认识钱伯斯。就我所知,我从未与这样一个人谋面,但有机会的话,我倒愿意见见。

于是,委员会拿了几张钱伯斯的相片请希斯识别。希斯说,这相片像许多人,也像他以前所见过的一个人,但此人绝不是什么钱伯斯。他要求委员会给他机会,与所谓的钱伯斯当面对质,以明真相。

这时,委员会的委员们泄了气,他们认为不如把案子交给司法部去办。但尼克松坚决反对,他对钱伯斯有信心,他认为钱伯斯说的是实话,他已下定决心下最大的政治赌注,成王成寇在此一举。在尼克松的推动下,委员会才勉强同意让钱伯斯和希斯进行对质。但为了保险起见,尼克松又专程到农庄去亲自访问了钱伯斯。他要求钱伯斯细述同希斯相识的经过。钱伯斯娓娓而谈,如数家珍。这就更坚定了尼克松的信心。最后他还有一个问题:"你是不是与希斯有嫌隙?"钱伯斯说:"希斯是我的好朋友,他待我一直很好,他从来没有做过对不起我的事。我告发希斯完全是出于国家的利益,我不是要搞垮希斯,我仅仅是希望当局注意共产党人已混入我们的政府,并有人出任重要职位。"

委员会安排了钱伯斯同希斯的对质。在这场面对面的对质中,希斯终于承认他认识钱伯斯,而钱伯斯那时的名字叫做乔奇·克罗斯莱。但钱伯斯则咬定:"我从来没用过乔奇·克罗斯莱之名,希斯固然当时不知钱伯斯之名,但他知道我叫卡尔,因为当时共产党都用假名,在我们这个党小组内,人们都叫我为'卡尔'。"

当时,委员会各委员都认为钱伯斯讲得有理,采取了偏袒钱伯斯的态度,而向希斯步步进逼。希斯乃说:"站在你们面前的是两个人,一个是自认的叛徒,声名狼藉;一个是美国政府的工作人员,他的品德已由各级负责人证实,你们现在的态度不能说是公正的。"

委员会的一名委员回答说:"我曾经对钱伯斯说过,我现在也要开诚布公地对你说,你的话同钱伯斯的话是完全不同的。因此你们两人之中必然有一个人是在说谎。不论你们中哪一个人在说谎,都可不愧称为美国历史上最出色的表演艺术家。我知道钱伯斯有肮脏的历史，我也知道你有所谓的光荣的历史。但这对确定某一特定的问题是不相干的。一个说谎1000次的人可能在1001次上说实话；一个说实话1000次的人可能在1001次上说谎话。本委员会不是法庭，它不是来判决谁是坏人谁是好人的。本委员会只是调查事实，我们现在要弄明白的就是到底钱伯斯在说谎还是你在说谎。"

于是希斯说，钱伯斯在委员会内部指控他是共产党员，因而享有豁免权，如果钱伯斯敢在委员会之外公开指责他是共产党员，他将向钱伯斯提出控诉，以明真相。

记者立即把希斯的挑战公之于众。钱伯斯马上接到电台的邀请，要他参加与"报界见面"的节目。钱伯斯的第一个反应是拒绝，据他自己说，之所以拒绝是由于他不想成为全国瞩目的人物，他的目的只是促国人注意共产党之渗透，他若公开指责希斯，他们俩势将拼个你死我活，而他并不想摧毁希斯个人。

但委员会的人听说钱伯斯拒绝接受挑战，不胜恐慌，他们马上向他做工作，备陈利害，钱伯斯乃改变主意，决定去"与报界见面"。

节目主持人主要问的是这样一个问题："你是否愿意再次重复你的指责：阿尔吉·希斯曾是共产党人？"钱伯斯毫不含糊地说："阿尔吉·希斯曾是共产党人，而且也可能现在仍然是这样。"

这下，皮球又踢到希斯这儿了。他一时把握不定，迟迟没有表态。过了3个星期，他才向巴尔的摩地方法庭提出控诉，要求钱伯斯赔偿5万美元名誉损失费。

在法庭对质之时，钱伯斯陈述希斯如何交党费，如何向他递交情报等事。希斯的律师要求钱伯斯拿出某种书面的证据。这对钱伯斯是一个挑战，他没有把握是否能找到某种书面的东西。有是有的，但那已是10年前的事了，这东西是否保存在那儿呢？他完全没有把握。

原来10年以前，当他决定叛离共产党时，曾积累了一些证据，封在一个大信封内，他把这信封交给了住在纽约的一位内侄，让他藏在阁楼之上，并叮嘱说："万一将来有关于我的暴死或自杀消息的话，你就把这些材料公开，它可以使人们明了真相。"他侄儿是否还保存着那些材料，现在完全要决定于命运了。他乘火车到纽约，直奔他侄儿家中，他来不及跟侄儿家人打招呼就跑向阁楼。他打开柜门，啊！亲爱的上帝，那包东西竟原封未动地躺在那儿。钱伯斯如获至宝，立即带着信封赶回农庄。这信封内有65页国务院机密文件的抄本、有希斯签名的三份备忘录、两卷冲洗好的胶片、三个尚未冲洗的胶卷。

这时，希斯的律师仍未获悉钱伯斯已找到书面证据，希斯本人更不知此事。法官问他："你是否曾经把国务院或美国任何其他政府机构的文件，或文件的抄本，交给惠特克·钱伯斯，或你所称的乔治·克罗斯莱？"希斯起誓说："没有。"

正在这时，钱伯斯却在准备一出惊人的演出。他把信封中的文件复印一份，然后把文件交给了法庭，但他没有交出胶卷。

钱伯斯早在几年前就向司法部告密了，司法部没有采取行动，所以他对司法部怀有戒心。他把65页文件交了出去，是因为他已复印了一份，但胶卷不能复制，必须把它藏好，不能让司法部人员单独取走。在交出文件的那个夜晚，他一直在考虑如何藏好胶卷。他忽然想起了庄稼人挖南瓜的情景。好，南瓜是最好的保密箱。于是他带着胶卷走进田庄，挑了一个成熟的南瓜，剖开盖子，挖空内心，把包装好的胶卷放在南瓜肚内，盖上盖子。好极了，谁也看不出有什么异样。第二天，他与非美委员会取得联系，要求委员会派人联同司法部人员共同采取一项新的惊人的证据。

于是，全美国的报纸都出现了如下的头条通栏新闻：《南瓜藏秘——钱伯斯提供致命证据》。报道说：非美委员会应钱伯斯之要求，今晨陪同司法部调查人员前往钱伯斯农庄提取新的证据。当汽车开到农庄，钱伯斯已在门口等候了。但奇怪的是钱伯斯没有领客人进家门，却领他们向农场走去。他们一直走到一块南瓜地，然后，钱伯斯弯身从地上拣起一个南瓜。只见这南瓜竟有一个活盖子，他掀起盖子，从南瓜内取出5个胶卷。据信，这5个胶卷都是希斯交给钱伯斯的秘密文件的缩影。

这样，法官就判希斯犯伪证罪，坐牢5年。这儿要请中国读者注意，希斯并没有犯间谍罪或其他罪，他仅仅因为否认曾给钱伯斯以任何文件而犯了伪证罪，即向法官说了谎话。

"希斯案件"使尼克松声名大振。尼克松自己承认，如果没有"希斯案件"，也就没有他以后的发展，他也不可能当上副总统和总统。

当时杜鲁门为了表示自己的反共立场绝不次于尼克松，所以下了一道行政命令，名曰"忠诚宣誓"，即美国政府的任何任职人员必须向政府宣誓自己忠于美国。但杜鲁门在晚年时对这种做法表示遗憾，他认为这是极权主义的法西斯苗头，不足为训。

希斯在狱中曾多次要求重审，未获批准。他服刑期满后又要求重审并未获准。但"水门事件"以后，政府对希斯做了政治上的补偿，宣布恢复他的联邦养老金。律师协会也公布恢复希斯的会员资格。至于希斯是不是共产党员，是不是间谍，这将永远是一个谜。

钱伯斯在"希斯案件"后写了一本厚厚的书，书名为《我充任证人》，发了一笔财，过上了太平的生活。

尼克松则因反共有功，在1952年被艾森豪威尔选为副总统候选人。

尼克松所做的第二件轰动的事就是水门案件。

水门是首都华盛顿的一个特定区域的名称。这个小型的高级社区濒临波托马克河，是一个安静的办公和住宅地区。它包括4座并立的半圆形建筑物。其中一座为水门旅馆、一座为水门办公大厦、另两座为高级公寓。民主党总部就设在水门办公大厦。

水门事件发生于1972年6月17日，是时距离民主党总统候选人提名大会只有月余，正是大选竞争紧锣密鼓之际。

夜晚12点45分，水门大厦的守夜警卫黑人弗兰克·威尔斯在民主党总部所在的大楼做最后巡逻。在地下室，他发现一个门的锁舌和锁洞都用透明胶带贴住了，所以门虽然关上，但并没有锁住。威尔斯不疑有他，以为大楼保养工人白天贴上了，后来忘记撤去。所以他代为撕掉胶带，锁了门，就走开了。他到水门大厦对面的霍华德·约翰逊汽车旅馆去喝咖啡。

原来尼克松竞选委员会的人准备对民主党总部进行窃取情报的活动。他们在霍华德·约翰逊旅馆租有一间房间作为对民主党总部的观察据点，在水门大厦也租用了214号房间以便就近行事。

这时，尼克松竞选委员会安全组长麦科德和其同伴鲍德温正在汽车旅馆内进行观察，当他看到民主党全国委员会办公室的电灯熄灭后，就马上通话给214号内的同伙霍华德·亨特和戈登·利迪，告诉他们行动即将开始。他同时对鲍德温说："你见到街对面有什么情况就马上通知我们。"作案者身上带有步话机，通话是很方便的。麦科德走出汽车旅馆会合手下的四名歹徒想进入大厦的停车库。他们发现门又锁上了，大吃一惊。但那四人中有锁匠，终于把锁打开了。他们从底下一层顺楼梯爬上六层楼，沿途的撞锁被一个个打开，并贴上透明胶带。

那时，威尔斯已喝完咖啡，走回大厦，他诧异地发现车库的门锁又被胶带粘上了。他立即给警察局打了电话。警察局马上派了一辆警车前来侦查。

这时已是凌晨2点。守望在汽车旅馆内的鲍德温观察到情况有变化，立即向214号房间的亨特和已进入6层楼的5个同伙通话，但后者由于关上了步话机的电门，竟没有接到信息。

警官们轻声进入六楼的民主党总部办公室，发现麦科德正在拆卸电话机，准备在内安装窃听器。在警官的一声大喝之下，5名作案人乖乖地举起了5双戴着橡皮手套的手。这样，5名罪犯就首先落网。但他们还来得及打开步话机电门，轻声地向鲍德温报告："我们被逮捕了。"鲍德温立即通知214号房间的人，亨特和利迪匆匆奔赴汽车旅馆，三人马上销毁罪证，分头逃逸。

第二天，《华盛顿邮报》用大字标题首次报道了"水门事件"。共和党竞选委员会主席米切尔也第一次发表掩盖声明，说："麦科德是一家私营搞保卫工作机构的老板，几个月前受我们委员会的雇用，协助装置我们的安全系统。据我们了解，他同不少主顾有来往，其中的关系我们并不了解。我们需要着重讲明的是，此人以及其他那几个人的活动既不是为我们干的，也不是我们同意的。报纸的报道使我们感到震惊。在我们的竞选活动和选举过程中，是没有这类活动的地位的，我们绝不会容许或纵容这类活动。"

事实上，麦科德一直受雇于尼克松竞选总部，并且已经工作了6个月。他的工作不仅是协助安全系统的设置，同时对竞选总部和散布全国各地的助选人员提供可对民主党人起威胁作用的情报。他每周要就他的行动向米切尔提出一份报告。

最初被捕的5个人还没有直接牵连白宫，但在审问和搜查这5个人的过程中，在他们的通讯本上发现了霍华德·亨特的名字。亨特曾为中央情报局工作，后来由尼克松的亲信埃利希曼介绍，任尼克松特别顾问科尔森的助手。6月19日，白宫新闻秘书齐格勒就亨特事件发表声明说：亨特曾任科尔森的助理，他在1971年工作了60天，1972年工作了24天半，但自1973年3月起，他已与白宫没有关系。但联邦调查局发现在白宫仍有一个亨特的办公室，这个办公室至少使用到5月25日。调查局认为他嫌疑重大，加以逮捕。

过些时候，联邦调查局又从5名罪犯的财源问题上引出了一名嫌疑犯，此人名叫戈登·利迪，尼克松竞选总统的财务顾问。他曾在联邦调查局任职，他在进入竞选总部之前曾在白宫任助理。由于嫌疑重大，调查局也把他逮捕了。

9月15日，联邦大陪审团对上述7名被告提出了控诉，指控他们阴谋使用不法手段从民主党总部获取情报，或进入民主党总部企图偷窃财物，或企图非法窃听电话和口头交谈。

从一开始起，尼克松就为水门事件进行掩盖。事发后，中央情报局局长赫尔姆斯和副局长沃尔特斯将军被召至白宫，白宫办公厅主任霍尔德曼对他们说，水门事件使尼克松总统感到为难。他说，总统希望沃尔特斯将军能向联邦调查局局长格雷建议，处理现在已被捕的几个闯入者就够了，没有必要再做进一步的调查。

事后，沃尔特斯真的去找了格雷，但他并没有按照白宫的指示去做。相反的，他向格雷提出了警告，总统的一些助手为了某种可疑的目的想同时利用中央情报局和联邦调查局。其实格雷早已觉察到这一点，因为他的部下人员已多次提醒他说，有人正在搞掩盖活动，他们要求他向总统提出告诫。

7月6日，格雷打电话给尼克松，请他注意他的手下人员正在利用中央情报局和联邦调查局，把问题搅乱："这会给您带来致命的伤害。"尼克松假惺惺地回答说："帕特，你继续放手进行你的彻底的调查吧。"

8月29日，尼克松亲自出马，在电视台向全美国人民讲话，力图进行掩盖。他说，现在已有5个调查机构在进行调查：联邦调查局、司法部、大陪审团、审计局、众院银行和货币委员会。他说，他已命令，不仅是白宫，而且是所有的政府机构都必须给上述调查以充分之合作。

总统顾问约翰·迪安在其《回忆录》中说：

我在电视上看到总统说这番话时真把我弄得目瞪口呆,总统不仅没回避这个问题,反而以攻为守,撒下弥天大谎。我的任务,我日日夜夜盘算的事情,就是要设法编造故事或采用拖延战术,来遏制上述各项调查或其他任何调查。难道总统不知道我在做什么吗?不,不可能,他一定知道。

我当时是躺在床上看电视的。当我进一步听到总统讲下面一段话时,我真吓得几乎从床上滚了下来,他说:"除此以外,在我们自己的班子内部,在我的指导下,总统顾问迪安先生已在对一切线索进行全面调查,看看任何白宫的成员或任何政府官员有无卷入的情况。我可以明白无误地说,他的调查表明,白宫班子中,本届政府中没有一个现在受雇用的人卷入这一荒唐事件。"

我看到总统冷静地、公然无耻地在埋葬水门事件,使它不能成为一个竞选中的问题。他说:"竞选委员会主席米切尔自己进行调查。在他辞去主席后,其后任克拉克·麦克格雷戈仍在继续这项调查。"这实在是说得太过头了。

但总统还在继续说:"这一切调查都值得夸奖,因为我们希望把一切弄个水落石出。"他最后说:"在这类事件中,真正令人痛心的不在于发生了这类事,因为在竞选中一些过于热心的人总会做些错事的。如果你企图把这类事掩盖起来,那才是令人痛心的。"

我关上了电视。表演得多棒,多淋漓尽致啊。这就是全国最高一级班子的表演啊。我想到千千万万坐在电视屏幕前的观众一定会被总统所打动而深信不疑。

尼克松的这一篇演说作于选民投票之前,它起了极大的蒙蔽作用,美国选民误信了尼克松的无辜,他们再一次用选票把尼克松留在白宫。

至于迪安,他在听了尼克松的电视演说后引起了很复杂的心理反应,他写道:

我迪安本人根本从来没有听见过迪安调查这个词儿,更不用说由我去进行调查了。但这一点似乎毫无关系。总统在电视中点了我的名字。而且是在全国电视中。这是他对我的信任。他实际是在说,我迪安可以有能力贯彻执行掩盖计划。总统在全世界面前确认我有这样大的本领我心中实在欣喜莫名。以前,我认为总统心目中根本没有我这个小人物的存在,因为我根本连见都很难见到他。现在他已知道我是多么为水门事件卖力,以便使大家免于陷进这个泥坑,其中包括总统本人在内。在水门这样一起事件上总统居然当众把我抬举一番,我实在感到荣幸和骄傲。

接着,尼克松就要求迪安办三件事:搜集民主党政府期间所搞的窃听事件,以便证明水门窃听做法无非是民主党做法的延续而已;编一份在水门事件上向尼克松政府发难的人的名单,以便尼克松第二届政府上台后拿出颜色来给这些人看看;迪安应赶快写出一份迪安调查报告。

过两天,白宫新闻秘书齐格勒请迪安到他房间去串门。以前,迪安要见齐格勒也是很不容易的,现在齐格勒居然主动发出邀请。以下就是两人见面后的谈话:

迪:秘书先生,有什么可以为你效劳的?
齐:来喝一杯吧。
迪:不,在办公室喝酒是违法的。
齐:没有关系。我想谈谈你的调查,现在记者们就揪着我探听你的报告。你向总统报告了什么?
迪:朗,我没有报告。
齐:口头报告也好。
迪:朗,什么报告我也没有做。
齐:是否可以这样说,你正在准备一个报告。
迪:没有,没有。
齐:但我不能老向记者说这是一个内部报告。总得拿出一点东西来,你所以拿这么高的工资不正是因为你是做这样工作的吗!

迪安无言以对,但他开始觉悟到事情不好办了,白宫把掩盖的重任撂在他肩上了。

他和妻子商量后,决定向检察官自首,竹筒倒豆子,把尼克松集团的丑行全部暴露了出来,终于引起了对尼克松的弹劾案,迫使尼克松不得不以辞职了事。

尼克松作为总统,当然也做了一些好事。主要有二条。第一,他结束了越南战争,使美国人民得以安定下来。第二,他改变了美国的外交政策,与中华人民共和国签订了"上海公报",为中美恢复正常关系打好了基础。因此,从中国人的角度来看,他倒是中国的朋友。

但美国人普遍认为,尼克松是美国总统中最不诚实(dishonest)的人。

9 罗纳德·里根

美国的学术界人士曾多次在内部作过"民意测验",推选美国历史上最伟大的十名"巨人"总统。结果对前九名而言,意见比较统一。他们是(以时序排):第一任总统乔治·华盛顿,第三任总统托马斯·杰斐逊,第七任总统安德鲁·杰克逊,第十一任总统詹姆斯·波尔克,第十六任总统亚伯拉罕·林肯,第二十六任总统西奥多·罗斯福,第二十八任总统安德鲁·威尔逊,第三十二任总统富兰克林·罗斯福,第三十三任总统哈里·杜鲁门。但对第十位而言,则意见分歧,票数分散在约翰·亚当斯、格罗佛·克利夫兰、约翰·肯尼迪、理查德·尼克松、吉米·卡特和罗纳德·里根之间。其中里根又稍占优势。

里根到底是一个什么样的总统呢?

1911年2月11日,里根出生于伊利诺伊州的坦皮科。里根的家就在坦皮科一间百货店的楼上。他父亲就在百货店下的皮特尼百货店卖鞋。父亲有酗酒恶习,所以生意做得并不好。父亲是爱尔兰移民,母亲是英格兰血统,她非常贤惠,性格开朗,是虔诚的教徒,相信人身上都有美好的东西认为只要对人好,人就会对你好。她总是热心慈善事业,在邻里有一定的声望。她还参加当地业余歌舞团的演出。

里根从小待人热情,喜欢舞台生活,这些特点都来自母亲。

里根小时,他家多次迁移。9岁时,全家迁到了芝加哥附近罗克河畔的狄克逊,这次才算安定了下来。父亲继续经营他的鞋店。

他家经济情况很拮据,有时付不出房租,但母亲是个乐观主义者,她总说:"别担心,主会给我们帮助。"

这种乐观精神也感染了里根。他在中学时就作过这样一首小诗:

> 无非是小小挫伤,
> 何必这么多凄怆。
> 倒不如起而奋斗,

把生活来当歌唱。

他在中学时发现擅长运动的人比用功读书的人更受人欢迎,所以他的主要精力投在体育上,而不是在功课上。

1932 年,他从尤利卡学院毕业。他主修的是经济学和社会学,辅修的是舞台表演。毕业后他进入了俄亥俄的一家电台当体育广播员,很得人心。

罗纳德·里根,1981 年

不久,他的一个朋友把他介绍进了好莱坞,从此他就开始了演员生涯。

1962 年,加利福尼亚的几位共和党朋友找到里根,要他帮助尼克松竞选州长,对手是民主党的布朗。里根本来是民主党,他乃实行转党,为共和党效劳。

他的哥哥早就要他转党了,今天得以实现,不胜高兴,不过这次竞选失败了。当选州长的是布朗。这时,他哥哥已是埃里克森广告公司的副经理了。他所管的美国硼砂公司别出心裁,想要赞助一档电视节目,推销其产品。哥哥乃介绍里根任这一项目的主持人,也就是名为"死亡谷的年代"的节目主持人。

1964年，共和党的戈华德竞选总统，共和党又来找里根帮忙。里根说，我既能推销硼砂，为什么不能推销戈华德呢？于是他出任了"拥护戈华德竞选委员会"加利福尼亚委员会主席之一。不过这次竞选也是以共和党的失败而告终。

但人们很欣赏里根在竞选中的表演，以汽车巨商塔特尔为首的一批共和党人决定组织一个"罗纳德·里根的朋友"委员会，要推里根为加利福尼亚州长候选人。

里根的夫人南茜本来喜欢清静，从政必然会打破宁静。但几经考虑，她还是支持丈夫出来一试。他们忍痛卖掉了牧场（据南茜说，做州长的收入远不如演员，不能维持牧场的开支，所以要卖掉牧场），开始投入争夺萨克拉门托的宝座之战。

1966年，竞选进入高潮，里根简直如鱼得水，大受选民欢迎。著名评论员艾尔索普写道："同里根打交道就像洗了一个热水澡一样。听他讲话，你会感到轻松而爽快，就像他在《死亡谷的年代》节目中所扮演的那些可爱人物。"

不过，这儿产生了一个问题。里根的儿女说，他们爸爸的生活是"演"，他没有真正的爸爸情感，只是在"演"爸爸。

1967年，里根从洛杉矶搬进了萨克拉门托州长府。他很得人心，连选连任。

1976年，他在党内与在职总统福特竞选共和党总统候选人，结果以数票之差输给了福特。

1980年，共和党推里根为总统候选人，击败了民主党在职总统卡特，入主白宫。

里根在竞选中大力抨击卡特在对外关系上表现软弱。他认为美国本应当全力支持伊朗国王巴列维，并不惜以军事上的支持。他认为卡特犯了前英国首相张伯伦所犯的慕尼黑姑息政策的错误。结果使美国丧失了国威。所以他现在要"重振国威"。

他公开扬言："10年来我们疏忽、软弱、犹豫不决。现在，美国外交的任务就是重整军备，在政治上再次发动攻势。"

他的基本做法就是要大大提高美国的国防实力，扩大军事开支。他认为这样做可以达到"一石三鸟"之效。第一，可以促进军事生产，带动其他生产，从而提高就业率；第二，可以更有效地在国际上推行美国政策；第三，引起苏联的顾忌而迫使它不能削减军费来发展经济，从而起到拖垮苏联的功效。

他最有名的措施就是建立所谓的"战略防御系统"，也就是"星球大战计划"。这个计划的意思是说：美国要研制一种能够在外空阻击侵入美国的导弹体系。

在美国带头之下，欧洲共同体也提出了"尤里卡计划"，日本制定了"振兴科技的基本政策"，在世界上引起一股以高科技竞争为重点的发展浪潮。单纯的军备竞赛让位于综合国力的较量。

苏联领导人不是笨蛋，他们也意识到了这一点，不想进行军备竞赛。因此，美苏关系反而转为缓和。1985年11月和1986年10月，里根和戈尔巴乔夫先后在日内瓦和冰岛的雷克雅未克会谈，商讨节制军备问题。1987年12月，两国首脑在华盛顿第三次会晤，并签署了全部销毁两国中程和短程核导弹条约。铁娘子撒切尔夫人认为这是"一次具有历史意义的事件"。她后来还说："冷战之所以能结束，罗纳德·里根的战略防御计划是一个重要因素。"

里根还对戈尔巴乔夫的改革表示支持，戈也表示愿从阿富汗撤军。

1986年3月14日，里根发表题为"自由、地区安全和全球和平"的咨文，提出了以实力为基础，压缩苏联势力，扩大美国影响的方针，支持共产党国家内的"自由战士"起来反对极权主义。里根政府不再坚持以是否反共为标准来决定向别国提供支持，而提出"反对以任何形式出现的暴政，不管它是左的还是右的暴政"。

传记作家迪乃希·德苏察写道："威尔逊总统在1917年4月2日曾在国会中说：'这个世界必须成为一个能保证民主得以安全的世界。'最后真正做到这一点的就是罗纳德·里根。"

今天，反对恐怖主义已成为家喻户晓的事。但我们查一下历史，却发现最早举起反恐怖主义大旗的恰巧是里根总统。其触媒是伊朗扣押美国大使馆人质事件。

里根的国务卿黑格说："国际恐怖主义所以引起我们的重视，已经取代了人权，因为它是对人权最大的糟蹋。所以西方国家也应和美国一样，对于恐怖主义采取更明确更有效的对策。"

在伊万斯和诺瓦克合著的《里根革命》一书中有这样一段描述：

在里根进行他的革命时，没有任何一项任务比执行他的有效地处理反恐怖主义的危机再困难的了。早在里根竞选之际，便已为他的反恐怖主义奠立了基石。早在10月19日，里根在电视上发表的竞选演说中，即已阐明了他的政策："在遏制国际恐怖主义的扩散中，美国应负起领导的任务。我个人对于恐怖主义也深感愤怒。我将运用我的政府的资源来对抗这种对人类文明的祸害，并扩大我们与其他政府之间的合作，以与各种不同形式的恐怖主义作战。我们必须将中央情报局以及其他情报机构的功能予以恢复，使我们对于恐怖分子的活动能获知消息并在事前得到警告。我们必须领导建立一种共同的国际观点，坚定地拒绝让步和最后付出赎金，这是遏制恐怖主义的唯一有效的途径。"

伴随着里根的还有一个名词，叫"里根经济学"。里根进入白宫所做的第一件事，是叫人从办公室内墙上所挂的几位总统像中取下杜鲁门的像，换上了柯立芝总统的像。柯立芝是一位有名的保守主义总统。他崇尚19世纪的"放任"经济政策。里根公然宣称他敬重的就是19世纪的汉密尔顿和20世纪的柯立芝。

里根经济学的主旨也就是政府少管经济，由市场本身去调控。自罗斯福总统以来，所有的总统，包括共和党总统艾森豪威尔和尼克松在内，都在不同程度上执行了罗斯福的"新政"经济学。因此，人们认为里根经济学是一次"革命"。

他最后还起用了"货币大王"格林斯潘，任命格林斯潘担任了联邦储备局局长。里根的八年，成了美国经济比较稳定的八年，从而也得到了人民的好评。

还值得一提的是里根的宗教观。他是一名忠诚的基督教基要派。他在1976年时曾说："我发现不论我做什么事，都是为了神的目的而服务。我相信，我现在的一切作为，姑不论其结果如何，都是为神而做的。为了要使我能了解神要我怎样做，我就祈祷。我一直相信，神对这块土地，已有一个神圣的计划，使人发现这块土地是特殊的。在这里我们将会遇到我们命中注定的一切。是的，在这块土地上，正进行着一种精神的运动，而这里的人民，也正急于寻求精神的复活。如果神会将我所寻求的任务给予我，我将会祈祷，我将执行此一任务，以服侍上帝。"

对于达尔文的进化论，他这样地评论："我对进化论，也有许多问题。我认为由于这些年来的发现，已找出了重大的缺陷。这是一种理论，它只是一种科学的理论。在近些年来，在世界各地的科学界，已引起了怀疑，这个学说在过去曾有一度被认为是绝无错误的，现在科学界已经不像这样地相信它了。"

一次，有一位美以美会牧师写信给他，对耶稣的复活提出了质疑，里根给了他如下的回答："我们只能有两种选择：其一，他正是像他自己所说的那样。其二，他乃是世界上最大的说谎者。对我来说，我不相信一个说谎者或是一个骗子，能像他那样，影响人类达两千年之久。那是不可能的。我们要问，当一个说谎者，只需简单地认罪，便可免死时，他会不会宁愿被钉死在十字架上，也不肯认罪？他是否允许我们这样说：对于他的教诲，我们都可相信，然而独对他所说的关于他本人生死的言论反而表示怀疑呢？"

《今日美国报》对里根做了如下的总结：

他既经历了20世纪20年代的美国经济繁荣，又经历了大萧条和两次世界大战，在动荡的60年代担任加利福尼亚州的州长。1917年俄国爆发十月革命时，他还是一个小学生，当苏联1991年解体时，他已经成了美国总统。

里根在执政期间实行放宽政府控制和公司重组的政策，带来了此后的经济繁荣。很多民主党人把美国创纪录的经济繁荣归功于克林顿，但很多共和党人争辩说，是里根为经济繁荣打下了基础。

2011年2月4日为里根百年纪念日，《华盛顿邮报》发表了一篇评价里根的文章，标题是"有关里根遗产的五个迷思"：

有人说，罗纳德·里根本人就是个迷思：私下里缺乏自信毫无魅力，公众面前则是意志惊人的政治家。

1. 他是个差劲的演员　里根作为华纳兄弟公司签约艺人演出的大多数影片，心理健全的人都看不下去。但如今他不在了，人们却对他为每个角色投入的努力感到一种异样的柔情。

具有讽刺意味的是，担任加州州长、总统候选人和美国总统时，他脱胎换骨，成了一流演员。那个时候，他变得可信、真实，让人们的眼睛和耳朵不可抗拒。

2. 他第二次世界大战时只是摄影棚里的士兵　第二次世界大战期间，里根确实几乎一直在卡尔弗城美国空军第一电影部队"驾驶"一张桌子（为空军拍摄训练教育影片）。但并不意味着他没有热切盼望到海外为祖国而战。陆军医生发现他的视力太差，以至于坦克开到距离他七英尺的地方他才发现那是日军。

3. 他为人热情　不对。但里根也不冷漠。像很多领袖一样，他对周围的人心不在焉。里根的密友曾向我承认，他们一直都不确定他是否分得清他们是谁。

4. 他只是"游说基督徒"　里根不愿透露自己的信仰，但他像所有美国政客能够保持传统的虔敬。他担任总统之后极少参加礼拜。但在一些关键会议之前，你偶尔会看见他走到一边，嘴里咕哝着默默祈祷。

5. 他是个"可爱的蠢材"　罗纳德·里根只在六种不同的职业中取得成功：体育比赛实况解说员、电影演员、工会主席、公司发言人、两任州长和两任总统。

10　亚历山大·汉密尔顿

美国前总统里根曾公开表示，他最崇拜的美国开国元勋是亚历山大·汉密尔顿，这至少说明汉密尔顿在美国享有很高的威信，但汉密尔顿在中国内地的声誉却不怎么样。

譬如说，天津人民出版社1984年出版的《美国史论文选》上就有这样一段话："汉密尔顿为美国联邦党人，他早在纽约担任律师时，就竭力维护大地主、商人和银行家的利益。他的政治见解，可以从他所曾经说的一段话看得很清楚。他说：'一切社会本身都分成了少数和多数。前者是富人和出身好的人，后者是人民群众。人民的呼声曾经被说成是上帝的呼声，不管这个格言如何普遍地被引用和信奉，它在事实上是不真实的。人民是强横而多变的；他们很少判断或决定得正确。因此，应该给予第一类人在政府中的一个突出的、永久的地位。他们将会制止第二类人的骚动，而且由于他们不能在一个变革中得到任何利益，因之，他们将永远保持良好的政府。我们能够希望一个每年跟着人民群众打转的民主国会切实地促进公共福利吗？只有一个永久的机构才能阻止民主政治的轻举妄动。'"

亚历山大·汉密尔顿

其实，即使在美国，对汉密尔顿的评价历来见仁见智，没有什么"舆论一律"。汉密尔顿生于1757年1月。他父亲是苏格兰的一名没落贵族，流落于西印度群岛的奈维斯。后来，由于他父母失和更兼生母早逝，汉密尔顿没有获得父母的适当照顾。倒是他的一位姨妈安·温顿给了他照看。汉密尔顿在1804年参加决斗之前夕曾关照妻子，万一他决斗身亡，请照顾他的姨母，因为她"作为一个朋友是这个世界上给我最大恩德的人"。

汉密尔顿11岁就受雇于尼古拉斯·克鲁格，他是一位来往于圣克罗伊与纽约间的商人。汉密尔顿虽然年轻，却很受克鲁格器重。克鲁格最后发了财，这说明汉密尔顿从小就体会到做生意的重要意义。汉密尔顿聪明过人，他虽然没有受充分之教育，却能写很好的文章。圣克罗伊有一位很有地位的牧师休·诺克斯很喜爱汉密尔顿。后者在诺克斯牧师的图书室中饱读了各种书籍。

1772年8月，圣克罗伊遭到一场台风的袭击。汉密尔顿写了一篇文章，叙述这次灾难，并在当地报纸上发表，这使人们普遍地注意到这个孩子文采不凡。

这时，他姨母已移居纽约，经他姨母等人的资助和诺克斯牧师推荐，汉密尔顿从圣克罗伊来到了纽约，次年进入了皇家学院，即后来的哥伦比亚大学。进大学成了汉密尔顿生活的转机。

1774年11月，有一位保皇派牧师萨缪尔·西伯里写了一本小册子，攻击刚成立不久的大陆会议。汉密尔顿为文驳斥，并且连打了几个回合。

汉密尔顿认为，局面之所以危急是因为英方欲把美洲人民置于奴役地位。根据自然法，任何人都没有权力驾驭其他任何人，任何人在未得其本人同意之下受别人支配，他就成为奴隶。

令人叹服的是，这位弱冠青年早就指出美国的革命战争需要采取游击战术，虽然他并未使用这个名称。他写道："我国的国情使我们可以避免阵地战。最好的作战方式是通过经常的小接触和袭击来骚扰敌人，并使其陷入疲劳而不是在宽阔的大地上进行对阵，因为在后者情况下，敌人占优势的正规作战技术将得到充分的发挥。美国人应取前面的那种作战方式，它最适用于美国。"他还指出："人们对自由有一股热忱。它会使他人的品质上升而表现出勇敢和英雄主义。我们最近从科西加的事例中可以看出人民在保卫自由时将表现得多么好。如果我们观察一下各殖民地的情况，我们一定会感觉到，为了他们的国家利益，美国人民的脉搏跳得多么的猛啊。热爱自由和热爱祖国所引发的动力，谅必会压倒英方的各种有利条件。"

1775年5月10日夜晚，汉密尔顿在学校寝室中为吵闹声惊醒，他往窗口一看，见一大堆人冲进学校，他们要抓被认为是亲英的保皇派校长迈尔斯·柯柏。汉密尔顿也是反对柯柏的，但他不赞成使用如此粗鲁的办法，于是不怕危险，挺身而出，向群众作演说。正因为汉密尔顿出面阻挡群众，柯柏获得了充分时间，逃出校园，后来又马上回英国，而且永不返美。这次无秩序的群众行动，在汉密尔顿的心中留下很深印象，他后来之所以蔑视群众运动，与这次事件不无关系。

ambition一词在英语中有两层意思：一是野心，一是抱负。我们可以说，汉密尔顿肯定是有ambition的。他想有所作为，而他最原始的抱负是从军，想靠建立军功来成名。

汉密尔顿选择了炮兵，因为他多少懂得数学。他被任为连长，领上尉衔，受亨利·诺克斯上校管辖。诺克斯本人原来是一名旧书店老板，他爱读他自己店内的所有军事书籍，成了一名自学成才的炮兵专家，最后任华盛顿内阁中的陆军部长。

汉密尔顿作战勇敢和沉着，很快被诺克斯发现是一个人才，就把他推荐给了华盛顿将军。这样，汉密尔顿就成了华盛顿的副官和军事秘书，也成了华盛顿所心爱的一名贴身青年军官。

华盛顿本人没有亲生子女，他待汉密尔顿犹如养子，于是有无聊文人就造谣说，华盛顿早年在西印度群岛时曾与汉密尔顿的母亲腊歇尔勾搭，生下私生子汉密尔顿。但历史学家们马上指出，华盛顿在西印度群岛的那一年离汉密尔顿的出生还差5年。

汉密尔顿经办的第一件大事是同盖茨将军打交道，在萨拉托加战役后，盖茨声名大振、不可一世。由于军事形势需要，华盛顿拟抽调盖茨一部分兵力南下，他派汉密尔顿前往交涉。盖茨竟拒绝华盛顿的要求，只答应抽一个旅，而且故意派一个最弱的旅，人数只有600人。经汉密尔顿力争，盖茨口头答应改派两个旅。但一切都是口头应诺，最后是"没有任何实在的援军离开赫得逊河谷"。汉密尔顿第一次深切体会到华盛顿这位总司令竟无力指挥其部下，这种种经历都促成他日后力主中央必须集权的主张。

汉密尔顿从盖茨那儿回来后，就同华盛顿在瓦利福奇度过了革命史中最艰难的一段时日。那时，华盛顿吃了败仗，在瓦利福奇重整兵力，出现的情况是士气低落、招兵困难、给养不足。更糟糕的是中央有人密谋要夺华盛顿的权。汉密尔顿表现很好，始终忠于华盛顿，并构成了所谓的"华盛顿家庭"。"华盛顿家庭"的主要成员是3名年轻将领，除汉密尔顿外，有约翰·劳伦斯和法国的侯爵拉斐特。他们都是20岁上下的人，尤以拉斐特为最年轻。

汉密尔顿一心想带兵立军功，而他这个副官的任务主要是文书和联络，离军功很远，他早有倦勤之意，终于在一次偶然事件中，他把他这种不满情绪发泄了出来。

1781年2月16日，汉密尔顿在总司令办事大楼的2楼碰到了华盛顿，华说他想找汉谈一些事，汉回答说他下楼去办一件事，马上就回来。汉是去递交一封信给铁尔曼的，但在回来的路上碰到了拉斐特，谈了1分钟。当他跑回大楼时，只见华盛顿站在楼梯口。他严厉地说："汉密尔顿上校，你使我在这儿等了你10分钟，我必须对你说，先生，你对我有失尊敬。"

汉密尔顿不假思索地回答说:"先生,我没有意识到这一点,既然你认为有必要说这样的话,我认为我们必须分手。"

华盛顿又说:"好的,先生,如果你做这样的选择的话。"这样,他们两人就分手了。

1小时后,华盛顿叫铁尔曼去看汉密尔顿,婉转地表示歉意,但汉密尔顿是早下了决心的,所以拒绝和解。只是在多方劝说之下,其中包括老丈人舒勒将军,汉密尔顿才于4月19日重回总部。

华盛顿毕竟不失大将风度。他不但没有见怪汉密尔顿,反而感到内疚,并满足了汉密尔顿的愿望,最后在约克敦一役中,汉密尔顿得到了委任,领兵进攻英军的右翼(左翼由法军负责进攻),并胜利地完成了任务。

英军的投降意味着汉密尔顿军事生涯的结束。他回到纽约,投身律师业务。老婆孩子,其乐融融。他曾给朋友写了这样一封信:

你没有办法想象我现在已日益成为一名十足的家庭男子了。我已失去所有的追逐名利的念头。我所求者只是老婆孩子的幸福。仅仅出于责任观念,才使我没有完全摆脱官务。很可能,我将不再投身政界矣。

在革命战争年代中,华盛顿和汉密尔顿发展了一种共同的信念:美国必须统一,统一必须要有一个坚强的中央政府。这种信念好似一种内心的虫子,它老在搔痒你的心,因此,汉密尔顿想一头毛驴热炕头的幻想是维持不下去的。他必须破门而出。外敌一旦除去,各州间的争吵立即上升,美国面临混乱的危险。1786年,在华盛顿主持下,马里兰和弗吉尼亚代表在芒特弗农举行了谋求解决两州间纠纷的会谈。后来与会者建议扩大范围,举行一个有更多的州参加的会议。这就是随后的安纳波利斯会议。

作为纽约州代表的汉密尔顿原想利用这次会议来建立联邦(union),但该会的出席者只有5个州,带有失败味道。出于汉密尔顿的机智,使这个失败的会变成了胜利的苗子。也就是说,这个会议以向大陆会议提出一项建议作为结束。建议的内容是要求各州派代表"于5月的第二个星期一在费城开会,考虑合众国的情况,以便制定一些在他们看来会使联邦政府的宪法能更进一步适应联邦的迫切要求的规章条例"。这个建议终于促成了制宪会议。

但在制宪会议上,汉密尔顿陷入了一个可悲的地位。会议规定每州投一票。纽约州共有代表3人,汉是其中之一。不过那另外两个人却是反对派,不赞成推翻邦联条款,所以中途退场,这样,汉密尔顿就没有投票权。他也曾一度退场,所以,会议的主角是麦迪逊而不是汉密尔顿。麦迪逊通常被称为美国宪法之父。汉密尔顿的功绩不在于制宪而在于促成纽约州批准联邦宪法。

当时的纽约州是反联邦宪法的堡垒,多亏汉密尔顿的努力,才使形势有了改变,终于以 30 票对 27 票批准了宪法。汉密尔顿除了组织拥宪力量外，特别有名的就是以他为主的"三家村"所写的一系列拥宪文章，即《联邦党人文集》。"三家村"的其他两位是詹姆斯·麦迪逊和约翰·杰伊。

汉密尔顿在制宪会议上曾发表一通议论，吹捧英国的体制，因此不少人曾攻击汉密尔顿是一名君主派。特别是杰斐逊，曾多次直接或间接地把汉密尔顿说成是反共和制的人物。但汉密尔顿则坚决声明他一贯是共和主义者。

不过，也有学者指出，汉密尔顿的共和主义实际上比杰斐逊和麦迪逊的共和主义更彻底。"至于共和主义的意义，汉密尔顿和麦迪逊有一致的地方，即：共和制政府的根本要素是一切权力必须最终导源于人民。但对汉密尔顿而言，共和主义还有一种更基本的基础。正如他在一篇文章中所说，他认为共和主义的要素是'一切人的政治权利平等而不能有任何世袭性的区别'。而杰斐逊是奴隶主，他对奴隶有买有卖，并赖奴隶的劳动果实为生，所以他很难符合汉密尔顿所说的共和主义者的称号，不管他口头上说他多么讨厌奴隶制度"。

顺便要指出的是，在革命战争期间，汉密尔顿曾鼓动他的好朋友约翰·劳伦斯回南卡罗来纳去动员黑人奴隶参军，并许诺参军后的黑人可以在战后获得自由。劳伦斯的确回家乡去做了一番努力，但由于当地保守势力反对，没有获得任何结果。作为奴隶主的杰斐逊和麦迪逊，在战争中都没有作出过任何旨在解放黑奴的努力。

华盛顿就任总统后，任汉密尔顿为财政部长。实际上，汉密尔顿是华盛顿心目中的主要依靠。当时联邦政府面临的最大问题就是财政问题。国家债务重重，纸币贬值，人心惶惶。汉密尔顿目光远大，采取大刀阔斧的办法来整顿财政，最有名的就是承担遗留下来的公共债务。英文名称叫作 assumption 问题。

承担债务带来了两个问题。第一，持有债券的人多半在北方，北方将占大便宜。第二，若要还债，必须增加国内税收，南方奴隶主又将吃亏。所以，国会中的南方议员大多持反对态度。

这时，杰斐逊刚从法国回国就任国务卿。汉密尔顿乃找到杰斐逊和麦迪逊，商谈一笔政治买卖。如果杰斐逊代表南方同意支持 assumption，则汉密尔顿将代表北方同意把未来的美国国都设于波托马克河畔（即后来的首都华盛顿）。请注意，美国开国时的临时首都在纽约，后又暂时移至费城。双方达成了默契，并且都说话算数，但杰斐逊在《自传》中把这一笔交易说成是上了汉密尔顿的当，这种说法是不公平的。交易是在双方自愿的基础上进行的，谁也没有隐瞒任何目的。杰斐逊若事后后悔，只能怪自己，岂可归罪于对方！

汉密尔顿的另一建议是要求设立国家银行，所谓国家银行并非全由国家出资，而是由国家和私人共同出资认股。主要目的是统一货币，助长州际贸易。

这一建议遭到了杰斐逊的反对，杰斐逊并不反对设立银行而是反对设立中央银行。也就是说，银行应由各州自办，不能设什么中央银行。

汉密尔顿设中央银行的理由十分充足，是很难驳倒的。因此，杰斐逊采取了不择手段的办法。他提出了一个奇怪的理由来反对中央银行。他写了一篇论述，说宪法规定的联邦政府职能是明写着的，宪法中没有提到联邦政府有权办银行，所以联邦政府无权办银行。

杰斐逊的这种逻辑非常不高明。不是别人，正是杰斐逊自己，当上总统后，曾以总统身份未经国会同意就先买下了比13州面积还大的路易斯安那领土，而宪法中更没有规定总统有权买进国土。

由于华盛顿的英明，他拒绝了杰斐逊的意见而采纳了汉密尔顿的建议，联邦银行乃得以成立。

汉密尔顿的 assumption 和中央银行使美国的混乱经济获得了稳定，也为联邦政府带来了威信，从而为美国的经济发展和政治发展奠定了牢固的基础。

汉密尔顿还为美国发展的方向提出了战略性的见解，也就是解决美国应该优先发展什么的大问题。汉密尔顿认为美国应当优先发展制造业，以便"使美国在军事方面以及其他重要供应方面摆脱对外国的依赖"。

他于1791年12月5日向国会提交了一个关于发展制造业的报告，其中说："在国家工业这一总体中，使用机器是极为重要的一环。这是一种人造力，可以有助于人的自然力。对劳动的各种目的来说，这意味着人手的增加，人力的增加，并且可以不受必须为劳动力支付工资方面的限制。因此，我们是不是可以合情合理地得出以下推论呢：凡可以促成最大限度使用机器的行业将最有助于提供总劳力，从而最有助于工业总产量。"

历史学家理查德·摩里斯说："汉密尔顿的报告成了主张政府应提供帮助以鼓励工业的人们的《圣经》。他提供了主张采取保护关税制的经典依据。这一报告明确的有这样一种后来被称之为'利益和谐'原理的思想。汉密尔顿认为，政府支持工业不会削弱农业而将加强农业，将为投资创造机会，为工人提供就业机会，并且还可吸引移民。但他的这些思想远远走在时代的前面，所以他的大部分建议在当时没有被接受。"

汉密尔顿的政敌，特别是杰斐逊，口口声声指责汉密尔顿企图在美国搞君主制。这是一种说过了头的指责；同样的，汉密尔顿说杰斐逊要搞无政府主义，也是一种说过了头的指责。

汉密尔顿曾多次驳斥这种流言，他在致爱德华·卡林顿上校的信中说："至于我个人的政治信条，我愿意与你剖心相见。我是十分热爱共和制理论的。我的首要愿望就是希望看到政治权利的平等，必须排除由于世袭而产生的地位的高低；这种平等必须稳固地建立在这样一种基础之上：它能实在地证明它是与社会的秩序和幸福相一致的……""我说我十分热爱共和制理论，这是出于我肺腑之言，我是以老朋友身份与你肝胆相照而说这话的。我还要说，我强烈希望这种理论能取得成功。但我也要坦率地说，我很怀疑它是否能成功，我认为到现在为止这还是一个问题。"

他在上书华盛顿时又说道："就我所知，没有人想把君主制引进我国。有极少数人（最多三四人）表示在理论上赞同英国那样的宪法，但每一个人都同意，这样的宪法不适合于美国，除了其中的分权制外。在这方面主张最激烈的一名人士也坚定地说，美国应当采用共和制理论，如果它想有任何成功的机会的话。"在这方面，我们没有发现汉密尔顿有言行不一致的迹象。总而言之，汉密尔顿只是主张精英制度（elitism）而已，根本说不上君主制。

当然，汉密尔顿也有很大弱点。他没有注意团结联邦党人。所谓联邦党实际上不成其为党，只是支持汉密尔顿见解的一批人而已。而杰斐逊却有组党活动，促成了一个现代政党的雏形。汉密尔顿甚至同同一阵营的约翰·亚当斯闹对立，从而进一步削弱联邦党，终于使联邦党被挤出了政治舞台。

汉密尔顿还有私生活的污点。他曾中了詹姆斯·雷诺夫妇的拆白党美人计，几乎名誉扫地。玛丽亚·雷诺夫人一天访问汉密尔顿诉说自己编出来的不幸，要求汉密尔顿救济，汉说他身上没有钱，玛丽亚就请他晚上去她家中送钱。汉晚上如约前往，她就直引汉进她卧室，汉就此上了钩。不久，詹姆斯·雷诺从外地回来，就找汉算账，汉最初出1000元了账，但詹姆斯又要挟汉为他在政府谋一官职，汉不肯。结果丑闻外泄，从而使人们大大怀疑汉在财政部手脚不干净。国会及华盛顿都同意需对汉密尔顿进行调查。调查结果证明汉密尔顿在银钱方面并没有贪污行为。但他的品德形象毕竟受了很大的损害。

更荒唐的是汉密尔顿之死。

汉密尔顿的长子名叫菲列普，他于1801年11月同一位名叫乔治·艾克的青年决斗，艾克是阿隆·伯尔的拥护者。结果，艾克在决斗中把菲列普击毙。

1804年7月，阿隆·伯尔本人要求与汉密尔顿决斗，其理由是汉密尔顿在人背后说了阿隆的坏话而又不肯认错。汉密尔顿勉强地接受了这个挑战。他在放枪时故意打歪，但伯尔却存心要杀死汉密尔顿，因为他对汉密尔顿怀恨在心，汉密尔顿曾在1800年阻止伯尔成为总统。结果，汉密尔顿重伤而死。顺便说一下，汉密尔顿当时暗中帮助杰斐逊击败了伯尔，使杰任正总统，伯尔任副总统，这也足见他能以大局为重。

一贯以维护杰斐逊闻名的6厚册杰斐逊传记的作者杜马斯·马隆说："作为财政部长的汉密尔顿的个人品德是可以肯定的。当时批评他的人没有能抓到任何把柄把他钉住。他曾处理成百万美元，他的政策也曾使不少人发财致富，但他自己死时清贫如洗，这足以证明，尽管他有自己的打算，但他的目标肯定不是钱。"

丹尼尔·韦勃斯特曾说："他（汉密尔顿）点了公共债务这具尸首，这尸首就变活了。"汉密尔顿不愧为美国历史上第一个用赤字政策救活经济的财政大师。

杰斐逊后来也不能不说："我们可以用15年时间还清他所欠下的债，但我们永远不能抛弃他的财政系统。"

美国前总统艾森豪威尔在汉密尔顿诞生200周年纪念日时曾说，汉密尔顿是"我国开国人物中最勇敢和最高瞻远瞩者之一"。

事实的确如此。在加强中央权力使美国成为一个稳定的统一国家方面，汉密尔顿是华盛顿最得力的助手。在解决当时美国经济困难问题上，汉密尔顿又是具有独创性的伟大设计师。

中国历史学者叶炳炎说："汉密尔顿是个有见识有胆量的开拓性人才。他大胆进行财政经济革新，走在时代前面，是顺应历史发展趋势的。"

不错，汉密尔顿无愧为一名开拓型的政治家。

11　本尼迪克特·阿诺德

中国电影剧作家在写到卖国贼的时候往往要把他描绘成贼头贼脑，獐头鼠目。也就是说，他必须事先就在自己的额角上题上"我是坏蛋"四个大字。可惜，生活的现实并不一定遵从这种描写。中国的大卖国贼汪精卫就有美男子之称，并曾为世人留下"引刀成一快，不负少年头"的绝唱。

美国头号卖国贼本尼迪克特·阿诺德也曾经是百万军中取上将首级的革命军中一员猛将。

阿诺德，1741年1月14日生于康涅狄格州的诺威奇，14岁入当地一家药房（即小杂货店）当学徒。性好斗，曾两度私离职守去参军打印第安人。1762年，因父母逝世，随姐迁纽黑文，开设了一家药房兼书摊。美国革命爆发前夕，各殖民地内多有自组民兵队伍者，阿诺德自己集资组织了一支康涅狄格民兵连，并任连长（上尉）。

1775年4月19日革命第一枪打响后，他立刻以他的民兵连连长之名往马萨诸塞州坎布里奇请战，自称可率军夺取纽约州的英军堡垒泰孔德罗加。马萨诸塞州保安委员会同意他的建议，

本尼迪克特·阿诺德

授予上校衔，但这只是一个空头衔，没有给予任何人力或物力的资助。

泰孔德罗加是位于尚普兰河南端的一个堡垒，美国军队之所以想将它拿下是因为堡垒内有一大批重炮，这正是民兵最缺少的武器。

但就在同时，新罕布什尔州也有另一名冒险家在作同样的打算，他的名字叫伊桑·艾伦。他组织的一帮人，被称为"绿山好汉"。

这两支民兵在卡斯来顿相遇。阿诺德有马州保安委员会的委任状，要艾伦服从他的领导，但为艾伦所拒绝。于是只好各自为政，各打各的。但不期而同时对堡垒进行了一次偷袭，并同时进入堡垒，几乎不费一兵一卒，就使英军投降。接着，阿诺德又带100人乘船北上，以迅雷不及掩耳的速度，取下了另一个英军小堡垒圣约翰。

大陆会议获悉阿诺德和艾伦已取下了泰孔德罗加，但这一好事竟触犯了大陆会议的某些成员，他们提出把堡垒交还给英方，理由是：波士顿的军事对抗在美方讲只是一种不得已的反抗手段，夺取泰孔德罗加是美方明目张胆向英军的进攻，是万万不可以的。经过一番争辩，会议竟通过决定，下令把堡垒归还给英军。这个决定在马萨诸塞及纽约州引起了强烈的反应，他们向大陆会议抗议，会议又不得不撤回原议，同意占领泰孔德罗加。

这时马州议会已获悉阿诺德与艾伦争执不下，为了解决矛盾，该议会另任命一位第三者辛曼上校为司令。阿诺德一怒之下，挂冠而去，并宣布解散他的人员（200—300人）。这是阿诺德第一次与上级的对抗。

再说华盛顿在波士顿逼走英军撤往加拿大后产生另一大胆设想：进军加拿大。或曰，把加拿大拉过来同13州共同抗英。他把这项任务交给了北部战区司令斯凯勒将军。斯凯勒在半途患病，不得不由副司令理查德·蒙哥马利将军代行其事。蒙哥马利是一名勇敢的战将，他的第一个攻击目标是蒙特利尔，然后由蒙特利尔溯河而上夺取魁北克城。

阿诺德获悉这个计划后心痒不已，急忙奔往坎布里奇向华盛顿献策，说他愿意从东路出奇兵攻魁北克，与斯凯勒的军队配合。进军的路线分两步，首先海运至缅因州境内的肯纳贝克河口，又沿河转入另一小河乔地埃河，最后抵魁北克城的劳伦斯河对岸。但这儿的河不是平原河，不能无阻地行驶船只，其间还需翻山越岭。从战术上讲，这完全是邓艾取蜀汉的战术，但其艰险程度要高出十倍。因此，这是"历史上伟大的军事冒险之一"。

华盛顿在阿诺德出发前夕曾致函为他打气说："你现在受命的任务对美国的利益和自由将具有最深远的影响。不仅是我们这次征战的成败和你个人的荣誉将决定于此，而且整个大陆的安危和幸福也将决定于你的行动和勇气以及你部下全体官兵的行动和勇气。"

阿诺德还受命必须善待沿途所遇到的一切加拿大人和印第安人，特别不许对该地区的宗教（天主教）有失敬和蔑视表现。总之，他只能做一个解放者，决不能做一个征服者。

阿诺德还带了一大批准备散发给加拿大人的传单，内称：

兄弟们，来吧，与我们结为不可拆散的联盟，让我们为同一目标而奋斗，我们拿起武器是为了保卫我们的自由、我们的财产、我们的妻儿。我们已下定决心，不达目的决不罢休。我们乐观地预见这样一天将会到来：全体美洲居民将休戚与共，充分享受自由政府的甜头。

阿诺德的部队到达缅因后，造了200艘平底船，每船可装4人及所需口粮。但船不许太重，因为水路与山路相同，有时必须靠人抬船越过山岭。

从缅因到劳伦斯河岸共约355英里，实际上是一片无人区，路途艰苦不堪，真正是走前人未走过的路。

部队从1775年9月11日从马州出发，11月11日才抵达劳伦斯河岸。

阿诺德的部队是乌合之众，有半数以上的人因怕苦怕死而先后开小差。但在阿诺德率领下余下的人居然没有散伙，最后历尽艰苦抵达目的地，仅此一端已可证明阿诺德的领导才能和军事才能了。加拿大的11月已经是雪花纷飞的冬天，而这帮人衣衫破烂，"近于裸体、跣足，疲惫万分"。

阿诺德没有力量立即攻城，决定等待蒙哥马利前来配合共同攻城。蒙哥马利于11月12日攻下蒙特利尔，他得知阿诺德的消息后带300人及一批冬衣急往会晤。由于兵力不够，他们两人决定雪夜奇袭魁北克。不幸的是，在一次攻城中，蒙哥马利因身先士卒中弹而亡。阿诺德本人也左腿中弹被送回营房。攻城以失败告终。但阿诺德的这次蛮荒行军成了美国军事史上的一大奇迹或美谈。

从此以后，阿诺德就成了华盛顿最倚重的两名心腹战将之一，另一位是纳撒尼尔·格林将军。

关于这次失败，没有任何人归咎于阿诺德。约翰·亚当斯认为失败原因在于大陆会议中的以迪金逊为首的保守派，是他们的阻挠使蒙、阿两人丧失了时机。

再说阿诺德受伤后被送往蒙特利尔，他准备等待援军第二次进袭魁北克。援军迟迟未到，英军却获得许多的援军，并于1776年5月进行反扑。阿诺德只得从尚普兰湖撤退。英军首脑卡莱顿在尚普兰湖北端准备了一个舰队，想追踪阿诺德并乘胜直取阿尔巴尼。

阿诺德闻讯，就命令部下制造了一批木制土军舰，于10月11日同卡莱顿的正规舰队打了一场恶战，竟一时打了个平手。其实阿诺德仓促造成的木军舰堪称树干军舰。卡莱顿受挫，不敢前进，就退回加拿大了。阿诺德又一次声名大振。

1777年2月，大陆会议把5名准将晋升为少将，其中没有阿诺德，但晋升的5名准将论功绩都比不上阿诺德，阿诺德大怒，便要辞职，华盛顿特地去信安抚。他写道：

"使你深感不快的事，无须我再多说。当我看到少将名单上没有你的名字时，我确实感到惊讶，并认为其中可能有误……格林将军最近到过费城，问及大陆会议在办理此次将官的晋升时根据什么原则，得到的答复是各州议员似乎都坚持本州的将官名额应与本州提供士兵的数目相称，由于康涅狄格已有两名少将，已经满额。……而不是因为你没有功绩。"最后，阿诺德应华盛顿之要求，在斯凯勒将军手下供职。

加拿大战役的失败为美方留下了后患。1777年年初，驻加英军副首领伯戈因将军向英国军部提交了一份报告，献策三路进攻夺取纽约州的阿尔巴尼以便切断新英格兰与其他各州之联系。东路由他本人率军经尚普兰湖南下夺取泰孔德罗加，西路由圣莱格上校率军通过安大略湖南下夺取纽约州的斯坦维克斯堡，南路则由驻纽约城的豪将军率大军北上，三军将会合于阿尔巴尼。这个报告获得了批准。

1777年6月，英军开始行动，伯戈因率7850人。圣莱格率1800人，但其中一半是印第安人。英军这次行动是一次大失败，失败之主要原因是豪将军没有率军北上会合，相反的，他一人独自率军去夺取美方临时首府费城。本文只想谈一下阿诺德在这一战役中所起的作用。

8月初，英西路军已攻抵斯坦维克斯堡城下，守将甘斯沃尔特只有750名士兵。但他们仍然做了英勇的抵抗。双方牺牲惨重。这时，阿诺德奉命前去救援，他率领950人，他们在路上抓到了一名亲英通风报信者，阿诺德对他说，如果他想将功折罪，可以免于一死，并保全他的家园和财产。于是此人就回英军驻地向印第安人大事宣扬"阿诺德将军率大军来了"，印第安人慑于阿诺德的威名，纷纷离开了战场，圣莱格禁止不住，只好跟着撤退。

阿诺德既退圣莱格，便率军返回斯凯勒将军总部。但这时斯凯勒将军已被解职而由盖茨将军任北部战场司令。

伯戈因的军队那时已占领爱德华堡。他获悉圣莱格兵败消息后，感到仗可能要拖延，而军队给养将发生困难，所以派雇佣军将领鲍姆率军前往本宁顿夺取粮食，结果几乎全军覆没，美方抓了600名俘虏，击毙200人。

至此，伯戈因只好孤注一掷，分二路直取阿尔巴尼。盖茨的大军据守比米斯高地（在萨拉托加附近）。伯戈因共有兵力6000人，用于进攻者共4200人。

1777年9月19日，阿诺德发现英军右翼的行动，他要求盖茨下令进击，盖茨迟迟未动，后迫于阿诺德催促才同意进击。阿诺德发现英军右翼和中路之间有空隙，乘虚而入，结果发生一场混战，阿诺德要求援兵，盖茨拒绝增援，因而丧失了突破缺口的机会，双方都未达到目的。美方伤亡300人，英方伤亡600人。这叫作弗里曼农场之役。实际上，阿诺德已在此役中立了一功。

事后，盖茨在打给上级的报告中，只字不提阿诺德的事迹，两人发生争吵，阿诺德竟被解除了军职。在此时，即10月初，伯戈因发动了第二次进攻。10月7日，两军发生接触，正在激战之际，已没有长官身份的阿诺德忽然率领娄恩德准将的部队向英军中路猛攻，全战场官兵也都自愿听阿诺德指挥，英军右翼司令弗莱色当场被击毙，美军声势大振，阿诺德乘胜进攻英方布雷曼堡，英军虽坚守，但最终还是被攻下，阿诺德本人又一次左腿中弹。这次战役英方伤亡600人，美方150人。

1777年10月17日，伯戈因见大势已去，乃率全军5700人投降，这就是美国革命战争史上的萨拉托加大胜利，阿诺德在其中有很大的功绩。但盖茨给大陆会议的报告中再次不提阿诺德之名，他把功劳记在自己账上，并一跃而为打胜仗的名将，甚至最后发展到密谋攫取华盛顿之地位而代之。

有趣的是，后人为了纪念这次战役，在当年的战场树碑，然而此时的阿诺德已成臭名昭著的卖国贼，自然不能为他立像，因此那碑只树了一条腿，就是阿诺德两度中弹的那条左腿。

1778年5月，华盛顿任阿诺德为费城军区司令。费城有特殊情况，它既是市政府所在地，又是州政府和中央政府所在地。阿诺德生性骄悍，不能与各方很好合作。更重要的是，他开始追求奢侈生活。有人指责他投机倒把，贪污受贿。更使他劣迹昭著的是，他追求一名叫佩琪·希本的姑娘。佩琪是一尤物，其父是保皇派。在英军占领费城期间，她是出入英国军官中的一名交际明星，特别同一名叫约翰·安德雷的年轻少校相好。

阿诺德的前妻已于1775年病逝，他见到佩琪之美貌就极力追求，他在信中肉麻地说："我曾10次、20次地提起笔来想写信给你，但每次都感到心跳手抖而无法下笔……我的感情并不仅仅基于你身体的魅力，在动人的希本小姐性格中所特有的甜蜜举止和菩萨心肠使她拥有无法以笔墨形容的千娇百媚，这会使一旦被她征服了的一颗心永远臣服于她的脚下。"

1779年4月，阿诺德与佩琪结婚。从此，阿诺德之生活更趋奢华，更需要花钱，很快地走上了私通英国的勾当。有人说阿诺德与英军挂钩是通过佩琪，由安德雷接的头；也有说是阿诺德自己想办法与驻纽约英军司令克林顿直接挂的钩。这点并不重要，重要的是他已下决心出卖自己。

这时，人们已开始怀疑他贪污，纷纷提出指责，他不得不辞费城司令之职，静待军法审讯。1780年1月，法庭判决他在以下两事上有罪：私用军车给私人运货；非法地给一家私人厂商颁发通行证。处理办法是：由华盛顿严加申斥。

华盛顿有袒护阿诺德之心，他建议阿诺德去南方战场作战，但他伪称腿伤未痊，不便行走，要求任西点军区司令，华盛顿不察其用心，予以批准。这样就演出了企图出卖西点的大丑剧。

起初，阿诺德要求英军司令克林顿支付1万英镑作为效劳费，但克林顿不同意，他只答应按服务质量付款。

阿诺德任西点司令后，写信给安德雷，提出如英方支付2万英镑，他将把西点交给英方。克林顿同意这笔交易，并派安德雷前往西点同阿诺德直接商谈具体细节。英方用军舰把安德雷送至纽约州的英王渡，然后阿诺德派小船把安德雷接住，找一偏僻处进行谈判，并把地图等要件交给了安德雷，安德雷把密件藏于靴内。时为1780年9月21日至22日夜晚。

但在此时美方炮兵发现英舰，英舰匆忙逃逸，这样，安德雷已不能原船返回，只好选择走陆路。

安德雷骑马而行，当他走到塔里镇时，忽然从丛林中钻出3个人来把他拦住，他自作聪明，认为这3人是保皇派，自行宣布"我是一名英国军官"。但随后发现已经做了错误的判断，于是马上改口说，他刚才的话是为了试探的，他带有阿诺德将军批的通行证，是自己人。这已经太迟了，3人坚持要搜身，他们的目的似乎在搜钱财，不料却在安德雷靴中搜出了秘密文件，便当场把他押了起来。

他们把安德雷押到了最近的哨所北卡斯尔，哨所马上派人把文件送给华盛顿，另派一人送信给阿诺德。按早先的约定华盛顿这天将同阿诺德会晤，若华盛顿先获信息，本来是可以捕住阿诺德的。不幸的是，先获消息的是阿诺德，他获知安德雷被捕，立即回家同佩琪告别，乘快马直奔纽约城，得以逃脱。

华盛顿获讯后，在众人前保持镇静，并安排防卫西点及逮捕阿诺德的措施。但据法籍志愿将领拉斐特侯爵讲，当众人散后，华盛顿神色沮丧，把手搭在拉斐特肩上吞声饮泣，因为阿诺德是华盛顿的爱将，华盛顿提拔他、维护他，没想到在这紧要时刻，竟在背后给了华盛顿一刀。唯一可庆幸的是，阴谋及时暴露，总算没有酿成大灾难。这事大大影响了华盛顿对人性的估价。

再说那位佩琪，当华盛顿、汉密尔顿等人前往查看时，她故意在卧室中只穿几乎裸露的睡衣，抱着婴儿，闹闹嚷嚷，既诅咒阿诺德，又叫嚷有人将杀死她的婴孩，十足地表演了一幕"金殿装疯"。最后，大家竟认为她是无辜的，并把她遣送至纽约与阿诺德团聚。事后证明这批男士们都上了当。

至于那位青年军官安德雷，却充当了替死鬼，如果他当初穿军装的话，本可作为俘虏对待，免于一死。但他穿了便服，所以只能按间谍处理，必须绞死。

英方克林顿闻安德雷之判决后，派人传信表示愿意谈判。华盛顿拒绝谈判，但他叫汉密尔顿以个人身份向英方建议：如果英方愿意交出阿诺德，则可放还安德雷。英方当然难以接受这个条件。

安德雷本人则要求枪毙而不要处绞刑。华盛顿不同意。10月2日，安身穿英国军装,泰然走上绞刑架。他在临死前只说了一句话:"我只求大家作证,我是作为勇士那样地迎接死亡的。"

出卖西点既然成为泡影,阿诺德总还得想别的办法为其主子效劳。1780年12月30日,他率领一支队伍,在弗吉尼亚汉普顿罗兹登陆,沿詹姆斯河直取弗吉尼亚首府里士满,一路没有抵抗,他于1781年1月5日进入里士满。州长杰斐逊及州议员们事先已逃至夏洛茨维尔。阿诺德旨在洗劫无意久留,所以他在烧毁了一些物资及房屋后就于次日撤离里士满。华盛顿曾派拉斐特侯爵率兵捕捉阿诺德,但因他所率的是北方兵,他们不适应弗吉尼亚气候,没有追上阿诺德,所以阿诺德得以逃跑,并没有受到惩罚。他于6月安全返回纽约。

阿诺德蹂躏弗吉尼亚一事使他的卖国臭名更为家喻户晓,真正成了人人喊打的过街老鼠。

在阿诺德攻取里士满的同时,英方另有一支部队直奔夏洛茨维尔企图捉拿弗吉尼亚政府人员。但事有凑巧,有一位名叫约翰·霍特的民兵骑手在山巅上看到尘烟滚滚,得知英军正奔向夏洛茨维尔,立即骑马抄小路奔杰斐逊的家园蒙蒂塞洛。杰斐逊获讯后马上带了妻小逃往斯汤顿。霍特又奔往夏洛茨维尔向议员们报信,他们得以及时逃脱,也有个别议员婆婆妈妈晚走一步,落入了英军之手。不过,对英军而言,这一切都仅仅是强弩之末。

英军投降后,阿诺德被英军于1781年12月遣返英国。他在这一卖国交易中,共获得了6525英镑。每年获225英镑津贴,只等于英军上校年金之半。

显然,英方不再理睬这位卖国贼,他就到加拿大新不伦瑞克,1787年至1791年他一直住在新不伦瑞克。随后又回伦敦,并死于伦敦。

阿诺德在美国是卖国贼的代名词,当你想说某人是卖国贼时可以说"他是一名阿诺德"。

阿诺德曾写文章说明其叛变理由:(1)担心美法结为联盟;(2)他不愿美国搞独立;(3)大陆会议对他不公正。

历史学家们则说:"叛国无理由。"

12　山姆·休斯顿

美国德克萨斯州的首府叫奥斯丁，德克萨斯的一个大商港叫休斯顿，但中国读者很少知道这两个名字不仅是地名，而且也是人名，更少的人知道，德克萨斯还一度是一个独立的共和国。

德克萨斯州的历史是与奥斯丁和休斯顿二人分不开的。这里要介绍的是曾任德克萨斯共和国总统的山姆·休斯顿。但要谈休斯顿必得先谈奥斯丁，因为奥斯丁是美国人殖民德克萨斯的开山祖。

德克萨斯面积很大，抵得上一个法国或德国。它本来是墨西哥的领土。而1820年以前，墨西哥尚未独立，所以德克萨斯也是西班牙的属地。

进入德克萨斯的第一位美国带头人叫摩西·奥斯丁。摩西1761年生于康涅狄格亚，后迁弗吉尼亚，1798年又迁至密苏里，由于经营商业失败，他决定到德克萨斯去冒险。

且说，他有一个儿子叫斯蒂芬·奥斯丁，1793年生于弗吉尼亚，摩西前往德克萨斯时他17岁，他需要在家照顾母亲，所以摩西是一人上路。斯蒂芬让他父亲带了一匹马、一头骡子、一名黑奴和50元现款。时为1810年。

摩西抵达了德克萨斯的圣安东尼，他向当地的西班牙总督请求由他来开辟一个大的殖民地（约300户），总督把要求转至墨西哥城的殖民政府。等了一个相当长的时期，批件下来了，总算获得准许。但摩西本人却已得病，不久即去世，他只好留言给儿子斯蒂芬，要他来完成未竟之业。

斯蒂芬那时在新奥尔良学法律，为了继承父志，他在当地召集了一批人，开往圣安东尼。1821年8月，年轻的奥斯丁抵达目的地，恰巧就在这一年，墨西哥从西班牙取得了独立。

奥斯丁手上有批准状，所以他是殖民地的当然领袖，而年轻的奥斯丁证明自己的确具有领导的才能。他号召每户移民可购置1000英亩土地，每亩价格为12.5美分，而当时美国国内官方荒地的地价为每英亩125美分。

奥斯丁的基本战略是通过合法手段寻求扩展，他稳步前进，被称为稳健派典型。

在他的与墨西哥合作的政策下，美国人的殖民地逐步扩大，到1840年时，德克萨斯的美国白人移民大约已达3万人。历史上通常把斯蒂芬·奥斯丁称为"德克萨斯之父"。

那么，山姆·休斯顿又怎样与德克萨斯发生关系的呢？这就要引出另外一个故事了。

山姆·休斯顿

1793年3月2日，休斯顿生于弗吉尼亚州蓝岭山脉西侧之洛克布里奇。父母为苏格兰、爱尔兰移民。他父亲曾当职业军官，最后官阶为少校。看来他的事业并不顺利，所以他决定全家西迁至田纳西州。他个人先到田纳西州购置了土地，但来不及搬家就于1807年去世。

母亲是一位能干的妇女。她继续执行原定的计划，变卖了房地产，得1000英镑及3600美元，她租了3辆大篷车，带领9个孩子，带上几名黑奴及许多牲畜，向田纳西出发。一路辛苦，终于安全抵达了目的地，定居于田纳西州东部的马里维尔。

山姆和他兄弟就在当地波特学校上学，但他并不好学。1809年冬，16岁那年，他忽然失踪，原来他投奔到印第安人部落去了，而且得到印第安人的收养，还起了一个印第安名字，叫拉文。他哥哥往印第安部落中找到了他，只好回家一次，但仍没有多待，又回印第安部落。他学会了不少印第安语，并与印第安人建立了友谊。他前后在那里待了一年多，并被酋长乔利收为义子。这与他以后的印第安政策很有关系，他是一个有名的主张用和平办法解决印第安土地问题的决策者。1811年，他回到家中，在波特学校教书，尽管他本人的学问也非常有限。当然，他教的是小学生。

1812年，美英战争爆发，田纳西州民兵司令安德鲁·杰克逊颁发了招兵布告，休斯顿认为这正是大好时机，马上报名投军。这是1813年3月。

在这次战争中，英国人还利用印第安人向美军进攻。在一次战斗中，山姆连中两枪，他负伤不退，向敌军进攻，结果昏倒在地。杰克逊也身在前线，他亲眼看到了休斯顿勇敢作战受伤，所以就在战场上宣布晋升休斯顿为少尉。休斯顿一生把杰克逊敬为领袖，永矢忠贞，就是由此开始的。

山姆受伤后，往诺克斯维尔（田纳西州）医院医治，医生认为他必死，竟拒绝给他治疗，因为怕影响医生本人名誉。山姆就在旅店中睡了一周。再去医院，医生发现他有转机，就接受了他。不过，他的伤并没有完全治愈。于是他又到首都华盛顿，找陆军部医院治疗。他在华盛顿看到了英军焚烧国会和白宫的遗迹，心中十分气愤，同时也大大增加了为国报仇之心。他的伤始终没有彻底治愈。1817年1月，他接到通知，要他往纳希维尔报到，并被任命为中尉。

这次是要同印第安人作战。政府决定要田纳西的印第安人迁往阿肯色，休斯顿知道，印第安人面临的只有两条路，或者是自动迁走，或者是被武力遣送，两害取其轻，当然以自动迁走为佳。他自告奋勇，穿印第安人服装，往见义父乔利，经他反复言明利害，乔利同意走自动迁移的道路。但乔利手下的一批人不同意。最后决定由休斯顿陪同一个代表团前往华盛顿见陆军部长卡尔洪，终于达成了协议。

在某种意义上讲，休斯顿是很善于处理人际关系的。他在印第安人部落中就能与他们打成一片，他在纳希维尔当律师也马上大得人心。1823年，即他30岁时，就被选为田纳西第9区的众议员，从此步入政治舞台。

早在1822年，休斯顿就曾去信杰克逊支持他出任总统，他写道："你现在是全国所瞩目的人物。你没有什么可害怕的。相反，你前景十分美好，只要提到你的名字，华盛顿官僚们的希望就像受到霜冻袭击。你是我们国家的哨兵。"

作为回报，杰克逊给了休斯顿一封信，把他介绍给杰斐逊，内称："谨由持信人本人持信求见，他是山姆·休斯顿将军，为我州的众议员，也是我的一位好朋友，因此我不揣冒昧介绍他前来求见。我与休斯顿相知多年，对他极为赞赏和信任。我感到我把他介绍给你是完完全全可以保险的。他得有今日，不是凭的遗产，也不是靠文凭，他是从一个小兵上升为少将的，这显示了他高贵的品质。若蒙照顾，将不胜感激。"

杰斐逊已老态龙钟，这次接见仅仅是礼仪性的，但对休斯顿讲，总不失为一种光荣。杰克逊为什么在信中称休斯顿为将军呢？因为休斯顿在1820年被田纳西州州长任命为民兵准将，1821年他的部下又推他为少将。

休斯顿的众议员连任了两次。1827年，他回田纳西州竞选州长，并于同年10月1日就任州长。不论做众议员也好，州长也好，这一段时期内休斯顿的主要活动目标就是把杰克逊推上总统宝座。

但没多久，因爱情问题，休斯顿突然改变了他的政治取向，天天喝酒、喝得酩酊大醉。没几天，他又提交了辞职书。

辞职书是给田纳西州参议院议长威廉·霍尔的，内称："出于责任，我必须辞去州长之职，并把权威与责任交付于你，因为根据州宪法，在这种情况下，你必须负起这个责任。"

1829年4月23日，休斯顿踏上了泊在坎伯兰河沿岸的一艘小汽艇，顺流而下，陪同他的只有一个人，此人名叫哈拉逊。休斯顿用了一个假名，叫萨默尔。

正如当初上学时逃至印第安部落一样，这一次，他逃往阿肯色州的印第安人部落去了。他在那里待了相当长的时期。

1832年，他以法律顾问资格随印第安人代表团赴华盛顿，他在报上看到一则涉及他的消息，并引发了与众议员威廉·斯坦白里的一场官司。

杰克逊在整个过程中一直支持休斯顿，并送了休斯顿500元，叫他购置衣服，因为当时休斯顿穿的是印第安人服装。也正是在这几个月内，休斯顿决定接受朋友们的劝告，去德克萨斯开创天地。

1832年冬，休斯顿抵达德克萨斯的纳科道契斯，并成为该地之居民。接着就到圣菲列普向奥斯丁申请购地。他花了375美元，在卡伦卡瓦湾购了4428英亩土地。随后又陆续购进上万亩。

当时的德克萨斯在墨西哥行政区划中还不是一个独立州，而是一个联合州的一部分，因此圣菲列普的议会通过决议，要求德克萨斯成为一个独立州，即与其他的墨西哥州（或省）平等。为此，奥斯丁亲自赴墨西哥城请愿，但墨西哥当局就此把他扣押了起来。这种无端的关押逐渐地改变了奥斯丁的和平主义方针。

1835年5月，德克萨斯官员在联合州科维拉的首府莫内克洛瓦举行集会，批评墨西哥首脑圣太安纳（他没有使用总统这个名称，实际上他就是总统）的政策，特别反对他的关税政策。圣太安纳闻讯后，令其姻兄科斯将军驱散莫内克洛瓦大会，州长维艾斯加立即下令官员们撤出莫内克洛瓦，前往圣安东尼，并下令军队防守阿拉莫堡垒。

科斯将军逮捕了维艾斯加，把他押往墨西哥城。于是，德克萨斯境内各县纷纷成立公安委员会，进入了军事冲突的前夕。

休斯顿被选为纳科道契斯委员会的主席，但他手上并无一兵一卒。他马上出售了 4000 英亩土地，作价 2500 元，其中 1000 元必须付现款，他要用这笔钱装备一支军队，他还从新奥尔良定制了一套将军服。为了成立队伍，他派人赴路易斯安那招兵。他的招兵宣言说："在德克萨斯，为保卫我们权利而作战已成不可避免。如果来自美国的志愿兵愿意与德克萨斯的兄弟一起战斗，他们将会获得丰厚的土地酬报。请参军的人每人自带一支好的来复枪，外加 100 发子弹，并速速前来，我们的口号是：不自由，毋宁死。"

休斯顿在德克萨斯境内也发出了一份告人民书："墨西哥的内部革命的后果已产生了一名独裁者，德克萨斯为了保卫其人民的权利和财产，不得不起而从事保卫性战斗。"

这时，墨西哥当局已把奥斯丁放回，他们认为奥斯丁是一个温和派，可以起调和作用，但奥斯丁在墨西哥受尽迫害，他已彻底改变了他的"合法主义"，而成为一名坚决的主战派。他被任命为保安委员会德克萨斯中央主席。

1835 年 10 月，奥斯丁在全州大会上主张德克萨斯必须完全独立，并号召说："战争是我们唯一的办法。我们必须用武力保卫自己。"同月，休斯顿被任命为东德克萨斯总司令，而全州总司令则为奥斯丁。10 月 26 日，成立了临时政府，总督为亨利·史密斯。

奥斯丁觉得自己不谙军事，乃自动辞总司令职，被派往华盛顿向美国求助。

11 月 12 日，休斯顿被任命为总司令，休斯顿虽然是一名牛仔，但在打仗这件事情上，他是很冷静的，知道他面临的是以寡敌众，以弱制强的局面，决不能凭匹夫之勇取胜。他主张做好准备，等待时机，而在激进分子看来，这是一种胆小鬼的表现，对他很不服气。

更糟糕的是，12 月 5 日，以班·米伦为首的 300 名士兵，不听总司令指挥，擅自冒险偷袭阿拉莫堡垒，这一冒险竟获成功，约 1000 名守军投降。这一侥幸的胜利大大助长了激进派的气焰，使休斯顿更无法控制。

休斯顿知道墨军司令圣太安纳必然要报复，反对立即向墨西哥边境的马塔莫罗斯进攻。不久，圣太安纳果真在格兰德河南岸集合了 6000 人马。1836 年 2 月，墨军围困阿拉莫，堡垒内有 150—200 人，守军指挥威廉·特腊维发出求救呼吁：我们已受安纳将军所率之一千多人的包围，敌人要求我们投降。我决心要作战到底，不胜利，毋宁死！

这是激进派不听休斯顿命令之后果。早在 1 月 17 日，休斯顿就颇有先见之明地上书史密斯说:"我已下令拆毁阿拉莫的堡垒。如果你认为合适,我将把所有火炮和其他军火移至冈萨雷斯和科伯诺,还应炸毁阿拉莫,放弃该地,因为该地的志愿兵是没有办法守住的。决不能用一支小小军队向马塔莫罗斯进军,千万别想墨西哥人会与你们合作。"他还写信给史密斯总督说,全国会议(按,指德克萨斯共和国的全国会议)的害人精已把德克萨斯的资源交给不负责任的冒险家。

史密斯也没有办法,他知道休斯顿无法执行指挥,就给了他假,让他回纳科道契斯休假。

1836年1月20日,全国会议派人会晤休斯顿,对休斯顿的迟迟不进军表示不满,同时,休斯顿又获悉史密斯已被免职。休斯顿于2月29日返抵圣菲列普,他还不知阿拉莫真相,所以命詹姆斯·范宁从哥利亚驰援阿拉莫,但范宁不听命令,休斯顿也没有办法。没有几天,阿拉莫的美国人就被安纳全部杀尽。

3月1日,全国大会在华盛顿(德克萨斯州地名)开会,正式宣布独立。休斯顿任总司令。当初休斯顿手下只有600人,后来逐渐增加,但也只有1400人。

休斯顿获悉墨军攻哥利亚,他要求范宁避免作战,但范宁不听,3月27日,范宁被困投降,墨军不守信用,在受降后又把美国人枪杀。执行官为伍雷阿将军,他曾为俘虏请命,但安纳下令,必须枪毙所有美国人,伍雷阿不得不执行,共毙445人。当时墨西哥军队中的一名军官曾在日记中说:"今天,3月27日,星期日,对我来讲是一个最难过的日子。早上6点,枪毙美军俘虏的命令开始执行了,到最后一名被枪毙时,已到了8点。多么可怕的情景,尸首堆积如山。看到这惨景,没有不感到震动的。他们全是小伙子,最长者不超过30岁,都是白种人。见此情景,铁石心肠也要落泪。"

当时美军司令甘因斯将军陈兵于美国与德克萨斯的边界。但美国总统有令,美军不得进入德克萨斯救援这些想把德克萨斯归入美国版图的美国人。

4月7日,全国会议主席伯乃特致书休斯顿说:"敌人正在嘲笑你。你必须与他们作战。你一定不能再退了,全国人民指望你出战。国家的解救有赖于你出战。"

这是一封压力很大的信,但休斯顿头脑冷静,他知道他是以寡敌众,决不能硬拼,只能智取。所以他特别注意情报,他派探子多方查明各支敌军的力量及前进路线。

安纳因打了胜仗,大为骄傲,他单独率领一支800人队伍,进攻哈里斯堡,并火焚该城,又于4月17日从该城出发,过文斯大桥,扑向摩根角,抵达了圣哈辛托海湾。他的后续部队大约离他有一天到两天的路程。

休斯顿的部队本驻扎于哈里斯堡对岸,他尾随安纳之后也过了文斯大桥。在此之前,两军一直是隔河而行,现在两军已进入河的同一边,交战就要开始了。

圣哈辛托湾的战略要点是林奇渡口。休斯顿几乎以直线方式开往林奇渡,而安纳却在摩根角拐了一下,失去了时间。4月20日上午11点,休斯顿比安纳早几个小时到达林奇渡，他抢先布置好阵地。

休斯顿以陆军部长腊斯克名义再一次通告全体军民："亲爱的公民们：让我再一次向你们呼吁，集合在你们祖国的国旗之下。从俘虏口中得知圣太安纳正在我们下边，我们与他们的距离是鼓声可闻，我们正向他的军队前进。几小时后即将决定我们的命运。"休斯顿还提出了两个富刺激性的口号，鼓励士气："为阿拉莫报仇！""为哥利亚报仇！"

休斯顿熟悉西语系民族有睡午觉也就是打盹的习惯，当安纳的军队到达后，休斯顿就在对方打盹的时间发动了进攻，使对方仓促应战，战斗是很激烈的，休斯顿本人身中三枪，幸而打的不是要害，所以仍能继续指挥。

战斗不到三四小时结束，墨军大败，死630人，俘730人。休斯顿方面只死2人，伤23人。不过安纳在乱军中逃亡，当天没有抓到，直到第二天才把他抓了回来。

接着，发生了类似西安事变活捉蒋介石的争论。几乎所有的人都要求立即枪毙安纳，因为他杀的美国人太多了，特别是被害者家属，非要报仇不可。但冷静的休斯顿知道安纳是一个宝，是德克萨斯取得独立之宝，是决不能一杀了之的。

多亏休斯顿，安纳得以活了下来。他被迫下令他的后援军队撤回墨西哥，并同意德克萨斯独立，但他要求暗中立约，不要公开，因为一公开他就回不去了，即使回去也不会再有权了。安纳就这样暂时无限期地作为人质留下。

哈辛托战役是战争史上以弱胜强的一个奇迹，由于这一仗，休斯顿的地位乃得奠定。

至今，战场上有一纪念碑记述了这一功绩：从其结果来说，圣哈辛托战役是世界上最富决定意义战役之一。在这战场上赢得的德克萨斯脱离墨西哥，导致了德克萨斯并入美国及继之发生的美墨战争。后者又导致了美国取得大片墨西哥领土，包括今天的新墨西哥、亚利桑那、内华达、加利福尼亚、犹他和部分的科罗拉多、怀俄明、堪萨斯和俄克拉荷马。将近100万平方英里的美国领土，由此改变了主权。

不久，全国会议主席伯乃特于7月23日下令，宣布9月5日举行大选。

投票结果如下：

休斯顿5119票；史密斯743票；奥斯丁587票。

休斯顿就成了德克萨斯共和国第一任总统。

根据德克萨斯共和国宪法，总统只能一任。第二任总统是拉马。休斯顿再复任第三任总统。此时他的主要目标是希望美国合并德克萨斯，他明白，从长期看，独立是无益的，因为墨西哥必然要收复这片土地，只有成为美国领土，才能最后保住德克萨斯。但合并问题在美国国内已成为一个难以解决的政治问题，送上门来的肉不吃，这是为什么呢？

原来此时正值美国南北为蓄奴问题论战日趋激烈。在德克萨斯境内已存在黑奴制度。如果美国合并德克萨斯，这意味着南方蓄奴州的势力将扩大，从而破坏南北平衡。因此，北方州，特别是前总统约翰·昆西·亚当斯，坚决反对合并德克萨斯。

还有一个反对合并的理由是：如果美国合并德克萨斯，墨西哥势必将同美国作战。

1845 年 2 月，美国国会终于通过立法，决定合并德克萨斯，正式的立州典礼是同年 10 月举行的。

1846 年 4 月 23 日，墨西哥总统帕雷德斯向美国宣战。在这场战争中，墨西哥以失败告终。

休斯顿是德克萨斯州第一任参议员，第一次任期只一年，接着连选连任，先后一共当了 13 年的参议员。

休斯顿本人虽然也是奴隶主，但他坚决反对南部的分离运动。1849 年 1 月，休斯顿心目中的坏蛋卡尔洪拟了一个《南方宣言》，主张分离，48 名南方州的议员签了名，但休斯顿拒绝签名，并加以驳斥。他说："我愿意拿出我的生命来反抗对美国任何一个州的侵略，只要这种侵略会危害它的和平和危及它的制度。我没有能为联邦多出力，但我内心总希望能为联邦多出力。若破坏联邦，那就意味摧毁所有的各州。刺向心脏的一刀要比腿上割一刀更恶劣得多，因为腿上割一刀毕竟还可以有痊愈的日子，上帝教导我们必须结成联邦。对弱者而言，这是最好的防御保证，这种思想感情我从孩提时代起就因一位伟大先师的教导而深印于心。不管我在当小兵的时候也好，后来投身政界也好，我从来没有与这位伟人分离过，直到前些时候我与他尚有余温的遗体告别为止。他对历史的伟大贡献就是他的政府所提出的那个坚定不移的目标：'联邦必须保持。'"

但德克萨斯境内的蓄奴势力已占压倒优势，休斯顿已不能依靠他昔日的威望来号召群众了。

1856 年，他退出参议员竞选。他指责南方积聚军火武器的活动，指责分离即为叛乱。

1857 年，休斯顿参加了德克萨斯州长竞选，被分离派候选人伦乃尔以 32552 对 28678 票所击败。但在 1859 年的州长选举中，休斯顿以 35227 对 27500 票击败了伦乃尔，夺得了州长之职。

1860 年，林肯竞选总统的呼声很高。南方便早作分离准备。南卡罗来纳州州长威廉·吉斯特拟了一个分离计划，分送南方各州州长，唯独不给休斯顿，因为他知道休斯顿必然反对。休斯顿还在作最后呼吁："一切分离的议论都是叛乱性的，即使林肯先生当选了总统，也是如此。联邦要比林肯先生可贵得多，如果要为宪法而作战，那就让我们在联邦大前提下争战，并为保住联邦而战。"

林肯当选总统的消息传来后，南部各州纷纷宣告分离，成立邦联，唯德克萨斯州按兵不动。德克萨斯州议会要求州长休斯顿召开议会宣布分离，休斯顿采取拖延政策。当时曾有一种传说，林肯拟拉休斯顿做副总统，以求最后保住联邦，不过这个消息未能获得证实。直至1861年1月21日，再也拖不下去了。休斯顿乃宣布于2月23日就分离问题举行公民投票。当时德克萨斯州人口已有431000白人和182000黑人。投票结果，以46129对14697票表示赞成分离。

州长休斯顿在正式宣布分离时又做了手脚，他故意说德克萨斯州将回到以前的独立地位，也就是德克萨斯共和国地位，而故意不提参加邦联。德克萨斯州议会议员大怒，通过了一个致州长的最后通牒，要他在48小时内在参加邦联文件上签字，否则将实行罢免。休斯顿坚定不屈，并发表声明抗议说，"我以德克萨斯人民的名义抗议议会的一切作为，并宣布这一切都没有效用；我抗议那些成员们因为我拒绝前往议会作他们指定要我作的宣誓而宣布取消我的州长职务"。但议会依仗多数票，如实地执行决定，撤了休斯顿的职，由副州长爱德华·克拉克代休斯顿任州长。克拉克马上在参加邦联文件上签了字，这样，德克萨斯州就成了叛州之一。

休斯顿于1863年7月26日病逝。他预言南军必败，不过没有能活着亲眼看到他的预言的实现。

13　马克·汉纳

在美国政治生活中有一个很特别的名称，叫作 Boss。根据《韦伯斯特新世界字典》，Boss 的定义如下：a person who controls a political machine or organization。妙就妙在政治可以是一种机器。因为它是机器，人就可以操而作之，此人就是 Boss，我们译为"党老板"。

美国的党老板何其多也。我们不能不挑而选之。其中最典型者大概要推马克·汉纳了。汉纳不仅是党老板，而且他还自封为"国王制造者"。

在美国共和党内，有一个派别，名为"俄亥俄帮"，俄亥俄帮的奠基人就是马克·汉纳。在美国史上，出产总统最多的两个州就是前期的弗吉尼亚州和后期的俄亥俄州。

1837 年 9 月 24 日，汉纳出生于俄亥俄州的新里斯本。他的父亲是当地一名富有的商人，汉纳的幼年生活可以称得上优哉游哉。1852 年，全家迁到了正在发展中的克利夫兰城。他在克利夫兰上中学的一个同学就是约翰·洛克菲勒。那时，他是富家公子，而洛克菲勒还是一名穷小子。毕业后，他上了西部储备学院，而洛克菲勒只得上一家补习学校学会计。

马克·汉纳，1877 年

有一次，学院举行演出夜会。汉纳要主演一个节目，学院当局认为这个剧目有"有伤风化"之嫌，劝他不要演出，但汉纳不管一切，照样走上舞台，结果被学校勒令停学，也就是开除。他爸爸气得生病，于 1862 年去世。他妈妈却持不同观点，她认为学校开除得好，儿子本不应该进什么劳什子大学，早就应该跟爸爸做生意了。

汉纳接父亲的班后，曾想大展宏图，他向水上运输业投资，结果他的一条大船出事沉没，他投资石油，结果根本不是洛克菲勒的对手。

于是，他转向政界发展，投入了共和党，他的岳父是民主党，他认为他的女婿是一名"王八蛋自由派"。其实，汉纳根本就不是自由派，而是十足的保守分子。他认为政治就是生意，生意也就是政治。他手上有钱，又有政治组织天才，搞政治正是如鱼得水。他不断帮几位共和党人竞选总统，包括：詹姆斯·加菲尔德、约翰·谢尔曼、威廉·麦金莱。

我们现在就看看他是如何把生意和政治打成一片的。特别是如何以"国王制造者"身份把麦金莱送上总统宝座的。

1876年，俄亥俄州的甘东城附近的杜斯卡腊瓦山谷矿工举行罢工，官兵前往镇压，工人予以抵抗，双方各有死伤。有8名工人领袖被扣了起来，投入监狱。那杜斯卡腊瓦的老板不是别人，正是马克·汉纳。正是马克·汉纳请官兵来镇压工人的，甘东城内的律师慑于汉纳的淫威，没有一个敢出来为被捕工人辩护。汉纳一看这种一边倒的局面对他个人发展不利，他需要找一个人出来当白脸。于是他就找上了以"老好人"闻名的律师麦金莱。

麦金莱在汉纳教导下，主动上监狱会见被捕工人，毛遂自荐，要给他们辩护，工人们看他衣冠楚楚，哪里像同情工人的样子，当场予以拒绝。但麦金莱养就一副老太婆脾气，第二天又上监狱去泡蘑菇，这样泡了四五次，并拍着胸脯对天发誓，他不是为了钱，他将不收分文手续费，他完全是出于良心而来的，等等。工人们不胜其烦，就答应让他试一下。

麦金莱在法庭上做了一次别开生面的演说，他的整个辩护词采取了条件句形式，他说："如果资方不降低工资，事情就不会发生。如果军警不来干涉，事情就不会恶化。如果不判处工人，事情就不会进一步恶化。"法庭就宣布释放工人。于是麦金莱捞到了稻草，汉纳也捞到了稻草。镇压工人的汉纳居然被宣传成一个对工人宽大为怀的、具有菩萨心肠的资本家。

有一次，麦金莱与人合股做生意，赔了10万元。汉纳帮助他还了债。从此以后，麦金莱就成了汉纳的死党。不久，汉纳就把麦金莱送进了联邦众议院。

众议员在美国政治上称不上风头人物，汉纳要使麦金莱成为一个风头人物。于是在汉纳授意下，麦金莱提出了一个保护关税法。这个法律是完完全全袒护美国国内的资本家的。麦金莱到处宣扬说："保护关税，对我讲，不是一种理论，而是一种信念。我相信它，因此热烈地主张如此。在它之中，包含着我国最高的发展和最大的繁荣。它会给人民带来最大的利益，给群众带来最大的好处。"麦金莱的这个法案，正好适合华尔街的胃口，他因此就成了华尔街瞩目的人物。

1895年1月，汉纳向报界宣布，他从即日起完全退出商界，以便全心全意为提名麦金莱而工作。接着，他就到纽约找东部的几位政治老板，即纽约州的汤姆·普拉特、宾夕法尼亚州的马修斯·奎伊、罗德艾兰的奈尔逊·阿尔德里契。汉纳回来后对麦金莱说："他们三人都答应支持你，但你必须给他们各州以报酬，而且要用书面保证。"在这个问题上，麦金莱倒很精明，他说："我们做生意的只有在拿到货物后开收据，哪能先开收据而后等待货物呢？"于是，就由汉纳作保人立了一个口头契约，这一切停当以后，汉纳就大言不惭地说："麦金莱的提名是万无一失的，只有奇迹或死亡才能阻止这件事的发生。有了这个目标，我将使用政治的和耐心的手段。但万一需要使用较凶狠的武器，我将毫不迟疑地拔出我的利刃，正如同我以前卫护我的朋友约翰·薛尔曼的利益时所做的那样。"

1896年6月，共和党提名大会在圣路易召开。汉纳成了这次大会的主角，一切活动都取决于他的那一间"烟雾腾腾的密室"。有一位记者评论道："这不仅是形象而且也是实在，马克·汉纳成了美国政治史上第一个直接开动政治机器的工业家。"

结果，麦金莱在第一次唱名投票中就以6665票当选为共和党总统候选人。据共和党内部人物艾伦·怀特写道："提名一点也没有生气。鼓掌声疏落之至，欢呼声中找不出一点热情，代表们只是像装在货车上的一群肥猪，他们不知道自己是干什么来着。"

那一年，民主党的总统候选人可是一位不简单的人物，此人名叫威廉·布赖恩，年纪轻，精力足，到处发表哗众取宠的演说，给麦金莱带来了极大威胁。

当时东部资本家主张金本位制度，而农民则相信双本位制度。布赖恩自命代表农民利益，反对华尔街利益。他的党徒们扬言："黄金是华尔街的货币，白银是草原和小城镇的货币。"布赖恩发表煽动性演说曰："如果他们有勇气出来在开阔的战场上为金本位辩护，我们决心予以彻底的痛击。我们后面有全国和全世界的生产群众，有工人的利益，以及各地的劳动人民。我们决心以这样一句话来答复他们保持金本位的要求：你们不应当以这一顶荆棘之冠压在劳工和农民的头上，你们不应该把人类钉死在一个黄金的十字架上。"

布赖恩出身农民，生于内布拉斯州的林肯城。他自称为西部人民的儿子，他的党徒更称他为"伟大的平民"。他窃取了平民党的口号，把平民党挤垮了。但他却失去了他自己党内一部分人的支持。民主党东部领袖因支持金本位，都跑到共和党阵营里去了。

布赖恩为了争取选票，几乎使用了除革命两字以外的所有漂亮言辞。他说："资本是劳工创造的。既然财富的生产者在和平时期创造了国家的繁荣，在战争时期又保卫了国家的国旗，政府当然应该随时随地考虑他们的利益。我们是为保卫家园和后代子孙而战。我们曾经呼吁,但我们的呼吁无效;我们曾经请求,但我们的请求被人忽视。我们的灾难来临了,我们不再呼吁了,我们不再请求了,我们不再哀怨了,我们决定向他们挑战。"他说:"你们说,大城市赞成金本位;我们说,大城市要依赖我们生产的面包和我们的肥沃平原。如果把你们的城市烧毁,让我们的农村活着,可以肯定地说,你们的城市会像变魔术一样马上原样重建。但若把我们的农村烧毁,肯定的,全国各大城市都将变成荒草坟地。农民绝不能认为他们的谷物有生产过剩,因为他们明知道城市内有成千上万的失业工人正缺少农民所无法推销的产品。"

布赖恩的演说赢得了无数选民的拥戴。汉纳观察到形势紧张,乃发动了一个美国竞选历史上空前规模的宣传和收买运动。据卡勃特·洛奇夫人供认,汉纳在华尔街弄到了700万元,洛克菲勒和摩根各捐25万元,芝加哥的肉类商捐了40万元。在竞选期间,共和党共印发了2.5亿本小册子。全美国有500万个家庭平均每周要收到吹捧麦金莱的材料一件。

汉纳最得意的一份宣传品就是两张对照图片。这组图片的总标题曰:"他们仍然是这样。"左边是一张麦金莱在内战开始时的参军照片,穿着军装,背着枪。下面有注解曰:他在保卫祖国。右边是一张布赖恩幼年时的照片,他那时只有三岁,站在围栏内,手持摇鼓,哇哇大哭。下面有注解曰:他在无理吵闹。汉纳还给麦金莱设计了一条标语:"麦金莱——繁荣的先遣商",西奥多·罗斯福曾评论道:"汉纳把麦金莱当成药一样来推销。"

在芝加哥,共和党共发出了5000个运货包和150万个邮包,内有275种不同的宣传资料。汉纳得意地说:"我们的芝加哥站是一个伟大的组织。有60人整天忙着应付散发资料和提供情报。"芝加哥负责人公然说:"我们在中西部所以取胜,是靠了史无前例地发挥金钱的作用。"有人描写当时的情景道:"马克·汉纳的脑袋中开动着机器。有一个人知道如何可以取得西弗吉尼亚。好,快派演说家去帮助他,或者快送钱去让他自己雇用。加利福尼亚人不是喜欢听音乐吗?好,赶快向他们提供音乐。金钱源源不断从纽约及波士顿的竞选总部抛出去。这一具加足油的机器运行得像燕子一样灵巧。"

在投票前的一个星期六,纽约各大公司突然放假一天,所有职工都被命令上大街游行,老板们为他们准备好乐队,齐声高唱一个借来调子的歌,歌词曰:"我们要把布赖恩吊死在苹果树上。"这是罕见的有资本家本人参加的一次游行。据估计,参加的共有15万人。托马斯·比尔评曰:"这是一次大生产,政治的大生产。"

有好些工厂老板公然对工人威胁说:"如果布赖恩当选,我决定关门,你们打算怎样,你们自己瞧着办吧。"另外有一家纽约大公司居然用书面形式通知中西部一家工厂说:"如果布赖恩当选,本公司在你厂的订货将宣告作废。"吹捧汉纳的传记作者克劳利也不得不供认："这次竞选如果共和党全国委员会没有做如此大规模的组织工作，麦金莱多半不可能当选。"

选举结果，布赖恩以50万票之差败给了麦金莱。麦金莱在揭晓后马上发了一封信给汉纳，表示感谢，内称："我们结束了选举，在展望未来之前，我要向你表示衷心的感谢，感谢你慷慨的、长期的、专心致志的帮助。难道人与人之间找得出像你这样无私的忠诚吗？二十多年来你的不渝的友谊对我一直是一种极大的鼓舞，也是我力量的来源，我一刻也没有忘记这一点，我永远在心底怀着感激。一想到多年来这种无间断的忠诚和友爱，相互信任和感情日增，我就激动得掉泪，不能自已。我很想说出来我是多么感谢你的忠诚，但我没有办法找到可用的字眼。我时时刻刻在向上帝祷告，愿上帝保佑你以及你的全家。"

麦金莱上台后，立即把俄亥俄州参议员、75岁的薛尔曼调任国务卿，因为汉纳要当参议员，只有把薛尔曼调走才有空额。

且说汉纳经过这次选举后，臭名远扬。报纸上经常出现漫画，画着一个又矮又胖的猴子剧团老板，牵着一只戴着王冠的猴子。在这个老板的口袋内装满了厚厚的支票，开给某处某地的选举委员会主席。马克·汉纳不久就成了收买选票的代名词。

坏人最害怕的就是人家知道他是坏人，所以坏人总要千方百计装成好人。汉纳的心情正是这样。于是，一批御用文人就纷纷发表文章颂扬汉纳。有的说，麦金莱是一个有独立性格的人，他绝不是受汉纳指挥的。有的说，全美国没有一个法庭对汉纳提出过起诉，可见汉纳并没有进行过收买。有一位牧师甚至把汉纳比作救世主，夸奖他从"共产主义"威胁中拯救了美国。因为汉纳曾经污蔑过共产主义，说共产主义主张人人有饭吃是不合理的，他主张"没有出息的人该饿死"。

但有一位约翰·比尔先生，却偏偏不识相，他公布了他已故的爸爸的一封密信。这信是他爸爸寄给纽约人寿保险公司老板约翰·麦考尔先生的。全文如下：

亲爱的麦考尔先生：

遵照你的命令，我于10月31日星期二傍晚离纽约前往俄亥俄。

星期三，我在匹兹堡下车，往晤宾夕法尼亚铁路西段总经理麦克里先生，不巧他不在家，但他的秘书们从铁路业观点出发，很好地向我介绍了俄亥俄的政治情况。

同日下午，我就到了利马。我本来约定星期四下午才与参议员汉纳在那里会晤。我当天是在晚餐桌上找到汉纳的。与他一同用餐的有宾夕法尼亚众议员达参尔和其他一些俄亥俄州的政界显要人物。

汉纳一吃完饭就遣散了他的同伴到我座椅旁边来。我对他说，"麦金莱总统对俄亥俄的情况很担心"。他回答道，"他不是没有理由的"。我对他说，我奉麦考尔先生及麦金莱总统之命来到俄亥俄向你汉纳先生请教，以便稍尽绵力，但主要是施展我在铁路界的影响。他完全同意我的建议，但他因事先有约会，叫我一个人在他房内工作，我爱怎么做就可以怎么做。于是我在他房内一口气写了22封信，给各铁路总经理、运输业老板及几位参议员，包括纽约参议员普拉特。这些信将用汉纳的名义发出，呼吁他们必须施展他们的力量，想尽一切办法争取他们辖下的雇员、工人等的选票。

汉纳回家时已10点半，他对22封信都过了目，除了3封外，他都在上面签了字。这3封中1封是给比埃邦·摩根的，其他两封给铁路大王古尔德及哈里曼。他说他要亲自去同他们直接交谈。他签名后我就用信封装了起来，加上蜡封。然后汉纳总结俄亥俄州的情况说："请你告诉麦考尔先生。我已经进行了一场艰苦的战斗。十之八九可以保证我们太太平平地赢得俄亥俄州。工作很艰苦，简直把我累倒了。我到每一个小城镇，把当地首领叫了来，亲手给了他们经费，这儿100，那儿200等等。我是按照我认为是最聪明的办法来花钱的。你知道我明天晚上将到桑德斯基城去，他们前几天送口信说，如果他们能有5000元，就可把琼斯手下的干将收买过来。这些人心中也明白琼斯是不可能当选州长的，他们支持他不会得到任何一官半职，而他们又不是打算喝西北风的人。我觉得这个办法很有道理，我昨天已送去1000元。明天我打算送4000元去。"

我们谈了一会儿后，我就开门见山问他，他认为选举的结果将怎样？他愣了一下，然后回答说，俄亥俄州将以3万票的多数归于汉纳。于是我向他告别，汉纳派了一名保镖护送我至邮政局发了信，此时已是午夜12点钟。我在两点就离开了利马。

星期五我到克利夫兰，会晤威尔法哥公司俄亥俄区经理德维特先生。他说，克利夫兰商界人士都很乐观，认为胜利必属共和党。当日晚上，德维特和我一同到辛辛纳提，因为你曾关照过应当先取大城市。

德维特一路吹嘘他的雇员们将万无一失地投共和党的票，说得神乎其神。第二天早上到辛辛纳提，我们吃了早饭后即赴威尔法哥公司辛辛纳提分处；我们把主任欧尔找来，问他情况。他尴尬地回答说："德维特先生，我们手下的人只有很少人打算投共和党的票，他们大部分将投麦克利恩的票，另外一部分将投琼斯的票。"德维特大吃一惊，但立刻镇静了下来。他下令欧尔马上把雇员召集起来，进行小组谈话和个别谈话，一定要设法把他们说服，欧尔就照着他的话去办了。

我们两个则又去见汉密尔登公司负责人华尔多。华尔多很乐观，他说他的人没有问题，用不着惊慌。我使他相信实际情况并非如此，他听了我的话，答应立即加油活动。我与华尔多分手时，华尔多向我保证，他要在24小时内，把辛辛纳提所有的运输业头头找来进行个别谈话，绝不有误。

我回旅馆后打了一个电话，邀我的老朋友鲍埃登先生来谈话，他是辛辛纳提《商务日报》主笔,是反汉纳的干将。他并不知道我此行的任务。我请他往格朗德旅馆吃饭,席间我请他谈谈俄亥俄的政治局面。他说:"俄亥俄人民与马克·汉纳已经一刀两断了。他们已经受够了汉纳主义和柯克斯主义。我并不反对麦金莱总统,我们喜欢麦金莱总统,但他必须懂得他应当同汉纳割席。我相信民主党将以1万票多数在汉密尔登县击败汉纳和柯克斯。"

事后我把柯克斯找了来。他说:"我们肯定将以6000票多数取得汉密尔登县。如果我们能从总部弄到钱,那就不止6000多票。由于经费缺乏,我们大大受了妨碍。约有1万名前市政府的雇员,他们本来是忠诚的共和党人,但两年前在混合共和党执政后,把他们辞了。他们找不到工作,他们对共和党是不满的,我相信他们将投麦克利恩和琼斯的票。我不能骂他们,但如果我有钱,我最低限度可以使他们保持中立,不去投票,假如他们不投我们的票的话。我曾三次向总部的狄克要钱,但至今分文未收到。上个星期总部派了一个人下来,在本地征基金,他征了多少你知道吗?一共只有300元。如果我有1万元,我可以与汉纳订合同,保证在汉密尔登给他1万张多数票。如果他给我7500元,我可以给他7500张多数票。不管他们给我多少,我都乐意接受。他们给我钱愈多,我的事业就愈大。你看,我们在辛辛纳提连一家晨报也没有,而麦克利恩则买进了共和党的《商务日报》。我们所控制的报纸都是晚报。我曾去信狄克,要求他给我2700元,让我租用一家晨报供一天之用,只是一天,即下一个星期日,也就是投票前的那一个星期日。我打算出5000份,让报童在马路上分发给过路人。其效果将有意想不到的大。你知道他们给我多少?一分钱也没有。"

谈话是在星期六进行的,离投票只有三天。我认为有责任马上把辛辛纳提的情况通知汉纳,所以我在与柯克斯谈话后两小时就离开了辛辛纳提。

第二天早上,即星期日早上,我到了湖滨,因为汉纳在湖滨,我和他从上午10点半谈到下午1点半。我把辛辛纳提所见所闻的一切向汉纳作了报告。他似乎大吃一惊,他说他早在一星期前签了一张5000元的支票给狄克,并明确规定此款必须给柯克斯做竞选之用,他以为柯克斯早已收到此款。我把柯克斯对选票的估计告诉了汉纳,他沉默了几分钟,最后说:"我不相信,我认为我们的情况会比柯克斯估计的要好。我们在农村有良好的组织,会赢得农村的选票。我跑遍了扬斯顿等乡镇,凡我所到之处,我总是给当地竞选委员会钱,这儿500,那儿1000的,我相信我没有漏掉过一个。现在我手上钱都花光了,我不好意思再向麦考尔先生要钱。当然,如果你能够帮忙在纽约弄一笔款子,譬如说2.5万元,那对我将是极大的帮助,我可以立即把它汇给柯克斯。我相信柯克斯会花一个铜板是一个铜板,这将是一件大好事。但我现在手上没有钱。我曾经通知狄克,在必要情况下,他可以拨款给所需之人,只要记上一笔账就行。我要亲自抓这件事,我明天去纽约,我总得想办法在纽约解决这件事。我不想对我纽约的朋友施加压力，因为我明年还要向他们要钱。我不能再向麦考尔先生伸手，这太不公平了。他出钱已出得够多了。你是否可以打电话回去看看是不是有其他人可以凑上2.5万元的，如果能搞到，那将是一件大好事。"

汉纳要我与副总经理金斯莱通电话，并要求我立即把结果告诉他。我接受汉纳的指示，打了电话给金斯莱先生。他说，他在没有征求你的意见之前，将不便做任何正面或反面的回答。我把金斯莱的话告诉了汉纳。他听了金斯莱的回答后很高兴，他说一切都会顺利。

我于星期一离开克利夫兰，汉纳对我说："请你向麦考尔总经理致以最亲切的敬意，我来日一定到纽约去登门拜访。"

我随后到了劳兰县、贺隆县和赛奈加县。我发现在这些小地方选民是稳定的，他们是可靠的共和党选民。市面繁荣是共和党最有利的论据，它要胜过麦克利恩或琼斯的任何号召。农民们认为，羊毛和小麦价格保持稳定，要胜过任何好听的竞选诺言。

星期二，投票的那一天，天气晴朗，农民选民几乎全体出动，往镇上投票。结果如下：

第一，在乡村，共和党全部获胜。这证明共和党力量在乡村。只要情况不变，我们可以依赖俄亥俄的农民在明年的大选中取得相当大的多数。

第二，鲍埃登他们这一派在汉密尔登实现了他们的预言，击败了汉纳。他们之所以成功，是由于他们在辛辛纳提获得了大量的琼斯的票。如果柯克斯能够得到他所要求的1万元，或及早地获得那后来得到的5000元，共和党在辛辛纳提是可能获得多数的。我们应当引以为训。

第三，汉纳在古雅奥加县失败了，但麦克利恩似乎比汉纳更惨。在投票前一天，麦克利恩在克利夫兰设了两个总部，公开收买选票。钞票像流水一样，是从财政部领出来的全新的1元面额钞票。他们宣布说，任何一个参加民主党的雇员或工人都可以到那里去领钞票。总部之一设在威德尔大楼，我在那里待了一些时候，只见一长串所谓工人向那个大楼的楼梯爬上去，下楼时都满脸笑容。附近酒吧的酒在那一天都卖光了。但麦克利恩只得了一个第三。

第四，共和党领袖们现在显然认为，明年的竞选应当抓农村。在大城市中，选民们有一种根深蒂固的信念，认为马克·汉纳使用了不正当的手段。但农民并没有这种感觉。

选举完毕后，我回家和我双亲团聚了一天，然后我到匹兹堡，向宾夕法尼亚铁路公司总经理麦克里做了汇报。然后回纽约。

如果你允许我来评价你对这次俄亥俄选举的帮助所起的作用，那么我将坦白地说，是你，帮助共和党取得了那个胜利的差额。

共和党主席狄克,此人不得民心。马克·汉纳肯定在大城市中也不得人心。但是,你所提供的直接援助,以及通过你的关系而由各铁路运输公司所作出的贡献,是怎样估计都不会过高的。威尔法哥公司的人,全部都出来投了共和党的票,光他们一家就有1000人。其他快车、铁路、运输公司的人也成千上万。我们那些信的威力起了立竿见影的作用。譬如说,合众国快车公司老板普拉特,他在接信后就用电报下令各分公司投共和党的票,结果有2.5万人在投票日前夕改变了主意,不投琼斯和麦克利恩而投了汉纳的票。

你的忠实的
托马斯·比尔
11月11日
于纽约

托马斯·比尔还在他的日记本中有如下一段记载:"这一次俄亥俄的竞选异常激烈,所费不赀,民主党也花了巨额钞票。威尔法哥公司的一名职员向汉纳报告,对方出100元要他投民主党的票。事后,汉纳告诉我说,他在俄亥俄待了一辈子,这一次是他所看到的民主党使用金钱最慷慨的一次,他怀疑共和党内有些人是在两边花钱。"

当然,汉纳也有很大的优点,那就是"说话算数"。所以有许多人说:"汉纳是一个王八蛋,但是人们喜欢他,因为他说话算数,你可以信得过。"

《世界传记大全》更评曰:"尽管反对他的人称他为'金元味的马克',但他自己决不贪财。他坚持的金本位货币、高关税、大公司等,都是保证资本主义稳定和繁荣的好政策。他还支持工人组织工会之权。他的思想代表了美国杰出的辉格派思想。"

1904年,他死于参议员任上。

14　亨利·华莱士

华盛顿总统的副总统亚当斯曾经说，副总统这个职位是最没有事情可做的空闲职位。但富兰克林·罗斯福的副总统亨利·华莱士却是美国历史上罕见的一位名噪一时的活跃副总统和政治活动家。

1888年，亨利·华莱士生于艾奥瓦州的阿达尔，他的曾祖是爱尔兰移民，其儿子是亨利一世，他当了一个时期的牧师后就在艾奥瓦州从事农作，后来购进了一家报纸，

亨利·华莱士

由他自任编辑，并改名为《华莱士农人》，他的儿子为亨利二世，曾协助父亲编辑报纸，后来出任了哈定总统和柯立芝总统的农业部长。本文所说的亨利是三世，所以华莱士真可以说得上是一位农业世家。他在17岁时已开始做杂交玉蜀黍的试验，21岁毕业于艾奥瓦州立学院。1933年被罗斯福任命为农业部长。他是一名十足的书呆子，也是一名十足的福音派教徒。他热衷于罗斯福的新政，对萧条中的农业复兴作出了贡献。1940年，罗斯福在其第三任竞选中亲自指定华莱士为副总统候选人。当时，民主党内的右派表示不同意，罗斯福发脾气说，你们不同意，我就不参加竞选了。这才结束了争论。

1940年，罗斯福发表了"四大自由"的演说。那就是说，战后的世界应当是一个四大自由的世界，即：言论的自由、信仰的自由、不虞匮乏的自由和免于恐惧的自由。华莱士就此大加发挥，提出了"平民的世纪"。他写道：

美国人民的性格是由几种根本思想形成的，而这些思想又反过来影响客观现实。这些思想是：相信《独立宣言》和美国宪法中规定的民主、自由、言论自由和人权；相信真正信仰上帝的人应当勤奋工作、生活节制、注意俭朴和孩子的教育；相信科学、发明、大量生产和不断进步；相信亚当·斯密和自由竞争学说。

今天，资本主义在经济力量上比以前任何时候都强大，但它在精神方面却愈来愈破产。正因为这种精神的破产，在某些外国资本主义国家中，资本主义乃被各种不同的经济独裁所替代，这种经济也带来了对民主权利的镇压。在我看来，人的目的不应当是单纯地追求利润，或崇拜物质主义，或把某一民族奉为最优秀的民族。

有一位批评我的人说，美国今天应当把马克思和列宁的学说体现在某种具体的东西中，正如同我们的开国国父们把洛克和孟德斯鸠的学说体现在《独立宣言》和《美国》中一样。

在我看来，未来的社会不仅应当强调合作性的福利来代替个人主义的竞争，而且也应当强调人而不是强调物。

今天，我们需要许许多多相信合作经济社会的人，正如同1776年时需要相信民主社会的人一样。前者是20世纪的需要，后者是18世纪的需要。我相信绝大多数的美国人希望得疾病时有保险、年老后有救济、不致失业、不会招穷，希望更平均地分享生活中美好的东西。他们不相信目前这种残酷的竞争制度能达到上述目的。

我不敢说我们的宪法今天已不适用。我要说的是：今天我国国内各种经济集团间的关系以及我国国内各种个人活动及政府活动，都不能充分地使我国走向全体人民的幸福。

现在，世界各地的平民都在向前迈进。

过去150年来的自由进军是一部漫长的人民革命史。人民革命的目标是和平而不是暴力。但如果平民的权利受到攻击，那就会导致母熊在被劫走幼子时所发出的反抗性狂怒。

人民已把罗斯福总统1941年1月6日致国会咨文中所提到的四大自由作为圭臬。这四大自由就是这一场长期革命的核心。联合国已把自己的立场建立于此。也许我们美国人会觉得信仰自由、言论自由和免于恐惧的自由没有什么了不起。但如果我们掂量一下人人不虞匮乏的自由，我们就会看出过去150年的这场革命还远未完成。在美国没有完成，在世界其他各地更没有完成。我们应当知道，除非不虞匮乏的自由得以真正实现，否则，这场革命就得继续进行下去。

第一次世界大战后我们没有做好。我们没有能建立一个持久的世界和平。我们没有能建立以人民革命为基本原则的和平条约。我们没有设法去建立一个可促使世界各国人民不虞匮乏的自由的世界。但我们已从错误中获得教训。所以在这次战争以后，我们一定要设法建立一个在政治、经济和精神生活方面都比较健全的世界。

有人说这是"美国世纪"。不对,我说,我们面临的世界应当是平民的世纪。世界各地的每一位平民都应当学会如何增加其生产力,以便他和他的下一代能够向世界社会偿还他今天所得的东西。上帝没有授权任何国家可以剥削其他任何国家。老一辈国家有义务帮助新兴国家走上工业化的道路。而在这样做时不能搞军事帝国主义或经济帝国主义。

和平到来时,我国公民将有一项责任,这项崇高的责任就是牺牲小利服从大利。和约必须着眼全世界。不许有特权国家。纳粹不是主宰民族,我们美国也不是主宰民族。一切民族都应平等。我们主张平民的世纪。

华莱士的宏论一出世,使美国的右派势力大为恐慌。有人攻击他要搞社会主义。罗斯福也受到了压力。他终于在1944年的第四任竞选时舍弃了华莱士,另找杜鲁门为其竞选伙伴。

杜鲁门总统上台后,任华莱士为商务部长。商务部虽然不管外交,但管外贸,华莱士坚决主张美国应与一切国家扩展贸易,特别应当包括苏联。但在战后杜鲁门很快就宣布取消对苏联的租借,不久又宣布军事援助希腊的皇室镇压战时的抗德游击队。华莱士认为这些都是不符合罗斯福的既定政策的。

1946年9月6日,国务卿伯恩斯在德国斯图加特发表演说,指责苏联违反波茨坦协定的精神。接着他又到巴黎参加欧洲各国外长会议。华莱士则在12日于纽约麦迪逊广场发表演说,主张美苏缓和。他说,世界各地有许多反动分子曾希望轴心国取得胜利,而现在这些人自称为美国的朋友。但这些昨天的真敌人和今天的伪朋友继续在挑动美国与苏联发生摩擦和战争。我们决不能让这些国内外的蓄意挑拨美苏战争的人来领导和左右我们的对俄政策。我们今天需要的是美苏之间的真正和平条约。在我们这方面,我们应当认识东欧的政治不是我们的事,正如同俄国应认明拉美、西欧和美国的政治不是苏联的事。我们可能不喜欢俄国人在东欧的所作所为。但不管我们喜欢不喜欢,俄国人总想把它的势力圈子社会主义化,正如同我们总想把我们的势力圈子民主化一样。这也适用于德国。我们要把我们治下的德国民主化,苏联则要把它治下的德国社会主义化。

华莱士还提到中国说:"中国是一个很特别的例子。它与俄国有世界上最长的接壤边界,世界和平的利益要求中国不论在政治上或经济上必须摆脱任何势力圈的控制。我们坚持中国必须保持贸易和经济发展的门户开放政策。然而,如果中国没有一个和平和统一的局面,谈什么贸易和经济的门户开放云云就成为毫无意义。"

他说:"俄国的社会主义经济思想将统治世界约三分之一,我们的自由企业民主思想将统治其余的三分之二，这两种思想将力求证明它将在其治下给人民以最大之满足。应当通过协定在友好的基础上进行竞赛。由两种制度的效果自己来说话。"

伯恩斯在巴黎读到华莱士的演讲后立即打电报给杜鲁门说："如果你不能阻止作为你内阁成员的华莱士先生发表外交政策的谈话，那么，我这个国务卿就没有什么好当的了，即使暂时也不行。"

杜鲁门就写了一封很不文雅的信责备华莱士，华莱士觉得此信很不妥，他打电话给总统秘书罗斯，罗斯请求把信交给他，华莱士乃让罗斯销毁了该信。后来记者们追问此信时，华莱士一口咬定他记不起具体措辞，从而帮杜鲁门免于出丑。这是一起举世闻名的华莱士的以德报怨的美行。

1946年9月，华莱士应杜鲁门的要求，提出了辞呈。他写道："应你之请，谨奉上辞呈。我将继续为和平而奋斗。"杜鲁门则在广播中说："我遗憾地不得不与我多年相处的老同事分手。但我肯定，华莱士先生以平民的身份将更愉快和自由地发表他自己的意见。"

华莱士事后说："我早就知道我得退出内阁，我决定要在和平问题（issue）上分手。我要突出和平问题的重要性。"

传记作家理查德·沃尔顿评论道："华莱士的行为与肯尼迪内阁和约翰逊内阁的反越战官员的行为形成一种多鲜明的对比啊。华莱士是美国历史上少有的敢于在一个原则问题上公开与当局决裂而不顾自己的政治前途。相反的，鲍尔们、麦克纳马拉们、希尔斯曼们，只能在密室中清谈，他们把个人前途放在国家利益之上而不敢公开维护真理。"

1948年，华莱士接受人们意见，出来组织进步党参加竞选。他绝不是想当总统，因为任何人都知道，美国的第三党既无钱又无势，是绝对不会取胜的。他的组党，不过是表示要在外交问题上争鸣一番，以引起人们的注意。华莱士的确成了当时的反冷战的旗手和英雄。选举的结果，进步党只得一百万票。

更值得一提的是朝鲜战争问题。华莱士本来为苏联的外交政策进行辩护，认为杜鲁门总统的政策冤枉了苏联，苏联并无侵略意图。

朝鲜战争发生后，进步党反对美国参战。但华莱士在研究整个过程后，确信朝鲜战争是斯大林纵容金日成发动的，他不能同意进步党的立场，并宣布退出进步党。他承认对苏联做了错误的估价。他公然表示，当年杜鲁门开除他出内阁是做对了。

他还给杜鲁门写了一封信说："当我的国家投入战争，而联合国又是支持这一战争时，我必须站在祖国和联合国的这一边。我不能与那些想发动一场宣传运动来促使从朝鲜撤出联合国军队的人站在一起。"

1951年9月19日，华莱士又给杜鲁门写了一封信，表示坚决反对麦卡锡分子在对华关系问题上对杜鲁门总统的攻击。

杜鲁门回信说：

亲爱的亨利：

我无法表达我是多么感谢你的19日的令人高兴的信啊。

你对中国局势的追忆和一些辅助文件证明了对华关系的白皮书中所陈述的事实。遗憾的是，共和党人除了竭力揭发他们所认为的过去的错误以外，再没有别的好事可做。我认为，在当时情况下，就可以得到的事实而论，局势已是处理得够好的了。

多谢你像过去那样思虑周详地给我来信。

华莱士与杜鲁门的这一段离离合合的故事，典型地说明了两位光明磊落的政治家的交往，他们的确一切以国家利益为重，不管谁错谁对，并不存在私人恩怨问题。

他的晚年是在他纽约州的一块农场上度过的，他在那里继续他的农业试验，并与一些朋友通信研讨问题。他曾勇敢地斗争，现在又勇敢地反思。1965年11月18日华莱士病逝。

华莱士可以说是一位真正的失败了的英雄。爱因斯坦就是华莱士的崇拜者之一，他曾写信给华莱士说："你的勇敢的言论值得我们关心国家大事的人们的感谢。"

15　哈里·霍布金斯

1933年罗斯福上台后立即推行他的"新政"。为此，他前后共设立了三十多个机构。新闻界为了报道方便，对每一机构都采用了它的缩写名称，于是出现了一大盆所谓的字母汤。其中最吸引人的一个，名叫WPA——工程进展局。局长是亨利·霍布金斯。

亨利（俗称哈里）于1890年8月17日生于艾奥瓦州的修克斯。他父亲是一名跑码头的小贩，主要贩卖马鞍子。他母亲是一位虔诚的美以美会教徒，以助人为乐。哈里从小就受到他母亲的这种感染。1901年，全家迁到了格里奈尔，离州府德莫伊约50英里，人口约4000人。这时他父亲在芝加哥碰到了一件不幸的事，有一受惊的马车把他的腿辗坏了。结果以赔偿数千元了事。正是这笔钱改变了全家的命运，使家庭走上了小康之道，哈里也得以进了当地的格里奈尔学院。

可能是受他母亲的影响，他大学毕业后选择了社会工作。他跑到纽约贫民区做基督教青年会的救济工作，除了膳食费用外，每月只有5美元零用钱。他是家访的能手，愈是困难的家庭，他的兴趣愈大。这使他了解到了人间的各种各样的不幸和痛苦。

哈里·霍布金斯

不久，他又转到纽约救济大王金斯伯里那里工作。（金斯伯里曾于1951年访问中国，住在北京饭店，笔者曾去拜访过他，但他那时已有肥胖病，坐在沙发内把沙发塞得满满的，必须有人搀扶才能站起来，已无昔日的活力）金斯伯里给了他每月 40 美元的工资。3 个月后，霍布金斯要求增加工资，金问他有什么理由，霍说他要结婚。于是金说："你的工作每月可值 600 美元，但现在我只能给你 60 美元。"

1917 年美国参战，霍报名从军，因体格检查不及格，只好参加红十字会工作。战后他又回到金斯伯里那里，这一次金给了他年薪 800 美元。金家中有一个私人图书馆，霍就在那里奋力读书。他曾说："说实在的，我在大学基本没有念书，大学本来也不是念书的地方，而且也不应该是念书的地方。大学是青年人锻炼和交朋友的地方。我的真正念书始于金斯伯里私人图书馆。"

由于他工作出色，很快又出任了纽约市的防痨协会秘书。他进去时，该会有 9 万美元资金，7 年以后当他离职赴华盛顿时该会却挂了 9 万美元的债。但协会主席仍热情地说："通过他的努力，在各有关部门间实现了各种有效的改革，董事会对霍布金斯先生所提供的服务深表谢忱，并对他为本协会所作出的杰出贡献致以崇高的敬意。"

那时的纽约州州长罗斯福当然对霍布金斯早有所闻，但两人还没有私交。1933 年 3 月，霍奉召到华盛顿任紧急救济局局长。他的办公室是一所简陋和破烂的建筑，当室内的办公设置还没有完全安置好的时候，他就站在办公室门口签发了两笔救济款，每笔 100 万美元。这件事惊动了舆论界，《华盛顿邮报》说："如果哈里·霍布金斯先生，我们刚上任的救济局长，花钱按照他上任内两个小时的速度来推算，救济局的 5 亿美元还不够他花一个月。"从此，霍布金斯就有"挥金如土先生"的诨名。

救济局结束后，他又任 WPA 局长，在两任局长期内，他建立或重修了 40 万所中小学，铺设了 1200 万英尺下水道，兴建了 469 座飞机场，铺设了 25.5 万英里公路，开辟了 3700 个街头公园。这些工程为失业者提供了 430 万个工作机会。

右派报纸《芝加哥论坛报》评曰："霍布金斯先生是一个小共党，他所以在新政中崭露头角只是由于他花钱比任何人都花得大手大脚，而且要花在比任何人所能设想的荒唐事业更为荒唐的事业上。"

民主党内也有人向总统进言说："人们怀疑霍布金斯是一个共产党，他已成了我们民主党的一个包袱。"罗斯福就派了他的亲信华生去进行秘密调查，华生回来报告说："我本来也是不满霍布金斯的，我原来认为我可以乘此机会抓一下小辫子。但现在我不得不失望地但也是高兴地说：我没有能抓到任何辫子，老百姓对他是有口皆碑，骂他的只是共和党头头们。他的个人清廉更是无懈可击。上次英皇夫妇访问华盛顿，霍布金斯也参加了，但他参加招待会所穿的衣服是借来的，因为他自己没有像样的衣服。他的夫人要买一件新大衣，他不得不开夜车给《星期六晚邮报》写了一篇稿子，挣一笔稿费。总统先生，我现在坚决认为你找霍布金斯先生是找对了。"

从此，罗斯福通知秘书，以后有控告霍布金斯的信，一律当场毁掉。同时，霍本人也成了总统的得力助手。有很长一段时期，他就住在白宫之内，以便于随时召见。罗斯福夫人也在日记中写道："他是世界上少有的、全心全意把自己投身于做好工作的人物之一。他之所以这样做，是出于内心的一种坚定信念：必须有人做这项工作，既然派的是他，那他就必须做好这项工作。我认为，不管派他做什么工作，他都会全力以赴，把工作做好。"

霍布金斯之所以能在工作上超人一等，除了他个人的忠诚和热忱以外，还有一手，那就是用人得当。霍布金斯的原则是找合适的人办事。他只问该人是否合于某项工作，而不问他是白种人或黑种人，是男人或是女人，也不问他是名牌大学毕业还是社会大学毕业。在分配救济时，也从来不问他是什么政治面貌。他曾说："我不问他是共和党还是共产党，我只问他需要不需要救济。"

第二次世界大战爆发后，罗斯福制定了"租借法"，那就是任何与纳粹作战的国家可以在美国挂账买军火。在整个期间，美国大约发放了600亿至800亿美元的援外货款，而主持租借事宜的人就是霍布金斯。他曾亲自到英国和苏联研究它们的实际需要发放"国际救济"。

1940年1月，霍布金斯以罗斯福私人代表身份到伦敦会晤丘吉尔。英国特务早已把霍的个人材料送呈唐宁街，内中描述霍是一名醉心社会工作的新政狂。于是丘就准备从此着手，来讨好霍布金斯。传记作家麦克吉赛在记载丘霍第一次会谈时这样写道：

丘吉尔准备用这样一种方式来介绍英国的战争目标，也就是说一些务求能迎合其美国客人口味的话。他说："我们并不寻求财宝，我们并不寻求领土，我们只是寻求人的自由，寻求信仰的自由，生活的自由和免受迫害的自由。当老百姓打完仗后返回家园的时候，我们希望不会有秘密警察去'咚咚'（他一边用手指击桌子）地敲他的家门。我们寻求建立人民所首肯的政府，保证人民有表达自己意见的自由。"

然后，丘吉尔停了一下问道：你说，总统对此会有什么看法？只见霍布金斯慢条斯理地说："首相先生，我认为总统根本不会理会这些事。"这时，丘吉尔的同伴们都心中嘀咕起来，以为首相说漏了嘴。接着，霍布金斯又说："你看，我们唯一关心的是如何保证尽快打垮那个狗娘养的希特勒。"全场大笑，松了一口气。

从此，丘吉尔就封了霍布金斯一个称号："追根先生"（Lord Root of the Matter）。因为霍只想知道英国到底需要多少东西才能继续把战争打下去。

1941年6月，希特勒进攻苏联，8月，霍布金斯又以总统私人代表身份去莫斯科会见斯大林商讨租借事宜。援助英国，对美国人讲，没有问题。但援助苏联就不同了。许多美国政要是反对援助苏联的。其中又有两种情况。有一批人一贯反共，他们认为借希特勒之手消灭苏联未尝不是好事。另有一批人认为，苏联不到一年就会垮台，物资将落入纳粹之手，不如把这些物资给英国。但罗斯福坚决认为，必须支持苏联，保留它作为一支反纳粹的重要力量。霍布金斯坚定地执行了总统的政策。

霍布金斯很快就取得了斯大林的信任。斯承认他没有料到希特勒的偷袭，吃了亏。但他有信心必能战胜希特勒，霍布金斯也认为斯大林是信心十足的，他还看到苏联人民抵抗德军的无比英雄精神。

麦克吉赛写道："霍布金斯的任务既然是给苏联以援助，他就与苏联同感受。任何拖延和作难不但使他感到愤怒，而且也使他感到沮丧。当他想起伦敦人睡在地下铁道内的情景时，当他想到莫斯科人过着那种艰难的生活时，他不得不得出结论，认为美国人还做得大大地不够。他的下一项任务应是促他们出更多的力。"

其实，出力最多的恐怕就是霍布金斯自己。今举一旁证：

马歇尔将军一贯是寡言少语的人。但在1942年霍布金斯再婚前几天，他竟动笔写了一封信给他的未婚妻："说句实话，我非常关注哈里的健康和幸福，当然也关心你们即将到来的婚姻。他这个人就是爱牺牲自己而不会照看自己，这一点只有他的知心朋友最了解。在今天，他是与我们国家利益有关的最重要人物之一，而他又是我所知的最不注意自己健康的人。因此，我不揣冒昧，要向你进言，希望你能想办法促使他注意必要的休息。"

杜鲁门上台后，霍布金斯正在医院休养，但他仍接受杜鲁门的要求，去莫斯科跑了一趟，再次见到斯大林，并取得谅解，同意召开后来的波茨坦会议。霍本人没有参加波茨坦会议，因为他回国后又进了医院。

霍的如意算盘是希望能出任未来的罗斯福图书馆馆长，并写一部回忆录。他写回忆录的主要目的是记下自己的经历，供后世人参考。但还有一个附带的目的，就是借此积一点钱，因为他在官十多载，没有为自己积一点钱。他甚至已预约好一位名叫悉尼·海门的年轻人做写作手。

但天要下雨娘要嫁人，上帝于1946年1月29日把他召走了。他曾在事前对他的儿子说："要热爱美国，热爱美国的民主制度。我年轻时曾有激进思想，以为苏联可能比美国先进。但以后的亲身体验使我了解到俄国乃是一个十分落后的国家。我说的落后不是指经济建设而言，而是指精神建设。俄国人没有自由，这是事实。每个俄国人都在担惊受怕中过日子。这绝不是人们所喜爱的制度。只有美国制度是现实世界中最民主的制度，最开放的制度，最令人舒畅的制度。不管遇到什么不如意，都不可对我们的民主失去信心，因为不存在比美国更好的民主制度。"

霍布金斯留下了一大堆材料，人们发现其中有一段是专门谈美苏关系的。他写道："在未来的岁月中，关于苏联的最大之谜将是俄国领导人对推广共产主义的政策方针。有各种迹象表明，苏联政府愈来愈富民族主义色彩了。他们力求保证他们边界之安全。就这个目标而言，我并不反对。但毫无疑问的是：从长期来看，美苏关系之障碍倒不在于意识形态之矛盾，也不在于资本主义经济与社会主义经济之矛盾，而在于对人权自由的看法的矛盾。在我们所理解的言论自由、出版自由和信仰自由问题上，我们与俄国人竟毫无共同的语言。美国人民不仅希望他们本身享受自由，而且也希望全世界各国人民都享有自由。当一个美国人看到任何人不能自由发表意见的时候，他就会受不了的。美国人不在乎俄国人搞什么主义，但他们不能眼看人家连讲话的自由也没有。"

稿子中也有论到中国问题的。它写道："假如有一个什么国家将在今后一百年内最吸引美国的关注的话，那么，我可以肯定，这个国家就是中国。在击败日本之后，中国势将成为世界强国之一。我倒不是说它马上能成强国，这还需要时间。我们希望中国将出现统一的局面。美国一直奉行的是门户开放政策，因此，美国在中国的记录是清白的。今后也会保持清白。而美国是最能帮助中国的国家。在中国，统治阶层与广大民众之间的经济差距是十分惊人的，不搞土地改革是不行的。我们盼望中国领导人能好自为之。"

霍布金斯除一生廉洁外，还特别讨厌走后门。1937年在他出任商务部长时，民主党主席法莱介绍一名党员要官，霍布金斯说，他找错了人，我这里没有走后门的。他的孩子没有因他而出任官职的。他的一个儿子参军后他特别警告不能接受特别待遇，尽管有关司令主动想给他一点特殊。

温斯顿·丘吉尔赞曰：

很少有人比我更了解他对世界的事业所作出的贡献了。

罗斯福总统有特殊的天才，他总能挑选心胸宽广的人来帮他工作，不论战时和平时都一样。他在哈里·霍普金斯身上找到了这样一个人：不但视野辽阔，而且洞察秋毫。他总是要寻找出事物的根源。

他是国家危难之秋的一名真正的领袖人物，既热情奔放，又才华过人。在这一点上，历史上很难有超过他的人了。他对弱者有无限的同情，同时，对暴君又有无限的痛恨。特别是在暴君得势嚣张之际。

除了使不完的劲头，妙趣横生的性格和循循善诱的才能以外，他还有常人所不能及的幽默和魅力。

我们十分怀念他，我们再也看不到像他这样的人了。

16　埃德迦·胡佛

对于特务头头，人们一般免不了有好奇和惧怕心理。这也难怪，因为不论德国的希姆莱也好，苏联的贝利亚也好，中国的戴笠也好，其所作为，莫不令人毛骨悚然。但平心一想，特务未必就是坏人。俄罗斯的普京就不是，美国的老布什也不是。因此，在谈埃德迦·胡佛时，我们必须拨开云雾，冷静地思考一番。

埃德迦·胡佛

人们大谈胡佛的"同性恋"，正如同谈梦露和一打以上男人睡过觉一样。但我们要问，你看到过梦露和男人睡觉吗？应当知道：仅靠推理没有人证物证是不能定罪的。我们最好就事论事，不要被耸人报道引入歧途。

胡佛做了一辈子的美国联邦调查局局长，在几十年中出错几次是免不了的，问题是联邦调查局到底做了些什么事。

笔者有幸于1986年得机会进入联邦调查局参观。它的进口处如飞机场的进口处一样，要经全身检查。口子旁还有一个大柜子，存放不准带入之物，我的照相机就被存了进去。当然我只能是走马看花。其中有一个四周都是玻璃窗的大厅内，储存了成千的枪支。导游指着挂在高架上的一支枪说："这是用以击杀肯尼迪总统的枪。"

人们可以进入调查局参观（尽管只是表面文章），未始不是一种开放的措施吗？

人们可以在报刊上大骂调查局，这不又是一种开明的措施吗？

人们还可以告调查局的状，这不是一种更开明的措施吗？

美国记者安东尼·萨默斯写了一本《胡佛秘史》，一度成为畅销书，主要因为它大事渲染胡佛的所谓同性恋，哗众取宠，收到了效果。

杜鲁门当总统的时候，曾有许多人告胡佛的状，杜鲁门铿锵有力地回答说："有一段时间，他们给我带来大量关于他的私生活的材料。我对他们说，我对此不感兴趣。他在业余时间干些什么，我管不着。我关心的是，他工作时干些什么。"

"他工作时干些什么"正是本文所要探讨的问题。

1895年1月1日，埃德迦·胡佛出生于首都华盛顿。他父亲是政府制图部门的一个印刷工。埃德迦6岁上学，一开始就是一个明星学生。他在一年级的平均总分是93.8，从三年级到八年级，他的数学、文法、语言、阅读、历史等都是"优""良"。他在学校中得了一个外号叫"快捷"，是因为他说话快、思维快。

埃德迦在中学继续保持优良成绩，几乎在所有学科上都是"优"。平均分数为90分以上。1913年，他考入了乔治·华盛顿大学法学院。由于父亲身体欠安，他必须半工半读以养活自己。他在国会图书馆找到了一个当信使的差事，每周可挣30美元。他把上课时间选在每天下午5点到7点，然后回家再温习几个小时。他在大学的心得笔记本有26本之多，并终生保留着这些写得很工整的笔记本。

1917年12月，胡佛入司法部调查局（后改名为联邦调查局）任职，他工作卖力，每周工作7天，同事赞他"是一个勤奋诚实的小伙子"。

1919年，以反共闻名的帕尔默出任威尔逊总统的司法部长。当时，威尔逊已成一名活死人，管不了大事，帕尔默得以独断专行。于是就发生了"帕尔默大搜捕"。搜捕的对象是所谓"赤色分子"。在这场搜捕中，胡佛脱颖而出，一举成名。

同年12月，司法部办公室向全体特工人员发出了一封密信：

全体特工人员注意：前已提供本部所编之两份有关美国共产党及共产主义劳工党之材料，并附有指示，要求你们仔细研究该两文件，以便熟悉该两党之原则和战略战术。

你们前已送上若干该两党个别人员之材料，并称这些人员是参加该组织之外籍移民，我已将该项材料转交给移民局，着其立即予以逮捕。

你们必须尽一切力量肯定凡逮捕之人确系美国共产党或共产主义劳工党人员。我已获可靠消息说，该两党领导已下令其党员拒绝回答联邦法官之询问并销毁一切有关党籍之证件。因此，你们现在必须尽各种努力侦察你们各自所辖之地区内该两党存放文件之地点，在捕人时必须搜索上述两党之党员。你们必须设法获得证明党籍之书面文件，这是怎么强调也不会过分的。

特别要逮捕该两党之所有干部，如果他们是移民的话。必须在其寓所仔细搜查宣传品、党证、记录和信件。会议室必须彻底搜查，要力求搜出该两党之组织登记表、会员名册、财政来源。一切书籍文件统统要收集起来，一切挂在墙壁上的字画都要收集起来，要把天花板打开，要把隔墙打开。把所有搜到的东西封入口袋，标明日期和地址。

此次逮捕对象是加入该两党之外籍人员，因此尽可能不触及美国土生公民，以免事态扩大。

请注意，下列通知是绝对保密的：我们预定的行动时间是1920年1月2日星期五晚上7时。即使没有变动，届时也将再通知一次。

只要可能，你们必须利用派进去的特工人员叫各该党之组织在1月2日晚上召开会议，这样就可以一网打尽。

在动手之日，我部将派埃德迦·胡佛先生整夜值班，你们若在逮捕时发生疑难，可直接通电话向胡佛先生请示。你们的行动必须在下午7时到早晨7时之间全部完成。

我希望你们在逮捕后的当天上午用特急邮件把整个逮捕名单寄给本部，并必须标明"胡佛先生亲启"字样。在此同时，你们还必须用急电致"胡佛先生亲启"，说明逮捕的总人数并报告特别有价值的罪证，如果获得此类罪证的话。

请注意"胡佛先生整夜值班"这几个字。这充分说明了胡佛是多么卖力地工作。我们不能妄自猜测其工作动机。但必须指出，他的全心投身工作是一贯的。"做一两件好事并不难，一辈子做好事就不容易了。"胡佛之特别就是一辈子投入工作，可以说是劳累一生。这与他一辈子不结婚也有关系。

他在早年曾有过一个女朋友，并曾说好要结婚。但在最后，这位女朋友竟突然变心，去与另外的男人结婚。从此，胡佛就断了结婚之念。他解释说："我已把我的心全部投入工作。不可能很好照顾家庭。没有一个女人会喜欢这样的丈夫。所以我不能结婚。"

假如说胡佛有什么癖的话，绝不是什么"同性恋癖"，而是工作癖，这与中国陈景润的工作癖是差不多的。

威尔逊总统下台后，胡佛继续留在司法部，并于1921年任调查局助理局长，又于1924年任局长。他采用了新的人事政策，解雇了工作不得力的人员，取消了以年资为准的升级制，实行以功绩论赏。他还严格了纪律，规定所有地区负责人必须直接受他领导，直接向他报告。他不准工作人员带枪（到1934年取消了这一禁令），不准捕人，他认为执法权属于州，不属于联邦。他实行了科学管理，把整个机关整顿得有条有理，从而清除了腐败现象。

到1926年时，各州都把它所有的指纹卡送交到联邦调查局，胡佛从这时起就为该局发展为世界一流的最有效的调查机关奠定了基础。

胡佛还以在公共关系上作出优良成绩而闻名。他通过电影、连环图画、小册子等等，宣传调查局的作用，使人人知道调查局的重要，以及他本人的作用，在人们心中他成了一位保卫美国安全的英雄。在罗斯福总统时代，他特别得到了司法部长的赏识，因为调查局有力地打击了萧条时期所出现的各种匪帮。

第二次世界大战以后，胡佛的重点转向了反苏。他大力支持反共分子理查德·尼克松和约瑟夫·麦卡锡。他挖出了"原子能间谍"克劳斯·福契斯、哈里·高尔德和卢森堡夫妇。

但他在调查中使用了不合法的手段，如安装窃听器，实行电话偷听等等，使人们最后改变了对他的看法，不少人认为他是一个恶魔。

他在他的岗位上工作了50年，服务了8位总统，也称得上"吉尼斯纪录"。最后于1972年5月死于任上。他一辈子都没有结婚。

关于他"同性恋"的传言，在他死后有关部门曾进行了调查，结论认为，安东尼·萨默斯在1993年书中所提的指控是流言，并无实据。

在埃德迦逝世的那天，从华盛顿时间中午开始，美国政府大楼、军事设施和世界各地美国军舰上的星条旗都下半旗志哀。尼克松总统说，埃德迦是"我最好的朋友和顾问之一"。他说，埃德迦"象征和体现了最珍贵的价值观：勇敢、爱国主义、对祖国的献身精神、花岗石般的诚实和忠诚"。

在国会，议员们纷纷赞扬埃德迦。总共有149名众议员和参议员对埃德迦发出赞美之声。

少数持有不同意见的人中包括马丁·路德·金的遗孀科雷塔。她说，埃德迦留下了一份"令人遗憾的、危险的"遗产，他的档案系统"充满了关于一些最高级政府人士（包括总统）的谎言和卑鄙材料"。

胡佛的尸体作防腐处理后，被穿上克莱德（胡佛的最亲密副手）为他挑选的西装和领带，放进用3000美元购置的棺材里。次日，瓢泼大雨，一辆灵车把埃德迦的遗体拉到国会的中央大厅。最高法院的全体成员、内阁阁员和国会议员们迎接了灵车。这辆灵车曾拉过林肯的遗体，从那时以来只有21人的遗体享用过这辆灵车。埃德迦是获此殊荣的第一位文职官员。先后有2.5万人到国会向埃德迦的遗体告别。

第三天，尼克松在全国长老会教堂举行的葬礼上致悼词。他说："美国崇敬此人，不仅因为他是一个机构的局长，而且因为他本身是一种制度。近半个世纪来，在我们共和国差不多四分之一的历史上，埃德迦·胡佛在我们国家的生活中产生了巨大的影响。8位总统来去匆匆，道德界舆论界的其他领袖兴起，又衰落，而这位局长则始终待在自己的岗位上……我们每个人都永远欠他的情……他的逝世只会使我国和一切珍视自由的国度更加尊敬和钦佩他。"

尼克松本来建议把埃德迦的遗体安葬在阿林顿公墓，但克莱德坚持要按照他朋友的遗愿把他安葬在国会公墓，因为他的父母亲安葬在那里。

由于埃德迦终生未娶，没有妻子，灵柩上的国旗是由克莱德来接的。克莱德辞职隐居，再也没有上班。他搬到埃德迦的寓所，余生是在那里度过的。他接受了埃德迦的大部分遗产，据官方估计约有50万美元，按今天的币值计算约为150万美元。

1975年9月30日，海军陆战队的乐队在联邦调查局新落成的总部办公大楼的院子里，奏起了《埃德迦·胡佛进行曲》。尼克松总统在埃德迦死后不久便决定把这座大楼命名为"埃德迦·胡佛大楼"。

17　约瑟夫·麦卡锡

美国亨利·霍尔特公司 1998 年出版的《美国历史百科全书》对麦卡锡主义做了如下的定义：这个名词指的是 50 年代初期在美国政府内搜索共产主义分子这件事。1950 年 2 月 9 日，共和党参议员约瑟夫·麦卡锡声称有 205 名共产党分子正在国务院内工作。这是一种无稽之谈。麦卡锡本人不论对政府内的共产党人也好，对政府外的共产党人也好，都一无所知。他的目的是为自己做宣传，但他选的时机正恰到好处。当时，美国人对苏联在第二次世界大战后在欧洲的侵略扩张感到很恐惧。不久中国共产党在中国内地取得政权，阿尔杰·希斯被判犯伪证罪，接着俄国又成功地进行了原子弹试验。麦卡锡之所以一时大出风头是由于他提供了一个极为简单的理由来为这些现象作出解释。他说，共产党正在赢得"冷战"，因为美国政府内部有奸细帮助俄国人。真正的敌人不在莫斯科，而在首都华盛顿。

约瑟夫·麦卡锡

麦卡锡立即成了全国知名人物。《时代》和《新闻周刊》都用他的照片作封面。著名卡通画家赫布洛克乃制造了一个新词"麦卡锡主义"来形容他的丑行。麦卡锡成了全国第一号"追索赤色分子的猎手"。但他召开的许多参议院听证会并没有能挖出任何一个共产党分子。相反的，摧毁了许多人的事业，中伤了政府的士气，并使美国在全世界面前丢人现眼。

约瑟夫·麦卡锡，1908 年 11 月 15 日生于威斯康星州的埃普莱顿。父亲是一名牧场主。约瑟夫只在小学念了几年书，就帮他父亲在农场养鸡，有一年发生鸡瘟，他生气出走，到一个小镇的一家杂货店干活，由于他年轻，精力充沛，深得老板赏识，最后当上了经理。这时，他发现自己知识太少，乃进补习学校补习，随后又进了本州的马克特大学，起初学的是工程，但后来转入了法律学院，1935年毕业。

他在学校中并没有好好学习，而是专心搞体育活动和社会活动。同学们都认为此人有点儿疯疯癫癫（crazy）。他毕业后在小镇渥帕卡当律师，这个小镇只有3000人口，由于他善于与人搭讪，他几乎能叫出镇上的任何一个人的名字。用一句时髦话来说，他的群众关系很好。

1936年，他以民主党身份竞选区检察官，被击败。改入艾伯林法律事务所任副手。艾是共和党人，他告诉麦卡锡他打算竞选巡回法官。麦卡锡乃抢先报名为共和党候选人。艾大怒，把他辞退了。麦卡锡没有资金，他到处借钱，没有几百的，就借五块十块的。结果筹到了约七千美元。他没有立任何借据。只是吹牛说他当选后还钱。因为巡回法官当时的年薪为8000美元。结果，他真的当选，但他全部赖账，人家也没有向他索账。

他之所以能当选是因为他对对手进行了"人品谋杀"战术。对手韦尔奈是一名老法官。麦卡锡首先攻击他的"老"，他说韦尔奈已经73岁，如果他继续当选，他将做到80岁，这样的人根本没有活动能力。事实上韦尔奈只有66岁。他还说韦尔奈做法官积了17万美元，暗示其来路不明。其实，韦尔奈当了35年法官，每年以5000美元算，也该有17万美元。选民当然不会去进行仔细推考，也都信了他的话，投了"年轻有为"的麦卡锡的票。这是麦卡锡从"谎言"战术中第一次尝到了甜头，为他以后的以胡吹取胜打下了基础。

韦尔奈的儿子曾说："麦卡锡不仅把我父亲送进了坟墓，还促使我家一些世交朋友远离了我们。他不仅为我父亲加上了几岁，还向我父亲身上倒各种各样的脏水。一个人竟能破坏一名在社会上享有名誉和受人爱戴的人，这真是不可思议。"

当然，麦卡锡也必有某种优点。他做起事情来干劲十足，不知疲劳，而且大胆泼辣，天不怕地不怕。他能说会道，故作殷勤，非常像一个热心肠的人。但他同时又是一个无可救药的酒鬼和赌徒。有一次，他赌兴正浓，来人报告说法庭上的陪审团已作出决定，于是各赌徒就把各自的扑克牌装入口袋，听麦卡锡去庭上作裁决。退庭后，大家又掏出扑克牌继续赌下去。

1941年美国参战后，麦卡锡报名投军，参加了空军，任中尉。他有意地拍了自己许多全副武装坐在海军轰炸机的后舱机枪手位置上的照片。据他的朋友金帕尔说："《密尔窝基日报》发表了他的照片，有一天，麦拿了剪报对我说，这张照片值5万张选票，来，我请你去喝几杯。"战争结束后，他果真以此为资本，在威斯康星竞选参议员。其对手是民主党的霍华德·麦克默莱，是威斯康星大学政治学教授。这正中麦卡锡的下怀，因为知识分子爱发表意见和爱写文章，在其二三十年生涯中总可以找到一两条辫子。他说美国共产党的《工人日报》曾赞扬过麦克默莱，这令人值得怀疑其政治背景。他公然对选民们说："你是否认为一个愿在战场上流血的人比一个在讲坛上夸夸其谈的人能更好地为祖国服务？"他这张"爱国牌"真的帮助了他，使他以620430对378772票取胜，当上了参议员。

1950年2月9日，麦卡锡在西弗吉尼亚州的韦林发表演说，手中挥舞一份材料叫嚷着说："我手上有205人的一张名单，国务院知道这些人是共产党员，但他们仍在那里工作。"尽管所谓名单只是一种噱头，但这的确使他"一鸣惊人"，一步登上了反共大王的宝座。

在人们追问之下，麦卡锡把他的名单逐步缩小，由205人减至81人，由81人减至20多人，最后只剩下了一人，那就是拉铁摩。拉铁摩是约翰·霍布金斯大学的政治学教授，是美国太平洋学会的成员，是罗斯福总统推荐给蒋介石的顾问。麦卡锡说拉铁摩是共产党同路人，是绝对不成问题的，这一案件是决定全盘胜负的案件，他完全有把握在这一案件中取得胜利。

拉铁摩获悉他被控后公开宣布："我从来不是共产党员，也不是共产党的同情者，也没有参加过任何共产党的外围组织。麦卡锡是一个卑鄙的家伙，是一名打了就逃的政客，是一名伪证者。"

1951年4月6日，在众院大厅举行听证会，拉铁摩和麦卡锡进行对质。拉铁摩当场说："麦卡锡在美国政府官员雇员中间制造了一种恐怖统治，他们在任何时候都可能会受到麦卡锡的不负责任的攻击。他未经授权擅自使用政府的机密档案，诽谤美国公民并无端加罪而又不给对方以辩护的机会。他说话不算数，人格扫地。他曾两度在参议院宣布，他在参院中以豁免权所说的话将在另外场合再次重复，假如他说的是谎话的话，任何人都可以在法院告他。他还说，如果他不执行上述的诺言，他将辞职。现在人们已多次要求他在公开场合重复他的指控以便在法庭上见高低，但他从来没有敢这么做，而且迄今也无辞职之意。"

尽管委员会当时没有表态，但在事后，它仍东抓西抓，认为拉铁摩在以下几点上做了伪证：一、他说他不知道太平洋学会的冀朝鼎是共产党；二、他说他不知道太平洋学会的范德比·菲尔德是共产党；三、他说他不知道《太平洋学会》上的几篇文章的作者是共产党员。

司法部便以伪证罪向拉铁摩提出了起诉。但联邦法官路德·杨达尔认为以如此含糊的证据控人以伪证是违反宪法第六条修正案的。所以拉铁摩案不了了之。不过，麦卡锡仍自吹这是他的胜利。

值得一提的是：麦卡锡的一大主要攻击点是要抓"丢失中国大陆的原凶"。他认为罪魁祸首是当时的国务卿马歇尔将军。他还特地散发了一本小册子《乔治·马歇尔将军的故事》，其中有这样的话："1945年4月12日，马歇尔本人的情报小组曾给他一个报告说：'苏联参加对日作战，现在在军事上已没有多大意义，却可有效地破坏美国战后在亚洲的地位。如果俄国参加对日战争，中国势将丧失其独立，成为亚洲的波兰，在苏联军队影响之下，中国能否存在很成问题。很可能蒋介石将下野而成立一个中国苏维埃政府。'"

"但马歇尔对此不闻不问，一个劲儿劝导罗斯福总统和杜鲁门总统有必要拖苏联加入对日战争，并不惜以出卖中国为条件。在欧洲，正是马歇尔，阻止乔治·巴顿将军直取布拉格的计划，从而造成苏联席卷东欧的不利局面。在中国，正是马歇尔，重用亲共将领史迪威，终于导致了蒋介石政府的垮台。"

1952年，艾森豪威尔将军作为共和党候选人参加总统竞选。马歇尔是他的老上司和大恩人，他需要在威斯康星州发表竞选演说。在他的原稿中有这样一段话："我要在这里说清楚。过去一些时候有对马歇尔将军的忠诚进行攻击的。我有幸在35年内亲自知道马歇尔将军。我深知，不论作为一个普通人还是作为一个军人，他一直以罕见的无私精神和无与伦比的爱国主义精神为美国的事业服务。"

但当他正式在电台上讲话时却临阵胆怯，删掉了这一段话。以艾森豪威尔的权威和地位，尚且不敢动麦卡锡，更不用说别人了。

当时，受攻击最凶的是美国驻重庆大使馆的一等秘书戴维斯和二等秘书谢伟思。国务卿杜勒斯把戴维斯找去谈话，并对他说，如果他能自动辞职，将太平无事。戴维斯反问道："你相信这些指责吗？"杜勒斯无辞以对，戴拒绝辞职。杜勒斯不得不下令把他辞退，因为他怕麦卡锡们说他对共产党分子下不了手。

70年代时，哈佛大学教授汤姆逊写了一篇题为《越南问题的由来》的文章，它说："越南悲剧的一个最初原因就是因为国务院开除了一批对远东问题深有研究的官员。他们敢于实事求是。如果不把他们打下去，他们一定会反对美国派军队进入越南。"

艾森豪威尔的纵容使麦卡锡得志更猖狂。他竟要在陆军内部抓共产党分子。动军队可是一件了不起的大事。舆论群起而攻之。舆论权威李普曼发难曰："麦卡锡的每一个行动都表明他目中无人，目中无政府，目中无制度。"他认为对陆军的进攻是要威胁三军的总司令。李普曼呼吁共和党注意麦卡锡已成为国家的威胁力量。奥索普兄弟也说"如果艾森豪威尔总统再纵容麦卡锡，他就该对他在总统府内的威信，在共和党内的威信，在国会内的威信说再见了"。《时代》再次在封面登上麦卡锡的头像，并写道："庆父不死，国无宁日。今天，去除麦卡锡，此其时矣！"

1954年6月,参院终于成立了一个小组委员会审查麦卡锡。12月2日,参院以67对22票通过了对麦卡锡的谴责案。案文中说:"威斯康星州参议员麦卡锡先生在1954年11月4日向报界谈话中污蔑参议院的一次会议为'私刑',11月13日指责小组委员会主席犯了'我一生中所从未见过的最不寻常的懦弱罪行',并说本小组委员会是共产党的'不自觉的代理人'和'事实上的辩护士',还说本委员会采用'模仿共产党的办法'。凡此种种,都是违反参议院的道德的,并使参议院的名誉和信誉受到损失,破坏了参议院的宪法程序和参议院的尊严,故应对此加以谴责。"

麦卡锡受谴责后,情绪大为沮丧,酗酒愈厉害了,终于在1957年5月2日,因酗酒所引发的肝病而死亡。

一位美国新闻处的前处长在60年代以忏悔的心情说:"在50年代,由于我自身的懦弱和明哲保身,我保持了沉默,没有敢出面坚持真理。"不,不,这样的忏悔正说明他不是懦夫而是勇士。有多少人迄今连公开认错的勇气都没有。

美国的麦卡锡主义就是美国的"文化大革命",这是一种政治疯狂,是一种政治灾难。不应该粉刷这种灾难,应该彻底清算这种灾难。

18　亨利·基辛格

1923年5月23日，亨利·基辛格生于德国的弗尔兹，父母是犹太人，在希特勒迫害犹太人的形势下，全家于1938年逃到了美国。他在纽约曼哈顿进了华盛顿高地的一家中学，那里有许多德国犹太移民学生。大名鼎鼎的格林斯潘就是比基辛格低两班的同学。

基辛格的学习成绩非常优异。他也参加了学校的多种活动。正是在这几年之内，他受到了美国生活方式的熏陶，成了一个真正的美国人。

亨利·基辛格

由于贫困，他必须半工半读。他采取了晚间上课白天工作的做法。1943年1月的一天，他接到了政府所发的服役通知。时年19岁，他报名参加了陆军，被派往德国，最初在那里做一名军官的司机兼译员。不久获得了上级的欣赏，升为上士，获铜质奖。1946年退役，被留在德国的奥贝梅尔根情报学校讲授德国历史。

1947年，他回国插入了哈佛大学二年级，1950年以优异成绩毕业。他的学士论文题目是："历史的意义"。传记作家弗里德·伊色列这样写道："论文长达350页，这导致哈佛大学作出了一个新规定：以后的学士论文不得超过150页。即使在此之前实行这一规定，也不会影响基辛格丝毫，因为他的导师威廉·伊利奥特在读了一百页后就已经肯定这是一部杰作。"

1952年，他继续在哈佛获得硕士学位，1954年又获得哲学博士学位。

在出任尼克松总统的国家安全委员会主席以前，他曾担任过多项工作。1952年，在福特基金会和洛克菲勒亚洲基金会的支持下，设立了一个哈佛国际研讨会，研讨会在每年暑期举行。学员都是国内外年龄在26—45岁的精英，好些成了未来的政界要人，如法国总统吉斯卡德、以色列外长阿隆、比利时首相廷德曼斯、挪威外长弗里德曼等等，都是学员。伊利奥特指定28岁的基辛格为主持人，他在那里一直工作到1959年，从而有机会结识了许许多多国内外高层官员。

他还是对外关系理事会成员，并出版了一本书：《原子武器和外交政策》，此书获得了普遍的好评。1956年，他曾主持了洛克菲勒基金会的一项特殊研究项目，专门探讨可能发生的各种国内外问题。1957年，他回哈佛教书，1962年成了正教授。他还兼任了国家安全委员会的顾问，但不久因政见不合，又转往裁军委员会工作，后又转往兰德公司。

1962—1965年，他是哈佛的全时间教授，1965年，他出任了国务院越南问题顾问。1965—1967年，他曾多次往越南调查。1968年大选期间，他出任了共和党洛克菲勒竞选班子的外交问题策士，在这次竞选中，洛克菲勒败给了同党的尼克松。但洛克菲勒在事后却把基辛格介绍给了尼克松总统。尼克松乃任他为国家安全委员会主席。

关于基辛格同洛克菲勒及尼克松的关系，有这样的描述：20世纪60年代的十年内，基辛格是纽约州长洛克菲勒的顾问，1968年时，他全力为洛克菲勒竞选共和党总统候选人而努力，当时主要的对手是尼克松，结果洛克菲勒败给了尼克松。基辛格当时曾说：在所有的竞选者中，理查德·尼克松是一个最要不得的总统。他经常以轻蔑的口吻说：尼克松那家伙没有资格做总统。但在尼克松上任总统后，基辛格却一反常态，极力追逐尼克松。所以引来了两种不同的评价。有人说，基辛格是一名十足的机会主义分子，另一派人则说，基辛格是一名出色的务实主义分子（pragmatist）。

基辛格指出了肯尼迪政府和约翰逊政府在对苏政策上有偏差。他认为他们的政策前后有矛盾，而且太软弱。他当时就为此而退出肯尼迪的国家安全委员会。基辛格认为在国际关系上，苏联是美国的主要敌人。但他又认为应当承认苏联的超级大国地位。这就促成了美苏关系的缓和。

根据这一哲学，基辛格的初步成就是与苏联达成了战略武器限制条约的谈判。这项谈判极富技术性，差不多进行了三个年头，基辛格曾亲自参加了谈判。最后才由尼克松和勃列日涅夫在莫斯科签字。

基辛格对促成1971年9月的四国关于柏林问题的协议也起了作用。他在这次谈判中也使用了秘密外交的手法。长期得不到解决的进出西柏林问题算是有了交代。

基辛格最有名的一笔就是帮助尼克松打通往中国的道路。美国政府拒绝承认中华人民共和国已达二十多年之久。在这里，基辛格的秘密外交起了大大的作用。他通过巴基斯坦总统叶海亚的秘密撮合，亲自飞越珠穆朗玛峰进入中国（国务院一贯禁止美国官员去中国），同中国总理周恩来进行了会谈。最终达成了《上海公报》。在其任职期内，基辛格曾去了中国9次之多。

基辛格还在越南问题上作出了成绩，在1971年1月27日，导致了美越达成停火协定，并因此而获得1973年的诺贝尔和平奖。在50岁那年，基辛格成了获得诺贝尔和平奖的第16位美国人，也是获得此奖的第5位美国国务卿。16个月以后，即1975年4月30日，南越首都西贡被北越攻破。基辛格要归还诺贝尔奖，因为"我们用谈判取得的和平已为武力所破坏"。诺贝尔委员会坚称这一事件并未否定基辛格的努力，他应当保留此奖。最后，基辛格决定把奖金65000美元捐助给美国死难士兵子女教育基金会。

1973年他出任国务卿后花了很大力量谋求解决中东问题。他亲自出马取得了埃及总统萨达特的信任，把萨达特拉回了美国势力圈。他在以色列与阿拉伯国家间进行"穿梭"外交，前后有11次之多，其中有一次竟为期近一个月。

福特总统在1976年竞选失败后，基辛格也随着退出政坛。他自己组织了一个顾问公司。他的主要工作却是写书。他和黑格一贯主张促进对华贸易。在美国，他被认为是亲华派，并受到了一些人的批评。

评论家斯科特·史密斯分析基辛格的成就说：他博览群书，随时可以谈论任何问题。在社交场合，他结交权势者。基辛格遇到什么人时，会询问对方兴趣，把谈话转向那个方面。他与各个政治派别的人融洽相处被传为佳话。他靠着这种能力迷住了外国领导人，不管他是否喜欢他们本人或者是否同意他们的政策。他知道与人融洽相处有利他政治目标的实现。到1973年时，他在公众中的支持率达85%，盖洛普民意测验把他列为美国最受赞赏的政治人物。

沃尔特·艾萨克森在《基辛格》一书中说，他是"媒体时代第一位，也是迄今为止仅有的一位享誉全球的外交官"。

基辛格访华的次数已经超过四十次，被中国领导人称为"中国人民的老朋友"。

2011年1月13日，基辛格发表文章，呼吁避免美中冷战。文章曰：

美国认为，它对待其他社会的方式理所当然取决于它们是否接受美国的价值观。大多数中国人认为，他们国家的崛起不是对美国的挑战，而是预示着回归中国出类拔萃的正常事态。在中国人看来，不正常之处在于中国过去200年里的相对弱势，而不是它当前的重振雄风。

美国历来的表现就好像它可以随心所欲地或参与或退出国际事务。中国人则自视为"中央王国"，在他们的脑海里，国家主权平等是闻所未闻的概念。直到19世纪，中国一直把外国当作各种附庸国。在欧洲国家军队打破它的与世隔绝状态之前，中国从未遇到过面积与之相当的国家。

美国发现大多数难题都是可以解决的。中国则在几千年历史中逐渐认定，几乎所有难题都没有最终解决办法。美国主张解决难题，中国则满足于控制矛盾而不予解决。

中国谈判代表忘不了外国列强欺压中国的百年屈辱。中国领导人对哪怕最细微的傲慢态度都极为敏感，往往把美国人的坚持己见理解为缺乏尊重。

视角的不同在朝鲜问题上展露无遗。

美国奉行务实的政策，中国则往往把这些政策视为一个整体设计的组成部分。

世界秩序的检验标准是争论能在多大程度上消除彼此的疑虑。美中关系的最重要现实是，这两个国家谁都主宰不了对方，它们之间的冲突让两国社会均疲惫不堪。为此，它们需要一种协商机制来详细描绘共同的长远目标和在国际会议上协调两国的立场。

目标应当是建立起尊重与合作的传统，以使两位现任领导人的继任者也认识到齐心协力建设一个新兴的世界秩序符合两国的利益。

2011年4月9日，他与前国务卿詹姆斯·贝克联名发表了一篇大文，提倡"务实的理想主义"。文章曰：

虽然美国在利比亚没有重大利益受到威胁，但以人道主义作为唯一理由实施有限制的军事干预可谓师出有名。卡扎菲的军队已造成大量平民伤亡，并即将占领班加西，由此可能给当地居民带来极为严重的后果。卡扎菲本人不仅在国内不受欢迎，在国外也没有朋友。此外，联合国安理会和阿拉伯联盟都已呼吁采取行动。

尽管如此，理想主义目标并不是美国在对外政策领域选择动武的唯一动机。我们不应充当世界警察。我们不能通过武力方式去应付所有可能出现的人道主义问题。而应推行将保护国家利益与宣扬价值联系在一起的政策。本着这种精神，我们提出以下几点原则：

第一，我们须在动武时设定明确目标。

第二，我们应当认真研究每个国家的具体情况，并努力将他们的文化和历史与我国的战略和经济利益联系起来。

第三，我们必须搞清楚，我们到底支持什么以及支持谁。

第四，美国需在国内获得支持，而这通常就需要获得国会支持。

第五，我们应对一些计划外的后果加以考虑。

第六，也是最重要的一点，美国须明确认识本国的重大国家利益并加以区别对待。

海湾地区的长期稳定符合我国重大利益，因为世界能源大多出自那里。同样，避免使该地区国家成为伊斯兰极端主义者之温床也符合我们重大的国家利益。

美国应推行一项政策，将保护本国利益的决心与宣扬我国的伟大价值观——民主、自由和人权——联系在一起。这种务实理想主义政策才是能在伊斯兰世界风起云涌的变革期应对各种挑战和机遇的上佳之策。

19　康多莉扎·赖斯

有人说，康多莉扎·赖斯（康迪）是女性的基辛格。

如果说，基辛格的崛起是由于他帮助尼克松总统达成中美复交协议的话，那么，赖斯的崛起则由于她帮助老布什达成了二加四协议。四是英、美、苏、法；二是东、西德两国政府。

赖斯是黑人国务卿，科林·鲍威尔也是黑人国务卿。但鲍威尔的历史是一部苦儿奋斗史，而赖斯绝不是苦儿，她是一位高层黑人的女儿。所以，她的历史是一部靓女奋斗史。

1954年11月14日，赖斯出生于亚拉巴马州的伯明翰。伯明翰是美国有名的种族歧视城市。赖斯在幼年也目击过一些不愉快的种族隔离现象。她听说过马丁·路德·金牧师在伯明翰坐牢的故事。金牧师被刺那一年她14岁。这件事当然使她十分悲痛和气愤。

但赖斯的父亲约翰是一名传教士，她母亲是钢琴师，她的家庭是中产阶级，她是家中的宝贝，所以她过的是比较优裕的生活。她母亲一心想把她培养成一名钢琴家。

5岁那年，康迪举行了首场独奏音乐会。她在教区的一次妇女聚会上

康多莉扎·赖斯

演奏了柴可夫斯基的《木偶的葬礼》。她回忆说:"我不知道我妈妈怎么会有这样的一个主意,但是这是我第一次在那么多人的面前登台演出。"

不用说,她受到的教育模式和父母在思想上对她的鼓舞影响着小赖斯人生道路的抉择。但是她那特殊的天赋也起到了重要的作用。她轻而易举地在班上永远地取得"第一"。

1969年,父亲在科罗拉多州谋得一个职位,于是全家搬到了丹佛。她在当地的圣玛丽学院(等于高中)上学。她每天四点半起床,先练几圈花样滑冰,然后去学校上课。她刻苦读书,晚上回家后则练钢琴。她可以称得上是一名工作狂。一切为了能比其他人做得更好。

17岁,她从圣玛丽毕业了,但出人意料,她决定不再学钢琴了,她要改学政治。原因是她有一次偶然的机会听了一位教授的讲课。他是一名捷克移民,也就是克林顿总统的国务卿奥尔布莱特的父亲。他是苏联问题专家。康迪立即对苏联问题发生了兴趣,她要研究苏联。这样,她就进了丹佛大学的政治系。

1974年,康迪获丹佛大学政治学学士学位。1975年,获圣母大学硕士学位。1981年获丹佛大学国际问题研究学院博士学位。

接着,她获得机会进了斯坦福大学,并于1985年在该校的胡佛研究所做研究工作。她的专业是苏东欧政治、国际安全政治和战略武器研究。不久,她被提升为助理教授。1987年成教授。

同年,前国家安全顾问斯考克罗夫特将军应邀来斯坦福大学演讲。赖斯与他见了面。她给他留下了很深的印象,于是他就去旁听赖斯的课。就这样,将军发现了这位未来的政治明星。

斯考克罗夫特把赖斯带到了华盛顿,担任五角大楼参谋长联席会议主席的特别助理,主要负责有关核战略的咨询工作。

当戈尔巴乔夫1990年5月经加拿大造访华盛顿时,老布什就开始与之商讨德国统一问题。当时,老布什把赖斯介绍给戈尔巴乔夫说,"她告诉我我所必须了解的苏联的一切"。作为美方陪同团团长,赖斯陪同戈尔巴乔夫往美国各个城市参观。作为老布什的苏联问题顾问,她一开始就参加了"二加四会谈"。那是一次以没有先例的方式确立德国统一的马拉松会谈。

赖斯认为,戈尔巴乔夫作为一名政治家,表现出了智慧和勇气。她回忆说:"他的问候是衷心诚挚的,而在面对面的讨论中,他却变得钢铁般坚硬。令人信服的是,他往往能在被提问的同时迅速作出回答。有一次,总统问到'苏联在三五年内会是怎样一番情景'时,戈尔巴乔夫脱口答道:'即使是耶稣也无法回答这个问题。'"

1990年9月12日,六国外长在莫斯科签署"二加四条约",对德国统一的外交方面的协商宣告完成。

靠着她的外交手腕，良好的愿望，以及丰富的专业知识，赖斯参加了"二加四条约"谈判，并取得极大成绩。有评论员这样写道："她的加入不仅仅是简单的加加加，她明白如何调节鹰派和鸽派的关系。她的最后决定代表总统。人们也不能忘记，那份关键的协议草案正是她草拟的。"

老布什卸任后，赖斯决定重返斯坦福大学。她已经37岁了。她希望安定下来，建立一个家庭，过一种学者的生活。她自己说：这不是一个简单的决定。她的恩师斯考克罗夫特请她留在华盛顿，但她还是决心回斯坦福，她认为："我想，如果我留下的话，我就会一直做到最后。但是我觉得我还没有准备好这样。我开始觉得累了。那是一项需要一个人付出其全部的工作，是一项会把人累垮的工作。"

她在斯坦福有时间给《时代》等杂志写一些关于她专业的文章。她对政坛内部的了解使她成了一名受欢迎的社论作者和新闻界的明星。

1992年，由于她的贡献，她获得了人类和科学学院授予的"模范教育奖"，并被评为"年度杰出贡献人士"。参议员摩根称赞她说："赖斯代表了一个女人所能做到的一切：聪明，有才干，备受尊敬。她是年轻女士的杰出榜样。"

一年后，她又被任命为斯坦福大学的教务长，学校的第二号人物。这一任命出乎许多教育工作者的意料，因为她刚38岁，她的前任都比她年长得多，至少都60岁。

作为教务长，她不仅要管理学校的10亿美元以上的财务预算，还要管好1.4万名师生员工的福利。此外，斯坦福大学还有2000万的财政赤字。

赖斯果断地着手处理这些问题。在接下来的这几年里，那些曾怀疑过她是否有能力的批评家们都哑口无言。她减少预算，裁减人员，在她节俭政策的带领下，斯坦福大学很快摆脱了赤字。

同时，由于她和白宫的关系，而且又是"老布什的朋友"，她很快就以顾问或高层管理人员的身份进入了不同的大公司，如雪铁龙石油公司、全美人寿保险公司和J. P. 摩根银行等。

在大约十年的时间里，赖斯代表着石油巨人的利益。有的评论家指责她和德克萨斯石油大亨们之间的密切关系。她辩解说："美国的石油产业对我们的安全是非常重要的。没有石油我们就无法生存。我为我在雪铁龙石油公司的同事们感到骄傲。"

作为她的工作报酬，雪铁龙公司每年支付她3.5万美元基本薪资。此外，在任职的第10年，她还拿到价值24.1万美元的3000股股票。1995年，一艘13.6吨级的油船以她的名字命名。

小布什上台后，立刻任赖斯为国家安全事务助理。她的任务就是在各部门之间进行协调，就安全问题向总统作汇报。小布什非常准时作业。他每天五点半起床晨跑，进早餐，读《圣经》。读完《圣经》后到椭圆形办公室听赖斯向他讲解潜在的外交威胁和最新的新闻。布什自己不读报，不听广播，不看电视。他的依靠就是赖斯。

赖斯在安全助理任内起到了调和鲍威尔和拉姆斯菲尔德间的矛盾的作用。9·11事件以后，赖斯向总统提出了新的安全战略建议。她说："灾难发生后的那段日子里，我们认识到，保卫国家远离恐怖威胁的唯一正确的方法就是将其在萌芽状态中扼杀，将其内部的思想观念扼杀。"这意味着她不再主张威慑政策，而主张：只要有国旗飘扬的地方就能够动用常规武器自我防御，必要时甚至是核武器。至于采取什么样的行动，美国有自己的自由，其他国家或机构没有限制的权力。

赖斯的这种思想显然与鲍威尔有差异。小布什更接近于赖斯。小布什第一届任期满后，鲍威尔辞职，赖斯接替鲍威尔出任国务卿。

亨利·基辛格曾说："一位成功的国务卿必须有总统的充分的信任。"赖斯恰巧是小布什充分信任的人。

在任命之日，小布什说："赖斯受命于危难之际，国家正处于反恐战争中。她是国际政治问题专家，在过去的一年里，我对她的忠告坚信不疑，从她的经验和准确的判断力中受益匪浅。"

媒体普遍认为赖斯是小布什的"红粉知己"。她已父母双亡，没有兄弟姐妹，也没有男朋友。休闲之日，往往在小布什家中度过，好像成了一家人。在公共场合，赖斯也往往跟随总统左右。她曾跟随总统秘密飞往伊拉克，然后再往澳大利亚出席亚太经合组织领导人会议。

从美国总统历史看来，总统与国务卿配合得心心相印，真诚无间者，只有杜鲁门和马歇尔将军一对。今天的小布什和赖斯可以说是第二对。至于尼克松与基辛格，那只是马基雅弗利主义的组合，并无真诚可言也。赖斯出任国务卿，不是为了出风头，而是为了报答小布什知遇之恩。

2005年1月26日，赖斯在其国务卿的第一次演说中说："我们必须利用美国的外交来促成有利于自由世界的权力平衡。实现这样的外交现在正是时候了。"

同年9月30日，她在普林斯顿大学发表演说道："现在，我们必须支持世界各地的民主向往，我们必须十分认真地关注各地人民对某些基本权利的渴求。只要有真正自由的选择，任何人都会选择自由而不会选择压迫；选择拥有财产之权而不会选择任意搜查和没收财产。任何人都会选择天赋的生命之权而厌恶经常处于死亡的恐惧之中。任何人都会选择由被统治者同意的统治方式而不接受由国家强制的统治方式；选择法治而不选择人治。这些原则应当是任何公正社会的基本根源，也是所有国家间和平相处的基本根源。"

70年前，罗斯福总统曾经对霍布金斯说，由于美国是民主国家，它不能先发制人，因此它只能忍受第一枪，但美国能够经得起这第一枪。现在形势已大变。赖斯在《美国国家安全战略》报告中第一次提出了先发制人的战略。她说：由于"9·11"事件的教训，"美国决不能让他们的企图得逞。出于常识和自卫的需要，美国将会在此类正在形成的威胁尚未全面成型之前采取行动。虽然美国会不断努力争取国际社会的支持，如果必要，我们也会毫不犹豫地单独行事，采取先发制人行动对付这种恐怖分子，行使我们自卫的权力，防止他们对我们的人民和国家造成伤害。我们必须做好准备，在无赖国家及其庇护的恐怖分子能够对美国及美国的盟友构成威胁，或者有能力针对美国及其盟友使用大规模杀伤武器之前制止他们"。

小布什出兵伊拉克，消灭了中东的萨达姆，这可以说是先发制人的一次胜利，但它没有能解决伊拉克问题。

小布什下台后，赖斯决定退出政坛，回到母校斯坦福大学任教。

赖斯为我们留下了一些发人深省的警句：

我的父母让我深信，也许你（作为黑人）连一个汉堡包都买不起，但你仍然可以成为美国总统。

如果你拿出双倍的劲头往前冲，或许能赶上白人的一半。不过也有人愿意付出四倍的辛劳，得以跟白人并驾齐驱。偶尔，也有人愿意付出八倍的辛劳，得以赶在白人前头。

我始终认为我之所以为我，是因为我只做我有兴趣去做的事，而不是为了追求工作的市场价值，也不是为了社会责任。我是一名富有宗教情绪的人。我相信，我做某些事情是出于上帝的意志。你不能死板地认为你必须做什么。你不可能事先就安排好你所要做的一切。

作为一名受过教育的人，你可以有条件在遇到不顺利环境的时候想办法改进你自己的境遇，而且在这样做的同时，也改进了别人的境遇。但你们必须相信，人类进步的火车头是个人的意志。有了个人意志，你就会确信你会成功，只要加以力行就行了。

现为美国斯坦福大学胡佛研究所研究学人的赖斯，2010年3月19日应中文大学邀请在香港演说，她在题为"未来的亚洲"的演说中指出，中国正在急速崛起，影响极为正面，如中国在国际社会扮演领导者角色，欧美不会将中国视为威胁，而让中国加入国际政经组织，反而令中国更有理由为国际社会带来正面影响。

她指出，现时亚洲面对三大问题，包括阿富汗一带南亚以南的国家成为恐怖分子温床、多国企图研发或已拥有大杀伤力武器，以及经济问题。在美国攻打伊拉克七周年的日子，赖斯强调，即使重新决定，今天仍会派兵"解放伊拉克"，相信历史最终证明布什政府的做法是正确的。演讲完毕后，赖斯接受纪念品时，观众席上有一名青年高举写着"羞耻"和"停止杀戮"字样的标语，高叫口号，抗议赖斯参与发动伊拉克战争，他企图冲前时，被保安带走。而赖斯则微笑响应说，有抗议声音及言论自由才有民主。2011年2月16日，赖斯在《华盛顿邮报》发表文章评论埃及事变说：

在一段时间内，埃及领导似乎在政治上有所放松，但是好景不长，穆巴拉克不久又开始将反对派人士抓捕入狱，民众憎恨的"紧急状态法"依然没有取消的迹象，而且议会选举依然是笑话。

赖斯认为，正是由于穆巴拉克领导的埃及政府拒绝主动展开体制改革，最后落得极其被动的局面。她说，区域内其他国家的领导应从中汲取教训，加快已经拖得不能再拖的政治和经济改革。

赖斯说：未来几个月，甚至好几年内，几乎可以肯定，局势将会是动荡不安的，但是，"暂时的动荡不安要远远胜于建立在专制基础上的虚假的稳定。"

赖斯进一步表示：民主体制下的政府，包括我们的一些最亲密的盟友，不见得在所有问题上都和我们一致，但是，他们和我们在最关键的一点上是一致的，那就是：一国政府唯有民众支持才有存在的意义。

她说：美国深知，民主是一个长时间的过程，而且整个进程中会出现断断续续不稳定的现象，有时候甚至是非常混乱。但是，面对现实和未来，我们别无选择，只有相信在历史长河中，世界各国人民共同怀有的理念将比一时的动荡更加持久，更加有着积极的意义。

20　骆家辉

2009年5月，奥巴马总统委任骆家辉为商务部长。他说："骆家辉很了解美国梦。这是他的亲身经历，这也是他为什么与我一样决心竭尽所能继续维持美国梦的原因。在经济危机里，美国梦依然鲜活。"

骆家辉加入奥巴马内阁的消息由来已久，苦孩子出身的他在华盛顿州长任内政绩卓著，善于协调两党关系，正符合奥巴马的用人路线。其资历、经验，以及和中国的特殊关系，使得其入阁的可能性大增。而美国政坛刮起的"黄色旋风"，既是亚裔人的梦想，也是美国人的荣光。

骆家辉：一英里走了一百年

商界有一种说法，很少有人像骆家辉一样与美国最重要的两位"比尔"及他们的家庭保持着亲密而良好的关系。其中一位是美国前总统比尔·克林顿，另一位是微软公司董事长比尔·盖茨。2007年10月，骆家辉宣布支持希拉里·克林顿竞选美国总统，并成为她的华盛顿州竞选委员会共同主席之一。

《大公报》报道，一百多年前，骆家辉的祖父从香港移居美国，在距华盛顿州州长官邸不远的地方给一家殷实的白人家庭做佣人。一百多年后，骆家辉于1997年1月15日跨进那座官邸，成为美国历史上第一位华裔州长。因此，骆家辉曾在多个场合说起：这一英里，他们家走了一百年。

美国亚裔移民值得骄傲的儿子

1997年克林顿的国情咨文中，特别提到了骆家辉的名字。克林顿说，骆家辉当选为华盛顿州州长，他是"数百万美国亚裔移民中的两位所养育的值得骄傲的儿子。这些亚裔移民用他们的辛勤劳动、他们的家庭价值观和他们作为公民的良好表现，增强了美国的力量。他代表着我们大家都能够实现的未来"。

从做"嫁衣"到"上轿"

纵观美国华人的历史,在这个标榜人道、人权的文明之邦,留下无数对华人无人道、无人权的不文明记录。华人逐渐奋起、进入一个较为主动自为的过渡时期后,受侮辱、受歧视依然深重而不断。

美国华人进入一个奋发、奋进,成功而耀目时期,其突破口是科技界。除了陈香梅女士因特殊条件而较早活跃在政界、商界外,华人的奋发奋进主要集中在科技方面。包括近10年来,中国大陆的学生学者接连取得可喜成就。一些令人瞩目的华裔商界巨子也逐渐涌出。但在从政方面,华人虽有小的成绩,却有大的空白。回顾近年美国华人参政的途程,艰难而挫折。

骆家辉

以往,由于"朝中无人",美国华人常常只好支持一些较能体察亚裔心声的白裔候选人和同是少数民族的非裔候选人。那些候选人,为了争取献金和选票,也常常在某些方面迎合亚裔华裔,但毕竟难以真正代表亚裔华裔的要求。有些白裔候选人甚至在当选后食言,某些非裔当选者也未能施展影响。因此,华裔直接参政的意愿日烈日浓,并开始付诸行动。

骆的家庭是典型的移民家庭。其祖父十多岁从广东台山移民美国,后来回台山结婚。但限于美国移民法,祖母只能留在台山。父亲骆荣硕出生在台山,在美国成长,后来回港娶亲;母亲出生在中国内地;父母在香港结婚后再回美国。骆荣硕在第二次世界大战时,曾在盟军中参加诺曼底登陆之役,战后经营餐馆和小生意。骆家辉1950年出生于西雅图。幼年只会说台山话,不会说英语;在幼儿园因为不吃美式早餐,而被教师打手板。保持着中国人美德的父母,对他最大的影响有二:辛勤工作,努力读书。父母尽力培植儿女接受高等教育。他在西雅图富兰克林高中毕业后,1972年依靠学生贷款和奖学金,在耶鲁大学法学院毕业,1975年又毕业于波士顿大学法学院。他回到西雅图,担任华州助理检察长;在一次不如意的短暂婚姻结束后,做了十多年"单身贵族",全力以赴埋头工作。

政治生涯

骆家辉从政始于为西雅图菲裔议员西旁嘉、京县华裔议员周马双金助选。这使他感觉到政治活动很有趣,更有意义。此后,他开始产生"何不自己出马"的念头。

1981年骆家辉竞选华州议会众议员成功,任期达11年。其中担任州议会预算委员会主席达5年之久。在任内,他既为所有族裔服务,又为亚裔争取正当权益。公共资源的公平有效分配,使他赢得各族裔选民赞赏。他在州府设立亚太裔事务委员会、少数族裔与妇女创业办公室,通过针灸医师独立开业的法案;他还针对美国两党政治的通病,提出跨党合作的主张,深受两党有识人士欢迎。1991年,州政府员工选他为州议会风云人物。

1993年,他又跨进一步,以54%的得票率当选全美第13大县郡的郡长(县长)。这个县,员工多达1.2万人,年预算高达20亿。他积极推动和实施该县与西雅图大都会区的合作。他大力改进县府工作,提高效率,在裁员同时,加强公务员训练和专业辅导。他还解决了当地人至为关心的海鹰足球队留在西雅图的难题,并在西雅图华埠建立国际区社区广场,提供老人住宅和各种社会服务。他的种种建树颇得当地人赞许。

骆家辉向从政的更高层次攀登,亦得益于他的新近美满姻缘。1994年,他向西雅图五号电视台华裔记者李蒙求婚,租了一架直升机,回旋在李家上空,放下英文长幅:"Mona Lee I Love You"。此举颇为轰动。婚后,他们相得益彰。李蒙也出生在华人移民家庭。父亲是上海人,母亲是湖北人,均出生在中国内地,成长于台湾;因留学美国而结缘。李蒙出生在洛杉矶。所以人们称骆家辉为"加州的女婿"。他参选后,李辞去记者职,全力投入竞选。美国民主党主席贝南德认为,她的气质近于肯尼迪夫人。他预言,在李蒙配合辅助下,骆家辉将成为美国政坛新星。

华裔不分党派合力支持

在选举前,骆家辉即在民主党内初选中以绝对优势胜出,被人们普遍看好,并预期会取得最后的胜利。《旧金山纪事报》10月14日即引用华盛顿大学政治学教授戴维·奥森的评析:"华州州长竞选事实上已经结束,骆家辉将以压倒的优势获胜。"文章预言骆家辉绝对有把握成为美国内陆第一位亚裔州长。洛杉矶地区的中华工商团体联合会会长、《国际日报》董事长熊德龙在大力支持同时,预祝骆家辉胜率在初选过后提升到75%,这是华人定居美国以来唯一突破"玻璃天花板"的极好时机。

骆家辉在华州竞选州长,从一开始就得到华人不分党派、背景和倾向的同心共力支持,许多从前"鸡犬之声相闻,老死不相往来"的社团为支持骆家辉而并肩携手。为了筹款,骆家辉伉俪年中到纽约、旧金山和洛杉矶等地区。初选胜利后,共和党立即给他的对手拨款20万,而当地的主流媒体实际上并不支持骆。他再度到华人聚居较多的三大城市筹款。不同社团和侨领共同出席筹款会。洛杉矶100多家社团,不分地域、派别、团体,联合举办盛大的筹款会。其中包括主持"十一"升五星红旗、由88个侨团组成、以熊德龙为会长的中华工商一体联合会,也包括中华会馆、中华总商会、华美政联、越华会、宗华会、广东、潮州、福建等同乡会等等。这一举动生动地体现了美国华人面对主流社会的"荣枯与共"的共识。

人们的期望和祝福没有落空。发生在一个州的事,却牵引着全美的华裔以至整个亚裔。骆家辉当选消息传出后,广大华人欢欣鼓舞。中国驻美大使李道豫迅即致电祝贺。美华协会全国会长林敬忠说出许多人的共同感觉:"今天对华人和全体亚裔来说,是伟大的一天"。"骆家辉是每个亚裔的模范榜样"。这"将提升亚裔的自信心,让亚裔觉得,人数不多,仍可以有出头的一天"。他希望华裔下一代能以骆家辉为榜样,向国会进军,"国会已太久没有华裔议员了"。

2009年5月1日骆家辉正式当选奥巴马政府的商务部长,成为继能源部长朱棣文后又一位华裔部长。

美国历史上有3位华人在联邦政府担任部长职务,他们是:赵小兰、朱棣文和骆家辉。

赵小兰,祖籍上海嘉定,1953年生于台北,8岁时随父母移居美国。1986年,赵小兰弃商从政,先后担任交通部航运署副署长、联邦海事委员会主席、交通部副部长,并成为美国有史以来华裔在美政府中级别最高的官员。1989年被布什总统正式任命为交通部次长。2001年获新当选总统小布什提名出任劳工部长后,连任两届劳工部长。

朱棣文(Steven Chu)于1948年2月28日出生在密苏里州圣路易斯,祖籍中国江苏太仓。1997年,朱棣文因发明用激光冷却和俘获原子的方法获得诺贝尔物理学奖。2004年8月起,他担任劳伦斯·伯克利国家实验室主任,是首位掌管这个美国能源部下属国家实验室的亚裔人士。他在2008年12月15日被美国新总统奥巴马提名为能源部长。2009年1月20日,美国联邦参议院无异议通过朱棣文任能源部长的提名。

骆家辉于1950年1月21日出生于华盛顿州西雅图市,祖籍广东省台山市水步镇吉龙村。1972年毕业于耶鲁大学,获政治学学士学位;1975年,波士顿大学获法学博士学位。1982年,当选华盛顿州众议员,正式踏入政坛。骆家辉在1997年至2005年间两度担任华盛顿州州长,是第一个担任美国州长的华裔美国人。2009年2月25日,总统奥巴马提名他为商务部部长。3月25日,参议院投票通过后,骆家辉出任美国第36任商务部长,成为总统奥巴马内阁中第二位华裔部长。

内阁地方双创佳绩改写参政史华人仍在努力

近20多年来,随着华人人数的迅速增长,参政逐渐成潮流。华人参政的最普遍方式是投票参加政治选举。近30年来，华人在所在国政治选举中的作用和投票率普遍提高。美国华人表现尤其突出，不仅在国会、内阁层面寻求突破，同时，在地方层面，华人也积极参选市长、市议员。而在美国2008年总统选举中，加州和纽约州的7个县更实行中英文双语选票，足见华人参政温度的提高。

南加州今年举行的多个市议会选举，多名华裔当选，蒙特利公园市，华裔市议员占八成。纽约的新华裔聚居点法拉盛，市议员刘醇逸表现备受嘉许。旧金山三名华裔进入市参事会，更选出首次进阶的邱信福当主席，开了另一个先河。

同时，仍有华裔候选人为改写参政历史继续努力着。美国艾奥瓦州华人方纯仆宣布参选州长。由于之前较少涉及公共领域，该州华人对这位年轻的第二代华人，并不熟悉，不过基于对华人参政的鼓励，大家仍希望他在选战中能缔造佳绩。

华裔林健权在美国阿拉米达县任助理地检官10年，过去8年一直住在圣马刁市，如11月的选举中当选，他将成为圣马刁市140多年历史上首位华裔市议员。美国胡桃谷水局理事张玲龄计划更上一层楼，宣布参选钻石吧市议员选举。亚特兰大华裔万斯祺将参选亚特兰大市议会第六选区市议员，他是亚特兰大市议会历史上第一位角逐该职位的亚裔人士，他出马已经获得华人小区的赞许与支持。

参政观念获飞跃美华人缺席核心决策层

同济大学中美关系专家仇华飞教授在接受《上海侨报》采访时曾指出，华人群体逐步发现，参政很重要，原来那种"重钞票不重选票"的观念在变。美国政界有一句名言："政治就是社会资源的分配"，因此美国许多学者都认为，在美国当了官也就意味着有了资源。华人参政实际上就是对资源的一种追求，这和以前开店赚钱是殊途同归的。

对于华人参政的未来前景，仇华飞指出，这个还很难说。毕竟华裔在美国还是少数民族，一个少数民族要想代表美国大多数人还需要漫长的过程。

尽管现在有很多华人参政，但是在国会、政府和法院里还没有华人担任要职。参、众议院那么多委员会里也没有华人。现在进入白宫的华人都是一些技术官僚，比如商务部长、能源部长，但真正的核心决策层里还没有华人，华人只是提出一些参考性的意见，不起决定作用。

华裔移民和欧洲移民在融入美国社会中还是有差距的。可能是受传统文化影响，华裔在自我表述和社交能力上还有欠缺。要真正进入政坛，他们各方面的素质，比如人际关系、服务意识、语言和形象等都需要提高。他们要和美国联系更加密切，参政的人要能够在形象上和行为举止上符合美国民众的要求。

第二代、第三代华人承担更重参政议政使命

第一代华人怀揣着"淘金梦"踏上异国他乡,他们凭借着"三把刀"闯天下的经历让世人看到了"野草精神"的真谛,看到了华人身上的坚韧和气概。意大利《欧联时报》曾刊文指出,如果说第一代华人是我们值得骄傲的榜样,那么作为第二代、第三代华人就更应该肩承重任,不辱使命。

随着华人的身影在国际政坛上崭露头角,华人参政议政也成为一个很热的话题。综观海外华人社会,现如今的华人经济已经成为海外经济社会中不可或缺的力量之一,华人的社会地位也在不断提升,同时华人的维权意识和对话语权的渴求也日益显露出来,而这一切既表明华人参政议政是社会发展的必然趋势,同时也为华人参政议政提供了条件和可能。

经济实力的增长,话语权的缺失,两者的不平衡势必会成为华人社会发展的阻碍。所以改变华人对政治的不甚热心,引导华人积极参与政治可谓是当务之急。

必须承认,单纯的热心和积极推动不一定就能够得偿所愿,在历史和现实的背景中,华人参政议政注定是一条漫长且艰难的道路。相对于第一代华人而言,作为子孙辈的第二代、第三代华人在参政议政方面具有更为得天独厚的条件。首先他们没有语言障碍,受教育程度较高,比较容易进入主流政坛。其次他们既了解西方社会思想理念又具有东方传统文化背景,能够代表华人社会发出自己的声音。因此,华人参政议政的实现需要全世界华人的共同努力,但对于第二代、第三代华人而言,他们身上要承载和担当的似乎更多。

其实奥巴马和骆家辉有一个非常大的共同点,他们两人都出生于少数族裔家庭,小时候家庭贫穷,但之后都进入美国名校,然后投身政府事业,两人都很重视家庭。他们的主要观点大致相同,即美国应该通过提高自己的核心竞争力走出困局。

骆家辉多次在公开场合说:"我的祖父大约100年前从中国来到美国做仆人。我在离我祖父当年工作不到1英里的州长官邸工作。我们家花了100年走完这1英里,这个旅程只有在美国能够做到。我们的价值观、教育、辛勤工作、责任感和家庭,每一天都指引着我前进。"

2011年4月,由于驻华大使洪博培的辞职,奥巴马派骆家辉改任驻华大使,这是中美外交史上第一位华裔美国人出任驻华大使。

中国现代国际关系研究院发表文章评曰:

奥巴马在众多可能的接替人选中提名骆家辉有其良苦用心。其一,任用"华裔之光"为驻华大使,既体现出奥巴马对少数族裔权益的维护也显示出他对中美国关系的看重。其二,提名商务部长出任驻华大使透露出美国欲在亚太经贸领域大展身手的意

愿。3月9日,国务卿希拉里·克林顿曾表示,美国将领导亚太地区的经济合作,推动这一地区实现自由、公平和透明的贸易环境。

骆家辉本人热爱中华文化,对中国也有着务实的看法。比如说,他曾多次表示:"中美百年来一直是朋友","美国经济的未来,很大程度上有赖于对华贸易,美国不应把中国崛起看作威胁,而应看作一次重大的机遇"。

人们相信,他将是一名非常务实的外交官。

21　约翰·马歇尔

中国的某些人往往嘲笑美国宪法，说三权分立是资产阶级政客玩的手段，总统和最高法院院长都是资产阶级代理人，不存在"分"的问题，但我们的认识是，首先要弄明白，美国宪法所代表的是"以法治国"。因此，我们所要问的是"以法治国"是不是科学的。如果它是科学的，那就是说"法治"是放之四海而皆准的，"制约与平衡"也是放之四海而皆准的。有一个时期，中国曾经是"老和尚打伞"政治，法是没有地位的。本文要讲的就是一个关于法的故事。这个故事的主角就是约翰·马歇尔。

传记作家杰·爱德华·史密斯写道："在1801年约翰·马歇尔出任联邦最高法院院长以前，最高法院只是宪法上的一条条文而已，它只是几名法官的吵闹场所而已。从那年起的35年之内，马歇尔才一步步地把法院铸塑成一支真正的力量。在他领导之下，法院学会了用一个声音说话，成了具有威力的、受人尊重的政府中的第三支柱。它明确无误地阐明了司法审查的原则，使自己确立为解释宪法的权威。它肯定宪法是人民的工具，而不是各个州的工具。所以，如果说乔治·华盛顿缔造了国家，那么，马歇尔就是定型了国家。"

法官奥立佛·温德尔·赫尔姆斯说："如果要由某一个人来代表美国的法的话，不管男女老少都会同意，他只能是一个人，而且只能是约翰·马歇尔。"

按照英国的传统，宪法是"政"而不是"法"，因此它的解释权在于国会，而不是法院。马歇尔确定宪法是"法"（law），其解释权在于法院。从此，美国的最高法院成了裁决是否违宪的最高机构，其威信不可动摇。

不错，在华盛顿当总统时代，由于他个人威信之高，所以最高法院没有显示出宪法上所规定的独立作用，也就是没有起什么平衡作用。因此，在马歇尔前的三名大法官都只能默默无闻。马歇尔是美国历史上的第四任大法官。

马歇尔在自传中说："1755年9月24日，我生于弗吉尼亚州边远地区的福基尔县。我父亲没有多少财产，也没有受多少教育。但他有某种天赋，得以自我改进。我的早年教育就是在他指点下进行的。他教我读历史和诗歌。在12岁时，我就背诵了教皇的

《人是什么》。14岁时，我被送往离家一百英里的私塾，接受肯贝尔先生的指导。他是一名极有名的教士。一年后，又回家接受一名苏格兰牧师的教导。为期也是一年。以后，我就通过字典自学。父亲一直关注我的英语学习，所以他不仅是我的严父，而且也是我亲密的朋友。"

约翰·马歇尔，1832年

马歇尔接着说："我18岁时，英国与殖民地之间的争辩愈来愈烈，它成了当时老老少少最关心的问题。我也以充分的热情投入了这场争辩，并把大部分时间用来参加军事练习。我的主要读物也变成当时的时政论文而不再读古典文学或布拉克斯东的法律论文。"

19岁，马歇尔就正式参加当地的革命民军，并与当时的卖国贼阿诺德的军队进行过战斗。随后就参加了华盛顿直接领导的军队。在福奇谷，马歇尔跟随华盛顿度过了极为艰苦的岁月，成了华盛顿亲信人物之一。他的父亲也是一名革命战士，军阶为上校，马歇尔本人为步兵上尉，在战场上度过了5个年头。

马歇尔说，在这场战斗中他确立了这样一种信念：美利坚（America）就是我的祖国，我的生存就是为了它。

1779—1780 年，他获得机会回家，他利用空闲进威廉和玛丽学院听了韦思教授的法律课和校长麦迪逊先生的自然哲学课，并在 7 月份离校时得到了律师证书。

然后，他在自传中这样写道：

1782 年春，我被选为州议员，同年秋又被选取为执行委员会委员。1783 年 1 月，我同州财长的女儿艾布勒小姐结婚。4 月我辞去执行委员会职务，以便重返律师业务。但就在同时，福基（Fauquier）县选我为议员，我搬到了里士满定居，以便在弗吉尼亚高等法院辖内执行业务。

由于我在军队中结识很多人，他们给了我很大帮助。我的朋友遍布全州各地，他们都给我支持，我取得了比我预期的大得多的成功。

当时的政治主题是纸币问题、税收问题、信心问题和司法问题。当时政治家们关心的一个问题是联邦制度。詹姆斯·麦迪逊先生几年来一直是弗吉尼亚议会中的一名领袖人物，是他提出建议指派代表出席旨在修改联邦制度的费城会议。我们在议会中曾有几次讨论最好的出路是继续维持联邦还是各州分治？正反双方各自陈述了自己的意见，但并没有相互指责。麦迪逊先生是主张联邦并主张有效的联邦政府的。

当制宪大会把宪法草案交给州议会时，议会起初曾表示欢迎。但帕特里克·亨利和乔治·梅逊先生及其他一些人强烈反对。我曾在辩论中积极发言，并自始至终表示支持宪法草案。

我成长时正逢这样一个时代：热爱联邦和反抗英国已成不可分割的同一花朵中的花蕊；爱国主义与同波士顿公民共甘苦是不可分割的；任何一个正派的美国人都相信"联邦就生存，分离即失败"。我充满了这样的思想感情，这种思想感情成了我生命的本身。我带了这种感情投军，我在军队中看到来自各州的勇敢的人们不怕牺牲生命及其他一切而来军队中为最高的共同事业而奋斗。就在军队中，我养成了我的思想习惯，我认为美国是我的国家，大陆会议是我的政府。

我所在的县是压倒性地反联邦主义的，但我个人的群众关系甚好，党派的界线不足以妨害人们对我的个人感情。

弗吉尼亚人民大多是反对联邦主义的，但在某些最反对通过宪法的县中，有些有声望的人都是由于他们的个人品德而当选的，而并不是由于党派关系。经过一番热烈和滔滔不绝的辩论，宪法草案最后以 8 票多数获得通过。

1789 年、1790 年、1791 年，我连续留在议会中三年。1791 年后我又退出了议会，并决心告别政治。

1798 年，美国与法国发生摩擦，亚当斯总统派马歇尔等三人去法国谈判，于是发生了所谓的XYZ事件。原来法方有三位先生，即ZYZ，要求美国出一笔贿赂，才能见到拿破仑。马歇尔坚决加以拒绝，因此也没有能见到拿破仑。马歇尔的这种立场赢得了美国人民的热烈支持，他受到了人们的很大欢迎。

他接着写道：

我回里士满时决定专心一意当我的律师。我高兴地发现我的业务并不因为我的短期离开而发生任何具体损失，我的朋友们都热烈欢迎我回里士满，并要求我接受众议员之职，我毫不迟疑地加以拒绝。我认为我的决心是不可能改变的了，然而我错了。

华盛顿将军给了我和他的侄子华盛顿法官一个邀请，要我们两人到芒特弗农去过几天，我们去了，他恳切地要求我们进众议院，华盛顿法官答应了，但我以个人困难和个人原因拒绝了。我永远也不会忘记他如何说服我。

他说，在国家事务中常常会有一些危机，这些危机要求一个公民放弃他个人的利益去服从公共的利益，我们今天就是处于这样的危机之中。他详细讲述了当今美法矛盾的实质，他认为如何使国家取得最大的利益有赖于未来国会的品质。他讲得十分诚恳，这是我生平接受的最有意义的谈话之一。他最后要我看看他的处境。他退职时曾下定决心决不再充任任何公职。他曾向公众表明他的决心，他的动机也已阐明，人们不可能不理解，但他终于又答应出来再一次任军队首脑。

我没有办法不服从。竞选很激烈，但我获胜了，1799年12月我获得了众议员席位。1800年，我回弗吉尼亚不久，获得了亚当斯先生与皮克林先生决裂的消息，我被任命为国务卿。接受还是拒绝呢？当时我实在难下决心，我的偏爱仍然是当律师，但从提任众议员起，我已被认为放弃律师生涯，人们已完全把我当作一名政治人物。另一方面，国务卿的职位正是我愿意担任的职位。我私下认为我还比较合适于这一职位。只要我党在朝一日，我愿为其服务一日。于是，我决意接受了这职位。

大法官埃尔斯沃思辞职后，我建议由副大法官帕特逊升任。总统亚当斯不同意，他的理由是：如果越过另一位大法官顾兴而任命帕特逊，将引起顾兴不满意。我没有听到他还有什么其他的理由，但后来有人说，据信帕特逊反对总统再次与法谈判的尝试。于是总统提了约翰·杰伊的名，杰伊不愿。当我把杰伊拒绝接受任命的信交给总统时，他若有所思地问我："你看我现在该提谁呢？"我说我不知道该提谁，因为我估计他仍然不同意提帕特逊。他稍作思考后说："我要提你。"

我从来没有听说过他希望提我做大法官，我也从来没有想到过这一点。我既惊又喜，默认了。第二天，他就提了我的名。我毫不掩饰对此一任命感到高兴。因我有充分理由感到高兴。不久，我接到帕特逊法官的一封很友好的信，他祝贺我任大法官，并希望我能长期地任职。

当时美国政治上分成两大派,即联邦党和共和党。前者的首领是汉密尔顿,后者的首领是杰斐逊。前者着重中央集权,后者着重地方分权。在1800年的大选中,共和党的杰斐逊和伯尔得票相等,要由众议院投票决定。汉密尔顿要求马歇尔投杰斐逊的票,但马歇尔断然拒绝。他说:我不会投杰斐逊的票,但既然你这样要求,我只能投弃权票。这说明此人极讲原则,不盲目服从什么"党性"。

亚当斯极尊重马歇尔,他请马歇尔当国务卿,不久又请他担任最高法院院长。他在这个岗位上一待就是35年,作出了一系列确立最高法院权威的判决。其中最闻名的判决是"马伯里诉麦迪逊案"和"合众国诉伯尔案"。他坚持他的法律观点,与行政当局(也就是总统)进行了对抗。

1801年3月,杰斐逊宣誓就任美国总统,他任麦迪逊为国务卿。原任总统亚当斯在卸任前任命了一批法官。这在历史上被称为"午夜的任命"。

马歇尔在离开国务卿职位时发出了25张法官任命状。其余的由于匆忙中疏忽,没有发出,被杰斐逊发现,他就下令麦迪逊停止发出。其中有马伯里等四人,马伯里乃向最高法院提出控诉,要求最高法院下令麦迪逊发下委任状。

这个案件名叫"马伯里诉麦迪逊"。马歇尔对这个案件做了一个很奇特的裁决,他一方面认为委任状有效,杰斐逊不该扣押;另一方面又认为,最高法院无权向麦迪逊下强制执行令。历史学家杜马斯·马隆评论道:马歇尔在同意受理马伯里案件时,无疑使自己面临了一个两难问题。如果他打算颁发一项强制执行令,他将无法执行,因行政当局一定会置之不理。相反,如果他不受理马伯里的申诉,那就会证实理在他一贯所仇视的行政当局手中。这位首席法官很可能有时会后悔拣起这么一个烫手的热土豆。他最后所采取的用以摆脱这个难局——同时也要尽最大可能来提高法院针对行政和立法而言的权威——的手段实在令人惊讶不已。如果他不是按照他在实际判案中对各问题所采用的排列次序的手法的话,他势将不能完成这一得意之作。在许多问题上他完全采用了查尔斯·李(前检察长,在此案中任马伯里的代表)的论点。但李想首先回答的那个问题马歇尔却把它放在最后回答——最高法院是否有权颁发强制执行令。马歇尔反其道而行,以以下次序排列三个问题:申诉人是否有权实现这个任命?如果他有权而此权受到违反,那么,法律是否为他提供某种补救?如果他首先就关键的管辖权问题作出答案并作出否定的条件(他最后是做了否定答案),那他本来就用不着再提其他问题了。

从行政当局的观点看,最令人难堪的论点是这样一点:扣住马伯里任命的行动是"不符合法律的,是有违于既成的合法权利的"。查尔斯·李花了极大的力气来证明这种任命的确存在过（姑且假定他的确做了如此证明）。但作为控诉对象的麦迪逊不能对他在未就职以前所发生的事情负责，说句公道话，马歇尔可能多少有这个看法。证明杰斐逊扣压任命的法律证据甚为欠缺，但人们认为首席法官的裁决就是斥责这位总统是一名违法者，而很难作除此以外的意图的解释。

马歇尔认为，一个部门的部长，当法律要求他履行某种足以影响个人权利的任务时，他就应像其他任何人一样守法。这种履行手续是不受总统的特定指示影响的，是不能受总统禁止的。这一案件就是这样一类案件——一起明白的案件，应强制或者发出委任状，或者发出一份抄自记录的副本。凡读至此的人一定会推测，接着会发出强制执行令，因此总统将受到司法的直接挑战。但事情并没有照此发展下去，也并没有发生部门间危机，因为马歇尔又加上了一段话，他说，若授权他的法院来颁发这样一种命令，其本身将是一起违宪的法律运行。

马隆认为，马歇尔以上种种说法"在精神上和目的方面都明显地有派性"。他说，这位首席法官的话"带有这样一种暗示：不能相信杰斐逊会遵守法律"。

所以，在这起案件上，马歇尔实际上采用了"打了就跑"的政策，他打了杰斐逊一记耳光，然后溜之大吉。

不过，闹得更凶的是"合众国诉伯尔案"。

伯尔在决斗中击毙汉密尔顿后，自知在东部已站不住脚，乃窜往西部，想建立一个庞大的独立国，甚至包括墨西哥，他深知英国公使梅里非常不满杰斐逊，打算钻这个空子。他派了他的助手威廉森上校去见梅里。

梅里在 1804 年 8 月 4 日给英外相哈罗比勋爵的报告中说，伯尔通过威廉森上校向他表示，伯尔愿为英王政府提供服务，可用英王政府认为合适的方式使用他的服务，"特别是想法促成合众国西部之分离，即使西部从海岸至阿巴拉契山脉间从美国分离出来"。报告还说，威廉森上校不日拟赴英国向勋爵面陈细节。梅里还分析了伯尔的处境，他说共和党和联邦党都已抛弃伯尔，但伯尔本人对群众还有影响，他指出伯尔有很大的个人野心，他对杰斐逊怀有很大的报复心理，凡此种种，英政府大可加以利用，他会为英国效力。

1805 年 3 月 29 日，梅里又向哈罗比递了一个报告，并标明"绝密"。他说他从伯尔处获悉路易斯安那（比今天的路易斯安那州大得多）的居民看来已决心搞独立，唯一的疑虑是不知能否得到外国的明确援助。梅里说："伯尔先生虽然尚未向我陈述他的计划的真正性质和规模，但很明显的是，他决心要使自己成为完成上述事业的一个工具。"他还引用伯尔的话说，为了明显的理由，路易斯安那人民宁可选择英国的保护和援助而不是法国的援助。但英国政府若不想插手，那么，伯尔也可能向法国觅取援助。他还说，伯尔的要求有限，他要求派两三艘炮船和两三艘较小的船只驻于密西西比河口，防止合众国派船封锁港口，从而保持伯尔的队伍能从海上与外界保持联系。梅里说，至于费用，伯尔认为只要"贷款"10万英镑就够了。为了防止外界怀疑英国插手，此款不宜直接从英国汇至美国。据悉美国对英国有一笔欠款20万英镑，于1805年7月到期，他建议英政府可从此款中拨出一半。至于如何使这笔钱转到伯尔手中，伯尔自有办法且不致引起任何人的怀疑。伯尔一直与梅里保持秘密接触，直到1806年1月，英首相威廉·皮特逝世，这个计划才暂告搁浅。

不过，后来伯尔阴谋败露受审的过程中，英方之上述材料尚未揭开，也就是说，官方起诉人没有在法庭上提出上述材料，否则，很可能会影响审判的结局。

对伯尔的起诉是由威尔金森将军的告密引起的。威尔金森将军当时是陆军司令，又是路易斯安那总督。最初，威尔金森和伯尔是一伙的。伯尔首次西行时尚带有副总统头衔（于1805年3月届满）。他西去后久无消息，首都曾有不少传言，但他终于来了一次，随后他又走了。约在1806年下半年，威尔金森获悉了杰斐逊将解除自己职务的流言，不胜恐慌，乃抢先告密，说伯尔谋反，并附上伯尔的密码信的破译文："你5月13日的来信已收到。我终于已筹集了基金，并已真正开始行动。从各地和以不同名义筹组起来的各个东部支队将于11月1日在俄亥俄会齐。内内外外各因素都对我们有利。已保证取得英国海军的保护。特拉克斯顿将往牙买加同该处之海军将领作出安排。我们将在密西西比相会。英国和美国的一支海军将参加进来，我已向我的朋友和追随者发出最后命令。这将是一次群英会。威尔金森将是仅次于伯尔的领袖，威尔金森将决定军官们之等级及升迁。伯尔将于8月1日赴西部，决不回首。他将带他女儿一块走，女婿将于10月走，请派一名有头脑和切实可信的使者以便伯尔能同他商谈，他可立即返回以便带回更有意义的细节，这对调和和配合我们的行动是极为重要的。"

事情的发展大体是这样的：约在1805年春，伯尔认识了一位名叫哈曼·布伦纳哈赛特的爱尔兰移民，他占有了俄亥俄河中的一个小岛，生活得非常阔绰。伯尔准备以布伦纳哈赛特岛为根据地，会集兵马，以图大举。1806年夏，船只、供应品和人员汇集在布伦纳哈赛特岛，这时，伯尔就致威尔金森密码信，准备在密西西比的纳奇兹会合。1807年1月10日，伯尔从报纸上忽然看到威尔金森告密的消息。他第一个反应是向纳奇兹地方当局自首，法院让他交保候讯。但不知什么原因，他又改变主意，放弃保金开始逃逸，结果2月20日在途中被抓获，被押送至弗吉尼亚的里士满受审。

主持审判的是大法官约翰·马歇尔本人。这场审讯曾轰动一时，法庭于1807年6月24日开庭，以叛国罪诉伯尔。官方的主要证人是威尔金森将军，这位将军本来的名声就不佳，他在答问中表现笨拙。相反的，伯尔表现得潇洒自如，十足体现了绅士派头。在听众的心目中威尔金森与伯尔的原告和被告地位似乎来了一个颠倒。

杰斐逊总统亲自在幕后指挥检察官（也就是原告律师）乔治·海。但伯尔却请了当时的第一流律师亨利·克莱，后来又聘卢瑟·马丁。后者公然把矛头指向杰斐逊，他说："杰斐逊先生在这场官司中表现为一名与被告作对的积极分子。难道他想成为有关证据是否可靠问题上的法官吗？审判长先生，杰斐逊先生是一名没有法律知识的人，早在革命以前他是当过律师的，但只是一名默默无闻的律师。从那以后，他长年当官，所以他已有足够的时间把他以前所学的一丁点儿法律知识忘个精光。"

马丁先生的话可能有道理，因为愈是大政治家、大理论家，就愈不屑研究细枝末节，也就在小问题上成了一名小丑。杰斐逊早在审讯开始前就在众院内指责伯尔为叛国分子，以总统身份作这样的议论当然是有失水准。而且，在法庭已判伯尔无罪后，他仍坚持认为伯尔是叛国者。

马歇尔最后作出结论说："劝人叛逆或促使叛逆并不等于事实上叛逆。"他说，如果说伯尔因在布伦纳哈赛特岛聚合人马一事而犯叛逆罪，那只能因为伯尔招集人马是为了想对合众国发动战争。但要说他的确从事此项叛逆性的聚合，必须有两名证人的证明。他说，现在有两种情况：在一种情况下，由于本人在现场，从而使聚合之罪行成为他的罪行（但伯尔当时并没有在现场）。另一种情况是，个人招兵买马的活动使聚合之罪成为他的罪行。在现场，或活动，两者都同样需要有两个证人的证明。关键是"宪法明文规定需要有两个证人的案件，若在没有直接和正面证人的情况下定罪是绝对说不通的"。

9月1日，法庭正式宣布伯尔无罪。这个判决获得了群众的欢呼。伯尔成了英雄。但当时纽约等地仍未忘记伯尔之枪杀汉密尔顿一事，所以伯尔在案件结束后离美前往欧洲居住。

杰斐逊对马歇尔的这一判决一直耿耿于怀，他甚至说："我希望，对叛国犯不必拘泥于法律形式，只要人民同意就可以把他关押起来。如果我们在战争一开始让法律捆住我们的手脚，我们能取得胜利吗？"

马歇尔与杰斐逊的对抗贯穿了杰斐逊总统的8年任期，成了杰斐逊最感头痛的问题。在无可奈何之下，杰斐逊讲了这样一段话："当马歇尔问你今天天气如何时，你只能答今天天气'哈哈哈'，因为不论是正面的回答或反面的回答他都可以把你解释得适成其反。"

1828年总统大选时，马歇尔说，如果约翰·昆西·亚当斯连选连任，他将告老退休。结果杰克逊击败了亚当斯，他不得不继续干下去。为什么？因为他认为亚当斯是"联邦主义者"，他挑选的大法官后继者必然是维护联邦的人，而杰克逊的副总统卡尔洪则是臭名昭著的分裂分子。他肯定杰克逊将委任反联邦派人物来继任他，所以他必须继续在位，与反联邦派斗争到底。（后证明杰克逊与卡尔洪有矛盾，杰也是反对分裂的）

1835年，马歇尔死于任上。

22　索妮亚·索托马约尔

2009年5月26日，奥巴马总统提名索妮亚·索托马约尔为美国最高法院大法官，代替自动退休的戴维·苏特。8月6日，在经过听证后，参议院以压倒多数通过了索托马约尔的任命。

奥巴马认为参议院的决定是一次"历史性投票"。他说，美国的建国核心理想正义、平等和机会，是让索托马约尔的独特美国梦成真的原因。他说："这不只是索托马约尔和她的家人美好的一天，也是美国美好的一天。"他称赞这位拉美裔大法官具备"作为一名最高法院大法官至关重要的深厚阅历和远见卓识"。

索托马约尔将成为美国历史上第111位大法官，也是历史上第3位女性大法官。

参议院民主党领袖里德说："这项任命不仅启发了数百万计的年轻女性和拉美裔美国人，也启发了全国人民。"

共和党全国委员会主席斯蒂尔说："这是历史性里程碑。"

纽约市市长佩特森说："它高举我们许多人维护的价值：努力不懈，牺牲和决心。"

民权领袖会议主席亨德逊说："这是平等机会原则和美国民主制度的一个大跃进。"

为什么奥巴马认为这一次是"历史性投票"？先让我们看两个材料：

第一，美国权威学者塞缪尔·亨廷顿在《文明的冲突》一书中写道：

美国的传统特性所面临的最严重的挑战来自大规模的、持续不断的拉美裔移民，尤其是墨西哥移民。随着其人口的增长，墨西哥裔美国人日益推崇自身的文化，同时蔑视美国文化。

统计数据充分显示出拉美裔美国人的崛起。在美国国内或海外出生的拉美裔美国居民在3年前（1996年前）就超过美国黑人，成为美国的第一大少数民族，其总人口很快就会达到4000万。拉美裔移民中的800万—1000万人是非法移民。如果拉美裔移民当前的出生率以及他们移民美国的上升趋势保持下去，拉美裔移民的人口在2018年左右就会占加利福尼亚州人口的50%以上；在21世纪中叶，拉美裔移民可能会占美国总人口的四分之一。

第二，2004年3月5日《环球时报》有一篇文章这样写道：

拉美移民蜂拥而至美国，给美国带来的冲击也不亚于一场战争。一项对美国军人构成所做的调查表明：黑人、拉美裔人等在美国军队中人员众多，此次派往伊拉克前线作战的美军士兵中，差不多6个中就有1个是拉美移民。在美国的外交系统、军队系统、情报系统和跨国公司中，少数族裔和非白人所占的比例大大高于他们在全国人口中所占的比例。

索妮亚·索托马约尔

曾以"文明冲突论"扬名全球的哈佛大学教授亨廷顿，在今年3—4月号的《外交政策》杂志上更以"拉美移民的挑战"为题发出警告说，目前已超过美国黑人总人口的拉美移民，一直拒绝美国的主流价值观，也不愿融入美国的主流文化，反而形成了拉美移民自己的、从洛杉矶延伸到迈阿密的政治和语言圈，这种现实可能会使美国分裂为迥然不同的两个民族、两种文化和两种语言（英语和西班牙语）。有人甚至认为，过去在拉美流传的"多么可怜的拉美，离美国这么近，离上帝这么远"这一名言，已变成"多么幸运的拉美，离美国这么近，离上帝这么远"。

2011年4月15日，美国之音更有一篇文章谈拉美移民问题。文章说：

最近公布的美国人口调查显示，美国的拉美裔人口显著增长，而增幅最大的是德克萨斯州。人口结构的变化给州政府带来了很大挑战，未来的繁荣有赖于德州如何应付这一挑战。

不久前，休斯顿拉美裔商会每年一次的午餐会还只是休斯顿规模最大的拉美裔商业活动，如今这个午餐会已成了休斯顿所有活动中规模最大的一个。不但吸引拉美裔商家，也吸引了整个商界和政府中非拉美裔的人士参加。

赖斯大学社会学教授史蒂夫·默多克说：拉美裔所面临的问题是：这些人通常所受的教育要比非拉美白人低得多，其收入也要少得多。

由于拉美移民持续和大规模地涌入美国，以及拉美裔育龄妇女的高生育率，美国的拉美裔移民人口不断攀升：2000年，拉美裔移民占美国总人口的12%，即大约3470万人；从2000年到2002年，拉美裔移民人数又增加了近10%，目前已经超过美国黑人总人口；到2050年，拉美裔美国人将占美国总人口的25%。拉美裔美国人正在"急剧攀升"。

拉美裔移民中的非法移民人数，也在显著增加。美国现有的非法移民总数从1998年的600万人，上升到2003年的800万—1000万人。这些非法移民没有受过多少教育，只说西班牙语，且大多处于赤贫状态，他们在就业、治安等方面给美国社会造成了巨大压力。还有拉美国家与美国在经济发展水平上的巨大差距，以及美国文化、就业机会等对拉美裔移民的强大吸引力，加上美墨之间长达2000英里边境线疏于防范等因素，导致拉美裔移民继续踏上合法或非法移民美国之路。美国国会中的一些人甚至要求严格控制来自墨西哥的移民，以避免恐怖分子"钻空子"。

美国西南部是拉美裔移民最主要的聚居地，如墨西哥人聚居于加利福尼亚州南部，古巴人在迈阿密。但拉美裔移民近年来一直在美国其他各州"攻城略地"：从1990年到2000年，拉美裔移民增长率最高的州依次为：北卡罗来纳、阿拉斯加、佐治亚、田纳西、南卡罗来纳、内华达和亚拉巴马。

以佛罗里达州的迈阿密市和康涅狄格州的首府哈特福德市为例，2003年，哈特福德市人口的40%是拉美裔移民，超过了该市的黑人人口（占38%）的比例。该市的首任拉美裔市长宣布，哈特福德市已经成为一个拉美裔美国人的城市。

迈阿密是美国50个州中拉美裔移民人口比例最高的大城市。迈阿密人口的2/3是拉美裔移民，其中古巴移民或他们的后代超过1/2；而且，75.2%的迈阿密成年人在家时不说英语。在近30年里，说西班牙语的拉美移民，尤其是古巴移民几乎垄断了该市的主要政治经济部门——迈阿密最大的银行、房地产开发公司、法律事务所的总裁都是出生于古巴或古巴移民的后代；迈阿密市长、警察局局长和迈阿密的戴德县县长、警察局局长和检察长,来自迈阿密的美国国会议员,以及来自迈阿密的佛罗里达州议员,1/2是古巴裔移民。

现在美国发生了奇怪的事情:在迈阿密,英裔美国人和美国黑人成了被忽视的"少数民族"。由于无法与政府官员进行沟通,并且受到商店售货员的歧视,英裔美国人被迫同化融入拉美裔移民的社区,或者不得不离开迈阿密。在迈阿密,古巴移民经常在汽车保险杠上写着:"请在汽车里挂上古巴国旗,直到最后一个英裔美国人离开迈阿密。"

在所有的拉美裔移民中,墨西哥移民不但人数最多,而且与美国有独特的历史渊源。由于1835—1836年的德克萨斯独立战争和1846—1848年的美墨战争,美国夺走了墨西哥1/2的领土。美国现在的德克萨斯、新墨西哥、亚利桑那、加利福尼亚等州都曾是墨西哥的一部分。因此,墨西哥裔美国人自然而然地认为,他们在这些土地上享有特殊权利。有拉美人士说,墨西哥移民正在人口、社会和文化上"收复"美国西南部。对墨西哥人来说,富裕的北方邻国有着巨大的吸引力:那里的工资再低,也比他们在墨西哥挣得多。许多人已经把美国西南部与墨西哥北部并称为"美墨"地区或"墨西尼亚"。20世纪90年代,墨西哥总统塞迪略表示,墨西哥已经延伸到它的边界之外;他的继任者福克斯把墨西哥移民称作英雄,并认为自己是1.23亿墨西哥人的总统,其中1亿在墨西哥,2300万在美国。

一项调查显示,没有一个出生于美国的墨西哥裔儿童认为自己是美国人。美国国家情报委员会前副主席格雷厄姆·富勒因此警告说:"美国'移民大熔炉'正日益面临挑战,墨西哥移民的聚居区是如此集中"。

拉美裔移民甚至拒绝使用英语。例如,2000年,在美国有2800万人在家时说西班牙语,有近1380万人的英语口语很差,这一数字自20世纪90年代以来已经上升了66%。在迈阿密,西班牙语在2000年不但成为大多数居民的家庭用语,而且成为商业和政治活动中的通用语言。

由于拉美裔美国人的数量和影响力的不断增强,他们的领导人正在积极谋求把美国转变为一个双语社会,把西班牙语作为美国的第二官方语言。拉美裔美国人反歧视联盟主席就宣称,英语根本不够用,我们不需要一个只说一种语言的社会。拉美裔移民建立的众多组织已经促使美国国会批准了双语教育方面的许多项目,而寻求占领拉美市场的拉美裔移民的商业团体也支持在美国推广双语,因为美国市场瞄准拉美顾客,就意味着它们需要越来越多的双语雇员。

在1917年,美国前总统西奥多·罗斯福曾说过:"我们只要一面国旗,我们只要一种语言。"然而,后来的总统就开始千方百计争取其他族裔选民的支持。像2000年6月,美国总统克林顿表示:"我非常希望我是美国历史上最后一位不会说西班牙语的总统。"

在这样的历史大背景之下，索托马约尔的当选，确实具有非同寻常的意义。

55年前，索托马约尔在纽约出生。她的父母都是来自波多黎各（加勒比海小岛）的劳工阶级。在索托马约尔很小的时候，她父母就带着她和弟弟搬到布朗克斯代尔居民区，她在当地政府为穷人建造的公寓里长大。

索托马约尔9岁的时候，她的父亲去世。她的母亲塞林娜有时候要干两份工作，其中一份工作是在一家戒毒诊所当护士。塞林娜就靠这些微薄薪水养活索托马约尔姐弟俩。索托马约尔对母亲抱有深厚的感情。她后来回忆说，她母亲非常重视对子女的教育，设法把她和弟弟送进一所教会学校，还买下了社区内仅有的一套百科全书。在为希望报考法学院的学生制作的一部录像片中，索托马约尔这样讲述了她的母亲："我之所以有今天，全是因为我母亲。我的能力只是她的一半。每当我想到她克服了多少艰难困苦，我都不禁感到惊讶。"

索托马约尔在1998年接受采访时说，小时候她最爱看当时美国流行的侦探剧《南希·德鲁》，渴望长大以后成为像剧中少女神探那样的警探。不过8岁时，她被诊断患有儿童糖尿病，需要终身注射胰岛素，医生劝她打消当警察的念头。不久，她把对南希的崇拜转移到另一系列法制剧《佩里·梅森》上，发誓将来要当法官。

高中毕业后，索托马约尔被美国著名的普林斯顿大学录取，并获得奖学金。当时，她是那里仅有的几名拉美裔学生之一。她大学时代的同学、好友索托朗戈说，索托马约尔十分关心社会正义，并为增加少数族裔教师或同性恋权利等问题大胆直言。"她一直独树一帜，与众不同。她认为有不公现象的时候，总是直言不讳地指出。"

索托马约尔后来曾经对外界表示，她的生活经历和拉美裔传统为她的思想提供了参考；但她的司法决定则完全是依照法律。

奥巴马在公布新任大法官提名人选时说，他期待索托马约尔不仅给最高法院带来多年法律生涯积累的经验和知识，还带来从"多彩人生旅程中汲取的智慧"。

在普林斯顿，她获得了本科生最高荣誉。带着这份荣誉从普林斯顿毕业后，她进入耶鲁大学法学院继续深造。

即便如此，索托马约尔总觉得与所处环境格格不入。"尽管我在普林斯顿、（耶鲁）法学院待过多年，干过各种法律工作，但还是不能完全融入我所在的圈子，我总是在考虑自己合不合拍。"她在接受采访过程中说。

毕业后，她进入纽约法律界。她一度进入纽约曼哈顿地区检察官办公室工作，同时接手一些私人案子。

1995年，索托马约尔因一桩案子的判决成为全国名人。

借职业棒球案的人气，1997年，她获得时任总统比尔·克林顿的赏识，提名联邦上诉法院法官。这一提名经过不太费劲的周折，于 1998 年获参议院通过。一般认为，这一职位是通往最高法院大法官的一块跳板。

2009 年 8 月 6 日，美国参议院以 68 票赞成、31 票反对的投票结果通过了索托马约尔最高法院大法官的提名。反对票全部来自共和党阵营。这一点不难理解——传统上，9 位大法官中大体维持着偏自由派与偏保守派的平衡。此前退休的大法官苏特被认为属于温和自由派，而索托马约尔本人虽然被认为比苏特更偏保守，但是她的拉美裔身份使她被一些人归入民主党同路人。

主持批准听证会的民主党人雷希声称："这是一次特别的任命。""今后的数年，我们仍会记住这一时刻，我们伴随着索托马约尔走上大法官之路，我们国家通过这次历史性的批准程序而又前进了一步。"

23 罗伯特·李

在美国总统史上有两对父子总统，即亚当斯父子和布什父子。在美国名将史上也有过两对父子名将。其中一对是李氏父子，另一对是麦克阿瑟父子。

此处要谈的是内战中的南军名将罗伯特·李将军。要谈罗伯特必须从他父亲谈起，他父亲叫理查德·亨利·李，别名"轻骑"·哈里·李。从这名字看就可知道他是一名骑兵手。

先说哈里·李，他1756年生于弗吉尼亚，1773年毕业于新泽西学院，即后来的普林斯顿大学。1776年参军任骑兵上尉，1778年升少校，1780年升中校，被派往南方战场任格林将军助手，以骑兵伺机袭击英军康沃利斯的部队，曾建立大功。他的最后军衔是少将。1792年任弗吉尼亚州长，1799年任众议员。同年，华盛顿逝世，哈里在议会中盛赞华盛顿时留下了一句可传万世的名言。他说，华盛顿"在战争中占第一位，在和平中占第一位，在人们的心中占第一位"。

但哈里也参加了当时风行的土地投机活动，弄得倾家荡产，两度因债务入狱。在1812年战争的过程中，他又硬出头，去保护一家反对战争的报纸，结果被群众打得半死，虽送往西印度群岛去休养了很长一个时期，也不见恢复健康，他自知必死，想再见他妻子和孩子一面，乃于1818年回国，在佐治亚州沿海登陆，但他的身体已经不行了，来不及回弗吉尼亚老家，就死在格林将军的佐治亚庄园中。

罗伯特·李

罗伯特生于1807年1月19日,是哈里的续弦夫人所生,那时李家家境已告衰落,他妈妈因丈夫的事心情不愉快,得了瘫痪之症,所以罗伯特在少时就服侍妈妈,并从小笃信基督。他母亲曾说:"罗伯特不仅是我的儿子,也是我的女儿。"因此,就对付艰苦环境而言,罗伯特从小就坚如铁石,而在处理人与人的关系时,又具有菩萨心肠。

1825年,罗伯特入西点军校,因为军校是免费的。他在班上以第二名毕业,得分比他高的一位叫威廉·蔡斯·惠丁,但此人没有什么军功,所以人们早已把他遗忘。

在墨西哥战争中,罗伯特·李最初在泰勒将军麾下任上尉,不久,被斯各特将军调走,从海路登陆远征对方首都墨西哥城,因战功三次获升迁,所以斯各特不仅是李的老上司,也是他的大恩人。

1852年,李被任为西点军校校长。1855年,当时的陆军部长杰斐逊·戴维斯成立第二美国骑兵团,又名"杰斐逊·戴维斯骑兵团",团长为艾尔伯·约翰斯顿,副团长为罗伯特·李。这个骑兵团有一个大特色,它的每一个连的马,毛色必须统一,要么全是棕色,要么全是黑色,等等。1857年李升为团长。

1859年,发生了一起意外的事件,那就是约翰·布朗抢夺哈普渡口起义。这事本来与李不相干。但李恰巧从德克萨斯驻地回家度假,而他的家距首都不远。一天,突然有一名陆军部小军官来找李,要他立即赴陆军部受命率领一支人马到哈普渡口镇压约翰·布朗,这样李就成了捉拿布朗的"功臣"。

1861年,南北分裂之势已成。李于驻地接到斯各特命令,要他去华盛顿。斯各特当时是陆军参谋长,陆军部长为卡麦隆。他们两人示意李,愿任李为"一支十分强大的联邦部队的司令"。李说,让他仔细考虑后再做决定。4月20日,李写了两封信,一封是给他姐姐的,一封是给军部的。

他给姐姐的信说:"整个南方已处于革命状态,弗吉尼亚经过一段长时期挣扎后也已卷入其中,尽管我认为这一切并无必要,但我必须面对这样一个问题:我是否将投入一方反对我自己的州。""尽管我效劳于联邦并忠于我作为美国公民的责任,但我仍未能下决心举手反对我自己的亲戚、孩子和家庭。因此我已辞军职。除了为本州服务外,我真诚希望永远不会有此种需要,我希望我州永远不会召我去从军。我知道你将责备我,但我希望你能尽量谅解我的心情,请相信,我是力求做我认为是正确的事情。"

李给军部的信说:"自本月18日蒙召见以来,窃以为不该继续供职于军部,谨呈上此辞呈,并希照准,本应及早表示辞意,但念及我最好之年华和最旺盛的精力为之服务的对象,今将与之分离,实不胜惆怅,故几经斗争,乃拖延至今。在上述整个期内——超过1/4世纪——我一直蒙上级照顾,并备受众袍泽之友爱。就我所受之恩惠和关怀而言,我所当感谢者莫过于将军阁下。我一直衷心力求不辜负阁下之期望,我将至死不忘阁下的大恩大德。阁下的威名和光荣将永铭我心。除了保卫我的本州外，我决不再参与军事，请接受我最诚恳的祝愿，并祈阁下永远幸福和昌盛。"

斯各特将军获悉李的决定后，气愤和遗憾地说："这是他一生中最大的错误。"

李回家后被其本州任命为弗吉尼亚军司令，但不久又被邦联（蓄奴州成立之政府）总统戴维斯任命为北弗吉尼亚军司令，负责保卫邦联首府里士满。1865年又升任全军总参谋长。

李的治军效率很高，而且深得士兵之心，他的诀窍就是待人宽，律己严。伪总统戴维斯也是西点毕业，比李高一班，此人不善公共关系，他与手下诸将及内阁成员一直争争吵吵，唯独李能与他相处。在李的指挥下，南军连续数次挫败了北军的攻势，迫使林肯像走马灯似的撤换波托马克军团司令。最后在葛底斯堡一战中，李军损失惨重，乃告一蹶不振。但林肯还是撤了打胜仗的米德将军，因为他胆小不敢乘胜追击敌军。

林肯最后找到了合他心意的将军，即格兰特将军，并任他为整个陆军的司令，格兰特采用大包围战术，终于迫李于1865年4月9日率军投降。次日，他向他的军队发表了告别词："你们以无与伦比的勇敢和坚毅在经历了四个年头的艰苦卓绝努力后，在压倒性的人数和资源面前不得不表示屈服。我用不着说，我之所以做此决定并不是由于不信任你们，而是因为我深感，任何勇气和忠心都不能弥补继续作战所将带来的损失。我决心使你们这一批曾对国家作出如此重大贡献的人不再作不必要的牺牲。根据协定条款，军官和士兵都可以回家，你们可以因你们忠诚为国服务而感到安慰，我诚恳祷告仁慈的上帝将给你们以祝福和保护。"

"我无限地敬佩你们的始终如一的对国家之忠心，也感谢你们对我个人的友好和无微不至的关怀，我谨向你们在此告别。"士兵们闻之无不落泪。

李率军向格兰特将军投降后，获得了格兰特的厚待，没有受任何惩罚就回家了。他回到了里士满从前住的老地方。

他的房东太太是一位好心肠的女人，不但好心肠且富于智慧，她知道李付不起房租，但她又不能对李说我不收你的房租，因为在富于独立性的美国人看来，这将是一种瞧不起人的表现。于是，她装出一副十分严肃的样子对李说："关于房租，我们必须严格遵照原有合同支付，决不允许改动，原租约上明文规定，房租将以南方币支付，所以你必须付南方币。"

原来那时南方币好似国民党的金圆券，根本不值钱，所以李实际上是没有付房租。

有一次，几位朋友来看李，李的女儿说她爸爸无以为生。说者无心，听者有意，其中一位是弗吉尼亚州列克星敦的华盛顿学院的托事。他回校后立即建议聘请李为该院院长，大家一致同意。大家还决议请现任院长布鲁根布鲁法官去直接同李商谈，布鲁根布鲁说,他有困难,他没有出门的衣服,于是托事会又设法为布鲁根布鲁借了一套衣服。

布鲁根布鲁到里士满见了李,李答应考虑一个时期后,再作答复。

1865年5月29日,约翰逊总统颁发了一份赦免公告,但李和一些首要人物不包括在赦免之内。

1865年6月13日,李为此上书总统,请求赦免:"由于被排除在5月29日公告可受赦免的俘虏之外,我特在此申请赐以恩惠,完全恢复我的权利,一如公告所示。"

但约翰逊总统无意赦免李。8月24日,李给华盛顿学院复信:"你们本月5日来信告诉我华盛顿学院已选我为该院院长,由于我想对这事作充分的考虑,所以迟至今日才作答复,请多多原谅。由于充分感到这一职位的责任,我深怕可能没有力量在岗位上满足托事们的期望或促进国家的利益。若要对年轻人给以适当的教育,所需要的不仅是足够的才能,而且我担心还需要比我这老年人所有的更大的体力。我担心我不足以担任正常的教育所应有的授课劳动,因此,我所能做的恐怕只是对学院的管理和监督工作。还有一个问题我也深以为虑,并值得托事会予以考虑。本年5月29日,合众国总统大赦令中我是不符合其条件的,我若出任院长,可能会引起人们对学院的敌意,从而给学院造成损害,而这是我极力要避免的。在今天国情之下,我认为每一公民都有责任尽其所能帮助恢复和平和和谐而不要反抗州或中央政府在这一方面的政策,特别对负责教育青年的人而言,尤其应立下一个服从权威的榜样,我决不允许自己对学院带来任何不利。不过,如果你们认为我在所提供的岗位上的服务可以有利于学院和国家,我将听命于并接受你们的判断。"

9月14日,李抵达列克星敦正式宣誓就任华盛顿学院院长。那时,南方的各著名大学都不景气,收不足学生,但华盛顿学院却由于李出任院长而吸引了不少学生,也吸引了不少捐款。

有人主张用捐款盖一办公大楼,李反对,他用钱盖了一个教堂,这教堂有地下室,其中一小间就是院长办公室,院长办公室既无秘书,也没有勤务工,事无大小,都由李亲自动手,他每天早上六点就上办公室,他每周要查看每一个学生的成绩。

有一位新生听说院长治院很严,就向李索取一份学生守则,李没有学生守则,却给了他如下的回答:"我们只有一条规则——随时随地要像一个绅士。"

有一次,李劝导一名学生努力学习,以求做一个成功的人,那学生反问道,"院长先生,你自己不是一个失败者吗?"李回答说:"是的,正因为如此,我希望你们能成功。"

但李在华盛顿学院最关心的是劝导学生做基督教徒。他读书不多,但他最喜欢的书就是《圣经》。他说《圣经》可以"满足一切的人类愿望。困难的是如何使自己的心和灵符合《圣经》的教导，从而获得力量，使肉身接受精神的控制"。他对教会的派系争吵毫无兴趣，他说："我关心的是如何使自己做一个谦卑的、真诚的基督徒！"

有一次，李看到他女儿写的一篇文章论农民、士兵和水兵，遂发表评论说，"第一种人是最有用的公民，后面两种是必要的恶，只要全世界都相信基督，此种必要就会消失。"

由于学院有自己的教堂，他参加每一次的礼拜，而且有时还在主日学中讲解经义。

有学生问道："上帝会应诺每个人的祷告，那么你为什么失败了呢？"

李说："上帝不能应诺每一个人的每一个祷告，如果是这样，那上帝就成了人的仆人，人反而成了主宰了。"

学生说："你失败了，这说明你的祷告不合理，是吗？"

李说："人不能猜度上帝的意志，人只能接受上帝的安排，我接受上帝的安排，没有怨心。"

1866年2月，国会曾找李去国会作证，以下是作证的记录：

问：关于教育黑人问题，你有什么看法？

答：就我所在地而言，人们表示愿意黑人受教育，他们认为这对黑人和白人都有好处。

问：你对黑人的能力，与白人相比而言，有什么看法？

答：关于这个问题，我并没有什么资格发言，不过我认为黑人在获取知识方面比不上白人。他们中间有的比别的聪明。

问：如果合众国与外国发生战争，如果南方叛乱各州从其中看到有机会摆脱合众国政府取得独立，你认为他们会利用这机会吗？

答：我没有任何根据可发表意见，迄今而言，我知道他们并无此意，但将来之事我没有办法说。

问：如果战争发生，分离主义者是否会与敌人站在一起？

答：有可能，但这要决定于每一个个人的感受。

问：万一这样，你个人的选择如何？

答：我现在没有，而且一直没有心情作任何选择。

问：你能否预见万一发生此事，你将作如何选择？

答：我只能谈发生过的，我不能假装预知未来。

问：分离主义者是否不喜欢北方人？

答：我看他们大概不喜欢同北方人为伍。我想他们不会选北方人为同伴。

问：在南方是否对战争结果有极深的失望？

答：我认为，他们对战争结果是失望的。

问：如果以参加反政府叛乱为罪名对一名弗吉尼亚人判罪，是否实际可行？

答：我不知道。

问：譬如说，一个南方陪审团是否会同意，以发动对合众国的战争为罪名而对杰斐逊·戴维斯判以叛逆罪？

答：我认为他们多半不会认为他犯叛逆罪。

问：如果法庭明确指示陪审团，戴维斯先生的此类行动已构成叛乱罪，陪审团是否会听从这指示？

答：我不知道。

问：他们一般不认为这是对合众国叛乱吗？

答：我想他们是这样的。南方人认为分离是州的责任，而不是个人的选择。

问：你个人意见如何？

答：我当初见解如下：弗吉尼亚退出合众国的决定使我这弗吉尼亚公民跟它走，因为它的法律行为对我具有约束力。

问：你认为你当初选择的道路是合理的？

答：是的。

问：如果宪法修正案决定给前奴隶以投票权，南方的反应将如何？

答：我认为，人们将反对。

李于1870年10月12日病逝。弗吉尼亚州列克星敦的华盛顿学院今天已改名为华盛顿和李大学。由于李没有获赦免，所以他到死时仍然是一名没有公民资格的美国人。

温斯顿·丘吉尔曾对罗伯特·李将军下了一道评语曰：他是"人类战争史中最伟大的将领之一"。

24　道格拉斯·麦克阿瑟

　　道格拉斯·麦克阿瑟是军人世家。1880 年他出生在阿肯色州小石城的军营里。他爸爸叫阿瑟·麦克阿瑟，曾任美国的菲律宾军事总督。道格拉斯的一生竟与菲律宾结下了不解之缘，他幼年曾在菲律宾，长大后又多年在菲律宾工作，成了美国少有的远东军事问题专家。

　　他的母亲出身于弗吉尼亚的一个富商家庭，她善于交际，而且带有强烈的贵族派头。据麦克阿瑟自己说，他妈妈的教育对他的成长有很大的影响。她鼓励他学习历史，浏览世界上杰出人物的传略。作为一名天主教派教徒，她向儿子灌输了强烈的宗教观念。她一心望子成龙，教育他说，总有一天他会像他父亲一样成为一名"伟大人物"。

　　为了步父亲的后尘，麦克阿瑟在中学毕业后进了西点军校，时年 19 岁。在西点的四年期间，麦克阿瑟成绩优异，给人留下了深刻的印象。学业上，他在四年中有三年名列全班第一。在军事方面，他获得显赫的荣誉。二年级时被任命为连部下士，三年级时被任命为连部第一上士，四年级时获得最使人垂涎欲滴的荣誉：学员队第一队长。1903 年 6 月 11 日，他 23 岁，以 98.14 的总积分毕业。据说，在西点历史上，他仅次于罗伯特·李（美国内战时南军的总

道格拉斯·麦克阿瑟

司令)。

他主修的是工兵。毕业后,他同第3工兵营一起,被派到菲律宾(他父亲已不在菲律宾),他的任务是协助勘测巴丹半岛。(在第二次世界大战中他又与巴丹结了不解之缘。)他在菲时与两名年轻的法律系学生交了朋友,这两人后来先后当了菲律宾总统——曼努埃尔·奎松和塞吉奥·奥斯默纳。

1906年他回国,在西奥多·罗斯福总统手下当了一阵子的低级的军事助手。不久,又调至威斯康星的利文沃思堡军营。他在那里待了四年多,他以西点时那种热忱投入工作,获得了上级的高度赏识,最后被提升为上尉。

1912年,他父亲猝然去世,在他母亲请求之下,麦克阿瑟被准予调至华盛顿陆军部工作。他很快就得到了陆军参谋长伍德将军的垂青。1914年年初,美墨关系恶化,威尔逊总统派军队进占维拉克鲁斯。由于麦学的是工兵,伍德将军派他到维拉克鲁斯侦察地形,并提供其他有用的情报。麦到那里后发现该地区非常原始,根本没有办法使用机械化交通,若军队开来,将只能依赖兽力运输。但他听说有几台铁路车辆被藏在敌军防线后方,他就找来当地的向导,悄悄潜入敌后,去查证这一传闻。在一次惊险万分的遭遇中,麦克阿瑟竟击毙了六七名敌人。他终于带回消息说,那里的确有五台机车,其中三台完好,可以使用。为此,伍德将军曾建议授麦克阿瑟荣誉勋章,但陆军部未能同意。不过,他终于被提升为少校。

1914年7月,欧战爆发。1917年,美国参战。他的大好机会到了。陆军部把26个州的国民警卫队合在一起,正式编成一个师,即霓虹第42师。麦克阿瑟被晋升为上校,并被任命为该师参谋长。师长威廉·曼已老迈,不大管事,所以麦实际上是真正的领导。

他的师被编入了潘兴将军的远征军,该师在1918年2月进驻了法国洛林南部的吕内维尔战壕。麦克阿瑟很快就成为远征军中的突出人物。他着装与众不同:头戴一顶软帽(他拒绝戴金属头盔或防毒面具),身穿发亮的高领毛线衫,手拎马鞭。新闻界很快便给了他一个称号:"远征军中的花花公子布鲁美尔。"

他第一次表现出超人的勇气是在2月26日夜晚,他主动要求参加法国的突击队。这场战斗"激烈而残酷",大约有六百名德军被俘。麦克阿瑟获得第一枚勋章:十字军功章,美国陆军也为此授予他银星章。

11月11日,战争结束,麦克阿瑟被提升为师长。霓虹师立下了赫赫战功。它的总伤亡人数为14683人。麦是获得勋章最多的军官之一:两枚服务优异十字勋章、一枚服务优异勋章、七枚银星章、两枚紫星勋章以及法国授予的若干枚勋章。潘兴将军曾说,麦克阿瑟是"我们所有的最伟大的将领"。

1928年11月,赫尔伯特·胡佛当选为总统。帕特里克·赫尔利被任命为陆军部长。这两人都是麦克阿瑟的老相识。1930年,麦克阿瑟被提升为陆军参谋长,时年50岁,是美国历史上最年轻的参谋长。据说,他的母亲在这件事中起了不小的作用。

在此期间,他做了一起恶名广传的事。胡佛总统任内发生了经济大恐慌。退伍军人组织请愿团赴华盛顿,在华盛顿安营扎寨。麦克阿瑟出动武装部队进行镇压,驱散了请愿者。当时身为少校的艾森豪威尔和巴顿就是麦克阿瑟的部下。

1932年11月,富兰克林·罗斯福当选为总统。1935年麦克阿瑟参谋长任期届满,转而出任第一任菲律宾总统奎松的"军事顾问",直至第二次世界大战爆发。

人总是有缺点的。麦克阿瑟的毛病是好说没有把握的豪言壮语。他到菲律宾不久就夸言:"至1946年时,我将把这个群岛变成太平洋的瑞士,任何侵略者必须付出50万人、3年时间和50亿美元的代价才能征服它。这些岛屿必须守住,而且一定能守住。我是遵照上帝的意旨来到这里的,这是我的命运。"但在1941年日军进攻时,麦克阿瑟几乎一点抵抗力量都没有。

不过,他在菲律宾很满足于他的小家庭,特别是对他的儿子更是爱护备至。他说:"啊上帝,请给我造就这样一个儿子,他将坚强得足以认识自己的弱点,勇敢得足以面对恐惧,在遇到挫折时能够昂首不卑躬屈膝,在胜利时能够谦逊而不趾高气扬。我祈求,请不要把他引上平静安逸的道路,而要把他置于困难和挑战的考验和激励之下。让他学会在暴风雨中挺立,让他学会对那些失败者富于怜悯。我祈求,请给我造就这样一个儿子,他将心地洁净,目标高尚;他将在征服别人之前先征服自己;他将拥有未来,但永远不会忘记过去。这样,作为他的父亲的我就将敢于对人私语:'我这一生没有白白度过。'"他还特地请了一个中国保姆看护他的儿子。

麦克阿瑟妄自尊大,认为日本人根本不敢入侵菲律宾。因此,在珍珠港事件的第二天,当日军入侵时,他的几百架飞机就被日本人一扫而光。不到三个月,他就被迫逃离巴丹,他行前对部下出示了一支小手枪并说:"这样,日本人就不会把我活捉了。"

1942年3月11日,麦克阿瑟一行分别乘4艘PT鱼雷艇出发。这时菲律宾早已被日本军舰所封锁。麦克阿瑟在每一艇上部署了4枚鱼雷,准备万一遇到敌舰,就16枚鱼雷齐发,作最后一次生死赌博。麦克阿瑟自己在回忆录中做了如下的描写:

这一支小船队于下午8时在转变角会齐,我们排成纵队出发。布克莱上尉的船领先,洛克维尔将军的船殿后。不久,我们就开始接近日本的封锁舰队了,大家紧张起来,我们可以隐隐看见日舰轮廓。我们灭了灯,停止马达,乘浪前进。我们随时准备着敌人发炮命令我们停下来验明身份。10秒、20秒、1分钟过去了,敌人没有发炮。显然,我们的船在巨浪中已成小点,敌人没有发觉我们,是上帝帮助了我们。

由于风浪太大,船队已不能保持原来队形。3点30分时,四艘船就分散了。每艘船只能各奔前程，约定在古郁岛会集。3月12日上午9点30分，凯利中尉的船首先抵达塔瓜雅。下午4点，布克莱和另一艘PT到达了。我坐的就是布克莱的船。本来讲好要来古郁岛接我们的潜艇没有出现。我们不能再等了，决定先行前往卡加雅。

不久，我们发现迎面来了一艘日舰，要逃已经太迟了，我们马上停止马达，我下令布置鱼雷，准备行动。一秒一秒地过去，敌舰没有向我们发讯号，大概他们把我们当作渔船了，上帝又一次照顾了我们。

3月13日上午7时，我们到达了卡加雅。在那儿停留了3天，美军派来了飞机，把我们接往墨尔本。

这样，麦克阿瑟就在澳大利亚出任了西南太平洋战区盟军总司令。

第二次世界大战中，麦克阿瑟最得意之作当然要推"重返菲律宾"之战。

1944年10月16日，麦克阿瑟的"纳什维尔号"起航。若把停在莱伊泰岛附近的哈西尔舰队也算在内，这是有史以来最庞大的一支舰队，共有战舰800多艘。

19日天刚蒙蒙亮，金凯德将军舰上的大炮发狂般地向岸上轰击。上午10点，克鲁格4师的突击梯队在杜拉格及更北的塔克洛班登陆。日军一反常态，未在滩头抵抗。他们让美军登陆，然后开炮轰击。美军冒着炮火，登陆艇一拨一拨地冲向岸边，把成千上万的部队和物资运送上岸。

麦克阿瑟也登上登陆艇上岸，但船搁浅了，他不得不涉水上岸，这样意外地涉水上岸，是第二次世界大战中最富传奇色彩的情景之一。下午两点，麦克阿瑟用话筒向全世界发出了响亮声音："菲律宾人民，我回来了，感谢上帝，我们的部队又站在菲律宾的土地上了。"

日本投降后，麦克阿瑟代表盟军在"密苏里号"军舰上主持日本投降仪式，这是他一生中最光辉的时刻。他宣布："在这个庄严的时刻，我们将告别充满血腥屠杀的世界，迎来一个十分美好的世界。我们在这个世界中将致力于维护人类的尊严，实现人类追求自由、宽容和正义的最美好的愿望。这是我真诚的希望，的确也是人类的希望。"

随后的几年他就留在日本，成为日本的太上皇，主持日本的民主改造。他为日本人民制定了一部民主宪法，迫使日本走上了民主的道路，并赢得了日本人民的热烈崇敬。

在朝鲜战争中，他出任联合国军总司令，又一次夸夸其谈，大吹"美国军队可以回家过圣诞"，结果却被中国志愿军打得落荒而逃。他不顺从总统指令，还想动用蒋介石的军队，从而被杜鲁门总统撤职。他自己也曾对朋友苦诉他在朝鲜的失败："我离国万里，备尝艰辛，身负韩战之责，但正当清扫北韩（朝鲜）牛鬼蛇神之际，中共突然介入战争，由于兵力悬殊，终至功败垂成，忍痛后撤，痛苦之情，实难言宣，所幸将士用命，尚能稳定危局。"

但这位全球闻名的"好战分子"却在生命的最后时期来了一个180度的思想大转变，主张世界和平。他在洛杉矶的一次集会上发表演说道："你们许多人是我昔日的战友，你们都知道战争的恐怖，并希望今后不再发生战争。战争是如何成为人类文化的一个组成部分的呢？最早，我们可追溯到《圣经》中之大卫与哥利亚之战。那是斗将，一个人对一个人。随着时间之进展，专业的军队代替了个人。军队又从小发展到大。现在的单位就是整个国家。"

"在我一生中，我看到了战争的演变。在本世纪之初我参军时，武器是来复枪、刺刀或剑，杀伤的敌人每次只有一个人。然后是机关枪，每次可杀伤一打。然后是大炮，每次可杀伤成百。然后是空中投弹，每次可杀伤成千。然后是原子弹，一次可杀死几十万人。这还没有完，新的科学武器每次将可杀死成百万人。正在实验室研制的武器也许可以一次就把全球人口都消灭掉。

"第二次世界大战（它所使用的武器现在看来已经过时了）清楚地表明，战胜国需对战败国负起责任。美国为了医治德国和日本的创伤花了成亿成亿的美元。所以战争成了使交战双方两败俱伤的科学怪人。如果你失败，你就被消灭。如果你胜利，你也只有输个精光。战争已不能像决斗那样可分一个高下，它只能制造双方自杀。因此，我们的问题是，能否从世界上消灭战争。如果能做到的话，那就是人类文明的最大进步。

"你们立即会说，消除战争是若干世纪来的人类愿望，但这是做不到的，是不可能的，是一种幻想。不对，情况已经变了。核战争涉及广大群众的生死存亡，它应由群众来作出决定。不管在苏联一方也好，在自由世界一方也好，情况都如此。全世界的老百姓，都不要核战争，这也许是全世界人民已取得一致意见的唯一问题。

"如果世界要存在下去，它必须做决定。问题是什么时候才做？什么时候才有雄才大略的伟大人物出来把人们的普遍愿望变成现实？我们已处于一个新的纪元，老办法、老经验已不再够用了，我们必须拿出新思想、新观念、新主意。总得有个人出来带一个头，我们美国人该出来带这个头，我们应当现在就出来宣布我们愿在与世界各大国合作之下废除战争。"

美国报纸一致认为这是麦克阿瑟一生中最伟大的演说。它们说：这位一贯主张"要打就打大仗"的将军现在成了最大的和平呼吁者，他的形象从来没有像今天这样伟大。

诺贝尔和平奖获得者、墨西哥的裁军代表罗布雷斯最喜欢在联合国裁军会议上引用麦克阿瑟的话，因为出自一位美国最好战将军之口的话，真正是所谓的"一句顶一万句"也。1982年我有幸在日内瓦充当了裁军委员会发言稿的中文翻译,并可在那里旁听代表们的会议,因此我亲眼看到了罗布雷斯本人,并依据其西班牙及英文文稿译成了中文。所以我对他的发言留下了极为深刻的印象。

  1964年4月5日,麦克阿瑟病逝。他的留言是:"老兵不死,他只是凋零。"

25 约瑟夫·史迪威

史迪威将军是中国人民及其正义事业的忠实朋友,他经历了中国近代和现代史上的许多最重要的事件和社会转折,是中国历史的一位见证人。他一生中先后五次来华,在中国度过了他生命中十分珍贵的13个年头。他在中国广泛接触各阶层人士,深入了解中国的国情,学习中国文化,研究中国现状,形成了他对中国人民和中国社会的认识,促使他更加同情中国人民及其正义事业的命运。特别是第二次世界大战中被美国政府派往中国,为中国人民的抗日战争作出了杰出的贡献,成为中美关系史上一位重要的历史人物。

约瑟夫·史迪威

1883年3月19日,史迪威生于佛罗里达州帕拉特卡附近的一座种植园。他父亲曾是纽约州的一位医生。史迪威在中学毕业后本来是要上耶鲁大学的。但是,由于他好动,容易多生事端,父亲认定他应当加强纪律性,所以有一天对他说:"我为你在哈德逊河上游找了一个适宜你的地方,你可以在那里尽情地打网球。"就这样,史迪威在1900年进了西点军校——一个几乎不能容许任何自由散漫行为的地方。

在四年学习终了时,史迪威以优良成绩在124人的年级中名列第32。1904年6月,得到了少尉军衔从西点毕业。他的第一次服役地点是菲律宾,他在那里待了一年又两个月。1906年,他被调回西点当语文教官,教了3年英文、法文和西班牙文。第4年改任战术教官。1915年,史迪威晋升为上尉。1917年美国参战(第一次世界大战),他以少校临时军衔被派往法国,从事情报工作。他表面上叱咤风云,权倾一时,实际上处于各种矛盾的风头浪口上。他对罗斯福政府的对华政策和战略有不同意见；屡经建议，始终未蒙采纳，不得不忠诚执行政府的决策和指示。他根本鄙视蒋介石政府，这里有对国民党政治腐败、军事无能的认识，也有自居高明、企图越俎代庖的成分；他不断企图用美国援助对国民党施加压力，而凡事离了国民党政府则寸步难行。他把相当的时间精力用来反攻缅甸，以图为被赶出缅甸报仇雪耻；而随着整个战局的发展缅甸战役一再拖延，重要性不断减低，而且直到他挂冠而去之时并未取得最后胜利。他身为美军司令，而美国在中国战场没有一支地面战斗部队，他和麾下的第十四航空队指挥官陈纳德不断发生龃龉，遇事掣肘。这种种矛盾纠缠在一起，终于导致他奉调召回，成为中美关系历史上的突出事件。

史迪威这次奉派来中国时，行前晋见了罗斯福总统、马歇尔参谋长、史汀生陆军部长、霍普金斯等决策人物，他们耳提面命，面授机宜。史汀生、霍普金斯鼓励他抓中国军队的指挥权，史迪威也认为他使命的成败完全取决于中国是否给他军队的指挥权。史迪威肩负重任来到中国，负责指挥缅甸战役，"全面处理"租借物资，全面指挥美国驻华空军，力图插手指挥中国军队，权力大得很，矛盾也都集中于一身。这些矛盾决定了史迪威的处境和作用，决定了他将对中美关系产生深远影响。最后终于在指挥权问题上与蒋介石弄僵，不得不挂冠而去。

史迪威最著名之战是在缅甸。

缅甸于1885年沦为英国殖民地。最初并为英属印度一个省，1937年改由英国总督直接统治。日本侵略者占领中国华北和东南沿海之后，滇缅公路成了中国同海外联系至关重要的通道。英国殖民者居然一度关闭滇缅公路，给中国抗战造成极大困难。1942年1月，日军从泰国打进缅甸南部，在缅甸民族主义分子引导下向北推进。英国殖民军队一触即溃。英国殖民者本来极不愿意中国军队进入缅甸，这时却急切要求中国派兵解救危局。史迪威在欧洲战场服役一年半。那时他的上司就是乔治·马歇尔。

1935年1月，史迪威被任命为驻中国武官，不久就升任为上校。1937年7月7日，日本侵略军在北平卢沟桥挑起战争。史迪威把手下的军官全派出去搜集中日两国军队的情报，亲自和武官助理戴维·包瑞德上尉和马克斯书尔·泰勒上尉到北平郊外奔波，还参观了日军刚占领的张家口和保定。随着淞沪抗战失败和南京陷落，史迪威对日军的野蛮杀戮感到愤怒，对国民党政府缺乏统一的防御政策和计划感到愤怒。他在写给女儿的信中说："我从7月8日以来发泄的怨恨"加在一起"足以浮起一艘战列舰"。1937年年底南京陷落前夕，他到了汉口。在往后的1年里，史迪威多次离开汉口到苏、皖、湘、赣前线和战火纷飞的地区。他在给参谋部军事情报部的报告中谈到中国的防御战术肯定会造成不必要的失败，认定美日之间爆发战争势不可免。他根据目睹的情况写道："中国士兵的素质极好，但他们遭到愚蠢的领导人的贻误和背弃。"他相信中国士兵能打仗，只要领导得当，完全能同世界上的任何军队媲美。他对中国北方人特别充满信心,美国财政部驻华代表洛辛·巴克的报告中说:"史迪威上校认为,我国政府应该奉行更加积极的政策。我国以提供贷款和军事装备的形式帮助中国对我们本国也是一种很好的防御措施,这比我们仅仅生产本国需要的国防装备好得多。即使把生产本国防务装备费用的极小一部分提供给中国,起的作用也会大得多。"

日本偷袭珍珠港的炸弹声惊醒了美国,美国终于参战了。几经折中,1942年1月下旬,史迪威这个"美国陆军47名少将中最出类拔萃的人物"被冠以中将军衔任命为中缅印战区美军司令官、中国战区最高司令蒋介石的参谋长、援华租借物资监督以及任联合军事委员会的美方代表,肩负东南亚和南亚地区的重任。从1942年2月史迪威离开美国,到1944年10月奉召回国,其间在中国不过待了两年多一点时间。这是史迪威第5次到中国,时间虽然不长,实在是最为重要的一次。他受命于危难之际,中国第五军、第六军开进缅甸拯救英军,英军突出重围后只顾撤退,致使中国军队陷于绝地。1942年3月史迪威到缅甸时,仰光已在几天前沦陷,战局一片混乱。令人难以置信的是,史迪威的参谋部里竟没有一个军官到过缅甸,4月间增援的中国第六十六军军部竟"无一张缅甸详细地图,师以下更不用说了"。短短一个多月中,英军逃跑,中国军队经过艰苦战斗节节溃退。4月25日,史迪威同中英两国将领举行会议,大家一致认为,战局如此糟糕,唯一的出路是全部撤退。4月30日炸断伊洛瓦底江上唯一可以通过大部队和重型装备的阿瓦铁桥后,撤退变成互不关照的大溃退。史迪威率领一支114人的队伍,其中只有30多名战斗人员,跋山涉水,穿过原始森林,落荒而走,历时3周到达印度英帕尔。这是缅甸大溃退中唯一不曾死亡一人的队伍。史迪威是这支队伍中唯一受过行军锻炼的、年纪最大的老兵,他总是走在队伍最前头,排队领取食物时他每次都坚持最后一个领。他靠坚忍不拔的毅力和不讲情面的纪律把大家领出了缅甸,赢得每一个人的敬畏,在盟国军队中博得极高的声誉,成了举世闻名的人物。中国军队损失惨重,除新三十八师秩序井然地撤到印度外,其他残余部队杀开一条血路,历尽千辛万苦,撤回云南和撤到印度境内。中国军队远征缅甸浴血奋战是壮烈的史诗,但是终于失败了。用史迪威的话来说,就是"我们挨了一顿狠揍。我们从缅甸逃出来,这是奇耻大辱。我们应该找出原因,然后打回去,收复缅甸!"

史迪威第一次实际指挥军队作战就在缅甸惨败,一心要报仇雪耻。还在缅甸溃退时,他就着手制订收复缅甸的计划,准备把撤到印度的中国军队加上由中国运去的补充兵员由美国装备和训练成为特遣部队从印度发动主攻,让中国其他部队从云南发动辅助性攻势。他从来没有改变这个计划,并且用相当的时间、精力和作战物资用来实行这个计划。鉴于缅甸战役中蒋介石从几千公里以外的重庆直接插手指挥到团一级的部队,造成指挥混乱和失灵,史迪威坚持要掌握反攻缅甸的指挥权,并且运用支配租借物资的权力一方面尽先拨作反攻缅甸之用，另一方面借以不断对蒋介石政府施加压力。史迪威反攻缅甸的设想不失为一种可行的战略战术计划，但与罗斯福政府既定的"欧洲第一"战略有抵触之处，又有英国不断掣肘，经过1943年年初卡萨布兰卡会议和年底开罗会议几度修改和搁置；同时，围绕反攻缅甸的具体部署、中美两国之间关于租借物资分配和军队指挥权上的矛盾使情况更加复杂，这个作战计划执行得很不顺利。史迪威需要不断敦促国民党政府出兵，好不容易争得一支临时拼凑的3000人的美军特遣部队参加反攻缅甸，不断为在印度编练的中国军队（美国人称它为X部队）和在云南编练的中国军队（美国人称它为Y部队）以及陈纳德第十四航空队之间分配租借物资伤透脑筋，还得不断为英军怯战和计划多变伤脑筋。尽管如此，反攻缅甸之战没有也不可能停止。1943年年底胡康谷地之战，日军败退。但因为云南境内中国军队迟迟不动和英军怯阵，战事拖延下来。1944年5月攻占密支那机场是反攻缅甸的转折点；同时，云南境内中国军队向龙陵发动进攻，得而复失，两月后终于攻克。6月，拿下卡迈，攻占孟拱，日军在缅甸败局已定。7月，日军开始溃退。但是，中国本土战局危急，长沙沦陷，衡阳弃守。史迪威在攻克密支那前夜于7月底离开缅甸战场，返回重庆投身到无休止的争执之中，直到被解职也没能再返缅甸。反攻缅甸终于取得胜利是在史迪威被召回之后。1945年1月初，从印度和云南两路进攻的中国军队在缅甸会师；1月25日从印度利多到缅甸八莫与旧滇缅公路衔接直通昆明的公路正式通车并被命名为"史迪威公路"。史迪威虽然没能指挥反攻缅甸直到最后胜利，他的功绩却是不可磨灭的。

历史学家顾学稼评论道：第一次缅甸战役后，中国政府日益主张开辟中印空中航线以取代之。史迪威原来主张重开滇缅公路，但从1942年9月起放弃了这一想法，力主发动缅北战役打通中印公路。这一主张得到美国陆军部及陆军后勤部的大力支持。几经曲折，史迪威终于从1943年春开始动用美、中工兵部队和印、缅劳工修筑这一被称为"二战中最伟大的工程奇迹"。在近2年的修筑时期中，史迪威从工程的组织、人员的配备等各方面给筑路以极大的支持，帮助他们克服了难以想象的重重困难。更值得注意的是，为打通这条中印公路，史迪威在缅北反攻战期间经常亲临前线指挥中、美军队作战，极大地鼓舞了战斗部队和筑路队的斗志。正如索尔坦将军所说，开辟通往中国的公路是史迪威"不屈不挠的意志"。

当然，也应该看到，这条耗资1.48亿美元的中印公路不仅是史迪威将军个人的功绩，也是成千上万普遍中、美士兵和印、缅各族劳工卓越劳动的结晶。据统计，在两年的艰苦劳动中，因各种疾病、工程事故而牺牲的筑路人员就达数百人，被日军掳杀的也有130人之多。所以，有人毫不夸张地说，公路的建成是以"1.5公里一人"的代价换来的。

所以,"史迪威公路"既是史迪威将军对中国抗战杰出贡献的丰碑,也是中美两国在第二次世界大战期间,在异域为共同抗击日本侵略而进行的卓有成效的军事合作的一个范例。

26　哈里埃特·杜布曼

1990 年 3 月 10 日，老布什总统发布了一个如下的通告：

值此纪念哈里埃特·杜布曼冥辰之际，我们不能忘记她在争取自由一事上的一片忠诚，我们也必须再次提醒自己应忠于她一生为之奋斗的那些永远不朽的原则。她一生的历史就是以非凡的勇气和坚忍从事废奴运动，并推动我们独立宣言中所尊奉的高尚理想："在我们看来，以下的真理是不言而喻的：人人生而平等，造物主赋予他们很多不可剥夺的权利，包括生命权，自由权以及追求幸福的权利。"

自从她本人于 1849 年逃出奴役以后，哈里埃特·杜布曼通过人们所说的地下铁道做了 19 次的回归，帮助救出了数以百计的奴隶。她要求保证我们的国家永远实施人人有自由人人有机会的诺言。正是这种努力，使她获得了"人民的摩西"的称号。

在内战时期，她为联邦军队充任了护士、侦查、厨师和间谍，为此，哈里埃特·杜布曼经常为了保护别人的安全和自由而冒丧失本人安全和自由之险。战后，她继续为争取正义和人类尊严而奋斗。今天我们要对这一位勇敢和无私的女性表示衷心的感谢。

为了确认哈里埃特·杜布曼在珍视自由的人们心中的地位，参众两院已通

哈里埃特·杜布曼，1885 年

过决议，规定1990年3月10日为哈里埃特·杜布曼纪念日。

因此，我，乔治·布什，美利坚合众国总统，在此宣布，1990年3月10日为"哈里埃特·杜布曼纪念日"。

2004年，美国出版界几乎同时推出了两本哈里埃特·杜布曼的传记：Catherine Clinton：Harriet Tubman：The Road to Freedom；Kate Clifford Larson：Harriet Tubman：Portraitof An American Hero。把几乎已被人们忘掉了的一位黑人女英雄重新搬上了舞台。

比如说，2007年6月27日就有一条首都华盛顿电讯：德拉华州参议员卡本等八名参议员提案成立"纪念地下铁道拨款案"。他说："这是美国历史中具有特色的一幕。我们必须现在采取行动保证使世世代代的人知道和尊重这些人所作出的勇敢行为。"

要了解哈里埃特·杜布曼当然离不开"地下铁道"。

从19世纪20年代到内战开始，美国有一个被人们称之为"地下铁道"的运动。这是一个由废奴主义者和黑人组成的地下联络网。它的任务是帮助逃奴从南方逃到北方。正是这个运动，产生了哈里埃特·杜布曼。

当时最有名的废奴主义者莫过于约翰·布朗。他在堪萨斯活动一阵后回到波士顿，准备大干一场，实行武装起义。他去找弗里特里克·道格拉斯帮忙，结果遭到他的拒绝，于是他去找杜布曼。首先他到纽约州的奥伯恩，但杜布曼不在家，她到加拿大的圣凯赛林去了，那里是逃奴的一个集中地。于是布朗直接跑到圣凯赛林，他不用人介绍，一看就知道谁是杜布曼。他握着她的手说，"首先你是将军杜布曼，其次你是将军杜布曼，第三你还是将军杜布曼。"

杜布曼感动地说："我是一个弱女子，没有什么能耐。"布朗说："不，我找到了我需要的将军。"布朗在杜布曼寓所待了两天，向她透露了自己的计划，并要求她的帮助。杜布曼毫不迟疑地接受了这个要求。于是，布朗带她去波士顿会见了废奴主义者温德尔·菲利普斯。他一见菲利普斯就高兴地说："菲利普斯先生，我给你带来了这个大陆上最善良最勇敢的人——杜布曼将军。"

原来杜布曼和布朗有同样的观点。她也说："在我看来，光在口头上说了解奴隶制的罪恶是一种伪善。有了解必须有行动，没行动的了解是不可能设想的。自由什么时候才能到来呢？只有当你认识到必须用打击来争取自由的时候自由才会到来。只有打击，更多地打击，更厉害地打击敌人，自由才会到来。""我对奴隶可以用和平方法取得自由不抱幻想。奴隶主对人道的呼声是无论如何都不会听进去的。对付专制君王的唯一办法就是用死来威胁他。"

杜布曼在谈到她同布朗见面时曾屡次提到的梦兆。她说："我曾几次梦见自己到一片荒野似的地方。岩石磊磊，灌木遍野。忽然我看见一条大蛇从岩石中抬起头来，正在这时，蛇头变成了一个老人的脑袋，有着长长的白胡须，两只眼睛盯着我，带着渴望的神情，仿佛就要对我说话似的。接着他身旁又出现了两个脑袋，样子比他年轻。正当我奇怪他们到底要做些什么的时候，忽然有一大群人冲了进来，把两个年轻的脑袋砍了下来。接着又把老人的脑袋也砍了下来。但那个脑袋仍然带着一副渴望的神情望着我。这个梦一遍又一遍地做，我不知道意味着什么，但我第一次看见布朗时，我一眼就看出他正是我在梦中所看到的那个老人。"

不过，在布朗起义之日，杜布曼因发病，没有前往参加，所以也没有牵连到这一案件中去。

杜布曼何许人呢？她原名阿拉敏塔·罗斯。其父母都是黑人。父亲叫本吉明·罗斯，母亲叫哈里埃特·格林。她后来嫁给一位名叫约翰·杜布曼的黑人，才改名为哈里埃特·杜布曼。

1822年，杜布曼生于马里兰州道查司特县的汤普生庄园。她的同胞兄弟姐妹一共有九人。她从七八岁起就开始做成人的活。她小时就看到主人打她的父母，心中很气愤，只好咬自己的小手指解愤。但给她最大的一次震动是有人告诉了她这样一个新闻：

在弗吉尼亚州查来斯顿，有一个奴隶主叫狄更斯，他拥有许多奴隶，其中一个叫艾肯逊。艾肯逊经常被毒打，实在无法忍受，决定逃往北方。狄更斯养着不少狼狗。他发现艾肯逊逃跑后马上派狼狗追捕，并把他抓了回来。狄更斯亲自动手处罚，把艾肯逊的一双眼睛血淋淋地挖了出来，说道："我永远不让你见到北极星。"他把艾肯逊放在骡舍中，令他跟骡一块儿推磨。狄更斯还大言不惭地说："这是对企图逃亡的人的一种最好的教训。挖掉他的眼睛，他就再也看不到北极星，再也逃不出南方。我是一个仁慈的人，我不想伤害他的手足，他的手足是我的财富。"这个故事把杜布曼吓得直打哆嗦，同时也引起她无比的愤恨。

1835年秋天，杜布曼亲历了一件事，更使她终生难忘。一天，奴隶们在围场上打麦，有一个名叫弗里曼的奴隶说他要到镇上去一趟，放下麦叉就走了。工头看到弗里曼往镇上走就暗中盯梢。杜布曼看到工头盯梢，知他不怀好意，因此她就盯了工头的梢。

弗里曼到了镇上走进一家铺子，工头马上也进铺子，抓住弗里曼，并命令周围的黑人把他捆起来，但他们没有一个理睬他的。这时他看到了杜布曼，就大叫杜布曼帮他把弗里曼捆起来。杜布曼当然也不予理睬。正在这时，弗里曼猛一甩，摆脱了工头，夺门而逃。工头哪里肯舍，马上拔腿就追，但他还没有跨出门口，就被杜布曼挡住去路，她大喝一声："不许追。"工头吓了一跳。但他马上意识到这意味着什么，就顺手从柜台上拿起一个铁砝码对准杜布曼的头打去。杜布曼应声而倒，血流满地。黑人们见此情景大呼："杀人了，杀人了。"工头一看形势不对，溜之大吉。

黑人群众把杜布曼抬回家，她伤势很重，长期不省人事，她妈妈认为她必死无疑，但杜布曼有惊人的生命力，在床上躺了三个月，不靠医药，自动地恢复了过来。但她额上的一个大疤成了毕生的纪念。

杜布曼在卧病期间神志昏迷，但仍屡次跪了起来作非常清醒的祷告说："主啊，如果你不想改变他（指奴隶主）的心，那你就杀死他吧，请你把他除掉吧。"另有一次，她说："我已经看到他们的眼泪了，我已经闻到他们的悲叹声了，我已经听到他们的呻吟声了，我准备用我血管中每一滴血来争取他们获得解放。"

杜布曼恢复健康以后，主人命令她从事各种笨重的劳动，这对她的体力来说，是一件苦差事，但她觉得这倒是一件好事，因为这样她可以有机会在外面奔走，熟悉地势，以便有朝一日逃往北方。

1844年，杜布曼与约翰结婚。不过他们没有生孩子。约翰是一个自由黑人，他没有那种强烈的逃亡意识。而杜布曼一心一意想的是做自由人。她认为，不做自由人，就做死人，第三条道路是没有的。

1849年的一个夜晚，她终于获得一个机会逃到山中，等到主人发觉，已经来不及追了。但困难并不就此结束，夜晚的崇山峻岭是可怕的，特别是饿狼的嗥声，使人心惊胆战。但她抱着一个信念，狼再狠也没有奴隶主心狠，狼最多把你咬死，而奴隶主却要把你活活拖死。山中没有路，也不明方向，她唯一的依靠就是看北极星。北极星指向哪里，她就向哪里奔。她不敢白天走路，因为白天容易被人发觉，她只能在晚上走。晚上天阴或下雨又不能走，因为没有北极星弄不清方向。这样，她走了半个多月才进入宾夕法尼亚州。

事后她这样说："那天早上当我发现我已跨过奴隶州界线时，我真不知如何是好。我跑到小溪旁边照看我自己的小影，我要看一看一个自由的黑奴是一副什么模样。一切都异样，一切都美。太阳从树林间照下来，每一条光线都像是用黄金织成的。我感觉我好像已经到了天堂。"

这里要补充说明一下。"地下铁道"在1850年以前和以后是不同的。在此之前，只要从奴隶州进入自由州就完成了。1850年国会通过《追捕逃奴法》，奴隶主可以自由州追捕逃奴，因此必须把逃奴送入加拿大才能完成任务。

杜布曼不以自己一人逃脱就满意了。她在费城当女佣，做杂工，积累一些钱，准备把她全家人一一带出。她先后共回家九次，救出了五六十人。（据传记作家萨拉·布兰福德说，回去了19次，救出了数百人。老布什总统采用的就是这个数字）。

杜布曼曾自豪地说：她所带领的人，没有丢失过一个。这当然是取决于她的机智和勇敢。不过她本人是一个十足的基督徒，她坚称她的一切来自祷告，依靠主的指点。

我们试举她所使用的一种联系方法。可以把它称之为歌声联系法。她利用美国黑人所流行的歌曲，加上暗号，来传递信息。这样，就起到了电报的作用。

有一次，她在路上发现她的旧主人迎面而来，躲避已来不及。但她早已有所准备，忽然从兜内掏出两只母鸡，拼命一甩，她就装作惊恐万状地追赶母鸡，主人也就没有仔细去看这是谁了。就这样，她得以转危为安。

她也善于联系和动员群众。有一次，奴隶主到北方来追捕一名叫查利·纳尔的逃奴。他被关在纽约州特洛易的法院内。如果说李逵在江州演出了一出劫法场的话，那么，杜布曼却在特洛易真人真事地演出了一场劫法院。

现在把凯萨林·克林顿《哈里埃特·杜布曼传》中的记载翻译如下：

1860年4月27日，纳尔被特洛易当局扣押，被关在互助银行大楼的联邦专员办公楼内。杜布曼组织了一大批抗议人群前往包围。当局事先已有准备，防人进入院内。但杜布曼自有办法。她包起头布，带了一只装食品的篮子。她打扮成一名老妇（其实是34岁），得以进入院内，并爬上了二楼的会议厅。当时法官正宣布应把纳尔送回弗吉尼亚。纳尔听到这个判决后突然奔往窗口跳窗，被警察制伏，并加以镣铐。在这一刹那间，杜布曼撕下头布，突然向警察进攻。她连背带拖把纳尔带下楼，把他交给了群众。有一位目击者这样说："警察的棍子不断地打在她头上，但她绝不松手。"

纳尔已被打得半死，人们把他背到河边，送上渡船。但对岸的警察又把他抓了起来。看来事情已失败了。但杜布曼没有气馁。她和群众过了河，再度包围该地扣押纳尔的法院。一名强壮的黑人强力打开了大门，警官莫里森用斧子砍倒了他，他的尸体把门塞住了，门关不上，这就给了群众机会。这样，哈里埃特就和一些女黑人跨过尸体进屋把纳尔救了出来，放在准备好的车子内向西北奔去。一名《论坛报》记者说："这一事件在这里引起了空前高涨的反奴役气氛。"《特洛易时报》说："（反奴）群众中包括许多上层人士，有律师，编辑，公务人员以及社会名人。但其基本群众是黑人。"

在拯救纳尔事件中，杜布曼表现出了约翰·布朗所说的将军风格。从此，人们认为，她不仅是摩西，而且也成了耶稣。

内战开始后，杜布曼为北军立下了许多功勋。其中最有名的是康巴席河偷袭。这是一次深入敌后的偷袭。事情发生在南卡罗来纳境内。其目的是打击敌人士气和带走愿起义的黑人。那里是盛产大米和棉花之地，有卡罗来纳黄金地之称。1863年6月2日，那晚月色朦胧，北军三艘兵船开向康巴席河，领队的是蒙哥马利上校，他带有150名黑人士兵。但实际设计者是杜布曼，因为是她，事先做好了侦察路线和联络群众的工作。

他们上岸后烧毁了敌人的军备,带走了七百名黑人,包括妇女和儿童在内。最后安全地撤退。这次偷袭给南军造成极大的恐惧。经过这次事件,南军才发现北军的秘密武器原来是哈里埃特·杜布曼。

但杜布曼是志愿人员,在军籍上没有她的名字。因此,在战争结束后她长期不能享受养老金。由于她的地下铁道工作,她认识了不少废奴主义者,包括富豪加赖特,名记者菲利泊斯。更重要的是西华德,他后来是林肯总统的国务卿。西华德的老家在纽约的奥伯恩。他是杜布曼的朋友,所以他把自己在奥伯恩的住宅廉价卖给了杜布曼。杜全家有十多口人,就住在那里。

1869年,杜布曼重新结婚,丈夫名叫内尔森·查尔斯,比她年轻20岁。他实际上是担当了她的助手。她的晚年生活就是从事女权运动和救济黑人老弱。她在自己园地上种了蔬菜和水果,以此维生。

在西奥多·罗斯福当政时,她才开始领到养老金。

她在晚年接见记者时说:"我做姑娘时喜欢吃苹果,那时我就想,什么时候我能种苹果树使大家都来吃苹果。我希望我一生做的就是这样。"

她死于1913年3月10日。今天,奥伯恩的哈里埃特·杜布曼之家已成为一个历史景点。

27　约翰·布朗

1800年5月4日，约翰·布朗生于康涅狄格州的托林登。他父亲是一名制革工人。后来又往俄亥俄的赫德逊务农。布朗从小受宗教教育，是一名虔诚的教徒。他继他父亲成了一名制革工人。1820年他结婚，妻子为他生了7个孩子，1832年妻子病逝，他续娶，后妻为他生了13个孩子。但在20个孩子中能活到成年的只有12人。

据他自己说，他在12岁的时候就认识到奴隶制是一种罪恶。当他有一次看到一名黑人少年受人羞辱时就下了决心，宣誓要与奴隶制作战到底。

他的从商一直不顺利，他曾10次搬家，最后在1849年到了纽约的北埃尔巴农场。这是慈善家甘里特·史密斯所设立的培训自由黑人的一个基地。在此之前他曾在斯普林菲尔德安家。

不久，他的斯普林菲尔德的住宅就成了反奴隶制主义者的沙龙，四面八方的人都到这儿来和布朗商谈反奴隶制的事业。布朗常常对他的宾客们说：奴隶杀死奴隶主或逃跑是合情合理的，不能把他们当作罪犯，真正的罪犯是迫使他们铤而走险的奴隶主。

约翰·布朗，1859年

1847年秋天，一位奴隶出身的黑人领袖弗雷德里克·道格拉斯也到了布朗家中，向布朗请教解放黑奴的办法。道格拉斯描写这次会见说：

我们第一次会见是在他的铺子里，这个铺子是一座砖砌的坚固建筑，坐落在一条热闹繁华的大街上，我瞧见外面高大的墙壁和内部的陈设，就假想业主恐怕是个大富翁。因此，当他要我到他家中密谈的时候，我设想他将带我到一所华丽的住宅去。但这个设想完全被事实粉碎了。这所住宅的外貌和地点都出乎我意料之外，它既不宽敞，也不讲究，地点也不理想。这是一所盖在背街那一边的木头小房子。

房子的外貌已经相当简陋，但是里面的陈设更是简陋。房子里的家具只会使斯巴达人满意。描写屋里缺少什么东西要比描写屋里具备什么东西更费篇幅。这种简陋的程度差不多到了贫困的地步。

他对我的款待简直太使我满意了，全家老老少少见到我都很高兴。不大工夫，我就感到无拘无束了。他请我吃了一顿家常便饭，有牛肉汤、洋白菜和马铃薯。我吃得又香又甜。饭桌没有上漆，也没有台布，它显然是用松木简单拼成的。屋里没有佣人，母亲和女儿们亲自端饭盛菜，做得井井有条，显示出她们是一贯这样做的，因此一点也不觉得招待一个黑人有什么不体面或有失身份之处。

有人说，房子在一定程度上反映出主人的性格，这所房子的确这样。它里面没有虚饰，没有做作，一切都显得实事求是，目的明确，崇尚节俭。我同这所房子的主人相处不久就发现他是名副其实的主人，他的妻子信任他，他的孩子尊敬他。他说话的时候大家都留心听，他的辩论折服众人，他的呼吁感动众人，他的意志打动众人。

这顿饭吃完之后，布朗小心谨慎地言归正题。他声色俱厉地痛斥奴隶制度，认为奴隶主剥夺了奴隶们的生存权利。奴隶们有权采取任何行动来取得他们的自由。他不相信道义上的劝说能够解放奴隶，也不相信政治上的行动能够废除奴隶制度。

他说他有一个秘密计划，打算找一些可靠的黑人共同实行，他希望我同他合作。他的计划就是打算成立一支军队，要在南部中心地带进行活动。他并不反对流血。他认为，拿起武器这一行动对于黑人来说是一件有益的事，因为这会使他们增强作为男子汉的气概。他说，谁不愿为自由而斗争，谁就不可能有自尊心，也不可能受到尊敬。

他给我看一张美利坚合众国地图，向我指出从纽约州边境一直延伸到南部各州的连绵不断的阿利根尼山脉。他说，这条山脉就是我这个计划的基础，它所以坐落在这里就是为了黑人的解放。这些山有许多天险，一将把关，万夫莫入。那里有许多良好的藏身之处，大批勇士能够在那里隐藏起来，长期阻挠和躲开敌人的追逐。我很熟悉这条山脉，能够把一队人马带进山去，把他们藏在那里，任凭弗吉尼亚州当局用尽全力也休想把他们赶走。他说，我的计划就是先带领25名精锐士兵先从小规模做起，供给他们武器和弹药，把他们分成五人一小队，部署在一条25英里长的阵线上。其中最有说服力和最有头脑的人应当抓住时机，不时下山到田里走动，劝导黑奴参加他们的队伍，还要物色那些最不安于现状和最勇猛善战的人。

他看到，这个工作应当非常小心谨慎，以防止泄露机密或叛徒的出卖。只有最耿直和最有能耐的人才能派出去执行这危险的任务。他认为，在兢兢业业的情况下，他可以很快集结一支拥有百名壮士的军队。当受了良好的思想教育和军事训练之后，他们就可以开始认真地工作，他们可以使一大批一大批的奴隶逃出来，把身强力壮的留在山里，把身体软弱和胆子小的通过"地下铁道"运送到北方去。随着人数的增加，活动的范围就会扩大而不局限于一地。

当我问他打算怎样支援这些人的时候，他着重说，一切给养要取自敌人。我说，他们会用警犬把你们从山里逐出去。他说，他们可能会这样做，但更大的可能是我们会把他们痛揍一顿。而当他们挨揍以后，他们再要追赶就得要小心了。我又说，你们可能被包围。他认为这是敌人所做不到的，敌人没有办法截断他们的出路。但万一发生这种最恶劣的情况，他也将甘心殉难，因为为奴隶的解放事业献出自己的生命那是最有价值不过的了。我说，奴隶主也许会回心转意，自动释放奴隶。他听了非常激动，并斩钉截铁地说，这是绝对不可能的，他太了解奴隶主的思想感情了，这些人不挨大棍子打，是决不会放弃他们的奴隶的。

布朗意识到，为了执行他的军事计划，他需要加强自己的军事素养，因此就到各大城市的图书馆阅读军事书籍。他读了大批军事著作后仍然感到不满足，于是下决心到欧洲作一次考察旅行。他在欧洲大陆的各个历史战场进行了考察并做了调查研究。他查访得非常仔细和周到。经过一番审慎的考虑，他最后得出结论说：欧洲那些古典战术及布防都不能适用于他所计划的起义战争，他应当发展一种以高山为根据地，以偷袭为主的逐步培养实力的游击战术。

回国后，布朗结识了波士顿的一位同情黑人解放事业的富翁甘里特·史密斯。史密斯就把他的阿德朗达克山区一块10万英亩的土地让给布朗自由使用。于是布朗就获得了一个训练战斗人员的场地。1851年，他集合了志同道合的44名黑人和白人，组成了一个秘密团体，进行思想教育和军事训练。布朗经常教导他们说："你们必须随时带着武器，但不要把武器显示出来。你们的计划必须保密，你们必须有这样一种见解，即一切叛徒无论在哪里被捉到并证明的确有罪，就必须处死，决不宽容。一旦发生战斗就不能半途而废，必须把敌人杀个片甲不留，但一定不要去杀那些无关的人。"他谆谆告诫说："一定要紧紧握着你们的武器，无论别人怎样劝说，绝不要放下武器、离开武器或让别人把武器拿走。只要一息尚存，就要彼此支持。宁可忍受绞刑，也千万别吐露机密，要永远记住团结就是力量。"这个秘密团体一方面进行训练，一方面又做了不少"地下铁道"工作，直到1855年堪萨斯的紧张消息传来时，布朗决定亲赴堪萨斯去抵抗奴隶主的侵略，而把东部的事务委托给了他认为是可靠的弗雷德里克·道格拉斯。

美国本土现在有 48 州（另外两个州在海外），但在 19 世纪 50 年代，美国还只有 34 个州。当时人们在谈论美国时，往往把美国分为四部，即东部、南部、中西部和西部。南部主要指的是最顽固的 11 个蓄奴州，东部是指新英格兰地区，中西部是指以芝加哥为中心的一带地区，西部是指靠太平洋沿岸的一带。所谓北方大体就是东部加上中西部。

话说那堪萨斯是南部、中西部和西部相交接之地，它是一个准州，它应成为一个自由州呢还是一个蓄奴州？联邦国会决定让选民来表决。于是 1855 年 3 月 30 日，堪萨斯就举行了一次选举。这一天，接邻堪萨斯的蓄奴州突然派了大批流氓和打手拥入堪萨斯进行投票。当时《纽约论坛报》派了一位特派记者采访现场消息，据这位记者描述说："这些人什么也不掩饰，也不打官司，也不顾体统。单在劳伦斯城一地，在选举那一天就有 1000 多个密苏里州人，有的坐着马车，有的骑着马，来到了劳伦斯。随身带来了来复枪、手枪、军刀和两座滑膛大炮。虽然这个州原先登记的选民只 1000 多人，但那天州内投票的总数却达 6320 票。于是，几乎全部州参议员和州众议员的席位都给蓄奴派抢去了。"

自由派的选民不承认这次伪选举，于是堪萨斯出现了两个政治中心，一个是列康普顿，是蓄奴派的政治中心；一个是劳伦斯，是自由派的政治中心。蓄奴派大肆叫嚣，指责自由派不遵守所谓法律，威胁着要用武力血洗劳伦斯。

同年 10 月 6 日，布朗一行到达了堪萨斯，居于离劳伦斯有一天路程的奥萨瓦托米镇，所谓镇，在当时其实也只是一片荒地。他们到达时，总共只剩下六毛钱的现款，处境极为困苦，没有像样的房子，一点儿干草或像样的饲料也没有，大伙儿围着小火堆直打哆嗦。早晨、夜晚或暴风雨的日子里，也只能待在那刺骨的寒风里。他们所有的食品就是玉米、南瓜和牛奶。但他们完全克服了困难，心情愉快，斗志昂扬。布朗时常对儿辈们说："我愈来愈相信，奴隶制在这里不久就会被消灭。"

自由派的州长是一个折中派，他既想利用布朗的威名来煞蓄奴派的气焰，但又怕布朗把事情闹大，不好收拾。因此，他对布朗采取了若即若离、听其自由发展的态度。这种不坚决的态度结果给劳伦斯带来了极大的灾难。1856 年 5 月 21 日，蓄奴派几百名流氓打手对劳伦斯进行了偷袭。劳伦斯的全部州民只有 500 多人，由于自由派州长的麻痹，他们没有进行戒备，因此打手们得以烧毁了几乎全部房屋，运走了全部财产，枪杀了好多人。一个夜晚，劳伦斯就变成一片废墟。当布朗闻讯赶到时已太晚了，敌人已经撤退了。

5 月 23 日，布朗带着他的五个儿子和另外两名勇士决定在夜间摸黑前进，去消灭血洗劳伦斯事件中的七名主要凶手。这七名凶手虽然不是主谋，因为主谋是南方的大地主，但他们却是大地主最忠实的走狗。布朗在众人面前对这七名罪魁宣判了死刑，然后开始行动。他们分头到七人家中叫门，一个个地把罪犯从睡梦中提了出来，至于家中的妇女孩子则丝毫未动。集中以后，布朗当面向他们宣布罪状并当场处决。

这件事发生后，南方奴隶主大为恐慌，马上要求联邦政府缉拿布朗，但却没有提及血洗劳伦斯的犯罪。当时南方在华盛顿政府的势力很大，联邦政府就应其请，下令通缉布朗。布朗被迫上山打游击，跟布朗上山的约有35名自由战士。他们共同盟誓曰："我们接受约翰·布朗上尉的指挥，献身于自由州的事业。我们以各自的名义和神圣的荣誉向指挥官和大家保证，在服役的整个时期内，我们作为一支保卫堪萨斯自由州公民的权利和自由的正规志愿部队，将忠实而严格地执行我们的任务。我们还同意，作为本组织的一分子，我们将遵守本组织的法则，愿尽全力使之经常地严格地得到贯彻执行。"

布朗所制定的军规是非常严格的，甚至连饮酒都被禁止。《纽约论坛报》特派记者曾经这样描写布朗的部队：

呈现在我面前的景象使我久久不能忘却。在溪边附近系着12匹马，准备随时上鞍撤退或进行攻击。成打的来复枪和军刀靠树架着。在浓密高耸的树林中间有一块空地，那儿燃烧着一大堆篝火，上面搁着一个罐头。一个没有包头的相貌忠厚而皮肤黝黑的女人正在从矮树林中摘取黑莓。三四个带着武器的男人躺在草地上。两个外表很神气的青年人倚着武器，站在附近守卫。

老布朗自己站在篝火旁边，卷起了衬衫袖子，手里拿着一大块猪肉。他正在烤猪肉。他衣着破旧，脚趾露在靴子外面。这位老人十分热情地接待了我，小小的队伍聚拢在我的周围，但过了一会儿，布朗上尉立即命令他们各自去做自己的工作。就在这一次，这位老人认真地说：我宁愿天花、黄热病或霍乱光顾我的营地，而不愿让一个没有道义的人光顾我的营地，这也许是我们这些人的弱点。敌人认为打手是他们最好的战斗员，认为打手是对付自由派的最好手段。我们不是这样，我们要求有良好品德的人、尊敬上帝的人和尊重自己的人。我们只要有一打这样的人就可以打败100个像布福特这样的坏蛋（布福特是蓄奴派所豢养的一名凶恶打手）。

我从来没有看见过像这样的一队人。他们不只是真挚的，而且就是真挚的化身。

布朗一方面痛斥蓄奴派，一方面又对采取模棱两可态度的自由派政客提出了尖锐的批评。他对他的部下说："一个职业政客是绝对不能信任的，因为即使他有信仰，他也会为了某种利益而随时放弃自己的主张。"布朗对部下的训练特别强调精神面貌，他说，他到欧洲去参观了许多堡垒，但游击队不需要那样的堡垒。他说他并不低估武器，他很喜爱射程能达800码的自动来复枪，但他再三强调说："打仗的最好办法就是逼近敌人的营寨把它消灭。"

自从布朗在奥萨瓦托米给蓄奴派以打击以后,后者一直在策划报复。他们在劳伦斯四周建立了三个兵力集中站,准备夺取劳伦斯。这三个据点一个叫弗兰克林堡,一个叫桑特斯堡,一个叫铁托斯堡。布朗决心要拔掉这三个敌人的据点。

1856年8月12日夜间,进攻开始了。布朗率领100多名健儿骑着马突然冲向弗兰克林堡,他们一边飞奔一边齐声大喊:"奥萨瓦托米的布朗来了!"敌人一听到布朗的名字早已吓得丧魂落魄,无心恋战,所以整个堡垒很快就被布朗的部队占领了。他们搬走了堡内所有的武器,缴获了一门大炮,并马上用这门炮来袭击敌人。过两天,布朗又在8月14日向桑特斯堡发动了进攻。布朗与另一名领队累恩分兵从左右两翼夹攻,敌人很快就不战而败,仓皇逃入树林中去了。敌人在逃跑时竟没有来得及吃已经准备好了的晚餐,于是布朗的士兵们就吃了一顿即席的丰盛晚餐。

根据乘胜追击的战略,布朗在8月16日又马不停蹄地向铁托斯堡展开了进攻。敌人惊魂未定,一触即溃,敌人头目铁托斯当场被活捉。六天的战斗根本改变了堪萨斯的力量对比,蓄奴派的武力基本上被打垮了,他们向自由派州长提出讲和的要求。自由派州长认为他现在可以控制局势了,不再需要布朗了,于是把布朗的人马接收过去,并予以解散。州长同意撤销对布朗的一切控诉,但要求他离开堪萨斯作为交换条件。布朗意识到他现在在堪萨斯已没有立足之地了,好在他在堪萨斯的使命已经完成,而阿利根尼山脉却在向他招手。于是在1856年9月,他带着他的儿子和几个逃亡黑奴回北部去了。一路上,他们又克服了不少困难。一位跟随布朗的逃亡黑奴哈普尔这样回忆:这次行程非常缓慢。我们逃奴的主人到处派人找我们。有时我们通夜骑马,有时也许要在一幢房屋内躲上好几天,以免被敌人捉住。我们花了20来天才走了40多英里,到一个名叫达托贝卡的地方。我们一共12个人,住在一个名叫道伊尔的家中,那时忽然来了一群追捕逃奴的人。

布朗手下有一个名叫史蒂文斯的,他到敌人那里去向他们说:"诸位先生,看来你们是找什么人的吧!"领队的说:"是的,不错,我们看到你们屋子里有我们的一些奴隶。"史蒂文斯说:"真的吗?那好,跟我一道来吧,你们自己去找吧!"

我们在屋里一直都注意他们的谈话,等到我们看见史蒂文斯同为首的那个追捕者一道上我们这儿来时,我们真不明白是什么意思,我们开始担心史蒂文斯变了心肠要把我们出卖。但史蒂文斯一到屋子事情就清楚了。他一手推开大门,一手就操起一支双筒枪。他把枪口对准那个彪形大汉的胸口说:"你想找你的奴隶,是不是?好,你瞧瞧这枪眼里面有没有奴隶?"那个大汉吓得魂不附体,手上的枪掉了下来,两条腿直打哆嗦,眼泪簌簌流了下来,哀求史蒂文斯别把他打死。我们都大笑起来。史蒂文斯把他锁在房内，然后出门向其余的人奔去，那些人见此情景，拔腿就跑，逃个无影无踪。布朗上尉跑去看那个被囚的家伙，对他说："老弟，我们要你尝尝追奴隶的滋味。"那个大汉害怕万分，直流眼泪，要求饶命。上尉笑了笑，教训了他一顿，就把他放走了。

过了几天，联邦警察局也派了一队人马来追我们，他们约有75人，把我们包围了起来。我们自认为这一次逃不了了。但上尉很安静地说："兄弟们，准备好，我们要狠狠揍他们一顿。"上尉一声令下，我们12人全部冲了出去，大喊"约翰·布朗在此"。那75人一听布朗之名，马上回身就逃，由于路窄不好走，有5个人被摔下了马，我们就抓了5匹马和5个俘虏。上尉叫我们5个黑奴骑上马，令5个俘虏在前面牵马，作为惩罚，那时地上刚巧积雪初融，马蹄溅起的泥泞不断打在这5个坏蛋的身上和脸上，我们骑在马上感到乐不可支。第二天，布朗把5匹马留下，把5个人放回去了。

布朗到达目的地后，向《纽约论坛报》记者发表谈话说："现在已经到了只有战争才能解决问题的地步了。若当真蓄奴派在堪萨斯获胜，他们必将声势大增而最后在力量对比上取得优势，而这就意味着是美国共和制度的死刑宣判书。幸而现在他们被我们制止了，但他们并没有被打倒。他们绝不会甘心让政府权力落入反奴隶制的人的手中。他们花了半个多世纪取得了这种权力，深知放弃这种权力对他们将意味着什么。如果明年共和党选上总统，那一定会爆发战争。一旦他们失去控制权，他们就会分裂出去而成立一个敌对的国家，同时他们还要寻求欧洲国家的帮助，直至把共和制度推翻才罢休。""战争并没有结束，这是暴风雨前的可怕的沉寂。我们已处在美国历史上最大的一次战争的前夕。""对我而言，我们在堪萨斯是因为受到攻击而拔刀以牙还牙的。只要战争没有完结，我是不会放下武器的。我们一些好心肠的人不理解这个危机。他们一向习惯于折中，因此，在他们心目中，人世间的大是大非原则已经不起什么作用了。"

在经过长时期准备后，布朗于1859年10月16日开始举行夺取弗吉尼亚州哈普渡口军火库的起义。参加起义的人员一共只有19人，14名白人，5名黑人。他们的士气如此高涨，纪律如此严明，只花了几个小时就占领了整个哈普渡口，并俘虏了全部守军。

布朗占领哈普渡口后，出现了两个他事先没有充分估计到的情况，从而连累了整个的上山计划，使自己陷入了被动。

第一个就是俘虏问题。布朗10来个人抓了比自己人数多出好多倍的俘虏。布朗的原则是绝对不杀俘虏，但这么几个人怎样管这一大堆俘虏，布朗在事先是没有计划过的。

第二个问题是火车通行问题。军火库隔一河与火车站相对，深夜，有一列客车到达哈普渡口站。于是布朗攻占哈普渡口的消息便为外界人士获悉。怎样对待这次客车？

布朗出于人道主义心肠，竟允许这次客车照常开出。客车开出后，马上发急电报告州当局，州当局马上派罗伯特·李上校率领大批人马，搭火车直奔哈普渡口。

在寡不敌众的形势下，起义终告失败，布朗被捕。

布朗被捕后，弗吉尼亚州州长兴冲冲地跑到军火库来观看，神气活现地质问倒在血泊中的布朗："你是谁？"布朗虽然伤势很重，但他大声答道："我是约翰·布朗，就是大家熟悉的那个堪萨斯的老约翰·布朗。今天我的两个儿子已经在早上牺牲了，我也不久于人世。我到这儿来是为了解放奴隶。昨天，我控制了整个城市，我要杀谁就杀谁，但我不是来杀人的，我一个也没杀，除非被迫出于自卫才杀。昨天，我可以焚烧整个城市，但我没有那样做。我优待了所有的俘虏，因此他们还活着。如果我这次成功，那我下次将集合比这一次多20倍的人参加。不幸我的计划没有成功。"这位州长被布朗的答话弄得无言以对。当时，处在包围圈内的起义人员大都牺牲了，活着的只有老约翰、史蒂文斯、格林等五人。州兵就把他们押上火车，送往弗吉尼亚州首府，准备进行审判。

参议员马逊等人组织了一帮人，对布朗进行审问。

问："谁给你的队伍出了钱？"

答："大部分是由我提供的，我不会说出其他人的名字。我被捕是由于我自己的愚蠢。只要当时依照自己较好的判断行事，我很容易免此一难的。"

问："你是说你本来可以迅速逃走？"

答："不，我有办法不必逃走亦可获得安全。但我失误了，让自己处于一群行动迟缓的人群中。我有一批俘虏，他们的老婆孩子乞求着他们的安全，我同情他们。此外，我想打消一些人的误会，有人认为我们将进行烧杀。为此，我让火车穿过了桥，径自通行。我所以如此做，是想使乘客和他们的家属免受虚惊，说什么他们落入了一帮杀人不眨眼的匪徒之手云云。"

问："你们杀死了街上的老百姓。"

答："不，没有。万一有此等事，我并不知道。你们的老百姓，即我的俘虏，可以向你们证明，我们采取了一切办法防止此种事件。只要有可能会伤害一些无辜人士的话，我就不允许我手下的人开枪。他们也会告诉你们：我们宁可让自己挨打而久久不予回击。"

问："谁派你来的？"

答："没有任何人派我来，我自己想来就来了。我不承认人世间存在什么主子。"

问："你来干什么的？"

答："我来解放奴隶。"

问:"你有什么理由?"。

答:"我认为,你们对人类犯了大不义,任何人出来干涉你们,以求解放那些被你们恶毒地置于奴隶地位的人,他就做得对,百分之百地对。我并不想侮辱你们。"

问:"你说下去。"

答:"我认为我做得对,任何其他人,在任何时候,也像我这样来干涉你们,那他也将是对的。"

问:"根据什么原则,你说你对?"

答:"根据上帝的原则。我同情那些被置于奴役之中的无助的穷苦人们,这就是我所以来此的原因。我不是为发泄个人怨恨和报私仇来的,是对受苦受难者的同情驱使我来的。被压迫者的呻吟就是我的主谋人。"

问:"你从哪里搞来这么多武器?"

答:"我买的。"

问:"哪里买的?"。

答:"我不说。"

问:"你为什么要用武力?"

答:"因为我想取得成功,要成功必须如此。没有别的理由。对奴隶主,以道义劝告是没有用的,只有依靠道义以外的劝告才能说服奴隶主。"

问:"我认为你是疯子。"

答:"我认为你是疯子。《圣经》上说,上帝要处死一个人,先使他变为疯子。"

《纽约论坛报》记者问布朗有什么话要让记者报道,布朗说了下面一番话:"我没有更多的话要讲了,我只是再说一次,我认为我来此是执行一项我认为是完全合理的使命的,我并不是扮演什么匪徒流寇角色的。我是来帮助那些受苦受难的人的。我要说,你们南方人还是赶快为这个问题的解决做好准备吧,这个问题一定会在你们准备好之前就要解决的,因此你们准备得越早就越好。干掉我是容易的,反正我现在快要死了,但这个问题,我说的是黑人问题,远远没有结束。"布朗还当场把自己身上的伤痕指给记者看,愤怒地说:"这些用军刀和步枪刺刀在我头上、背上等处所加的伤口,都是在我同意放下武器以后几分钟内加于我身上的。我不是为了我自己,而是为了其他人的利益而放下武器的。李上校派来的那个少校本来早已活不成了,我本来可以像杀一只蚊子一样容易地杀死他,但我错误地认为他只是来接受我们的武器的。我没有想到那少校竟然在我们放下武器以后向我们进行了一次屠宰。"

1859年11月2日,法院判决对布朗处绞刑。11月3日,布朗给妻子写信说:"昨天我被判于12月2日处绞刑,不要为我悲伤,我仍然非常愉快。"

布朗在临刑前留下了一张纸条，这是一张充满了革命远见的纸条。不，这不是纸条，这是一份对奴隶制的宣判书："我，约翰·布朗，现在坚决相信，只有用鲜血才能洗清这块罪恶土地上的罪行。我现在认清，我过去一度认为不必流很多血就可以达到上述目的的想法是行不通的。"

人们为了纪念布朗，编了一首名为"约翰·布朗之灵魂"的歌。当南北战争爆发后，这首歌大大鼓舞了北方士兵的士气。歌词是这样的：

萋萋青草坟，埋有布朗身。
黑人常涕泣，吊唁烈士灵。
巍巍约翰魂，谁云离凡尘，
精神永不死，我辈奋前进。
布朗是英雄，懂得勇和真，
堪州享盛誉，敌魔丧胆魂。
孤军夺哈普，敌众始成擒，
谈笑入绞索，大义敌人惊。
布朗即基督，献身救众人，
南方苦难奴，不久见新生。
布朗在天灵，鼓舞联军进，
歌声入云霄，为报我军胜。
吾侪自由军，击贼勿留情，
打蛇当打死，铲除祸害根。
吾侪自由军，布朗随我身，
布朗启晨曦，光照满园春。

28　弗雷德里克·道格拉斯

弗雷德里克·道格拉斯是美国历史上第一位有文化、有知识、懂得斗争策略的黑人斗士。

道格拉斯本是一个逃亡的奴隶，后来学习文化，写了一本自传介绍了他的前半生，书名曰"一个奴隶的自述"。内云：

我生于马里兰州塔尔波县。我不知道自己生于何年何月何日。大部分的黑奴在了解自己生日这个问题上并不比马或牛高明，因为奴隶主不愿意把黑奴的生日告诉黑奴本人。在我一生中，我从来没有碰到过一个黑奴能够确切地说出他自己的生日。充其量，他只能说自己生于某年的下种季节、收获季节、摘棉季节、冰冻季节等等。这件事从小就给我带来了痛苦，因为周围的白人小孩都能说出自己的生日，而我却茫然不知所对，尽管我的年龄要比他们大。我也不敢向我的主人打听我的生日，我只能对自己作估计。在1835年时，我在无意中听我主人在别人面前说我有17岁了，因此，我估计我生于1817年。

我母亲是一个黑人，我父亲是一个白人。这是我从小听人家这样说的，另外我本人的相貌也有白人的痕迹。有人说这个白人不是别人，就是我的主人，但我无法肯定，也无法否定。

弗雷德里克·道格拉斯

在我孩提时期，我与母亲就被拆散了。小黑奴与母亲从小拆散是奴隶主们惯用的一种做法。通常在孩子满一周岁前母子就要被分开。婴孩交给农场上的老年女奴看管，因为她们已年迈力衰，反正干不了多少活，而母亲一般正届壮年，若让她兼管孩子，势必影响她的劳动。

在我一生中，我与我妈（从我意识到她是我妈算起）一共见过四次面，每次只是几个小时，而且都在夜间。她那时在一个名叫史蒂华的主人那里干活，离我住所有15英里。她必须在晚饭后出发，而又必须在第二天日出以前准时出工，因此不可能在我那儿多留一个小时。如果她回去赶不上日出，那就要挨一顿毒打。我从来没有与我妈白天见过面，她晚上来，一来就哄我睡，到我醒来的时候，她早已不在了。没几年，她就病死了。那时我约7岁。她患病时我从来没有被允许去探望过她，入葬时我也没有被允许去参加葬礼。当听到她死去时我没有什么感觉，因为那时我并不了解母亲的爱抚。对我来讲，母亲与陌生人没有什么区别。

我的第一个主人名叫安东尼，他是一个十分残忍的人，他似乎把鞭打奴隶作为一种乐趣。我时常在清晨被姨母的惨叫声所惊醒，因为我的主人时常把她吊起来鞭打，即使血流满背也不肯罢休。姨母愈叫得厉害，他的鞭子抽得愈凶；哪儿的皮肉愈烂，他的鞭子抽得愈紧。唯一使他放下鞭子的原因是他的气力用完了，抽不动了。

我永远也忘不了我第一次看到我主人鞭打我姨母的情景，尽管我那时只有四五岁，但当时的情景犹历历在目。我在这儿要描述这次惨状，但我还要说，我的描述仍然不足以说明实际的悲惨情况，因为这种惨状只有身受其害的人才能真正体会到。

一天晚上，姨母出去了，我主人派人找她，怎么也没有找到。我主人曾经警告过她，晚上不许出去，特别不许去和一个名叫罗伯兹的年轻人在一起。为什么我主人特别不许我姨母和罗伯兹在一起呢，这个道理大家可以猜得到。我姨母是一个美貌女郎，身材匀称，丰满适度，面貌秀丽，凡认识她的人没有一人不说她长得标致的。在我们周围几十英里以内，找不出一个黑人或白人姑娘能比得上她这样美丽的。

这天晚上，姨母不但违反了不许夜出的禁令，而且确实与罗伯兹在一起。我从主人鞭打姨母时的斥责声中看出主人鞭打姨母的主要原因是吃醋。假如他自己是一个正人君子，他就不至于认为一个男人和一个女人在一起就非搞幽会不可。但他本人正是一个流氓人物，因此在他脑中，一个男子与一个女子在一起时，除了搞幽会以外，就不可能有其他任何理由。

他先把姨母拖到厨房内，把她上衣剥个精光。然后命姨母双手交叉，他用一根粗绳子把姨母双手捆了起来，一边骂她是一个不要脸的娘子。他叫她站到一条木板凳上，他把绳子套在横梁上的一个铁圈内，然后收紧绳子，使姨母的足尖刚巧可以接触凳面。接着主人走到姨母面前，把裤子也剥了。然后拿起皮鞭，没头没脑向姨母身上抽去，我看到姨母的血一滴滴往下滴，真是惨不忍睹。我不敢看下去，急忙躲进我自己的木屋子里去哭了。我当初不了解主人为什么要剥光衣服，后来才体会这是主人的"节约"，因为衣服是主人提供的，打烂了衣服等于打烂了主人的财产，衣服要比奴隶的皮肤珍贵得多。

奴隶们没有床，睡在所谓地板即泥地上。每人发一条粗毯子。但对奴隶来讲，最缺少的倒不是床或毯子，而是睡觉的时间。奴隶一下工就忙着洗澡、洗衣服等等，这一切做完后已精疲力竭，就一个个带着毯子，不分男女老少，躺在冰冷的泥土上。第二天早上号子一响就得马上起床，第二遍号子一响就得出发上工，迟到的人就被报以一顿结实的鞭子。

我们的监工名叫薛维尔，真是名副其实（因为在英语中，薛维尔的意思是严厉）。与其说他的工作是监工，不如说他的工作是鞭打。从早上号子声一响，他就开始抽打，一直打到下工为止。我有一次看他狠抽一位抱着孩子的女奴，抽得半死，血流半天还不止。

我的第二个主人名叫劳埃德，他有一个很大的庄园。他家备有三套马车，养了20来匹马。看马的奴隶是巴奈父子。劳埃德是一个凶狠的主人，巴奈父子整日生活在恐惧中。主人对任何一匹马有任何一点不满，就意味着对巴奈父子，特别是对巴奈的一顿毒打。满意不满意并不取决于马的保养情况，而取决于主人那时刻的心情。哪匹马跑得慢，巴奈要挨鞭子；哪匹马头昂得太高，巴奈要挨鞭子；哪匹马嘶叫不合时宜，巴奈也要挨鞭子。主人舍不得抽马，却舍得抽奴隶。不管主人说的是对是错，奴隶必须毕恭毕敬表示接受，甚至不能在脸色上表示任何反抗，否则又是一顿鞭子。有一次，我看到老巴奈为了一种根本不存在的罪名而罚跪在地上，主人一连给了他30大鞭。

劳埃德有三个儿子，也是虎狼心肠，有打奴隶的嗜好。有一次，我看见他们叫马车夫威尔基站在四五米外，令他脱去上衣，然后他们三人各用马鞭，比赛谁能在威尔基背上打起最大的疙瘩。

劳埃德的产业太大，使用很多黑奴，因此许多黑奴从来没有见过主人的面。有一次，劳埃德在路上碰到一个青年黑人，他问那青年：你在谁家干活？青年答道：在劳埃德上校家。劳又问：他待你们怎样？青年答：不算好。劳问：为什么？青年答：他不给我们一点休息。这个黑人不知道同他谈话的就是他的主人。没过几天，这个青年就被戴上手铐，卖到别州去了。尽管他苦苦哀求，也是无效；他一家人哭得死去活来，眼巴巴望着自己的亲人被强行夺走。从此以后，这个青年不知下落了。

劳埃德的狗腿子戈雷也是一个杀人不眨眼的家伙。有一次，他要抽打黑奴邓比，刚抽上几鞭，邓比受不了，拔腿跑了，一直跑到一条小河边。他不顾一切一直跑到河中央，河水及肩。戈雷追了过来，命令他出来，他不肯。于是戈雷拔出手枪威胁说：

我喊一、二、三，如果喊到三你还不动，我就开枪。数完后，邓比仍然不动。于是，二话不说，戈雷就砰砰两枪，把邓比活活打死在河中央。

我亲耳听见戈雷向主人汇报说："我不能不打死他。我要不打死他，我这碗饭就没有办法吃下去了，因为别的奴隶再也不会听我指挥了。"我的主人竟然同意他的结论，于是这条人命案就当狗命案似地了结了。

我顺便说一下，在蓄奴州杀死黑奴或任何黑人都不算犯罪，不但法庭不论罪，社会也不论罪。我知道圣密契安有一个名叫托马斯·兰曼的白人，他杀死了两个黑人，其中一个是他用斧头砍破脑袋致死的。兰曼从来没有受到任何谴责。他每到小酒馆，就要侃侃而谈他这一番杀人事业，认为这是他的光荣业绩。

我还要谈一下我的小姨的惨死情况。她死时只有十五六岁（我们不知道她的准确生日）。那天晚上，她给希克斯太太看小孩，由于白天过度疲劳，她睡着了。小孩忽然哭了起来，我小姨没有被惊醒，但希克斯太太倒惊醒了。她一看我小姨还在梦中，不禁大怒，马上起床顺手拿起一根笨重的橡木棍子，用尽全力往我小姨头上打去，只一下，我小姨就丧命了。凶手既没有受审，也没有受到社会舆论的谴责。只是在我们奴隶中间，每论及此事，莫不为之发指。

我七八岁时，被送到巴尔的摩服侍新主人奥尔德。我初到时，正值奥尔德先生往外地公干去了，由奥尔德太太接待我。她待我很客气，而且还问寒问暖，我当初觉得她真是一个和善的女主人。我的任务是陪小主人，特别是陪他上学。奥尔德太太见我不识字，还抽空教我读书识字，我开始感到了人生的幸福。但未几何时，一场暴风雨来了。

一个多月后，奥尔德先生回家了。发现他太太教我读书识字，就把她狠狠训了一顿。我躲在门外听见他谴责太太说："你怎么能教奴隶识字，我们所以能叫奴隶甘心当奴隶就是因为他们没有知识。奴隶一识字就有了知识，一有知识他就不可能甘心当奴隶。不仅如此，奴隶有了知识就会找到摆脱奴隶地位的方法和途径。更坏的是，他还可能在奴隶中间煽起不满，实行叛乱。"

从此以后，我的女主人就变了一个样子，我再也看不到她和颜悦色了，当然更谈不上教我读书识字了。但我从奥尔德先生那里得到一个很大的启发，因为奥尔德先生说，奴隶有了知识就懂得摆脱奴隶地位的方法和途径。那个晚上，我就跪下向上帝发誓，我一定要读书识字，一定要获得知识。有了决心就有办法。虽然女主人不再教我，但她已教会了我初步的识字本领。我利用每天送小主人上学的机会，在路上引导小主人把学校中所学的东西透露给我。我还经常注意路上的破旧报纸，捡起来念。这样，我终于学到了不少东西。

1833年1月1日，我调到了柯维先生家做长工，也就是由城市重新转入农村。在他家不到一星期，我就挨了有生以来第一顿毒打，打得我鲜血直流，背上的疙瘩起得小拇指那么高。这以后，鞭打就成了家常便饭，在第一个半年内，平均每周都要挨一顿打。每天天还没亮，我们就起床喂马，以便天一亮立即赶马下地。柯维先生给我们吃的饭倒不少，但我们从来没有办法吃饱，因为他限定吃饭的时间只有五分钟。我们到看不见太阳才下工，回来还要为第二天做好各种准备。

柯维是一个最刻薄不过的家伙，他时刻都盯着我们，而且采用突击的方式。他从来不光明正大地监督我们，而采用秘密盯人的办法。不是躲在大树后，就是藏在矮树下，或者躲在草丛中，或者以房屋或其他东西作隐蔽。他总是用出其不意的办法出现在我们眼前，因此，我们每一刻钟都陷在紧张状态中，谁都不敢稍微休息一下，否则就有被他抓住的可能。我们背后都称他为毒蛇。有时，他假装骑着马向进城的大道奔驰而去，但没多久，他忽然又偷偷出现在我们背后，用鞭子追打他认为是偷懒的人。

柯维又是一个最伪善的人，他开口上帝，闭口上帝。早上必做短祷告，晚上必做长祷告。我们全体黑奴还得跟着他一起祷告，而且还要跟着他唱莫名其妙的圣诗。这位满口仁义道德的基督教徒置有一名女奴，名叫卡洛琳。他公然说，他的目的是要她多生小奴隶以增加他的财产。这个女奴买来时约20岁，长得牛一样结实，第一年生了一个孩子。为了保证孩子的质量，柯维先生又找了一个结实的男子汉，名叫哈里逊。每天晚上，柯维先生都把哈里逊和卡洛琳倒锁在房内。年底，卡洛琳果然又生了，而且是一对双胞胎。我很少见到柯维先生的笑脸，但这一次他喜形于色，并破天荒地为庆祝他的新财产而置酒祝贺。

如果说我一生中尝到过最苦的奴隶滋味，那就是在柯维先生家中尝到的。一年到头，不管天寒地冻，下雨落雪，我们总得下地，从早到晚不得休息。最长的白天，在柯维先生看来，还嫌太短；最短的夜晚，在柯维先生看来，还嫌太长。在这种情况下，进行思考都没有时间。我曾经有过一个念头，打算把柯维杀了然后自杀，只是由于迟疑才没有下手。

我现在深切体会，南方的宗教是最虚伪的东西，是用来掩盖其最可耻的罪恶的。奴隶主最残酷、最下流、最不可告人的罪恶都可以在宗教的外衣下获得庇护。假如我现在再要落入奴隶主之手，那么，我最大的不幸将是落入一个自命信教的奴隶主手中去。

1835年，道格拉斯又重新回到巴尔的摩的主人奥尔德家。他被送到一家造船厂做工，每周替主人挣9美元。主人对每周9美元很为器重，也就疏于防卫，道格拉斯乃于1838年9月3日找到一个机会,在黑人朋友帮助下,逃出了巴尔的摩到达纽约,获得了自由。

不久,波士顿《解放者》社长、废奴主义者葛里逊找到道格拉斯头上来,并带他到北方各大城市,请他公开演讲,诉说他的生平遭遇。凡听道格拉斯讲话的人,没有不为之落泪的。会上一片抽泣声,影响之深,未可估量。但葛里逊是一个和平主义者,每次当道格拉斯上台时,他总再三嘱咐:"你上去只讲你的遭遇,不要加评论,评论将由我们来说。"久而久之,道格拉斯对葛里逊的意图起了怀疑,为什么不许他本人下评论呢?难道这不就是禁止黑人造反吗?他决心要寻求答案。1848年,他乃前往斯普林非尔德找约翰·布朗。在布朗指点之下,道格拉斯看到了黑人解放的真正道路。他回去要求葛里逊采取积极的办法,葛里逊不愿听道格拉斯的建议。道格拉斯看出他与葛里逊的分歧已经不能弥合了,因为他们走的是两条不同的道路。他终于毅然造了葛里逊的反,独自出版了一个刊物,起名《北极星》,象征着南部的奴隶将纷纷仰望北极星,走上"地下铁道",跳出火坑。

《北极星》举起了战斗的旗帜。当时南部奴隶主正根据"逃奴法"派人到北方来追捕逃亡的奴隶,道格拉斯号召大家起来以武力对付武力。他写道:"击败逃奴法的唯一方法就是杀死10来个追捕逃奴的人,应当使那些用刀的人先尝尝刀的滋味。"道格拉斯指出:"杀死追捕者是否做得对呢?对!把他杀死是不能算犯罪的,因为这等于杀死一条咬住一个婴孩的豺狼。每一个黑人在晚上睡觉时都不要忘记在枕头底下放上一把手枪,装上子弹,随时备用。任何一个逃奴,只要他踏上北方自由土地,就应配备武器,并且我们应当马上使他了解,杀死一个想剥夺他自由的人是完全不能算犯罪的。任何一个追捕者,由于他从事他的肮脏事业而丢性命是对我们黑人有利的,因此,杀死追捕者不仅是明智的,而且也是合情合理的。"

1848年9月,当道格拉斯逃亡10周年之际,他还别出心裁地给他的老主人写了如下一封信:

我之所以选择这一天来给你写信,是因为它是我的解放纪念日。我从你那儿逃离是正当的,我经常想该向你说明这其中的种种理由。在我只不过是个6岁左右的孩子时,即怀有要逃离的决心。我现在所能记得的就我而言所作的第一个脑力上的努力,就是试图解开这个谜——为什么我是个奴隶!这个问题使我的稚嫩的头脑绞尽脑汁达数年之久;不时比其他事情都更沉重地压在我身上。当我看见监工鞭打一位女奴,抽得她脖颈上鲜血逆流,听见她那可怜的哭喊时,我便跑进篱笆的角落,哭泣着琢磨这个谜。通过某种我不知为何物的媒介,我得知有那么个上帝,他是所有人类——黑人和白人——的造物主,造出黑人给白人当奴隶。至于他何以这样做却又同时是仁慈的,我说不出个所以然来。我并不满意这个理论，因为它使上帝为奴隶制负责任；这给我带来极大的痛苦，我经常长时间地为这个理论而哭泣。有一次，你的第一位妻子卢克丽霞太太听见我叹息，见我落泪，于是问我出了什么事，可我不敢告诉她。这个问题一直令我大惑不解。后来有一天晚上，我坐在厨房里，听见一些老奴讲，他们的父母是被白人从非洲偷来的，卖到这儿当了奴隶。整个谜一下子解开了。此后不久，我的阿姨吉妮和姨夫诺亚跑掉了，你的岳父对此大吵大嚷，这使我第一次得知如下事实，即除了蓄奴州之外还有自由州。从那时起，我便决心将来有一天要跑掉。我之所以打算这样行动，道理是这样的：我是我自己，你是你自己；我们是两个不同的人，平等的人。你是什么，我就是什么。你是人，我也是人。上帝创造了咱们俩，并使咱们成为各自独立的人。我并非天生即是你的奴隶，你也并非天生即是我的主人。造化并未使你的存在仰赖于我，也未使我的存在仰赖于你。我不能够靠你的腿而行走，你也不能够靠我的腿而行走。我不能替你呼吸，你也不能替我呼吸；我必须为我自己呼吸，你也必须为你自己呼吸。我们是截然不同的人，每个人都被平等地提供以各自生存所必需的才能。在离开你的时候，我只带走属于我的东西，而绝对没有丝毫减少你堂堂正正获得的生活资料。你的种种才能和你待在一起，而我的种种才能开始对它们的合法主人变得有用起来。因而在这件事的每个方面我都看不出有什么不当之处。我是秘密出走的，这话不假；但这与其说是我的过错，倒不如说是你的过错。倘若我让你了解到这个秘密，你就会把这件事情整个儿毁掉；要不是因为这一点，我当时是会真正乐于让你知晓我出走的意图的。

你或许可能想知道我对我当前的状况感觉如何。老实说，我对当前状况的喜爱，远胜于对在马里兰时的状况。然而，我绝非对作为一个州的马里兰抱有任何偏见。它的地理环境、气候、富庶和产品足可使它成为一个令任何人都极其称心如意的住所；如果不是那儿存在着奴隶制，我再次在那个州里定居也并非没有可能。并不是我不热爱马里兰，而是我更热爱自由。要知道北方人都有这种奇怪的幻觉，他们以为南方的奴隶要是获得解放就会蜂拥而至北方，得知这一点你一定会感到惊讶。其实情况远非如此，到了那个时候，你就会看到许多熟悉的老面孔又回到了南方。事实上是，在获得解放的时候，这儿没有几个人不乐于返回南方的。我们想生活在我们出生的大地里，想把我们的尸骨埋在我们的父亲的身边；只是对个人自由的强烈热爱才使得我们离开南方。为了这个缘故，我们大多数人才宁可靠一块干面包片和一杯冷水来度日。

自从离开你之后，我的经历颇为丰富。我得到了当我是奴隶时从未梦想过的地位。在我离开你以后的10年中，有3年时间我是在马萨诸塞州新贝德福的船坞里当普通工人。正是在那里，我第一次挣得了自由的钱，那是我的钱，我可以随心所欲地花。我能够用它来买火腿或是鲱鱼，而不用要求任何人的恩惠。对我来说，那是一块宝贵的美元。你还记得，我在巴尔的摩时通常每周挣7元或8元，有时甚至9元钱，每到星期六晚上你就把所有的钱从我的手中要去，并且说我是属于你的，我挣的钱也是属于你的。你的这个举动我从来也没有喜欢过——说得好听点，我觉得这举动未免有点小气。但愿我从未这样伺候过你。但这事就不说了吧。我刚在新贝德福登陆时，在用新英格兰的方式数钱时不太熟练，有几次我差点儿就把自己逃奴身份暴露出来。然而，不久我不仅学会了挣钱，而且也学会了数钱，一切顺利。在离开你后不久我便结了婚；事实上，在离开你以前我就已订了婚；而且结果发现我的伴侣远非是个负担，而是一个真正的良伴。她去别人家帮佣，我在码头上干活，尽管头一个冬天我们辛苦劳作，但生活却是空前的快活。在新贝德福待了三年之后，我偶然遇见威廉·劳埃德·葛里逊，这个人你可能听说过，因为他在奴隶主当中很有名气。他给我的脑海里灌输进这样的想法，即我可能使自己有裨益于奴隶解放事业，方法就是把我的一部分时间献出来，说出我本人的悲伤，以及我通过观察得知的其他奴隶的悲伤。这是一种高于我以前所曾希冀的生存状态的开始。我被投身进这个国家所提供的最纯洁、最开明、最仁慈的社交界之中。和这些人在一起的时候我从未忘记过你，但又总是把你用作话题——这样也就尽我所能使你声名狼藉。不用说你也知道，在这些圈子里对你形成的看法远非良好。他们对你的诚实评价不高，对你的宗教评价更低。

  不过我要对你讲述我的某种有趣的经历。我进入刚才提到的优秀社交界后不久，它那美德的光就对我的心智起了一种有益的影响。我早期对白人的反感大多已消失，他们的举止、习惯和风俗与我在南方的种植园的厨房里所习见的迥然不同，而是相当令我陶醉，并且令我对我以前环境的粗鄙而又卑劣的风俗产生了强烈的厌恶。我因而作出努力，以改进我的头脑和举止，以多少适合于我似乎被上苍召唤去的那个社会地位。从失意落魄到受人尊重确实是一个巨大的变迁。就我的家庭事务而言，我可以夸口有和你一样舒适的住宅，我有一位勤劳而又干净利落的伴侣，4个可爱的孩子——老大是位9岁的姑娘，还有3个好儿子，年龄分别为8岁、6岁、4岁。现在3个年纪大的孩子都上学——有两个孩子已经能读书写字了，另外一位能拼写有两个音节的单词，准确性尚差强人意。亲爱的小家伙呀！他们都正躺在舒适的床上，睡得香甜，在我本人的屋檐下完全是安全的。这儿没有奴隶主来把他们从我的双臂中抢走从而撕裂我的心，或者把他们从一位当母亲的怀里夺走从而摧毁她的最热切的希望。这些可爱的孩子是我们的——不是要让他们干活生产出稻米、糖和烟草，而是要守卫他们，尊重他们，保护他们，并且在福音书的营养和告诫中把他们抚养成人——在智慧和德行的道路上把他们培养起来，尽我们所能使他们对世人有用也对自己有用。哦！阁下，当我想到和注视着我的可爱的孩子们的时候，我似乎比任何时候都更把奴隶主看作完全是地狱的代理人。正是在这种时刻我浮想联翩，难以自控。我本来打算再谈谈我本人的成功和幸福的，但一谈到此，不由得百感交集，使得我无法再沿着那个方向继续下去了。奴隶制的可憎、恐怖，鬼一般极端骇人地浮现在我的面前：数百万人的恸哭刺穿了我的心脏，冻冷了我的血液。我记得那锁链、那塞在人嘴里的口衔、那血淋淋的皮鞭；那死一般的忧伤给那上着脚镣的奴隶的垮掉的精神投下的阴影；想到有可能忍痛与妻子儿女分离，并且像牲口般在集市上被卖掉，我不禁心惊胆战。

此刻，你大概起码是我的当奴隶的三个亲爱的姊妹和我唯一的兄弟的有罪的占有者。你把这些人看作是你的财产。他们在你的分类账上登上了记，或者也许已被卖给人肉贩子了，旨在填充你那永远饥饿的钱包。阁下，我渴望知道这些亲爱的姊妹们身体可好，现在何处。你把她们卖掉了吗？还是仍然占有着她们？她们状况如何？是活着还是死了？

在这一方面你所承担的责任确实可怕，而这些年来你居然还能在这责任下举步维艰地走下去也真是令人不可思议。你的头脑一定是黑暗的，你的心脏一定是冷酷的，你的良心一定干枯了，僵化了。要不然你一定老早就把那遭人谴责的重负抛掉，并在一位宽恕罪孽的上帝的手中寻求宽慰。容我问一句，假如我在某个伸手不见五指的夜晚，伙同一帮心狠手辣的歹徒，进入你那雅致住宅的境域，抓住你可爱的女儿阿曼达，把她从你的家人、朋友以及她青年时代的一切可亲可爱的人们身边带走——让她做我的奴隶——逼她干活，而我却攫取她的工资——将她的名字列入我的分类账当作财产——无视她的种种个人权利——拒不给她学习读书写字的权利，从而桎梏她的不朽的灵魂的力量——让她吃粗食——让她衣不蔽体，并且时不时在她赤裸的背上抽上几鞭子；更可怕的，愈加可怕的是，让她得不到保护——让她成为恶魔般的监工的兽性贪欲的下贱的牺牲品，那监工会侮辱、摧残、毁灭她那纯洁无瑕的灵魂——掠夺掉她的一切尊严——摧毁她的德行，把在她身上使淑姿懿德的女性性格得以生色的所有魅力都给消灭掉，倘若如此，你会怎样看我呢？容我问一句，倘若这就是我的行径，你会怎样看我呢？

现在我要将此信作结。望赐复，否则我还会再给你写信。

南北战争期间，道格拉斯任林肯总统的顾问，他到处奔走，鼓动北方的黑人青年参军，直接打击南方势力。战争结束后，他曾担任官职，包括哥伦比亚特区警察局局长和驻海地公使。不过他的主要力量放在著述上。他是美国历史上第一位黑人著作家。

综观美国黑人解放史，可以说有三代领袖。第一代的代表是道格拉斯，他主张以武力求取解放。第二代的代表是布克·华盛顿，他主张以妥协谋取解放。第三代的代表是马丁·路德·金，他主张以甘地主义达到黑人的解放。他们因势利导，各有所成。

29　威廉·杜波伊斯

威廉·杜波伊斯1868年2月23日生于马萨诸塞州的大巴林顿。他父亲叫阿尔弗雷德，是海地的黑人，他母亲是荷兰黑奴，姓伯哈德。父亲曾在美国内战时参加纽约的军团当小兵。但后来开了小差。他结婚生威廉不到两年，也开小差离家而去，因此威廉完全由他母亲来抚养。在母亲和舅舅一家照顾下，他在大巴林顿当地上学。好在这个学校没有种族歧视。1884年，他从中学毕业，也是第一位黑人毕业生。他成绩优异，而且能写文章，并在托马斯·福邱主编的黑人报纸《环球报》上发表。

1885年9月，他入了费斯克大学。这是一所内战后南方为新解放的黑人而新建的有名的大学。出生于北方的杜波伊斯在该校了解到了美国的种族主义和黑人文化。在暑期，他还在当地的田纳西山区教小学。

1888年，他进了哈佛大学，插入了三年级，1890年毕业，1891年得硕士学位，1895年得博士学位。1892—1894年，他曾在德国游学，在柏林大学听课，第二次世界大战后该校改名为亨伯尔德大学。1894年他回国后在俄亥俄韦尔伯福斯大学教多种语文。他是在该大学完成他的哈佛博士论文的，题为"对美国黑奴买卖的抑止（1638—1870）"。

1896年，他受宾夕法尼亚大学的邀请，在第七区做了一次深入的研究。他对2500家人家做了登门访问。写出了调查报告《费城的黑人（1899）》。在完成这个篇论文后，他在1896年11月向政治和社会学院作了一次报告，题为"黑人问题的研究"。1897年3月，他又在华盛顿特区新成立的美国黑人学院发表演说，题为"种族之保存问题"。同年，又受美国劳工局之托，对南方黑人做了一次调查，写成了《弗吉尼亚州法姆维尔的黑人：一次社会调查》。

他很快就成了研究美国黑人问题的权威和专家。接着，他就到大西洋大学任教。他教的是社会学。他非常强调要作实地调查。在此期间，他写了两本书：《黑人的灵魂》和《约翰·布朗》。

在前面这本书中，杜波伊斯表明了他是反对布克·华盛顿的政治保守主义和种族调和主义的。如果说布克是讲求实际的政客,杜波伊斯便是黑人的思想和哲学领袖。他对于为黑人争取基本人权及美国公民权利要比为黑人取得中产阶级的技能更为重视。他写道:"只要华盛顿先生继续为不公道的情况巧辩,我们便须不断反对他。"

1904年,杜波伊斯和一批激进的黑人知识分子组织了一个"尼亚加拉运动",要求取得全部民权。

威廉·杜波伊斯,1918年

1906年约翰·布朗起义纪念日,以杜波伊斯为首的一批知识分子,个个赤着脚,在太阳刚刚爬出地平线的时候,列队向哈普渡口的布朗起义地点进发。他们庄严地举起右手,向美国全体黑人宣布:"第一,不得到充分的人权,我们决不会满足。我们为自己谋求属于一个生而自由的美国人的公民权利和社会权利,除非我们获得这些权利,我们将不断地抗议并把美国对付我们的可耻行为告诉所有的美国人。我们需要成年人的选举权,而且现在就需要。第二,我们要求取消公共场合的歧视待遇。第三,我们要求有权与愿意和我们来往的人来往。第四,我们要求法律对穷人和富人,对劳动者和资本家，对黑人和白人发生同样效力。我们并不比白种人不守法，可是我们常被逮捕、被判罪，或被暴徒袭击。第五，我们要求让我们的孩子受教育。"

华盛顿一派人对这个尼亚加拉运动感到十分恼火，骂杜波伊斯博士是"煽动家"。杜波伊斯就写了一篇文章，名曰"论煽动"，文章说：

世界上有一些人是反对煽动的，我们不能完全责怪他们。煽动毕竟不是一件愉快的事，这意味着，当你正舒舒服服平平静静走在回家路上时，却有一些似乎有点疯癫的人坚持要你听他讲一些不中你心意的话。这些话可能是真理，但却不中你的心意。

如果周围的事情一切都好，那当然情况就好得多。但就今天而言，不管我们多么不喜欢煽动家，他仍然存在。为什么？因为我们周围的事情远不是百事如意。因此，要么我们闭起眼睛把丑恶和错误姑且当作没有存在，要么我们就正视现实起来纠正丑恶和错误。

事情往往会这样：丑恶明明存在，错误明明存在，但有人却不知道。因此需要有煽动家，他是一个鸣锣开道的人，他向大家说："存在着丑恶，你不知道，我知道，所以我要告诉你。"当然，煽动家的话有两种可能，可能是谎言，也可能是真理。所以煽动可能是对的，也可能是错的。不应反对煽动，而应辨明是非。

我们要求取得一个自由美国人所应该取得的一切权利，我们将继续煽动，直至达到目的为止。

可惜尼亚加拉运动仅仅是一个少数知识分子的活动，它带有知识分子固有的弱点，它煽动了一阵子，接着就没有下文了。

1909年，全国有色人种促进会成立。这是一个黑白两族人的共同组织。它主张通过法律手段取得黑人民权。1910年，杜波伊斯辞去宾夕法尼亚大学教职，参加了该会，并任刊物《危机》的主编。这个刊物一直为黑人的权利而呼吁。

在第一次世界大战期间，他在《危机》上发表文章；要求美国黑人暂时停止抗议，以便与全国人民共同为作战努力。1926年，他去苏联做了一次考察，他研究了共产主义以及弗洛伊德主义，然后又碰到了1929年的大萧条。他开始在《危机》上谈马克思主义，这就引起了促进会秘书长沃尔特·怀特的不满，杜波伊斯乃于1934年6月辞职。

此后他又重新到亚特兰大大学任教，任社会系的主任。他曾在该校当过一阵子访问教授。他主编了一份杂志《菲隆》（希腊文，意为种族）。他在学校待了四年。1944年，他76岁，有色人种促进会再次请他回该会工作，任研究工作主任。1945年在旧金山开联合国成立大会时，杜波伊斯曾作为美国代表团成员之一参加了大会。1947年，他向联合国提交了一份报告《向全世界呼吁》，指控美国的种族主义有违国际人权。

1945 年，他出版了一本书：《肤色和民主：殖民地与和平》，1947 年又有一本：《世界和非洲：探索非洲在世界历史中所起的作用》。

1948 年，他在大选中支持了华莱士，再次与沃尔特·怀特发生矛盾，又再次辞职。随后，他参加了非洲事务理事会，任非洲支援委员会主任。他积极支援了南非非洲人全国代表大会的反种族歧视抗议活动。

1949 年，他与一些人组织了"争取世界和平文化和科学大会"，该大会相继在巴黎、墨西哥城和莫斯科举行了会议。1950 年，该大会改组为"和平情报中心"。杜波伊斯任顾问理事会主席。中心的主要工作是广为宣传斯德哥尔摩和平呼吁书，要求禁止原子武器并对原子武器进行国际管理。同年，他反对朝鲜战争，并被纽约州的进步党推选为联邦参议员候选人，他的口号是"和平和人权"。他当然没有取胜，但他所获的选票是所有进步党候选人中最多的。

1950 年 8 月 25 日，政府下令和平情报中心必须根据《外国代理人登记法》向政府登记。尽管中心于同年 10 月 12 日解散，法院还是于 1951 年 2 月 9 日发出传票传讯杜波伊斯等人。由于律师的力争，开庭日期延到了 11 月 18 日，避过了反共高潮。法院在开庭中总算作出裁决，认为他们无罪。

1950 年 7 月，他前妻去世，1951 年他续娶秀兰·格兰姆为妻，她是一名政治活动分子，思想比杜波伊斯更激进。杜波伊斯的思想也跟着愈走愈左。1953 年，杜波伊斯获得了世界和平理事会的国际和平奖。他支持斯大林，他说斯大林的手段虽有点过分，但这是在西方国家的破坏活动下不得已作出的。1956 年赫鲁晓夫"秘密报告"公布后，也未见他改变态度。

1952—1958 年，杜波伊斯夫妇被吊销护照，不得出国。护照开放后，他俩到苏联、东欧和中国去旅行。在莫斯科，他受到了赫鲁晓夫的热烈欢迎。赫鲁晓夫要求他留在莫斯科搞非洲文化的研究，最后促成了非洲研究所成立。他在莫斯科还获得了列宁和平奖。

1961 年 5 月，他获得了加纳总统恩克鲁玛和加纳科学研究院的邀请，编写《非洲百科全书》。但在回国途中他访问了中国，而当时国务院规定美国公民不准到中国旅行，所以他的护照又被吊销。经加纳政府出面讨情，算是发还护照。

1961 年 10 月 1 日，杜波伊斯正式写了入党申请书，加入了美国共产党。他说，只有社会主义才能真正使美国黑人获得解放。

从 1961 年起，杜波伊斯就住在加纳，并入了加纳籍。他在那里从事编写《非洲百科全书》的工作。1963 年 8 月 27 日，他病逝于安加拉。

他共写了 21 本书，编了 15 本书，发表 100 多篇论文和散文。

30　马尔康·艾克斯

马尔康·艾克斯原名马尔康·列特尔。他认为列特尔这个姓是美国白人强加给他的祖宗的，绝不是他们非洲人的原姓。原姓是什么是一个未知数，所以只好名之为 X。

1925 年 5 月 19 日，马尔康生于一个黑人牧师家庭，他父亲叫欧尔·列特尔，是佐治亚州人，后来全家迁往内布拉斯加，最后又定居于密歇根州的蓝辛。由于他父亲参加了当地的黑人民权运动，三 K 党徒就纵火烧了他的家。当时马尔康只有六岁，他眼看救火人员在现场故意不放水，坐视大火燃烧。再过一些时候，三 K 党又干脆把他父亲暗杀了。父亲一死，家庭立即陷入了经济困境。马尔康的肤色比较浅，据他说，这

马尔康·艾克斯

是因为他外祖母是被白人强奸后生下他妈妈的。他妈妈一共生了 11 个孩子，当然无法养活，于是马尔康就被送进了孤儿院，并由一家白人认养。他被送进了白人学校，他

学习努力，成绩优异，在七年级时被选为班长。

但在八年级时，发生了一件事，改变了他的人生。有一天，英语老师问他，他准备将来做什么。他说他想当律师。老师说这恐怕办不到，还是学一门手艺好。于是，马尔康就失去了对学习的兴趣。在暑期内，他离开蓝辛，到波士顿他的同父异母的姐姐家。1963年他在《花花公子》杂志上发表谈话说："那年夏天我14岁，由于我长得高大，我可以谎报年龄而不致被识破。我说我21岁，并因此而在波士顿到纽约的火车餐车上谋得一职。我在纽约停留时就去哈兰姆区。我在那里的酒吧内看到人们过着似乎最惬意的日子。他们有钱有漂亮轿车。我可以猜出，他们都是干不正当行当的。我老在那儿晃荡，我只用眼看，用耳听，我不开口。人们也看我。有一天，一个赌商对我说，他需要雇一个跑腿的，问我干不干，于是我再也没有回波士顿。我就在那里开始了我的犯罪活动。我做尽一切坏事，包括赌博、偷窃、贩私酒、拉皮条。我把黑女子拉给白男人。我还吸毒，总之，没有坏事我不做的。但可告慰的是，我从来没有杀过人。"

由于他很讲江湖信用，所以很快在黑社会中建立了威信，一度他的月收入达2000美元。有一次他终于失手，被送进了监狱。从此他成了惯犯，多次进牢房。最后，他被送到了诺福克教养所。他在那里皈依了伊斯兰，成了埃利哈·穆罕默德的信徒。

在20世纪30年代初经济大萧条中，底特律街头来了一位推销丝绸品的商人，他自称来自中东，是来向黑人传播真主之道的。马尔康替他做了如下的介绍："此人说他名叫华莱斯·法德。他说他生于阿拉伯先知穆罕默德的柯里希族。他说上帝的真名叫阿拉，其教名为伊斯兰，信徒叫穆斯林。他说天上没有天堂，地下也没有地狱。天堂和地狱都是人们所处的实境。美国的黑人四百年来就一直在地狱之中。造成这个地狱的就是恶魔，这恶魔就是白人。白人是在6000年前黑人培育出来的，他们打算统治6000年。他本人就是来解救美国黑人的。他就是犹太人所称的弥赛亚，基督教所称的基督，穆斯林所称的马谛。为了传布他的教义，他办了一个培训班，培养牧师，其中之一就是埃利哈·普尔，也就是埃利哈·穆罕默德。1934年，法德不知去向，于是由埃利哈出任最高领导。"

埃利哈创立"黑人穆斯林国"。它的要点有二：第一，白人是恶魔，是万恶之源；第二，美国黑人不应追求与白人合体，而应分离。最先是马尔康的两个哥哥在底特律成了埃利哈的信徒，他们写信给马尔康要他与埃利哈接触。马尔康虽然读过八年书，但多年来早已荒废。他发现他写信的词汇不够用，非常沮丧，于是决心补救。幸亏教养所有一个很好的图书馆。他开始了拼命读书的生涯。

每晚房内熄灯后，马尔康就到走廊的灯光下看书。当巡房的来时，他就马上回床上装睡。巡房的走后，他又溜到走廊继续看书。据他自己说，他每天只睡4个小时。

这是他一生中知识长进最快的时期。他在后来这样写道："我知道,正是在监狱内,阅读使我改变了我一生的道路。我今天觉得,阅读唤醒了我某种长期沉睡着的内在渴求,使它活跃起来。我当然不是追求什么学位。我的自我教育使我进一步感到美国黑人所遭受的愚昧无知之苦。不久前,有一位英国朋友从伦敦打电话问我,我的母校是哪家。我回答说:'书本。'我告诉我的英国朋友说我的母校是书本,是图书馆。我每次上飞机,总要带一本我要看的书。没有人能发现我有15分钟空闲时间而不在读我认为有助于黑人前途的书的。现在我不得不每天花时间与白人作斗争,否则,我真想把我的时间全花在读书之上,以满足我的求知欲。我认为,任何一个蹲监狱的人都不会比我学得更多。说实在的,监狱提供专心学习的条件要比在大学中念书好得多。在大学中太多分心事,如这个会那个会,还有什么偷内裤活动等等。"

马尔康说:"叔本华、尼采、康德,我当然都读过。这些人没有什么了不起。我看不起他们,因为在我看来,他们的大部分时间花在讨论无关宏旨的东西上。他们使我想起所谓的美国黑人'知识分子',他们也常常在无关宏旨的事情上争辩不休。"

他读了他所能找到的哲学书籍和人类历史书籍。他也特别推崇毛泽东,因为毛泽东主张暴力革命。

马尔康认为他在狱中的第二个大收获就是学会了演讲。狱中每周举行一次辩论会。他写道:"在众多人的面前站着讲话,这是我以前从来没有敢想象的事。"他终于过了这一关,成为一名杰出的演讲员。

1952年,马尔康获释,由于他在狱中已与埃利哈通信,早已建立联系,所以他在底特律安排好工作后,就去芝加哥拜见埃利哈。埃利哈对他大为赏识,很快就封他为牧师。不久,马尔康就干脆辞去了福特汽车公司的职务充任专职穆斯林牧师。他是真正的"浪子回头",真的相信埃利哈为圣者,不仅是在宗教上,而且也是在道德上。他自己以身作则,宣扬伊斯兰教,并取得了黑人群众的热烈拥护。在他的努力下,"黑人穆斯林"获得了极大的发展。举例说,黑人著名拳王卡修斯·克莱就把自己的名字改为穆罕默德·阿里。

如果说马丁·路德·金牧师是非暴力主义者的话,那么,马尔康就是反非暴力主义者。他在1963年的11月针对金牧师的华盛顿演说发表了如下的演说:

我们都是黑人,所谓的尼格鲁,是美国二等公民、前奴隶。你们是前奴隶,你们不爱听这个词,但有什么办法,你们就是奴隶。你们不是乘"五月花号"来的,你们是乘奴隶船来的,是锁了牵着来的,像牛像马一样。是"五月花号"的人把你们买进来的。

我们有一个共同的敌人。我们有一个共同的压迫者、一个共同的剥削者、一个共同的歧视者。只要我们大家都认识到我们有一个共同的敌人，我们就能够团结起来。我们最大的共同点就是有一个共同的敌人，那就是白人。他是我们全体黑人的敌人。

我要谈谈1954年的万隆会议。这是黑人（马尔康把一切非白人都归入黑人，也就是有色人种之列）几百年来第一次的团结大会。你仔细研究一下万隆会议的情景和万隆会议的结果，它就可以作为你我解决问题的借鉴。参加万隆会议的是世界各地的黑人，来自非洲和亚洲。其中有穆斯林、佛教徒、基督教教徒、孔夫子教徒，还有无神论者。有共产主义者、社会主义者、资本主义者。但他们都是黑皮肤、棕皮肤、红皮肤或黄皮肤。唯一不准参加会议的是白人。正是由于没有白人参加，人们就能进行合作。一旦排除白人，其他人就能取得一致。这就是你我所应当醒悟的。

来自肯尼亚的人受的是英国的压迫，来自刚果的人受的是比利时的压迫，来自几内亚的人受的是法国的压迫，来自安哥拉的人受的是葡萄牙的压迫，万隆当地的人受的是荷兰的压迫。这些压迫者都是欧洲人——棕发、碧眼、白皮肤。人们认识到，全世界的黑皮肤人都是受压迫的，而压迫他们的人都是白皮肤。所以，他们获得了一个共同点：他们有一个共同的敌人。

我们美国黑人，不论在底特律、在密歇根、在全美国，只要环顾一下四周，也可以发现我们也只有一个敌人。这敌人是一样的——棕发、碧眼、白皮肤。白人之间讲团结，所以我们黑人之间也一定要讲团结。

现在我要讲黑人革命和尼格鲁革命这两个词儿的区别。首先要弄清楚什么叫革命。我要说，你们都不太了解什么叫革命。

世界上根本没有非暴力的革命。唯一没有暴力的革命是尼格鲁革命。其目标是要求取消公园的隔离，取消公共厕所的隔离。不，这不是革命。革命的基础是土地；一切独立的基础是土地；自由、正义和平等的基础是土地。

你们不了解什么叫革命。如果你们了解，你们就不会把那样一种东西叫革命。革命就是流血。你们现在却说："不管对方怎样憎我，我也对他怀爱心。"胡扯，你们需要的是革命。你们臂拉臂，高唱"我们将克服"，并将它叫革命，这是活见鬼。这绝不能叫革命。革命不是唱歌。革命必须获得土地，有土地才可建立国家。

要了解清楚这一点，我们就得追溯奴隶时代的两种尼格鲁。一种叫家仆尼格鲁，一种叫庄稼尼格鲁。家仆尼格鲁就住在主人的住宅中，他们穿得较好，吃得较好——吃主人剩下来的好饭。但在同一种植园内还有一种庄稼尼格鲁。他们是绝大多数。他们受苦最深。他们吃不到猪肉，他们只吃猪下水。他们住茅屋，穿着破烂。他们憎恨主人。

当初，奴隶主人利用汤姆叔叔来看管庄稼尼格鲁，叫他们不要乱说乱动。今天也是一样，主人利用现代的汤姆叔叔来看管我们，叫我们不要乱说乱动。

《古兰经》就不这样，它教导我们必须与人和平相处，尊敬你的邻人，但万一有人欺侮你，你必须以牙还牙，以眼还眼。

1963年7月3日，合众国际社发了一条消息：埃利哈·穆罕默德，黑人穆斯林运动的领袖，现年67岁，受到了两名女秘书的指控，说他是她们4个孩子的父亲。这两位妇女都只有20多岁。罗莎里小姐说，她为埃利哈生了两个孩子，肚内还怀着一个。威利斯小姐则说，她为埃利哈生了一个女孩。

这条消息对马尔康来说是一个晴天霹雳。为了弄清事实，马尔康亲自去访问了埃利哈的三位女秘书，她们都老实地供认埃利哈奸污了她们。

马尔康写道："世界上没有人能使我相信穆罕默德先生会出卖穆斯林们所寄予他的那种尊敬，他们都是穷人，他们用五分币和一角币来支持伊斯兰国，有些人付不起房租，但也要节下五分一毛来做奉献。"

现在，这位黑人大众所供奉的圣人却原来是犯穆斯林最忌讳的奸淫罪的罪犯。马尔康出于良心和正义，不能不与他的"大恩人"分手了。他知道他必将被埃利哈处死，但为了正义，他做好了一切思想准备。他对朋友欧尔·格兰特说："我一生与危险为伍。我知道我活不久。我知道我已为我的人民尽了最大的力量。自从我被开除出黑人穆斯林以后，我就不希望一个组织依靠在一个个人的身上。"

他还对他的口头传记作者阿历克·哈莱说："老弟，我想我不会活着看到我这本书的出版。"果真不错，1965年2月21日，马尔康在纽约哈莱姆一家旅馆演讲时，坐在前排的3名匪徒忽然拔出手枪向他射击，把他当场打死。

马尔康不失为浪子回头金不换的英雄，但他未免有些过度天真，或曰愚昧。他不知道埃利哈像其他某些统治者一样，口头上爱唱革命高调，背地里却是奸污妇女的能手和杀害功臣的专家。

马尔康虽然读了很多很多书，看来，他仍然读得不够多。

金牧师曾对马尔康·艾克斯作出如下的评价：

他口才极佳，很善于表达个人观点。他十分注意黑人作为一个种族所面临的问题，这一点毫无疑问。对于如何解决种族问题，我们并不总是看法一致，但是对他本人我一直怀有深的感情。

他的很多政治和哲学观点我完全不赞同。我并不想让别人觉得只有我是对的，只有我是绝对标准，或者真理只在我这边。但是我总希望他能少谈些暴力，因为暴力是不能解决问题的。他长篇大论列举黑人的种种绝望却没有为他们指出任何积极的富有创造性的解决办法。在我看来，马尔康这样做不仅损害了他本人，同时也损害了我们的人民。他在黑人区所作的演讲言辞激烈，富有煽动性，鼓动黑人拿起武器投入暴力战斗，而这样做的结果除了带来灾难和伤痛，毫无益处。

发动暴力革命，我们势必寡不敌众。革命结束，黑人仍旧面临同样的悲惨境遇，依然生活在赤贫之中，依然享受不到应有的权利。唯有一点变化，那就是他的痛苦更强烈，陷入更绝望更悲惨的境地。因此，出于实际的考虑，也是从道德意义上讲，除了非暴力这条路，美国黑人别无其他明智之选。

在纽约有人朝我扔鸡蛋，我想那是黑人民族主义组织鼓动的结果。他们早就听说我主张以温和的爱的方式解决问题，于是就把对白人的愤恨和不满转移到我身上。他们觉得我居然要他们去爱他们痛恨的敌人。其实，此前一天马尔康曾参加一个集会，他在会上讲到我，说了很多。他告诉他们第二天晚上我要到纽约去，他说："你们该到那里去，告诉老家伙金，你们对他的看法。"他还讲了很多非暴力的事情，强烈抨击这种做法。他说，黑人，包括黑人妇女被狗咬伤，被消防水龙冲击，而我听之任之。他的话和那些说我是有教养的汤姆叔叔的论调一脉相承。

我一直觉得他们从来没有真正理解我的主张。他们没有看到不抵抗和非暴力两者之间有很大的不同。我当然不是让你坐在那里逆来顺受；相反，我讲的是一股强大的力量。你站起来，昂首挺胸，全力对抗一个万恶的体制。你绝不是胆小鬼。你在抗争，同时认识到非暴力的斗争方式在策略上和道德上都更加有益。即使不考虑道德因素，黑人采取暴力行动的言论也不切合实际。

31 苏珊·安东尼

苏珊·安东尼何许人也？传记作家陶格·林德作了如下介绍：

对当代的美国人而言，他们只知道她就是那个其肖像刻在一枚一元硬币上的女性。但对老一代的美国人而言，大家都知道她是"苏珊大姨"。她鞠躬尽瘁把她的一生贡献于为妇女争取权利。尽管她从来没有担当过任何官职，我们仍然可以把她称之为美国的第一位女性政治家。由于她专心致志地思考各种妇女问题，由于她审时度势地采用因地制宜的战略战术，她成了一名富有成效的妇女权利卫护专家。尽管她没有能够活着看到她为之奋斗的目标的实现，即美国宪法中妇女选举权之确立，但在整个19世纪中，她是对妇女法定权利的争取作出最实实在在的贡献的人。

1820年2月15日，安东尼生于马萨诸塞州的亚当斯县。当时她家不准许购置儿童玩具和音乐，因为怕有损于儿童专心致志地听取《圣经》的教导。她家有六个兄弟姐妹，父母教训严格，强调孩子们必须各自努力，做一个有益于世界的人。就父母本身而言，他们也的确以身作则。他们投身于废奴主义和容忍主义的活动。这也是苏珊醉心的事业。

苏珊18岁那年，美国发生了金融市场萧条，安东尼一家陷入了破产地步。为了帮助家用，苏珊在纽约州的新劳切尔的一家寄宿学校内充任教员助理。在那里受到一年的锻炼后，又在中央瀑布城的一家学校内当正式教员。她在那里一直待到1845年。那年她父亲经济好转，在罗彻斯特附近购置了一个农场。于是苏珊就迁往罗彻斯特。她在农场待了一个时期，然后往坎纳育里小学出任女校长。

那时，苏珊已进入婚嫁之年，有好几位男士追求她。她曾随着他们出游和跳舞，但最后她都一一谢绝。她下定决心终身不嫁。她对这个决定从来没有后悔过。她是这样说的："我觉得我不能放弃我的自由而去充任一名管家婆。如果一个女孩子嫁入了一个贫穷之家，她就成了一个管家婆和烦琐工作者；如果她嫁入一个富裕之家，她就成了一名宠物和一个洋囡囡。"

1851年5月,她结识了一位后来成为莫逆之交的终身朋友。有一次,她去赛内卡瀑布城参加废奴主义领袖威廉·葛里逊的演讲会时,她被介绍给了伊丽莎白·斯坦顿。从此,这两人就成了为妇女权利奋斗的同伴。

苏珊·安东尼,1855年

1852年9月,安东尼在锡拉科斯第一次参加了妇女权利大会。她开始努力把妇女选举权视为改善妇女地位的首要任务,她相信,"妇女权利重中之重的就是选举权。"不久她就成了到处奔走发表演说的专家。1854年,她走遍了纽约的54个县,宣传妇女选举权利以及废奴主义思想。1856年时,她已成了美国反奴主义协会的纽约州代表。

内战结束后,安东尼开始集中全力谋求解决各种妇女问题,特别是选举权问题。安东尼和斯坦顿一起,力争要把宪法修正案第十四条中的"男士"两字改为"普遍"。也就是要把选举权普遍化,不分男女和肤色。1868年,她和斯坦顿一起出版了《革命周刊》,翌年,她俩促成了全国妇女选举协会。苏珊被选为协会主席。协会每年要在华盛顿举行一次年会。届时,苏珊必来华盛顿开会,并乘此机会走访联邦国会议员,进行游说,要求通过有关选举权的宪法修正案。

1872年,发生了"美国诉苏珊·安东尼案"。为此,苏珊发表了流芳万世的一篇演说辞。她说:

朋友们、公民们：

有人控告我，说我在上次总统选举中，没有选举权而参与了投票。因此，今晚我站在这里，只为了证明我并没有犯罪，只是行使了一个公民应有的权利。我国宪法规定，每个公民都拥有同等的权利，任何一个州都无权剥夺。

联邦宪法的序言写得很清楚："我们合众国人民，为组建更完善的联邦，维护正义，保证国家安定，筹设共同防务，增强公共福利，确保我们自己和子孙后代永享自由幸福，特为美利坚合众国制定本宪法。"

组成联邦的是我们全体人民，不是男性白人，也不是男性公民，而是包括妇女在内的全体人民。我们之所以要组成联邦，不是为了赐予别人自由和幸福，而是为了确保自己的自由和幸福；不是为了确保我们当中的一部分人的以及他们子孙后代的自由和幸福，而是为了确保所有人及其子孙后代的自由和幸福——女人和男人都包括在内的自由和幸福。参加选举是国家为我们提供的确保这一权利的唯一途径。可是，你们在假意大力倡导自由的同时，却又来无情地剥夺妇女的投票权，这难道不是一个巨大的讽刺吗？

2011年3月15日，《中国社会科学院报》有一篇文章专门谈到这一案件，兹摘录如下：

1872年11月1日，时年52岁的安东尼来到纽约州罗彻斯特县的一家选民登记办公室，要求选举检查员将她登记为选民。她的这一要求遭到了拒绝。但安东尼援引1868年通过的美国宪法第14条修正案的公民条款以及纽约州宪法作为自己的权利依据。为避免诉讼缠身，三名选举检查员在征询了选举监督员的意见后，被迫同意安东尼在罗彻斯特县的第八选区登记选举。

在11月5日选举日当天，安东尼成功地投下了她的选票，但这一史无前例的举动也为她引来了麻烦。1873年1月24日，20人组成的大陪审团指控安东尼"故意地、错误地而且非法地进行选举投票"。庭审定于当年5月在门罗县开庭。

在此后的4个月时间里，安东尼将即将到来的审判转化为向门罗县及其周遭县市的公民宣传妇女选举权的良机。她走向讲坛，一个接一个城镇地发表题为"一位美国公民投票是犯罪吗？"的演讲。

面对逆境，安东尼及其律师在法庭上表现了极大的自信和勇气。尽管安东尼被拒绝给予出庭作证的资格，她的律师亨利·塞尔登的辩护仍然铿锵有力。他一方面力证安东尼合理相信她有权利投票，因此并未犯有"故意"非法地投票之罪，另一方面强调她纯粹是由于她的性别而被控告。

在听取了公诉人克劳利的回应之后，主审此案的亨特法官并未征询陪审团的意见，直接宣读了一份早在庭审前就已准备好的判决意见。庭审翌日，塞尔登律师请求重新启动一场新的审判，理由是安东尼被剥夺了由陪审团审判的宪法权利。但亨特法官拒绝了这一动议。最终，安东尼被宣告处以 100 美元罚金，却未遭监禁。其原因并非亨特法官的宽大为怀，而是不想由此给安东尼以上诉的机会。事实上，安东尼自始至终都未缴纳这笔罚金。

尽管败诉，但在人们的心目中，尤其是众多媒体眼中，安东尼实为最终的胜利者。他们说："安东尼小姐仍然获胜，她已经投票，美国宪法遭受了一击，对她处以 100 美元的罚金并不能抹杀这一事实：妇女投了票。"

对安东尼本人而言，这一经历使她相信，妇女无法通过法院赢得投票权。她转而直接诉诸人民。她进行全国旅行，推动各州的妇女选举权的立法。1890 年 7 月，怀俄明州成为首个允许妇女投票的州。至 1900 年，犹他州、卡罗来纳州以及爱达荷州壮大了这一队伍。1878 年，她又第一次在联邦国会中引入相关宪法修正案的提案，该案规定"公民的投票权不能为美国联邦或任何州因为性别的原因而被剥夺"。在此后的 41 年的每届国会中，该修正案每次都被提出。

安东尼没有能够活着看到她的理想化为现实。但她一直抱有无比坚定的信念。1906 年 2 月 15 日，她在华盛顿最后一次公开演讲中说，对于这样一个有价值的事业，"失败是不可能的。"

"失败是不可能的"就成了一句醒世名言。

1920 年，也就是安东尼冥寿一百年，美国终于通过了第十九条宪法修正案，确立了妇女选举权。

苏珊本人于 1906 年病逝于罗彻斯特。根据"失败是不可能的"名言，威尔逊总统进一步发明了另一名言："我宁愿在终将成功的事业中遭受失败，也不愿在必定失败的事业里赢得胜利。"

32　琴·亚当斯

中国的较早词汇中只有慈善事业这个名词，没有社会工作这个词。后者的涵义要比前者大得多。提到社会工作，美国人必然会想起琴·亚当斯。她可以说是社会工作的鼻祖。

1860年9月6日，琴·亚当斯生于伊利诺伊州的赛达维尔镇。她父亲是一名州议员，而且是林肯的朋友。他和林肯一样，非常讲求人品。他在日记中曾写下如下的句子："做人首先要讲人品。一个人即使占有整个世界而没有灵魂，那算是什么呢？""我坚信'诚实是最好的政策'。我希望我能做到不论在如何苦难中都会遵守这一箴言。"她家还保留了林肯给她爸爸的信。林肯非常别致地称她爸爸为"我亲爱的DoubleD'ed亚当斯"。原来亚当斯在英文中的拼写是Adams，而她家的姓却是Addams。

琴·亚当斯

琴的早年遭遇非常不幸。两岁时她妈妈就去世了。"死亡"在年幼的琴心中留下了没法磨灭的阴影。她还记得有一天看到父亲独自坐在椅子上流泪。她扑上去问，发生了什么？她爸爸说："世界上最伟大的人被暗杀了！"这是指林肯之死。还有一件事同样使她难受。在她同村内，住着一对老年夫妇，他们共有5个儿子，都去参了军，有4个战死在战场上，只有小儿子得以生还，但在一次打猎时却被误伤致死。她总觉得上帝不公平，所以在幼年，她一直没有相信宗教。

从经济条件讲，她家是当地的富裕人家。但生活之不幸这个问题总盘旋在这个小女孩的心头。有一次她和爸爸驾马车经过匹开托尼卡河畔，那里有许许多多爱尔兰移民的贫民窟，她问爸爸为什么人们住在这种狗窝不如的屋内。她在自传中说："我听了爸爸的解释后，就对爸爸说，我决心要在长大之后盖一所大房子，不要盖在豪华地区，而要盖在这一堆破烂房子之间。"

1877年9月，琴从当地中学毕业后进了伊州的洛克福德女子学院。她本来想进马萨诸塞州的史密斯女子学院，因为洛克福德不授学位，而史密斯是授学位的学校。但她爸爸不愿她远行。她只好听爸爸的。她在洛克福德一直读到毕业。她很想学医，那时几乎没有女医生。她体会到女性们都不愿意在体格检查时把自己的乳房暴露给一个陌生的男人，深感这是一种很大的羞辱，更不愿意由一个男人来察看她的妇科私密。所以她一心想学医。但父亲却要她留在他身边。

她只好听父亲的。1881年，他父亲在旅行中得病，不久便去世。她继母乃带领全家移居费城，琴也开始了大城市的生活。她开始实现她的梦想，进了费城的妇女医学院。那里的功课非常紧张，而且还要在妇科门诊部做实习。结果她得了精神分裂症，一年就休学了。1882年，她和继母去欧洲做了一次旅行，但她的病没有好转。她的姐夫和姐姐是医生和护士，姐姐就邀她到自己家治疗，病情稍有好转，但她一直没有复学，而是帮助继母料理家务，并照看产业。

她父亲死后，留下了价值30万美元的财产。继母当然是最大的继承人。琴则得到了约值5万美元的财产。其中主要是地产。共有三块，一块247英亩，一块是60英亩，另一块是80英亩。按今天的价值来看，可超过一百万美元。

1888年，她和女同伴再次作欧洲之游，参观了一些教堂和慈善机构。最令她感兴趣的是伦敦的托因比堂，这是由若干建筑物构成的一个特别居住点（settlement），它设在伦敦东城根的贫民窟，是贫民们的一个社会活动和文化活动中心。它的原意是帮助想当牧师的年轻人熟悉伦敦贫民的生活情况。托因比堂使她想起了她童年曾对爸爸说过的心愿——为穷人盖一所大厦。

这里要附带说一下：她从来没有交男朋友，除了父亲和兄弟外，她似乎对男人没有兴趣。她一生都没有结婚。

1888年夏，她和好朋友艾伦回到了美国。这次欧洲之行给她带来了思想上的改变。第一，她放弃了学医的打算；第二，她在老家的赛达维尔长老会教堂受洗为基督徒。

尽管她幼时那种对上帝的疑虑没有彻底消除，但她已开始从《圣经》中获取了无限的智慧。她特别体会到了人的限度和人的软弱。

《罗马书》第七章和第八章说："我们原晓得律法是属乎灵的，但我是属乎肉体的，是已经卖给罪了。因为我所做的，我自己不明白；我所愿意的，我并不做；我所恨恶的，我倒去做。若我所做的是我不愿意的，我就应承认律法是善的。既是这样，就不是我做的，乃是住在我里头的罪做的。我也知道在我里头，就是我肉体之中，没有善良，因为立志为善由得我，只是行出来由不得我。故此，我所愿意的善，我反不做，我所不愿意的恶，我倒去做。若我去做我所不愿意做的，就不是我做的，乃是住在我里头的罪做的。我觉得有一个律，就是我愿意为善的时候，便有恶与我同在。因为按我里头的意思，我是喜欢神的律；但我觉得肢体中另有一个律和我心中的律交战。把我掳去，叫我服从那肢体中犯罪的律。我真是苦啊！谁能救我脱离这取死的身体呢？感谢神，靠着我们的主耶稣基督就能脱离了。……如果神的灵住在你们心里，你们就不属肉体，乃属圣灵了。人若没有基督的灵，就不是属基督的。基督若在你们心里，身体就因罪而死，心灵却因义而活。然而，叫耶稣从死里复活者的灵若住在你们心里，那叫基督从死里复活的，也必借着住在你们心里的圣灵，使你们必死的身体又活过来。"

她由此悟到她该怎样做。同年9月，她和艾伦到了芝加哥，她们在密歇根河畔租了一间房子，两人合住，并开始她们的新生活。她们的第一步是筹款。她们参观了各个教堂、各家教会、各种慈善机构、各家中小学；拜访了许多牧师、政界人物、新闻记者、慈善家和社会名媛。

为了充实自己，琴抓住每一个机会上礼拜日学校。到"阿摩尔服务社"（设于第33街的一座济贫所）当义务服务员。还到莫迪教堂学校授课。

她和艾伦还到莫里斯·波特医院参观和学习。这是一家专为穷孩子治病的私人医院。

在筹款取得一定成果后，她们两人就着手找适当地段租房子。她们终于找到了"赫尔堂"。这是一幢处在贫民区内的大建筑。这本来是大财主查尔斯·赫尔的家。在1871年的芝加哥大火中，它周围的房屋全部焚毁了。随后在废墟上出现了一批贫民住房。赫尔家族也只好搬往别处。当时房屋的所有权归赫尔的外甥女海伦·克尔佛。她是芝加哥第一大富婆。但她有自由主义思想，经琴的游说，她同意把赫尔堂廉价出租。这就是赫尔堂的由来。

这时还有一个奇迹出现了。琴本来是一名"林黛玉"，可称百病缠身。但在这忙碌的生活中，她的病竟不知不觉地痊愈了。

赫尔堂是一个总称，实际上在琴的经营下，这已不是一所房子，而是由七八座建筑物构成的一个建筑群，其规模已超过了英国的托因比堂。

赫尔堂的重头工作就是为源源涌入芝加哥的外来移民解决困难。如帮助他们学习英语，寻找住所，授予工作技能，给予一般教育等等。它特别照顾那些不懂英语的孩子。所以移民们就把赫尔堂当作"天堂"。

不久，赫尔堂就名震全球。许多知名人士都前来芝加哥参观。其中包括英国劳工领袖约翰·伯恩斯、俄国亲王彼得·克罗泡特金、托尔斯泰作品翻译专家阿尔梅·募迪、英国首相詹姆斯·麦当劳、罗马尼亚王后玛丽亚等等。

为了争取正义，琴也曾参加政治活动，但以失败告终。当时她的选区内有一位恶名四溢的共和党党魁鲍佛斯，琴就帮助民主党候选人竞选，结果没有效果。1912年，她又帮西奥多·罗斯福的进步党进行竞选，也没有成功。

第一次世界大战中，她采取了反战立场。结果遭到了"爱国派"的猛烈攻击，同时也影响了赫尔堂的发展。她为赫尔堂苦斗了20年，写了一本《赫尔堂20年》留世。

《世界传记大全》评曰："赫尔堂的成功使琴·亚当斯名震全国。她也曾投身于反芝加哥政治腐败的斗争，她在1894年波尔曼铁路大罢工中曾充当调解委员会委员。她支持工人的罢工权利。她到处演说支持各种改良运动，她提倡女权，主张非战主义。"

1931年5月，她获得诺贝尔和平奖。

1935年5月21日，琴·亚当斯病逝。

传记作家狄利贝尔托写道："今天，人们普遍地认为琴·亚当斯是美国历史中的一位非凡人物。她是为社会正义作出永垂不朽功绩的伟大人物之一，是与亚伯拉罕·林肯和马丁·路德·金一样的名人堂人物之一。"

33　克拉拉·巴顿

克拉拉·巴顿是美国红十字会的缔造者。1821年12月25日，她生于马萨诸塞州的北牛津镇。她父亲是一名州议员，在美国独立革命期间曾参加过韦思将军所率领的军队。她从小就从爸爸口中听到过许多关于战争的故事，所以很早就知道战争是怎么一回事。

她天资敏慧，读书用功，所以在15岁时就在她家附近的一座小学校教课。1850年，她到新泽西州的鲍登敦教课。当时该校规定来上学的儿童需要缴学费，因此学生

克拉拉·巴顿，1865年

人数不多。克拉拉主动提出，如果该校取消收费规定，她自愿不拿工资。她取得了胜利。事后她一直以此自豪，因为是她第一个在新泽西创立了免费小学，她的那所学校的学生人数终于由不满10人增到了600人。

后来学校决定聘一名男性教员来管理，她乃愤而辞职。

1853年，她在首都华盛顿的专利局供职，是当时最早的女性公务员。内战开始后，她辞职到军队服务。

她自动地征集士兵需要的物资并没法送往前线。1862年，联邦军需部长特许她可以上前线走动。她还获得了约翰·普波将军和詹姆斯·沃德沃兹将军的嘉奖。她曾亲赴原野大战和弗德里克斯堡大战的战场做救护工作。

1865年，她产生了一个想法，要查明失踪士兵的下落。林肯写了一个条子，表示同意她的想法。她乃在华盛顿设立了一个记录局，追踪到了2万个姓名。

在南北战争时期，无论是联邦政府军还是南方邦联军，其中的医疗救护组织均面临着人员奇缺、物资匮乏的困难局面。为此，双方都迅速开展了志愿人员的征召组织工作。在北方，志愿救护组织的领导者是一位名叫多萝西娅·迪克斯的妇女及"美国卫生委员会"，这个委员会负责征召医护人员，并开展了募捐与药品征集工作。他们建立了野战医院，但由于多在后方离前线太远，因而并未能提供真正有效的战地救护。

以现在的观点看，一百多年前的医疗救护实在是太原始了。今天，训练有素的医护人员被分配到了每一个战斗分队，伤员在战场上即可得到包扎及输血抢救；另外，每名士兵都曾接受过战场急救的指导并随身带着自救包和抗生素片剂；这样，即使是与连队指挥所失去了联系的巡逻兵，一旦负伤也能得到初步而有效的救护。可是在当时，每个团、有时甚至是一个师才能配备有一名医生，而且他们中许多人所具备的医学知识或许还不如今天的普通士兵；当然，药品的供应同样是少得可怜，以至时常没有敷料与止痛剂。结果成千上万的伤员因得不到救治而死在战场上。

正是克拉拉·巴顿弥补了这一不足。她是作为个人来进行工作的，在其身后并没有任何组织。她召集起志愿人员带上医药用品，率领着她的车队跑遍了战场的每一个角落。他们在战斗的间隙为伤员们包扎治疗，拯救了无数人的生命。其间，时常有炮弹在他们的身边炸响，克拉拉虽然没有负伤，却多次遭遇了死神的威胁。有一次，当她刚刚抱起一名受了重伤的士兵，一颗子弹便射穿了她的衣袖，并且打死了那个奄奄一息的人……

战争结束时，克拉拉·巴顿已经成为美国家喻户晓的女英雄。在此后的几年里，她应邀到各地进行巡回演讲，受到了美国人民的热烈欢迎。在演说中，克拉拉谈到了战争的残酷及那些负伤官兵的悲惨境遇，并对那些为国捐躯的将士们表达了深深的怀念；克拉拉指出，正是他们的流血牺牲捍卫了民主平等的美国精神、为美国人赢得了和平安宁的幸福生活，解放黑奴是高尚的人道主义行为、是博爱精神的体现……她的讲话真挚感人，激发了无数美国人的爱国热情，但她的演讲中很少谈到她自己。

后来，克拉拉的身体总是时好时坏，她不仅忍受着包括支气管炎与胃病在内的多种疾患的折磨，而且有"精神崩溃"的某些症状。正是由于健康原因使得克拉拉于1870年春登上了开往欧洲的班轮。

在欧洲旅行期间，克拉拉的健康开始得到了恢复，并且于同年6月在日内瓦会见了路易·阿皮亚医生。阿皮亚医生是著名的"日内瓦五人委员会"的成员，是国际红十字运动的开创者之一。国际红十字运动诞生于1863年，但在当时克拉拉却对它一无所知。阿皮亚医生此前从未见过克拉拉，然而对她在美国内战期间为人道主义事业所作出的非凡贡献早已知晓，并给予了高度评价。在这次会见中，阿皮亚医生向克拉拉全面介绍了红十字运动的产生与发展，及其人道主义宗旨与中立原则，当然也谈到了

《日内瓦公约》。阿皮亚医生期望克拉拉能够继续为人道主义事业作出贡献，并且为美国早日加入《日内瓦公约》而尽心竭力。对此，克拉拉欣然应允。

此时，普法战争的阴影已经笼罩了欧洲大陆。克拉拉来到了设在瑞士巴塞尔的救援中心，为了实现自己的理想，她给瑞士、法国及普鲁士的官员们去了信。信中表明她将恪守红十字运动的中立原则，奔赴前线救护任何一方的伤员。

8月初，克拉拉同时收到了来自卡尔斯鲁厄和米卢斯两个城市的邀请，这两个城市当时均在法军的控制之下，他们希望克拉拉前去帮助组织伤员的护理工作。由于通往卡尔斯鲁厄的道路已被雷区封锁，于是克拉拉决定前往法国的北方城市米卢斯。克拉拉的设想得到了红十字国际委员会的支持，他们派遣了一位名叫安冬妮娅·玛戈的瑞士姑娘当她的随员及翻译。安冬妮娅聪慧而漂亮，与克拉拉一样，她也是一位献身红十字运动的志愿者。1870年8月8日，她们离开了巴塞尔，踏上了充满危险的艰难旅程。

在法军控制下的斯特拉斯堡，哨兵在检查了她们一行人的证件后仍不放行，克拉拉想出了办法。"你带着红十字标志吗？"她问安冬妮娅，可惜她们都未携带红十字标志，此时，克拉拉果断地撕下了自己衣领上的红色丝带并将它剪断，迅速而精巧地缝制了一个红十字袖章戴到了自己的左臂上，她随即起身走到了那个固执的哨兵面前。"啊，红十字！"这个哨兵说着向她庄重地鞠了一躬，并示意她们通过哨卡。

她们一行很快到达了边境。克拉拉和安冬妮娅赶往了战火笼罩下的布吕马特。此时的布吕马特已经落入普军之手。虽然来自附近战场的普军伤兵源源不断，但普鲁士的官员告诉她们这里的救护工作组织得很好，并不需要别人的帮助。然而实际情况并非如此。

克拉拉决心继续徒步赶往战场，她的设想得到了安冬妮娅的支持。显然，正是她的勇敢刚毅与博爱善良感染并激励了这位瑞士姑娘。

早在美国内战期间，克拉拉就曾多次只身奔赴战场。她与亨利·杜南一样具有很高的组织才能，到达战场后，她很快将人员和物资安排得井然有序，并能够及时地派往任何一个最需要的地方。人们钦佩她的才干，正是她使战地救护的混乱局面得到了根本的改观，因而她的工作也得了美国军方的鼎力合作。然而此时却是在普鲁士，这里的人们并不了解她的业绩与才干，他们坚持认为女性决不会在战场上有所作为，让女人参加战地救护只能增加混乱与恐慌。

在步行了几个小时之后，她们到达了距前线只有几公里的范登海姆。在此她们再次被拒绝前往前线，看来除了返回布吕马特之外已别无选择。这时已是黄昏时分，天空上阴云密布，预示着一场暴风雨即将来临。显然，她们只能在此住宿一夜，但由于这里已驻扎了4000名普军，因而这里的所有房子都住满了人。无奈，她们只得连夜赶回布吕马特。可没走出多远，狂风暴雨夹杂着冰雹便一起向她们袭来，克拉拉和安东妮娅陷入了困境。

她们正处在这座小镇的贫民区。这里的房子低矮而破旧，路旁的水沟里到处是垃圾。为了避雨她们躲到了一幢小房子的屋檐下。无意中克拉拉向上瞥了一眼，她发现一个德国女人正站在窗前注视着她们。"我们可以在你家过夜吗？"克拉拉向这个女人恳求道，这个女人打量了她们好一会儿，终于打开窗户递给了她们一个凳子，克拉拉和安东妮娅便从窗口跳到了房子里。但不幸的是，这一切却被附近的邻居看见了。雨停之后，在这幢房子的周围聚集了许多人，从他们那贪婪而邪恶的目光中，克拉拉似乎感到了一种不祥的预兆。不久，传来了急促的敲门声，空气仿佛瞬时凝固了，女主人走到窗前看了一下，然后便打开了门：在一名下士的带领下，一班普军士兵冲了进来，下士对女主人说他们是来调查这两个陌生人的，因为有人报告她们是间谍。

克拉拉的心情是复杂的，因为士兵们的到来至少是给她们带来了暂时的安全。她向这位下士出示了自己的美国护照及红十字会的证件。可就在此时，一个喝得醉醺醺的普军中士突然闯了进来，他声称此事应由他来处理并抽出军刀把克拉拉逼到了墙边，而后便用德语大喊大叫。在普军中，下级必须无条件地服从上级，因而无论是士兵还是那位下士都没敢走过来阻止他。但克拉拉却丝毫没有胆怯，她勇敢地站在那里，厌恶而蔑视地看着面前的这个家伙。过了一会儿，这个家伙仿佛清醒了一些，他害臊地收起军刀，步履蹒跚地走出了房门。又过了几分钟，在检查了她们的证件之后，士兵们便离开了。第二天，她和安东妮娅安全地返回了布吕马特。

就在这进退维谷之际，克拉拉遇见了巴登公爵夫人路易斯——她是德皇威廉一世的女儿。公爵夫人非常钦佩克拉拉在美国内战期间的英雄业绩，而且还是红十字运动的热情支持者。她们一见如故，进而成为了终生挚友。正是在她的帮助下，克拉拉才得以参加了战地救护工作，并且得到了德国军方的合作。

随着武器装备的不断更新，炮火的杀伤力日趋增强，不仅导致了交战双方死伤人数的扩大，同时也使许多无辜的平民成为了战争的受害者，因此战地救护工作也随之更加艰巨。在普法战争中，克拉拉的足迹遍及了斯特拉斯堡、梅斯等许多法国城市，其中也包括陷落后的巴黎。每到一处，她不仅要救护那些负伤的军人与平民，而且还要组织援助那因战争而流离失所的大量难民。她实在是太辛苦了。正是她的无私奉献挽救了许多人的生命，减轻了战争给人类带来的创伤。她的英雄事迹传遍了整个欧洲。

战争结束后，克拉拉又在红十字国际委员会工作了一段时间，直到1873年才回到美国。

1877年，土耳其和俄国发生了战争。当时她已经56岁，但这场战争又触发了她的一个念头。为什么不起来组织一个美国红十字会，去战地为伤兵们服务？于是她写信给日内瓦的负责人埃比亚博士，要求授权她在美国发起组织一个美国红十字会。埃比亚同国际红十字会主席摩尼埃商定后回答说：他们认为她的确是美国红十字会的"灵魂"，但此事有一个先决条件，那就是美国先得参加《日内瓦公约》。

1878年，克拉拉亲自到华盛顿去游说海斯总统，总统很客气地接见了她，但此事得由国务卿处理，她就去见国务卿，他不亲自出面，而由副国务卿接见，告诉她政府没有改变政策，那就是"孤立主义"，不参加任何国际组织。

克拉拉虽然受挫，但她并不灰心，她知道宣传的重要性。她结识了美联社记者和其他报纸的记者，请他们帮助宣传。在1880年大选中，克拉拉支持了加菲尔，加菲尔上任后表示支持克拉拉的建议。但没有几个星期加菲尔被刺身亡，由副总统亚瑟接替。于是她又一次进行游说，多方奔走。1881年3月16日，终于传来了消息：参议院一致地通过了《日内瓦公约》。巴顿在自己的日记中这样写道："条约通过了！最后胜利了，我等待了这么久，弄得疲惫不堪，身体已垮，以致没有高兴可言，只有放下报喜信而拿出手帕擦干眼泪。"

1884年9月，克拉拉被选为美国代表团成员之一，参加了在日内瓦召开的第三届国际红十字会会议。她在会上受到了热烈的欢迎。有一位意大利代表登上讲台说："在促使美国参加《日内瓦公约》一事上，克拉拉·巴顿应受到全人类的最大感谢和最高奖励。"

这也是美国外交史上第一次有妇女代表。

1887年9月，她又被选为代表，参加了第四届国际红十字会会议。这次会议是在刚统一的德国举行的。会议结束后，她受皇室之请，在巴登—巴登做客。总理俾斯麦接见了她，国王老威廉也向她垂问了德国在美移民的情况。

1899年，美西战争爆发。克拉拉组织人员到古巴战场进行救护工作，又一次建立了功勋。1900年6月，麦金莱总统签署了一个法案，确认克拉拉的美国全国红十字会是正统的红十字会机构（当时另有其他组织想取得这个地位）。

1901年，她又被选参加第七届国际红十字会会议。这次会议在俄国的彼得堡举行。这是她最后的一次欧洲之行。

她回国后身体日衰，1908年又摔坏了脊梁，活动逐渐减少，乃专心写自传。

她1912年病逝，享年91岁。

克拉拉·巴顿在美国历史上被称为"战场上的天使"。她一生没有结婚，完完全全把自己贡献给了事业。这样的女性在世界范围内也是少有的。在中国而言，我们只能找到两位，她们是前南京金陵女子大学的校长吴贻芳和北京协和医院的妇产科主任林巧稚。

34　沃尔特·惠特曼

闻名世界的沃尔特·惠特曼的《草叶集》是经历 37 年才最后成为目前这样的。我们今天普遍见到的最终版是 1892 年版。

1819 年 5 月 31 日，惠特曼生于纽约长岛的亨丁顿镇。他出生后不久，全家就迁到了布鲁克林，他在那里上了几年小学。1830 年，他的正式学习宣告结束。在这以后的 5 年中，他当过印刷厂学徒和工人。从 1836 年起 5 年内，他在长岛教小学，还办了一个周刊《长岛人报》。

1841 年，惠特曼迁进了纽约市，并开始了他的报人生涯。他的初期诗作和短篇小说都说不上有什么成就，在随后的几年中，他在好几家报刊当过编辑，有一次在《布鲁克林鹰报》工作时，曾因与老板政治见解不同起纠纷而被革职。1848 年，他应《新奥尔良月牙报》之请往南部各州做了 3 个月的旅行报道。这块新土地之美丽给他留下了极深的印象。当时曾传言他在那里与一名混血姑娘发生性爱关系云云，但经考证，此事并无实据。惠特曼在老年曾坦白他有 6 个非法子女，但不曾提到有这样一位姑娘。

沃尔特·惠特曼

同年，他又回到布鲁克林，编了一个"自由土地派"的报纸。到 1854 年止，他当过木匠、办过印刷厂、充任过自由撰稿人，还搞过地产投机。

在 1855 年第一版的《草叶集》中，共收集了 12 篇诗。他自称为"人民的诗人"，他以穿工人装的形象与读者相见。他在序言中宣称他的诗是用以赞颂这个伟大的新国家的。"由所有各国人民组成的美国人可能是这个地球上最充满诗意的人民。美利坚合众国本身实质上就是一部最伟大的诗。"这 12 首诗中至今还普遍传诵的有《自我之歌》、《一个婴儿诞生了》、《睡着的人》。

他的这些诗是对老式诗的反抗。他爱使用美国的土语俚语，一反以"古"为荣的那种诗章。他信手写来，不讲什么诗律词律，往往不押韵。

他着重谈当前发生的日常事务。他还使用一些商业上和工业上的词汇。他强调普通化，或曰人民化。他说："我相信，一叶青草未必逊于巨星的整个历程。一只蚂蚁、一粒泥沙、一颗小鸟蛋，也同样是完美无缺。"普通工人、农夫、小生意人，就是他的"缪斯"。他把自己列于社会下层人民之一。他为了表示反抗清教徒式的道貌岸然，故意要描写"一丝不挂"的人体。他强调性行为是纯洁的东西而不是什么肮脏的东西。

第一版的《草叶集》销路不佳，但很幸运地得到了拉尔夫·爱默生的夸奖。后者写信给他说："我觉得这是美国迄今所出版过的最不平凡的智慧之作。我祝贺你有了一个很了不起的开头。"爱默生的鼓励给了惠特曼极大的勇气，使他决心把诗写下去。

在 1856 年《草叶集》第二版中，惠特曼增加了 20 首新的诗。从此，他每一次新版就对旧诗作一些修改，并增添了新的诗。第二版中的好诗有《横渡布鲁克林渡口》、《向世界致敬》、《有一个女人等着我》。但第二版的销路仍然不佳。第三版出版于 1860 年，这是第一次由一家波士顿出版商出版。以前都是由他自己掏腰包出书的。这次增加了 146 首新诗。他第一次把自己的诗分成类。以后他就按此办理。其中最吸引人的是一组"亚当斯的儿女们"，这是一组谈异性之爱的诗。另一组叫"卡拉莫斯"，是讲四海之内皆兄弟的诗。

在第三版中，惠特曼也开始谈"死亡"这个主题。如《当我处在生命海洋的落潮时》、《不停摇摆的摇篮总有停摆时》。

读者对第三版的反应是毁誉不一。反对者主要是看不惯他对性行为的露骨描写。有人甚至要求惠特曼自杀以谢国人。但第三版的销路却很好，这是很"反常"的。这是惠特曼的一次新经历。但随即又发生了不幸，他的出版商因内战开始而破产。第三版的纸版不知落入了何人之手。因此就发生了盗版问题，据估计，盗版约达 10000 册。

内战爆发后不久，他曾到弗吉尼亚去寻找他的兄弟，因为据说他兄弟在战场上受了伤。于是他得以亲眼看到了战争的残酷。他一方面继续供职于华盛顿的邮政局，一方面在华盛顿的各医院做义务服务员。他常常工作至深夜，照看伤病员。他有纯正的人道主义理想，不管对联邦军的伤员也好，对叛军的伤员也好，他都是一视同仁。

由于过度辛劳，他也一度生病。1865 年 1 月，他入内务部印第安人局供职。

《草叶集》第四版出版于 1867 年。此书采用了蓝色封面，所以俗称为《蓝皮书》。

部长先生有一次看到了这本书,他对其中的两性描写大为恼火,就把惠特曼逐出了内务部。但有一位高级人士出来打抱不平,他把惠特曼介绍到司法部工作。他在那里一直工作到 1873 年。

惠特曼是林肯的崇拜者,当林肯被刺的消息传来时,他正在用晚餐。他和他妈妈放声痛哭,没有能吃完这顿饭,而且一连两日,没有清理餐桌。

惠特曼晚年,每逢林肯忌日,就要在纪念会上发表演说,讲述林肯生平。出席他最后一次在纽约卡耐基大厅讲演活动的有古巴的革命导师马蒂。马蒂说,当时惠特曼已衰老不堪,他坐在一把高背椅上,白发苍苍,宛如一位神仙。但讲话却高昂有力,讲到激动处,竟老泪横流,全场为之暗泣。

从第四版起,诗的重点有了转移。也就是从人体的描写转到了精神的描写,或曰灵的描写,如《死亡的耳语》、《啊,亲爱的灵魂》、《最后的启示》。

在《通往印度的旅程》中,他颂扬了人类历史上的辉煌成就:1869 年联邦太平洋铁路全线通车,它贯穿了美国整个大陆;苏伊士运河的通航,把欧亚两大陆联结了起来;大西洋电缆的安装,使美欧两大陆联结了起来。在惠特曼看来,这三大建设象征性地使整个人类成了天下一家。他认为人类经过一个世纪一个世纪的千辛万苦,终于迎合天意达到了自然上的和谐。现在摆在我们面前的问题是人类必须在精神上达成与上帝的和谐。

1871 年,惠特曼出版了他的散文集《民主展望》,这是他最重要的散文集。他对重建时期的贪污腐化行为大表愤慨,但他又坚信,民主思想一定会在美国取得最后胜利。他说:"许多人会认为这是一种梦,但我满怀信心地预测这样一个时期迟早会到来,那时整个美国将把四海一家精神、深层的友爱精神、真纯而久盛不衰的互爱精神发展到一个前所未有的程度。"

1871 年和 1876 年,惠特曼出版了《草叶集》的第五版和第六版。其中的最佳作品为《形而上学的基础》、《哥伦布斯的祷告词》、《红木树之歌》。

1873 年,他突发心脏病,从此从华盛顿迁至新泽西的坎顿居住。1881 年,他对《草叶集》做了最后的订正。(以后的作品都作为附录)

第七版原定由波士顿的詹姆斯·奥斯哥德出版。但波士顿司法部要求删去某些它认为是不宜出版的内容。惠特曼拒绝删修,于是改由费城的一家出版商于 1882 年出版。

现在人们所读的《草叶集》是所谓的"死榻版",出版于 1892 年。

1892 年 3 月 26 日,惠特曼死于坎顿,他死后的名声大大超过了在世。

35　欧内斯特·海明威

美国作家欧内斯特·海明威于1954年获诺贝尔文学奖。他发表了一篇具有特别风味的获奖致辞如下：

没有一个作家，当他知道在他之前有不少伟大的作家并没有得到诺贝尔文学奖这份殊荣时，能够心安理得地接受这份荣誉而不感到受之有愧的。在这里无须将他们的名字一一列举。我相信在座的各位都能根据自己的常识和良知列出自己的名单来。

欧内斯特·海明威

请我国大使在这儿替我宣读一篇演说，便将我心中所有的东西都表达出来是不可能的。一个人作品中的一些东西可能不会马上被人理解，得到大家的认可，在这点上，他有时是幸运的；但是它们终究会变得明朗，根据它们本身的内容以及作家点石成金本领的大小，他将留名青史或被人遗忘。

写作，在处于最佳状态时，是一种孤寂的生涯。大家聚在一起，或许能缓解彼此的寂寞，但能否提高各自的写作水平却值得商榷。一个在人稠众广之中成长起来的作家，自然可以免受孤寂之苦，但他的作品往往流于平庸，如果他真的是一位有实力的作者，当他独自创作时，是无惧于面对无穷的寂寞和物质上的匮乏的。

对于一个真正的作家来说，每一本书都应该成为他继续探索那些尚未到达领域的一个新起点。他永远尝试去做那些从来没有人做过或没人做成的事。只有这样，再加上运气，他才有可能获得成功。

如果已经写好的作品，只需改改名，换一种写作方式就可以叫作再创作的话，那么文学创作就显得太简单了。因为我们的前辈大师为我们留下了太多优秀的作品。正因为如此，一个普通作家常被他们耀眼的光环驱赶到远离他可能到达的地方，陷入孤立无助的境地。

作为一个作家，我讲得已经太多了。作家应当把自己要说的话写下来，而不是讲出来，再一次谢谢大家。

1899年7月21日上午8时，海明威出生于美国伊利诺伊州芝加哥的奥克帕克。

海明威的童年时光大多在温德米尔——瓦隆湖的农舍——中度过，他在那里吃、睡、游玩，尽吸山林之气。他小时候最喜欢看图画书和动物漫画，平日也喜欢听各种类型的故事。小时候的海明威很喜欢模仿不同的人物，每当他听到故事时，总会不断模仿故事中他喜欢的人物角色。海明威对缝纫等家事亦很感兴趣，她母亲说："他喜欢缝制东西，他常想为他爸爸缝件穿的衣物。他喜欢缝爸爸的裤子，有一条裤子是妈妈给他补着玩的。"他喜欢各种动物，尤其是野生动物。他会对他的玩具说话，把它们拟人化。他一直很渴望有一个小弟弟，在1902年4月妹妹尤苏拉出生时，他的眼睛充满了泪水，说："我想，也许耶稣明天会送个小弟弟给我。"

海明威的母亲一直希望诞下一对双胞胎，却事与愿违，她这个愿望一直都未能实现。为了安抚自己，她让小海明威穿上粉红色的方格花布衣，并戴上一顶饰有花朵的宽边帽，还给他换了他姐姐马塞琳的发型，把小海明威装扮得跟马塞琳一样，为他们拍了一张合照，称他们为"双生儿"。

海明威的母亲希望自己的儿子能在音乐上有所发展，但海明威却承袭了父亲的兴趣，如打猎、钓鱼、在森林和湖泊中露营等。由于从小多在瓦隆湖的农舍中度过，长期与大自然的接触令他一直都很热爱大自然，到了晚年，他更为了与大自然接触而时常到杳无人烟的地方旅行。

海明威在 1913 年 9 月到 1917 年 6 月间在奥克帕克及河畔森林高中接受教育。他在学业和体育上皆很优秀；他会拳击、足球，在班上，他在英语方面的过人天赋尤其突出。在初中时，他曾为两个文学报社撰写文章，这是他首次的写作经验。升上高中后，他便成为了学报的编辑。有时他会使用"Ring Lardner Jr."这笔名写作，以纪念他心目中的文学英雄拉德纳（Ring Lardner）。

高中毕业之后，他面临上大学、参战和工作的挑战。虽然他的父亲要他与马塞琳一起上奥柏林大学，而他本人也可能曾希望与同学和好友一起上伊利诺伊州立大学，然而他却拒绝入读大学，18 岁就到在美国举足轻重的《堪城星报》当记者，正式开始了他的写作生涯。虽然他在《堪城星报》仅仅工作了 6 个月（1917 年 10 月 17 日—1918 年 4 月 30 日），但由于这家报社在当时的地位很重要，雇用了很多才华横溢的记者，而每个记者几乎都有同一个梦想——写小说，在这种氛围下，海明威渐生写小说的念头。由于海明威在半年时间内深深受到了《堪城星报》的写作风格影响，即用简洁的句子，因此海明威的写作风格一直以简洁著称。在海明威出生的 100 周年纪念时，《堪城星报》为表示对他的敬意，称其为 100 年来该报历任记者中的第一位作家。

后来，海明威不顾父亲的反对，辞掉了记者一职，尝试加入美国军队以观察第一次世界大战的战斗情况。"当我参加上一次的大战时，我是一个可怕的笨蛋"，海明威于 1942 年说，"我记得我只是认为我们是主队，而奥国是客队"。海明威是条典型的美国硬汉，英国萨塞克斯大学的奋德教授曾说："他身材结实、宽肩膀、头形端正，有深棕色的头发和小胡子。"本来，海明威的身材这么好，应能入伍，但却由于视力有缺陷而导致身体检查不合格，后来只被调到红十字会救伤队。前往意大利前线途中，他在德国炮火轰炸之下的巴黎逗留。他并没有在安全的旅馆停留下来，反而尽量接近战场。海明威很兴奋，形容自己当时"好像是被派给一个特别的任务来写这一年最伟大的故事"。他与朋友泰德·布鲁姆贝克租了一辆出租车，希望能看到一两个新弹坑。泰德写道："一听到炮弹爆炸，我们的车子就尽快驱往爆炸声的地方去，但是我们一离开那儿又听到市内远处另一声爆炸声。"到达意大利前线之后，海明威目睹了战争的残酷。在他到达那里的第一天，米兰附近的一座弹药库爆炸。海明威给《星报》写道："这一座弹药库的爆炸是我生平第一次接受火的洗礼。我们把伤患带进医院，跟在堪萨斯综合医院的情形一样。"海明威受命搜索附近田野里因爆炸而抛落下来的尸体，送到一个临时停尸场，发现他们找到的女尸多于男尸。那一次看到的情况令海明威极为震惊。

之后他遇到的士兵并没有减轻他的惊恐。在一次关于战场上死亡情形的讨论中，埃里克·道尔曼-史密斯引用了莎士比亚的一句名言，那是海明威从未听过的。他很喜欢这句名言，于是要求埃里克把那句话写在一张纸条上，后来他又把它背诵下来。那句话是出自《亨利四世》一剧的第二部分：

"真的，我并不在意死亡；人只能死一次；我们都欠上帝一次死亡，随便怎么个死法，今年死明年死都一样。"他这种对死亡的看法从他写给他父母的一封信中可见。"死亡是件非常简单的事"，他在信中这样写道。

1918 年 7 月 8 日，海明威在输送补给品时受伤，结束了他的救护车司机的工作。他当时在奥地利的堑壕被迫击炮弹击中，在他的腿部遗下了弹片，再被扫射中的机关枪射中。尽管自身负伤，他仍把一名意大利伤兵拖到安全地带，后来意大利政府授予他银制勇敢勋章。

海明威在米兰一个美国红十字会的医院工作。由于没有什么娱乐，他常常以读报和喝酒消磨时间。在这里，他结识了来自美国首都华盛顿的修女安格妮·库洛斯基，她比海明威足足大了 6 岁。海明威爱上了她，但海明威后来返回美国，他们的关系就这样终止了；安格妮并没有跟海明威返美，而是与一名意大利军官好上了。这件事的记忆在海明威的心中一直挥之不去，并成为了他早期小说《永别了，武器》的创作灵感。后来，海明威更把自己当作小说中的主人公，谬称自己取得意大利军队的中尉军衔，并且参加过三次战斗。

战争结束之后，海明威回到奥克帕克。由于禁酒令的关系，1920 年，他迁往安大略省多伦多的巴瑟斯特街 1599 号的一所公寓居住。在那里居住期间，他在《多伦多星报》找到了一份工作。他在那里是一名自由作家、记者和海外特派员。海明威在那里结识了《多伦多星报》记者莫利·卡拉汉，两人成为好朋友。卡拉汉在那里刚开始写短篇故事；他把这些短篇故事给海明威看，而海明威对这些作品赞不绝口。后来他们在巴黎得以再度重聚。

1920—1921 年的短短一年间，海明威在芝加哥北部附近居住，并为一所小报社工作。1921 年，海明威娶了他的第一任妻子——哈德莉·理察逊。在同年的 9 月，他迁到了芝加哥北部的迪尔伯恩北街 1239 号的一所狭窄的三层公寓居住。那栋建筑物现在仍在原处，而在这公寓前面则是一个有"海明威之家"字样的匾。哈德莉认为这公寓太昏暗和过于消沉，在 1921 年 12 月，海明威一家迁出了国外，再没有回到那里居住。

他们听了舍伍德·安德森的劝告，在巴黎安顿了下来，在这里，海明威给《多伦多星报》进行关于希土战争（1919—1922）的采访。在海明威回到巴黎之后，安德森为他写了一封介绍信给格楚·史坦因。她成了海明威的良师益友，引导海明威参与"巴黎现代主义运动"，然后到蒙巴拿斯区；这成为了美国移民"迷失的一代"之始，由海明威的小说《太阳照常升起》和《流动的飨宴》的题词带动。另一个对海明威影响深远的人是意象派的创立者艾兹拉·庞德。

海明威的处女作《三个故事和十首诗》（1923）由罗伯特·麦卡蒙在巴黎出版。同年，他们一家回到多伦多短暂逗留，就在那时，海明威的第一个儿子出生，取名约翰，他请格楚·史坦因当约翰的教母。由于要支持整个家庭的开支，海明威逐渐变得忙碌，并开始对《多伦多星报》的工作感到沉闷，遂于1924年1月1日辞去了这份工作。

海明威在其短篇故事系列《在我们的时代里》（1925）出版时才初登美国文坛。对于海明威来说，这部作品极为重要，它一再显示简洁的写作风格亦可为文坛所接受。

1925年4月，在《大亨小传》出版两星期后，海明威在丁哥酒吧遇见了《大亨小传》的作者佛兰西斯·史考特·基·费兹杰拉德。相识之初，两人是很要好的朋友，常常对说共饮，彼此分享写作心得、交换手稿，费兹杰拉德也表示希望海明威能在文坛上有更大的成就，但后来他们的关系逐渐冷却，更开始明争暗斗。费兹杰拉德的妻子洁儿达从一开始就不喜欢海明威。她更曾公开形容海明威为"假货"和"骗子"，并声称他看来很有大男子气概，其实也只是外表而已。她开始无理地指责海明威为同性恋者，并谴责她丈夫与海明威一起参与社交活动。

海明威第一部成功的小说是《太阳照样升起》（1926），是部半自传体的小说，是他在最喜爱的咖啡馆"丁香园"用6个星期完成的。这部小说十分成功，广受好评，其创作灵感是在读过费兹杰拉德《大亨小传》的手稿之后萌生的。

1927年，海明威与哈德莉·理察逊离婚，并另娶宝琳·费孚为第二任妻子。她来自阿肯色州，是一个虔诚的天主教徒。此外，她也是一名临时的时装记者，为《名利场》和《时尚》这类的时尚杂志工作。这时，海明威开始转而皈依天主教。那一年，海明威的《没有女人的男人》出版，书中有很多短篇小说作品，而其中的《杀人者》是海明威最为知名的短篇小说之一。1928年，海明威与费孚迁居佛罗里达州基韦斯特，开始了两人的新生活。可是，他们的新生活不久后就被一件悲惨的事情所中断。

1928年，海明威的父亲克拉伦斯因受不住糖尿病和财政状况的折腾，以内战时期用的手枪自杀。这件事对海明威来说是很大的打击。在获悉父亲自杀一事之后，他立即回到奥克帕克为父亲安排后事，此时他想起按天主教教义自杀者要下地狱。同在这段期间，黑太阳出版社创立者哈里·克罗斯比——也是海明威在巴黎认识的朋友——亦自杀身亡。同年，海明威的次子派翠克出生于堪萨斯城，而他的第三个儿子格利高里·海明威在数年以后才出生。母亲经历多番阵痛后，医生终于成功剖宫取出婴儿，有记者指出《永别了，武器》中载有此情景。

《永别了，武器》记的是一个名为弗莱德里克·亨利的美国士兵与英国护士凯瑟琳·巴克利之间的浪漫故事。这小说是以自传的文体写成的：书中的故事情节灵感明显是来自海明威在米兰与库洛斯基护士的关系；而小说中的凯瑟琳在产前阵痛的创作灵感却是来自海明威的次任妻子宝琳生次子派翠克前的痛楚。

在有关第一次世界大战的其他书籍都开始成名后，《永别了，武器》才出版。《永别了，武器》的出版大获成功，很受欢迎，它亦为海明威解决了当时的财务困难。

海明威后来终于听取了约翰·多斯·帕索斯的劝告，于1931年迁往基韦斯特（他在那里住的房子现为博物馆）。在那里，海明威常与好友沃尔多·皮耳士到海龟附近钓鱼，到著名的"邋遢乔酒吧"小饮，偶尔会到西班牙旅行，为《午后之死》和《胜者一无所获》收集资料。1940年，即9年之后，海明威与费孚的这段婚姻结束，到1950年代，他进入了一生的另一个阶段，他在这阶段写的作品数量达一生所有作品的70%。

1932年，《午后之死》这部关于斗牛的书籍正式出版。对于《午后之死》的评语各有不同，有些人认为这本书较像一本斗牛士和斗牛技巧手册，甚至可说是对死亡、艺术和高贵之间关系的思考。在《午后之死》这本书中，海明威大谈关于斗牛的事，而他所论述有关的斗牛仪式差不多都是一些宗教的习俗。海明威与西班牙有关的著作均深受巴罗哈的影响（海明威获诺贝尔奖之后，去见了巴罗哈，并表示他认为巴罗哈更有资格获诺贝尔奖），在1925年在潘普洛纳看过奔牛节之后他深深着迷，后来更在《太阳照样升起》一书中描述奔牛节的盛况。

1933年秋天，海明威随一队狩猎的旅行队到过肯尼亚的蒙巴萨、奈洛比及马查科斯，再到达坦桑尼亚，并在赛伦盖提、曼雅拉湖四周和现在塔兰吉雷国家公园所在地的西及南部打猎，猎物大多为象、狮子、老虎等陆栖的大型动物。1935年出版的《非洲的青山》就记载了他那次到非洲的旅行经历，而《乞力马扎罗的雪》和《法兰西斯·马康伯快乐而短暂的一生》则是以他在非洲的经历为原型创作的小说。

1937年，海明威受命到了西班牙，为《北美报业联盟》报道有关西班牙内战的战况。在那里，海明威不顾警告，不断报道法西斯主义者的丑闻，甚至是左派共和军的丑闻。

1952年，《老人与海》出版，海明威对这部中篇小说的成功极为满意，他据此获得1953年度普利策奖及1954年度诺贝尔文学奖两项殊荣。在获得诺贝尔文学奖后，他却表现得异常谦逊，并提及丹麦作家凯伦·白烈森，说"若把这奖项颁给美丽的作家伊莎·丹尼荪，他会更高兴"。这些奖项令他在国际上重拾声望。

此后，他再临噩运：在一次狩猎中，他先后两次遭遇飞机失事，因而受重伤；他扭伤了右肩、手臂和左腿，严重脑震荡，他的左眼暂时失明，左耳也暂时失聪，括约肌瘫痪，脊椎骨严重受伤，肝脏、脾脏和肾脏破裂，脸部、手臂和腿被严重烧伤。一些美国报纸误发了海明威的讣告，以为他当时已伤重不治。

此外，在一个月以后，他更在一次森林大火意外中受重伤，双腿、前躯干、双唇、双手前臂严重烧伤。这些痛楚一直维持了很久，令他无法到斯德哥尔摩接受诺贝尔奖。

后来他偶尔找到了一些1928年写的手稿，重新整理为现在的《流动的飨宴》，重现一点点希望。虽然他的能量好像是恢复了，但酗酒问题还是困扰着他。他的血压和胆固醇极高，他患的主动脉炎及其意志消沉的情况因酗酒而恶化。

1959 年，古巴革命推翻巴蒂斯塔政权后，外国人拥有的资产全被没收，因而迫使很多美国人返回美国。海明威选择再停留多一段时间。人们普遍认为海明威与菲德尔·卡斯特罗保持良好的关系，并曾声明自己支持该国革命。

1960 年 2 月 26 日，海明威向出版社要求出版斗牛故事《危险夏日》未果。于是他和妻子玛丽向朋友、《生活杂志》主席威尔·朗要求离开巴黎并回到西班牙。海明威说服朗出版他的手稿，并顺带加上插图设计。虽然这建议没有文字记录，仍被采纳了。1960 年 9 月 5 日，这故事的第一部分出现在《生活杂志》中。

海明威后来在爱达荷州克川市接受了高血压及肝脏问题的治疗——并因为患忧郁症和偏执狂而接受电痉挛疗法，但是后来有人认为可能就因为接受了电痉挛疗法而加快了他的自杀行为发生，因为据称在他接受此一治疗后严重失去记忆。他的重量亦流失了很多，他高约 183 厘米，这时却只重约 170 磅（即只有约 77 公斤）。

海明威曾于 1961 年的春天试图自杀，于是再次接受电痉挛疗法。在他的 62 岁生日前 3 个星期，1961 年 7 月 2 日在爱达荷州克川市家中，他用从地下室贮藏库找来的双管猎枪自杀了，妻子听到枪声，立即下楼察看，当时他已面目全毁，只剩下嘴巴与下巴，法医最后认定为擦枪走火。法庭裁定他最后的行为任何人都不需负上责任，并以天主教的仪式把他埋葬。据称在他接受了电痉挛疗法的治疗后记忆严重破坏；医学和学术界亦极为留意此一说法。除了以上的一种说法外，亦有人认为海明威之所以自杀是因为他在写作上对自己要求很高，后来发现自己的作品无法再达到《老人与海》那样的质量后，就陷入了绝望，虽曾试图靠深海捕鱼、打猎、饮酒等来分心，但是还是徒劳，最后才要自杀。

海明威被葬于爱达荷州克川市最北部的公墓。

作为中国人，我们还要谈一谈海明威的中国之行。1941 年 3 月，海明威夫妇曾从香港进入中国内地，他到重庆受到了蒋介石夫妇的招待。他又秘密地会见了周恩来。海明威研究专家杨仁敬特地为此写了一本书：《海明威在中国》，他评论说：

海明威是个闻名全球的战地记者和小说家。他曾经到过意大利、法国和西班牙等地，亲身参加了第一次世界大战和西班牙内战，写出了许多精彩的报道和小说。有人估计海明威访问中国之后会写出传世的佳作，然而他并没有这样做。他只写了 6 篇关于中国抗战的报道：《苏日签订条约》、《日本必须征服中国》、《美国对中国的援助》、《日本在中国的地位》、《中国空军急需加强》、《中国加紧修建机场》。文章发表后引起了美国各方面读者的强烈反响。

在这些文章里，海明威反映了有关中国抗日战争的几个重要问题：

1. 日苏条约签订后，苏联仍继续援助中国。

2. 蒋介石是个军人和政客，十年来他的目标是消灭共产党。西安事变后在中国共产党帮助下放弃剿共，转而抗日。从那时以来，"蒋介石没有放弃打败日本的目标，但他心里也从来没有放弃另一个目标。"

3. 日本正在准备进攻东南亚，如果英美要避免另一个慕尼黑事件，就要设法阻止日本南进。

4. 美国应支持中国各个政治派别联合抗日，并明确地告诉蒋介石，美国不支持中国打内战。

5. 日本失去了与中国媾和的机会，而且决不能征服中国。

6. 中国拥有丰富的人力和物力，中国人民有勤劳勇敢，不怕艰难和牺牲的精神，他们能对日本发动反攻，而且必将取得最后胜利。

海明威对中国之行是满意的，用他自己的话来说，这是一次艰难的旅行，但很有趣。海明威的报道记录了他与战斗中的中国人民的友谊。

值得一提的是冯亦代先生对海明威的评价。他写道："曾经有人因海明威参加过西班牙内战，简单地视为民主斗士或反法西斯英雄。这实在是一种对海明威的讽刺。老实说，过去我也是这样看待他的，但逐渐我却产生了怀疑。如今离开海明威故世已经整整二十年，他的传记发表了，他妻子玛丽·威尔什所写的回忆录《事实真相》出版了。今年他的书信选集也印行了。从这些著作以及其他有关的批评论文里所显示的海明威和他作品里所表现的哲学观点，我们不难地把二者合成一个本色的海明威，他可以是一个自封的《英雄》，而这个英雄却是游离于现实世界的。海明威写西班牙内战的长篇小说《丧钟为谁鸣》，是足以代表他对西班牙内战的态度。书中这个第一人称的'我'只是个目击者，海明威像写新闻报道一样，把故事讲得头头是道，把人物写得生动如实，可是他自己却又显得那样漠然，那样无动于衷。"

这实际上是说，海明威的文与人是不统一的，说得更刻薄一些，他有人格分裂症：说得很漂亮，实际上却是一名自私自利之徒。

36　秀兰·邓波儿

如果说20世纪90年代出现过"前无古人，后无来者"的体育明星有迈克尔·乔丹的话，那么，30年代就有过"前无古人，后无来者"的文艺童星秀兰·邓波儿。

秀兰·邓波儿

邓波儿是好莱坞独一无二的童星。由于她的影片非常简单明了，不需要什么翻译就可以人人看懂，所以凡好莱坞电影所能到达的世界每一个角落，人人都可看到邓波儿，而且是人见人爱。因为她是如此活泼可爱，如此天真无瑕，如此演艺非凡。

1928年4月23日，邓波儿生于加利福尼亚的圣太莫尼卡。她四岁就上影坛，一举成名。现在把她一生所演电影开列如下，用不着翻译，以便人们可以按图索骥，购置她的录像带和DVD。

The Runt Page 1932

War Babies 1932

The Pie Covered Wagon 1932

Glad Rags to Riches 1932

The Kid's Last Stand 1932

Polly Tix in Washington 1932

Kiddin' Hollywood 1932

Kiddin' Africa 1932

The Re Haired Alibi 1933

Merrily Yours 1933

Out All Night 1933

Dora's Dunking Doughnuts 1933

Pardon My Pups 1933

Managed Money 1933

What To Do? 1933

To the Last Man 1933

Carolina 1934

New Deal Rhythm 1934

Change of Heart 1934

Mandalay 1934

Little Miss Marker 1934

Bottoms Up 1934

Stand Up and Cheer 1934

Now I'll Tell 1934

Baby, Take a Bow 1934

Now and Forever 1934

B right Eyes 1934

The Little Colonel 1934

Our Little Girl 1935

Curly Top 1935

The Little Rebel 1935

Captain January 1936

The Poor Little Rich Girl 1936

Dimples 1936

Stowaway 1936

Wee Willie Winkie 1937

Rebecca of Sunnybrook Farm 1938

Just Around the Corner 1938

Little Miss Broadway 1938

The Little Princess 1939

Susannah of the Mounties 1939

The Blue Bird 1940

Young People 1940

Kathleen 1941

Miss Annie Rooney 1942

Since You Went Away 1942

I'll Be Seeing You 1943

Kiss and Tell 1945

Honeymoon 1946

The Bachelor and the Bobby Soxer 1946

That Hagen Girl 1947

Fort Apache 1948

Adventure in Baltimore 1948

Mr. Belvedere Goes to College 1949

The Story of Seabicuit 1949

A Kiss for Corliss 1949

至于大使秀兰·邓波儿和老妇秀兰·邓波儿就不必提了，因为人们要看的永远是童星秀兰·邓波儿。只有这个邓波儿是永远不朽的。

37 J. P. 摩根

在谈到美国的银行时,人们必定会提到约翰·比埃尔邦·摩根,简称 J. P. 摩根。

在马克·吐温所谓的《镀金年代》中,美国出了各种各样的大王,如铁路大王、石油大王、钢铁大王和烟草大王等等。但摩根却凌驾于各种大王之上,所以他可以称为金融天王。

他与上述的大王还有一个不同之点。诸大王几乎都是出身草莽,也就是说出身贫穷,而摩根却生下来就是富翁。他的父亲是来往于美英之间的大银行家,而摩根又是一名独生子。

还有,摩根是诸大王中唯一的高级知识分子。

《世界传记全书》这样评论摩根说:

"他是那个时代最有权威的银行家,他帮助美国政府建立了欧美之间的信用桥梁,他两度解救了美国政府的财政危机。"

1837 年 4 月 17 日,摩根生于康涅狄格的哈福德,从小受到正规的教育。大学毕业后又到欧洲留学,进了德国的葛丁堡大学,主修数学,成绩优异,学校曾有意留他当教员,但他婉言谢绝。事后他对朋友说,他不是为数学而数学的,而是为银行而数学的。

他性格刚强,自封为志在必得

J. P. 摩根

者（go-and-getter）。他与美国驻法公使的女儿相恋，但女方得了不治之症，势在必死，双方家长都反对他们结婚，但摩根不顾一切，举行了婚礼。没有多久，女方就病逝，摩根带灵柩回国，葬于他家的墓地，并标明"摩根爱妻之墓"。

他父亲的银行设于伦敦，摩根则于 1857 年在纽约开设自己的银行，直到 1895 年，他的银行正式定名为 J. P. 摩根公司。

摩根第一次闻名全国是因为内战时期的一宗所谓转卖枪支案。此案详情至今不明。有一种说法是这样的：当时陆军部存有一批步枪，因属过期产品，不宜使用。摩根通过代理人用廉价收购了这批枪支，然后又托人转卖给急于购置枪支的南方叛军，赚了一大笔钱。

北方有人指责摩根是私通叛军的卖国贼，但摩根的律师却说，这是一批没有效用的过时货，南军用它时没有杀伤力，这是南军上了当，而购枪的钱现在却存在北方银行里了，这是一种爱国行为。

战后，美国大兴筑路，各家铁路竞争激烈，摩根作为投资银行家，利用矛盾，发了大财。比如说，铁路大王威廉·范德比就把他的中央铁路委托给摩根管理。

钢铁大王卡耐基最后也把他的公司出让给了摩根，由摩根组成了一统全国的美国钢铁公司。他又是通用电气公司的后台老板。

不过最有名的则是摩根两度"解救"了美国的财政危机。

第一次是在 1893 年。当时的总统是克利夫兰，由于白银派的作难，政府黄金存储量告罄，克利夫兰采取的救急措施都不能生效。这时，摩根公司出来充任了中央银行的角色。他出售政府黄金公债，保住了黄金货币制。他在其中赚了多少钱，至今无人知晓。

第二次是在 1907 年。起因是联合铜矿公司因投机失败而股票猛跌。10 月 15 日，其股票从 60 美元跌到了 35 美元，次日又跌到 10 美元。同时，这又牵连到整个股市，造成全面下跌。股价下跌又使金融机构面临困境。纽约的大银行纷纷出现挤兑风潮。10 月 24 日，纽约证券交易所告急。午前，纽约证券交易所总裁托马斯走进摩根的办公室，告诉摩根，如果没有现金，证券交易所无法正常营业到下午 3 点。摩根知道，一旦证券交易所提早关门，将对社会造成莫大影响，于是答道："早一分钟都不行！"他立即召集纽约各主要银行的总裁，要他们无论如何在一小时内弄来 2500 万元现金。两点刚过，就传来了 2500 万现金送到的消息。

证交所内爆发一片欢呼声。

整个星期，摩根穿梭于华尔街办公室和他的图书室之间，24 小时全天候待命接受紧急召唤。银行家萨利如此描述摩根："他对街上群众视若无睹，只全神贯注于所进行的工作，勇往直前，仿佛是唯一行走于纳瑟街国库分库前的人。摩根是当时力量与意志的化身。"

10月28日,新的危机出现。纽约市政府需要3000万美元支付教职员工薪水及日常支出。但在当时市场情况下,即使是市政府也借不到分文。因此,市长麦克莱伦就去见摩根。如果连全美最大城市都发不出公务员薪水,不但对金融市场将是个大利空,对整个社会也会造成严重影响。于是,摩根于29日找来数家银行以现金3000万美元购入市政府利率6%的公债,附送加买2000万美元公债的选择权。银行再把公债交给票据交换所,票据交换所再以这批公债为担保,发行价值3000万美元的可承兑证券,这些证券又再进入国家城市银行及第一国家银行的市政府账户,终于解除了纽约市政府的燃眉之急。

《华尔街日报》评论道:"回顾华尔街历史,没有什么比众多金融首脑在摩根先生图书室内的通宵会议更重要、更令人兴奋的了。他无疑是当代的英雄、不折不扣的领袖,为国家化解了一场灾难。"

美国政府在这场危机中吸取了教训,终于成立了联邦储备银行,作为美国的中央银行。

摩根于1913年3月31日,病逝于罗马。

美国老百姓对摩根还有另一种的看法。他们编了如下的一首歌:

> 我到河边一工厂,
> 五里宽来五里长,
> 炉火正旺人正忙,
> 钢铲响叮当。
> 我说:"多好的工厂呵!"
> 只见一位工人答道:
> (以下合唱)
> 这是摩根,这是摩根,
> 巨大的金融至尊;
> 此间的一切,除了空气,都属于摩根。
> 我住在这个国家,它人民众多幅员广。
> 过去的和平和战争历史,
> 证明它有脑袋又有心肠。
> 我说:"多好的国家呵!"
> 一位正在罢工的工人答道:
> (以下合唱)

这是摩根,这是摩根,
每一节火车车厢,
每一条海上的船舶,
都属于摩根。
我乃走向天堂,
只见那墙高殿深,
黄金色的屋顶闪亮。
在那大门上,
新钉了一个标记曰"私人园"。
我说:"这是怎么一回事?"
一位手抱四弦琴的天使答道:
(以下合唱)
这是摩根,这是摩根,
你若要进天堂之门,先得让摩根批准,
快快去向他申请。
我走投无路。
乃向海边把小舟泛。
我驶出纽约港口,
让海风把那铜臭吹散。
小舟开进一荒岛,我踏上沙滩,
正想躺下小歇一番,
只听得地下钻出个小鬼向我喊:
(以下合唱)
这是摩根,这是摩根,
伟大的金融至尊。
滚你妈的穷人,
这块土地不许躺别人。
我们保留着要给摩根。

38　赛拉斯·麦考密克

在人类的生产发展史上，人们所要解决的第一个问题是吃的问题，也就是求生存的问题。原始人第一次拣起石块当工具的时候，他的目的是觅食而不是别的。不论是哪一种社会，农业总是社会经济的基础。

如果没有农业的发展，美国内战后的工业发展将是不可想象的。自1860—1900年的40年中，美国农业耕地增加了一倍。若按实际耕作的土地而言，则增加了两倍。1860年，美国生产小麦2亿蒲式耳、玉蜀黍25亿蒲式耳、棉花400万捆。1900年则生产小麦7亿蒲式耳、玉蜀黍25亿蒲式耳、棉花2000万捆。在这同一时期，美国人口增加了一倍半，但美国农民仍然生产了足够的谷物和棉花，饲养了足够的牲畜，剪了足够的羊毛，供应了全国的城市，而且还有大批的输出。

林肯总统本人是乡村长大的，他完全懂得农业的重要性。在1862年内战进行之际，林肯的国会就通过了一个有名的《宅地法》，规定：任何白人只要在西部荒地上连续耕作5年，就可以无偿取得165英亩的土地。1英亩大体上等于6市亩。165英亩大体上等于900中国亩，这个数字在美国仍然是一名小农的标准。

赛拉斯·麦考密克

在南方奴隶制下，黑奴不过是一具能说话的机器。北方没有黑奴，它必须找其他东西来替代生产工具。按照社会规律，当社会有某种需要时，便会逐步出现某种解决办法。于是有不少人制造出接近现代化的收割机。其中最有成就的就是赛拉斯·麦考密克。

历史学家哈钦森说："在19世纪前半叶的所有发明中，收割机的发明可算是对农业革命最有贡献。"另一位历史学家倪文斯则认为，麦考密克帮了林肯一个大忙，因为收割机使北方的粮食产量大大增加，而且又节省了许许多多生产力，使林肯可以源源不断地取得兵源，从而打败了南军。

1809年，麦考密克出生于弗吉尼亚的胡桃林地区。他父亲罗伯特是爱尔兰移民。由于罗伯特夫妇很能干，麦考密克出世时他家已经大发，拥有绵延数百英亩的土地，而且还建有磨谷厂和锯木厂。罗伯特虽然没有受过多少教育，但却有发明天才。据麦考密克讲："我父亲是天生的机械工程师及发明家，他能用现成的工具作出任何他想要的机器"，其中最重要的一项就是由马拉动的割麦机。

然而，罗伯特没有商业头脑，据麦考密克说："父亲发明的东西过了几年就废而不用了。"幸好富有企业远见的麦考密克补足了父亲的缺陷。他在回忆录中说，在10岁的时候他就在马背上遐想："我老想能否赚到100万美元。这虽然是梦想，却是一幅动人心灵的远景。"

1831年，麦考密克22岁，他制造了他的第一架收割机，其原理与他父亲所造的完全不同。尽管这架机器相当粗糙，但它的基本结构已与以后逐步发展的收割机相同。经过好几次测验，他的新机器在1834年取得了专利。不过，这时他父亲专心管自己的铁店，没有去发展这个新机器。在1837年经济萧条中，铁店几近倒闭，麦家才重新投身到收割机上去。

1844年，麦考密克在老家胡桃林铁店生产了50台新收割机。接着，麦考密克意识到芝加哥正在发展铁路，这样，它势将成为一个水陆两通城市，而芝加哥的后方就是无穷无尽的大平原，是最好不过的农耕地，也是收割机最好最大的市场。所以他决心把厂址迁到芝加哥。那是1848年，麦考密克公司在芝加哥开张。他的竞争对手是奥伯德·胡赛。不过后者的机器较适用于割草，而麦的机器则较适用于收割作物。

他的专利权于1848年到期，接着就来了连年不断的专利官司。他曾请过好几位律师，包括亚伯拉罕·林肯和威廉·西沃德在内。他的官司没有打赢。他的大部分专利失去了专利之权，只留下了1831年后所新创的一些东西。

因此，麦考密克所以有大发展倒不在于他是发明家，而在于他是一位杰出的推销家。

他是一位杰出的推销家。他所采用的压倒对手的办法是：批量生产、大做广告、公开的机器质量示范、保用保修、付款优待等等。他还雇佣了一批全国推销人员，他们都可取得一定的佣金。在19世纪50年代中，麦考密克收割机已在全美国叫响。1860年时，美国已有100多家收割机厂，但麦考密克稳执牛耳，它的企业年售量达5000台。

在1851年的伦敦展览会上，麦考密克收割机获得了委员会奖，于是它就在欧洲闻名。在1855—1880年间，它又在巴黎、伦敦、汉堡、列尔、维也纳、费城、墨尔本等世界展览会上获奖。在1880—1890年间，麦考密克收割机对加拿大、俄国、新西兰、澳大利亚和阿根廷有大量的出口。

麦考密克永远不停地为他的机器作改进。1871年芝加哥大火把他的厂子焚了，他那时已62岁，但他决心重建。麦考密克放弃旧址，沿芝加哥河岸买下了160英亩的土地，花了62万美元兴建新厂。其中包括占地72000平方英尺的主厂（为原厂的10倍），以及44万平方英尺的仓库、铸造厂和铁工厂。这就大大增加了产量。在19世纪中期，他的企业年销售量超过了50000台，而生产最高峰时期的工人人数只有1400人。其利润可知也。

1879年，麦考密克被法国科学研究院选为院士，因为"他对农业所作出的贡献超过了任何人"。的确如此。收割机改变了农业作业的面貌。小麦和其他某些农作物在成熟以后必须在一两周内收割完毕，农户因此只能耕种在一两周内能收割完毕的田地。现在有了收割机就可以成倍成倍地扩大耕种面积，使美国的西部开发一举功成。同时，它又可节省劳动力去城市做工，促进城市的发展。

麦考密克也注意宗教事业和政治活动。他资助长老会和民主党。他想通过这两大组织缓解内战后的南北敌视和种族对峙心理。

在内战期间，长老会分裂为南北两派，在麦考密克精心撮合下，两派得到了调和。从1855年起他就一直在这样做，直到死为止。

1864年，麦考密克曾在伊利诺伊第一选区以民主党身份竞选联邦众议员，没有成功。1872年和1876年，他曾担任伊利诺伊州民主党委员会主席，并且也是民主党全国委员会成员。

麦考密克还热心社会公益。他资助了弗吉尼亚的华盛顿和李大学、联邦神学院以及芝加哥基督教青年会。他当时的财产为100万美元，估计他捐出的款项有50万美元。

1884年，麦考密克病逝于芝加哥。

当然，美国农业工业化在1884年时尚未全部完成，要到1950年美国农场的曳引机数目超过马匹数目时才算真正完成。但是，麦考密克在19世纪中叶协助建立的长期农业机械化的趋势持续改变了美国经济。1961年，当麦考密克的芝加哥工厂因为已告落后而拆除时，美国仅有9%的人从事农业，而农业产量却足以供养比美国人口多好几倍的人。

麦考密克去世后，小麦考密克继承了父亲的事业。1902年，该公司生产了全国

35%的农耕机具。但因以汽油和蒸汽为动力的农机问世,竞争日趋激烈。小麦考密克考虑到事业的前途,乃与摩根集团商量,准备并购另外三家主要竞争者,成立一个托拉斯。于是就产生了今天的国际收割机公司。

新公司由小麦考密克任总裁,它当时的产量占美国农业机具85%的市场。

39　山姆·沃尔顿

在美国的大地上，有两家星罗棋布的商店，那就是麦当劳快餐店和沃尔玛超级市场。它们有一个共同的特点，价格便宜，所以人们往往把麦当劳称为穷人的餐馆，把沃尔玛称为穷人的百货店。但从收益来讲，后者却要远远超过前者，因为麦当劳没有上过福布斯富豪榜的第一名，而沃尔玛则曾多次居于榜首。

1918年3月29日，山姆生于俄克拉荷马州的一个小镇金费休。5岁的时候，他父母就带着山姆和他的弟弟全家迁往了阿肯色州佩顿维尔。他父亲从事兜销房地产和保险，母亲做一些小生意，沃尔顿除了上学外则以推销杂志、挤牛奶、送报纸等工作贴补家用。他父亲常常教育孩子说："成功的秘诀就是工作、工作、工作。"这句话支配了沃尔顿的一生。

1936年，沃尔顿进了密苏里大学。他半工半读。密苏里大学新闻学院出版了一份日报《哥伦比亚密苏里人报》（该大学的所在地叫哥伦比亚镇），沃尔顿充任了报纸的送报员，他曾夸口："4年中我一直是该报的最佳推销员。"

山姆·沃尔顿

他还时常在学校的餐厅内当服务员，换两顿饭吃（不拿工资）。

1940年，他大学毕业，获商学士学位。同年，他进了J. C. 潘尼公司的艾奥瓦州德莫伊的分店当店员。他后来这样说："我最早的工作是招呼顾客。许多经营大企业的人不曾用过收银机，也不曾招呼过顾客。我做过这些，所以了解销售人员该做什么，以及他们对于顾客的重大影响力。"

但更重要的是，他在那里领教了 J. C. 潘尼公司所订下的 7 条规矩：

1. 尽你所能地使公众满意。
2. 对你的服务，只求获得可慰的报酬即可，不必求百分之百的利益。
3. 尽力使你的顾客的每一美元获得百分之百的货真价实，心满意足。
4. 不断激励自己和同仁，以求我们的服务质量能天天有所提高。
5. 持续提高我们在业务方面的素质。
6. 公司的利益应让同仁们共享。
7. 对我们的政策、方法和一举一动必须问一个"这是否正确、公正和合理？"

美国参战后，沃尔顿弃商从军，在整个战争期间他担任宪兵，检查美国本土的各种军事设施。1943 年他与海伦·罗伯逊结婚。战后，他没有回潘尼公司，而是向岳父借了 2500 美元，买下阿肯色州纽波特的富兰克林商店，1950 年时，他已经把该店经营成该地区最成功的一家店，但却因为失去租约被迫结束营业。他迁往佩顿维尔又买下了一家富兰克林商店，整个 50 年代，沃尔顿在全国的富兰克林连锁店中，不断增加"沃尔顿式富兰克林"连锁店。在这一过程中，他得出了一个结论：面积 2.5 万平方英尺的大店可以在 5000 人不到的小镇上生存，只要它能吸引圆 10 英里至 20 英里内的居民来购物。这就是日后他企业发展的理论基础。

1962 年 7 月，他在阿肯色州的罗吉斯小镇设立了第一家沃尔玛市场（当时只是一家小店，根本称不上是超级市场）。1964 年，他又在同州的小镇哈里森开设了第二家沃尔玛。商店利润甚低，但他悉心研究，改进产品组合，持续寻找更好的货源。他经常带着大袋甜圈圈到收货码头和员工聊天。沃尔顿不在报表中找灵感，而到工作现场去找灵感。

1970 年，沃尔玛公司的股票上市，筹得 500 万美元，增建 6 家分店，并建成第一座发货中心。这一次及后续的股票发行使公司获得充足资金来实现沃尔顿的计划。在第一个 10 年内，共设立了 30 家分店，之后在 70 年代增设了 452 家，80 年代增设了 1237 家。沃尔玛的股票不断升值，1970 年以 1650 美元购进的 100 股，到 1992 年时已值 260 万美元。

随着股票上市，沃尔玛公司的管理人士开始正式享受利润分享计划。次年，其他员工也加入了这个队伍。从那时起，在公司工作满 1 年、每周工作超过 20 小时的员工，平均可以领到年薪 5% 的红利。但红利是先记在账上，直到离开公司时才能领取。由于红利是以公司的股票支付的，而股票价格不断飞涨，所以许多分店经理在退休时都成了百万富翁，甚至不少按钟点计酬的员工也是如此。

沃尔顿认为事在人为，所以除了福利外，还特别注意员工的精神面貌，他经常采用以下办法鼓励员工的士气。第一，他尽量亲自参加新店的开幕式。他把开幕式和公司集会变成振奋士气的场合。他会在大会开始或结束时跳上桌面，带领大家为沃尔玛欢呼万岁，有时还让员工自编歌词，当场领唱。第二，他在公司刊物《沃尔玛天地》上开辟专栏，亲自动笔，要求员工想法帮助公司创造新的利润。第三，他欢迎任何员工提出批评或构想，对任何一封来信，他都会亲自作答。对任何来访的人他都会接见。

评论家们说：沃尔玛所以能压倒老牌商店的秘诀在于销售人员。他们都对顾客十分友善，热心，乐于帮忙，而且关心公司业务之发展。

沃尔顿的另一个特点就是不断改革和创新。沃尔玛是美国第一家全面采用条码的商店。大家知道，超级市场这个名词在英语中拼作 Supermarket，1987 年，沃尔顿在达拉斯郊区加兰德开创了一家 Hypermarket（姑且译为巨无霸市场），后来又相继推广到堪萨斯的托皮卡和密苏里的堪萨斯城。

巨无霸市场占地之大实在惊人。笔者住居达拉斯时曾多次往巨无霸市场购物。据称：它可以容得下一个足球场、一个棒球场、一个篮球场、三个网球场、一个高尔夫球场和一个奥林匹克式游泳池。想一想这一点就够了：它至少得为顾客准备一个可以同时容纳好几百辆汽车的泊车广场！

沃尔顿的个人爱好是亲自驾驶私人飞机巡视全国各分店。传记作家约翰·休伊这样描写道：山姆说："巡视商店是我最重要的工作，我宁愿舍弃其他工作也要这样做，因为我知道巡视商店就是帮助我们的员工。我可以借此了解情况，知道谁干得好，同时，也察觉到许多需要改善的地方，并帮助他们改善。一个好的零售商场经理必须仿效我的做法，以掌握工作进度。你必须懂得跟那些直接与顾客打交道的人沟通。"

沃尔顿写道："在我整个零售生涯中，我始终坚持一条原则，这是很简单的一条，我在我的自传中不嫌其烦地再三提这一点，即使你感到烦死，我也仍然要说。成功的零售商就是使顾客得到他所要的东西。如果你自己置身于顾客地位一想，你就会感到需要的是什么：可供选择的丰富的好质量商品，最便宜的价格，服务态度好，保证能对商品满意，服务时间方便，有泊车的场地，能愉快地在商场走一遭。"

"我的朋友戴维·格拉斯说：'当你为顾客着想时，你就得想周到。有人说：零售就是想尽细节（retail is detail）。这句话是百分之百地正确的。如果顾客是老板，你所要做的就是满足他。'

"对戴维的这一段话，我再同意不过了。我们开创沃尔玛以来所做的就是忠于这一条思想：顾客就是我们的老板。"

沃尔顿于 1992 年病逝，那时他的资产是 250 亿美元。当时的《财富》杂志评选出的"五百家"大公司中，沃尔玛名列第四，仅次于通用汽车公司、福特汽车公司和艾克森石油公司。

沃尔顿为人们留下了两句有名的口号："我们的售价比别人低"，"我们保证售后满意"。

40　赖伊·克罗克

麦当劳公司总部坐落在美国伊利诺伊州 Oak Brook，是拥有数十亿美元资产的国际性公司。麦当劳是全球规模最大、最著名的快餐集团，从1955年创始人赖伊·克罗克在美国伊利诺伊州开设第一家餐厅至今，全世界的120多个国家和地区已开设了三万多家麦当劳，现在它仍以快速的趋势迅猛发展。

"麦当劳不仅仅是一家餐厅"，这句话精确地涵盖了麦当劳集团的经营理念。在全球麦当劳的整体制度体系中，麦当劳餐厅的营运是很重要的一环，因为麦当劳的经营理念和欢乐、美味是通过餐厅的人员传递给顾客的。

赖伊·克罗克

然而餐厅并不是麦当劳这一世界品牌的全部，它只是冰山的一角，因为在它的后面有全面的、完善的、强大的支援系统全面配合，已达到质与量的有效保证，而这强大的系统支援当中包括：拥有先进技术和管理的食品加工制造供应商、包装供应商及分销商，健全的人力资源管理和培训系统，遍布世界各地的管理层、营销系统，成功的市场推广，准确快速的财务统计及分析，等等。每一个部门各尽职能，精益求精，发挥团队合作精神，致力于达到麦当劳"百分百顾客满意"的目标。

麦当劳老板赖伊·克罗克是一个非常精明的人，他好动脑筋，善于观察，更善于高瞻远瞩。作为一个普通人，他早就觉察到"吃"是生活中的第一大事。他注意到美国人的吃与其他国家有所不同，他们更喜欢在外面吃而不是在家中吃。特别是有工作的人，几乎全是在馆子吃午餐，而中午的休息时间很短，必须吃得快。所以"快餐"有最大的发展前途。大家知道，福特并不是第一个发明汽车的人，但他是第一个用特殊方法生产汽车的人（大规模生产线），他用生产火柴一样的办法来生产汽车，结果成了汽车大王。跟福特一样，克罗克也不是第一个发明快餐的人，但他也用特殊的方法生产快餐，用生产火柴一样的办法来生产快餐，结果成了快餐大王。

不过，他走了很长的路。

1902年10月5日，克罗克生于伊利诺伊州的奥克派克。1917年美国参战，年仅15岁的克罗克虚报年龄，参加了红十字会充当救护车驾驶员。他被送到康涅狄格州去集训，但不久就停战了，所以他没有去成欧洲。于是他就找工作，首先是在一家小电台充当钢琴手，然后1922年到列利纸杯公司做推销员。他是一身兼两职，白天卖纸杯，晚上弹钢琴。在推销纸杯的过程中，他碰到了一位顾尔·普拉斯先生，他是生产新式搅拌器的。于是，克罗克就改了行，成了搅拌器推销员，或曰代理商。收入不菲。

他在这一行干了17年，并跑遍了全国。有一次，他接到加州圣伯纳迪诺一家餐馆的订单，要八台搅拌器。一般餐馆最多也只是需要两台而已，它为什么要八台？克罗克决定亲自去送货，以便看个究竟。这家餐馆的名字就叫"麦当劳"。他到了圣伯纳迪诺，在薄暮中，麦当劳餐馆前的金色拱门照亮天际，克罗克站在拱门的投影中，注视着八角形餐室外列队等候的车队。

他通过玻璃墙，看到服务员头戴白纸帽、身穿白制服，手脚利落地为车中人准备汉堡包、薯条和奶昔。它的产品有限，一共只有五个选择：汉堡包、乳酪包、薯条、软饮料和奶昔。顾客点的东西在60秒之内便可送上，此外，价格特别便宜。汉堡包每个只有15美分，薯条10美分。

克罗克后来回忆说："1954年，乍见麦当劳店的那个晚上，我觉得自己就像现代牛顿，刚被一个马铃薯砸到了头上。回到旅馆后，我怎么也睡不着，脑子里浮现的全是麦当劳餐店的情景。"

他马上想到为何不把这种店开设到全国范围去呢？第二天，他就向麦当劳兄弟建议，应当把它推广到全国。麦氏兄弟说："谁来帮我们去推销呢？"克罗克说："你们看我行不行？"麦氏兄弟不是生意行家，他们对目前的每年10万美元的收入已经很满意，不想往外冒险。但克罗克毕竟是推销的专家，在磨破嘴皮之后，终于双方达成协议：克罗克为麦当劳推销连锁店加盟权，仅花950美元即可获得加盟授权，克罗克保留加盟店营业收入的14%，5%归麦氏兄弟。

这样，克罗克就走上了一条全新的道路。他的这一招正迎合了新一代美国人的需求。他在回忆中说："当时我已经52岁，有糖尿病和关节炎，但我相信最好的时光还在前面。"

交易达成后，克罗克就开始逐步实现"由美国西岸到东岸到处有麦当劳连锁店"的梦想。他先在芝加哥附近的德斯普莱因斯开设第一家实验性的连锁店。1955年4月15日，开张的第一天这个店就有366美元的收入。不久，就有了盈余。

对克罗克而言，复制一家麦当劳只是起步。他知道，要建立连锁店必须有一套完整的规章制度，也就是作业必须标准化。克罗克想到了汽车大王福特，他要把福特的办法使用在制作汉堡包上。他说："销售汉堡包如同生产汽车一样，同样也是一门科学。"比如说，他给牛肉包定下了明确的规格：脂肪含量19%以下，重量1.6盎司，直径3.875英寸，洋葱1/4盎司。

新店花费了克罗克的全部心血，他说："我相信上帝、家庭和麦当劳。在办公室里，顺序就倒过来。"其实，在他心中，麦当劳永远是第一。他明白，商场是达尔文世界。他说："这是老鼠吃老鼠，恶狗吃恶狗。我必须在他们杀死我之前先杀死他们。"

他注意到快餐的特殊意义。他说："我们不是摆宴席，我们是准备好客人吃了就跑。"克罗克给加盟店的不只是配方，更是一套经营制度。以这种经营哲学建立的麦当劳连锁店，无论是在德华拉州或在内华达州，都提供相同大小、相同重量、相同品质的汉堡包。汉堡包里头含有相同数目的酸黄瓜片，上面有同样多的芥末酱与番茄酱，薯条的油炸时间也完全相同。他说"完美难求，但我在麦当劳要的就是完美。其他都是次要的。"他要求一切做到精确。"目标是，希望顾客因为麦当劳整体的声誉而重复惠顾，而不是因为某位经营者或某一家特殊店的产品。"

克罗克的业务蒸蒸日上。但他没有能赚大钱，他的障碍是麦当劳兄弟。因此，他必须设法从两兄弟手中买进麦当劳商标。他说："我需要这个名字，改名为'克罗克汉堡包'没有什么好处。"谈妥的价格是270万美元。1961年，他通过纽约的一位财务经理，向好几家学校基金及退休基金借得270万美元，利息以麦当劳收入的百分率计算。

他的部下索恩本出了一个主意：不妨在地价未涨之前，在各地买下许多店面，再转租给加盟者。于是，1956年克罗克成立了加盟房地产公司。他在以后数年内，乘小飞机搜寻有住宅、学校、教堂的郊区，作为未来店面的理想地点。那时的郊区商城尚未成风，地价非常便宜。因此，克罗克就买进了许多价格低廉的地产。他说："公司这时才真正开始有收入。"

克罗克为连锁店规定了QSCV管理原则。Q代表质量，S代表服务，C代表卫生，V代表价值。他常自夸："我把汉堡包送上了生产线。"

克罗克也不放过广告的促销作用。1959年，明尼阿波利斯的一家麦当劳加盟店在广播中打广告，生意兴隆。克罗克就鼓励所有加盟者也在广播中打广告。华盛顿特区的加盟店老板吉布森赞助当地儿童节目《波索马戏团》，以吸引儿童光顾麦当劳。当电视台于1963年取消该节目后，吉布森继续以该节目主要演员史考特扮演的小丑模样为麦当劳打广告。这就产生了今天人人皆知的"隆纳·麦当劳",也就是所谓的麦当劳叔叔。

成功的广告使麦当劳发展得更快。1965年,全美的44个州都有了麦当劳。连锁店达710家,营业总额达1.71亿美元。1965年4月15日,即德斯普莱因斯实验店10周年之际,麦当劳股票上市,以每股22.5美元售出30万股。由于投资者的抢购,股价在第一个交易日就涨为30美元。然后一路飙涨到49美元。

1998年年底,《时代》周刊把克罗克评为20世纪100位名人之一。它这样写道:"1963年时,麦当劳出售的汉堡包已超过十亿。同年,美国国内的第500家麦当劳开张,小丑隆纳·麦当劳首次出场,它立即成了全美国儿童们的偶像,而儿童往往是决定家庭用餐的主人。据约翰·马里阿尼在其《美国人喜欢在外用餐》一书中说,自从1965年电视广告开播麦当劳叔叔以来,在6年内,全国儿童的96%都知道了隆纳·麦当劳,而他们未必能知道总统是谁。"

今天麦当劳已是世界零售食品服务业的领先者,在全球118个国家和地区拥有31000多家餐厅,每天为5000多万顾客提供优质食品。麦当劳自1990年在深圳开设中国内地第一家餐厅以来,至今已发展餐厅数目达1000多家,有员工50000多名。

麦当劳以它的四大经营宗旨闻名于世,也就是Q、S、C&V。Q为quality,S为service,C为cleanliness,V为value。

它在其工作手册中如是说:

Q:麦当劳的品质和声誉是国际著名的。因为这是在合理价格的基础上保持最高的质量标准。麦当劳采用最优良的产品及经过仔细开发的食谱,但所有这一切如果没有你的帮助,就会失去它的光泽。记住,要经常地检查你所提供的产品和服务,如果产品有问题就不能提供给你们的顾客,并立即报告你的主管。

S:没有快捷、礼貌的服务,品质和清洁就会被浪费。一个微笑就如同世界上最好的食品会吸引我们的顾客再次光临,请记住在我们的经营中,顾客是唯一的也是最重要的因素,只要我们记住了这一黄金规则:礼貌不难做到,以自己希望别人对待自己的态度去对待每一个人尤其是顾客。顾客对礼貌会称赞,同样也会称赞快捷的服务。有时同时为顾客提供快捷和礼貌会发生困难,但这是我们的工作。这也是麦当劳与众不同之处。

C:清洁像一块磁铁将顾客吸引到麦当劳来,我们的餐厅必须始终保持一尘不染,里外都应如此,只有全体人员全力以赴才能做到这一点。

V:麦当劳餐厅是在明亮、舒适宜人的环境中,为顾客提供了价格合理,品质优秀的快餐。

41 尤金·德布斯

在第一次世界大战前的20世纪初,美国社会党曾经是一个非常活跃而且受人尊敬的政党。只要看它的机关报《讲道理报》就可知晓。它的平常销路是40万份,而它的特刊的销路竟可达400万份。有一名历史学家说:"在那时,读社会党刊物成了时髦。"

社会党所以吃香又是与尤金·德布斯分不开的。列宁在1918年《致美国工人阶级的信》中指出德布斯是最得美国工人人心的领袖。但奇怪的是,这位社会党领袖竟从来不是社会党的中央委员或其他什么委员,也就是说他从来没有在党内担任任何职务,他仅仅是5次担任了社会党的总统候选人。他以总统候选人的资格传播了社会主义,使成千上万的美国听众知道了世界上有社会主义这个东西。

特别是有两次竞选更给德布斯带来了传奇色彩,一次叫作"红色专车"竞选,一次叫作"监狱"竞选。

为了把社会主义思想尽量带到更多的角落,社会党租了一列火车,由机车、一辆卧车、一辆行李车、一辆餐车组成。为什么要用行李车呢?原来行李车内装满了一车皮的宣传品。这一趟列车就叫"红色专车"。德布斯就搭了这辆专车横贯美国东西海岸,行程近1万英里,作演讲200多次,几乎把喉咙都讲哑了。

尤金·德布斯

可是,美国劳联主席龚泼斯不但不支持德布斯,反而乘机攻击德布斯,他气势汹汹地问道:"专车开支达2万元,德布斯先生,请你站出来回答,你的党哪儿弄来这笔钱？"

德布斯回答说："社会党的竞选费用几乎全是由工人阶级的五分或一毛捐款凑起来的，所有捐款人的名字都在社会党公告上宣布过的。迄今为止，社会党还没有收到过来自任何大公司的一块美元。它所筹的一切款项都用于对工人的宣传教育上，从来没有在其他方面花过一块钱。"

8月底，德布斯从芝加哥乘"红色专车"出发，首先是向西行，凡经过小村庄，他就在列车上向前来欢迎的群众发表演说，在较大的城市中，他就上市内会场作演说。他在堪萨斯城演说时讲道："每逢这个竞选季节，资本家政党的演说家们就会到你们的面前来奉承你说，你们是多么聪明，其目的却是要让你们保持在愚昧的境地。我们到这儿来，是要告诉你们，你们是多么愚昧，其目的是要使你们聪明起来。你们生产了所有的财富，但你们却一无所有。资本家阶级未花丝毫劳动，但他们却占有一切财富。你们制造了汽车，但你们只能用腿上班。"当下听众中就有一人高声说："而且还要被汽车压死。"

专车西行一直到圣弗朗西斯科，然后折回东行，10月初到达纽约。当专车抵站时，站内挤满了人，车站外也挤满了人。人们一见德布斯下车，一致热烈鼓掌，经久不息。人们手中拿着小红旗，形成一片红海洋。晚上，德布斯在考柏大厅演说，场内1万个座位都坐满了，场外还有1万人站着听讲。《纽约邮报》评论道："问题不仅仅在于听众之拥挤，更在于这样一个事实，听讲的人需付入场费，每人5角。没有其他任何政党在收5角门票的条件下能召集这么多听众。"

德布斯对听众说道："资本家把你们叫作手，什么农场手啊、磨坊手啊、车床手啊，等等。如果你们对自己的手感到骄傲，资本家就应当对他的手感到羞耻。如果你把一个资本家也称之为手，他就不乐意。他是头而不是手。但他的麻烦是：他用自己的头，却用你们的手。资本主义已经完成它的使命，资本家阶级已不再能控制住生产力，他们已不再能为工人提供工作机会。因此，工人运动的历史使命就是打倒资本主义，取消私有制，把社会进行重新改组，以生产资料之集体所有制作为其基础。这种改变是必然要到来的，你愈准备得好，就来得愈快。你对社会主义了解得愈深，你的准备也就愈好。"

最后，专车又返回芝加哥，受到了芝加哥工人空前热烈的欢迎。《讲道理报》也不断发表德布斯的文章。

德布斯特别阐述了美国的阶级斗争，他写道：

工人阶级占压倒的多数。他们有的是人。他们应当掌权。只要他们意识到他们有着共同的阶级利益，他们就有力量。

剥削阶级尽其所能地阻止工人洞察阶级斗争。资本家坚称美国没有阶级斗争。我们坚决认为有阶级斗争。工人阶级必须认识阶级斗争，他们必须以阶级斗争为基础，在经济上和政治上组织起来。只要他们这样组织起来，他们就有力量解放自己并一劳永逸地结束这种阶级斗争。

他还在讲演中说：

"社会主义首先是工人阶级的一种政治运动。这个运动的明确而绝不妥协的目标，就是推翻现行的资本主义制度，其办法是把国家政权抓到手，使用权力以社会主义政府来代替现行的资本家阶级政府，那就是说，把名义上的共和国变成一个真正的共和国。

"社会主义也意味着人类文化的一个新阶段，在目前阶段以后的一个新阶段。到那时，人民将集体占有和使用生产资料和资源；到那时，所有的人都将享有平等权利参加工作，所有的人都将合作从事生产，所有的人都将充分享受他们集体劳动的成果。"

当时社会上有一股反对移民、特别是反对中国移民的逆流。甚至社会党的移民委员会也受其影响，拟了一个折中主义的移民决议案。德布斯对这个问题发表了立场鲜明的宣言。他说："我刚读了移民委员会的多数报告，这是一个彻底没有社会主义气息的、反动的、令人愤慨的报告，我希望大家尽一切力量坚决予以抵制。规定某些种族，'出于一些策略上的要求'，可以不准其移入美国，这种主张完全是跟自私自利的资产阶级政党代表大会的主张一个鼻孔出气的。在以国际主义为旗帜的无产阶级政党集会上是不允许出现这种主张的，因为国际主义就是要求全世界被压迫和被剥削的工人团结起来争取解放。"

威尔逊于1917年4月2日走上了国会讲坛，发表了反战宣言。

美国的参战引起了美国工人阶级的强烈反抗。社会党的左派代表鲁登堡在俄亥俄州发表反战演说，指出欧战是帝国主义的分赃战争，不论对哪一方而言，战争都是非正义的，美国工人阶级坚决反对美国参加这场丑恶的战争；作为抗议，美国工人将拒绝服兵役。

威尔逊立刻开动镇压机器，把鲁登堡投入监狱，囚于甘东城。尤金·德尔斯为了支持鲁登堡，乃于1918年6月16日赴甘东城发表演说。他指出：

战争不是偶发的，战争不是偶然的产物。战争是有一定的根源的，特别是现代战争。现在在欧洲发生的这场战争其根源是历历可数的。在过去40年中，在国际资本主义制度之下，在剥削制度之下，欧洲的那些国家就一直在准备这场必然要发生的事件。为什么这样说呢？因为在所有这些国家中，其大工业都掌握在一个为数极少的阶级手中。它们是为这一阶级的利益服务的。尽管工人生产了大量的财富，但其工资只足以购买他所生产的货品的极小一部分。结果怎样呢？资本家手上拥有巨额剩余产品，他们必须往外推销，他们必须寻找国外市场，结果，他们之间产生了敌对。他们开始武装自己，打开市场，推销其剩余产品。全世界的市场就是这么一个。大家要抢这个市场，或迟或早，这一场生意战是要变成浴血战的。

战争总是为了征服，为了掠夺。封建时代莱茵河的封建地主们曾互相攻战，他们都想扩大自己的地盘、权力和财富，所以就要诉诸战争。但他们自己却不上前线打仗，正如现在的华尔街客克们一样。他们只是宣战，而由他们的农奴去作战。农奴们误信他们，认为互相攻战、互相杀伤是一种爱国精神。这就是战争的真相。统治阶级总是制造战争，被统治者总是为战争卖力。统治阶级在战争中只有得，没有失；被统治阶级则只有失，没有得。这些主子们老教训你们说，听他们的话上战场上去进行互相杀伤是你们的爱国主义义务。你们在战争中根本没有发言权。牺牲的是劳动阶级，流血的是劳动阶级，但这一阶级在决定是否宣战问题上从来没有发言权。决定和战之权一直操在统治阶级之手。

有人问我：你是不是反对一切战争，是不是在任何情况下都拒绝拿起武器去当兵？否！我并不是反对一切战争，我也并不是在任何情况之下都拒绝作战。如果我做相反的回答，我就将不是一个革命者。当我说我反对战争的时候，我指的是统治阶级的战争，因为统治阶级是制造战争的唯一阶级，不管他们打的是进攻还是守卫战，也不管他们有什么借口，这一切对我是毫无意义的。我一律反对。我宁可以叛国罪被枪毙，也不愿参加这种战争。

但是，我虽然不愿为压迫工人阶级的人和掠夺穷汉的人流一滴血，然而，如果为了要解放这些牺牲品需要进行战争，我是甘心情愿为其流血的。这就是我的立场。

德布斯的话令当局深为震怒，他被送上法庭，控以反战叛国罪，判了10年徒刑。

德布斯在法庭上慷慨陈词，他说："你们打算怎样对待我，这是一件微不足道的小事。我在这儿不是受审的。在这里受审是一个大问题，尽管你们可能不会意识到。在这里受审的是整个美国的制度。我个人作为一个骄傲的革命者，昂着头、挺着腰杆，并带着一颗永远不可征服的灵魂跨进监狱的大门。"

1920年，德布斯所做的一件惊人的事是他在狱中进行了总统竞选。社会党在1920年大会上又一次推选德布斯做总统候选人。他们派了几名代表到狱中会见德布斯，德布斯在狱中发表了竞选演说。当年社会党所通过的竞选政纲是机会主义的，因此德布斯就这样说：

社会主义政纲的目的不是要抓选票。我们的目的应当是向人民明白说出我们的主张。现在，我们的党有变成一个政客政党而不再成为工人政党的危险。

我们之所以搞政治绝不是为了抓选票，而是为工人阶级谋取解放。我绝不为了抓一张选票而去竞选，我的责任是向人们明确说出我的主张。

我曾经发表过几次演说支持俄国革命，我认为这个革命是人类历史上最伟大的独一无二的成就。我当时曾说，我就是一个布尔什维克。我现在仍然是一个布尔什维克，但我绝不是一个俄罗斯布尔什维克。

这一位囚犯候选人获得了将近100万票，不仅在美国历史上创了一个奇迹，在世界历史上也是从来没有过的。选民所以投他的票，不是因为社会党，而是因为德布斯个人。

德布斯在狱中待了三年多，于1921年出狱。美国共产党领袖福斯特曾邀请他加入共产党，德布斯予以拒绝。他们的分歧就在于无产阶级专政学说。德布斯表示，他反对一切"狄克推多"，因为任何种类的狄克推多都有违民主学说，他所拥戴的是民主的社会主义，不是法西斯的社会主义。

42　约翰·路易斯

如果说萨默尔·龚泼斯是美国劳工的皇帝，那么，约翰·路易斯则可称为美国劳工的窦尔敦。龚泼斯是小个子，身高不过 5 英尺 7 英寸，而路易斯却是一个大块头，身高体壮，声如洪钟，简直是一名标准的男低音。

传记作家杜波夫斯基说："在 20 世纪美国劳工运动的成长中，约翰·路易斯率队傲步前进，无人能比。"从 1919 年到 1960 年去世，他一直统治着他的联合煤矿工人工会。他创立了"产联"，他把钢铁业、汽车业、化工业、电气业等中的传送带工人组织了起来。在 30 个年头中，他向总统翻脸，向国会挑战，在美国的政治生活中掀起了轩然大波。

1880 年，约翰生于艾奥瓦的卢卡斯，这是一个矿城，他父亲是一名矿工，来自英国的韦尔斯。因为参加罢工活动，他父亲被资方列入了黑名单，不得不带了全家往外地谋生，在这一段时期内，约翰过着极困苦的生活。因为他是长子，他的大部分时间是帮他母亲料理家务和照看弟妹。1897 年，黑名单

约翰·路易斯

作废，父亲又重回卢卡斯当矿工，17 岁的路易斯也当上了小矿工。但他并不乐于继父亲之业，终于有一天出走了。他在外晃荡了 5 个年头，吃足了苦头，1903 年，他刚巧在怀俄明州的哈纳碰到了联邦太平洋铁路公司的煤矿惨案，他自动参加了救护，抬走

了 234 具尸首,传记作家阿林斯基说:"当路易斯走入这个已成为陈尸场的矿井时,他觉得是在走进一个真正的地狱。但最撕裂路易斯的心肠的是当他看到那些突然失去其心爱的人而成为寡妇的女人们那张无法形容的凄惨的脸。正是在怀俄明的哈纳,路易斯用自己的眼泪使自己受洗(baptize)了。"路易斯自己也说:"在奠定我的思想感情、在帮助我对生活的理解方面,在我一生中,再也没有比这 5 个年头具有更大的影响的了。"

1907 年,他回到了卢卡斯,这时,他爱上了一位小学教员梅尔塔·贝尔,但她提了一个结婚的条件:每月得读一本由她指定的书。五年的流浪生活加上现在的书本知识,很快就使路易斯成了一位思考周密善于耍手段的劳工马基亚维利,虽然他的外表是一名典型的粗汉。他有两手:在工人群众间,他工作卖力,处事泼辣,获得大家的赞赏;在领导面前,则小心翼翼,务求得其"知道我"。

不久,他从卢卡斯迁到了伊利诺伊的巴拿马,这是一个新兴的矿工城,他在那里出任了当地劳联煤矿工人工会的代表,出席了 1911 年的劳联会议。有一名黑人代表在会上批评了劳联主席龚泼斯,路易斯抓住机会为龚泼斯进行了辩护,从而引起了后者的注意。果然,1911 年 10 月,龚泼斯就派他为特别组织员,前往新墨西哥州的圣太菲作为期 3 个月的组织工作。每天工资 5 美元,旅行费和旅馆费全包,饭费每天不超过 2.5 美元。从此,路易斯就在劳联内站稳了脚跟,并成了龚泼斯心目中的"有为青年"。

路易斯从圣太菲回来后,成了正式的组员,不过,不可否认,当时组员是一项非常劳累的工作。他整年在旅途上奔波,很少有时间回家。当然,好处也是大大的,它使他熟悉各地情况,结交各种朋友,包括一批政界的大小人物。他的知名度逐步提高,终于脱颖而出,成为劳工中的一个响当当的人物。

1919 年,他被选为联合煤矿工人工会副主席,并以代理主席身份出席了当年的劳联年会。正是在这次会上,他与他的大恩人龚泼斯发生了意见冲突。路易斯要求把未组织的工人组织起来,龚泼斯回答说:"我们同威尔逊总统之间有一项君子协定,在战争期间不能发动组织工会的运动。"龚泼斯坚持必须遵守这一协定。据路易斯自己讲:"从那时起,我就决定,我将来绝不能像龚泼斯那样去同联邦政府达成牵累如此之深的协议,以致在危机到来之际,由于对联邦政府已许下事先的义务而不能采取行动来维护劳工利益。组织劳工往往有赖于时机,这种有利的时机不可多得,决不应受总统牵制。只要这样的时机一旦来临,你就应不顾一切地抓住它。"路易斯后来就是这样做的。

与劳联决裂

劳联是一个按行业为标准而组织起来的工会,因此大批较低层的工人没有被吸收进去。1933年，罗斯福总统上台，路易斯决定实现他的"把未组织的工人组织起来"的策略。当时龚泼斯早已去世，由钢铁工人工会主席格林接替任劳联主席。路易斯本人也早已成为副主席兼煤矿工人工会主席。他在回忆录中写道：1933年的一天，"我在纽约林肯旅馆碰到毕尔·格林。我再次向他建议把未组织的工人组织起来。工会领导人必须抓住时机充分利用《全国复兴法》的第7A节，掀起一个巨大的组织运动。但毕尔无动于衷，而且，看来他被吓坏了"。

"同年4月，我又碰到格林，他不愿意让人看到我和他在一起。我们约好晚上11点见面。晚上11点，我来到纽约圣里洁旅馆门前，看到毕尔把大衣领子提得高高的，把帽子压得低低的，在门前徘徊。我们找到一个隐蔽之处。我跟他谈了两个小时，我要求他把劳联的力量全部拿出来去组织钢铁工人、汽车工人、造船工人和橡胶工人，等等。毕尔不同意，他说这要花很多钱。我说，煤矿工人工会将首先拿出50万美元，他还是吞吞吐吐。他坚持说，不能着急，不能着急。

"就是在这一天晚上，在那个死巷内。我明确无误地意识到，劳联是无论如何也不会去钢铁工业、汽车工业和其他基础工业中组织产业工会的。他们不会去做这件非做不可的工作，我知道这个担子已落在我身上。就在这阴森森的凌晨时刻，我决定要搞一个产业工会联合会。"

在接着的1935年劳联大会上，路易斯正式发言说："我们劳联号称有会员350万人，但全国可组织的工人有3900万人。若按照劳联现行的政策，那3000万人将不知何年何月才能组织起来。我认为我们应当改变政策。我们的劳工运动是建立在这样一条原则之上的：即强者就应该扶助弱者。强者扶助弱者的组织原则完全是美国式的原则。"

但大会终于以18024票对10993票否决了路易斯的提案。路易斯不久又被开除出劳联。于是，他联合他的几个同伴，另起炉灶，成立了以产业为标准的产业工人联合会。30年代下半期，产联发动了声势浩大的组织运动，钢铁工人工会、汽车工人工会等相继成立，不到几年，他们就拥有超过200万的会员。当然，产联的主席就是路易斯。

顶撞罗斯福

路易斯本来是一贯支持共和党的，但在1936年的大选中他改变了态度，支持了罗斯福。1939年欧战爆发后，他反对罗斯福把美国拖入战争的政策，从而有反罗之意，罗斯福乃召他至白宫商谈。路易斯回忆1940年的这次会晤说：

10月17日上午总统召我进宫，总统在床上接见了我。看来他精神不太好，很疲劳。他看到我说："约翰，请靠近一点坐。"他思索片刻，对我说："约翰，我希望你支持我。"我说："总统先生，你是说你希望产联支持你。你愿给产联什么保证？"

总统看来很不高兴,他反问:"嗯,你是什么意思?难道我不是一直在支持产联吗?"我没有作答。他声音更大了,气也更大了:"约翰,难道我不一直是产联的朋友吗?"

我说:"总统先生,如果你是劳工的朋友,为什么联邦调查局要窃听我的电话、我家中的电话以及我办公室的电话。他们受到命令说要随时追踪我。"

总统说:"这不可能是真的。"我说:"这是事实。"总统说:"这是无聊的谎言。"我站了起来,看着他说:"任何人都不能说我约翰·路易斯说谎,富兰克林·罗斯福更不能这样说。"然后,我就拿起帽子和外套走了。我还没有跨出门口,总统又叫道:"约翰,回来,我有话和你谈。"

我走了回去,对总统说:"我的电话是被窃听了,这是千真万确的。我说的全是事实,可以由法兰克·墨菲作证。因为这是他告诉我的。因为他亲自看到了你给联邦调查局的命令。"

于是,总统"环顾左右而言他"。我们随便说了10分钟闲话,最后我伸手向总统告别。总统的脸色很不好看,我走出了房门,我知道总统已跟我一刀两断。

10月25日,路易斯通过电台向全国人民发表了反罗斯福的演说:"凡研究过总统各次讲话的人都会了解,总统的动机和目的就是参加战争。总统说他厌恶战争,要力求争取和平,但他言行不一。我反对我国牵入任何的外国战争。我建议选温德尔·威尔基为下届总统。"

"很明显,如果没有广大工人的支持,罗斯福总统是当不上第三任总统的。因此,如果他再次当选,这必然意味着广大群众投了他的票,也就是不接受我的建议。若这样,我认为等于是对我投了一次不信任票,因此,我将在11月产联大会上宣布辞职,辞去产联主席之职。"

路易斯这次是完全赌输了,他不得不辞去产联主席之职,继任他的是钢铁工会主席莫莱。不久,他又与莫莱争吵,退出了产联。联合煤矿工人工会成了一个完全独立的工会,路易斯可以完全独立地行动了。

美国参战后,劳联和产联都承诺在战争期间不罢工,而路易斯则相反,他要利用战争急需煤的情况,提出提高工资的要求。并因此而举行罢工,闹得全国不安。这是1943年,恰逢宋美龄访美,在白宫居住,在一次饭桌上,罗斯福说:"我是总统,但路易斯不听我的,我反要听路易斯的。请问你们是如何处理这类问题的?"只见宋美龄一声不响,只是轻轻抬起手臂,把手掌放平,然后沿着脖子死劲一勒。这个动作赢得了罗斯福夫妇的极大欣赏。

这一次,路易斯获得了一定的胜利,使煤矿工人的工资得到了提高。他得到了自己工会工人的赞誉,但引来了全国人民的唾骂。他成了"劳工希特勒"。

1945 年，杜鲁门继罗斯福为总统。11 月，路易斯又蠢蠢欲动，挑起事端。检察长申请要对煤矿工人工会下禁令，法官高尔德博罗于 11 月 18 日批准。煤矿工人马上宣布了罢工。其实这正中政府之计，高尔德博罗宣布路易斯及其工会犯藐视法庭之罪，判工会罚款 350 万美元，路易斯个人罚款 1 万美元。路易斯于 12 月 7 日宣布取消罢工。经上诉后，最高法院改判工会罚款为 70 万美元，但维持对路易斯的 1 万美元罚款。路易斯声称他自己没有钱，由工会代付他的 1 万美元。在这一次的争吵中，路易斯大大地丢了脸。

经此挫折，路易斯终于于 1960 年宣布退休。美国工会头头从龚泼斯起，凡格林、莫莱等，无不搞终身制的，所以路易斯的退休也算得上是工会史上的创举。

1969 年，路易斯病逝。

普遍认为，路易斯有两张脸孔。在办公室内，他是一名专制暴君，也是一名大流氓，他横行霸道，不讲道德，不择手段，什么事都做得出来。比如说：有一次，他派一名共产党组员到下层工作，当地工会上诉说，该人太傲慢，如何处理，路易斯回答说：为什么不给他肉体打击，这是对付这些王八蛋的最好办法。

但在家中，他扮演的是圣人角色，对父母尽孝，对兄弟行悌，在妻子面前是绵羊，在女儿面前是黄牛。

传记作家詹姆斯·韦希勒说，路易斯的人生目标只有一个字："权。"

43　威廉·福斯特

威廉·福斯特曾长期是美国共产党主席。1881年，他生于马萨诸塞州，6岁时迁往宾州。他父亲是爱尔兰的芬尼党人。他被征参加英国军队，于是在军队中鼓动爱尔兰士兵起义，失败后于1868年逃亡到美国。他在宾州当马车夫，他妻子是纺织工。他们共生了23个孩子，但由于贫穷，只养活了3个，福斯特是其中之一。

福斯特从7岁起就半工半读，做卖报儿童，10岁辍学当学徒。他一生做过各种各样的苦工，其中突出的是肥料工人。一次，他在宾夕法尼亚里丁县的还原公司工作，这个工厂脏得难以形容，厂内垃圾到处乱堆，垃圾场上常常有整幅由蛆虫构成的蠕蠕而行的活地毯。夏季垃圾最多，几百吨腐臭的残羹，夹着死猫死狗等等，都堆在烈日之下，不但发着恶臭，而且产生千千万万的蛆虫和苍蝇。在这个工厂周围一英里的地区内，到处都是难以忍受的臭气，而福斯特就整天在这种臭味中工作。当休息日该厂工人进城时，人们都远避之，因为他们身上都有一股难闻的气味。

威廉·福斯特，1928年

1900年，福斯特到纽约当电车工人，但不久就因参加工会活动而被开除了。正是这一年，福斯特开始受到社会主义的启蒙。他说："对资本主义制度幻想的消失为我转变为社会主义者提供了基础，但实际的转变却是颇为突然的。1900年一个夏天的晚上，我在布劳德街与南街散步，看到有一个人在大街上演说，我便站着听，他是一位社会主义者，而且显然是社会劳工党人。这个人所讲的话使我神往，我发现我完全同意他的话。从此以后，我就开始热心阅读社会主义书籍和报刊。"

1901年，福斯特加入了美国社会党。他到西海岸工作，并为社会党进行活动，但由于他反对当地社会党领导的机会主义路线，在党内受到了排挤，终于退出了社会党，加入了世界产业工人协会。

世产协是一个穷工会，为它工作的人大多是不支薪的，甚至连出差的路费也没有。福斯特这样写道："许多世界产业工人协会的富有战斗性的工人都是偷乘火车的老手。对他们来说，用四五天工夫从芝加哥乘火车到太平洋海岸，沿途忍受艰苦和风吹雨打不过是件小事。1912年当世产协在芝加哥召开年会时，有一个特点：从太平洋海岸来的代表大多没有从当地的组织得到任何经费，他们身无分文，却偷乘了5000多公里的火车。"

偷乘火车是九死一生的事。福斯特为工会工作，经常处于这种九死一生的危险中。有一次，福斯特从纽约偷乘火车到俄勒冈的达勒斯去。他偷搭了一辆货车，货车内装的是钢轨。当地气温是摄氏零下20度，北风刮进敞车，整个人几乎快冻僵了。更糟糕的是，当货车在开美拉的高山上暂停时，车上的制动手爬进车厢向他索取小费说："要么拿出一块钱来，要么就下去。"当福斯特付不出钱时，制动手就用他所带的一根铁棍把福斯特赶下车。这是一个偏僻的地方，在很多小时内不会有第二辆车，而留在旷地必将冻毙。所以福斯特又偷偷在另一节车厢上了车，并在路边拣了一条铁棍以作防备。果然，那人又提了灯笼来了，他一看到福斯特，二话不说，就举起棍子狠狠向福斯特打来，没想到福斯特手中也有铁棍。当福斯特举起铁棍一挡时，那人的棍子就飞了出去，手痛得像杀猪般地叫了起来，狼狈而退。刚巧火车不久又停了，福斯特马上跳下车，躲了起来，因为他知道那人一定要来报复。果然，一会儿就来了4个人，两个人从车头走向车尾，两个人从车尾走向车头，进行搜索。但当火车再度开动时，福斯特又乘机爬上车子，躲在车厢下面的拉杆上，冒险到达了目的地。

有时，由于没有钱，福斯特不得不进行乞讨以求一饱。有一次，他空着肚子在格兰杰搭上一辆敞车，忍受了26小时的旅程，在波卡德下了车。他在街上一家药房门口看到寒暑表上的温度为零下21度。他身上不名一文，只好在一家整夜营业的小酒店内干坐了一夜。到第二天早上，他已有60小时没有睡觉和吃饭了。他走出小酒店，决心拉下面子，去乞讨一点东西充饥。他跨进一家面包店，向店主说明自己的不幸，并求他施舍一点吃的。但这位店主不为所动。于是福斯特就进一步用强硬的口吻再一次说明他是来要吃的，大概店主从他的语气中意识到再次拒绝将招来麻烦，终于从面包架上取下两个隔日面包打发了福斯特。据福斯特自己说，如果那店主果真拒绝到底，当时他肯定会做法国文豪雨果《悲惨世界》中的主人公了。

20世纪初期，芝加哥屠宰业工人曾试图组织工会，但被资方镇压了下去，因此，屠宰业老板们曾说：谁也别想在屠宰业中组织工会。第一次世界大战爆发后，福斯特认为机会到了，便联合几位工会积极分子，组成一个领导班子，决心要把屠宰工人组织起来。

当时芝加哥是美国的屠宰中心，最大的5家屠宰场都设在芝加哥，它们是斯威夫特、摩里斯、阿摩尔、威尔逊、柯达海。福斯特集合了几个积极分子，组成了领导班子，他们决定不惜任何代价，一定要把芝加哥的屠宰工人组织起来。

领导班子还决定：为了争取胜利，必须无视龚泼斯的战时不罢工的保证，应当利用罢工来强迫资方屈服。因为在肉类需要极为迫切的情况下，资方是经受不起罢工的。然后，他们有意识地向新闻界透露，如果资方不答应工人的要求，就有举行全国屠宰工人总罢工的可能。不出所料，第二天的芝加哥报纸都以通栏标题惊慌地报道《罢工在迅速酝酿中》。整个屠宰业都为行将到来的罢工而沸腾起来。这个消息对长期受压制的工人群众是极大的鼓舞。他们终于看见了自己所需的行动，看见一个回击剥削者的机会了，他们马上争先恐后地大批大批加入芝加哥工会。

当然，屠宰商老板不会无所作为。开始，他们除了把大量奸细派进工人队伍之外还没有其他特别行动，因为他们依照老皇历办事，认为这次运动也无非同过去劳联头头所搞的运动一样，迟早会自动收场。但当他们发现这次运动以惊人顺利的速度发展时，立即惊慌起来，并采用大批开除工人的手段。

福斯特的战略就是朝全国屠宰工人总罢工的方向前进，他认为只有用声势浩大的罢工才能使工人达到要求，建立起自己的工会；屠宰商和美国政府在战时正当迫切需要供应之际，一定忍受不了一次大规模的屠宰业大罢工。资方的挑衅正适合福斯特的战略，他立即抓住机会，在工人间进行罢工表决，结果几乎100%的票都赞成立即举行罢工。根据一般办事规章，福斯特把投票结果告诉了劳联总部。这是工会的内部事务，本来不应当外泄的。但龚泼斯立即把这个决定通知了威尔逊政府，政府令联邦仲裁委员会进行干预。福斯特等就开会研究屠宰工人是否可以不理会政府的仲裁而依然进行罢工。大家认为工会还没有成熟，号召力和控制力还不够，不宜贸然在对方有准备的情况下罢工，所以决定同意仲裁而在仲裁中进行斗争。结果，仲裁委员会就举行了三个星期的听证，工人代表一个接着一个在席上诉说他们的悲惨待遇。尽管生活费用年年上涨，但工人工资13年来没有提高过；工人的孩子们没有足够的东西吃，很多得了营养不良症；寡居的母亲们为了要在屠宰场中赚几块钱不得不把自己的婴孩锁在没有取暖设备的小房间内；得病的父亲因为无力医治而只得坐以待毙。很多作证的工人是外国移民，他们说，他们来到工场工作以后从来没有进过戏院、影院或公园，因为一天劳动下来筋疲力尽，唯一的需要就是上床休息；即使偶尔有空暇，也因为身上无钱而不能从事任何娱乐，他们所看到的前途只是身体拖垮而被赶出工厂走向死亡。

有一位工会代表在作证时宣读了一个工人家庭的最低水平的开支表。摩里斯公司老板摩里斯也上庭作证，他就上述的开支表大做文章，恬不知耻地说："一个工人的孩子每年要穿两双鞋，这是太过分了，一双就够了。礼拜天看电影未免太浪费，应该上教堂做礼拜,这样既可节省开支,又可受到正当的教育。"

仲裁法官阿尔斯丘勒在大量确凿的事实面前,不得不做了一个较有利于工人的裁决。他明白,如果不满足工人的若干要求,罢工将是不可避免的。工人争取到了 8 小时工作付 10 小时工资,男女同工同酬,在淡季保证每星期每 5 天工作,在 8 小时轮班制中吃饭的时间不扣工资。另外,五大屠宰公司必须给 12.5 万名工人付 600 万美元的追加工资,也就是每人平均 40 美元。

在仲裁裁决公布后,工人们都认为这是一次真正的胜利,全国各屠宰业中心地的那些未组织起来的工人成千上万地加入了工会,屠宰业工会的会员一跃而达 20 万人,其中既包括土生的,也包括外来的;既有白人,又有黑人。

当时芝加哥有一家屠宰转运公司,它是每天运到芝加哥来的几万牲畜的储存栈,其任务是从火车上把牲畜卸下来,喂牲畜,把牲畜分类,并把它们分别送至各家屠宰厂。福斯特作为屠宰业工人组织运动的全国书记,前去见该公司老板里昂纳德,要他在阿尔斯丘勒的仲裁上签个字,里昂纳德说:"在美国劳联整整失败了 13 年之后,你们这些小伙子竟组织了全国屠宰业,这是了不起的,但你们到我公司来干什么呢?我们不是屠宰业,我们只是牲畜的旅馆。"福斯特告诉他说:"你公司的工人要求按阿尔斯丘勒裁决办事,如果你不答应,势必要发生罢工。"这位以反劳工闻名的老板立即咆哮说:"你们吓唬不了我,你们不能发动我的工人罢工。在这里,我们有儿子、父亲和祖父一起工作,我们是一个大家庭,我认识每一个工人,他们也把我当成朋友,你们是外来人,他们不会跟着你们这些笨蛋罢工。"晚上,福斯特向工人们汇报了交涉结果,工人们马上一致通过决议,立即开始罢工。

罢工马上产生效果。转运公司慌忙向整个西部发电报以阻止牲畜运来芝加哥,并要求已在路上的牲畜也打回头。但养畜场停车的车轨上很快就堵满了运来牲畜的火车车辆。与此同时,五大公司的屠宰场上却没有人送牲畜去,而不得不陷于停工状态。

第三天,福斯特办公室的电话铃响了,来电话的就是那个反工会的里昂纳德,他在电话中说:"福斯特先生,我不得不承认,你胜利了。"这个以凶恶见称的老板终于在阿尔斯丘勒裁决书上签上了自己的名字。在签字完毕后,他带着苦笑对福斯特说:"好家伙,福斯特先生,你算是给我上了一堂课。"

从此,福斯特声名大振,成了资本家所痛恨和害怕的主要人物。

1912 年,福斯特作为工团主义派代表,出席了莫斯科的赤色工会国际代表大会。他在莫斯科住了 3 个半月,专心研究了各种派别的共产主义运动及其历史,广泛地阅读了共产党的政治文献,终于觉悟到工团主义的错误,并决心做一名共产党人,他写道:"在我到达莫斯科以前,我必须承认,我对俄国革命的结果是有怀疑的。由于自己埋头于屠宰业和钢铁业的大罢工中,没有机会去研究革命的理论,从而没有能够摆脱当时颇为流行的一种机会主义观点——社会主义只有在高度工业化的国家中才可能产生并维持下去。但在直接接触俄国革命后,这种错误意见几乎立即被粉碎了。很快我就一目了然,在苏联发生了真正的社会主义革命,这正是我整个成年生活所奋力以求的革命,情况困难又有什么要紧呢?我的阶级正在进行你死我活的斗争,我必须参加它的队伍尽力帮助这一斗争。我必须与戎装的俄国工人同志肩并肩地走向胜利,生死与共。尽管革命前途有无数艰险,但我一点也不怀疑,工人阶级将取得最后的胜利。"

在第二次世界大战中,原共产党主席白劳德推行了阶级合作政策。战争结束后,他仍继续他的阶级调和论,改组了共产党,称为共产主义协会。1945 年,福斯特出来反对,恢复了共产党,并任主席,白劳德被开除出党。但党员人数从此日趋减少。当赫鲁晓夫发表他的秘密报告后,美国共产党乃宣告崩溃。福斯特本人也于 1962 年病逝于莫斯科。

白劳德被开除后一直坚持自己的观点,他认为福斯特是一名不懂马克思主义的教条主义者。他写道:自 1945 年福斯特取得美国共产党的领导职位以来,他一直在寻找某种政策,但这种探索是盲目搜索,因为他没有理论做指导,他本人并不是如他自称的那样,是一名马克思主义者。

福斯特追随苏联的资本主义总危机的说法。认为美国资本主义制度中除了工人阶级的斗争精神外,已一无是处,是一片漆黑。

他认为:"我们现在已进入一种过分生产的危机,它是在 1943 年开始的经济全面下降的总形势下发生的。"

福斯特把资本主义生产力的增长视为消极因素,也就是说,生产力增长太快变成了反动。他甚至把工人队伍的扩大也视为"异乎寻常"而成了反动。

福斯特视资本主义为一团漆黑,所以他不能区别今天社会中的进步东西与反动东西。

这就是为什么福斯特在指责扩军备战的同时,也把"物价管制"、"社会保险"、"政府建筑住宅"、"公共工程"等措施,一概斥之为"特别阴险和危险的措施"。

但这不是马克思主义,这是制造混乱。不错,资本主义是反动的。它要死命反对社会主义。但在反动的资本主义内部有各种各样矛盾,它们中有些是在不自觉地推动社会走向一种全新的社会。其中的进步因素不仅仅是革命的主观动力,即无产阶级。它也包括其他的客观因素,即生产力的发展及其对整个社会的影响。这是一个决定性因素,如果工人阶级不认识到这一点,革命的主观力量就会失败。这种客观力量是不以人的意志为转移的。福斯特不懂这一点,所以共产党愈来愈脱离工人群众。

白劳德认为他与福斯特之争是一种路线上的或理论上的争论,不是个人恩怨。他仍然承认福斯特是一名杰出的工人领袖,只是认为福斯特的马克思主义素养太差。

44 沃尔特·鲁瑟

如果说 19 世纪的美国工会巨人是萨默尔·龚泼斯的话。那么，20 世纪的美国工会巨人就是沃尔特·鲁瑟。有趣的是，他们两人的思想历程竟十分相似。早年的龚泼斯是马克思主义的信徒，但在接受现实的教训后远离了美国的社会主义活动，创立了具有美国特色的工会主义，并得到了成功。鲁瑟早年也是一名社会主义分子，他还特地去苏联工作了两年，为苏联的汽车工业生产效劳。但随着时间的推移，看到了斯大林主义的凶残，他美国成了主要反布尔什维克分子。

1907 年 9 月 1 日，鲁瑟生于西弗吉尼亚州的惠灵市。他父亲是矿工，而且是当地有名的社会党人和工会领导。他是工会大师德布斯的忠实信徒。当时曾发生一起趣闻。惠灵市的议会要求钢铁大王卡耐基捐建一座图书馆，卡耐基欣然允诺，但提了一个条件：他拿出多少钱，惠灵市本身必须拿出同样的钱。其时，离霍姆斯丹德屠杀事件不远，工人们对卡耐基的仇恨未消，鲁瑟的爸爸就发起了一个反对运动，不愿意让卡耐基在惠灵市树碑立传。结果，市议会在投票时虽然获得多数的支持票，但按规定该案的通过支持票要达五分之三，而这个标准未能达到，所以工会获得了最后胜利。

沃尔特·鲁瑟

由于家庭的关系，沃尔特·鲁瑟五兄弟在幼年都是不持卡的社会党人。鲁瑟在 15 岁时就辍学谋生，在当地的钢铁工厂当小工，后升为铸工。四年后，听闻底特律的福特公司正在招工，他就前往底特律应征，由于年纪太小，门卫不让他进去。他好说歹说，才得通融。当工头迦达姆看到前来应征的竟是一名孩子时不免有不屑之意，故意为难他说："我先试用你两天后再决定你的工资，你愿意吗？"鲁瑟欣然表示完全同意。

第二天一试验后，迦达姆马上改变了态度，拍板招用他，并给了每小时 1.05 美元的工资，这样，他就在福特公司工做了五年半，最后成了工厂中有名的高工资工人。

他非常好学，是一名半工半读者。他先在福德逊中学补完了他的高中学业，然后在 22 岁之年，进了底特律市立学院（即现在的惠恩州立大学），并在学院附近租了一个地下室居住。不久，他又叫在经济大萧条中失业了的弟弟维克多来同住，叫他负责家务事宜，并由自己出钱，也让他进了底特律学院。

在 20 世纪 30 年代初的大萧条中，鲁瑟兄弟愈来愈被"政治化"了。鲁瑟在学院中参加了各种各样的左派活动。底特律是重点灾区之一。光是福特工厂就解雇了一半工人。尽管鲁瑟兄弟并没有失去他们的高工资，但他们亲眼目睹了社会的种种惨相。他们用照相机摄下了各种"胡佛村"（用洋铁片或其他破烂搭成的小屋），采访了各种流动工人和失业工人。写文章为之呼吁。

1932 年，鲁瑟为了替社会党总统候选人诺曼·托马斯竞选，在全国旅行了 3000 英里。翌年，兄弟俩就离开了福特公司，受苏联招聘委员会之邀，前往苏联。

他们进了苏联的高尔基汽车工厂当技师和教练。那时苏联经济困难，实行配给制。鲁瑟兄弟为了表示与阶级兄弟共甘苦，把自己的特殊配给给了儿童，以增加他们的营养。他们参加了工厂的基层讨论会，觉得会开得很好，很有民主色彩。他们还写信回家，赞扬苏联的新气象。但不久，斯大林在基诺夫被暗杀后实行清党，大抓"托洛茨基分子"，政治气氛为之一变，他们也慢慢地体会到了"无产阶级专政"的味道。

1935 年，鲁瑟回到了底特律，那时罗斯福总统已实行了"新政"，劳工地位有所改变。华格纳法规定工人有组织工会之权。劳联内部有一批人起来组织了一个 CIO，也就是产业工人联合大会，简称产联。其特点是一反劳联的以行业为基础的组织原则，而改为以产业为基础的组织原则。

1936 年，鲁瑟决定不再回福特公司而投身组织以产业为基础的汽车工人工会。那时，他认识了一位小学女体育教员梅·华尔夫。她是一名社会党党员，她的思想比鲁瑟更激进。他们很快就结了婚。

他成了 CIO 的联合汽车工会的专职组织员。同年，他以底特律通用汽车工人工会代表的资格参加了印第安纳州南彭德举行的联合汽车工人工会大会。就在这次大会上，CIO 宣布独立于劳联。鲁瑟被选为 CIO 执行局委员之一。他从此成了汽车工会支薪工作人员。他回到底特律后，挑克尔赛海斯公司为第一个对象。这是一家专为福特工厂制造零件的工厂。1936 年 12 月，鲁瑟在该厂组织了一起静坐罢工，取得了胜利，并组成了联合汽车工会第 174 支会。静坐罢工可以说是鲁瑟的一个创造。

福特公司一向是一个无工会公司，公司有一个专门对付工会的部门，或曰打手。鲁瑟决心要与公司老板斗一场。1937年，在一次散发传单时，鲁瑟被打手们打得遍体鳞伤。鲁瑟借此机会，把自己被打伤的场面拍成照片，送往《时代》杂志，一时闹得全国轰动。他宣称，任何暴力都不可能使他屈服，而只能使他更努力地为工会会员争取更大的权利。

在接着而来的规模更大的通用汽车公司弗林特工厂的静坐罢工中，他又一次取得了胜利。工会终于在福特公司和通用汽车公司取得了合法地位。联合汽车工人工会很快成了全国最大的工会。传记作家纳尔逊·列希登斯坦写道："鲁瑟从1936年的一名激进组织者，在1937年一跃而成全国公认的工会领袖。"

1939年，他被选为联合汽车工会通用汽车公司分会主席。1940年，美国总统罗斯福发表演说，要求把美国建成"民主国家的兵工厂"。美国国内展开了美国是否应参战的大辩论。鲁瑟则提出了美国应"日产500架飞机"的建议。这是鲁瑟所提的政府与劳工配合的一系列建议的第一招。人们尊之为"现代化的劳工自由主义"。这个建议主张成立一个飞机生产局。由政府、资方和劳方组成。该局应以生产为主，打破各家公司的界线而重新组织生产。该局以效率为准则，不管你是什么工厂。如果该计划真的实施，联邦政府和劳工将有权控制生产。资方是绝对不允许的。但这个计划听起来很公正。所以资方代表乔治·罗奈就把鲁瑟称为"底特律最危险的人"，因为"没有人更比他能言巧辩，用似乎对现存社会体制无所损害的词句在暗中推销社会主义革命"。

在1938年公开宣布与共产党决裂的鲁瑟现在已得到了左右各政派的支持。在第二次世界大战期间，他已成了联合汽车工人工会的副主席，专门负责管通用汽车公司的分会。1946年，他被选为联合汽车工人工会的主席。

他所以能在1947年当选主席，是因为他对1945年的一次汽车工人非法罢工（wildcat strike）处理得当。联合汽车工会本来议定在第二次世界大战期间不举行任何罢工。但在1945年，下层工人感到资方有意利用这一协议来限制工资的增加，所以自发地在通用公司进行了罢工。美国共产党反对这种罢工。但鲁瑟却对此采取微妙的支持态度。在这113天的罢工中，鲁瑟给予的支持使他在下层工人中的威信大增，并保证了他在选举中取得优势。

这次罢工还使鲁瑟有机会提出了一项新建议，使他在美国劳工史上留下了又一名声。他应用凯恩斯原理，提出了防止战后经济萧条的方案。他建议提高工资百分之三十，但资方不得提高汽车价格。他认为这样可提高工人的消费水平，保持一般人的消费能力，从而防止战后的经济萧条。虽然他的建议未能实现，但他却在1948年争取到了与通用公司订立一份"自动按消费水平调整"的工资制度。《财富》杂志把它称为"底特律条约"，并成了劳资谈判的典范。

1947年，他连选连任，这次他在会上把反共作为主题，他基本上成了民主党的支持者。1952年，产联主席莫莱去世，鲁瑟接替了产联主席的位置。他努力促成了1955年劳联和产联的合并，由米尼任劳联—产联的主席，他自己为副主席。

鲁瑟曾多次宣布他现有的政治观点。他说：工人运动的目的是改善、并不断改善工人的生活，既包括物质的生活，也包括精神的生活。作为美国人，他认为美国工人可以在美国制度之下不断改善其生活，事实也已证明了这一点。因此，不能说社会主义是改善工人生活的唯一道路。他并不否认社会主义可以改善工人的生活。他要否定的是：不能认为只有社会主义才能改善工人的生活。他研究了两个德国和两个朝鲜。他发现西德和韩国的工人的物质生活和精神生活都要大大优越于其对手。他说，他永远忠于美国工人的实际利益，而不是忠于什么主义。

鲁瑟还说：我们已为汽车工人争到了每周工作5天，每天工作8小时。我们还将争取每周工作35小时，工资不减。这样，鲁瑟主义就成了龚泼斯主义的翻版。有一位评论家阿特·布雷斯说："毫无疑问，20世纪30年代的沃尔特·鲁瑟必将嘲笑50年代的沃尔特·鲁瑟，并向他吐口水。"

60年代是鲁瑟最得意的时代。他被评为战后世界10大人物之一，而与丘吉尔、罗斯福、艾森豪威尔等并列。由于他热烈支持黑人民权运动，又被人们称为"白色马丁·路德·金"。对后一称号他自认为最光荣。

当约翰逊总统提出"伟大社会"的计划时，鲁瑟是一个鼓吹者。他成了约翰逊的密友。但随着越南战争的扩大，军费占了政府的最大开支，"伟大社会"宣告中断。鲁瑟的威望也受到打击。

鲁瑟受人尊敬的一个很大原因是他洁身自好，没有任何贪污行为（美国人一般认为工会是美国最腐败的组织）。他还用功好学，有学者风度。印度的尼赫鲁总理曾认为他是一名总统的人才。

鲁瑟自己对自己的评价是："我相信什么就做什么。我就是这样简单。"

1970年5月9日，鲁瑟夫妇和建筑师斯托诺洛夫从底特律起飞去布莱克湖（在底特律北260英里处）视察联合汽车工会教育中心大厦的完工情况，不幸飞机失事，机上人员全部死亡。

《商业周刊》称他为"最能体现以社会进步为中心的工会主义的杰出代表"。《纽约时报》称他为"为争取一个更好的世界而斗争的十字军战士"。马丁·路德·金的遗孀柯雷塔则称他为"美国最受人尊敬的白人工会领袖"。

45 厄尔·白劳德

1891年5月20日，厄尔·白劳德生于堪萨斯州的惠契塔。他父亲是一名小学教员，自称是社会党员。白劳德在15岁也跟父亲入了社会党。没有几年，他又转入了威廉·福斯特领导的北美工团主义联盟。他在联盟的刊物当编辑，并上了法律函授学校。不久，在堪萨斯的奥拉兹当一家合作社的经理。

1917年，由于反对美国参战，他被关进了监狱。1917年12月到1918年11月，被关在密苏里的普拉特监狱，1919年7月到1920年11月又被关进堪萨斯的列温沃兹教养所。他愤于政治的迫害及监狱的苦难，出狱后就在纽约加入了刚成立的美国共产党。

由于他曾在美国的劳联做过工作，苏联代表就请他去参加莫斯科红色国际工会大会，他到莫斯科后获得了大会主席劳佐夫斯基的赏识。当时福斯特作为观察员也出席了大会，他们相识并成了朋友。福斯特是当时"职工会教育同盟"的主席，他请白劳德任机关报《劳工先锋》的编辑。

1926年，他随福斯特到莫斯科开会，与斯大林见了面，并立即得到斯大林的信任。早已离婚的他在莫斯科结识了苏联女子罗干诺夫斯加娅并结了婚。

厄尔·白劳德

1927年，他被派往中国筹组泛太平洋职工会秘书处。他在中国待了两年，作出了一定的成绩，在共产国际内获得了声誉。回国后，正逢德国希特勒的崛起，莫斯科确定执行反法西斯"统一战线"。作为季米特洛夫的朋友，他于1934年被推上了美国共产党总书记的职位。

美国共产党的领袖一向被人形容为"粗眉浓毛"的外国人形象，而白劳德却是文质彬彬，人们说他比堪萨斯州长兰登更为"堪萨斯"。而他的领导也有新意。他主张支持罗斯福总统，他说这是美国特殊形式的"人民阵线"。他还创作了一条新口号："共产主义就是20世纪的美国主义。"

接着是欧战开始，德苏签订友好条约。白劳德不知如何办。这时，美国政府突然翻开老账，说他曾伪造护照，把他关了起来。1941年到1942年他在亚特兰大监狱待了14个月。接着而来的是德国入侵苏联和美国被迫参战，这就大大改变了局面。为了全国大团结，罗斯福于1942年5月16日放出了白劳德，他得以重新回到共产党领导岗位。在这段时期内，美国共产党与政府相处甚为融洽。

1943年发生了两起大事，一是莫斯科宣布解散第三国际，一是苏、英、美在伊朗的德黑兰举行了三巨头会议。

白劳德天真地认为第三国际的解散意味着各国共产党的自由决策，他不作请示，独立地发表了一系列文章和小册子。有一本名叫《德黑兰：我们的战时和战后道路》，其中一段说："资本主义和社会主义已开始找到了在同一世界上实行和平共处和合作的道路，因此，在1944年选举中，共产党将有史以来第一次不再提自己的总统候选人而支持罗斯福为候选人。我们坦率地宣布，我们准备在战后进行合作以便帮助资本主义能在促进人民福利之前提下顺利进行。"

早在1944年1月7日，白劳德在党中央委员会上建议解散共产党，改组为共产主义政治协会。福斯特并不反对解散共产党，但他反对白劳德《德黑兰》一书的观点。他说："我认为，白劳德同志，正如党的其他一些杰出领袖一样，有时要犯错误，我认为他现在正在犯错误。在我看来，错误的根源在于，他认为金融资本中的决定性部门，即操纵国计民生的那些资本，现在，特别是从德黑兰以来，正起着进步的作用，因此必须包括在支持德黑兰的全国团结中去。不仅如此，甚至还要依赖他们的领导。我认为这是错误。"

在这次会上，福斯特处于孤立的地位。尤金·丹尼斯做了小结。他说："我认为福斯特同志已自觉或不自觉地成了山头主义的俘虏。福斯特同志不相信党，也不相信白劳德同志。对我们大家来讲，这不是一个新问题。福斯特同志对党的领导，特别对白劳德同志一直有意见，看来福斯特同志不承认白劳德同志是我党的杰出领袖。在民主阵线时期，福斯特曾攻击党中央和白劳德同志采取了追随罗斯福和约翰·路易斯的尾巴主义政策，现在他又攻击白劳德和政治局。如果福斯特同志坚持他这种观点，其结果只能为反动派提供弹药。"

但福斯特不服输，他写了万言书，要求交给第三国际的季米特洛夫。白劳德同意照办。季米特洛夫回信福斯特，要求他撤回他的反对。福斯特乃停止了他的反对。

1944年11月17日，在共产主义政治协会的中央会议上，福斯特表态说："我愿意表示我完全赞同白劳德同志的发言和丹尼斯同志的报告。在战争期间，有组织的劳工应继续目前这种与雇主进行合作的政策，以求使生产水平保持在最高水平之上，并坚持遵守战时不罢工的诺言。"

在1944年5月第10次全国代表大会上，代表们正式通过解散美国共产党、建立共产主义政治协会的提案，协会的章程说：共产主义政治协会是美国人的一个非党派组织，它的基础是工人阶级。它发扬华盛顿、杰斐逊、潘恩、杰克逊和林肯的传统。它支持《独立宣言》、《美国宪法》、《权利法案》和其他各种美国民主成果。

它信奉科学社会主义的原则，即马克思主义。它期望在未来，美国人民将通过民主选择，让自己的国家解决生产的社会化与产业私有化的矛盾所带来的各种问题。值得注意的是，福斯特当时也投赞成票。不仅如此，为了表示团结，他还主动要求由他来提名白劳德任协会主席。福斯特和丹尼斯等数人任副主席。

1945年4月，法共中委杜克洛在法共党刊上发表一篇文章，题为"论美共解散"，对白劳德提出了尖锐批判。白劳德命令美国《工人日报》全文刊载杜克洛的文章。该文的主要论点是：白劳德认为，在德黑兰，资本主义和社会主义已开始找到了和平共处和合作的方法。未来的美国国内大问题也必须以改良方式解决，因为无限制的内争会威胁到德黑兰所达成的国际团结前景。白劳德认为美国的企业家、工业家和金融家将不允许美国在战后出现经济危机。相反的，他认为战后美国经济可以保持在战时水平。白劳德混淆了垄断资本国有化同社会主义过渡的概念。国有化仅仅是一种民主改革。没有取得政权的社会主义是不可设想的。

杜克洛的文章引起了强烈反响。就在1945年5月20日，协会书记威廉逊在《工人日报》上发表一篇文章纪念白劳德54岁寿辰。他在文章中把白劳德称为"我们工人运动的敬爱领袖，您是人民最伟大的领袖之一，我们高度信任您的坚强领导"。但两天以后，即5月22日，他在协会会议上抢先发言，斥责白劳德为"修正主义分子"、"工人阶级的叛徒"。主要的发言人当然是福斯特。他说："批评早就该进行了，所以迟迟未举行，是因为官僚主义作祟。我们必须承认，由于我们大家的纵容，白劳德得以在党内建立了个人统治。不论在政治局也好，在中央委员会内也好，情况都是如此。由于同志们一贯对白劳德同志进行吹捧，拍马，歌功颂德，所以使这种官僚主义倍加严重。这种小资产阶级的谄媚不仅损害了白劳德，也损害了整个党的肌体。"

请读者注意，福斯特的发言在1945年，所以应当说，共产主义世界第一个提出反对个人迷信的并不是赫鲁晓夫，而是福斯特。

大会代表在发言后进行表决，决定解除白劳德的协会主席职务，接着又表决，决定解散协会，重新建立美国共产党，选福斯特为主席，丹尼斯为总书记，威廉逊为劳工书记。

1946年，由于白劳德拒不认错，终于被开除出党。

白劳德被开除后一直坚持自己的观点，他认为福斯特是一名不懂马克思主义的教条主义者。

1951年，白劳德写信给一位朋友，表示要写一本《自传》，这信中说道：

我正在写一本政治自传，如果你能为我寻找一家出版商，将不胜感谢。

正像许多人一样，我是一名"党性人"，这意思是说，我相信组织，相信个人服从集体的民主原则。但我又绝不是另外一种意义上的"党性人"，即在重大问题上完全放弃个人决定权而不管三七二十一地听从党的决定。我不接受自封自存的绝对权威。我相信，正是因为这个原因，我在1945年突然被开除出国际共产主义运动，尽管我曾在那里服务达25年之久，只要一旦存在一个要求其部下盲目服从而自以为绝对正确的权威，那就会命定我将不会对其尽忠到底。

1945年时我还没有了解到这一点，当初我认为我之所以被开除是美共党内思想混乱所致，直到几年后看到了苏联致南斯拉夫政府的照会才有所了解。该照会把美共开除白劳德作为一个例子来说明南共也理应照此办理。

上述蛮横做法起源于党内对美国的看法的改变。这种新看法认为，战后美国将接替并继任希特勒德国的角色。如果要美国共产党以此为其方针，那么，我的确不再能充任合适的领导，因为我长期以来的立场就是坚忍不拔地争取实施基于符合美国条件和美国历史的政策。这些政策曾使美国共产党取得了各种胜利。

我认为美国是包括进步势力和反动势力的一个组合体，共产党可以联合各种力量使美国向好的方面发展。在战时，共产国际领袖都同意我的看法。但在希特勒垮台后，人们又重新拾起了教条主义。他们指责我为叛徒，但我的思想根本没有变，相反的，正因为我拒绝一夜之间改变立场而被斥为"叛徒"。说美国会走上希特勒道路是对美国的错误判断。我从来不当傀儡，也不可能一夜之间在1945年就去充当傀儡。对我不能理解的东西，我绝不能鹦鹉学舌。

今天的世界是两极世界，代表两种敌对的社会经济制度。这两股力量，一方面都具有使双方同归于尽的威力，另一方面，又没有单方面可以消灭对方的能力。因此，世界的军事形势就是长期对峙。其趋向就是双方愈来愈向军事化发展，双方都说自己有理，谁要怀疑，谁就犯罪。因此，共产主义世界就斥白劳德和铁托是"美帝国主义代理人"。我的战时著作已成禁书，读我书的人随时可遭迫害。但在美国，如多数被开除的党员那样，由于我拒绝充当苏联的绝对敌人，美国政府也对我进行迫害，胜过了我在任美共总书记15年期间所受的迫害。于是，我发现我已处于双方交战战壕之间的无人地带。正因此，我却有了自由。

30年前我参加国际共产主义领导之际,苏联是一个受敌对的各大国包围的年轻国家,是否能生存下去尚是未定之数。今天的形势已大不一样,它和美国已成了当今世界的两巨头。这是世界历史上的一个新纪元。一切国际生活将取决于此。谁也吃不掉谁,谁想尝试就会造成混乱和灾难。今天的典型就是朝鲜,最现实的估价就是:双方必须承认,三八线停下来是最好的出路。这说明侵略者(不管哪一方)只能留在侵略出发点,也就是说侵略不能取得胜利。整个世界形势也如此。

很明显,在这种新的形势下,一切老办法都失效了。必须为新的时代闯出新的道路。苏联由弱变强,证明了马克思主义是灵的,证明列宁斯大林是对的,但这绝不能意味着苏联领导是十全十美的,可以随心所欲的,老虎屁股摸不得的。也绝不意味它是新社会的唯一样板,别人非学它不可。

可惜的是,白劳德没有能完成他的《自传》,便于1973年6月去世了。

46　林肯·斯蒂芬

在 20 世纪的第一个 10 年中，美国新闻界掀起了一股暴露文学浪潮，其来势之猛犹如一阵龙卷风，可惜，它的寿命也如龙卷风，在第一次世界大战的隆隆战鼓声中宣告平息。

1901 年登上总统宝座的西奥多·罗斯福在开始时曾对这个自发的运动表示赞赏，但随后觉得事情不妙而又反过来斥之为扒粪。

扒粪一词取自约翰·班扬的名著《天路历程》，书中有一段话描写虔诚的朝圣者：

林肯·斯蒂芬

他手持粪耙，
眼睛朝下，
为了把粪扒。
上天将赠他王冠象牙，
对这高尚的奖赏，
他并没有抬头望，
他不曾分心思量。
他只是举着粪耙，
一心要把沿路的粪来扒。

扒粪一词，若用现代中国报刊语言来说，就是专门揭露社会阴暗面之谓，而林肯·斯蒂芬通常被视为这场"扒粪运动"之父。

斯蒂芬的祖先为德国移民，初定居于伊利诺伊州。19 世纪中叶，在加利福尼亚的淘金热中，斯蒂芬的爸爸前往旧金山碰运气，结果在旧金山附近的萨克拉门托（加州的首府）立住了脚跟，成了当地的一名商界及政界显要，娶了妻子，生了三女一男，那男孩生于 1866 年 4 月，离林肯总统被刺之日不远，他父亲怀念林肯，所以把儿子命名为林肯·斯蒂芬。

斯蒂芬从小过着少爷生活，他家那幢大住宅，后来卖给了州政府，成为加州州长官邸，那官邸的最后一任主人就是前美国总统罗纳德·里根，里根之后加州兴建了那座有名的现代化州府大厦，而老官邸就成了文物古迹，是萨克拉门托旅游点之一。

1885年，斯蒂芬离家进了伯克利的加利福尼亚大学。作为一名花花公子，斯蒂芬在学校干的是打球、赛跑、赌博、扯淡。直到三年级时，用他自己的话来说，才开始有个学生样了。他进入三年级时决定专修历史："去选一切必修之课，也包括那些我本来考不及格的课，既下此决心，我就十分认真地听了威廉·琼斯教授的'美国宪法史导言'。他讲得并不动人，但我注意到，他交代我们该读何书何页后，又捎带提到一些其他参考书，给那些有心深入探讨的人。""下课后其他人都跑去晒太阳了，我却找上琼斯教授，要求他把书名开给我，他不胜惊异。他开了书名，我就奔往图书馆，念了两本参考书中的有关章节，发现它们在某些地方说法不一，我再去找其他权威著作，发现说法也不一致。图书馆管理员在我要求之下又帮我找了一些其他的书，直至闭馆。我又跑去找琼斯教授，要他再开一些参考书。我不是想做好孩子，我要比这更进一层，我要做一名探索的孩子，他借给了我几本书。""历史学家竟并不通晓历史！历史不是科学，而是一个有待研究的领域，有待我，有待任何年轻人去进行探索，去发现，去写出科学性报告。我感到着了迷。我日复一日一段一章地读，经常发现见解和事实都有重要分歧，我发现我将有许多工作要做。""当然，我成了一名好学生，当课堂上同学们回答不出问题时，琼斯教授就说，'斯蒂芬，你告诉他们吧！'""不过，当时主要操纵我的倒不是虚荣心，而是感到我正在学到一种研究历史的方法，感到历史的每一页都在要求我们去重写，这是青年们可以去做的事，那些高人一等的老一代人并没有作出什么成绩。"

斯蒂芬书读得愈多，愈觉得历史之扑朔和是非之迷离，他决定要搞个清楚，这就必须到当时哲学圣地德意志去探索。

从伯克利毕业后，斯蒂芬向他爸爸谈了他的计划。"我爸爸听了我的计划，感到很失望，他本来希望我接他的生意，他之所以继续做生意就是等我去接班的。当我说完我的计划，并着重说明，不管我将来做什么，我决不会去做生意。他神色沮丧地说，他将出售他的生意而告老退休。他果真不久就这样做了。"

1889年，斯蒂芬进了柏林大学修哲学，他向柏林大学注册处呈上伯克利的毕业证书，那不懂英语的管事说："这是博士学位证书吗？拿回去，美国的博士学位在我们这儿不值一文，你只要给我看你的美国护照就行了。"

斯蒂芬在德国念了4个大学，由柏林大学转至海德堡大学，由海德堡大学转至慕尼黑大学，由慕尼黑大学转至莱比锡大学。他念完德国大学后又转至巴黎，并在巴黎结了婚，妻子约瑟芬也是美国人。他丈母娘是美国籍，因同她丈夫离了婚，携女儿在德国读书，斯蒂芬在德国邂逅约瑟芬并结为百年之好。

从巴黎又到伦敦的博物馆图书馆，这时，斯蒂芬真可以算是满腹皆文章了。1892年，斯蒂芬带了妻子和岳母从伦敦回到纽约。

船刚到纽约码头，他爸爸在纽约的代理人就跑上船来，交给了斯蒂芬一封他爸爸的亲笔信：

我亲爱的儿子：
当你中学毕业要求上大学时，我把你送进了伯克利。当你毕业后，你不想接我的生意，我就把生意让了出去。你想去柏林学习，我让你去了。柏林之后有海德堡，之后有莱比锡。念完德国大学，你又要去上巴黎的法国大学，我同意了。你在法国一年，之后又去伦敦英国博物馆待半年，你全都如愿了。

现在，你大概已通晓生活的理论了，但还有另外一面，即生活的实践。生活的实践也大大值得一学。我建议你学它一学，而学习之道，我认为，最好留在纽约混一阵子。

附上一百美元，足够维持你一个星期，直到你找到维持生计的办法。

斯蒂芬在《自传》中写道："这封信使我感到我的船沉了，我必须游泳以自救。"

原来斯蒂芬并没有把结婚的事告诉他爸爸。如果他爸爸知道他带妻子回来，一定会替他们安排得舒舒服服，而且斯蒂芬也多半会按照他原定计划，在加州当个哲学教授或伦理学教授。由于这一疏忽，斯蒂芬被逼上了他本来没有预想到的道路。人生中有很多偶然，这是不能排除的。

斯蒂芬每天阅读报纸上的招聘广告，逐家上门求职，屡遭碰壁。在那个时代，企业界是看不上大学生的，据斯蒂芬说："除了衣冠楚楚，面貌清秀以外，我的另一个求职的障碍是我受了大学教育，而且不只是一个大学，而是三四个。"

斯蒂芬的钱本来只能养活他自己，他妻子是由丈母娘养活的。现的，丈母娘不但要养活女儿，也开始养活女婿了。斯蒂芬开始悟到"生活原来不是我从书本上看到的那个样子"。

斯蒂芬口袋中本来有一封他爸爸为他开的介绍信，斯蒂芬为了表示独立性，不愿依靠这封介绍信，碰巧他岳母也是一名女中豪杰，反对依靠介绍信。倒是年轻的妻子是一名现实主义者，斯蒂芬在屡遭失败后，不得不依从妻子的劝告，把介绍信拿了出来，最后在《纽约邮报》的本市版当上了一名记者。

生活的第一堂课就把斯蒂芬20年来所学的关于真善美的理想打得个稀巴烂。

不过，说到写文章，斯蒂芬的功夫到底要高人一筹，他的文章脍炙人口，别有一番滋味，他本人也马上成了《邮报》的明星记者。

斯蒂芬当记者是为了挣钱吃饭。但他是一名富家子弟，所以他又有不为钱的一面。正是这后一面，使斯蒂芬成了独具一格的记者。

斯蒂芬心中有一只"作祟之虫"，姑且叫作"追求真理之虫"，它老把斯蒂芬的心搔得痒痒的，使他忘记发财，忘记争名，忘记夺利，总有一股"朝闻道，夕死可矣"的劲头儿。

当时，纽约市塔姆尼老板叫理查德·克劳克。人人都在说，克劳克是纽约市头号大恶棍。《邮报》要求斯蒂芬去采访克劳克。斯蒂芬是天下第一号雪乃克（cynic），所以浮起在他脑际的第一个问号就是：克劳克是坏蛋吗？

以下就是斯蒂芬的叙述：

出于强烈的个人兴趣，我决定不通过电话预约而亲自去他办公室，第14街的塔姆尼大厦。他是经常不在的，但那天他恰巧在。他已披上大衣，戴上帽子，准备外出。他邀请我不妨边走边谈。

他说："我知道《邮报》想探听，不错，《邮报》需要探听。但拉里·高德金（《邮报》老板）不会从迪克·克劳克这儿探听到任何东西，他派你来想从我这儿捞些东西以便考我。"

他慢步跨着石板，和善地朝着我说："难道事情不是这样吗？如果我发表谈话，不管我谈的是什么，他就会鸡蛋里挑骨头来整我。他不会如实地刊印我所说的或你所写的，让读者自作判断，他将找茬儿抓辫子来整我。孩子，你知道他是会这样做的。所以，如果我向你提供信息以便发表，那不是愚不可及吗？"

"你知道，处于我这样地位的人必须三缄其口，由他们说三道四，捕风捉影。我只能纹丝不动，听之任之。"他严肃地看了我一眼，然后又笑着说：

"但是，在人对人的基础上，我是愿意同你谈的，只要你答应不供发表，甚至不向你的编辑报告。只要不涉及别人，关于我个人的事，我什么都可谈，而且可以直言不讳，无所隐瞒。"

我完全知道，作为一名记者，我不能答应保密。但我还年轻，我想知道这个世界，而知识对我说是无价之宝。我觉得克劳克先生很吸引我。我尊敬他，甚至开始喜欢他，所以我答应保密。

那时，我们已走到联邦广场。他接着说，"好，那么你想知道什么呢？"

我说，"关于老板制度，为什么我们要有老板，我们已经有市长，有市参议员……"

他打断我说："这就是原因。正因为有市长、有参议员、有诸多法官等等，要有一百多个打交道对象。政府无非是一门生意，你不能跟众多官员做生意，他们各有各的算盘，不得痛快，而且今年进，明年出，没有一个准。做生意的人总希望跟一个人打交道，而这个人必须是常在那儿而且说了算数。"

我说，"你说生意！但我认为政府是搞政治的。"

他笑了笑对着我说："难道你没有听说过'生意就是生意'吗？政治生意也是如此。其他如出版业、新闻业、医疗业、艺术、体育运动等等，一切的一切都是生意。"

我说："但生意并没有老板。"

他停下来，很严肃地说："不，华尔街有老板，正像塔姆尼和共和党机器一样。"

"但他们没有贪污。他们不接受沙龙的贿赂，不抽妓女的卖身钱。"

"不，华尔街也有贪污。你的话不很清楚。我想，你说的是华尔街没有警察局那样的十分肮脏的贪污。"

"是的。"

"警察局贪污是肮脏，但我们只能听之任之。如果我们自己搞大贪污，不让警察搞一点小贪污，说得过去吗？我们不能做伪君子，自己搞大的，却不许别人搞小的。"

我们已走到麦迪逊广场，我斗胆又问了一句："你是在政治中捞钱？"

他斩钉截铁地说："不错，正像生意人在生意中捞钱一样。"

他又说："但我可以告诉你，我从来没有从警察那儿接受过一分肮脏钱。"

我相信他的话。事实也的确如此，克劳克对我说的全是真话，他从不讲假话，只有供发表的话有假，但他也会说明那些是假话，他信守道义，他执行着百分之百的袍哥道德。

斯蒂芬并不梦想发财，但天下偏多巧事，却有人硬要把发财放在他手中，他《自传》中有两章，标题曰："我继承了一笔财产"和"我成了资本家"。

有一天，他忽然接到从德国领事馆发来的一份私人电报，通知他弗里德里契·克鲁德华尔夫逝世，其遗嘱指定斯蒂芬为继承人及遗嘱执行人。

弗里德里契是斯蒂芬留德时候的一位同窗，他父亲是一名海员，后来从商，发了一点财，他要求儿子继承他的生意。但弗里茨不爱生意，他要研究艺术史。他好不容易争取到一段时间上了大学，但迫于父命，只好草草收兵，忧郁地回家乡继承父业。不久他父亲病死了，接着，弗里茨本人也归西了。弗里茨和斯蒂芬是一对镜中人。俩人都有一个发了财的爸爸，爸爸都要求儿子做生意以继承父业，儿子都不愿意做生意而一心想念书，特别是探讨人生的真谛，但他们却得到了两个不同的结果。

请注意，这儿倒不是偶然在起作用了，在这儿起作用的是两个不同民族的民族性格。前者说服从服从，后者却说放任放任。前者说，老一辈必须管后一辈；后者却说，老一辈只能管老一辈，我才不理你那一套。胜利属于美利坚而不属于德意志。

但德意志也有德意志的可爱。弗里茨没有把财产交给他的后代或亲属，而是交给了一位萍水相逢的异乡人。

斯蒂芬接电报后奔赴不来梅，廉价出售了弗里茨的所有房地产及财物，得了一笔现款，回纽约在华尔街买进了一批股票，成了资本家，尽管只是最小号的。

斯蒂芬虽然是纽约市的明星记者，但这时并未成全国性人物。他的声名大振是由于他发动了"扒粪运动"。1902年秋，斯蒂芬离开《邮报》，出任《麦克鲁尔杂志》的执行编辑，年薪5000美元。

斯蒂芬在杂志上发表了一系列揭露美国各大城市政治内幕的文章，并汇成小书，题名为"城市的丑态"，一时洛阳纸贵，成了扒粪文学中的经典著作，并促使其他扒粪者发表了一系列的扒粪名作，如伊达·塔贝尔的《美孚石油公司内幕》、厄泼登·辛克莱的《屠场》等等，几乎造成美国处处谈扒粪的局面。

斯蒂芬在报道密苏里州圣路易城时谈到了一个党老板，名叫爱德华·布特勒。他是铁匠出身，是专门打马蹄铁的，但出身并没有妨碍他从政。由于伺机而动，此人爬上了党老板的位置。在一次选举中，布特勒的政治机器把一个名叫约瑟夫·福尔克的选上了检察长的位置。布特勒手下的人曾对布特勒说，福尔克不是自己人，有清官之名，切不可选他。但布特勒却神气十足地说："他名誉好，我们正好利用这一点。"

福尔克当检察长后果真没有感谢布特勒的提拔而反过来进行扒粪。当斯蒂芬往访时，他就向斯蒂芬说，"我上任以后就发现这个刑事机关原来是由一批刑事犯在操纵的。"

福尔克要整肃内部，布特勒就上门警告说："他们推选了你，没有他们，你今天怎能当上检察长。"

福尔克说："我在就职时做了宣誓，现在我要按照我的宣誓办事。"

布特勒说："那好，我们有办法干掉你，你等着瞧吧。"

斯蒂芬把这件事公开了，于是舆论大哗，布特勒没有办法下毒手。相反的，在舆论压力之下，布特勒的贪污集团终于被揭了盖子。这个集团在银行内存有大笔款项，这笔钱规定好是专供收买市议员之用的。

福尔克说："是好名声的企业界人士贿赂了我们的坏名声的市议员。在圣路易，正是好的生意培养了坏的政府。"

由于事情愈闹愈大，国会不得不派了一个调查委员会进行调查，并最后发表了一个报告："我们的调查年限至少有10年，我们发现，每一项牵涉到某种特许权的法案，其所以能通过，都是由于有关企业向议员支付了他们所索取的代价。议员们自己组成集团以控制足够的票数。他们间又自动地推出一个头头，这个头头可以代表全体成员拍板。他向有关方面收进双方所协议好的为通过某一法案所必须支付的钱，并由他分配给各成员。"

"在通过《圣路易第44号房屋法》时，圣路易郊区铁路公司送了议员们7.5万美元。这个法案通过后，该铁路公司的房地产价格由原来的300万美元上涨至900万美元。"

当时已卸任的前总统克利夫兰对斯蒂芬说："我并不怀疑你所报道的福尔克先生的证据，我不能接受的是你描绘的整个图画。不，不，我也不怀疑这幅图画，这幅图画是真实的。我在我任内亲自看到过这一切。我只是心虚，不敢把真实的东西当作真实来写。"

斯蒂芬的助手沃尔特·李普曼特地为斯蒂芬绘制了一幅贪污网图。

说到李普曼，大家都知道此人曾称霸美国报坛历时半个世纪之久，是斯蒂芬从哈佛大学挑出来的一名徒弟。当时斯蒂芬通过哈佛大学校长艾利奥特挑选了两个徒弟，另一位就是《震撼世界的十日》的作者约翰·里德。

斯蒂芬不是培育英才，而是挑英才而培育之。李普曼和里德曾请示斯蒂芬该怎么写，斯蒂芬的典型答案是：你爱怎么写就怎么写。结果，李普曼和里德都成了一流记者，这又是 Laissez-faire 的一大胜利。

其实，李普曼和里德后来都曾从不同角度批评斯蒂芬，斯蒂芬心胸之宽一如胡适，胡适曾说，"我要办杂志就有两条：一，杂志必须值得一驳；二，杂志必须经得起驳。"

第一次世界大战的到来又把斯蒂芬带上了一条新的道路。斯蒂芬是第一个在俄国革命前夕进入俄国作实地采访的美国大记者。1917年3月，他在纽约搭了一条挪威船前往俄国，凑巧的是，他在船上碰到了俄国革命领袖托洛茨基，并交上了朋友。不幸的是，赶到加拿大哈利法克斯时，英国当局扣留了托洛茨基，从而使斯蒂芬失去一个报道托洛茨基的机会。

1917年4月，列宁从芬兰返回俄国，当时俄国已陷入混乱状态，斯蒂芬亲眼看到了列宁向无组织的群众发表演说。

1919年，斯蒂芬作为美国蒲立德代表团的成员，又一次去俄国，他们抵达彼得堡后，由苏维埃外长托洛茨基陪同前往莫斯科，会晤列宁。斯蒂芬认为："威尔逊是一名水手，而列宁却是一名舵手"。他说，他在俄国"看到了未来"，俄国革命"是灵的"。

美国报界本来已给斯蒂芬戴上了"激进分子"的帽子，现在《纽约时报》进一步报道了这样的消息：美国司法部已把斯蒂芬列为"布尔什维克的同情者"和"托洛茨基崇拜者"。

斯蒂芬在晚年的确采取了共产主义立场，但他是否是党员却是一个谜。

斯蒂芬于 1936 年病逝。在病重时，美国不少左派人士前往看望，其中有一人就是安娜·路易斯·斯特朗。

由于他思想激进，斯蒂芬在晚年实际上已被美国当局及报界列入黑名单，所以他在 1934 年曾愤慨地说："你可以犯罪，可以破坏礼仪，可以违反清规，这一切都可宽恕，但如果你使用脑袋进行思考，你就不能获得宽恕。"

47　沃尔特·李普曼

1889年9月23日，沃尔特·李普曼出生于纽约的一个富裕犹太家庭。他父亲是一名投资商。每年要去欧洲旅游一次，所以李普曼小时候就是欧洲的一位小游客。他在纽约的私立学校上中小学，天资敏慧，总是名列前茅。他享受奖学金入了哈佛大学，学业卓著，他的同班同学约翰·里德曾说他有朝一日会当美国总统。

英国的查斯特菲尔德勋爵曾说："18岁不相信激进主义是没有心肠。"所以，李普曼和里德当时都是激进分子。他常到波士顿贫民区做调查，并在学校组织了一个"社会主义俱乐部"，他是主席。他还在校刊上发表文章呼吁美国应进行社会改革。

他师从当时的有名哲学教授威廉·詹姆斯和乔治·桑塔约纳。本科毕业后他又进了研究院，桑塔约纳收他为助教，原想培养他做自己的接班人，但李普曼没有念完硕士就不想念了，而进入了波士顿的一家社会主义报纸《波士顿普通报》做记者。

他结识了波士顿改革派人士拉尔夫·艾尔伯逊，并于1917年娶走了他的女儿花叶。但更重要的是他受到"扒粪明星"林肯·斯蒂芬的赏识。里德和李普曼都成了斯蒂芬的徒弟，但最后两人又分手。

沃尔特·李普曼

两人的区别是：前者以感情为主投入了社会主义，而后者却以脑子为主投入了社会主义。

波士顿附近有一个格林尼治村，是文人学士聚会阔谈的场所。李普曼也经常去那儿，但他逐渐发现这一批人无非是左派空谈家，于是慢慢地与他们疏远。他要找实际可行的东西。他发现了西奥多·罗斯福。罗斯福的得力助手赫尔伯特·克劳利办了一个刊物《新共和》周刊，宣传罗斯福的"新国家主义"，他把24岁的李普曼请去当编辑。

在此期间，李普曼写了一本书：《游延与把稳》。他这本书实际上表示了他与社会主义决裂。他现在认为，美国应由关心民众的精英分子来治理一个管理科学化的国家。西奥多对此书大为叹服，他说："李普曼是全美国最有为的青年。"

1914年欧战爆发之时，李普曼恰巧在英国，他在那儿结识了费边派的社会主义者萧伯纳和H.G.威尔斯。他们鼓励他写欧战问题。

1915年，李普曼发表了《外交的分量》。他相信美国不能听任英国失败，于是他写了一系列文章主张美国应当参战。他和威尔逊总统的亲信爱德华·豪斯建立了关系，得以进白宫进行采访。美国参战后，李普曼进入了威尔逊的"内圈"，成了一名笔杆子，并参与了"威尔逊十四点"的起草工作。

1918年，豪斯派他到伦敦去收集情报，并写宣传品运进德国内地。这项工作使他对新闻工作有了一个新的感受："老百姓可以受宣传的操纵。"

战争结束后，他就专心写了一本书讨论宣传的作用：《舆论》。他认为，一般人对现实的认识是受着宣传的操纵的，他们怎样能作出一种知情情况下的政治决定呢？而根据民主的原则老百姓是可以作出明智的决定的。如果他们不能做到，民主还有什么意义呢？人们不能放弃民主，因此，应当想办法补救这个漏洞。那就是要培养没有任何偏见的专家，来清滤新闻报道，使人们得知真相。

战后的发展使李普曼大失所望。他本来深信威尔逊的理想主义，但《巴黎和约》是对德国的一种报复，违反了理想的原则。《新共和》本来是主战的，现在它极力反对和约。

1922年，李普曼离开《新共和》到了纽约《世界日报》。那时的《世界日报》是一份自由主义报纸。李普曼主写社论，评论重大事件，如：禁酒问题、裁军问题、沙可和樊赞地问题、斯考普审判问题等等，笔锋锐利，大受欢迎。他被公认为是一名"舆论专家"。

1931年，《世界日报》关门，李普曼转到了保守主义的《纽约先驱论坛报》任专栏辛迪卡作家。这一转变使许多读者大惑不解。其实他的思想一直在逐步向保守派靠近。现在的职位保证他可以完全自由地发言，不受老板管束。而且该报为全国性报纸，可以使他的声音传至全国。作为一名实用主义者，他何乐而不为。

他的专栏名为"今日和明日"，发送200家报纸，评论家阿瑟·克鲁克说："阅读（不是理解）李普曼突然成了时髦。"

李普曼自己则认为他的文章实事求是，没有受党派或意识形态牵制。

1937年，他与花叶离婚，引起了纽约朋友们的批评。他乃移居华盛顿，并于1938年与海伦·伯恩结婚。在30年代中，他一直主张美国对欧洲应采取中立主义。但现在噩耗接踵而来。首先是张伯伦在慕尼黑向希特勒投降，然后是德国入侵波兰，不久就有法国沦陷。他的中立主义宣告破产。他要求取消对民主国家的军火禁运，赞成把美国的驱逐舰让给英国，极力支持罗斯福的"租借法案"。从此，他再也不相信裁军、中立、国际讨论等办法。他只相信实力和军事平衡。

随着德国和日本的失败，又有人出来推销战后的"一个世界"学说。他早已不相信这一套。他写了一本书：《美国的外交政策：保卫共和国的盾牌》。该书认为美国已不可能采取孤立主义，主观的善意不能替代军事实力，战后若要和平，必须继续保持美英苏的联盟。但这一联盟终归破灭。为此，他不但大骂莫斯科，而且也大骂伦敦和华盛顿。1947年，他写了一本《冷战》，抨击乔治·凯南的"围堵主义"。但看到捷克斯洛伐克事件后，他不再对苏联怀有希望，又回过头来支持政府现行政策，一直到越战为止。说到越战，当然要涉及约翰逊总统。

约翰逊以偶然机会登上了总统宝座，而且那位前总统又是在声誉鼎盛之期突然死亡的，所以他的处境并不愉快。这时，作为舆论大王的沃尔特·李普曼写了几篇社论，吁请全国人民要相信新总统。因此，约翰逊对李普曼是深怀感谢之情的。

当肯尼迪安葬完毕，送走吊唁的外国贵宾以后，约翰逊就打电话给李普曼，问他是否愿意邀请自己去他家做客。半小时后，总统就在保镖们的前呼后拥下，按响了李普曼家的门铃。李普曼在回忆时说："当时只有海伦（李的夫人）、他和我三人在场。他对海伦很亲切，他自己很谦恭。他对这偶然落在他头上的大任的确不知所措，但他一点也不害怕。我的印象是，他十分需要帮助。"

通过这次拜访，约翰逊自以为李普曼已成了他的朋友，他一有时机就吹嘘："李普曼是世界上最伟大的新闻记者，他是我的朋友。"在约翰逊执政的头一年半中，总统对李普曼恩宠有加：对他迎以大熊式的拥抱，即兴地邀他同总统夫人和女孩子们共进晚餐，让他定期地听取邦迪的情况通报，真诚地请他发表高见。

当1964年大选来临之际，李普曼毫无保留地为约翰逊鼓吹，他写道："就其天性、气质、信誉和经历而言，林登·约翰逊此人最合适。"

约翰逊在就职演说中提出了"伟大社会"的计划，李普曼对此大加喝彩。他认为这是约翰逊仿效罗斯福新政的翻版，旨在为"大众政府的编年史上揭开新的篇章"；这也是第二次世界大战以来美国总统第一次没有把注意力放在国外的种种危险上，而放在国内的问题和前景上。他还夸约翰逊是一位"大有成功希望的大胆革新者，因为他同美国的思想情绪和舆论观点的最主体部分保持着很深的联系"。

但约翰逊和李普曼的蜜月不久就在越南问题上宣告结束了。原来，约翰逊曾告诉李普曼，他将用非军事手段解决越南问题。可是，曾几何时，他就下令对北越进行"滚雷轰炸"，并在南越增派5万、10万的大军。

李普曼指出："一个成熟的大国使用自己的力量应当有分寸，有限度。它应当避免全球责任，不仅不使它卷入永无休止的干涉性战争，而且不使它陶醉于一种幻想之中，认为自己是争取正义的斗士，它所打的每一场战争都是为了结束一切战争。全球主义不仅会使我们到处身陷重围，而且它是建立在十分愚蠢的观念之上的，即认为如果我们不在世界上建立秩序——不论要付出什么样的代价——我们就不能在世界上安居乐业。"他直接指责约翰逊："他的问题的根子就在于他的骄傲自大，他死不承认美国的局限性和他自己的局限性。总统完全沉溺在一种以救世主自居的自大狂中，从而使他认为能够用坦克打蚊子，用B52轰炸机建立一个伟大的社会。现在人们日益相信，约翰逊的美国已经不再是历史上的美国了，现在它是一个依赖优势武力实现其目的的劣等帝国，美国不再是自由社会的明智与人道的榜样了。"

约翰逊反唇相讥，责骂李普曼是一个反复无常的小人。其实，李普曼虽不是小人，但反复无常倒是家常便饭。

在1928年大选中，李普曼支持共和党的胡佛，他称赞胡佛是个"改革家，他可能是比今天投身于公职生活中的任何人都更加强烈地意识到美国资本主义弊病的人"。不久，胡佛就带来了经济大恐慌，并在大恐慌面前束手无策，于是，李普曼不得不改口说："胡佛气质很糟糕，他没有活力。如果时局继续恶化的话，我想他是没有机会得以防止垮台的。"

在1932年的选举中，李普曼评论罗斯福说："罗斯福的确未能有幸长一颗非凡的头脑，他从未真正准备去把握任何具有很大影响的问题。他从未认真考虑而且也不理解下一届总统必须关照的重大问题，不过是一位和蔼可亲的童子军而已。他不具有担任总统的任何重要品质，但却非常想当总统。"随后的发展完全推翻了李普曼的预言，作为弥补，他写了一本小册子，名为"天命所归的人"，把罗斯福列为美国历史伟人之一。

尽管李普曼的文章纰漏不少，但他毕竟能独立思考，勇于立言，自成一家；而且有时的确切中时弊，有鹤立鸡群之势，为自己博得了权威的地位。

譬如说，他能及时看出法国的戴高乐是一个历史性人物。罗斯福总统及其国务院都没有重视戴高乐，李普曼就不断写文章，而且还不断向有关人士进言，指出抗德必须依赖戴高乐，戴高乐代表了真正的法国。战后，李普曼又强调：美国对外的重点应放于欧洲，欧洲的重点在于法国，法国之重点在于戴高乐。他劝告美国当局，不要把戴高乐当作一个高傲的不羁之徒，他认为戴高乐并不高傲，他仅仅是想维护法兰西的独立。将来万一欧洲事起，能真正与美国合作以抗击苏联者唯戴高乐也。李普曼说，戴高乐敢于及早承认中华人民共和国、敢于从印度支那撤军、敢于让阿尔及利亚独立，这一切都说明他有清醒的头脑，能对客观现实作出正确的反应，可惜美国国务院却只有杜勒斯这样的三等货色。

1946年当丘吉尔跑到美国密苏里州富尔顿发表冷战演说后，李普曼立即给丘吉尔当头一棒，他劝告美国人"不应把大英帝国的利益与美国生死攸关的利益等同起来"。他说："我对丘吉尔的讲话感到沮丧，因为他把这个必然的目标以一种可能使其处于危险的方式提了出来，即联合起来反对苏联，而且还要煽动五年之内发动一场预防性战争。"李普曼认为，战后的问题只能以外交手段来解决。他在《冷战》一书中写道："外交史就是相互竞争的大国之间的关系的历史，这些大国之间没有政治上的亲密关系可言，它们不会在目标上取得一致。尽管如此，它们之间还是达成了和解。一些和解寿命不很长，一些和解寿命很长。如果一个外交家认为，互相竞争和不友好的大国之间不能达成和解，这就等于完全忘记了外交的性质。"

李普曼认为，美国人攻击苏联搞势力范围，这是不公正的，因为美国也在搞势力范围。拉丁美洲、西欧以及远在外洋的日本，都是美国的势力范围。势力范围是一种现实，不能视而不见。解决的方法是谋求双方取得均衡。他说，均衡要依靠实力。在计算实力的过程中，意识形态不起任何作用。与俄国达成和解并不取决于莫斯科洗心革面、放弃俄国帝国主义和抛弃共产主义的意识形态，它取决于实力均衡。要紧的并不是苏联政治局想做的事情，而是事实上它知道它做不到的事情。他说，就国际关系而言，俄国就是俄国，今天的苏联与历代沙皇没有区别，人们切不要去相信克里姆林宫宣传的无产阶级团结起来的口号，因为莫斯科人就首先不相信。如果美国人真的去相信它，那美国人的智商未免太低了。他指出：今天西方与俄国的这场斗争是一场争取军事优势的竞赛——争取战略地位、争取盟友、争取从潜在的军事强国变为实际的军事强国。和平就在于双方力量的均衡。

1959年9月23日，李普曼70岁大庆，朋友们为他在全国新闻记者俱乐部举行一次庆寿宴会，他在宴会上说：

因为我们是具有美国自由传统的报人，我们阐述新闻的方法不是以事实去迁就教条。我们靠提出理论和假设，这些理论和假设要受到反复的检验。我们提出我们所能想到的最能言之有理的图景；然后我们坐观后来的新闻是否能同我们的阐述相吻合。如果后来的新闻与之相吻合，而仅仅在阐述方面有一些小小的变化，那么我们就算干得很好。如果后来的新闻与之不符，如果后来的新闻推翻了早先的报道，就有两件事可做。一是废弃我们的理论和阐述，这是自由的、诚实的人的作为；另一种是歪曲或隐瞒那条难以处理的新闻。

如果国家是在人民的赞同下得以掌政的,那么人民对于治者要求被治者赞同的问题必须具有某种见解。他们怎样产生见解呢?他们是靠听收音机和读报纸,看记者们对华盛顿及世界各地所发生的事的报道,我们记者在这里起着举足轻重的作用。我们在自身所研究的领域内,去推敲、去归纳、去推测正发生的事情,判断它昨天意味着什么,明天又可能意味着什么。

在这里,我们所做的只是每个主权公民应做的事,不过他们自己没有时间或兴趣来做罢了。这就是我们的职业,一个不简单的职业,我们有权为之感到自豪,我们有权为之感到高兴,因为这是我们的工作。

1972年,中国总理周恩来邀请李普曼访华,但那时他已八十有二,年老体衰,不堪远行,没有实现访华,1974年病逝。

48　约翰·里德

1887年10月22日,约翰·里德出生于美国西海岸波特兰的一个富商家庭。在幼儿时代,他的父母曾请了一位中国保姆看护他,还有一位中国厨师。他们常跟他讲鬼故事,因此幼小的他一度是一个胆怯的小孩子,直到进学校后才锻炼身体,逐渐强壮起来。

上学后,里德变得活泼了。但不久,枯燥和乏味的课程引起他内心的反感,他觉得各科的教学太形式主义了,只有基础化学和英国诗歌两门课唤起了他的兴趣,并开始写作小诗,成为学校中的小诗人。

16岁中学毕业后,里德到东部上了新泽西市的莫里斯顿贵族学校。他在学校中经常搞一点男孩子爱玩的恶作剧,结果受到留校察看的处分。

1906年9月,里德进了哈佛大学。大学的生活不仅满足他戏弄权威的癖好,而且也使他有了在各方面施展才能的机会。

实际上,哈佛大学大多数学生都不喜欢里德那种西部人的直率。因为他们多数出身于美国的名门,在他们看来,里德只不过是个普通人,而且太鲁莽。他在回忆录中这样写道:"我不知道有什么办法能和别人找到共同语言。每逢周末,同学们成群结伙地乘电车到波士顿去玩,他们又唱又跳,十分开心。黎明时分,他们唱着歌回来,从我窗下走过。高年级同学毕业后成了音乐家、作家、国务活动家。新生建立了自己的俱乐部。而我却是局外人。"

两年后,里德发现了"第二个哈佛",这是一个属于和他一样不能参加一般社会活动的学生的哈佛。这些人团结在一起,组成一个团体,搞各种活动。里德把这些活动称为"复兴运动"。俱乐部取名为"世界主义者俱乐部",它主要是一个讨论世界大事的场所。每次集会,里德都积极参加,因为这里所辩论的问题正是他所喜欢的。

这个团体以后在贝克教授指导下成立了话剧俱乐部,它造就了不少有成就的剧作家,包括尤金·奥尼尔在内。里德成了俱乐部主席的助手。他全力工作,获得好评。他还为俱乐部写过剧本。

他还经常参加他的同学李普曼所组织的"社会主义俱乐部"的各种讨论。

在哈佛度过的4年并没有使里德进入上流社会,但这4年却大大有助于他发挥其写作才能,这主要是因为著名文学教授科普伦德教导有方。

约翰·里德

科普伦德发现这个来自俄勒冈州的小伙子多愁善感,热爱生活而又不谙世故,但却是个情感细腻的诗人和严肃的作家,他教导里德"在书本和生活中寻求色彩、力量和美,用语言将它们表达出来"。

里德后来说:"世界上有两个人使我有了自信心,使我产生了渴望工作的情感和具备了坦荡诚实的品德。"这两个人就是科普伦德和林肯·斯蒂芬。

1910年6月,里德从哈佛毕业。他一开始就成了一条头条新闻的主角。事情是这样的:他和另一位毕业生皮尔斯决心往欧洲旅行,他们用以工代费的办法上了波士顿人号货船。两人合住一个小舱内。但船出海后,人们发现皮尔斯失踪了。于是里德被认为是可疑的谋害者。船到伦敦后,里德被带到法院受审。起诉人在庭上大谈里德的可能害人动机。就在这时,听众席上忽然有一人站起来大声说:"我就是被里德'谋害'的皮尔斯。"原来皮尔斯根本没有死。他因不愿在货船上受苦，在船出海时就跳海，上了另外一艘豪华客轮毛里塔尼亚号，并先期抵达伦敦。他已在报上看到有关他本人的报道，所以及时来法院旁听。

里德从欧游回来后在纽约成了斯蒂芬的徒弟。斯蒂芬当时是全国闻名的"扒粪"大师。他由于妻子离世而独居着，里德很喜欢这位老师，所以就请他到同一寓所居住。里德经常打扰他，但他从不介意。有时深更半夜，他睡得正香的时候，里德也会闯进来和他聊天，诉说一天的经历，并接受他的指点。真可谓得益多多。

受斯蒂芬之命，里德去采访了帕特森纺织工人罢工事件。他在街头与工人们混在一起，被警察当作危险分子而遭逮捕，关进了监狱。第三天，警察头头来查房，他发现了里德，突然大叫："约翰，你怎么到这儿来了！"原来这位先生以前曾是里德父亲手下的人。他好说歹说，才把这位前"小少爷"请出了监狱。

1913年，墨西哥发生了内战，也可以说发生了革命，经斯蒂芬介绍，《大都会》杂志派里德前往采访。这里发生了一起有趣的故事：有一天，里德正躺在旅馆的床上，突然进来了一名墨西哥丘八，双手各持一枪。他举枪对准里德说："我已决定今天要击毙一名美国佬，但还没有决定使用左手还是右手。"里德无可奈何，只有等死了。但这时他发现这名老墨的眼光忽然转移到放在桌子上的手表上去，于是他马上说，"这是你的了，你是赢得的。"那老墨果然兴冲冲地拿起手表，扬长而去。

这次采访的结果是写出了一本《革命的墨西哥》，这是一本不亚于《震撼世界的十日》的好书。李普曼就这样写道："本来我很难开口向你这位老朋友说你是天才。但我不能不说你的文章写得十分精彩。你目光敏锐，具有小说家的才干。我要说，真正的新闻报道是从里德笔下开始的。"

1914年，欧战爆发，《大都会》派里德往欧洲进行采访。他几乎走遍各个交战国：法国、德国、俄国、土耳其。他得出了一个结论，把这场战争称之为"商人的战争"。他果敢地宣布"这不是我们的战争"。他当时就这样说："我们社会主义者可以指望，甚至可以相信，这场流血惨剧和惊人大破坏的结果将会导致一场意义深远的社会改造，将会大大迈向我们的目标——人们和睦相处。"在美国参战后，里德仍保持他的反战立场，这不但引来了政府的憎恨，而且也受到了他妈妈的指斥。她写信给他说："我感到震惊的是，你的父亲是那样英勇，而你作为他的儿子却不愿为祖国和国旗效力。上帝作证，我并不希望你为我们去打仗，但我希望你也不要用自己的笔墨来反对我们，我不得不告诉你，在祖国已宣战之时，你应适可而止，不然我们将为你感到羞愧。"但里德早已下定决心，为真理而献身了。

美国参战后，《群众》杂志专派里德往俄国采访。里德经过千辛万苦抵达彼得格勒。他采访了俄国工人、士兵、水兵，亲眼看到了这场大革命是怎样在俄国形成的。

1917年11月，阿芙乐尔巡洋舰一声炮响宣告了社会主义革命的开始，里德也随着红色近卫军战士，一道前赴冬宫。

他在彼得格勒多次见到列宁。他们的交谈使里德深信革命群众是不可战胜的，深信群众的伟大力量。在列宁思想的影响下，里德更加认识到，没有一个新型的党，工人阶级就不可能取得胜利。

掌握了革命理论的里德于次年回到了美国。临行之前，他在第三次全俄苏维埃代表大会上发表演说，当着列宁的面，保证要把俄国革命的真相告诉给美国人民。他回美国后真的到处演说，介绍俄国的革命，最后还写成了一本书——《震撼世界的十日》。

当时，美国的大多数报纸都把布尔什维克革命描绘成一群无知的暴徒把俄国变成一堆废墟。只有《十日》如太阳穿透乌云，报道了真相。

它这样描写苏维埃大会："正是8点40分，雷鸣般的欢呼和掌声告诉人们，主席团来了。伟大的列宁也在他们中间。他是一个身材不高但结实的、有着大的凸出的额头和宽肩膀的人。他穿着破旧衣服，他一点也不像人民的偶像，而是一个普通的受尊敬的人。他是一个非凡的人民领袖，一个纯靠理智的领袖。他不做作，不感情用事，坚贞不屈，没有任何癖好，但却有一种用简单语言来解释最复杂的思想和深刻分析具体情势的能力。"

里德继续写道："工农政府统治下的俄罗斯绝不是像资产阶级记者和外交官及商人们对美国人所说的那样。人们受了资本主义报刊的蒙蔽，误认为这个无产阶级共和国是机构解体、专制独裁的杂乱无章的国家。否！说到机构解体，那是尼古拉二世所干的事。克伦斯基政府为了蓄意破坏革命，也加紧了这种解体工作。

布尔什维克所继承的是一个破烂摊子。当时，成百万士兵正在自动退出军队，整个运输系统正处在瓦解状态。总之，它所接收的是一个正在挨饿而又精疲力竭的俄国。当俄国同德国签订和约的时候，俄国的情况要比两个月前克伦斯基执政的时候为好。它正以历史上从未有过的速度推进着俄罗斯的生活。

在布尔什维克制度下，产生了一种全新概念的国家，新的苏维埃政府形式，新的工厂委员会工业组织，从头到脚焕然一新的教育制度，新型的国家陆军和海军，新的土地方案。还有，像火山爆发一样的人民群众的感情的奔放。

认为布尔什维克实行专制暴政的人主要是那样的人，他们很少或者从来没有对其他国家压制言论或集会自由表示过反对意见。不错，有的报纸在俄国被压制了，有人被投进了监牢，有个别布尔什维克进行了非法的搜查，但我可以告诉美国人：在俄国基本上没有任何人因意识形态问题而坐牢的。关于捕人事件，只有证实与武装反革命阴谋有牵连的人、贪污行贿的人、散布谣言的人和临时政府主要官员，才予以逮捕。

关于杀人的事当然是滑稽可笑的谎言。在进攻冬宫的日子里，有 10 个布尔什维克被杀，而防守冬宫的人并没有一人死亡，他们仅仅是被解除武装予以遣散。当莫斯科战斗刚结束时，我在莫斯科街上碰到一位美国人对我说。克里姆林宫已全部被毁了，但我走近离克里姆林宫还不到五个街口的时候，就看见它仍然安然屹立在那儿。"

里德还说："从俄国的事态发展中，我获得了三点教训：有产阶级归根到底只忠于它的财产；有产阶级绝不会自动与工人阶级妥协；工人群众不仅有能力实现其梦想，他们也有实际的权力可以保证他们的梦想付诸实现。"

里德回美后与社会党内的左派同志发动了一场反对党内右派的斗争，并最后率领左派脱离社会党，成立了美国共产党。

不久，里德又重赴俄国，那时它正处在粮食困难时期，里德与人民共度艰难，他深入基层，自觉与红军士兵实行三同，不幸染疾，于 1920 年 10 月 17 日在莫斯科逝世。

在此之前，里德已得到了他母亲的支持，他母亲给他的信中说："亲爱的儿子：你所做的是你认为正确的事。世界上每个人都应该这样做，如果我们不这样做，那是不对的。我担心的只是你的人身安全，其他的一切我都不担心，因为你认为都是正确的。"

他是被葬在莫斯科红场的第一位美国共产党员，墓碑上刻着：约翰·里德（1887—1920）。

49 亨利·卢斯

传记作家罗伯特·赫尔兹斯坦因写道："出版商对其时代影响之大，无有超过亨利·卢斯者。他创立了《时代》、《生活》和《财富》，而且还发行了连续系列影片《时代在行进中》。他的读者和观众每周要超过 4000 万。其出版物对形成美国人的舆论起了很大作用，也影响了美国国家的、甚至是世界的政治观感。"

卢斯何许人也？原来他是美国在华传教士的儿子。他父亲叫哈里·温特·卢斯，是山东省登州县的一名牧师。1889 年 4 月 3 日，亨利生于登州，并由中国保姆照看，所以他会说几句山东话。义和团在山东反洋教时，他们全家曾一度往朝鲜避难。事后重返山东，继续传教和办学。哈里有点儿像燕京大学的司徒雷登，他善于为山东的教会学校筹款。卢斯 9 岁时，父亲把他送到烟台的英国人所办的外国子女学校读书。

这个学校是英国子弟和德国子弟占多数。他们在当地看不起中国人，动不动就向中国人动拳脚。作为一名虔诚的基督教徒，亨利很看不惯这些。但同时也产生了美国人的优越感。他认为："我们美国人就不会干这些，我们就是比他们优越。我们常常会多给黄包车夫车钱。"

1913 年，亨利被保送进了康涅狄格州莱克维尔的霍特开斯中学。这所中学实际上是耶鲁大学的预备中学。中学毕业后他就进了耶鲁大学。他爱好新闻事业，在中学时就参加了校刊的编辑工作。在正式入耶鲁以前，亨利还到马萨诸塞州斯普林菲尔德的《共和党人报》干了一段时期。他进耶鲁后就参加了《耶鲁每日新闻》的工作。

1917 年美国参战，校内展开了参战的大辩论。19 岁的卢斯说："这次战争是是非之间的战争。我们主张和平，但除了参战以外，能有别的办法取得和平吗？没有，所以我是主张参战的。"

他报名投军，被派往南卡罗来纳的哥伦比亚杰克逊军营受训。接着又转到路易斯维尔接受炮兵训练。但战争很快结束，卢斯以少尉衔退役，并回到了耶鲁。

他看到了布尔什维克夺取俄国政权，从此成了一名坚决的反共分子。他说："如果我们不干预，布尔什维主义将侵蚀整个世界。"

他崇拜西奥多·罗斯福。他认为美国应实行"显示力量的基督教教义"。他认为全世界都应当尊重美国的利益，都应当认识到美国的企业精神。这说明他当时已埋下了"美国世纪"的想法。

耶鲁毕业后，他又到英国牛津大学游学一段时期，他很推崇牛津的学风，但他认为美国的民主制度会培养出更多的和更有用的人才来治理国家。

亨利·卢斯

1921年，卢斯回到美国，首先在《芝加哥每日新闻》供职，周薪为20美元。

1922年，他到纽约同老朋友布立顿·海登谋自立门户。他们在曼哈顿东17街租了一间办公室。月租55美元。他们筹划出版一份杂志，报道每周的"国内新闻"、"国际新闻"、"专业新闻"和"人民生活"。

卢斯一家与拖拉机公司的麦考密克一家有交往，在那里弄到一笔投资。到10月底，他们已筹得92000美元。1923年3月3日，第一期《时代》周刊问世。这是一本以中产阶级和知识分子为对象的杂志。第一年，他们赔了40000美元，但第二年就开始赚钱。最初的每周销量是 30000 份，1924 年年底时已达到每周 70000 份。1926 年，达到了 111000 份。1928 年，达到了 200000 份。这时，杂志终于赢利 125788 美元。1929 年，《时代》纯赢利 400000 美元。这时，他和妻子莉拉·霍兹才买进了一幢豪华的住宅。

卢斯的第二步棋是出版一份商业刊物。他认为市面上的商业刊物讲的只是赚钱之道，实际上成了变相的广告，质量太低。他认为资本家应有自己的出版物（Literature）。他说，那些资本家只知道盖工厂、造机器，却不知道如何与周围的人群相处。他决心要创立一种投资文学。他要培植一批懂得社会责任的投资者。

他最初拟把杂志名为《力量》，但最后决定采用《财富》一词。他还请到了诗人麦克列希主持编辑，并保证他仍可以有充分时间写诗。另一名能干的编辑来自麻省理工学院的艾雷克·霍金斯。1929 年 10 月 21 日，《财富》在美国经济大萧条中出世。1930 年的销量为 30000 份，10 年后，销量增到了四倍。

1934 年，卢斯碰到了一个叫克拉尔·布兹的女人。她当时 31 岁，也是一名编辑。她曾同一名富商乔治·伯鲁考结婚，但后者酗酒过度，心理和生理都失去正常，两人以离婚结束。她自己很有钱，她对卢斯发生兴趣主要是因为某种事业心。她觉得与卢斯有一个共同目标，那就是办刊物。结果她取得了胜利。卢斯终于在 1935 年 10 月与莉拉离了婚，7 周后就与克拉尔在康涅狄格的格林威治结了婚。从此，这对夫妇就一心一意经营《时代》公司。

卢斯的第三起杰作是《生活》杂志，这是一本以照片和图片为主的报道性刊物。这是卢斯夫妇设计的产品，它色彩鲜艳，印刷精良。男人最喜欢看的可能就是女人的胴体，而这也常常为《生活》带来麻烦。有一次，它发表了一幀全裸体的浴女照片，结果邮政局认为"有伤风化"，不予寄递。由此引出了一场有关"裸女阴毛"问题的争论。

还有一次，它发表了一组产妇生子的全过程的相片，从精子跑进卵子一直到婴儿从妈妈的阴户中挤出来为止。官方认为这"有伤风化"，又一次打了官司。但社会名人（包括罗斯福夫人在内）纷纷为卢斯打气，他们认为这是实事求是的科学知识，说不上什么"有伤风化"。结果这一期的杂志特别畅销。全国许多小城镇也都抢购，公司不得不几次复印出版。

1938 年时，人们已公认《生活》是美国最吸引人最刺激人的伟大杂志。卢斯自称它拥有 1700 万读者。但《生活》没有能赚钱，因为它成本高，售价低。

现在来谈一谈卢斯如何创造"美国世纪"这个名词。那是在 1940 年，美国国内对美国是否应参战争论不休。共和党是孤立主义的反战派，卢斯是铁杆共和党人，但在这个具体问题上却走到了罗斯福总统的"国际主义"一边去了。

1941 年 2 月 17 日，卢斯在《生活》上发表了题为"美国世纪"的文章。他指出美国在1919年犯了不可原谅的错误。它拒绝参加国联，放弃了对全球应负的领导责任。他要求美国埋葬孤立主义，正如同林肯用内战来结束蓄奴制度的辩论一样。他说，今天我们所提倡的国际主义是"民有、民治、民享"的国际主义。

他说，美国的文明和文化已经点亮了通往未来的新世纪的大道。全世界各地都在听美国的爵士音乐，都在看好莱坞电影。美国的词语正像美国的机器一样源源输往世界各地。世界需要美国的物质产品，也需要美国的精神产品。他认为美国是向世界发放自由精神的大库房。在这个美国世纪中，美国应当充任主宰。总之，卢斯强调美国必须充当世界的道义领袖，决不能有半点推诿。

卢斯还花大笔钱在《纽约时报》和《读者文摘》等报刊上做广告，推销他的文章。

著名评论家李普曼写信给卢斯的爸爸说："没有别的事情比这篇文章更使我高兴的了。"作家罗伯特·谢伍德说，卢斯的文章真是"神来之笔"。中国问题专家费正清称赞这篇文章是"超人一等"。许多中学和大学把这篇文章列为必读。一位漫画家画了一幅画，内有一个人快要溺死，有人向他抛出一条救命的绳子。绳子就是《美国世纪》，而那位快溺死者就是美国。

有一位国务院官员说：如果采用卢斯的观点，美国必须改变对华政策。

当时的共和党领袖塔夫脱是一名铁杆孤立主义者，他骂卢斯是党的叛徒。

卢斯与罗斯福本来有隔阂，因为他们在对内问题上看法不同。但这篇文章却使罗斯福大感兴趣。他特地邀请卢斯夫妇两次到白宫做客，进行商谈。

罗斯福要求卢斯向当时的共和党总统候选人威尔基进行游说，请威尔基不要反对美国向当时正处于失败地位的英国转让30艘潜艇。卢斯完成了这个任务。这就使两人改善了关系。

更巧的是，卢斯果真使美国对华政策有所改变，那就是从消极援华走上积极援华。1941年，卢斯带了夫人到中国临时首都重庆。当时，《时代》在中国派有记者，他就是大名鼎鼎的Theodore White，中文叫白修德。此人是美国犹太人，极为能干，深得卢斯赏识。他既取得中国国民党的认可，也取得了中国共产党的认可。卢斯到重庆后，就由他向卢斯介绍中国情况并陪着他到处转。他首先把卢斯介绍给国民党宣传部长董显光，然后由董显光将卢斯夫妇引荐给蒋介石夫妇。这样，卢斯就和宋美龄成了朋友。

卢斯在华了解到了日本军队之残暴，如南京大屠杀和重庆大轰炸。他出于基督徒的公正原则，回国后就积极要求美国大力援助中国抗战。他说："美国每年援英3000万美元，而援华只有30万美元，实在太不公平。"

卢斯还面见了国务院主管亚洲事务的范宣德（John Vincent），并说服他美国应更重视中国问题（后来范也成了被调查对象）。

1943年宋美龄访问美国时，《时代》和《生活》大肆宣传，使宋美龄成了家喻户晓的人物，而且是一名人见人爱的女人。这一切都大大有助于美国人了解中国。

这里我们还要再谈一下一个有趣的故事。白修德作为记者，向《时代》发回了大量高质量的报道。但他的报道被保守分子认为有失公正（意思是说太多地报道国民党的黑暗面，太多地为共产党说好话）。而其时《时代》负责管国际报道的编辑恰巧是惠特克·钱伯斯。钱伯斯原是美国共产党党员，他说他发现美国共产党员或其同路人正在潜进美国的政府机关，他说他为了爱国退出共产党，并向联邦调查局频频告发，但因没有具体证据，一时拖了下来。他既是编辑，所以白修德的文章都要经他修改，这就使白的文章大为减色。尽管如此，当时美国人还是从《时代》杂志上看到了许多好文章。

接着在 1944 年发生了《美亚杂志》案。该杂志是由左派分子杰菲主编。有一天，调查局发现该杂志上发表的一篇文章与国务院的一份内部报告完全一样。这就产生了所谓内部间谍问题。最后牵涉到了美国驻重庆大使馆的一秘和二秘，那就是戴维斯和谢伟思。而白修德又是戴维斯和谢伟思的常客。戴、谢两人后来都被免职，但白修德靠卢斯之护，得以逃过此劫。他一直供职于《时代》，一直到 1947 年。

中国抗日战争胜利后，卢斯夫妇重游中国，他们当然盼望蒋介石能统一中国，并愿为此出力，但形势压人，卢斯梦寐以求的"由美国和蒋介石夫妇基督徒的中国结为兄弟"的美梦只能是一场空梦。

当然，卢斯是坚定的反共分子，在国共内战时，他是永远支持国民党的。但他没有参加麦卡锡的反共活动。

在 1952 年大选中，卢斯夫妇大力为艾森豪威尔竞选。艾上任总统后就任命卢斯夫人为驻意大利大使。

卢斯于 1967 年病逝。

卢斯夫妇设有"卢斯基金会"，中美恢复邦交后，有不少中国学者得"卢斯基金"之助在美国做研究工作。

一位具名肖三郎的作者对卢斯做了盖棺论定。他这样写道：

20 世纪美国新闻史上的巨头人物亨利·卢斯（Henry. Luce，1898—1967）在历史上是作为最伟大的发行人被人记住，与此同时人们奉送他的称号还有："教育家"、"宣传家"、"虔诚的基督教徒"、"意识形态专家"、"西方理论家"、"保守人士"……《美国新闻百科全书》称赞卢斯是"真正的知识分子"，"他的《时代》周刊所创造的词语已成为当今美国英语的一部分"，芝加哥大学前校长赫钦斯说"他的杂志的影响力远远超过整个美国的教育制度的总和"。

亨利·卢斯一生都在从事新闻出版工作。有人说，他留给世界最大的财富就是对杂志新闻事业的革命。这个"偏执狂"首创新闻杂志的形式，创办了《时代》周刊、《生活》周刊、《财富》等著名刊物，30 岁成为美国百万富翁，进入上流社会。美国杂志品牌的经营与延伸，对创意的无限推崇，对人力资源的发掘等杂志经营理念都是从他而开始的。他成立了当时美国最大的杂志出版公司——时代公司，这一公司的主体后来辗转成为当今全球最大的传媒集团"美国在线—时代华纳"。

附录：卢斯新闻思想要点

【群体新闻学】（group journalism）

群体新闻学为卢斯首创，在杂志的编辑中，卢斯要求记者只写出新闻的背景材料，不署名，编辑来决定一切，发挥编辑、撰述员、特派员和研究员的工作合力。整个《时代》周刊是围绕卢斯思想转动的一台机器。卢斯认为这个世界只是他的记者和杂志对偶然事件的观察进行证实的固定模式。

【解释性新闻报道】（Interpretative News）

解释性新闻报道也是卢斯以及《时代》周刊的贡献。一方面，《时代》周刊的写作内容丰富，手法生动，使得新闻变成故事一样吸引人；另一方面还能寓理于事，以事明理，点破事件的意义，缩小或扩大事件影响，它不靠改变新闻，而是利用各种手段改变新闻的意义，来发表无形意见，从而引导读者在不自觉中赞同它的立场和观点。

【人名创造新闻】（Name Makes News）

《时代》周刊的倾向性立场尤其表现在人物新闻上。卢斯认为，大量生动的人物新闻是《时代》的特色。《时代》周刊竭力塑造的媒介人物（media figure）就是封面人物。不过当代有很多批评家认为《时代》周刊陷入了封面故事的肤浅拼凑之中。

【封面报道】（Cover Story）

封面报道也是《时代》周刊的创举，杂志内页进行详细报道和论述的文章的主要文章，在封面上通过照片、图片或者标题加以突出。杂志的封面报道大概相当于报纸的头条新闻。《时代》周刊的编排制作方法，后来受到国内外新闻杂志的效仿。

【年度新闻人物】（Man of the year）

从1927年起，每年年终《时代》周刊要选择对世界事态影响最大的一个人作为"风云人物"，也叫"新闻人物"、"年度人物"，用以提高杂志在国内外的知名度。

【核心辐射力】

一般公众对美国国外事务不太关心，只有大约25%的美国人对对外政策感兴趣，这些人一般受过良好教育，能出国旅游，或出于职业原因对国际问题感兴趣，如记者、编辑、商人、劳工领袖、知识分子。由于他们一般在社会上有一定地位和影响，故其意见往往能传给更多的人，构成所谓"舆论精英"。在美国一直有"谁调动了精英，谁就调动了大众"之说。卢斯的读者群正属于"舆论精英"和"意见领袖"的范围。《时代》杂志是一系列光谱的核心，它的影响数量可以达到200万，而这些人可以传达给更多的受众。

50 亨利·大卫·梭罗

1817年7月12日,亨利·梭罗生于马萨诸塞州的康科德。他的祖先是法国移民。他在1837年毕业于哈佛大学,但是在文学上并没有获得优异的成绩。作为一个文学上的叛逆者,梭罗并不十分敬重大学的教育,也很少对其有过感谢。但同时,他确实在大学里受益匪浅,离开大学后,梭罗和他哥哥约翰共同任教于一所私立学校。

1839年7月,一名17岁的少女艾伦·西华尔一家从马萨诸塞州的希尤特迁到了康科德。在那个只有5000人的小镇,艾伦很快认识并拜访了梭罗一家。那时梭罗已在该地的小学校任教,显然,梭罗意识到艾伦的到来对他意味着什么。在1849年7月25日的日记中他这样写道:"爱情是没有办法治疗的,除了更深地去爱。"不过他还不知道在同校任教的他的哥哥约翰也深深地爱着艾伦。同时被两个男孩爱着的艾伦充满了快乐。在很长一段时期内,三个人形影不离。艾伦尽管会对兄弟俩或他们之中的一个产生类似于爱情的感觉,但情况并不那样简单。1840年,约翰首先对艾伦表示了爱慕之情,但很快伤心不已,因为艾伦断然拒绝了他。之后,梭罗也表达了他的爱情,写了一封长长的情书,但艾伦的回信非常冷淡。不久,她就嫁给了一位牧师。

亨利·大卫·梭罗

1842年1月,约翰在一条皮子上磨剃刀时不慎割破了手指,发展成了急性感染,十天之后竟溘然去世。梭罗为之伤心不已。哥哥的逝世和爱情的破灭使梭罗心灰意淡,他从此终身都没有谈恋爱或结婚。

1841年起，他不再教书，转为写作。在拉尔夫·爱默生的支持下，梭罗在康科德住下并开始了他超验主义实践。这时期，梭罗放弃写诗歌而开始撰写随笔。起先给《日晷》写稿，其后在各地的报纸上发表他的文章。

1845年7月4日独立纪念日这一天，28岁的梭罗独自一人来到距康科德两英里处的瓦尔登湖畔，建了一个小木屋定居下来，并在此之后根据自己在瓦尔登湖的生活观察和思考，发表了两本著作：《康科德和梅里马克河上的一周》和《瓦尔登湖》。

在瓦尔登湖生活期间，梭罗因为反对黑奴制和拒交人头税而被捕入狱。虽然他在狱中只蹲了一个夜晚就被友人在他本人不知情的情况下代他交纳了税款使其获释，但这一夜却激发他思考了许多问题。出来后有一些市民向他提出了这样一个问题：为什么有许多人宁愿坐牢也不愿意交税。为解释这一问题，他结合自己的亲身体验，写了一篇著名的论述：《抵制公民政府》，后改名为《公民之不服从》。也就是说，当你发现某一条或某部分的法律、行政指令不合理时，可以主动拒绝遵守政府或强权所颁发的法律、要求、命令，只要不诉诸暴力就行。也就是所谓非暴力抵抗。非暴力抵抗的斗争形式曾对印度甘地和美国黑人领袖金牧师产生了很大的影响。

这之后，在1847年，梭罗结束了离群索居的生活，回到原来的村落。他仍保持着自己简朴的生活风格，将主要精力投入写作、讲课和观察当地的动植物。有时候为了得到其微薄的生活费用，才偶然离开村子到他父亲的铅笔厂工作一些日子。

梭罗卒于1862年5月6日，时年44岁。当时在同时代人的眼光中，他只不过是一个观念偏执行为怪异的人，一个爱默生的追随者而已。一直到世纪之交，他个人及其著作才得到人们广泛和深刻的认识。

他的《瓦尔登湖》是一门独特的艺术，它是美国现代文学中散文作品最早典范之一。梭罗是一个有责任感的社会批评家。他的目的是揭露时代的弊端，指出人们正将生活变得越来越复杂，最终会导致生命的衰落。相对来讲，原始社会的人类生活较之现代更为幸福和充实。人们往往对梭罗有错误的印象，认为他是一个复古主义者，主张返璞归真回归自然，放弃现代文明。其实对现代科技文明给人们带来的物质享受梭罗并不排斥，他只是批评我们没有很好地利用它。他认为我们常常是好事当作坏事做（improved means unimproved ends）。

他曾声称：他要将《圣经》中关于一周工作六天休息一天的教义改为工作一天休息六天。他在瓦尔登湖的生活经历证明了这一愿望之实现。因那里他只花了28美元就建成了供自己栖身的小木屋，每星期花27美分就维持了生活。为维持这样的生活，他每年只需要工作六个星期就可以赚足一年的生活费用，剩下的46个星期就可以去做自己喜欢做的事情。

梭罗一生对人类最大的贡献就是提出了"公民不服从学说"。钱满素博士对此作了如下的评述：

在思想和行动的关系中，梭罗主张身体力行，决不允许自己言行脱节。爱默生在悼念他的文章中赞扬他是"真理的发言人和执行者"，认为"无人能比梭罗更称得上是真正的美国人"。当时在北方也有人认为，虽然要尽力去反对和修改不公正的立法，但在改正之前还应当服从。他们恐怕直接抵抗会比它所要纠正的罪恶更为严重。梭罗把这种态度视为姑息养奸。他嘲讽这些人口头上反对非正义战争，实际上却支持发动战争的非正义政府，这本身就是在犯罪。梭罗的矛头更是直接指马萨诸塞州政府，因为这个政府一边标榜自由，一边承认奴隶制，尤为言行不一，自欺欺人。他呼吁所有自称废奴主义者的人"必须立即真正地收回无论在个人和财产方面对州政府的支持，不要等到形成多数后再执行正义"。他理直气壮地提议：如果法律要求你对另一人施行不公正，"那么我要说，请犯法吧，请犯罪恶吧，用你的生命来进行反对，好让这机器停止运转"。

梭罗用美国人公认的革命权利来为"不服从"辩护，那就是当人民无法容忍一个独裁或无能的政府时，他们有权利拒绝对它效忠并抵制它的权力。在他看来，美国当时所面临的情况与法国大革命时几乎同样紧迫，区别仅仅在于"被蹂躏的国家不是我们自己的，而侵略军却是我们的"。梭罗把"不服从"称为一场和平革命，他以这种方式静悄悄地向政府宣战。

综上所述，公民不服从作为一种政治行为，显然必须具备两个要素。首先，这种行为必须公之于众，任何私下的愤懑、牢骚和小动作不在其列。其次，它必须采取非暴力的方式。不服从是一种故意违法。但违法者并非出于一己私利，而是根据自己道德准则作出判断，确信所违法律为不公正。这种违法的前提是守法，违法者必然极其克制，并具有足够的心理准备，以自我牺牲精神去接受法律制裁。

公民不服从的本质是以违法为手段，吸引公众关注，以公正和道义唤醒其良心，激励其行动，从而战胜不公正的立法。不难看出，不服从的成功是需要一定条件的。就国家而言，它必须是一个基本实行法治的国家，至少法律是经过合法程序产生的，并有可能在舆论的压力下进行修改。对不服从者的处置也能依一定的法律程序。若对一个独裁国家而言，采取不服从则无异于自杀式的无谓牺牲。就民众而言，他们必须具有一定程度的对正义的共识，否则就不存在诉诸的对象了。如果一个社会缺乏正义感，或公民毫无参与意识，只知屈从而不会独立判断，那么，不服从终将成为对牛弹琴。

梭罗一生从无政治野心，他的参与意识纯粹出于正义感和责任心。无论是维护印第安权益，帮助逃奴获得自由，还是几次三番为约翰·布朗辩护，他凭的都是自己的良心。他一再声称:"先要做人,才去做臣民"。而做人必须是自由的:"我要按照自己的方式呼吸空气"。更可贵的是,这种个人主义相信事在人为,相信个人的言行能够产生社会效果,相信如欲改变社会不公正,个人必须从我做起。

梭罗为我们留下了不少的箴言:

与其给我爱、金钱或名誉,不如给我真理。

善良是唯一永远不会失败的投资。

灵魂的必需品并不需要金钱来购买。

即使在天堂,挑剔者也会找到刺。

多余的财富只会买来多余的东西。

大多数的奢侈品和许多所谓的生活便利品,不仅不是不可缺少的,而且对人类的进步而言是一种阻碍。

财富越多,美德就越少。

充满自信地追求你的梦想!去过你梦想中的生活!

活出你的信念,你就会转动世界。

天堂在我们的头上,也在我们的脚下。

爱就是试图去将梦中的世界变为现实。

一本真正的好书给我的不只是阅读它,我必须很快将它放在一边,然后按照它来生活。我始于阅读,终于行动。

我虽不富甲天下,却拥有无数个艳阳天。

51　约翰·杜威

1859年10月20日,约翰·杜威生于佛蒙特州的小镇柏灵顿。1867年,他在当地的小学上学,由于成绩超群,连续跳级,4年就完成了6年的学业。13岁入柏灵顿公立中学,他又以3年读完了4年的课程。1875年,他进了佛蒙特大学。1879年,他以优秀生资格毕业。毕业后,他当了几年中学教员。1882年,他靠母亲设法借了500美元,进了霍普金斯大学。1884年他读完博士,同年到密歇根大学任教。1886年,他与同龄的艾丽丝·奇普曼小姐结婚。这是杜威生活中的一起很重要的大事,杜威之所以能够克服自己的孤僻性格,对社会交往和社会活动产生强烈的兴趣,与妻子有着直接的关系。

1888年至1889年,杜威离开密歇根大学到明尼苏达大学任教。由于他的恩师、密歇根大学哲系主任莫里斯的猝然去世,他又回密歇根接替了莫里斯的职位。1894年,芝加哥大学校长哈柏雄心勃勃,四处网罗一流人才到芝大任教。于是,杜威就被请到芝大任哲学系主任。

杜威到芝大后,招聘了许多在密大时的研究生,这是一支年轻的队伍,正因为它年轻,这个集体充满了朝气和生机,成为美国思想界突起的一支新军。

约翰·杜威,1902年

杜威开始考虑他多年来一直关心的教育问题。提出了自己的教育主张,阐述了学校教育与社会生活的紧密关系。他出版了《学校与社会》一书,此书陆续被译成12种语言,杜威的声望得以确立。

1896 年，杜威创立了实验学校（laboratory school），它被人们称之为"杜威学校"。杜威学校既不同于以往各种师范学校的实习学校，也不同于随后出现的前进学校（progressive school）。正如它的名字那样，这是一所将既定的教育计划付诸实践的学校，就像自然科学家的实验室一般。

随着杜威在学术界地位的迅速提高，杜威在 1899 年被选为美国心理学会会长。在以后数年中，杜威主要从事哲学的研究，1903 年，他出版了《逻辑理论研究》一书，得到了詹姆斯和皮尔士等人的赞赏，詹姆斯认为这书的中心思想是与他的实用主义基调一致的，其中有一些观点表现出了极大的潜力。由此而产生了所谓"芝加哥学派"，杜威名声大振。

1903 年，实验学校校长一职空缺，考虑到自己夫人在教育方面的才能，杜威就提名奇普曼为校长。但他事先没有与芝大校长哈珀商量，从而构成两人间的隔膜，最后竟不欢而散。1904 年，杜威辞去芝大教职，来到了哥伦比亚大学。

在哥大十多年的时间里，他不但继续在国内外的杂志上发表了大量的教育方面的论文，而且出版了几本经典性的教育巨著。其中最重要的一本是《民主主义与教育》。全书格局严谨，论述缜密，几乎无懈可击。人们认为，此书所反映出来的教育思想唯有柏拉图的《理想国》和卢梭的《爱弥尔》堪与媲美。它们分别代表了世界教育史上的三个阶段。

更值得一提的是，杜威在这一时期充分发挥了他关心社会而表达出来的自由主义精神。1906 年春，高尔基到美国访问，当人们得知与他同行的所谓妻子竟不是妻子而是一名演员时，全国舆论群起指责，说他是无政府主义者和道德败坏者。在舆论压力下，连高尔基下榻的饭店也下了逐客令。对这一切，杜威夫妇大为反感，于是竟冒天下之大不韪，接二人到自己家里来住。为此杜威差点丢掉了哥大的饭碗。在这里，他的夫人表现出了一位不平凡妇女的见识。她说："我宁愿自己没饭吃，宁愿看着儿女们没有饭吃，也不愿看到约翰牺牲他的处世原则。"

1919 年至 1921 年，杜威来中国讲学，1928 年又至苏联讲学。事后，写了一系列文章，希望美国与苏联和平共处。以致有人把他说成是"赤色分子"。

但没有几年，苏联发生了"托洛茨基案"。杜威起而为托洛茨基呼吁。于是他在一夜之间，被苏联报刊斥为"苏联人民的凶恶敌人"和"帝国主义的反动哲学家"。中国的左派也跟着随声附和。

在他生命的最后 10 年中，杜威思想遭到各方面的攻击，但他坚如磐石，赢得了人们的尊敬，人们既慑服于他广博深邃的思想，又惊叹于他老而弥坚的旺盛精力。能在自己的有生之年见到自己的声名如日中天的大思想家少之又少，而杜威是其中最典型的一个。他于 1951 年 11 月去世，享年 92 岁。

从哲学而论，杜威哲学的中心问题是真理论。他自己把这称之为"工具主义"。在他以前的许多哲学家都把真理看作是静止的、终极的、完满的和永恒的。他们认为，真理就像一张桌子那样，是有固定的形状和固定的范围的"模特儿"。凡是与这个模特儿相重合的就是真理，否则就是谬误。杜威却认为，真理和人的思想一样，是一个进化的过程。也就是说，真理是发展的。他主张渐进地接近真理。渐进中有很大的盲目性。我们不知道前面会遇到什么，只好一步一步地摸索前进。直到上一步迈出后得到了明确的效果，才能松一口气。下一步怎样，要待到走完下一步才能确定下来。这就是说，只有得到验证的东西才能被称为真理。因此，在杜威看来，一切理论，"它们的价值不在于它们本身，而在于在它们所能产生的结果中显现出来"。

作为教育家，他有以下的独特观点：

一、论教育本质

从实用主义经验论和机能心理学出发，杜威批判了传统的学校教育，并就教育本质提出了他的基本观点，"教育即生活"和"学校即社会"。

1. "教育即生活"

杜威认为，教育就是儿童现在生活的过程，而不是将来生活的预备。他说："生活就是发展，而不断发展，不断生长，就是生活。"因此，最好的教育就是"从生活中学习、从经验中学习"。教育就是要给儿童提供保证生长或充分生活的条件。

由于生活就是生长，儿童的发展就是原始的本能生长的过程，因此，杜威又强调说："生长是生活的特征，所以教育就是生长。"在他看来，教育不是把外面的东西强迫儿童去吸收，而是要使人类与生俱来的能力得以生长。

由此，杜威认为，教育过程在它的自身以外无目的，教育的目的就在教育的过程之中。其实，他反对的是把从外面强加的目的作为儿童生长的正式目标。

2. "学校即社会"

杜威认为，既然教育是一种社会生活过程，那么学校就是社会生活的一种形式。他强调说，学校应该"成为一个小型的社会，一个雏形的社会"。在学校里，应该把现实的社会生活简化到一个雏形的状态，应该呈现儿童现在的社会生活。就"学校即社会"的具体要求来说，杜威提出，一是学校本身必须是一种社会生活，具有社会生活的全部含义；二是校内学习应该与校外学习连接起来，两者之间应有自由的相互影响。

但是，"学校即社会"并不意味着社会生活在学校里的简单重现。杜威又认为，学校作为一种特殊的环境，应该具有3个比较重要的功能，那就是："简单和整理所要发展的倾向的各种因素；把现存的社会风俗纯化和理想化；创造一个比青少年任其自然时可能接触的更广阔、更美好的平衡的环境。"

二、教学论

在杜威的实用主义教育思想体系中,教学论是一个十分重要的组成部分。

1."从做中学"

在批判传统学校教育的基础上,杜威提出了"从做中学"这个基本原则。由于人们最初的知识和最牢固地保持的知识,是关于怎样做(how to do)的知识。因此,教学过程应该就是"做"的过程。在他看来,如果儿童没有"做"的机会,那必然会阻碍儿童的自然发展。儿童生来就有一种要做事和要工作的愿望,对活动具有强烈的兴趣,对此要给予特别的重视。

杜威认为,"从做中学"也就是"从活动中学"、"从经验中学",它使得学校里知识的获得与生活过程中的活动联系了起来。由于儿童能从那些真正有教育意义和有兴趣的活动中进行学习,那就有助于儿童的生长和发展。在杜威看来,这也许标志着对于儿童一生有益的一个转折点。

但是,儿童所"做"的或参加的工作活动并不同于职业教育。杜威指出,贯彻"从做中学"的原则,会使学校所施加于它的成员的影响更加生动、更加持久并含有更多的文化意义。

2. 思维与教学

杜威认为,好的教学必须能唤起儿童的思维。所谓思维,就是明智的学习方法,或者说,教学过程中明智的经验方法。在他看来,如果没有思维,那就不可能产生有意义的经验。因此,学校必须要提供可以引起思维的经验的情境。

作为一个思维过程,具体分成五个步骤,通称"思维五步":一是疑难的情境;二是确定疑难的所在;三是提出解决疑难的各种假设;四是对这些假设进行推断;五是验证或修改假设。杜威指出,这五个步骤的顺序并不是固定的。

由"思维五步"出发,杜威认为,教学过程也相应地分成五个步骤:一是教师给儿童提供一个与现在的社会生活经验相联系的情境;二是使儿童有准备去应付在情境中产生的问题;三是使儿童产生对解决问题的思考和假设;四是儿童自己对解决问题的假设加以整理和排列;五是儿童通过应用来检验这些假设。这种教学过程在教育史上一般被称之为"教学五步"。在杜威看来,在这种教学过程中,儿童可以学到创造知识以应付需求的方法。但是,他也承认,这实在不是一件容易的事。

三、论儿童与教师

尽管杜威并不是"儿童中心"思想的首创者,但是,他是赞同"儿童中心"思想的。其最典型的一段话是:"现在,我们教育中将引起的转变是重心的转移。这是一种变革,这是一种革命,这是和哥白尼把天文学的中心从地球转到太阳一样的那种革命。这里,儿童是中心,教育的措施便围绕他们而组织起来。"

从批判传统学校教育的做法出发，杜威认为，学校生活组织应该以儿童为中心，使得一切主要是为儿童而不是为教师的。因为以儿童为中心是与儿童的本能和需要协调一致的。所以，在学校生活中，儿童是起点，是中心，而且是目的。杜威强调说，"我们必须站在儿童的立场上，并且以儿童为自己的出发点。"

在强调"儿童中心"思想的同时，杜威并不同意教师采取"放手"的政策。他认为，教师如果采取对儿童予以放任的态度。实际上就是放弃他们的指导责任。在杜威看来，要么从外面强加于儿童，要么让儿童完全放任自流，两者都是根本错误的。

由于教育过程是儿童与教师共同参与的过程，是他们双方真正合作的过程，因此，在教育过程中儿童与教师之间的接触更亲密，从而使得儿童更多地受到教师的指导。杜威说，"教师作为集体的成员，具有更成熟的、更丰富的经验以及更清楚地看到任何所提示的设计中继续发展的种种可能，不仅是有权而且有责任提出活动的方针。"在他看来，教师不仅应该给儿童提供生长的适当机会和条件，而且应该观察儿童的生长并给以真正的引导。

杜威还特别强调了教师的社会职能。那就是："教师不是简单地从事于训练一个人，而且从事于适当的社会生活的形成。"因此，每个教师都应该认识到他所从事的职业的尊严。

杜威的得意学生之一就是中国的胡适。胡适为杜威的 pragmatism 做了最权威的解释。他把这个词译为"实验主义"，同时他也认为可以译为实际主义。而中国有一批人为了贬低杜威却把它译为"实用主义"。这一公案到1985年邓小平访美才得到解决。那次，美国全国报刊都把邓小平称颂为伟大的 pragmatist，国内把它译为"伟大的务实主义者"，Pragmatism 乃得"改正"为务实主义。

其实，胡适早在1958年的口述自传中就这样说："实验主义告诉我，一切的理论都不过是一些假设而已；只有实践证明才是检验真理的唯一标准。"

胡适是如何理解杜威学说的呢？且看以下胡适的解释：

我们要明白实验主义是什么东西，先要知道实验的态度究竟是怎么样，实验的态度，就是科学家在试验室里试验的态度，科学家在试验的时候，必须先定好了一种假设，然后把试验的结果来证明这假设是否正当。譬如科学家先有了两种液体，一是红的，一是绿的，他定了一个假设，说这两种液体拼合起来是要变黄色的。然而这句话不是一定可靠，必须把它试验出来，看看拼合的结果是否黄色，再来判定那假设的对与不对。实验主义所当取的态度，也就和科学家试验的态度一样。

既然如此，我敢说实验主义是19世纪科学发达的结果，何以见得实验主义和科学有关系呢？那么，我们不可不先明白科学观念的两大变迁。

一、科学律令

科学的律令，就是事物变化的通则，从前的人以为科学律令是万世不变，差不多可以把中国古时"天不变，道亦不变"的两句话，再读一句"科学律令亦不变"，然而五十年来，这种观念大为改变了。大家把科学律令看作假设的，以为这些律令都是科学家的假设，用来解释事变的。所以，可以常常改变。譬如几何学的定律说，从直线的起点上只有一条直线可以同原线平行。又说，三角形中的三个角相加等于二直角，这二律我们都以为不可破的。然而新几何学竟有一派说，从直线的起点上有无数的直线同原线平行；有的说，从直线的起点上没有一条直线可以同原线平行；有的说，三角形中的三角相加比二直角多；有的说，比二直角少。这些理论，都和现在几何学的律令不同，却也能"言之成理，持之有故"。连科学家也承认他们有成立的根据。不过照现在的境遇说，通常的几何学是最合应用，所以我们去从他的律令。假使将来发现现在的几何学不及那新几何学合用，那就要"以新代旧"了。我们对于科学律令的观念既改，那么研究科学的方法也改了，并且可以悟得真理不是绝对的。譬如我们所住的大地，起初大家以为是扁平的，日月星辰的出没，都因为天空无边，行得近些就见了，行得太远就不见了。这种说法现在看来固然荒谬，然而起初也都信为真理，后来事变发现得多了，这条真理不能解释它了。于是有"地圆"的一说，有"地球绕日"的一说，那就可见真理是要常常改变的。

又譬如三纲五常，我们中国从前看作真理，但是这八年之中，三纲少了一纲，五常少了一常，也居然成个国家。那就可见不合时势的真理是要渐渐地不适用起来。

二、生存进化

起初的人以为种类是不变的，天生这样就终古是这个样儿。所以他们以为古时的牛就是现在的牛，古时的马就是现在的马，到了60年前达尔文之著《种源论》，才说明种类是要改变的。人类也是猿类变的，我们人类有史的时代虽只有几千年，而从有人类以来至少有一万万年，假使把这一万万年中的生物，从地质学考究起来，不晓得种类变得多少了，那种类变化的根本，就是"物竞天择，适者生存"八个字。再简单说一句，"就是适应环境"罢了。譬如这块地方阳光太多，生物就须变得不怕阳光。那块地方天气太冷，生物就须变得不怕寒冷。能够这样的变化方可生存，不能变的或变得不完全适合的难免淘汰。而且这种变化，除了天然以外，人力也要做到了。譬如养鸡养鸭，我们用了择种的法子，把坏的消灭了，好的留起来，那么数世之后只有好种了。又譬如种桃，我们用了接木的法子，把桃树的枝接到苹果树上去，一二年中就会生出特种的桃子，可见生存进化的道理，全在适应环境的变化。

上面我说了两大段的话，现在把他结束起来，就是：（一）一切真理都是人定的。人定真理不可徒说空话，该当考察实际的效果。（二）生活是活动的，是变化的，是对付外界的，是适应环境的。我们明白了这两个从科学得来的重要观念，方才可以讲到杜威博士一派的实际主义了。

钱满素博士对实用主义作了如下的评论：

实用主义是美国哲学史上最重要，也是最有影响的一个思潮。尽管皮尔斯、詹姆斯、杜威及以后的实用主义代表人物在阐述自己的观点时都各有侧重，但他们的思想有着无可争辩的共同动机和框架。

他们重新确定哲学的目的是为人，以人为本，只有人才是哲学的中心。哲学也不仅仅是如何认识世界的问题，而是要对人有实用价值，给人以智慧，帮助人学会如何应付环境、取得成功。

实用主义者们主要是通过实在、思维、经验等概念进行重新解释来取消二元之争的。皮尔斯首先把思维同人的活动相联系，他对"实在"这一概念进行重新解释，将它同时包括具体事物和一般共相、物质和意识、感觉经验和理性思维。他指出，所谓实在，就在于具有实在性事物所产生的特殊的可感觉的效果。詹姆斯说，实用主义在注重特殊事实上是和唯名主义一致的；在重实践上是和功利主义一致的；在鄙弃无用的抽象争论上是和实证主义一致的。

杜威认为，17世纪以来的哲学家们将经验等同于主观意识是错误的。经验不等于纯知识，经验就是做事，是人与环境的相互作用，经验本身就包含着协调、综合、推理等理性思考。在行动中，人将感性与理性统一起来了。实用主义取消唯心唯物之争的观点被认为是哲学史上的一次革命，哲学的问题现在是人的问题了，人不仅是认识的主体，更是活生生的行动主体。人是中心，价值的最终判断在于是否有利于人、是否让人满意。

美国人注重实干，不尚空谈。早年的拓荒精神一直延续下来，生活就是求生存求发展，适应和改造环境，使之更适合人类生活。美国人相信有所作为的观点，富于实验精神。立国制宪时他们就将专利权写进了宪法，鼓励发明创造。今日人类文明中所普遍享受的东西，很大一部分是由美国人所发明。他们的教育反对死记硬背，重实践和创新精神，受教育者具有更多使教育适合自己要求的灵活性。

也许正因为美国存在着和平改革的可能性，所以避免了不必要的社会动荡和暴力流血。美国工会也不同于欧洲工会，走的是改良主义的道路。他们不另组工党，不企图推翻现存政府，而是在现有的两党制基础上，利用选举等合法手段进行操作。他们所追求的是现时现地的福利目标，遵循的是实用主义的改善路线。

52　查尔斯·埃利奥特

哈佛大学 360 多年的历史，是一部发展与变革互相推进的历史。

创建后一个半世纪的哈佛学院，一直是以英国的牛津、剑桥两所大学为模式，以培养牧师、律师和官员为目标，注重人文学科，学生不能自由选择课程。19 世纪初。高等教育课程改革的号角在哈佛吹响了，当时崇尚"学术自由"和"讲学自由"之风兴起，"固定的学年"和"固定的课"的老框框受到冲击，自由选修课程的制度逐渐兴起。在哈佛学院也有人倡议实行课程选修制度，这种革新的要求遭到传统的保守势力的反对，倡议在哈佛未得实现。

然而，高等教育要适应社会发展的需要、适应学生个性的呼声日益高涨。1839 年，哈佛大学再次发动课程改革。1841 年，哈佛正式实行选课制，但在保守势力的反对下很快又有所倒退。

19 世纪 60 年代，美国爆发了南北战争。南北战争为美国资本主义的发展开辟了道路，生产力突飞猛进，科学技术工作者的地位逐步提高，工程师、自然科学家和工业技术人才得以和律师、官员等并驾齐驱。形势的变化对高等学校的课程改革十分有利，选修制再次兴起，哈佛又一次走在了改革的前列。

1869 年，年仅 35 岁的查尔斯·埃利奥特担任哈佛大学校长，此后他担任校长 40 年，是推行选课制的主将，在他的领导和推动下，哈佛大学全面实行选修制。到 1895 年，只有英语和现代外语仍为必修课，其他均为选修课。美国许多高校纷纷效仿哈佛大学，减少或废除必修课，增加选修课。

按照自由选修制的要求，攻读一种学位，可有 16 门课程供学生选修，只要符合规定，便可取得相应的学位。这种方法打破了固定的 4 年学制，成绩优异者 3 年内即可取得相应的学位，可称得上是"不拘一格降人才"了。在埃利奥特的努力下，哈佛大学招聘名流学者任教，选修课程开设超过其他大学，学生的知识面扩大，学习潜能得以充分发挥。埃里奥特的教育思想和课程改革对美国高等教育的发展具有深远影响，他强调高等学校要给予学生三个法宝：一是给学生学习上选择的自由；二是使学生在所擅长的学科上有施展才能的机会；三是使学生的学习从被动的行为转化为自主的行为，使学生从对教师的依赖和从属关系中解放出来。

查尔斯·埃利奥特1834年出生于马萨诸塞州的波士顿。1849年，他15岁时进了哈佛大学。他的家可以说是一个哈佛之家。他父亲是哈佛毕业的，而且在哈佛当财务主任，还出版了一本哈佛大学史。他两个叔叔是哈佛教授。他两个堂兄弟是哈佛学子。1853年，他从哈佛毕业，在88名毕业生中名列第二。

查尔斯·埃利奥特

1845年，他留在哈佛的劳伦斯学院任数学助教，1858年任数学和化学副教授。由于学院经费不足，他没有能提升为正教授。南北战争开始后，他被授为陆军中校，但他没有接受而去了欧洲考察教育。他在欧洲除了继续进修化学外，特别注意欧洲的教育体制。

回国后，他于1865年出任当时新成立的麻省理工学院的化学教授。他除了专业外，还在管理方面表现了其特殊才能。1869年，他在《大西洋月刊》上发表了一篇主张教育改革的长文：《新教育：它的组织》。这篇文章使他名噪一时。他主张大学的文科教育和理科技术教育应分开。同年，他被哈佛的董事们推选为校长。这时，美国大学兴起了一阵改革风。因此，埃利奥特经常与康乃尔大学校长安德鲁·怀德、霍普金斯大学校长丹尼尔·基尔曼等人讨论改革问题。

埃利奥特在哈佛当了40年校长，因此他有充分时间实施他的计划。

在组织方面，他强调研究生院的作用，这就突出了大学作为高等学府的特点。这样一来，就使哈佛可以找一批有资格的教员来任教，最终使它成了名教授向往之地。

为了做到这点，埃利奥特采用了多种办法，包括提高教员薪金和扩大教授人数。1869年和1890年，他为部分教员提了薪。1905年，他做了一次筹款努力，实现了全面提薪。埃利奥特还不顾一切，从其他大学挖走有真才实学的教员，并聘请专门有志于研究工作的教员。而扩大人员编制则可以使各位教员有更多的时间来从事研究。

他虽然是独自做主，但也经常鼓励同人们参加讨论。会往往开得很长，参加者都可以有时间畅所欲言。他还允许各系自己独立行事，以发挥它们的主动性，尽管他知道这多少会产生一些各系间的矛盾。他还设立各种各样有关校务的委员会，请教员们参加，直至有人抱怨说这占用了他们太多时间而不想参加。

埃利奥特对大学教育的最大贡献就是实行选课制。选课制是逐步推行的。首先在1872年对高年级生实行选课，然后在1885年才实行新生的选课制。

他认为个人的发展应合于个人的兴趣和专长，而年轻人不是一下子就可把握自己的。选课可以帮助人们确定自己的发展方向。随之而来的当然是可以自由转系。

埃利奥特更注意各个专业学院，如医学院、法学院、神学院、商学院等等。他认为对这些学生必须抓好其入学条件，也就是注重其入学前的学习成绩。这些学院的学习是很严格的，大大不同于文科的学习。

在19世纪，在欧洲大陆美国大学毕业生在是被人瞧不起的，特别是在德国，他们根本就不承认来自美国的学位。在埃利奥特领导下，哈佛终于取得了很大成绩，被公认为世界名牌大学之一。

埃利奥特也关心中学教育。他是全国教育协会十人委员之一，并在1903年任该协会之主席。在他和另一教育家尼古拉斯·莫莱建议下，美国于1900年成立了大专院校入学考试局（CEEB）。1906年，哈佛大学就以CEEB的测试作为入学考试标准。

美国大学教授协会在其1915年度报告中认为埃利奥特是学术自由的捍卫者。在这个问题上，他就是美国的蔡元培。李普曼和里德都是埃利奥特时期的哈佛学生，他们都认为埃利奥特时期是哈佛最活泼的时期。他们两个都曾在哈佛大谈社会主义。尽管埃利奥特本人是一位政治上的保守派，但他决不禁止别人鼓吹社会主义。

他对学生富有同情心。有一个故事说：当时有一名学生得了天花，无人照看，埃利奥特就把他接到家中，而让自己的家人搬到别处去居住。

他很注意吸收亚洲学生来哈佛念书。当然他吸收的是亚洲国家的富有家庭的子弟。

他要使哈佛成为各国和各族学生能共处的学校。他认为哈佛可以使黑人和移民进入白人社会，因为它只问学习成绩而不问其他的。

埃利奥特于1909年退休。在第一次大战期间，他写了许多文章，支持《凡尔赛和约》和国际联盟，提倡"一个能使民主得到安全的世界"。

他晚年以演讲和写文章为乐，到老仍勤奋不已。1926年8月22日他病逝于缅因州的东北港。

最后，作为中国人，我们当然要提到埃里奥特校长在促进中美文化交流方面所作出的贡献，那就是他是第一个聘请中国人在哈佛教书的美国校长。2008年7月12日美国《亚美时报》有如下的一篇详细报道：

当我们走进哈佛燕京社的图书馆时，会被墙上悬挂的一幅大照片所惊讶。这是一个清代官员打扮的中年人，头上顶戴花翎，身穿官服，他是第一位到美国名校任教的中国学者戈鲲化（1838—1882）。120多年前，戈鲲化不远万里来到美国，创立哈佛大学的中文教育，在中美文化交流史上写下了自己的名字。

戈鲲化能够赴美担任哈佛语言文学教师也是机缘巧合。起先，在哈佛设立中文课程并不是校方的本意，而是在华经商的美国商人的建议。1877年，一些美国商人在与中国进行贸易时，深感培养通晓中文人才的重要性，他们希望哈佛可以培养一些了解中国的年轻人，使美国人能够在中国政府供职，并促进两国间的贸易来往。

计划敲定了，但到哪里去找合适的中文教师成了一个难题。这时，哈佛大学校长埃利奥特想起了自己的一位朋友——美国驻中国领事鼐德。他亲自写了一封信，请求鼐德帮忙在中国寻找中文教师。鼐德则委托担任清朝总税务司的英国人赫德帮忙。赫德又把此事托付给任职宁波税务司的美国人杜德维。早在康熙年间，宁波就是中国4个对外通商口岸之一，1884年开埠以后，与外国的贸易往来更加频繁，人们的思想比较开放，赫德认为在宁波更容易找到合适的人选。经过仔细考虑，杜德维选取了自己的中文老师戈鲲化，当时戈鲲化正在美国驻宁波领事馆任职，对西洋文化，特别是对美国有一定的了解，而且还教过一位英国学生和一位法国学生。

1879年5月26日，鼐德在上海代表哈佛大学校长埃利奥特和戈鲲化签订了任教合同。合同规定，哈佛聘请戈鲲化前去教授中文，自1879年9月1日起，至1882年8月31日止。这年秋天，41岁的戈鲲化带着妻儿和一个仆人，经过50天的航行抵达美国，开始了他在哈佛大学为期3年的教学生涯。这是近代中国第一次向西方世界派出教师讲授中国文化。促成这件事的主要人物就是埃利奥特。

抵达哈佛后，戈鲲化在1879年10月22日正式开课，他的第一份教材是一篇小说。戈鲲化在哈佛开馆授徒，但学生并不局限于本校人士，任何有兴趣了解中国的学者，或者希望从事外交、海关、商业及传教事业者，只要缴费就可选修他的课程。戈鲲化每周上五天课，每次上课他都要穿上官服，要求学生尊师重道。他还为哈佛的教授们特别开设了中国诗文讲座，有时还应邀到教授俱乐部去演讲。1880年，戈鲲化以他的特立独行和厚重的中国文化背景成为哈佛大学毕业典礼上令人瞩目的贵宾。

在哈佛，戈鲲化的教学以其丰富的内容、充分的准备和高度的技巧著称，深受学生和同事的好评。戈鲲化是作为语言老师被聘任的，但他的文化自豪感决定了他更想做一个文化传播者，而不仅仅是语言老师。他选择的载体是中国诗歌，因为"诗言志"，诗歌是非常民族化的，融合了民族精神。因此，他在任何场合，几乎都不忘吟诗、讲解诗。

作为诗人的戈鲲化，用中国诗歌的魅力和中国诗人的气质，感染了从未接触过中国文化的美国人。戈鲲化不仅自己喜欢诗，而且强烈地意识到诗的价值，有意识地在美国致力于中国文化的传播，要把诗的精神带到美国。为此，戈鲲化专门编纂了中文教材《华质英文》，这本教材被哈佛大学称作"有史以来最早的一本中国人用中英文对照编写的介绍中国文化尤其是中国诗词的教材"。在这本收录了戈鲲化自己创作的15首诗作的小册子中，既有中文原诗，又有英文译文，还有对诗中词句、典故的英文解释，甚至还标出了平仄发音。通过这种方式，戈鲲化不仅使中文教育更加生动，也让学生在学习汉语的同时了解到中国的文化。在异国的戈鲲化就这样顽强地成为中国文化输出的先行者。

在日常生活中，旅居哈佛的戈鲲化也以一种开放积极的姿态融入了美国社会。他一到哈佛就开始学习英语。很快，他就摆脱了基本上不会说英语的窘境，能比较随意地用英语和人们交谈，甚至可以翻译自己的文章和诗歌。他从不排斥美国文化，对所见所闻总是倍感兴趣，孜孜以学。

戈鲲化很注意与身边的美国人友好交往。美国报刊评价他"擅长交友，待人真诚"，"他独特的社交气质使他能够与社会各界人士交往，努力使自己能被大家接受"。依靠着自己的努力，在不到三年的时间里，戈鲲化与美国的汉学家们和当地社会名流建立了良好的关系。

尽管戈鲲化关于汉语教学和文化传播有许多雄心勃勃的设计，可惜"千古文章未尽才"，他在哈佛的任教期还未结束，就于1882年2月不幸患上了肺炎，虽经当地名医全力抢救，但他的病情仍不断恶化。几天后，带着事业未竟的遗憾，戈鲲化在异国的土地上走完了自己的人生旅途。

戈鲲化虽然英年早逝，但他却留给美国人一笔精神财富。正如他的美国朋友在悼词中所说："通过戈鲲化的言行，我们发现还有很多东西值得我们学习，那就是人与人之间的兄弟般的关系。"哈佛大学神学院院长埃利福特也高度评价戈鲲化："当他拜访别人时，具有绅士的老练机智，尊重我们社会的习俗；他款待客人时，又总是以中国的礼仪相待。"这种交流智慧，被埃利福特视作"能在新旧两大文明间进行沟通交流"的佐证。

过早结束了生命旅程的戈鲲化，没有来得及把他在美国的收获带回国内，用他的学识来推动中国的进步。比起中国第一个留学生容闳，一百多年来，戈鲲化的名字几乎不为世人所知。但是，在中西文化交流史中，他的美国之行所体现出的意义是应该给予充分肯定的。

53　安·克拉克·马丁德尔

在美国，入大学是没有年龄限制的。老年人入大学的时有所闻。但最令人感动不已的，不能不推安·克拉克·马丁德尔。《交流》有一篇文章就是专门介绍马丁德尔的：

她所取得的成就超过了绝大多数人的梦想——曾任参议员和大使。但是，这位祖母在她85岁时重返大学，实现她65年来的梦想：取得大学学位。

安·克拉克·马丁德尔

安·克拉克·马丁德尔，这位国会中代表新泽西州的首位女参议员和驻新西兰的首位女大使，被人誉为政治先驱、严肃的政客，拒绝让过时的陈规陋俗或靠男性老关系行事阻碍她的工作。

但这些年来，她在打破另一种障碍。在85岁的时候，她回到了史密斯学院（Smith College），以完成她约65年前中断的学业。那时，她父亲曾禁止她返回校园，担心受过高等教育的妇女会一辈子找不到婆家。于是，她赢得了史密斯学院"年纪最大的学生"这一头衔，并得以向她的同学和教师讲述一些年纪增长后的经验。

"安是一位非常有尊严的女人"，美国研究教授、马丁德尔的学术顾问丹尼尔·霍罗威茨称。"她的兴趣极其广泛，并且希望尽可能地多学知识。我希望学生们可以从她的身上学到这一点，即生活在延续，而人们，不论多大年纪，都可以继续学习，成为课堂上的积极参与者。"

马丁德尔本人是个和蔼而且话语温柔的人。岁月使她的背驼了，步子缓了，但她的笑声中却有着青年人的生命力，她同时自称有着与青年人一样的精力。在回忆返回校园第一个学期的生活时,她将所获得的这一段"令人激动、振奋人心"的经历归功于她的同学们。"我所认识的那么多学生是如此的聪明和富有创造性",她说。"他们真的令我激动、使我精力充沛,激发了我的活力,我过得非常愉快。"

由退任大使、祖母突然转变成一名学生,在开始阶段是一个挑战。马丁德尔在秋季学期选了两门课——艺术史和美国研究。起初她曾担心自己将不得不住在校园内,学生们就寝时间晚将使她难以忍受。但是,学校为她在校园附近找到了一处公寓,她用储存在普林斯顿家中地下室精美的桌子、椅子,以及长沙发椅装点了这间公寓。"最大的挑战是在离开了家庭和自己的儿孙们后,使自己适应这一新的环境",她指着房间里镶着照片的相框说道。"但课程并不难。我每星期要读近400页书,但我读得快,能够跟得上这一速度。这些天来我没时间读任何消遣性的书籍。"

在过去的几年中,马丁德尔在普林斯顿地区几所当地学院修完了足够的课时,这使她得以学习史密斯学院三年级的课程。她选择了"美国研究"这一专业,这是因为"我已经在政府中工作过,现在我想了解我们为什么会是那样,为什么会作出一些那样的决定",她说道。

马丁德尔希望在获得学位后去新泽西和华盛顿特区的政府图书馆审阅、分析她任参议员和驻新西兰大使期间所作出的一些立法决定。"当我在政府任职时,曾花费了大量时间试图理解复杂的惯例、规定或决策,以至于我几乎没有时间对所作出的决定进行深思熟虑",她说,"在工作中我是边学边干的,所以现在我期待着回过头来理解我当时为什么那样做"。

早在1932年,迫切希望逃避父母为她设计好的未来的束缚促使马尔德尔进入了史密斯学院。

她说,"我上中学时(马里兰州的一所寄宿学校),班上有8个女生,我们的父母都想让我们回家,步入社交界。但是,我们有自己的计划。"

对马丁德尔而言,这些计划包括去史密斯学院上学。她是从她的一个朋友那里知道这个地方的。她说,她有一位姑姑住在北安普敦。她的父母之所以会让她到那里上学,是因为有一个成年人在那座城市,他们可以打电话向他详细了解她的情况。马丁德尔在史密斯学院读了一年,但当她告诉她的父亲威廉·克拉克——新泽西州纽瓦克市的一名联邦法官,她想学习政府学并最终想上法学院时,他"勃然大怒"并强迫她退学。"他担心我受的教育过多,没有明理的男人会娶我",她说,"在那时,父母们认为只有女儿嫁了人,才算获得成功"。

于是她回到了普林斯顿的家中。1934年嫁给了证券经纪人乔治·斯科特,扮演起一名传统的郊区家庭主妇的角色。他们有3个孩子,但在13年后,婚姻破裂了。"这是从一开始就注定了的",马丁德尔说,"从一开始我就很反对,最终我们分道扬镰了"。

与斯科特离婚后,她遇到了杰克逊·马丁德尔(他是《名人录》的名人),并与他结为伉俪。他们的儿子叫罗杰。"在那些年里,我没做什么",她说。"我待在家中,照顾孩子,做家务。直到我50多岁时,我才开始鼓起勇气走出家门,参与社区事务。"

她的最初几次"出击"之一是1968年参加在芝加哥召开的民主党全国代表大会。她是为了支持尤金·麦卡锡竞选参议员以及她们家庭的朋友鲍勃·迈纳竞选新泽西州州长而参加这次大会的。一天下午,在会场外,一群年轻人聚集在街的对面抗议越南战争。马丁德尔的儿子罗杰时年17岁,在旁边观望抗议行动,这时他的母亲进入了会场。"突然,一名演讲人宣布,我们的孩子们正在街头惨遭杀害",马丁德尔说,"我当时给吓呆了"。

她跑了出去,看到催泪瓦斯的烟雾,年轻人被戴上手铐,拖往监狱。虽然她的儿子只是受到了惊吓并没有受伤,可是这次经历永远改变了马丁德尔。"在那一刻以前,我从未在哪一方面成为积极分子",马丁德尔说,"但在我看到了芝加哥发生的那一幕后,我变得激进了"。

那次大会之后,迈纳请马丁德尔出任新泽西州民主党副主席,"将自由派选民争取回来"。她说,"我虽然没有政治经验,可我竭尽全力。我争取回来了一些自由派选民,但还是不足以使迈纳当选"。

在副主席的4年任期行将结束之际,当地一些民主党人鼓励马丁德尔竞选长期被共和党人占据的新泽西州参议员席位。"那是一件不大可能的事情",她说,"没人以为我会赢"。但她确实赢了,成为全国仅有的37名女州参议员之一。在4年任期中,马丁德尔呼吁妇女权利,为被殴打的妇女收容所争取更多的州政府资金,将教育和环境保护作为她的主要目标。她逐渐获得了"改革领袖"的声誉。

由于为吉米·卡特1976年的竞选活动出力,马丁德尔获得卡特政府的两项任命:最初被任命为审议大使提名委员会成员,后来被任命为国务院外国灾害援助办公室主任,这一职位要求她检查遭受自然灾害的地区的重建工作。

"我热爱这项工作",她说,"它使我周游世界,与一些不同的政府部门打交道,包括军方"。

这一经历引起了大使资格审议委员会的注意。当她被提名为驻新西兰大使时,该委员会向卡特总统积极推荐。

但是,并非所有人都对她的任命感到高兴。在马丁德尔被确认为大使后不久,在华盛顿特区的一次晚宴上她与新西兰总理罗伯特·马尔登邻座。在简短的介绍之后,那位总理转过头对她说:"我不喜欢女政治家。"

"我惊坐在那里",马丁德尔说,"不知如何应答。这就是我将不得不每天与其打交道的人。我想我们永远不可能合作好。我是第一个获得这一职位的妇女，所以我想他大概是因为给他派来的是一位妇女而感觉受到了屈辱。但是，他学会了与我相处，最终我们处得不错"。

在马丁德尔启程前往新西兰前，一位女大使同行给了她几条建议："她对我说，'在乡下多走走，跟尽可能多的人见面'。"时年65岁的马丁德尔将这条建议牢记心头。在两年的任期内，她访问了新西兰的每座城镇。对于生活在贫困村庄中的居民来说，她是繁荣与希望的象征。她在旅行中遇到的许多妇女将她视为榜样。

她说："那时，新西兰只有25%的妇女有工作，所以她们大多对我和我所做的工作感到高兴。"

1981年马丁德尔不再担任大使，但她并未停止工作。返回美国后，她帮助在新泽西州通过了一项冻结核试验的公民投票；1987年她创建了美国—新西兰理事会，旨在促进两国之间的交流。

她说："这是我引以为荣的。我认为它已经对两国起了重要作用。"

虽然事业上取得了很大成就，但是马丁德尔说，没有完成大学教育这件事一直缠绕着她。"上学是我生活中最主要的部分"，她说，"它使我解脱，所以获得学位对我非常重要"。

有时，她确实到当地的大学听课，包括普林斯顿大学，但她并未选择加入到全日制学生的行列中去。

"首先需要考虑的是家庭和工作责任"，她说。

直到她的朋友和伴侣、新西兰画家托斯·伍拉斯顿爵士（在她的丈夫杰克逊于20世纪80年代末去世后，她与他建立了友谊）于1998年去世后，她才认真地考虑返回史密斯学院一事。"在托斯去世后，我的朋友们为我将如何打发我的时间而担忧"，她说。"我不是喜欢一顿午饭泡上几个钟头或无精打采无所适从的女人。我需要保持头脑的活跃。最后有一位朋友说，'你今晚给史密斯学院写封信'。于是我就这么做了。"

在这封写给鲁斯·西蒙斯院长的信中，马丁德尔满怀深情地描述了她1932年在这所学院读书时的时光，以及她被迫中断学业时所感受的挫折。"我没有学位，但我做了很多事情"，她写道，"然而我还是希望获得一个学位……对我来说，真正重要的是拥有一个史密斯学院的学位"。

埃达·科姆斯托克项目主任埃丽卡·拉克说，马丁德尔的职业经历是"卓越的和令人鼓舞的"，她被录取为埃达·科姆斯托克学生这一事实"将鼓励那些认为自己太老了，无法开始学习新的东西的妇女们更新或完成她们的教育。她的故事是一个活到老学到老的典型例子"。

她的出现使课堂更具有多样性。曾在去年秋季教过马丁德尔美国研究的霍罗维茨记得，有一次他的学生们曾在试图理解课文的含义时遇到困难。"我把课停了下来，就阅读有难度的材料的重要性讲了 10 分钟"，他说，"安是第一个作出回应的，她说，'我的儿子们告诉我，我的头脑分析能力不够，因此，我重回史密斯学院的原因就是想使我的头脑敏锐。'这句话本身就是一个典型的例子，它说明了人文学科教育对妇女们的重要性，我认为它在学生们当中产生了共鸣"。

且不说她对课堂作出何等贡献，马丁德尔的经历本身就引起了与她同龄的妇女、甚至她的医生的注意。马丁德尔说，那位医生对于监测她的学业是否会改善她的记忆力十分感兴趣。"很多人对于我正在做的事情感到惊奇"，她说，"他们对于这将对我个人产生什么样的影响感到好奇。说实话，自从我开始学这些课后，我的记忆力好多了"。

至于原因，马丁德尔的理论很简单："头脑是一块肌肉。不使用就会失去它"，她说，"我选择了使用"。

54　查尔斯·林白

1902年2月4日，查尔斯·林白生于明尼苏达州的小瀑布城。他的父亲是一名律师和议员，母亲是一位小学教员。1905年，他家失火，整个房舍付之一炬。全家被迫迁居到明尼阿波利斯，但次年又重新搬回到小瀑布城的新建住房。由于父亲投身于当时的"进步运动"，终日忙碌，父母间开始闹分歧，从1906年起开始分居。但俩人并没有离婚，仍保持着友好的来往。

林白上小学时，父亲曾带着他到华盛顿拜见了当时的西奥多·罗斯福总统和威廉·塔夫特副总统。这给他留下了很深的印象。

1912年夏天，父亲驾驶着一辆福特T型汽车从华盛顿回家，林白立刻学习驾驶，并从此改变了他的生活。他不但学驾驶，同时也学习修理，他亲昵地把车子叫做"玛丽亚"。林白在学校的学习并不努力，但对机械却兴趣极大，终日拨弄"玛丽亚"不停。

威尔逊总统的民主党上台后，父亲失去了议员席位。美国参加"第一次大战"后，父亲又发表反战言论，人们就骂他"不爱国"。1918年，他出来竞选明尼苏达州州长，结果被人们掷鸡蛋和西红柿，并烧他的模拟像。林白把这一切都看在眼里，并在心中埋下了日后反对民主党的种子。

查尔斯·林白

父亲一般只在夏季与儿子住在一起，其余的日子林白常与他妈妈在一起。他们仍住在乡下，一同在农场上工作。林白还特别喜欢开着"玛丽亚"带着妈妈到处乱跑。他说："'玛丽亚'使我们能够到我们梦想的地方去遨游。"

1916 年，林白才 14 岁，竟敢驾驶"玛丽亚"带妈妈作加利福尼亚之游。

战争开始后，政府鼓励农村少年多多生产，这正中林白下怀，他可以借此不上学校，而整天在农场上显身手。他买了不少农科书籍，并回忆说："我决心要采用新办法。我订购了一台拖拉机，一具多叉犁，一台播种机。"他还买了一辆新式的挤奶机。由于他干得出色，竟在 1918 年获得了中学毕业文凭。

为了尊重父母的意见，他投考了大学。1920 年 8 月，他买了一辆新的精锐牌摩托车，去麦迪逊，进了威斯康星大学的机械系。妈妈陪他在麦迪逊居住，她还在一家小学当教员。

他的学习基础差，跟不上，所以他的大部分时间仍花在玩弄他的摩托车上，他可以驾着它作各种惊险的动作，使人们大开眼界。

他在学校中唯一感兴趣的是陆军后备役军官训练团。他在这方面做得很好。在第二个学年中，他的学习成绩实在太差，面临被勒令退学的危险。于是他突然宣布，他要去学驾驶飞机。父母也都同意他的决定。

他回忆说："我庆幸我老没有考及格，否则，我可能会拿到文凭，在某一工厂终身做一名机械员。"

他在报上读到有一家内布拉斯加飞机公司出售飞机并可以对购机者加以培训。于是他寄去 500 美元，并开车到了林肯城。1922 年 4 月 9 日，他就在那里初次学习飞行。当时，飞行尚属试验阶段，飞机失事是家常便饭。由于那名训练员的朋友在一次训练时摔死了，他就不敢再继续教林白。

林白一无所惧，他又去找了一个名叫巴尔的巡回飞行员，表示愿充当他的助手。在 5 月和 6 月两个月中，他们两个在内布拉斯加、堪萨斯和科罗拉多做了多次飞行。林白还独出心裁，愿意在飞行中站在双翼之间（当时的飞机是双翼式的）向地面群众打招呼。这一切都显示了林白的勇敢精神。

但他的目标是单独飞行（fly solo）。1923 年春，他终于用 500 美元从佐治亚州买到了一架飞机，名之为"琴尼"。在那些日子里，他就睡在飞机场上，研究该机之各种问题，特别是起飞和着陆的办法。在一个春光明媚的早上，他起飞了，高度达到了 45000 英尺。这是他第一次单独飞行。

1924 年，他父亲逝世，林白那时已是一名老练的飞行员了。他对"琴尼"的动力和速度逐渐感到不满。朋友们劝他参加陆军航空队（那时美国还没有独立的空军）。在那里他可以驾驶 DH 飞机，其时速可达每小时 125 英里，而"琴尼"只有 75 英里。1924 年 3 月 19 日，林白正式参加了德克萨斯州圣安东尼的航空学校。1925 年他以最优的成绩毕业，获少尉衔。他当时已成了全国最有名的年轻飞机驾驶员之一。

1925 年，他在丹佛一家飞行表演公司谋得一职，次年又转至密苏里州圣路易的兰伯特机场工作。当时国家准许私人飞机公司运送邮件，他对这个工作很感兴趣，并经常飞行在圣路易和芝加哥之间。他干得很好。他还参加了密苏里国民卫队，成了"林白上尉"。

不久，他设想要作一次横渡大西洋的单独飞行。他向当地商人募集了15000美元，并自行设计了一架飞机，但只有加州的一家飞机制造厂愿意承制，于是林白就到了圣地亚哥的雷恩飞机公司，亲自监制。1927年5月10日，飞机制作完成，他把它命名为"圣路易精神号"。他先驾驶飞机到纽约，花了7个小时。这时，报上已大事宣扬，他是非横渡大西洋不可了。

1927年5月20日上午7点54分，"圣路易精神号"起飞了。林白以10000英尺高度向前飞，他感到天空太冷，又放下高度继续向前，在28个小时以后，他看到了一片陆地，察看地图，知道这就是爱尔兰。他欣喜万分，因为这意味只要再过几个小时就可到巴黎。1927年5月21日下午10点24分，林白在巴黎拉保吉特机场降落，受到了当地群众的热烈欢迎。

虽然这时他急需睡眠，但热烈的场面根本不允许。直到早上4点15分，他才进了卧室。他一共63小时没有睡觉。

5月28日，他重新登上飞机飞往布鲁塞尔接受比利时人民的祝贺，接着又飞往伦敦，晋见英国国王乔治五世。林白在英国乘轮船孟菲斯号回国。到达齐萨比克湾时，美国政府派了4艘驱逐舰和40架飞机表示欢迎。这是6月11日，林白的妈妈也赶到港口接儿子回家。

接着是在华盛顿举行庆祝大会，柯立芝总统发表讲话说："这是美国人民的儿子作出的、足以流传百世的表现大无畏精神的事迹之一。"随后，纽约举行了连续4天的大庆祝，为此，股票市场暂停了3天。旅馆爆满，参加庆典者估计至少有300万人。为庆祝所撒的纸屑有好几吨重。

林白成了美国20世纪20年代的最大英雄。这是林白自己所预料不到的。

作为追星族的一位姑娘就在这时成了林白的妻子，她就是最后成为女作家的安妮·斯潘塞·莫罗。

1906年6月22日，安妮生于新泽西州恩格尔伍德。她的父亲德怀特是一个拥有万贯家财的银行家，后来成为新泽西州的共和党参议员。她母亲伊丽莎白·卡特是教育家，1939年至1940年曾任史密斯学院代理校长。

安妮1928年在史密斯学院毕业。她在前一年初遇林白，并立即产生了爱情。她在《黄金岁月》中写道："我感到在此之前的一切都是琐碎、肤浅和短暂的。"

她又说："发现自己被人爱着简直让我无法相信。它改变了我的世界以及对生活和自己的看法。我获得了自信、力量和几乎全新的性格。"

她写道，在结婚之前，她认为未来的丈夫或多或少像个"身穿闪闪发亮的盔甲的骑士，而我是他深爱的恋人"。

在他们结婚后的最初10年中，他俩一直是结伴飞行，所以安妮可算是美国第一位女性飞行员。他俩到处飞行，南美、欧洲、亚洲都有他们的踪迹。安妮在《东方之行》中还提到了中国之行。她写道，1931年他们飞往中国，恰巧看到了中国的水灾。这时长江暴涨，淹没了许多城镇和乡村。林白自告奋勇，驾机运送救济物质。他们飞到了江苏省的兴化城，有许多难民涌向飞机，有一人还登上了飞机，林白不得不鸣枪示警，才驱散了群众。接着在汉口时飞机失灵，停落水中，两人只得游泳上岸。这次中国之行使他留下了对中国人的不良印象。

1936年，林白应邀观看柏林奥林匹克运动会，他还观察了希特勒德国的航空事业，发现德国在这方面的发展惊人，大有超过美国之势。他也对整个德国的复兴工作表示赞赏，从此被人们认为他是一个亲德派。1938年，德国驻美大使威尔逊邀他访德，他还邀请德国空军部长戈林同林白见面。在宴会席上，戈林忽然掏出一枚十字勋章授予林白，威尔逊示意可以收下。这样，林白是法西斯同路人的罪名更进一步地得到了"证明"。

同样在1938年，苏联曾邀请林白夫妇访问莫斯科，但林白回国后说，苏联几乎是人间的地狱，它一定会垮台，只是时间问题。苏联报纸乃大骂他"妖言惑众"。

其实，大概从1936年起，林白就主张孤立主义，实质是门罗主义，即美国只管美国和美洲的事。1939年德国吞并波兰，英法向德宣战后，林白更不遗余力地反对罗斯福的亲英外交政策。当时有一位反罗斯福的著名广播员富尔顿说，他愿意把他的广播时间让给林白，由他来发表一次反战演说，也就是反罗斯福的演说。

白宫得到这个消息后，就派人与林白商谈：如果林白放弃演说，并停止攻击政府政策，罗斯福总统将特地开设一个空军部（那时美国没有空军部，只有陆军的空军和海军的空军），并请林白任空军部长。林白不但予以拒绝，而且更为气愤，他认为这是无耻的政客勾当。

结果，林白的演说获得了人们很大的欢迎。反战派还成立了一个"美国第一党"，其意思是说，美国人不能把英国的利益放在第一，必须永远把美国的利益放在第一。该党的发起人是西尔斯百货公司老板、前将军罗伯特·伍德，林白也是该党一名重要成员。

随着白宫对林白的攻击升级，林白对罗斯福的攻击也水涨船高。1939年5月29日，他在费城发表演讲说："罗斯福先生扬言希特勒想统治全世界。但正是罗斯福自己想称霸全球，因为他说，我们的事情就是要控制欧洲和亚洲的战争，他还说美国必须控制非洲沿海的一些岛屿。"他还说，"有三股势力要把美国拖进战争。它们是英国、犹太人和罗斯福政府。"

1940年大选时，共和党有一批人曾要求林白出来任总统候选人，为林白所拒绝，因为他根本无意进入政界。

1941年，希特勒偷袭苏联，美国决定帮助苏联。这又给林白一个攻击的机会。他说：理想主义者一直在说，他们反对纳粹德国的暴政。但现在他们却要去和苏联结盟。大家知道，苏联是现代历史上最残忍、最血腥、最野蛮的国家，那么，他们的道义原则哪里去了呢？

在日本偷袭珍珠港以前，这股反白宫势力甚为强大。林白每次演说，听众总有近万人。一般美国人都不愿意去打仗。但珍珠港事件一来，这股势力就戛然而止。

林白为了表明他是一名爱国分子，积极请缨入空军服役，但内政部长伊克斯认为他是法西斯分子，加以阻挠，于是他不得不直接找到陆军部长史丁生。史丁生对他说，鉴于他的反战言论，军部难以接受他参军。但如果他发表声明，否定以前的观点，就可以入伍。林白不干。

最后，福特汽车公司老板亨利·福特帮了他的忙，请他出任公司的轰炸机生产技术顾问。他干了一些时候，心中痒痒地总想去天空杀敌。接着，美联航空公司又聘他为F4U单人战斗机生产顾问。这样，他就以试验为名，驾驶一架F4U飞往南太平洋，见到麦克阿瑟手下的空军司令肯乃将军。那时林白已40出头，但由于他本人的要求，肯乃同意让他驾机出击。不过，他使用的是一个假名，瞒过了白宫，也瞒过了日本人。

林白曾多次击落日机，日本人不知他们遇到的是林白上校。有一次，林白遇到两架"零式"追击，险些丧命。他从来是无神论者，这次，他不得不叹曰：非战之功，是上帝助我也。

最后，肯乃将军认为林白更大的作用是训练后辈，不必自己上阵，林白就专门教导后辈如何在战斗中避敌和节油。

其实，林白的逻辑颇为简单：德国没有打美国，美国就不该打德国；日本打了美国，美国当然应消灭日本。关于日本，他又作了如下的评论：我们说日本人如何残忍和野蛮，说得对。但我们美国人在对待日本俘虏时"与日本人一样的残忍和野蛮。我们一方面大叫日本人的野蛮，一方面又掩盖我们自己的野蛮，认为这样的报复是可以原谅的。"

1945年罗斯福总统去世后，杜鲁门总统重新起用了林白。杜鲁门成立了空军部，林白被任为空军科学顾问局顾问。他在德国看到残破的局面后说：美国表面上是打胜了，实际不然，因为它打倒了德国和日本，却来了更可恶的苏联和中国。

1948年，杜鲁门又派林白到法兰克福，监督支援西柏林空运，林白曾亲自去西柏林好几次。

1953年，林白出版了他的传记《圣路易精神号》，并获得了普利策文学奖。同时，艾森豪威尔总统又晋升他为空军后备队准将。

他本来是共和党人，但他坚决反对麦卡锡主义，所以在1956年大选中，他没有投艾森豪威尔的票，而投了民主党的票。

进入60岁后，他的思想有所变化，主要是接受了基督教的教义。他没有参加教会，但相信《圣经》。他同意美国应当与苏联和中国建立友好关系。他特别关怀世界的环保前途。他说，如果必须作出选择，他将选取鸟类而不选取飞机。

只要有环保任务，他随时准备出发，并且只带三件法宝：替换的衣服、牙膏牙刷、一本《圣经》。

1974年8月26日，林白逝世，享年72岁。

他曾获国会奖章，有资格入葬阿灵顿公园，但他留下遗嘱要葬在夏威夷临海故居，在那里他可以永远看到无污染的蓝天和碧水。

55　罗伯特·奥本海默

罗伯特·奥本海默，1904年4月22日生于纽约市。他父母是德国犹太移民，家境甚为富裕。他家住在曼哈顿的一家公寓，罗伯特就在当地上学。他父亲还在长岛拥有一所别墅，夏季常在那里玩游艇。有一次，罗伯特收集了不少矿样，并写信给纽约集矿俱乐部表示自己的意见。俱乐部负责人就约他相见，他万万没有想到来者竟是一名12岁的孩子。

1921年，他从伦理文化中学毕业，名列第一，并考入了哈佛大学。但在当年欧洲旅行时，染上了痢疾，身体十分衰弱，不得不申请保留学籍，休学一年。他父亲为了使儿子恢复健康，请了一位教练陪他去西部锻炼身体。他就到了新墨西哥州学骑马等等户外活动。他对新墨西哥的平顶山很感兴趣，后来他果真把新墨西哥当作了他事业的基地。

1922年，他进了哈佛大学。他修的课程很多，既有数理化，又有哲学、法国文学和英国文学。在数理化中，他又特别喜欢化学。他说，化学是探索"事物之心脏"。但他却被选中去当物理教授派西·布里奇曼的助手。1925年，他以三年读完四年课程的速度而毕业，并获得了优秀生头衔。

在哈佛最后一学期，他碰到了一个小小的挫折。他向英国剑桥大学申请入开文迪许实验所，到欧内斯特·卢瑟福德手下做研究工作，竟遭拒绝。他再请求，到同所的约瑟夫·托姆逊教授手下工作，后者接受了他，但只要他为他制作钡薄膜片。他觉得这个工作十分枯燥，"不可能学到什么东西"。他才了解到自己不宜做实验性工作而应一心从事理论研究。

1926年，他到德国葛丁根大学，拜在马克斯·布恩教授门下，并于1927年获得了博士学位，毕业后回国在国家科研理事会做研究员。1929年，他受聘于加利福尼亚的加州技校和伯克利加州大学。于是他就奔走于泊萨德纳和伯克利之间。由于他的精彩授课，全国各地的优秀学生纷纷前来就学，从而促使西海岸成了美国高级物理学最重要的研究中心之一。

他曾与布恩教授合作解决了估测次厚子粒的问题。他认为在作理论性估测的时候，可以不必计算质子的频动，因为质子的量大大地压倒了电子，基本上不会受电子的影响。人们把这称之为布恩—奥本海默约估。20世纪30年代初，奥本海默及其学生运用能量守恒律断定电子中存在高能量的粒子。

罗伯特·奥本海默，1946年

1936年，奥本海默结识了女朋友琴·塔特洛克。她是一名共产党员，他们好了一段时期，不过没有成亲。1939年，他又碰上了另一位女朋友凯蒂·哈里逊，她的丈夫在西班牙内战中为反弗朗哥作战而牺牲，她也是共产党员，他们两人在1940年结了婚。这些事后来给他带来了数不清的麻烦。

在获悉斯大林的大清洗后，奥本海默从"左"倾思想中摆脱了出来。他投身发展原子弹的事业。美国在20世纪40年代初就开始筹划搞原子弹，但他们把奥本海默排除在外。因为加利福尼亚大学放射实验室主任厄内斯特·劳伦斯怀疑他有"左派活动"。奥本海默向劳伦斯保证他不会在这方面制造"麻烦"，并拿出成绩表明他是有用的。他在伯克利组织了一批科学精英，包括从纳粹德国逃出来的特勒和贝兹。他们提出了如何解决原子弹制作的各种问题。

1942年8月,陆军部被授命统管发展原子弹问题,制定了"曼哈顿计划"。主任为列斯利·格罗夫将军。他叫劳伦斯负责设计。但劳伦斯另有任务在身,不得前来。于是,格罗夫就选中了奥本海默。

他们两个果真配合得很好。格罗夫坚持从事研究的科学家们必须置身于一个与世无争的偏远地带。他们只能接触有关原子弹发展的科学材料。奥本海默完全同意第一条。他还主动提出应以他20年前到过的新墨西哥州为基地。不过他也提出了一条建议:既然工作者被禁在一个隔绝地带,那就不必去追查他们的历史问题,只要他有才便行。格罗夫同意了这点。这样,就在新墨西哥的洛斯阿拉莫斯建立了基地。

奥本海默开始招募人才。其标准是"精通业务、有爱国心、坚决反对纳粹"。他取得了很大成功。到1943年4月,他已招到了一批极有才能的科学家,平均年龄只有25岁。最后,该基地人数达到了1500人。据贝兹事后说:"奥本海默的才智压倒了所有的人。""他洞悉实验室的每一件事,不论是化学的、物理的,还是机械的。"

尽管奥本海默一心一意投身事业,但所谓的"安全问题"仍不时打扰他。1943年7月,他的前女朋友塔特洛克要求见他,他就请假到她的旧金山家中会晤,军部的反间谍人员盯上了他,于是谍报当局要求辞退奥本海默,只是由于格罗夫的保护,才得继续留任。8月份又发生了一起事。他主动向安全官报告:有一个人想煽动工作人员(包括奥本人)把有关情报交给前苏联。但他不愿透露此人姓名。后来在格罗夫坚持下,他才说出此人是加州大学的罗马语系教授契瓦利埃。此人当然被学校解职。不久,又发生塔特洛克自杀案。安全局此时认为奥本海默"一心想创立功名",不致成为"危险",事实也是如此。但这个问题仍然是一个没有了结的问题。

1945年7月16日,洛斯阿拉莫斯实验室制作的第一颗原子弹在新墨西哥州的阿拉募戈多引爆。奥本海默在远处观察了爆炸。他引用了佛经里的一句话说:"我成了一名死神,破坏了世界。"8月6日,诨名为"小男孩"的原子弹在广岛爆炸,8月9日,诨名"胖子"的原子弹在长崎爆炸。

奥本海默为战争结束而高兴。但他通知政府,他的工作人员不想再从事此项工作了。他自己亲向杜鲁门总统说:"我感到我手上有血。"杜鲁门回答说:"没关系,完全可以洗掉的。"10月,奥本海默自动提出辞职。

接着,他出任了艾其逊—李连瑟委员会的顾问。该委员会建议美国应自动放弃对原子弹的垄断,以避免与苏联展开核武器竞赛。它建议联合国成立一个原子能委员会,监督全球裂变物质的使用,格罗夫不同意,杜鲁门也不同意。

1947—1952年,奥本海默在普林斯顿大学研究院任教。他还任原子能委员会的总顾问委员会主席。当苏联于1949年爆炸一颗原子弹后,劳伦斯建议美国应发展氢弹。

奥本海默表示反对，但杜鲁门总统给予支持，这就产生了氢弹。

　　1953年，艾森豪威尔总统任命斯特劳斯为原子能委员会主席，斯提出了一个条件：必须解除奥本海默之职，理由是他是一个不安全分子。这样，奥本海默就在实际上脱离了原子能机构。

　　不久，奥本海默在巴黎与契瓦利埃会面，于是又出了麻烦。同年12月，斯特劳斯列出了系列罪名，要求奥正式辞职，奥予以拒绝。于是开始打官司。斯特劳斯请联邦调查局窃听奥与其律师间的电话，并以此为罪证。许多科学家和政府官员出面证明奥本海默的无辜和忠诚。但他的朋友特勒却说："我觉得如果让别人来任此职，将更为安全。"5月27日，安全局作出决定，认为奥没有什么罪，但不能保证他不是一名危险分子。于是，他终于被解职。

　　1963年，他获得了恩里哥·费米奖。1967年2月18日，奥因癌症病逝于普林斯顿。

56　韦纳·冯·布劳恩

1945年纳粹垮台之际，美国和苏联展开了一场非常特别的较量，那就是抢夺德国人才之战。美国以财力之丰、待遇之厚，顺理成章地取得了胜利。他们"劫"走了118名科学界人才，其中最突出的就是韦纳·冯·布劳恩。

1912年3月23日，布劳恩生于普鲁士波维森的维尔西茨。他父亲是一位议员，后

韦纳·冯·布劳恩

来曾做到魏玛共和国的农业部长。布劳恩在柏林上学。当时报上曾报道发明家奥佩尔用火箭发动赛车的事。布劳恩就想用火箭来发动他的一辆滑坡车。他买了6支特大号的焰火，绑在自己的车上，进行试验。在他的回忆录中这样写着："我欣喜若狂，车子完全挣脱了控制，拖着彗星尾巴似的火焰冲出去了。我万万没有想到我的火箭有这么大的威力。最后，焰火在雷鸣般的一声巨响中燃烧干净，车子也停了下来。警察很快

就把我抓住。幸好没有伤人，所以我就被释放了，交给我的父亲农业部长管教。"

1925年，奥伯特出版了他的《通向星际空间之路》，"那本珍贵的书一到，我马上拿到自己的房间里，打开一看，我吓呆了，满纸都是五花八门的数学公式，令人莫名其妙。我跑去问数学老师，怎样才能看懂奥伯特的书。他要我好好学习数学和物理，那原是我最差的两门功课"。

布劳恩决心要取得成功。1928年他转学到以数学著称的赫尔曼·利茨学校，因为渴望弄懂数学的各种符号，他知难而上，终于成了班上功课最好的学生。

随后，他回到柏林进了夏洛滕堡工学院。

1930年，布劳恩通过朋友的帮助会见了奥伯特教授。他对奥伯特说："我还在技校学习，除了业余时间和热情以外，一无所有，不知我能帮助做点什么吗？"教授说："你马上就来吧。"这时，他正在布置一次展出。于是布劳恩就利用业余时间帮助布置就绪。教授已悟到了布劳恩的才能。

奥伯特搬到柏林附近的一个政府试验场以后，布劳恩成了他的助手之一。奥伯特建议应当通过实验证实他的一个论点：火箭动力的最佳来源是液体而不是火药。

1931年，布劳恩暂时离开柏林到瑞士苏黎世的联邦工学院深造。他在那里结识了医科学生康斯坦丁·杰纳勒尔兹，这个人后来成了他毕生之交。他们在那时就细致地讨论了未来太空人必须承受很大的加速度问题。这大概是全世界第一次太空医学研究吧。

同年10月，布劳恩回国，1934年，他成为柏林大学物理学博士，时年22岁。他写的论文论述了液体推进剂火箭发动机理论和实验的各个方面。毕业后他就参加了一个研究火箭发射的小组。希特勒上台后，德国特别着重武器的研究，1935年1月，戈林手下的里希特霍芬少校到库默斯多夫访问了布劳恩，于是火箭发展计划获得了政府财力和物力的大幅度支持。

1939年3月23日，布劳恩在库默斯多夫炮兵射击场的试验站第一次会见了希特勒。1943年7月，布劳恩第二次会见希特勒，地点在东普鲁士的希特勒总部。他们观看了一部关于试验阶段的A4火箭的影片。希特勒立刻决定把A4的生产列为全国最优先的项目。

早在1913年，俄国的齐奥尔科夫斯基曾说："人类不会永远停留在地球上，但是在研究地球和宇宙空间时，首先将小心翼翼地突破大气层的界限，然后再征服整个太阳系。"布劳恩从1942年第一次成功发射V2的时候起，就已经认识到这些话所含的真理。

布劳恩最后被任命为佩内明德研究中心技术主任。当V2的大规模生产就要开始的时候，1943年8月17日，英国皇家空军的571架四引擎轰炸机在45架战斗机的护卫下，把佩内明德夷为平地。这种空袭表明高度保密的 V2 生产已为同盟国所探获。希特勒作出反应，命令整个火箭生产转入地下。

1944 年 9 月 8 日，德国部队从荷兰海牙郊外发射了第一枚用于实战的 V2 导弹。发射后不到 6 分钟，这枚带有 2000 磅炸药的火箭在泰晤士河畔的奇齐克爆炸，造成严重破坏。

艾森豪威尔将军在回忆录中说："当时如果德国人提早 6 个月完善并使用这些新式武器的话，我们要进入欧洲将是极端困难的，甚至是不可能的。"

德国投降后几天，美国陆军军需部负责人托夫托伊立即奔赴德国，在一家小学校内与布劳恩等一批导弹科学家见面。他本来想招收 300 人，最后又定为 118 人。目的是要有一个具有充分综合性的班子，要头等人才：有创造性的设计师、科学家，不但能帮助装配和发射缴获的 V2 而且能继续研制复杂武器系统试验的工程师。

到美国后，布劳恩班子首先被秘密地送往德克萨斯的布利斯堡。由于他们大多是纳粹分子，而当时美国老百姓对纳粹恨之入骨，所以他们的火车车厢被列为专门车厢，与其他车厢隔绝，以防走漏风声。布劳恩在那里住了 5 年。艾森豪威尔的第一次指令本来是这样说的："在完成任务后，以下人员将返回其本国从事本职。"但事实上，这些人再也没有回德国，除了探亲和娶亲外。布劳恩就是在 1947 年回国娶了 18 岁的远亲玛丽亚。

布劳恩努力投身工作，设法改进 V2。1945 年 10 月到 1950 年 5 月，他们多次在新墨西哥州的白沙滩成功发射了改进后的 V2。于是他要求一个比白沙滩更大的试验场。

布劳恩不但是一名科学家，他也懂得政治。他曾这样说："如果克里姆林宫想制作弹道导弹，它只要向科学家下一道命令就行了。但在美国却行不通。在美国，我们必须有钱并有人民支持。必须使国会相信我们所做的事情的意义，而国会也必须听人民的意见。"所以，他就开始为外空事业做"公共关系"工作。

他那时就开始预测人类可以飞往太空。他尽量写文章，作演讲，宣传未来进入外空的远景。他写了一本《火星计划》，描述外空探索之道。他连续交给 18 家美国出版公司，都遭到拒绝。它们认为是幻想，不切实际。后来这本书由德国的一家书店在 1952 年出版了。1953 年才由美国的一家书店出版。

1954 年，《柯利尔杂志》发表了一组外空探索的文章，内有布劳恩的文章。这篇文章获得了一个人的注意，此人就是沃尔特·迪斯尼。迪斯尼办了一个电视节目叫"明日天地"。他与布劳恩成了朋友，并在《明日天地》中宣传了布劳恩的设想。布劳恩因此成了美国家喻户晓的人物。

1957 年 10 月 4 日傍晚，美联社报道：今天晚上莫斯科电台报道，苏联已成功发射了一颗人造地球卫星。苏联的消息使美国人大吃一惊。很少有美国科学家预料到苏联的卫星发射会来得这么快。11月3日,苏联又发射了第二颗人造卫星,并且还带了一条叫莱伊卡的狗。赫鲁晓夫得意洋洋地说:"我们的人造卫星正在绕地球运行,我们不需要战争就可以取得社会主义的胜利。帝国主义者无论如何不能阻止社会主义向共产主义迈进的步伐。"艾森豪威尔政府陷入了被动。他们必须迎头赶上。

但艾森豪威尔选择了海军研制的"先锋号"(Vanguard),而不用布劳恩的火箭。布劳恩对当时的国防部长麦克埃劳伊说:"先锋号不能成功,让我们来,我们保证可以在60天内送卫星上天。"先锋号果真失败了。于是,艾森豪威尔不得不批准由布劳恩来完成任务。这时,布劳恩他们已迁至亚拉巴马州的亨茨维尔。

1958年1月31日,美国终于在卡纳维拉尔角成功地发射了"探险者1号"。亨茨维尔大街上举行了狂欢庆祝。《时代》杂志赶写了一篇以布劳恩为封面的图片报道。白宫举行了盛大仪式,艾森豪威尔总统在会上向布劳恩颁发美国公民服务奖。布劳恩一下成了美国的民族英雄。

不久,苏联又传来消息说:1961年4月的一天,苏联宇航员加加林成功地进行了一次环绕地球的飞行。这时的美国总统是肯尼迪,为了还苏联以颜色,他在1962年9月宣布:"我们决心在这个10年内到月球上去,不是因为它容易,而是因为它困难,因为这个目标可以组织和衡量我们的能力和技术。"

当时,美国还没有强力的火箭足以送人上天,更不用说送人远至太空了。这个担子就落在了布劳恩身上。整个计划被命名为"阿波罗"。这是一个三级火箭。其推动火箭叫"土星5",它的体长和重量都与一艘驱逐舰相等,其推动力为750万磅。第一次试验于1967年11月9日在肯尼迪发射场进行,这次没有载人。1968年圣诞节前夕阿波罗8号进行了载人飞行,只是在月球绕行,结果良好。1969年2月,阿波罗9号顺利地完成试验。1969年5月18日,阿波罗10号做了最后一次试飞,很成功。最后就是阿波罗11号的正式飞行了。

1969年7月15日,美国人的登月梦在卡纳维拉尔角的肯尼迪航天中心实现了。清晨4点,布劳恩来到指挥中心,电梯把他送上巨大的控制室。库特·德布斯在那里指挥着一个五十多人的班子。他们坐在一排排的仪表板后面,透过仪表板监视着四英里外巨大航天器的每一个活动零件。他很快就找到了库特·德布斯,得知发射准备进展顺利。在邻近一间用玻璃围起来的小房间里,他头戴收送话器,调节了一下耳机,审视了高挂在他面前墙壁上的几个电视屏幕,又看了看在他跟前的控制台上的几个刻度盘,即将进入倒数计时。

这是一个令人焦急不安的时刻,但是每一分钟的操作都高度专业化,进行得井井有条。

在综合发射场大约四英里外,来自世界各地的要人云集,急匆匆地在看台上找座位。美国前总统林登·约翰逊也来了。有 206 名众议员，30 名参议员，19 名州长，49 名市长、联邦最高法院的法官和政府的部长，69 名大使，102 名外国科学使节和武官，来自全世界大约 3000 名记者，还有成千上万的公民。他们全都充分意识到，自己即将目睹重大历史事件的发生经过。火箭要么不灵，要么发射成功。实际上，在众目睽睽之下火箭甚至可能在发射台上爆炸。布劳恩以前发射过的所有"土星号"火箭，工作性能虽然都是完美无瑕的。但是这一次的任务复杂，要一直飞到月球表面，然后返回地球。这整个任务所包含的问题远不止发射阶段，还有许多其他环节可能出毛病。

电视屏幕上显示出，三个宇航员走下高高的人行栈桥，进入高大火箭顶端的指挥舱。控制室里的气氛更加紧张起来了。离发射只差几分钟了！

通信员的声音开始进行最后的计数。"十……九……八……"接着，"土星号"火箭第一级的 5 台发动机以 760 万磅的推力猛烈地冲击着发射台。这一推力等于一亿八千万马力，或者大约相当于北美洲全部河流发电总量的两倍。第一级燃烧持续 2 分 40 秒，消耗液体燃料（氧和煤油）559218 加仑，每秒钟 3500 加仑。

气势雄伟的火箭徐徐上升，后来加快了速度。发射控制中心距离发射台 4 英里之遥，起初听不到巨大的轰鸣声。不一会儿，轰鸣声传来了，充满了整个控制室。当巨大的白色火箭升得越来越高时，有些人担心，5 台发动机发出的劈啪声会把发射控制中心的窗玻璃震破。但是后来这种声音减小了。火焰般的火箭在云层之中消失了。广播喇叭宣布，系统一切正常。这意味着火箭上的一切都按计划运转。整个火箭系统的成千上万个零部件，全都在正常地工作着，还没有出现什么毛病。由布劳恩和政府与工业界的 150000 名工程师、科学家设计和研制的，由 8000 家美国公司制造的零件组装起来的巨大火箭，正在飞向月球。

以后的 3 天中，尼尔·阿姆斯特朗、埃德温·奥尔德林和迈克尔·科林斯特 3 名宇航员，勇敢地进行着历史上最危险的旅行。全世界的人都心急如焚地在等待着。

在抛下"土星 5 号"的第一级和第二级，第三级第一次点火以后，"阿波罗 11 号"进入了绕地球的驻留轨道。绕地球一周半以后离开地球飞向太空的最后决定作出之前，宇航员和地面操纵员借助庞大的计算机和其他电子仪器再一次对所有的系统进行了最后的检查。

7 月 16 日中午 12 时 16 分，飞船飞越太平洋上空的时候，德布斯经过休斯敦飞行控制中心同意，下令再次点燃"土星号"第三级，把航天器推向超越月球的轨道。这时，布劳恩目不转睛地注视着。飞船的工作情况极好。当"分秒不差"准时停车的消息传回时，整个发射控制室充满了欢乐的气氛。系统一切仍然正常。

1969 年 7 月 20 日东部夏令时间下午 10 时 56 分，尼尔·阿姆斯特朗站在飞船舷梯最下面的一级上，伸出他那穿着靴子的脚，在月球上踩出了第一个人的脚印。接着，他说了一句肯定是不朽的话："这一步,对一个人来说,是小小的一步;对整个人类来说,是巨大的飞跃。"27分钟以后,奥尔德林也到飞船外面来了。他和阿姆斯特朗一起,开始进行活动。他们的活动成了前所未有的最热门的电视节目。

两个宇航员在月面上来回走动,开始进行科学实验,调节电视摄影机的时候,千百万人在注视着。太阳照在月球上,但是太空漆黑一片。月球水平线的弧形,和身穿闪闪发亮宇航服的宇航员一样,白得耀眼;这两个人和"鹰"投下的影子是黑的,与之形成了鲜明的对照。当时,全世界都看到宇航员在月球的土地上插上了美国国旗。接着,总统通过无线电话对宇航员讲话。这一切都是千真万确的,既不是耍把戏,也不是科学幻想小说。全世界都知道这一点。

许多有世界性影响的领导人、科学家和评论员极尽褒奖之词:历史上最伟大的成就、人类最美妙的时刻、人类史上无可比拟的功绩等等。理查德·M.尼克松总统说:"这是自上帝创世以来世界历史上最伟大的一星期。"

把尼尔·阿姆斯特朗、埃德温·奥尔德林和迈克尔·科林斯特等3名宇航员送上月球,并且使他们返回地球,大约用了一星期时间。7月16日清晨,他们乘坐阿波罗11号航天器从肯尼迪角点火起飞,7月24日清晨,航空母舰"大黄蜂号"在夏威夷西南方1200英里的太平洋上对其进行回收,接到了他们。

全世界亿万人——可能是电视史上观众人数最多的——在电视机前注视着值得纪念的阿波罗11号飞行,通过收音机收听着从月球上发来的宇航员的声音。全世界都为之震惊。在街头,在每一个地方,人们都目瞪口呆。有高兴的泪花,也有感恩的祷告。教皇保罗六世在梵蒂冈天文台看电视的时候,举起他的手,高声说道:"荣耀属于至高无上的上帝,愿全世界善良的人们安享和平。"

马歇尔航天中心主任威廉·卢卡斯博士评曰:"冯·布劳恩博士对世界的主要贡献之一是,在空间探索变为现实之前,他就对之坚信不疑。他专心致志、梦寐以求、百折不回,终于以他的天才和不屈不挠的努力,使它变成了现实。"美国人称他为"航天之父"。

1977年6月,布劳恩病逝于华盛顿。

57　路易斯、克拉克和萨卡佳微

大家知道，在密苏里州圣路易市有一个有名的景点，那就是大拱门。它是一个封闭式的弧形高空建筑。人们可以坐旋转梯到达顶端，从玻璃窗观看密苏里河景色。但它的底层却是一个博物馆，是纪念西部开拓英雄路易斯、克拉克和萨卡佳微的。

美国的西部开发是美国历史上非常重要的大事。美国历史界还有一个"边疆学派"，它认为美国的整个历史就是一部开拓边疆的历史。从大西洋一个小据点，扩展为13个殖民地；从13个殖民地扩展到中西部，然后再扩展到太平洋。

当初杰斐逊与汉密尔顿之争中，杰斐逊的理论之一就是：美国是一个农业社会，它有无限的土地正等着人们去开拓，用不着走英国的向外开拓之路。

开拓与杰斐逊是分不开的。西部的开拓始于杰斐逊。

美国与法国订立路易斯安那领地购置协议时，美国的国土突然间增加了一倍，也就是增加了82万平方英里，其价格是每英亩美元4分。在协议尚未最后签订之时，杰斐逊总统就在物色探险的人才了。他选定了他的秘书梅里威士·路易斯。

以下是刘祚昌教授对这一事件的论述：

杰斐逊的父亲彼得·杰斐逊擅长绘制地图，弗吉尼亚的第一张地图就是他和一位教授共同绘制出来的。在父亲的熏陶下，杰斐逊对于绘制地图也深感兴趣。寻找通往太平洋的水道，其目的之一便是为了绘制西部水域地图。他希望这样绘制出来的地图一旦出版和扩散开来，就会鼓励进一步的西进运动，使西部一直到太平洋沿岸都住满了人。

萨卡佳微

而且，发现通往太平洋的水道也是实现杰斐逊的西部政策的第一步，他的西部政策便是把美国建设成为一个从大海到大海的北美大陆强国。当然，发现这条水道也有利于美国商人的西部贸易。

为了派出这个探险队，物色带队的合适人选是很重要的。杰斐逊很早就属意于他的私人秘书路易斯，因为他认为路易斯最有资格担负起这个重要任务。在他看来，除了体力和勇气外，这个探险队的领导者还必须具备各种才能——他应该是一个有天赋的领导人，否则他就不可能带领他的队伍深入不测，经历危险和艰苦；他必须是一个熟悉山林生活的人，对于印第安人也有所了解，否则他们就无法活着回来；他还必须有一些科学训练，否则就不会绘制地图、从事科学考察、搜索各种科学标本。杰斐逊感到路易斯不仅把探险所需要的这些才能都集于一身，而且有很好的体魄和勇气。

1802年12月，杰斐逊先后与西班牙驻美公使伊路乔及法国驻美外交官皮松接洽，向这两位外交官表示，美国政府可能派出一个西部探险队，要经过他们的领土，希望两国能发给通行证。在取得两国的通行证后，杰斐逊就草拟一份秘密咨文，于1803年1月18日向国会提出。

在这份咨文里，杰斐逊说明远征的目的，首先是商业上的，把密苏里河流域的印第安人的大规模贸易从加拿大商人手中夺过来交给美国商人；其次是发现一条通往太平洋沿岸的航路。

与此同时，杰斐逊还派路易斯去拜访美国哲学协会的专家学者，向他们学习各种科学知识和技能，因为他感到路易斯缺少"自然科学的专门语言"及为确定地理位置所必需的天文观察的能力。他还把路易斯介绍给优秀的天文学家、测量学家安得鲁·艾利科特，请他向路易斯传授使用天文仪器及测量土地的仪器的方法。

更重要的是，杰斐逊还写出了准备发给路易斯的训令。

他在训令里规定了远征的任务：第一，考察了解西部河流，要考察和确定"密苏里河的源头与通往太平洋的最佳水道的源头之间的水陆联运的重要路线"。第二，调查和了解印第安人毛皮贸易的状况。第三，科学考察：1."极其精密、正确地"观察沿途每一个地点的经纬度，并且详细记载下来，要写在许多抄本上，以防丢失。他甚至要求写在桦树皮上，因为它耐久、耐湿，便于保存。2.调查研究印第安人不同部落的情况——衣、食，如何维持生存，信仰什么，要了解他们的语言、风俗习惯、职业、道德和自然环境，以增加在人种学方面的知识；了解印第安人所走的路，因为这对于军事及商业都很重要。他写道："为了与住在你所经过的路线上的人民进行贸易，就必须知道那些人民的情况。" 3.了解"这些地区的土壤和地貌……动物……古迹……各种矿产……火山外貌……气候……特殊植物及其开花生叶、落花落叶的时间，特殊的鸟类、爬虫或昆虫的出现时间"。要求找到灭绝的动物的遗体，观察风向。

杰斐逊充分认识到，这次探险的成败主要取决于和印第安人的友谊能否建立起来，所以他在训令里特别要求以友好和和解的态度对待印第安人。他力求在可能的范围内使这次探险成为一次和平的远征。他写道："我们非常珍视公民的生命，所以不能让他们遭到毁灭。"如果探险队在前进的道路上遇到有力量优势的印第安人的反对，就必须退回来，以便保存和带回他们所获得的信息。训令的这个要求，路易斯等人都能严格遵守，因此这个探险活动是一个地地道道的和平活动。只有一个小小的例外。由于预料到在发生意外时会出现经费短少的情况，杰斐逊特意把一份无限制的信用状交给路易斯，告诉他说：他无论走到哪个国家，只要拿出这个信用状，都可以要求当地政府提供现金，并且命令美国领事提供必要的帮助。杰斐逊还在训令里指示路易斯派两三个队员从海路返回，并且随身把他们的记录本带回来。而且，如果陆路返回会有危险，路易斯和全体人员都应该走海路，或者经过霍恩岬，或者经过好望角返回。

最后，杰斐逊表示希望路易斯经常与印第安人举行会谈，但是他知道探险工作时间紧张，不容许与印第安人从容不迫地举行会谈。因此，他嘱咐路易斯一有机会就组织印第安人酋长和长老代表团到华府来访问，以便向他们显示这个新国家的富裕和繁荣。

路易斯，1774年生于弗吉尼亚的一个庄园主家庭。他父亲是独立战争中的一名军官，路易斯5岁时，父亲病逝，母亲改嫁，有一段时间他跟母亲住在佐治亚州。1794年他参加了弗吉尼亚民兵队，随后转为正规部队，在俄亥俄一带服役。1801年升为上尉。同年，杰斐逊总统任命他为自己的私人秘书。

鉴于路易斯的忠诚和智慧以及他的边疆经验，杰斐逊选他去作一次前所未有的探险。路易斯受命后立即想起他的朋友克拉克。

1770年，克拉克也出生于一个弗吉尼亚的庄园主家庭。他的哥哥乔治曾经是独立战争中的一名英雄。克拉克14岁时，全家迁至肯塔基。1789年，克拉克以民兵身份参加了征讨俄亥俄一带印第安人的民兵队。1792年他成了正式军官，1794年以中尉退役，回家管理庄园。

路易斯在当秘书时已向杰斐逊学了动物学和植物学，他可以沿途考察动植物；克拉克在接受任命后即恶补天文学和测绘学，以便绘制地图。他们先做了几个月的准备，包括选择队员和购置所需物资。克拉克还特别带走他的一名黑奴约克，因为他身体特别高大，体壮力大，既可以做重体力劳动，又可以起到威慑印第安人的作用。

探险队于1804年14日正式从圣路易出发。最初的人员为20名。船队包括一条龙骨船和两条平底船。前者长55英尺，宽8英尺，后者长35英尺。出发时逆密苏里河而上，有时还需要背纤，所以行程非常缓慢，每天只能走十四五英里。他们日行夜宿，上岸扎营过夜。当时遇到的有三大困难：一是与印第安部落打交道，一是与蚊虫打交道，还有是需要打鱼打猎以补充食物。

10月底，队伍到达今天北达科他毕斯麦地带的满但部落，并与他们达成协议，在那里筑房过冬，并命名该地为满但堡垒。11月有一位法裔加拿大人来此，他的父亲是法国人，母亲是印第安人，所以他本人会讲法语、英语和印第安语。路易斯乃聘他为译员。他的名字叫查波暖。更巧的是他有一位16岁的妻子，名叫萨卡佳微，已有身孕，也作为家眷同行。1805年2月11日，她分娩，生了一个男婴，起名巴提斯特·查波暖。

4月7日，他们让龙骨船带已有的资料驶回圣路易。两艘平底船和几条独木舟继续向密苏里河前进。但最后到了尽头，是一片大瀑布。水路到达太平洋的计划已行不通。他们必须穿越落基山。这时，萨卡佳微起了很重要的作用。

原来她是首松部落的人，幼年时被西达撒部落掳走，带到了北达科他。查波暖是做皮毛生意的，他看到她很可爱，就把她买下做了妻子。由于她是女性，而且又背着一个孩子，各派印第安人就此看出这支队伍是和平队伍；而况她又会印第安语。这对双方对话起了极好的作用，所以有一位美国历史学家就把她称为探险队的外交家。

有一次，她得了病，路易斯在日记中这样写道："她不能死。如果她死了，我们就可能没有办法完成任务。"另外，队伍中有一名女性和婴儿，一路给人们带来了不少乐趣，也鼓舞了士气。一个背着孩子的母亲不怕翻山越岭，男人呢？

最有意思的是，萨卡佳微竟无意中找到了她原来的部落。她发现她的父母都已去世，但两个哥哥还活着，而且，大哥已成为部落的头头。这更使事情好办多了。她哥哥不但卖给了探险队所需的马匹，而且还让他们借用一名引路人，使他们得以比较顺利地走出了落基山，到达讷斯佩尔斯，重新返回水路，由哥伦比亚河一直通到了太平洋海岸。

1805年12月7日，全队人员33人到达克拉首帕堡垒，在那里过冬。翌年3月23日启程返圣路易。总计，路易斯一行从圣路易到满但堡花174天，从满但堡到大瀑布花134天，从大瀑布过大山花35天，从哥伦比亚河到克拉首帕堡花63天。但回程是老路和顺水而下，花了157天。

1806年9月22日，探险队回到圣路易，受到了当地人民的热烈欢迎。但查波暖夫妇留在满但堡，没有来圣路易。后来，总统任路易斯为路易斯安纳领地总督，任命克拉克为路易斯安纳印第安事务总管。他曾请查波暖夫妇来新奥尔良小住，并留下了他们的儿子巴提斯特，因为当初他曾许诺把巴提斯特当养子。

历史学家们说：尽管今天有州际高速公路，有普遍的万维网络，以及其他种种，但伟大的故事是永远不朽的。今天的西部地图当然比探险队的地图精确许多倍，但探险队的故事仍无人可比。

探险队的最大遗产是美国的精神遗产：目光向前、不怕艰难、永远探索。

维基百科对这次远征做了如下的总结：

杰斐逊挑选梅里韦瑟·路易斯上尉领导探险队，此后称为探险军团；路易斯挑选威廉·克拉克作他的伙伴。由于官僚作风作祟，克拉克正式起行时，只有少尉军衔。但路易斯仍与克拉克共同领导考察队，谈及克拉克总是称为"上尉"。

1804年5月14日，两位指挥官带领队伍开始了远征。与此同时，西班牙大使要求新西班牙（现在的墨西哥）总督、内陆省总司令萨希多"逮捕路易斯船长和他的手下们"。以冷酷著称的萨希多同时煽动与西班牙同盟的科曼奇人，派遣他们去刺杀路易斯和克拉克，但是这些印第安人没能找到这支探险队。

8月底，探险队进入印第安部落拉克塔斯人和苏人的领地。这些印第安部落是美国中西部大平原的统治者，自称是"勇者之王"。早在探险队出发前，杰斐逊便给拉克塔斯人送去了亲笔信，说自己敬畏这个民族强大的力量。探险队与拉克塔斯人进行了友好而平静的会面，好客的印第安人邀请探险队员们吸烟。看到这种烟管超长的烟斗时，路易斯和克拉克很惊异，他们给吸烟的地点取名为烟斗崖。

9月25日，在今天的南达科他州，探险队与另外一个拉克塔斯人部落相遇。这个部落因为抢劫过往的商人而声名狼藉。探险队与酋长托特洪加会面。会面中，拉克塔斯人想突然袭击探险队，但为士兵们勇敢的举动所打动，酋长托特洪加抛却了最初的敌意。

秋季探险队在密苏里河附近、曼丹人居住的地区建立了曼丹堡垒，准备在此过冬。春天来临后，4月7日他们重新踏上征途。他们经过密苏里河的支流黄石河，来到密苏里大瀑布。7月之后，他们进入了洛矶山脉门户的山地。1805年8月11日，他们与肖松尼人部落的战士相遇。10月，探险队穿越了爱达荷州进入华盛顿州，渡过了北美地区流速最快的河流斯内克河和清水河。

10月16日，他们到达了哥伦比亚河，并由此经水路前往太平洋。三天后，探险队到达他们梦想的终点——太平洋。日志是这样记录的："在宽阔的哥伦比亚河口，我们享受着观看太平洋海景的喜悦。"

探险队花费近一个月的时间考察太平洋海岸、附近的平原，还调查了太平洋沿岸的印第安部落情况。他们在这里建造了一座名为科拉特索普堡的堡垒。这座堡垒的建成，宣告了美国军事力量的触角第一次延伸到了太平洋沿岸。科拉特索普堡不但成为美国在太平洋边的第一座哨卡，也是美国在西部的地标，这成为路易斯和克拉克此次历险的最高成就。

1806年3月23日探险队一行踏上归途。也许是由于英国北西皮毛公司的挑唆，在返回的路上，原先友好的印第安人变得充满敌意。尽管这样，他们还是在1806年9月23日中午，回到了圣路易斯。

他们的主要成绩：

获取了美国西部地理的广泛的知识以及主要河流和山脉的形势地图；

观察和描述178种植物和122种动物种类和亚种；

鼓励西部的欧美毛皮贸易；

加强了美国对俄勒冈领土的要求。

58 杨振宁、李政道和吴健雄

在物理学上有一些定律是讨论物理过程的对称性质的，宇称守恒定律就是讨论左和右之间的对称性质的一个所谓"定律"。打个比喻说，一个物体在镜子里面所成的映像，左和右的次序是颠倒的，而所谓的宇称守恒定律就是说，一个过程互相调换一下，它们进行的方式仍然不会改变。在大约30多年的时间里，宇称守恒定律被人们奉为金科玉律，认为是物理学上不可动摇的基本定律。但是，科学家们在实验中逐渐发现这个定律和一些物理实验产生的现象相矛盾，最突出的是所谓"τ—θ之谜"。

什么是"τ—θ之谜"呢？在美国的布鲁克海文和贝克利实验室有两台大加速器，科学家们在加速器上做实验时发现了一些令人困惑不解的现象：k介子是重介子的统称，其中一种衰变为两个π介子的叫做θ介子，另一种衰变为三个π介子的叫做τ介子。θ和τ介子除了衰变方式不同外，其他的物理性质没有什么区别。这样人们很自然地猜想θ和τ本来是一种k介子，θ和τ只是这种介子的两种衰变方式。然而，科学家们进一步分析发现这种想法和宇称守恒定律是矛盾的。因为分析了实验结果以后得出的结论是：θ介子衰变成的两个π介子的

杨振宁

宇称是正的，而τ介子衰变成的三个π介子的宇称是负的。如果说θ和τ介子像宇称定律所告诉人们的那样，并不是一种介子，那么为什么它们的性质如此相近呢？难道说这只是一种偶然的巧合吗？许多物理学家都在热烈地讨论着这个问题。

李政道、杨振宁两位教授不被传统的成见所束缚，创造性地提出了举世闻名的"李—杨假说"。两位年轻的物理学家在这个"假说"中明确地指出："在基本粒子间的弱相互作用中宇称可能是不守恒的。"这样就一语道破了k介子的两种衰变方式问

题,因为k介子的衰变是通过k、π介子间的弱相互作用引起的。

然而,问题并不这么简单。因为在物理学家们的心目中,宇称守恒定律似乎是经过千百次实验检验过的基本定律。人们可能会问:"难道说实验事实还不是宇称守恒的最有说服力的证据吗?"李、杨二位教授分析了过去的实验证据,提出:"可以很清楚地看到,现有的实验确实相当精确地证明了在强相互作用和电磁相互作用中宇称是守恒的,而在弱相互作用中,宇称守恒定律仅仅是一种推广的假设,并没有任何实验证据能支持它,如果认为宇称守恒定律在弱相互作用中也无可怀疑,只能是一种因袭的成见。"

李政道

吴健雄

1957年1月16日《纽约时报》刊登了美国哥伦比亚大学的物理实验报告《宇称守恒定律的推翻》。报告的前言说:

哥伦比亚大学物理系宣布,在粒子物理学方面,最近的几项实验,已造成极重要的发展。这些实验包括:

1. 排列中原子核的β蜕变——哥伦比亚大学教授吴健雄与全国标准局的安勃乐、海瓦特、何勃斯及哈德逊等人合作完成。

2. MU介子内电子蜕变的不对称角度——哥伦比亚大学迦文博士、雷德曼教授及文立澈先生合作完成。

报告在谈到上面两个实验的意义时说:

上述的两项实验,是由哥伦比亚大学教授李政道博士及普林斯顿高等学术研究所杨振宁教授提出的。3篇连续论文的第1篇已经发表,题目是:《在弱相互作用中对称性是否不变?》)。试验的目的,在于对此问题提出决定性的答复——对称性不是不变的。从而推翻了30年来物理理论中的一个基本定律。

这份实验报告通过无线电波迅速地传遍了全世界。世界各地的物理学家们闻讯后赞颂不已。随后,祝贺和询问的信件、电报像雪片一样飞来。美国报纸和杂志竞相刊载关于这个重大发现的消息。美国《新闻周刊》说:"哥伦比亚大学把这次发现称为过去10个忙碌的年头中,物理学上最重要的一项发现。"

有些美国物理学家评价说:"这个发现使物理学进入了一个新纪元,今天的情况只有1887年米契逊和契莱用实验打破了'传光的以太'一事可以与之相比拟。"

为此,杨振宁和李政道获得了1957年的诺贝尔物理学奖。

杨振宁,1922年6月22日生于安徽省合肥县。他的父亲杨武之先生当时正在安庆(原名怀宁)教书,因此把他命名为"振宁"。

杨振宁出生后10个月,父亲便到美国留学。他童年时在家读私塾,读过《龙文鞭影》一类的古书。1928年,杨武之先生在美国芝加哥大学取得数学博士学位归国,在福建厦门大学任教,杨振宁也进了厦大附小读书。

1929年秋天,杨武之先生调任北平清华大学教授,杨振宁在读完小学后,入崇德中学读书。他的少年时代是在清静幽雅的清华园度过的。

1937年7月,杨振宁读高一时,抗日战争爆发,杨武之随校南迁,全家先回到故乡合肥,杨振宁转学到安徽省立第六中学读书。不久,南京沦陷,杨武之决定到大后方的昆明去。当时,清华、北大、南开三所大学,合并成西南联合大学,在昆明开学,聘请杨武之为数学教授。杨振宁随父到了昆明,1938年夏天,他以同等学力考入西南联大,开始他从事科学研究的光辉途程。

1942年,杨振宁在西南联大毕业,随后进入西南联大的研究院。两年后,他以优秀成绩获得了硕士学位。为了写好硕士论文,杨振宁拜见了王竹溪,这时王竹溪还是一位很年轻的教授,刚从英国回来不久,在他的精心指导下,杨振宁写了一篇关于统计力学的论文,从此以后,这位未来的物理学大师和统计力学结下了不解之缘。由于这位教授的引导,在这以后的40年间,杨振宁走的两个方向——对称原理和统计力学,始终是他的主要研究对象,并且作出了卓越的成绩。

后来,杨振宁在西南联大附中教了1年书。课堂上,一位叫杜致礼的小姑娘很喜欢这位英俊而才华横溢的小老师,这不期而至的相遇,在两个年轻人的心里深深地播下了爱的种子,只待春来开花结果了,这是后话。

在西南联大读书时,尤其是念研究生期间,渐渐地,杨振宁对一些物理学家的研究风格产生了浓厚的兴趣,他特别佩服的3位物理学家是:爱因斯坦、费米和狄拉克。他们都是20世纪的大物理学家,虽然他们3个人的风格不同,然而杨振宁研究发现,他们的风格有个共同点，这就是都能从非常复杂的物理现象中，抽出其中的精髓，然后把这种精髓通过很简单但是深入的想法，用数学的方式表示出来，而且单刀直入，切中要害。

这也是杨振宁不远万里前往美国求学的缘由。美籍意大利杰出的物理学家费米和他从事的物理学研究，对杨振宁是那样富有吸引力，因此他决定即使排除万难，也要找到费米教授。

由于这时费米教授在芝加哥大学教书，所以杨振宁就进了芝加哥大学做研究生。

杨振宁在芝加哥大学读了两年半研究生，1948年夏季获得博士学位。在这个著名的大学，他和许多举世闻名的物理学大师朝夕相处，获益匪浅。这里，不仅学术研究的气氛十分浓厚，而且使他看到了一些最有发展前途的研究方向。若干年后，他回忆起这段经历时说："我常常想，我是很幸运的。在西南联大，我打下了扎实的根基，学会了推演法；到了芝加哥大学又受到了新的启发，学到了归纳法，掌握了一些新的研究方向，在这两个学校受的教育，对我后来的工作产生了巨大的影响。"

获得博士学位后，杨振宁在芝加哥大学做了一年教员。第二年春天，一个偶然的机会改变了杨振宁的想法，把他吸引到了另一位物理大师的身边。

第二次世界大战期间，奥本海默教授在美国主持了世界第一颗原子弹的研制工作，因此在美国乃至全世界负有盛名。从1947年起，他担任了普林斯顿高等学术研究所的所长。

一天，杨振宁在芝加哥大学听了奥本海默的演讲，心想："在奥本海默教授主持的普林斯顿理论物理研究所人才济济，我如果能到这个研究所工作，无疑会得到更多的教益。"随后，他对泰勒和费米教授谈了自己的想法，希望能得到他们的支持，两位教授当即给他写了推荐信，信发出去后，奥本海默很快便回信说，非常欢迎杨振宁去普林斯顿工作。

1949年一个晴朗的秋日，年轻的杨振宁怀着兴奋、激动的心情走进了普林斯顿高等学术研究所。这是一个名家、高手云集的高级研究机构，虽然经常在这里工作的只有20多位教授，但他们都是全世界闻名的学者。

工作了一段时间以后，奥本海默非常喜欢杨振宁，1950年初，正式聘请他长期留在普林斯顿。杨振宁接到聘书后经过反复考虑决定留下。这倒不是因为他忘记了费米教授的叮嘱，也不是奥本海默的执意挽留，而是因为这个时候他正热恋着日后的爱妻杜致礼。她那时正在纽约念书，离普林斯顿很近，因此他留下来了。

20世纪40年代末50年代初，物理学出现了一个崭新的领域：粒子物理学。杨振宁和他同时代的物理学家们和这个新领域同时成长。从那时以来直到今天，这个领域方兴未艾，随着这门新兴科学的发展，人类对物质微观世界的认识也愈来愈深入。年轻的杨振宁在物理学的王国里遨游着,不久便从普林斯顿传出了惊人的发现。

杨振宁和李政道在西南联大读书时就是同窗好友,后来在美国相遇,不约而同地成为费米教授的学生,从这时起或是追溯到更早的时间,两人就时常在一起切磋物理学中的问题,互相启发,相得益彰。

1956年夏天,两个年轻人在纽约附近的布鲁克海文实验室相遇后,谈起了当时的一些物理实验,经过一番讨论,大胆地提出:

"宇称在弱相互作用中,也许是不守恒的!"从30年前量子力学创立之日起,一直被认为是无可怀疑的物理基本定律之一——宇称守恒定律,就这样被动摇了。过了大约半年,华裔女科学家吴健雄用实验证实"李—杨假说"是完全正确的!

1926年11月25日,李政道出生在上海。中学毕业后,他先是在浙江大学读书。当时正值抗日战争时期,烽烟四起、兵荒马乱,浙江大学的师生们在贵州湄潭破旧的会馆里上课,物理实验在破庙里进行。就在这样困苦的环境里,少年李政道发奋读书,常常是废寝忘食。后来转学到昆明西南联合大学,条件依然十分艰苦。关于当时的情景,1979年他来中国讲学时曾经这样回忆说:"这次我去看了一下原来在昆明的西南联大旧址,现在是云南师范学院了。西南联大是我的母校,过去都是草房子,现在盖起了楼房,只剩下了一幢铅皮顶的老房子了,面貌全变了。当时有1000多人,我在那里读过书,那时的设备是不能再简陋了,物质条件没有再差的了,那时我们十五六个人住一间草房子,还得天天把床板搬出去煮臭虫,但那时西南联大出来的学生并没有感到自己比别人差。我是从那里去美国的,当时我才19岁,并没有感到自己学校的条件差,就比别人低一些……"

1946年秋天,李政道和华罗庚、朱光亚、唐敖庆等几位西南联大的师生,从黄浦江畔乘坐美琪将军号轮船,远涉重洋到了美国。不久,便以优异的成绩考取了著名物理学家费米的研究生。1950年获得美国芝加哥大学物理博士学位。从20世纪50年代至今,一直在美国哥伦比亚大学任教授。

李政道不仅是杰出的科学家,而且也是一名道德的楷模。请读一读谷歌网上的一篇介绍就可以知道李政道的为人了:

今天我们想向大家讲述物理学家李政道教授和他的已故夫人秦惠䇹的爱情故事。

在半世纪的风雨旅程中,他们始终相知、相助、相爱,爱情始终是他们赢得事业成功和幸福生活的源泉。

李政道教授和秦惠䇹女士的爱情故事起始于20世纪四十年代。那时,李政道还是美国芝加哥大学的研究生,秦惠䇹则是美国堪萨斯州圣玛丽学院的学生,1948年他们在一次偶然的相遇中,播下了爱情的种子,并在1950年6月喜结连理。从此,他们俩人相濡以沫,共经风雨,谱写了动人的爱情篇章。秦惠䇹看到李政道在物理学研究上具有的非凡才华，主动放弃了自己的学业，挑起照顾李政道生活和抚养孩子的重担。支持李政道到理想的岗位上去施展才华。他们二人分别去美国求学的时候，都还是不到20岁的小青年，但对祖国的衰微破败都时刻不忘，当他们于1972年首次归国访问后，看到祖国已是"旧貌换新颜"，心情十分激动，心中燃起了为祖国科教事业发展作贡献的强烈愿望。他们发现，祖国的大学教育虽然恢复了正常秩序，但是选派优秀大学生出国深造，培养高级科技人员的机制尚未形成，而百废待兴的科学研究事业又急需人才。李政道教授经过多方筹划，于1979年提出了"中美联合招考研究生"（CUSPEA）的计划。这项CUSPEA计划是李政道教授以自己在美国科学教育界的声望和影响，促进美国水平最高的数十所大学招考中国优秀学生深造的特殊人才培养计划。经过李政道教授的努力，通过CUSPEA考试，被这些学校录取的中国留学的研究生的学费、食宿费等均由相关校方提供，或由李政道教授筹措解决。在实施这项计划的前后的十年间，为了每年约一百名CUSPEA研究生能顺利学习，李政道教授和秦惠䇹呕心沥血，全力以赴。那时，中美关系还处于初始阶段，CUSPEA研究生和其他中国学者在美国深造遇到各种问题，都要找李政道教授帮助解决。李政道的家顿时成了这些海外学子的"家"，学生找上门来的，打电话来的，写信来的，李政道夫妇都不厌其烦地认真处理。为了让李政道把主要精力放在科研教育的大事上，秦惠䇹主动把这些繁杂事务揽了起来，帮助留学生联系协调，排忧解难。每年，与CUSPEA研究生及其学校联系，仅投寄邮件就近千封。李政道夫妇书写信件、贴邮票、投寄邮件都要亲自动手。他们常常把家附近的几个邮筒都塞得满满的，以致纽约邮政局不得不向李政道教授诉苦。李政道夫妇只好推了装满邮件的小车到较远的邮局去投寄。

　　1996年，李、秦爱情受到暴风雨股的袭击。这年年初，秦惠䇹发现自己罹患了肺癌！这对秦惠䇹和李政道教授全家都是晴天霹雳的打击。在这些艰难的日子里，李政道和孩子们为救治秦惠䇹的生命而竭尽一切努力，四处求医，精心守护在床边。李政道亲自给夫人秦惠䇹喂水、喂药、喂饭、翻身擦背。为能随时照应夫人，在近一年时间里，他累了，就在夫人床边椅子上休息一下，几乎没有在床上睡过一个整觉。他还倾情安慰着秦惠䇹，希望能出现生命奇迹。

　　秦惠䇹内心深知病魔的凶险。但她竭力克制并掩饰着自己的痛苦，表现出乐观和豁达，她希望不要因为自己的病使政道及孩子们增添烦恼和痛苦，不要因为自己的病而影响政道为祖国科技事业发展和人才培养所做的各项工作。

　　就在同病魔搏斗的悲苦日子里，秦惠䇹仍常与李政道倾心交谈。她回顾着自己和政道相识、相知、相爱的历程，她深为自己能和科学家李政道相伴一生而感到庆幸、自豪。她也不断思考着这样一个问题：自己不是学科学的，但是，为什么能与从事科学研究和教学的李政道始终恩爱情深、和谐相处、其乐融融呢？她认为这同自己努力去了解和理解科学研究和科学家的精神世界有很大关系。在与政道相识相伴过程中，自己力求熟悉政道所从事的科学研究的内容，虽然学理细则难于弄懂，但他每项研究成果的意义和价值，以及政道在研究探索中付出的心血、劳动和精神世界的变化，自己是了然于胸的，正是这种对科学研究和科学家的理解，激发起她对李政道的深深的爱情，激励着她心甘情愿为政道从事的每项事业奉献自己的一切。所以，在病重的日子里，秦惠䇹多次嘱咐李政道，要他继续关怀祖国大学生的成长。她希望要让祖国的大学本科生，特别是女大学生，在学习期间，利用假期能跨学科地熟悉科学研究，多接触科学家，增进对科学研究和科学家的了解。这对祖国青年一代成长和祖国科学事业发展都是很有意义的。

病魔终于吞噬了秦惠䇹的生命。1996年11月29日，秦惠䇹带着对政道及子女的深挚的爱，带着与李政道共伴人生的幸福记忆离去了！李政道失去了相伴了半世纪的爱妻和助手！

在悲痛的日子里，李政道和儿子李中清、李中汉、儿媳妇黄美芬及在美国的几位亲人在家里开了一个"家庭会议"。他把惠䇹的遗愿对人家说了。并宣布为了纪念惠䇹，准备设立"秦惠䇹李政道中国大学生见习进修基金"，（简称"䇹政基金"）的设想。这项基金同一般基金不同，专门用来资助祖国优秀大学本科生利用假期或课余时间见习科学研究、接触科学家。孩子们都赞同、支持并积极参与这项实现母亲遗愿、造福祖国大学生的高尚事业。李政道看到孩子们这番表示，十分欣慰。他说，让我们用爱去实现惠䇹的遗愿。李政道说：这项基金经费主要用我和惠䇹的全部存款积蓄，以后再逐步扩大。

1998年1月，李政道教授带着设立"䇹政基金"的方案来到北京。他邀请北大、复旦、兰大、苏大四所大学的校长到北京，商议设立"䇹政基金"事宜，并举行"䇹政基金"成立仪式。

时任副总理的温家宝同志，以及宋平、周光召、路甬祥、陈至立、朱光亚、钱伟长等领导同志都出席了成立仪式。温家宝同志在讲话中高度称赞李政道教授和他已故夫人秦惠䇹女士竭力为祖国科学、教育事业努力做奉献的精神，勉励各高校落实好"䇹政基金"的各项工作，充分发挥"䇹政基金"在人才培养中的作用。

在成立仪式上，还宣读了时任总理的朱镕基的亲笔贺信。信中对李政道夫妇二十年来为祖国科学教育事业所做的贡献予以高度评价。李政道教授听了十分激动。成立仪式后，李政道教授给朱镕基总理写了热情的回信，他告诉朱总理，他要把朱总理的贺信带回美国，放在惠䇹的灵前，她一定也会感到无限欣慰的。

几年来，李政道教授始终带着对惠䇹的深情怀念关注"䇹政基金"的实施情况。每年，他回国访问，在完成中国高等科学技术中心为他安排的各项科学学术活动后，他总是亲自参加每年"箬政基金"实施情况的总结汇报会。不仅听取各校主管基金的领导介绍情况，还听取享受基金进行见习进修的大学生谈体会感受，并亲自作学术报告以示鼓励。

各校的领导汇报说，"箬政基金"宣布实施后，教师和学生反映十分热烈，申报基金的人数超过基金名额的3—5倍，在基金资助下，学生们通过一些课题研究实践，大大增进了对科学的理解，提高了科研的能力和对科研的学习兴趣，享受基金的学生毕业后，有70％的学生选择从事科学研究。

这些年来，海内外许多热心的亲朋好友，不断殷切关怀着年迈的李政道教授，希望他能再觅知音，安度晚年。但是，都被李政道婉言谢绝了。接近他的人士说，李先生心中只装着深爱的惠箬，在爱的心田里已容不下其他人了。

杨振宁和李政道的成功是与吴健雄分不开的，是吴健雄做实验证实了他们两人的理论的正确性。

吴健雄（1912年5月21日—1997年2月16日）是世界公认的最杰出的女性实验物理学家，被誉为"核子物理女皇"和"中国的居里夫人"。

1912年5月31日，吴健雄出生于江苏省太仓市浏河镇。

1929年以优异成绩从苏州女师毕业，获保送南京中央大学（现东南大学）。

1934年毕业于中央大学物理系。

1936年赴美国留学。

1940年获美国加利福尼亚大学博士学位，之后又获美国普林斯顿、耶鲁和哈佛等著名高等学府的理学博士学位。

1942年5月30日与袁家骝在美国加州完婚，主婚人为加州大学理工学院院长罗伯特·密立根先生。

1957年完成了"宇称不守恒"实验，为杨振宁和李政道提出的理论假设作出了有十分明确证据的实验结果，李政道、杨振宁后来获诺贝尔物理奖。

1963年完成了"向量流守恒"的实验。

1973年当选为美国物理学会会长、美国科学院院士和美国艺术科学院院士。

1975年荣获美国国家科学勋章。

1978年"沃尔夫"物理奖。

1992年，四位诺贝尔奖得主：李政道、杨振宁、丁肇中、李远哲，在台北发起成立"吴健雄学术基金会"。

1994年，为表彰她在科学上取得的杰出成就和为华人社会的进步与发展作出的贡献，美国全美华人协会授予吴健雄夫妇"全美华人杰出成就奖"。

1997年2月16日因再次中风在纽约不幸去世，她的骨灰于3月6日晚运抵她的故乡，安放在吴教授生前就读过的母校明德学校的明德楼里。

杨振宁和李政道在1956年6月间完成了一篇论文，题目叫做《在弱相互作用中宇称是守恒的吗？》论文中不但提出理论上对宇称守恒在弱相互作用中的质疑，也提出了好几种检验这种想法的实验。在他们文章的结尾，感谢了五位物理学家，其中就包括了高德哈伯和吴健雄。论文在6月22日寄到了美国物理最权威的期刊《物理评论》，并且在10月1日那期刊出。

不过由于《物理评论》编辑规定不用疑问式题目，因此论文题目改成《对弱相互作用中宇称守恒的质疑》。这篇论文使杨、李两人得到第二年的诺贝尔奖，文章本身也成为科学文献中不朽的经典著作。

在杨、李论文完成以前，吴健雄已经认识到，对于研究β衰变的原子核物理学家来说，这是去进行这样一个重要实验的黄金机会，不可以随意错过。她以为，纵然结果证明宇称在β衰变方面是守恒的，也一样是为这方面的科学论点，增加了一个极重要的实验证据。杨振宁说，当时他们也和其他科学家谈过了，但只有吴健雄看出其重要性，这表明吴健雄是一个杰出的科学家，因为杰出科学家必须具有好的洞察力。

那年春天，吴健雄原本已和袁家骝计划好，先到瑞士日内瓦出席一项高能物理会议，然后再到东亚地区去做一趟演讲旅行。这是他们1936年离开中国以后，20年来头一次回到东亚去，他们原本是要到中国台湾去访问的。

为了这趟旅程，他们还订了伊丽莎白皇后号邮轮的票，准备坐船横渡大西洋。吴健雄由于认识到这个实验的重要性，应该马上做一个清清楚楚的检验，于是要求袁家骝一个人去，让她留下来做实验。袁家骝也是一位物理学家，他很清楚认识到立即进行这个实验的重要，因此便一个人踏上这趟离开故国20年之后、感怀深重的归乡之旅。他先出席了日内瓦的高能物理会议，在英国、法国、意大利和埃及短暂停留，再到印度孟买塔塔研究院访问演讲，然后在7月间到了中国台湾。

在这期间，吴健雄已经为她决意要进行的实验，做了相当周全的准备。她在新出的科学文献中，了解到原子核科学在Co60方面最新发展的知识。由于她的实验是结合原子核实验技术和低温物理的技术，因此吴健雄也积极去了解低温物理的知识。

吴健雄本身不是低温物理学家，她知道必须找到对原子核极化有清楚了解的优秀低温物理学家，共同来进行实验工作。当时在哥大有一位物理学家加文（R. Garwin），工作于IBM设在哥大的华特生实验室。加文由于进行利用超导材料的高速计算机发展工作，曾经进行了许多低温物理的研究。吴健雄于是和加文接触，希望他一同来进行检验宇称守恒的实验。加文由于正开始负责IBM的一项研究计划，因此没有时间和吴一起工作。

在华盛顿BC的国家标准局，是美国国内另一个可以进行以低温环境达成原子核极化的实验室，吴健雄也知道在那里工作的安伯勒（Emest Ambler），是来自英国牛津的克莱文登实验室，而且是1952年在国家标准局作出核极化的实验成员之一。1956年6月4日，吴健雄由纽约打电话到华盛顿DC国家标准局给安伯勒，正式邀请他共同来进行这一个后来改变历史的实验。

安伯勒对这个实验的 β 衰变效应知道不多，他问吴健雄这会显现出很大的不对称效应吗？吴健雄给了他肯定的答案，这使得安伯勒大感兴趣，他除了请吴健雄将杨、李论文的预印本寄给他，表示很乐意共同进行实验。

吴健雄打电话给安伯勒时，她虽然早已在原子核物理界享有盛誉，但是做低温物理的安伯勒，却全然不知道是何方神圣。于是他就打电话给一位原子核物理学家乔治·田默（G. Temmer）。田默和吴健雄一样，也都是诺贝尔奖得主塞格瑞在加州柏克莱的学生，是一个很好的实验物理学家，安伯勒几年前的原子核极化实验，正是和田默合作的。由于田默是由奥地利流亡来美国，是政治难民身份，20世纪50年代麦卡锡时期他的忠诚受到质疑，所以被迫离开政府部门国家标准局的工作。

安伯勒在电话中问田默："乔治，哥伦比亚大学有一位女科学家叫吴健雄。打电话给我，她提出的实验十分有趣。告诉我，她有多好？我现在应该去做这个实验吗？"田默说："她是顶厉害的！"

那年的7月24日，吴健雄给安伯勒写了一封信，信中告诉安伯勒，她对于在液态氦极低温度环境中，去探测 β 衰变的实验准备，已经得到满意的结果。如果没有其他突发的技术问题，她建议他们应该见面进行讨论，并且和国家标准局的行政部门进行一些适当的安排。

9月中旬，吴健雄说，她"终于"到了华盛顿DC和安伯勒见面。安伯勒这位后来当了美国国家标准局局长的英国科学家，给她的头一个印象相当的好。吴健雄说，安伯勒本人一如他们无数次电话通话中给予她的印象：说话温和、做事能干、有效率，而最重要的，是有一种能使人鼓舞的自信。

安伯勒带吴健雄参观他们的实验室，并且介绍她认识了哈德森（R. P. HUDSON）。哈德森和安伯勒同样来自英国牛津克莱文登低温实验室，同样受教于那里的低温物理权威柯提（N. Kurti）门下。他和安伯勒在国家标准局继续合作许多低温物理方面的工作，包括在低温中将原子核极化的实验。这位当时职位是安伯勒顶头上司的科学家，也加入了吴健雄的实验组，成为一个合作者。

由于这个实验在观察宇称守恒的 β 衰变方面，以及确定放射源极化的 γ 射线各向异性测量方面，都需要许多电子测量仪器，因此他们向国家标准局的另外一位物理学家黑渥（R. W. Hayward）借用了电子仪器。一方面由于有这个渊源，另一方面由于最早由吴健雄派往标准局进行实验的两个学生和标准局科学家的合作不顺利，在安伯勒的建议下，黑渥以及跟他做实验的一名研究生哈泼斯（D. D. Hoppes），便取代了吴健雄的两个研究生。因此，后来这个实验组的正式组合，除了吴健雄之外，其他全是国家标准局的科学家。

吴健雄的实验在概念上是很简明的。主要是要利用一个很强的 β 放射源，然后在适当控制下极化这个 β 放射源，使其具有某一个方向性，再放在一个利于观测的环境中，测量这个放射源是不是有一种先天的方向性。但是，要检验这个简明概念的实验设计，却是困难而复杂的。

吴健雄和四个国家标准局的科学家，正式开始他们的实验。科学实验碰上各种困难，本身就是科学家最大的挑战，吴健雄他们从事的实验，由于特别精密和复杂，因此更是遭遇许多意想不到的问题，进展十分不顺利。

譬如说，为了将晶体组合起来，形成一个大的屏蔽，必须在晶体上钻孔，再将之黏合起来，他们得到晶体专家的意见，才知道要用压力向内的牙医牙钻钻孔，才不会使很薄的晶体崩裂。而黏合晶体的黏结剂，在极低温中会失效，他们又改用肥皂，甚至用尼龙细线绑住。另外如何克服在液态氦低温下，液体变成超流体而引起的外泄问题，以及如何将在低温环境的 β 衰变的测量，利用一支长的透明树脂棒导出观测等，都花了相当工夫，加上吴健雄和国家标准局四位科学家过去多年的经验，才一一攻克难关。

在实验进行过程中，由于吴健雄在纽约哥伦比亚大学还有教学和研究工作，因此每个礼拜总是华盛顿 DC 和纽约两头跑，并不是所有时间都在国家标准局的实验室。11月间，实验显示出他们看到了一个很大的效应，大家都很兴奋，吴健雄得到消息赶去看了一下，觉得那个效应太大，不可能是所要的结果。后来他们检查了实验的装置，发现这个太大的效应果然是由于里面的实验物件，因磁场造成应力而塌垮了所造成的。

他们经过重新安排，到 12 月中旬，再次看到一个比较小的效应，吴健雄判断，这才是他们要找的效应。杨振宁认为，这种过人的洞察力，也是吴健雄成为一位优秀科学家的原因。

对称性革命。

吴健雄一向是以实验谨慎精确著称的，因此尽管他们在实验中找到了初步结果，但是态度依然是谨慎的，他们认为在向外界宣布结果以前，必须进行更多精确的查证。在这同时，吴健雄也指导她的研究生，开始进行一些计算，看看这些实验数据是不是真正显现了 β 衰变的宇称不守恒效应。

在实验进行期间，有一次吴健雄回到哥大，正好碰到杨振宁和李政道两人，他们问起实验的情形，吴健雄告诉他们似乎确实有一些肯定的结果。杨振宁还问起其中的一些理论关键，吴健雄告诉他说，由日本来参加实验组的理论物理学家森田正人

（M. Morita）已经做过计算，Co60 的 β 衰变完全是盖莫·泰勒变换，这表示他们选对了 Co60 作放射源，实验结果也更为可靠。

随着吴健雄实验的进展，物理学界已渐渐开始有更多人谈论这件事，不同的故事和传言纷纷出现，形成一种极端热烈的气氛。任何一个熟悉半年以前科学界对这件事态度的人，都会对这种改变大感吃惊。

当时在物理学界以直言质疑著名的"伟大泡利"，对宇称可能是不守恒也一直是极度怀疑的。他在 1956 年由他以前的学生怀斯科夫信上得知吴健雄在进行这个实验时，就立时回信给怀斯科夫说，以他的看法，做这个实验是浪费时间，他愿意押下任何数目的钱，来赌宇称一定是守恒的。

怀斯科夫收到泡利来信时，正巧刚得知吴健雄实验成功的消息，他说他并没有立即打电报给泡利说"赌一千块钱"，只是告知他有关吴健雄令人吃惊的实验结果。后来泡利回信给怀斯科夫，除表示难以置信的惊讶之外，还开玩笑地写道："我很高兴我们没有真的打赌，因为我也许还输得起一些名声，但是却输不起我金钱的损失。"

吴健雄 1956 年回纽约过圣诞节假期时，他们的实验已经差不多可以说是成功了。但是吴健雄十分的担心，一方面她很难相信自然会有如此奇怪的现象，一方面也怕他们在实验中犯了什么错。尽管她把实验的最新结果告诉了杨振宁和李政道，但是她说她还要再次查验，并且要他们暂时不向外界透露消息。

但是，年轻的李政道显然不以为意，1957 年 1 月 4 日，哥大物理系又举行行之有年的"星期五午餐"，在这次聚会上，他告诉了与会人士。当时也在哥伦比亚大学的实验物理学家李德曼听到这个消息后想，如果宇称已经知道在弱相互作用中是不守恒的，那么以他正在进行的实验，加上一些小小的运气，或许就可以利用 π 与 μ 粒子，进行另外一种可以验证宇称不守恒的实验。

于是他打电话给哥大的同事，也是被称为"真正的天才"的加文。当天晚上 10 点钟左右，李德曼和加文已经想出进行实验的办法。这个实验一共只花了四天就作出来了，而且得到相当明显肯定的结果。对于这个巧妙实验的设计，加文有着极其关键的贡献。

1 月 8 日早上 6 点钟，李德曼打电话给李政道，宣称说："宇称定律死了。"

吴健雄在 1 月 2 日那天，回到华盛顿 DC 的国家标准局。她和四位合作者再次详细核验他们的实验。吴健雄说，由 1 月 2 日到 8 日，是他们实验工作最密集的一段时间，他们一次一次地把温度降到液态氦的低温，检验所有可能推翻他们结果的因素。那时候，研究生哈泼斯总是用一个睡袋睡在实验室地板上，每当温度降到所需的低温，他就打电话通知吴健雄和其他三人，在寒冷的冬夜里，赶到实验室去工作。

到了 1 月 7 日，有关李德曼、加文利用 π 介子衰变成 μ 粒子再衰变成电子和中微子的实验成功的消息，已开始广为流传，国家标准局的局长等高层人员，也都打电话来探询吴健雄的实验结果。

吴健雄在另外一个实验已证实宇称不守恒的巨大压力之下，一点也没有掉以轻心，继续进行各种仔细的查证。1月9日清晨两点钟，他们终于将预定要进行的实验查证全都做完，五个从事这项实验的科学家聚在实验室中，庆祝这个科学史上的伟大时刻。哈德森笑着打开他的抽屉，由里面拿出一瓶1949年份上好的法国红酒和几个纸杯放在桌上，然后他们为推翻宇称守恒定律而干杯。

第二天早上，他们做实验的低温物理部门其他实验室的科学家，走过他们的实验室，十分惊讶于他们实验室中沉静而轻松的气氛。他们走进来看了一下实验室中的垃圾桶，恍然大悟地说："好了，β衰变中的宇称定律已经死了！"

吴健雄的实验完成后，他们也要准备写一份报告论文。由于吴健雄是这个实验的提议人，对这个实验有清楚的认识，因此在实验接近尾声时，她便已独自完成了一份报告。实验做完后的那个星期天，国家标准局的四位科学家和吴健雄坐下来，正准备谈报告论文的事，却看到吴健雄已拿出了一份写好的论文，对于吴健雄没有和他们作任何讨论便写好了报告，都感到有些意外。原先他们心中总认为这是一个彼此合作的实验，但是现在他们才发现，在吴健雄心中这是她的实验，其他的人都是给她帮忙的。

除此之外，国家标准局的科学家对报告的写法也不满意，他们认为吴健雄在报告中只谈杨、李的论文以及她和他们两人的讨论，对国家标准局的科学家全然不提，但是到后来并没有人能改变吴健雄已写好的报告。

再者是要决定作者姓名的顺序，有人说按英文字母顺序，如果是这样，安伯勒将在首位，吴健雄就在最后面。对此，吴健雄用她惯常表示反对的深长叹气，表示了意见。安伯勒说，于是他像"一个有教养的英国绅士"出来打圆场说，把吴健雄放在首位，然后我们四人的名字在后，这样一来没有人再反对。于是报告论文的头一个作者是吴健雄，并注明她是来自纽约市哥伦比亚大学，然后是国家标准局的四位科学家，按英文字母顺序排列在后。

吴健雄等人的实验报告论文，在1957年的1月15日寄到《物理评论》，早他们几天完成的李德曼等人的实验，由于是得知吴健雄有了肯定结果才开始的，所以也等到同一时间才寄出报告论文，李德曼、加文并且在论文末了说明了这个原委。这两篇论文同时到达《物理评论》，并且同样在2月15日那一期刊出。

吴健雄在完成实验后，有两个礼拜时间完全无法入睡。她一再地自问，为什么老天爷要她来揭示这个奥秘？她说："这件事给我们一个教训，就是永远不要把所谓'不验自明'的定律视为是必然的。"

1月15日，也就是吴健雄以及李德曼、加文等人两篇历史性论文寄到《物理评论》

那天，哥伦比亚大学做了一件史无前例的事情，他们为这项新的发现举行了一次记者会，哥大物理系当时资望最高的拉比，在他带薪休假的麻省理工学院接到电话，要他回来主持这个记者会。记者会是那天下午两点在普平物理实验大楼举行，和这个科学新发现有关的哥大科学家，包括吴健雄、李政道、李德曼、加文等人都出席了。

第二天，在世界舆论界享有崇高地位的《纽约时报》，以头版刊出了新闻，报道这件科学大事，他们用的标题是"物理的基本观念宣称已经由实验而推翻"。

另外美国一些重要的杂志如《时代》、《生活》，也都大篇幅地报道了这个科学上的大事。在这些报道中，杨振宁和李政道两位提出理论构想的科学家，自然是主要人物，而最先做实验证明他们想法的吴健雄也得到很高的评价。

消息公布后，世界各地的科学家，都奔往各自的实验室，重复这个重大的实验，吴健雄接到无数的询问，也得到许多的道贺。

1月30日，美国物理学会在纽约市的纽约大饭店举行年会，参加的物理学家超过三千人，创下了新纪录，原因完全是由于宇称不守恒这项新发现的缘故。在年会最后一天的特别讨论会上，吴健雄报告了她的实验，同时杨振宁、李德曼和泰勒格帝也在会中作了报告。

由于这个科学发现的影响深远，所以吴健雄立即接到无数大学和实验机构的邀请，要她去讲述她的实验，这使得一向不喜欢旅行的吴健雄，来往奔波得很厉害。

那年4月，第7届的罗契斯特会议，吴健雄也被请去演讲，本来罗契斯特大会是粒子物理学家的会议，以讨论强相互作用为主，吴健雄一直是研究弱相互作用的，不在那一个领域，因此吴健雄在演讲中曾如此说："我来到这里，是由于弱相互作用的力量"。那一年吴健雄的演讲旅行，并不仅限于美国，还到了瑞士、法国、意大利，还有以色列等地访问，所到之处都受到相当的瞩目。

1957年10月，吴健雄在纽约州北部一个大学讲课，突然有电话打来找她，通报的人说是奥本海默打来的，奥本海默告诉传话的人，说他等在电话那边，待吴健雄讲完课再来听。奥本海默在电话中告诉吴健雄说："基基（Gee Gee），杨振宁、李政道得到了今年的诺贝尔奖。"那时候还担任普林斯顿高等研究所所长的奥本海默，为此还特别举行了一次晚宴，邀请吴健雄和杨、李等人参加。

奥本海默的那次晚宴在普林斯顿举行。他在晚宴前聚集大家在图书馆中，先做了简短的讲话。表示这次宇称不守恒的发现有三个人功劳最大，除了杨、李之外就是吴健雄；他特别强调不可忽略吴健雄的贡献。随后晚宴时，奥本海默特别安排吴健雄在他身旁，显示出对她的赏识和照顾。

那一年瑞典皇家科学院的诺贝尔委员会，没有把诺贝尔奖颁给吴健雄，使得许多人感到意外和不满。许多大科学家都公开表示了他们的失望和不以为然。1988年得到诺贝尔奖,和吴健雄在哥大有长时间同事情谊的史坦伯格就以为,那年诺贝尔奖没有同时颁给吴健雄,是诺贝尔委员会最大的失误,原因是宇称不守恒的构想虽然是杨、李提出的,却是吴健雄做实验发现的。

吴健雄一生获得很多荣誉。1958年当选为美国科学院院士,中国台湾中央研究院院士,1974年当选为美国最优秀的科学家,是获此荣誉的第一位女性,1975年当选为美国物理学会会长,为担任此职的第一位女性,1978年获沃尔夫奖。她先后被美国哈佛大学、耶鲁大学、普林斯顿大学、香港中文大学、北京大学、东南大学等海内外著名大学授予名誉教授她还被各国誉为"中国的居里夫人"、"物理女皇"等。1990年南京紫金山天文台以她的名字命名新发现的小行星为"吴健雄星"。

吴健雄晚年十分关心家乡的教育事业,捐资母校明德学校,并在中国设立"吴健雄物理奖"。1997年吴健雄逝世后,按其遗嘱,骨灰葬于明德学校内,墓园由袁家骝博士出资建造。

59　沙可和樊赞地

　　1920年4月18日下午将近3点的时候，马萨诸塞州南布赖特里的一家鞋厂的会计长和一位保卫人员从银行领了15776美元钞票准备带回工厂发工资。这笔钱是装在铁保险箱内的，铁箱长2英尺、宽1英尺、高8英寸。当这两个人还没有走进鞋厂的时候，突然冒出三名匪徒开枪把他们打死，夺走了保险箱，并登上早已停在路旁的布艾克汽车，这车内有另外两名匪徒，一是充当司机的，一是在后座位上把着机枪准备击退追捕者的。车子始终未闭油门，所以等三人一上车，车子就马上飞驰而去，让人追赶不及。

沙可

　　5月5日，警察在电车内逮捕了沙可和樊赞地，因为他们身上带了手枪，而且据说手枪的口径和凶手使用的手枪口径相吻合。这里要请读者注意，在美国带手枪是家常便饭，不属于违禁之列。

　　于是审讯开始了。尽管沙可和樊赞地的邻居们出庭证明沙可和樊赞地是一贯的好人，一贯不缺钱用。尽管警察始终没有能够在沙可和樊赞地的住处或任何地方找到分文赃款，但法庭仍然判他们有罪，要处死刑。

　　判罪的主要论据就是因为有两名证人说，他们肯定匪徒是意大利人，而沙可和樊赞地恰巧是意大利人。被捕那年，沙可29岁，是鞋匠，而且就是那家被劫工厂的鞋匠。樊赞地31岁，散工兼鱼贩，是一名自学者，泛读文学、历史和哲学作品。在政治上，他们都是无政府主义者，而且是工运积极分子。他俩是朋友。

　　其中一位目击者自称名叫古里奇，他说他看到的两个意大利人就是沙可和樊赞地。但实际上古里奇是一个假名字，他曾坐过两次牢，是一个一贯的骗子和伪证者。被告律师为考查这个人的可靠性，就问他从前是不是犯过罪，但检察官马上对此提出异议，法官也支持检察官的意见。

被告律师要求追查赃款，被法庭拒绝了，被告律师要求追查另外三名匪徒，也被法庭拒绝了。被告律师经过私人调查获得了一些真正罪犯的线索，要求法庭予以追查，也遭到了拒绝。法庭的这种无理态度激怒了法官的一位私人朋友，他出来向报界揭露说："在他的谈吐及态度中，就给人一个鲜明的印象，表示他是必然要把这两个人判罪的，因为他们两人是赤色分子。我记得泰尤法官曾经对我说过，我们必须团结一致，保卫我们自己，对抗无政府主义分子及赤色分子。他还说，虽然他们个人可能真的没有犯过被控之罪，但反正在道德上是有罪的，因为他们是我们制度的敌人。"

樊赞地

1925年11月18日，这件案子有了一个戏剧性的发展。那天，住在同一牢狱中的一个名叫麦德洛斯的犯人亲笔写了一个纸条说："我就此招供，我曾参加了南布赖特里的鞋厂劫案，沙可和樊赞地都与该案无关。"麦德洛斯是因另一宗杀人案而关进监牢的，在他写下招供纸条以前，他本来已在上诉中，而且有希望免除死刑，但他出于良心，终于承认他参加了南布赖特里劫案。他对记者们说："我看到沙可的妻子和孩子们到这儿来探望，我觉得很对不起这些孩子。"

被告律师获得这个纸条后立即努力调查一切与麦德洛斯自供有关的事实。在其后数星期中，他收集了大量证据，证实麦德洛斯的确参与一个匪帮集团（莫立里匪帮），犯下了南布赖特里劫案。他把证据交给泰尤法官，要求重审。泰尤法官加以拒绝，他说，麦德洛斯是个罪犯，他的话不足为信，不能作为重审的理由。他宣布死刑将于1927年7月10日执行。

沙可、樊赞地的死刑判决传开后，引起了全美国和全世界进步人士的极大气愤。当时在病中的尤金·德布斯奋笔发表了一篇抗议书，内曰：

马萨诸塞州的最高法院已最后裁决樊赞地和沙可——劳工运动中最优秀和勇敢的战士中的二位——必须上电椅。资本主义法庭的这一项决定是意料中的。这个决定是与整个长达7年之久的审判过程完全相称的。对遭受无端迫害和绝对无辜的工人的审判本来就是一场悲剧笑话或者是笑话悲剧。如果他们两人在被抓之初立即就被这些奴隶主们油炸、火焚或五马分尸，那也要比今天这种惨境慈善得多。

这些凶手们从来是不会放过任何一位革命鼓动家的，只要他是一个诚实而不愿被收买的人，只要他是一个勇敢而不吃威胁的人，只要他是一个敢斗而不畏镇压的人。这也就是为什么马萨诸塞州的老板们要陷害沙可和樊赞地，要命令他们的狗腿子假法律之手把他们扼死。

当这两位诚实、清白、无畏的阶级弟兄正面临死亡之际，我呼吁美国的整个工人阶级不要忘记他们。马萨诸塞州的资本家法庭6年多来一直在身心两个方面对他们两位进行着无以复加的摧残，而如今最后又要把他们赶进坟墓。

但我们还听到另外一种声音，那就是愤怒的工人阶级的声音。工人阶级应当立即作出决定，这个决定就是：坚信沙可和樊赞地是无罪的，决不容许把他们处死。如果听任敌人把这两位不屈的无产阶级战士作为杀人犯而处死，那将永远是美国工人阶级的耻辱。我们的后代子孙将不会原谅我们的窝囊。

现在是全体工人们起来的时候了，应当团结得像一个人似的发挥充分的威力，应当明确无误地大声呼吁：不管马萨诸塞州的资本家法庭作出什么裁决，决不容许我国统治阶级所雇佣的走狗官僚们谋害忠于工人阶级的二名无辜工人。

我国不到5%的人构成统治这个国家的一小撮。他们占有了我们所有的公共设施，他们没有戴皇冠，他们没有坐龙床，但他们是我们的经济主宰和政治太君。他们控制了我们的政府和政府的一切机构，他们控制了法院。正是这些控制着我们所有财富、全国工业和全体人民的生活资料的不到5%的人，可以宣布战争或和平。只要这种情况继续存在，我们就没有脸宣布我们合众国是一个民主国家。

法庭在执行死刑以前又做了最后一次询问。

问："尼古拉·沙可，你认为不应当对你处死刑，你有什么理由要说吗？"

沙："是的，我要说。我不是演说家，我也不太能掌握英语。同时，据我所知，我的同志樊赞地打算作较长的发言，所以我准备让他多说一些。我从来不知道，也没有听见过，甚至在任何书上也没有读到过像本法庭所发生的那样残忍的事情。你们把我在牢中关了7年之久，最后还要判我有罪。我了解，关于我的判决是两个阶级之间的判决，即被压迫阶级与有钱阶级之间的一种判决，而这两个阶级之间的冲突是永无休止的。我们一贯教育人民使其成为互助的兄弟，而你们则对人民加以专制，加以杀害。我们始终主张教育人民，而你们则挑拨我们与其他民族之间的关系，使其互相仇视。这就是为什么我今天站在被告席上的原因，因为我是被压迫阶级的一员，而你们是压迫者。泰尤法官，你心中是知道这一切的。你知道我的一生，你知道我为什么在这儿。7年来，你对我和我的妻子加尽摧残，而现在仍然要判我死刑。我很想叙述我的一生历史，但这又于事何补呢？我说过，我的难友将发言，因为他较熟悉英语，我愿把时间让给他。你们不考虑7年来那一批一直支持我们、同情我们、鼓励我们的人。你们心目中根本没有那些人。在这些人中，除了人民、同志和工人阶级以外，还有不少知识分子。他们7年来一直在呼吁终止对我们的迫害，但法院无视这一切。我对7年来在沙可、樊赞地案件上支持我们的人谨表谢意，我不想多说，我要让我的难友多一些时间。最后，我要补充一句，正如我说过，泰尤法官知道我的全部历史，他心中明白我没有罪。不论昨天、今天或明天，我都没有罪。"

问：巴托洛密奥·樊赞地，你认为不应当对你处死刑，你有什么理由要说吗？

樊：是的，我要说。我要说我没有罪。不论南布赖特里案件也好、布里奇沃脱案件也好，我都没有罪。这就是我要说的。但这还不够。我不仅对这两起案子没有罪，不仅我一生没有偷盗、没有杀人、没有使任何人流血，相反的，当我懂事的时候起，我就一直进行斗争，以求从地球上根本消灭罪恶。

任何一个熟悉我双手的人都了解我没有必要到大街上去偷钱或杀人。我的双手能养活我自己，而且能使我过小康生活。这还不算，我甚至可以不必替老板劳动也能生活，因为我有充分的机会可以自立门户，可以不必出卖劳动力而独自过一种一般人所谓的较高尚的清闲生活。

我的父亲在意大利，他是一个有钱人。我本来可以回意大利，他一直在欢迎我回去。叫我照管他的田地。他曾经多次来信要我回去。我另一位有钱的亲戚也来信要我回去。现在我要进一步说，我不但没有犯过什么罪，不但没有偷过钱或杀过人，而且我还主动拒绝过一般人所称的惬意和高尚的生活，也就是拒绝谋一个所谓的好位置，因为在我的信念中，剥削人是一件坏事。我拒绝从事生意，因为我了解到生意就意味着对某一部分依你为生的人榨取利润或剩余价值。而我认为这是剥削是不对的，因此我拒绝做生意。

再进一步说，我不仅对这一切指控没有罪，不仅我一生没有犯过罪，不仅一直在为消灭官方法律所谴责的罪恶而进行斗争，而且也一直在为消灭官方法律所容许的罪恶而进行斗争。今天我在这儿被判有罪，要说有什么理由的话，这就是他们的理由，除此以外再也找不到理由了。

世界上有好人，我就碰到了我有生以来碰到的最好的人，只要真、善、美不从地球上消失，那么这个人也就不会消失，会永远留在人民心中，我说的是尤金·德布斯。他说，即使是一条杀害小鸡的狼，也不会被任何一个合众国法庭用如此这般的所谓证据来加以判罪。

他知道我们无罪,不仅他知道,任何一个有理解力的人,不管是美国人还是外国人,任何一个接触过我们案件记录的人,都了解我们和支持我们。欧洲的精华,欧洲的作家和思想家们,都支持我们。欧洲的科学家和政治家们都支持我们。全世界工人都支持我们。

7年来我们在牢中所受的苦楚非笔墨所能形容,但你们可以看出:我今天站在你们面前没有半点打战,我敢正视你们的眼睛,没有退避,没有变色,没有害怕。

我所以被判罪,是因为我是一个激进分子;我所以被判罪,是因为我是一个意大利人。但我坚决相信我做的一切符合真理,即使你们能杀我两次而我能再生两次,我仍然要做我所做过的一切。

1927年8月23日,沙可和樊赞地被押上了电椅,樊赞地在最后一分钟向记者们说:"若没有发生这件事,我或许会像一些微不足道的人一样寿终正寝,我或许会死得默默无闻,终身毫无成就。这次的死却是我们的事业和我们的胜利。若没有这一件偶然事件,我们一生中恐怕根本不能像今天这样为正义、为人类之相互谅解而有所贡献。我们的生命、我们的痛苦,一切都算不了什么。我们的死不过是死了一个好鞋匠和一个苦鱼贩而已。这个最后的痛苦就是我们的胜利。"

当沙可和樊赞地的死讯传出后,美国每个城市中集中着等候消息的人都放声大哭。全世界都沉浸在悲痛中,法国作家罗曼·罗兰说:"我不是美国人,但我爱美国。对于这一批在全球人民眼前用这种罪恶的判决来侮辱美国的人,我要控诉他们以背叛美国之罪。"

60　吉姆·琼斯和戴维·柯里什

美国号称是一个科学发达、教育普及的国家。但它也有种种奇奇怪怪的"邪教"。我们在这里介绍两起有名的"邪教"案。

第一位要介绍的是吉姆·琼斯。

吉姆·琼斯生于印第安纳州的林恩，这是一个与死亡相连的小镇，因为它的主要生意是制造棺材。他的父亲是一名酗酒者，而且是一名三K党员，琼斯曾斥他父亲是一名种族主义分子。他母亲是一名教徒，但是相信巫术。吉姆从小受到了母亲的影响，醉心于宗教的世界。他16岁结婚，为卫理公会当宣教员。22岁那年，他自创了一个"国民教会"，他认为他有义务帮助穷人和弱者，他吸收了很多黑人和下层社会的人入教，也包括各种各样的少数民族。吉姆所建的多种族教会是全美最早的几个之一。他极力面向那些穷困潦倒、无依无靠的人们。他和妻子收养了好些黑人的孩子和朝鲜人的孩子。他被誉为是"为少数民族利益着想的人"。

1962年，他去巴西做了一次考察，在回国途中又到刚从英国独立的圭亚那做了考察，他对那里的黑人当政，或曰黑人翻身，产生了很大兴趣，同时为他日后的圭亚那基地写下了伏笔。

吉姆·琼斯

回到美国后，他发现美国的反种族的呼声日益高涨，包括马丁·路德·金牧师的非暴力斗争和马尔康·艾克斯的暴力革命煽动。他决定乘此机会去西海岸发展。在他的劝说之下，有100名左右信徒把财产捐给了教会并跟他一起到加利福尼亚的红杉谷地建立基地。他工作努力，颇有成就，其势力逐步向旧金山和洛杉矶发展，信徒猛增到20000人。他开设了日托托儿所、救济餐厅和有组织的少数民族团体。他把他的教会起名为"人民圣殿"。

此外，他的信徒大多是狂热的积极分子。他们在选举中到处活动，因此，无形中成了一支不小的"拉票"力量。琼斯也就成了被政界看重的人物。

以下是值得一读的记录：

1976年3月琼斯被任为旧金山人权委员会委员。

1976年9月参加琼斯牧师宴会的有：副州长达马利、州议会议长布朗、市长莫斯康、地方法院检察官弗里塔斯等等。

1976年10月琼斯被任为旧金山房产管理局委员。

1976年11月琼斯和市长莫斯康同民主党副总统候选人蒙达尔举行会谈。

1977年1月琼斯和州长布朗共同主持了马丁·路德·金纪念大会。

戴维·柯里什

1977年2月琼斯被选为旧金山房产管理局主席。

1977年3月琼斯和罗莎琳·卡特共同在民主党宴会上进餐。

很难说清楚什么时候琼斯变得走火入魔的。他声称可以医治人们的心灵，要人相信他是耶稣基督的化身。他的辖区成了一个国中之国，他成了国王。有记者揭露：这儿允许稀奇古怪的性行为和野蛮惩罚。琼斯让他的男女信徒们同他一起睡觉。他提倡性解放，实际上就是性乱交。他可以对"违纪"的信徒任意鞭打和使用酷刑。外界对琼斯教会的财源也产生了怀疑，据说上百万美元通常从旧金山送到瑞士银行或巴拿马银行。

有个别信徒终于发现琼斯的骗局，他们告发了琼斯。联邦调查局和中央情报局人员开始注意。琼斯感到了压力，他决定来一次大搬家。这就导致建立了圭亚那的琼斯镇。

他在圭亚那买进了一大块土地，花了三年时间兴建房舍。

在搬家之前，他向信徒们作动员报告说：

"人必须抛弃幻想中的幸福，才能得到真正的幸福。你们和我所做的就是为此。我们的任务就是要打开受蒙蔽的心门。现在是时候了，我们应去追求新的生活。在琼斯镇，我们将自由地生活，那里不再会被当作狗一样地受气，不会再听到街上有人叫我们为'黑鬼'。那里有3800英亩土地已为我们做好准备。真的，那就是我们的天堂。

我们将移居到一个由黑人和印第安人当政的国家去。而他们的语言却是英语。那里没有三K党！我们将像不久以前在白人暴徒干涉我们之前那样再度繁荣昌盛起来。我们将作为自由的男男女女而生活，我们身上再也没有枷锁。我们将与圭亚那共建社会主义。我们最后有自由了！我们最后有自由了！感谢社会主义！感谢上帝！"

大迁移运走了1000多人。他们到了一个真正的独立王国，其主宰是琼斯。在那里琼斯的法西斯面目暴露无遗。有一位名为德宝拉·赖顿的女信徒在醒悟后逃了出来，向加利福尼亚众议员瑞安揭露了琼斯镇的黑幕。瑞安决定前往圭亚那进行调查。

1978年11月中旬，瑞安到达圭亚那首都特里尼达，他与吉姆通话商谈调查之事，不得要领。17日，他决定亲赴凯杜马城，然后不管琼斯同意不同意力求进入琼斯镇。下飞机后，在教会代表委员的陪同下，调查团进入了琼斯镇。

琼斯描述为人间天堂的琼斯镇在第一眼看来倒也不错。瑞安参观了管理得有条不紊的托儿所，教徒们声称在琼斯镇过得很愉快。他们讥笑那些说他们生活在这儿就像囚犯的说法。瑞安对他所看到的一切似乎感到满意。

但这是又一次的"波特金"。随行的记者对琼斯提出了一系列的问题，很明显他开始招架不住了。这时，有一家人要求瑞安帮助离开这里，其他有些人也跟着要求离开。琼斯开始放声痛哭，说他们都是背叛。

一名叫斯莱的信徒企图用刀子刺死瑞安，但被保镖拉了出去，在搏斗中斯莱被杀。

以下是《华盛顿邮报》随行记者查尔斯·克劳斯的报道：

下午3点，我们准备离开琼斯镇。机场上有两架小飞机等着我们。这时，忽然有一辆拖拉机拉着一辆装货用车向我们开来。突然响起了"砰、砰、砰"的枪声。我看形势不好，就扑倒在地。我的屁股上中了一枪。我爬到一架飞机旁，忍痛爬上飞机，但最后发现飞机机器失灵不能起飞，另一架飞机则飞走了。

事后，人们知道在这场飞来之祸中，瑞安中弹而亡，其他的死者有《旧金山观察报》的罗宾逊、NBC的布朗和哈里斯。

而在同时，在琼斯镇上发生了一起更"悲壮"的惨剧。琼斯认为末日已到，他要求全体信徒自杀以求解脱。他叫他手下准备了两桶50加仑的软饮料并掺入了安定和氰化物。他召集全体信徒，告诉他们瑞安已被杀，大家必须集体自杀。这是一种抗议不人道世界的革命的自杀。913人就此而死，其中有一批孩子，是由父母亲自喂他们喝下毒药的。

琼斯本人没有喝毒药，而由他的护士安妮·莫尔受命用手枪把他打死。安妮在自杀前还留下了一封遗书如下：

"从何说起呢？琼斯镇是有史以来最爱好和平和最有爱心的社群。吉姆·琼斯不是一个像危言耸听的人所说的权力狂、性欲狂或自以为是上帝的人。完全相反，他是一个创立了我们的天堂的人。

"我写下这一点是为了让世人了解,吉姆是我一生中所知道的人中最诚实、最关心人、最体恤人的人。我在过去几周中一直在照看吉姆的健康,但很难对他加以保护,因为他总是要万事亲临操劳。

"他厌恶种族主义、性别歧视、自命非凡主义,特别是阶级主义。正因如此,他决心要为人民建立一个新的世界。与世隔绝的丛林天堂。

"我们所以死,是因为你们不让我们活。"

这场悲剧结束没有多久,另一场悲剧又开锣了。那是1993年的韦谷新闻。

早在1935年,有一位名叫维克多·霍特夫的临降派教徒,因内部失和,带领了一批教徒从加利福尼亚迁到了德克萨斯州韦谷城远郊。他们买下了189英亩的土地,并起名为卡梅尔山庄。他们在那里一方面开垦土地,一方面四出招兵买马,甚至到国外活动。

1955年,霍特夫去世,那时卡梅尔山庄已扩至375英亩。他的妻子离开了山庄回加州。于是发生了一场继承权的斗争。最后得胜者为本·鲁顿夫妇。本自称得到启示,被封为枝子(Branch),所以把他的这一派名为戴维迪枝,通称"大卫教派"。《圣经》中曾记载耶稣的话:"我是葡萄树,你们是枝子。"他号召一切的枝都应归到他的名下来。

1978年,本去世,他妻子洛易丝继承了他的地位。她获得以色列当局的允许,带了她丈夫的灵柩葬于耶路撒冷的橄榄山。

1981年,弗农·霍威尔(也就是戴维·柯里什)来到了山庄。于是便发生一系列的惊人故事。

1959年8月17日,柯里什生于德克萨斯州休斯敦,他母亲生他时只有15岁。他父亲在孩子出生后离家出走,母亲就到达拉斯嫁给了一个名叫鲁伊·哈尔德曼的。继父觉得这个孩子太笨,经常殴打他,并把他叫做"笨家伙"(Retardo)。他在一年级留级了一年,在二年级又留级了一年。最后,他被编入了落后生班。有一次,他听到正常班的学生说:"这是一个差生班",这时,他思想起了震动。他不愿再落后。

他对念书虽然不在行,却有机械方面的天才。他自己说:"我在机械方面是无师自通,我可以拆卸汽车、引擎、无线电等等,但在读写方面我就跟不上。"他另外一项专长是玩乐器,也是无师自通。不过,对他影响最大的是《圣经》。由于他母亲是一个虔诚的教徒,他从小就随她背《圣经》,所以一谈到《圣经》他就能如数家珍。而正是这一点,决定了他的一生。

18岁时,他在一家石油公司的木工房内工作,认识了一个名叫林达·单宾的女孩子,只有16岁。他与她发生了性关系,并使她怀了孕。他这样说:"什么,我这个

'Retardo 先生'要做爸爸,我说了谎,说我是一个不育者。"但她抱住我说这是我的种。我觉得有上帝的声音说,我的身体已经进入了她的身体,我们已经在上帝面前结了婚。

林达做了堕胎。他跟林达进了她家居住。她又怀了孕,她爸爸大为生气,把他逐出了家门。他到他姑姑家居住。他感到痛苦,在祷告中祈求上帝启示他为什么不能与他所爱的姑娘生活在一起。"上帝回答我说,19年来我一直爱着你,但你一直背叛我。我一下就醒悟了。我曾宣誓要忠于他的话,是我背叛了他"。

他马上去找他姑姑,问道:"为什么现在没有先知?"她回答说:"听说在韦谷的卡梅尔山庄有一位先知。"他要姑姑带他去那儿。姑姑未允。

1981年,他独自到了韦谷。他一到那里就得到了洛易丝的赏识。这时,他才把他的名字改为戴维·柯里什。柯里什是一个犹太字,它是古代波斯国王西流士的音译。柯里什认为他自己就是《圣经》启示录中所说的打开七个封印的人。他将向世人解开《圣经》的一切奥秘。

由于洛易丝过分亲近柯里什,引起了她儿子乔治的不满。乔治自以为他当然是教会的接班人,而现在却发生危机,柯里什有替代他的可能。他就对他母亲进行了揭露,说他母亲和柯里什有性关系。当时他母亲已有67岁。另外有一位信徒德雷莎·莫尔则说,他们两人在共赴以色列前夕已举行过一次非法婚礼。另一位信徒布雷伍特则说柯里什曾公开承认他与洛易丝的性关系。1984年,柯里什正式与拉歇尔·琼斯结婚,洛易丝大为伤心,她在一次《圣经》班上公开说她与柯里什有性关系。她在1986年11月郁郁而死。

接着,乔治与柯里什的矛盾日趋激化,最后双方发生了一场火并。打官司的结果,柯里什得到了胜利,成了卡梅尔山庄的主人。1986年,他宣布与14岁的卡伦·道尔结婚。拉歇尔首先极为气愤,但她在梦中听到上帝的声音,说她丈夫会有"异行",她了解一切出于上帝之意,也就心平气和了。接着,柯里什又娶了拉歇尔的12岁的妹妹为妻,后者为他生了3个女儿。1987年,柯里什又娶了3个妻子。

柯里什说,他所做的都是执行上帝交给他的任务。

1993年2月最后一周,《韦谷先驱论坛报》登了一条头条消息说:邪教组织及其头头戴维·柯里什犯有乱交及私藏军火之嫌疑罪。28日早上7点30分,联邦调查局派了一支由80辆车子组成的车队,内有76名全副武装的队员,开往卡梅尔山庄。他们在庄口遇到了抵抗,双方发生武力接触,双方各称是对方先开枪。官方说,他们曾喊话有搜捕证要进行搜捕,对方立即还以子弹,战斗不得不进行。在第一次对峙中,官方死4人,伤20人。对方重伤了6人,轻伤4人。在以后的51天中,韦谷的新闻天天成了全国报纸的头条新闻。双方曾通过无线电进行多次对话,然而没有什么结果。

4月19日,官方准备了两辆特别装备的M-60坦克,开进山庄并发射催泪弹,想逼对方出来投降。后来又有4辆战车参加发射催泪弹,并通过广播喊话说:"戴维,你只有15分钟时间了。你根本不是什么弥赛亚,快快出来,你们都已被捕了。"

4月19日12时10分,意想不到的事情终于发生了。缕缕烟雾从房屋内升起,火舌突然从据点右角楼房的窗口和背后的岗楼窜出,刹那时,顺着草原疾风的风势,不到半个小时,高达数十米的烈焰腾空而起,升入云端,木结构的房屋被烈火烧得嘎嘎作响,很快就隐没在浓烟之中。12时27分,从据点震耳的爆炸声中腾起一个巨大的火球,部分房屋开始倒塌,大部分信徒已被大火吞没。

当烈焰在草原夜晚凄苦的寒风中渐渐熄灭之后,整个卡梅尔山庄除了一座水塔外,均已夷为平地,满地残垣断片和烧焦、扭曲了的尸体。验尸人员通过指纹和牙齿X光对照,首先辨认出两具尸体,一具是柯里什的大舅子、38岁的大卫·琼斯,另一具是一位名叫莎里·多伊尔的18岁的女孩,两人身上均发现有枪伤,显然是在逃跑过程中被其他教徒开枪打死的。到4月26日下午止,警方已发现53具尸体。死者中包括柯里什的妻子和3个孩子、岳父、大舅子,还有24名来自英国、澳大利亚、新西兰和加拿大等国的教徒。死亡信徒中多为黑人和白人,也有少数亚裔和墨西哥裔信徒。据最终统计,这场大火共烧死86人,包括两名怀孕女信徒和21名16岁以下的儿童,教主柯里什也被烧死,只有9人逃出火海生还。

61　陈纳德夫妇

在中国近代史上有两个美国人，曾经为了帮助中国耗尽了毕生精力，他们是一文一武，文的是燕京大学校长司徒雷登，武的就是陈纳德。

陈纳德何许人也？中国台湾地区"外交部长"叶公超曾在陈纳德追悼会上做了介绍：

陈将军原属法国籍，他的祖先追随美国革命之友拉法叶将军到美国去参加革命战争。美国独立后，遂在美国路易斯安那州落籍。他的家世，又与与美国名将李将军有血缘关系，所以可以说具有美国最优秀的军人传统。他的父亲是农夫，家境相当清寒。陈纳德自己却有志向学，在半工半读的奋斗中，曾在路易斯安那州师范大学及路易斯安那的州立学院肄业。他早年曾做过路易斯安那州公立学校教员。第一次大战发生后他应征入伍，受训毕，以少尉衔派往陆军航空通讯队服役。四个月后，1918年3月初，他完成了驱逐机驾驶员的基本训练。这是他飞行的开始。其后，飞行遂与他结下了不解之缘，而成为他的终生事业。

陈纳德

当1937年他到中国来的时候，他已获得美国空军少校衔头，并有了20年的飞行经验。他虽然在第一次世界大战中并未在海外参加作战，但是他已经做了十几年的飞行教官。同时他对于那时的空中战术已有相当的研究。

陈纳德这人一生处事决断。一经决定的事情他必然坚决的矢志不变。他决定到中国来，就是这样情形。到中国来可以换换环境，而且到中国来还有冒险的意味，对此他很有兴趣。这样，他就在1937年春天，应聘来华担任中国空军总顾问。

1940年11月，他鉴于敌机到处疯狂轰炸，屠杀无辜，而我空军力量薄弱，寡不敌众，乃决心前往华盛顿为中国争取援助。他满怀心愿想组织一支有力的新空军，协助中国作战。这件事只有像陈纳德这样有坚强自信和富有勇气的人才敢去做，因为他本人那时尚未成名，在他自己国内除了美国空军方面外，知道他的人并不多。他既无社会声望，更乏政治支助。他所拥有的只是在中国的短期经验，加上他相信美国人民对于中国的遭遇必会产生莫大的同情心与正义感的信念。他却以为这就够了。那时美国还居于中立地位，不能直接给中国援助。但是精诚所至金石为开。经他一番奔走呼吁以及朋友们的协助，居然获得美国政府允许美国空军飞行员可以志愿退伍投效中国。当时美国政府也没有想到这一个决策会使陈纳德与他的飞行员以勇敢的精神、精良的技术，为美国添上一页极光荣的历史。陈纳德在美国招募了一百名飞行员和百余名地勤工作人员。他率领这批人员回到中国，就在缅甸的唐瓜地方加紧训练。于1941年8月1日成立了空军志愿队。由他自己指挥，加入中国抗日的战斗行列，也就是后来驰名于世的"飞虎队"。

由于战局危急，飞虎队员在缅甸训练尚未完成就奉调驻昆明，担任滇缅公路和重庆及昆明的空防任务。第一次在昆明近郊交锋，就打下了敌机19架。这个战绩震惊一时。由此，飞虎队和陈纳德的战术闻名天下，使日本军事当局惊惶失措，赶紧下令变更战略，再不敢无忌惮地霸行天空了。在短短的七个月中，飞虎队先后击毁敌机299架。由于飞虎队与空军的英勇战绩，重庆与昆明所受轰炸的威胁得以暂告解除。

1941年12月太平洋战争爆发后不久，志愿队由美军接管，改编为中国战区别动队，仍由陈纳德负责指挥。到了1943年3月，别动队又改组为美国第十四航空队。陈纳德以少将衔正式被委任司令。以后两年，中国空军与美国第十四航空队并肩作战，发挥了高度战斗效能，把敌机赶出中国天空。民国三十四年（1945年）七月，他卸职返美。临行他告诉几位友好说，胜利已在望，我不久必重返中国来协助复员，并愿以有生之年继续为中国服务。民国三十五年（1946）一月，他果然再来上海。创办空运大队，协助运送救济物资，对中国战后复员工作尽了很大力量。

因为对中国有伟大的贡献，陈纳德将军曾多次受到中国政府的赠勋。民国三十四年八月七日他受领过国民党最高荣誉：青天白日勋章，那是由蒋"总统"和夫人亲自授予的。

1990年陈香梅对她的丈夫则做了如下介绍：

1893年9月6日，陈纳德生于美国南方德克萨斯州的东北部一个小城镇 Commerce。他老家的房子由该市保管，算是历史遗迹。假如他仍健在的话，已114岁了。蒋介石生于中国浙江省，也已过了百岁冥寿。这两个人，一个在亚洲，一个在美洲，却于1937年5月，也就是抗日战争前两个月在中国的首都会面了。从那时开始直到1958年，二十一年中，他们共同抗日，后来陈纳德又成立了航空公司帮助蒋介石恢复战后的运输工作。接着协助他和国民党撤退到重庆、广州、海南岛，最后到了台湾。陈纳德一直到病危，仍深信中国人有一天会团结起来。他也相信蒋介石和毛泽东去世之后，中国会再谈统一。陈纳德和毛泽东只在重庆会过面。他反对苏联的共产主义，也反对中国的共产主义，他认为这个制度只会使富人变穷，穷人更穷，违反自由和民主。在国民党与共产党之间，他选择了支持国民党与蒋介石，终其一生为这个信念而奉献。他比蒋介石和毛泽东都早走，去世时只有64岁。美国国防部以最隆重的军礼把他葬在华盛顿的威灵顿军人公墓，与他同葬在一条大道上的有肯尼迪总统和名将麦克阿瑟元帅的父亲麦克阿瑟将军。

64岁，在今日医学昌明时代不算长寿。而在他个人来说，有许多志愿未了就告别人世，也很可惜。而我呢，和他相聚只不过10个寒暑，恩爱逾恒，竟遭此大变，死别生离又岂是笔墨所能形容的。

古语说："天将降大任于斯人也，必先劳其筋骨。"外子的一生也真是劳碌无已。外子祖籍法国，他的先人随纳法益（即拉法耶——笔者注）将军来美参加美国独立战争，兄弟两人在（即"弗吉尼亚"——笔者注）州落籍。外子的外祖母与美国南方名将李将军是近亲。李将军当年在南北战争时领导南方与北方对抗，其威武使北方将领也大为折服，是美国历史上最伟大的风云人物之一。外子年少时即以李将军为其心目中的英雄。

陈纳德的祖父与父亲都务农，先在美国南方的德州，外子即生于德州东部的一个小镇，离开德州的大都市达拉斯约有百里。他还未上学，他的父母即移居路易斯安那州，仍是务农为生。外子共有兄弟四人，他居长。他的生母逝世后，父亲续弦，第一个继母因难产去世，父亲又再娶。这位我称为"婆婆"的老人家，如今仍在世，已90多岁了。外子的父亲在第二次世界大战期间去世，其时外子正在中国作战，其父有子扬威海外，死亦瞑目了。

外子家境清贫，上小学时每天要徒步四五里路去上课。过圣诞时，所得礼物也只是苹果一个、书一本、糖果少许而已。但他喜欢读书，又爱做户外活动，诸如钓鱼、打猎、踢足球、打网球等都有兴趣。但他没有太多的时间，因为除了读书之外还要帮助父亲下田工作，有时还要附带帮助继母照顾比他年幼八九岁的两个弟弟。

据外子告诉我，他幼年时有机会就喜欢离群独处，周末常自己一个人带着鱼竿到河边垂钓,或带着父亲送给他的一枝旧猎枪到野外去打猎;要不然,晚上一个人在寂静的户外看星星。当他只不过八九岁时,已知道天上很多星星的名字。因为他爱看书,在那小镇上他也读到有关航空的新书籍,同时到外找寻有关在天空飞行的报道,他心中暗暗自许,有一天他也要飞向天空。

15岁,他中学毕业了,还未到入大学的年龄,但他长得又高又大,父亲不愿他虚度时光,于是为他虚报年龄,15岁报了18岁,考入了大学,是师范大学。他的父亲希望儿子不再做田里的工作,拿了学位,好去做教师,也可以改善生活。

他大学毕业时实际年龄只有18岁,马上得去找工作。他应征去做一所三家村学校的教师,五六年级的学生在同一教室上课。那些学生们都是农家子弟,因为入学迟,所以虽然是五六年级的小学生,但都已是高头大马,好几个学生比外子的年岁还大。他们看见这乳臭未干的小大人来做教师,马上联合起来和他捣蛋。首先,他们是上课时不听讲,大家高声谈笑,根本不把老师看在眼里。

外子心想,要和全班顽皮学生斗法,一定斗不过他们,于是他细心观察哪个是"祸首"。他找到了一个个子又壮又高的男孩,看来比他还高出一个头,但外子心想若不把此人制服,将来无法留下去。第二天一清早上课时,大家又来给他过不去。外子把那个大男孩叫出来。他说:"来,我们到外面去一试身手!"

那个高头大马的学生不知道外子曾学过拳击,而且技术不差。他们两人来到户外一较身手,其他学生也跟着走到外面看热闹。两人只不过打了一两个回合,外子就把那个淘气学生打倒。于是大家喝彩,外子摇身成为他们的英雄,那个为首捣乱的学生也服输,不再淘气了。外子再一调查,原来这群学生已撵掉了好几位教师,那些老师都因受不了这些淘气的大孩子起哄,皆挂冠求去。外子想,这些孩子们该有些运动来调剂他们的生活与时间,于是他组织了一个球队,下课后教他们练球并鼓励他们和其他校队比赛,于是本来爱捣蛋的学生都安心读书,而且对于这位只有18岁的老师也非常尊重了。

我特别提到这一件事,是因为外子实在是一位很好的导师,其后他在航校做教官时,对于学习飞行的学生也训导有方。经过他教导的学生有好几位后来都出人头地。反过来说,他对于不该学习飞行的学生也有很公正的一套,他说不具有飞行员品能的人,学习飞行只有害自己、害人,不如趁早劝他们改行为是。数年前,我遇到一位大公司的老板。他说:"陈纳德将军劝我不要学习飞行,我当时很气愤,但后来我想,假如我做飞行员,大概早就死了。我今日的成功该感谢您的丈夫。"

外子加入航校时,美国的航空事业仍在襁褓时期。美国空军是在陆军部之下,而那些陆军将领对于倡导飞行的官员都有点不满,认为这是不足道的玩意儿。而外子对于飞行是无限向往,他已决定献身航空事业。他知道,终有一天空军会在国防与交通两方都有很大的贡献。

30年代,外子已是美国空军少尉,他在陆军部空军组做飞行教官,而且有许多飞行论文发表,并编有飞行教材和空防战斗术等书,成为当年飞行员手册。

那时大家对于这位蓄有小胡子的陈纳德少尉都另眼相看。连苏联空军也耳闻其名,并派人来和他商议,聘请他到莫斯科去做空军教官,替俄国人训练空军。那是1935年的事。其时美国的少尉月薪260美元,吃不饱,饿不死。而俄人的协约是月薪1000美元,还答应供应汽车与司机和其他杂费。那真是使人心动的合同,但外子婉拒了,因为他不愿意把他的技术教于苏联人,他早知美苏绝不能成为友人。

苏联的将官盯了他一年之久,常常送些伏特加酒、鱼子酱和雪茄给他,但他不为所动。

1936年他接到蒋介石与宋美龄(时任中国航空委员会主任委员)的邀请书,请他到中国视察中国空军。他答应了。因为他已看到中日战事迫在眉睫。他知道美国也将被卷入漩涡。

1937年春初,外子乘船自美经东京,经上海,赴南京。这是他第一次到南京,也是第一次到中国。这一旅程,改变了他的一生。

他本来的计划是到中国视察三个月,然后回美国工作。但当他所乘的船抵横滨时,他已睹日本人准备作战的动机,日本是一片战时景象,他知道战争随时爆发。那时东京去接他的是他多年同事与好友麦当奴。麦当奴已在中国服务,他是外子三人飞行技术小组之一员,两人交称莫逆。麦当奴和蒋夫人急于要和他们商谈,于是他们马上由东京去上海。外子的美国护照上写着他是到中国"考察农业"的!

外子和蒋夫人的见面也是非常戏剧性的。蒋夫人给外子升了级,任命他为中国空军上校,并嘱他马上开始考虑如何加快中国空军的成长。于是外子和麦当奴到杭州笕桥、汉口其他许多空军单位视察。他们得到的结论是中国的空军真要大大调整,他们有的是饱满的空军精神,但没有飞机,缺乏支援。这是急需要解决的迫切问题。这些,外子都亲自向蒋夫人报告,并一直与周至柔将军会商。

1937年7月7日卢沟桥事变发生,拉开了八年抗日战争的序幕。在南京外子亲眼看到日本空军向没有防卫的民房与学校、医院投弹,伤亡不计其数。他愤恨极了,他认为这是最不人道的事。蒋夫人和他谈,他们谈到美国志愿队来华参战的计划。但这只是计划而已,因为美国其时还未向日宣战。

蒋夫人促外子马上回美设法取得白宫与国会同意,让他组织美国空军志愿队来华作战。这不是一件易办的差事,因为美国人仍保持中立主义,不愿牵连到中日战争的漩涡里去。

但外子有一位好友葛克伦律师,是罗斯福总统的亲信。他被外子的精诚所打动,愿意完成这一任务。葛克伦不但建议罗斯福总统批准组织美国空军志愿队去华作战，而且予以武器及飞机的协助。这真是一项壮举。

　　使命完成，外子即返华报告。几经挫折，"飞虎队"终于在1940年成立，在缅甸受训，1941年初正式参加作战，与中国空军合作，在天空上击落无数敌机，建立了辉煌的战绩。陈纳德本准备在中国停留三个月，但他的居留竟延长到八年之久！

　　日本投降之后，日军方面承认，他们在华作战，在空中他们是大大的失败了——这是中美空军合作的成果。

　　外子常对我说，他在中国最宝贵的体验是和中国人建立了深厚的友谊，更可珍贵的是中美合作那一段永留史册的经验。

　　他去世后，中国友人在台北市新公园为他立铜像留念，这是台湾唯一的外国人铜像。外子曾说："我虽然是美国人，但我和中国发生了如此密切的关系，大家共患难、同生死，所以我也算是半个中国人。"

　　以上是陈香梅缅怀陈纳德的文章，再读一读陈纳德夫妇在生死之别前一刻陈香梅给丈夫的书信，就可看出他们之间的"结合有说不尽的深情。"

我最亲爱的：

　　我不知该如何对你表达，我那深切的爱，因为这种爱不是语言所能表达的。是你，给我带来了无比的幸福，我永远爱你，直至我生命的终结。回忆我们刚结婚的时候，两个生命如同两条溪流，交汇在一起，成了一条大河。我们深深地依恋着，愿白头到老。因为我们的爱不仅是表面的，它是来自灵魂深处的爱，这是上帝可以证明的。亲爱的，我真心实意地全身心地爱着你，正如你对我的爱。亲爱的，我和你为你的病受着磨难……我无法想象与你分别，或没有你的日子我该怎样度过。你一定要活下去！

　　真正的爱对死是无所畏惧的，因为这种爱构成了生命的主体。亲爱的，请鼓起爱的风帆，靠勇气、信念和希望同病魔勇敢地战斗吧。人类最大的敌人是怯懦和瞻前顾后。亲爱的，我无所畏惧，也不会彷徨犹豫，因为你时刻都站在我的身边。

　　我们已休戚与共、相亲相爱地度过了逝去的沧桑岁月，我们共欢乐、共悲伤……噢，我亲爱的，让我们满怀希望去迎接未来，我将继续与你共享欢乐，同度悲伤，一如既往。让我们充满希望，使心变得更坚强，爱变得更纯真，我们将无所畏惧地去正视将要到来的一切……

　　如果有一天，我变老了，克莱尔·安娜和辛西娅·露易斯将会陪伴我。一个没有孩子的家庭就像看不到希望的爱。我非常欣慰，祝福上帝赐予了我们两个女孩。她们从自己深深相爱的双亲那里学会了爱，我确信，她们长大后，一定是纯洁、美丽、充满热情的人。

你不仅是一个普通的人,而且也是一位卓越超群,为真理和信仰而战的勇者。基于这一点,更增添了我对你的爱心。我非常荣幸有你这样的人做我的丈夫,做我孩子的父亲。你知道,我一直为你而感到骄傲,尊敬并热爱你所追求的事业。

亲爱的,我想一遍又一遍向你述说:我爱你,用我的全身心去爱你。

陈纳德给了如下的回信:

亲爱的:

昨天晚上,我一到纽约的这家旅店,就读了你那封充满美好感情的信。

你带着温情写下的,那些充满爱心的话语,我对你也有同样的感受——只是没有时常用言语来表达。我爱你和我们的两个女儿,在我的一生中,她们远远超过其他任何一切。我感到最可怕的是,我失去你,以及失去她们中的一个。

即使没有你和女儿们,我也绝不会向死神或其他任何敌人屈服、低头。你可能会相信,我会竭尽全力去拼搏,尽可能多活几年,同你们生活在一起。与你们离别的那种凄凉、孤独,那样可怕,是我不愿忍受的。

然而,如果我必须提前离开人间,那么抚养、引导、教育孩子的重任将落在你肩上,你要尽最大努力,使她们为先辈的业绩而自豪,走向正直、辉煌的人生旅途。我还要委托你去保管我留给你们的财产,这些遗产是为了你们能过上舒适的生活,把握住每一个欢乐的机会,过一个完美幸福的生活,以及尽可能帮助那些处在困难中的人们。

当我同你结婚时,我实际上只有一个愿望——找一个值得尊重的妻子。一个给我以温情、尊敬和爱心的人。当然,如果我们找到了幸福,并相互真心相爱的话,我希望我们能有孩子。你给了我想要的一切,甚至比那还多。在这个世界上,我从你那里已经得到了,比大多数男人拥有的都要多得多的幸福、理解和爱。我有幸在自己年老的时候,得到上帝对我关怀备至的照顾。

评论家王开林这样说:抛开世俗偏见,陈纳德与陈香梅的结合堪称完美,她本人也一再说过:"我们的结合有说不尽的深情。"中华民族是一个知恩必报的民族,它将自己优秀的女儿嫁给仗义行侠的美国英雄,合情合理,让这位美国英雄的晚年得到幸福,也是每一位中国人的共同心愿。十年后,陈香梅曾在写给夫君的信中一往情深地倾诉道:"我们的生命恰似两条溪水,互相汇合,流成一条江河。我们根深蒂固地愿偕白首,只为我们的爱不仅是表面上的美好,而且是灵魂的真实。这是上苍可以证明的。"这样的爱情，是千古绝唱。

婚姻幸福了，人生便已成功了一半，陈香梅的成就感和满足感溢于言表。她视他为师为友；他视她为妻为女，从他那儿，她加倍地补回了曾经失落的父爱。嫁给一位英雄，陈香梅的确失去了普通女人的许多乐趣，但她嫁给"飞虎将军"，就仿佛亟待升空的卫星拥有了火箭发射架，正是其时。

"二战"后，英勇仗义的陈纳德声名响彻全球，他有不少机会回美国发展，有人劝他挺身而出竞选州长，有不少公司请他做董事。这大把大把的机会都很有吸引力，但他却选择了再回中国服务这一途径。终于在台北得了肺癌，不得不回国治疗。

他在临死前立下遗嘱说："我以任何一个人所可能付出的爱，爱你和她们，我同时相信爱将永存于死后。要记住并教导我们的孩子们生命中确切的真谛——要行为端正，要诚实忠贞，并以慈爱及于他人。生活不可过分奢侈，不要嫉妒别人，享受人间生活的舒适以及不以匮乏为忧。要谦和并全心致力于你所选择的职业。"每读此信，陈香梅热泪必潸潸而下。

作家杨子在《红粉知己》中说："人生以立言、立德、立功为荣，其实，立情才是生命的最高意境。能爱与被爱，生命就如花朵之开放，灿烂繁华，固不免终于凋谢褪色，也是不枉不朽了。"陈香梅对此大加赞赏。其实，她走的正是"三不朽"加"立情"的路子。

说起陈香梅的家史，就会令人肃然起敬。她的祖父陈庆云，原籍福建，后来移居广东，曾任招商局局长，后来又为香港的大商贾。她的外祖父姓廖，是清朝的驻美外交官，娶了一位出生于美国的邱姓的华侨女子。两家祖父是好友，他们指腹为婚，果然一家生男，一家生女，因此陈家的儿子陈应荣就娶了廖家女儿廖香词。

母亲廖香词最初到英国留学，随后又到意大利和奥地利留学。父亲是牛津大学法学博士，后又在美国哥伦比亚大学取得哲学博士。陈应荣在20年代回到北京，陈香梅于1925年6月23日出生于协和医学院。她有一个姐姐和四个妹妹。她外祖母是当时北京很活跃的洋派女性，会多种外语，名流如汪精卫、唐绍仪、梁启超、顾维钧、叶恭绰等常常到廖家做客。

父亲陈应荣后任北京师范大学教务长，香梅本人则进了北京东城的孔德小学。九·一八事变后，她家成了客人们议论日本鬼子侵华的沙龙。从那时起她就知道了中国是一个被侵略国家。

1935年，陈应荣被外交部外放到美国新墨西哥州任职。当时北平情势不稳，所以他带妻子和六个女儿去香港，但先去了广州老家。陈香梅是孔德小学语文老师李洁吾的最心爱的学生，所以李老师给了她一封信送行：

"香梅小朋友：你终于走了，和父母姐妹离开你生长的故乡北京到人生地疏的香港去，我有点舍不得你走，因为你是我的好学生，也是我的小朋友。但这个北方的城市如今只有苦寒苦热的冬和夏，还有秋天自北面吹来的风沙，也没有什么值得你留恋的了。"

她在广州见到了旧式的老奶奶，她与新式的姥姥是完全不同的两个女人。她是一位缠足的老太婆，她在丈夫跳楼自杀后信佛，室内终日香烟袅袅，木鱼笃笃，另有一番风味。她想的是儿女满堂，因此对廖香词光生六个女儿而没有男孩大为不满。好在香词是一个开明女人，不在乎这些。但在广州仅待了一个多月，全家又到了香港，香梅就此在香港过了十个年头，而她父亲去美国后也始终没有来接母亲去美，母亲终于病逝于香港。

廖香词和女儿们住进了香港铜锣湾金龙台一幢小洋房，这是廖家亲戚的房子。香梅姐妹们进了天主教的圣保罗女书院，不久，全家姐妹又受洗为天主教徒。每逢星期天做完礼拜后，全家常到二叔婆家做客，二叔婆是谁？就是何香凝。这又是一个非常特别的女人。她不事妆饰，对廖香词的时髦口红等大为不满，特别对其让女儿们入教更不客气地训了一番。

何香凝是廖仲恺的遗孀，她是一位杰出的女革命家，她考虑的是国家大事，不同于一般普通女性，1937年抗战军兴后，她终日忙碌，在不少群众集会上她慷慨致词，声震寰宇，号召同胞为抗日出钱出力，这一切对陈香梅起了很大的启发。二叔婆有一子一女，女儿叫廖梦醒，儿子就是大名鼎鼎的廖承志。他虽然年纪比香梅大得多，但很能和小姐妹们玩耍，因此成了她们中的一位红人。

1938年，香梅考入了真光女中念高中。真光女中在广东是一家名牌女子中学，抗战后迁来香港，它与圣保罗书院的风格不同。它是一家开放型的学校，有各种各样的文娱和社会活动。另外，圣保罗强调的是英文，而这里却很注重中文。香梅在孔德时是语文老师李洁吾的宠儿，现在又成了语文老师罗慕华的得意门生。她的作文实在太棒了，老师常常要她在堂上念她的作文作为典范。更有甚者，香梅是一口京片子，不费吹灰之力就可以获得演讲桂冠。她马上成了全校的明星，而她又是年纪最轻的一位。真是小不点儿出风头！

香梅自己心中免不了在问自己，"我是不是在学二叔婆呢？"

1940年给陈家带来了噩运。廖香词病倒逝世，接着老祖母也病逝，而父亲却没有回家奔丧。为此，香梅对她爸爸一直怀着一种冰冷的感情。

1941年12月月8日，太平洋战争打响了，日本鬼子很快地占领了香港。香梅一家必须逃难。她们六口子在大姐和二姐带领下从香港逃到澳门，再由澳门进入内地。这一短短的路程在当时的杂乱局面下竟走了一个多月才抵达目的地桂林。桂林本来是一个山明水秀之乡，但现在变成了难民之乡，再加上日机的轰炸，它已成了问题城市。

大姐静宜决定到昆明去"飞虎队"当护士,香梅进了岭南大学,同时要照看四位小妹妹。那时,她十七岁,她在逃出香港时带了她妈妈给她的珍贵首饰,以防不时之需,她知道,她现在已经是一家之长了,她必须带好四个妹妹。她一夜间已成人了,不再是小丫头了。

岭南大学本身也在逃难,它设在乡下,本来乡下不是日机目标,但敌机不放过"流亡大学",所以不得不时常移动。

香梅最喜欢上吴重翰教授的中国文学课。吴先生从来不带讲稿,从先秦文学到明清小说,如数家珍。他对学生要求很严,要学生背书。有一次,有一位学生抗议道:"这朝不保夕的乱世,背这些劳什子有何用?"他像遭了一记闷棍,脸都灰了。但一下清醒过来,两手高举拳头呼喊曰:"你们是中国的未来,中国的希望,中国不会亡。中国人从来就没有被彻底征服过!"

二十年后,陈香梅成了世界名人,她在怀念舅舅廖承志的文章中说:"或许,由于中国人民生于地大物博的中华,有五千年的文化与历史,又受孔孟之熏陶,因此无论从文从武,学剑学画,在野在朝,无时无刻没有一种使命感,这种使命感超越了党派,超越了地区,超越了时空,使大汉子孙都有一种为国奉献的精神。中国人的使命感比任何民族更深刻、更贯彻。"

当然,那时18岁的陈香梅可能还没有这种境界。但她在吴教授的鼓励下开始写散文和小说。她在校刊上发表了《寸草心》和《遥远的梦》。吴教授竖起大拇指说:"才女,才女!"他还直言不讳地说:"文学天才是天生的,后天的培养属次要。我并不要你们复古,但古文是基础,是功底。"

不久,大姐静宜从昆明来信说,她已在第十四航空队工作,让她们小姐妹全去昆明,并说父亲已拜托陈纳德将军照顾她们。这样,香梅又带领妹妹们踏上旅途。这一次是吴教授送了香梅一首送行诗:"几生修到梅花福,添香伴读人如玉。"

五姐妹坐汽车离开了桂林,这是一部用淘汰了的美国卡军零件组装的破烂客车。她们总算挤上了这部破车。一车人尽量挤紧,活像沙丁鱼罐头。

她们在贵州金河镇换上了火车。眼见贵阳近了,姐妹们还活着,而且在一起,这已是一种莫大的幸运,但没有想到灾难即将降临。这列车是逃难者们的荒诞列车。人和行李填塞着空间。水泄不通中弥漫着茅厕的混浊臭味。有一回,香梅在一个小站买了一袋食物,上车前她见到了卖甘蔗的。这时,甘蔗是旅途中的甘霖,再贵她也要买上两根,让小姐妹们解解口馋。就在这时,列车开动了。她飞跑上了梯子,可是拿甘蔗的手帮不上忙,她又舍不得丢掉甘蔗。情况非常危险。幸而有一位壮士于心不忍,护住香梅,向香梅伸上双手,吼道:"丢掉甘蔗,抓住我的手!"但她已失去理智,反而把甘蔗攥得更紧。壮汉只得探下身,抓住她的胳膊强扯她上了车。这是生死一瞥之战。她侥幸成活了。接着，列车驶进了一个热闹的小站。一排排的小吃摊热气腾腾，十分诱人。此外，有一细妹子，肩上压根竹扁担，一头是暗红的炭炉，一头是盛着热水的陶罐，这是洗热水脸的挑子。人们都想借此机会，把自己洗一洗。四位小姐妹也就去洗脸了，香梅则去买一点吃的东西。她买好吃的，就催妹妹们赶快回车子。现在轮到她来洗洗了。洗完后，她付了钱。但突然响起了一声"鬼子飞机来了"，一下车站秩序大乱，人群拥挤，香梅已没有办法走回车子了，而车子竟开动了。这样，五姐妹就失散了。作为姐姐的香梅禁不住哭了起来。有人看她可怜，把她带到电报局，向昆明的姐姐打了一个电报，告她四个妹妹失踪，她必须找到她们然后再动身去昆明。大姐静宜立刻去见了陈纳德，请他代为寻找。陈纳德马上发电报去各个站头寻找四姐妹。

在此期间，香梅走过田埂，穿过村舍，在铁道旁的碎石路上蹒跚而行，鞋走破了，脚磨出了血泡，嗓了喊哑了，贵阳走到了，妹妹们却不见踪影。一周后，她拖着疲惫的身躯去到联络部打听消息，一位美军值日官告诉她：你的妹妹们找到了。

值日官说："这是陈纳德将军请人转来的电话：请立即通知陈香梅：香莲、香竹、香兰、香桃，已经在贵阳开往昆明的火车上找到。"香梅大哭一场，这是欢乐之泪。第二天，她就搭车去昆明。

在静宜的宿舍里，六姐妹终于团圆了，她们抱头恸哭。

静宜说："爸爸因姐妹们失散，大为伤心，已请求陈纳德将军帮助，让我们全体搭飞机去美国。"这样，五姐妹就去了美国，只有香梅决定留下来不走。因为在这一场的苦难旅行中，她看到了同胞们的悲惨遭遇，她要与他们共享患难。

1945年，陈香梅大学毕业，进入了中央通讯社昆明分社任记者，她是中央社的第一位女性记者。她的主要采访点就是陈纳德航空队。由于她流利的英语，她家与陈纳德的私交，更由于她的文学天才，真可以说得天时地利人和，一下就成了名记者。接着来的是日本的投降，中央社要恢复战前据点。陈香梅受到了中央社社长肖同兹的赏识，被调到上海分社任记者。这时，陈纳德也来了上海组织民航空运队，或曰民航公司。香梅和陈纳纳德又重新见面了。陈纳德在来沪之前回美国是去与妻子办理离婚手续的，他把全部财产都交给了他的妻子。他决心重组家庭，对象就是陈香梅。他们之间相差近三十岁，但他充满信心。

皇天不负有心人，1947年12月21日，陈纳德和陈香梅在上海举行了婚礼。

这里要插一段题外话。《陈香梅传》作者胡辛在她文章中提到了麦筱梅的故事。麦筱梅应为麦筱梅。胡辛写道：

传达室老李来报："陈小姐，有人找你。"传达室里果然有对中年男女，陈香梅很是纳闷，她并不认识他们。中年男子已趋前："陈小姐，打搅你了。我们是麦筱梅的父母。筱梅天没亮时被抓走了。说她是共产党。"筱梅母亲更拉住她说："陈小姐，你能帮忙的，只有你们冯社长可以保她出来。求求你了，我家筱梅是无辜的。"

据胡辛说，香梅向冯有真社长说了这件事，冯把麦筱梅保了出来。

本书作者是麦筱梅的丈夫、亚非万隆会议的烈士李肇基的同学和朋友。也是和李麦夫妻在美国密苏里大学的同学。1946—47年我在南京中央社工作。李麦当时还没有结婚，只是在恋爱中。李在麦被捕后到处奔走。他几度来南京，找司徒雷登帮忙。由傅泾波接见。李拿了一张麦筱梅在圣约翰大学时代的基督教唱诗班的照片，使司徒雷登确信麦筱梅不是共产党，并同意作保。所以麦之获释可能是司徒雷登之助。蒋介石当然是独裁者，但他把目标锁定在共产党及其同路人，对其他反对派是比较宽容的。麦筱梅的获释就是这个原因。麦在被释后进了陈纳德公司工作，正是她，纠正了我对陈纳德三字的发音，她说，正确的读音应当是"齐诺尔"。

当时的"左派"文人对香梅的婚姻泼了不少脏水，但婚姻毕竟是私人事件，只有当事者明白是甜是苦。香梅是这样评价的：

"西洋人以结婚为爱的坟墓，因为两人相悦到极点时，爱也走到终途，在那时结婚，已淡然无味；东方人以结婚为爱的开端，因为未结婚前两人相知不深，甚至根本不认识，结婚才领略人生的温暖。克莱尔（即陈纳德）是美国人，我是中国人，我们把东西习俗来一个折中，恰到好处，永无止境。"

"我们来自西方和东方，起初，我们被一道冷硬的老墙阻隔着，我们非常陌生，可是当我走出围墙之外时，我们发现我们呼吸着同一的空气，我们原来就是生活在同一地球的人，虽然萍水相逢，可是相知极深。"

陈纳德说："这样漂亮的女孩子竟会嫁给我这匹老马，我是世上最幸运的人。"

陈香梅说："我才是世上最幸福的女人呢，一个默默无闻的中央社小记者陈香梅，嫁给了举世闻名的飞虎将军陈纳德。"

1949年，蒋介石被逐出大陆，陈氏夫妇随即迁往了香港。

从1950到1960，陈香梅发表了不少小说和散文，结集后由台北文星书店出版。

1958年，陈纳德病倒于故乡路易斯安那州的新奥尔良市医院，宋美龄闻讯后特地前来探望。宋美龄还带来了蒋介石的手书，说"西医若无法医治，可以到台北试试中医"。但十天后，陈纳德就去世了。他葬于华盛顿的威灵顿军人公墓。

陈香梅虽然有很多再婚的机缘，但她决心守寡，不是由于旧道德的束缚，而是由于爱的专一。正如燕京大学校长美国的司徒雷登一样，他在丧妻后就决心不再续弦，因为他太爱他的妻子，不可能再去爱第二个女人。

为了学会做美国人，陈香梅为自己立下了三条要求：

她写道：中国人，尤其是中国女人，往往被视为次等人，或许在这种环境中成长反而养成了中国女子有毅力与勇气去克服困难。外子虽爱我，却无法了解我心中的感受，我只好独自计划如何去争取邻居以及我们交游的南方人的友谊。我决定先做三件事：

第一，充实自己的英语能力。我有空时即朗诵英语诗文。邻居住着一位文学教授，她比我大二十多岁，是个很有修养的学者，我朗读时发音不正确她就指正我。并要我多读数遍，直到正确为止。她帮了我不少忙，使我感激不尽。

第二，加强了解美国历史。入乡随俗，说易行难。以驾驶汽车为例，我到美国时不会开汽车，外子自告奋勇做我的老师。他常嫌我开得太慢，有一天，他又说我开得太慢，我一气之下，飞快驶进车房，把车头都撞坏了。此后每天清晨我自己练习，一星期后终于考到执照。

第三，学打桥牌。打桥牌是女人闲下来的最佳消遣。我知道，若不会打桥牌，永远会是槛外之人。所以我交学费去上课。终于学会了桥牌。

1960年，陈香梅移居华盛顿，入美国乔治亚城大学工作，并从特别教授学习演讲术。1962年，英文《一千个春天》在纽约出版，立即成了畅销书，一年之内，销了二十二版。《一千个春天》是记述她和陈纳德将军度过的一千个幸福的日子的。

她认为这本书是她传世之作，并这样写道："1947年冬我和美国'飞虎队'领袖、美国第十四航空队司令陈纳德将军在上海结婚。这段中美姻缘虽然只有短暂的十年，他比我年长三十多岁，但我们的结合有说不尽的深情。他去世后，我用英文写了一本婚姻的故事，书出版一月马上成为《纽约时报》推荐的十大畅销书之一。在美国共出了二十二版。后来有数种中译本，书名《一千个春天》。台湾台视公司于七十年代根据中译本制作了连续剧，在黄金时档播放，一共二十集，甚得好评。名歌唱家王芷雷女士负责唱我写的主题歌《一千个春天》，为唱此曲而得了大奖。"

1963年，肯尼迪总统任陈香梅为"中国难民救济总署主席"，是第一位华裔受命为白宫工作者。

1964年，在华盛顿参加支持高华德参议员竞选总统委员会发起人委员会，开始进入华人参政的主流运动。1967年，尼克松任其为全美妇女支持尼克松竞选委员会主席，并兼任亚洲事务顾问1968年，尼克松大胜。陈香梅婉拒入阁，或其他大使官职，但仍被任为共和党行政委员。1970年，出任飞虎航空公司副总裁，为美国航空公司第一位女副总裁。1972年，被选为全美七十位最有影响力的人物之一。1980年，被里根总统任为亲善大使，被派往中国大陆和中国台湾访问；被选为共和党少数民族委员会全国主席；又是共和党亚裔委员会主席。任白宫出口委员会副主席，前后共8年。1991年，任国际合作委员会主席、美中航运总裁。

自从中美恢复邦交以来,陈香梅一直是促进中美友谊的使者,同时又是推动海峡两岸和解的使者。她在这方面所起的作用,几乎无人能与之相比。

她在自传中对第一次访问新中国做了如下叙述:

中共驻美第一任大使是柴泽民,他带来了邓小平的请柬,要我到北京访问。我向雷根(即里根总统)报告,并建议少数党议长贝克同行;同时建议我们访问中国之后也要访问台湾。

这项措施做得非常保密。当时夏功权是驻美代表,一切都经由他的沟通与安排。北京方面我的舅父廖承志也和我有书信往来,他说一别三十年,很想见见这位被选出来的美国共和党少数民族主席并叙叙旧。启程前一周,贝克的夫人要入院开刀,他只好请史蒂芬议员代他出马。史蒂芬当年在十四航空队做过飞行员,也是陈纳德将军的老部下。

在华府替我们处理行程的,台湾方面有好友夏功权夫妇和胡旭光;中国大使馆有柴泽民和他的副手冀朝铸。1980年除夕,我自美京启程到东京,在东京与史蒂芬夫妇会合。当时,我和史蒂芬就是怕节外生枝,也怕替未正式上任的里根找麻烦,才绝对保守秘密。

在东京除了泛美航空公司的负责人、"中华民国"驻日本代表马树礼在机场接待我们外,美国大使馆也没人来,以免引起国务院的注意。到了北京,新闻还是保密。直到第二天的早晨,邓小平和其他官员在人民大会堂与我们会谈时,中外记者才齐集会堂内抢镜头。当天晚上,中美电视台都有了我们访华的新闻。1981年1月2日,《华盛顿邮报》《纽约时报》《洛杉矶时报》把我同邓小平握手的照片作头条新闻。我们回到华府时,一位前美国驻巴基斯坦大使对我说:"早上吃早餐时打开报纸,看到你和邓小平握手的照片,我简直呆了。后来我静静想一想,里根这一招真是了不起,两边都关照到。这项任务,除你之外真是不作第二人想。"

关于第二次访问,陈香梅如此写道:

其时章文晋是中国对外友协会长,友协发出了邀请书,我接受邀请,决定自己到北京一趟。行前我两度入白宫见布什总统,在座的还有鲍威尔,没有发表新闻。

我自纽约乘中国国际民航班机经旧金山、上海抵北京。那次我没有住钓鱼台,而是住友协的宾馆。到北京后,我一再解释我是私人身份访华。七月各大学都放暑假,但我仍然要求到北京师范大学和学生们谈谈话。到了北师大,我受到热烈的欢迎。我捐赠一个书斋给新落成的图书馆,纪念先父陈应荣于1930年代在该校担任过教务长和英文科主任。我应邀做了两个小时的演讲,觉得中国的青年实在可爱。我鼓励他们充实自己。我几次到各大学演讲,都呼吁当权者应与学生教授多接触,并交换意见。不同的意见并非就是反政府;共产党制度也罢,社会主义制度也罢,第一是要能为老百姓着想。"百花齐放"后不能秋后算账。这样才有人敢出来说真话,而不需要到海外去说。在中国本国,他们也应有说话的自由。台湾现在进步了。中国宜使教育循健康的路向前进。

怎样评价陈香梅呢?正如胡辛所说:她是幸福的,她是充实的。她是美国人,更是中国人。她的祖国是中国。自从1980年冬回祖国访后,她就止不住激动又骄傲地呐喊出:我不再是无根的浮萍!她每年回娘家。从最北边哈尔滨北面的黑河乡野到最南边三亚市的天涯海角,都留下了她层层叠叠的足迹。她在-36℃的严冬应邀飞哈尔滨参加冰雕艺术节,在沈阳参观了张学良少帅故居,挥笔写下七绝一首:"西安旧事一盘棋,亦风亦浪实堪悲,少帅如今头白发,城北城南盼归期"。她在西安碑林待了整整三天,废寝忘食,如醉如痴,欣赏中国的书法艺术。她登上了泰山,"会当凌绝顶,一览群山小。"她曾学过国画,师从黄君璧。1988年,她在北京结识了李可染大师和启功大师。她怀着一片赤子之心,走遍了祖国的名山胜水。她说:"我没得名,也不要利。我的收获是一份自足。我并不自命为勇者,但绝不是弱者。我不曾向任何人低头,只要我自认为是正确又大公无私的事,就该认真去做,毕竟生逢乱世,费解的事太多,既无需大惊小怪,也不必多求甚解,做一个中国人,不容易。"

她说:"中国人的命运是一连串的悲剧,满清腐败无能,民国成立后又因各军阀你争我夺,被日本人和俄国人乘机侵占,把中国变为次殖民地,民不聊生。我希望中国有一天能在自由民主的制度下统一,成为强壮的国家,让海内外的炎黄子孙一申百年的冤屈,扬眉吐气。我们受苦难太久了,这不光是形体上的,精神上的不平更为可悲。我相信中国总有统一的一天,因为凡是爱国爱自由的中国人都正在往这条路上前进。"

"中国不能再搞革命,但我们需要改革,要自强,我们要成为经济强国,日本可做到,为什么我们不可以做到?我们有那一点不如日本?有的就是政党尚未周全。是政党改革的时候了!有使命感有奉献精神的中国人啊,无论你在何地何方,无论你是在朝在野,是我们奋起的时辰了!我相信千千万万的中国人会与我共鸣共感。"

她说:"近十多年来,每年都数次回到中国访问,其实绝不仅仅是访问,而是竭尽心力精力和时间,从各方面协助祖国的四个现代化。积平生经验,我深深感到推动中国教育事业的迫切需求,这是巨龙腾飞的基础关键,得有长远的目光。"

据报纸报导,近几年来,陈香梅一直热心于中国的教育事业。在北京师范大学已成立了"陈香梅发展研究中心"和"陈香梅讲堂"。她还在中国12个城市设立教育基金，并每年拨出100万人民币奖励西部优秀教师，以发展西部的教育事业。

陈香梅有一颗赤炽滚烫的中国心，她在七十大寿前所作的一首诗《故土》，足以表达她叶落归根的心愿，这首诗已被作曲家谱成曲子，唱遍了中华大地：

> 故土有万年沧桑，
> 故土有宫殿华堂，
> 故土有秦淮明月，
> 故土有赤壁敦煌，
> 故土有小桥流水，
> 故土有大豆高粱，
> 中国，中国，我的东方！
> 东方，东方，我的家邦！
> 我有一片骄傲的故土，
> 我心中充满希望，充满希望！

最后，陈香梅在《留云借月》中讲了她的晚年生涯，她写道：

今年夏天我在乔治亚城区自置了一栋办公楼，将原来的办公室迁了过去，准备安定后好好读书写字，多临摹颜真卿、欧阳询的字帖。我两次访问西安碑林，对古人研究学问的认真精神向往不已。近年来，有幸结识了名书画家如启功大师、李可染大师和周怀民先生，还多次观赏他们亲自写字作画的情景，真是一乐也。在台北拜师黄君璧先生，又多次在外双溪看张大千先生挥笔，使我觉得艺术修养深厚的人，必然有其独特的风雅，而且气魄博大，雄浑庄重，与一味"向钱看"的庸俗之辈迥然不同。

香港《大公报》社长王国华评价陈香梅："陈香梅的名字，在海峡两岸及中美两国间，知名度之高，活跃时间之长，恐怕无人出其右。"邓小平曾说："美国有一百位参议员，但只有一个陈香梅。"有人曾叹她是"永远的陈香梅"。而若从她对中华民族的杰出贡献讲，也可说"国宝陈香梅"。

大凡名人，都有其动人之处，陈香梅的动人之处，源自其情之细腻，心之博大。

陈女士说，"情这个字实在太微妙了"。内心深处积淀着中华民族传统文化、智慧与美德的她，明义重情，所以她的回忆录要在情字上用笔。无论是她与陈纳德将军那刻骨铭心、至死不渝的爱情，还是对朋友的真挚友情，都是那般纯真，那般感人。

她那真挚的情，源自博大的胸怀和她那颗纯净的中国心。她称自己是"半个中国人"，说："虽然自己是美国人，长年身在海外，但心却在祖国。"她是有一颗"中国心"的美国人，时时不忘为中华民族的复兴奉献心力。

抗战初期，豆蔻年华的陈香梅为与祖国同胞共度艰难，违抗父命拒迁美国，在昆明做了一名战地记者。痛别家园后的几十年，她在海外历经艰辛，依然奋斗不息，置身美国上层社会，成为开启美国高层政坛之门的第一位华人，实乃"梅花香自苦寒来"。30年后的1980年，陈香梅受邓小平的邀请，以美国总统特使的身份，负发展中美关系之使命，第一次重返故里。她写道："离别时的中国，灾难深重，到处是逃难的人群，街头横倒着饿死的同胞。""可是30年后，重归故土，展现在我面前的是一个全新的中国，她的新，她的美，她的兴盛，她的朝气，她的纯朴亲切，她的自强不息，从神州大地的每一个角落，迎面向我扑来，向我展现，向我诉说。"

听见了吗？这分明是陈香梅在伸双手拥抱祖国大地，向自己的祖国母亲诉说30年的梦境别情，把她那颗纯洁的中国心，紧紧地依偎在祖国的怀中。请记住，当她诉说这一切时，她是一位美国总统的特使。这就是陈香梅那一颗胸怀祖国的心。

此后，陈香梅经常穿梭往来于太平洋的上空，奔走于海峡两岸。是她第一个向蒋经国建议，开放探亲政策，使万千中国人得以骨肉团聚。在西方国家纷纷声明要"制裁"中国，祖国经济发展面临严峻考验的1989年底，又是她毅然率领一个庞大的中国台湾工商界投资考察团到大陆访问。此事当年曾震惊海内外，舆论一时哗然。可今天越来越多的台商把大陆视为最理想的投资热土的事实证明，陈香梅当年的开拓之举，是历史性的。

陈香梅不仅是一位卓越的政治家、社会活动家，还是一位情感丰富、勤学多产的优秀作家。几年前我约她为《大公报》写专栏文章时，曾问她用什么头衔，她说："头衔不头衔无所谓，关键是写出好文章。如果一定要，就用'专栏作家'吧。我的理想是做一名作家。"她是一位学贯中西的出色女作家，论视野，论文采，论情感，都不比中国历史上的许多女作家逊色。

她中英文造诣颇深，用双语写出了许多优秀的抒情或论述文章。40年前她就用英文写了一本情感真挚的好书：《一千个春天》。这本书在纽约出版，再版20多次，连续多年被评为畅销书，两年后在台湾出版，30年后在中国大陆出版，后又被拍成电影和电视连续剧，都引起轰动。在中文方面，她更是文笔流畅，清新脱俗。她的观察细腻，善于以情感人，使文章更添光彩，引人入胜。她的传记、小说、散文，均各具特色，常以优雅的诗词点缀润色，更显高人一等。在60年中，她出版了50多部著作，她的作品已成为我们中华民族文学宝库中的珍品。

"作家陈香梅"，也许更符合她的身份，而"国宝陈香梅"，则是她魅力之所在。

62　克林顿总统夫妇

比尔·克林顿是一名遗腹子。1946年8月19日,他生于阿肯色州的霍普城。他生父叫比尔·布莱斯,原是德克萨斯的一个买卖小轿车的商人,后又经营旅行载重设备。一天,为了看望他的怀孕妻子,从德克萨斯出发,却在密苏里的61号公路上因车祸而丧生。

在美国社会里,孤儿寡母肯定会处处碰到困难,特别是像阿肯色那样的穷州。他妈妈为了完成在新奥尔良的培训课程,以便今后能当上麻醉师助手,不得不把他托给她的父母看管。克林顿在回忆中说:"我和外公外婆一起住了多年。他们没有多少钱,阿肯色的人大多是如此。但我们并未真正感到贫穷,因为我们互相关心,互相爱护,相信美国人所谓的'梦想成真'。我们信奉热爱家庭和发奋工作。"

克林顿

他母亲弗吉尼亚·卡西狄在儿子四岁时重新嫁了人。她的新丈夫叫罗杰·克林顿,他收养了比尔·布莱尔,把继子改名为比尔·克林顿。这时的家在温泉城。克林顿在温泉的天主教小学上完二年级和三年级。后来又进了另一家小学和温泉中学。克林顿特别爱好学习,他母亲和老师对此都留下了深刻的印象。

在中学时代,克林顿曾在一个三人爵士乐队里演奏过高音萨克斯管。应该说,在某一个时期,他曾考虑过是否应把音乐作为他的终身事业。

在他中学三年级到四年级的暑假期间,他被选去参加阿肯色州的"男孩模拟州"。在那里克林顿的童年朋友麦克拉蒂被选为"州长",克林顿则被选为代表,去参加在华盛顿地区举行的"男孩模拟国"活动。正是在那次活动中,克林顿见到了肯尼迪总统,并从此改变了他一生的道路。

他母亲说:"我从未看到过他因为参加某种活动而如此兴奋和激动。当他从华盛顿回来手里拿着他和肯尼迪总统的合影照片时,他脸上的表情难以形容,我当时就感到,搞政治正对他的口味。"

报纸上也说:"与肯尼迪总统握手,在参议院餐厅里和他敬佩的参议员富布赖特共进午餐,这一切都使他深为感动。"

1964年,克林顿从温泉中学毕业,在全班300多人中名列第四。

为了投身政治,他进了乔治敦大学。他还在富布赖特的参议院外交委员会找到一份校外工作。他在乔治敦的学习生活使他着了迷。他说:"在参议院的那份工作是在富布赖特总的领导下进行的。这份工作把我唯一剩下的一点课余时间也全都占了。当我还什么也不是的时候他们给了我这份工作。我家没有钱,没有政治背景,什么也没有。我靠着它完成了学业。"

由于学习成绩优良,克林顿申请罗德兹奖学金。这笔奖学金是给那些成绩特别优异的毕业生去英国进修用的。它是英国人赛色尔·罗德兹于1902年逝世时设立的。罗德兹是靠在南非开采钻石而发了财的。迄今为止,克林顿是唯一的获得该奖学金的美国总统。值得一提的是,克林顿的偶像——参议员富布赖特也恰巧是罗德兹奖学金的获得者。

克林顿在牛津大学进修期间,国内发生了反越战运动。克林顿是反对越战的,但他并未参加具体的活动。因为他忙于学习。他过去上学总是半工半读,但在牛津的两年,他没有那样做,而是竭尽全力学习他周围一切可学的知识。

根据克林顿的情况,他完全可以作为罗德兹奖学金获得者在英国再待一年。但他祖国那边给他提供的机会实在太诱人了,以致他无法抗拒。是耶鲁大学法学院给他提供了一笔奖学金。他迫不及待地抓住了这个机会。

1971年,克林顿进了耶鲁大学法学院。他仍然半工半读,担任了三份业余工作。他为纽黑文市区的一位律师工作,又为哈特福德的一位市参议员工作,同时还在一座附近的社区学院教书。除此之外,他还要参加康涅狄格州民主党的活动。他在耶鲁读了两年。

对克林顿而言,在耶鲁最大的收获恐怕就是结识了希拉里·罗德海姆小姐。

他们两人在一门课上是同班的。这门课的教授讲得并不高明。克林顿对听课并不注意,而是老盯着看希拉里。但课后又缺乏勇气上前去攀谈。有一天,上帝给了他一个机会。那是在法学院图书馆内。克林顿事后这样描写:

那位教授正试图说服我参加《耶鲁法学评论》的工作，并且说，如果我成为该刊的一员，我可为美国最高法院工作，这样我就可以去纽约赚大钱。我对他说，这些我都不想干，我想回家乡阿肯色去，在那里我参加不参加《耶鲁法学评论》毫不重要。我一面应付着谈话，一面老盯着看坐在图书馆那头的希拉里。与教授的对话结束后，希拉里向我走来，对着我说："你瞧，如果你再盯着我，我可也要盯着你了，我想我们应当认识一下，我叫希拉里·罗德海姆。你呢？"

克林顿为之一愣，几乎连自己的名字也说不上了。"我当时真窘透了，但从此以后我们就认识了。我们常在一起。当然，有时多些，有时少些。"

希拉里于1947年10月26日生于芝加哥附近的北边镇，三岁时又迁到了里奇公园镇。这是一个典型的白人中产阶级社区，几乎所有的居民都是坚定的宗教信徒，而且都是忠贞的共和党人。

希拉里有两个小弟弟，同区的孩子们不免要找他们的麻烦。她妈妈教他们，要么不予理睬，要么就给以反击。作为姐姐的希拉里择取了后者，而且表现非常勇敢。邻里都知道了她是一位不好惹的小姑娘。

这些中产家庭的父母一般都刻意把自己的女孩子打扮得时髦鲜艳，只有希拉里不喜欢这样，她始终是一副中性打扮，不愿使用任何化妆品和秀气的时装。少女希拉里的自尊心很强，她看不惯那些装嗲弄嗔和用打扮来吸引男朋友的同伴。她很早就戴上一副大眼镜，埋首书堆，不屑外出约会。因此，在校刊上有人写文章把她称为"冰箱修女"。

希拉里的父亲是靠勤奋发家的，他在教育女儿的过程中，一再对她说："金钱未必是万能的，但没有金钱是万万不能的。"他还故意领三个孩子带到当初他做工的宾州煤矿，让他们亲眼看到矿工生活的艰苦。他说："我可以供你们吃穿和学费，但你们想要什么额外的，就得靠你们自己。"

在希拉里13岁那年，公园镇的卫理公会来了一位年轻牧师唐纳·琼斯，他成了希拉里的启蒙导师，给她灌输了带有社会主义思想的自由派思想。他常常带一群孩子到穷苦的黑人区及新移民区去做社会服务工作，但孩子中最认真的要算希拉里。她真正热心地投入，并还和琼斯讨论政府的政策对少数民族的影响。

在高中快毕业时，沉浸于图书馆中的希拉里有一天翻阅大学入学简章时看到一张有维多利亚式建筑的校园照片，她查明这就是卫斯理女子学院。她知道这是美国七姐妹学院之一。她要进这所不是男女同校的学院。

20世纪60年代末期，已传染到卫斯理学院的学生运动扩大了希拉里的政治和社会视野，更为她日后投效民主党写了伏笔。1968年，她首先加入了卫斯理女子学院学生委员会，积极要求改良学校制度，删除不必要的必修课程，放宽少数民族学生入学的限制，取消宿舍夜归时间的限制。

在卫斯理搞学生运动的日子里，希拉里找到了她生活的坐标，逐渐挣脱了在芝加哥时那种孤芳自赏的囹圄。她那宁可鸣而死，不愿默而生的个性得到了发展。

在1969年毕业典礼上，希拉里经由学生投票代表全体毕业生致辞，这由投票产生代表致辞的办法是卫斯理历史上的创举，而这个点子即来自希拉里在宪法课上的提议。21岁初出茅庐的希拉里顿时成了风头人物。

1969年9月，希拉里进了耶鲁大学法学院。她初到耶鲁就露了一手，她不让须眉地主持了学生要求罢课支持黑豹党的大会。她指挥若定，显示了女强人之风。她初试莺啼，立刻受到人们的注意和背后的议论。

克林顿和希拉里在耶鲁一起读完了两年。1972年，两人都跑到德克萨斯州去帮民主党总统候选人麦戈温竞选。这次选举民主党以失败告终。

竞选完毕后，希拉里经耶鲁导师马歇尔的介绍进了众议院的司法委员会工作，一直做到1974年8月尼克松总统辞职为止。那时，克林顿已回到阿肯色，在费耶特维尔的阿肯色州大学教了一年书。这一职务的年薪是25000美元。

曾为克林顿学生后来成为律师的卡尼对《阿肯色民主报》说，他喜欢上克林顿的课，因为在课堂上可以对"当今的一些现实问题进行有趣的讨论"，他认为克林顿不是那种照本宣科的教授。

费耶特维尔处于共和党的势力圈内，当地的联邦众议员是共和党的海默斯密特。1974年，民主党要克林顿出来与他竞选。克林顿虽然知道自己不可能胜利，但还是答应了。克林顿在竞选中第一次发挥了他的演说天才。报纸报道克林顿"把一群疲倦的、没精打采的听众激动得都站了起来"。

尽管最后的结果以48%对52%输给了海默斯密特，但报纸评论说："比尔·克林顿作为一个有才华的年轻法学教授，已经赢得了名声。""比尔·克林顿差一点当上了议员，肯定他1976年还会卷土重来。"这些话并没有说错。

对一个在竞选中被击败的人来说，往往是痛苦的，但克林顿看来根本满不在乎。因为在竞选期间，希拉里已应克林顿之邀，也来阿肯色州大学法学院任教。

希拉里很快适应了阿肯色州的这个小城镇的生活，她开始爱上了这座学校和她的同事。1975年10月，在比尔·克林顿的费耶特维尔家中，他俩举行了婚礼。很凑巧，在出席婚礼的人中有在职的州检察长塔克。塔克是民主党人，任期将满，他要求克林顿出来竞选检察长（州司法部长）。

1976年初，克林顿的竞选班子以雄厚的实力出场参加政治角逐。克林顿在初选中表现出色，很轻松地击败了对手。他获得55%的选票，不需要进行复选。1977年1月，他走上了检察长的岗位。

人以群分，克林顿上台后就起用了一批理想主义的年轻人，由他们组成州司法部的工作班子。《阿肯色民主报》说：克林顿表明他站在消费者的立场，反对经营公共事业的公司。阿肯色州的大多数居民都鄙视这些公司。克林顿在阿肯色的政治地位已确定了。

1978年，克林顿投入了州长竞选。他以阿肯色州从未有过的最佳政治组织与4名竞争者对垒。结果他横扫战场，全胜而归，无需进行第二轮投票。

克林顿充分利用了选举后与就职间的空隙。首先，他去华盛顿拜访了卡特总统。接着参加了在田纳西州孟菲斯举行的民主党代表大会，新闻记者们纷纷向他采访。他们散布流言，说1980年卡特将请克林顿作他的竞选伙伴云云。这些传言使克林顿感到飘飘然。他故作谦虚，说他首要的是当好一名州长，尽最大努力为阿肯色服务。

1979年1月10日，克林顿州长就职时是32岁。全国新闻节目称为"阿肯色的男孩州长"，并指出他是美国历史上最年轻的州长。

他在就职演说中大谈特谈"教育建国论"。他说教育将是他施政的基础，他要用教育引导本州走向"成就和优秀的新时代"，使本州的"生活将为全国所钦慕"。

阿肯色州长的任期是两年。1980年大选中，共和党的里根席卷全国。在其影响之下，克林顿也失去了职位。但在1982年，他又重新回来，并连选连任5次，直到出来竞选总统。在这10年中，他为阿肯色做了不少好事，政绩卓著，所以终于被推选为民主党总统候选人。

他的政绩特点就是"教育"。这里引用一些他关于教育问题的话。他说："从长远看，教育是我们复兴经济和实现繁荣的关键。我们必须从我们有限的资源中拨出更多来提高教师的工资待遇，在贫困和学校较少的地区扩大受教育的机会，改进职业教育和高科技教育，并使其多样化。也许，最重要的是要加强基础教育。没有过硬的基础技能，我们的人民就谈不上向更高的成就进军。"

1986年8月，克林顿当选为全国州长协会主席。他在会上发表讲话说："今天，我作为第一个战后生育高峰的产儿来到这里，我要问：我们能使美国重新为它的人民谋福利吗？我相信，我们能。但只有当我们有办法使美国人能够工作并拥有工作机会的时候。我们必须正视我们肩负的责任，要使美国人民更具有竞争活力，就必须从根本做起，就必须扭转那股使人沉溺于我说的美国惯于夸夸其谈而失去活力的逆流。"

在1992年的民主党代表大会上，克林顿被推举为民主党总统候选人，与在位的布什总统较量。这时，希拉里成了丈夫的坚强后盾。有人说，如果她本人愿意，她本来可以成为一位比她丈夫更好的候选人。阿肯色州的人说，这种俏皮话倒也蛮有根据。因为很显然，州长在作出许多重大决策之前都要和他妻子商讨。对他来说，她是一种很重要的力量。

尽管她可能不拥有芭芭拉·布什那种随和的魅力，但她能够而且做到了几乎和每个人相处得好。几年前希拉里以州长夫人身份出现时就掌握了和任何人就任何问题愉快交谈的艺术。这在竞选中是一种无价之宝。而时间只能使她更精于运用这种才能。

不过，在美国社会中，一名政治出头人总要引起"被扒粪"的危险。克林顿也难逃此灾祸。这就是所谓"莱温斯基绯闻"，这给希拉里带来不少困扰。但在此紧张气氛之下，她做到了不惊慌不气馁。她本人则没有可被抓辫子之处。

从希拉里身上，你可获得许多印象。她是一位认真而激烈的竞争者，即使在玩看图猜字游戏或平纳克尔牌游戏之类的时候，她也是非常认真、全力以赴，以致她的朋友们常常不得提醒她这不过是在玩而已。她当州长夫人时，每年要接待约两万名来访者，而她还是州内一家著名律师事务所的合伙人。她的律师收入要比丈夫的收入高2—3倍。

当总统预选进行时，比尔和希拉里已在州长府待了十年。为了帮丈夫竞选，她已无暇顾及罗斯律师事务所的工作。她曾经两度被《全国法学杂志》列入全美100名最佳律师名单，她还是全国保障少年儿童基金会的主席。现在，她要放弃一切，专心来帮助夫君。

记者们询问"莱温斯基绯闻"是否会对克林顿有影响。她回答道："不会。因为我丈夫有一份非常强的"社会档案"。我们有非常牢固的婚姻，我们互相把自己托付给对方。我们彼此的生活已经非常紧密地联系在一起。关于这些指控，我们将让美国人民自己作出决定。他们将要评判我们，并在这次竞选活动的过程中作出他们的裁决。那才是我们将要依靠的东西。"

聪明、美丽、吸引人、机智，对她自己和她的婚姻极有信心的希拉里·克林顿很快就成了新闻媒体的宠儿。某些有魄力的商人甚至已经把她看成用来推销各种产品的偶像。

果真，在希拉里帮助下，克林顿在1992年大选中把威信达到极点的布什总统击败而入主白宫。他堪称美国第一位新一代的总统，因为他是第一位出生于战后的总统。

1996年爆出了"莱温斯基绯闻"，不但惊动了全美国，也惊动了全世界。美国国会内要求弹劾之声不断，克林顿真是"岌岌乎危哉"。但在希拉里的协助下，克林顿仍然在当年的大选中得以连选连任。美国媒体不得不封了克林顿一个称号："打不倒的小子。"

更有甚者，2000年克林顿任满时，他的夫人却在纽约州击败共和党对手而获选为纽约州的联邦参议员。克林顿从此从总统变为"参议员的夫君"。至于这一对夫妻在21世纪将有什么表演，我们只能拭目以待了。不过，我们可以顺便提一下：美国市场上有一套《罗斯福夫人传》的录像带，它的解说员就是希拉里·克林顿。录像中首先出现的就是美丽而潇洒的希拉里，她侃侃赞颂罗斯福夫人的功绩和美德。然后引出了罗斯福夫人的出场。有人说，这不是偶然的，而是暗示着希拉里的未来蓝图。她要赶上罗斯福夫人。

克林顿凭什么取得了人心呢？历史学家们说：他提出了"新民主党议程"，仿效肯尼迪和约翰逊总统时期（1961—1968年）的"程序计划自由主义"方针（加强教育、人才培养、创造就业、巩固社会福利等），把政府从"问题的一部分"变为"解决问题的一部分"，把美国从1000万人失业与政府亏空2900亿美元的窘境中解救出来，使美国经济空前繁荣，国库充实（有足以延续10年之久的财政盈余），40%的美国人拥有了股票，创造了买房纪录，失业率下降到历史最低点，8年中创造了2200万个就业机会，使750万靠救济生活的人获得就业而自动放弃救济金。他又实现"社区公安制"，增加了10万警察，使犯罪下降27%。克林顿的8年可以说是美国的"新黄金时代"。

作为美国第42届总统的克林顿也是历史上最漂亮最通人情的白宫主人，要不是莫妮卡·莱温斯基绯闻事件，他很可能会是美国"巨人总统"之一。在大闹绯闻官司之后，仍能在再选中获胜连任，又证明了他确有非凡的魅力。

克林顿届满后随希拉里移居纽约。

2000年11月的大选中，希拉里·克林顿在纽约州竞选联邦参议员，获得了胜利。

《美国大观》做了如下的评论：

美国前第一夫人希拉里·克林顿的杰出智慧和坚毅个性，丝毫不逊于她名震四方的丈夫。早在1992年的选民见面会上，她雄辩的口才和不失优雅的风度，就给人们留下了深刻印象。一位选民惊呼："怎么是比尔·克林顿而不是她竞选总统？"

这位新上任的纽约州参议员如今一改贤妻良母的形象，脱掉了第一夫人的束身胸衣，穿上了富有个性的时装。现在，她常常随意地把双手背到身后，显出威严的军姿。在参议院，她时而在民主党领袖汤姆·达施勒的麾下奔走，时而又去会晤共和党人约翰·沃纳和迈克·德怀恩，游说他们支持她的全国教师招募议案。如果没有那一头动人的金色短发，人们定然会淡忘她的性别。

当然这并不是说，这位新上任的纽约州参议员已经失去了她女性的特征。实际上，她正在利用自己身为女人的有利条件，对参议院的男人们施展磁石般的魅力。民主党的肯尼迪参议员走向议会大厅发表演说时，总是发现有两道充满钦羡和敬仰的目光在注视着自己。他知道那是希拉里·克林顿温柔的目光。他对希拉里的评价是，"她以一个经验丰富、学识渊博的政治领导人的面目出现在参议院，她有自己的观点，工作努力，善于倾听别人的意见，赢得了所有人、包括过道那一边的人（即共和党人）的尊敬。有些人曾等着看她的笑话，可最终他们打消了这个念头。他们喜欢上她了。"

希拉里时常和共和党的男参议员们开些小玩笑。在参议院的走廊上，她举手投足之间俨然又是一个比尔·克林顿。一位参议员的助手说："她总是在含笑点头。看到她的微笑，会使人们觉得，当有人大骂她的丈夫克林顿时，她也会和那人拥抱。"

希拉里参议员充沛的精力和无尽的热情委实令人惊异。她在走马上任尚不足百日时，就已提出了 10 个议案，还襄助了另外 66 个议案。由于 6 月份之前共和党人同时控制了白宫和国会，她提出的和襄助的议案大都遇到了强大的阻力。虽然屡战屡败，但她从不气馁。

比尔·克林顿离开白宫后，民主党人一时群龙无首，只能无精打采地应对共和党人咄咄逼人的进攻。但是希拉里·克林顿在国会山的出现，给今年 3 月份民主党的教育改革议案注入了新的活力。民主党方面主张，至少在 7 年之内把初等和中等教育置于优先考虑的地位。而小布什政府则想为最富裕的美国人在这期间削减 1 万亿美元的税额，使创历史纪录的预算盈余化为乌有，这个结果会使公立的中小学失去应有的财政资助。希拉里在国会上发表演说："我们在中小学教师和校长的招募方面存在着极大的危机，我为此已提出过数个修正案。我认为，这是我们现在面临的最重要的问题。如果我们不能吸引人才去从事中小学的教学和管理，我国的素质教育将大大落后于其他国家。"

民主党的议案最后虽然未获通过，但希拉里·克林顿为推动这个议案作出了很大贡献。参议院民主党领袖达施勒曾评论说："我党在全国组织委员会上所希望的教育议程，正是希拉里在阿肯色州曾实施的那种。在过去的两周中，我党的组织委员会制订了针对教育议程的各项策略，她非常积极地参加了我召集的所有会议。"

这就是希拉里·克林顿。她正在为自己，也为美国的历史，书写着全新的篇章。她是首位不是靠丈夫，而是靠自己的努力赢得人民拥戴的第一夫人。不可否认，她和她的丈夫在道德和工作方面都远非无懈可击。希拉里曾引起了保守派的恐惧和狂怒。她的对手还在恶意地中伤她，然而，她依然是坚忍不拔。

今年 5 月，耶鲁大学学生选中了希拉里做他们班级日的发言人。她激励毕业生们，"要敢于竞争""勇于关心"。显然，大多数学生把她视为行动的楷模。2001 届毕业生格兰特·查文说："15 年之后，我仍将会记得希拉里·克林顿在我的毕业典礼上的讲话，而不会记得那些所谓的桂冠诗人之类的角色。"2003 届毕业生雷切尔·伯杰说："作为一个女人，获得如此程度的成功，可以想见她为此作出了何等的牺牲。"2001 届毕业生阿莱娜·巴托里说："我并不是希拉里的狂热崇拜者，但是她的生活经历对我是很好的借鉴。她做到了'敢于竞争''勇于关心'。她是个楷模。"

小布什总统在第二天也来到耶鲁大学发表演讲。84%的耶鲁学子在总统选举中投了小布什的反对票，208位耶鲁教员集体请愿，反对授予小布什荣誉学位。那天，小布什总统显然忘记了这些，走进了成百上千的反对者中间，结果获得了倒彩和嘲弄。希拉里的光辉又一次盖过了美国总统。

迄今为止，美国历史仅有12名女性参议员。人们相信，希拉里在未来的日子里将拥有更加辉煌的政治前程。

有一次，法国《巴黎竞赛画报》记者向希拉里采访时有这样一段话：

问：有朝一日，妇女将入主白宫，你会成为这样一位妇女吗？

答：如果我成为美国总统，我会履行职责，直至任期届满。有人经常问我，为什么英国、以色列、印度有女总理，而美国没有。很多人没有搞明白，打破我们体制方面的障碍要比打破某种议会方面的障碍难得多。在议会，你可以一级级地逐步往上走，最后成为你那个党派的领袖。在美国，一位参议员或州长要想参加总统竞选首先必须让全国了解你，这需要最多的金钱，需要非常广泛的政治基础。这都需要时间。因此，妇女要想在我们的政府体制下树立自己的威望，就需要更多的时间。但现在已有几位有资格的人士有可能成为总统。我非常希望在我的有生之年，一位妇女能当上美国总统。

2008初，希拉里终于宣布她已决定参加总统选举。她的参选受到了妇女选民们的热烈支持。她的第一步当然是竞选民主党的总统候选人。但民主党的另一位候选人是非裔的奥巴马，他的人气非常高，希拉里在做了一次奋战后，看到大势已去，乃于6月中宣布退出竞选，支持奥巴马。

奥巴马任总统后，任命希拉里为国务卿。事后。希拉里与记者进行了如下的对话：

问：什么对您来说比政治更重要？您可以为了什么可以放弃自己的政治前途？

答：对我来说，最重要的是家庭和人际关系。我是母亲，我的女儿今年要出嫁了。这对我来说是头等大事。如果我不得不在做母亲和当国务卿之间作选择，我一秒钟都不会犹豫。

问：真的吗？

答：毋庸置疑，要知道，做母亲是生活中最艰巨但又最愉悦的工作。其他事没有一件能比得上。

问：您有政治偶像吗？

答：我敬佩的人有很多，包括我的丈夫在内。但曼德拉特别令我钦佩。想想他经历了怎样的艰辛。他反对种族隔离，不断努力，终于推翻了只由白人构成的政府。我去过他被囚的狱室，那间屋子只有这张桌子那么大。他在那里待了27个春秋。而且他不但没有对自己的遭遇耿耿于怀，而将人民引上正确的道路。我们需要更多这样的人：他们不会被过去所累，有能力开创不一样的未来，有能力消弭人与人之间的隔阂。曼德拉将这一切身体力行，没人比他做得更好。

问：在竞选中，您对奥巴马进行了严厉的抨击。在这之后，您接受了他的邀请，不觉得难堪吗？

答：他也对我进行了猛烈的攻击啊。这只是政治和竞选斗争罢了。当奥巴马提出邀请时，一开始我建议他考虑其他人选。但他的态度很坚决。最终我决定这是为国家效力。我当了国务卿后人们老问我，"您怎么能与您的竞选对手共事？"我的回答是："因为我们两个都热爱自己的祖国。"

希拉里和奥巴马的共同特点是关心人权问题。2009年12月14日，希拉里以"21世纪的人权议程"（On the Human Rights Agenda for the 21st Century）为题在美国首都华盛顿的乔治敦大学发表演说。以下是演说的中译文，由美国国务院国际信息局（IIP）翻译：

今天，我想跟你们谈一谈奥巴马政府关于21世纪人权问题的议程。这是很多迫切希望了解我们做法的人都在考虑的问题，这是不难理解的。这是一个极为重要的问题，值得我们为之付出精力，值得我们给予关注。今天我将概述一下我们在人权与民主问题上的想法，谈谈有关的设想如何与我们更广泛的外交政策相适应，以及指导我们行动的原则与政策。

但是我也需要说明，有些情况可能不会涉及。我不打算全面讲述各种侵犯人权的行为，也不可能在这里逐一列举我们与之提出人权问题的国家。这不是一份清单，也不是一个记分牌。我们每年发布《人权报告》，详细提出我们对很多国家表示的关注。然而，我希望我们能够利用这个机会从更广泛的角度考察这个重要的问题，全面理解这个问题的复杂性、道义上的重要意义及其紧迫性。说到这里，现在让我言归正传。

奥巴马总统上周在接受诺贝尔和平奖的仪式上说，战争从来都不受欢迎，战争不是什么好事情，但战争有时是正义的，也是必要的。因为，用他的话来讲，"只有基于每个人与生俱来的权利和尊严的正义的和平才是真正的持久和平。"古往今来，总是有人极力否认这条真理。我们的使命就是坚持这条真理，通过坚持原则的人权议程和实施这一议程的务实的策略为实现持久和平而努力。

奥巴马总统的讲话还提醒我们，《独立宣言》阐述的我国基本价值观——生命权、自由权和追求幸福的权利——不仅是我们的力量和坚忍不拔的精神之源泉，也是全世界每个成年男女和儿童与生俱来的权利。这就是《世界人权宣言》（Universal Declaration of Human Rights）的承诺；是建设一个人人有机会实现其天赋潜能的世界的先决条件；是推动每一次自由行动，每一场民主运动，每一项增进发展的努力和每一种反抗压迫的斗争的力量。

每一个人都有学习、探索并接纳身边世界的内在的潜能；都有自由地同其他人共同建设社区和社会，使人人都有所作为并自食其力的潜能；都有同我们所爱的人分享生活的美好与忧伤、笑声与泪水的潜能——这种潜能是神圣的。这种信念对于很多大权在握并将他们的立场与"另一方"——另一个部落、宗教、种族、性别或政党——对立起来的人而言，则令其感到惶恐。挺身而出驳斥虚假的认同感，为所有的人拓宽权利和机会的空间——增进他们的各项自由与机会——是我们从事这项工作的原因。

这个星期适逢"人权周"（Human Rights Week）。其实在国务院，每个星期都是人权周。61年前的12月，世界各国领导人宣布一个有关权利、法律与机制的新框架，以履行"永远不再发生"的承诺。他们通过《世界人权宣言》以及旨在制止种族灭绝，反对战争罪行和酷刑，防止歧视妇女以及种族和宗教少数派的法律协议，重申了人权的普遍性。新兴的公民社会运动和非政府组织都成为重要的合作伙伴，积极推动与每一个人利害攸关的原则，并揭露那些违反这项准则的人。

我们在赞赏上述进展时，必须将注意力集中在尚未完成的工作上。《世界人权宣言》在序言中鼓励我们将其作为"努力实现的共同标准"。我们应当这样做。然而，我们不能否认在其慷慨激昂的承诺和我们如此众多的人类同胞的切身经历之间存在的差距。现在我们必须完成这项工作。

我们制定的21世纪人权议程是为了促使人权成为人类的现实。第一步是在一个大背景下考察人权。当然，人们必须能够摆脱暴政、酷刑和歧视的迫害，不再有被当权者关押或被迫"失踪"的恐惧。他们同时也应当无匮乏之虞——不缺乏食品、医药、教育以及法律上和事实上的平等。

为了发挥潜能，人们必须能够自由地制定法律和选择领导人；交换并获取信息，发表言论，提出批评并展开辩论。他们必须能够自由地信教、结社并以自己选择的方式施爱于人。他们必须能够自由地追求自我完善和自主自立所带来的尊严，发展他们的智力和技能，把他们的产品送进市场，并参与创新进程。人权有两个不同方面的要求。人们应当能够摆脱所有形式的暴政，并应能自由地抓住全面实现人生价值的机会。这就是我们将支持民主和增进发展作为21世纪人权议程的基石的原因。

如同历届政府一样，本届政府也将促进、支持和捍卫民主。我们不会因为有人过于狭义地使用这一词语或理念或以其为不明智的政策辩护而弃之。我们倡导民主,并非我们希望其他国家像我们一样,而是因为我们希望每一个人的与生俱来的权利都能受到同样的保护,无论他们出生于塔拉哈西(Tallahassee)还是德黑兰。事实证明,民主制度是在长期内确保人权成为人类现实的最佳政治体制。

然而,至关重要的是,我们在谈论民主时必须定义明确,因为民主不仅意味着产生领导人的选举,还意味着积极参政的公民、自由的新闻媒体、独立的司法系统,以及向所有公民负责并平等而公正地保护其权利的透明和顺应民意的机构。在民主社会中,尊重权利不是领导人日常作出的选择,而是其执政的原因。民主社会每一天都在保护和尊重公民,而并非仅仅在选举日。民主之伟大不在于自诩完美,而在于利用其机制和原则使自身及国家日臻完善,我们的国家在建立233年之后依然如此。

与此同时,人类发展也必须是我们的人权议程的一项内容,因为基本生活保障——如食品、住宅、卫生、教育——以及良好的公共环境—如环境可持续性、预防传染病、援助难民——都是人们行使权利的必要条件,还因为人类发展和民主相辅相成。如果人民的基本生活没有保障,民主政府是不能长久存在的。贫困和疾病导致的绝望通常引发暴力,从而进一步危及人民的权利,威胁政府的稳定。保护人民的权利、为其提供机会和促进发展的民主社会是稳定的、强大的、而且很可能使人民发挥其潜力。

因此,人权、民主和发展不是三个分立的目标,其各自的议程也不是毫无关联。我们面对的现实并非如此。为了给人民的生活带来实在持久的改善,我们必须同时在这三方面作出充满智慧、具有战略意义、坚持不懈的长期努力。在评估成就时,我们应该提出这样的问题:由于我们的行动,是否在越来越多的地方有越来越多的人能够更好地行使其普世权利并发挥其潜力?

我们的原则是指引我们的北斗星,但我们的方法和策略必须灵活,不管我们力争在哪里起到积极影响,都要反映出当地的实际情况。目前,在某些国家,政府虽有意愿,但若得不到支持就没有能力建立强大的机制及对公民的保护,非洲新生的民主国家就是这样的例子。我们可以作为伙伴伸出援手帮助他们树立权威并实现他们希望取得的进步。

2010年12月27日,美联社发了这样一条消息:

据美国盖洛普民意调查显示,美国国务卿希拉里·克林顿连续第九年荣登最受人钦佩女性的宝座。希拉里·克林顿从1992年丈夫克林顿当选总统以来已经15次入围最受钦佩女性名单。她今年以17%的支持率领先,紧随其后的是获得12%支持率的佩林。

63　布什父子总统

美国有两位乔治·布什。一位是父亲，是美国第41任总统，人们一般称他为老布什；一位是儿子，是美国第43任总统，人们一般称之为小布什。

小布什出生于美国一个名门望族和政治世家。19世纪后半期，他的曾祖父塞缪尔·布什在纽约市和新泽西州长大和读书，后移居俄亥俄州，从事钢铁和铁路生意，并在哥伦布市的郊外贝克斯利买下了一大片地产。他曾担任美国全国制造商协会负责人，是位于克利夫兰的美国联邦储备银行行长，曾成为赫尔伯特·胡佛总统的心腹顾问。后在大萧条时期被任命到一个特别委员会工作，"解决有关商业扶持和失业救济方面的问题"。他在俄亥俄州首次创建了一支橄榄球队，并亲自担任球队教练，成为该州第一位橄榄球队教练。这是布什家族几代人一直酷爱和擅长体育项目的原因之一。

小布什的祖父普雷斯科特·布什出生于1895年，先后在罗得岛州纽波特的圣乔治预科学校、耶鲁大学学习，并成为一名大学棒球队队员和高尔夫球高手。他加入国民警卫队，在第一次世界大战时赴法国参战。1921年，他与多萝西·沃克结婚。他首先在华尔街从事金融工作，后来成为一名联邦参议员。

小布什祖母多萝西·沃克的家族在1600年后开始在美国缅因州定居。几代后，他们移居到美国中部密苏里州的圣路易斯市。多萝西·沃克的父亲乔治·赫伯特·沃克，创建了华尔街历史上最早的私人投资机构。他还是一位令人生畏的政治顾问，曾是30年代早期召开"十二人秘密会议"，是力主纽约州州长富兰克林·德拉诺·罗斯福参选总统的与会者之一。

普雷斯科特和多萝西夫妇努力在孩子小普雷斯科特、乔治、乔纳森、威廉和南希心里灌输一种不受约束的竞争意识。方式之一是让孩子们参加各种体育活动，培养竞争意识。

普雷斯科特的第二个儿子乔治·布什就是小布什的父亲老布什。

1924年6月12日，布什生于马萨诸塞州的密尔顿。幼年在格林威治小学上学。12岁时，被送进安多佛的菲利浦中学作住校生。这是美国最有名的私立中学之一，是一所贵族子弟学校。它的校风就是灌输 noblesse oblige 意识。这个法文词的意思是说：出身名门，应对社会负有特殊的责任。据当时的教师说，布什的长处与其说是敏慧，不如说是勤奋。他不但努力学习，而且又积极投身体育活动。曾充任学校的棒球队长和

布什

足球队队长。他也是一名社交积极分子。在一次圣诞舞会上他结识了一位漂亮姑娘芭芭拉·皮尔斯。他们后来就成了夫妻。芭芭拉曾骄傲地说："我与之第一次接吻的那个男人就是我后来的丈夫。"这是美国最美满最忠实的婚姻之一，并恰巧与二百年前约翰·亚当斯总统夫妇的美满婚姻遥相呼应。更凑巧的是，约翰·亚当斯虽然功勋卓著，却因某种机缘只当了一任总统；布什也功勋卓著，却也因某种机缘只当了一任总统。亚当斯父子总统和布什父子总统真的成了历史巧合。

1942 年。布什中学毕业。这时美国已经参战。所以他就报名参加了海军航空队（那时空军尚未独立，附属于陆军和海军）。他学的是轰炸机驾驶员。1943 年 6 月，他

正式成为作战人员。时年18岁。他驾驶的是"复仇号"轰炸机。这是当时世界上最大的航母轰炸机。他被派往太平洋的"圣杰辛托"航母上服役。1944年5月23日,他第一次出击,轰炸威克岛上的日军设施,并安全返回。

7月,航母驶向了波宁群岛,以便轰炸冲绳岛和小笠原岛。1944年9月2日,布什所属的小队飞往小笠原岛轰炸日军的电台。布什的飞机不幸中了日军的高射炮。他的机舱冒烟,他立即用无线电通知两名舱友跳伞,但没有回音(事后知道他们已死)。于是他只好自己跳伞,但在下降时碰到了机翼,头部受了伤。落入水中后,其余的飞机在他头上飞绕几次,向他指示所抛下的充气袋的方位,并抛下了一箱医伤用品。然后就飞走了。

布什设法抓住了充气袋及医伤箱。他面前只有两条路。一是向后退,那是日军的岛,被抓后非死即辱,一是向大海游,十之八九也是一死。正在无所适从之际,忽然出现了一个潜艇潜望口,他不知这是哪国的潜艇,只有向上帝祷告,希望这是美国的潜艇。祷告产生了效果,果真是一艘美国潜艇。潜艇浮出了海面,把布什救了起来。

布什本来是基督徒,现在更相信上帝了。他认为这是上帝的安排,他必须完成上帝交给他的使命——为国家服务。

救他的是"芬班克"潜艇。"芬班克"把他送回了航母。1945年9月,布什从海军退役。他在作战中共飞行了1228小时,执行任务58次。他荣获了一次杰出飞行十字勋章和三次飞行奖。

退役后,他就与芭芭拉结婚。然后进了他爸爸所进的大学——耶鲁大学。他主修的是经济学。他和芭芭拉住在校外的一家公寓内。他还在那里当了父亲。1948年,他大学毕业。往那里去?成了一个问题。

布什在自传中说:"我不想做按部就班的事。我是在战争中受过洗礼的人。我看到过各种人民和各种文化,我熟悉危险的事,我失去了不少朋友。我所熟悉的战前世界我毫无兴趣。我要追求新的生活,某种值得一搏的生活。不是那种给你安排好的生活。每周五天,天天上班下班来回奔走,这不是我所要过的生活。"

他选择了"往西部去"。

1948年夏天,布什到德雷塞工业公司当伙计,工作十分辛苦,在获得经验后,于1951年同朋友奥佛培合办了一家独立的石油公司,过两年,又与李德克兄弟合组了柴伯达石油公司。休·柴伯达任总经理,布什任副总经理。

休·李德克是一名石油奇童,他主持挖了127口油井,井井产油。柴伯达公司大发其财。他和布什又组建了一个分公司——柴伯达近海油田公司,专门在墨西哥湾挖油。1959年,两人决定分家,布什获得了近海油田公司。他把总部迁到了休斯敦。

1960年,布什已是一位著名的德克萨斯石油巨子了。不过,布什不是为钱而赚钱。

他懂得"金钱不是万能的，但没有金钱是万万不能的"。他决定赚足钱后投身政界。德克萨斯本来是民主党势力范围，布什同一批年轻人要把德克萨斯从民主党手中夺过来。所以他是德州共和党少壮派之一。不过他到底还缺乏经验，只知道忠于党而不问理由。

1964年，他帮共和党总统候选人高德沃特竞选，结果失败。1966年，他自己在休斯敦的一个区竞选联邦众议员，获得成功，后来又连选连任一次。1970年，他竞选参议员，结果失败了。这时，尼克松总统伸出了援助之手，请他出任驻联合国大使，这使他有机会结识了许许多多外国朋友。

两年后，尼克松又请他出任共和党全国委员会主席。夫人芭芭拉认为这是一个惹是生非的职位，不过布什还是以"党性"为重，接了下来。结果不出夫人所料，来了一个"水门事件"。尼克松向布什当面保证说："乔治，我说的都是真话。"布什信以为真，拼命为尼克松说话，最后才知道受了尼克松之骗。所以他对尼克松没有好感。

福特总统上台后，为了酬答布什之劳，请布什在两大美差之中任意选择：驻英大使或驻法大使。但布什却加以拒绝而挑选了驻中国联络处主任一职。

据人们分析其原因有二：一是他早就预见到中国将成为一支未来的国际力量。二是他想尽快摆脱"水门事件"的一切影响，走得愈远愈好。

1975年，他就生活在北京。

虽无大使之名，实际上他就是美国的第一任驻华大使。

他与其他国家大使不同，他是一位有意在北京熟悉中国人的大使。他常常和夫人一起骑自行车穿街走巷，甚至亲自往菜市场买菜。他还到崇文门基督教礼拜堂做礼拜。他特别爱吃中国菜，直至今天还如此。

他家中还挂着一张骑自行车在天安门金水桥旁所拍的相片。

1975年底，福特总统又请他出任中央情报局局长。这又是一个惹是生非的职位，他以"党性"为重，接受了这个烫手的职位。不过，他做得不错，在他领导下，情报局的内部矛盾大趋缓和。但没有多久，大选来临，福特下台，卡特入主白宫，换了人马。布什回休斯敦重新过老百姓生活。

1978年又逢大选，里根请他当副总统候选人。共和党获胜，布什就成了副总统。布什小心谨慎，万事配合里根，避免自己出风头，深得里根信任。8年后，他当了里根的接班人，任美国第41届总统。

他在总统任内最大的功绩就是拯救了科威特。

1990年8月2日，伊拉克的独裁者萨达姆向科威特发动了突然袭击，迅速地占领了科威特全境。科威特埃米尔外逃。布什面临一个十分紧急的情况。

他没有办法马上作出决定，他要等一等看清局面的发展才做决定。

鲍威尔则回忆说："乔治·布什就是这样的人。当他碰到问题时，他的第一个反应就是不仓促作出决定。他要观察一下，要思考一番，他要寻求一些人的意见，他要打电话商量。然后他考虑这些意见，再进一步征求意见。然后决定该听从谁的意见。"

星期六，在戴维营会议室开会。鲍威尔在会上介绍了施华兹科普夫，由施华兹科普夫作汇报。施华兹科普夫出示了黑白幻灯片，论证萨达姆的兵力部署。施华兹科普夫详细地谈到要应付上百万"共和国卫队"所带来的军事供应困难，因为美国是从千里以外来供应的。目前只有 2000 到 3000 人的地面部队，三四周内可达到四万人，两个空军团，50 艘战舰（包括两艘航母）。

美国的第一步是要防止萨达姆入侵沙特阿拉伯。布什派国防部长切尼亲赴沙特面见国王。法赫德国王终于同意美军进驻沙特。这个行动代号名为"沙漠盾牌"。在此期间，美国征得了 27 个国家的军事帮助，日本和德国则同意给予财政帮助。21 个阿拉伯国家中有 12 个在开罗发表声明支持沙特抵御伊拉克。

布什的民意支持率一下上升了 14 个百分点。国会也予以热烈支持。民主党参议员克腊斯顿说："我们再也不会像在越南那样充任单枪匹马的英雄了。"

萨达姆则表示不屈，他向美国发出警告说："你们将接到一袋袋的美国人尸体。"他还派外长阿齐兹到莫斯科寻求支持。9 月 5 日，阿齐兹会见了戈尔巴乔夫，戈氏却对他说，苏联认为伊拉克是侵略国，他希望伊拉克撤出科威特。于是美苏关系进入了新阶段。

4 天之后，布什与戈尔巴乔夫举行了 7 小时的会谈。布什对戈尔巴乔夫自动反对萨达姆感到十分高兴。他星期二在国会发表演说道："国家间的新伙伴关系已经开始。在这动乱时刻产生了一种新的世界秩序。这是一个新的时代，它已在更大程度上从恐怖中解脱出来，在更大程度上寻求正义，在更大程度上寻求和平。在这个新时代中，世界所有各国，不论是东是西，是南是北，都可以和谐地共同繁荣。"他说，他和戈尔巴乔夫取得一致意见："伊拉克必须从科威特全部地、立即地、无条件地撤出。"

1990 年 11 月，轮到美国为联合国安理会主席。在国务卿贝克主持下，安理会以 12 对 2 票，通过第 678 号决议，要求伊拉克在 1991 年 1 月 15 日前撤出科威特，否则有关国家可以"使用一切手段"迫其执行。这意味着美国可以使用武力。

布什再次给伊拉克打招呼，表示愿与伊拉克用外交解决问题，但有三个条件：伊拉克必须全部撤出科威特；恢复科威特合法政府；释放所有人质。他还向美国人民保证，如果采取军事行动，"这绝不会是又一次的越南。"

此时此刻，萨达姆仍然不相信美国会真的出兵。但他同意派外长阿齐兹在日内瓦与贝克会谈。两人于 1991 年 1 月 9 日在日内瓦谈了 6 个半小时，阿齐兹态度强硬，寸步不让，甚至拒绝接受贝克要他转交由布什写给萨达姆的一封信。当时的联合国秘书长是德奎利亚尔，他做了最后一次努力，也宣告失败。

至此，局面已定，布什乃向国会征求同意出兵。参议院以52票对42票表示同意，众议院以250对83票表示同意。1月14日，布什签署了两院的决议，其中说："伊拉克的常规、化学、生物和核武器以及弹道导弹计划已构成了对世界和平的严重威胁。"

1月16日，布什签署行政命令，授权军队对伊拉克使用武力。他还祷告说："主啊，给我力量来做我应当做的事。"国防部长切尼下令战地指挥官施华兹科普夫于16日夜对伊拉克进行空中攻击。战争开始了。

布什收到的第一个战报是：56名海军飞行员全部返回，没有损失任何飞机。7点20分，巴格达上空一片火海。

萨达姆也有一手。他向以色列开始发射"飞毛腿"导弹，他希望以色列加以报复，这就可引起阿拉伯国家的反感，从而拆散阿拉伯国家的反萨阵线。但布什识破了他的计谋，他极力劝说以色列，无论如何都不能采取报复行动，并向以提供"爱国者"导弹，在空中堵截"飞毛腿"。在美国劝说下，以色列"忍"了下来。萨达姆之毒计未能生效。

1991年1月12日，美国国会表决通过同意布什总统在波斯湾采取军事行动的决议。1月16日晚（华盛顿时间），布什总统发表电视讲话，宣布代号为"沙漠风暴"的战争行动已经开始。

"沙漠风暴"自1月16日开始到2月27日宣布停火为止，前后持续了42天，其中空战阶段38天，地面战争为4天。在地面战争中，美军和多国部队突入科威特和伊拉克南部，基本上打垮了伊拉克军队，使之失去了战斗力，并重创萨达姆的共和国卫队，迫使伊拉克接受停战条件。科威特的领土和主权得到恢复。在这场战争中，伊拉克伤亡了近10万人，而美军仅死亡137人。这是布什的大胜利。布什的威名如日中天。

但在1992年的选举中，他却败给了民主党的克林顿。主要是因为他没有能够兑现前次竞选中所许下的诺言：不会增税。这里我们要顺便说一下，在中国有一句成语"谈虎色变"，但在美国却是"谈税色变"。老布什没有实现不增税的诺言，终于吃了苦头。

现在回头来说小布什。1946年7月6日，小布什生于康涅狄格州的纽黑文。幼年随父母迁居德克萨斯州石油城密德兰。他的上学过程完全"照抄"了他父亲。首先是进马萨诸塞的菲利浦中学，他在该校的第一篇作文被批为"不得体"。他虽是学校的棒球队员和篮球队员，但绝大部分时间是"板凳球员"。

1964—1968年，他在耶鲁大学历史系学习，成绩为C。毕业后正值越南战争，他加入了德州国民警卫队，学习飞行已经过时了的F102战斗机，得以留在国内，未赴战场。

1973年9月，他又进了哈佛读企管硕士，1975年毕业后回密德兰做石油生意。

他的前半生可以说一事无成，甚至是潦倒。人们普遍不看好他。

1986年，他40岁，这大概可算是转变之年。

他的光谱公司石油生意每况愈下，到6月份已亏损40多万美元，债务已超过300万美元。当时，小布什一直设法将这个公司处理掉，以扔掉这个"烫手山芋"。哈根公司最后买下小布什的光谱公司，代付公司所有的债务，接管其经营业务，并为该公司注入急需的哈根公司股份，还让小布什进入哈根董事会。哈根是一家大公司，它的董事会是由一些具有名门望族背景的成员组成，该公司的战略是收购一些经营不善的公司。它兼并光谱公司，首要原因是想罗致小布什进入公司董事会，把鼎鼎大名的"布什"的姓氏挂在公司，将是该公司的一笔财富。

如果说与哈根公司的合并使小布什能够在生意上重整旗鼓的话，还有一个问题困扰着他及其家庭和朋友：他酗酒的恶习。这一恶习正在损害他与家庭和朋友们的关系，影响他的事业和身体健康。酗酒使小布什常常举止失态，有时候竟达到出言不逊和惹是生非的地步。小布什本人在1999年接受媒体采访时承认："当时我意识到酒正在吞噬我的精力，并可能会最终销蚀我对他人的爱和感情。当你酗酒时，它可能是一种让人难以置信的自私行为。"

1986年，小布什将其称之为不同寻常和至为关键的一年。他在摆脱商战失利和改掉酗酒恶习之后，终于在40岁那一年调整了人生方向，与过去的一切诀别，开始走上新的人生之途，并找到了一条充满光明前程的路，回归到他名望家族的起点。

小布什的改变从何而来呢？这却要归功于福音布道师葛培理。1985年，葛培理到缅因州的布什夏季别墅做客，与小布什做了一次深入的谈话。小布什后来说："葛培理在我的心中播下了一颗种子，于是我开始了转变。"

1988年，老布什当选为美国总统。在此之前一年半，小布什一直担任父亲的总统竞选顾问。他意识到自己此时必须离开华盛顿到其他地方谋生，需要做一种独立创业的工作。再过两年，德克萨斯州将举行下届州长的竞选，小布什希望自己能够成为一名候选人。但他尚未为这种事业上的突破创造足够的政治和个人条件。虽然几年前他已将自己的一家小石油公司卖给了哈根公司，做了一笔有利的交易，但他仍缺乏充足的资金，难以毫无顾虑地将生活重心转向政治竞争。更重要的是他在年届42岁时尚未作出值得称道的个人业绩。

一名从前的生意伙伴在1988年打电话给小布什，询问他是否有兴趣集资购买"德克萨斯流浪者"棒球队时，他反应积极。这支球队的基地位于达拉斯郊区。小布什认为如果自己希望开始一种政治生涯，这是一次极好的机会，可以提供自己一直寻求的经济保障，也能借此体现自己的才干和提高知名度。这支名叫"德克萨斯流浪者"棒球队的原老板埃迪·奇利斯是布什家族的老朋友，由于当时处于资金周转的困境中，急需将棒球队卖掉。接手棒球队后，小布什是股东之一，他的投资集团购买了棒球队86%的股权，其中他的朋友威廉·德威特筹借注入了其中一半的资金，其他资金来自于一个由德克萨斯金融家理查德·雷恩沃特和爱德华·罗斯牵头的集团公司。

小布什和罗斯商定，两人在经营棒球队时将共同决策，罗斯在幕后操作，而小布什在对外交往时代表球队。小布什对球队的投资仅60多万美元，但因参与球队交易的全程运作和球队的经营事务，在这支球队后来被出售时，小布什将额外获得10%的酬劳。一年后，这支球队价值由原先2800万美元升值到6200万美元。1994年新的棒球场馆建成启用后，球队身价又一次攀升，到1998年再度升值，达到1.16亿美元。

小布什第一次通过自己的能力和勤奋工作进入了社会名流之列，经常参加球队经理的会议，发表演讲，坐在比赛的看台上时周围的球迷举着上面印有他头像的牌子呐喊、助威和疯狂。球迷们在他座位旁边列着长队等着索要他的亲笔签名，崇拜他的热情丝毫不亚于对流浪者球队超级投手诺兰·瑞安的痴迷。

1993年1月，老布什搬出了白宫。正是这一年，小布什决定要夺回白宫。他的第一步是从州做起。那就是说，先要在德克萨斯取得州长宝座。那时的德州州长是一位女性，叫安·理查兹。她是一位颇得人心的女州长。小布什必须全力以赴才有取胜的希望。

1993年春，小布什在德克萨斯州各地召开各种会议，还邀请了老友吉姆·弗朗西斯担任自己竞选班子的主管，商讨竞选州长的大计。他们认为德州选民喜欢理查兹州长的个人风格，但并不赞同她的许多政策。

小布什决心在决定竞选前制定出一个明确的计划。"我父亲让比尔·克林顿决定哪些问题是他们两人要辩论的话题，"他曾经这样说。"我决不会让这种事情发生在我身上。"他提出，"必须依靠政策主张取胜，而决不能对理查兹进行人身攻击，因为那样的话她就会成为令人同情的牺牲品。这就是我们的策略。"

理查兹认为小布什一事无成而只能仰仗父亲生活，脾气急躁并缺乏从政经验。但民意测验表明，选民对小布什的评价则截然相反，他获得的支持率相当高。

小布什越是坚持宣传自己的政策主张，理查兹似乎越是对此不屑一顾。在他们举行的唯一一次辩论中，小布什注重阐述自己有关教育、犯罪、福利和民事过失的法律改革的政策主张，理查兹发现自己被动地对对方提出的问题作出反应。理查兹后来在《拉里·金现场直播》节目上坦承："根据我的记忆，事实上那是我一次表现欠佳的辩论。"她的盟友认为理查兹因为过分自信而被对方击败。

1994年11月8日，小布什获取55%的选票，赢得了选举的胜利，理查兹只得到45%的选票。父亲老布什给儿子打来祝贺电话："我为你感到自豪。"任州长第一年，小布什通过对州议会做工作，推出了一些计划，将许多教育权力下放到基层，开始了一系列削减福利费用的措施，还对少年犯罪实施更加严厉的惩罚。他在第一年获得的满意率上升到60%以上。

进入第二年后，美国《时代》周刊、《波士顿环球报》和《纽约时报》等报刊开始对小布什的未来倍加关注。这些报刊注意到，共和党全国领导人开始对布什州长异常热情并毕恭毕敬。1996年，人们已公开谈论小布什作为多尔的副总统搭档参加总统竞选的可能性。但老布什劝告儿子：首先应该实现连任德州州长的目标。由于小布什获得较高的支持率，在新闻媒体上的较高知名度以及他的名字所具有的吸引捐款人的能力，他被邀请担任在圣地亚哥举行的共和党全国代表大会的两主席之一。

1998年，小布什在连任州长竞选的民意测验中一直处于领先地位。其对手是民主党人、负责德州土地事务的官员加里·莫罗。9月，民意测验预测，小布什将在连任竞选中赢得70%的选票。在全国范围的民意测验也表明，小布什的声望超过了前参联会主席科林·鲍威尔、斯蒂夫·福布斯和副总统阿尔·戈尔。小布什最终获得69%的票数，连任州长。在1998年连任州长竞选活动的后期，尽管美国各种报纸都在谈论小布什参加2000年总统竞选的前景，他本人却拒绝明确表态。经过一段时间犹豫之后，小布什于1999年3月7日在德克萨斯州奥斯汀宣布，他将组成一个10人委员会，评估全国支持他竞选总统的形势。由此，他朝着谋取共和党总统候选人资格迈出了一大步。6月12日，小布什正式宣布参加美下届总统竞选。在大选中，他几经波折，最后总算取得了胜利。

2001年1月20日，小布什在就职演说中说：

在上世纪大部分的时间里，美国对自由民主的信念犹如汹涌大海中的磐石。今天它就像风中的种子，落在许多国土上生根发芽。

对民主的信仰不仅是我们国家的信条，也是我们人类本能的希望，是一个我们怀有但并不独有的理想，是一个我们肩负并继承发扬的信念。即使历经将近225年，可我们仍有漫长的路要走。

我在此郑重宣布：我将致力于建设一个公正和充满机会的国家。

我知道这是可以达到的目标，因为上帝把我们创造成平等的人，我们是生活在他那超越凡俗的力量的引导下的。我们对使我们团结和指引我们向前的原则充满信心。

美国从来不是靠血缘、出身或地域结合起来的国家。把我们联系在一起的是理想。理想使我们超越背景的不同，超越个人的利益，并逐步领会公民的涵义。

在一个最理想的美国，对原则的承诺和对文明的关注是完全相应的。一个文明社会要求每个人怀有善意，彼此尊重，行事公平，懂得宽恕。

一个最理想的美国也是最有勇气的美国。

我们在繁荣盛世也必须表现勇气，敢于正视问题，而不是把问题遗留给后代。

我们将改革社会福利和老年医疗保险制度，避免让我们的孩子们陷入原本有能力避免的困境。我们将减少税收，恢复经济势头，对美国人民的辛勤劳作和进取精神给予奖励。

我们将建设无懈可击的防卫系统，不让虚弱给敌人以可乘之机。我们将处理大规模杀伤性武器问题，使新世纪没有新恐惧。

但小布什的美丽诺言，随着2001年9月11日的美国遭突然袭击事件而黯然失色。今天的美国不但没有做到"没有新恐惧"，而是充满"新恐惧"。

美国中央情报局很快查明，发动"9·11"事件的总指挥是沙特阿拉伯人本·拉登。本·拉登是一个臭名昭著的恐怖主义者，这时他正避居于阿富汗。那时阿富汗的统治者是塔利班。塔利班是个什么东西呢？

20世纪80年代，苏联侵略军撤离阿富汗。这个国家随后陷入军阀混战的局面，始终处于战乱和贫穷中的百姓苦不堪言。

1994年7月，在阿富汗南方坎大哈省，一个地方军阀叫曼苏尔的绑架并强奸了一名妇女。这个横行霸道的人早已使当地人民深恶痛绝，只因国法无存，百姓只能忍气吞声。有一个名叫穆罕默德·奥玛尔的，他是一家宗教学校的校长。出于义愤，他组织学生偷袭，杀死了曼苏尔。奥玛尔及学生的义举得到民众支持，也震动了军阀们。由于宗教学校学生在当地被叫作"塔利班"，于是，奥玛尔这一伙就被称为塔利班。

8月，奥玛尔在阿富汗边境城市查曼正式成立政府，其队伍就是800多名宗教学生军。塔利班属伊斯兰的多数派，即逊尼派。它迅速扩张，在3个月的时间里就占领了普什图人聚居的广大南方地区。饥寒交迫的民众不断加入塔利班，很快它就拥有了3万人的部队。

1995年塔利班向北方推进，发起"进军喀布尔"的大规模战役。由于它提出了一个吸引人的口号"把阿富汗建成一个统一民主和繁荣的伊斯兰共和国"，深受人民欢迎，一路势如破竹，很快就兵临喀布尔城下。1995年9月27日，喀布尔被攻下，守军司令纳吉布被当众处死，并悬尸示众。

但塔利班自称要建立一个"最纯洁的伊斯兰国家"，实际上实行的却是极端主义。譬如说，它竟冒天下之大不韪，不顾联合国和各国名流的呼吁，用大炮轰掉了千年古文物巴米扬大佛像。它还压制妇女的权利，不让女孩上学。正因如此，它收留了同它一鼻孔出气的所谓"纯伊斯兰主义者"的本·拉登。

小布什政府要求塔利班交出本·拉登，遭到了断然的拒绝。于是在俄罗斯和中国的默认下，美国联合英法等国，对塔利班进行了进攻。塔利班当然经不起美国的打击，很快崩溃，逃往了边远的山区，也就是阿富汗与巴基斯坦的边界地区。接着由卡尔扎伊出来在喀布尔组织新政府。

卡尔扎伊何许人也？

哈米德·卡尔扎伊1957年12月生于阿富汗南部城市坎大哈，普什图族人。早年曾先后在喀布尔哈比比亚高等等学校和印度西姆拉的喜马偕邦立大学习，后往美国留学，能讲流利英语。

卡尔扎伊的祖父曾经是查希尔王朝的国家顾问。父亲阿巴杜尔·卡尔扎伊曾任前国王查希尔政权时期的国民议会主席。1973年达乌德发动政变，推翻查希尔王朝，卡尔扎伊这家开始了流亡生活。1982年，卡尔扎伊投笔从戎，参加了反抗苏联入侵的斗争。在纳吉布政权垮台后，担任过拉巴尼政府的外交部副部长。1997年，他移居巴基斯坦。1999年，卡尔扎伊的父亲在奎达市被塔利班暗杀，他因此加入了反塔利班的活动。"9·11"事件后，他秘密回到阿富汗，集结反塔利班武装力量，成为普什图族伯帕扎伊部落的领袖。

2001年12月，他被出席波恩会议的各派阿富汗代表推举为阿富汗临时政府主席。2002年6月任阿富汗过渡政府总统，2004年10月在阿富汗首届总统大选中当选为阿富汗共和国总统。他曾多次遭到暗杀，但都化险为夷。他说，他早就对此有思想准备，他愿为国牺牲。

他在阿富汗作出不少贡献，力求使阿富汗成为一个现代化国家。结果如何呢？

小布什夫人劳拉曾于2008年6月访问阿富汗，并接着在巴黎的支援阿富汗国际会议上发言，介绍阿国情况。她说："阿富汗人民已经取得惊人的进步。阿富汗的婴儿死亡率已减少了25%，平均国民收入增加了70%。2001年时，只有8%的人能享受到基本医疗保险，今天已到达85%。2001年时，上学的儿童不到100万人，而且都是男孩。今天上学儿童已超过600万，其中有三分之一是女孩子。"

她说："在今天的会议上美国将承诺为阿富汗的发展再资助102亿美元。在2006年的伦敦会议上，美国曾资助59亿美元。"她呼请各国齐心协力地来帮助阿富汗振兴。"我们必须表示决心，不让阿富汗之振兴失之交臂。"

如果小布什的阿富汗计划真的成功，那将初步证明，民主是可以输出的。当然，这是一个有待证明的问题，我们只能拭目以待。

接着而来的是进攻伊拉克。老布什总统在第一次海湾战争中故意放萨达姆一马，为的是"以观后效"。但萨达姆并不领情，继续推行反美政策。小布什乃以对方偷偷发展核武器为罪名（其实萨达姆已停止搞核武器），联合英国，向伊拉克发动了第二次海湾战争。就战争本身而言，这是打了一场漂亮的仗。据说是非常精锐的伊拉克30万国民卫队竟在不到一周之内就全部瓦解，美方可称不费吹灰之力就拿下了巴格达。但战役的胜利未必等于是战争的胜利。伊战逐渐地变成了越战。虽然美军在2005年演出了活捉萨达姆的喜剧,并由伊新政府于2007年处死了萨达姆,但战争远未结束,伊拉克的"圣战分子"不断采取自杀性偷袭,美军的伤亡日有所闻,这就引发了美国国内反战之声,并终于导致了小布什的下台(也就是共和党的下台)和奥巴马的胜利。

小布什的下台带来了两种不同的评价。有的人认为他是一位差劲的总统,有的人则认为他是一位杰出的总统。同意后者评价的理由是:他毫不动摇地捍卫人类的自由。

2007年6月5日,在全球八大工业国高峰会召开前一天,美国总统布什在捷克首都布拉格发表了一次非常重要的讲话,主要是阐述美国为什么要向全世界传播自由的价值。小布什总统强调,美国向全球推广自由民主价值,不是要将美国的价值观强加给其他人,而是全世界的人,都渴望自由,都需要民主,民主具有普遍性;"事实上,只有暴君才会把自己的价值观强加于人"。

这种对自由价值的认知,实际上是对西方文明核心价值的阐述。因为自由(Freedom)不是美国人、西方人的专利,而是全球所有人生来就应该有的权利,任何人都不可以剥夺。人类不分种族,不分国家,不分肤色,不分出生地,只要是人,就应该有自由。整个人类的历史,就是一部挣脱各种各样的暴君,争取自由的历史。

今天美国领导的全球反恐,就是在捍卫人的自由,人的选择权利,这种权利不可以被恐怖分子用暴力剥夺。"每个人的生命都具有人世间任何势力都无法剥夺的尊严和价值。"小布什总统强调,虽然美国和盟友使用军事手段全球反恐,但是,不管美国有怎样强大的军事力量,都无法和民主、自由的理念所产生的普遍的感召力相比拟。也就是说,自由的价值,民主的理念在人们心里所产生的呼唤,才是最有力量的。

小布什总统提出两个不大可能:一个是,有了民主和自由的社会,才有对人民负责的政府,而这样的政府,这样的国家之间,就不太可能发生战争和攻击,而会通过政治程序解决种种问题。另一个不太可能是,在民主的社会,人们能够自由地发出政治异议声音,不满情绪有渠道发泄,这样也就不太可能走向极端。

沙林斯基认为,小布什总统是西方国家中,少有的坚定不移地传播民主价值的领袖。在西方多数国家元首都明哲保身,不愿得罪那些专制政权的情况下,小布什总统挺身而出,坚定地主张向全球传播自由,实在是与众不同。

小布什总统在演讲中,特别点名批评朝鲜、古巴、伊朗等专制国家,指出它们仍然用暴力,用剥夺人民选择权利的方式统治。布什总统也点名评论了俄国,指出俄国结束共产统治之后,现在则出现限制言论和新闻自由,威权统治的倾向。

小布什认为,全世界的民主国家,都有义务传播民主的价值。布什总统接见了包括俄罗斯,古巴、苏丹、乌兹别克、越南、津巴布韦等15个国家的27名持不同政见者,布什总统说,民主国家有责任帮助这些人建立自由社会的奋斗。因此美国将把对外支持民主的项目资金增加一倍，从 2001 年的 7 亿美元增加到 15 亿美元；同时将专门支持各国民运的美国民主基金会（NED）的拨款增加一倍半，从 2001 年的 3100 百万美元增至 8000 万美元。

原苏联持不同政见者，曾入狱九年，后移民以色列，出任以色列副总理的沙林斯基（Natan Sharansky）两年前出版了一本畅销书，书名是"民主的案例：自由的力量战胜专制"，在书中他提出：只要在一个国家的市中心广场可以自由发表政治演讲而不受到惩罚，这个国家就有了民主。

小布什在离职前的最后一次记者招待会上说："我希望自己在人们记忆中首先也是最重要的是，没有为了迎合政治需要而出卖我的灵魂。我带着自己的价值观念来到华盛顿，也将带着同样的价值观念离开。"

小布什还说："人类千百年的历史，最珍贵的不是令人炫目的科技，不是浩瀚的大师们的经典著作，不是政客们天花乱坠的演讲，而是实现了对统治者的驯服，实现了把他们关在笼子里的梦想。因为只有驯服了他们，把他们关起来，才不会害人。我现在就是站在笼子里向你们讲话。"

这就是真正的民主精神。

小布什所代表的，所倡导的，正是这样一种美国精神：有清教徒的传统，有拓荒者的勇敢，有自我实现的激情，有爱和宽容的品格。美国这个国家之所以可爱，便是因为人们对它的认同和皈依，不是基于文化、历史、种族和地理，乃是因着价值与精神。这样的国家才是不可战胜的，也只有这样的国家才吸引了那么多不惜任何代价也要"加盟"其中的"偷渡客"，正如小布什所说："我对美国的承诺充满信心，因为我知道美国人的精神。这是一个能够激励移民冒所有的风险来追求自由的国家。这是一个人民在危机中仍保持镇静，在痛苦中仍怀有同情的国家。我们周围都是这样的人。"充满牛仔气质的小布什本人，也正是这群具有"美国精神"的美国人之一。今天有一些美国人，已经不具备此种"美国精神"了。他们比美国之外的"反美主义者"还要反美。

美国思想家布鲁姆指出，美国已经深陷于"价值相对主义"之中，价值相对主义让人们摆脱了羞耻和负罪感，以及追求其一避免其二所要求的不懈努力，这种思潮"首先反映着我们现实的美国生活和最发达的德国哲学之间的姻亲关系"。与之相反，布鲁姆赞扬另外一类人："对价值深信不疑的人是值得赞赏的。他们的强烈信仰，他们的关爱或兴趣、他们对某种事情的信念，是自主、自由和创造性的明证。这样的人与无所用心的人正好相反，他们是有准则的。"小布什正是这样一位有价值和准则的、遵照信仰的引导生活和做决定的总统。

《华盛顿邮报》如下一则报导显示了前总统小布什的生活过得很舒畅：

过了9个月近乎隐形的生活后,布什今天以新身份露面:励志演讲人。

布什正在写一本书,内容有关他不得不作出的十几项最艰难决定。布什看起来很放松,也比他实际年龄(63)年轻。他这次演讲似乎没有统一的主题,而是把种种逸闻和笑话串在一起,而且不时提到对上帝的信仰。他说:

"我认为,没有对上帝的信仰,你根本做不了总统。21岁的时候,我不会这么说;现在63岁了,我可以告诉你,做总统的时候,最让我惊叹的一点就是,人民的祈祷对我是有影响的。我无法向你们证明这一点。但是,我可以告诉大家,有些日子不那么美妙,但每天都是欢乐的。"

他把这归功于人民的祈祷。

这次广受宣传的活动看来标志着小布什将开始新的生活。

图书在版编目(CIP)数据

美国的108(修订版)/曹德谦著.—北京：中央编译出版社,2013.10
ISBN 978-7-5117-1712-2

Ⅰ.①美…
Ⅱ.①曹…
Ⅲ.①历史人物-生平事迹-美国
Ⅳ.①K837.12
中国版本图书馆CIP数据核字(2013)第166938号

美国的108(修订版)

出 版 人	刘明清
出版统筹	薛晓源
责任编辑	王忠波　隋　丹
责任印制	尹　珺
出版发行	中央编译出版社
地　　址	北京西城区车公庄大街乙5号鸿儒大厦B座(100044)
电　　话	(010)52612345(总编室)　(010)52612339(编辑室)
	(010)66161011(团购部)　(010)52612332(网络销售)
	(010)66130345(发行部)　(010)66509618(读者服务部)
网　　址	www.cctphome.com
经　　销	全国新华书店
印　　刷	北京金瀑印刷有限责任公司
开　　本	787毫米×1092毫米　1/16
字　　数	918千字
印　　张	47
版　　次	2013年10月第1版第1次印刷
定　　价	99.00元

本社常年法律顾问：北京市吴栾赵阎律师事务所律师　闫军　梁勤
凡有印装质量问题，本社负责调换。电话：(010)66509618